사회계약론적 윤리학과 합리적 선택 :
홉스, 롤즈, 고티에

박정순 지음

사회계약론적 윤리학과 합리적 선택 :
홉스, 롤즈, 고티에

도덕의 합리적 근원　　　사회계약론적 윤리학
탐구의 완성작　　　　　논구의 종결작

박정순 지음

철학과현실사

For My Mentor, Professor Nicholas Fotion

차 례

서 문

저자는 1973년 3월 연세대학교 철학과에 입학하여 모든 교과과정을 흥미롭게 들으면서 학창 생활을 잘 보내고 있었다. 그러나 1975년 2월에 군입대하여 2년 8개월을 복무하고 복학한 뒤로는, 모든 복학생들이 그러하듯이 미래에 대한 걱정으로 잠 못 이루고 있었다. 그러나 철학을 더 공부해보기로 마음먹은 뒤 수업에 대한 흥미를 되찾았다. 1980년 2월 졸업한 학부와 1980년 3월 입학한 연세대학교 대학원 철학과 석사과정 수업에서 윤리학에 대한 관심이 고조되어 앞으로 윤리학을 전공하기로 하였다. 그 당시 저자가 철학과에서 배울 수 있었던 윤리학은 소위 윤리적 용어의 의미와 윤리적 판단의 본질, 그리고 윤리적 논증들의 유형과 정당화 방법론을 탐구하고 분석하는 메타윤리학(metaethics) 혹은 분석적 윤리학(analytic ethics)이었다. 그래서 그러한 윤리학에서 획기적인 개념으로 인정되고 있는 영국 철학자 무어(G. E. Moore)의 저서 『윤리학 원리(*Principia Ethica*)』(1903)에서 개진된 자연주의적 오류 (naturalistic fallacy)를 석사학위논문 주제로 삼고 정진하고 있었다. 무어는 도덕적 성질인 선(善)의 의미를 분석하여, 그것이 단순 개념이므로 정의할 수 없다고 단정하고, 설령 정의하더라도 그 정의가 타당한지에 대한 의문의 여지가 항상 있으며(open question argument), 특히 그것을 자연적 성질인 "즐거운", "쾌락을 주는", "욕구할 만한" 등으로 정의하는 것은 자연주의적 오류라고 주장하였다.[1]

그러나 윤리적 용어와 개념을 분석하는 메타윤리학만으로는 뭔가 메마른 것 같기도 하고, 윤리학의 본령이 아니라는 생각이 들었다. 그래서 개인과 사회에 대한 체계적이고 실질적인 도덕이론을 공부하고 싶은 생각이 간절했다. 그리고 인근 대학에서 무어의 자연주의적 오류에 관한 석사학위논문이 나왔는데, 일견했을 때 매우 잘 쓴 논문이어서, 저자는 더 잘 쓰지 못할 것 같다는 자괴감이 들었다. 물론 미국 하버드대학교의 존 롤즈(John Rawls) 교수가 쓴 『정의론(A Theory of Justice)』(1971)이 앞으로 현대 규범윤리학을 선도할 대작이라는 것은 들어 알고 있었으나, 아직 공부해보지 못한 상황이었다. 그러나 대학원 학점교환제도에 따라 인근 대학에서 개설한 "존 롤즈의 정의론 연구"를 수강하고 큰 감명을 받았다.[2]

그래서 기왕에 쓰고 있었던 무어의 자연주의적 오류에 관한 석사학위논문을 포기하고, 롤즈의 정의론에 관한 석사학위논문을 대신 쓰기로 결심하였다. 이때가 석사과정에서 2년이 지난 뒤였는데, 롤즈의 정의론에 대한 새로운 석사학위논문을 쓰느라 또 다른 2년이 소요되었다. 석사학위과정에 4년(1980. 3.-1984. 2.)을 소비했지만 앞으로의 학문적 여정을 볼 때 기꺼이 지불할 만한 가치가 있는 일이었다고 사료했다. 그래서 『사회정의의 윤리학적 기초: John Rawls의 정의론과 공리주의의 대비』(연세대학교 대학원 철학과 석사학위논문, 1984. 2.)를 쓰고 석사과정을 졸업하였다.

석사학위논문을 잘 지도해주신 연세대학교 철학과 두 분 교수님, 주심 고 박영식 교수님과 부심 박동환 교수님, 그리고 부심 인하대학교 철학과 김영진 교수님에게 큰 감사를 드린다. 그리고 존 롤즈의 『정의론』

을 번역하시고 롤즈의 정의론에 대해서 많은 논저를 쓰신, 그 당시 육군 사관학교 철학과 교수였던 서울대학교 철학과 황경식 명예교수님께도 큰 학문적 도움을 받았다.3) 그리고 서울대학교 철학과의 고 김태길 명예교수님의 롤즈 논문들과 발표에도 역시 큰 학문적 영감을 받았다.

　미국 애틀랜타(Atlanta)시에 소재한 에모리대학교(Emory University) 철학과에 유학하여 1985년 9월부터 1990년 5월까지 5년간 공부하면서 처음부터 윤리학을 전공하기로 작정하고, 서서히 박사학위논문을 준비하였다. 이곳 철학과 니콜라스 포션(Nicholas Fotion) 교수님은 현대 메타윤리학, 응용윤리학, 규범윤리학 모두에 정통하신 분으로 저자가 연세대학교 철학과 석사학위과정에 있을 때 풀브라이트 연구교수로 연세대학교 철학과에 오셔서 윤리학 공부를 세심하게 인도해주시고, 석사학위논문에 대해서도 자상하게 지도해주셨다. 저자가 에모리대학교 박사과정에서의 수업 과정과 종합시험을 잘 끝내자, 1988년 봄 학기가 끝날 무렵, 포션 교수님은 주심으로서 저자의 박사학위논문에 대해서 조언을 해주셨다. 그것은 그 당시 출간되어 학계의 커다란 관심의 대상이 된 데이비드 고티에(David Gauthier)의 『합의도덕론(*Morals By Agreement*)』 (1986)을 다루는 것이 어떤가 하는 제안이었다. 그래서 저자는 그 제안을 감사히 받아들이고 어떠한 구도로 논문을 쓸 것인가를 고심하였다. 저자는 고티에의 사회계약론에 대해서 주제적으로 논문을 쓰되, 사회계약론적 윤리학의 현대적 부상을 가능케 했던 존 롤즈의 『정의론』에 대해서도 논문에서 다루기로 하였다. 그렇다면 고티에와 롤즈를 어떻게 연결시킬 것인가에 대해서 저자는 매우 부심하였다. 그러다가 생각난 것이 고티에는 도덕의 합리적 근거를 여전히 추구한 반면, 롤즈는 1985년 당시 이미 도덕의 합리적 근거를 포기하였던 것이었다.4) 그래서 두 사람을 사회계약론적 윤리학의 합리적 정초주의라는 관점에서 대비적으로 연구하기로 논문의 큰 줄기를 잡았다.

　그러나 사회계약론의 전통은 토머스 홉스(Thomas Hobbes), 존 로크

(John Locke), 장 자크 루소(Jean-Jacques Rousseau), 임마누엘 칸트(Immanuel Kant)로 거슬러 올라갈 수 있는데, 그 전통을 어떻게든지 반영해야 하는 문제가 대두되었다. 그 네 철학자들을 주마간산식으로 다 다룰 수는 없으므로, 네 철학자들 중 사회계약론적 윤리학의 합리적 정초주의의 관점에서 같이 논구할 철학자는 누구일까 하면서 생각에 생각을 거듭하고 있었다. 이 문제를 그 당시 에모리대학교 철학과를 졸업하고 앨라배마(Alabama)주 오번대학교(Auburn University) 철학과에서 윤리학을 가르치고 있었던 제라드 엘프스트롬(Gerard Elfstrom) 교수에게 자문을 구했다. 그랬더니 엘프스트롬 교수는 롤즈가 『정의론』에서 왜 홉스를 자신의 이론적 선구자로 보지 않는다고 했는지 그 이유를 규명한다면 좋지 않겠는가 하고 제안하였다. 저자는 참으로 논문의 정곡을 찌르는 좋은 제안이라고 감탄하면서 그 제안을 수용하였다. 그리하여 홉스와 롤즈는 사회계약론적 윤리학의 합리적 정초주의에 대한 두 유형으로서 각각 합리성의 도덕적 부적절성과 도덕성의 합리적 임의성과 순환성이라는 두 딜레마를 구성하는 것으로 기본구도를 잡았다. 그리고 고티에는 이 두 유형을 종합하는 입장이고, 저자는 고티에에 대한 비판적 고찰을 수행하기로 하였다. 따라서 박사학위논문의 전체 구도는 헤겔의 변증법처럼 정립, 반정립, 종합(正反合)의 방식을 취하였고, 사회계약론적 윤리학의 합리적 정초주의에 관한 사전(事前)적 탐구로서 경제학적인 합리적 선택이론을 고찰하기로 하였다. 나름대로 잘 짜인 구도 속에서 박사학위논문의 집필을 시작하니 일사천리로 논문이 잘 진행되었다.

학위논문을 쓰는 동안 통상적으로 매년 12월 마지막 주에 열리는 미국철학회(American Philosophical Association), 동부지회 모임(Eastern Division Meeting)에는 빠짐없이 참가하였다. 아마도 1988년 12월 말에 워싱턴(Washington) D. C.에서 열렸던 미국철학회 동부지회 때라고 생각되는데, 홉스 분과에서 홉스 철학에 대해서도 명망이 높은 고티에 교수님을 그분의 발표 후에 만나서, 당신을 중심으로 한 사회계약론적 윤리학과 합리성에 대해서 박사학위논문을 집필 중이라는 말도 하고, 논문이 완성되면 한 부 보내겠다는 약속도 했다. 박사학위논문의 주요한 대상 학자를 만나니 감개무량하고, 더 좋은 논문을 쓰겠다는 강력한 동기가 솟구쳤다. 고티에 교수님은 자신의 논문 별쇄본, "Assure and Threaten"(*Ethics*, July 1994, pp.690-721)에 자필 사인을 하여 저자에게 주신 바 있다.

모교 에모리대학교가 있는 미국 애틀랜타에서 1989년 12월 말에 열렸던 미국철학회 동부지회 모임에 참석했다가, Peter Lang 출판사의 책 전시시대에서 출판담당 이사인 토머스 더댁(Thomas Derdak) 박사를 만난 것은 큰 인연이자 행운이었다. 거기서 저자는 홉스, 롤즈, 고티에의 사회계약론적 윤리학을 도덕성의 합리적 정초주의와 그 딜레마의 관점에서 상호 비교하여 논구하고, 사회계약론적 윤리학이 추구하는 도덕의 합리적 정당화 문제와 관련하여 경제학적 합리적 선택이론도 같이 탐구하게 된다고 박사학위논문의 내용을 소개했다. 그랬더니 그는 매우 흥미로운 주제라고 하면서, Peter Lang 출판사는 그 즈음 American University Studies, Series V. Philosophy 분야를 심혈을 기울여 출간하고 있다면서 박사학위논문이 완성되면 한 권 보내달라고 부탁하였다.

1990년 5월 철학박사학위를 취득하고 졸업한 뒤 박사학위논문, Jung Soon Park, *Contractarian Liberal Ethics and the Theory of Justice* (Department of Philosophy, Graduate School, Emory University. Ph.D. Dissertation, 1990)을 보냈더니, 내부 심사 기간 두 달 후 출판을 결정하였다는 기쁜 연락이 왔다. 출판을 위해서 박사학위논문을 수정 보완하고, 박사학위논문에서는 하지 못했던 표 13개 중 전재 허가가 필요한 표 7개의 전재 허가를 얻었고, 존 롤즈의 『정의론』과 데이비드 고티에의 『합의도덕론』에 대한 광범위한 인용과 분석에 대한 전재 허가도 얻어놓았다. 책 출판 과정은 거의 2년 가까이 소요되었고, 1992년 가을,

Jung Soon Park, *Contractarian Liberal Ethics and the Theory of Justice*(New York: Peter Lang Publishing, Inc., 1992. Series V. Philosophy, Vol. 122)로 출판되었다.

본서는 기본적으로 영어 출간본에 의거하여 집필하였지만 상당 부분을 수정 증보하였다. 제2장 합리적 선택이론에 관련해서는 합리성에 대한 최근 행동경제학의 연구 성과를 상당 부분 반영하였다. 그리고 고티에의 근래 입장과 그동안 우리나라 철학계에서 고티에의 사회계약론에 대해서 다룬 논저에 대해서는 추가적으로 논의하였다.

본서의 서지 사항은 다음과 같다. 본서는 연세대학교 학술연구비의 지원을 받고 연구되어 출간되었다.

박정순, 『사회계약론적 윤리학과 합리적 선택: 홉스, 롤즈, 고티에』(서울: 철학과현실사, 2019).
    이 저서는 1998년도 연세대학교 학술연구비의 (부분적인) 지원에 의하여 이루어진 것임.

본서는 저자가 1995년 3월 초 연세대학교 원주캠퍼스 문리대학 철학과에 자리 잡게 되면서부터 그 준비가 시작되었다. 기본적으로 영어 출간본을 우리말로 번역함과 아울러 수정 증보하고, 고티에의 근래 입장과 우리나라 철학계에서 논의된 고티에의 사회계약론적 윤리학에 대한 논저를 추가적으로 삽입하기로 계획한 것으로부터 출발하였다. 그래서 1998년 저술연구 제안서를 학교에 제출했는데 통과되어 저술연구비를 받고 연구를 본격적으로 시작하였다. 그동안 영어 출간본을 기반으로 다음과 같은 논문들을 추가적으로 썼고, 또한 출간본을 기반으로 하지 않는 여러 관련 있는 논문들도 집필하였다.

가장 먼저 쓴 논문은 저자의 박사학위논문에 대한 소개 논문이었다.

① 「제목 : 사회계약론적 자유주의 윤리학과 합리적 선택이론. 취득 /
1990, 미국 에모리대학교, 저자 / 박정순」. 『철학과 현실』. 1990년
여름호. 통권 제5호. pp.355-357.

본서를 가장 축약적으로 요약하고, 사회계약론적 윤리학과 합리성 문
제를 일목요연하게 제시한 논문도 집필하였다.

② 「현대 윤리학과 합리적 선택이론: 사회계약론적 윤리학을 중심으로」.
『한민족 철학자 대회보 2: 현대 한국에서의 철학의 제문제』. 1991.
pp.381-391. 본서 서문 말미에 전재.

로크, 마르크스, 롤즈와 노직에 관련하여 사유재산권 문제도 추가적
으로 심층 논의하였다.

③ 「사유재산권의 자유주의적 정당화의 과제」. 『사회비평』. 제6호.
1991. pp.54-79.
「사유재산권의 자유주의적 정당화의 과제」. 그리스도교 철학연구소
편. 『현대사회와 정의』. 서울: 철학과현실사, 1995. pp.255-287에 재
수록.

본서의 전체 구도를 조금 더 자세히 요약하고, 사회계약론적 윤리학
의 변화 가능성과 미래에 대한 단상을 제시한 논문도 썼다.

④ 「계약론적 윤리학의 딜레마」. 『철학과 현실』. 1991년 여름호. 통권
제9호. pp.248-265.

「현대 윤리학의 사회계약론적 전환」. 한국사회·윤리학회 편.『사회계약론 연구』. 서울: 철학과현실사, 1993. pp.173-207에 제목 변경하여 재수록.

본서 제3장 롤즈 부분에서 롤즈 정의론의 이론적 변천을 추적하는 추가적 심층 논의도 전개했다. 1992년 논문은 1993년도 제2회 철학연구회 논문상을 수상하였다.

⑤ 「자유주의 정의론의 철학적 오디세이: 롤즈 정의론의 최근 변모와 그 해석 논쟁」. 제5회 한국철학자연합대회 대회보『현대의 윤리적 상황과 철학적 대응』. 1992. pp.573-599.
「자유주의 정의론의 철학적 오디세이: 롤즈 정의론의 변모와 그 해석 논쟁」. 황경식, 박정순 외.『롤즈 정의론과 그 이후』. 서울: 철학과현실사, 2009. pp.45-76에 재수록.

본서의 전체 구도를 배경으로 제4장 고티에에 대한 추가적 심층 논의도 전개하였다.

⑥ 「고티에의『합의도덕론』과 그 정치철학적 위상」. 차인석 외.『사회철학대계 2』. 서울: 민음사, 1993. pp.246-418.

본서의 서문, 제1장 서론, 제5장 결론에서 다루어지고 있는 "자유주의 대 공동체주의 논쟁"도 방법론적 관점에서 다루었다. "자유주의 대 공동체주의 논쟁"을 배경으로 롤즈에 의해서 개진된 자유주의가 아직도 건재하다는 것을 주장한 논문도 집필하였다. 그리고 공동체주의의 정의관도 논구하였다. 또한 공동체주의의 시대적 적합성에 대해서도 논의하였다.

⑦ 「자유주의 대 공동체주의 논쟁의 방법론적 쟁점」. 『철학연구』. 제33
집. 1993. pp.33-62.

⑧ 「자유주의의 건재」. 『철학연구』. 제45집. 1999. pp.17-46.
「자유주의의 건재: 공동체주의와의 논쟁 이후」. 그리스도교 철학연
구소 편. 『현대사회와 자유』. 서울: 철학과현실사, 2001. pp.307-346.
「자유주의의 건재」. 황경식 외. 『정의론과 사회윤리』. 서울: 철학과
현실사, 2012. pp.54-76.

⑨ 「공동체주의 정의관의 본질과 그 한계」. 『철학』. 제61집. 1999.
pp.267-292.

⑩ 「공동체주의적 사회비판의 가능성」. 『범한철학』. 제30집. 2003.
pp.267-292.

⑪ 「공동체주의는 여전히 유효한가?」. 『철학직설』. 파주: 한국학술정보,
2013. pp.156-172.

데이비드 고티에의 『합의도덕론』(김형철 옮김, 서울: 철학과현실사,
1993)에 대한 서평도 썼다. 원저 367페이지, 번역본 499페이지에 이르
는 방대하고도 가독성 높은 번역을 유려하게 잘해준 연세대 철학과 김
형철 교수의 노고를 크게 상찬하는 바이다.

⑫ 「도덕적 미궁 탈출을 위한 철학적 아리아드네」. 『철학과 현실』.
1994년 봄호. 통권 제20호. pp.316-332.

본서 제3장 홉스 부분만 독립적으로 다룬 논문도 집필하였다.

⑬ 「홉스의 계약론적 윤리학과 합리성 문제」. 『매지논총』. 연세대학교 매지학술연구소. 제15집. 1998. pp.241-278.

본서 제2장 합리적 경제인간(*homo economicus*)에 대한 추가적 심층 논의도 전개했다. 본서에 부록 제1장으로 수록된 논문은 아래의 『철학연구』에 축약되어 수록되기 이전 고려대학교 철학연구소에서의 발표 논문의 전문(全文)이다.

⑭ 「호모 에코노미쿠스 생살부」. 고려대학교 철학연구소 창립 2주년 기념 학술대회. 『현대사회와 인간: 철학적 성찰』. 1998. pp.1-42.
「호모 에코노미쿠스 생살부」. 『철학연구』. 고려대학교 철학연구소. 1998. pp.1-41에 축약하여 게재.

본서 제3장 롤즈 부분에서 롤즈의 『정의론』(1971) 이후의 변화된 입장인 정치적 자유주의도 논의하고 집필하였다.

⑮ 「정치적 자유주의의 철학적 기초」. 『철학연구』. 철학연구회. 제42집. 1998. pp.275-305.
「정치적 자유주의의 철학적 기초」. 이근식, 황경식 편. 『자유주의란 무엇인가』. 서울: 삼성경제연구소, 2001. 제3장으로 재수록. pp.107-148.

본서 제2장 합리적 경제인간과 관련된 시장 문제에 대한 추가적 심층 논의도 피력하였다.

⑯ 「세계시장과 인간 삶의 조건」. 『제13회 한국철학자 연합대회: 21세기를 향한 철학적 화두』. 2000. pp.217-259.

본서 제2장의 합리성과 관련된 논문으로서 개인이익과 공익의 관련 방식의 문제를 추가적으로 심층 논의하였다.

⑰ 「개인 이익과 공익의 자유주의적 관련 방식」.『철학연구』. 제61집. 2003. pp.2-3-220.

본서의 배경적 문제이며, 제4장에서 다루어지고 있는 플라톤의 『국가』에서 등장하는 기게스의 반지(the Ring of Gyges)로 야기되는 익명성의 문제는 "왜 내가 도덕적이어야 하는가?(Why should I be moral?)"의 문제와도 연관된다.

⑱ 『익명성의 문제와 도덕규범의 구속력』. 서울: 정보통신정책연구원, 2004.

본서 제2장의 합리성과 관련된 논문으로서 기업윤리에 대한 추가적 심층 논의를 다루었다.

⑲ 「윤리학에서 본 기업윤리관」.『기업윤리연구』. 제12권. 2006. pp.1-18.

본서 제3장 롤즈 부분에서 롤즈가 자신의 사회계약론적 윤리학의 오류를 자인한 논문을 추가적으로 심층 논의한 논문도 썼고, 그것은 제22회 세계철학자대회(서울, 2008. 7. 30.-8. 5.)에서 발표되었다.

⑳ Jung Soon Park. "Rawls' Avowed Error in Rational Contractaria-nism." Section # 10. Korean Society for Ethics Session. XXII World Congress of Philosophy. July 30-August 5, 2008. Seoul,

Korea. pp.1-16. Abstracts. *XXII World Congress of Philosophy* (Seoul, Korea: August 2, 2008), pp.401-402.

본서와 관련된 다른 학자들의 논문들도 언급하고 싶다. 우선 저자의 영어 출간본에 대해서 해설적이면서 동시에 비판적인 서평을 해주신 전 연세대 철학과 김형철 교수에게 큰 감사를 드린다.

김형철 교수는 미국 시카고대학에서 다음과 같은 박사학위논문을 썼다. Kim, Hyung Chul, *Ethical Examination of a Consequentialist Theory of Value and a Bargaining Theory of Distributive Justice*(Ph. D. Dissertation. Chicago: University of Chicago, 1988). 이 논문은 저명한 공리주의자인 존 하사니(John C. Harsanyi), 공리주의 윤리학자인 피터 싱어(Peter Singer), 제도 공리주의자인 러셀 하딘(Russell Hardin)을 위시한 현대 공리주의자들과 데이비드 고티에의 협상적 정의론을 비교 논구한 것이다.
김형철 교수는 자신의 박사학위논문을 소개하는 논문도 썼다.

김형철. 「결과주의적 가치 이론과 협상적 분배정의론에 대한 윤리학적 고찰 — 1988 미국 시카고대학」. 『철학과 현실』. 1990년 봄호. 통권 제4호. pp.338-340.

김형철 교수는 본서 저자의 영어 출간본에 대해서 아래와 같은 서평을 썼다.

김형철. 「서평: 박정순 지음, 『사회계약론적 자유주의 윤리학과 합리적 선택론』(Park, Jung Soon. *Contractarian Liberal Ethics and the Theory of Rational Choice*. New York: Peter Lang Publishing Inc.,

1992)」. 「자유주의의 한계」. 『철학과 현실』. 1993년 가을호. 통권 제
18호. pp.324-335.

김형철 교수는 고티에의 『합의도덕론』에 대한 번역과 아울러 고티에
에 대한 다음 논문들도 집필하였다. 그 논문들은 고티에의 『합의도덕론』
에 대한 고차적인 논의를 피력한 훌륭한 논문들이다.
아래 논문은 롤즈, 하사니, 노직, 고티에의 철학적 분배정의론과 경제
학이 주도하는 합리적 선택이론의 여러 모형들 사이의 관계를 개관적으
로, 개괄적으로 파헤치고 있는 훌륭한 논문(a survey article)이다. 논문
의 기본적 구도는 두 분야에 관련하여 광범위하면서도 심층적인 논의를
잘 제공할 수 있도록 짜여 있다. 아마도 이 논문은 우리 철학계에서 두
분야 사이의 관계를 최초로, 그리고 본격적으로 다룬 논문이 아닌가 사
료된다. 두 분야의 관계에 대한 훌륭한 입문 논문임과 아울러 심층 논의
도 전개되고 있는, 필독해야 할 논문이다.

김형철. 「합리적 선택론과 분배 정의론」. 『철학과 현실』. 1989년 여름
호. 통권 제3호. pp.14-32.

아래 논문에 대해서 저자는 비록 고티에가 매우 훌륭한 학자이기는
하지만, 완전한 결합이라고 평가하는 것은 지나친 찬사라고 비판하면서,
고티에도 사회계약론적 윤리학의 딜레마를 완전히 회피하지 못했다는
것을, 앞에서 언급한 고티에의 『합의도덕론』의 김형철 교수의 번역에
대한 저자의 서평인 ⑫ 「도덕적 미궁 탈출을 위한 철학적 아리아드네」
에서 주장했다.

김형철. 「합리적 선택론과 사회계약론의 완전한 결합」. 『철학과 현실』.
1990년 여름호. 통권 제5호. pp.320-326.

아래 책은 고티에의 『합의도덕론』에 대한 번역과 훌륭한 입문적 해설을 제공하고 있다.

데이비드 고티에. 김형철 옮김. 『합의도덕론』. 서울: 철학과현실사, 1993. 「역자 서문」. pp.i-vi.

김형철 교수는 주요한 시대사조에 대해서도 상호 비교적으로 논구한 바 있다. 특히 사회계약론은 주의주의, 합의주의, 개인주의, 합리주의라는 네 가지 관점에서 잘 논구되고 있다.

김형철. 「신보수주의, 자유주의, 사회계약론」. 『철학과 현실』. 1994년 봄호. 통권 제20호. pp.177-194.

아래 논문은 고티에의 사회계약론적 윤리학에 대한 간략한 논의이지만, 그 전모를 합리적 선택이론을 배경으로 잘 파악할 수 있는 좋은 논문이다.

김형철. 「고티에의 자유주의적 도덕관」. 김형철, 『한국사회의 도덕개혁』. 서울: 철학과현실사, 1996. pp.195-202.

김형철 교수는 고티에에 관한 대학원 철학과 석사학위논문 4편, 그리고 교육대학원 석사학위논문 1편을 지도하였고, 그를 주심으로 해서 철학박사학위를 취득했던 오재호 박사가 고티에에 관한 논문을 『철학』지에 발표한 바 있다. 합리적 선택이론의 수식적 난해성과 정치한 논증들로 점철되어 난해한 고티에의 주저 『합의도덕론』에 대한 석박사 학위논문들은 그리 많지 않은 편인데, 고티에에 관한 5편의 석사학위논문을 지도한 것은 큰 업적이라고 아니 할 수 없다. 저자도 부심으로 그중 몇 편을 심사하였다. 저자는 주심으로 허리선의 고티에에 관한 석사학위논문을 지도하였다.

고티에에 관련하여 다음으로 소개하고 싶은 논문은 논문 집필 당시 서강대 철학과 교수였던 엄정식 명예교수님의 논문이다. 이 논문은 고티에의 사회계약론적 윤리학에 대한 자상한 입문과 아울러 고차적인 논의도 제시하고 있는 주도면밀한 논문이다. 특히 이 논문은 엄정식 교수님이 고티에 교수님을 직접 만나서 나눈 대담을 기초로 하여 쓰였기 때문에, 큰 호소력과 신뢰감으로 충만한 논문이다. 고티에의 주저『합의도덕론』을 이해하기 위해서는 우선적으로 읽어야 할 매우 좋은 선도적 논문이라고 찬사를 드리고 싶다.

엄정식. 「철학자 순례: 고티에의 신사회계약론」. 『철학과 현실』. 1997
년 겨울호. 통권 제35호. pp.94-107.

고티에의 원저에 대한 번역본으로 다음 저서가 있다.

데이비드 고티에. 박완규 옮김. 『리바이어던의 논리: 토머스 홉스의 도
덕이론과 정치이론』. 서울: 아카넷, 2013.

홉스와 롤즈, 그리고 고티에 대한 관련된 다른 국내 논저들은 본문과 후주에서 순차적으로 언급할 것이다. 홉스와 롤즈, 그리고 고티에에 대한 논의는 매우 많기 때문에 전부 언급할 수는 없다. 그래서 홉스와 롤즈, 그리고 고티에에 대한 국내 논저는 본서의 논의 반경, 즉 사회계약론적 윤리학과 도덕성과 합리성의 딜레마에 대한 논의에 국한해서만 추가적으로 심층적으로 다루게 될 것이다. 이러한 가운데 고티에의 근래 입장에 대한 국내외 논의도 저자 후기에서 논의하려고 한다.

본서 저자의 이상의 여러 논문들 중에서 그 관련성이 높은 다음 논문

들만 본서의 부록으로 수록하였다. 제1장, 제2장, 제5장 논문들은 영어 출간본을 기본으로 하지 않고 새롭게 쓴 논문들이며, 제3장, 제4장 논문들은 영어 출간본을 기본으로 하되 수정 증보한 논문들이다. 논문 제목은 제1장, 제2장, 제5장을 제외하고는 적절하게 다시 붙였다.

[부록]

제1장 호모 에코노미쿠스 생살부
　(본서 제2장 관련 추가 심층 논의)
　「호모 에코노미쿠스 생살부」. 고려대학교 철학연구소 창립 2주년 기념 학술대회 『현대사회와 인간: 철학적 성찰』. 1998. pp.1-42.
　위 논문과 동일 제목으로 전재.

제2장 세계시장과 인간 삶의 조건
　(본서 제2장과 관련된 추가 심층 논의)
　「세계시장과 인간 삶의 조건」. 『제13회 한국철학자 연합대회: 21세기를 향한 철학적 화두』. 2000. pp.217-259.
　위 논문과 동일 제목으로 전재.

제3장 사회계약론적 윤리학의 대두와 그 딜레마
　(본서 전체 구도를 배경으로 내용을 요약 정리)
　「계약론적 윤리학의 딜레마」. 『철학과 현실』. 1991년 여름호. 통권 제9호. pp.248-265.
　위 논문의 제목을 변경하여 전재.

제4장 고티에의 신사회계약론적 윤리학과 그 성패
　(본서 전체 구도를 배경으로 고티에에 대한 추가 심층 논의)

「고티에의 『합의도덕론』과 그 정치철학적 위상」. 차인석 외. 『사회철학대계 2』. 서울: 민음사, 1993. pp.246-418.

위 논문과 제목을 달리하여 전재.

저작권은 원저자에게 있으므로 전재.

Chapter 5. Rawls' Avowed Errors in Rational Contractarianism

(제5장 롤즈의 합리적 사회계약론에서 자인된 실책)

(본서 제3장 관련 롤즈 추가 심층 논의)

Jung Soon Park. "Rawls' Avowed Error in Rational Contractarianism."

Section # 10. Korean Society for Ethics Session. XXII World Congress of Philosophy. July 30-August 5, 2008. Seoul, Korea. pp.1-16.

본서에 수록된 논문은 위 논문에 대한 상당한 정도의 수정과 분량이 증가한 수정 증보판이다.

다음 부분은 서문의 부록이라고 할 수 있는데, 본서의 전체 구도를 일목요연하게 정리하고 요약하고 있다.[5]

우리의 상식적 문화 비교론에 의하면 동양사회는 정적 유대(情的 紐帶)로 맺어진 가부장적 위계질서 사회인 반면에, 서양사회는 자유롭고 평등한 개인들에 의거한 합리적 계약 사회로 간주된다. 물론 이러한 상식론적 동서 이분법에 무리가 없는 것은 아니지만 기본적으로 진리를 견지하고 있을지도 모른다는 생각은 아직도 유효할 것이다.[6] 서구사회에 있어서 근대적 자아 및 개인의 형성 과정은 크게 두 가지 관점에서 요약된다. 그 하나는 자아 인식의 명징성을 기반으로 하는 데카르트적 인식 주체의 형성이다. 다른 하나는 자기 이익의 극대화로서의 합리성을 기반으로 하는 홉스적 계약주체의 형성이다. 홉스, 로크, 루소, 그리고 칸트에 의해서 발전된 사회계약사상의 근저가 되는 개인적 합리성의 극대화라는 개념이 함축하는 도구적 이성(instrumental reason or rationality)은 서구사회를 중세사회에서 근대사회로 이행시키는 중차대한 견인차이다.

그러한 도구적 이성 또는 합리성에 의해서 대변되는 서구의 근대적 합리성(western modern rationality)의 형성이라는 배경 속에서만 현재 서구, 특히 영미 도덕 및 정치철학을 주도하고 있는 사회계약론적 윤리학을 그려내는 원근법적 구도가 가능하다. 존 롤즈의 역작 『정의론』(1971)에 의해서 촉발된 도덕 및 정치철학에서의 사회계약론의 부활은 영미 철학계가 20세기 후반기에 목도하는 가장 괄목할 만한 현상 중의 하나이다.7) 롤즈의 『정의론』에서 데이비드 고티에의 『합의도덕론』(1986)에 이르기까지 사회계약론적 윤리학자들은 그들의 윤리학적 방법론을 합리적 선택이론(the theory of rational choice)에 정초시킨다.8)

합리적 선택이론은 단일 이론이 아니라 가치효용론(value-utility theory), 게임이론(game theory), 그리고 사회적 선택이론 혹은 의사결정론(social choice or decision-making theory)을 포함하는 방대한 집합체이다. 합리적 선택이론은 도구적 합리성을 정식화하려는 수학, 경제학, 철학 등 학문 간 노력의 결실로서, 특히 존 폰 노이만(John von Neuman)과 오스카 모르겐슈테른(Oskar Morgenstern), 로버트 루스(Robert D. Luce)와 하워드 라이파(Howard Raiffa), 그리고 케네스 애로우(Kenneth J. Arrow) 등에 의해서 발전되어 소비자 행동론, 조직집단 행동론, 그리고 공공정책의 기술적 및 규범적 의사결정에 관한 엄밀한 공리체계를 구성한다.9) 자기 이익의 극대화(self-interest maximization)라는 동기적 합리성은 서구 자본주의의 경제인간(*homo economicus*)을 대변하며, 그러한 경제인간은 확실성, 위험부담, 불확실성의 선택 상황 아래서 가능한 대안들과 그 결과에 대한 정보를 처리하는 인식적 합리성을 가진 것으로 가정된다.

롤즈와 고티에 모두가 사회계약론적 윤리학을 합리적 선택이론의 일부로 간주할 만큼 그 이론의 영향은 심대하다. 합리적 선택이론의 수용을 통해서 롤즈와 고티에의 사회계약론적 윤리학이 노리는 바는 기본적으로 사회적 선택의 문제인 사회의 기본 구조에 관한 사회정의, 특히 분배적 정의의 원칙에 대한 결정 문제를 사회계약론에서 유전되어온 자연상태, 즉 가상적 상황에서의 합리적 개인들의 합의에 의한 선택 문제로 환치시킨다는 것이다.10) 간단히 말하면, 사회계약론적 윤리학은 합리적 선택이론의 수용을 통해서 방법론적 개체주의(methodological individualism)라는 환원주의적 모형(reductional model)을 최대한으로 활용한다.

이러한 환원주의적 모형은 어떻게 평가되어야만 할 것인가? 사회계약론은 역사적 허구임이 분명하며, 그것이 가지는 철학적 의미는 단지 규범적 선택의 표준적 배경 조건이라는 가상적 효용뿐이다. 그것이 철학적으로 아무리 중요하다고 할지라도 실제로 행해진 바가 없다면 도대체 우리는 왜 그것에 관심을 가져야 하는가?11) 물론 사회계약론적 윤리학자들은 우리가 사회제도 속에서 하이데거적인 피투적 존재(被投的 存在)임을 부정하지는 않는다. 그들이 주장하는 바는 한 사회제도의 정의 여부가 합리적 개인들의 계약 및 합의에 근거한 사회계약론적 테스트 (contractarian test)에 의해서, 즉 강요되지 않은 자발적 참여의 존재자들의 합의에 의해서 평가될 수 있다는 것이다. 이러한 신념은 서구의 도덕 및 정치철학의 합리주의적 전통에서 면면히 이어져 내려온다.12) 그러한 사회계약론적 테스트는 이제 하나의 매우 유용한 사회적 "사고 실험(thought experiment)"의 전형으로 간주된다.13)

그러한 신념은 사회계약론에 의해서 주도된 근대적 합리성에 의해서 철저한 재무장을 하며, 결국 계몽주의적 기획(Enlightenment Project)에 의해서 만개하게 된다.14) 그 만개 속에서 강력히 풍겨 나오는 확신은 합리성의 구현을 통해서 자연 및 세계 내적 존재인 인간들이 그들의 운명을 원하는 바대로 내외부적으로 제어할 수 있다는 유토피아적 확신, 즉 인류 번영에로의 진보라는 낙관주의이다. 이러한 인본주의적 낙관주의는 신적 섭리(divine providence)과 인간적 관할(human province)의 이분법에 의해서 찢긴 중세적 자아분열 조각을 멋지게 붙여내는 철학적 모자이크의 미학이다. 사회계약론적 윤리학과 합리적 선택이론의 접합은 근세 이후 유전되어온 그러한 모자이크의 중심적 구도로 간주될 수 있으며, 그 인접 관계 설정에서 야기되는 제 문제는 세계사적인 문제들로서 철저한 해명을 요구하게 된다.

롤즈의『정의론』(1971)을 둘러싼 첨예한 논쟁들의 전개 과정은 다음 두 가지로 나누어볼 수 있다. 그 하나는 사회계약론적 방법을 수용한다고 하더라도 최종적으로 어떠한 도덕원칙이 도출되며 그것이 어떻게 정당화되는가는 항상 논란의 여지가 있다는 점이다. 사회계약론은 최초의 선택 상황인 자연상태를 어떻게 규정하며, 어떠한 방식에 의해서 자유롭고 합리적인 개인들의 합의가 이루어지는가에 달려 있다. 또 다른 하나는 사회계약론적 방법 자체에 대한 비판이다. 우선 공리주의자 제러미 벤담(Jeremy Bentham)은 사회계약론과 그것이 전제하는 형이상학적 자연법과 자연권(natural right)은 역사적 허구일 뿐만 아니라 불필요한 가정이라고 단언하면서, 그것들은 "죽마 위의 헛소리(Nonsense on the Stilt)"에 불과할 뿐만 아니라, 더 나아가서 무정부적 상태를 야기한다고 조롱했다.15) 벤담은 오직 사회적 유용성만이 모든 사회적 의무와 권리에 대한 필요하고도 충분한 근거를 제시할 수 있으며, 어떠한 경우에도 유용성은 사회계약론적 의무와 자연권에 대한 실질적 기초가 된다고 강력히 주장했다.16) 그러나 사회계약론의 형이상학적 자연법과 자연권은『세계인권선언』(1948)을 거치면서 탈각되고, 인간 자체 혹은 인간의 본성에 준거하는 인권(human right)으로 변형되어 현대사회에서 커다란 인권 혁명을 이룩해낸다.17)

계급 갈등을 준거점으로 하는 마르크스주의자들이나 사회 공동체의 구성원으로서의 덕과 의무를 기조로 하는 신아리스토텔레스적 공동체주의자들은 자유롭고 평등한 합리적 개인들의 합의라는 사회계약론적 방법 자체를 이데올로기적 허위성과 역사적 사회 공동체로부터의 추상적 이탈이라고 각각 비판했다. 간략히 말해서, 사회계약론적 윤리학은 내외부적 도전에 직면해 있다.18) 롤즈의 『정의론』이 출간된 지 48년이 지난 오늘날에도 서구 철학계의 첨예한 논쟁들은 그러한 내외부적 도전에 관련해서 도덕 및 정치철학의 새로운 방법론 — 방법 자체에 대한 거부를 포함해서 — 을 창출하려는 시도에 전적으로 달려 있다고 해도 과언은 아니다.

사회계약론의 내적 갈등은 합의의 주체자들인 계약 당사자들의 합리성을 어떻게 규정하며, 어떠한 선택 상황에서 그러한 합리성이 실현되도록 할 것인가 하는 문제에서 야기된다. 이러한 관점에서 사회계약론은 통상적으로 두 유형으로 분류된다. 사회계약론의 첫째 유형은 계약론적 합의를 전략적 협상의 대상으로 간주하여, 선택 상황은 협상자의 현상(現狀)적 위치, 위협적 이익 등이 중대한 역할을 한다. 이러한 유형은 "만인에 대한 만인의 투쟁 상태"로 규정되는 홉스의 자연상태가 그 전형이며, 근래에는 제임스 뷰캐넌(James Buchanan)에 의해서 약탈과 방어의 자연적 균형 상태로서 제시된 바 있다.19) 둘째 유형은 계약론적 합의를 이상화하여, 위협적 이익의 전략이나 상대적 협상 능력의 우위 등의 역할을 배제한다. 이 유형은 로크, 루소, 칸트에 의해서 발전되어 롤즈에게로 유전된다. 롤즈도 이 두 유형적 분류를 수용하여 홉스의 사회계약론을 잠정협정(modus vivendi), 즉 개인 또는 집단 이익의 상대적 힘에 따른 균형 상태일 뿐이라고 비판하면서 홉스를 자기의 사회계약론적 선구자로 보지 않는다.20)

무지의 장막(the veil of ignorance)에 의해서 각 개인들의 편파적 특이성과 능력에 대한 정보가 배제된 롤즈의 원초적 입장은 합의의 공정성(fairness)을 보장할 수 있는 반면에, 합리적 선택이론의 관점에서 볼 때 임의적이라는 점이 논란이 되어왔다. 합리적 선택이론에서 볼 때, 롤즈의 원초적 입장은 무지의 장막 아래에 있기 때문에 불확실성하에서의 선택(choice under uncertainty)이 된다.21) 롤즈는 그러한 상황에서는 계약 당사자들이 최소극대화 규칙(maximin rule), 즉 최악의 결과가 가장 다행스러운 것을 선택하는 것이 합리적이라고 주장한다. 이러한 주장은 결국 사회적 불평등이 허용될 때 자신이 가장 불운한 자가 될 경우를 가정하고, 그러할 경우 가장 다행스러운 결과가 보장되는 대안을 선택한다는 것을 의미한다. 즉, 계약 당사자는 최소수혜자(the least advantaged person)의 관점에서 정의원칙을 평가한다는 것이다.22)

기본적으로 롤즈의 선택 모형인 불확실성하에서의 개인적 선택을 받아들이는 존 하사니(John C. Harsanyi)는 모든 사람이 어떠한 사회적 지위를 차지할 수 있는 가능성이 동일하다는 가정, 즉 등확률이야말로 공정성을 보장할 수 있는 유일한 길이라고 주장하고 최소수혜자에게 과도한 비중을 두는 롤즈의 입장을 불공정한 것이라고 비판한다. 하사니의 입장은 평균 효용의 극대화를 합리성의 기준으로 간주함으로써 평균 공리주의(average utilitarianism)에 이르게 된다.23) 롤즈와 하사니의 선택 모형을 모두 비판하는 로버트 노직(Robert Nozick)은 자기동일성을 인지하는 개인들의 자유로운 합의는 롤즈식의 집산주의적 분배나 하사니식의 평균 공리주의적 분배의 최종 결과적 정형(定型)을 배제할 것이라고 주장한다. 노직은 다른 사람들에게 충분한 양질의 재화가 남아 있는 한, 한 개인의 원초적 취득에 대한 소유권은 정당화된다는 소위 로크적 단서(the Lockean proviso)에서부터 출발하여, 개인적 자유와 재산권의 극대화를 모토로 하는 소유적 개인주의(possessive individualism)로서의 자유방임주의에 이르게 된다.24) 이러한 비판을 감안해볼 때, 롤즈는 합리적 선택이론을 원용하여 반론을 보낼 수 없는 것은 분명하다.

따라서 롤즈는 "정의론을 합리적 선택이론의 일부라고 서술한 것은 『정의론』의 (매우 오도된) 실책이었다"는 이론적, 방법론적 실책을 자인하게 된다.25) 롤즈에게 있어서 원초적 입장은 더 이상 합리적 선택이론을 원용한 도덕 기하학적 연역의 체계가 아니다. 롤즈는 자기의 이러한 입장 변경을 "칸트적 구성주의"라고 명명한다. 칸트적 구성주의에서는 공정성에 대한 합당성의 조건이 우리의 직관적 신념에 의거해서 합리성의 외부석 제약으로 유입된다는 것이다.26)

1980년대 말 영미 윤리학계의 중요한 관심사 중의 하나는 롤즈와 하사니, 그리고 노직 사이에 벌어지고 있는 이상의 논쟁들을 합리적 선택이론을 엄밀하게 적용하여 사회계약론적 윤리학 내에서 종식시킬 수 있다고 주장하는 데이비드 고티에의 『합의도덕론』(1986)에 쏠려 있었다.27) 고티에의 사회계약론적 윤리학은 로크적 단서를 분배적 정의의 출발선으로 간주하고 있다는 점에서 노직과 합의하고 있다. 그러나 고티에는 로크적 단서에 의해서 보장된 각 개인의 재능에 의한 산출분을 제외한 협동적 잉여(cooperative surplus)는 한계생산성의 기여도에 따른 협상 모형(bargaining model)에 의해서 정형적으로 분배될 수 있다고 주장함으로써 노직과 결별한다. 게임이론을 원용한 협상의 과정은 "최대상대양보의 극소화 원칙(the principle of minimax relative conce-ssion)"으로 정식화된다. 위험부담하에서의 다수 협상 게임을 기조로 하는 고티에는 불확실성하에서의 개인적 선택을 기조로 하는 롤즈와 하사니의 모형을 개인들의 특이성과 재능의 차이를 무시하는 비현실적 모형이라고 비판한다.28)

사회계약론적 방법으로서 고티에의 윤리학은 로크적 단서에서 출발하여 홉스적 계약 진행 과정을 교묘히 배합하는 것이다. 구체적으로 고티에가 합리적 선택이론을 통해서 노리는 바는 다음과 같다. 첫째, 계약당사자들의 합의에 대한 합리적 정당화가 가능하다. 합리적 선택이론에 있어서 합리성은 가치중립적인 도구적 이성으로 계약론적 합의에 의해서 도출될 도덕적 결론을 함유하지 않은 무도덕적 개념이다. 둘째, 자연적 및 사회적 자원의 희소 상태라는 정의의 여건 속에서 비이타주의적인 자기 이익의 추구라는 선택 동기가 명백하게 마련된다. 셋째, 다양한 자기 선택적인 가치의 허용에서 귀결되는 다원주의 및 상대주의 속에서 간주체적인 계약론적 합의가 가능하다. 넷째, 한 사회의 정의 여부를 판정하기 위한 아르키메데스적 중립성을 확보할 수 있다.29)

고티에가 노리는 이러한 방법론적 기초들에 대한 다음과 같은 비판은 영미 윤리학계가 당면했던 논쟁들의 최전선을 형성했다.30) 첫째, 도덕성과 합리성의 관계는 딜레마에 봉착한다. 무도덕적 합리성의 극대화는 위협적 이익, 협상 능력, 현상적 위치에 의해서 도덕성을 훼손하며, 그러한 도덕성에의 훼손을 방지하기 위해서 공정성이 보장된 이상적 협상(ideal bargaining)을 처음부터 수용하면 엄밀한 합리성이 보장될 수 없는 순환성(circularity)에 빠진다. 다시 말하면 고티에는 홉스적 계약 과정을 로크적 단서와 화해시킬 수 없다. 둘째, 여러 가지 합리적 선택 모형들의 합리성을 판정하는 메타 기준이 없는 한 합리적 선택이론은 불확정성에 빠진다. 그러나 메타 기준에의 의존은 무한소급을 불러낸다. 셋째, 도구적, 무도덕적 합리성은 허용될 수 있는 가치들의 평가에 대한 불충분성, 모호성뿐만 아니라 여러 가지 가치들의 갈등을 무시하는 정치적 무감각성을 노정한다. 넷째, 합리적 선택이론에 내재된 자유주의적 전통을 암묵적으로 수용하는 비중립적인 이데올로기적 편협성을 피할 수 없다.

따라서 엄밀히 말하면 고티에의 사회계약론적 윤리학은 사회계약론적 자유주의 윤리학이 된다. 사회계약론적 윤리학의 이러한 난관 봉착은 개인의 합리성에 근거한 환원주의적 정초주의(reductional foundationalism)라는 방법론적 측면과 개인주의적 자유주의(individualistic liberalism)라는 실질적 측면에 동시에 근거하고 있음이 밝혀진다.

본서가 주제적으로 밝힌 바와 같이 사회계약론적 자유주의 윤리학은 합리적 선택이론을 수용하였으나 도덕성과 합리성의 딜레마를 극복할 수 없을 뿐만 아니라, 사회계약론의 두 유형, 나아가서 다양한 합리적 선택이론의 모형들 사이의 불확정성(indeterminacy)을 해결할 수 없다. 사회계약론적 자유주의 윤리학은 이제 그 딜레마의 양 뿔을 피해 갈 수 없을 뿐만 아니라, 불확정성을 더한 삼자택일의 궁지인 트라일레마(trilemma)에 내몰린다. 정의로운 사회의 판정을 위한 아르키메데스적 점을 찾으려는 롤즈와 고티에의 시도는 어쩌면 정초주의적 혹은 토대주의(foundationalism)적 실패의 한 전형을 보여주고 있는지도 모른다. 그렇다면 우리는 여기서 사회계약론적 자유주의 윤리학의 종언을 선언해야 하는가? 아니면 그것의 방법론적, 실질적 변형을 기대할 수 있는가? 그것 이외에 우리에게 어떤 다른 대안들이 남아 있는가?

도덕성과 합리성에 관련된 딜레마는 유독 사회계약론적 윤리학만의 문제는 아닐 것이다. 그것은 도덕적 행위의 동기화(motivation)와 관련해서 플라톤의 『국가』에서 언급된 기게스의 반지(the Ring of Gyges)의 우화, 즉 돌리면 몸이 보이지 않는 반지를 긴 리디아의 목동의 부도덕한 행위 이래 전래되어온 문제이다.[31] 도덕철학이 그러한 문제에 답한다는 것은 "왜 내가 도덕적이어야 하는가?(Why should I be moral?)"의 문제를 도덕적 회의주의자들(moral sceptics)이나 무도덕론자들(amoralists)에게 납득시킨다는 중대한 의의가 있다. 홉스가 근대적 경제인간의 도구적 합리성을 정식화한 이래, 자기 이익의 극대화라는 도구적 합리성과 도덕성과의 조화 문제는 자유주의적 자본주의가 당면한 중대한 문제가 되어왔다.[32]

전통적으로 공리주의는 공리 혹은 효용(utility)의 단순한 극대화가 함의하는 부도덕성을 처리하기 위해서 양적, 질적 공리주의의 구분, 그리고 행위, 규칙 공리주의의 구분에 관련된 내적 갈등을 적나라하게 보여준 바 있다. 자유지상주의자들은 개인적 이익의 추구가 결국 전체 사회의 이익을 증대시키는 낙수 효과 혹은 적하 효과(trickle-down effect)를 강조하기는 했지만 어느 사회나 지나친 빈익빈 부익부의 현상은 분배적 정의의 관점에서 도덕적 분노를 사기에 충분하다. 이러한 관점에서 본다면 하사니와 노직에 의해서 각각 대변된 공리주의와 자유지상주의도 도덕성과 합리성에 대한 자유주의적 문제를 사회계약론적 윤리학과 공유하고 있다고 평가할 수 있다.

사회주의를 포함한 마르크시즘에 대한 통상적 비판의 하나는 그것이 전체적 평등이라고 하는 도덕적 이상을 실행하고 있기는 하지만 개인적 합리성의 추구와 자유를 억압하는 비효율적 체계라는 것이다. 이러한 비판은 광범위한 재분배 정책을 수행하는 복지사회주의 또는 복지사민주의에도 적용되어왔다. 이러한 관점에서 본다면 마르크시즘도 평등이라는 도덕적 이상을 미리 수용하므로 합리적으로 볼 때 임의적이라는 지적이 가능하다. 따라서 마르크시즘도 사회계약론적 자유주의 윤리학이 가진 딜레마의 한 뿔로 볼 수도 있다.33) 크게 보면, 합리성과 도덕성의 딜레마는 자유주의(혹은 자본주의) 대 사회주의의 딜레마라고 할 수 있다.34) 1990년대 이후 소비에트 연방의 붕괴와 동구 사회주의 국가들의 혁명적 변화는 사회주의 도덕이 당면한 합리성의 문제가 얼마나 심각한 것인가를 잘 노정하고 있다는 해석도 가능하다. 이러한 와중에서 분석적 마르크시즘(analytical Marxism)은 합리적 선택이론을 원용하여 마르크시즘의 합리성을 재해석하려고 한다는 점에서 주목을 끌고 있다.35)

사회계약론적 윤리학이 가진 개인주의적 자유주의의 전제를 비판하는 알래스데어 매킨타이어(Alasdair MacIntyre)를 위시한 신아리스토텔레스적 공동체주의자들은 도덕 공동체의 구성원으로서의 덕(virtue)과 의무(obligation)를 강조함으로써 도덕성과 합리성의 딜레마를 해결하려고 한다. 그러나 그러한 덕과 의무는 아무런 도덕적 충돌도 없는 가치통합적이고 동질적인 안정된 사회를 기반으로 하고 있다는 점에서 문제의 해결이라기보다는 회피라고 볼 수도 있다. 공동체주의는 실질적으로 한 사회의 구성원이 그가 속한 사회를 비판할 수 없게 만든다는 점에서 도덕적 보수주의(moral conservatism)로 전락할 수도 있다. 그리고 그러한 덕과 의무의 수행을 내면화하기 위한 끊임없는 교육적 주입이 필요하다는 전체주의적 위험성도 있다. 과거에 아무리 찬란했던 도덕적 공동체가 있었다고 하더라도, 인간 행위에 대한 도구적 합리성의 평가에 물들어 있는 현대인들에게 그러한 것을 되살리려는 공동체주의는 낭만적 복고주의에 불과할지도 모른다.36)

이상과 같이 사회계약론적 자유주의 윤리학의 제 대안들도 합리성과 도덕성의 딜레마를 해결할 능력이 없다는 점을 감안해볼 때 사회계약론적 윤리학의 종언은 아직은 시기상조이다. 그렇다면 사회계약론적 윤리학은 어떻게 변경되어야만 할 것인가? 그 변경에 관련해서 중요한 것은 사회계약론적 윤리학의 자기정체성의 문제가 먼저 해결되어야 할 것이라는 점이다. 물론 아무리 변경된다고 해도 사회계약론적 윤리학은 다양한 결론을 용인하는 도덕적 형식주의(ethical formalism)에 불과할 뿐이며, 어떠한 실질적 내용을 확정시킬 수 없다는 비판도 첨예하게 대두하고 있다. 그러나 사회계약론적 윤리학은 적어도 공동의 합의에 의해서 수용될 수 있는 것과 없는 것이 무엇인가를 분별해줄 수 있는 역지사지적인 도덕적 상상력(moral imagination)을 제공해준다는 점에서 아직은 호소력이 있다. 그리고 사회 구성원들의 합의, 즉 피치자의 동의(the consent of the governed)라는 개념은 사회계약론과 민주주의를 위한 기본적인 도덕적 요건이다. 또한 그러한 합의에 대한 합리적 준수 문제의 해결은 사회적 안정을 위해서 필수적으로 요청된다.

사회계약론적 자유주의 윤리학의 가능한 변경에 대해서 많은 논의의 대상이 되고 있는 것은 합리적 선택이론을 더 이상 수용하지 않는 롤즈의 최종 입장이다. 그가 원용하고 있는 소위 광역적인 반성적 평형상태(the wide reflective equilibrium), 즉 숙고적 판단, 도덕원칙, 배경적 사회이론 사이의 정합을 추구하는 도덕 방법론에 관련해서 소위 포스트모던적 전환이니 해석학적 순환이니 하는 논의들이 분분했다.37) 포스트모던적 전환은 합리적 환원주의라는 정초주의 혹은 토대주의를 버림으로써 철학적 논란에서 독립하여, 우리에게 직관적으로 주어져 있는 공정성에 대한 이해를 결합시켜 중첩적 합의(overlapping consensus)만을 추구하는 정치적 자유주의(political liberalism)로 나아가게 된다.38) 해석학적 순환은 공정성에 대한 합당한 조건(reasonable condition)이 서구 민주주의의 300여 년간의 역사적 상황에 대한 해석학적 이해에 근거하고 있기 때문에 사회계약론적 자유주의 윤리학의 딜레마의 한 뿌리인 도덕적 순환성을 악순환이 아니라 호순환으로 바꾸어준다는 것이다.39) 그러나 역사적 소여성에 대한 해석은 언제나 논란의 여지가 있으며 도덕적 평등과 공정성이라는 합당성이 합리성보다 우선한다는 것은 고티에나 홉스주의자들에 따르면 잘못된 해석일 수도 있다. 고티에에 의하면, 본서 제4장에서 논구하게 될 것처럼, 도덕원칙의 합리적 준수에 관련하여 합리성의 개념이 제한적 극대화로 변환되는데 그 근거는 바로 극대화로서의 합리성의 개념이라는 주장이 많은 주목을 받고 있다. 고티에에 의해서 제기된 합리성의 재고의 문제는 매우 중요하며 그것과 관련해서 개진된 합리적 선택자들의 성향성(disposition)의 개념이 잘 해명되는 방식으로 추진된다면 그의 사회계약론적 윤리학은 새로운 호소력을 창출해낼 수도 있을 것이다. 이제 사회계약론적 윤리학을 통한 사회 구성원의 합의 창출은 비역사적 공상이 아니라, 한 사회에서 합의될 수 있는 것과 합의될 수 없는 것을 구분해준다는 점에서 커다란 사회적 의미를 가지는 사회적 사고 실험의 한 전형이라고 평가될 수 있을 것이다. 영미권에서 사회계약론적 자유주의 윤리학이 대두됨으로써 유럽 대륙권에서도 "윤리학적 전회(The Turn to Ethics)"를 불러온 공헌은 인정되어야만 할 것이다.40)

그러나 고티에의 사회계약론적 자유주의 윤리학의 성패에 대한 평가는 본서 제4장과 제5장에서 최종적 결론을 내리게 될 것이므로 좀 더 긴 철학 여행을 한 연후에나 가능할 것이다. 독자 여러분들의 마지막 여정까지의 인내와 아울러 질정을 바라마지 않는 바이다.

이 책을 쓰는 동안 격려를 아끼지 않은 철학과 동료 교수들, 김영근 명예교수님, 리기용 교수, 이상인 교수, 이진용 교수, 정대성 교수에게 우선 감사를 드린다. 그리고 한국윤리학회 회원 여러분들에게도 감사를 보낸다. 그리고 한국 철학계 원로 교수님들과 동료 철학 전공 교수들에게도 그 격려와 질정에 대해서 큰 고마움을 표하고 싶다. 이 책의 후주 작업에 도움을 준 박승권 박사와 이주석 박사에게 그 노고에 감사한다. 또한 이 책을 흔쾌히 출판해 주신 철학과현실사 전춘호 사장님께 큰 고마움을 표하고 싶고, 세심하게 편집하여 좋은 판본을 만들어주신 김호정 출판부장님에게도 감사하고 싶다.

우거 도곡재(道谷齋)에서 저자 씀

제1장

서론: 현대 윤리학의 철학적 전개 양상

1. 사회계약론적 자유주의 윤리학의 대두와 그 철학적 의의

제2차 세계대전 이후 현대 영미 윤리학과 정치철학의 분야에서 가장 괄목할 만한 현상은 사회계약론의 부활이라고 말할 수 있을 것이다. 사회계약론의 현대적 부활은 존 롤즈(John Rawls)의 저서 『정의론(*A Theory of Justice*)』(1971)에 의해서 주도되었다.1) 롤즈의 저서는 1971년에 발간되자마자 철학과 사회과학 분야뿐만 아니라 세간에서도 많은 주목을 받는다. 이 책이 이러한 주목을 받게 된 이유는 많지만, 가장 중요한 것은 이 책에서 롤즈가 사회계약론적 정의론이 "민주주의적 사회를 위한 가장 적합한 도덕적 기초를 마련해준다"고 주장하고, 또 그러한 주장이 많은 사람들에게 납득되고 있기 때문이다.2)

사회계약론의 전통에서, 토머스 홉스(Thomas Hobbes), 존 로크(John Locke), 장 자크 루소(Jean-Jacques Rousseau), 임마누엘 칸트(Immanuel Kant)는 통상 다음과 같은 의미에서 사회계약론자로 간주된다. 그들은 모두 정부와 시민사회, 혹은 정치적 의무 일반의 철학적 근거를 제시하려고 했다. 그러한 근거로서 그들은 가상적인 정치적 합의이론에 관한 세속적이고 자발적이고 개인주의적인 합리적 모형을 제시하였다.3) 따라서 롤즈 이전까지 사회계약론은, 칸트의 경우를 제외하면, 도덕철학으로 널리 간주되어온 것은 아니었다. 여기에 비해서 롤즈의 『정의론』의 목적은 "흔히 알려져 있는 사회계약이론을 고도로 추상화함으로써 일반화된 [도덕적] 정의관을 제시하는 것"이다.4) 추상화의 의미는 "우리는 원초적 계약을 특정한 사회로 유입하거나 특정 형태의 정부를 수립하는 것으로 생각해서는 안 된다"는 것이다.5) 더 나아가서, 롤즈의 사회계약론적 윤리학은 20세기 중반까지 영미 철학계에서 지배적이었던 메타윤리학(metaethics)의 규범적 공허성을 충족시키려는 합리적이고도 체계적인 노력이라고 볼 수 있다.6)

　도덕성과 합리성 사이의 관계를 찾으려는 노력은 그 자체로 볼 때 전혀 새로운 것은 아니다. 소크라테스 이래로 철학자들은 윤리학의 합리적 근거를 다양한 방식으로 추구해왔다. 그들은 통상적으로 다음과 같은 문제들을 제기하였던 것이다. 즉, 정의는 이로운 것인가? 덕이 있는 사람은 행복한 사람인가? 정당한 것을 행하는 동기는 무엇인가? 도덕적으로 행위하는 근거는 무엇인가? 나는 왜 도덕적이어야 하는가?7) 이러한 일련의 질문들에서 도덕의 기본적 구조는 합리성의 기준을 참조함으로써 의미 있게 평가되는 어떤 것으로 간주되며, 이러한 의미에서 도덕성은 관련된 개인들의 숙고적이고도 합리적인 선택의 대상이 된다. 일반적으로 말해서, 소위 "계몽주의적 기획(Enlightenment Project)"과 전통적인 사회계약론은 윤리학의 합리주의적 전통의 대표적인 유형이다.8)

　그러나 19세기와 20세기에 서구사회는 이러한 합리주의적 이상으로부터 후퇴한 것이 사실이다. 첫째, 역사주의적 견해는 한 사회에서 도덕과 정치의 지배적인 제도적 구조는 합리적인 평가와 선택의 과정을 벗어나 있다는 근거에서 합리주의적 이상을 신랄하게 공격하였다.9) 따라서 도덕 및 정치적 제도의 의미와 가치는 거역할 수 없는 역사적 과정 속에서 그것들의 위치를 이해함으로써 포착될 수 있는 것이 되었다. 게오르크 헤겔(Georg W. F. Hegel)의 역사적 이성의 간계와 칼 마르크스(Karl Marx)의 변증법적 유물론은 이러한 역사주의적 견해의 대표적인 유형이다. 둘째, 그러한 후퇴는 비관적이고 냉소적인 허무주의적 반계몽주의를 함축하고 있었다.10) 이러한 견해에 의하면, 도덕 및 정치적 제도의 구성이 지배적인 실질적 권력 관계에 관한 니체적 표현, 아니면 인간의 심리적 본성에 관한 프로이트적 억압, 혹은 맹목적이고 우연적인 관습과 전통의 파생물에 불과한 것으로 간주되었다.11) 셋째, 20세기의 전반부에 규범적인 도덕 및 정치철학은 결국에는, 적어도 영미 철학계에서는, 의미 있는 철학적 탐구 작업의 영역으로부터 추방당하게 된다. 이러한 추방은 오직 과학적 합리성만을 숭상하는 논리적 실증주의(Logical Positivism)의 편협한 주장으로부터 발생되는 광범위한 파괴적 영향의 단적인 결과이다. 논리실증주의자들은 수학적으로, 경험적으로 의미 있는 명제를 구분하는 검증원리에 의거하여 규범적인 도덕적 담론에 어떠한 합리적 의미도 없다는 것을 주장했던 것이다.12) 논리실증주의의 이러한 파괴적 영향 아래, 도덕적 탐구는 도덕적 용어의 의미와 논리적 관계만을 문제 삼는 소위 메타윤리학에 국한될 수밖에 없었다. 이러한 상황에서 논리실증주의자들에게 유일하게 가능한 윤리학적 입장은 정의주의(情意主義, emotivism)였다. 정의주의는 도덕적 판단들이 자신의 감정을 표현하고 타인의 감정을 유발하는 표현적 기능만을 가진 것으로 해석한다.13) 이러한 정의주의자와 도덕을 하나의 보편적 규정으로 보는 보편적 규정주의자(universal prescriptivist)는, 도덕의 객관적 속성을 주장하는 자연주의자와 직관주의자가 도덕적 지식에 관한 근거 없는 주장을 제시할 뿐만 아니라, 도덕적 판단의 서술적이고 인지주의적(descriptive and cognitive) 측면은 확인될 수도 없고, 또한 도덕적 판단의 본질적 요체가 아니라고 비판한다. 그러나 정의주의자와 보편적 규정주의자와 같은 비인지주의자(non-cognitivist)는 도덕에서 이성의 역할을 무시하는 것과 도덕적 신념에 관한 정당한 이유와 부당한 이유를 구별할 수 있는 규범적 윤리학을 배제한 채 메타윤리학에만 논의를 국한하는 그 편협성으로 말미암아 비난을 받게 된다.14)

논리실증주의가 붕괴된 후, 도덕적 일상언어 분석을 통한 윤리학에서의 "정당근거적 접근방식(the good reasons approach)"이 대두하게 된다.15) 이러한 접근방식의 주요 논증은 사람들은 자신들의 도덕적 신념과 행위에 대해서 어떤 이유를 제시하려고 하며, 이러한 이유들 중 어떤 것은 정당하거나 합리적인 것으로 판정될 수 있다는 것이다. 도덕적 일상언어의 분석을 통해서 정당근거적 접근방식은 무엇이 윤리학에서 정당하고 합리적인 근거를 구성하는가를 제시한다는 점에서 어떤 원칙들이 도덕적으로 정당하거나 합리적인 것으로 입증될 수 있는가를 밝혀주고 있다. 스티븐 툴민(Stephen Toulmin)은, 도덕적 판단의 근거는 "그것이 사람들의 행위를 조화롭게 만드는 데 사용된다"는 사실이라고 주장한다.16) 커트 바이어(Kurt Baier)는, 도덕적 근거는 "모든 사람의 선이 되어야만 한다"고 주장한다.17) 따라서 툴민과 바이어에 따르면, 윤리학에서 도덕적 판단과 행위의 정당한 근거를 추구하고 제시하는 것이 본질적인 것이기 때문에, 도덕적 평가는 직관이나, 감정, 혹은 순전히 개인적인 실존적 선택의 문제는 아니다.

이러한 "정당근거적 접근방식"이 대두한 결과, 사실과 가치의 논리실증주의적 구분은 의문시되었다. 왜냐하면 어떤 행위는 합리적인 것으로 간주될 수 있는 사회적 관행이나 혹은 사회적으로 합당한 것으로 널리 인정된 사실에 의해서 정당화될 수 있기 때문이다. 그러나 여전히 약속 혹은 계약에 의거해서 가치와 당위가 사실로부터 도출될 수 있는지의 여부는 논란의 대상이 되어왔다.18) 따라서 많은 철학자들은 "정당근거적 접근방식"에 만족하지 않고, 도덕의 보다 엄밀한 합리적 정당화를 모색해야 한다고 자각하게 된다.19) 툴민과 바이어의 "정당근거적 접근방식"은 도덕성과 이성의 관련 방식을 확립함에 있어서 도덕적 행동이 합리적이라는 것을 하나의 주어진 사실로 간주하고, 그러한 합리성의 본성과 범위 안에서 도덕적 추론과 도덕적 판단이 수행되는 방식을 찾는다. 그러나 이러한 방식으로 합리성을 도덕성에로 수용하는 방식은 더욱 엄밀한 방식으로 도덕적이어야 하는 근거, 혹은 정당화를 찾으려는 철학자들을 만족시킬 수는 없었다.

따라서 그러한 철학자들이 볼 때, 정당근거적 접근방식은 윤리적 직관주의보다 더 나을 것이 없는 것처럼 보인다. 마치 윤리적 직관주의가 규범적인 도덕적 문제를 독단적인 직관적 선언에 호소함으로써 해결하려는 것처럼, 정당근거적 접근방식은 그러한 문제를 언어적 관행에 기반한 인가(linguistic fiat)에 의해서 해결하려고 한다.20) 그러나 정당근거적 접근방식에 대한 더욱 심각한 비판은 다음과 같은 관점에서 온다.21)

"이러한 정당근거적 접근방식은 서로 경쟁하는 도덕적 원칙과 근거들의 존재를 무시하며, 정당근거적 접근방식이 옹호하는 원칙과 근거를 지지하기 위한 어떠한 논증도 제시되지 않고 있다. 특히 정당근거적 접근방식은 스스로 옹호하는 '도덕적 이유(moral reasons)' 자체가 이성, 즉 추론에 의해서 어떻게 확인되는지를 입증하려는 노력조차 하지 않고 있다."

이러한 상황에 따라서 많은 철학자들은 도덕의 합리적 근거에 대한 일상언어적 분석을 위주로 하는 정당근거적 접근방식이 당면한 문제를 해결하는 하나의 대안으로 합리적 선택이론에 호소하게 되었다. 그들은 현대 윤리학의 합리주의적 경향은 도덕철학과 합리적 선택이론이 결합하게 됨으로써 더욱 엄밀하게 강화될 것으로 기대했다.

합리적 선택이론은 단일 이론이 아니라 가치효용론(value-utility theory), 게임이론(game theory), 사회적 선택이론(social choice theory), 그

리고 개인적, 사회적 의사결정이론(individual and social decision-making theory) 등을 포함하는 방대한 집합체이다. 20세기 후반부가 시작된 이후 30년 동안 합리적 선택이론은 도구적 합리성을 정식화하려는 수학, 철학, 경제학 등의 학제적 방법론으로서 개인의 소비 행동과 도덕적 행동, 집단적 행동, 그리고 공공적 정책 수립의 문제에 합리적 선택이론의 여러 모형들을 적용하려는 일련의 시도를 통해 급속도로 발전하게 된다.22) 이러한 모형의 전형들은 존 폰 노이만(John von Neuman)과 오스카 모르겐슈테른(Oskar Morgenstern), 로버트 루스(Robert D. Luce)와 하워드 라이파(Howard Raiffa), 그리고 케네스 애로우(Kenneth J. Arrow) 등에 의해서 제시되었다.23) 이러한 모형들은 흔히 호모 에코노미쿠스(*homo economicus*)로 통칭되는 합리적 경제인간의 이상을 기본적으로 반영하고 있다. "최소의 비용을 지불하여 최대의 이득을 획득할 수 있도록 행위하라."24)

리처드 브레이스웨이트(Richard B. Braithwaite)는 『도덕철학자를 위한 도구로서의 게임이론』에서 게임이론을 원용하여 분배적 정의의 문제를 해결하려고 시도한 바 있다.25) 롤즈는 그의 초기 논문 「윤리학에서 의사결정 절차의 개요」에서 사람들 사이의 이익의 갈등을 해소하기 위한 합리적 의사결정 절차가 바로 도덕이라고 규정함으로써 도덕철학자로서의 자신의 학문적 작업을 시작했다.26) 그는 이러한 생각을 보다 체계적으로 발전시켜 사회계약론을 윤리학의 합리적 토대와 방법론적 기제로 원용하는 「공정성으로서의 정의」라는 논문을 발표하게 된다.27) 이 논문에서 롤즈는 다음과 같이 단호하게 주장한다.28)

"도덕성의 요소를 갖는다는 것은 단순한 [순전히 개인적] 선택이나, 혹은 도덕적 성질을 직관하거나, 혹은 감정이나 태도를 표현하는 문제가 아니다(철학적 견해는 이러한 세 가지 해석 사이를 왔다 갔다 하고 있다)."

세 가지 견해는 차례로 실존주의, 직관주의, 정의주의이다. 최종적으로 롤즈는 그의 대작,『정의론』(1971)에서 본격적인 사회계약론적 윤리학을 구축하게 된다. 롤즈는 여기서 사회정의의 원칙들이 합리적으로 자기 이익을 추구하는 계약 당사자들 사이의 공정한 합의에 의해서 도출될 수 있음을 입증하려고 한다.

2. 사회계약론적 윤리학과 합리적 선택이론의 결합과 그 자유주의적 이데올로기의 함축성

롤즈에 의해서 전개된 현대 정의론의 철학적 의의와 그 실천적 결과는 이렇게 요약될 수 있을 것이다. 첫째, 그의『정의론』이 출판되기 이전까지 현대 영미 윤리학은 메타윤리학적 논의가 지배했다는 점을 감안할 때, 롤즈의 현대 정의론은 실질적이고도 규범적인 윤리체계의 구축을 달성하고 있다. 둘째, 그의 정의론은 공리주의의 자유주의적 유형과 대등할 뿐만 아니라 더 우월할 수도 있는 사회계약론적 자유주의의 체계적인 부활을 가져왔다.29) 셋째, 온건한 평등주의적 자유주의의 한 유형으로서의 그의 사회정의론은 "우리 시대의 주요한 정치적 분열, 즉 자유지상주의적 우파와 평등주의적 좌파를 분리시키는 분열을 해소할 수 있는 하나의 방식"으로 볼 수 있다.30) 다시 말하면, 자유와 평등 사이의 중대한 정치적 분열은 앞으로 본서 제3장에서 논의할 롤즈의 정의의 두 원칙을 통해서 해소할 수 있게 된다. 최대의 평등한 자유의 원칙과 양립 가능하게 최소수혜자의 기대치를 최대로 증진시키는 분배 방식을 선택할 것을 규정하는 그의 "차등의 원칙"은 그러한 해소 방식으로 간주될 수 있을 것이다.

롤즈의『정의론』의 기본적 취지는 실질적이고도 규범적인 윤리체계의 사회계약론적 구축으로 요약될 수 있다. 이 책에서 우리의 기본적 목적은 롤즈의 사회계약론적 윤리학을 합리성으로부터 도덕성을 도출하려는 기획으로 해석하고, 그것을 비판적으로 평가하는 일이다. 현대 윤리학에서 도덕성과 합리성의 관계 방식의 문제가 가지는 중대성으로 볼 때, 롤즈의 사회계약론적 윤리학에서 합리성의 개념은 매우 중요한 역할을 한다. 롤즈는 『정의론』에서 합리적으로 자기 이익을 추구하는 계약 당사자들 사이의 합의를 기초로 해서 정의의 원칙을 도출하게 된다.

이 책은 롤즈의 『정의론』과 고티에의 『합의도덕론』을 통해서 제시된 사회계약론적 윤리학의 본질과 그 한계에 대한 비판적 평가를 기본적 목적으로 한다.31) 고티에의 『합의도덕론』은 출간되자마자 다양한 찬사와 비판이 함께 쏟아지는 커다란 주목의 대상이 되었다. 이러한 주목을 받게 된 이유는 고티에가 그 책에서 제시된 협상적 정의론이 사회계약론적 윤리학에 대한 가장 적절한 합리적 연역 기획을 구성한다고 주장하고 있기 때문이다. 고티에는 그의 사회계약론적인 합리적 구성과 연역을 통해서, "도덕성은 실천적 합리성의 [약한 전제를 가진] 기초적이면서도 광범위하게 수용되는 개념에 근거하게 된다. 도덕성에 대한 어떠한 다른 대안적 설명도 이러한 것을 달성할 수 없다"고 주장한다.32)

보다 구체적으로, 이 책은 롤즈와 고티에의 철학적 저작들을 합리적 선택이론으로부터 도덕성을 도출하려는 사회계약론적 시도의 관점에서 비판적으로 논의할 것이다. 이러한 보다 구체적인 목적의 중요성은 롤즈와 고티에가 사회계약론적 윤리학과 합리적 선택이론 사이의 관계에 대한 명백한 입장을 표명하고 있다는 사실로 드러난다. 롤즈는 자신의 정의론의 요지를 말하는 가운데, "정의론은 합리적 선택이론의 일부분, 아마도 가장 중요한 일부분일 것이다"라고 명백하게 지적한다.33) 이와 비슷하게, 고티에도 자신의 이론을 개괄하는 곳에서, "우리는 합리적 선택이론의 일부분으로서의 도덕이론을 전개할 것이다"라고 밝힌다.34) 이렇게 도덕이론을 합리적 선택이론의 한 부분으로서 규정하는 두 사회계약론적 윤리학자들의 주장을 이해하기 위해서, 우리는 우선 합리성의 개념이 무엇인가로부터 시작해야 할 것이다. 롤즈에 따르면, "합리성의 개념은 가능하면 경제이론에서 통상적으로 사용되고 있는 좁은 의미, 즉 주어진 목적에 대한 가장 효율적인 수단을 취한다는 것으로 이해되어야 한다."35) 역시 고티에에 의해서도, "합리성의 극대화적 개념은 사회과학에서 거의 보편적으로 수용되어 사용되고 있다. … 그것은 경제이론의 핵심으로서 게임이론과 의사결정이론에서 일반화되고 있다."36)

합리성에 대한 이상의 논의를 보면, 우리는 롤즈와 고티에가 기본적으로 합리성의 표준적 개념을 공유하고 있다고 추론할 수 있을 것이다. 합리성의 표준적 개념은 합리성을 수단적이고 가치중립적인 극대화의 개념으로 이해하는 것으로서 합리적 선택이론, 특히 미시경제학과 의사결정이론에서 단적으로 가정되고 있는 것이다.

그렇다면, 롤즈와 고티에가 이러한 합리성의 개념을 공통적으로 수용하고 있는 이유는 무엇일까? 무엇보다도 먼저, 롤즈와 고티에는 도덕성이 도덕성으로부터 그 자체가 독립되어 있는 합리성의 개념에 근거하기를 원한다. 그들은 이것을 사회계약론적 도덕원칙들의 정당화에 대한 기본적인 요구로 간주한다.37) 둘째, 그들은 합리성의 도구적이고 가치중립적인 극대화적 개념이야말로 데이비드 흄(David Hume)에 의해서 묘사된 정의의 여건 속에서 계약 당사자들의 일반적 동기와 양립할 수 있는 것이라고 생각한다.38) 이러한 정의의 여건 속에서는 계약 당사자들의 이익이 충돌하는 것이 다반사이므로, 계약 당사자들은 이타심을 가진 것이 아니라 상호 무관심한 자기 이익을 추구하는 존재로 간주된다.39) 셋째, 합리성의 가치중립적인 개념은 "전 목적적 수단(all-purpose means)"으로서40) 최고선(*summum bonum*)의 절대적 개념이 존재할 수 없는 사회계약론적인 자유주의 사회에서 합의 가능성의 조건을 마련한다. 이것은 합리성의 도구적이고 가치중립적인 개념이 개인적 가치나 목적에 대한 실질적 내용을 구성하는 기준이 아니라는 사실에 근거한다. 따라서 개인적 선과 가치의 선택과 실현에 대한 개인적 자율성이 가능하게 되며, 개인적 선과 가치의 다양성이 관용적으로 수용된다.41) 넷째, 합리성의 도구적이고 가치중립적인 개념을 통해서 롤즈와 고티에는 정의 개념에 대한 중립적인 아르키메데스적인 점을 발견하기를 원한다. 그들은 정의 개념의 도출이 특정한 실질적 가치, 즉 이미 특정한 사회적 체제를 반영하는 가치들에 의해서 영향을 받지 않아야 한다고 주장한 다.42)

　이러한 네 가지 이유들을 감안해볼 때, 합리성의 도구적이고 가치중 립적인 개념은 사회계약론적 윤리학에 대해서 다음과 같은 네 가지의 중대한 방법론적 정초를 제공해주는 것처럼 보인다. 그러한 정초는 계 약론적 합의에 대한 정당화, 비이타주의적인 자기 이익 추구라는 명백 한 선택 동기, 개인의 자율적인 가치를 인정하는 다원주의 혹은 상대주 의의 상황 속에서의 계약론적 합의 가능성, 그리고 정의로운 사회에 대 한 중립적인 기준이다. 이것은 합리적 선택이론이 사회계약론적 윤리학 의 기본구도와 밀접하게 연관되어 있음을 말해준다. 즉 합리적 선택이 론은 사회계약론적 윤리학의 선택에서 선택 과정, 선택자, 선택 상황, 그리고 선택 대상을 명백히 밝혀주기 때문이다. 따라서 우리는 이 책에 서 사회계약론적 윤리학에서 합리성의 문제를 주변적인 문제가 아니라 본질적인 정초적인 문제로서 다룰 것이다. 우리는 합리적 선택이론에 대한 신뢰할 만하고 수긍할 만한 비판적 논의를 통해서, 합리적 선택이 론이 사회계약론적 윤리학에 제공해주는 것으로 보이는 네 가지의 방법 론적 정초들이 상응하는 네 가지의 난관들로 말미암아 그 타당성을 확 보하지 못한다는 것을 입증할 것이다. 그러한 난관들은 도덕성과 합리 성 사이의 관련 방식에서 발생하는 도덕적 부적절성 혹은 순환성의 딜 레마, 다양한 합리적 선택이론의 모형들 사이의 불확정성, 개인적 가치 들에 대한 평가의 불완전성과 아울러 개인적 가치들 사이에 만연된 갈 등에 대한 정치적 인식의 불충분성, 그리고 자유주의적인 역사적 문화 에서 탈피하여 중립성을 확보하려는 시도의 실패이다.

　그러나 이러한 주장은 순전히 부정적인 함축성만을 가진 것은 아니다. 우리는 사회계약론적 윤리학의 난관들이 그것들의 합리적 정초주의와 개인주의적인 자유주의적 전제들로부터 온다는 비판에 동조하면서도, 개인주의적인 자유주의에 대한 중대한 비판에도 견딜 수 있는 실현 가능한 비정초주의적 혹은 반정초주의적인 사회계약론적 자유주의의 재구성에 대한 방향을 시사하게 될 것이다.43) 이 책은 사회계약론적 윤리학과 합리적 선택이론의 관련 방식에 대한 논의를 통해서, 사회계약론적 윤리학의 주요한 두 측면, 즉 합리적 정초주의에 관련된 방법론적 측면과 개인주의적 자유주의에 관련된 실질적 측면을 모두 다루게 될 것이다.

3. 사회계약론적 윤리학이 당면한 난관

무엇보다도 우선, 도구적이고 가치중립적인 극대화로서의 합리성의 개념을 수용하는 것은 사회계약론이 공언하고 있는 합리성으로부터 도덕성의 연역에 대한 정당화에 심각한 난점을 가져온다. 도구적 합리성은 개인적 가치들을 주어진 것으로 간주하므로, 그것은 개인적 가치의 적절한 평가를 불가능하게 한다. 비록 롤즈는 완전한 정보를 가진 숙고적 합리성을 말하고는 있지만, 그는 다만 가치의 형식적 일관성을 가져오기 위한 목적으로 그러할 뿐, 완전히 가치평가적인 기준을 찾기 위한 목적으로 그러한 것은 아니다.44) 더 나아가서, 개인적 자기 이익의 무제한적인 합리적 극대화는 한 개인의 자기 이익이 타인의 희생을 통해서 증진될 수 있는 상황도 있으므로 그러한 상황에서는 명백히 부도덕한 것처럼 보인다. 따라서 도덕성과 합리성은 양립 불가능한 것처럼 보인다. 이러한 양립 불가능성은 사회계약론에서 도덕성을 도덕성과 무관한 합리적 근거로부터 도출하려는 시도를 "연역적 기획의 가장 유망한 수단"으로 보는 관점에 난관을 불러온다.45)

이러한 양립 불가능성에 대한 롤즈의 기본적 해결책은 소위 "합리성

겸 공정성(rationality *cum* fairness)"의 구도이다.46) 롤즈는 합리적 계약
자들이 공정한 원초적 입장, 즉 무지의 장막과 그에 따른 상호 불편부당
한 조건 아래서의 최초의 입장에서 최소극대화 전략(maximin strategy)
에 따른 합의에 도달할 것이라고 주장한다. 최소이익의 극대화 전략인
최소극대화 전략은 "각 대안들을 최악의 가능한 결과에 따라서 평가하
도록 지시한다. 우리는 한 대안의 최악의 결과가 다른 대안들의 최악의
결과보다 더 나은 그러한 대안을 선택해야만 한다."47) 이것은 원초적
입장에서 계약 당사자들이 최소수혜자의 관점에서 선택한다는 것을 의
미한다. 따라서 롤즈의 원초적 입장은 합리적 계약자들의 합의 결과가
도덕성을 구현할 수 있을 만큼에 필수적인 공정성의 제약 조건을 부가
하고 있는 것이다.48)

그러나 롤즈의 이러한 사회계약론적 윤리학의 시도에 대한 가장 공통
적인 반대는 원초적 입장의 구성이 도덕적으로 중립적이 아니라는 것이
다.49) 중립성에 대한 반대는 원초적 입장에 형식적인 의미에서의 공정
성을 유입하는 것뿐만 아니라, 실질적 의미에서의 공정성을 유입하는
것에 관한 비판이다.50) "롤즈의 계약 당사자 '주체'들의 동기와 신념,
그리고 합리성까지도 명백하게 근대 서구의 자유주의적이고도 개인주
의적인 것이다'라는 점이 지적되었다.51) 이러한 비판이 의미하는 것은
가치중립적인 도구적 합리성은 롤즈의 사회계약론적 윤리학이 공언하
고 있는 중립적인 아르키메데스적인 기준을 보장하지 못한다는 것이다.
정초주의와 관련해서 이러한 비판은 또한 "정초주의적 이론은 모든 문
화 혹은 상황이 갖는 특수한 영향력을 정화하지 못할 뿐만 아니라, 또한
할 수도 없다"는 것은 의미한다.52) 따라서 롤즈의 원초적 입장은 실질
적인 가치론, 즉 개인주의적인 자유주의적 가치론을 전제하고 있다는
것이다.53) 이러한 비판은 롤즈의 사회계약론적 윤리학이 정의의 여건의
하나인 가치 다원주의에 직면하여 사회계약론적 합의 가능성을 위한 적
절한 근거로서 "선의 기초론(the thin theory of the good)"에 호소하고

있는 점을 겨냥한다. 롤즈의 선의 기초론, 즉 실질적 가치가 담지되어 있지 않은 "전 목적적 수단"인 권리와 자유, 기회와 권한, 소득과 부, 자존감의 사회적 기반이라는 "사회적 기본가치(primary social goods)"를 대상으로 하는 선의 기초론은 실제로는 개인주의적인 자유주의적 가치론을 전제하고 있다는 것이다. 롤즈는 실질적 가치의 문제를 "선의 완전론(the full theory of the good)"의 영역으로 구분해서 다루고 있지만 선의 기초론이 실상은 선의 완전론이 되고 말았다는 것이다.54)

형식적 의미에서 중립성 논쟁의 초점은 롤즈가 원초적 입장에 공정성을 도입한 것이 합리성으로부터 도덕성을 도출하려는 사회계약론적 연역 기획의 관점에서 볼 때 선결문제 요구의 오류와 순환논증의 오류를 범한 것이 아닌가 하는 것이다. 이미 우리가 논의한 것처럼, 롤즈의 "합리성 겸 공정성"이라는 해결책을 통해서 볼 때, 롤즈는 그의 『정의론』에서 덜 급진적인 사회계약론적 연역 기획을 시도했다고 평가된다. 롤즈는 이러한 덜 급진적인 사회계약론적 연역 기획을 「도덕론에서 칸트적 구성주의」에서 자세히 전개하고 있다.55) 사회계약론적 연역 기획에 대한 롤즈의 재고는 "합당성과 합리성"의 구분에 근거한다. 합당성(the reasonable)은 계약 당사자들의 합리적 합의에 부과되어 있는 선재적인 제한을 보장하는 사회적 협동의 공정한 조건을 존중하려는 정의감에의 능력이다.56) 이러한 점을 인식한 롤즈는 애초의 사회계약론적 연역 기획에서의 중대한 실책을 다음과 같이 자인할 수밖에 없게 된다.57)

"… 합당성은 합리성에 우선하고, 그것은 [선에 대한] 정당성의 우선성도 부여한다. 그러므로 정의론을 합리적 선택이론의 일부로 서술했던 것은 『정의론』의 (매우 오도된) 실책이었다. … 합리성 개념을 유일한 규범으로서 사용하는 구도 속에서 정의의 내용을 도출하고자 하는 의도는 없었다. 이러한 생각은 어떤 종류의 칸트적 관점과도 모순된다."

이제 롤즈의 과제는 "공정성으로서의 정의관에서 피력된 기본적인 직관적 관념들이 입헌적 민주주의를 위한 정치적 정의관으로 통합될 수 있는 방식을 탐구하는 것이다."58) 이러한 통합의 가능성은 그러한 직관적 신념과 정의관 사이의 반성적 평형상태가 반정초주의적인 정합론적 도덕 방법론으로 타당한가의 여부에 크게 의존하고 있다.59) 따라서 롤즈의 원초적 입장은 이제 정의의 원칙들이 도출되는 연역적 기반이 아니다. 이러한 변화는 롤즈가 『정의론』에서 염원하였던 "충분히 연역적인 도덕 기하학"을 통해 추구하려고 했던 아르키메데스적 관점을 포기하는 것을 의미한다.60) 그렇다면, 롤즈의 후기 입장은 여전히 사회계약론적인 윤리학이라고 할 수 있을 것인가? 롤즈 자신의 원래 기준에 따르면, "계약론에서 모든 논증은, 엄밀히 말해서, 원초적 입장에서 어떻게 선택하는 것이 합리적인가에 의거해서 이루어져야 한다."61)

이러한 상황에서 고티에의 『합의도덕론』은 도덕의 합리적 정초를 마련하려는 사회계약론적 전통의 역량에 대해서 재평가할 수 없는 귀중한 기회를 제공해준다. 고티에의 주요한 철학적 관심은 그의 초기 저작, 『실천적 추론』에서부터 합리적 선택이론의 상황 속에서 사회계약론적 윤리학을 발전시키는 것이었다.62) 그의 두 번째 저작 『리바이어던의 논리』가 시사하는 것처럼, 그는 홉스적 사회계약론의 비판적 옹호자이다.63) 롤즈 비판가들 사이에서 잘 알려진 논문의 하나인 「정의와 자연적 재능: 롤즈의 이데올로기적 구조에 대한 비판」에서부터 고티에는 롤즈의 칸트적인 사회계약론적 윤리학에 대한 대안적인 사회계약론적 윤리학을 발전시키려고 노력했다.64) 도덕성과 합리성에 관한 현대 윤리학의 일반적 과제와 사회계약론적 윤리학의 합리적 연역 기획의 실효성에 대한 고티에의 일관된 철학적 노력을 감안할 때, 그러한 철학적 노력의 결실인 『합의도덕론』은 철저한 탐구의 대상이 되어야 마땅한 저작이다.

4. 탐구의 운용 방식과 그 철학적 적용

현대 윤리학의 중요한 한 과제로서 사회계약론적인 합리적 연역 기획으로부터의 롤즈의 철회, 그리고 고티에의 사회계약론적인 합리적 연역 기획의 부활에 대한 비판적 평가를 수행할 수 있는 기본적인 탐구의 운용 방식(*modus operandi*)이 먼저 설정되어야 할 것이다. 이러한 탐구의 운용 방식은 사회계약론적 윤리학의 두 모형과 그 딜레마이다. 사회계약론적 합의는 가상적이므로, 사회계약론적 윤리학은 합리적 계약이 수행되는 최초의 상황에 대한 성격의 규정을 필요로 한다. 이러한 최초의 상황은 공정하거나 혹은 그렇지 않을 것이다. 만약 최초의 상황이 공정하지 않다면, 합리적 계약은 전략적인 협상적 능력에 달려 있게 된다. 따라서 협상의 결과는 도덕적으로 공정하지 않을 수 있다. 더 나아가서 이러한 상황에서는 순전히 자기 이익을 추구하는 개인적 합리성은 전체적으로나 집단적으로 자멸적인 불합리성으로 귀착되고 만다.65) 그러나 그렇다고 해서 최초의 상황을 공정성의 요구에 부합하게 이상화시키면, 이것은 선결문제 요구의 오류, 부당 가정의 오류, 그리고 순환논증의 오류에 봉착할 수 있다. 전자의 경우, 계약론적 합의의 결과는 오직 합리성에 의거해서 도출되나 그 결과는 도덕적인 것으로 정당화될 수 없다. 후자의 경우, 계약론적 합의의 결과는 도덕적으로 공정하나 합리적으로 볼 때는 임의적인 것이 되고, 또한 선재적인 도덕을 미리 가정하는 순환적인 것이 된다. "따라서 도덕의 합리적 근거를 마련하려는 시도로서의 사회계약론적 방법론은 [도덕적으로] 부적절하거나 아니면 순환적이 된다."66)

더 심각한 문제는 다양한 합리적 선택이론의 모형들 중 어떤 것을 채택할 것인가의 문제는 합리적 선택이론의 영역 내에서 쉽사리 결정되지 않는다는 것이다.67) 롤즈는 불확실성하에서 최소 이익을 극대화하라는 최소극대화 전략(maximin strategy)을 채택하고 있는 반면에, 고티에는 협상이론에 의거하여 최대상대양보를 극소화하라는 최대상대양보의 극소화 전략(minimax relative concession strategy)을 채택하고 있다는 사실은 계약론적 최초의 상황에는 자명한 공리적인 합리적 선택(axiomatic rational choice)이 존재한다는 사회계약론자들의 공언과 부합하지 않는 불확정성을 드러내고 있다.68) 따라서 제임스 피시킨(James Fishkin)은 "이러한 가상적 상황 속에서는 공평무사성과 적절한 고려의 대상이 되는 정당한 요구와 이익에 대한 사소하게 다른 서술은 매우 상이한 결과를 불러올 것이다"라고 지적한다.69) 이러한 지적이 의미하는 것은 합리적 선택이론의 모형들 사이의 불확정성뿐만 아니라, 가치중립적인 합리성의 개념이 하나의 명백한 선택 동기, 즉 비이타주의적인 자기 이익 추구라는 명백한 선택 동기를 마련해주지 못한다는 것이다. 가치중립적인 합리성의 개념의 이러한 문제는 이미 본서 본장 2절에서 언급한 대로 사회계약론적 윤리학의 네 가지의 방법론적 정초 중의 두 번째 정초, 즉 비이타주의적인 자기 이익 추구라는 명백한 선택 동기와 관련되어 있다. 이러한 문제는 나중에 결론인 제5장에서 사회계약론적 윤리학의 삼자택일의 궁지인 트라일레마(trilemma), 즉 도덕적 부적절성, 도덕적 순환성, 불확정성으로 보다 정교하게 재구성될 것이다. 트라일레마는 사회계약론적 윤리학의 딜레마의 두 뿔인 도덕적 부적절성 혹은 도덕적 순환성의 딜레마에다가 다양한 합리적 선택이론의 모형들 사이의 불확정성을 합한 것이다. 사회계약론적 윤리학은 합리적 선택이론의 모형들뿐만 아니라 다양한 선택 동기의 규정들에 있어서도 불확정성에 빠진다. 설령 비이타주의적인 자기 이익의 추구라는 명백한 선택 동기가 마련되었다고 하더라도 그것이 어떤 합리적 선택이론의 모형을 채택할 것인가를 확정할 수 없다. 이러한 합리적 선택 모형의 다양성에 직면하여 우리는 다양한 모형들 사이에서의 불확정성을 피하고 이러한 상이한 모형들을 평가할 수 있는 상위의 메타-합리성을 발견할 수 있는지의 여부의 문제를 심각하게 고려해야 할 것이다. 그렇지 않다면 사회계약론적 윤리학은 합리적 선택 모형들 사이의 불확정성과 아울러 무한소급에 빠지게 될 것이다.

사회계약론적 윤리학이 당면하는 삼자택일의 궁지인 트라일레마는 한스 알베르트(Hans Albert)의 "뮌히하우젠 트라일레마(Münchhausen Trilemma)"를 연상시킨다. 그것은 궁극적 근거 혹은 소위 최종적인 근거 지움(ultimate foundation)을 찾는 모든 시도는 정당화 과정에서 보다 확실한 근거를 찾기 위해서 계속되는 무한퇴행, 논리적 연역에서의 순환논증, 그리고 정당화 과정의 절차에 있어서의 임의적 중단 중 하나에 빠지고 만다는 것이다.70) 물론 우리는 여기서 가류주의(可謬主義)에서 오는 도덕적 회의주의 혹은 허무주의를 주장하는 것은 아니며, 사회계약론적 윤리학이 직면하는 도덕의 합리적 연역 기획으로서의 합리적 정초주의의 난관이 뮌히하우젠 트라일레마와 유사함을 지적하는 것뿐이다. 우리는 만약 사회계약론적 윤리학이 도덕의 합리적 연역 기획으로서의 합리적 정초주의를 버린다면 남은 대안은 과연 무엇인가 하는 것을 롤즈와 고티에의 후기 입장에서 추적해야 할 것이다.

현재 사회계약론의 가장 대표적인 모형으로서 서로 비교되고 대비되는 두 가지 모형은 홉스와 롤즈의 모형이다. 이러한 사회계약론의 두 모형은 사회계약론적 윤리학이 당면한 딜레마의 두 뿔을 구성하고 있다.71) 우리는 이미 롤즈의 "합리성 겸 공정성" 연역 기획이 두 번째 뿔인 도덕적 순환성에 걸리고 만다는 것을 지적했다. 우리가 제3장 1절에서 논의하게 될 것처럼, 홉스가 『리바이어던(Leviathan)』에서 전개한 자연상태에 대한 전형적인 묘사는 개인적인 합리적 자기 이익의 단순한 극대화가 합리성의 도덕적 부절적성으로 귀착하고 만다는 그 첫 번째 뿔을 잘 드러내주고 있다.

그렇다면 고티에는 사회계약론의 딜레마를 어떻게 해결하려고 시도하는가? 고티에의 사회계약론적 연역 기획은 합리성에 대한 제약으로서의 도덕성과 자기 이익의 무제약적인 극대화로서의 합리성 사이의 명백한 갈등에서부터 출발한다. 따라서 고티에의 기본적 목표는 사회계약론적 구도 안에서 합리성의 제약으로서의 도덕성이 바로 극대화로서의 합리성 개념 자체로부터 결과한다는 것을 입증하는 것이다. 고티에가 인정하고 있듯이, 이것은 "외견상 모순"처럼 보인다.72) 이러한 외견상의 모순을 해결하지 못한다면, 고티에는 사회계약론적인 합리적 연역 기획을 달성하지 못할 것이다.

첫째, 고티에는 사회계약론의 두 번째 뿔, 즉 선재적인 도덕적 가정으로 말미암은 순환성을 피할 수 있는 방도를 발견하려고 시도한다. "우리의 관심은 … 이러한 과제를 결론에서 산출될 어떠한 도덕적 개념도 우리가 전개할 논증의 전제에 유입하지 않고 달성하는 것이다."73) 다시 말하면, 고티에는 개인적 효용의 극대화의 추구자가 "향후 어떠한 선택을 할 것인가의 기로에 섰을 때, 바로 효용의 극대화의 근거에서 향후 효용의 극대화에 따라 선택하지 않기로 결정한다"는 것을 입증하려고 한다.74) 둘째, 고티에는 사회계약론의 첫 번째 뿔인 합리적인 협상적 게임을 통한 합의의 도덕적 부적절성을 피할 수 있는 방도를 공정한 최초의 협상 상황, 즉 재산과 권리의 획득에 관한 로크적 단서를 설정함으로써 찾으려고 한다. 이러한 로크적 단서는 "자기 자신의 처지를 악화시키는 것을 피하기 위해서 어쩔 수 없는 경우를 제외하고는 타인의 처지를 악화시키는 것을 금한다."75) 고티에는 뷰캐넌(James Buchanan)이 옹호하는 홉스적 모형, 즉 계약 당사자의 최초의 자산이 자연상태에서의 약탈도 포함하는 무정부적 균형에 의해서 규정된다는 모형을 거부한다.76) 이러한 근거에서 고티에는 "오직 공평한 최초의 입장으로부터만 공정한 과정은 공평한 결과를 산출한다"고 주장한다.77) 사회계약론적 딜레마의 첫 번째 뿔인 협상적 합의의 도덕적 부적절성을 피하기 위해서 고티에는 로크적 단서가 공평한 최초의 상황을 규정하며, 그러한 최초의 상황으로부터의 협상적 합의의 결과도 역시 공평하다는 것을 입증하려고 한다. 물론 로크적 단서의 도입은 사회계약론적 딜레마의 두 번째 뿔인 선재적인 도덕적 가정으로 말미암은 순환성을 피해 가야만 한다.

고티에의 전략은 공정한 최초의 협상 상황으로부터 도출된 원칙에 대한 합리적 준수론에 크게 의존하고 있다. 그러나 고티에가 도출한 최대 상대양보의 극소화 원칙은 엄격한 업적주의에 근거하고 있다. 그러나 이러한 원칙의 규범적 실천성이 모든 합리적 계약 당사자들에게 호소력을 가질 수 있는가에 대해서는 많은 논란의 여지가 있다. 더 나아가서 로크적 단서는 모든 계약 당사자들로부터의 합리적 준수를 보장하지 못할 수도 있다. 한편으로 볼 때, 로크적 단서는 최소수혜자들에게는 아주 미약한 것처럼 보인다. 왜냐하면 그것은 오직 최대수혜자들의 재산권만을 중시하기 때문이다. 다른 한편으로 볼 때, 로크적 단서는 최대수혜자들에게는 아주 강한 것처럼 보인다. 왜냐하면, 최소수혜자들과의 자연상태에서의 교류에서 최대수혜자들이 그러한 단서를 따르는 것은 불합리하기 때문이다. 따라서 도출된 원칙에 대한 합리적 준수론은 로크적 단서의 타당성을 보장하지 못하는 것처럼 보인다. 그렇다면 우리는 고티에의 사회계약론적인 합리적 연역 기획은 "실패이지만, 그러나 그것은 영웅적인 실패이다"라고 평가를 내려야 할 것인가?78) 물론 이러한 최종적인 평가는 앞으로 전개될 논의 이후에 내려져야 할 것이다.

이 책은 부록의 다섯 장들을 제외하면 본문에서 서론과 결론을 포함하여 모두 다섯 장들로 이루어져 있다. 제2장에서는 합리적 선택이론의 본질과 그 한계의 문제가 고찰될 것이다. 여기서는 특히 도구적 합리성의 개념, 수인의 딜레마와 무임승차자의 문제 등 합리성의 역설들과 경제학의 망령으로 남아 있는 애로우의 불가능성 정리가 주요 연구 대상이다. 여기서 우리는 광범위하고 복잡다기한 합리적 선택이론 자체에 대한 본격적인 논의를 전개하려는 것은 아니다. 합리적 선택이론을 탐구하는 것은 합리성으로부터 도덕성을 연역하려는 사회계약론적인 연역 기획에 대한 논란을 이해하기 위한 기본적인 배경으로서 의도된 것이다. 이러한 제한적인 의도 속에서 우리는 토마스 셸링(Thomas Schelling)이

「윤리체계 분석에 대한 게임이론의 적합성에 대한 고찰」이라는 논문에서 지적한 것처럼 합리적 선택이론이 윤리학에 공헌할 수 있는 방식이 무엇인가를 염두에 둘 것이다.79)

제3장에서는 사회계약론의 대립적인 두 모형으로 간주되어 자주 비교되고 대비되고 있는 홉스와 롤즈의 사회계약론적 모형들이 탐구될 것이다. 우선, 전통적인 사회계약론에 대한 합리적 선택이론적 해석이 사회계약론적인 윤리체계를 타당하게 설명할 수 있는지의 문제가 논의될 것이다. 이러한 논의를 통해서 우리는 홉스와 롤즈의 경우 어떠한 문제점들이 해결되어야 하는지가 지적될 것이다. 우리는 비록 여기서 사회계약론에 대한 본격적인 역사적 고찰을 하지는 못하겠지만, 홉스, 로크, 루소, 그리고 칸트의 사회계약론 모형에 대한 최소한의 기본적인 비교는 제시될 것이다. 1절은 홉스의 사회계약론 모형이 논의될 것이며, 2절은 롤즈의 사회계약론 모형이 어떻게 홉스가 남긴 문제를 해결하려고 시도했는지가 논의될 것이다. 이러한 1절과 2절은 이 책을 이끌어가는 기본적인 탐구의 운용 방식인 사회계약론의 두 모형과 그 딜레마를 보다 구체적으로 논구하게 될 것이다.

제4장에서는 고티에의 사회계약론적 윤리학에 관한 합리적 선택이론적 구성을 탐구하고 평가하게 될 것이다. 특히 고티에가 홉스와 롤즈 사이의 딜레마를 어떻게 극복하려고 시도하는지가 중요한 관심사의 하나가 될 것이다. 제3장과 제4장에서의 기본적 목표는 사회계약론적 윤리학이 그 자신의 고유한 기준에 의거해서 적절한 도덕이론을 산출하는 데 성공하였는가 실패하였는가를 판정하는 것이다. 이러한 판정이 의미하는 것은 사회계약론적 모형의 적절성에 관한 어떤 독립적인 외부적인 도덕적 기준을 미리 전제하지 않는다는 것이다. 우리의 기본적 목표는 사회계약론적 윤리학의 딜레마를 그 정초주의적 난관으로부터 파생될 수밖에 없는 것으로 해명함으로써 사회계약론적 윤리학의 내부적 문제에 초점을 두는 것이다.

그러나 사회계약론적 윤리학의 내부적 문제에 초점을 둔다는 것은 사회계약론적 윤리학에 대한 외부적 비판이 존재한다는 것을 무시하는 것은 아니다. 일반적으로 볼 때, 사회계약론적 윤리학에 대한 체계적인 대안들은 자유지상주의, 공리주의, 공동체주의, 그리고 마르크시즘을 들 수 있다. 사회계약론의 역사를 통해 볼 때, 사회계약론은 많은 강력한 비판들에 직면했다. 데이비드 흄(David Hume)으로부터 시작해서 공리주의자 제러미 벤담(Jeremy Bentham)과 존 스튜어트 밀(John Stuart Mill), 그리고 헤겔과 마르크스는 사회계약론에 대한 주요한 비판자들이라는 사실은 잘 알려져 있다.[80]

우리는 적절한 주제에 관련해서 사회계약론에 대한 전통적 비판들을 제4장 2절 3)항과 제5장 3절에서 언급하게 될 것이지만, 사회계약론에 대한 외부적 비판과 연관된 논의의 초점은 사회계약론에 대한 현대적 비판자들의 입장이다. 사회계약론적 윤리학에 대한 로버트 노직(Robert Nozick)의 자유지상주의적 입장에서의 비판과 존 하사니(John C. Harsanyi)의 공리주의적 입장에서의 비판은 사회계약론에 대한 현대적 비판이기는 하지만, 이러한 비판들은 자유주의적 합리성의 영역에서의 내부적 논쟁으로 해석될 수도 있다. 우리는 제3장 2절 3)항과 제4장 2절 3)항에서 이러한 비판적 입장들에 대한 논의를 전개할 것이다.

자유지상주의로부터의 비판에 관련해서는 노직이 롤즈의 분배적 정의론, 특히 최소수혜자의 기대치를 최대로 증진하라는 "차등의 원칙"을 그 원칙이 로크적 단서에 의해서 확보된 최대수혜자들의 기본적 자산에 대한 자연권을 침해하게 된다고 비판한 것에 주목할 것이다.[81] 이미 언급된 것처럼, 고티에는 로크적 단서가 분배적 정의의 기준선이 된다는 점에서는 동의한다. 그러나 고티에가 원용하고 있는 로크적 단서는 노직의 원용 방식과는 약간 다르며, 고티에는 노직을 여러 가지 관점들에서 비판하고 있다.

공리주의로부터의 비판에 관련해서는 하사니가 시도한 공리주의의 합리적 재구성에 주목할 것이다. 그는 롤즈와 마찬가지로 공리주의의 원칙이 불확실성하에서의 합리적 합의에 의해서 도출될 수 있다고 주장한다.[82] 롤즈는 그의 정의의 두 원칙을 도출하기 위해서 "최소극대화 규칙"을 사용하고 있는 반면에 하사니는 "등확률 모형(equiprobability model)"을 사용하고 있다. 하사니가 원용하고 있는 등확률 모형에 따르면 평균 공리주의가 도출되는데, 그 이유는 모든 사람들은 어떤 사회적 지위를 차지할 동일한 확률을 가지고 있다는 가정은 사회의 평균 효용을 증진하는 사회를 선택하는 것이 합리적이라는 결론에 이르게 되기 때문이다. 고티에는 롤즈와 하사니의 두 모형 모두들 비판하고 최대상대양보의 극소화 전략에 따른 합리적 협상을 주창한다. 이러한 합리적 선택 모형의 다양성에 직면하여 우리는 다양한 모형들 사이에서의 불확정성을 피하고 이러한 상이한 모형들을 평가할 수 있는 상위의 메타-합리성을 발견할 수 있는지의 여부의 문제를 심각하게 고려해야 할 것이다. 그렇지 않다면 사회계약론적 윤리학은 합리적 선택 모형들 사이의 불확정성과 아울러 무한소급에 빠지게 될 것이다.

　사회계약론에 대한 공동체주의와 마르크시즘으로부터의 비판은 반자유주의에 입각하고 있는 것으로서 자세한 논의는 이 책의 범위를 벗어난다. 우리는 초점은 오히려 사회계약론적 윤리학에 대한 반자유주의적 비판이 사회계약론적 윤리학의 내부적 문제와 어떻게 관련되어 있는가 하는 것을 자유주의적 합리성 논쟁에 관한 탐구의 결과로서 밝히는 일이다. 이러한 관점에서 우리는 공동체주의 윤리학과 마르크시즘적 윤리학이 자유주의 윤리학, 특히 사회계약론적 윤리학에 대한 실행 가능한 대안이 될 수 있는가의 문제를 윤리학의 미래 과제와 관련해서 제5장 2절과 3절에서 간략히 다루게 될 것이다.

　사회계약론적 윤리학에 대한 마이클 샌델(Michael Sandel)과 알래스데어 매킨타이어(Alasdair MacIntyre)의 공동체주의로부터의 비판은 많은 주목을 받았다.[83] 자유주의는 그 방법론과 실질적인 면에서 개인주의에 크게 의존하고 있다는 사실로 말미암아 다음과 같은 세 가지의 연관된 비판을 받아야 했다. 즉 자유주의는 "불완전성과 불충분성, 그리고 비일관성"에 빠져 있다는 것이다.84) 또한 사회계약론적 윤리학은 그 "추상성" 때문에 비판을 받기도 한다.85) 샌델과 매킨타이어는 사회계약론에 대한 비판과 아울러 그들 자신의 공동체주의 윤리학을 구축하려고 시도한다. 그들의 공동체주의 윤리학에 따르면, 우리의 정체성은 공동적 가치에 대한 공유된 의미와 본질적 가치와 덕목에 대한 이해를 바탕으로 하는 한 공동체의 구성원이 됨으로써 결정된다. 롤즈는『정의론』이후의 저작들, 즉『정치적 자유주의』를 위시한 저작들에서 이러한 공동체주의의 비판에 체계적인 답변을 보내고 있다.86) 고티에는 자기의 사회계약론적 자유주의 윤리학이 정서적 도덕과 사회성이라는 공동체주의적 이상을 포함할 수 있다고 주장한다.87)

　사회계약론에 대한 마르크스주의자들의 비판은 마르크스가 자신의 저서에서 사회계약론적 부르주아 자유주의를 신랄하게 비판한 것에 근거한다. 마르크스는 "루소의 사회계약은 … 자연적인 것으로 받아들여진 독립적인 개인들이 사회계약에 임하고, 그러한 계약에 따라 상호 교류하는 것으로 만든다."88) 그러나 그것은 "허구이며, 마치 [로빈슨 크루소의] 자질구레한 모험담과 같은 미학적 허구일 뿐이다."89) 현대에서도 맥퍼슨(C. B. Macpherson)은 마르크스의 전통을 이어 받아 사회계약론이 소유적 개인주의에 기반한 시장 이데올로기라고 비난하고 나선다.90) 롤즈는 마르크스에 대해서 그의 최종적인 공산사회는 정의를 벗어난 유토피아 사회라고 응수한다.91) 고티에는 사회계약론에 대한 이러한 비판에 관해서 그의 논문「이데올로기로서의 사회계약」92)과『합의도덕론』제11장인 "자유주의적 개인"에서 응답을 하고 있다. 우리는 제4장에서 고티에가 배타적 재산권의 기초로서 로크적 단서를 수용하는 것과 관련해서 그의 사회계약론적 윤리학을 "자본의 원초적 축적"에 대한 마르크스의 비판과 로크적 단서에 대한 맥퍼슨의 비판과 상응시키면서 고찰하게 될 것이다.

결론인 제5장에서는 우선 롤즈와 고티에의 사회계약론적 윤리학의 합리적 정초주의로서의 성공과 실패를 사회계약론의 내부적 트라일레마인 도덕적 부적절성, 순환성, 불확정성에 의거해서 평가하게 될 것이다. 이러한 평가의 일환으로서 우리는 또한 트라일레마 자체가 진정한 트라일레마인지 아닌지도 다루게 될 것이다. 이어서 우리는 합리적 선택이론이 윤리학에 공헌할 수 있는 방식을 종합적으로 논의하게 될 것이다. 그 다음 우리는 사회계약론적 윤리학이 여러 가지 외부적 비판에 대해서 자신을 방어할 수 있는 가능성이 있는지의 여부를 총괄적으로 평가하게 될 것이다. 여기서 가장 중요한 문제는 사회계약론적 합리성이 인간의 본성에 관한 보편적 기반인지, 혹은 특수한 역사적 전통에 국한된 합리성인지의 여부가 될 것이다.

이러한 일련의 논의를 통해서, 우리는 "사회계약론 이후: 종언인가? 아니면 변형인가?"라는 현대 윤리학의 중요한 과제와 관련해서 사회계약론적 윤리학의 지닌 철학적 함의와 그 한계, 그리고 교훈을 밝혀낼 수 있을 것이다.[93]

제 2 장

합리적 선택이론의 본질과 한계

1. 합리적 선택이론의 기본 구조

1) 호모 에코노미쿠스와 합리적 선택이론

이미 제1장 서론에서 언급된 것과 같이 롤즈와 고티에는 사회계약론적 윤리학이 합리적 선택이론의 한 부분이 된다는 점에서 동의한다. 합리적 선택이론은 통상적으로 의사결정과학에 관한 단일한 이론 체계인 것처럼 보이나, 사실은 단일한 일관된 체계는 아니다. 상이한 분과과학들은 서로 상이한 문제들은 다루고 있으므로, 합리적 선택이론은 하나의 이질적인 탐구 영역을 이루고 있다. 많은 이론들이 존재하며, 그러한 이론들의 정체성은 합리성에 대한 고유한 가정에 따라 결정된다. 그러나 그러한 이론들 사이에 "공통의 이론적 핵심"이 없다고 말하는 것은 지나친 것이다.[1] 롤즈와 고티에는 모두 기본적으로 "도구적인 일관된 극대화(instrumental consistent maximization)"를 합리성 개념의 핵심으로 간주하고 있다.[2] 그러나 그들이 이렇게 합리성 개념의 핵심에 대해서는 동의하더라도, 그들은 사회계약론적 윤리학이 한 부분이 되는 합리적 선택이론의 적절한 모형에 대해서는 의견을 달리하고 있다. 합리성 개념과 합리적 선택이론에 대한 롤즈와 고티에의 유사성과 상이성을 보다 구체적으로 밝혀내기 위해서 우리는 1절에서 합리적 선택이론의 기본 구조를 다루고, 2절에서는 합리적 선택이론이 야기하는 합리성의 역설을 취급하고, 3절에서는 합리적 선택이론의 한계를 명시할 것이다. 1절 합리적 선택이론의 기본 구조는 세 부분으로 구성되어 있다. 즉 1) 호모 에코노미쿠스와 합리적 선택이론, 2) 합리성의 기본 개념: 일관성과 극대화, 3) 합리적 선택이론의 형식적 모형들이 그것이다. 그러면 호모 에코노미쿠스와 합리적 선택이론의 관계부터 살펴보기로 하자.

프랭크 한(Frank Hahn)과 마틴 홀리스(Martin Holis)는 편집서인 『철학과 경제학』 서론에서 다음과 같은 일반적 소견을 피력하고 있다.3)

"영어권 철학자들이 경제학을 생각할 때, 그들은 통상적으로 하나의 특수한 종류의 순수이론을 마음속에 간직하고 있다. 그것은 서구 대학에서 지배적인 위치를 차지하고 있는 이론으로서 흔히 신고전학파(Neo-Classical School) 혹은 신고전 경제이론으로 명명된다. 여기서 순수성의 의미는 사회적 배경으로부터 추상된 호모 에코노미쿠스를 상정하는 문제와 관련된다."

합리적 선택이론은 기본적으로 신고전학파의 호모 에코노미쿠스(*homo economicus*), 즉 합리적 경제인간에 구현된 도구적인 일관된 극대화로서의 합리성 개념을 반영하고 있다.4) 신고전학파 경제학의 가장 중요한 측면은 다음과 같다. 신고전학파는 다양한 시장 현상을 개인적 선택의 고려 사항으로 환원하고, 이러한 환원 방식에 의거해서 경제과학은 대안들 속에서 주관적 선호를 극대화하는 개인적 선택 행위라는 기본 구조에 근거해야 한다고 주장한다.5) 따라서 신고전학파의 미시경제학은 방법론적 개체주의의 개념을 원용하여 인간의 선택과 행위를 설명하려고 시도한다.6) 주지하는 바와 같이 사회계약론은 방법론적 개체주의의 주요한 옹호자로 해석되어왔다. 여기서 우리는 신고전학파의 합리적 선택이론과 사회계약론 사이의 "구조적 동형성"을 발견하게 된다.7) 따라서 합리적 선택이론이 정치체제와 사회에 관한 사회계약론적 개념을 부활시켜, 왜, 어떻게 개인적 선택의 집합이 총체적인 사회적 균형 상태에 도달하는가 하는 점을 설명하려고 하는 것은 놀랄 만한 일은 아니다.8)

여기서 우리는 하나의 중대한 질문을 제기하게 된다. 즉 왜 인간은 도대체 선택을 해야만 하고 선택이 왜 중요한가 하는 질문이 그것이다. 라이오넬 로빈스(Lionel Robbins)는 경제학을 "목적과 여러 대안으로 사용될 수 있는 희소한 수단 사이의 관계로서의 인간 행위를 탐구하는 학문"으로 정의한다.9) 합리적 선택이론가들은 상당한 정도로 인간의 행위를 희소성의 관점에서 보아온 것이 사실이다. 이것이 의미하는 바는 재화의 공급이 제한되어 있을 때, 인간은 보다 중요한 목표를 실현하기 위해서 어떤 다른 목표들을 포기하는 선택을 하지 않으면 안 된다는 것이다.10) 즉 합리적 행위자는 모두 실현할 수 없는 어떤 목적들과 대안들이 있을 때 최소 비용으로 최대 효용을 달성하라는 경제 원리에 따라 그것들에 대한 선택적 행위를 한다고 가정된다. 롤즈와 고티에가 모두 자연적, 사회적 자원의 적절한 희소 상태를 사회정의가 필요한 주요한 객관적 여건으로 간주하는 것은 당연한 일이다.11)

경제인간과 합리적 선택이론의 본질에 관련된 가장 큰 논란은, 경제적 합리성이 기본적으로 인간이 어떻게 행위하고 있는가에 대한 서술적 이론인가, 혹은 인간이 어떻게 행위해야만 하는가에 대한 규범적 이론인가의 문제이다. 합리적 선택이론에 대한 서술과 규범 사이의 구분 문제는 윤리학에서 오랫동안 논란이 되어온 존재와 당위(Is/Ought)의 문제의 경제학적 변형이다.12) 합리적 선택이론과 경제학에서 이러한 두 가지 구분은 보다 세밀하게 서술, 예측, 설명, 규범성으로 구분된다. 이러한 네 가지 구분과 그 상호 연관성에 관한 논쟁은 가히 "인간의 본성에 관한 전쟁"이라고 말해야 할 지경이다.13) 이러한 논쟁은 구체적으로 다음 두 가지로 나누어지는데, 그 하나는 어떤 특정한 인간의 독특한 유형을 설정하는 것(부분적 인간, *homo partialis*)과 쪼개지고 절단되지 않는 인간 전체의 본성을 보전하는 것(총체적 인간, *homo totus*) 사이의 논쟁이다.14) 그 다음은 특수한 인간 모형들 사이, 즉 경제인간(*homo economicus*), 공작적 인간(*homo faber*), 사회[학]적 인간(*homo sociologicus*), 정치적 인간(*homo politicus*) 사이에서의 우선성과 그 관련성 논쟁이다.15)

이러한 논쟁은 3절에서 간략히 다루어질 것이다. 여기에서 우리의 주요 관심은 사회계약론적 윤리학의 두 옹호자인 롤즈와 고티에가 합리적 선택이론을 원용할 때 그 이론의 본질을 어떻게 보고 있는가 하는 문제이다. 롤즈는 합리적 선택이론을 수용하여, 정의의 개념이 "설명되고 [규범적으로] 정당화"될 수 있다고 생각한다.16) 물론 롤즈는 "인간이 자신의 실천적 추론을 수행함에 있어서 얼마나 잘 [합리성에 의거해서 규정된] 그러한 역할을 수행할 수 있는가의 문제는 별개의 문제"로 본다.17) 고티에는 합리적 선택이론이 기본적으로 "규범적 이론"의 "정당화 구조"라고 간주한다.18) 그는 부차적으로 합리적 선택이론이 "사람들이 실제로 합리적으로 행동하는 한에서 설명적 역할"을 가질 수 있다고 보고 있다.19)

2) 합리성의 기본 개념: 일관성과 극대화

합리적 선택이론에서 합리성 자체는 어떻게 규정되고 있는가? 신고전학파 경제학에서 통상적으로 합리성은 간략하게 효용의 극대화(utility-maximization)를 지칭한다.20) 그러나 합리성에 대한 이러한 간략한 지칭은 충분하지 않고 혼란스럽다. 그 이유는 효용의 극대화가 두 가지 상이한 의미로 사용되고 있으며, 이러한 상이한 의미는 합리성의 두 가지 다른 개념들에 근거하고 있기 때문이다. 합리성의 두 가지 개념들은 "내부적 일관성(internal consistency)"과 "자기 이익의 극대화(self-interest maximization)"이다.21) 우리가 합리적 선택이론의 이론적 핵심으로 간주했던 합리성의 "도구적인 일관된 극대화" 개념은 실상 이러한 두 가지 개념의 잘 규정되지 않은 혼합적 표현이다.

합리성의 첫 번째 개념인 내부적 일관성은 행위자의 선호 체계에 적용되는 공리(axiom)이다. 내부적 일관성은 일련의 실행 가능한 대안들의 집합 속에서 각 개인들의 선호 체계는 완전성(completeness)과 전이성(transitivity)을 가져야 한다는 것을 가정한다.22) 완전성은 모든 배타적인 대안들의 총망라된 이항관계들(binary relations)의 조합 속에서의 비교를 통해 행위자의 선호와 선호의 서열이 완전하고도 명백하게 표출되어야 한다는 것을 가정한다. 즉, 대안들 x와 y에 대해서 (1) x를 y보다 선호하든지, (2) y를 x보다 선호하든지, 아니면 (3) x와 y를 무차별적으로 선호하든지 해야 한다. 이러한 규정은 비교가능성(comparability) 혹은 연관성(connectedness)이라고도 한다.23) 합리성은 더 나아가서 선호의 이항관계가 전이성(이행성)을 가져야 한다는 것을 가정한다. 즉, 대안들 x, y, z에서 (1) x를 y보다 선호하고, (2) y를 z보다 선호하면, (3) x를 z보다 선호한다는 전이적 관계가 성립한다. 그렇다면 전체적인 선호의 서열은 x > y > z이 된다. 이러한 전이성은 무차별 관계에도 적용된다. 즉, 대안들 x, y, z에서 (1) x와 y가 무차별적이고, (2) y와 z가 무차별적이라면, (3) x와 z는 무차별적이다.24) 그렇다면 전체적 서열은 x = y = z이 된다. 그리고 두 가지가 섞여 있는 경우도 역시 그러하다. 즉, 대안들 x, y, z에서, (1) x를 y보다 선호하고, (2) y와 z가 무차별적이라면, (3) x를 z보다 선호한다. 전체적인 서열은 x > y = z이 된다.

이러한 완전성과 전이성의 두 가지 가정들을 만족시키는 선호 관계는 "약한 서열화(weak ordering)"로 명명된다.25) 그 이유는 이러한 두 가지 가정들은 무차별 관계를 배제하지 않기 때문이다. 롤즈와 고티에는 모두 그들의 사회계약론적인 합리적 선택 체계에서 이러한 두 가지 가정들을 상충하는 요구들에 대한 서열화 혹은 우선성을 판정하는 형식적 조건으로 수용한다.26)

그러나 내부적 일관성으로서의 합리성 개념은 다음과 같이 비판된다. 만약 한 개인이 자기가 성취하고자 원하는 것을 모두 정반대로 선택한다면, 그는 선호 관계의 내부적 일관성을 만족시키므로 그러한 기준에 따라서는 합리적이지만, 통상적 의미에서 합리적이라고 말하기는 어려울 것이다.27) 이러한 비판이 의미하는 것은 내부적 일관성의 개념은 그 자체만으로는 합리성에 대한 적절한 규정이 될 수 없다는 것이다.

따라서 내부적 일관성의 개념은 목표와 수단이 상호 연관되어야 한다는 외적 조응성(external correspondence)으로 보충되어야만 한다.28) 더 나아가서, 내부적 일관성의 개념이 지닌 이러한 불합리성을 피하기 위해서는, 한편으로는 욕구와 신념 사이의 조응도 요구되고, 다른 한편으로는 그러한 조응을 반영하는 선택의 과정도 합리성의 개념에 부가되어야만 할 것이다.29) 이렇게 보충되고 부가된 합리성의 개념은 주어진 욕구를 주어진 신념 체계의 배경 속에서 만족시키는 데 있어서의 "효율성 (efficiency)"이라는 특성을 갖게 된다.30) 통상적으로 일관성 겸 효율성으로서의 합리성은 "도구적 합리성(instrumental rationality)"이라고 불린다. 이러한 의미에서 효용의 극대화는 개인적 동기에 대한 순수한 형식적 규정으로서 개인의 선호와 욕구의 내용에 대한 실질적 규정은 하지 않고 있는 것이다. 데이비드 흄(David Hume)과 막스 베버(Max Weber)가 이러한 도구적 합리성의 개념을 천착하여 피력한 것은 잘 알려진 사실이다.31)

일관성 겸 효율성으로서의 도구적 합리성은 소비자 행동론의 기초가 되는 "현시 선호 이론(the theory of revealed preference)"에서 가장 잘 드러난다.[32] 현시 선호 이론에서는 소비자가 소비 행위에서 합리성과 일관성을 가진다는 가정을 한다. 따라서 한 개인의 실제로 관찰되어 현시된 일관된 선택은 그 선택의 내용과는 무관하게 합리적인 것으로 간주된다. 현시 선호 이론은 실제로 관찰 불가능한 소비자의 선호, 효용 등의 개념을 버리고 단순히 시장에서 관찰 가능한 소비자 행위만을 통해서 주어진 가격 조건에서 결정되는 수요량을 도출해내는 실증주의적 이론이다.[33] 이미 우리가 제1장에서 언급한 것처럼 롤즈와 고티에는 모두 도구적 합리성의 개념을 수용한다. 그러나 그들은 현시 선호 이론을 수용하지 않고 있다. 롤즈는 "현시 선호 이론은 오직 선택의 결과를 기록할 뿐이다"라고 지적한다. 고티에는 "현시 선호 이론은 합리성을 설명하기에 충분하지 않다"고 주장한다.[34]

주지하는 바와 같이, 중독과 퇴행적 반복 등으로 나타나는 "강박적 소비(compulsive consumption)"의 문제는 현시 선호 이론의 치명적 약점이다.[35] 현시 선호 이론에 따르면, 가치는 한 개인이 극대화하는 것이 무엇이든 간에 그것과 동일시된다. 이것은 "선호는 왈가왈부할 수 없다(De gustibus non est disputandum, In matters of taste, there can be no disputes)"는 격언의 정신을 그대로 드러낸다. 현시 선호 이론은 한 개인의 행동이 일관되고 효율적인 극대화 개념으로 설명될 수 없을 때, 오직 그때에만 불합리하게 행동하고, 혹은 가치를 극대화하지 못했다고 가정한다. 이러한 가정은 심지어 중독 행위도 합리성의 조건을 만족시킬 수 있다는 것을 의미한다. 왜냐하면, 현시 선호 이론은 오직 실제로 관찰할 수 있는 선택에서 나타난 선호의 행태적 영역만을 다루고 있기 때문이다.

비록 롤즈와 고티에가 합리적 욕구의 내용에 대한 절대적 이상에 호소하고 있지는 않지만, 두 사람 모두 각각 "숙고적 합리성(deliberative rationality)"의 개념과 "신중한 선호(considered preference)"의 개념을 통해서 합리적 욕구의 내용에 대한 최소한의 기준을 설정하려고 노력한다.36) 그러나 도구적 합리성은 "한 사람의 욕구와 목적, 그리고 신념의 내용에 대한 어떠한 평가도 배제하게 된다"는 끈질긴 비판을 감안할 때, 그러한 최소한의 기준은 충분치 않을지도 모른다. 우리는 이러한 문제를 롤즈와 고티에를 다루는 제3장과 제4장에서 논의할 것이다.37)

그러면 합리성에 대한 두 번째 개념인 "자기 이익의 극대화" 개념을 논의해보자. 자기 이익의 극대화로서의 합리성 개념은 신고전학파의 효용의 극대화 개념에 대해서 두 번째 의미를 부여한다. 사실 이러한 해석은 한 개인이 내리는 선택과 그 개인의 자기 이익 사이에는 "외적 조응성"이 존재해야 한다는 요구에 근거하고 있다.38) 따라서 자기 이익의 극대화로서의 합리성은 내부적 일관성으로서의 합리성의 개념에 대한 비판을 극복할 수 있다. 그리고 도구적 합리성의 개념, 특히 효율성으로서의 합리성 개념이 주어진 욕구들을 단순히 수용하는 것에 반해서, 자기 이익의 극대화로서의 합리성은 합리적 욕구의 내용을 최소한 규정한다. 이러한 관점에서 자기 이익의 극대화는 단순한 도구적 합리성만이 아니라 목적 자체에 관한 최소한의 합리성(ends-rationality)을 포함하고 있다.39) 여기서 비로소 효용의 극대화는 단순히 일관된 효율적 행위만이 아니라 자기 이익의 증진이라는 보다 실질적인 형태를 취하게 되므로 개인의 명백히 규정된 목표가 된다.

역사적으로 볼 때, 자기 이익의 극대화로서의 합리성의 개념은 근대 자본주의의 시초로 소급된다. 자기 이익은 "근대 경제인간의 영혼"이다.40) 공리 혹은 효용(utility)에 대한 전통적 이론은 한 개인의 효용 혹은 공리를 추구함에 있어서의 합리성에 대한 굳건한 기반을 제공해주고 있다. 그러한 전통적 이론은 벤담의 쾌락 계산법을 선두로 해서 욕구 충족, 쾌락, 행복, 만족, 이익, 이득, 선호 등 다양한 방식으로 정식화되어 왔다.41)

자기 이익의 극대화로서의 효용의 극대화는 모든 이익들(interests)이 단일 차원인 효용으로 통약될 수 있다고 가정한다. 따라서 한 개인은 실행 가능한 대안들이 지닌 효용을 비교하여 최대의 효용을 제공할 수 있는 대안을 선택할 수 있게 된다.[42] 그러나 합리적 선택을 자기 이익의 추구로서의 효용의 극대화와 결부시키려는 시도는 많은 비판에 직면하게 된다. 첫째, 효용과 선호 개념이 다양하게 규정되는 데서 오는 애매성에 대한 비판이 제기된다. 효용과 선호의 다양한 개념적 정식화는 이익, 욕구, 행복, 쾌락, 만족, 복지, 타산 등의 개념을 상이하게 혹은 선택적으로 원용하고 있는 것이 사실이다. 그러나 이러한 다양한 정식화들은 그 개념적 애매성을 드러내고 있다. 둘째, 개인적 효용을 측정하고 효용의 개인 간 비교를 수행하는 데서 발생하는 난점에 대한 비판이 제기된다. 기본적으로 공리의 측정과 비교는 그 기준이 다원적이라는 점에서 단순하지 않다. 벤담의 쾌락 계산법도 일곱 가지의 기준을 가지고 있다.[43] 경제학과 합리적 선택이론에서 이러한 문제점과 비판에 응대하려는 다양한 시도가 전개되어왔으나 이에 관한 자세한 논의는 본서의 범위를 벗어나는 것이다.[44]

롤즈와 고티에는 합리성에 대한 두 번째 해석인 자기 이익의 극대화 개념을 모두 수용하고 있다. 모두 정의의 문제가 발생하는 정의의 여건에서의 동기적 가정을 통해서 자기 이익의 극대화로서의 합리성 개념을 수용한다. 특히 이러한 동기적 가정은 상호 무관심한 계약자들의 자기 이익 추구라는 주관적 여건을 규정한다.[45] 롤즈에 따르면, 합리적인 계약 당사자들은 "다른 사람들의 이익에 어떠한 관심도 없는 사람으로 간주된다." 그리고 합리적인 계약 당사자들은 "가능한 한 자신들의 목적 체계를 증진시켜줄 원칙들을 채택하고자 한다. 그들은 이를 위해 가장 높은(the highest) 지수의 사회적 기본가치들을 자신들을 위해 획득하려고 하는데, 왜냐하면 그것은 그들로 하여금 내용이 상관없이 그들이 선이라고 생각하는 것을 가장 효과적으로(most effectively) 증진시켜줄 것이기 때문이다."[46] 이와 비슷하게 고티에에 의하면, "합리적 인간은 …

그 자신의 이익에 대한 최대 만족을 추구한다."47)

그러나 롤즈와 고티에는 자기 이익의 극대화로서의 합리성은 실질적 의미에서 목적에 대한 합리성, 즉 목적 합리성이라고는 보지 않는다. 롤즈에게서 "특수한 목적과 이익의 자세한 내용"은 원초적 입장에서의 무지의 장막으로 말미암아 합리적 계약 당사자들에게 허용되지 않는다. 고티에에게서도 "극대화 개념에서 극대화되는 것은 하나의 대상으로 간주된 자아 속에 있는 이익이 아니라, 하나의 주관으로서 간주된 자아의 이익이다."48) 이러한 고티에의 지적이 의미하는 바는 자기 이익 극대화의 특수적 내용은 주관적 개체에 의해서 결정되는 것이지, 객관적인 개체가 추구하는 객관적 목적은 아니라는 것이다.

자기 이익의 극대화로서의 합리성 개념에 관련된 또 하나의 중요한 문제는 이러한 합리성 개념이 순전히 이기적이거나 아욕(我慾)적인 입장으로 귀착하는가이다. 롤즈와 고티에는 모두 비록 계약 당사자들이 자기 자신의 이익, 즉 자기 이익을 추구하지만, 그들이 이기적이거나 아욕적인 사람들은 아니라고 단호하게 못을 박는다.49)

3) 합리적 선택이론의 형식적 모형들

우리는 지금까지 합리적 선택이론에서 도구적인 일관된 자기 이익의 극대화로서의 합리성의 개념을 탐구했다. 그러나 이러한 합리성의 개념으로부터 어떤 윤리적 입장으로 바로 이행하는 것은 불가능하다. 왜냐하면, 선택 상황의 자세한 규정과 그러한 상황으로부터 도덕원칙들을 도출할 정당화의 기제가 있어야만 어떤 윤리적 입장이 비로소 구성될 수 있기 때문이다. 사회계약론적 윤리학에서 이러한 요구는 합리적 계약 당사자들이 합의에 도달한다고 생각되는 자연상태를 어떻게 상세히 특징지을 것인가의 문제가 된다. 롤즈에게서, 이러한 특징 부여는 두 부분으로 구성된다. "최초의 상황의 해석과 거기에서의 선택 문제의 해명,

그리고 합의될 것이라고 주장된 일련의 도덕원칙들의 도출." 고티에에게서, 이러한 특징 부여는 역시 두 단계로 구성된다. 최초의 상황에서의 합의에 대한 "사전적(*ex ante*)" 규정과 그렇게 합의된 도덕원칙의 합리적 준수에 관한 "사후적(*ex post*)" 규정.50) 그러나 롤즈와 고티에는 이상과 같은 요구조건을 만족시키기 위해서 합리적 선택이론의 상이한 형식적 모형을 원용한다.

루스(Luce)와 라이파(Raiffa)에 따르면, 합리적 선택이론의 형식적 모형들은 다음과 같은 다섯 가지 모형으로 분류된다.51)

표 1. 합리적 선택이론의 형식적 모형의 구분

---

(1) 확실성하(under certainty)에서의 개인적 선택
(2) 위험부담하(under risk)에서의 개인적 선택
(3) 불확실성하(under uncertainty)에서의 개인적 선택
(4) 게임이론
(5) 사회적 선택이론

---

(1), (2), (3)의 세 모형을 합쳐서 흔히 효용이론(utility theory)이라고 부르고, 모형 (2)와 (3)을 합쳐서 의사결정론(decision or decision-making theory)이라고 부른다. 모형 (4) 게임이론과 (5) 사회적 선택이론은 2인 이상 혹은 다인들 사이의 사회적 상황을 배경(social setting)으로 하는 선택을 다룬다. 모형 (1)에서 합리성은 효용의 극대화(utility-maximization)이며, 모형 (2)와 (3)에서 합리성은 기대효용의 극대화(expected-utility maximization)이다. 만약 윤리학도 합리적 선택이론의 일부분이라면 윤리학은 모형 (5) 사회적 선택이론에 속하게 된다.52) 그러나 현대 윤리학에서 윤리학은 명목상 사회적 선택이론에 속하지만, 그 구체적 모형은 개인적 선택 혹은 게임 상황으로 환원되는 것이 일반적이다. 위

험부담하에서의 다수 협상 게임을 기조로 하는 고티에는 불확실성하에서의 개인적 선택을 기조로 하는 롤즈와 하사니의 모형을 개인들의 특이성과 재능의 차이를 무시하는 비현실적 모형이라고 비판한다.53)

(1) 확실성하에서의 개인적 선택은 개인의 행동이 어떤 특정한 결과를 산출할 것인지에 대해서 완전히 인지되고 있는 조건 아래서 전개된다. 여기서 한 개인은 각기 다른 행위의 대안들로부터 발생할 결과들에 대한 완전한 정보를 소유하고 있으므로 어떠한 결과를 가장 선호하는가를 결정하면 되는 것이다. 이러한 확실성하에서의 개인적 선택의 전형적인 사례는 자기의 예산 범위에 적합한 몇 가지 차종에 대한 정확하고도 완벽한 소비자 제품 평가 보고서(consumer's report)를 숙지한 뒤 자기가 탈 차를 선택하는 것이다. 호모 에코노미쿠스에 관해서 우리가 언급하지 못했던 또 다른 통상적 가정은, 경제인간은 가능한 모든 행동 대안들을 알고 있을 뿐만 아니라, 그 결과들에 대해서 알고 있다는 것이다. 이것이 소위 합리적 경제인간에 대한 "완전한 정보"의 가정이다.54) 그러나 이러한 가정은 위험부담과 불확실성하에서의 선택에서는 그 불완전한 정보로 말미암아 완화되지 않을 수 없다.

(2) 위험부담하에서의 개인적 선택은 불완전한 정보의 상황에서 전개된다. 위험부담하에서의 선택은 각 대안적 행위의 가능한 결과에 대한 객관적인 산술적 확률이 부여될 수 있는 상황 아래에서 전개된다. 예를 들면, 룰렛 게임, 동전 던지기, 주사위 노름 등은 위험부담하에서의 선택이다.

(3) 불확실성하에서의 개인적 선택은 대안적 행위들의 결과들에 대한 확률들이 부분적으로 혹은 완전히 알려져 있지 않거나, 혹은 무의미한 상황에서 진행된다. 즉 흰 공들과 빨간 공들이 섞여 있는 비율과 각 색깔의 공들의 숫자에 대한 정보가 없는 두 개의 단지들에서 공을 뽑을 때 각 색깔의 공이 나올 확률을 모르는 경우와, 어떤 사람이 증조부가 될 날처럼 확률이 무의미한 경우는 불확실성하에서의 선택이다. 모형

(2) 위험부담하에서의 개인적 선택과 모형 (3) 불확실성하에서의 개인적 선택에서의 합리성은 "기대효용의 극대화"로 나타난다.55)

(4) 게임이론은 두 명 혹은 그 이상의 개인들 사이의 협동적 혹은 비협동적 조건 아래에서의 상호 의존적 선택을 다룬다. 상호 의존적 선택은 한 사람의 선택이 다른 사람에게 영향을 미치고 그로 인한 다른 사람의 행동의 변화가 다시 그 한 사람의 선택 결과에 영향을 미치게 되는 상황을 말한다. 협동적 게임의 대표적인 것은 타협 혹은 협상이다. 다음 절에서 다루어지겠지만, 수인의 딜레마(the prisoner's dilemma) 게임은 비협동적 게임의 전형이다. 비협동적 게임에서 각 게임 참여자는 상대방의 전략을 감안하여 독립적으로 자신의 전략을 선택한다. 따라서 이러한 게임에서는 의사소통이 불가능하고 (합의가 쉽지 않고 설령 합의가 있더라도 그) 합의가 구속력이 없으므로, 협상과 제휴가 맺어질 가능성이 없다. 그러나 (성공한 노사 간의 협상에서 보는 것처럼) 협동적 게임에서는, 구속력 있는 합의가 가능하고 협상과 제휴가 맺어질 수 있다.56)

(5) 사회적 선택이론은 또한 집단 선택 이론 혹은 공공 선택 이론이라고도 한다. 사회적 선택이론은 상이한 선호를 가진 집단 혹은 사회 구성원들의 상이한 선택을 결집하여 그것으로부터 집단적 혹은 사회적 선호와 선택을 이끌어내는 것이다. 민주주의 정치이론가는 어떤 정치적 결정에서 가장 적절한 투표의 행태와 과정이 무엇인가를 결정하기 위해 사회적 선택이론을 원용한다. 경제학에서는 개인적 선호들로부터 사회적 복지 혹은 후생함수(social welfare functions)를 도출하려는 시도가 그 전형적인 사례이다.57)

합리적 선택이론의 이러한 다섯 가지 유형을 염두에 둘 때, 우리의 기본적 관심은 롤즈와 고티에의 사회계약론적 윤리학과 롤즈의 입장을 비판하는 공리주의자 하사니의 모형은 어떠한 모형을 원용하고 있는가 하는 점이다. 롤즈와 하사니는 모형 (3), 즉 불확실성하에서의 개인적 선택이 윤리학이 의거해야 할 모형이라는 데 합의한다. 그러나 롤즈와 하사니는 그러한 불확실성하에서의 개인들이 사용하는 것이 합리적이라고 주장하는 운용 규칙에 대해서는 의견을 달리한다. 즉 롤즈는 최소극대화 규칙(maximin rule)을 통해 민주주의적 평등에 이르게 된다고 주장하는 반면, 하사니는 등확률 규칙(equiprobability rule)을 통해 평균 공리주의에 이르게 된다고 주장한다. 고티에는 모형 (4), 즉 위험부담하에서의 다수 협상적 게임이론에 의거하고 있고, 그 운용 규칙으로 최대 상대양보의 극소화 원칙(the minimax relative concession principle)을 주장하고 있다.58)

2. 합리성의 역설

1) 수인의 딜레마

우리는 지금까지 합리적 선택이론의 기본 구조와 모형들을 개괄적으로 탐구했다. 전통적으로 경제학에서는 개인의 합리성은 수요와 공급이 최적적인 균형 상태에 도달하는 완전경쟁시장에서 작동하는 것으로 가정해왔다.59) 이러한 가정 아래 아담 스미스(Adam Smith)는 각 개인들이 자신들의 이익을 추구하면, 그것은 마치 "보이지 않는 손"에 이끌린 듯 조화되어 각 개인들이 의도하지 않았던 사회적 결과인 사회 전체의 이익을 향상시킬 수 있다고 주장했다.60) 그러나 어떤 상황 아래서는 개인적 합리성이 그러한 전체적 이익의 향상을 가져오지 못하는 경우가 있다. 이러한 상황이 "시장의 실패(market failure)"이다.61) 이러한 실패는 개인적 합리성과 집단적 합리성 사이의 다양한 불일치에 자리 잡고 있는 합리성의 역설을 통해서 예증될 수 있다. 이러한 역설 아래에서는 완전히 합리적인 경제인간(rational *homo economicus*)은 "합리적 바보"로 전락하게 된다.62)

합리적 선택이론에서 자기 이익의 극대화로서의 합리성에 관한 자멸적 측면을 예증하는 가장 유명한 사례는 수인의 딜레마(the prisoner's dilemma)이다.[63] 이 딜레마는 두 명의 수인이 공모하여 죄를 저질러서 잡힌 경우에 일어난다. 두 명의 수인은 검찰관에게 불려가서, 각각 별도로 심문을 받게 된다. 그들은 모두 아무도 실토하지 않으면 사소한 죄목으로 감옥에서 1년만 보내면 된다는 것을 알고 있다. 그러나 그들은 또한 만일 한 사람이 묵비하는 상황에서 다른 사람이 실토하여 공범 증언을 하면 다른 사람은 풀려나고 그 한 사람은 10년이라는 장기 복역을 하게 된다는 것도 알고 있다. 만약 그들이 모두 실토하면 각각 5년형을 살게 된다. 이러한 상황에서 두 수인 각각은 모두 자신의 이익을 극대화하기 위해서 실토하게 될 것이며 그들은 결국 모두 5년형을 받게 된다. 각자의 관점에서 보아 합리적인 결정을 하게 되면 결국 두 수인이 모두 더 불리해지는 상황을 낳게 되는 것이다. 이러한 상황에서 둘 모두에게 합리적인 행동, 즉 아무도 실토하지 않고 묵비해야 한다는 것은 자신을 지키려는 두 수인에게는 구속력이 없는 불리한 대안일 뿐이다. 따라서 고립적인 한 개인의 합리성은 집단적인 최적성(optimality)에 이르지 못하는 상황이 발생한다. 표 2는 두 수인이 감옥에서 복역하는 연수를 기준으로 하는 게임 상황을 묘사하고 있다. 괄호 없는 숫자는 감옥에서 복역하는 연수로서 앞은 제1 수인의, 뒤는 제2 수인의 연수이다. 괄호 안에 있는 숫자는 앞은 제1 수인, 뒤는 제2 수인의 선호 순서이다.

표 2에서 보는 것처럼 각 수인은 지배적 전략(dominant strategy), 즉 다른 수인이 묵비하든지 실토하든지 자신은 실토하는 것이 유리하다는 전략에 따라 균형점에 도달한다.[64] 구체적으로 제1 수인의 관점에서 게임 상황을 살펴보면, (1) 제2 수인이 묵비하거나 실토하거나일 것이다. (2) 만약 제2 수인이 묵비하면, 묵비하는 것보다 실토하는 것이 유리하다. 즉 1년보다는 무죄 방면이 낫다. (3) 만약 제2 수인이 실토하면, 묵비하는 것보다 실토하는 것이 유리하다. 즉 10년보다는 5년이 낫다. 이

러한 게임 상황은 제2 수인의 관점에서 볼 때도 대칭적이므로 결국 게임의 균형점은 모두 실토하여 모두 5년형을 사는 것이 된다.65)

표 2. 수인의 딜레마

		제2 수인	
		묵비	실토
제1 수인	묵비	(2) 1, 1 (2)	(4) 10, 0 (1)
	실토	(1) 0, 10 (4)	(3) 5, 5 (3)

롤즈가 잘 지적한 것처럼, 수인의 딜레마는 다음과 같은 상황에서 발생한다.66)

"고립적으로 이루어진 많은 개인들의 결정 결과가 타인들의 행위가 이미 전제된 것으로 보아 각자가 지극히 합리적으로 이루어졌다 할지라도, 어떤 다른 행동 방식보다 모든 사람에게 더 좋지 못할 경우이면 언제나 생겨나는 것이다. 이는 홉스의 자연상태가 그 고전적인 사례로 되어 있는 수인의 딜레마의 일반적인 경우에 지나지 않는다. 고립의 문제는 이러한 상황을 가려내어주고 모든 이의 관점에서 최선이 될 구속력 있는 전체적인 약속을 확인해주기 위한 것이다."

수인의 딜레마는 소위 고립(isolation)의 문제로서 개인적 합리성(individual rationality)이 집단적 최적성에 도달하지 못하고 집단적 비합리성(sub-optimal collective irrationality)으로 전화되는 비극적 상황이다.

다음 장인 제3장에서 구체적으로 다루겠지만, 홉스의 자연상태에서는 각 개인은 타인이 평화 상태를 택하든지 말든지에 관계없이 전쟁 상태로 돌입하는 것이 합리적이며 곧 그것이 지배적 전략이 된다. 이러한 수인의 딜레마 모형은 비현실적인 것이 아니라 매점매석, 군비경쟁, 그리고 환경문제 등에서 충분히 경험적으로 검증된 바 있다.

수인의 딜레마가 고립의 문제로 규정된 것과 관련하여 많은 합리적 선택이론가들은 수인의 딜레마가 이기주의만의 독특하고 고유한 문제가 아니라는 점을 주장한다.[67] 이러한 주장을 입증하기 위해서 그들은 소위 "이타주의자의 딜레마"를 다음과 같이 밝혀내고 있다.

표 3. 이타주의자의 딜레마

		이타주의자 B	
		착석	기립
이타주의자 A	착석	0, 0	1, −2
	기립	−2, 1	−1, −1

표 3은 두 명의 이타주의자들이 가지는 효용을 숫자로 표시한 것이다.[68] "이타주의자의 딜레마"는 두 명의 이타주의자들이 둘이 모두 앉을 수는 있지만 둘이 모두 앉기에는 약간 좁고 불편한 한 자리의 좌석을 서로 다른 사람이 앉도록 이타적으로 배려하는 상황에서 발생한다. 각 이타주의자의 동기는 타인의 효용을 증진하려는 것이기 때문에 지배적인 전략은 기립이다. 따라서 이러한 이타주의자의 딜레마 게임의 균형점은 모두 기립한 상태로 있는 것으로 모두 −1의 효용을 갖게 된다.

이타주의자들의 이러한 이타적 선택은 두 명의 이타주의자들 모두에게 이기적 선택인 착석보다 손해를 주게 된다.[69] 이타주의자의 딜레마 상황에 비추어서, 합리적 선택이론가들은 "수인의 딜레마는 타인에 대한 이기심 혹은 무관심으로부터의 선호만을 전제하는 것이 아니라, 오히려 선호의 다양성을 전제하고 있다"고 단호하게 주장하고 있다.[70]

2) 무임승차자의 문제

무임승차자는 무임 승객이나 불로 소득자, 노조 활동의 덕을 보는 비노조원, 혹은 암체 식객처럼 전혀 비용을 부담하지 않으면서 협동의 이익을 향유하려는 자들이다. 경제학과 합리적 선택이론에서 무임승차자의 문제(the free-rider problem)는 공공재(public goods)와 관련해서 발생한다.[71] 경제적 재화에는 두 가지가 있다. 즉 사적 재화인 개인재와 공적 재화인 공공재이다. 사적 재화는 소비와 구매에 있어서 개인적 가분성(individual divisibility), 타인의 배제성(exclusiveness), 비외부성(non-externality)을 그 기본적 속성들로 가지고 있다. 예들 들면, 한 개인이 사과를 구매하여 소비하는 것은 타인을 배제하고 개인적으로 이루어지며, 타인에게 어떤 영향을 주지 않는다고 가정된다. 반면에, 공공재는 소비의 불가분성(indivisibility), 타인의 비배제성(non-excludability), 공급의 공동성(jointness)과 외부성(externality)을 그 기본적 속성들로 가진다.[72]

롤즈는 무임승차자의 문제가 왜 발생하는지를 다음과 같이 설명하고 있다.[73]

"공중의 규모가 커서 많은 개인을 포함하는 경우에는 각자가 자신의 본분을 회피하고자 하는 유혹이 있게 된다. 그 이유는 한 사람이 행하는 바가 전체의 산출된 양에 대단한 영향을 미치지 않기 때문이다. 그 한 사람은 타인들의 집단적인 행위를 어떻게든 이미 주어진 것으로 간주한다. 만일 공공선이 산출된다면, 자기가 기여함이 없다고 해도 그것에 대한 자신의 향유가 감소되지 않을 것이다. 그리고 만일 그것이 산출되지 않을 경우에는 그가 본분을 다한다고 해도 사정은 변하지 않을 것이다."

인용절에서 보는 것처럼, 무임승차자들은 "티끌 모아 태산"이라는 우리 속담을 믿지 않는다. 고대 소피스트들이 그들의 궤변론에 흔히 사용했던 연쇄식(連鎖式)의 역설(sorites paradox)은 이러한 상황의 논리적 원형이라고 해석해볼 수 있다. 연쇄식의 역설은 결합의 오류(the fallacy of composition)로서 부분에 관해서 참인 것을 그 부분들이 결합해서 이루어진 전체에 관하여도 참이라고 하는 오류이다.74) 일례를 들면 한 알의 곡식으로 산을 만들 수 있는가? 아니, 두 알의 곡식으로 산을 만들 수 있는가? 아니, … 2백만 알의 곡식으로 산을 만들 수 있는가? 아니. 이와 같이 해서 여전히 많은 곡식을 쌓아도 산을 만들 수 없다고 하는 것은 결합의 오류를 범한 것이다. 역으로 이미 수백만 알의 곡식으로 산이 형성되어 있는 곳에서 한 알의 곡식을 빼도 산은 그대로 있는가? 그래, 두 알의 곡식을 빼도 산은 그대로 있는가? 그래, … 2백만 알의 곡식을 빼도 산은 그대로 있는가? 그래. 이와 같이 해서 여전히 많은 곡식을 빼도 산이 그대로 있다고 하는 것은 결합의 오류를 범한 것이다. 흔히 후자와 같은 연쇄식을 대머리 궤변(calvus sophistry)이라고 한다. 즉 한 올의 머리카락을 뽑으면 대머리가 되는가? 아니. … 우리가 볏 집단의 퇴적 가리를 원용해도 결과는 마찬가지다.75)

국방을 하나의 공공재로 본다면, 시민은 자기가 세금을 납부하는 것에 상관없이 외침으로부터 똑같은 보호를 받게 된다. 따라서 극단적인 경우에는 타협이나 자발적인 합의가 이루어질 것이라는 기대를 할 수 없다. 공공재의 다른 한 측면은 외부성이다. 어떤 재화가 공공적이고 불가분적인 경우 그것의 설비는 그것을 배정하고 그것의 설비를 결정하는 자가 고려에 넣지 않은 자들에게도 손해나 이익을 가져오게 될 것이다. 환경오염은 공공(악)재의 단적인 예로서 산업 폐기물은 자연환경을 오염, 침식함으로써 타인들에게 손해를 끼치는 외부성을 갖는다.

이때 한 개인이 이타주의자라고 해도 상황은 바뀌지 않을 것이다. 왜냐하면 한 이타주의자의 기여도 공공재의 산출에 결정적인 영향을 미치지 못한다고 하면 역시 그도 합리적으로 기여하지 않을 것이기 때문이다. 따라서 공공재는 설비될 수 없고 시장은 실패한다. 이러한 상황은 다음과 같이 표 4로 정식화된다.[76]

표 4. 무임승차자의 문제

		타인들	
		기여	무임승차
임의의 개인	기여	공공재의 이득 2 기여의 비용	공공재의 미설비 4 기여의 비용
	무임승차	공공재의 이득 1 기여의 비용 무	공공재의 미설비 3 기여의 비용 무

숫자는 임의의 개인이 지닌 선호 순서를 나타낸다. 타인들이 기여를 하건 말건 임의의 개인은 무임승차가 합리적이므로 1 > 2 혹은 3 > 4가 되고 결국 공공재는 설비될 수 없다. 다시 말하면, 무임승차자가 가장 선호하는 것은 좌의 하측 상황이고 가장 싫어하는 것은 우의 상측 상황이다. 따라서 만약 모든 임의의 개인이 이러한 선호 순서를 따른다면 공공재는 설비될 수 없는 것이다. 무임승차자의 문제가 확신(assurance)

의 문제라고 하는 것은 협동하는 당사자들에게 공통의 합의가 수행되고 있음을 어떻게 확신시키느냐 하는 것이다. 고립과 확신의 문제는 통상적으로 구별되어왔으나 이제 몇 학자들의 공헌에 의해서 수인의 딜레마와 무임승차자의 문제가 선호 구조적 동치라는 것이 밝혀졌다. 따라서 무임승차자의 문제는 흔히 다인적 혹은 대규모적인 수인의 딜레마(n-person or multi-person, or large scale prisoner's dilemma)라고도 불린다.77) 무임승차자의 문제는 선호 구조적으로 볼 때, 수인의 딜레마의 선호 구조와 같다.78)

따라서 무임승차자의 문제는 두 사람 사이가 아니라 한 개인과 그 외 다른 모든 사람들 사이에서 발생하는 하나의 딜레마 게임이다. 이미 언급한 것처럼, 이때 한 개인이 이타주의자라고 해도 상황은 바뀌지 않을 것이다. 왜냐하면 한 이타주의자의 기여도 공공재의 산출에 결정적인 영향을 미치지 못한다고 하면 역시 그도 기여하지 않는 것이 합리적이기 때문이다.79)

그러나 이타주의는 하나의 예외로 간주될 수 있으므로, 통상적으로 자기 이익을 추구하는 행위가 경제적 혹은 분배적 정의가 문제가 되는 상황에서 지배적인 것으로 생각된다. 무임승차자의 문제의 전거가 되는 맨서 올슨(Mancur Olson)의 『집단적 행위의 논리』에는 이러한 상황이 다음과 같이 서술되어 있다.80)

"물론, 한 집단의 구성원 개인들의 숫자가 매우 적지 않은 한, 혹은 그들을 공통의 이익에 따라서 행위하도록 만드는 강제나 다른 특별한 조치가 없는 한, 합리적이고 자기 이익을 추구하는 개인들은 그들의 공통적인 혹은 집단적인 이익을 달성하려고 행위하지 않을 것이다."

종합적으로 볼 때, 한편으로 수인의 딜레마와 무임승차자의 문제는 도덕성을 도구적 자기 이익의 극대화로서의 합리성에서 도출하려는 롤즈와 고티에의 시도에 커다란 장애물이 되는 것처럼 보인다. 어떤 의미에서 이러한 합리성의 두 가지 역설들은 "시장의 실패"의 기술적 현상(descriptive phenomenon)으로 해석될 수 있다. 따라서 이러한 기술적 현상은 규범적 이론의 영역에서 쉽사리 배제될 수 있는 것처럼 보인다. 그러나 비록 롤즈와 고티에가 모두 합리적 선택을 규범적 이론으로 수용하기는 하지만, 그들은 모두 이러한 합리성의 두 역설들을 해결하지 않으면 안 된다. 왜냐하면, 칸트 이래로 "당위는 가능성을 함축한다('ought' implies 'can')"는 격률은 윤리학의 체계 구성에서 하나의 필요조건으로 간주되어왔기 때문이다.[81] 우리가 제1장 2절에서 이미 언급한 것처럼, 롤즈와 고티에는 도구적 자기 이익의 극대화로서의 합리성 개념을 계약 당사자의 중요한 동기적 기초로 간주하고 있다. 이것이 의미하는 것은 만약 사회계약론적인 규범적 윤리학이 기술적 의미에서 어떠한 동기적 기초를 갖지 못한다면, 사회계약론적 윤리학은 실제적 적용 가능성을 상실하게 된다는 것이다.[82]

그러나 다른 한편으로, 시장의 실패의 현상으로서 합리성의 두 가지 역설들로부터 사회계약론적인 윤리학은 그 자신의 근거를 찾을 수도 있다. 즉 시장의 실패의 상황에서 계약 당사자들은 비시장적 혹은 시장 외적 해결책을 통해서 그들의 처지를 개선할 가능성이 있기 때문이다. 사회계약론은 시장의 실패에 대한 하나의 전형적인 시장 외적 해결책으로 간주될 수 있다. 비록 합리성의 개념을 정의하는 문제가 여전히 어려운 문제로 남을 것이지만, 집단적 합리성의 개념을 통해서 개인적 합리성의 역설을 해결하려는 사회계약론적 윤리학의 시도는 도덕성의 개념의 도출과 연관될 것이기 때문이다.

이미 지적한 것과 같이, 롤즈에 따르면 수인의 딜레마는 고립의 문제이다. 그래서 롤즈는 그의 사회계약론적인 "정의의 원칙은 … 원초적 입장의 관점에서 보아 집단적으로 합리적이다"라는 점을 입증하려고 한다.[83] 다시 말하면, 고립적인 개인들은 사회계약론적인 상호 협동에 참여하는 것이 합리적이다. 무임승차자의 문제는 확신 혹은 준수의 문제로 해석된다. "여기서 목표는 협동하는 당사자들에게 공동의 합의가 시행되고 있다는 것을 확신시키는 것이다."[84] 따라서 롤즈에게는 "정의의 관점을 수용하고 그것에 따라서 행위하려는 성향이 개인의 선과 일치하는지를 입증하는 일이 남아 있다."[85] 그러나 롤즈는 자신의 질서정연한 정의로운 사회에서 완전한 준수(the strict compliance), 즉 "원칙들은 모든 사람이 그것들은 준수할 때의 결과에 비추어서 선택된다"는 것을 가정하는 것으로 끝나고 만다.[86]

이러한 상황에서 고티에는 합리성의 두 가지 역설들을 보다 엄밀하게 해결하려고 한다. 고티에에 의하면, 합리성의 두 가지 역설들은 시장의 실패의 독특한 현상들이며, "도덕성은 시장의 실패에서 나온다"고 지적한다.[87] 고티에는 수인의 딜레마를, "상호 이익"을 위한 공정하고도 합리적인 "협동적 기획"의 기초가 되는 사전 합의(ex ante agreement)로부터 도출되는 사회계약론적인 도덕원칙을 통해서 해결하려고 한다.[88] 고티에는 특히 무임승차자의 문제에 관심을 집중하고 있다. 비록 계약적 협동 상황이 시장의 실패보다 더 나은 결과를 가져다주기는 하지만, 각 계약 당사자들은 여전히 "협동적 의무를 이행하지 않음으로써 오는 이득을 염두에 두고 계약을 준수하지 않으려고 한다."[89] 사회계약론적인 사후 입론(ex post argument)은 합의된 사회계약론적인 도덕원칙들의 합리적 준수에 대한 합리적 동기를 마련하는 것이다. 여기서 고티에는 자기 이익의 극대화라는 전통적인 합리성 개념을 "하나의 성향으로서의 제한적 극대화"라는 새로운 합리성의 개념으로 변화시키는 중대한 철학적 시도를 전개한다.[90]

3) 애로우의 불가능성 정리

합리성의 역설로서의 수인의 딜레마와 무임승차자의 문제는 게임 상황에서 개인적인 합리적 선택의 영역에서 발생한다. 이에 반해 케네스 애로우(Kenneth J. Arrow)의 "불가능성 정리(the Impossibility Theorem)"는 사회적 선택의 영역, 특히 후생경제학과 민주주의론에서 발생한다. 고티에의 표현 "무서운 망령(the dread specter)"처럼, 애로우의 불가능성 정리는 윤리학을 포함한 규범적 사회과학에 막대한 부정적인 교훈을 통해서 큰 영향력을 미쳐왔다.[91]

우리가 본장 제1절 3항 "합리적 선택이론의 형식적 모형"에서 언급한 것처럼, 사회적 선택이론은 주어진 개인적 선호의 집합으로부터 집단적 선호 서열을 도출하는 문제를 다룬다. 따라서 사회적 선택이론의 주요한 임무는 개인적 선호 서열의 함수로서의 사회적 선호를 도출할 수 있는 사회적 선택의 기제를 고안하는 일이다. 민주정치 이론에서 등장하는 다양한 투표 방식은 단지 개인의 의견을 결집할 수 있는 총화 방식일 뿐이다. 그러한 기제와 방식은 후생경제학에서는 "사회복지함수"로 나타난다.[92] 애로우의 "불가능성 정리"는 "사회복지함수"의 구성에 관한 몇 가지의 명백하게 합리적인 조건들을 설정한 뒤, 이러한 조건들이 모두 충족될 수 없는, 상충되는 상황을 밝혀냄으로써, 합리적인 총화 방식으로서 일관된 사회복지함수는 존재하지 않는다는 것을 입증한 것이다.[93]

애로우의 "불가능성 정리"에서 등장한 사회복지함수의 조건들은 다음과 같다.[94]

(C) 집단적 합리성(Collective Rationality) : 개인적 선호 서열들의 집합을 총괄하여 사회적 선택이 가능하도록 완전하고 전이적인 사회적 선호 서열이 도출될 수 있어야 한다.

(P) 파레토 원칙(Pareto Principle) : 만약 모든 사람들이 대안 A를 대안 B보다 선호한다면, 사회적 선호도 그래야만 한다.

(I) 무관한 대안들로부터의 독립성(Independence of Irrelevant Alter- na- tives) : 가능한 선택 대안들의 집합으로부터 도출되는 사회적 선택은 오직 그러한 대안들의 선택에 관련된 개인들의 선호 서열에만 의존 해야지 관련 없는 무관한 대안들에 의존해서는 안 된다.

(D) 비독재성(Non-Dictatorship) : 사회적 의사결정 절차는 독재적이어 서는 안 된다. 즉 한 개인 혹은 단일 집단의 선호가 다른 모든 사람 들의 선호를 무시하고 지배적인 것이 되어서는 안 된다.

조건 C는 우리가 본장 1절 2)항에서 논의한 것처럼 사회복지함수도 합리성의 형식적 조건인 내부적 일관성으로서의 완전성과 전이성을 가 져야 한다는 것을 규정하고 있다. 조건 P와 조건 D는 시민 주권의 개념 을 정식화한 것으로 민주주의의 기본적 요구 사항으로 간주되고 있다. 조건 P는 강한 파레토 원칙으로서 만장일치를 규정하고 있으나 보다 약 한 원칙인 다수결의 원칙도 여기에 해당된다. 자세한 부연 설명이 필요 한 것은 조건 I이다. 우선 조건 I는 논리적으로는 가능하나 실제로는 불 가능한 대안들을 배제한다. 예들 들면, 가장 효율적인 도시 교통수단(고 속열차, 자동차, 전차 등등)을 선택하는 데 있어서, 『스타트랙』 등 공상 과학 영화에 자주 나오는 것으로 "인간을 미립자로 분해하여 수송하고 다시 도착지에서 재결합하는 교통방식"은 현재 우리가 할 수 있는 선택 과는 무관한 것이다.[95] 둘째, 조건 I는 사회적 선택 절차를 일반적인 투 표 형식으로 제한하는 효과를 낳는다. 예를 들어, 오직 현재 선택 가능 한 후보자들의 서열에 관련된 선호만이 후보자들을 선출하는 데 사용된 다.[96]

애로우의 "불가능성 정리"는 민주사회에서 통상적으로 가장 많이 사 용되는 집단적인 의사결정 원칙인 다수결의 원칙에 관련해서 정식화된 것이다. 다수결의 원칙은 기본적으로 사회복지함수의 구성에 필요하다고 생각되는 이상의 네 가지 조건을 모두 충족시킨다. 그러나 애로우의 불가능성 정리는 네 가지 조건 C, P, I, D들 사이의 비일관성을 사실상 다수결 투표의 역설을 일반화한 것이다.

세 명의 투표자들 1, 2, 3과 그들이 선택하려는 대안들 A, B, C가 있다고 가정하자. 만장일치가 아니라면 집단적 의사결정은 대부분 다수결의 원칙으로 이루어진다. 투표의 역설은 다음과 같은 표로 정식화된다.

표 5. 투표의 역설

	투표자들		
	1	2	3
선호 서열	A	B	C
	B	C	A
	C	A	B

세 명의 투표자들 중 두 명인 1과 3이 A를 B보다 좋아하면, 다수결의 원리에 의해서 사회는 A를 B보다 선호하는 결정을 내려야만 한다. 그리고 세 명의 투표자들 중 두 명인 1과 2가 B를 C보다 좋아하므로, 사회는 B를 C보다 선호하는 결정을 내려야만 한다. 이렇게 사회가 A를 B보다 선호하고 B를 C보다 선호한다면, 전이성의 조건에 의해서 당연히 사회는 A를 C보다 선호해야 한다. 그러나 세 명의 투표자들 중 두 명인 2와 3이 C를 A보다 좋아하는 역설이 여기서 발생한다. 이러한 역설이 의미하는 바는 일련의 전이적인 개인적 선호의 집합에서 소위 "순환적 다수(cyclic majority)"라고 부르는 비전이적 집단적 선호가 도출된다는 것이다.[97] 따라서 다수결의 원칙에 의거한 투표의 역설은 애로우의 조건 C를 위배하게 된다. 애로우의 "불가능성 정리"는 결국 애로우

92

의 조건들 어느 하나를 위배하지 않고서는 다수결의 원칙에 의거한 투표의 역설을 해소할 수 없다는 것을 의미한다.[98]

이러한 애로우의 "불가능성 정리"는 많은 파장과 논란을 불러일으켰고, 지금도 계속되고 있는 실정이다. 또한 지금까지 많은 그럴듯한 해결책들이 제시된 것도 사실이다. 만약 우리가 애로우의 "불가능성 정리"의 논증이 타당한 것이라고 가정한다면, 우리는 사회복지함수의 네 가지 조건 중 어떤 것을 포기해야만 할 것인가? 이러한 네 가지 조건들은 명백하게 합리적이고 광범위하게 수용될 수 있는 조건들인가? 이러한 문제들에 대한 심층적 논의는 우리의 논의 한계를 벗어나는 일이다.[99] 우리는 이러한 문제의 해결을 철학적인 관점에서 포괄적으로 논의해보기로 하자.

만약에 모든 사람들의 선호 순서들이 모든 사태에서 동일하다고 한다면, 애로우의 "불가능성 정리"는 발생하지 않을 것이다. 왜냐하면 만장일치적인 합의가 다수결의 원칙에 따른 순환성을 중지시킬 수 있을 것이기 때문이다. 그러나 애로우는 만장일치적 합의는 현실 세계에 적용되기에는 너무나 이상적이라고 생각한다. 왜냐하면, 현실 세계에는 개인적 선호 서열들 사이에 상충이 있기 마련이므로, 만장일치적인 동질적 사회를 가정하는 것은 오늘날의 다원적이고 개인주의적인 민주사회에 걸맞지 않기 때문이다. 따라서 애로우는 "만장일치의 가정은 정치철학의 이상주의자적 견해"이며, 따라서 만장일치를 위한 "합의의 교설"은 절대주의적 "사회윤리의 기초"라고 비판하는 것을 잊지 않는다.[100]

우리가 본서 제1장 2절에서 본 것처럼, 롤즈와 고티에는 사회계약론적 윤리학이 개인주의적인 다원적 사회를 가정하고 있다는 것을 명백히 하고 있다. 따라서 그들은 애로우에 대한 공동체주의자들로부터의 반론에 동의할 수 없다. 공동체주의자들은 "모든 특정한 사회에는 상당한 정도의 목적에의 공통성이 존재하므로 애로우의 '불가능성 정리'는 주로 상아탑의 순수 이론가들에게만 흥미를 끄는 문제이다"라고 비난하고 있다.101) 비록 롤즈와 고티에가 사회계약론적인 만장일치적 합의가 가능하다고 믿고 있는 것은 사실이지만, 그들은 그러한 합의가 가상적인 공정한 최초의 상황에서의 자기 이익의 극대화적 추구라는 도구적 합리성으로부터 도출될 수 있다고 주장한다. 그들은 결코 그러한 합의가 실제적인 투표 과정이나, 혹은 목적에 대한 이상주의적이고 완전주의적인 개념이나, 혹은 공동체주의적인 목적의 공통성에서 유래한다고 보지 않는다.

그러나 롤즈와 고티에는 사회계약론적인 만장일치적인 합의에 대한 하나의 끈질긴 반론에 직면하지 않을 수 없다. 즉 "정치에서 공공적 이익은 언제나 논란의 대상이므로 최종적인 합의는 결코 달성될 수 없다. 그러한 상황을 가정하는 것은 정치가 없는 사회를 꿈꾸는 것이다."102) 우리는 제3장과 제4장에서 이러한 반론과 아울러 애로우의 "불가능성 정리"를 해결하는 하나의 방도로서 롤즈와 고티에의 사회계약론적 윤리학을 논의할 것이다.

3. 합리적 선택이론의 한계

1) 합리적 선택이론에 대한 심리학과 사회학의 비판

도구적 자기 이익의 극대화를 합리성으로 간주하는 신고전학파의 합리성 개념은 많은 비판의 대상이 되어왔다. 우리가 논의했던 합리성의 역설들은 심지어 일종의 "내재적 비판"으로 해석될 수도 있다.103) 물론 합리성의 역설들이 합리성에 관련된 여러 가정들에 직접적으로 도전하는 것은 아니다. 그러나 합리성의 역설들은 이러한 합리성에 관련된 여러 가정들이 비일관적이거나 혹은 바람직하지 못한 결과에 이르게 된다는 것을 보여준다. 따라서 합리성에 관련된 여러 가정들 자체가 의혹의 대상이 될 수 있으며, 만약 그러한 가정들이 옳지 않다면, 합리적 선택이론은 불안전한 기초를 가진 사상누각이 되는 셈이다. 관련 문헌들을 참고해보면, 우리는 합리적 선택이론에 대한 다양한 비판적 낙인들을 찾을 수 있게 된다. 즉 합리적 선택이론은 "비실제적이고, 비생산적이고, 무도덕적이다", "한편으로 볼 때는 너무나 많은 것을 요구하고, 다른 한편으로 볼 때는 너무나 제한적이다", "너무 많은 것을 허용하거나, 혹은 너무나 편협하다", "순전한 허구이다", 심지어 합리적 선택이론은 "꼭두각시"나 "망상 속의 괴물"에 불과하다고 비판된다.104) 우리가 본 장 1절 1)항에서 이미 논의한 것처럼 신고전학파의 합리적 선택이론과 사회계약론 사이에는 "구조적 동형성"이 있다는 점을 감안한다면, 합리적 선택이론에 대한 이러한 낙인들이 넓게 보아 전통적으로 사회계약론에 대해서도 전개되어왔다는 사실은 놀랄 만한 일이 아닐 것이다.

사회과학의 영역에서 심리학과 사회학은 합리적 선택이론에서 나타난 합리성의 "비실제적" 가정에 대해서 가장 심각한 도전을 전개하고 있다.105) 심리학적 비판은 개인적 행위의 불합리성에 대한 관찰로부터 시작된다. 즉 "사람들은 그들의 이는 닦지만 안전띠는 매지 않는다. 담배의 해독에 관한 공중 위생국 장관의 보고가 이미 수십 년 전에 나왔음에도 불구하고 사람들은 여전히 담배를 피운다. 사람들은 물건을 비싸게 구입하며, 부적절한 생명보험에 가입하고, 불필요한 조언을 위해서 주식 중개인에게 돈을 지불하고 있다." 등의 예가 제시된다.106) 거의 모든 심리학 이론들은 합리성이 아니라 어떤 다른 것이 인간의 행위를 결정짓는다고 주장한다.107)

"학습이론가들에게는 재강화 계획이, 프로이트학파 학자들에게는 무의식적 동기가, 발달이론가들에게는 인지발달의 개인적 단계가, 사회심리학자들에게는 현존하는 사회적 상황과 그것을 개인이 표상하는 방식이 개인의 행위를 결정한다. 더욱이 인지심리학자들은 개인의 특정한 정보처리 기제가 각 개인의 행위를 제약한다고 주장한다."

물론 어떠한 합리적 선택이론가들도 인간의 행위가 언제나 합리적이라고 주장하는 사람은 없다. 또한 합리적 선택이론의 주창자들은 인간의 행위는 합리성의 규범으로부터 자주 이탈하고 있으므로 합리적 선택이론적 모형은 비실제적이라는 점을 시인하고 있는 듯이 보인다.108) 합리적 선택이론에서 주장되고 있는 것은 합리성의 가정이 서술적으로 정확하다는 것이 아니라 그러한 가정이 오히려 어떤 지도적인 "자기발견적 기능(heuristic function)"을 수행한다는 것이다. 그러한 가정은 유용한 단순화로서 인간의 행위에서 비합리적 요소의 위상을 밝혀서 규정하는 수단을 제공해준다.109)

합리적 선택이론의 비실제성에 대한 이러한 답변은 밀턴 프리드먼(Milton Friedman)에 의해서 제시되었다. 프리드먼의 주장에 의거하면, 이론적 모형은 "설명되어야 할 현상을 둘러싸고 있는 복잡하고도 다양한 구체적인 상황의 혼란으로부터 공통적이고 결정적인 요소를 추상할 수 있도록 구성되어야 한다."110) 이러한 주장은, 비실제적 가정이라도 그것이 비본질적인 것을 배제하도록 의도되었다면 실제적인 예측을 산출할 수 있다는 것이다. 이러한 관점에서 많은 경제학자들은 합리적 선택이론의 가정에 대한 심리학자들의 반론을 인정하지만, 그러한 반론들은 이론적 모형에 관한 것으로는 적합하지 않은 것이라고 변호한다. 이러한 경제학자들의 입장은 소위 "합리성에 관한 실용적 옹호"라고 불린다.111) 이러한 입장에는 적지 않은 방법론적인 문제가 도사리고 있지만, 우리는 여기서 그것을 다루지는 않겠다.112) 여기서 보다 중요한 것은 다음과 같은 질문을 심각하게 고려해보는 것이다.113)

"왜 … 경제학적 심리학은 사람들이 지니고 있는 불합리성을 분류하고 연구하는 것과, 보다 실제적인 경제학이 기초할 수 있는 인간의 선택에 관한 보다 실제적인 서술을 하는 데 심리학적 방법을 원용할 수 없는가?"

사실상 이러한 과제를 수행하기 위한 체계적인 노력이 전개되어온 것이 사실이다.114) 이러한 노력이 성공을 거둘 수 있느냐 하는 것을 최종적으로 판정하는 것은 여기서 우리의 직접적인 관심사는 아니다. 이와 관련해서 우리는, 사회계약론을 개진하고 있는 롤즈가 주로 장 피아제(Jean Piaget)와 로렌스 콜버그(Lawrenc Kohlberg)의 발달심리학을 원용하여 도덕 발달 단계를 논하고 있는 것은 어떤 면에서 경제학적 합리성과 심리학의 화해를 시도한 것으로 간주할 수 있을 것이다.115)

합리적 선택이론에 대한 사회학으로부터의 반론은 실제적인 사회[학]적 인간(*homo sociologicus*)이 비실제적인 호모 에코노미쿠스보다 진일보한 것이라는 주장으로부터 시작한다. 사회적 인간의 개념이 랄프 다렌도르프(Ralf Dahrendorf)에 의해서 도입된 이후, 사회학자들 사이에서는 사회학적 분석을 수행하기 위해 사회적 행위 주체자에 부여되어야 하는 근본적인 속성들에 대해서 상당한 정도의 합의가 있어왔다.116) 우선, 선택에 관련해서 사회적 인간은 개개인이 합리적으로 선호하는 바에 따라서 행위하는 것이 아니라, 오히려 습관, 전통, 관습, 역할, 내면화된 가치, 그리고 사회적 규범과 제도가 지시하는 바에 따라서 행위한다고 생각되고 있다는 점이다. 둘째, 합리적 선택이론에서 선택의 대상으로 간주되고 있는 사회적 행위 주체자의 선호와 실행 가능한 대안들의 범위는 사회학자들에 의해서는 일반적으로 환경의 함수로 생각되고 있다는 점이다.

첫 번째 사항에 관련해서, 가장 중요한 포인트는, 인간의 행위는 개인적 합리성이 아니라 사회적 규범에 의해서 파악되어야 한다는 것이다. 이것이 의미하는 바는, 사회적 규범은 설명의 순서에서 개인보다 선행하므로 사회적 규범은 개인적 선호로 환원될 수 없다는 것이다. 두 번째 사항은, 합리적 선택이론에서는 개인적 선호의 내용이 이미 주어진 것으로 간주하므로 개인적 선호의 내용에 관한 사회적 결정론을 함축하고 있다는 것이다.

첫 번째 비판에 답하면서, 합리적 선택이론가들은 어떤 새로운 기회가 무르익었을 때 수많은 전통적인 규범들이 폐기되었던 무수한 사례들을 지적하고 나선다. 그들은 이러한 사례들은 각 개인들이 전통적 규범들을 버리는 것이 그들 자신의 목표를 더 잘 증진할 수 있다는 점을 인식했기 때문이라고 주장한다. 이러한 반론이 의미하는 바는 사회적 규범이 합리성을 압도하는 조건들을 상세하게 규정해주는 잘 확립된 이론이 존재하지 않는다는 것이다. 특히 사회적 규범에 관한 설명 방식에서는 사회적 규범이 언제 안정적이고, 언제 개인적 합리성에 압도되는지가, 그리고 이러한 것들이 어떠한 조건들에 의해서 결정되는지가 명백하지 않다는 것이다. 두 번째 비판에 답하면서, 합리적 선택이론가들은 비록 실행 가능한 대안들의 집합은 사회적 상황에 의해서 결정되지만 (실질적으로 이것은 애로우의 사회복지함수에 관한 조건 I이다), 그렇다고 선택해야 할 아무것도 남아 있지 않은 것은 아니라고 주장한다.117) 이러한 관점에서 합리적 선택이론가들은 "과도하게 사회화된 인간의 관념"에 대해서 경계하며, 합리적 선택이론을 통해서 인간사회에 대한 설명에서 "인간을 다시 불러오는" 일종의 복원을 꾀하려고 한다.118)

여기서 우리는 합리적 선택이론과 사회학 사이의 논쟁에 대한 최종 결론을 내리려는 것은 아니다. 이러한 논쟁은, 방법론적 개인주의를 둘러싸고, 사회계약론적 자유주의 윤리학에 대한 마르크스주의와 공동체주의로부터의 비판들과도 밀접하게 연관되어 있다. 그러한 비판들은 제4장과 제5장의 적절한 시점에서 다시 언급될 것이다.

2) 표준적인 합리적 선택이론에 대한 두 대안: 합리성의 불완전학파와 확장학파

본장 1절에서 우리는 효용의 극대화로서의 합리성의 두 가지 의미인 내부적으로 일관된 효율적 선택과 자기 이익의 극대화 개념을 논의했다. 합리적 선택이론의 영역에서는 이러한 합리성의 두 가지 의미와 관련해서 표준적인 합리적 선택이론에 관한 실행 가능한 대안들을 제시하려는 체계적인 노력이 전개되어왔다. 이러한 노력은 부분적으로는 이미 우리가 논의했던 표준적인 합리적 선택이론에 대한 심리학적, 사회학적 비판들과 밀접하게 관련되어 있다.

우리가 본장 3절 1)항에서 논의했던 합리적 선택이론에 대한 양단의 비판, 즉 "한편으로 볼 때는 너무나 많은 것을 요구하고, 다른 한편으로 볼 때는 너무나 제한적이다"라는 비판은 그러한 대안의 제시와 직접적으로 관련되어 있다.119) 합리적 선택이론이 너무나 많은 것을 요구한다는 것은 개인들이 완전한 정확성을 가지고 대안들을 인식하고 계산하고 평가하도록 요구되고 있다는 것이다. 한편으로 너무나 제한적이라는 것은 합리적 선택이론이 개인적 행위의 유일한 동기로서 협소한 자기 이익에만 관심을 둔다는 것이다. 효용의 극대화로서의 합리성 개념의 두 가지 의미에서 볼 때, 첫 번째 비판은 일관성 겸 효율성으로서의 도구적 합리성에 대한 비판으로 주어진 목적을 추구함에 있어서 행위자에게 어느 정도의 불합리성이 인정되어야 한다는 것이다. 두 번째 비판은 자기이익의 극대화로서의 실질적 합리성에 대한 비판으로서 인간의 동기 유발 요소에 대한 보다 폭넓은 영역이 인정되어야 한다는 것이다.

자기 이익의 극대화로서의 도구적 합리성에 관한 대안 설정 노력의 핵심으로는 허버트 사이먼(Herbert Simon)에 의해서 최초로 전개된 충족화(satisficing)와 제한적 합리성(bounded rationality)의 이론을 들 수 있다.120) 이러한 이론이 주장하는 바는, 사람들은 현실적으로 볼 때 완전히 효율적이지 못하며, 또한 시장이나 선택 상황에서 완전한 정보가 제공되지 않는 한 효용의 극대화를 끝까지 추구하지 못하므로, 합리적으로 볼 때 불완전하며 제한적이라는 것이다. 그래서 사람들은 그들의 이러한 한계를 인식함으로써 충분히 가치가 있거나 혹은 충분히 만족스러운 대안을 선택하게 된다는 것이다. 이러한 주장이 의미하는 것은 충족화와 제한적 합리성이 극대화를 위한 완전하고도, 모든 대안들이 총 망라된 계산을 가정하는 것보다 더 현실적이라는 것이다. 예를 들면, 집을 사려고 할 때, 사람들은 그 동네에 있는 모든 집들을 보지 않고, 통상 세 번째, 네 번째 본 집을 선택하는 경우가 많은데, 이것은 그 집이 사람들의 최적의, 혹은 효용의 극대화적 선택은 아니더라도, 주택 구매자의 통상적인 요구의 기준에 부응하는 충분히 만족스러운 것이기 때문이다.

이러한 합리성의 제한에 대한 고려는 합리성의 불완전학파의 불완전한 합리성(imperfect rationality)이라는 보다 일반적인 개념으로 나아가게 된다. 불완전한 합리성은 사람들이 그 자신들의 불합리성을 완전히 제거하지는 못하겠지만 그것을 어느 정도 줄이고 합리성을 증진시키기 위해서 차선의 행동 전략을 채택할 수 있다는 것이다. 이러한 관점에서 자기통제(self-control), 사전공약(precommitments), 의지박약(akrasia), 그리고 시간을 고려하지 않은 현재적 효용과 시간을 고려하는 미래지향적인 타산적 효용의 구분 문제가 토마스 셸링(Thomas Schelling), 존 엘스터(Jon Elster), 데렉 파핏(Derek Parfit) 등에 의해서 다양하게 논의되고 있다는 것은 주목할 만한 일이다.121) 구체적으로 예를 들면, 엘스터는 시간을 고려하지 않은 순간 위주의 근시안적 행동을 불완전한 합리성의 징표로서 해석함으로써, 의지박약을 미래 시간의 효용과 가치를 차감하는 불합리한 경향성의 원천으로 간주한다. 흥미롭게도, 엘스터는 그리스 신화 『오디세이아』에 나오는 율리시즈(오디세우스)의 모험담을 여기에 원용한다.122) 노래를 불러 사람들을 유혹하여 바다에 빠지게 하는 바다의 님프인 사이렌의 유혹을 물리치기 위해서 율리시즈는 태양신 헬리오스의 딸 키르케의 조언대로 부하들에게는 밀랍으로 귀를 막으라고 명령하지만, 정작 자신은 귀를 막지 않은 대신 돛대에 자신을 묶으라고 명령한다. 그리고 사이렌이 있는 섬을 통과하기까지는 그가 무슨 소리를 하거나 무슨 짓을 하든지 간에 그의 몸을 결코 풀어주어서는 안

된다고 신신당부한다. 율리시즈 일행이 탄 배가 사이렌이 있는 섬에 이르자 평온한 바다 위에서 매혹적인 노랫소리가 들려왔다. 그러자 율리시즈는 결박을 풀려고 마구 몸부림을 치며 부하들에게 결박을 풀어달라고 애원했다. 그러나 부하들은 그를 더욱 단단히 결박하였다. 그들이 항해를 계속하면서 노랫소리가 점점 약해져 거의 들리지 않게 되자 율리시즈는 기뻐하면서 선원들에게 귀에서 밀랍을 빼라고 신호하였고, 그들은 율리시즈의 결박을 풀었다는 것이 모험담의 줄거리이다.123)

여기서 엘스터는 율리시즈의 사이렌 일화는 "철학자와 사회과학자들에 의해서 간과되고 있는 **불완전한 합리성**(*imperfect rationality*) 이론에 대한 필요성"을 예증해주고 있다고 지적한다.124) 율리시즈가 자신을 결박하라고 내린 명령은 곧 닥쳐올 미래에서의 자신의 의지박약을 예상하고 내린 것으로 일종의 자기통제 혹은 사전공약이다. 표준적인 합리적 선택이론이 순전히 시간을 무시한 현재적 효용에만 근거하고 있는지, 아니면 시간을 고려한 효용에 근거하고 있는지는 논란의 대상이 되고 있다. 따라서 롤즈와 고티에가 이러한 문제에서 의견 차이를 보이고 있다는 것은 놀랄 만한 일이 아니다. 롤즈는 "미래의 목적은 오직 시간상 미래라는 점 때문에 차감되어서는 안 된다"고 말한 반면에, 고티에는 "실천적 이성은 그 관점을 현재에 두고 있다"고 말한다.125)

전통적으로 의지박약에 관한 불완전한 합리성의 문제는 한탄조의 격률로 표현되어왔다. 즉 "나는 선을 알고 있고 그것을 좋다고 인정하고 있음에도 불구하고 나는 여전히 나쁜 길을 택한다(*Video meliora proboque deteriora*, I see the good and I approve of it but I still take the wrong path)." 일반적으로 볼 때, 합리성의 불완전학파는 (우리가 이미 본장 1절 2)항에서 논의한 바 있는) 각 개인들의 표출된 선호를 주어진 것으로 간주하여 그 자체를 합리적이고 효율적인 선호로 간주하는 "현시 선호 이론"의 한계를 극복하려고 노력한다. 따라서 합리성의 불완전학파는 개인적 선호 내용의 형성과 그 내부적인 혹은 외부적인 변화의 문제도 다루고 있다.

합리성의 불완전학파에 관련하여 많은 주목을 받고 있는 것은 1979년에 대두한 행동경제학(behavioral economics)이 보여주는 "놀라운 비합리의 사례들"이다.126) 그런데 행동경제학은 합리성의 불완전학파의 측면만 가지고 있는 것이 아니라 자기 이익의 극대화에 대한 합리성의 확장학파의 측면도 가지고 있다.127) 행동경제학은 심리학적 관점을 강화하여 호모 에코노미쿠스의 합리성과 자기 이익 극대화의 가정에 대해서 현실적 인간의 다양한 비합리성, 그리고 자기 자신뿐만 아니라 타인의 이익도 고려하는 사회적 선호를 대비시킨다.128) 행동경제학에서 제시되는 비합리성의 사례들은, 인간이 엄밀한 합리성의 극대화 규칙과 최적성에 의해서 행동하는 것이 아니라, 합리성과는 거리가 있고 간편한 방법인 직관과 주먹구구식 방법(the rule of thumb)인 자기발견적인 편향인 휴리스틱 바이어스(heuristic bias)에 따라 의사결정을 하므로 판단이나 결정의 편향이 나타나게 된다는 것이다.129)

휴리스틱 바이어스의 예는 사건의 출현 빈도나 확률을 판단할 때 체계적인 통계에 의거하기보다는 사건의 발생을 쉽게 알 수 있는 최근의 혹은 현저한 사례에 기초함과 아울러 왜곡될 수도 있는 자신의 기억에 의거하여 판단하므로 바이어스가 발생하는 이용 가능성 휴리스틱이 있다. 또한 앞에서 발생한 사건이 뒤에 발생할 사건에 전혀 영향을 주지 못하는 상황에서도 앞에 발생한 사건을 기준으로 사건의 발생 가능성을 판단하는 도박사 오류 휴리스틱이 있다. 도박사는 자기가 계속해서 잃었기 때문에 이제는 딸 때가 되었다고 생각하여 베팅을 계속적으로 하는 경우가 많다. 불확실한 사건을 예측할 때 어떤 가치(기준점 = 닻을 내림, anchoring)를 설정하고 그 다음 단계로 조정을 통해 최종적인 예측치를 확정하는 것이 기준점 효과와 조정이다. 그러나 조정 단계의 최종적 예측치가 맨 처음 설정한 가치에 휘둘려 충분한 조정을 못하므로 바이어스가 발생한다. 주가의 적정 수준이나 제품의 타당한 가격을 결정할 때 그것을 알 수 없는 주식 투자자들은 최근 주가나 주가지수를 기준점으로 삼고, 소비자는 제품의 정가 표시를 보고 타당한 가격의 기준점으로 삼는다.

또한 행동경제학은 인간이 전통적인 기대효용론의 불변성이 아니라 선택 대안들이 제시되는 방식과 구도에 따라 판단이나 선택을 달리한다는 프레임이론(frame theory)과 인간은 변화에 반응하여 기대되는 이익을 가늠한다는 전망이론(prospect theory)을 구축하고 있다.130) 프레임이론은 프레이밍 효과를 강조하는데, 정책에 대한 투표나 설문 조사를 할 때 그 정책이 희망적으로 보이도록 전략적으로 프레이밍을 할 수도 있고, 그 반대의 경우도 있다. 프레이밍 효과의 대표적인 사례는 초기값 효과와 매몰 원가 효과가 있다. 초기값 효과는 두 가지 대안 중 어느 것이 초기값이 되느냐에 따라 선택이 달라지는 것을 말한다. 사람들은 의사결정에서 필요한 시간이나 노동력을 절감하기 위해서 정책 결정자(정부)가 권유하는 초기값을 맹종하는 경향이 있다. 매몰 원가 효과는 매몰 원가에 집착함으로써 비합리적인 결정을 하게 되는 것으로서, 이미 들어간 자금이 아쉬워 성공해봤자 별 이득이 없는 프로젝트를 계속해서 진행하는 것을 말한다.

전망이론은 행동경제학 이론에서 가장 널리 알려진 이론으로서 주류 경제학의 기대효용론과 비용편익 분석의 한계를 지적하면서 등장하였다. 그래서 전망이론은 가치함수와 확률가중함수를 그 대안으로 제시한다.131) 가치함수의 특징은 준거점 의존성과 손실 회피성으로 요약된다. 준거점 의존성은 "경제주체는 소득이나 부의 절대 수준이 아니라 준거점으로부터의 변화에 반응한다"는 것이다.132) 즉 백만 원의 가치는 그 절대적 가치로 결정되는 것이 아니라 이전보다 소득이 증가할 때와 이전보다 소득이 감소할 때의 백만 원인지에 따라서 다르다. 손실 회피성은 "손실은 같은 금액의 이익보다 훨씬 더 강하게 평가된다"는 것이다.133) 손실 회피성이 사람의 행동에 미치는 영향은 보유 효과와 현상

유지 바이러스이다.134) 보유 효과는 "사람들이 어떤 물건이나 상태(재산뿐만 아니라 지위, 권리, 의견 등도 포함)를 소유하고 있을 때 그것을 갖고 있지 않을 때보다 그 자체를 높게 평가하는 것을 말한다."135) 손실 회피성으로부터 도출된 또 하나의 경향은 현상유지 바이어스(status bias)이다. 손실 회피성이 작동하면 현재 상황을 그대로 유지하려는 성향이 작동한다. 그 이유는 현재 상황에서 변화를 시도하면 좋아질 가능성과 나빠질 가능성이 있는데 나빠질 경우의 손실을 우려해 현재 상태를 유지하려는 것이다. 전망이론의 또 하나의 중심축은 확률가중함수이다.136) 확률가중함수에 따르면, 확률이 낮을 때는 과대평가되고 확률이 중간 이상으로 높아지면 과소평가된다. 그 사례는 매우 낮은 당첨 확률에도 불구하고 복권을 구입하는 것이나, 감염 확률이 아주 낮은데도 광우병을 우려하여 미국산 소고기를 기피했던 현상을 들 수 있다.137)

그 다음 시간 선호의 문제를 들 수 있다.138) 시간 선호와 관련된 흔한 현상은 "근시안적 선호"가 있다. 이것은 장래의 커다란 이득보다는 눈앞의 작은 이익을 선호하려는 경향을 말한다. 다른 사례로 "현재주의"도 있다. 현재는 과거와 미래를 해석하는 핵심 프레임으로 작용하는데 이것을 현재주의라고 한다. 현재주의의 한 사례로서는 "사후 과잉 확신(hindsight)"을 들 수 있다. 현재에만 존재하는 결과론적 지식이 과거에도 존재했던 것처럼 착각하고 현재의 결과를 이렇게 될 줄 알았다 하면서 과거로부터 필연적으로 발생하는 것으로 간주하는 것을 말한다. 그리고 현재는 미래의 예측에도 막대한 영향력을 발휘하여, 현재에는 존재하지 않지만 미래에는 존재할 장애요소를 무시하는 경향이 있다.139)

행동경제학의 연구 분야에는 자기 이익의 극대화로서의 합리성을 비판하고, 확장된 합리성을 추구하는, 즉 합리성의 확장학파의 연구 분야도 있다. 확장된 합리성에 대한 인간의 이러한 선호를 타인을 고려하는 선호(other-regarding preferences) 혹은 사회적 선호(social preferences)라고 한다.140) 주류 경제학에서는 인간을 자기 이익을 극대화하는 선호,

즉 자신만을 고려하는 선호(self-regarding preferences), 혹은 더 엄격하게 "완벽한 이기심(perfect selfishness)"을 가진 존재로 파악한다.[141] 행동경제학에서는 타인과 사회에까지 확장된 선호를 다음과 같이 제시한다.[142] 첫째, 때때로 사람들은 자기의 이익을 희생하면서까지 타인에게 이익을 주는 쪽으로 행동하는 경향이 있다(이타성, altruism). 둘째, 때때로 사람들은 자기의 이익을 희생해야 하는 상황에서도 호의에는 호의, 적대에는 적대로 대응하려는 경향이 있다(상호성, 상호적 맞대응 전략, tit for tat, 호혜적 이타주의, reciprocal altruism). 셋째, 때때로 사람들은 자기의 몫을 희생하더라도 집단 구성원들 사이에서 불평등을 감소시키는 방향으로 행동하는 경향이 있다(불평등 회피, inequality aversion, 공평성, fairness).

이와 같은 경향에 따라 사람들은 타인을 위해 자기의 몫을 희생하기도 하며, 이것은 "공공재 게임(public good game)"으로 예시된다. 공공재 게임은 사람들이 무임승차가 가능하도록 했을 때, 공공재를 생산하는 데 어느 정도의 재원을 기부할 의사가 있는지를 측정하는 게임이다. 우선 사람들에게 동일한 액수의 초기 자금을 나누어 준 다음 공공 계정에 돈을 기부하도록 한다. 그리고 공공 계정에서 모인 돈은 두 배로 늘려 다음 회에 사람들에게 똑같이 배분된다. 많은 사람들이 많은 기부를 할수록 이익이 커지고, 따라서 무임승차의 유혹도 커지게 된다. 따라서 우리가 본서 제2장 2절 2)항에서 본 것처럼, 사람들은 당연히 무임승차를 할 것이고, 개인의 몫은 초기 자금과 일치하게 될 것이다. 그러나 실제 실험의 결과는 보통 초기에 30-40% 정도였던 협력 행동이 차차 감소하여 10회째는 10% 이하로 떨어지기는 하지만, 모든 사람이 무임승차를 한 것은 아니었다. 이러한 결과에 대한 해석은, 사람들은 공동체가 충분히 유지될 수 있도록 협력적 성향을 보인다는 것이다. 또한 사람들은 완전한 이기적 행동을 보이지도 않지만, 그렇다고 완전한 이타적인 행동을 보이지도 않는다는 것이다.[143] 그리고 사회적 규범을 위반한 구성원들에게는 자기의 비용을 들여서라도 위반 행위를 징계하려고 하고, 반대로 사회적 규범을 준수하는 구성원들에게는 자신의 비용을 들여서라도 이를 포상하려고 하는데, 이것은 "처벌 및 포상이 결합한 공공재 게임"으로 예시된다.144) 또한 사람들은 공정하지 않게 자기만의 이익을 취하려는 상대방에게는 스스로의 몫을 포기하면서까지 징계하려 하는데, "최후통첩 게임(ultimatum game)"으로 예시될 수 있다.145)

그렇다면 행동경제학이 드러내는 인간의 놀라운 비합리성의 사례들을 우리는 좌시하고만 있을 것인가? 행동경제학의 개인적 행동 혹은 정책에 대한 함축성은, 인간은 각자가 약간의 자율적인 제한을 하고, 외부에서 좋은 자극과 유도가 주어지면 더 합리적이고 지혜로운 선택을 한다는 것이다.146) 이에 관련하여 리처드 탈러(Richard H. Thaler)와 캐스 선스타인(Cass R. Sunstein)의 "넛지(nudge)", 즉 팔꿈치로 옆구리를 살짝 찔러 타인의 선택을 유도하는 부드러운 개입이 주목을 받고 있다. 이러한 부드러운 개입은 개인과 시장의 자유를 해치지 않는 "자유(지상)주의적 개입주의(libertarian paternalism)"로 나타난다.147) 그리고 행동경제학은 타인을 고려하는 선호를 갖는 개인들이 자발적인 사회적 규범을 상벌을 통해서 유지하는 방식에 주목한다. 이러한 방식은 공동체의 자율 관리 가능성으로도 확장되어 나타난다. 행동경제학은 더 나아가서 이상의 자발적이고 자율적인 시스템과 금전적 유인 구조를 매개로 한 정책적 개입 사이의 조정인 "제도적 구축 효과"를 달성시키려고 노력하고 있다.148)

그러나 행동경제학에 대한 반론도 만만치 않다. 행동경제학의 비판자들은 일반적으로 경제적 행위자들의 합리성을 강조하고 나선다. 행동경제학에서 실험적으로 관찰된 행동은 시장 상황에서는 제한적으로 적용되는데, 그 이유는 시장 상황에서 인간은 학습 기회와 경쟁을 통해 합리적 행동에 거의 근접하는 것이 확실하다는 것이다. 그리고 행동경제학의 전망이론과 같은 인지이론들은 의사결정의 모형들이지 일반적인 경제적 행동은 아니라는 것이다. 그래서 인지이론들은 오직 실험 참가자와 조사 대상자들에게만 적용되는 일회성 의사결정의 문제라는 것이다. 또한 행동경제학에는 많은 수사와 관찰들이 난무하지만 아직까지 실질적이고 일관적이고 통합적이고 정초적인 경제 행동 이론이 제시되지 못하고 있다는 것이다.149) 이러한 비판들에 대해서 행동경제학자들은 일관된 결과들이 다양한 상황 속에서 일반적으로 도출되므로 양호한 이론적 통찰을 산출할 수 있다고 반박한다. 또한 행동경제학의 개정된 모형들은 주류 경제학인 신고전학파 경제학의 모형이 할 수 있는 예측처럼 동일하고 정확한 예측할 수 있을 뿐만 아니라, 그 모형이 예측하지 못하는 것도 예측할 수 있다고 응수한다.150) 따라서 행동경제학자들은 "인간이 비합리적이기는 하지만, 그 비합리성에 일정한 경향이 있어서 예측 가능하다고 말한다. 그렇기 때문에 인간의 비합리성도 이론적 분석의 대상에 오를 수 있다"는 것이다.151) 그러나 행동경제학이 합리성의 관점에서 주류 경제학을 완전히 대체할 수 있는지에 대해서 결론을 내리기는 아직 시기상조라고 할 것이다.

불완전한 합리성이 도구적 합리성에 대한 하나의 주요한 비판적 대안이라고 한다면, 확장된 합리성(extended rationality)은 자기 이익의 극대화로서의 실질적 합리성의 개념에 대한 주요한 비판적 대안이다. 확장된 합리성 개념의 주안점은 자기 이익의 극대화가 인간 행동의 유일한 동기가 아니며, 따라서 자기 이익과 다른 동기적 목표 사이에는 내부적 긴장이 존재한다는 것이다.152) 합리성의 확장학파는 아마르티아 센(Amartya Sen), 케네스 애로우 등에 의해서 자기 이익을 벗어나는 공약과 헌신(commitments)의 영역과 관련해서 발전해왔다.153) 그러한 공약과 헌신의 범위는 매우 광범위하여 "의무, 충성과 선의", "확장된 동정심", 그리고 "호혜적 이타주의", "협동", "제도", "진화" 등을 포함하고 있다.154)

최근에는 이타주의를 합리적 이기주의에 포섭시키려는 시도가 자기 이익에 대한 보다 간접적인 전략, 혹은 진화생물학적인 접근방식을 통해서 전개되고 있다.155) 이러한 접근방식의 기본적 생각은, 이타주의는 단기적으로 볼 때 자기 이익이 아닌 것으로 나타날 수 있지만, 그것의 장기적인 이익으로, 즉 이타주의적 사회에서 살아가는 이득을 포함하는 총체적인 이득으로 볼 때는 심지어 이기주의자의 수지타산에서 단기적 비용을 상쇄하고도 남음이 있다는 것이다. 우리가 제1장과 본장 2절에서 강조한 것처럼 고티에의 사회계약론적 윤리학은 이러한 접근방식을 강하게 반영하고 있다. 왜냐하면 고티에의 사회계약론적 윤리학에서의 합리성 개념의 변환, 즉 극대화로서의 합리성 개념으로부터 제한적 극대화로서의 합리성 개념으로의 변환은 바로 극대화로서의 합리성 개념에 근거하고 있기 때문이다.

총체적으로 볼 때, 확장된 합리성은 인간 행동에 관한 일련의 상이한 동기적 요소들과 헌신적 요소들을 인정하는 폭넓은 합리성의 개념을 옹호함으로써(물론 이러한 일련의 요소들 속에는 자기 이익의 요소가 포함될 수 있다), 협소한 자기 이익만을 인간 행동의 유일한 동기적 요소로 인정하는 것을 거부한다. 합리성에 대한 이러한 견해는 자연스럽게 합리성에 대한 도덕성 개념의 연관성으로 나아가게 된다.156) 그러한 연관성은 다양한 대안적인 동기적 요소들에 대한 서열화를 가능케 하는 도덕성 개념을 통해서 이룩된다.157) 고티에가 자기 이익의 단순한 추구인 직접적 극대화(straightforward maximization)보다 제한적 극대화(constrained maximization)를 추구하는 것이 더 합리적이라고 주장하며, 더 나아가서 합리적 제약으로서의 도덕성의 개념을 제시한 것은 기본적으로 이러한 연관성의 중요성을 보여주고 있다.158)

합리성에 대한 불완전학파와 확장학파의 이론적 타당성과 현실적 실행력을 적절히 평가하기 위해서는 다음 세 가지의 문제들이 해결되어야만 한다. 첫째, 이러한 두 가지 대안은 신고전학파의 합리성 개념 속에 포섭될 수 있는가? 둘째, 이러한 두 가지 대안은 합리성의 역설들을 해결할 수 있는가? 우리가 이미 본장 2절 1)항에서 수인의 딜레마와 이타주의자의 딜레마를 통해서 본 것과 같이 합리성의 역설은 이기주의와 이타주의 모두에 적용된다. 셋째, 이러한 대안들은 표준적인 합리적 선택이론을 규범적 이론의 관점에서, 아니면 서술적 이론의 관점에서 대체하려고 하는가? 도덕성과의 관련성하에서의 합리적 선택이론을 탐구하려는 본서의 제한적 목표로 볼 때, 우리는 이러한 문제들을 철저하고도 상세하게 다룰 수는 없다. 우리의 주안점은 오히려 사회계약론적 윤리학의 방법론적 기초로서 도구적 자기 이익의 극대화라는 신고전학파의 합리성 개념을 수용하려는 롤즈와 고티에의 시도에 관련해서 이러한 문제를 다루려고 하는 것이다.

이미 우리가 본장 1절 1)항에서 논의한 것처럼, 롤즈와 고티에는 합리적 선택이론을 하나의 규범적 이론으로 간주한다. 그래서 엘스터는 "하나의 규범적 규정이라는 관점에서 볼 때 합리적 선택이론에 대한 어떠한 대안도 존재하지 않는다"고 말한다.159) 규범적 이론으로서 합리적 선택이론은 우리의 주어진 목적이 무엇이든 간에 그것을 가장 잘 증진시킬 수 있는 방도를 행하라고 말하고 있을 뿐이다. 따라서 제한적 합리성과 불완전한 합리성의 개념은 불완전한 행동 혹은 불합리성에 대한 하나의 서술적인 혹은 설명적인 이론이지만, 그 이면에는 완전하고도 비제한적인 도구적 합리성을 하나의 적절한 규범적 이상으로 유지하고 있다고 생각할 수 있다. 그러나 확장된 합리성은 단순히 하나의 서술적인 이론으로 간주될 수 없다. 왜냐하면 그것은 자기 이익의 극대화로서의 합리성에 대한 실질적이고도 규범적인 이론을 비판하고 있기 때문이다. 그렇지만 확장된 합리성의 개념이 규범적 관점에서 표준적인 합리적 선택이론의 모든 점을 문제 삼고 있는 것은 아니다. 규범적인 관점에서 확장된 합리성이 문제 삼고 비판하는 것은 오직 규범적인 극대화의 대상, 혹은 합리적 욕구의 내용일 뿐이기 때문이다.

합리성의 불완전학파와 확장학파는 합리성의 두 가지 의미를 각각 비판하고 있으므로 두 학파의 대안들은 일견할 때 롤즈와 고티에의 사회계약론적인 윤리학을 비판하고 있는 듯이 보인다. 그러나 롤즈와 고티에의 사회계약론적 윤리학은 이러한 두 학파에 대해서 옹호될 수 있거나, 혹은 이미 두 학파의 주요한 관점을 고려하고 있는 것으로 해석될 수 있다. 우선 합리성의 불완전학파에 관련해서 볼 때, 롤즈의 원초적 입장에서나 고티에의 최초의 협상 상황에서는 완전한 도구적 합리성이라는 가정이 유지될 수 있을 것이다. 왜냐하면 완전한 도구적 합리성을 추구하는 것은 불완전한 현실적인 개인들에게서는 사회계약론적 합의에 도달하기 위한 규범적 이상으로 간주될 수 있기 때문이다. 그러나 롤즈와 고티에는 합리적 욕구의 내용에 관한 불완전학파의 주장에는 동조하고 있는데, 그것은 롤즈와 고티에는 모두 현시 선호 이론이 가진 문제점을 피하려고 하기 때문이다. 이러한 의미에서, 롤즈는 제한적 합리성의 기본적 관점을 수용한 것으로 해석될 수 있다. 왜냐하면 원초적 입장에 드리워진 무지의 장막은 공정성의 확보와 아울러 "수많은 정보에 의해서 야기되는 복잡성"을 제거하기 위한 목적도 있기 때문이다.160)

합리성의 확장학파는 윤리학에 관한 강한 함축성을 가지고 있다. 기본적으로 확장학파와 롤즈와 고티에는 합리성의 역설을 통해서 예증된 것처럼 협소한 자기 이익의 극대화로서의 합리성 개념의 한계를 인식하는 데 모두 일치하고 있다. 그러나 롤즈와 고티에는 자연적, 사회적 자원이 희소한 상태, 즉 분배적 정의의 문제가 발생하는 "정의의 여건(the circumstances of justice)" 속에서는 상호 무관심한 자기 이익 추구의 합리성이 우세할 것이므로 처음부터 이타적 동기를 수용하지는 않고 있다. 오히려 롤즈와 고티에는 모두 그들의 합리성 모형이 종국적으로는 협소한 자기 이익의 극대화로서의 합리성을 완화시키게 될 것이라고 주장한다. 롤즈와 고티에의 사회계약론적 윤리학은 각각 그 전제에서가 아니라 그 실질적 결론에서 합리성의 확장학파와 대동소이한 점을 보인다.161)

"이제 상호 무관심과 무지의 장막의 결합은 이타심과 동일한 목표를 달성하게 된다. 그 이유는 이러한 조건들의 결합은 원초적 입장에서의 각 개인들로 하여금 다른 사람들의 선을 고려하는 효과를 가져오기 때문이다. 따라서 공정성으로서의 정의에서 선의(善意, good will)의 효과는 몇 가지 조건들이 결합되어 작용함으로써 나타나게 된다. 이러한 정의의 개념이 이기주의적이라고 느낀다면, 그것은 원초적 입장의 요소들 중 단한 가지 조건만을 보는 데서 오는 환상이다."

"로버트 트리버스(Robert Trivers)의 호혜적 이타주의에 관한 진화론과 우리의 제한적 극대화에 관한 흥미 있는 유사점에 유의해보기로 하자. 우리는 제한적 극대화의 추구자 집단은 합리적으로 안정적일 것이라고 주장해왔다. 아무도 자기 자신을 직접적 극대화 추구자의 처분에 맡길 이유를 가지지 못할 것이다. 이와 비슷하게 … 호혜적 이타주의자들은 유전적으로 안정적일 것이다. 돌연변이체인 이기주의자들은 진화론적 관점에서 볼 때 불리할 것이다."

이상의 인용구들을 통해서 볼 때 어떤 의미에서 롤즈와 고티에는 확장적 합리성이 신고전학파의 합리성에 포섭되는 것으로 믿고 있는 것처럼 보인다. 고티에는 특히 그러한 포섭을 매우 정교한 협상 게임적 접근방식을 통해서 증명하려고 노력한다. 이와는 대비적으로 롤즈는 그러한 포섭을 명백하게 옹호하고 있지는 않다.162) 이미 우리가 제1장 3절에서 본 것처럼, 롤즈는 궁극적으로 그의 정의론이 합리적 선택이론의 일부임을 부정한다. 이러한 부정이 의미하는 것은 확장적 합리성이 신고전학파의 합리성에 포섭될 수 없다는 것이다. 그렇다면 롤즈는 확장적 합리성을 개인적 선호에 대한 하나의 명백한 의무론적인 고차적 서열로서 직접적으로 호소하게 될 것이다. "정의감에 대한 능력"은 "고차적인 관심(higher-order interests)"이다.163)

3) 합리적 선택이론과 도덕성, 그리고 그 이데올로기적 함축성

본장의 목표는 합리적 선택이론의 일부로서의 사회계약론적 윤리학에 대한 배경적인 이해를 제공하기 위한 것이다. 합리성의 역설과 표준적인 합리적 선택이론의 두 대안들에 대한 롤즈와 고티에의 견해를 논의한 결과, 우리는 그들이 합리적 선택이론의 수동적인 옹호자가 아니라, 오히려 표준적인 합리적 선택이론에 대한 비판적인 개조자들임을 알게 되었다.

지금까지 우리는 합리적 선택이론이 갈등 상황 속에 있는 도덕적 문제들을 명료하게 해명하는 데 매우 유용한 자기발견적 도구이고, 개념적 장치이며, 분석적 도구라는 점을 밝힌 바 있다. 그러나 우리는 아직도 합리적 선택이론이 사회계약론적 윤리학과 더 나아가서 도덕철학 일반에 대한 하나의 최종적인 정당화의 기초를 제시할 수 있다고 결론을 내리기에는 망설여진다. 제1장에서 우리는 사회계약론적 윤리학의 네 가지의 난관들, 특히 도덕성과 합리성 사이의 관련 방식에서 발생하는 순환성 혹은 도덕적 부적절성이라는 사회계약론적 윤리학의 딜레마에 관련해서 이러한 망설임을 일찍이 피력했던 바 있다. 우리는 이러한 딜레마를 하나의 내재적 비판으로 해석했는데, 그 이유는 이러한 딜레마가 사회계약론적 윤리학에서의 합리적 개념의 가정 바로 그것으로 말미암아 형성되기 때문이다. 이러한 해석은 후속되는 장들에서 계속 탐구될 것이다. 우리는 본서 제2장에서 전개한 합리적 선택이론에 대한 논의에 기초하여, 제3장에서는 어떻게 홉스와 롤즈의 사회계약론적 윤리학이 각각 사회계약론적 윤리학의 두 뿔을 구성하는지를 비판적으로 탐구할 것이며, 이어서 제4장에서는 고티에가 이러한 딜레마를 피할 수 있는지의 여부를 논의하게 될 것이다.

우리는 제1장 2절에서 사회계약론적 윤리학의 합리적 선택이론의 수용에 대한 이데올로기적 함축성을 지적한 바 있는데, 그 자세한 논의를 이제 전개할 시점이 되었다. 가장 중요한 문제는 사회계약론적 윤리학이 합리적 선택이론을 원용하는 것이 중립적이라는 공언이다. 보다 구체적으로 문제는 합리적 선택이론적인 접근방식이 그 시장 지향성과 합리성 개념 자체로 말미암아 자본주의적 자유주의를 이데올로기적으로 옹호하게 되는 것이 아닌가의 여부이다. 한편으로, 본장에서 우리는 자기 이익의 극대화로서의 합리성의 개념이 근대 자본주의적 경제인간의 영혼이라는 것을 입증한 바 있다.164) 다른 한편으로, 우리는 합리적 선택이론적인 접근방식이 시장에 관한 자유주의적(liberal) 혹은 자유지상주의적(libertarian) 이데올로기의 관점에서 볼 때 의심스러운 것이라는 점도 아울러 밝힌 바 있다. 즉 합리성의 역설들, 특히 무임승차자의 문제와 애로우의 불가능성 정리에 의해서 예증된 시장 실패의 상황은 자유주의 혹은 자유지상주의가 가정하고 있는 바로 그 시장적 합리성과 자유민주주의적 시민으로서의 "소비자 주권"을 배경으로 발생되고 있다.165) 여기에 관련해서 근래에 목격할 수 있는 한 가지 흥미로운 사실은 마르크시즘에 합리적 선택이론을 접목시키려는 "분석적 마르크시즘(analytical Marxism)"의 다양한 저작들이 등장하고 있다는 것이다.166) 이러한 사실을 감안한다면, 합리적 선택이론적인 접근방식은 이데올로기의 관점에서 볼 때 중립적인 것으로 간주될 수도 있을 것이다.167) 그러나 마르크시즘에 대한 합리적 선택이론적인 해석이 그럴듯한 것인지, 혹은 합리적 선택이론이 윤리학과 정치경제학과 철학 일반에 대한 신뢰할 만한 준거틀인지의 여부는 아직도 많은 논란의 대상이 되고 있는 것도 사실이므로 아직 성급하게 결론을 내릴 일은 아닌 것 같다.168)

　본장 3절 1)항 초두에서 우리는 합리적 선택이론에 대한 심리학과 사회학으로부터의 비판을 논의했다. 합리적 선택이론의 이상적이고 추상적인 이론 구축 방식으로 말미암아 합리적 선택이론은 "비판가들이 사상누각이라고 힐난할 기초"를 가지고 있다고 할 수 있다.169) 비록 합리적 선택이론에 대한 불완전학파와 확장학파라는 두 대안이 존재하고 있지만, "우리는 아직도 합리성이 무엇인지 제대로 알지 못하고 있는 실정이다."170) 본장 1절 3)항에서 우리는 합리적 선택이론에는 기본적으로 다섯 가지의 모형이 있고, 각 모형에는 다양한 운용 규칙들(operational rules)이 존재한다는 것을 지적했다. 우리는 제1장에서 합리성에 대한 이러한 다양한 모형들과 해석은 결국 상이한 모형들 사이의 불확정성과 심지어는 동일한 모형 아래에서의 다양한 운용 규칙 사이의 불확정성으로 귀착하고 말 것이 아닌가 하는 우려를 표명했다. 더 나아가서, 우리는 실질적인 규범적 윤리체계 자체도 원용하는 합리적 선택이론의 기본적 모형과 합리성 가정에 심대하게 영향을 받게 되는 것이 아닌가 하는 우려도 표명했다. 롤즈는 나중에 "아마도 합리성에 대한 단 하나의 최선의 해석은 없는 것처럼 보인다"는 것을 인정하고 있다.171) 이러한 관점에서 볼 때, 우리는 합리적 선택이론에 대한 방법론적 다원성이 합리적 선택이론이 꿈꾸는 합리적 정초주의와 양립 가능한 것인가에 대한 심각한 질문을 던져보아야 할 것이다.

관련된 또 다른 문제는 효용과 선호의 측정과 개인 간 비교에 관련된 다양한 방식 중에서 선택하는 일이다. 이미 논의한 것과 같이, 윤리학적 결론은 그러한 방식의 선택에 크게 영향을 받게 되는데, 그 이유는 그러한 방식이 누구의 어떤 효용과 선호가 고려되어야 할 것인가에 대한 한계를 설정하기 때문이다. 이러한 문제를 논의하기 위해서는 방대한 지면이 필요할 것이다. 우리는 본장 1절 2)항에서 이러한 문제를 간략하게 언급했을 뿐이다. 여기서는 다만 다음 두 장인 제3장과 제4장에서, 롤즈와 고티에가 선호의 측정과 비교에 관련해서, 롤즈는 사회적 기본가치의 설정을 통해, 고티에는 효용, 가치, 선호에 대한 보다 정교한 개념 정립을 통해 그러한 문제를 해결하려고 시도하고 있다는 점만 밝혀둔다.

제 3 장

홉스, 롤즈, 그리고 사회계약론의 딜레마

1. 홉스의 사회계약론적 윤리학

1) 홉스의 사회계약론적 윤리학과 그 합리적 기초

이 책에서 전개되는 기본적 탐구의 운용 방식인 사회계약론적 윤리학의 두 모형과 그 딜레마는 롤즈가 자신의 정의론을 설명하면서 홉스의 사회계약론을 배제한 것으로부터 출발한다. 즉, 이 책의 출발점은『리바이어던(*Leviathan*)』을 저술함으로써 서구의 사회계약론적 도덕 및 정치철학에서 위대한 사상가로 간주되고 있는 홉스가 사회계약론의 현대적 부활로 각광을 받고 있는 롤즈의 정의론에서 왜 배제되었는가 하는 의구심이다.1) 롤즈는 그의 정의론의 요지를 다음과 같이 약술한다. "나의 목적은 이를테면 로크, 루소, 그리고 칸트에게서 흔히 알려져 있는 사회계약의 이론을 고도로 추상화함으로써 일반화된 정의관을 제시하는 일이다."2) 홉스가 배제되는 이유는 다음과 같이 덧붙여진다. "홉스의『리바이어던』은 위대한 것이기는 하나 몇 가지 특수한 문제점을 안고 있다."3) 이 장의 구체적 목적은 다음과 같다. 첫째, 롤즈가 지적한 홉스의 그러한 특수한 문제점이 무엇이고, 과연 그렇게 문제점이 되는가 하는 것을 『리바이어던』을 분석함으로써 해명하는 일이다. 둘째, 그러한 문제점을 해명하고 판정하는 가운데 우리는 홉스적 사회계약론의 모형과 그러한 문제점 때문에 새로운 사회계약론적 윤리학의 모형을 수립한 롤즈의 모형이 각각 사회계약론의 대표적인 두 모형이며, 이러한 두 모형이 도덕성과 합리성의 관련 방식에 관해서 사회계약론적 윤리학이 봉착하고 있는 딜레마의 두 뿔, 즉 합리성의 도덕적 부적절성과 합리성에 우선한 도덕적 가정의 순환성을 각각 노정한다는 것을 입증하려고 한다.4) 이어서 우리는 롤즈의 사회계약론적 모형을 공리주의와 자유지상주의에서의 합리성 개념과 비교 고찰한 뒤, 롤즈가 『정의론』 이후에 발표된 논문들 속에서 어떠한 이유 때문에, 어떠한 방식으로 사회계약론적 윤리학의 합리적인 연역적 기획을 수정하게 되었는가를 논의할 것이다.

이러한 구체적인 탐구 목적을 실현하기 위해서는 우선 사회계약론적 윤리학의 두 모형과 그 딜레마가 무엇인지가 상세히 밝혀져야 할 것이다.5) 이미 우리는 제1장 3절과 4절에서 개략적으로 두 모형과 그 딜레마를 논의한 바 있으나, 여기서 다시 상론하는 것이 좋을 것이다. 사회계약론적 윤리학은 "최초의 선택 상황(the initial choice situation)"인 자연상태를 어떻게 규정하며 어떠한 방식에 의해 자유롭고 합리적인 개인들의 합의가 이루어지는가에 달려 있다. 그 최초의 선택 상황은 공정한 상황이거나 공정한 상황이지 않거나 둘 중의 하나가 될 것이다. 만약 그 상황이 공정한 것이 아니라면 우리는 합의의 결과를 공정한 것으로 간주할 수 없을 것이다. 만일 그 상황이 공정하다면 합의의 결과는 공정하겠지만 계약론적 논증이 정당화하고자 하는 어떤 도덕적 기준을 미리 전제해야만 한다. 전자의 경우 합리성의 기준에 따라서 합의가 이루어지지만 그것은 도덕성을 훼손하게 된다. 후자의 경우 합의의 결과는 도덕적으로 공정한 것이지만 그것은 합리적으로 볼 때 임의적인 것이 된다. 따라서 합리적 구성주의로서 사회계약론적 윤리학은 도덕적으로 부적절하거나 순환적(morally irrelevant or circular)이 되는 딜레마에 봉착하게 된다.6) 이러한 사회계약론적 윤리학의 딜레마는 사회계약론의 전통과 합리적 선택이론과의 관련성을 통해서 다음과 같이 상술될 수 있을 것이다.7) 사회계약론의 첫째 모형은 사회계약론적 합의를 전략적 협상(strategic bargaining)의 대상으로 간주하며 선택 상황은 협상자의 현상적 위치(*status quo*), 위협적 이익(threat advantage), 전략(strategy) 등이 중대한 역할을 한다. 이러한 모형은 홉스와 제임스 뷰캐넌에 의해서 제시된 바 있다.8) 둘째 모형은 사회계약론적 합의를 이상화하여 전략이나 상대적 협상 능력 등의 역할을 배제한다. 이 모형은 로크, 루소, 칸트에 의해서 발전되어 롤즈에게 유전된다. 이미 우리가 언급한 것처럼 롤즈는 이 두 모형적 분류를 수용함으로써 홉스의 사회계약론에서 중대한 몇 가지의 문제점을 지적함으로써 자기의 이론적 선구자로 보지 않게 된 것이다. 그러면 이제 홉스의 사회계약론적 윤리학과 그 합리적 기초에 대해서 자세히 논의해보기로 하자.

홉스는 통상적으로 정치철학자로 분류되어 서양 도덕철학의 전통에서 그의 도덕철학설은 무시되거나, 아니면 진정한 도덕철학설로 인정되기에는 의심스러운 무자비한 이기주의를 주장한 것으로 간주되어 배척되어왔던 것이 사실이다. 홉스는 우리의 주요 논의 대상이 될 그의 주저 『리바이어던』에서 "정치학설의 주요 주제는 정치적 국가 공동체"라는 것을 분명히 천명하였다.9) 그러나 그는 "진정하고도 유일한 도덕철학(the true and only Moral Philosophy)" 혹은 "자연적 정의의 학문(the Science of Natural Justice)은 절대군주와 그의 주요 신하들에게 필요한 유일한 학문"이라는 것을 곧 명시한다.10) 더 나아가서 그는 "얼마만큼의 심도 있는 도덕철학이 통치권의 행사에 요구되는지를 고찰하려고 한다."11) 이러한 홉스의 주장을 볼 때, 우리는 홉스에게서 정치철학과 도덕철학이 상보적임을 확연히 알 수 있다.12) 이러한 관점에서 우리는 홉스가 말한 진정하고도 유일한 도덕철학이 흔히 생각되는 것처럼 수용될 수 없어서 배척될 수밖에 없는 무자비한 이기주의인지도 고찰해야 할 것이다. 물론 우리의 논의 방향도 『리바이어던』을 합리적 선택이론을 원용하여 연구 분석하여 결국 홉스의 사회계약론적 윤리학의 실패를 입증하려는 것이므로 그러한 통상적인 배척과 일치하기는 할 것이지만, 우리는 그의 도덕철학이 사회계약론적 윤리학이 당면한 딜레마의 한 뿔임을 합리적 선택이론의 배경 속에서 보다 독특하고도 구체적으로 논의하게 될 것이다.13)

홉스의 사회계약론적 윤리학은 다음 3단계로 구성되어 있다. 자연상태의 묘사, 자연상태를 극복하기 위한 도덕원칙으로서의 자연법의 서술, 자연법의 준수를 보장하기 위한 절대군주력 혹은 절대주권(Absolute Sovereign)의 옹립. 우리는 이러한 3단계에 대한 합리적 선택이론적인 해석을 다음 2)항에서 상세히 전개할 것이다. 여기서의 우선적인 과제는 홉스의 『리바이어던』에 나타난 일반적인 철학적 배경을 통해서 홉스의 사회계약론적 윤리학의 합리적 근거를 밝히는 것이다.14)

『리바이어던』은 감각적 경험을 지식의 원천으로 간주하는 철학적 경험론으로부터 출발하고 있다. 따라서 홉스가 택하고 있는 도덕철학에서의 철학적 방법론도 인간의 본성에 관한 자연적 사실이라는 경험적인 대전제에서 출발하여 연역적 논증을 통해서 결론에 도달한다. "나는 군주의 시민사회적 통치권과 아울러 신민의 의무와 자유 모두를 인류의 잘 알려진 자연적 경향성에 근거시킬 것이다."15) 홉스의 철학적 경험론은 (1) 존재하는 것은 개체라는 존재론적 개체주의(ontological individualism)와 보편자는 명목에 불과하다는 명목론(nominalism)과 (2) 운동에 관한 기계론적 개념에 의거하고 있다. 따라서 인간의 본성에 대한 홉스의 견해는 이러한 두 가지 원천에서 도출된다. 자연에 존재하는 모든 실재적 사물은 "개체적이고 단일한 것"이며,16) 그것은 영속적인 운동 상태에 있다는 것이다. "한 물체가 일단 운동하기 시작하면, 그것은

(어떤 다른 것이 방해를 하지 않는 한) 영속적으로 운동한다."17) 홉스에게서 인간은 다른 자연적 존재들과 마찬가지로 정지(rest)가 아니라 운동(movement)이라는 자연적 조건을 가진 실체이다. 인간의 행위를 유발시키는 운동의 형태는 "욕구 혹은 욕망(appetite or desire)"과 "증오 혹은 혐오(hate or aversion)"라는 두 표제로 분류될 수 있고, 사물에 근접하거나 사물로부터 멀어지거나 하는 이러한 형태의 운동이 모든 인간 행동의 원천이다.18)

따라서 "모든 인간의 일반적인 경향성(the general inclination of all mankind)"은 "오직 죽음만이 그것을 중단시킬 수 있는, 권력에 이어서 권력을 계속적으로 추구하는 영속적이고도 끊임없는 욕망(a perpetual and restless desire of Power after Power)"이 된다.19) 권력 혹은 힘은 "미래의 명백한 선을 획득할 수 있는 현재적 수단"이거나 혹은 "더 많은 것을 획득할 수 있는 수단이나 도구"이다.20) 이어서 선은 다음과 같이 규정된다. "어떤 사람의 욕구 혹은 욕망의 대상이 되는 것은 무엇이든지 그 사람에게 선이 되며, 어떤 사람의 증오와 혐오의 대상이 되는 것은 무엇이든지 그 사람에게 악이 된다."21) 다시 말하면, "선과 악(Good and Evil)은 우리의 욕구와 혐오를 지칭하는 명사(names)이다. 선과 악은 인간이 지닌 상이한 기질과 관습, 그리고 인간에 대한 상이한 학설에 따라 달라진다."22) 그리고 "모든 자발적인 행동에서 그 대상은 각자 자신의 선"이 되며 "모든 사람은 그 자신의 이득을 위해서 어떠한 일이라도 한다고 가정된다."23) 따라서 "도덕철학은 무엇이 선이고 무엇이 악인가에 관한 학문 이외에 아무것도 아니다."24)

이러한 관점에서 홉스는 인간을 자연적으로 사회적 존재인 "정치적 동물(*zoon politikon*)"로 간주하는 아리스토텔레스의 견해를 명백히 배척한다.25) 그래서 홉스는 본능적으로 군집 동물인 벌과 개미와 인간을 대조시킨다.26) 자연세계는 독특하고 분리된 개별적인 사물들로 이루어져 있다고 하는 존재론적 개체주의로부터 홉스는 인간에 대한 개체주의적 혹은 개인주의적 견해를 도출한다. "우리는 따라서 본래적으로 사회 그 자체를 위해서 사회 속에 들어가기를 원하지 않는다. 오히려 우리는 사회로부터 얻을 수 있는 명예 혹은 이득을 기대하기 때문에 그렇게 한다. 명예 혹은 이득이 우리의 우선적인 욕구 대상이고, 사회는 부차적인 것이다."27) 이러한 견해는 홉스의 방법론적 개체주의로서의 사회계약론에서 명백하게 드러난다. 즉 시민사회는 오로지 자기 이익을 추구하는 개인들 사이의 계약에 근거하고 있는 "인위적 구성체(Artificial Body)"에 불과한 것이다.28)

이상과 같은 홉스의 철학적 입장과 도덕철학의 관점을 종합해볼 때, 홉스의 사회계약론적 윤리학에 대한 합리적 선택이론적인 해석은 매우 적절하다고 생각된다. 첫째, 홉스의 사회계약론적 윤리학은 방법론적 개체주의를 취하고 있다는 점에서 개인의 합리적 선택에 의거하고 있는 합리적 선택이론과 일맥상통한다. 둘째, 홉스가 말하는 권력 혹은 힘은 일반적으로 볼 때 욕구 충족으로서의 효용의 극대화(utility-maximization as desire-fulfillment)에 관한 현실적 능력으로 간주될 수 있다. 그리고 각자의 선과 악은 각자 자기 이익의 극대화에 관한 주관적이고 상대적인 효용으로 간주되고 측정될 수 있다. 따라서 홉스가 개진하고 있는 권력 혹은 힘, 그리고 선과 악의 개념은 합리적 선택이론이 가정하고 있는 신고전학파의 합리성(neo-classical rationality) 개념과 거의 일치하는 셈이다.

그런데 홉스의 계약론적 윤리학에 관한 합리적 선택이론적인 해석은 한 가지 문제점을 해결하지 않으면 안 된다. 그러한 문제점은 홉스에게서 각자의 자기 이익에 대한 극대화의 척도인 욕구 혹은 욕망은 감정의 능력(the faculties of passions)으로 나타난다는 것이다.29) 이것은 감정의 능력을 고려하지 않는 합리적 선택이론을 통해서 홉스의 윤리학을 해석하려는 시도가 불충분하다는 것을 의미한다. 그렇다면 우리에게 남은 문제는 홉스에게서 감정의 능력을 이성과 어떻게 조화시킬 수 있는지의 여부이다.

감정적 욕구에 관한 이러한 강조에도 불구하고, 홉스는 자연법 혹은 도덕원칙이 "이성의 명령(Dictates of Reason)"으로부터 도출된다는 것과 "이성은 모든 사람들에게 그 자신의 선을 추구하도록 명령한다"는 것을 아울러 강조한다.30) 따라서 "자연법에 관한 진정한 학설이야말로 진정한 도덕철학이 된다"는 것이다.31) 또한 홉스는 "자연법은 불변적이고 영구적이다"라고 주장한다.32) 우리는 이성과 감정, 그리고 주관적 상대성과 불변적 영구성 사이의 이러한 대립을 홉스의 이성 개념에 대한 상세한 고찰을 통해서 해소할 수 있다고 생각한다. 해소의 요점은 홉스에게서 이성(reason)은 순전히 도구적 합리성(instrumental rationality)이라는 것이다. 그래서 비록 개인적 효용이 주관적이고 상대적이라고 할지라도, 도구적 합리성은 공통적인 상호주관적인 수단적 선(a common intersubjective instrumental goods), 예를 들어 평화, 자기보존, 편안한 삶 등이 무엇인가를 제시해줄 수 있다는 것이다. 그렇다고 한다면, 도구적 이성과 감정은 서로 양립 가능하거나 혹은 역할 분담을 할 수 있게 된다. 즉 도구적 이성과 감정은 개인주의적이고 상대주의적인 선의 개념을 통한 사회계약론적인 합의에 대해서 각각 합리적 정당화와 동기적 정당화를 제공해줄 수 있다.33)

홉스에 따르면, 정신의 능력으로서의 이성은 순전히 계산 능력이 그 주요한 특징이다. "마음의 능력으로서 이성은 우리의 사고를 표기하고 표현하기 위해서 사용하기로 합의된 일반명사가 가져오는 결과에 대한 계산(Reckoning), 즉 결과에 대해서 더하거나 빼거나 하는 것 이외에 아무것도 아니다."34) 그렇다면 계산 능력으로서의 이성은 우리의 행동을 유발하고 지배하는 욕구와 욕망에 어떻게 관련되는가? 여기서 우리는 홉스의 이성 개념이 어떻게 순전히 도구적으로 규정되는가 하는 점에 주목할 필요가 있다.35) "사고가 욕망에 대해서 갖는 관계는 마치 척후병과 첩자가 원하는 것을 얻기 위해 여기저기를 정찰하는 것과 같다."36)

요약해서 말하면, 홉스의 이성 개념은 각자의 욕구와 흥미에 의해서 정립된 각자의 선을 극대화시키는 도구적 합리성으로 나타난다.37)

홉스의 이성 개념에 대한 이러한 해석은 홉스가 그 당시의 전통적인 본질적 이성 혹은 합리성의 개념을 거부했다는 것으로 확증된다. 첫째, 그는 플라톤적인 도덕 실재론과 스토아철학의 자연법 이론을 배척한다. "단순히 그리고 절대적으로 선하거나 악한 것은 없다. 그리고 사물들의 본성 그 자체로부터 이끌어낼 수 있는 선과 악의 어떠한 공통적 법칙도 없다."38) 둘째, 그는 선에 대한 아리스토텔레스적인 고정적 위계질서 혹은 완전주의적 개념을 거부한다. "궁극적 목적(*Finis Ultimus*)이나 최고선(*Summum Bonum*)과 같은 것은 없다."39) 셋째, 그는 선에 대한 기독교 신학적 견해, 즉 어거스틴과 토미즘적인 신의 명령(의지 혹은 법) 이론을 비판한다. 신명론(神命論, the Divine Command Theory)은 어떤 것이 선하다는 것은 신이 그렇게 명령하거나 의지하기 때문에 그러하다는 이론이다. 여기에 반해서, 홉스는 철저하게 각 개인의 의지가 각자의 선을 결정한다고 보고, 각 개인의 "의지(Will)"는 "타산적 숙고에서의 최종적 욕구(the Last Appetite in Deliberating)"라고 본다.40) 그리고 "신법(the Divines Laws)"이라는 것도 인간의 자연적 경향성을 따르는 "자연적 이성의 명령(Dictates of Natural Reason)"에 불과하다는 것이다.41) 보다 명백하게 홉스는 "신의 다른 말씀에 의존하지 않고, 오직 인간의 자연적 이성에 의해서 어떤 계율이 인간에게 지시된 것인가"를 알고 싶어 한다.42)

전통적인 도덕철학에 대한 홉스의 이와 같은 비판적 자세로 볼 때, 우리는 비록 홉스가 자연법 혹은 자연권이라는 중세철학의 용어를 쓰고 있지만, 그러한 용어들은 도구적 이성에 관한 합리적 정초주의(rational foundationalism)라는 근대적 안목에 의해서 새로운 의미를 부여받고 있다는 점에 유의해야만 한다.43)

2) 자연상태, 자연법, 절대군주력: 합리적 선택이론적 해석

이미 앞에서 언급한 것처럼, 홉스의 계약론적 윤리학은 3단계로 이루어져 있는데, 홉스는 그것을 다음과 같이 간명하게 요약하고 있다.[44]

"순전한 자연적 상태, 즉 군주도 신민도 없는 각자의 절대적 자유의 상태인 무정부 상태와 전쟁 상태의 단계. 인간으로 하여금 이러한 상태를 회피할 수 있도록 인도하는 계율인 자연법의 단계. 절대군주력이 없다는 것은 실체가 없는 말과 같으며, 따라서 절대군주력 없이는 존속되지 못하는 국가 공동체의 단계."

우리는 합리적 선택이론을 원용하여, 이러한 3단계를 다음과 같이 해석할 것이다. (1) 비협동적인 수인의 딜레마(the prisoner's dilemma) 상황인 최초의 선택 상황, (2) 협동의 가능성으로서 도덕원칙에 대한 결과적 합의, (3) 무임승차자의 문제(the free-rider problem)에 대한 해결책으로서 제시된, 도덕원칙에 대한 준수의 강요.

자연상태(the state of nature)는 전형적으로 "만인에 대한 만인의 투쟁 상태(*bellum omnium contra omnes*)로서 각자는 자신의 이성에 따라서 행동한다."[45] 이것은 자연상태가 도덕적 기준이 없으므로 도덕적 평가가 적용되지 않는 무도덕적인 상태(a non-moral situation)라는 것을 의미하며, 도구적 합리성의 극대화로서의 이성이 어떠한 도덕적 제한이 없이 완전히 발현되는 상태이다.[46]

"만인에 대한 만인의 투쟁 상태의 결과는 아무것도 부정의하지 않다는 것이다. 옳고 그름과 정의와 부정의의 개념은 아무런 자리도 차지하지 못한다. 공권력이 없는 곳에서는 어떠한 법도 없다. 법이 없는 곳에서는 부정의도 없다. 힘과 기만은 이러한 투쟁 상태에서 중요한 두 덕목이 된다."

이러한 맥락에서 홉스는 자연권(the right of nature)을 "외부적 방해의 부재(the absence of external Impediments)"라는 자유(liberty)의 개념과 연결시킨다.47) 자유는 각자의 생명을 보존, 즉 자기보존을 하기 위해서 각자 자신의 힘을 사용하는 것을 말한다. 즉 자유는 "이성에 따라서 각자가 가장 적합한 수단이라고 생각되는 것"을 그 무엇이든지 각자로 하여금 수행하도록 허용하는 것을 말한다.48) 결과적으로 "모든 사람은 모든 것에 대한 권리를 가진다. 심지어 다른 사람의 신체에 대해서까지도."49) 자연권과 자유의 이러한 관련 방식은 다시 한 번 도구적 합리성의 무도덕적인 무제한적 극대화라는 측면을 부각시킴과 동시에 그것을 확증하고 있다.

모든 사람들에 의해서 무제한적인 자유로운 권리가 행사되고 있는 자연상태가 "어느 누구도 (아무리 강하고 현명한 사람이라도) 자신의 생명을 보존하기에 안전하지 않은 전쟁 상태"로 빠지는 것은 당연하다.50) 여기서 홉스는 평등을 자연상태에서의 불안전에 대한 주요한 원인으로 지목한다. "자연은 인간의 신체와 정신의 능력을 평등하게 만들었다."51) 이러한 원초적 평등으로부터 모든 인간은 자연상태에서 평등하다고 간주된다. 첫째, 심지어 가장 약한 자라도 가장 강한 자를 죽일 수 있기 때문에 아무리 강한 자라도 자신의 생명을 보전하는 것이 불안전하다는 "불안전에 대한 평등"이 존재한다. 둘째, 각자는 자신의 욕구 충족에 대한 합리적인 기대를 동등하게 할 수 있다는 "합리적 기대의 평등"이 존재한다. 요약해서 홉스는 "모든 인간은 자연적으로 동등하게 자유롭다"고 주장한다.52) 자연상태에서의 이러한 자유롭고 평등한 합리적 인간상의 천명은 원리적으로 볼 때 고전적 자유주의 혹은 더 나아가서 자유민주주의의 전제인 자유와 평등 개념을 최초로 제시한 것으로 해석될 수 있다. 사회계약론적 자유주의의 전통에서 비록 로크, 루소, 칸트는 홉스의 비자유주의적인 혹은 비민주주의적인 절대주의 국가에 찬동하지 않았지만, 그들은 모두 홉스의 그러한 자유주의적인 혹은 민주주의적인 인간상에 대한 형식적 전제들을 수용했던 것이다. 물론 그들이 자유와 평등의 실질적인 내용과 그 상호관련성에 대한 각자의 견해를 가지고 있었다는 것을 감안하더라도 그것은 여전히 사실이다.53) 심지어 칸트의 입장을 수용하기 위해서 홉스를 버린 롤즈도 "자유롭고 평등한 합리적 존재(a free and equal rational being)"라는 개념으로부터 출발한다.54)

여기서 관심을 가져야 할 또 다른 안건은 홉스가 자연상태에서 발생하는 갈등의 주요한 원인을 분배적 정의의 문제로 해석한다는 점이다. 자유와 평등으로 말미암아 "모든 사람은 자기의 몫을 확보하기 위해서 서로 다투며" 따라서 "만약 어떤 두 사람이 둘 다 향유할 수 없는 동일한 사물에 욕심을 낸다면, 그들은 적이 된다."55) 이것이 자연상태에서의 갈등의 세 가지 주요 원인의 하나인 소유와 획득을 위한 "경쟁(Competition)"이다. 다른 두 원인은 안전과 명성을 위해서 각각 요구되는 "불신(Diffidence)"과 "영광(Glory)"이다.56) 이러한 세 가지 원인을 가진 갈등의 결과, 자연상태에서 모든 사람은 "그러한 전쟁의 불편함(the incommodities of such a war)"으로 말미암아 고통을 받게 된다. 홉스는 그 불편함을 다음과 같은 유명한 구절로 나타낸다. "인간들의 삶은 고독하고, 궁핍하고, 더럽고, 야수적이고, 단명하다."57)

이러한 "전쟁 상태의 불편함"과 비참함 아래서, 모든 사람은 "평화가 선"이라는 것을 깨닫게 되고, 아울러 "평화의 수단과 방책인 자연법 역시 선"이라는 것도 깨닫게 된다.58) 죽음에 대한 공포와 편안한 삶에 대한 욕구라는 감정과 함께, "이성은 인간들이 합의하게 될 평화의 간편한 조항을 제시한다."59) 여기서 우리는 홉스가 취하고 있는 "도덕의 합리적 연역 기획(the rational deduction project of morality)"의 중대한 측면을 보게 된다. 만약 이성이 인간들을 전쟁 상태로 몰아넣었다면, 그것은 또한 역시 인간을 전쟁 상태로부터 벗어나게 해줄 수 있다는 신념이 그러한 측면이다. 자연법은 "이성에 의해서 발견된 계율로서 인간은 그러한 계율에 따라 자신의 삶을 파괴시키는 행동을 금하게 된다."60)

따라서 이성의 계율 혹은 일반적 법칙은 "모든 사람은 평화를 획득할 희망이 있는 한 평화를 얻기 위해서 노력해야만 한다. 그런데 평화를 획득할 수 없을 때는 모든 수단을 동원하여 전쟁 상태에서의 이득을 취할 수 있다."61) 이 법칙의 전반부는 자연법의 "제1 혹은 근본적 법칙"이며, 후반부는 "자연권"의 개념이 조건적으로 부가된 것이다. 따라서 홉스의 도덕성 개념은 조건적 도덕성이며, 다음과 같은 준칙이 의미하는 것은 아니다. "하늘이 무너져도 정의는 실현되어야 한다(*Fiat justitia, ruat caelum*)."

이러한 조건적인 도덕성을 구현하고 있는 자연법의 제1법칙은 자연스럽게 자연법의 제2법칙으로 이어지는데, 제2법칙은 홉스에게서 도덕에 관한 사회계약론적 해명의 근간을 이룬다.62)

"각자는 다른 사람들도 그렇게 하는 한 평화를 추구해야 하며, 또한 자신을 방어하기 위해 스스로 필요하다고 생각한 만큼 모든 것에 대한 권리를 포기해야만 한다. 그리고 각자는 다른 사람이 자기 자신에게 행사하도록 허용한 만큼의 자유를 다른 사람에게 행사하는 것으로 만족해야 한다."

무제약적인 자연권의 수행이 전쟁을 야기하기 때문에, 제2법칙은 무엇이든지 할 수 있는 자연권에 대한 제약을 요구한다. 이러한 제약은 권리의 포기나 양도를 통해서 이루어진다. 홉스의 의무 개념은 권리의 그러한 포기와 양도에 근거한다. 세상에는 어떤 사람도 "그러한 포기되거나 양도된 권리가 부여된 사람이 그 권리를 통해서 이득을 취하는 것을 방해하지 않을 의무가 있다고 말해진다."63) 여기서 공정한 제약으로서의 도덕성의 개념이 홉스의 사회계약론적 윤리학의 구도 속에 명백하게 드러난다. 왜냐하면 "그러한 방해는 권리가 없는(*SINE JURE*), 부정의 (INJUSTICE)이며 위해(INJURY)이기 때문이다."64)

그러나 이러한 제약으로서의 도덕성의 개념은 사회계약의 본질적 측면에 의해서 다시 엄밀하게 조건이 지워진다. 사람들이 자신의 권리를 양도하는 것은 언제나 "자신에게 선이 되는 어떤 것", 특히 "자신에게 호혜적으로 양도되는 어떤 권리"와 교환하기 위한 것이다.65) 권리의 이러한 상호 양도가 "계약(CONTRACT)"이며, "상호 수용이 없이는" 어떠한 계약도 없다.66) 계약의 이러한 상호성 혹은 호혜성(mutuality or reciprocity)은 계약의 또 다른 중요한 측면인 자발적 행위(voluntary act)와 관련된다. 홉스에게서 자발적 행위의 목적은 자신에게 선이 되는 것을 획득하려는 것이며, "각자 자신의 자발적 행위(Act)로부터 유래하지 않는 의무(Obligation)는 어떠한 사람에게도 부과되지 않는다."67)

계약의 이러한 상호적이고 호혜적인 측면은 홉스의 자연법 제2법칙에서 명백하게 드러나고 있다. 모든 사람들이 각자의 자연권을 유지하고 있는 한 모든 사람들이 전쟁 상태로 빠져 들어간다는 것은 명백하다. 그렇다고 해서 자연권의 일방적인 포기나 양도는 있을 수 없는 일이다.68)

"그러나 만약 다른 사람들이 자신처럼 그들의 권리를 포기하지 않는다면, 어떠한 사람도 자신의 권리를 포기해야 할 이유가 없다. 왜냐하면 그렇게 하는 것은 평화를 가져오도록 처신하는 것이 아니라, 오히려 (어떠한 사람도 그렇게 할 의무가 없는) 자신을 타인에게 희생으로 내주는 것에 불과하기 때문이다."

홉스는 상호성의 이러한 엄밀한 측면이 "네가 대접받기를 원하는 대로 남을 대접하라"는 기독교의 "황금률(the Golden Rule)"을 반영하고 있다고 지적한다. 그러나 홉스의 이러한 주장은 약간 왜곡된 것이다. 왜냐하면 기독교의 황금률은 외면적으로 볼 때 엄밀한 상호성에 근거하고 있는 것처럼 보이지만, 실상은 사랑 혹은 이타적 배려의 율법으로서 타인에 대한 일방적 사랑을 주장한 것이기 때문이다.69) 이러한 관점에서 볼 때, 그레고리 카브카(Gregory S. Kavka)가 홉스의 자연법 제2법칙이 도덕적 행동의 이상적 양양으로서는 기독교의 황금률보다 덜 빛나기 때문에 "남이 너에게 한 대로 남에게 행동하라"는 "황동률(the copper rule)"이 된다고 해석한 것은 타당하다.70) 홉스의 사회계약론적 윤리학의 본질적 측면이 부각되고 있는 이러한 제2법칙은 광범위한 주목의 대상이 되고 있고, 또한 다양하게 해석되고 있다. 롤즈는 도덕성의 잠정협정(*modus vivendi*)으로, 고티에는 합리적 협상(rational bargain)으로, 로버트 악셀로드(Robert S. Axelrod)는 응수 전략 혹은 맞대응 전략(tit-for-tat)으로, 마이클 테일러(Michael Taylor)는 조건적 협상(conditional cooperation)으로, 데이비드 브레이브루크(David Braybrooke)는 심지어 "속여 먹기 쉬운 사람 혹은 이용해 먹기 좋은 사람인 봉은 없다"는 규칙(no suckers rule)으로 해석한다.71)

제2법칙의 엄밀한 상호성에 비추어볼 때, 비록 자연권에 대한 포기혹은 양도 계약이 체결되었다고 하더라도 그것의 상호 준수가 지켜지지 않는다면 계약은 무의미한 것이 될 것이며, 계약의 목적인 평화를 정착시키지 못할 것이다. 홉스는 바로 이러한 관점에서 자연법의 제3법칙을 정식화한다. "사람들은 그들의 계약(Covenants)을 이행해야만 한다. 계약의 이행이 따르지 않으면 계약은 무효이고 빈말(Empty words)일 따름이다. 이 경우 모든 것에 대한 각자의 권리는 유지되며 우리는 아직도 전쟁 상태에 있게 된다."72) 홉스는 이러한 제3법칙이 "정의의 원천이며 기원(the Fountain and Original of Justice)"이라고 주장한다.73) 홉스가 제2법칙과 제3법칙을 구분한 것은 계약의 상호 합의와 상호 준수는 상이하기 때문이다. 비록 계약 당사자들이 서로 도덕원칙에 합의하였다고 하더라도, 다른 사람들이 그들의 의무를 다할 것인가에 대한 보증이나 확신이 없이는 상호 준수가 불가능하다. 홉스는 여기서 유효 계약과 무효 계약을 구분한다. 타인에게 자신을 희생으로 내주는 꼴이 되는 계약의 일방적 준수는 우리가 제2법칙에서 보는 것처럼 생각할 수 없는 것이다. 사람들은 타인들도 그렇게 할 것이라는 확신이 없는 한 자신들의 의무를 지키려고 하지 않을 것이다. 따라서 자연상태에서 상호 신뢰에 의거해서 일방이 먼저 의무를 수행하는 계약은 공허한 것이다. "왜냐하면 먼저 계약을 수행한 사람은 타인이 나중에 그의 의무를 다할 것이라는 확신이 없기 때문이다." 이러한 행위는 "자신의 적에게 자신을 먹이로 내주는 꼴"이 될 것이다.74) 그러나 "만약에 두 계약 당사자들에게 상호 계약의 이행을 강제할 만큼의 권리와 힘을 가진 공통의 권력(Power)이 작용하고 있다면, 그 계약은 무효가 아니다."75)

여기서 홉스는 그의 사회계약론적 윤리학의 마지막 단계에 이르게 된다. 군주와 신민들 사이의 계약과 정부 수립의 구체적 과정을 도외시한다면, 홉스의 사회계약론적 윤리학의 요점은 "계약의 타당성은 사람들로 하여금 계약을 준수하도록 강제하는 데 충분한 시민적 권력의 구성으로부터 시작한다."76) 시민적 권력에로 권리를 양도하는 계약은 "절대적이고 자의적인 입법적 권력"을 구성하는데, 그러한 권력 자체는 계약의 당사자가 아니므로 평화를 확보하기 위해서 필요한 어떠한 일도 하는 것이 보장된다.77) 따라서 홉스는 "칼이 없는 권력은 빈말에 불과하고, 사람들을 안전하게 하는 어떠한 힘도 없다'고 강력히 주장한다.78)

이제 우리의 과제는 홉스의 사회계약론적 윤리학의 3단계를 "수인의 딜레마(the prisoner's dilemma)" 상황에 따라서 해석하는 일이다.79) 무제약적이고 무도덕적인 합리성이 완전히 구현되는 자연상태로부터 야기되는 전쟁 상태는 확실히 비협동적인(non-cooperative)인 상황이다. 즉 합의가 구속력이 없는 상황이거나 강제할 수 없는 상황(not binding or enforceable)이다. 자연상태에서 각 개인은 두 가지 전략, 즉 평화의 전략(P)과 전쟁의 전략(W)을 선택할 수 있을 것이다. 비록 평화 상태가 전쟁 상태보다 모든 사람들에 의해서 선호된다고 하더라도, P를 선택하는 것은 여전히 불안전하다. 왜냐하면 자연상태에서 어떤 사람이 일방적으로 P를 선택할 때 다른 사람들이 W를 선택한다면 자기 자신을 타인에게 먹이로 내주는 꼴이 될 것이기 때문이다. 이것은 타인이 어떠한 전략을 선택하더라도 각자는 W를 선택하는 것이 "지배적 합리적 전략 (dominant rational strategy)"이 된다는 것을 의미한다. 따라서 우리는 홉스의 자연상태가 필연적으로 전쟁 상태로 귀결되는 "수인의 딜레마", 즉 PD 상황이라는 추론을 내릴 수 있다.

그렇다고 한다면, 절대군주력은 어떻게 PD 상황을 해결할 수 있는가? 여기에 대해 홉스는 다음과 같이 말한다. "모든 사람들로 하여금 계약의 위반으로부터 기대하는 이득을 상회하는 처벌의 공포를 통해서 동일하게 계약의 수행을 강요할 수 있는 어떤 강제력이 있어야만 한다."[80] 실제적으로 절대군주력이라는 강제력은 처벌을 통해서 선호의 순서를 변경시키게 된다.[81] 따라서 강제적 절대군주력이 있는 상황은 더 이상 PD 구조를 가지지 않는다. 합리적 선택이론의 용어로 보면, 이것은 PD 게임에서 확신 게임(an assurance game)으로의 이행이다.[82] 이것이 의미하는 것은 절대군주력 아래에서의 확신 게임은 "다인적 수인의 딜레마(n-person prisoner's dilemma, NPD)" 혹은 무임승차자의 문제(the free-rider problem)를 해결할 수 있다는 것을 의미한다.[83] 그러나 이러한 해결책은 곧 그 유명한 "바보(The Foole)"의 다음과 같은 반론에 부딪친다. 바보는 홉스의 이러한 해결책에 도전하는데, 그것은 절대군주력 아래서 다른 사람들이 그들의 의무를 다할 것이 안전하게 보장되는 상황에서는 무임승차자처럼 행위하는 것이 "각자 자신의 이득을 증진할 것을 명령하는 이성"과 합치된다는 것이다.[84] 그러나 홉스에 따르면, "다른 사람들이 자신에 대해서 동일한 법칙을 준수할 것이라는 보증이 있을 때, 그것을 지키지 않는 것은 평화를 추구하는 것이 아니라 오히려 전쟁을 추구하는 것이다."[85] 홉스의 이러한 주장은 이미 우리가 제2장에서 논의한 것처럼 무임승차자의 문제를 일반화된 PD 혹은 다인적 수인의 딜레마인 NPD로 보고 있는 것이며, 무임승차자의 선호 순서는 처벌의 공포에 의해서 변하게 된다는 것을 의미한다.

요약적으로 말하면, 홉스의 절대군주력은 전쟁 상태에서 평화 상태로의 이행과 계약론적 도덕원칙(자연법)의 준수를 보장하는 이중적 장치이다.[86] 정교한 게임이론을 원용하여 사회계약론의 전통을 재해석하는 고티에는 홉스의 해결책에서 개인의 선호 순서가 어떻게 변하는지를 다음의 두 표를 통해서 잘 보여주고 있다.[87]

표 6. 자연상태에서의 수인의 딜레마 게임

숫자 : 선호 순서
W, P : 전쟁, 평화의 전략
최종적 균형 상태 : W, W(3, 3)

		개인 B	
		P	W
개인 A	P	2, 2	4, 1
	W	1, 4	3, 3

표 7. 절대군주 아래서의 확신 게임

숫자 : 선호 순서
W, P : 전쟁, 평화의 전략
최종적 균형 상태 : P, P(1, 1)

		개인 B	
		P	W
개인 A	P	1, 1	4, 2
	W	2, 4	3, 3

3) 사회계약론적 윤리학의 딜레마와 그 첫 번째 뿔로서의 홉스의 윤리학: 합리성의 도덕적 부적절성

우리가 앞의 1)항에서 언급한 것처럼, 이 장의 최종적 과제는 홉스의 사회계약론적 윤리학의 문제를 롤즈의 비판을 통해서 드러내는 것이다. 롤즈의 그러한 비판과 관련해서 홉스의 자연상태에 대한 기본적 의문은 그것이 적절한 최초의 가상적 선택 상황인지의 여부이다.88) 합리적 선택이론적인 해석에 따르면, 자연상태에서의 홉스의 사회계약론적 결정은 전략적 협상의 전형적 모형으로서, 각자의 현상적 위치, 위협적 이익과 전략이 중요한 역할을 하고 있다. 계약의 과정에서 각자는 자기 자신에 관한 완전한 지식을 소유하고 있다. 각자는 스스로가 누구인지, 어떤 가치관을 가지고 있는지, 어떠한 자연적 능력과 현실적 역량을 가지고 있는지에 대한 완전한 지식을 소유하고 있다. 따라서 이러한 모형에서 도출될 도덕의 실질적 결론은 필연적으로 이러한 지식을 반영하게 된다. 이러한 반영은 분배적 정의의 본질적 문제와 직접적으로 연결된다. 즉 분배적 정의에 대한 합리적 선택 혹은 협상적 접근에서 "적절한 기준선을 설정하는 문제(the issue of locating the appropriate baseline)"가 필연적으로 등장한다.89) 구체적으로 말하면, 계약 당사자들이 협상 테이블에 애초부터 가지고 들어올 수 있는 것이 무엇인가 하는 기준 설정의 문제이며, 그러한 기준의 설정은 결국 계약의 성사 이후 생산될 협동적 잉여(cooperative surplus)에 대한 분배적 몫의 결정에 중대한 영향을 미치게 된다.90)

우리는 홉스의 자연상태에서의 주요한 갈등을 각자가 자신의 분배적 몫을 확보하려고 타인과 경쟁하는 정의의 여건(the circumstances of justice)으로 해석한 바 있다. 홉스가 애초에 주장했던 자연상태에서의 자유롭고 평등한 합리적 존재라는 평등주의적 가정은 분배적 정의에 관한 평등주의적 결론으로 이행되지는 않는다.91) 이것이 의미하는 바는 개인 간 혹은 집단 간에 불공정하고도 불공평한 균형 상태가 유지될 수 있음을 의미한다. 개인 간 혹은 집단 간의 불공평한 상태에 대해서 홉스는 각각 다음과 같이 지적하고 있다.92)

"사람들이 서로를 공격하는 가장 주요한 이유는, 많은 사람들이, 공동으로 향유할 수 없거나 나눌 수 없는, 동일한 사물을 동시에 탐낸다는 사실로부터 유래한다. 그렇다면 가장 강한 사람이 그것을 가져야 한다는 결론이 나오며, 누가 가장 강한지는 칼로 결정될 것이다."

"소수의 사람들이 집단적으로 결합한다고 하더라도 [절대군주 아래서와 같은] 그러한 안전성을 갖지는 못할 것이다. 왜냐하면 그중 한 집단에 사람들이 조금만 더 가담하더라도 그 이점은 승리를 가져올 정도로 매우 클 것이기 때문이다."

이 두 구절을 볼 때, 우리는 롤즈가 홉스의 윤리학을 "상대적 힘의 우연적 균형에 그 안정성이 달려 있는 하나의 잠정협정(a *modus vivendi*)"에 불과하다고 신랄하게 비판하는 이유를 알 수 있을 것이다.93) 롤즈는 "자유주의의 홉스적 계파(the Hobbesian strand in liberalism)"가 "잘 조직된 입헌적 구성체를 통해서 조정되고 균형을 이룬 개인적, 집단적 이익의 수렴에 의해서 안전이 확보된 하나의 잠정협정으로서의 자유주의"라고 갈파한다.94) 롤즈는 따라서 "슘페터-달 모형(the Schumpeter-Dahl model of liberal democracy)"의 자유민주주의도 홉스적 계파로 보고 그것을 배척한다.95) 이러한 모형의 자유민주주의는 자유주의에 대한 도덕적 정당화를 포기한다. 대신에 이 모형은 자유민주주의적 헌정 체제를 다만 분배 가능한 재화와 가치를 서로 획득하려는 이익집단들 간의 갈등을 해결하는 정치적 의사결정 구조로 간주할 뿐이다.96)

우리가 이미 제1장에서 언급한 바와 같이, 합리성과 공정성을 동시에 보장하기 위해서 각자가 자신이 처한 현재 상황과 위치를 모른다는 것을 가정하는 "무지의 장막(the veil of ignorance)"이 드리워진 "원초적 입장(the original position)"을 배경 상황으로 설정하는 롤즈의 자유주의적 모형은 홉스의 사회계약론적 윤리학에서의 "합리적 연역 기획(the rational deduction project)"이 가지고 있는 도덕적 부적절성을 교정하기 위해서 마련된 것이다. 롤즈는 원초적 입장에서 계약 당사자들이 "협상"을 시도하거나 혹은 "게임의 전형"에 따라서 행동할 어떠한 근거도 없다는 점을 되풀이해서 강조하고 있다.97) 왜냐하면 어떠한 사람도 자신이 소속된 사회에서의 자신의 위치나 자신이 지닌 자연적 능력을 알지 못한다고 가정되므로, 어느 누구도 자신의 특수한 이익을 위해서 도덕 원칙을 마음대로 재단할 위치에 있지 않기 때문이다. 비록 롤즈는 자신의 정의론이 합리적 선택이론의 일부분이라는 것을 여전히 받아들이고 있지만, 합리적 선택이론을 도덕의 기초로서 무조건 사용하는 것에 대해서 중대한 한계를 지적하고 있다. 즉 롤즈는 협상 모형의 불공정한 최초의 상황은 분배적 몫을 공정하게 결정하는 방식을 보장할 수 없다고 주장한다. 이러한 점에서 롤즈는 분배적 정의에 관한 리처드 브레이스웨이트(Richard B. Braithwaite)의 협상 모형을 거부한다.98) 브레이스웨이트의 게임이론적 협상 모형 — 연주 시간의 분배에서 피아니스트의 연주 여부에 관계없이 불 수 있는 트럼펫 주자에게 더 많은 연주 시간을 할당하는 것 — 은 "각자에게 위협적 이익에 따라서 분배하라(to each according to his threat advantage)"는 규칙을 통해서 분배적 정의의 문제를 해결하려고 하지만, 그 규칙은 결코 "공정한 규칙"이라고 할 수 없다는 것이다.99) 홉스의 사회계약론적 윤리학이 합리성의 도덕적 부적절성을 보이고 있다는 이상의 비판은 사회계약론에 있어서 최초의 선택 상황의 규정에 관련된다. 합리성의 도덕적 부적절성은 더 나아가서 계약의 수행을 위한 절대군주력이라는 강제 기제의 설정에도 관련된다.

그러면 이제 홉스의 사회계약론적 윤리학의 두 번째 문제로 옮겨보기로 하자. 사회계약론적 합의에 대한 준수를 보장하기 위한 절대군주의 옹립에 관련된 기본적인 문제는 강제(coercion)가 다인적 수인의 딜레마(NPD) 혹은 무임승차자의 문제에 대한 실질적 해결책인지, 그리고 강제는 자발적인 도덕적 동기와 양립 가능한지에 대한 문제이다. 여기에 관련된 또 다른 문제는 국가의 자의적인 힘이 "양도될 수도 분할될 수도 없는" 홉스적인 절대군주국가의 적합성과 합리성에 관한 자유주의적 과제이다.100) 이 문제는 로크와 루소에게로 유전된 제한정부 수립이라는 정치철학적 과제이며 본 논문의 직접적인 주제는 아니지만 관련성이 있으므로 간략하게만 다루어보자.

주지하는 바와 같이, 사회계약론적 자유주의의 전통에서는 홉스의 비자유주의적인 절대국가의 대안으로서 다양한 "정부계약(governmental contracts)" 혹은 "복종계약(*pactum subjectionis*)"이 제시되었다. 사회적 선택이론 혹은 민주주의 이론에서는 홉스의 절대국가는, 우리가 제2장 2절 3)항에서 다룬 바 있는, 애로우가 제시하여 유명해진 "비독재성(Non-Dictatorship)"의 조건에 위배된다는 지적은 이제 잘 알려져 있다.101) 로크와 루소는 홉스의 절대국가를 거부하고 각자의 "제한정부론(the limited government)"을 제시한 바 있다. 즉 로크는 "대의적인 의회주의(a representative parliamentarianism)"를, 루소는 "민중 민주주의적 공화정(a popular democratic republicanism)"을 제시했다.102) 그러나 이러한 차이점에도 불구하고, 로크와 루소는 국가의 설립에 대한 자유주의적 근거에 관련해서 볼 때 홉스와 기본적 입장 — 유효 계약과 무효 계약을 구분한 홉스의 논거 — 을 같이하고 있는 것처럼 보인다. 즉 그들은 모두 국가는 계약의 준수에 대한 강제력을 제공한다는 점에서 필요하다고 생각한다. 로크는 "만약 자연상태에서 자연법의 준수자를 보호하고 위반자를 처벌하는 것을 통해 자연법을 **집행하는 권력**(*a Power to Execute*)을 가진 조직체가 존재하지 않는다면, 자연법은 헛된 것이다"라는 점을 분명히 한다.103) 루소는 동일한 취지에서 "일반의지에 따르는 자유에의 강요"를 다음과 같이 천명한 바 있어 철학적으로 많은 논란을 일으켰으나 우리는 그것을 무임승차자에 대한 해결책으로 볼 수 있을 것이다.104)

"사회계약이 헛된 절차가 아니라는 것을 보장하기 위해서, 타인에게 행사되는 권력을 부여하는 유일한 원천으로서의 계약 속에는 다음과 같은 것이 암묵적으로 포함되어 있다. 일반의지에의 복종을 거부하는 사람은 전체 사회적 조직체에 의해서 복종하도록 제약을 당할 것이다. 이것이 의미하는 바는 복종을 거부하는 사람은 **자유롭도록 강요된다**(he shall be forced to be free)는 것 이외에 아무것도 아니다."

이러한 논의를 할 때, 로크와 루소는 각각 "위반자(the transgressor)"와 "시민의 의무를 다하지 않고 시민의 권리만을 향유하려고 하는 사람"이라는 표현을 명백히 사용한 바 있다.105) 따라서 우리는 로크와 루소가 국가의 주권 혹은 통치권을 무임승차자의 문제에 관한 강제적 해결책으로 간주했다는 추론을 내릴 수 있다.

만약 이것이 사실이라면, 제한정부의 문제는 약간 다른 각도에서 보아야 할 것이다. 그 다른 각도는 계약 당사자들의 합리성의 관점이다. 비록 공권력의 수립이 계약의 준수에 관해서 볼 때 계약 당사자들에게 기본적으로 합리적이라고 하더라도, 국가에 절대적 권력을 부여하는 것은 불합리할 것이라는 점이다. 따라서 홉스의 사회계약론적 윤리학의 "합리적 연역 기획"은 도덕적으로 부적절할 뿐만 아니라 불합리하다는 결론이 도출된다. 자유민주주의의 주창자로서 롤즈는 홉스의 절대국가의 합리성과 불합리성을 비용편익 분석을 통해서 다음과 같이 비판한다.106)

"공공적인 처벌 체계를 시행함으로써 정부는 타인들이 법규를 따르지 않으리라고 생각할 근거를 제거하게 된다. 이러한 이유만으로 비록 질서 정연한 사회에서 형벌제도가 가혹하거나 지나칠 필요가 없을지라도 강제력을 가진 통치권은 언제나 필요할 것이다. 나아가서 효과적인 형벌제도가 있다는 것은 사람들의 상호 안전에도 도움이 된다. 이러한 주장과 그에 대한 추론이 바로 홉스의 주제라고 생각할 수 있다. 그런데 이러한 형벌제도를 시행함에 있어서 제헌 위원회의 당사자들은 그것이 갖는 단점도 고려해야만 한다. 그것은 적어도 두 가지가 있는데, 한 가지는 이른바 징세에 의해 운용될 관계기관의 유지비이고, 다른 한 가지는 그러한 형벌제도가 대표적인 시민의 자유를 그르치게 될 가능성에 의해 판단될 그의 자유에 대한 위협이다. 강제기관을 설치하는 것이 합리적이기 위해서는 이러한 단점이 불안정에서 오는 자유의 상실보다 적어야 한다는 점이다."

그렇다면 홉스는 그러한 단점을 전혀 인식하지 못했다는 말인가? 우리는 홉스가 이러한 문제를 전혀 인식하지 못했다고 주장하는 것은 아니다. 홉스는 물론 다음과 같은 점을 인정한다. "사람들은 백성들의 조건이 아주 비참할 것이라고 반대할지도 모른다. 즉 무제약적인 힘을 손에 지닌 절대군주와 통치자들의 욕망과 불규칙적인 정념에 농락당할지도 모른다는 우려에서."107) 그러나 홉스는 끝내 이러한 우려는 수인의 딜레마와 무임승차자의 문제로 황폐화된 자연상태에서 평화를 확보하기 위해서 시민들이 어쩔 수 없이 받아들이게 될 비용과 부담으로 간주하고 만다.

제한정부 수립이라는 자유주의적 안건은 계약의 준수라는 기본적 문제로 우리를 다시 인도하게 된다. 즉 사회계약론적 자유주의 윤리학은 수인의 딜레마와 무임승차자의 문제에 대한 비강제적인 자발적 해결책을 제시할 수 있는가의 문제가 제기된다. 이 문제는 결국 홉스의 강제적 해결책이 "도덕의 합리적 연역 기획"으로 볼 때 실패하였는지를 판정하는 문제와 연관된다.

합리적 선택이론의 영역에서는 홉스의 강제적 해결책은 합리적인 자발적 준수를 보장하지 못하기 때문에 실패라는 지적이 있어왔다. 홉스의 이러한 실패를 주장하는 기본적 논변은 홉스가 무임승차자인 "바보(the Foole)"에게 그의 행위가 "모든 사람으로 하여금 자신의 선을 추구하라고 명령하는 이성에 부합"하지 않는다는 것을 보여주지 못했다는 것이다.108) 아마도 실제로는 아주 영악한 바보의 계산에 따른다면, 다른 사람들이 계약을 지키는 상황에서의 무임승차는 자기 이익을 극대화한다는 점에서 이성에 따른 것이며 합리적인 것이 된다. 그렇다고 한다면, "사람들은 계약을 이행해야만 한다"는 자연법의 제3법칙은 바보와 같은 어릿광대에게는 이성의 법칙이 될 수 없다.109) 이러한 바보의 무임승차자적 추론을 염두에 두면, 우리는 여기서 이성(reason)이 명령하는 도덕법칙을 자기 이익을 극대화하라는 합리성(rationality)과 단순한 동치라고 볼 수 없다는 점을 알게 될 것이다. 따라서 "도덕성을 합리적 타산과 동일시하는 홉스적 입장은 붕괴된다."110) 자발성이라는 관점에서 볼 때도, 홉스는 "비이타적인 합리적 존재들이 그러한 절대국가의 설립 혹은 유지에 대해서 자발적으로 찬성할 것이다"라는 점을 입증하지 못하고 있다. "합리적 존재들은 강제의 공포 때문에 절대국가 상태를 유지하는 것이 합리적이 될 뿐이지, 하나의 자발적이고도 항구적인 계약에 대한 지속적인 충실 때문에 그러한 것은 아니다."111)

롤즈는 기본적으로 계약론적 준수에 관련된 홉스의 강제적 해결책에 대한 이상과 같은 비판에 동조한다. 그리고 롤즈는 홉스의 이러한 실패를 "심리적 이기주의의 도덕적 파멸(moral peril of psychological egoism)"로 해석하기도 한다.112) 제2장에서 이미 논의한 것처럼 롤즈는 비록 그의 사회계약론적 정의론이 합리적 선택이론에 의거하고 있음을 인정하지만, 이것이 이기주의의 수용을 의미하는 것은 아니라는 점을 분명히 한다. 롤즈는 "각자는 자신이 원하는 대로 자신의 이익을 증진하도록 허용된다"는 일반적 이기주의(general egoism)는 원초적 입장에서 결코 합의될 수 없는 비도덕적 대안임을 지적한다.113) 따라서 일반적 이기주의는 "홉스의 자연상태가 그 전형적 사례가 되는 수인의 딜레마의 일반적인 경우"에 귀착하게 된다고 주장한다.114)

그러나 롤즈는 공공적인 처벌제도를 위한 강제적인 통치권의 필요성을 거부하는 다음과 같은 완고한 도덕철학자는 아니다. "모든 사람들은 강제가 일반적인 사람들에게 필요하다는 것을 알고 있다. 그러나 많은 철학자들은 완전히 선하고 현명한 인간은 강제 없이도 올바르게 행위할 수 있고, 그러한 사람들만이 오직 이상향에 살 수 있다고 믿는다."115) 롤즈는 강제가 대부분의 경우 필수적인 것이 된다는 것을 인정한다. "정부는 모든 사람들이 법규를 자발적으로 따르지 않으리라고 일반적으로 상정할 수 있는 이유를 통해서 공공적인 처벌 체계를 시행하게 된다. 이러한 이유만으로 비록 질서정연한 사회에서 형벌제가 지나치게 가혹하거나 혹은 결코 시행될 필요가 없을지라도 강제력을 가진 통치권은 언제나 필요할 것이다."116) 그러나 롤즈는 강제는 필수조건이기는 하지만 합리적 준수를 위한 충분조건이 아니라는 것을 주장한다. "우리는 이러한 준수의 경향이 개인의 선과 일치하는 정의의 관점에 의해서 획득되고 인도되는지를 아직도 입증해야만 한다."117) 자발적 준수에 관한 롤즈의 견해의 핵심은 플라톤적인 원대한 "정합성(congruence)" 이론이다. "질서정연한 사회에서 선한 사람이 된다는 것(그리고 특히 효력 있는 정의감을 갖는다는 것)은 그 사람에게 선이 된다"는 것이다. 또한 "그러한 형태의 사회는 좋은 사회가 된다"는 것이다.118) 홉스를 염두에 두면서, 롤즈는 "일반화된 수인의 딜레마가 갖는 위험은 [그의 정의론에서] 정당성과 선의 합치에 의해서 제거된다"고 주장한다.119)

결론적으로 말해서 홉스의 사회계약론적 윤리학은 무도덕적인 최초의 선택 상황으로부터 합리적 계약자들에 의한 공정한 합의를 이끌어낼 수 없을 뿐만 아니라, 합의된 계약의 자발적이고도 도덕적인 준수를 보장할 수 없는 이중적 실패를 보인다. 이것은 홉스의 윤리학이 합리적 정초주의(rational foundationalism)의 사전적(ex ante) 혹은 사후적(ex post) 근거를 제공하는 데 실패했다는 것을 의미한다. 따라서 우리는 홉스의 윤리학이 합리성의 도덕적 부적절성이라는 사회계약론적 윤리학이 가진 딜레마의 한 뿔에 걸려 있다고 결론을 내릴 수 있을 것이다. 브레이브루크는 그의 논문 「사회계약론의 해결 불가능의 난제」에서, 홉스의 문제는 해결 불가능하며 "우리는 계약의 도달과 그것의 준수를 확신하기 위해서 다만 다른 선택 상황을 가정하거나 다른 동기를 설정하여 문제의 전환을 시도할 수 있을 뿐"이라고 주장한다.120) 그렇다면 사회계약론을 현대적으로 부활시키고 있는 롤즈와 고티에는 각각 어떻게 홉스의 문제를 해결하려 하는지를 탐구하고 또한 그 해결의 결과를 평가하는 것은 현대 정치철학 및 윤리학, 그리고 합리적 선택이론에서 흥미진진한 과제가 될 것이다.121) 롤즈와 고티에는 모두 선택 상황뿐만 아니라 동기도 변경시킨다. 본서 제1장과 제2장에 관련해서 롤즈와 고티에를 비교한 것에 대한 우리의 논의를 상기한다면, 롤즈는 선택 상황, 즉 무지의 장막하에서의 원초적 입장의 설정에 보다 관심을 기울이고, 고티에는 동기, 즉 제약적 극대화로서의 합리성의 구축에 보다 관심을 기울이는 것을 알 수 있다. 롤즈는 그의 원초적 입장에서 사회계약론의 홉스적인 협상의 뿌리를 제거하며, 고티에는 자신의 방식으로 『리바이어던』을 순화하면서 기본적으로 홉스적인 정신을 수용하고 있다. 물론 이러한 평가는 앞으로 자세한 논의를 통해서 비교의 근거가 제시될 것임은 물론이다.

그렇다면 우리의 다음 주제는 롤즈의 『정의론』에서 전개된 그의 사회계약론적 윤리학을 도덕성과 합리성의 관계의 측면에서 상술하고 비판적으로 평가하는 일이다.

2. 롤즈의 『정의론』과 사회계약론적 윤리학

1) 원초적 입장에서의 공정성 겸 합리성

우리는 이제 롤즈의 『정의론』을 홉스에 대한 롤즈의 비판을 염두에 두면서 도덕의 합리적 구성주의에 관련해서 구체적으로 논해보기로 하자. 그의 『정의론』은 정치한 논증들과 방대한 체계로 구성되어 있지만, 마치 홉스의 체계에 대응하는 것처럼, 기본적으로 다음의 세 단계로 구분될 수 있다. (1) 최초의 선택 상황, 즉 원초적 입장의 규정, (2) 거기서 합의될 정의원칙의 도출, (3) 정의원칙의 적용과 준수.122) 여기서 우리가 우선적으로 논의해야 할 것은 이러한 세 단계를 롤즈의 『정의론』에 대한 논의의 초점, 즉 도덕성의 합리적 연역 기획의 관점에서 어떻게 파악할 수 있느냐 하는 것이다. 우선, 우리는 첫 번째 단계인 원초적 입장의 특색에 대해서 상세히 분석하게 될 것이다. 그 다음, 우리는 롤즈의 정의의 두 원칙에 관한 최소극대화 규칙(maximin rule)에 근거한 도출과 아울러 두 원칙에 대한 준수론을 다루게 될 것이다. 마지막으로, 우리는 롤즈의 사회계약론적 윤리학이, 사회계약론적 윤리학이 당면한 딜레마의 두 번째 뿔인 공정성의 도덕적 순환성과 합리적 임의성에 봉착하고 만다는 것을 입증할 것이다.

롤즈의 주저 『정의론』은 "정의는 사회제도의 제1덕목이다"라는 말로 서두를 연다.123) 사회정의의 기본적 주제는 "사회의 기본 구조(the basic structure of society), 보다 더 정확히 말하면, 주요한 사회제도가 근본적인 권리와 의무를 배분하고, 또한 사회적 협동으로부터 생긴 이익의 분배를 정하는 방식이다."124) 아리스토텔레스(Aristoteles) 이래 사회정의의 이러한 주제는 전통적으로 분배적 정의(distributive justice)라고 불려왔다.125)

따라서 롤즈의 『정의론』은 분배적 정의를 기조로 하는 하나의 방법론적 체계라고 말할 수 있다. 그는 사회계약론의 전통을 원용하지만, 원초적 입장에서의 계약을 역사적 시민사회에 대한 본연의 사회계약이라고 할 수 있는 시민계약 혹은 정부계약이 아니라, 도덕철학을 위한 하나의 가상적 계약으로 간주한다. 이러한 그의 입장은 다음 구절에 잘 드러나 있다.126)

> "사회의 기본 구조에 대한 정의의 원칙들이 원초적 합의의 대상이다. 그러한 원칙들은 자신의 이익을 증진하려는 데 관심을 가진 자유롭고 합리적인 사람들이 평등한 최초의 입장에서 그들의 사회적 연합에 대한 근본적 조건을 규정하는 것으로 받아들이게 될 것이다."

롤즈는 정의의 원칙들을 이렇게 간주하는 방식을 바로 "공정성으로서의 정의(justice as fairness)라고 명명한다."127) 롤즈가 인정하고 있는 것처럼, 공정성으로서의 정의는 "개인주의적"이므로, 따라서 사회는 "개인들 사이의 상호 이익을 위한 협동체(a cooperative venture)"로 규정된다.128) 그러나 이러한 사회적 협동체는 완전한 협동의 상황 속에 놓여 있는 것은 아니다. 롤즈는 "그것은 이익의 합치뿐만 아니라 갈등이라는 특징도 가지고 있다"고 지적한다.129) 분배적 정의의 관점에서 보면, 이것은 사회적 협동이 각 개인들 모두에게 협동으로부터 발생하는 "협동적 잉여(cooperative surplus)"를 제공해주기는 하지만, 각 개인들은 그러한 협동적 잉여에서 분배될 몫을 다른 사람들보다 더 많이 차지하기 위해서 경쟁한다는 것을 의미한다. 따라서 롤즈는 윤리학이 사회적 협동에 대한 지침이라면 "완전히 합당한 윤리학설은 [분배적 정의에 대한] 원칙들을 반드시 포함해야만 한다"고 생각한다.130)

사회적 협동체에 대한 이러한 롤즈의 생각은 전통적인 자유주의의 기본적 가정과 상통한 것이다. 왜냐하면 이익의 갈등 상황 속에서 자유롭고 평등한 인간들 사이의 합리적인 계약론적 합의 가능성을 믿는 것은 사회계약론적 자유주의의 면면한 전통이기 때문이다.131) 그러나 사회계약론적 전통과의 이러한 상통은 자신의 공정성으로서의 정의론이 전통적 사회계약론, 특히 홉스의 사회계약론에 대한 하나의 교정이라는 롤즈의 일관된 주장을 압도해서는 안 될 것이다.132) 롤즈의 공정성으로서의 정의관에서, 원초적 입장은 전통적인 사회계약론에서의 자연상태(the state of nature)에 해당한다. 롤즈가 여기서 당면한 가장 중요한 과제는 원초적 입장을 어떻게 규정해야만 공정한 합의를 보장할 수 있는가 하는 것이다. 비록 롤즈는 전통적으로 자연상태로 대변되는 "최초의 상황(the initial situation)"에 대해서 다양하게 많은 해석이 존재할 수 있음을 인정하지만, 자신의 "원초적 입장"이 "철학적으로 가장 유리한" 해석이라는 점을 주장하고 있다.133) 롤즈의 그러한 과제와 주장을 감안해 볼 때, 우리는 개인의 합리적 선택은 원초적 입장에 미리 부과된 공정성의 조건 속에서 이루어진다는 것을 감지할 수 있다. 다른 말로 하면, 롤즈의 합리적 연역 기획은 합리성 겸 공정성(rationality *cum* fairness)의 구성 체계이다. 이러한 구성 체계가 의미하는 것은 "원초적 입장은 … [개인적 합리성의 관점에서] 명백하게 드러나는 선택의 문제를 도덕원칙의 채택에 부가하는 것이 적당하다고 흔히 인정되고 있는 조건들을 하나의 개념 속에 결합한다"는 점이다.134)

그렇다면 롤즈의 합리성 겸 공정성 구성 체계에서는 원초적 입장에 어떠한 조건들을 부과하고 있는가? 롤즈는 원초적 입장에서 계약 당사자들의 불공정한 전략적 협상의 여지를 배제하기 위한 여러 가지 조건들을 마련한다. 원초적 입장의 조건들은 크게 네 가지 장치들로 구분될 수 있다.135) 그 첫째 장치는 "정의의 여건(the circumstances of justice)"으로서 "인간의 협동이 가능하고 또 필요한" 상황을 규정한다.136) 우리가 이미 수차례 언급한 것처럼, 정의의 여건은 자연적, 사회적 자원의 "적절한 부족 상태"라는 객관적 조건과 각 개인들은 자신의 이익 증진에만 관심이 있으므로 타인의 복지에 대해서는 "상호 무관심"하다는 동기상의 주관적 여건을 합한 것이다. 롤즈는 이러한 여건이 인간사회의 일반적이고 항구적인 상황을 나타내고 있다고 생각한다. 즉 그는 인간 사회가 자연적, 사회적 자원들에 관련시켜볼 때 순전히 경쟁적인 "제로 섬 게임 사회(zero-sum game society)" 속에 있지도 않지만, 그렇다고 완전한 풍부함과 풍요함 속에 있지도 않다고 생각한다. 또한 그는 인간 의 주관적 동기에 관련시켜볼 때 인간사회는 자기 이익을 희생하는 "성 인과 영웅(saints and heroes)"의 사회는 아니라고 생각한다.137) 우리가 곧 알게 되겠지만, 인간사회에 대한 이러한 일반적 사실로서의 "정의의 여건"은 무지의 장막에 의해서 가리어지지 않는다.

둘째 장치는 "정당성 개념의 형식적 제한 조건(the formal constraints of the concept of right)"이다. 정당성 개념은 모든 도덕원칙에 적용되는 고차적인 요건으로서, 도출될 정의원칙의 도덕적 형식성을 규정해준다. 그러한 형식성은 일반성(generality), 보편성(universality), 서열(order-ing), 공지성(publicity), 최종성(finality)이며, 다음과 같이 종합된다. 즉 "정당성 개념은 형식에 있어서 일반적이며, 적용에 있어서 보편적이며, 도덕적 인간들 사이의 상충하는 요구에 서열(ordering)을 정해주는 최종 적인 심판이라는 것이 공공적으로 인정되는 원칙들의 체계이다."138) 이 러한 정당성 개념은 윤리학의 역사에서 도덕의 형식적 제한 조건으로서 비교적 널리 인정되어온 것들이다. 특히 칸트와 헤어(R. M. Hare)는 이 러한 도덕의 형식적 제한 조건을 명백히 제시한 바 있다.139) 원초적 입 장에 있는 합리적 계약 당사자들은 이러한 형식적 제한 조건을 만족시 키는 정의원칙을 선택해야만 하는데, 이러한 조건에 의해서 자의적이거 나 무의미한 원칙과 인종차별적 원칙과 같은 명백히 부도덕한 원칙이나 이기주의적 원칙은 배제된다.140) 여기서 부연 설명해야 할 조건은 서열 이다. 도덕원칙은 상충하는 요구에 대한 서열을 정해주어야 한다는 것 은 당연하다. 서열에 대해서 롤즈는 이미 우리가 제2장에서 논의했던 합리성의 내부적 일관성, 즉 완전성(연관성)과 전이성을 언급하고 있다.141) 롤즈가 여기서 서열의 개념을 개진했을 때, 롤즈는 실상 그의 정의론이 "애로우의 불가능성 정리"를 극복할 수 있을 것이라고 생각했음이 틀림없다.

셋째 장치는 가장 인구에 회자되면서도 논란의 여지가 분분한 무지의 장막(the veil of ignorance)이다. 롤즈는 기본적으로 무지의 장막이 합의의 공정성을 보장한다고 간주한다. 무지의 장막을 가정하는 자신의 의도에 대해서 롤즈는 다음과 같이 요약하고 있다.142)

"이러한 [원초적] 상황이 갖는 본질적 특성 중에는 아무도 자신의 사회적 지위나 계층상의 위치를 모르며 누구도 자기가 어떠한 소질이나 능력, 지능, 체력 등을 천부적으로 타고났는지를 모른다는 점이다. 심지어 당사자들은 자신의 가치관이나 특수한 심리적 성향까지도 모른다고 가정된다. 정의의 원칙들은 무지의 장막 속에서 선택된다. 그럼으로써 보장되는 것은 원칙들을 선택함에 있어서 아무도 타고난 우연의 결과나 사회적 여건의 우연성으로 인해 유리하거나 불리해지지 않는다는 점이다. 모든 이가 유사한 상황 속에 처하게 되어 아무도 자신의 특정 조건에 유리한 원칙들을 구상할 수 없는 까닭에 정의의 원칙들은 공정한 합의나 약정의 결과가 된다."

원초적 입장의 계약 당사자들에게 허용되는 유일한 종류의 정보는 "정의의 여건"과 "인간사회의 일반적 사실들", 즉 사회조직의 정치적 안건들, 한 사회의 경제발전 정도, 인간의 도덕심리학의 법칙들이다.143)

그렇다면 롤즈는 왜 원초적 입장에 이렇게 두껍고 넓은 무지의 장막을 내리는 것일까? 공정성은 오직 이러한 무지의 장막에 의해서만 유일무이하게 배타적으로 확보될 수 있는 것인가? 일견할 때 기억상실과 망각으로 점철된 무지의 장막이 드리워진 원초적 입장에서 의미 있는 합리적 선택이 과연 가능할 것인가? 계약 당사자들의 정체성에 이제 남은 것은 무엇인가? 롤즈가 스스로 인식하고 있는 것처럼, "이러한 합의가 실제적으로 성립하는 것이 아니라면 그것이 도덕적이든 아니든 간에 이러한 원칙들에 대해서 우리가 관심을 가져야 할 이유가 어디에 있는가 하는 물음이 일어날 것은 당연한 일이다."144) 무지의 장막에 대한 이러한 예상된 의문과 비판에 대해서 롤즈는 두 가지 답변을 제시한다. 첫번째 답변은 무지의 장막에 의해서 가려진 다양의 특수한 사실들은 "자의적 우연성"에 의한 것으로 "도덕적 관점에서 볼 때 자의적"이라는 것이다.145) 자유롭고, 평등하고, 왜곡되지 않은, 공평한 출발점이라는 의미에서 공정성(fairness)을 확보하기 위해서 우리는 그러한 특수한 사실들을 원초적 입장에서 무효화시켜야만 한다는 것이다.

이러한 관점에서, 롤즈는 "공정성으로서의 정의에 대한 칸트적 해석"을 제시한다.146) 롤즈는 우선 칸트가 개진한, 경험적 우연성을 초탈하는 도덕적 의지의 정언명법(categorical imperative)이 루소의 일반의지(general will)에 대한 철학적 근거를 마련한 것으로 평가한다.147) 그렇다면 롤즈의 무지의 장막은 부패되고 타율적인 개인의지로부터 도덕적으로 확고한 자율적인 일반의지로의 이행을 보장하기 위해서 칸트적 요소와 루소적 요소를 결합한 강력한 도덕적 도구가 된다.148) 따라서 롤즈는 오직 그렇게 두껍고 넓은 무지의 장막만이 개인적 협상이나 집단적 결탁을 완전히 배제할 수 있다고 주장한다. 홉스에 대한 그의 비판에서 명확하게 했듯이, 롤즈는 협상이나 결탁은 정의의 기준을 "임의적인 우연사나 모든 사회적 세력의 상대적인 세력 균형"에 좌우되는 사실적 해결책(a *de facto* solution)으로 만들어버리게 된다고 경고한다.149) 여기서 롤즈는 홉스를 버리고 루소를 수용한다. 루소는 일반의지에 대한 그의 논의로 잘 알려진 것처럼, 국가에서는 파당적, 집단적 결탁이나 제휴 혹은 협상이 단호히 거부되기 때문이다.150) 무지의 장막에 대한 비판에 대해서 롤즈는 두 번째 답변을 제시한다. 즉 무지의 장막으로부터 "불확실성하에서의 개인적 선택"이라는 하나의 명백하고도 단순한 모형이 도출될 수 있다는 것이다.151)

"여기서 나는 단지 우리가 어떤 이론을 갖게 되는 경우에 필요한 단순화 작업을 강조해야 된다는 대답만을 간단히 논하기로 한다. 우선 분명한 것은 당사자들 간의 차이점이 그들에게 알려져 있지 않으며 모두가 똑같이 합리적이고 비슷한 처지에 있기 때문에 누구나 동일한 논의를 수긍하게 된다는 점이다. 따라서 우리는 원초적 입장에서의 선택을 아무렇게나 선정된 한 사람의 관점에서 볼 수 있다."

롤즈는 따라서 이러한 방식을 통해서 원초적 입장에서 만장일치적 합의가 가능하게 된다고 생각한다.

원초적 입장에 부과되는 마지막 넷째 장치는 계약 당사자들의 합리성과 동기에 대한 결정이다. 원초적 입장에서는 무지의 장막이 한 개인의 가치 합리성(value-rationality), 즉 각 개인들의 독특한 가치관 혹은 선의 개념을 감추고 있으므로 도구적 자기 이익의 극대화라는 의미에서의 합리적 선택이 불가능한 것처럼 보인다. 다시 말하면, 각 개인들에게 주어진 가치와 목적이 알려지지 않았다면, 그들은 어떻게 어떤 정의관이 그들 자신의 이해관계에 가장 유익하고 적합한 것인지를 결정할 수 있을 것인가?152)

여기서 롤즈는 "선의 기초론(the thin theory of the good)"과 그에 따른 "사회적 기본가치(the primary social goods)"의 개념을 도입한다.153) 선의 기초론은 한 개인의 목적과 합리적 인생 계획이 무엇이든 간에 그것의 실현에 수단적으로 언제나 도움이 되는 어떤 사회적 기본가치가 존재한다는 것을 의미한다. 선의 기초론에 의거해서 "권리와 자유, 기회와 권한, 수입과 부, 자존감의 기반"이라는 사회적 기본가치가 등장하게 된다.154) 우리가 이미 제2장에서 논의한 것처럼, 롤즈는 자기 이익의 일관된 도구적 극대화라는 신고전학파 경제학의 합리성 개념을 수용하고 있다. 사회적 기본가치의 개념이 도입됨으로써 계약 당사자들의 합리성은 보다 구체적으로 "그들은 적은 것보다는 보다 많은 사회적 가치를 선호하게 될 것이다"로 규정된다.155) 이러한 사회적 기본가치는 계약 당사자들이 사회에서 가지게 될 "기대치의 근거(the basis of expectations)"로서 분배적 정의의 원칙이 적용되는 대상이 된다.156)

제2장에서 우리가 논의했던 합리적 선택이론에 관련된 또 한 가지 사항은 무지의 장막 혹은 불확실성의 선택 상황 아래서 효용의 극대화적인 합리성은 기대효용(expect-utility)의 극대화로 나타난다는 점이다. 롤즈는 자신의 사회적 기본가치론이 효용-선호 기대치(utility-preference expectation)의 측정과 개인 간 비교에 대한 실질적이고 신뢰할 만한 방법이 될 것이라고 생각하며, 또한 그러한 방법은 전통적인 효용이론, 특히 공리주의를 괴롭혀온 효용의 측정과 개인 간 비교에 관련된 이론 적용상의 난관을 해소할 수 있을 것으로 생각한다.157) 롤즈의 합리성에 대한 규정은 "통합적인 기대치와 확률의 객관적인 해석을 기반으로 목적에 대한 가장 효과적인 수단을 채택하는 것"이다.158)

합리성에 대한 이상과 같은 규정에 의거해서, 롤즈는 계약 당사자들의 동기가 "상호 무관심(mutual disinterestedness)"을 가진 것으로 가정한다. "계약 당사자들은 서로에게 이득을 주거나 해를 끼치지 않는다. 그들은 애정 혹은 원한에 의해서 행동하지 않는다. … 그들은 시기심을 가지고 있지도 않고 허영심도 없다."159) 계약 당사자들의 동기에 대한 이러한 가정은 정의의 여건에 관한 주관적 측면을 반영하고 있다. 여기서 우리는 롤즈가 인간의 동기에 관해서 극단적인 이타주의 혹은 이기주의를 피하고 중립적인 중도 노선을 취하려고 시도하고 있다는 점에 주목해야 한다.160) 롤즈의 이러한 시도는 기본적으로 중립적인 정의관에 대한 아르키메데스적 점을 찾으려는 자신의 궁극적 목표와 밀접하게 연관된다. 롤즈는 원초적 입장이 어떤 실질적인 가치나 동기에 호소하지 않고 가치중립적이고 도구적인 사회적 기본가치를 통해서 사회제도를 평가할 수 있는 아르키메데스적 점을 설정하기 위한 철학적 기제라는 것을 분명히 한다.161) 베네딕트 스피노자(Benedict de Spinoza)를 원용하여, 롤즈는 "이러한 [원초적 입장의] 관점으로부터 사회 속에서의 우리의 위치를 본다는 것은 영원의 상하(*sub specie aeternitatis*)에서 본다는 것이다"라고 말하고 있다.162)

원초적 입장에 대한 이상과 같은 조건들을 전반적으로 볼 때, 도덕성에 관한 롤즈의 합리적 연역 기획은 어떤 의미에서 매우 제한되고 운신의 폭이 좁은 것처럼 보인다. 그러나 롤즈 스스로는 원초적 입장이 "도덕 판단을 합리적 타산 판단"으로 대체한다고 보는데, 그 이유는 "사회계약론에서는 정의론이 합리적 선택이론의 일부이기 때문이다."163) 여기서 우리는 롤즈가 합리적 선택이론으로 의미하는 것이 정확히 무엇인가를 따져보아야 할 것이다. 롤즈는 "정의원칙은 합리적인 사람들에 의해서 선택될 원칙으로 간주될 수 있으며, 이러한 방식으로 정의관은 설명되고 정당화된다."164) 여기에 부가해서 그는 "사회계약 이론들의 절차는 정의의 비교 연구에 관한 하나의 일반적인 분석적 방법을 제공해준다"고 지적한다.165) 이러한 관점에서 그는 공정성으로서의 정의관을 "순수절차적 정의의 개념"과 연관시키는데, 왜냐하면 "공정한 절차는 그것의 공정성을 결과로 나타날 수 있도록 이전한다"는 점 때문이다.166)

아마도 직관주의자들을 제외하고는 그 누구도 하나의 분석적 혹은 설명적 도구로서 원초적 입장이 가진 유용성에 심각하게 반론을 제기하지는 않을 것이다.167) 그리고 특히 롤즈의 공정성으로서의 정의관이 순수절차적 정의가 아니고 하나의 정형적인 최종 결과적 절차주의(patterned, end-result proceduralism)라고 비판하는 로버트 노직(Robert Nozick)의 시장 절차주의(market proceduralism)와 비교해볼 때, 공정성으로서의 정의관이 순수절차적 정의라는 롤즈의 주장은 상당한 문제점을 가지고 있는 것이 사실이다.168) 그러나 여기서 우리의 주안점은 합리적인 정당화의 기제(rational justificatory device)로서 원초적 입장이다. 여기에 관련해서 롤즈는 다음과 같이 주장한다.169)

"만약 최초의 상황에서 합리적인 사람들이 정의의 역할로 보아 다른 정의관에 의거한 원칙들보다 어떤 정의관에 의거한 원칙들을 선택한다면, 그 정의관은 다른 정의관보다 더 합리적이거나 혹은 더 정당화 가능하다는 것은 명백한 일이다. … 이것으로 말미암아 정의론이 합리적 선택 이론과 연관된다."

그런데 롤즈는 정당화에 관련해서 또 다른 기제인 "반성적 평형상태 (reflective equilibrium)"를 언급하고 있는데, 이것은 한편으로는 숙고적 판단과 도덕원칙들 사이에서, 다른 한편으로는 최초의 상황인 원초적 입장의 조건들과 숙고적 판단들을 거친 도덕원칙들 사이에서 이룩된다.170) 그러나 데이비드 라이언스(David Lyons)가 지적한 것처럼, 계약론적인 합리적 정당화와 정합론적인 반성적 평형상태를 통한 정당화의 관계는 매우 논란의 여지가 많다.171) 한편으로 볼 때, 반성적 평형상태의 정당화가 주요한 것으로 계약론적인 합리적 정당화는 단순히 부차적인 확인 과정에 불과하다는 해석도 충분히 가능하다.172) 그러나 롤즈가 "나는 물론 실제로 이러한 [반성적 평형상태의] 과정을 거쳐서 작업하려는 것은 아니다"라고 발뺌을 한다는 점에서, 우리는 계약론적인 합리적 연역 기획이 독립적이고 주요한 것으로 간주할 수 있을 것이다.173) "왜냐하면 계약론에서 모든 논증은 엄밀히 말해서 원초적 입장에서 선택하는 것이 합리적인가에 의해서 이루어지기 때문이다."174) 이러한 해석은 롤즈가 자신의 정의의 두 원칙을 최소극대화 규칙(maximin rule)에 의해서 도출하고, 이러한 도출 과정을 "결정적 논증(a conclusive argument)" 혹은 "체계적 논증(systematic)"을 제시하는 것으로 간주하는 것에 의해서 더욱 확증된다.175) 그러면 왜 최소극대화 기준에 의거한 정의의 두 원칙 도출이 결정적인 논증이 되는지를 탐구해보기로 하자.

2) 정의의 두 원칙에 대한 최소극대화적 도출과 완전한 준수

원초적 입장에서 무지의 장막 아래에 놓여 있는 계약 당사자들의 선택 상황을 고려해보면, 롤즈의 합리적 선택이론과 관련된 선택 모형의 형식은 제2장에서 규정된 것처럼 "불확실성하에서의 개인적 선택"이 된다. 합리적 선택이론과 관련해볼 때, 분배적 정의의 문제는 사회적 선택 이론(집단 선택 이론, 공공 선택 이론) 아래 포섭되는 것이 상례이다. 노먼 다니엘스(Norman Daniels)가 옳게 지적한 것처럼, 롤즈의 사회계약론적 윤리학은 "정의원칙의 사회 선택이라는 비교적 복잡한 문제를 좀 더 쉽게 다룰 수 있는 정의원칙의 개인 선택의 문제로 환원시키는 구체적인 모형을 제시한다."176)

롤즈는 원초적 입장의 계약 당사자들에게 정의원칙의 여러 대안을 제시한다. 그 목록에는 롤즈 자신의 정의의 두 원칙과 목적론적 윤리설인 고전적 공리주의, 평균 공리주의, 완전주의, 그리고 직관주의(다원적 원칙들을 상황에 따라 직관으로 조정) 등이 포함된다.177) 주지하는 것과 같이, 불확실성하에서의 선택에는 다양한 운용 규칙과 기준이 있다.178) 그렇지만 롤즈는 "최소극대화 규칙(maximin rule)"에 의해서 대변되는 "보수적 태도를 취하는 것이 계약 당사자들에게 합리적이다"라고 주장한다. 최소극대화는 "최소 중의 최대(maximum minimorum)"를 의미하는데, 따라서 최소극대화 규칙은 가능한 대안들 중에서 그 각각이 초래할 최악의 결과들에서 가장 다행스러운 것을 선택하도록 한다.179) 롤즈가 인정하고 있는 것처럼, "물론 최소극대화 규칙은 일반적으로 볼 때 불확실성하에서의 선택을 위한 적절한 지침이 아니다."180) 왜냐하면, 최소극대화 규칙은 아주 소심한 사람이 받아들이는 극도의 보수적인 전략이기 때문이다. 그러나 롤즈는 "그것은 어떤 특정한 측면을 가진 상황에서는 매력적인 것이 될 수 있다"고 주장한다.181) 롤즈는 그러한 측면을 다음 세 가지로 제시한다.182) 첫째, "최소극대화 규칙은 가능한 상황이 일어날 확률을 고려하지 않으므로 제 상황은 그것이 일어날 가능성을 알 수 없거나 극히 불확실한 것이어야만 한다." 둘째, "계약 당사자는 최소극대화 규칙에 따름으로써 확보할 수 있는 최소한의 생활수준 이상의 이득에 대해서는 별다른 관심이 없는 그러한 가치관을 가지고 있다." 셋째, "거부된 다른 대안들은 거의 받아들일 수 없는 결과를 가지고 있다."

그렇다면 롤즈의 다음 과제는 원초적 입장이 이러한 특징을 가지고 있다는 것을 입증하는 일이다.183) (1) 무지의 장막에 의해서 확률에 대한 지식은 배제된다. 이러한 확률에 대한 지식 배제는 특히 평균 공리주의를 배제하는 근거가 된다.184) (2) 정의의 두 원칙은 "만족스러운 최소치(a satisfactory minimum)"를 보장한다. 이러한 주장은 자유의 우선성과 두 원칙의 축차적 서열을 감안한다면 결정적으로 유리한 것이 된다.185) 왜냐하면 자유의 우선성이 함축하는 것은 원초적 입장에서 계약 당사자는 평등한 자유를 희생하고서 더 큰 경제적, 사회적 이익을 얻으려는 욕구를 가지지 않기 때문이다. (3) 계약 당사자는 다른 정의관에 의해서는 견디기 어려운 제도가 생길 수 있다고 생각한다. 예를 들어 공리주의는 전체 공리주의이든지 평균 공리주의이든지, 보다 큰 사회적 이득을 위해서는 노예제도까지는 아니더라도 상당한 정도의 자유의 침해를 정당화하기 때문이다. 즉 공리주의는 최소수혜자의 기대치의 증가와 관계없이 전체 혹은 평균 공리의 증가를 도모할 수 있으므로 만족스러운 최소치를 안정적으로 확보해줄 수 없는 것이다.186)

원초적 입장에서 롤즈의 이러한 최소극대화 규칙에 의거한 논증이 의미하는 것은 사회적 기본가치를 추구할 때 계약 당사자들은 최소수혜자의 입장에서 다양한 대안들을 평가한다는 것이다. 롤즈는 원초적 입장에서의 이러한 평가를 통해 자신의 정의의 두 원칙이 전통적인 대안들, 특히 공리주의 원칙들을 제치고 계약 당사자들에 의해서 채택될 것이라고 주장한다.187) 우리는 여기서 롤즈가 이미 언급한 것처럼 최소극대화 규칙을 통한 이러한 논증을 "결정적 논증"이며 "체계적 논증"이라고 간주하는 이유를 파악할 수 있을 것이다.188)

원초적 입장은 최소극대화 규칙이 적용되기에 적합한 특징을 가지고 있다는 롤즈의 주장이 자신의 정의의 두 원칙의 도출에 구체적으로 어떻게 연관되는지를 상세히 밝힐 필요가 있다. 롤즈는 우선 자유롭고 평등하고 합리적인 존재인 원초적 입장의 계약 당사자들은 사회적 기본가치들의 분배원칙을 정함에 있어서 우선 평등을 생각하리라고 본다. 그러나 롤즈는 모든 사회적 기본가치들에 대한 엄정한 균등 분배가 어떤 불평등을 받아들임으로써 모든 사람의 처지를 개선할 수 있는 가능성이 있다는 점에서 불합리한 것이라고 주장한다.189) 그러한 가능성은 협동적 잉여(cooperative surplus)의 증대와 관련이 있다. 다시 말하면, 불평등은 협동적 잉여에 대한 기여를 전제로 허용되는 것이다. 따라서 모든 사람의 이득을 증진시키는 기여에 대한 보답으로서의 불평등은 정당화될 수 있는 불평등이 된다.190) 이러한 불평등은 "더 큰 생산적 노력을 이끌어내는 데 필요한 유인(incentives)"으로 작용한다.191) "불평등한 분배적 몫의 기능은 훈련과 교육의 비용을 부담하고 개인들을 사회적 관점에서 보아 가장 필요한 장소와 집단으로 유인하려는 것이다."192)

생산에 대한 유인 혹은 협동적 잉여의 증대를 위한 불평등은 부정의한 것이 아니라는 롤즈의 주장은 기본적으로 업적주의적 사회(meritocratic society)에 대한 전통적 신념과 일치하고 있다.193) 또한 롤즈의 불평등한 분배적 몫을 통한 효율적인 자원 배분에 대한 이러한 주장은 경제학에서의 파레토 효율성(Pareto efficiency) 혹은 최적성(optimality)의 개념을 반영하고 있다. 그러한 개념에 의거하면, 어떤 한 사회적 상태는 어느 누구도 더 나쁘게 하지 않으면서 적어도 어떤 한 사람을 더 좋게할 수 없을 때 파레토 효율성과 최적성이 달성된 것이다. 바꾸어 말하면 어느 누구도 더 나쁘게 하지 않으면서 적어도 어떤 한 사람을 더 좋게할 수 있는 사회적 변화가 있다면, 그것은 파레토 개선(Pareto improvement)으로서 더 효율적이고 최적적인 상태로의 변화, 즉 파레토 열위 (Pareto inferior)에서 파레토 우위(Pareto superior)로 이행되는 것이다.194) 그러나 우리가 논의하게 될 것처럼, 롤즈의 정의의 두 원칙은 기본적 필요에의 고려와 그에 따른 최소수혜자를 위한 재분배를 규정하므로 효율적인 업적주의적 정의관과 파레토 효율성에 대한 중대한 제약을 부과하게 된다.195)

불평등이 용인되는 조건 속에서 계약 당사자들이 최소극대화 규칙을 따른다는 것은 "최소수혜자 대표인의 관점에서" 불평등한 분배 체제를 바라본다는 것을 의미한다.196) 보다 정확하게 말하면, "불평등이란 최소수혜자 집단의 장기적인 기대치를 극대화하거나 적어도 그에 기여할 경우에 허용할 수가 있다"는 것이다.197) 이러한 추론을 거쳐 롤즈는 "일반적 정의관(the general conception of justice)"에 이르게 된다.198) 이러한 일반적 정의관은 최종적인 정의관은 아니고 최종적인 정의관에 이르게 되는 초기 과정에서 등장하는 임시적 정의관이다. 일반적 정의관은 비이상적인 이론으로서 부분적 준수론에 속하는데, 한 사회의 경제적 수준이 자유를 더 큰 경제적 이득과 바꾸지 않는 상태에 도달하지 않은 덜 유리한 조건에서만 인정된다.199) 일반적 정의관은 정의의 원칙들이 최종적으로 서술되는 『정의론』 46절에 등장한다. 그러나 롤즈는 『정의론』 개정판에서 일반적 정의관을 정의의 원칙들이 최종적으로 서술되는 46절에서 삭제한다.200)

일반적 정의관

"모든 사회적 기본가치들, 즉 자유와 기회, 소득과 부, 그리고 자존감의 기반은 이러한 가치들의 일부 혹은 전부의 불평등한 분배가 최소수혜자의 이득이 되지 않는 한 평등하게 분배되어야 한다."

롤즈의 정의의 두 원칙은 이러한 일반적 정의관의 특수한 사례이다.

일반적 정의관에서는 허용될 불평등의 종류에 대한 규제가 없다. 따라서 원리적으로 볼 때 노예제도도 최소수혜자에게 이득이 된다면 허용될 수 있게 된다. 보다 온건한 예는 더 적은 자유가 더 큰 경제적, 사회적 이득을 위해서 교환되고, 그것이 용인되는 비우호적인 경제적 조건 아래서의 경우이다.201) 사회적 기본가치들 사이의 이러한 종류의 교환 가능성을 배제하기 위해서 롤즈는 그것들 사이의 우선성의 문제에 주목한다. 롤즈의 정의의 두 원칙은 특수적 정의관(the special conception)으로서 우호적인 경제적 조건 아래서의 그러한 우선성을 명시하고 있는 일련의 축차적 순서를 가진 원칙이다.202)

특수적 정의관

"제1원칙 : 각자는 모든 사람의 유사한 자유의 체계와 양립 가능한 평등한 기본적 자유의 가장 광범위한 전체 체계에 대한 평등한 권리를 가져야 한다."

"제2원칙 : 사회적, 경제적 불평등은 다음 두 가지, 즉

(a) 그것이 정의로운 저축의 원칙과 양립하면서, 최소수혜자에게 최대 이득이 되고,

(b) 공정한 기회 균등의 조건 아래 모든 사람에게 개방된 직책과 직위에 결부되도록 배정되어야 한다."

특수적 정의관으로서 정의의 두 원칙은 실제로 4개의 원칙들로 구성되어 있다. 제1원칙은 "최대의 평등한 자유의 원칙(the principle of greatest equal liberty)"이다. 제2원칙은 "차등의 원칙(the difference principle)"과 "공정한 기회 균등의 원칙(the principle of fair equality of opportunity)"이다. 차등의 원칙에 결부된 원칙은 "정의로운 저축의 원칙(the just savings principle)"이다. 정의로운 저축의 원칙은 세대 간 정의 문제와 환경 문제에서 다음 세대에게 물려줄 자연적, 사회적 자원과

자산을 규정한다.203) 이러한 원칙들은 두 가지의 우선성 규칙에 따라서 축차적으로 배열되어 있다. 제1우선성 규칙은 "자유의 우선성"으로서, 제1원칙이 제2원칙보다 우선한다는 것이다. 제2우선성 규칙은 제2원칙 중 공정한 기회 균등의 원칙은 차등의 원칙에 우선해야 하며, 제2원칙 은 총체적으로 효율성의 원칙이나 이득 총량의 극대화 원칙에 우선해야 한다는 "효율성과 복지에 대한 정의의 우선성"을 규정한다.204)

최대의 평등한 자유의 원칙에 관련된 가장 중요한 문제는 다른 경제 적, 사회적 기본가치들에 대한 자유의 우선성을 계약 당사자들이 지닌 합리성의 개념적 규정에 의거해서 어떻게 입증할 수 있는가 하는 점이 다. 롤즈는 계약 당사자들이 "적어도 일정 수준의 부가 획득된 이후에 는" 경제적 복지의 증진과 더 적은 자유를 바꾸지 않을 것이라고 주장 한다.205) 롤즈는 이러한 사회적 상황을 "합당하게 우호적인 조건들 (reasonably favorable conditions)"이라고 지칭한다.206) 이러한 지칭의 관점에서 롤즈의 최대의 평등한 자유의 원칙은 다음과 같이 한 사회의 역사적 상황을 반영하고 있다.207)

"자유 우선성의 근거는 대체로 다음과 같은 것인데, 즉 문명의 상태가 향상됨에 따라 더 이상의 경제적, 사회적 이득이 우리의 선(가치)에 있 어서 갖게 될 한계 의의(marginal significance)는 자유에 대한 관심에 비해 상대적으로 줄어들 것이며, 자유에의 관심은 동등한 자유의 행사를 위한 여건이 보다 충분히 실현됨에 따라 강화된다는 것이다. 일정한 지 점을 넘어설 경우, 보다 큰 물질적 수단과 직책의 쾌적함을 위해서 보다 적은 자유를 받아들인다는 것은 불합리하게 되며 계속 그러한 상태로 남게 된다."

롤즈가 여기서 말하고 있는 한계 의의 혹은 한계 비중은 공리주의의 한계효용체감의 법칙(the principle of diminishing marginal utility)에 호소하고 있는 것이다. 즉 자유의 가치와 사회적, 경제적 이득의 가치는 상이한 한계효용체감에 의해서 비교될 수 있다는 것이다. 즉 일정한 수준의 경제발전이 달성된 이후에는 자유의 한계효용은 증가하는 반면 사회적, 경제적 이득의 한계효용은 감소할 것이라는 것이다. 전통적으로 신고전 경제학파는 한계효용의 개념을 통해서 가치를 설명함으로써 마르크스의 노동가치설을 대체하게 되어 경제학사에서 "한계 혁명(marginalist revolution)"을 이룩한 것으로 평가되어왔다. 그리고 합리적 경제인간은 재화에 대한 체감하는 한계효용함수를 가진 것으로 가정되어왔다.208)

그러나 롤즈는 나중에 자유의 우선성에 대한 공리주의적 해명을 철회하고 그러한 해명이 오류였다고 다음과 같이 자인하게 된다.209)

"기본적 자유와 그 우선성을 고찰한 근거들은 『정의론』에서 끌어내어 발전시킨 생각들임에도 불구하고, 『정의론』에서는 이들 논의를 종합적으로 고찰하는 데 실패했다(failed to bring them together in that work). 나아가서, 이 자유의 우선성을 옹호하기 위해 제시된 근거들이 충분하지 못했으며, 때로는 내가 의도하고자 했던 주장들과 괴리되기도 했다."

불충분한 근거들과 기존의 주장들과의 괴리는 다음과 같다.210)

"[『정의론』에서는 자유의 우선성에 관한] 두 가지 주요 오류(errors)가 있었다. 첫째, 가장 중요한 근거들을 명확하게 설명하지 못했다. 둘째, … 기본적 자유에 대한 우리의 관심에 상대적인 경제적 및 사회적 이익의 한계 의의[비중] 체감의 개념을 사용하지 말았어야 했다. … 여기서 사용한 한계 의의라는 개념은 … 이익의 위계질서(a hierarchy of interest)라는 개념과는 양립할 수 없는 것이다. 칸트적 시각에서 볼 때 요구되는 것은 자유롭고 평등한 인격체로서의 특정한 인간관에 기초하고 있는 바로 이 후자의 개념이라고 하겠다."

롤즈는 첫째 오류에 관련하여 자유의 우선성에 대한 가장 중요한 근 거를 다음과 같이 적시한다.211) 첫째, 비록 계약 당사자들이 무지의 장 막에 가려 각자의 합리적 인생 계획에 대한 구체적인 내용을 모른다고 하더라도 그들은 자유롭고 평등한 도덕적 인격체로서 각자의 인생 계획 과 근본적 목적들과 이해 관심들에 대한 실현을 보장하기 위해서 "양심 과 사상의 자유"에 우선성을 둔다는 것이다. 둘째, 어느 정도의 사회적, 경제적 불평등에도 불구하고 가장 중요한 사회적 기본가치인 자존감 (self-respect)은 기본적인 권리와 자유의 평등한 분배를 통해서 확고하 게 유지될 수 있다는 것이다.

롤즈는 둘째 오류에 관련하여 자유의 우선성에 대한 공리주의적인 한 계 의의[비중] 체감의 법칙을 버리고 자유의 우선성의 근거를 자유주의 적인 철학적 이상(idea)인 칸트적인 인간관에 직접적으로 호소하게 된 다.212) 이러한 칸트적인 인간은 자유롭고 평등한 도덕적 인격체로서 "이해 관심들의 특정한 서열(a certain hierarchy of interests)"에 의해 움직인다. 종속적인 이해 관심인 사회적, 경제적 욕구들이 충족되는 우 호적인 여건 아래에서는 자유의 우선성에 의해서 보장되는 최고차적인 이해 관심은 두 가지 방식으로 발현된다. 우선 계약 당사자들은 자유의 우선성에 의해서 보장되는 합리성에 관한 최고차적인 이해 관심과 근본 적 목적들을 실현한다. 그러나 이러한 실현은 합당성에 관한 최고차적 인 이해 관심인 정의감의 발현에 의해서 제약된다.213) 그러면 이어서 차등의 원칙에 대한 문제를 살펴보기로 하자.

롤즈의 차등의 원칙은 분배적 정의의 본원적 영역인 사회적, 경제적 인 협동적 잉여의 분배에 대한 실질적 분배 원칙으로 제시된 것이다. 일 반적 정의관에서는 모든 사회적 기본가치들에 대해서 공히 차등의 원칙 이 적용되는 것이라면, 특수적 정의관에서의 차등의 원칙은 제1원칙의 관할 아래 있는 주요한 자유와 권리, 그리고 자존감을 제외한 사회적, 경제적 기본가치들, 즉 기회와 권한, 소득과 부의 분배에 관한 최소극대화적 해법(the maximin solution)으로 적용되는 셈이다. 그런데 사회적, 경제적 기본가치들에 대해서도 "공정한 기회균등의 원칙"과 "차등의 원칙" 사이의 역할 분담이 있다. 공정한 기회균등의 원칙은 공적인 지위에 결부된 권한과 기회, 그리고 교육제도를 포함한 다양한 사회적, 경제적 제도에의 참여에 결부된 이득에 대한 통제를 행사한다. 따라서 공정한 기회균등의 원칙은 "사회적 직위들이 형식적인 의미에서뿐만 아니라 모든 사람들이 그것들을 획득하는 공정한 기회를 가져야 한다"는 의미를 함축하고 있다. 즉 "유사한 능력과 자질을 가진 사람들은 유사한 인생의 기회를 가져야만 한다"는 것이다.214)

> "더욱 분명하게 말하면, 천부적인 자질의 분배가 있다고 가정할 경우 동일한 재능과 능력의 수준에 있는 사람들로서 그것을 사용할 동일한 의향을 가지고 있다면 사회 체제 내에서 그들의 최초의 지위, 다시 말하면 그들이 태어난 소득 계층에 관계없이 동일한 성공의 전망을 가져야 한다는 것이다."

그러나 롤즈가 인정하고 있는 것처럼, "기회의 완전한 평등"은 적어도 가족제도가 있는 한 실질적으로 달성될 수 없다.215) 여기서 주목할 만한 것은 롤즈가 플라톤이나 공산주의처럼 가족제도의 철폐를 추구하지 않는다는 것이다.216) 오히려 그는 차등의 원칙의 광범위하고 철저한 적용을 통해서 사회적 불평등의 허용 근거를 재규정하려고 한다. 이것이 의미하는 것은, 비록 이론적으로 공정한 기회균등의 원칙이 차등의 원칙에 선행하기는 하지만, 기회균등의 원칙의 완전한 실현은 실질적으로 차등의 원칙에 달려 있다는 것이다.

이러한 관점에서 차등의 원칙은 "보상의 원칙(the principle of redress)"의 측면을 가지게 된다. 즉 차등의 원칙은 자연적 자질의 개인적 차이와 이러한 개인적 자질 차이의 사회적, 경제적 영향에 대하여 교정 혹은 보상의 역할을 하게 된다.217) 따라서 롤즈는 개인의 자연적인 재능과 자질과 사회적으로 획득된 재능과 자질을 모두 공동적, 사회적, 혹은 집단적 자산(a common, social, collective asset)으로 간주하기에 이르게 된다.218) 공동적 자산이라는 개념에 의해서 지지된 보상의 개념은 수입과 부 등 경제적 재화에 대한 광범위한 평등주의적 재분배를 함축하게 된다.

그러나 여기서 우리가 유의해야 할 점은 롤즈가 최소수혜자들을 위한 사회적 최소치의 무분별한 극대화를 위해서 경제체제의 효율성을 희생시키려고는 하지 않는다는 것이다. 이러한 관점에서 롤즈는 "하나의 적절한 사회적 최소치(an appropriate social minimum)"라는 기준을 제시한다.219) 경제학 용어로 표현하면, 적절한 사회적 최소치의 수준은 복지이양금을 위한 과도한 과세 부담으로 말미암아 "경제적 효율성이 훼손되어 … 더 이상 최소수혜자의 전망이 증진되지 않고 하강하기 시작할 때" 달성된 것이다.220) 롤즈는 여기서 차등의 원칙을 "축차적 사회복지 함수(a lexical welfare function)"로 재구성한다.221)

축차적 차등의 원칙

"즉 n명의 합당한 대표인들을 가진 기본 구조에 있어서 첫 번째는 최소 수혜자 대표인의 복지를 극대화해주고, 두 번째는 최소수혜자와 동등한 복지가 되도록 끝에서 두 번째 최소수혜자의 복지를 극대화하는 그런 식으로 해서 드디어 마지막 경우에는 선행한 n-1의 모든 대표인들과 동등한 복지가 되도록 최대수혜자의 복지를 극대화한다."

롤즈는 이상과 같은 축차적 차등의 원칙을 경제적 계층 간의 연쇄 관계(chain connection)와 긴밀한 관련성(close-knitness)이 실패하는 경우에만 적용하고 있다. 즉 최대수혜자의 기대치에 대한 변화가 다른 이들에게는 이익을 줄지 모르나 최소수혜자에게 이득이 되지 않는 경우를 생각해볼 수 있다.222) 이러한 경우 축차적 차등의 원칙은 최소수혜자뿐만이 아니라 나머지 모든 경제적 계층들에 대한 이익, 즉 모든 사람들에게 이득이 되도록 경제적 불평등이 조정되어야 한다는 것을 명시한다.223) 그러나 롤즈는 이러한 복잡한 축차적 차등의 원칙 대신에 특수적 정의관에서의 제2원칙, (a), 즉 "제2원칙 : 사회적, 경제적 불평등은 … (a) … 최소수혜자에게 최대 이득이 … 되도록 배정되어야 한다"는 단순한 형식을 항상 사용하고 있는 것이 사실이다.224) 또한 롤즈는 자신의 민주주의적 평등 사회의 기본 구조에서 축차적 차등의 원칙이 실제적으로 적용되는 상황은 발생하지 않는다고 주장하는데, 그 이유는 기본 구조에서 상층부와 하층부의 연쇄 관계와 긴밀한 관련성으로 말미암아 "보다 유리한 사람들에 대한 더 큰 잠재적 이익이 상당할 경우, 불리한 사람들의 상황 또한 개선될 수 있는 어떤 길이 분명히 있기 때문이다."225)

그러나 이러한 일반적인 최소극대화적 사회복지함수로서의 축차적 차등의 원칙(the lexical difference principle)은 우리가 제2장에서 논의했던 애로우의 불가능성 정리에 대한 롤즈의 해결책으로 간주될 수 있을 것이다. 물론 정의론과 사회적 선택이론의 영역에서 롤즈의 최소극대화적 사회복지함수가 과연 현실적 실행 가능성을 지녔는가에 대한 논의가 분분하고 있는 것은 사실이다.226) 공리주의적 복지윤리를 신봉하고 있는 애로우는 롤즈의 축차적 차등의 원칙이 자신의 불가능성 정리에 대한 해결책이라고는 생각하지 않는다. 그러나 애로우는 형식적인 관점에서 볼 때 사회계약론적인 가상적 사고 실험, 혹은 자신의 용어로 "확장된 동정심(extended sympathy)", 혹은 사회 구성원들 모두가 어떤 대안들의 선호 순서를 받아들일 수 있는 "공동 서수적(co-ordinal)" 기제, 즉 롤즈의 경우 무지의 장막이 드리워진 원초적 입장을 통해서 어떤 해결책을 기대해볼 수 있다는 것은 기본적으로 인정하고 있다.227)

롤즈는 자신의 이러한 정의의 두 원칙을, 사회제도를 평가하고 사회변동의 전체적인 방향을 지도해줄 "아르키메데스적 점(Archimedean point)"으로 간주한다.228) "물론 주어진 시대에 있어서 요구되는 변화의 폭이나 특정한 개혁은 그 시대의 현존 여건에 달려 있다"는 것은 틀림이 없지만 "정의로운 사회의 일반적 형태는 그와 같은 식으로는 좌우되지 않는다"는 것이다.229) 그런데 롤즈는 자기의 정의론이 어떠한 형태의 경제체제도 옹호하지 않는다고 주장한다. 그러나 그는 사유재산권을 가장 중요한 기본적 자유에 대한 권리 속에 넣고 있으며, 최소수혜자의 최대 이익은 결국 복지 이양금에 의해서 보장하고 있다.230) 이것은 전통적으로 자유경쟁적 시장체제에서 분배에 대한 유일한 기준으로 간주되어온 생산에 대한 기여는 최소수혜자의 기본적 요구와 적절한 수준의 복리에 의해서 조정되어야 한다는 것을 의미한다. 이렇게 본다면 롤즈의 정의론은 경제적 재분배를 기조로 하는 자유주의적 복지국가의 이념을 제시한 것으로 생각된다.231)

그러면 롤즈는 사회계약론적 합의의 결과인 정의의 두 원칙의 준수에 대해서 어떠한 논의를 제공하고 있는가를 살펴보자. 롤즈의 정의론은 기본적으로 완전히 정의로운 사회인 "질서정연한 사회(well-ordered society)"를 배경으로 전개된다. 『정의론』 서두에서 롤즈는 "완전히 정의로운 사회의 본성과 목표는 정의론의 기본적인 부분이다"고 밝히고 있다.232) 이러한 기본적인 부분은 하나의 이상론(ideal theory)으로서 완전한 준수론(strict compliance theory)을 가정한다. 즉 "모든 사람들이 정의롭게 행동하고 정의로운 제도를 유지하기 위해 각자의 역할을 다하는 것으로 가정한다."233) 대비적으로, 비이상론은 "부정의를 다루는 방식을 규제하는 원칙들을 탐구"하는 부분적 준수론(partial compliance theory)을 대상으로 한다.234) 부분적 준수론은 처벌, 시민불복종, 혁명, 그리고 보상적 정의의 문제 등을 다룬다. 이미 언급한 것처럼 이상론은 질서정연한 사회를 배경으로 하고 있는데, "어떤 사회가 그 성원들의 선을 증진해줄 뿐만 아니라 공공적 정의관에 의해서 효율적으로 규제되는 경우 그 사회를 질서정연한 사회라고 한다."235) "따라서 그러한 사회는 모든 사람들이 타인들도 동일한 정의의 원칙들을 받아들이리라는 것을 인정하고 또한 알고 있는 사회이며, 사회의 기본적인 제도들이 그러한 원칙들을 만족시키고 있으며 또한 만족시킨다는 것이 알려져 있는 사회이다."236)

롤즈의 공정성으로서의 정의관이 채택한 완전한 준수론은 이러한 질서정연한 사회의 이상에 의거하여 구성된 것이다. 따라서 원초적 입장에서 "정의의 원칙은 모든 사람이 그 원칙을 준수했을 때의 결과에 비추어서 선택된다." 혹은 "계약 당사자들은 모든 사람이 정의의 원칙을 준수할 것으로 가정한다."237) 자신의 사회계약론적 정의론을 완결 짓기 위해서 롤즈에게 남은 과제는 무지의 장막이 내려진 원초적 입장에서 합리적 인간들에 의해서 선택된 것이 무지의 장막이 걷힌 이후에도 여전히 합리적인 것으로 수용될 수 있다는 것을 입증하는 것이다. 무지의 장막이 걷힌 이후 전개되는 완전한 준수론은 "공약의 부담(the strains of commitment)"과 "안정성의 문제(the problem of stability)"와 관련되어 있다.238) 공약의 부담이 의미하는 것은 계약 당사자들이 무지의 장막이 걷힌 뒤에 받아들일 수 없는 결과를 가지게 될 계약에는 합의할 수 없다는 것이다. 이러한 관점은 롤즈가 공리주의를 거부하는 한 근거로서 제시된다. 공리주의 원칙은 "이미 보다 더 운이 좋을지 모르는 타인들의 보다 큰 행복을 위하여 일부의 사람들이 보다 적은 복리와 자유를 갖는 것을 허용할 수도 있다"는 부담 때문에 "합리적인 사람들은 자신의 계획을 세움에 있어서 그와 같은 절박한 원칙에 우선권을 주기를 주저할 것이다."239)

안정성의 문제는 정의로운 사회체제가 안정성을 갖느냐 하는 문제이다. 즉 "사회협동체제는 안정된 것이어야 하는데, 그것은 지속적인 호응을 받는 동시에 그 기본 규칙들은 기꺼이 준수되어야 한다. 그리고 위반이 생길 경우에는 더 이상의 탈선을 예방하고 그 체제를 복구하려는 안정 세력이 존재해야 한다"는 것이다.240) 안정성의 문제는 따라서 무임승차자의 문제와 직접적으로 관련되어 있다. 롤즈는 "원초적 입장에서 정의의 원칙들을 선택하는 합리성은 의심의 여지가 없다"고 말하면서 질서정연한 사회에서는 "[무임승차자의 문제를 야기하는] 고립의 문제가 극복되고 공공선을 산출하기 위해서 대규모의 공정한 체제가 이미 존재한다"고 지적한다.241) 그러나 "불안정으로 나아가는 두 가지 종류의 경향이 여전히 존재한다."242) 첫 번째 불안정성은 무임승차자의 이기심의 경향으로부터 나온다. 일상생활에서 "이기적인 관점에서 각자는 자산의 본분을 회피하려는 경향을 갖는다. 그는 어떤 경우에도 공공선의 혜택을 받게 될 것이다."243) "이러한 경우에 어쨌든 마치 무임승차 자식의 이기주의가 용인되는 것처럼 사태가 진전될 것이다."244) 두 번째 불안정성은 확신의 문제(assurance problem)로부터 온다. 즉 확신의 문제의 요지는 "협동하는 당사자들에 공통의 합의가 수행되고 있음을 확신시키기 위함이다. 기여하고자 하는 각 사람의 의욕은 타인들의 기여에 달려 있다."245) 따라서 협동하는 당사자들이 정의감을 갖는 경우에도 "사람들이 협동체에 따르는 것은 타인들도 그들의 본분을 다하리라는 믿음에 입각해 있으므로 시민들은 타인들이 자신의 본분을 다하지 않으리라고 생각하거나 의심하는 것이 합당한 경우 기여하는 행위를 회피하는 경향을 가질 수 있다."246)

안정성의 문제를 해결하기 위해서 롤즈는 도덕감정론과 정의와 선의 합치(congruence)를 추구한다. 『정의론』 9절 "도덕론에 대한 몇 가지 제언(Some Remarks about Moral Theory)"에서 롤즈는 자신의 정의론이 "우리의 도덕적 능력, 혹은 더 특수하게 말하면 우리의 정의감을 규제해줄 원칙들을 제시할 (18세기적인 명칭으로 말해서) 도덕감(moral sentiment)에 관한 이론이다"라는 점에 주목하고 있다.247) 또한 롤즈는 『정의론』 제3부 "목적론(Ends)"에서 "정의와 선은 합치한다"고 주장하고, 제3부의 "중심 의도는 안정성과 합치성의 문제를 해결하기 위한 방도를 마련하는 데 있다”는 것을 밝히고 있다.248) 여기에 관련해서 많은 해설가들은 롤즈의 이러한 합치성 기획은 일종의 플라톤적인 정합론이라는 것을 지적하고 있다.249) 기게스(Gyges)가 우연히 갖게 된, 몸이 보이지 않은 반지를 부도덕하게 사용하여 왕이 되었다는 일화는 플라톤이 개진한 정의와 선의 정합성에 대한 중대한 도전이 되는 것처럼, 자기 이익을 추구하는 합리적인 무임승차자는 롤즈의 안정성의 문제에 심각한 도전이 된다.250) 롤즈는 종국적으로 『정의론』 86절 “정의감은 선인가(The Good of the Sense of Justice)”에서 도덕감정론과 플라톤적인 정합론을 결합하여 안정성의 문제에 대한 해결을 구체적으로 시도하고 있다.

따라서 롤즈가 해결하려고 하는 “문제는 정의의 관점[정의감]을 채택하고자 하는 규제적인 요구가 정보에 대한 아무런 제한을 두지 않을 경우에도 선의 기초론에 비추어 봐서 우리 자신의 선에 속할 것이냐는 점이다.”251) 롤즈는 우리 스스로가 그러한 정의감을 갖지 않는다면 우리는 질서정연한 사회에서 선의 달성을 완전히 공유할 수 없다고 주장한다. 따라서 그러한 정의감에 따라 행동하려는 욕구는, 칸트적 해석에 따르면 우리 자신을 “자유롭고 합리적인 도덕적 인간”으로 간주하게 되므로, 우리 자신의 도덕적 본성을 표현하려는 직접적인 욕구가 된다는 것이다.252) 이러한 관점에서 롤즈는 다음과 같이 주장한다. “공정성으로서의 정의관은 충분히 안정된 관념으로 나타나게 된다. 일반화된 수인의 딜레마[무임승차자의 문제]가 갖는 위험은 정당성과 선의 합치에 의해서 제거된다.”253)

이미 우리가 다루었던 강제(coercion)에 대한 홉스적인 문제에 관련해서 롤즈는 “물론 보통의 여건 아래서는 공공적인 인지와 신뢰가 언제나 불안전하다. 그래서 정의로운 사회에 있어서도 준수를 보장하기 위해 일정한 강제 체제를 받아들이는 것은 합당하지만 그 주요 목적은 시민 상호 간의 신뢰를 보장하는 데 있다”는 것을 인정한다. 그러나 롤즈는 질서정연한 사회에서 "그러한 체제에 의거하는 일은 드물 것이며 그 것은 사회체제의 작은 부분을 차지하게 될 것이다"라고 주장한다.254) 그래서 롤즈의 질서정연한 사회에서는 모든 사람이 정의감을 소유한 자 유롭고 평등한 도덕적 존재로서 나타남으로써 정의와 선은 정합하며 정 의의 두 원칙에 대한 준수는 철저하게 보장된다. 이러한 논의를 롤즈는 다음과 같이 일목요연하게 잘 요약하고 있다.255)

"먼저 우리가 말할 수 있는 바는, 질서정연한 사회에서 선한 사람이 된 다는 것(그리고 특히 효력 있는 정의감을 갖는다는 것)은 사실상 그 사 람에게 선이 된다는 것, 그리고 둘째로 이러한 형태의 사회는 선한 사회 라는 점이다. 첫 번째 주장은 합치로부터 결과되며, 두 번째 주장이 타 당한 이유는 질서정연한 사회란, 두 가지 적절한 관점에서 보아 사회에 대해 원하는 것이 합리적인 그러한 성질을 갖기 때문이다. 그래서 질서 정연한 사회는 원초적 입장에서 보아 전체적으로 합리적인 정의의 원칙 을 만족시키며, 또한 개인의 관점에서 보아 자신의 인생 계획을 규제하 는 것으로서, 공공적인 정의관을 받아들이려는 욕구는 합리적인 선택의 원칙에 부합된다는 것이다."

롤즈는 "이상의 결론은 공동체의 가치를 지지해주며 그러한 결론에 도달함으로써 공정성으로서의 정의관에 대한 나의 입장이 완전하게 되 는 것이다"라고 밝힌다.256)

3) 사회계약론적 윤리학의 딜레마와 그 두 번째 뿔로서의 롤즈의 윤리학과 공리주의와 자유지상주의적 합리성과의 비교적 고찰

우리가 이미 1절과 2절 1)항에서 고찰한 것과 같이, 무지의 장막이 설정된 원초적 입장이라는 롤즈의 합리성 겸 공정성(rationality *cum* fairness) 모형은 사회계약론적 윤리학의 첫 번째 뿔, 즉 홉스의 합리적 연역 기획의 도덕적 부적절성(moral irrelevancy)을 교정하기 위해서 안출된 것이다. 그러나 롤즈의 윤리학의 문제는 그의 공정성의 정의관이 합리성의 관점에서 볼 때 너무나 확장된 것이어서 사회계약론적 윤리학의 두 번째 뿔인 합리성에 선행하는 도덕적 가정의 순환성(the circularity of moral assumptions prior to rationality)에 봉착한다는 것이다.

여기서 주목할 만한 사실은 롤즈 자신도 이러한 문제를 인식하고 있었으며 실제로 그는 사회계약론적 윤리학의 두 번째 딜레마를 피해 가려고 노력했다는 점이다. 그러나 우리가 곧 알게 될 것이지만 롤즈는 이러한 문제를 충실하게 다루지는 못했다. 롤즈는 원초적 입장에서 합리성의 도구적 개념을 논하면서 "우리는 합리성의 개념 속에 논란의 여지가 있는 어떠한 윤리적 요소들을 도입하는 것을 회피하도록 노력해야만 한다"고 명백히 밝힌 바 있다.257) 그리고 『정의론』의 마지막 87절인 "정당화에 대한 결어"에서 롤즈는 자신의 입장을 다음과 같이 요약한다. "나는 계약 당사자들에게 어떤 윤리적 동기를 부여하기를 피해왔다. 그들은 자신들이 확인할 수 있는 한에서 자기의 이득을 가장 잘 달성해줄 것으로 계산되는 바에 기초해서만 결정을 내린다."258) 이러한 방식으로 "정의론은 합리적 선택이론의 일부분, 아마도 가장 중요한 일부분이 된다."259)

합리성의 중립적이고 도구적인 극대화 개념을 수용하고 있는 롤즈의 의도는 도구적 합리성의 기본적 가정들과 그것들이 의거해서 도출되는 상호 무관심한 동기의 가정이 사회계약론적 윤리학을 약한 전제조건만을 가지게 한다는 점이다. "우리는 널리 수용되고 있지만 약한 전제들로부터 특정한 결론이 도출된다는 것을 논증할 것이다."260) 따라서 롤즈는 로데릭 퍼스(Roderick Firth)의 "동정적인 이상적 관망자론(sympathetic ideal observer theory)"과 토머스 네이글(Thomas Nagel)의 "이타적이고 자비로운 관망자론(altruistic benevolent spectator theory)"을 이러한 이론들이 너무 비중이 크고 강한 도덕적 요소들을 가정하고 있다는 점 때문에 배척한다.261) 더 나아가서 롤즈는 로스(W. D. Ross)의 "순수한 양심적 행위에 관한 엄밀한 의무론적 교설(deontological doctrine of the purely conscientious act)"을 불합리한 것으로 비판한다. 이러한 교설은 "가장 고차적인 도덕적 동기는 올바르고 정당한 것을 단지 그것이 올바르고 정당하기 때문에 행하려는 욕구이므로 그것에 대한 어떤 다른 서술 방식도 적절하지 않다"고 주장하고 있다.262)

그러나 사회계약론적 윤리학의 홉스적 뿌리를 피하고 "도덕성을 단순히 선호로 간주하는 환원주의"를 피하기 위해서 롤즈는 퍼스와 네이글과 로스 등의 이론에서 보는 것 같은 강한 도덕적 요소들을 도입함이 없이 원초적 입장을 최소한으로 도덕화해야 할 입장에 있다.263) 롤즈의 합리성 겸 공정성 모형은 이러한 지난한 과제를 수행하기 위해서 고안된 것이다. 우리가 이미 논의한 것처럼, 롤즈의 원초적 입장은 공정한 최초의 조건들, 즉 무지의 장막과 정당성 개념의 형식적 조건들을 포함하고 있다. 그러므로 원초적 입장은 합리적 계약 당사자들의 합의의 결과가 도덕적이라는 것을 보장하기에 필요한 만큼 공정하고 불편부당한 제약을 산출해내야만 한다. 롤즈는 이러한 점을 다음과 같이 보다 분명히 강조하고 있다.264)

"[원초적 입장을 가정하는] 의도는 그 내용이 어떤 것이 되든지 간에 선택될 원칙들이 도덕적인 견지에서 볼 때 받아들일 만한 것이 되도록 그러한 [최초의 선택] 상황을 구체화하려는 데 있다. 이런 식으로 원초적 입장의 특징이 규정되면 그것은 그로부터 도달된 어떤 합의도 공정한 것이 되는 그러한 어떤 상태가 된다. 그것은 그 속의 당사자들이 도덕적 인격으로서 평등하게 생각되고 그 결과가 임의적인 우연사나 모든 사회적 세력의 상대적인 세력 균형에 의해 좌우되지 않는 그러한 상태이다."

그러나 롤즈의 이러한 강조는 공정한 원초적 입장이라는 개념 자체가 하나의 도덕적 개념이고, 또한 원초적 입장에서의 제약은 도덕적으로 동기화된 것이고 그 자체로 도덕적인 요소들을 포함하고 있다는 것을 드러내고 있다. 다른 말로 표현하면, 롤즈는 합리적 합의를 공정한 최초의 상황에만 국한함으로써 도덕성을 오직 합리성으로부터 도출할 수 없게 된 것이다. 롤즈는 그 대신 "합리성 겸 공정성"으로부터 도덕성을 도출하고 있는 것이다. 따라서 롤즈의 공정성으로서의 정의관은 사회계약론적 윤리학이 당면한 두 번째 뿔에 봉착할 수밖에 없다.265)

이 절의 초두에 언급한 것처럼, 우리는 롤즈가 그러한 문제를 인식하지 못했다고 주장하는 것은 아니다. 그렇지만 우리는 롤즈가 그러한 문제를 적절하게 다루지 못했으며, 그 결과 그의 윤리학은 도덕성의 사회계약론적인 합리적 연역 기획의 관점에서 볼 때 순환성의 오류를 범하고 있는 두 번째 뿔에 봉착할 수밖에 없다는 것을 주장하는 것이다. 롤즈는 그러한 문제를 두 군데에서 언급하고 있으나 그것이 큰 문제가 되지 않는다고 치부하고 넘어간다.266)

"나는 어떤 것이 정당하거나 정의롭다는 것은 그것이 원초적 입장에서 인정받게 될 적절한 원칙들에 부합된다는 것으로 이해될 수 있으며 그런 식으로 해서 우리는 전자를 후자로 대치할 수 있고 그러한 규정들이 이론 자체 내에서 확증된다는 것을 주장해왔다. 나는 원초적 입장의 개념 체계 그 자체가 도덕적 힘이 없다든가, 혹은 그것이 의거하고 있는 개념군이 윤리적으로 중립적이라고 주장하지 않는다(23절). **그러한 문제를 나는 그냥 접어두기로 한다.**"

"우리는 당사자들이 도덕적인 고려 사항에 영향을 받을 것으로 가정함으로써 최초의 상황이 갖는 윤리적 측면을 규정할 수 있다. 원초적 합의라는 개념은 더 이상 윤리적으로 중립적이 아니라는 반론은 그릇된 것이다. 왜냐하면 그러한 개념은 이미 도덕적인 측면, 예를 들어서 원칙들에 대한 형식적인 제한 조건과 무지의 장막과 같은 것을 내포하고 있을 뿐만 아니라 마땅히 그래야만 할 것이다. 나는 원초적 입장을 구분해서 서술함으로써, 물론 이 경우에 무엇이 도덕적인 요소이며 무엇이 아닌가도 문제가 되기는 하겠지만, 당사자들의 규정에 그러한 요소가 개입되지 않게끔 했다. **그러한 문제를 해결해야 할 필요는 없다.**"

롤즈가 인정하고 있는 것처럼, 만약 원초적 입장의 공정성이 정당성의 형식적인 제한 조건과 무지의 장막에 의해서 보장된다면, 정의의 두 원칙의 도출에 관한 최소극대화 규칙으로부터의 논증이 "결정적인 논증"이라고 주장하는 것에도 그러한 논증이 정당화하려고 의도하고 있는 어떤 도덕적 기준을 미리 가정하고 있는 셈이 된다.267) 그리고 무지의 장막을 상정하는 것도 개개인의 천부적인 자연적 자질과 사회적 위치들에 관한 특수한 사실들이 "도덕적 관점에서 볼 때 자의적이다"라는 주장으로부터 나왔다는 것을 상기해보자.268) 그렇다면 원초적 입장에서 미리 규정된 제약은 명백히 도덕적인 것이지만, 그것의 수용은 합리적으로 볼 때 하나의 임의적인 선택이 된다. 더군다나 롤즈가 "우리는 원하는 해결책을 얻기 위해서 원초적 입장을 규정하려고 한다"고 인정할 뿐만 아니라, 특히 "원초적 입장은 최소극대화 규칙이 적용되는 상황이 되도록 규정되어왔다"고 언급한 것을 볼 때, 롤즈의 사회계약론적 윤리학의 논증은 합리적으로 임의적인 것이 된다.269)

우리의 이러한 비판은 도덕적 배경의 구성과 그 속에서의 선택 문제를 처리하기 위해서 공정성을 포함하여 어떠한 형식으로든지 일정한 특성을 부여하는 것 모두가 부적절하다는 것을 의미하지는 않는다. 종국적으로 볼 때 모든 윤리학설은 그러한 특성의 부여를 시도하고 있다. 우리의 비판은 사회계약론적 윤리학이 공언하는 도덕성의 합리적 연역 기획에서 도덕적 배경의 구성과 선택 문제에 관련된 그러한 특성의 부여가 야기하는 합리성의 도덕적 순환성에 대한 반론에 국한하고 있다.

합리적 임의성과 자의성에 관한 비판은 직접적으로 자신의 원초적 입장이 최초의 선택 상황에 대한 "가장 지지를 받고 있는, 혹은 표준적인 해석(this most favored, or standard interpretation)"이라는 롤즈의 주장에 관련된다.270) 롤즈가 지적하고 있는 것처럼, 최초의 선택 상황에 대한 다양한 해석이 존재하고 있다. 그렇다면 "우리는 어떻게 무엇이 가장 지지를 받고 있는 표준적인 해석이라는 것을 결정할 수 있는가?"271) 이러한 결정의 단서는 롤즈의 공정성으로서의 정의관이 롤즈가 주장하고 있는 것처럼 "유일무이한 해결책(the unique solution)"인가 하는 점에 달려 있다.272)

"유일무이한 해결책"에 대해서는 두 가지 관점이 존재한다. 첫 번째 관점은 롤즈 정의론의 체계 내부 자체에 관한 것이다. 비록 우리는 롤즈가 원초적 입장에 가한, 무지의 장막을 비롯한 여러 가지 제약들을 수용할 수 있다고 하더라도, 롤즈가 상정하는 합리적 인간들이 필연적으로 롤즈가 제시하는 정의의 두 원칙, 특히 최소극대화 규칙(maximin rule)에 따라 차등의 원칙을 선택할 것인지는 분명하지 않다. 다시 말하면, 롤즈의 정의의 두 원칙에 이르게 되는 최소극대화 규칙이 합리적인 선택 원칙인가의 문제는 여전히 남는다. 여기서 롤즈와 존 하사니(John C. Harsanyi) 사이의 논쟁이 전개된다. 하사니는 사회정의의 문제 해결을 위한 적절한 선택 기제는 불확실성하에서의 개인적 선택이라고 간주하는 점에서는 롤즈에 동의한다. 그러나 롤즈는 불확실성하에서의 개인적 선택의 지도 규칙으로서 최소극대화 규칙을 사용하는 반면에, 하사니는 "불충분한 이유의 원리(the principle of insufficient reason)"에 의거한 "등확률의 기준(equiprobability criterion)"에 호소하고 있다.273) 하사니는 모든 사람이 어떠한 사회적 지위를 차지할 수 있는 가능성이 동일하다는 가정이야말로 공정성을 보장할 수 있는 유일한 길이라고 주장하고 최소수혜자에게 과도한 비중을 두는 롤즈의 입장을 비판한다. 등확률의 원칙(equiprobability principle)에 의거하는 하사니의 입장은 결국 평균 효용의 극대화를 합리성의 기준으로 간주하게 됨으로써 "평균 공리주의

(average utilitarianism)"에 이르게 된다.274) 만약 모든 사람이 어떤 사회적 지위를 차지할 가능성이 동일하다면, 각자는 사회적 평균 효용 혹은 공리를 증진시키는 것이 합리적이 될 것이다.

롤즈가 평균 공리주의를 거부하는 이유는 하사니의 등확률의 모형이 그 객관적 근거를 결여하고 있다는 점과 아울러 그것이 최소수혜자들을 위한 만족할 만한 사회적 최소치를 보장하지 못한다는 점이다.275) 롤즈가 지적하듯이, 만약 계약 당사자들이 "위험의 불회피(no aversion to risk)", 쉽게 말하면 위험을 무릅쓰는 것을 합리적인 것으로 간주하다면, 최초의 선택 상황이라는 개념은 자연적으로 평균 공리주의에 이르게 될 것이다. 이에 대해서 하사니는 "원초적 입장에서 최소극대화 규칙을 사용하는 것은 각자가 한 사회에서 최소수혜자로 나타날 가능성을 100퍼센트 혹은 거의 100퍼센트의 확률로 간주하는 것과 마찬가지다"라고 응수한다.276) 따라서 그는 "그러한 가능성에 그렇게 높은 확률을 부여하는 것에는 어떠한 합리적인 정당화도 존재할 수 없다"고 주장한다.277) 더 나아가서 그는 최소극대화 규칙에 대한 반증 사례들을 언급한다. 그러한 사례들은 최소극대화 규칙에 의거한 차등의 원칙이 "상황 불문"하고, 심지어 가장 극단적인 상황 아래에서도, 최소수혜자의 이득에 대해서 "절대적인" 우선성을 부여하도록 요구하는 것의 불합리한 점을 밝혀준다는 것이다.278)

차등의 원칙과 평균 공리주의 원칙 사이의 선택에 관한 논쟁은 불확실성하에서의 합리적인 의사결정에 관련되어 있으므로 "쉽사리 해결이 되지 않고 있다."279) "현대 의사결정이론에서 불확실성하에서의 선택에서의 '합리성'의 의미에 관한 논쟁보다 더 악명 높고, 오래 지속되고, 혼란스러운 논쟁은 생각할 수 없을 것이다."280) 이러한 비관적인 생각은 불확실성하에서의 개인적인 합리적 선택을 사회계약론이나 사회정의의 문제에 적용하는 것은 우리가 예상한 것보다 많은 난관에 봉착한다는 것을 말해준다. 따라서 불확실성하에서의 개인적 선택의 문제에서 그 규범적 결과는 위험의 인식 태도에 관한 명백히 자의적인 가정에 달려 있다. 우리는 롤즈 자신이 이러한 문제를 인식하지 못하고 있다고 주장하는 것은 아니다.281) 그러나 롤즈의 계약 당사자들은 실제적으로 합리적 선택의 원칙을 스스로 채택할 어떠한 자유도 가지고 있지 않다.282) 롤즈와 하사니의 논쟁을 볼 때, 롤즈의 다음과 같은 주장은 매우 궁색하게 들린다. "나는 내가 채택하고 있는 정의의 개념은 합리성에 대한 상충하는 해석에 영향을 받지 않는다고 제안해왔다."283) 밀러(D. C. Mueller), 톨리슨(R. D. Tollison), 윌렛(T. D. Willett)은 롤즈와 하사니 사이의 논쟁을 중재하려고 한다. 그들은 "사회 구성원들이 가진 위험 회피에 대한 평균값" 모형에 의거하여 선택할 것을 권유한다.284) 그러나 이러한 모형의 문제점은 사회정의 문제가 어떤 사회에서의 위험에 대한 인식 태도의 분포 방식에 전적으로 의존하게 된다는 것이다.

롤즈의 "유일무이한 해결책"이라는 주장에 대한 또 다른 관점에서의 비판을 살펴보기로 하자. 노직은 롤즈의 무지의 장막에 의거한 공정성으로서의 정의는 합리적 개인들에게 수용될 수 없을 것이라고 비판한다. 우선 노직은 "도대체 원초적 입장에서 자연적 재능에 대한 지식이 배제되어야 할 이유가 어디 있는가?"라는 문제를 제기한다. 간략히 말하면, 노직의 자유지상주의적 입장은 최소국가의 옹호인데, 그러한 최소국가의 임무는 개인의 자연적 재능을 통해 획득된 사유재산권에 대한 보장이다. 그의 자유지상주의는 두 부분으로 이루어져 있다. 첫째 부분은 최소국가에 대한 정당화이고, 둘째 부분은 최소국가를 벗어나는 사회경제체제, 특히 국가 주도의 재분배에 대한 논박이다. 첫째 부분은 로크적 단서(the Lockean proviso)로부터 "소유의 원초적 획득"을 확립하는 일이다. 로크적 단서는 "타인에게도 충분한 그리고 양질의 것이 공통적으로 남겨져 있어야 한다"는 것으로, 소유의 원초적 획득을 통해서 타인의 상황이 악화되지 않는 것을 보장하는 것이다.285) 분배적 정의에 대한 그의 소유권 이론(entitlement theory)은 우선적으로 개인들이 원초

적인 로크적 재산 획득에 대한 권리를 부여받는다는 것이다. 그런 연후
자발적인 "소유의 이전"을 통한 소유권을 정당한 것으로 인정하는 것이
다.286) 그는 자신의 정의에 대한 소유권 이론을 순수절차적인 "역사적
원칙(historical principle)"이라고 해석하지만, 롤즈의 재분배적 정의관
을 "최종 결과적 원칙(end-result principle)"이라고 해석하고 대비시킨
다.287) 노직의 정의관의 신조 혹은 모토, "각자 자신이 선택한 것으로부
터 각자 그 선택의 결과로"는 자유시장경제의 절차에 의거한 자유지상
주의적인 개인적 합리성을 최대한 반영한 형태인 것이다.288)

　롤즈에 대한 노직의 비판은 그의 자유지상주의의 둘째 부분, 즉 최소
국가를 벗어나는 사회경제체제, 특히 국가 주도의 재분배 이론에 대한
반박에서 중요한 위치를 차지하고 있다. 롤즈의 사회경제체제의 분류
방식에 의거하여 노직은 자신의 이론을 "자연적 자유체제"라고 시인한
다.289) 롤즈에 의하면, "자연적 자유체제"는 "효율성의 원칙을 만족시키
는 하나의 기본적 사회구조로서, 그러한 사회구조에서는 사회적 직위들
이 각자의 능력에 따라 그것들을 획득하려고 노력하는 사람들에게 개방
되어 있다는 점이 정의로운 분배에 이르게 된다고 간주된다."290) 여기
서 평등은 사회적 출세가 각자의 능력에 달려 있다고 보는 점에서 "형
식적 기회균등"이다.291) 롤즈는 이러한 형식적 기회균등에 의거하는 자
연적 자유체제를 다음과 같이 비판한다. "자연적 자유체제의 가장 명백
한 부정의는 분배의 몫이 도덕적 관점에서 보아 자의적인 [개인적 능력
등 자연적 자산과 가족 및 계층 배경 등 사회적 우연성] 요소들에 의해
서 부당하게 영향을 받도록 허용하고 있다는 점이다."292) 우리가 이미
논의한 것처럼, 롤즈는 그러한 도덕적으로 자의적인 요소들을 원초적
입장에서 무지의 장막을 가려서 계약 당사자들이 알지 못하도록 한 바
있다.

　노직은 롤즈의 이러한 시도에 대해서 다음과 같이 비판한다. "분배적
정의의 원칙을 자신들이나 자신들의 이력에 대해서 아무것도 모르는 합

리적인 사람들이 합의할 것을 토대로 하는 절차는 정의의 최종 결과적 원칙들을 근본적인 것으로 간주되게끔 보장한다."293) 노직은 만약 사회적 생산물들이 구약성경의 만나처럼 하늘에서 떨어진 것이라면 무지의 장막 아래에서 선택된 롤즈의 차등의 원칙이 분배의 기준으로 적합할 수 있을 것이라고 지적한다.294) 그러나 노직은 차등의 원칙이 각각의 알려진 개인들로부터의 알려진 기여에 의거하여 산출된 개인적 생산물들을 어떻게 분배할 것인가를 결정하는 데에는 적합한 모형이 아니라고 비판한다. 노직은 원초적 입장 아래에서의 계약 당사자들이 어떻게 그러한 분배를 결정하는 권리를 가지게 되었는지 반문한다. 합리성의 관점에서 볼 때, 노직의 비판은 최소극대화적 전략이 오직 최소수혜자에게만 우호적이므로 합리성의 "비대칭성"을 보인다는 것이다.295) 따라서 무지의 장막이 걷힌 이후 최대수혜자들은 차등의 원칙을 합리적으로 준수할 수 없게 된다는 것이다.

노직은 무지의 장막의 도입이 "사람들의 자율적인 선택과 행위와 그 결과들"을 봉쇄하고 있다고 주장한다. 더 나아가서 차등의 원칙은 최대수혜자들로 하여금 그들의 자유뿐만 아니라 최소수혜자들의 이익을 위해서 그들의 이익도 희생하도록 만든다는 것이다. 노직은 여기서 롤즈가 자신의 정의론에 대한 칸트적 해석을 강조한 것을 염두에 두면서, 차등의 원칙이 사람들을 단순히 수단으로 간주하는 집합적 자산(collective assets)의 개념에 의거하고 있다고 비판한다.296)

그러나 노직이 스스로 인정하듯이 "소유의 도덕적 근거가 개인의 자연적 자산에 관련된 사실로부터 발생하거나, 혹은 그것이 부분적으로 근거하고 있다는 소유권 이론의 주장 자체가 이제 논란의 초점이 된다."297) 그렇다면 노직은 어떻게 그러한 논란을 불식시킬 것인가? 노직은 자연적 자산이나 재능이 도덕적 관점에서 자의적이라고 하는 롤즈의 주장에 대한 주요한 반박 논증을 제시한다. 노직은 롤즈의, 사람들의 재능이 집합적 자산이라는 주장이 다음과 같은 두 가지 관점에서 해석될 수 있다고 생각한다. 우선 그 주장은 "적극적 논변"으로서 자연적 차이가 분배에 미치는 효과가 무화되어야 한다는 논변의 일환일 수도 있다는 것이다.298) 그렇지 않다면 그 주장은 "소극적 논변"으로서 자연적 차이가 분배에 미치는 효과가 무화되어서는 안 된다는 반대 논증을 거부하는 논변의 일환일 수도 있다는 것이다.299) 적극적 논변에 대해서, 노직은 그 논변의 어떤 가능한 가정도 롤즈가 생산에의 유인을 위해서 분배적 몫의 불평등을 도입한 것과 양립할 수 없다고 주장한다.300) 여기에 부가하여, 노직은 롤즈가 순수한 도덕적 응분의 개념이 분배적 몫을 결정하는 기준으로서는 작동할 수 없는 비현실적인 기준이라고 배척한 것을 지적한다. 롤즈에 따르면, 분배적 정의가 도덕적 응분에 달려 있다는 주장은 "정의는 덕에 따른 행복이다"라고 보는 관점이다.301) 롤즈는 자신의 "공정성으로서의 정의가 이러한 개념을 거부한다"는 점을 명백히 밝힌다.302) 요약하면, 롤즈의 적극적 논변에 대한 노직의 비판의 초점은, 그러한 논변이 롤즈가 생산에의 유인을 도입한 것뿐만 아니라 도덕적 응분을 배척한 것과도 양립 가능하지 않다는 것이다.

소극적 논변에 대해서, 노직은 만약 롤즈가 자연적 자산에 따른 분배의 개념에 관련된 전제를 거부한다면 그의 논변은 불합리성에 빠지고 만다고 주장한다. "만약 자의적인 것으로부터 어떠한 도덕적 중요성이 도출될 수 없다면, 어떤 한 특정한 사람의 존재도 도덕적 중요성을 가질 수 없게 된다"는 것이다.303) 여기서 노직은 그의 유명한 풍자적인 예를 든다. 즉 인간의 도덕적 자의성은 정자와 난자가 수정되는 과정 속에 이미 포함되어 있다는 것이다. 이러한 과정에 대해서 노직은 "사람들의 도덕적 자산이 도덕적 관점에서 자의적이든 아니든 간에 사람들은 그러한 자산에 대해서뿐만 아니라 그러한 자산으로부터 도출되는 것에 대해서도 소유권을 가진다"고 주장한다.304)

우리는 이상과 같은 롤즈와 노직 사이의 첨예한 논쟁을 볼 때, 판정을 내리기가 쉽지 않을 것처럼 보인다. 합리성의 관점에서 보면, 롤즈의 주장은 최소수혜자에게 유리하게 전개된다는 점에서 비대칭적인 것이라면, 노직의 주장은 최대수혜자에게 유리하게 전개된다는 점에서 또다른 비대칭적인 것이라고 할 수 있다. 이러한 두 입장에 대한 어떤 합리적인 조정이 과연 가능할 것인가? 사전적인 도덕적 가정의 도입이라는 관점에서 볼 때, 롤즈는 자연적인 자산이 도덕적으로 자의적이라고 주장하는 반면에, 노직은 그러한 자연적 자산이 도덕적인 위상을 갖는다고 주장한다. 따라서 롤즈와 노직 모두 선결문제 요구의 오류를 범하고 있다는 비판이 있는 것은 놀랄 만한 일이 아니다.305)

그러면 롤즈의 합리적 준수론을 살펴보기로 하자. 도덕적 순환성에 관련해서 롤즈에게 가해진 비판은, 우리가 그의 합리적 준수론을 면밀하게 검토해보면 더욱 심각한 것이 된다. 우리가 이미 논의한 것처럼, 롤즈의 완전한 준수 이론은 무임승차자에 의해서 야기되는 안정성의 문제를 다루기 위한 것이었다. 이와 관련해서 롤즈는 "도덕적 관점을 수용하고 그러한 관점에서 행위하기를 원하는 하나의 확립된 경향성"이 개인적 선과 합치한다는 것, 심지어는 무임승차자의 선과도 합치한다는 것을 입증해야만 한다.306) 롤즈는 기본적으로 "무임승차자식의 이기주의가 논리적으로 일관적이며 이러한 의미에서 [자기 이익의 극대화는] 불합리한 것이 아니다'라는 점을 인정한다.307) 그러나 롤즈의 플라톤적인 합치론, 즉 질서정연한 사회에서 선과 정의의 합치론과 인간 본성에 대한 칸트적인 의무론적 해석, 즉 "자유롭고 평등한 도덕적 인간"이라는 해석은 무임승차자가 제기하는 중대한 질문인 "내가 왜 도덕적이어야만 하는가?"에 대해 충분한 답변을 제시하지 못하고 있다.308) 롤즈가 원초적 입장에서 무엇이 도덕적인 요소이고 무엇이 도덕적인 요소가 아닌가 하는 문제를 제쳐놓았듯이, 그는 "자유롭고 평등한 합리적 존재"와 "자유롭고 평등한 도덕적 인간" 사이의 관계를 합리적 준수론의 관점에서도 역시 명확하게 다루지 않은 채 남겨두었다.309)

롤즈는 『정의론』 86절 "정의감은 선인가"에서 자신의 철학적 과제를 다음과 같이 정립한다. "정의의 관점을 수용하고 그것에 의해 인도되기를 바라는 이러한 경향이 개인의 선과 합치되는지를 입증해야 할 과제가 남아 있다." "그러나 그러한 합치는 심지어 질서정연한 사회에서도 처음부터 당연한 결론은 아니다. 우리는 그것을 입증해야만 한다."310) 그렇지만 합리적 준수론에 관한 이러한 롤즈의 공언된 과제는 롤즈 자신의 다음과 같은 세 가지 언명에 의해서 결국 충분히 추구되지 못하고 만다.311)

첫째, 개인적 선과 정의감에 관련해서 롤즈는 다음과 같이 말한다.312)

"그렇다면 우리의 주안점은 하나의 정의관을 정당화하기 위해서 우리는 모든 사람들이 자신들의 능력과 욕구가 무엇이든지 간에 자신의 정의감을 유지하는 데 있어서 ([선의] 기초론에 의해서 규정된 바의) 충분한 이유를 갖는다고 주장할 필요가 없다는 것이다. 왜냐하면 우리의 선은 우리가 어떤 유형의 인간인가에 달려 있으며, 또한 우리가 소유하고 실현할 수 있는 소원과 열망의 유형에도 달려 있기 때문이다."

이 인용문이 시사하는 것은 도덕의 준수가 도덕적 인간이라는 선재적 개념으로부터 유래하며, 그러한 개념에 의거하여 욕구의 내용이 결정된다는 것이다. 그러나 우리는 그러한 욕구를 갖는다는 것이 합리적 인간의 징표라거나, 혹은 미약하고 박약한 도구적 가치관 — 실질적인 도덕적 이상을 가지지 않는다는 의미에서 — 을 가진 적어도 충분히 합리적인 인간의 징표라고는 말할 수 없게 된다. 여기서 우리는 롤즈가 자신의 공정성으로서의 정의관이 의무론적 이론(deontological theory)이라고 주장한 점을 연관적으로 논의해야만 할 것이다.313) 이러한 주장의 관점에서 롤즈는 "선에 대한 정당성의 우선성"이 자신의 정의론의 중요한 측면이라고 생각한다. 롤즈가 사회적 기본가치들에 대한 이론을 선에 대한 기초론(the thin theory of the good)이라고 본 것은 다음 두 가지 관점에서 해석될 수 있다. 첫째, 이미 논의한 합리성의 도구적 개념과 양립할 수 있는 도덕성에 대한 중립적인 합리적 근거를 마련하기 위한 것이다. 둘째, 사회적 기본가치들이 어떤 실질적 가치를 지칭하는 것이 아니므로 그것들은 "정당성의 개념이 갖는 우선적 지위를 위태롭게 하지 않는다"는 것을 보장하기 위한 것이다.314) 그러나 둘째 해석은 선에 대한 정당성의 우선성을 강조하는 롤즈의 의무론과 합리적 준수론 사이의 관련 방식에 대한 심각한 의문을 제기한다. 앨런 햄린(Alan P. Hamlin)은 롤즈의 합리적 접근방식이 의미하는 것을 다음과 같이 해명한다. "합리성과 윤리학을 연계시키는 것은 일단 도출되면 독립적인 지위를 갖는 하나의 윤리적 입장을 도출하기 위한 특정한 합리성의 개념을 사용하는 것이다."315) 그러나 이러한 해명의 관점에서 볼 때, 롤즈의 합리적 연역 기획은 원초적 입장에서의 선택에만 적용되며, 원초적 입장에서 도출된 정의의 원칙들에 대한 사후적 준수에는 적용되지 못하는 셈이다. 다시 말하면, 햄린의 해석에 따른 롤즈의 연역적 기획은 롤즈의 의무론적 이론과는 양립 가능하지만, 질서정연한 사회의 안정성을 위한 합리적 준수에 대한 원래의 공언과는 양립 불가능하다.

둘째, 정의의 준수가 선이 될 수 없는 사람에 관해서 롤즈는 다음과 같이 말한다.316)

"심지어 질서정연한 사회에서도 정의감의 인정이 선이 되지 않는 일군의 사람들이 있다고 생각해보자. 그러한 사람들의 목적과 욕구, 그리고 성격의 특이성으로 볼 때, 선에 대한 기초론적 설명은 그들의 정의감에 따른 규제적 정조를 유지하기에 충분한 근거들을 제시하지 못한다. 우리는 이러한 사람들에게 덕으로서의 정의를 진정으로 권고할 수 없다는 점이 흔히 주장되어왔다. 그러한 권고가 의미하는 바가 ([선의] 기초론에 의해서 규정된 바의) 합리적 근거에 따라서 하나의 개인들로서의 그들 각자에게 어떤 행위를 하도록 조언하는 것이라면, 그러한 주장은 확실히 타당한 것이라고 말해야 할 것이다."

그러한 사람들에 직면해서, 롤즈의 완전한 준수론은 롤즈가 이미 거부했던 홉스적인 강제력에 호소할 수밖에 없게 될 것이다.

셋째, 롤즈가 질서정연한 사회에서 이기주의자를 다루는 방식을 볼 때, 그는 무임승차자의 문제를 적절하게 처리하지 못하고 있다.317)

"우리는 질서정연한 사회에서 이기주의자가 정의감에 따라서 행위할 것이라든가, 혹은 정의감에 따라서 행위하는 것이 그의 목적을 가장 잘 증진시켜줄 것이기 때문에 정의롭게 행위한다고 주장하려는 것은 아니다. 또한 우리는 정의로운 사회 속에서 이기주의자가 그 자신의 목적을 고려해볼 때 자신을 정의로운 사람으로 변경하도록 잘 충고될 수 있다고 주장하는 것은 아니다. 오히려, 우리는 확고한 욕구가 정의의 관점을 선택하는 것이 가져올 선에 관심을 갖는다. 나는 질서정연한 사회의 구성원들은 이미 이러한 욕구를 가지고 있다고 가정한다. 문제는 이러한 규제적 정조가 그들의 선과 일치하는가의 여부이다."

합리성의 심각한 역설로서의 무임승차자의 문제에 대한 우리의 기왕의 논의에 비추어보면, 롤즈의 합리적 연역 기획이 신뢰할 만한 것이 되기 위해서는 무임승차자의 문제를 해결할 수 있는 충분한 논증이 제시되어야 한다. 그러나 롤즈는 완전한 준수론을 단순히 가정함으로써 무임승차자의 문제를 해결하고 있는데, 이것은 롤즈가 남겨진 문제로서 제시한 것, 즉 그러한 규제적 정조가 질서정연한 사회의 구성원들의 선과 일치하는가의 여부 문제를 하찮을 뿐만 아니라 뻔한 결론의 문제로 만들고 만다. "따라서 이러한 형태[의 완전한 준수론]로서 그 문제는 사소한 것이 된다. 현실 그대로의 인간 유형으로서의 질서정연한 사회의 구성원들은 정의롭게 행위하려고 욕구하며, 이러한 욕구의 충족은 그들의 선의 일부분이 된다."318) 그래서 롤즈는 "일반화된 수인의 딜레마가 갖는 위험은 정당성과 선 사이의 합치에 의해서 제거된다"고 말하면서 간단하게 무임승차자의 문제를 해결하고 있다.319)

우리가 본장 2절에서 논의해온 것처럼, 원초적 입장에서의 선택과 도출된 정의의 두 원칙의 준수에 관련된 롤즈의 합리적 연역 기획은 이중적인 실패이다. 이러한 관점에서 우리는 롤즈의 사회계약론적 윤리학은 사회계약론적 윤리학의 딜레마의 두 번째 뿔인 도덕적 순환성의 뿔, 즉 합리성에 우선한 도덕적 가정의 순환성을 회피할 수 없다고 결론을 내리게 된다. 롤즈의 사회계약론적 정의론이 도덕적으로 순환성을 내포하고 있다는 비판은 원초적 입장의 구성에 관련될 뿐만 아니라 도출된 정의의 두 원칙의 준수에도 관계된다. 이미 논의한 바와 같이, 롤즈의 준수론은 질서정연한 사회에서의 완전한 준수론을 가정하고 있으므로 또한 번 순환성을 노정시키고 있다고 하겠다. 롤즈의 사회계약론적 정의론이 가지고 있는 이러한 이론적 약점으로 말미암아 롤즈는 원하는 결론을 위해서 원초적 입장을 자의적으로 구성했다는 비판을 면할 수 없게 된다. 따라서 도출된 정의의 두 원칙은 합리적으로 볼 때 임의적이라는 비판도 자연적으로 연계된다. 나중에 롤즈는 자신의 사회계약론적인 합리적 연역 기획이 "매우 오도된 실책(a very misleading error)"이라고 다음과 같이 자인하고 있다.320)

"… 합당한 것은 합리적인 것에 선행하며, 이러한 선행성은 [좋음에 대한] 옳음의 우선성으로 귀착된다. (p.16, p.583에서처럼) 정의론을 합리적 선택이론의 일부로 서술했던 것은 『정의론』의 (매우 오도된) 실책이었다. 내가 분명히 했어야 했던 점은 공정성으로서의 정의가 합리적 선택이론을 사용한 이유는 합당한(reasonable) 조건의 제약하에서 자유롭고 평등한 [도덕적] 인간의 대표자로서의 계약 당사자들의 숙고를 확인하기 위해서였다는 점이다. 이러한 모든 고려 사항은 물론 하나의 도덕적 관점인 정치적 정의관 내에서 이루어진다. 합리성 개념을 유일한 규범적 이상으로서 간주하는 구도 속에서 정의의 내용을 도출하고자 하는 의도는 전혀 없었다. 이러한 의도는 어떠한 종류의 칸트적인 [의무론적] 관점과도 모순이 된다."

그렇다면 롤즈의 정의론은 계약론적 윤리학이라고 할 수 있을까? 롤즈에게서 원초적 입장은 더 이상 합리적 구성주의를 위한 연역의 체계가 아니다. 롤즈는 자기의 이러한 입장 변경을 도덕론에서의 "칸트적 구성주의"라고 명명한다.321) 칸트적 구성주의에서는 공정성에 관한 합당성의 조건이 우리의 직관적 신념에 의거해서 합리성의 외부적 제약으로 유입됨으로써 도출될 정의의 원칙들과의 상호 균형을 모색하는 반성적 평형상태(reflective equilibrium)에 이른다는 것이다.322) 롤즈는『정의론』에서 한편으로는 정의론이 합리적 선택이론이라고 주장하고,323) 다른 한편으로는 정당성(the right)의 개념이 선(the good)의 개념에 우선함으로써 정의론이 의무론(deontology)이라는 상충된 주장을 하였으나,324) 이제는 후자의 입장임을 분명히 한다. 합리적 연역 기획에 관한 롤즈의 이러한 입장 변경을 천착하는 것은 매우 흥미로운 것이 될 것이다. 그러나 우리는 여기서 그러한 입장 변경을 자세히 다루지는 못하며, 본서 서문 말미와 제1장 3절에서 칸트적 구성주의와 정치적 자유주의를 위시한 그러한 입장 변경을 간략히 언급했다는 사실만을 지적하고자 한다.325)

홉스와 롤즈에 관한 우리의 논의를 종합적으로 회고해본다면, 가장 중요한 것은 사회계약론적 윤리학의 딜레마가 명백히 드러났다는 점이다. 결국 최초의 계약 합의와 계약 합의 이후의 준수에 관한 합리적 정초를 목표로 하는 사회계약론적 윤리학은 합리성의 도덕적 비적절성과 무관성, 혹은 선재적인 도덕적 가정의 순환성이라는 딜레마에 봉착하고 말았다.326) 다시 말하면, 사회계약론적 윤리학의 합리적 연역 기획은 도덕적으로 부적절하거나, 아니면 순환적이 되고 만다. 어떠한 경우이든 간에 사회계약론적 윤리학의 합리적 연역 기획은 실패할 수밖에 없는 것처럼 보인다. 그럼에도 불구하고, 우리가 제1장에서 언급한 것처럼, 이것은 우리의 논의의 종결은 아니다. 이러한 험난한 딜레마의 두 뿔을 피해 가려는 매우 흥미로운 시도는 고티에의 『합의도덕론』에서 시도되고 있다. 그러나 이러한 고티에의 시도는 사회계약론적 윤리학의 합리적 연역 기획을 정립해야 하는 중차대한 이론적 부담을 가진다. 또한 우리가 이미 제1장에서 언급한 것처럼, 고티에는 더 나아가서 자신의 합리적 선택 모형이 사회정의 문제에 관한 고유한, 어떤 의미에서 유일무이한 해결책이 되어야 한다는 점을 다양한 선택 모형들 사이의 비결정성 혹은 불확정성에 직면해서 입증해야만 하는 부담도 지니고 있다.

제 4 장

고티에의 사회계약론적 윤리학

1. 합리적 선택이론으로서의 사회계약론적인 도덕적 합의

1) 사회계약론적 윤리학의 딜레마와 그 극복의 과제

데이비드 고티에(David Gauthier)의 『합의도덕론(*Morals By Agreement*)』은 도덕성에 대한 사회계약론적인 합리적 연역 기획을 달성하기 위해서 고도의 게임이론적인 합리적 선택이론의 테크닉을 구사하고 있다. 고티에의 이러한 고도의 테크닉 구사는 "사회계약론의 가장 멋진 비상(飛上)(Social Contract Theory's Fanciest Flight)"이라고까지 칭해지고 있다.1) 이러한 비상의 목적지를 파악하는 것은 어렵지 않을 것이다. 이러한 비상을 통한 고티에의 시도는 도덕성과 합리성의 관계 설정에서 오는 딜레마와 트라일레마로 점철된 사회계약론의 전통적인 영역을 벗어나 새로운 생존 가능한 영역을 개척하려는 것이다. 이 장에서 우리는 고티에의 이러한 시도를 탐구하고 그것을 평가하게 될 것이다. 이 장에서의 논의는 다음 두 부분으로 구성된다. (1) 합리적 선택이론으로

서의 사회계약론적인 도덕적 합의, (2) 협상이론적 자유주의 정의론과
그 비판적 평가.

고티에는 자신의 사회계약론적 윤리학을 다음과 같은 다섯 가지의 핵
심적 개념(core ideas)을 사용하여 명료하게 요약하고 있다.2)

> "우리는 다음과 같은 핵심적 개념들 — 완전경쟁시장으로부터 산출되는
> 도덕의 해방지구, 최대상대양보의 극소화 원칙, 제한적 극대화의 성향,
> 타인을 나쁘게 함으로써 자신의 입지를 개선하는 것을 허용하지 않는
> 단서 — 이 직간접적으로 아르키메데스적 선택(the Archimedean choice)
> 에 연관되어 있다는 것을 입증할 것이다. 이러한 개념들을 우리 이론의
> 핵심으로 포함함으로써, 아르키메데스적 점은 합의도덕론의 정합성을
> 드러내게 될 것이다."

고티에의 『합의도덕론』의 주제인 도덕성에 대한 사회계약론적인 합
리적 연역 기획(the contractarian rational deduction project of morality)
을 제대로 평가하기 위해서는 이러한 다섯 가지의 핵심적 개념들을 모
두 자세히 탐구해야만 할 것이다. 우리는 다음과 같은 방식으로 이러한
개념들을 차례로 탐구하게 될 것이다.

첫 번째 핵심적 개념인 도덕의 해방지구(morally free zone)는 1절 3)
항에서 다루게 될 것인데, 이 개념은 그것을 배경으로 해서 도덕성이 어
떻게 도출하는지를 보여주는 하나의 대조물이다. 도덕의 해방지구는 경
제학의 이상적 가정에 근거하고 있다. 그러한 가정은 개인적 효용의 극
대화는 완전경쟁시장에서 최적적인 균형 상태에 도달한다는 것이다.3)
아담 스미스적인 "보이지 않은 손"에 의해서 조화가 추구되는 그러한
시장이 있다면 도덕은 불필요하게 된다. 그러나 고티에가 인정하고 있
는 것과 같이, "이 세계는 시장이 아니므로, 도덕성은 합리적 인간들의
상호 교류에 대한 필수적 제약이 된다. 도덕성은 시장의 실패로 말미암

아 등장한다."4) 이러한 관점에서 고티에는 명백하게 "시장 계약주의 (market contractarianism)" 이론을 수용하게 된다.5)

두 번째 핵심적 개념인 최대상대양보의 극소화 원칙, 세 번째 핵심적 개념인 제한적 극대화의 성향, 네 번째 핵심적 개념인 계약의 원초적 상황에서의 단서(the proviso)는 다음 절에서 다루어지게 될 것이다. 이러한 세 가지 핵심적 개념은 협동에 관한 협상적 정의론, 계약론적 합의의 준수, 협상의 최초의 상황에 대한 규정에 각각 관련되어 있다. 이러한 세 가지 핵심적 개념들은 고티에의 『합의도덕론』에서의 "논증적 중추 (the argumentative centre of the book)"를 이루고 있다.6) 마지막 핵심적 개념인 아르키메데스적 점은 서양 도덕철학사를 통해서 광범위하게 수용된 도덕성의 본질에 대한 중대한 규정인 "도덕원칙은 공평하게 수용될 수 있어야만 한다"는 주장을 반영하고 있다.7) 이러한 반영을 통해 고티에는 합리적 선택으로부터의 합의가 사회계약론적인 도덕적 관점으로 수렴되고, 또한 사회계약론적 도덕적 관점이 합리적 선택으로부터의 합의로 수렴되는 양상을 자신의 고유한 방식으로 입증하려고 시도한다.8)

> "공평성(impartiality)에 관한 도덕적 요구는 동등한 합리적 개인들 사이의 합의된 상호 교류의 조건을 수용함으로써 개인적 효용의 극대화에 관한 합리적 요구 속에 포섭될 수 있다. 이것을 통해 우리의 이론적 설명은 완결된다."

고티에의 이러한 주장처럼 만약 도덕성과 합리성의 상호 일치가 성립된다면 이것은 사회계약론적 윤리학의 딜레마에 대한 하나의 전도유망한 해결책이 될 수 있을 것이다.9)

시장 계약주의 이론의 수용과 함께, 고티에는 "[아르키메데스적 점에서의] 이상적 행위자는 따라서 사회주의자는 아니다"라고 명백하게 천명하고 있다.10) 이러한 관점에서 고티에는 자유주의적 개인들로 이루어진 계약론적 사회의 다양한 장점에 대해서 논의하고 있다.11) 자유주의에 대한 외부적인 비판들, 특히 마르크스주의적 비판을 감안해볼 때, 고티에의 계약론적 윤리학을 자유주의적 안건(liberal agenda)이라는 상황 속에서 비판적으로 평가하는 것이 필요할 것이다. 이러한 비판적 평가는 본장 2절 3)항에서 주제적으로 다루어지게 될 것이다.

본절의 주제는 "합리적 선택이론의 한 부분으로서 발전된 사회계약론적 도덕이론은 명백히 우세한 점을 가지고 있다"는 고티에의 주장에 대한 탐구가 될 것이다.12) 우리는 고티에의 합리성 개념에 대한 논의, 합리적 선택의 적절한 모형에 대한 주장, 그리고 그러한 모형의 시장과의 관계에 대해서 1절 2)항과 3)항에서 논의하게 될 것이다. 이번 1)항에서 우리의 중요 관심사는 사회계약론의 전반적인 역사에서 점철되고 있는 사회계약론적 윤리학의 딜레마를 피하려는 고티에의 신사회계약론적 윤리학의 전략이 가지고 있는 그러한 명백한 우세성을 평가하는 일이 될 것이다.

이미 본서 제1장 4절에서 언급한 탐구의 운용 방식(*modus operandi*)에서 밝힌 것처럼, 우리는 사회계약론의 윤리학적인 정치적 규범과 제도의 역사를 사회계약론에서의 두 종류의 상이한 경쟁적인 유형을 통해서 평가하여왔다. "첫 번째 유형은 사회계약론적 결정을 전략적 협상의 문제에 대한 정교한 해결책으로 간주하는데, 그 속에서는 현상(現狀, *status quo*), 위협적 이익과 전략이 주요한 역할을 한다."13) 이러한 유형의 접근방식은 역사적으로 홉스에 의해서 주창되어왔으며, 제임스 뷰캐넌(James Buchanan)에 의해서 계승 발전되었다.14) 뷰캐넌은 그의 주저인 『자유의 한계(*The Limits of Liberty*)』에서 "두 계약 당사자의 권리에 대한 합의는 계약 이전의 자연상태에서 존재했던 외부적 관계의 계약론적 내부화를 반영한다"고 주장한다.15) "무정부적 균형(anarchistic equilibrium)"라는 계약 이전의 위치는 원초적 재능의 "자연적 배분"에 따른 각 개인의 원초적인 협상적 위치에서 발현되는 공격과 방어 기제에 의해서 이룩된다.16) 따라서 그는 자연상태에서의 각 개인이 처한 현상은 "계약론적으로 적법"한 것으로 간주되어야만 하며, 그러한 현상으로부터의 이탈은 "외부적인 윤리적 기준으로부터 도출되는" 규범적인 민주적 절차에 의해서가 아니라 순전히 계약론적으로 재협상되어야 한다는 놀라운 제안을 한다.17)

협상이론의 영역에서, 존 내쉬(John Nash)와 리처드 브레이스웨이트 (Richard B. Braithwaite)는 소위 공정한 배분 문제(fair division problem)에서 협상 당사자들의 현상적 위치와 위협적 이익이 중대하게 반영된 협상적 해결책을 제안했던 바 있다.18) 우리는 이미 본서 제3장 1절에서 왜 홉스의 계약론과 다양한 홉스적인 계약론적 유형들이 사회계약론적 윤리학의 첫 번째 딜레마, 즉 합리적 협상의 도덕적 부적절성에 빠지고 마는지를 입증한 바 있다.

"두 번째 유형은 사회계약론적 결정을 계약 당사자들이 원초적 입장에서 이르게 되는 결정으로 이상화하는데, 그 속에서는 전략적 고려와 상대적 협상 능력이 어떠한 역할도 하지 못한다."19) 이러한 두 번째 유형의 역사적 근원은 루소와 칸트의 저작 속에서 찾아볼 수 있으며, 가장 명백한 현대적 발현은 롤즈의 저작이다.20) 우리가 이미 노직과 관련하여 논의한 바 있듯이, 로크의 입장은 재산권에 관한 그 유명한 단서를 통해서 홉스의 자연상태를 도덕화하려는 시도로도 해석할 수 있다.21) 그러나 로크의 사회계약론은 선재적인 도덕원칙, 즉 자연의 법칙(Law of Nature)을 가정하고 있다. "자연상태에는 그것을 규제하는 자연의 법칙이 있고, 그러한 법칙을 따르는 것은 모든 사람들의 의무이다." 그러한 자연의 법칙은 "아무도 다른 사람의 생명, 건강, 자유, 혹은 재산을 침해해서는 안 된다"고 명시한다.22) 더 나아가서 재산의 자연권에 대한 로크적 단서(the Lockean proviso)는 "어느 누구로부터의 부여 혹은 동의 없이도" 설정된다.23)

사회계약론에서 비전략적인, 비협상적인 입장은 전반적으로 볼 때 홉스적인 사회계약론의 유형이 가진 문제점들을 회피하는 것처럼 보인다. 그러나 우리가 이미 논증한 바와 같이 이러한 두 번째 유형도 사회계약론적 딜레마의 두 번째 뿔에 봉착하고 만다. 그러한 두 번째 뿔은 어떤 합리적인 사회계약론적 합의에 이르기 전에 선재적인 도덕적 요소를 도입하는 선결문제 요구의 오류, 부당 가정의 오류, 그리고 순환논증의 오류에 빠진다는 것이다.

사회계약론적 윤리학의 딜레마에 관한 이러한 역사적 중대성에 비추어 볼 때, 고티에의 신사회계약론적 윤리학의 주안점과 그 현실적 실행 가능성은 사회계약론적 윤리학이 당면한 이러한 역사적인 딜레마를 피해 갈 수 있는 전략에 달려 있다고 해도 지나친 말은 아닐 것이다. 고티에는 합리적 자기 이익(rational self-interest)과 도덕성의 관계에 대한 일련의 중대한 논문들을 발표한 이후, 『합의도덕론』에서 도덕성에 대한 사회계약론적 연역 기획의 최종적 유형을 제시하기에 이른다. 그러한 논문 속에서 고티에는 자신이 미래에 풀어야 할 철학적 과제를 다음과 같이 명백히 제시한 바 있다. "결국, [로크의] 권리와 [홉스의] 합리성은 조화되지 못한 채로 남아 있다. 그러나 내가 아는 한 나 자신을 포함해서 그 누구도 이러한 부조화에 대한 설득력 있는 해결책을 제시하지 못하고 있다."24)

고티에는 사회계약론적 윤리학의 딜레마가 보다 구체적으로 다음과 같이 구성되는 것으로 설명한다.25)

"도덕원칙들이 특수한 상황 속에서 합리적 선택의 대상이라고 주장하는 사람들은 이러한 원칙들의 실제적 준수의 합리성을 수립하는 데 실패한다. 그러한 준수의 합리성을 수립했다고 주장하는 사람들은 선재적(先在的)인 혹은 사전적(事前的)인 도덕적 가정을 포함하는 이성(reason)에 관한 강하고도 논란의 여지가 많은 개념에 의존한다."

고티에는 합리적 선택이론에 대한 자신의 해석에 의거하여, 합리적 선택이론은 그 어떠한 도덕적 요소도 포함해서는 안 된다고 주장한다. "우리는 도덕성이 합리적 선택의 무도덕적(non-moral) 전제들로부터 산출된 합리적 제약(a rational constraint)으로 간주될 수 있다고 주장할 것이다."26) 이러한 관점에서 보면, 고티에는 칸트와 롤즈의 사회계약론적 유형이 아니라 홉스와 뷰캐넌의 사회계약론적 유형에 동조하고 있는 것처럼 보인다. 따라서 그는 롤즈가 원초적 입장에서 무지의 장막을 도입한 것은 "인간에 관한 사전적인 도덕적 관념(a prior moral conception of the person)"을 포함시킨 것이라고 비판한다.27)

그러나 고티에는 동시에 "공정한 절차가 공평한 결과를 발생시키는 것은 오직 공평한 최초의 입장을 통해서뿐이다"라고 강하게 천명한다.28) 이러한 관점에서 보면, 고티에는 홉스와 뷰캐넌이 아니라 칸트와 롤즈의 편을 드는 것처럼 보인다. 고티에가 최초의 협상 상황에서 로크적 단서를 도입한 것은 이러한 관점에서 촉진된 것이다. 따라서 고티에는 자연상태에서의 약탈과 방어의 상호작용을 반영하는 뷰캐넌의 홉스적인 무정부적 균형이라는 사회계약론적 유형을 반대한다.29) 그러나 고티에는 여기서 자신이 로크적 단서를 계약 이전의 단계에 도입한 것이 사회계약론적 윤리학의 딜레마의 두 번째 뿔인 선결문제 요구의 오류와 순환논증의 오류에 봉착하고 마는 것이 아닌가 하는 우려를 표명하고 있다. 고티에의 전략은 사회계약론적 합의에 대한 합리적 준수는 로크적 단서로 규정되는 공정하고도 공평한 최초의 상황이 없이는 보장될 수 없다는 것이다. "각 개인이 자연적 상호작용에 어떤 제약을 받아들이는 것이 합리적인 것임과 아울러 동시에 정의로운 것이다."30) 섬너(L. W. Summer)가 적절하게 잘 강조한 것처럼, "로크적 단서에 대한 합리적 옹호는 사회계약론적 윤리학의 딜레마의 두 뿔을 피할 수 있는 가망성이 있는 것처럼 보인다."31) 비교적 긴 인용문이지만, 다음의 인용문은 고티에의 전략을 단적으로 잘 드러내고 있다.32)

"로크적 자연상태의 도입은 사회적 협동의 기준점을 도덕화한다. 따라서 정의의 원칙들의 도출에서 도덕적 요소가 유입된다. 그러나 그러한 유입의 방식을 엄밀하게 살필 필요가 있다. **오직 정의의 원칙들의 합리적 준수를 확보하는 데 필요한 만큼의 도덕적 고려 사항들만이 유입된다.** 결과적으로 정의의 원칙들은 도덕적 호소력을 갖게 된다. 정의의 원칙들은 최대 기대효용의 추구가 정의의 원칙들에 근거한 결정들에 대한 수행과 상충될 때, 오직 그때에만 각 개인이 자신의 최대 기대효용을 추구하는 데 있어서 어떤 제약을 요구한다. 이러한 제약이 합리적이기 위해서는 그 이상의 도덕적 요소가 도입되어야 한다. 즉 기준점을 결정하는 데 있어서 승인된 상호작용에서 타인의 손실을 통해서 이득을 취해서는 안 된다는 요구이다. 그러나 이러한 도덕적 요소는 오직 그러한 정의의 원칙들에 대한 준수의 합리성을 확보하기 위해서만 도입된다. **따라서 이러한 도덕적 요소는, 원칙들 자체와 마찬가지로, 궁극적으로는 순전히 합리적인 고려 사항으로부터 도출된다. 그것은 롤즈가 도덕적 인간이라는 개념을 상정한 것이나 노직이 자연권이라는 개념을 도입한 것처럼 하나의 독립적인 도덕적 요소로서 도입된 것은 아니다.**"

이 인용문을 통해서 알 수 있는 것처럼, 고티에는 정의의 원칙들에 대한 합리적 준수가 사회계약론적 합의의 기준점에 대한 로크적 단서를 요구한다는 것을 입증하려고 한다. 이제 사회계약론적 윤리학의 딜레마를 회피하려는 고티에의 철학적 목표가 기본적으로 명백히 밝혀졌으므로, 그러한 목표가 달성되었는지를 평가하기 위해서 고티에의 사회계약론을 좀 더 자세히 고찰해보기로 하자.

2) 도덕성, 합리성, 선호, 가치

"도덕성이란 무엇인가? 도덕철학자들은 흔히 도덕성의 본질적인 요소들을 발견했다고 주장해왔다."33) 물론 서양 철학사를 통해 도덕철학자들은 도덕성에 대한 설명들을 경쟁적으로 제시해왔으며, 이러한 경쟁적 설명들을 통해 우리는 도덕성의 위상에 대해서 더 깊은 통찰을 할 수 있는 계기를 가지게 되었다. 도덕성에 대한 그러한 설명 방식의 하나인 사회계약론적 윤리학은 도덕성을 전통적으로는 자연상태로 알려진 가상적인 최초의 선택 상황에서 합리적 인간들 사이에서 충분히 자율적인 합의의 대상으로 설명하거나, 혹은 그러한 방식으로 도덕성을 구성하려고 시도해왔다.34) 주지하는 바와 같이, 사회계약론적 윤리학의 우선적인 이론적인 의무는 다음과 같은 질문에 답하는 것이다. 즉, 왜 우리는 사회계약론인 가상적 계약이 실제로 이루어진 것이 아니라면, 그러한 계약이 도덕적이거나, 혹은 합리적이거나, 혹은 다른 속성을 가지든지 간에 도대체 그것에 관심을 가져야 하는가? 다른 말로 하면, 도덕성에 대해서 사회계약론적 윤리학이 제시하는 이론적 설명의 근거는 과연 무엇인가?

이러한 질문에 대한 고티에의 답변은 다음과 같다.35)

"가상적 계약에 호소하는 근본적인 이유는 사회가 실제로 어떤 상태에 있든 간에 사회는 오직 그 구성원들의 상호 이익을 위한 연합체가 되어야만 하므로 사회의 관행과 제도는 각 개인이 그 속에 자발적으로 들어가는 것이 합리적인 것이 되는 어떤 합의로부터 결과하는 그러한 것이 되어야만 한다는 가정 속에서 발견될 수 있다."

이 인용문으로 미루어볼 때, 사회계약론적 합의는 사회적 관례와 제도에 대한 규범적 평가를 위한 합리적인 정당화의 근본적인 이유를 제공하는 것이라고 추론될 수 있을 것이다.

고티에는 더 나아가서 사회계약론적 윤리학의 근본적인 설명 근거는 "사회학 이론에서의 방법론적 개인주의와 핵심적인 사회적 관행들에 대해서 합의를 요구하는 도덕적 개인주의"에서 찾아볼 수 있다고 주장하고 있다.36) 그렇다면 이러한 방법론적 개인주의와 도덕적 개인주의는 어떻게 옹호될 수 있을 것인가? 이에 대해서 고티에는 "오직 그러한 사회만이 모든 합리적 개인들의 자발적인 신의와 성실을 진작시킬 수 있기 때문이다"라고 답변한다.37) 이러한 답변이 의미하는 것은 "착취"와 "강제적인 관계", 혹은 "지옥의 유황불"과 "이데올로기적 허위의식"으로 유지되는 사회는 결코 사회계약론적인 합리적 합의의 시험대를 통과하지 못한다는 것이다.38) 그러나 우리가 본장 2절 3)항에서 논의하게 될 것처럼, 기독교적 원리주의자들뿐만 아니라 마르크스주의자들과 공동체주의자들은 고티에의 사회계약론적 윤리학의 정당화의 근거에 대해서 강하게 반대하고 있다. 여기서의 우리의 주안점은 고티에의 사회계약론적 윤리학의 근본적인 설명 근거를 도덕성에 관한 그의 견해와 연관적으로 논의하는 것이다. 고티에는 인간사회는 "타인의 이익에 관심을 갖지 않는" 사람들 사이에서의 "상호 이익을 위한 협동적 사업"이라는 롤즈의 견해를 수용한다.39) 또한 고티에는 롤즈와 마찬가지로 협동이 가능한 이유에 대해서 정의의 배경적 상황에 대한 흄의 특징적 묘사에 호소하고 있다.40) 이미 언급된 것처럼, 정의의 배경적 상황은 사회적, 자연적 자원의 희소성과 각 개인은 자신의 이익을 증진하려는 자기중심적 경향을 가진다는 것이다.

따라서 사회계약론적 도덕성은 정의의 배경적 상황에 가장 극명하게 드러난 "사회 이전의 자연상태" 혹은 "도덕 이전의 상태"로부터 상호 이익이 되는 협동적 사회로의 이행을 가능하게 해주는 근본적인 이유가 된다.41) 이러한 상호 이익에 도달하기 위해서, 사회계약론적 도덕성은 개인적인 자기 이익의 극대화를 제약할 것을 요구한다. 그러나 이러한 경우, 도덕성이 비록 집단적인 상호 이익을 제공한다고 하더라도 개인적인 자기 이익의 극대화로 간주되는 통상적 합리성과 완전히 양립 가능한 것으로는 보이지 않는다. 그래서 비록 사전적(*ex ante*)인 사회계약론적 합의가 합리적으로 이루어졌다고 하더라도, 사후적(*ex post*)인 준

수는 무임승차자의 문제에서 예시된 것처럼 합리적으로 보장될 수 없다.42)

우리가 제1장과 제2장에서 언급한 것처럼, 도덕성과 합리성의 관계에서 시초적인 문제는 도덕적 제약과 개인적 자기 이익의 극대화 사이에서 보게 되는 명백한 갈등이다. 이러한 도덕성과 합리성의 외견적인 불가 양립성은 "도덕성에 대한 기초적인 가정, 즉 각 개인의 이익의 추구에 대한 제약"으로부터 발생하게 된다.43) 이러한 가정은 자연적으로 서양 윤리학사에서의 하나의 공통적인 신념으로 나타나게 된다. "의무는 이익으로 환원될 수 없다거나, 혹은 도덕성은 행위자로 하여금 이득에 대한 모든 고려를 그 밑에 종속시킬 것을 요구한다는 가정은 플라톤으로부터 현재에 이르기까지의 모든 반대자들의 공격을 잘 견디어왔다."44)

따라서 고티에는 "도덕성이란 … 전통적으로 개인적 이익의 추구에 대한 공평한 제약을 포함하는 것으로 이해되어왔다"고 지적한다.45) 그는 이러한 전통적인 견해를 독특한 방식으로 견지하려고 노력한다. 즉 "의무는 이득을 압도하지만, 의무의 수용은 참으로 이득이 되는 것이다."46) 고티에가 인정하는 바대로, 이것은 일견할 때 "하나의 역설(a seeming paradox)"처럼 보인다. 왜냐하면 자기 이익의 극대화에 대한 합리적 제약으로서의 도덕성은 "이익에 그 근거"를 가지고 있기 때문이다. 이것은 도덕성이 바로 극대화로서의 합리성의 개념에 그 근거를 가지고 있다는 것을 의미하게 되는 셈이다.47) 우리의 선택은 자기 이익의 극대화로서의 합리성에 의해서 이루어지는데, 그러한 선택은 바로 그 합리성의 개념으로 볼 때 "메타적 선택(meta-choice), 즉 어떻게 선택할 것인가에 대한 선택"이다.48)

토머스 네이글(Thomas Nagel)에 따르면, 합리적 도덕 기획(rational moral project)은 두 종류로 분류할 수 있다. 만약 합리적 기획이 의미하는 바가 도덕적인 것은 합리적인 것이라고 한다면, 그것은 부도덕적인

(immoral) 것은 언제나 불합리한(irrational) 것이라는 강한 주장이거나, 혹은 도덕적인 것은 결코 불합리한 것이 아니라는 약한 주장일 것이다.49) 고티에는 "합리적으로 선택하기 위해서, 우리는 도덕적으로 선택해야만 한다. 이것은 강한 주장이다"라고 명백하게 밝히고 있다.50)

이러한 강한 주장은 바로 고티에의 "선구적 사업", 즉 "우리는 도덕이론을 합리적 선택이론의 한 부분으로 발전시킬 것이다"에 직접적으로 연관된다.51) 고티에의 합리적 선택이론적 전략은 사회계약론의 "세 가지의 핵심적 문제들", 즉 합리적 협동, 합리적 준수, 그리고 적절한 최초의 입장의 합리적 수용에 대한 해결을 공언하고 있다.52) 우리는 이러한 세 가지 문제에 대해서는 다음 절에서 자세히 논의할 것이다. 제2장에서 우리가 논의한 바와 같이, 고티에는 도구적인 자기 이익의 극대화라는 합리성에 대한 신고전학파의 개념을 수용하고 있다. 그 자신의 용어법으로서, 고티에는 "합리성의 **극대화적**(*maximizing*) 개념"을 수용한다.53) 합리성의 극대화적 개념은 "주관적 효용의 극대화"의 형식을 취하는데, 이것은 합리적 인간은 "각자가 지닌 이익의 최대 만족"을 추구한다는 것을 의미한다.54) 고티에는 이러한 합리성에 대한 주관적 효용의 극대화적 개념을 "합리성에 대한 **보편적**(*universalistic*) 개념"과 대비시키는데, 이러한 보편적 개념은 "어떤 이익을 충족하는 것이 합리적인가 하는 점에서 그것이 누구의 이익인가 하는 점은 중요하지 않다"는 것이다.55)

이러한 보편적 개념은 칸트, 네이글, 그리고 헤어가 사용하고 있다.56) 우리가 이미 본서 제3장 2절에서 언급한 것처럼, 롤즈와 하사니는 불확실성하의 선택을 각자의 방식대로 정식화하기 위해서 보편적 개념을 사용하고 있다. 고티에는 "공리주의는 사람들 사이의 구분을 심각하게 고려하지 않는다"는 공리주의에 대한 롤즈의 비판에 동조한다.57) 그럼에도 불구하고, 고티에는 무지의 장막 때문에 "롤즈는 인간이 스스로를 자신이 인식하는 바의 있는 그대로의 인간이 가진 본래의 모습을 훼손한다"고 비판한다.58) 따라서 고티에는 롤즈의 보편적 개념을 "각 개인은 모든 사람이거나, 아니면 아무도 아니다(Each man is every-man or no-man)"라고 조롱하고 있다.59) 이러한 관점에서 고티에는 비록 사회계약론적 합의가 가상적인 것이라 할지라도, "합의 당사자들은 그들의 능력과 입지와 관심에 따라 구분되는 실제적이고 구체적인 개인들"이어야 한다고 주장한다.60) 이러한 주장은 고티에가 "도덕성은 특정한 전략적 상황을 위한 합의를 규정하는 방식을 통해서 대두하게 된다"는 언명으로 뒷받침된다.61) 그래서 고티에는 도덕성을 위한 적절한 선택 모형은 "그 자신들의 정체성을 모를 필요가 없는 사람들 사이의 협상 혹은 합의"이어야만 한다고 명시한다.62)

고티에는 전반적으로 볼 때, 자신의 "합리적 선택이론의 한 부분으로 발전된 사회계약론적 도덕론은 명백한 강점을 가지고 있다"고 지적한다.63) 그러한 강점은 다음 두 가지이다. "도덕성은 따라서 약할 뿐만 아니라 광범위하게 수용된 실천적 합리성에 확실한 기반을 가지고 있다."64) 그러나 우선적으로 우리는 극대화적 합리성 개념이 광범위하게 수용되었다는 고티에의 주장이 과연 설득력 있는 주장인가 물을 수 있다. 경제학과 의사결정론과 게임이론의 영역에서 수용된 견해에 대한 단순한 호소는 철학적이고 논리적인 주장은 아니다. 또한 우리는 그러한 수용된 견해가 어느 정도 광범위한지도 질문할 수 있을 것이다. 우리가 제2장 3절 1)항에서 논의한 바와 같이, 사회학적, 심리학적 이론들은 합리성의 극대화적 개념에 대해서 강력하게 반대한다. 더 나아가서, 제2장 3절 2)항에서 논의한 것처럼, 합리적 선택이론의 자체 영역에서도 합리성의 불완전학파와 확장학파는 극대화적 합리성 개념에 대해서 도전하고 있는 실정이다. 극대화적 합리성의 개념을 거부하고 보편적 합리성의 개념을 옹호하는 사람들은 보편적인 합리성이 광범위하게 수용된 서양 도덕철학의 유구한 전통에 호소할 수 있을 것이다. 아울러 고티에는 아르키메데스적 점에서의 공평성을 확보하기 위해서 합리성의 보편적 개념에 호소하고 있다. 보다 엄밀히 말하면, 고티에는 공평성을 확보하기 위해서 합리성의 혼합적 개념, 즉 얇은 무지의 장막 아래서의 합리성 개념을 옹호하고 있다는 사실도 지적될 수 있을 것이다.65)

이어서 극대화적 합리성의 개념이 약한 개념이라는 고티에의 주장을 살펴보기로 하자. 광범위한 수용과 약한 전제라는 두 가지 강점 중 약한 전제로부터의 강점이 논리적으로 볼 때 더 큰 강점을 가지는 것이 사실이다. 고티에는 전제의 미약성이 개념적 덕목이라고 생각한다.66) 만약 도덕성이 극대화적 합리성의 개념과 같은 약한 전제로부터 도출될 수 있다면, 개인들은 더 적은 공약을 하게 될 것이다. 다시 말하면, 합리성의 보편적 개념은 그것이 각 개인들에게 자신의 정체성을 말살하도록 요구한다는 점에서 매우 강하면서도 지나친 요구가 될 수도 있다. 결국 합리성의 보편적 개념은 처음부터 이타적 동기를 가정하는 것과 마찬가지의 결과를 가져오는 셈이다. 따라서 고티에는 이렇게 말한다. "합리성의 극대화적 개념에 의거하여 행위할 이유를 밝혀주는 고려 사항은 또한 보편적 개념에 의거해서도 역시 그러한 이유를 밝혀줄 것이다. 그러나 그 역은 성립되지 않는다."67) 아마도 이러한 합리성의 극대화적 개념과 보편적 개념 사이의 불가역적 관계는 "홉스의 바보(Hobbes's Foole)"와 같은 도덕적 회의주의자는 합리성의 극대화적 개념에 의거하여 자신의 우둔성을 깨달을 수 있지만 보편적 개념에 의해서는 그렇지 못하다는 것을 의미할 것이다.

우리가 본서 제3장 2절 3)항에서 논의한 바와 같이, 롤즈는 자선과 동정적 관망자에 관한 공리주의적 가정에 반하여 상호 무관심을 가정하는 자신의 입장을 옹호하기 위해서 고티에가 주장하는 전제의 미약성 논증을 이미 사용한 바 있다. 롤즈는 "우리는 광범위하게 수용되지만 약한 가정들로부터 보다 특정한 결론에 이르는 논증을 전개할 수 있다"고 밝힌 바 있다.68) 그러나 고티에는 전제의 미약성 논증을 동일한 방식으로 원용하여 합리성의 보편적 개념을 사용하고 있는 롤즈와 공리주의를 비판하고 나선다. 고티에의 주장이 가진 타당성은 공리적인 연역적 체계(axiomatic deductive system)에서는 명백한 것처럼 보인다.69) 그러나 우리는 본장 2절에서 합리성의 극대화적 개념에 의거하여 도덕성 자체도 변화하고 있다는 점을 입증하게 될 것이다.

합리적 도덕성을 위한 논증의 타당성은 다시 말할 필요도 없이 사회 계약론적 윤리학의 두 번째 딜레마를 피하려는 시도와 밀접하게 연관되어 있다. 합리성의 보편적 개념을 괴롭히고 있는 순환성과 선결문제 요구의 오류를 피하기 위해서 고티에는 다음과 같이 명백히 지적하고 있다. "다시 한 번 말하지만 우리의 의도는 논증의 전제에 결론에서 도출될 어떠한 도덕적 개념도 유입함이 없이 이러한 [합리적 연역 기획의] 작업을 수행한다는 것이다."70) 다시 말하면, "어떠한 다른 대안적 설명도 무도덕적인, 혹은 도덕적으로 중립적인 토대로부터 선택과 행위에 대한 합리적 제약으로서의 도덕성을 산출하지 못한다"는 것이다.71) 이러한 관점에서 많은 비평가들은 고티에가 추구하는 도덕성에 관한 사회 계약론적 합리적 연역 기획은 일종의 합리적 정초주의(rational foundationalism)의 한 전형적 사례라고 평가하고 있다.72) 고티에의 합리적 정초주의의 의의는 러셀 하딘(Russell Hardin)의 다음과 같은 언명에서 잘 드러나고 있다.73)

"만약 고티에의 이론이 강력한 설득력을 갖는다면, 그 이론의 엄청난 가치는 [수인의 딜레마와 무임승차자의 문제 등 합리성과 그 역설에 관한] **모든 문제들의 해결이 가능하다는 것이다.** 그러한 문제들이 비일비재하다는 점을 고려한다면, 우리는 고티에의 이론이 잘못이거나, 혹은 사람들이 협동에서 그들의 합리적인 자기 이익을 이해하지 못한다고 생각할 수밖에 없을 것이다. 아마도 더욱 인상 깊은 것은 지난 2천 년간 최고의 사회이론가들이 중대한 것으로 인식했으나 해결하지 못한 문제들을 고티에가 해결했다고 생각할 수도 있다는 것이다. 이러한 생각은 대담한

상상이다. 만약 고티에의 이론이 옳다면, 철학적으로 볼 때, **그것은 세계
사적인(world-historical) 것이다.**"

　비록 합리성의 극대화적 개념이 무도덕적 전제라는 위상을 갖는 것이
장점임을 인정하더라도, 합리성에 관한 자기 이익의 도구적 극대화 개
념이 순전히 중립적인 것인가 하는 것은 여전히 문제로 남는다. 고티에
는 자신의 전제에서는 "어떤 특정한 도덕률도 옹호"하지 않는다고 공언
하고 있다.74) 여기서 우리는 선호(preference), 공리 혹은 효용(utility),
그리고 극대화(maximization) 같은 합리적 선택이론의 기본적 개념들을
구체적으로 탐구하는 것이 필요할 것이다. 고티에가 주장하는 주관적
효용의 극대화로서의 합리성 개념은 만약 우리가 이러한 세 가지 기초
적 개념 사이의 관계와 그의 가치론을 이해하지 못한다면 일견할 때 모
호한 것처럼 보인다. 이러한 관점에서 우리는 제2장에서의 관련된 논의
들을 다시 개괄하는 것이 필요하다.

　지금까지 우리는 고티에의 합리적 선택이론을 이득(advantage) 혹은
자기 이익(self-interest)의 만족이라는 용어를 통해 막연히 기술하여왔
다. 고티에는 합리적 선택이론을 "선호와 효용에 대한 엄밀한 척도"로
정의하고 "합리성을 효용의 극대화와 동일시한다."75) 그러나 이러한 정
의와 언명도 여전히 보다 자세한 해명을 필요로 한다. 첫째, 합리적 선
택이론은 우선적으로 행위를 통해서 실현될 대안적 가능성으로 인식되
는 사태들에 관한 개인적 선호에 주목한다.76) 둘째, 효용은 개인적 선호
의 척도로 규정된다. 만약 한 개인이 행위함에 있어서 대안 A가 야기하
는 사태로부터의 가능한 결과를 대안 B가 야기하는 사태로부터의 가능
한 결과보다 선호한다면, A에서의 그의 효용은 B에서의 그의 효용보다
더 크다. "효용은 따라서 선호 관계의 대상으로 간주되는 사태로부터
기인한다."77) 셋째, 합리적 개인은 상이한 사태에서 그의 행위가 가져올
가능한 결과들의 한정된 집합 속에서 선택함으로써 각자의 효용을 극대

화한다. 합리성은 따라서 효용의 극대화로 정의된다.78) 요약하면, "선택은 주어진 신념 아래 선호의 충족을 극대화한다."79) 여기에 부가해서, 고티에는 우리가 제2장에서 논의했던 완전성(completeness)과 전이성(transitivity)을 일관된 선호(coherent preference)의 형식적 조건으로 수용하고 있다.80)

합리성을 선호의 척도인 효용의 극대화와 동일시함으로써 고티에는 합리성의 도구적 개념을 취하고 있다. 고티에의 이러한 "합리성의 도구적 개념은 가치를 효용과 동일시하는 것으로 이어진다."81) 따라서 "합리성의 도구적 개념은 "행위의 목적에 관한 모든 관심을 거부한다."82) 그러나 고티에는 합리적 선호의 내용에 대한 최소한의 기준을 마련하려고 노력한다. 그래서 고티에는 숙고적 합리성(considered preference) 이론을 제시한다. 여기서 고티에는 합리성에 대한 신고전학파 경제학의 표준적 개념에 중대한 변경을 가하게 된다. 우리가 제2장 1절 2)항에서 지적한 것처럼, 롤즈와 마찬가지로, 고티에도 현시 선호 이론을 수용하지 않는다.83) 선호에 적용되는 숙고적 합리성 이론의 요점은 "언어로 표현된 태도의 영역"을 "선택을 통해서 드러난 선호의 행동적 영역"에 대비적으로 비추어 판단한다는 것이다.84) 고티에의 숙고적 합리성의 개념은 전체적으로 볼 때, "선호는 그것의 행동적 영역과 태도적 영역에서 어떠한 상충도 없고, 경험과 반성을 통해서 안정적일 때 오직 그때에만 숙고적이다"라는 것이다.85)

이와 관련하여, 고티에는 자신의 가치론을 명백히 한다. 가치는 숙고적 선호의 척도인 효용과 동일시되며, 합리적 선택은 가치를 극대화하려는 전반적인 계획을 포함한다.86) 더 정확히 말하면, "우리는 가치를 개인적 선호의 척도로서 간주하는데, 그것이 주관적인 이유는 [각자가] 선호의 척도이기 때문이며, 그것이 상대적인 이유는 개인적 선호의 척도이기 때문이다."87) 가치론에 관한 자신의 유명한 언명에서 고티에는 다음과 같이 말한다. "플로지스톤(phlogiston)처럼, 객관적 가치는 우리의 설명적 구조에서 불필요한 부분이며, 그것은 오캄의 면도날(Ockham's razor)에 의해서 우주의 표면에서 제거되어야 할 그러한 것이다."88) 고티에는 자신의 가치론은 "존재론적, 인식론적 요구들"로부터 자유로워질 수 있다고 주장한다. 그러한 요구들은 선(the good)에 대한 플라톤적인 관념적 이데아와 그에 대한 회고적 상기(recollective anamnesis)와 같은 것으로 객관적 가치론에 부착되어 있다.89)

도덕철학에서 주관주의와 객관주의, 그리고 상대주의와 절대주의의 유구한 대립과 철학의 여타 분야에서의 그러한 대립적 논쟁의 확산을 감안해볼 때, 그러한 논쟁들에 대한 논의를 이 책에서 자세히 다루지는 못할 것이다.90) 여기서 우리의 논의의 주안점은 고티에의 주관주의적인 상대주의적 가치론이 그의 사회계약론적 윤리학의 중립적 정초를 마련할 수 있는가를 평가하는 일이다. 이러한 평가에는 세 가지 문제가 관련되어 있다.91) 첫째, 고티에의 주관주의가 함축하는 메타이론적인 모순적 궁지의 문제가 등장한다. 에이드리언 파이퍼(Adrian Piper)와 크리스토퍼 모리스(Christopher Morris)가 비판적으로 잘 논의한 대로, 고티에가 합리적 선택이론의 관점에서 이타적이고 정감적인 가치에 대한 상호 무관심한 자기 이익 중심의 주관적 가치의 보편적이고 획일적인 우위를 강조하는 것은 이론적으로 일종의 객관주의에 호소하는 것이다.92) 둘째, 마이클 샌델(Michael Sandel)과 시빌 월프럼(Sybil Wolfram)에 의해서 제기된 것처럼, 고티에의 상대주의적 가치론은 상대주의적 궁지에 처한다는 문제가 있다.93) 고티에는 궁극적으로 자유주의적인 개인주의적 삶의 방식을 옹호하고 있는데, 과연 이러한 옹호가 가치 있는 삶에 대한 어떤 전망을 수용하지 않고서 달성될 수 있을 것인가? 즉 어떤 목적에 대한 다른 목적을 우선적으로 수용하지 않고서 될 수 있을 것인가? 샌델은 "어떤 특정한 목적을 수용하지 않고서 자유주의적 원칙을 옹호한다는 것은 상대주의적 궁지에 빠지고 만다"고 지적한다.94) 셋째, 상대주의적 궁지에 빠진다는 것은 결국 보다 일반적으로 자유주의가 주창하는 가치의 중립성이 궁지에 빠진다는 것을 의미한다. 윌리엄 갤스턴 (William Galston)은 비록 자유주의자들이 자유주의에 중립적인 정초를 마련하려고 시도한지만, 실제로 그들은 암암리에 "실질적인 가치론"을 원용하고 있다고 비판한다.95)

이러한 세 가지의 이론적 궁지는 고티에가 "어떤 한 삶의 방식이 다른 방식보다도 인간 발전의 더 높은 단계를 나타냄으로써 더 진보했다고 분류할 수 있는 네 가지 기준이 있는데, 그것은 인구밀도, 수명, 물질적 복지, 기회의 증대이다"라고 명확히 말한 점으로 확증된다고 볼 수 있다.96) 고티에의 이러한 네 가지 기준은 객관적인 것으로 해석될 수 있지만, 그러한 기준은 여전히 "우리의 서구사회의 특정한 조건들"에 역사적으로 상대적인 것으로 간주될 수 있다.97) 여기서 고티에는 명백하게 이러한 네 가지 기준을 서구사회에만 한정함으로써 "일반적으로 적용 불가능하거나 이상적으로 적절치 않다고 간주하는 것은 잘못이다"라고 해명하고 있다.98) 만약 고티에의 이러한 해명이 사실이라면 고티에는 "객관적이고 절대적인 가치들"을 전제하고 있다는 월프럼의 비판은 타당할 것이다.99) 고티에의 이러한 네 가지 기준은 롤즈의 사회적 기본가치(the primary social goods)를 방불케 한다.

자유주의의 가치중립성에 관한 또 다른 문제는 우리가 이미 제2장에서 다루었던 합리적 경제인간(rational *homo economicus*)에 관련된다. 고티에는 합리적 경제인간에 관련하여, "합의도덕론은 경제인간에 대한 이해를 포착하고 있다"고 명백하게 인정한다.100) 그러나 고티에는 여기서 한 걸음 더 나아간다. 그래서 고티에는 "합의도덕론은 경제인간의 도덕 그 이상이다"라는 것을 입증하려고 노력한다.101) 이러한 두 언명에 대한 충실한 해석은 다음과 같을 것이다. 즉 도덕성은 계몽된 경제인간의 합리성으로부터 도출될 수 있지만, 이것이 의미하는 것은 경제인간 각자는 자신의 진정한 자기 이익 극대화의 관점으로부터 도덕적 제약을 수용할 수 있다는 것을 의미한다. 그렇지만 고티에는 자신의 이론적 전제 속에 서구 시장 자본주의의 경제인간(*homo economicus*)의 합리성을 배타적으로 채용하고 있다.102) 고티에의 이러한 명백히 비중립적인 주장은 그의 논란의 여지가 많은 주장, 즉 완전경쟁시장(the perfectly competitive market)은 "도덕의 해방지구(a morally free zone)로서 도덕적 제약(the constraints of morality)이 존재하지 않는 상황"이라는 주장으로 이어진다.103)

3) 도덕의 해방지구로서의 완전경쟁시장

지금까지 우리는 고티에의 사회계약론적 윤리학의 이론적 출발점에 대해서 탐구했다. 즉 우리는 개인적 효용의 극대화로서의 합리성 개념과 개인적 효용의 직접적인 극대화적 추구에 관한 협동을 위한 제약으로서의 도덕성 개념을 논구했다. 도덕성과 합리성의 이러한 기본적인 관련 방식으로 볼 때, 도덕의 해방지구에 대한 고티에의 주장은 단순한 것이다. 만약 완전경쟁시장과 같은 이상적 지역이 있다고 한다면, 개인적 합리성은 어떠한 제약도 받지 않고 완전히 발휘될 수 있어서 도덕은 불필요하다는 것이다.104) 도덕의 해방지구라는 말은 그곳에서는 도덕이 불필요하거나 작동하지 않는 무도덕적, 탈도덕적, 도덕(가치)중립적 지구라는 것을 의미한다. 고티에가 도덕의 해방지구로서의 완전경쟁시장이라는 가정을 설정하는 이유는, 제3장 2절 2)항에서 논의했던 것처럼, 롤즈가 "완전히 정의로운 사회(the perfectly justice society)"인 "질서정연한 사회(well-ordered society)"라는 가정을 상정하는 이유와 그 대척을 이룬다.

롤즈의 질서정연한 사회는 "모든 사람들이 정의롭게 행동하고 정의로운 제도를 유지하기 위해 각자의 역할을 다하는 것으로 가정한다."105) 즉 "어떤 사회가 그 성원들의 선을 증진해줄 뿐만 아니라 공공적 정의관에 의해서 효율적으로 규제되는 경우 그 사회를 질서정연한 사회라고 한다."106) "따라서 그러한 사회는 모든 사람들이 타인들도 동일한 정의의 원칙들을 받아들이리라는 것을 인정하고 알고 있는 사회이며, 사회의 기본적인 제도들이 그러한 원칙들을 만족시키고 있으며 또한 만족시킨다는 것이 알려져 있는 사회이다."107) 그렇다고 한다면, 도덕성이 없는 고티에의 완전경쟁시장은 완전한 정의가 실현되는 롤즈의 질서정연한 사회와 확연한 대척점이 된다.

전통적으로 경제학에서 수요과 공급이 최적적인 균형을 이루는 완전경쟁시장은 개인적 합리성이 어떠한 제약도 없이 완전히 발휘되는 사회이다. 이것은 자유방임주의적 경제학의 기본적 가정으로서, 아담 스미스의 그 유명한 "보이지 않는 손(the invisible hand)"의 개념에 의해서 정식화된 바 있다. 이러한 기본적 가정은 결국 "경제학에서 도덕의 방기(放棄)"에 이르게 된 빌미가 되었다.108) 이러한 관점에서 볼 때, 경제학이 물질적 번영을 추구하는 가치중립적이고도 탈도덕적인 사회공학의 전형적 사례로서 간주되어왔던 점을 이해할 수 있을 것이다.109)

자유방임주의에 대한 전통적인 혹은 현대적인 옹호자들과 달리, 고티에는 실제 시장이 도덕이 해방되는 그러한 형태의 영역이라거나, 혹은 완전경쟁시장이 "우리의 대부분의 경제적 교환에서 실현되고 있거나, 혹은 거의 실현되고 있거나, 혹은 적어도 실현 가능하다"고 주장하고 있지는 않다.110) 그렇지만 도덕의 해방지구로서의 완전경쟁시장에 대한 그의 주장은 여전히 괄목할 만한 것이다. 고티에에게서 완전경쟁시장은 "도덕성을 보다 명백하게 나타내기 위한 하나의 대조물(foil)"이다.111) 그렇다고 한다면, 도덕성은 오직 시장의 불완전성 때문에 시장에 대해서 적용 가능하게 된다. 시장의 불완전성은 통상적으로 "시장의 실패(market failure)"로 지칭된다.112)

시장의 완전경쟁성과 도덕적 위상에 관한 다양한 경제학설들을 둘러싸고 전개되고 있는 규범적 논란들은 매우 복잡한 양상으로 전개되고 있으며, 또한 심층적인 이데올로기적 논의를 필요로 한다.113) 우리는 비록 본장 2절 3)항에서 자본의 원초적 축적과 자본주의적 착취에 관련된 마르크스와 맥퍼슨의 자본주의 비판을 다루기는 하겠지만, 여기서 우리의 논의는 고티에의 사회계약론적 윤리학의 첫 번째 핵심적 개념, 즉 "완전경쟁시장에 의해서 산출된 도덕의 해방지구"의 이론적 신빙성에 대한 비판적 탐구에 국한될 것이다.114)

고티에의 사회계약론적 윤리학의 첫 번째 핵심적 개념인 도덕의 해방지구로서의 완전경쟁시장을 정확하게 평가하기 위해서는 다음과 같은 세 가지 문제가 먼저 명백히 밝혀져야 한다. 첫째, 완전경쟁시장의 기본적 가정과 그 결과는 무엇인가? 둘째, 도덕의 해방지구라는 말이 의미하는 것은 정확히 무엇인가? 다시 말하면, 시장의 어떠한 측면이 도덕적으로 해방된 것인가? 시장의 조건인가, 운행 과정인가, 아니면 결과인가? 셋째, 만약 도덕성이 시장의 실패로부터 발생한다면, 시장의 실패로 간주되는 것은 무엇인가? 도덕성은 어떻게 시장의 실패를 교정할 수 있는가? 이러한 세 가지 문제를 다루면서, 우리는 궁극적으로 고티에 자신의 입장으로 볼 때, 완전경쟁시장은 도덕의 해방지구라고 주장할 수 없다는 점을 입증할 것이다. 더 나아가서 우리는 고티에가 근래 논문에서 자신의 사회계약론적 윤리학의 첫 번째 핵심적 개념에 관련하여 어떻게 자신의 입장을 수정했는지도 탐구하게 될 것이다.

첫째, 완전경쟁시장의 기본적 가정과 결과는 무엇인가? 고티에는 "개인적 자질 요소, 사적 재화, 자유시장 활동, 상호 무관심, 외부성의 결여와 같은 것들이 완전경쟁시장의 전제조건들이다"라고 밝히고 있다.115) 이러한 간략한 언급은 좀 더 상세한 설명이 필요하다. 시장은 기본적으로 모든 생산물과 생산요소(노동, 자본, 토지)에 대한 사적 소유를 전제하고 있다. 더 나아가서 합리적인 각 개인은 자신이 가진 자원을 생산과 교환과 소비에서 자유롭게 사용할 수 있다는 것이 전제된다. 이러한 사적 소유의 전제는 두 부분으로 구성된다. 즉 "개인적 자질 요소와 자유로운 개인적 시장 활동"이 그것들이다.116) 시장은 모든 생산물의 소비에서 보다 제약된 형태의 프라이버시를 전제하고 있다. 즉 각 개인은 자신의 사적 재화를 배타적으로 소비함으로써 그러한 사적 재화에 대한 타인의 소비를 배제하고 있다. 여기에 부가하여, 합리적인 각 개인은 소비의 효용에서 타인으로부터 독립적이다. 이러한 전제는 롤즈가 무지의 장막에서 상호 무관심을 가정한 것과 일치한다. 고티에는 상호 무관심성을 경제학에서 흔히 가정되는 "무관심주의(non-tuism)"에 대한 요구 조건으로서 수용한다.117) 따라서 고티에는 "사적 소유와 마찬가지로, 사적 소비도 두 부분으로 나누어진다. 즉 사적 재화와 상호 무관심이다"라고 지적한다.118)

외부성의 결여는 완전경쟁을 위한 추가적인 조건이다. 외부성은 공공재(public goods)의 존재, 혹은 상호 의존적인 효용 때문에 발생한다. 외부성에는 두 종류가 있다. 첫 번째 종류의 외부성은 비배제적인 공공 선재로부터 발생하는 긍정적 외부성(positive externality)이다. 이러한 긍정적 외부성은 우리가 무임승차자의 문제를 논의할 때 언급되었으며, 그 예는 등대 설치의 비용을 부담하지 않고 등대가 주는 이득만을 취하는 선박의 경우에서 찾아볼 수 있다. 두 번째 종류의 외부성은 부정적 외부성(negative externality)으로서 비배제적인 공공악재로부터 발생하는데, 그 예는 공기오염에서 찾아볼 수 있다. 환경 처리 비용을 부담하지 않고 오염된 공장 연기를 마구 내뿜는 회사의 소유주는 공기오염의 비용을 타인에게 전가하는 셈이다. 즉 그 소유주는 자신의 상업적 이득을 얻으면서도 자신이 처리해야만 하는 공기오염의 비용을 타인에게 이전하고 있는 것이다. 요약해서 말하면, "외부성의 결여는 어느 누구도 관련 당사자가 되기를 선택하지 않는 시장 행위에 의해서 긍정적으로 혜택을 입거나 부정적으로 해악을 당해서는 안 된다는 것을 보장한다."119)

지금까지 우리는 완전경쟁시장의 기본적 가정에 대해서 논의했다. 그렇다면 그러한 완전경쟁시장의 결과는 무엇인가? 완전경쟁시장의 결과는 자유시장에서의 완전경쟁 같은 적절한 조건 속에서 만약 개인들이 자신의 효용을 극대함으로써 순전히 자기 이익을 추구한다면, 그 결과는 파레토 최적성(Pareto optimality)이 달성된다는 것이다.120) 시장의 결과에 대한 이러한 견해는 아담 스미스가 그 초보적 모형을 제시했으며, 그 명백한 모형은 근대 신고전학파에서의 후생경제학의 정리로 나타나게 된다. 이것이 소위 후생경제학의 일반균형이론의 기본적 혹은 근본적 정리(basic or fundamental theorem)로서 "제1정리"라고 명명되고 있다.121) 고티에는 이러한 제1정리에 매혹을 당하여 커다란 찬사를 보낸다.122)

> "경제학자들은 이제 완전경쟁의 조건이 주어지면 시장 균형도 또한 최적적일 수밖에 없다는 것, 즉 어떤 다른 사람을 나쁘게 하지 않고서는 다른 어떤 사람도 좋게 할 수 없는 최적성의 상황이라는 것을 증명하는 개가를 올렸다."

그렇다면 우리는 여기서 두 번째 문제를 탐구해야 할 것이다. 완전경쟁시장의 최적적 균형 상태는 어떠한 관점에서 도덕의 해방지구인가? 시장의 어떠한 측면이 도덕을 해방시키는가? 즉 도덕의 해방지구라는 것은 시장의 배경적인 전제조건, 운행 과정, 그리고 결과 중 어떤 것에 적용되는 것일까? 일견할 때 고티에는 이러한 세 가지 측면이 모두 도덕의 해방지구를 구성한다고 주장하는 것처럼 보인다. 그러나 그의 저작을 자세히 천착해보면, 우리는 그렇지 않다는 것을 알게 된다. 고티에는 이러한 시장의 세 가지 측면을 명백하게 구분하고 있다.123) 시장의 조건에 관련하여 고티에는 "시장의 운행 과정이나 혹은 그 결과 중 어떤 것도 시장의 초기적 상황이 합리적이거나 혹은 도덕적으로 수용할 만하다는 것을 입증할 수 없으며, 혹은 입증하는 데 도움이 되지 못한다"고 못 박는다.124) 각 개인의 초기적 자질 요소는 시장에서의 생산과 교환과 소비라는 시장의 운행 과정을 통해서 시장에 유입된다. 후생경제학의 "제1정리"와 자유방임주의적 경제학에서의 "보이지 않는 손"의 가정에서 각 개인의 자질 요소의 배분은 단순히 주어진 것으로 간주된다. 고티에의 사회계약론적 윤리학에서 도덕성은 일종의 합리적 제약으로 나타나는데, 각 개인이 시장으로 애초에 유입할 수 있는 자질 요소의 초기적 조건은 도덕의 해방지구에서 결정되지 않는다. 고티에는 그러한 초기적 조건을 명백히 하나의 제약적 단서로서 제시하고 있다. 본장 2절 3)항 로크적 단서에서 보다 자세히 논구할 것이지만, 고티에는 "각 개인은 동료들의 권리에 의해서 제약된다. 그러한 권리는 [로크적] 단서에 의해서 결정된다"고 주장한다."125)

고티에는 그러한 로크적 단서가 자연권이 지닌 독립적이고 선재적인 도덕적 요소로부터 도출되는 것은 아니라고 지적한다. 그러나 우리는 고티에가 뷰캐넌이 주장한 초기적 자질에 대한 자연적 분배의 약탈적 모형에 극력 반대하는 것을 감안해볼 때, 시장의 초기적 조건(the initial condition of the market)은 도덕성을 벗어나는 것은 아니다. 비록 우리는 고티에가 사회계약론적 윤리학의 딜레마의 두 번째 뿔, 즉 선재적인 도덕적 요소를 도입하는 데 따른 순환성의 오류를 피하기 위하여 커다란 노력을 들이고 있다는 것을 인정한다고 하더라도 도덕성은 고티에의 로크적 단서에 명백하게 포함되고 있다는 점을 지적할 수 있다. 물론 여기서의 도덕성은 합리적으로 근거지을 수 없는 도덕성이 아니라 합리성에 기반한 "합리적 도덕성"으로 해석되어야만 할 것이다.126) 로크적 단서와 관련하여 고티에는 자신이 자유방임주의의 옹호자들과는 구별된다는 점을 분명히 한다. 고티에에 따르면 자유방임주의자들은 "시장의 주요한 전제들이 지닌 규범적 의미를 포착하는 데 실패했다"는 것이다.127)

이와 관련된 또 다른 중요한 문제는 시장의 발생 가능성에 대한 배경적 조건이다. 고티에는 "교환에서 완력과 사기가 존재하지 않을 때, 시장이 출현한다"고 지적함과 동시에 "완력과 사기의 부재는 시장의 작동에 본질적인 것이다"라고 분명히 밝히고 있다.128) 고티에는 이러한 관점에서 심지어 아담 스미스도 배경적 도덕을 전제했다고 지적한다.129) "모든 사람은 정의의 원칙들을 위배하지 않는 한 자신의 방식대로 자신의 이익을 완전히 자유롭게 추구하도록 허용된다."130) 만약 완력과 사기의 부재가 시장의 배경적 조건의 규정에 포함된다면, 시장이 도덕의 해방지구라는 고티에의 주장은 매우 사소한 주장이 된다.131) 따라서 우리가 고티에 스스로 "도덕의 해방지구로서 완전경쟁시장을 이해함으로써 우리는 시장의 밑에 깔려 있는 사전적인 도덕성으로 회귀하게 될 것이다"라고 명백히 언급하고 있음을 발견한다는 것은 이상한 일이 아닐 것이다.132) 그렇다고 한다면, 고티에는 도덕의 해방지구로서의 완전경쟁시장에 관련하여 "오도된 수사법"이라는 비난을 피하기 어려울 것이다.133) 이상의 논의를 요약한다면, 우리는 시장의 초기적 조건과 배경적 도덕에 관련되는 한 완전경쟁시장은 도덕의 해방지구에 속하지 않는다고 단언할 수 있을 것이다.

비록 우리가 완전경쟁시장의 초기적 조건과 배경적 도덕을 "최소 도덕(*minima moralia*)"으로 해석한다고 할지라도, 완전경쟁시장의 다른 측면들이 다른 도덕적 제약을 벗어나는지는 여전히 논란의 대상이다.134) 여기서 우리는 시장의 운행 과정과 결과는 도덕적 제약을 벗어나는 것인가 하는 질문을 제기해야만 할 것이다. 고티에에 따르면, 시장의 초기적 조건에 대한 시장의 운행과 결과의 관계는 다음과 같다. "시장의 운행은 개인적 자질 요소에 의해서 특정하게 정해진 초기적 조건을 일단의 개인들 사이에서의 재화와 생산물의 분배를 통해서 특정하게 나타난 최종적 결과로 변환시킨다."135) 만약 우리가 시장이 도덕의 해방지구라는 고티에 주장을 우호적으로 수용하려고 한다면, 그것은 주로 시장의 운행과 작용에 관한 것이라고 해석할 수 있을 것이다.136) 이러한 관점에서 우리는 우선 시장의 초기적 조건과 그 운행과 결과라는 세 측면의 관계를 명백히 할 필요가 있다. 고티에가 "시장의 운행은 그 자체로서 규범적인 문제를 발생시키지 않는다"고 지적한 것으로 볼 때, 시장의 결과는 그 초기적 조건이 공정할 때 오직 그때만 공정하게 될 것이다.137) 여기서 고티에는, 우리가 롤즈와 노직의 경우에서 본 것처럼, 시장이 순수절차적 정의(pure procedural justice)를 달성한다는 점에 호소하고 있다. 순수절차적 정의의 기본적 개념은, 올바르고 공정한 절차가 있다면 결과도 아울러 올바르고 공정하다는 것이다. 이러한 기본적 개념은 공정한 게임, 즉 페어플레이(fair play)의 정신을 반영하고 있다. 그러나 우리가 시장의 초기적 조건이 공정하다고 가정하더라도, 시장의 결과가 역시 공정하다고 합의하기 위해서는 그 중간적인 운행 과정이 공정하다는 것이 입증되어야 할 것이다. 여기서 고티에는 사회계약론적 윤리학의 딜레마의 관점에서 이러한 문제의 해결을 조심스럽게 시도하고 있다.138)

　　"우리는 단순히 시장에서의 상호 교환 작용이 합리적이고, 또한 도덕성은 합리성에 반하지 않기 때문에 시장은 따라서 도덕적으로 해방되었다고 가정해서는 안 될 것이다. 만약 우리의 결론이 선결문제 요구의 오류에 빠지지 않으려면, 우리는 공평한 제약이라는 도덕성에 대한 우리 자신의 개념으로부터 독립적으로 논증해야 할 것이다."

　　고티에의 문제 해결 방식은 완전경쟁시장의 운행 과정인 상호 교환 작용에서 어떠한 편파성(partiality)도 없다는 것을 입증하는 것이다. 시장의 운행 과정이 편파성을 포함하고 있는지의 여부를 판정하기 위한 최선의 방법은 어떤 한 개인이라도 "시장의 결과에 대해서 합당한 불만이나 반대"를 표출할 수 있는지의 여부를 조사하는 것이다.139) 시장의 공평성(impartiality)은 소위 "분배의 한계생산성이론"의 고티에적 유형에 의해서 지지되고 있다. 고티에가 강조하고 있는 것처럼, "완전경쟁시장의 운행 과정에서 본질적인 것은 수요와 공급의 한계적 일치"이다.140) 한계생산성이론은 신고전주의 경제학파가 완전경쟁시장의 최적적인 균형 상태에 대한 적절한 설명으로 제시한 것이다. 시장은 각 생산요소, 즉 노동, 자본, 토지, 기업이 생산에 기여한 몫의 한계생산성에 상응하여 보상을 받을 때 최적적인 균형 상태에 도달하게 되는 것이다.141) 쉬운 말로 하면, 각 생산요소는 최종적 산출에 부가한 만큼에 따라 보상적 수입을 받게 되는 것이다. 물론 여기서는 생산수단의 사적 소유를 가정하고 있다. 한계생산성이론은 분배적 정의에 대한 아리스토텔레스의 유서 깊은 기준, 즉 "각자에게 자신의 몫을(*suum cuique*, to each his or her own)"을 현대적으로 상세히 규정한 것으로 해석될 수 있다.142) 한계생산성이론에 따르면, 각자 자신의 몫은 생산에 대한 한계 기여에 의해서 규정된다. 즉 그것은 "각자에게 자신의 한계생산성에의 기여에 따라 분배하라"가 된다.143) 여기에 부응하여 고티에는 "한계기여에 수입을 일치시키는 것은 바로 그러한 공평성을 보장한다"고 주장한다.144)

고티에는 그러한 완전경쟁시장의 공평성을 완전경쟁시장의 전제조건인 자유로운 시장 활동과 외부성의 결여에 의해서 입증하고 있다. 첫째, 로빈슨 크루소처럼 각 개인은 각자의 선호와 유인(incentives)을 만족시키기 위한 방식으로 자신의 능력을 자유롭게 사용한다.145) 둘째, 완전경쟁시장에서는, 예를 들면, 무임승차자나 기식자로부터 오는 것과 같은, 긍정적 혜택이나 부정적인 해악과 같은 외부성이 존재하지 않는다.146) 따라서 각 개인은, 시장의 운행 과정과 결과에 대해서 어떤 합당한 불만이나 반대 없이, 자신이 생산한 것에 대해서 권리와 동시에 책임을 지니게 된다. 결론적으로, 고티에는 "시장의 운행 과정 자체는 어떠한 가치평가적인 문제를 야기하지 않는다"고 단언한다.147)

완전경쟁시장에서의 자유로운 활동과 외부성의 결여에 관련된 몇 가지 중요한 문제들이 남아 있기는 하지만, 가장 관건이 되는 문제는 분배의 한계생산성이론의 도덕적 위상에 관한 것이다.148) 어떤 의미에서 분배의 한계생산성이론은 도덕적으로 볼 때 해방된 것은 아니다. 오히려 그것은 규범적 논증으로 간주되어야만 한다. 한계생산성이론이 규범적 논증이라고 주장하는 이유는 한계생산성이론이 분배적 정의의 다른 공평한 기준들에 대한 거대한 제약으로 작용하여 다른 이론들을 무시하도록 하는 규범적 논증으로 나타나기 때문이다. 한계생산성이론은 분배적 정의의 통상적 기준인 필요, 평등, 노력, 위험 등을 철저히 배제한다. 예를 들면, 생산 활동에 참여하지 못하는 장애인이나 실업자의 한계생산성은 제로이다.149) 고티에는 여러 곳에서 이러한 철저한 배제에 대해서 아무런 거리낌 없이 논의하고 있다.150) 고티에는 다음과 같이 단언한다. "평등은 우리의 이론에서 근본적인 고려 사항이 아니다."151) 이러한 단언은 다음 구절에 보다 자세히 적시된다.152)

> "부자는 캐비어와 샴페인으로 식사를 하고 있는 동안 가난한 여인은 그의 문전에서 굶고 있다. 심지어 그 여인은 부자의 식탁에서 빵 부스러기도 얻어먹지 못할 수도 있다. 만약 그러한 걸식이 그 부자가 빵 부스러기를 새들에게 모이로 주는 그의 쾌락을 방해한다면 말이다."

이러한 관점에서 볼 때, 고티에는 자유지상주의자(libertarian)처럼 나타난다. 따라서 우리는 고티에가 공리주의적 복지경제학과 롤즈가 주창한 개인의 능력과 자질에 대한 집산주의(asset/endowment collectivism)를 비판하는 것은 충분히 이해할 수 있는 일이다. 고티에가 보기에는, 공리주의적 복지경제학과 롤즈의 집산주의는 재분배 정책에 크게 의존하고 있으며, 시장의 적절한 운행을 교란하고 방해하고 있다. 이러한 시장 운행의 방해는 "정부 혹은 개입의 실패(government or intervention failure)"로 간주된다.153) 그러나 고티에는 여러 가지 관점에서 볼 때 노직식의 자유지상주의로부터 벗어나고 있다. 이러한 해석의 근거는 고티에의 주장을 면밀하게 살펴보면 알 수 있다. 고티에는 시장의 운행이 도덕을 넘어서는 것이 아니라는 점을 분배의 한계생산성이론의 냉혹하고도 가차 없는 적용에 대해 스스로 가한 규범적 제한을 통해서 분명히 하고 있다.

고티에는 분배의 한계생산성이론이 가진 현실적 난점에 대해서 분명히 인식하고 있는 것처럼 보인다.154) 여기서 보다 중요한 관심은 규범적 문제들에 대한 것이다. 첫째, 고티에는 분배의 한계생산성이론은 모든 개인이 비슷한 기회를 향유하고, 동등한 격려와 자극을 받는다는 조건 아래 시행되어야 한다는 것을 지적하고 있다.155) 둘째, 고티에는 유산 상속에 대한 과세에 조건부적으로 찬성하고 있다. "한 개인의 소유물을 선물 혹은 유산으로 처분할 권리는 시장과 협동적 상호작용을 위해서 요구되는 것으로서, 그러한 소유물에 대한 독점적 사용에 대한 권리는 절대적으로 필요한 부분은 아니다."156) 셋째, 고티에는 "시장은 각 개인에게 그가 제공한 요소 공헌(factor services)에 대한 급부를 제공한다"고 지적한다.157) 이것이 의미하는 것은 소위 경제적 요소 지대(economic factor rent)는 완전히 세금으로 환수되어야 한다는 것이다. 경제적 지대는 초과 이윤이고 불로 소득으로서, 자질적 요소의 희소성으로부터 발생하는 것으로 "공급의 비용을 상회하고 초과하는 급부"이다.158) 한계생산성이론에 대한 이상의 세 가지 제한 사항을 감안해볼 때, 도덕의 해방지구에는 시장의 운용이 포함되지 못한다는 것은 명백하다.

그렇다면 시장의 결과는 도덕을 넘어서는 것일까? 고티에는 "시장의 결과에서 산출된 최적성(optimality)은 어떠한 사람도 나쁘게 하지 않게 하고 달성된 것으로서 그것에 대한 어떠한 다른 대안도 어떤 사람들에 대한 희생을 통해서 어떤 사람들을 좋게 만들 뿐이다"라고 확신한다.159) 우리는 시장의 결과를 파레토 최적성(Pareto optimality)과 연관해서 이미 논의했다. 고티에는 시장의 파레토적인 최적적 결과로부터 산출되는 상호 이익 혹은 협동적 잉여에 호소하고 있다. 그러나 협동적 잉여를 배분하는 것에는 많은 방식이 있으며, 파레토 최적성의 공언된 매력은 그것의 비결정성(indeterminacy)에 의해서 훼손되고 만다.160) 고티에가 옳게 지적하고 있듯이, "상호 이익의 산출은 협동적 사업으로서의 일련의 사회적 제도를 수용하는 것의 필요조건이기는 하지만 충분조건은 아니다."161) 도덕철학자인 고티에에게 그러한 충분조건의 문제는 분배적 정의의 문제로서 그것은 결코 도덕을 넘어설 수는 없을 것이다. 우리가 다음 절에서 보게 되는 것처럼, 고티에는 자신만의 고유하고도 독특한 충분조건을 최대상대양보의 극소화 원칙(the principle of mini-max relative concession)을 통해서 제시하려고 노력하고 있다.

이상의 논의를 요약해본다면, 고티에의 구체적인 입장으로 볼 때, 완전경쟁시장의 조건, 운용, 결과는 결코 도덕의 해방지구에 속하지 않는다고 결론적으로 단언할 수 있다. 이러한 결론적 단언은 또한 도덕성은 시장의 실패에 대한 합리적 교정이라는 고티에의 주장에 대해서도 도전하는 셈이다. 우리는 본서 제2장에 논의했던 합리성의 역설들과 아울러 외부성과 연관하여 시장의 실패를 논의했다. 시장의 실패의 경우에는 최적성(optimality)과 균형 상태(equilibrium)의 예상된 일치, 즉 파레토 최적성이 달성되지 않는다. 오직 준최적적인 균형 상태(suboptimal equilibrium)만이 결과한다. "공공재(public goods)는 현실적 시장에서 오직 효율적이지도 혹은 공정하지도 않은 방식으로 공급된다." 왜냐하면 시장의 실패의 경우에는 무임승차자와 기식자로부터 오는 외부성이 존재하기 때문이다.162) 따라서 도덕성은 시장의 실패로부터 발생한다는 고티에의 주장의 정확한 의미는 다음과 같은 것이 될 것이다.163)

"도덕적 제약은 개인적 이익 추구에 의해서 상호 이익이 보장되지 않은 상황, 즉 합리성의 두 가지 속성들[최적성과 균형 상태]이 서로 갈등하는 상황에 따른 격차 속에만 발생한다. 우리는 결과를 옳거나 그르다고 평가하는데, 그것은 다른 사람들의 행위가 주어졌을 때 자신의 유용성을 극대화하는 것이 다른 사람들의 주어진 유용성에 비추어보아 자신의 유용성을 극대화하지 못하는 오직 그러한 상황에서만 가능한 것이다."

여기서 우리는 도덕성이 시장의 실패에 대한 합리적 교정이라는 고티에의 주장을 반박하려는 것은 아니다. 우리는 시장의 실패에 대한 적절한 대처 없이는 어떠한 유형의 도덕이론도, 특히 분배적 정의론은, 실행 가능성이 있는 이론이 될 수 없다는 고티에의 통찰에 기본적으로 동의한다. 여기서 우리의 논점은 완전경쟁시장의 조건, 운행 과정, 그리고 결과에 관한 논의가 증명했듯이, 도덕성은 시장의 실패에 대한 교정 이상의 것이라는 점이다. 이러한 우리의 논점은 다음과 같은 고티에의 최근 논의를 통해 확증된다. 그는 도덕성에 대한 설명에서 "중대한 개념적 수정"을 이렇게 설명한다.164)

"나는 도덕성을 시장의 실패에 대한 교정으로 간주하기보다는 차라리 그것을 시장의 성공에 대한 조건으로 도입해야만 했었다. 나는, 비록 은연중이기는 하지만, 시장에서 발견되는 균형 상태와 파레토 최적성의 상호 일치를 시장에서의 상호작용의 통상적 형태로 간주하였다. 따라서 도덕성은 시장에서 그러한 상호 일치가 통탄스럽게도 부재할 때 그러한 일치에 근접하도록 가능케 하는 제약이 되었다. 그렇지만 나는 오히려 그러한 상호 일치를 합리적인 도덕에 의해서 확인된 제약의 구조에 대한 사전적인 수용(the prior acceptance)에 의해서만 오직 가능한 예외적인 형태로 간주해야만 했었다."

이러한 개념적 수정을 통해서 볼 때, 고티에는 "시장은 사회계약에 의해서 규제될 수 있다"는 비판을 수용할 수밖에 없게 된다.165) 그러나 고티에는 이러한 개념적 수정이 도덕성에 대한 사회계약론적 합리적 기획의 실패를 함축한다고 생각하지는 않는다. 여기에 관련하여 그는 "그렇다면 도덕성은 사실상 각자가 자신의 효용을 직접적으로 극대화할 수 있는 시장에서의 상호작용을 가능케 하도록 자신의 직접적으로 극대화적인 특성을 극복할 수 있는 방도를 찾기 위해 자신을 초월하는 것으로 간주될 수 있다."166) 도덕성의 이러한 자기 초월성에 대해서 그것이 설명될 수 없는 신비적인 것이라는 의문이 제기되었다.167) 여기서 우리는 그러한 신비성을 도덕성의 합리적 연역 기획에 관련하여 우리가 본장 1절 2)항에서 이미 언급했던 도덕성의 역설과 메타적 선택에 관련된 논란으로 해석할 수 있을 것이다. 고티에의 관점에서 보면, 도덕성에 대한 그러한 개념적 수정은 형식적, 기초적(thin) 형태의 시장 계약주의에서 실질적, 본격적(thick) 형태의 시장 계약주의에로의 이행에 불과한 것이다.168)

이제 우리는 고티에의 시장 계약주의의 "논증적 중추(the argumentative center)"를 다루게 될 것이다.169) 이러한 논증적 중추는 협상적 정의론, 계약론적 합의의 준수, 협상의 최초의 상황이다. 우리는 이러한 중추적 개념들을 본격적인 시장 계약주의를 배경으로 논의하게 될 것이다. 이제 고티에는 시장의 실패에 대한 교정의 조건들뿐만 아니라 시장의 성공에 대한 조건들도 사회계약론적으로 정당화해야만 하는 중대한 과제를 안게 된다. 우리는 이러한 논증적 중추를 시장의 성공에 대한 조건으로 간주하고, 그것이 어떻게 본격적인 시장 계약주의 속에서 위치하고, 정당화되는지를 비판적으로 논의할 것이다.

2. 협상적 자유주의 정의론에 대한 비판적 논의

1) 협상 게임적 분배정의론: 최대상대양보의 극소화 원칙

이 절에서 우리는 고티에의 사회계약론적 윤리학의 논증적 중추를 형성하고 있는 세 가지 핵심적 문제들, 즉 협상의 최초의 상황, 협상적 정의론, 계약론적 합의의 준수에 대한 합리적 해결책을 탐구하고 평가하게 될 것이다. 고티에의 세 가지 해결책인 로크적 단서(the Lockean proviso), 최대상대양보의 극소화(the minimax relative concession), 제한적 극대화(constrained maximization)는 우리가 이미 논의했던 홉스와 롤즈의 사회계약론적 윤리학의 삼부 구조에 대응하고 있다.170) 그러한 삼부 구조에 관련해서 우리가 논의했던 홉스와 롤즈의 윤리학의 실패에 비추어볼 때, 고티에의 사회계약론적 윤리학도 그러한 삼부 구조의 관점에서 살펴보는 것이 적절할 것이다. 논의의 순서는 고티에가 『합의도덕론』에서 취한 순서를 따르게 될 것이다.

1절에서 다루었던 시장에 대한 고티에의 논의를 요약하면, 협동을 위한 합리적 제약으로서의 도덕은 완력과 사기가 존재하는 자연상태적 상호작용에서 결과하는 비협동적 준최적성(suboptimality)뿐만 아니라 외부성이 존재하는 시장의 실패에서 결과하는 비협동적 준최적성도 극복해야 하기 때문에 필요하게 된다. 만약 도덕성이 비협동이 야기하는 상호 불이익으로부터 협동에 따른 상호 이익으로의 이행을 보장하기 위한 장치라면, 그것은 자기 이익을 추구하는 개인적 극대화 추구자들에게 호소력을 가질 수 있을 것이다. 이러한 관점에서 고티에는 다음과 같이 지적한다. "각자는 협동을 통해서 자신의 효용을 증진시킬 수 있다. 따라서 효용의 극대화의 추구자로서 각자는 협동을 하는 것이 합리적이라는 것을 발견하게 될 것이 틀림없다."171) 그러나 고티에가 명백히 밝힌 것처럼, 상호 이익은 개인적 이익의 극대화 추구자들 사이의 협동을 위한 합의에서 필요조건일 뿐이다. 왜냐하면 개인적 이익을 위한 극대화 추구자들 사이의 협동을 위한 구체적이고 실질적인 합의는 대체로 협동적 잉여의 분배 방식에 달려 있기 때문이다. 따라서 고티에의 과제는 협동을 위한 합리적 합의의 충분조건을 제시하려는 데 있다.172) 여기서 우리는 사회계약론적 윤리학에서 분배적 정의의 문제가 갖는 위상이 왜 중대한 것인지의 이유를 알 수 있다. 1절에서 논의한 것처럼, 고티에는 롤즈와 하사니가 취하는 합리적 선택이론의 모형, 즉 무지의 장막 혹은 불확실성하에서의 개인적 선택 모형을 비판한다. 왜냐하면 그러한 모형은 개인들 사이의 개별성과 구분을 무시하기 때문이다. 따라서 고티에에게 분배적 정의의 문제는 자신의 정체성을 인식하고 있는 합리적 협상자들 사이에서의 사회계약론적인 합리적 합의를 위한 충분조건을 제시하는 것이다.

합리적 협상이론에서 다루어지고 있는 문제는 두 가지 사안으로 구성된다. "첫 번째 사안은 본연의 협상 문제(bargaining problem proper)로서, 그 일반적 형식은 주어진 최초의 협상 상황 아래 상호 이익이 발생 가능할 것으로 가정된 영역에서 특정한 결과를 선택하는 것이다. 두 번째 사안은 최초의 협상 상황을 결정하는 것이다."173) 전통적인 용어법에 따르면, 첫 번째 사안은 분배적 정의(distributive justice)의 문제이고, 두 번째 문제는, 재산권의 최초 획득을 정당화하는 것과 같은, 획득적 정의(acquisitive justice)의 문제이다.174) 우리가 이러한 구분을 이미 개진했던 시장에 대한 논의와 연관시킨다면, 시장의 결과에서 발생하는 최적성은 시장의 운행, 즉 생산적 기여에만 달려 있는 것이 아니고, 시장에서의 최초의 조건, 즉 (시장에 유입할 당시) 개인적 자질과 자산의 최초 수준에도 달려 있는 것이다.

먼저 고티에는 본연의 협상 문제를 다룬다. "협상의 문제를 해결하는 것은 합리적 합의의 과정과 내용을 동시에 규제하는 원칙을 만드는 일이다." 왜냐하면 "협상의 당사자들이 협동이 가져올 이득, 즉 협동적 잉여(cooperative surplus)의 분배에 관심을 가진다"는 것은 매우 중요하기 때문이다.175) 협상에서 가장 단순한 모형은 2인간 협상 모형이다. 일단 두 사람의 최초의 협상적 입지가 합리적으로 정해졌다고 가정하자. 즉 두 사람이 일단 최초의 협상 테이블로 가지고 들어오는 것이 정해졌다고 가정하고, 또한 두 사람의 협동이 일정한 양의 협동적 잉여를 산출했다고 가정하고, 본연의 협상 문제를 생각해보기로 하자. 우선, 두 사람은 협동적 잉여에서의 자신의 몫에 대해서 최대한의 주장을 개진할 것이다. 그러나 일반적으로 두 사람의 이러한 최대한의 주장은 양립 가능할 수 없을 것이다. 그래서 두 사람은 자신이 애초에 주장했던 몫에서 일정 부분을 취소하는 양보를 하여 새로운 대안을 제시하게 될 것이다. 이러한 협상 과정은 두 사람의 주장이 상호 양립 가능한 지점에 도달할 때까지 계속될 것이다.

간단히 말해서, 협상의 문제는 "합리적 협상의 당사자들이 어떠한 요구 혹은 주장(claims)을 할 것이며, 또한 얼마만큼 양보(concession)를 할 것인가?"라는 문제로 귀착된다.176) 고티에는 여기서 상대적 양보의 측정치(measure of relative concession)를 도입한다. 상대적 양보량은 자신의 실제 양보량의 완전 양보량에 대한 비율이다. 실제 양보량은 자신이 주장할 수 있는 최대치(U#)에서 양보를 했을 때 실제 가지게 되는 효용(U)을 뺀 것의 절대치(U#－U)이다. 완전 양보량은 자신이 주장할 수 있는 최대치(U#)에서 자신이 비협동적 상황인 최초의 협상 상황에서 확보할 수 있는 효용(U*)을 뺀 것의 절대치(U#－U*)이다. 협상 당사자가 행한 상대적 양보량(relative magnitude of concession)은 실제 양보량의 절대치를 완전 양보량의 절대치로 나눈 것이 된다. 즉 협상 당사자 각자의 상대적 양보량은 두 절대치의 비례인 [(U#－U / U#－U*)]이 된다.177) 통상적으로 그러한 비례치는 모두 양보할 때, 즉 U = U*가 될 때의 상대적 양보량 1에서 하나도 양보하지 않을 때, 즉 U# = U가 될 때의 상대적 양보량 0까지 존재한다. 이러한 상대적 양보량을 통해 우리는 협상 당사자들 각각의 양보량을 비교할 수 있게 된다. 따라서 더 적은 상대적 양보량을 가진 사람이 양보를 더 해야만 한다. 그래서 양보의 과정은 상대적 양보량을 견주어가면서 상호 수용 가능한 지점에 이르기까지 계속된다.178) 소위 조이턴의 규칙(Zeuthen's rule)에 따라서 양보의 부담(cost of concession)이 협상 결렬의 부담(cost of deadlock)에 비해 상대적으로 적은 사람부터 양보하기 시작하게 된다.179) 결국 협상 과정은 "협상 당사자가 챙길 수 있는 몫에 대한 비례의 관점에서 볼 때, 최대한의 양보를 가능한 한 적게 하라"는 요구에 충실한 것이 된다.180)

합리적 협상자는 상대적 양보량의 최대치를 당연히 극소화하려고 할 것이며, 그것이 극소화되는 지점은 협상자 서로의 상대적 양보가 일치되는 지점이다. 일치되지 않는 지점은 일방이 적게 양보한 것이며, 곧 또 다른 일방이 많이 양보한 것이 되기 때문이다. 고티에는 게임이론을 원용한 이러한 협상의 과정과 결과를 "최대의 상대적 양보량이 최소가 되게 하라"는 "최대상대양보의 극소화 원칙(the principle of minimax relative concession, MRC)"으로 정식화하고, 이 원칙이 인간 협동에 대한 합리적이고 공평한 도덕원칙이 된다고 주장한다.181) 최대상대양보의 극소화 원칙은 다음과 같다.182)

최대상대양보의 극소화 원칙
"가장 큰, 즉 최대(*maximum*)의 상대적 양보를 가능한 한 적게, 즉 최소(*mininum*)가 되게 하라. 최소가 된다는 것은 협상 결과 모든 다른 대안들이 요구하는 최대의 상대적 양보보다 결코 크지 않아야 한다는 것이다."

고티에는 "협상적 상황에서 최대상대양보의 극소화 원칙은 합리적 선택의 과정과 목표를 동시에 규제한다"고 주장한다.183) 최대상대양보의 극소화 원칙(MRC)이 협상의 양보에서 과정과 절차적 측면에 대해서 지침을 준다면, 그 동일한 반대적 표현, 즉 최소상대이익의 극대화 원칙(the principle of maximin relative benefit, MRB)은 협동적 잉여에 관련된 협상 결과의 내용적 측면에 대한 지침을 준다. "자신의 몫에 대한 비례로서 측정된 최소상대이익을 가능한 한 크게 하라."184) 이 원칙에 따른 협상의 과정은 최대상대양보의 극소화 원칙과 동일한 것이다. 어떤 협상자의 상대이익은 협동적 잉여에 관한 실제 기대 이익(합의된 몫의 이익 – 최초 협상 상황 이득)에 대한 협동적 이익의 완전한 획득(주장할 수 있는 최대 이익 – 최초 협상 상황 이득)의 비례, 즉 전자를 후자로 나눈 값이다.185) 고티에는 최소상대이익의 극대화 원칙은 "협상 상황에서 공정성(fairness)과 공평성(impartiality)을 구현하고 있으며, 따라서 정의의 기초로서 작용한다"고 주장한다.186) 요약하면, "공평성과 합리성은 협상을 통해서 일치된다"는 것이다.187)

고티에가 주장하는 것처럼, 최대상대양보의 극소화 원칙과 최소상대이익의 극대화 원칙에서 합리성과 공평성이 일치하는 것은 시장의 운행에서 합리성과 공평성이 일치하는 것과 상통한다.188) 이것이 의미하는 것은 고티에가 주장하는 공정성과 공평성의 일치는 오직 시장 계약주의의 범위 내에서만 작동한다는 것이다. 최대상대양보의 극소화 원칙과 최소상대이익의 극대화 원칙은 우리가 본장 1절 3)항에서 이미 고찰했던 분배의 한계생산성이론을 대변한 것에 지나지 않는다.189) 이러한 두 가지 원칙들과 관련하여 고티에는 다음과 같이 시장을 통한 정당화를 시도하고 있다.190)

"우리의 관심은, 협상의 최초의 상황이 인정되었다고 가정한다면, 협동적 상호작용의 근거에 대한 선택 문제이다. 그래서 우리의 주장은 다음과 같다. 즉 모든 사람들에게 협동적 잉여에 대한 [비례적으로] 동등한 몫을 수여함에 있어서 최대상대양보의 극소화 원칙은 협상적 공평성을 통해 협동에 대한 각자의 공헌이 협동으로부터 취하는 이득과 연관된다는 것을 보장한다는 것이다."

여기서 우리가 주장하는 것은 최대상대양보의 극소화 원칙과 최소상대이익의 극대화 원칙이 분배적 정의의 영역에서 아무런 의미도 갖지 못한다는 것은 아니다. 아마도 최대상대양보의 극소화 원칙과 최소상대이익의 극대화 원칙은 생산적 활동을 위한 유인에 대한 지침으로서는 필수적이고 심지어 충분한 조건일 수도 있다. 그러나 분배적 정의의 본격적인 영역은 생산적 활동에만 국한되는 것이 아니고 그것을 초월한다. 우리가 본장 1절 3)항에서 고찰한 것처럼, 분배적 정의에 관한 많은 다른 기준과 신조들이 있다. 한계생산성이론은 분배적 정의의 통상적 기준인 필요, 평등, 노력, 위험 등을 철저히 배제한다. 예를 들면, 생산 활동에 참여하지 못하는 장애인이나 실업자의 한계생산성은 제로이다. 그러나 한 사회가 유지되기 위해서는 그러한 사람들에 대한 고려를 완전히 배제할 수 없다. 따라서 최대상대양보의 극소화 원칙과 최소상대이익의 극대화 원칙은 인간의 협동적 사회를 위한 충분조건은 아니다.

우리가 여기서 구체적으로 다룰 수는 없지만, 고티에는 협상 문제에 대한 다른 경쟁적 해결들에 대해서, 특히 내쉬의 해법에 대해서 일련의 매우 정교한 비판적 논증을 제시하고 있다.191) 더 나아가서 고티에는 최대상대양보의 극소화 원칙과 최소상대이익의 극대화 원칙이 우리가 제2장에서 다루었던 "애로우의 불가능성 정리"에 대한 유일한 합리적 해결책이라고 주장한다.192) 그러나 고티에의 주장에 대한 많은 논란들이 제기되고 있는 것을 볼 때, 고티에의 해결책이 협상 문제와 애로우의 불가능성 정리에 대한 유일한 합리적인 해결책이라고 단언할 수 없는 실정이다.193) 비록 우리는 고티에에 관련하여 사회적 선택이론 혹은 사회복지함수이론의 영역에서 제기되어 있는 매우 정교한 수학적 논란들을 다루지는 못하지만, 최대상대양보의 극소화 원칙과 최소상대이익의 극대화 원칙에 대한 어떠한 논란들이 제기되고 있는지에 대해서는 살펴보게 될 것이다.

첫째, 최대상대양보의 극소화 원칙과 최소상대이익의 극대화 원칙의 도덕성, 즉 공정성과 공평성은, 그것의 배경적 정당화인 분배의 한계생산성이론과 관련해볼 때, 분배적 정의의 기준으로서는 매우 협소하다는 의문이 제기되고 있다. 한마디로 말한다면, 두 원칙은 인간 협동의 중대하고도 필수적인 조건을 명시하고 있으나, 그 충분조건은 되지 못한다.194) 둘째, 협상 문제에 대한 유일한 해결책으로서 두 원칙에 대해서도 의문이 제기되고 있다. 이러한 관점에서 많은 학자들은 두 원칙이 실제적인 합리적 계산이나 적용에 사용되지 못한다고 비판한다. 간단히 말해서, 고티에의 두 원칙은 계약 당사자들 사이에서 협동적 잉여에 대한 상호 주장의 차이를 타협하여, 그 합의점을 상호 접근하여 찾는 방식인 "차액 분할(splitting the difference)"에 의거하고 있다.195) 차액 분할은 협상에서 각 협상자의 몫에 대한 주장 차이를 합리적으로 조정하여 나누는 것이다. 즉 차액 분할은 각자의 차액에 대한 주장 차이를 수렴하여 해결하기 위한 방책이다. 고티에에 의하면, "차액은 각자가 아무런 합의가 없을 때 가질 수 있는 최소한의 몫과 협상에서 타인들로부터 배제되지 않고 받을 수 있는 최대한의 몫 사이의 차이이다."196) 각자의 관점에서 이러한 차액을 완전히 양보하면 양보량이 1인 완전 양보가 되며, 그러한 차액을 완전히 갖게 되면 양보량이 0인 완전 이익이 된다. 이미 논의한 것처럼, 최소한의 몫은 각자가 비협동적 상황인 최초 협상 상황에서 확보할 수 있는 효용치이며, 최대한의 몫은 협동적 잉여에 대해서 자신이 주장할 수 있는 가장 큰 효용치로서 상대적 양보량을 계산하는 데 필수적인 것들이다. 협상의 최초의 상황은 추후에 논의될 것이므로, 여기에서의 주안점은 어떻게 최대한의 몫을 결정하는가이다. 바로 위에서 인용된 고티에의 주장에 따르면, 협동적 잉여에 대한 최대한의 몫은 타인으로부터 배제되는 지점, 즉 배제점 바로 아래가 된다.197)

그렇다면 우리는 어떻게 그러한 배제점이 하나의 사회구조 속에서뿐만 아니라 다양한 사회구조 속에서 어디에 놓여 있는가를 정확히 알고 판정할 수 있는가? 여기에 관련하여, 고티에는 "사회구조들 사이의 비교는 가능한 기여를 결정하기 위해서 요구되며, 최대한의 사회적 이득은 실행 가능한 대안의 범위 안에 있는 사회구조들에 국한되어야만 한다"고 지적한다.198) 그렇다고 한다면, 고티에에게 최대상대양보의 극소화 원칙과 최소상대이익의 극대화 원칙의 운영적 기준은 협동적 잉여에 대한 실제적 기여가 아니라 가능한 최대한의 기여이다. 가능한 최대한의 기여는 한 개인이 가장 우호적인 조건하에서 발전시킬 수 있는 개인의 능력과 자질적 특성을 통해서 달성되는 것이다. 다시 말하면, 사회구조에 관한 실행 가능한 대안은 "주어진 사용 가능한 기술과 현존하는 개념적 지평"을 감안하여 선택된다.199) 결국 고티에는 그러한 실행 가능한 대안의 "범위는 모호하지만, 이러한 범위가 요구되는 비교를 유의미하게 만든다"고 생각한다.200)

그러나 협상을 통해 확보할 수 있는 몫의 불확정성과 모호성에 대해서 많은 비판이 제기되고 있다. 예를 들면, 브라이언 배리(Brian Barry)는 "만약 모든 사람들이 최대한으로 협력적일 경우, 어떠한 한 개인이 가질 것으로 기대할 수 있는 최대한의 몫을 우리는 어떻게 확정할 수 있을 것인가?" 하고 비판한다.201) 비록 고티에의 최대상대양보의 극소화 원칙이 일종의 비례적인 차등의 원칙(a proportionate difference principle)으로 해석될 수 있다고 하더라도, 이러한 논란은 고티에와 롤즈 사이에도 일어난다.202) 롤즈는 고티에에 대해서 "어떤 한 개인의 사회적 이득이 어떤 다른 형태의 사회 혹은 자연상태에서 보다 더 클 것이라는 견해는 이치에 맞지 않는다"고 비판한다.203) 롤즈는 다만 그러한 견해는 현실 사회에서의 결사체에 관련해서는 유의미한 것이 될 수 있다고 인정한다. 그러나 "사회의 기본 구조에 대한 원칙을 선택함에 있어서 그러한 견해에 의거한 유사한 계산은 어떠한 근거도 없다"고 지적한다.204)

이상의 비판을 통해서 볼 때, 고티에의 최대상대양보의 극소화 원칙과 최소상대이익의 극대화 원칙은 결코 분배적 정의 문제에 대한 유일하고도 공정한 해결은 아니라고 평가된다. 또한 고티에의 최대상대양보의 극소화 원칙과 최소상대이익의 극대화 원칙이 협상 문제에 대한 유일한 합리적 해결책이라는 점에 대해서도 많은 정교한 논리적인 비판들이 제기되고 있는 실정이므로 그 긍정적 평가는 유보적일 수밖에 없다.205)

고티에의 최대상대양보의 극소화 원칙과 최소상대이익의 극대화 원칙의 평가에 관해 마지막으로 다루어야 할 것은 사회계약론적 딜레마를 극복하려는 고티에의 시도와 어떠한 연관을 갖는지 분석해보는 일이다. 분배적 정의의 영역에서 협상 모형을 원용하는 것에 대한 통상적인 반론은 그것이 위협적 이익을 허용한다는 것이다. 이미 우리가 본장 1절 1)항에서 논의한 것처럼, 내쉬와 브레이스웨이트의 협상 모형은 사회계약론적 윤리학의 딜레마에 관한 홉스적 뿔인 합리성의 도덕적 부적절성에 걸리고 만다.206) 고티에는 그러한 합리성의 도덕적 부적절성을 피하기 위해서 협상 과정을 이상화한다. 고티에는 통상적인 협상 모형과 자신의 이상적 협상 모형을 구분한다.207) 자신의 이상적인 협상 모형에서, 고티에는 완전하고 왜곡되지 않은 정보가 있고, 허세도 없고, 위협적 이익도 없고, 협상자들이 동등한 합리성을 가지고 있고, 또한 협상 기술과 협상 능력에 아무런 차이가 없는 것으로 가정한다. 결국 고티에는 "협상은 그 효용과 시간의 관점에서 아무런 비용도 들지 않는다"고 가정한다.208)

이미 언급했던 것처럼, 고티에의 이러한 가정들은 사회계약론적 윤리학의 홉스적 뿔인 합리성의 도덕적 부적절성을 회피하려는 의도에서 도입된 것이다. 홉스에게 계약 당사자들의 동등한 합리성은 모든 사람이 타인을 살해할 수 있는 대체적으로 동일한 능력에 기초하고 있다.209) 따라서 협상이 사실상 그 효용과 시간의 관점에서 비용이 들지 않는 것이라고 한다면, 합리적 협상은 확실히 공정한 결과에 이르게 될 것이다. 다른 말로 하면, 비용이 들지 않는 협상에서, (자연상태나 최대한의 협상에서 주장할 수 있는 최대한의 몫의 관점에서 볼 때) 불리한 입지에 있는 사람은 만약 협상의 조건들이 공정하지 않다면, 협동적 기획에 참여하지 않는다고 해서 잃을 것은 아무것도 없을 것이다. 더 나아가서 협상자들은 동등한 합리성을 가지고 있으므로, 공정한 계약조건의 창출을 하염없이 기다린다고 해도 아무런 문제가 없을 것이다. 사회계약론적 윤리학의 홉스적 뿔을 피하기 위해서 협상 능력을 동일화하는 무비용적 협상을 가정하는 것은 엄청난 규범적 결과를 초래한다. 즉 무비용적 협상의 가정은 사회계약론적 윤리학의 반대적인 뿔인 선재적인 도덕적 가정의 순환성에 봉착하게 되고 만다는 것이다.210)

어떤 관점에서 보면, 고티에가 협상 과정을 이상화한 것은 롤즈가 무지의 장막을 가정한 것과 매우 흡사하다고 볼 수 있다. 이상적 협상의 가정, 특히 무비용의 가정은 고티에가 의도하는 공정하고도 합리적인 연역적 기획을 가능하게 하나, 홉스적인 자연상태의 본질적 요소를 너무 이상화해버리는 대가를 치르게 된다.211) 여기에 관련된 또 하나의 중대한 문제는 심지어 고티에가 주장하는 공정성이라는 것도 기껏해야 협상적 상황에서의 공정성일 뿐 (정의의 다른 신조들, 예를 들면, 기본적 필요를 배제한다는 점에서) 편협하다는 것이다. 고티에 자신도 이러한 문제를 인지하고는 있으나, 이러한 문제를 적절하게 처리하지는 못하고 있다.212)

"심지어 우리 협상자들에게 이상적 본성을 부여함에도 불구하고, 그들의 협상 상황에는 아직도 중대한 편파성(partiality)이 존재한다고 생각될 수 있을지도 모른다. 그러나 배경적 상황에 대한 문제는 최초의 협상 상황에 관련이 되어 있는 것이지, 협상 과정에 관련되어 있는 것은 아니다."

최초의 협상 상황에 관련된 문제는 3)항에서 다루기로 하고, 합리적 준수와 제한적 극대화의 문제를 먼저 살펴보기로 하자.

2) 합리적 준수와 제한적 극대화

최대상대양보의 극소화 원칙과 최소상대이익의 극대화 원칙은 고티에의 협상론적 정의론의 내용을 규정한다. 협동적 사업에 적용이 되면, 이러한 두 원칙은 개인적 효용성의 직접적 추구에 대한 하나의 제약으로 작용한다. 고티에는 "우리는 그러한 제약적 행동이 합리적이라는 것을 증명해야만 한다. 즉 각자는 각자가 합리적으로 합의했던 공동적 전략에 대해서 합리적으로 준수할 수 있어야만 한다"고 강조한다.213) 비록 고티에의 최대상대양보의 극소화 원칙과 최소상대이익의 극대화 원칙이 협상 문제에 대해서 합리적으로 볼 때 흠잡을 수 없는 원칙들이라고 하더라도, 그러한 두 원칙들에 대한 준수가 합리적이라는 점을 입증하기에는 충분하지 못하다. 여기서 고티에는 사회계약론적 윤리학에 관한 사전적(*ex ante*) 단계와 사후적(*ex post*) 단계에 대한 구분을 통해서 준수 문제에 대한 특별한 관심을 보인다. 고티에가 인정하는 것처럼, "일련의 사회적 제도들에 대한 사전적인 가상적 합의로부터 사후적인 준수로 이행하는 것은 간단한 것처럼 보이지는 않는다."214) 여기에 관련하여 고티에는 다음과 같이 지적한다. "우리는 각자가 기꺼이 협동적 사업에 동참하려고 하지만 계속해서 그것을 유지하지 않으려고 하는 이유를 알 수 있다. 각자는 다른 사람들이 협동적 사업을 고수함으로부터 오는 이익을 기대하면서 그 사업에 참여하지만, 각자는 또한 자신의 무임승차로부터 오는 이득을 얻을 요량으로 그것을 고수하지 않는다."215)

다시 말할 필요도 없이, 이러한 사후적인 합리적 준수 문제는 우리가 이미 제2장과 본장 1절 3)항에서 시장의 실패에 관련하여 논의했던 수인의 딜레마(the prisoner's dlemma)와 무임승차자의 문제(the free-rider problem)이다. 제3장에서 우리는 합리적 준수의 문제에 관한 홉스와 롤즈의 이론적이고 실질적인 실패를 다루었다. 이러한 상황에서, 고티에는 정치적 강제를 도입한 홉스나 의무론적 철저한 준수를 가정하는 롤즈의 방식에 호소하지 않고 자신의 사회계약론적 윤리학을 정립함으로써 합리적 준수의 문제를 해결하려고 한다. 홉스에 대해서 고티에는 "홉스적인 군주는 도덕체계에 대한 재구성이 아니고, 대체이다"라고 비판한다.216) 롤즈에 대해서 고티에는 "비록 롤즈가 적절한 최초의 상황에서 사람들은 어떠한 원칙들에 합의하게 될 것인가를 고려함에 있어서 합리적 선택에 의거한 논증을 제시하기는 하지만, 그는 그러한 합의된 원칙들에 대한 준수의 합리성을 입증하거나, 혹은 입증하려고 시도조차 하지 않는다"고 비판한다.217) 따라서 이번 항의 주제는 합리적 준수에 관련된 고티에의 해결책을 논구하고 평가하는 일이다. 합리적 준수에 관련된 고티에의 시도는 사회계약론적 윤리학의 딜레마를 회피하려는 보다 원대한 시도와 맥이 닿아 있다.

그러나 합리적 준수에 관련된 고티에의 시도는 사회계약론의 전통에만 국한되지 않는다. 고티에는 동시에 도덕철학의 유구한 질문인 "나는 왜 도덕적이어야만 하는가?"라는 문제에 답하려고 한다.218) 이 문제는 다음과 같이 바꾸어 말할 수 있다. "도덕적 회의주의자이거나 이기주의자인 내가 도덕적이 되는 것은 합리적인가?" 고티에가 합리적 준수에 관한 자신의 해결책을 통해 겨냥하는 대상자는 도덕철학사를 통해 드러난 다양한 도덕적 회의주의자들(moral skeptics)이나 무도덕론자들(amoral- ists), 즉 홉스의 바보(the Foole), 흄의 영악한 무뢰한(the sensible knave), 그리고 플라톤의 리디아의 목동(the Lydian shepherd)이다.219) 이러한 관점에서 보면, 준수 문제에 대한 고티에의 합리적 해결책은 "협동에 관한 합리적 요구 조건들의 동기적 재강화"라고 할 수 있다. 그래서 그것은 준수 문제에 관한 사회계약론적 실패를 성공으로 이끌 뿐만 아니라 도덕철학의 전통적인 문제인 "정당화와 동기화 사이의 간극"에 관한 답변을 제시한다.220)

요약해서 말하면, 고티에는 자발적이며 자유롭고 합리적인 준수가 도출될 것을 목표로 한다. 합리적 준수에 관한 고티에의 해결책을 보다 자세히 다루기 전에 사회계약론적인 합리적 준수의 딜레마적 실패 사례로서 언급했던 홉스와 롤즈에 관련해서 몇 가지 점을 명백히 해둘 필요가 있다.

첫째, "자발적 준수"의 엄밀한 의미가 무엇인가 하는 점이 우선적으로 밝혀져야 한다. 자발적 준수에 관한 고티에의 입장은 "마치 유토피아에 홀로 남겨져서 살고 있는 완전히 선하고 현명한 사람들처럼 그들은 강제 없이도 도덕원칙을 준수할 수 있다"고 믿는 철학자들의 부류에 속하는가?221) 고티에는 그러한 부류의 철학자는 아닌 것 같다. "좀 더 실제적으로, 우리는 그러한 강제가 개인들이 그들 자신의 자발적 준수를 이끌어내기 위해서 필요한 그들의 동료들부터의 준수 정도를 합리적으로 기대할 수 있는 조건을 창출하고 유지하기 위해서 필요하다고 생각한다.222) 이어서 그는 이렇게 첨언한다. "내부적인 도덕적인 제약은 외부적인 정치적 제약에 의해서 확립된 보장의 조건들 아래서의 준수를 확실히 하기 위해서 작동한다."223) 이러한 관점에서 볼 때, 고티에의 자발적 준수 기획은 제한적이다.

둘째, 롤즈가 합리성의 도구적 극대화 개념으로부터 합리적 준수를 도출해내지 못했다면, 고티에는 어떻게 그러한 도출을 할 수 있을 것인가? 롤즈는 그러한 도출의 꿈을 포기한다. "우리는 정의로운 사회 속에서 이기주의자가, 자신의 목적이 이미 주어진 것이라고 할 때, 적절한 충고와 조언을 받아서 정의로운 사람으로 변화되리라고 주장하지는 않는다."224) 고티에는 롤즈의 포기된 꿈을 실현하려고 시도한다. "합리적인 경제적 개인은 실상 자신의 합리성 개념을 변경함으로써 상호 이익을 보장하기 위해서 이루어진 합의를 고수하는 것이 자신의 새로운 합리성 개념과 부합하게 될 것이다."225) 합리성의 도구적 극대화의 개념으로부터 그 자체의 제약이 도출된다는 고티에의 주장은 그의 합의도덕론에서 가장 흥미로운 부분들 중의 하나이다. 다시 말하면, 고티에의 시도는 도덕적 회의주의자들이나 이기주의자들에게 그들의 자신의 신념으로 볼 때 도덕적 제약을 수용하는 것으로 합리적이라는 점을 입증하려는 것이다.226)

우리가 곧 살펴보게 될 것처럼, 고티에의 합리적 준수 기획은 결국 합리성에 관한 수정된 개념을 도입하게 될 것이다. 우리가 제2장과 본장 1절 2)항에서 논의한 것처럼, 고티에는 일반적으로 현시 선호 이론의 측면만을 제외하면 합리성에 관하여 신고전학파의 표준적인 도구적 자기 이익으로서의 효용의 극대화 개념을 수용하고 있다. 합리적 준수와 관련하여 고티에는 그러한 표준적 개념에 대해서 다음과 같이 수정된 개념을 제시하고 있다.227)

"합리성에 대한 널리 수용된 개념은 개별적 선택의 단계에서 합리성을 효용의 극대화와 동일시하는 것이다. 어떤 한 선택은 그것이 행위자의 기대효용을 극대화할 때 오직 그때만 합리적이다. 우리는 합리성을 합리성에 대한 성향을 선택할 단계에서의 효용의 극대화와 동일시한다. 어떤 한 성향은 그것을 가진 행위자의 선택이 어떤 다른 성향을 가졌을 때의 선택에 못지않은 효용을 산출할 것이라고 기대할 수 있을 때 오직 그때만 합리적이다. 우리는 개별적 선택들이 어떤 합리적 성향에 관한 선택에 관련될 때 오직 그때만 합리적인지의 여부를 탐구하게 될 것이다."

다시 간략히 말하면, 이상에서의 고티에의 주장을 이해할 수 있는 핵심은, 합리성은 개별적인 선택들에 관한 것이 아니고, 그러한 개별적 선택들에서 발견되는 성향에 대한 메타적 선택에 관한 것이라는 점이다.228) 여기서 고티에는 직접적 극대화(straightforward maximization, SM)와 제한적 극대화(constrained maximization, CM)의 성향에 대한 구분을 도입한다. 직접적 극대화의 추구자는 상대방이 어떠한 성향을 가졌는지에 상관없이 타인들과의 관계에 대한 선택의 특정한 시점에서 자신의 기대효용을 극대화하는 행동이라면 어떠한 행동도 선택하는 성향을 가진 사람이다. 제한적 극대화의 추구자는 적어도 타인들이 자신과 동일한 성향을 가진 제한적 극대화의 추구자일 경우 자기 이익의 추구를 제한하고 합의된 제약으로서의 도덕원칙을 준수한다. 그런데 고티에는 제한적 극대화의 추구자가 "조건적인 성향을 가진" 사람이라는 점을 분명히 한다.229) 이러한 제한적 극대화의 추구자의 조건적 준수는 홉스의 조건적 준수에 대한 기본적 생각을 반영하고 있다. 즉 일방적인 준수는 타인에게 쉽사리 이용당한다는 경계심을 발동시키므로 조건적 준수는 소위 "속여먹기(후리기) 쉬운 사람, 혹은 빼앗아먹기 좋은 사람 인 봉은 없다"는 규칙(no suckers rule)으로 될 수 있다.230) 조건적 준수 는 "만약에 제한적 극대화의 추구자가 상대방이 협력할 것이라고 믿는 다면, 그도 역시 협동할 것이다. 그렇지 않다면 그도 역시 협동하지 않 을 것이다"라는 언명으로 요약될 수 있을 것이다.231)

물론 고티에는 첫째 "도덕적으로 행위하는 (즉 도덕적으로 요구되는 특정한 행동을 수행하는) 사람은 그렇지 않을 때보다 (다른 행동을 수행 할 때보다) 더 이득이 크다고 기대해서는 안 된다"는 점을 인정한다.232) 즉 직접적 극대화의 추구자는 효용의 극대화의 관점에서 볼 때 어떤 특 정한 행위의 사례에서 제한적 극대화의 추구자보다 더 큰 이익을 보게 된다. 이러한 점이 명약관화하듯 뻔한 사실이라는 것은, 만약 그렇지 않 다면 수인의 딜레마와 무임승차자의 문제는 생기지 않을 것이기 때문이 다. 둘째, 고티에는 "제한적 극대화의 추구자가 때로는 준수의 성향을 가짐으로써 손해를 보는 일이 있는데, 그것은 (제한적 극대화의 추구자 가 지불하는 일방적 비용 손실을 통해서 이득을 취하는) 타인들로부터 의 상호성에 대한 잘못된 기대로 말미암아 협동적으로 행위할 수도 있 기 때문이다"라는 점도 지적한다.233) 이러한 지적이 의미하는 것은 만 약 제한적 극대화의 성향이 조건적 준수라면, 제한적 극대화의 추구자 의 자발적 준수가 타인들이 제한적 극대화의 추구자인지, 아니면 직접 적 극대화의 추구자인지의 여부를 판정할 수 있는 인식적 혹은 확률적 예상에 달려 있다는 것이 된다. 고티에는 애초에는 개인적 행위자가 제 한적 극대화의 추구자인지, 아니면 직접적 극대화의 추구자인지의 신원 과 정체성 확인에 관련하여 "투명성(transparency)"을 가정했다.

그러나 고티에의 이러한 투명성 가정은 데렉 파핏(Derek Parfit)의 비 판에 직면하게 되었다. 파핏은 투명성 가정은 기만과 위선의 실제적 가능성을 전혀 인정하지 않는 것과 마찬가지이므로 지나치게 이상적이라고 비판한다.234) 이제 고티에는 "보다 현실적인 **반투명성**(*translucency*)을 가정하는데, 그것은 사람들이 투명하지도 않고 불투명하지도(opaque) 않으므로, 그들의 협동에의 성향은 타인들에 의해서 확실성(certainty)이 아니라 단순한 추정작업(guesswork)을 약간 상회하는 정도로밖에 확인될 수 없다"는 것이다.235) 따라서 고티에는 위에서 언급한 것처럼 직접적 극대화의 추구자의 사취에 의해서 제한적 극대화의 추구자가 피해를 볼 가능성을 인정하게 된다. 이렇게 직접적 극대화의 추구자가 제한적 극대화의 추구자에 대해서 두 가지의 가능한 이점이 있다면 고티에의 시도는 처음부터 헛된 것은 아닐까?

그러나 고티에는 쉽사리 실망하거나 의기소침하지 않는다. 고티에는 여기에 관련하여 분명히 말한다. "우리는 어떤 우호적인 조건 아래서는 제한적 극대화의 추구자가 협동으로부터 거두어들이는 순이득이 다른 사람들이 기대할 수 있는 사취적 이득을 상회한다는 것을 입증할 것이다."236) 동일한 관점에서 고티에는 다시 강조한다. "내 논증은 도덕성의 성향을 가진 사람은 (적절한 조건 아래서) 그러한 성향을 가지지 않은 사람보다 이익이 되는 더 많은 기회를 가질 수 있다고 기대할 수 있으며, 또한 도덕성의 성향을 가진 사람은 비록 주어진 기회 속에서 어떤 제약을 가지고 행동하지만 더 열등한 기회를 완전히 이용하는 사람보다도 더 큰 효용을 얻게 될 것이라는 주장에 달려 있다."237)

고티에의 이러한 주장에 관련하여 우리의 다음 과제는 우호적인 조건 혹은 적절한 조건이란 무엇이며, 어떻게 그러한 조건 아래서 제한적 극대화의 추구자가 직접적 극대화의 추구자보다 더 큰 이득을 볼 수 있는가 하는 점을 탐구하는 일이다. 다른 말로 하면, "제한적 극대화의 성향을 갖도록 하는 결정이 반투명적인 사람들에게 합리적인 조건이 무엇인가를 탐구해보도록 하자. 그리고 이러한 조건이 우리가 실제로 처한 조건인지도 탐구해보기로 하자."238)

계약 당사자의 조건적 준수와 반투명성에 관한 전제를 놓고 볼 때, 제한적 극대화의 추구자들은 직접적 극대화의 추구자들을 배제하려고 노력할 것이다. 직접적 극대화의 추구자들도 또한 제한적 극대화의 추구자들에게 무임승차하기 위한 요량으로 자신들의 정체성을 숨기면서 제한적 극대화의 추구자들을 찾아 나설 것이다. 고티에의 정교한 계산에 따르면, 충분한 수의 제한적 극대화의 추구자들이 있고, 협동하려는 그들의 성향이 확고하다면, 제한적 극대화의 추구자가 되는 것이 직접적 극대화의 추구자가 되는 것보다 낫다. 한편으로, "극대화적 선택을 하는 성향이 있는 직접적 극대화의 추구자는 이득이 되는 협동적 제도로부터 배제될 것이라고 예상해야 할 것이다."239) 다른 한편으로, "제한적 극대화의 추구자는 그러한 협동적 제도에 포함될 것을 기대할 수 있다. 제한적 극대화의 추구자는 자신의 성향으로부터 이득을 보는데, 그것은 개별적으로 취하는 선택이 아니라 [영속적] 기회의 선택으로부터 오게 된다.240) 이러한 논의를 통해서 고티에는 "자신의 선택을 규제하는 도덕원칙들은 내면화하는 제한적 극대화의 성향을 갖는 것이 합리적이다"라고 결론을 내린다.241) 일반적으로 볼 때, 정의로운 사람은 "비슷한 성향을 가진 동료들과 교류할 때", 합의된 도덕원칙을 준수하려는 성향을 지난 사람이다.242)

고티에의 이상과 같은 주장에 관해서 첫 번째 의구심은 성향성을 통한 고티에의 해결책이 직접적 이익과 장기적 이익, 직접적 전략과 간접적 전략에 대한 일상적인 구분, 혹은 "정직이 최선의 정책"이라는 일상적인 믿음과 어떻게 구별될 수 있는가 하는 점이다. 여기에 관련하여 고티에는 "제한적 극대화는 가장 효과적인 위장으로서의 직접적 극대화가 아니다"라는 점을 분명히 한다.243) 아마도 장기적인, 간접적인 이득으로부터의 관점은 도덕적 회의주의자에게 호소력을 가질 수 있을 것이다. 그러나 고티에는 그러한 도덕적 회의주의자들은 어떠한 실제적인 제약도 보이지 않는다고 지적한다.244) 그리고 도덕적 회의주의자들에 대한 진정한 답변은 "정직을 하나의 정책이 아니라 성향으로 간주하는 것"이라는 것이다.245) 넓게 보면, 성향을 통한 고티에의 해결책은 이상에서 언급한 일상적 구분과 믿음을 개조하여 내면화된 성향이라는 보다 확실한 기초를 갖게 만든 것으로 보인다. 고티에는 도덕원칙의 내면화를 통해, 합리적 준수는 진정으로 달성된다는 점을 재차 강조하고 있다.246) 종국적으로 고티에는 "그러한 제한적 극대화의 추구자는, 자신의 성향으로 볼 때, '예외'를 이용하여 이득을 취할 수 없다"고 주장한다.247)

그러나 제한적 극대화의 추구자가 개별적인 예외적 이득을 취할 수 없다는 고티에의 이러한 불가능성 주장에 관련해서, 성향(disposition)의 정확한 의미 혹은 정의(定義)에 관한 많은 복잡한 논란들이 제기되고 있다. 한편으로 볼 때, 그러한 불가능성은 제한적 극대화의 추구자의 성향이 일종의 영구적이고도 기계적인 심리과정이라는 것을 함축한다. 그러나 이러한 경우, 제한적 극대화의 추구자가 지닌 협동을 위한 성향은 자발적이면서 자유롭고 합리적인 행위가 될 수 없다. 한편으로 볼 때, 만약 제한적 극대화의 추구자가 지닌 성향이 영구적이고도 기계적인 심리과정이 아니라면, 다른 가능성은 그것이 선호적 선택이라는 것이다. 그러나 이 경우에 제한적 극대화의 추구자가 지닌 성향은 이치에 맞지 않는 것이 되고 마는데, 그 이유는 자유롭고 자발적인 선호적 선택은 그 자체로서 비제한적인 극대화적 선택을 함축하기 때문이다. 여기서 선호적 선택에 관련된 고티에의 견해를 살펴보기로 하자. 고티에는 도덕철학자들이 "도덕적 존재로서의 우리의 본성을 우리의 개인적 선호의 충족에 관한 일상적인 관심과 연계시키는 것에 실패했다. 그러나 우리는 도덕성이 그러한 관심에서 발생한다는 것을 입증했다"고 지적한 바 있다.248) 『합의도덕론』의 후속 논문에서 고티에는 또한 이렇게 지적한다. "협동에 관심을 가진 사람은 자신들이 다른 협동자들과 협동할 수 있도록 하는 성향을 선호한다."249) 성향의 선호에 대한 고티에의 이러한 해석은 합리적 선택이론의 개별적인 자발적 선택의 가정과 어긋나는 것이다. 더군다나 이미 언급한 조건적 선택은 성향을 기계적인 심리과정으로 해석할 수 없게 만든다. "따라서 우리는 명백하게도 매우 곤란한 딜레마에 봉착한다. 성향을 기계적인 심리과정으로 해석할 때, 고티에는 협동을 자발적이고, 자유롭고, 합리적인 행위로 생각하는 잘못을 저지르고 있다. 성향을 선호적 선택으로 해석할 때, 고티에는 그것을 제한적 행위라고 생각하는 잘못을 저지르고 있다."250)

여기서 우리는 행위이론, 심리학, 도덕철학의 영역에서 발생하는 성향의 개념에 관한 모든 논란들을 다 다루지는 못할 것이다.251) 그러나 여기서 우리가 한 가지 주목해야 할 점은 도덕원칙의 준수 문제에 관련된 합리적 성향을 통한 해결책이 지닌 이론적 부담은 고티에 혼자서만 짊어질 수 없다는 것이다. 철학사를 통해서 볼 때, 도덕철학자들은 도덕원칙의 준수에 관한 여러 가지 형태의 성향을 통한 해결책을 제시해왔다. 도덕성을 하나의 성향으로 본 것은 서양 철학에서 유구한 역사를 가지고 있다. 아리스토텔레스, 홉스, 듀이, 롤즈, 매킨타이어, 그리고 윌리엄스(Bernard Williams)가 그 대표적인 철학자들이라고 할 수 있다.252) 만약 고티에가 도덕성을 하나의 성향으로 본 이러한 도덕철학적 역사를 천착하여 자신의 견해와 그러한 대표적인 철학자들의 견해를 상호 비교하여 동일성과 차이점을 구체적으로 밝힘으로써 합리적 성향에 대한 논의를 보다 충실하게 전개할 수 있다면, 그의 합리적 성향을 통한 도덕원칙의 준수 기획은 아마도 보다 포괄적이고 명료하게 될 수 있을 것이다.253)

합리적 선택이론의 문제로 다시 돌아와서 볼 때, 만약 제한적 극대화의 추구자가 지닌 합리적 성향이 선호적 선택이라면, 고티에의 합리적 준수 기획이 수인의 딜레마(PD)와 무임승차자의 문제(FR)를 해결할 수 있는지에 대한 중대한 질문이 제기될 수 있다. 왜냐하면 고티에가 스스로 우려한 것처럼, "선택에 있어서 극대화적 성향은 그 자체로 극대화적 선택들로 표출되는 것처럼 보인다."254) 그렇다면 제한적 극대화의 추구자의 성향은 효용의 극대화(utility-maximizing)인가? 제한적 극대화의 추구자가 지닌 성향으로부터 행위하는 것은 과연 널리 수용된 합리성의 개념에 따라 행위하는 것과 외연적으로 동치인 직접적 극대화의 추구자로서 행위하는 것보다 더 큰 기대효용을 갖는가?255)

고티에는 "적절하게 제한된 극대화의 합리성을 증명함으로써 우리는 합리적 선택의 한 가지 문제를 해결하게 된다"고 주장한다.256) 그러한 문제는 바로 수인의 딜레마이다. 고티에의 해결책은 소위 단판 승부로서의 수인의 딜레마 게임(one-shot PD game)을 배경으로 하고 있다.257) 고티에는 이렇게 부언한다. "제한적 극대화는 반복적인 수인의 딜레마 게임에 관하여 주장되어왔던 소위 '응수 전략(tit for tat)'과 유사한 것은 아니다. 제한적 극대화의 추구자는 심지어 자신의 선택이 미래의 상황에 영향을 미친다는 것을 기대하지 못한다고 해도 협동할 것이다. 따라서 협동에 대한 우리의 입장은 상호성(reciprocity)에 호소하지 않는다."258)

고티에의 다음과 같은 언명은 제한적 극대화의 추구자가 지닌 성향을 통한 수인의 딜레마에 대한 해결책을 이해하는 데 도움이 된다.259)

"잘 알려진 수인의 딜레마 구조를 상정해보자. 각자는 상호 비협동과 대비해볼 때 상호 협동을 통해 이득을 얻는다. 그러나 [지배적 전략 논증을 통해] 각자는 타인이 어떻게 하든 간에 비협동을 통해 이득을 얻는다. 이러한 상황에서 직접적 극대화의 추구자는 협동하지 않는다. 제한적 극대화의 추구자는, 만약 상대방의 협동 여부에 대한 대략의 계산이 섰을 때 협동으로부터 오는 자신의 기대효용이 비협동적 결과로부터 오는 기대효용보다 높다면, 협동하기로 선택할 것이다. 제한적 극대화의 추구자는 따라서 직접적 극대화의 추구자가 아무리 영악하더라도 그에게는 허용될 수 없는 협동적 이득을 얻을 수 있을 것이다."

이상의 인용문을 통해 본 것처럼, 고티에의 기본적인 전략은 개인적 극대화(individual maximization)를 거부하고 집단적 최적화(collective optimization)에 호소하는 것이다. 고티에는 "도덕이론은 본질적으로 효용의 극대화에 대한 최적의 제약 사항에 관한 이론이다"라고 생각한다.260) 우리가 이미 제2장에서 수인의 딜레마에 대한 논의를 통해서 본 것처럼, 두 죄수는 모두 개인적 극대화보다는 집단적 최적화가 낫다는 것을 안다. 그러나 지배적 전략(dominant strategy)에 의거하여, 두 죄수는 결국 자백하는 것으로 끝나고 만다. 그렇다면 고티에의 전략은 적절한 조건 아래서는 지배적 전략이 작동하지 않는다는 것을 입증하는 것이 된다. 다른 말로 하면, "이러한 [지배적] 전략이 타당한 것은 오직, 그러한 전략이 가정하는 것처럼, 다른 사람들이 협동할 가능성이 각자 자신의 성향과 무관할 때뿐이다.261) 각 개인의 독립적인 지배적 전략(independent dominance strategy)과는 반대로, 고티에의 성향을 통한 해결책은 서로의 선택은 상호 연결되어 있다는 "확률적 상호 의존 전략(probabilistic dependence strategy)"이다.262) 단판 승부로서의 수인의 딜레마 게임(one-shot PD game)에서 확률적 상호 의존 전략은 현재에만 작동하게 되는데, 그것은 단판 승부에서의 개인적 결정은 미래에 영향을 미칠 수 없기 때문이다. 그러나 고티에의 성향을 통한 해결책은 미래 상황에 대한 영향을 고려할 필요가 있다. 왜냐하면 고티에의 해결책은 미래의 협동적 기회가 주는 이득을 오직 제한적 극대화의 성향을 가진 사람만이 향유할 수 있도록 직접적 극대화의 성향을 가진 사람을 배제하는 것에 달려 있기 때문이다. 따라서 단판 승부적인 수인의 딜레마 게임이 진행되는 현재 상황에서 오직 제한적 극대화의 성향을 가진 사람만이 합리적이라고 주장하는 것은 선결문제 요구의 오류에 빠지게 된다. 논리적으로 볼 때, 그 게임이 마지막이라고 공지되어 있는 게임에서도 상황은 마찬가지일 것이다.

고티에는 다음 두 구절에서 명백히 드러나는 것처럼, 피할 수 없는

비일관성을 노정시킨다.263)

> "제한적 극대화의 추구자는 심지어 자신의 선택이 미래 상황에 대해서 영향을 미칠 것이라고 기대할 수 없더라도 협동할 수 있다."

> "우리 주장의 요체는 각자의 선택적 성향이 자신이 처하게 될 상황에 영향을 미친다는 것이다."

특히 두 번째 구절에 관련해서 볼 때, 앨런 골드만(Alan H. Goldman)의 해석은 그러한 비일관성을 잘 보여주고 있다. "응수 전략(tit for tat) 혹은 홉스적 전략, 즉 오직 타인이 협동할 때만 협동하라는 전략이 합리적인 것이 되기 위해서는, 현재의 교류가 나중의 교류들의 기회에 영향을 미친다는 것을 예상해야만 한다. 그러나 이러한 요구 조건은 고티에의 새롭게 변형된 전략에서는 탈락되어 있다."264) 이러한 비일관성을 감안해볼 때, 고티에의 성향적 해결책, 즉 "선택되는 것은 [개별적] 선택 그 자체가 아니라 성향의 극대화적 특성인데, 바로 그것에 의해서 무엇이 선택할 만한 것인지가 결정된다는 것이 우리 주장의 핵심이다"265) 라는 주장은 합리적 의사결정의 수준에 관련된 많은 난제들을 야기했을 뿐이다.266)

그렇다면 고티에의 성향적 해결책에 관련하여 무임승차자의 문제에 대해서는 어떻게 말할 수 있을 것인가? 무임승차자의 문제에 대한 고티에의 해결책은 구조적으로 수인의 딜레마와 유사하다. 제한적 극대화의 추구자들에 의한 협동적 사회로부터 직접적 극대화의 추구자들의 배제 전략은 타인의 마음을 알기에 충분한 반투명성이라는 인식적 전제에 의존하고 있다.267) 반투명하지만 충분한 선별 능력에 근거한 이러한 배제 전략은 제한적 극대화의 추구자들에게 또 하나의 추가적인 부담을 안긴다. 그것은 제한적 극대화의 추구자들이 타인의 마음을 읽는 능력, 즉 독심술적 능력의 배양이 요구된다는 것이다. 만약 제한적 극대화의 추구자들이 이러한 능력을 개발하지 못한다면 그들은 자신들의 성향으로부터 어떠한 이득도 얻지 못하게 될 것이다. 이러한 관점에서 고티에는 다음과 같이 지적한다. "따라서 그렇다면 [성향으로부터 오는] 제약은 불합리한 것으로 나타날 수 있을 것이다. 그러나 실제로 불합리한 것은 오히려 타인들의 성실성 혹은 위선성을 포착하는 능력을 배양하거나 행사하는 데 실패하는 것은 아닐까?"268) 여기서의 고티에의 주장은 조건적 준수와 소위 "속여먹기(후리기) 쉬운 사람, 혹은 빼앗아먹기 좋은 사람인 봉은 없다"는 규칙(no suckers rule)의 관점에서 볼 때 일리가 있는 것처럼 보인다. 그럼에도 불구하고, 타인의 정체성을 파악하는 능력에 대한 강한 요구 조건으로 볼 때, 충분한 반투명성(sufficient translucency)은 실제적으로 투명성(transparency)과 구별될 수 없을 것이다. 다시 말하면, 반투명성과 투명성의 구분에 대한 고티에의 구분은 흐려지게 된다. 고티에는 이렇게 말한 바 있다. "만약 모든 사람들이 투명할 때에만 제한적 극대화의 추구자가 직접적 극대화의 추구자를 물리칠 수 있다고 한다면, 우리는 현실적으로 혹은 실제적으로 가능한 조건 아래서 도덕적 제약이 합리적이라는 것을 입증하는 데 실패한 것이 될 것이다."269)

　아마도 다른 사람의 마음을 읽는 능력을 배양하는 것과 충분한 반투명성의 조건은 소규모의 안정적이고 고립적인 사회에서는 충분히 가능할 것이다. 물론 고티에는 루소가 한 것처럼 소규모의 그리스 폴리스에 대한 노스탤지아적 갈망에 빠져 있는지도 모른다.270) 그러나 현대 대중사회는 순진무구한 생소한 사람들에 대한 완강한 불신에 이르게 되거나, 아니면 주홍글씨 S(직접적 극대화자가 그 글자를 새긴 옷을 입어야만 하는)가 만연하는 전체주의적인 처벌적 사회로 귀착하게 될 수 있을 뿐이다.271) 고티에의 자유주의적 개인들은 아마도 그러한 사회의 일원이 되기를 원하지는 않을 것이다.

확률적 상호 의존 전략에 근거하고 있는 고티에의 성향적 해결책의 선결문제 오류적 성격은 우리가 제한적 극대화의 추구자의 조건적 준수를 고찰해볼 때 더욱 심각하게 드러난다. 여러 군데에서 고티에는 다음과 같이 강조한다. "이용당하는 것을 피하기 위해 제한적 극대화의 추구자는 마치 직접적 극대화의 추구자처럼 행동한다. 그때 제한적 극대화의 추구자는 다른 사람들이 채택할 것으로 기대되는 전략들 아래서 자신의 효용성을 극대화하는 개인적 전략에서 행동한다."272) 고티에는 또한 이렇게 덧붙인다. "제한적 극대화의 추구자는 최대한의 효용에 대한 자신의 직접적인 추구를 실제로 제약하기 전에 자신이 동일한 성향을 가진 사람들 속에 있다는 것을 확실히 하는 것이 합리적이다."273) 요약해서 말하면, 만약 제한적 극대화의 추구자는 상대방이 협동할 것이라고 믿을 때 자신도 협동할 것이다. 만약 그렇지 않다면 자신도 그렇게 하지 않을 것이다. 이것의 논리는 이렇게 정리될 수 있다. 당신이 그렇게 하면 나도 준수하는 경향을 가질 것이다. 내가 그렇게 하면 당신도 준수하는 경향을 가질 것이다. 그러나 이러한 논리는 순환적인 것으로 우리 각자가 어떻게 행위할 것인지를 결정하지는 못할 것이다. 첫째, 제한적 극대화의 추구자들은 주어진 인구 중에서 제한적 극대화의 추구자들이 존재할 확률을 감안해야 하지만, 이러한 확률은 상호 의존적인 조건적 준수의 조건 때문에 미리 결정되지 못한다. 더 나아가서, 심지어 그러한 확률 계산은 무의미하다고 볼 수 있다. 왜냐하면 제한적 극대화의 추구자들은 협동하려는 성향을 발전시키기 전에 다른 제한적 극대화의 추구자들의 실제적 준수를 기대해야만 하기 때문이다. 이상의 논의를 통해서 볼 때, 우리는 고티에의 합리적 준수론은 순환적이라고 추론할 수밖에 없다.274) 이것은 고티에 자신의 언급을 통해서도 입증된다. 고티에가 언급한 여러 가지 제한 조건은 다음과 같다. "다른 사람의 성향을 고정된 것으로 간주한다면", "충분한 안정성이 주어진다면", "만약 모든 사람이 준수한다면", "충분한 수의 사람이 동일한 생각을 갖는다면", "우리가 정의로운 일단의 사람들 속에 있다면, 우리는 합리적으로 정의를 따르는 성향성을 발전시킬 이유를 갖게 된다."275)

그렇다면 홉스적, 롤즈적 두 뿔을 갖는 사회계약론적 딜레마를 피한 다는 고티에의 공언된 의도로 볼 때 고티에의 합리적 준수론은 어떻게 평가될 수 있을 것인가? 한편으로 볼 때, 만약 고티에의 성향적 해결책 이 협동적인 사회질서로부터 직접적 극대화의 추구자들을 배제하는 것 에 크게 의존하고 있다면, 고티에의 해결책은 홉스적 절대군주의 직접 적 극대화의 추구자들에 대한 강제적 처벌과 어떠한 차이가 있는가? 고 티에 자신이 인정하는 것처럼, "그러한 성향을 갖지 않은 사람들은 합 리적으로 사회에 수용될 수 없다는 홉스의 주장은 우리의 이론을 전개 할 토대이다."276) 아마도 고티에의 배제 전략은 홉스적인 절대주의적 정치체제 같은 것이 아니라 일종의 자유주의적인 공동체주의에 기반할 수도 있을 것이다. 그러나 흄이 비판한 것처럼, 사회계약론은 도덕적 공 동체와 약속 준수의 관행을 전제하고 있다.277) 하이데거적인 용어로 말 한다면, 고티에의 제한적 극대화의 추구자는 "도덕세계 내의 기존적 존 재" 혹은 "다른 제한적 극대화의 추구자들과의 기존적인 동반자"라고 명명될 수 있을 것이다.278)

그렇다면 고티에는 여기서 딜레마의 다른 뿔로의 이행을 강요받게 된 다. 만약 제한적 극대화의 추구자의 성향이 주로 비슷한 성향을 가진 사 람들의 선재적으로 구성된 사회에 달려 있다고 한다면, 고티에의 해결 책은 완전한 준수를 가정하는 롤즈의 정의로운 질서정연한 사회와 얼마 나 다르다고 말할 수 있겠는가? 고티에가 스스로 인정하는 것처럼, "대 부분의 사람들이 공정하고 최적적인 합의와 관행을 준수하려는 성향을 가짐으로써 자신들의 행동을 공동적인 협동적 전략에 근거시키는 사회 는 자기보존적인 혹은 자기유지적인 사회가 될 것이다."279)

결론적으로 말한다면, 고티에의 해결책은 합리적이지만 비도덕적이 고 비자발적인 홉스적인 정치적 준수와 롤즈적인 완전히 정의로운 사회에서의 완전한 준수라는 순환적인 도덕적 가정 사이의 딜레마에 내몰리게 된다.

3) 최초의 협상 상황으로서의 로크적 단서와 마르크시즘과의 비판적 대조

본장 2절에서 우리는 고티에의 최대상대양보의 극소화 원칙과 최소상대이익의 극대화 원칙, 그리고 제한적 극대화의 추구자의 성향적 준수를 개인적 극대화적인 합리성을 배경으로 하여 살펴보았다. 우리가 강조한 것처럼, 최대상대양보의 극소화 원칙과 최소상대이익의 극대화 원칙과 제한적 극대화의 추구자의 성향적 준수는 우리가 이제부터 다루게 될 로크적 단서(the Lockean proviso)와 함께 세 가지의 중심적 문제, 즉 협상 문제, 합리적 준수, 그리고 최초의 협상 상황에 대한 고티에의 사회계약론적 합리적 해결책에서 논증적 중추를 이룬다. 고티에의 합리적 기획은 아직 완전하게 설명된 것이 아닌데, 그것은 최초의 협상 상황이 아직 규정되지 않았기 때문이다. 고티에의 사회계약론적 윤리학에서 최초의 협상 상황의 규정을 구체적으로 설명하기 이전에, 그것의 전체적 위상을 살펴보기로 하자.

본장 1절의 마지막인 3)항에서 우리는 고티에가 왜 자신의 입장을 형식적, 기초적(thin) 형태의 시장 계약주의에서 실질적, 본격적(thick) 형태의 시장 계약주의로 변경했는지를 설명했다. 고티에의 본격적 시장 계약주의가 의미하는 바는 그의 사회계약론적 윤리학이 시장의 실패에 대한 합리적이면서도 공평한 해결책만이 아니라 시장의 성공을 위해서 필요한 합리적이고도 공평한 최초의 조건들을 위해서 고안된 것이라는 점이다.280) 우리가 이미 고찰한 것처럼, 시장의 성공을 위한 조건에는 사적 소유와 개인적 요소 자질과 생산물에 대한 자유로운 사용이 있다. 최초의 요소 자질을 주어진 것으로 간주하는 자유방임주의적 후생경제학자들과는 달리, 고티에는 그것들에 대한 중차대한 질문을 제기한다.281) "각 생산물과 생산의 각 요소는, 생산, 교환, 소비에 관한 한, 자신들이 원하는 방식대로 그것들을 사용할 수 있는 어떤 개인들에 의해서 소유된다. 그렇지만 왜 개인들이 그러한 통제력을 행사해야만 하는가?" 제3장에서 논의한 것처럼, 개인적 자질에 대한 시장적 가정을 부정하는 것은 롤즈의 정의론의 핵심이며, 그러한 문제에 관련된 논란은 롤즈와 노직 사이의 논쟁에서 중대한 사안을 이루고 있다. 수정된 로크적 단서에 호소하려는 고티에의 주요 목적은 롤즈와 노직 사이의 논쟁을 종식시키려는 의도이다. "나는 로버트 노직(Robert Nozick)의 단순한 개인주의와 존 롤즈(John Rawls)의 암묵적 집산주의 사이에서 한 입장"을 취한다.282)

비록 고티에는 일반적으로 로크적 단서를 설정하는 노직의 입장에 동조하지만, 노직의 자연적 재산권론이 하나의 독립적인 도덕적 요소를 가정하고 있다고 비판한다.283) 고티에가 "물론 어떤 사람은 자질적 요소라는 바로 그 개념 자체를 [자의적이라고] 비판하고 있다"라고 언급했을 때 아마도 그는 롤즈를 염두에 두었을 것이다.284) 우리가 곧 살펴보게 될 것처럼, 고티에는 롤즈의 도덕이 무임승차자들을 인가하는 것이라고 비판한다.285) 이러한 입각점에서 고티에의 목적은 개인의 자질적 요소들에 대한 자유로운 사용과 그 결과로 생긴 재산권은 "자의적인 것이 아니라 (이제 입증해야 할) 로크적 단서의 합리성과 공평성에 의해서 오히려 충실히 정당화될 수 있다는 것"을 입증하는 것이다.286)

본장 2절 1)항에서 우리는, 고티에의 주장에 따르면 최대상대양보의 극소화 원칙과 최소상대이익의 극대화 원칙은 협동적 잉여의 분배에 적용될 합리적이고 공평한 협상적 정의론이라는 점을 논의했다. 이미 상술한 대로 협상 문제는 두 가지 하위 문제로 나누어진다. 첫 번째는 본연의 협상 문제이고, 두 번째는 최초의 협상 상황에 관한 문제이다. 전통적인 용어법으로 말한다면, 첫 번째는 분배적 정의(distributive justice)의 문제이고, 두 번째는 획득적 정의(acquisitive justice)에 관한 문제이다. 고티에의 합리적 선택이론적 용어법에 따르면, 첫 번째는 협상 문제의 내부적 합리성에 관한 것이고, 두 번째는 협상 문제의 외부적 합리성에 관한 것이다. 첫 번째의 협상에서 협동은 주어진 것으로 간주되고, 두 번째에서의 협상에서 최초의 협동인 협상 자체에 대한 의문이 제기될 수 있는데, 그것은 상호 교류의 한 방식으로서의 정당근거를 요구한다.287)

최대상대양보의 극소화 원칙과 최소상대이익의 극대화 원칙의 내부적 구조를 분석했을 때 우리는 두 원칙의 요지가 "차액 분할(splitting the difference)"이라는 것을 지적했다. 차액이란 협상자들에게 자신의 몫에 대한 최대한의 주장과 최초 협상 시의 몫에 대한 주장의 차이이다. 최대상대양보의 극소화 원칙과 최소상대이익의 극대화 원칙이 적용되고 계산되기 위해서는 협상자들의 최초 협상 시의 몫에 대한 주장들이 미리 결정되어야만 한다. 고티에는 "최대상대양보의 극소화 원칙과 최소상대이익의 극대화 원칙의 적용, 혹은 더 일반적으로 말해서 협동 혹은 시장적 상호 교류의 출현은 협상자들의 자질 요소에 관련된 협상자들에 대한 최초 규정을 요구한다"고 명백히 지적한다.288) 최초 협상 시의 자질 요소는 "합의의 결과가 아니라 시작점을 제시한다. 그것은 각 개인들이 협상 테이블로 가져오는 것이지 협상 테이블로부터 가져가는 것이 아니다."289)

본장 2절에서 우리는 합리적 준수의 문제에 대한 제한적 극대화의 추구자의 성향을 통한 해결책을 논의했다. 그러나 최대상대양보의 극소화 원칙과 최소상대이익의 극대화 원칙의 준수가 유일무이하게 합리적이라는 고티에의 주장에 대한 우리의 비판은 아직 불완전한 것이다. 그 이유는 최대상대양보의 극소화 원칙과 최소상대이익의 극대화 원칙에서의 최초 협상 시의 몫이 공정한가 혹은 불편부당한가의 여부 문제가 아직 해결되지 않았기 때문이다. 비록 우리가 최대상대양보의 극소화 원칙과 최소상대이익의 극대화 원칙이 공정한 것이라고 가정하더라도 협상의 최초의 상황에 대한 공정성은 여전히 문제로 남아 있다. 고티에는 다음과 같이 지적한다. "준수가 합리적으로 자리 잡을 수 있는 것은 오직 충분히 협동적인 구조 안에서만 가능하다. 그 속에서 각 참여자들은 자신의 동료들과 기꺼이 교류하려고 한다. 이것은 결국 협상론에서 다루어지고 있는 두 번째 문제, 즉 최초의 협상 상황의 문제로 우리를 이끌게 된다."290)

만약 우리가 이 문제를 실질적, 본격적 시장 계약주의(thick market contractarianism)의 배경과 연결시킨다면, 그것은 "시장의 결과는 그것이 공정한 최초의 조건으로부터 결과하였을 때, 그리고 오직 그때만이 공정하다"는 것을 의미한다.291) 그렇다고 한다면, 합리적 준수의 문제도 그에 따라 엄밀하게 규정되어야 할 것이다. 여기서 고티에는 협소한 준수적인(narrowly compliant) 성향과 광범위한 준수적인(broadly compliant) 성향, 즉 엄밀한 준수와 대략적 준수를 구분한다.292) 협상자가 광범위한 대략적 준수 성향을 가진다는 것은 만약 비협상적 결과보다 더 큰 이익이 산출된다면 어떤 협상의 결과도 준수하려는 성향을 가진 것을 말한다. 이에 비해서, 협상자가 협소하고 엄밀한 준수의 성향을 가진다는 것은 공정한 협상의 결과만을 준수하려는 성향을 가질 때를 말한다. 공정한 협상의 결과의 경우는 최대상대양보의 극소화 원칙과 최소상대이익의 극대화 원칙과 아울러 최초의 협상 상황에 관련된 로크적 단서가 충족된 경우이다. 도덕적으로도 수용할 수 있는 준수의 합리적 근거를 입증하기 위해서 고티에는 공정한 협동에 대한 협소하고 엄밀한 준수가 불공정한 협동에 대한 광범위한 대략적 준수보다 유일무이하게 더 합리적이라는 것을 입증해야만 한다.293)

다시 한 번 강조하지만, 우리가 본장 2절 1)항에서 논의한 것처럼, 로크적 단서는 고티에가 사회계약론적 딜레마와 트라일레마를 극복하기 위해서 동원한 핵심적인 전략이다. 이제 우리는 로크적 단서가 고티에의 사회계약론적 윤리학의 전체 체계 속에서 갖는 위상을 상술했다. 그렇다면 우리는 로크적 단서에 대한 상세한 논의를 통해서 고티에의 합리적 연역 기획의 실행 가능성에 대해서 비판적으로 평가할 수 있게 될 것이다. 이러한 언명이 과장된 것이라고 생각할 필요는 없다. 왜냐하면 사회계약론에서 가장 중차대한 문제는 최초의 가상적 상황, 즉 자연상태를 어떻게 구성하는가 하는 문제이기 때문이다.

오늘날에 이르기까지 사회계약론의 역사를 통해서 볼 때 자연상태는 다양한 특성을 가진 것으로 규정되어왔다. 그러한 다양한 특성을 감안해볼 때, 우리는 고티에가 왜 로크적 단서에 호소하는지에 대한 의문을 제기하게 된다. 우리가 제3장 2절 3)항에서 살펴본 것처럼, 노직이 로크적 단서를 수용한 것은 주로 재산권에 대한 정당한 원초적 획득(the legitimate intial acquisition)을 확립하기 위한 것이었다. 고티에가 로크적 단서를 수용하려는 것의 취지는 사회계약론적 딜레마에서 합리성의 도덕적 부적절성이라는 홉스적 선택지를 회피하기 위한 것이다. 우리가 본장 1절 1)항과 2절 1)항에서 각각 살펴본 것처럼, 왜 고티에가 뷰캐넌의 자연적인 상호작용에 따른 현상(現狀) 반영적인 원초적 입장과 내쉬의 위협적 이익에 근거한 협상 모형을 거부하는가의 이유도 그러한 취지와 관련이 있다. 요약하면, 고티에는 로크의 원초적 획득과 재산권 이론이 "무제한적 약탈 상태"라고 명명할 수 있는 홉스적인 자연상태를 도덕화한 것이라고 생각한다.294) 그러나 고티에는 로크와 노직을 동시에 비판하는데, 그 이유는 사회계약 속에 자연권이라는 선재적인 도덕적 요소를 도입했다는 것이다. 다시 말하면, 로크와 노직은 롤즈처럼 사회계약론 윤리학의 두 번째 선택지의 난관, 즉 선재적인 도덕적 요소의 도입에 따른 순환성과 선결문제 요구의 오류의 난관에 봉착하게 된다는 것이다.295)

고티에의 전략은 (1) 어떻게 로크적 단서가 비강제적이고 비위협적인 최초의 상황에서 자연적 상호작용을 제약하는 데 사용될 수 있는지를 입증하려고 한다. 그 결과 로크적 단서가 시장과 사회적 협동을 위한 적절한 최초의 협상 상황이 될 수 있다는 것을 아울러 입증하려고 한다. (2) 어떻게 로크적 단서가 재산권의 확립을 보장할 수 있는지를 입증함과 아울러 더 나아가서 재산권의 공정성과 불편부당성도 입증하려고 한다. (3) 개인적인 효용의 극대화의 추구자들이 로크적 단서를 수용하고 준수하는 것이 합리적이라는 것을 입증하려고 한다. 우리는 이러한 세 가지 전략적 과제를 순차적으로 탐구함으로써 그의 전략이 사회계약론적 딜레마를 회피하는 데 성공하였는지를 평가하게 될 것이다.

   (1) 고티에는 로크적 단서의 기본적 요점을 자연상태에서의 자연적 상호 교류에 대한 일반적 제약으로 간주한다. 이것이 의미하는 바는, 고티에가 보기에 로크적 단서를 처음부터 사람들의 배타적 재산권을 확립하는 것으로 해석하는 것은 선결문제 요구의 오류를 범한다는 것이다 (그러나 고티에는 나중에 그러한 방향으로 자신의 입장을 수정하게 된다). 우리가 이미 고찰한 바와 같이, 로크적 단서는 재산권에 대한 특수한 이론, 즉 외부적 사물의 획득 혹은 전유(專有)에 관한 이론이다. 로크는 가치 혹은 재산에 대한 노동이론, 혹은 노동을 통해 자연을 변형시키는 공작적 인간(*homo faber*)에 대한 가장 초기 형태로부터 출발하여 풍요가 보장되고 있는 독특한 상황 아래서의 배타적 재산권으로 이행한다.296) 로크는 이렇게 주장한다. "이러한 노동을 통한 생산물은 의심의 여지가 없이 노동을 투여한 자의 소유이므로 다른 사람이 아닌 오직 노동을 투여한 자만이, 적어도 타인에게 공동적으로 동등한 양질의 것이 충분히 남아 있는 한, 그것을 향유할 수 있는 권리를 갖게 된다."297) 고티에는 로크적 단서에 대한 적절한 해석은 협동적인 "사회가 가능하도록 하기 위해 자연적 상호작용"에 대한 하나의 제약이라고 본다.298)

   이러한 관점에서 고티에는 로크적 단서에 대한 노직의 해석을 평가하고, 그러한 평가에 의거하여 로크적 단서를 자신의 목적에 맞게 수정하게 된다. 우리가 제3장에서 논의한 것처럼, 노직은 이렇게 말한다. " '적어도 타인에게 공동적으로 동등한 양질의 것이 충분히 남아 있어야 한다'는 로크적 단서는 타인의 상황이 악화되지 않는다는 것을 보장한다는 것을 의미한다."299) 고티에에 따르면, 노직의 해석은 약탈이든 기생이든 간에 타인의 상황을 악화시키는 행위는 허용될 수 있는 자연적 상호 교류에서 배제시켜야 한다는 것을 의미한다. 그러나 고티에는 이러한 노직의 해석은 합리적 효용의 극대화의 추구자들에게는 너무 강하다고 주장한다. 왜냐하면, 노직식의 로크적 단서는 효용의 극대화의 추구자들이 오직 자신들의 입장을 악화시킴으로써만이 충족될 수 있는 영합적 상황(zero-sum situation)들을 고려할 수 없기 때문이다. 따라서 고티에는 노직식의 로크적 단서를 다음과 같이 수정하게 된다. "자신의 상황을 악화시키는 것을 피하기 위해서 어쩔 수 없는 경우를 제외하고는 자신의 상황을 개선시키기 위해서 타인의 상황을 악화시키는 것을 금한다."300)

로크적 단서에 대한 이러한 수정을 통해 고티에는 롤즈도 비판한다. 즉 최소극대화 규칙(maximin rule)에 의해서 규제되는 롤즈의 원초적 입장은 합리적 효용의 극대화의 추구자들에게는 너무 강한 제약을 준다는 것이다. 왜냐하면 롤즈의 원초적 입장은 오직 타인들의 입장, 특히 최소수혜자들의 입장을 개선할 수 있을 때만 자신의 입장을 개선하는 것을 허용하도록 규정하므로 무임승차의 여지를 남긴다는 것이다.301) 지금까지의 고티에의 주장은 자연적 상호 교류에서 무임승차와 기생이 배제되어야 한다는 것이다. 다시 말하면, "자연적 상호 교류에 대한 로크적 단서보다 강한 제약은 무임승차를 불러오고, 약한 제약은 기생을 허용한다"는 것이다.302) 로크적 단서에 관한 고티에의 이러한 해석은 개인의 재능과 능력 같은 개인적 자산의 자유로운 사용에 대한 외부적 영향을 배제함으로서 사회적 협동과 시장적 경쟁의 가능성에 대한 최소한의 조건을 마련하기 위한 것이다.303)

우리가 고티에의 두 번째 과제, 즉 로크적 단서가 실질적으로 최초의 자질 혹은 자산 요소를 어떻게 규정하며, 또한 그것이 어떻게 공정하고 불편부당한 재산권을 확립하는가를 입증하는 작업에 들어가기 전에 해결해야 할 하나의 미묘한 문제가 있다. 그것은 "우리는 그것이 자신이든 타인이든 간에 어떤 사람의 입장을 악화시키거나 개선시킨다는 것을 어떻게 이해해야 할 것인가?" 하는 점이다.304) 여기서 고티에는 타인의 상황을 악화시키는 것과 개선시키는 데 실패하는 것에 대한 구별을 중시하고, 로크적 단서는 후자가 아니라 오직 전자만을 배제한다고 주장한다.305) 여기서 한 가지 예로서 물에 빠진 사람의 경우를 들 수 있다. 내가 그 사람을 물속에 밀어 빠뜨려서 익사하도록 방치한다면 이러한 상황에서는 나는 분명히 로크적 단서를 위배한 것이다. 그래서 내가 만약 그 사람을 밀어 빠뜨리지 않았거나 내가 거기에 없었다면, 그 사람의 상황은 더 나은 것이 되었을 것이다. 그러나 그가 물속에 스스로 미끄러져 빠진 상황에서 내가 아무런 도움도 주지 않았다면 이러한 상황에서는 나의 임재(臨在)에도 불구하고 그 사람의 상황은 더 악화된 것은 아니다. 그렇다면 나는 그 사람의 상황을 악화시킨 것은 아니다. 물론 내가 그 사람에게 도움을 주어 구했다면 그 사람의 상황은 더 나은 것이 되었을 것이다. 그러나 나는 그 사람의 상황을 개선시키는 것을 하지 못했다.306) 고티에에 따르면, 이러한 상황에서는 내가 로크적 단서를 위배한 것은 아니다. 그렇다면 고티에의 수정된 로크적 단서는 선한 사마리아인과 같은 이타적 행동을 하도록 하지 않는다.307)

이러한 예에 비추어서, 고티에는 다음과 같이 말한다. "당신의 처지를 개선시켰는가, 아니면 악화시켰는가의 관점에서 내가 당신에게 어떠한 영향을 주었는지를 결정하는 기준점은 내가 부재할 때 당신이 기대할 수 있는 결과에 의해서 결정된다."308) 이러한 부재의 반사실적 시험에 관련해서 몇 가지의 중대한 논리적인 문제가 있다.309) 그러나 여기서의 주요 관심은 논리적인 문제들이 아니라 개인의 기본적 자질에 대한 이러한 부재 시험(the absence test)의 관련성이다. 여기서 고티에는 로빈슨 크루소를 다시 한 번 원용한다.310) "비록 로빈슨 크루소가 사실 혼자 있지만, 우리는 그의 **기본적 자질**(*basic endowment*)을 그가 사용할 수 있는 것으로서, 즉 그가 부재한다면 다른 누구도 사용할 수 없는 것으로 정의할 수 있다."311) 이러한 논의에 비추어서, 고티에는 로크적 단서에 대한 최종적인 해석을 다음과 같이 제시한다.312)

"우리는 로크적 단서를 다른 사람의 상황을 악화시키는 것을 그 사람과의 교류를 통해서 자신의 상황이 악화되는 것을 방지하기 위한 것을 제외하고 금지하는 것으로 해석한다. 혹은, 쉽게 말하면, 로크적 단서는 다른 사람의 상황을 악화시키는 교류를 통해서 자신의 처지를 개선시키는 것을 금하는 것이다. 우리는 이것이 다른 사람을 이용하지 않는다는 것 [통상적 윤리]의 저변에 깔린 생각이라고 주장한다."

(2) 재산권을 확립하기 위해서 고티에는 포괄적인 총 4단계 과정을 수립한다. 이러한 과정을 통해서 고티에는 재산권의 확립이 공정하고 불편부당한 것임을 입증하려고 노력한다. 첫 번째 단계는 각 개인의 신체적, 정신적 능력이라는 기본적 자질에 대한 배타적인 개인적 권리를 확립하는 것이다. 고티에는 이러한 개인적 권리는 부재 시험의 첫 번째 과제로부터 자연적으로 도출된다고 주장한다. "따라서 타인의 처지를 악화시킴으로써 자신의 처지를 개선하려는 것을 금하지만 그렇지 않은 경우 각자는 자신이 원하는 대로 자유롭게 행동하도록 허용된다는 로크적 단서는 각자가 자신의 능력을 사용하는 것을 승인할 뿐만 아니라 그러한 능력을 타인이 사용하는 것을 거부함으로써 각자에게 자신의 능력에 대한 배타적 권리를 부여한다."313)

두 번째 단계는 이러한 배타적인 개인적 권리를 사용권(use right)으로 확대하는 것이다. 자연상태에서 어떤 사람이 한 구획의 대지를 거기서 나오는 생산물을 소비할 의도로 경작한다고 상정해보자. 경작에 드는 비용과 경작으로부터 오는 기대, 즉 나 자신의 노동과 그러한 노동으로부터 산출되는 생산물을 사용하려는 의도를 감안해볼 때, 만약 다른 사람이 그 경작지의 생산물을 가로챘다면 그는 로크적 단서를 위반한 것이다. 그 경우 나 자신의 생산물을 사용하기 위해서는 타인들이 나 자신이 들인 비용에 대한 완전한 보상(full compensation)을 제공해야만 한다. 따라서 고티에는 "로크적 단서는 자신의 노동에 대한 결과적 생산물에 있어서의 권리와 아울러 완전한 보상에 대한 권리를 부여한다"고 주장한다."314) 고티에에 의하면, 첫 번째 단계와 두 번째 단계는 순수한 자연상태로부터의 전환을 완결한다. 나머지 두 단계는 "자연적 상호 교류로부터 시장과 협동적 상호 교류에의 이행"에 관여한다."315)

세 번째 단계는 "시장과 협동적 상호 교류의 경우 상호 교류의 영역 내에서 한 개인의 행위로 인하여 타인들에게 가해지는 모든 비용은 전이된 비용으로 만약 로크적 단서를 위반하지 않으려면 보상이 요구된다"는 것을 증명하는 것이다.316) 간단한 예를 통해 세 번째 단계를 쉽게 이해할 수 있다. 어떤 사람이 자신의 공장에서 산출되는 생산물을 팔기 위해서 강물을 오염시켰다면, 그는 강가의 어부들에게 보상을 해야만 한다는 것이다. 처음 두 단계에서는 오염 물질을 배출하여 결과적으로 강물 속의 물고기를 죽였다면 그것은 로크적 단서를 위반한 것은 아니다.317) 그러나 세 번째 단계에서는 강물을 오염시키는 것은 오염의 비용이 어부들에게 전이 혹은 전가된 것이므로 로크적 단서를 위반한 것이다.318) 따라서 고티에는 "시장의 출현에 필수적인 비용의 내부화"가 요구된다고 주장한다.319)

마지막 네 번째 단계는 중대한 것이다. 이 단계는 "각 개인의 완전한 자질(full endowment)을 규정하고, 토지와 다른 자원들에 대한 배타적 권리를 도입한다." 이 단계에서 처음 세 단계들에서의 사용권은 사유재산권으로 변환된다.320) 그렇다면 이 단계와 처음 세 단계들 사이의 본질적 차이는 무엇인가? 고티에는 처음 세 단계들은 "상호 교류하는 사람들 사이의 공동 사용에 대한 구조의 창출"을 위한 것이지, "외부적 사물에 대한 배타적 권리"를 위한 것이 아니라고 답한다.321) 여기서 고티에는 또 다른 사례를 제시한다. 어떤 한 사람이나 가족이 "상당히 작은" 부분의 땅을 수용해서 공동 사용을 할 때보다도 더 집약적인 경작을 해서 그 땅에서 "더 많은 산출"이 나오도록 했다고 가정해보자.322) 이 경우 그 사람이나 가족은 그 땅에 대한 배타적 권리를 추구하려고 할 것이다. 그렇다면 고티에는 이러한 배타적 권리의 정당함을 어떻게 입증할 것인가? 첫째로, 고티에는 "어떤 사람이 땅의 일부분이나 혹은 다른 사물에 대한 배타적 소유권을 주장할 때 그가 타인의 처지를 악화시킴으로써 자신의 처지를 개선했는가, 즉 로크적 단서를 위배했는가의 여부"를 물어야 한다고 주장한다.323) 그 사람이나 가족은 "상당히 작은" 부분의 땅을 경작하였으므로 타인들을 더 나쁘게 한 것은 아니다. 둘째로, 고티에는 "만약 그렇지 않다면, 어떤 다른 사람이 그 사람의 배타적 사용을 침해했을 때 로크적 단서를 위배했는가의 여부"를 물어야 한다고 주장한다.324) 이 경우 어떤 다른 사람은 로크적 단서를 위배한 것인데, 그 이유는 어떤 보상을 제공하지 않았기 때문이다. 고티에는 이 경우의 보상은 시장적 보상을 의미한다고 본다. 그래서 고티에는 "만약 그렇다면[로크적 단서의 위배가 없다면], 그 제안된 권리는 확립된 것이다"라고 주장한다.325) 이 마지막 단계에서 권리 소유자는 완전한 의미에서의 사적 재산권(private property right) 혹은 배타적 재산권(exclusive property right)을 향유하게 된다. 대지 혹은 산출물에 대한 권리는 사용뿐만이 아니라 교환에도 적용된다.326) 고티에는 최종적으로 배타적 소유인 전유(專有)는 산출물에 대한 교역 혹은 교환을 통해서 모든 사람의 처지를 증진시킬 수 있게 한다는 파레토 최적성(Pareto optimality)과 새롭게 등장하는 시장에서의 노동의 분화에 따른 상호 이익에 호소한다.327)

고티에에게 남은 과제는 그렇게 확립된 배타적 소유권이 공정하고 불

편부당하다는(fair and impartial) 것을 입증하는 것이다. 사유재산권의
공정성과 불편부당성에 대한 고티에의 주장은 수정된 로크적 단서가 타
인을 이용하는 것, 즉 무임승차나 기생을 금지한다는 것에 근거하고 있
다. 그러나 고티에가 인정하는 것처럼, "이득은 사취되지 않지만, 평등
은 보장되지 않는다."328) 배타적 재산권의 누적적 결과는 심각한 불평
등을 야기할 수 있다는 것은 명백하다. 이렇게 본다면, 고티에의 과제는
보다 구체적으로 다음과 같이 규정된다. "그렇다면 우리는 로크적 단서
에 의해서 허용된 불평등이 편파성의 징표가 아니라는 것을 입증해야만
한다."329)

　물론 이러한 과제는 전혀 새로운 것이 아니다. 왜냐하면 "정당화될
수 있는 불평등"은 자유시장적 자본주의에서의 재산제도가 주장하는 캐
치프레이즈이기 때문이다.330) 여기서 고티에는 로빈슨 크루소가 자신의
자질을 자유롭게 사용할 수 있는 자격이 있다는 점에 재차 호소한다. 이
경우에는 각기 다른 섬에 사는 16명의 로빈슨 크루소가 원용된다는 것
이 다를 뿐이다.331) 이 예는 우리가 본장 1절 3)항에서 논의한 것처럼,
고티에가 자유시장에 관해서 상정하고 있는 불편부당성의 복사판이다.
"각 로빈슨 크루소가 자신의 이익을 도모하도록 허용하는 원칙 이외의
어떤 원칙도 어떤 사람들로 하여금 타인들에 대한 무임승차를 허용하거
나, 혹은 그들의 기생에 대한 숙주가 되도록 요구한다는 점에서 불공정
하고 편파적이다."332) 고티에는 16명의 로빈슨 크루소의 예로부터 다음
과 같은 결론을 타당하게 도출할 수 있다고 생각한다. "로크적 단서는
그들의 행위에 근거해서 사람들이 가질 수 있는 권리를 확정한다는 점
에서, 그리고 개인적 행위자의 관점에서 사람들이 어떤 행위를 할 수 있
는가를 다룬다는 점에서 상호작용의 불편부당성을 확보해준다."333) 시
장 계약주의라는 커다란 배경 속에서 고티에의 이러한 주장은 다음과
같이 나타난다.334)

"순수한 시장 사회는 흔히 그러한 사회가 증진시킨다고 주장되고 있는 불평등으로 말미암아 비판되어왔다. 그러나 시장에서의 불평등이 적절한 비판의 근거가 되는 경우는 시장의 실패가 실패의 진정한 원인인 무임승차나 기생을 발생시키는 외부성의 존재 때문에 야기되는 경우이다."

(3) 이상에서 논의한 첫 번째와 두 번째의 과제를 통해서 고티에는 "공정한 과정은 오직 불편부당한 최초의 입장으로부터 불편부당한 결과를 산출한다"는 것을 입증하려고 노력했다.335) 그러나 그는 이제 불편부당한 공평한 최초의 입장이 합리적으로 수용할 만한 최초의 입장이라는 것을 입증해야만 한다. 보다 엄밀하게 말하면, 그는 "효용의 극대화의 추구자들이 그들의 동료들과 사회적 교류를 통해서 어떤 이득을 얻을 수 있으리라고 기대하는 한, 그들은 로크적 단서를 그들의 자연적 상호작용과 개인적 자질을 제약하는 단서로 수용하는 것이 합리적이다"라는 것을 입증해야만 한다.336) 여기서 고티에의 전략은 로크적 단서에 대한 준수가 합리적이라는 점에 호소하는 것이다. 우리가 본장 2절 3)항 첫 부분에 언급했던 대략적 준수의 성향(a broadly complaint disposition)과 엄밀한 준수의 성향(a narrowly complaint disposition)의 구분은 여기서 중대한 역할을 한다. 고티에는 협동에 대한 기대치와 계약자들의 동등한 합리성을 통해서 왜 엄밀한 준수의 성향이 유일하게 합리적인가 하는 점을 입증하려고 한다. 첫째, 만약 모든 사람들이 대략적으로 준수한다면, 즉 로크적 단서에 따라서 자발적으로 행동하기를 거부한다면, 협동적인 상호 이득은 불가능할 것이다.337) 이것이 의미하는 것은 홉스적 용어로 말한다면, 홉스의 바보가 행하는 대략적 준수 행위는 모든 계약 당사자들에게 불리한 전쟁 상태로 복귀시킨다는 것이다.338) 둘째, 만약 어떤 사람들이 덜 준수적이라면, 오직 어떤 다른 사람들이 더 준수적일 때만 협동이 가능할 것이다. 그러나 고티에는 이것은 동등한 합리성에 위배되는데, 그 이유는 일방적인 준수가 아니라 조건적인 준

수가 합리적 준수의 형태이기 때문이다.339) 더 나아가서 고티에는 "만약 당신이 이익이 된다면 어떤 것에라도 응하거나 따른다면[대략적으로 준수한다면], 당신과의 교류에서 나는 협동적 전략이 오직 나에게 협동적 잉여의 공정한 몫이 아니라 최대의 몫(the lion's share)을 제공할 때만 그 전략에 따르는 성향을 갖게 될 것이다."340) 이러한 고티에의 주장이 의미하는 것은 대략적 준수보다는 엄밀한 준수가 언제나 더 나은 것을 기대할 수 있으므로 엄밀한 준수의 성향을 갖는 것이 더 합리적이라는 것이다. 그래서 고티에는 다음과 같은 결론을 도찰하게 된다.341)

> "남을 이용하여 이득을 취하는 것을 금하는 로크적 단서는 타인과의 교류에서 손해가 되는 교류를 피하려는 사람들에게 합리적으로 수용될 수 있는 가장 약한 제약임과 동시에 자기 자신의 이득을 자유롭게 증진시키려는 사람들에게 합리적으로 수용될 수 있는 가장 강한 제약이다. 따라서 로크적 단서는 상호 이득이 되는 사회적 관계 속으로 유입되기 위해서 자연적인 상호 교류를 제약해야만 하는 사람들의 동등한 합리성을 반영하고 있다."

자신의 수정된 로크적 단서가 불편부당하고 합리적이라는 고티에의 이상과 같은 주장은 매우 인상적인데, 왜냐하면 도덕성과 합리성의 관계에 관한 오랜 논쟁, 즉 사회계약론적 윤리학의 딜레마가 여기서 어떤 해결책을 찾은 것처럼 보이기 때문이다. 그러나 고티에가 나중에 인정하는 것처럼, "수정된 로크적 단서에 호소함으로써 … 적어도 나 자신이 생각하기에 나는 최대상대양보의 극소화를 개진하거나, 혹은 제한적 극대화를 주장하는 것보다도 더 불확실한 이론적 구성을 감행하게 되었다."342) 그렇다면 그러한 불확실성(the precariousness)은 어디서 오는 것일까? 우리는 그러한 불확실성의 이유를 로크적 단서에 대한 고티에의 세 가지 과제에 관련하여 밝히려고 한다.

그 첫 번째 과제는 수정된 로크적 단서를 비협동적인 자연상태에서의 자연적 교류에 대한 공정한 제약으로 도입하는 것이다. 여기서 가장 중요한 문제는 고티에가 일견해서 자원이 풍요로운 것처럼 보이는 자연상태와 협상이 필요한 희소성 상태를 어떻게 부합시키느냐 하는 것이다. 이전의 장들에서 이미 언급한 것처럼, 사회계약론과 합리적 선택이론은 자연적 자원과 사회적 재화의 희소성을 전제한다. 고티에는 명백하게 희소성의 가정, 즉 흄이 제기한 정의의 여건을 자신의 협상이론의 일반적인 배경으로 수용한다.343) 만약 고티에가 "타인을 위해서 충분한 양질의 재화를 남겨놓아야 한다"344)는 로크적 단서를 여전히 수용한다면 풍요로운 자연상태에 적합한 단서를 어떻게 자원이 희소한 협상 상태에 적용시킬 수 있을 것인가?345) 아마도 앞에서 언급했던 16개 섬의 16명의 로빈슨 크루소들은 로크적 단서를 환영할 것이다. 물론 우리는 여기서 고티에가 희소성 문제를 완전히 무시했다고 주장하는 것은 아니다. 우리가 생각하기에, 이러한 문제 때문에 고티에는 로크적 단서에 대한 노직의 해석을 다음과 같이 수정하게 된다. "자기 자신의 상황이 악화되는 것을 피하기 위해서 불가피한 경우를 제외하고 타인의 상황을 악화시키는 것을 금한다."346)

그러나 고티에의 수정된 단서도 여전히 문제를 가지고 있다. 왜냐하면 수정된 단서는 "우리 자신의 상황이 아주 조금 악화되는 것을 피하기 위해서 타인의 상황을 아주 크게 악화시키는 것을 허용"하므로 그 수정된 단서는 너무 약한 것처럼 보인다(비록 로크적 단서에 대한 노직식의 해석은 너무 강하다고 생각하는 고티에의 입장이 타당하다는 것을 받아들인다고 하더라도 말이다).347) 우리는 이미 고티에의 수정된 로크적 단서를 정확하게 이해하기 위해서 물에 빠진 사람의 경우를 예로 들어서 설명했다. 여기에 부가해서 고티에는 조안나(Joanna)와 조너선(Jonathan)이라는 두 명의 난파를 당한 사람들의 이야기를 예로 들고 있다.348) 조안나가 환초 지역의 상어로부터 조너선을 구하기 위해서 어떠한 위험이라도 무릅쓰는 것이 비합리적이라고 주장하는 고티에의 입장은 옳다. 그럼에도 불구하고 그들의 관계에 대해서 고티에는 "협동에 대한 이해는 그들 각자가 심지어는 자신에 대한 실제적인 위험을 무릅쓰고서라도 타인을 구하려고 노력하는 합리적이고 도덕적인 의무를 가지게 한다"고 인정한다.349) "각자는 어떤 위험이 있더라도 서로를 구조하기로 합의함으로써 자신이 혼자 남게 되는 상황을 방지하기 위한 대책을 세운다."350) 여기서 물에 빠진 사람을 무시하는 것(로크적 단서를 위배하지 않음)과 난파를 당한 사람을 구하는 것(예견된 위험 감수)을 비교해본다면, 수정된 로크적 단서를 적용하는 것은 두 사례마다 상이해 보인다. 이상의 두 사례를 일관된 것으로 만들기 위해서 고티에는 위험에 대한 비례성의 시험이 필요하다.351)

여기서 우리가 불확실성하에서의 개인적 선택의 적합한 모형에 관한 롤즈와 하사니의 논쟁이 위험 회피와 위험 감수가 관건이라는 점을 상기해본다면, 무지의 장막을 가정하지 않은 고티에의 합리적 계약자가 동일한 문제에 봉착한다는 것은 우연이 아니다. 이러한 점은 고티에의 수정된 로크적 단서가 자연상태에서의 상호 교류에 관한, 혹은 사회계약론의 가상적인 원초적 상황에 관한 일반적인 제약으로 얼마나 불확실한 것인가를 드러내고 있다.

고티에의 두 번째 과제는 자연상태로부터 협동적 사회 혹은 시장으로 이행하는 데 대한 자신의 고차적인 이론을 전개하는 일이다. 아마도 공평한 배타적 재산권에 대한 고티에의 4단계적 정당화는 근래의 재산권 이론 중 가장 정교한 유형이라고 말할 수 있을 것이다.352) 고티에는 우선 자유주의적 시장 자본주의의 정당화에 대한 표준적인 논증이 잘 전개되고 있다는 것을 입증하려고 한다. 즉 자본주의가 어떻게 "인간을 보다 효율적이고 생산적인 방식으로" 추동시키고 있는가 하는 점을 입증하려고 한다.353) 더 나아가서 그는, 비록 처음부터 자연권을 단순히 상정하고 있지는 않지만, 재산권이 공평하게 수립되었다는 자신의 주장이 얼마나 완벽하게 전통적인 자연권 이론과 잘 부합되는지를 입증하려고 한다.

여기서의 고티에의 입장은 단계가 진행될수록 많은 문제점들을 드러내고 있다. 여기서는 그중 하나의 문제만을 다루겠다. 즉 배타적 재산권의 불편부당성 혹은 공정성이다. 이러한 불편부당성 혹은 공정성은 "로크적 단서에 의해서 허용된 불평등은 어떠한 편파성을 보이지 않는다"는 보다 일반적인 주장에 근거하고 있다.354) 여기서 우리가 이러한 일반적인 주장과 관련하여 마르크스와 마르크시스트들이 어떠한 반론을 제기할 수 있는지를 탐구하는 것은 매우 적절할 것이다.

마르크시스트의 반론을 탐구하기 전에 우선 다음과 같은 예비적인 질문을 제기하는 것이 좋을 것이다. 재산권에 대한 고티에의 정당화는 자본주의적 재산권에 대한 다른 전통적인 정당화들과 어떻게 다른가? 그는 매우 다양한 논증을 전개하고 있다. 즉 파레토 효율성, 혹은 최적성, 상호 이익, 생산성, (무임승차자나 기생자가 없는) 개인적 재능의 자유롭고 공정한 비강제적인 사용이다. 상호 이득의 관점에서 보았을 때, 고티에는 자본주의의 낙수 혹은 적하 효과 이론(the trickle-down theory)을 포용할 수 있을 것으로 간주된다. 낙수 효과 이론은 부유층에 대한 이득은 궁극적으로 빈곤층에 이르게 되고, 따라서 그러한 파급 효과는 전체 사회를 번영시킨다는 것이다.355) 그러나 고티에는 원초적 자본 축적에 관련하여 "경제적 원죄의 역사"나 자본가 계급의 금욕과 절약 정신을 중시하는 막스 베버식의 "프로테스탄트 정신이나 윤리"의 가정을 수용하지 않는다.356) 또한 그는 사회적 다위니즘의 적자생존에 직접적으로 호소하지 않고 있다.357)

자본주의에 대한 마르크스의 비판은 착취, 소외, 노동가치설, 그리고 잉여가치설을 통해서 전개되었다.358) 그러나 마르크스는 우선 자본주의를 작동케 하는 자본이 최초로 어떻게 생겨나게 되었는가 하는 점을 비판적으로 설명해야만 한다. 자본주의에서 작동하는 자본이 없이는 잉여

가치가 증식되지 않으므로 마르크스의 잉여가치설은 아직 불완전한 것이다. 『자본론』에서 유명한 한 장에서 마르크스는 "자본의 원초적 축적(primitive accumulation)이 자유주의적 생산양식의 결과가 아니라 그 출발점"임을 주장하고 있다.359) 이러한 관점에서 보면, 마르크스와 고티에는 동일한 견해를 가지고 있다. 그러나 고티에는 "경제적 원죄의 역사(the history of economic original sin)"에 대한 마르크스의 비판을 인지하지 못하고 있고, 재산권에 대한 합리적 재구성에서 마르크스의 비판도 수용하지 않고 있다.

마르크스는 『자본론』에서 자본의 원초적 축적에 대한 자본주의 정치경제학의 소위 "경제적 원죄의 역사" — 신학적 원죄설과 노동과 검약을 통한 빈부 계층 구분의 경제학설의 야합 — 를 목가적 가정이라고 비판했다. 자본의 원초적 축적에 대한 강력한 정당화의 도구로 작용한 것은 노동이론을 『구약성서』의 실락원의 이야기와 결합한 캘빈주의를 위시한 프로테스탄티즘이었다. 이 입장에 따르면 사유재산의 불평등은 신의 섭리에 의한 것으로 간주된다. 인간은 원죄를 지어서 에덴의 동산에서 추방되었기 때문에 이마에 땀을 흘리는 노동을 통해서만 생존할 수 있게 된다. 따라서 부지런하고 순간적 소비를 억제하는 금욕적인 자들만이 재산을 축적하고 부유해질 수 있으며, 그것은 신의 축복이라는 것이다. 반면에 게으르고 소비만 하는 자들은 가난해질 수밖에 없으며, 그것은 신의 저주라는 것이다.360) 나중에 막스 베버(Max Weber)에 의해서 이러한 입장이 『프로테스탄티즘의 윤리와 자본주의 정신』으로 저술된 것은 잘 알려진 사실이다.361) 이러한 "경제적 원죄의 역사"에 대해서 마르크스는 "실제 역사에서 정복, 노예화, 약탈, 살인, 간략히 힘이 중대한 역할을 했다는 것은 너무나 잘 알려진 것이다"라고 지적한다.362)

주지하는 바와 같이 자본주의적 경제구조는 봉건주의적 경제구조로부터 발생했다. 근대 자유주의는 중세적 신분질서의 질곡으로부터 자유로운 노동자들을 탄생시켰던 것이 사실이다. 그러나 마르크스는 "자유로운 노동자들은 이중적 의미에서 자유로운데, 그들은 마치 노예와 농노처럼 그들 자신이 생산수단의 본질적인 부분을 형성하지 못하며, 또한 그들은 소자작농(小自作農)처럼 생산수단이 그들 자신에게 속하지 못한다. 따라서 그들은 그들 자신의 어떠한 생산수단으로부터 자유롭고 부담이 없게(they are, therefore, free from, unencumbered by, any means of production of their own)" 되었다는 것이다.363) 요약하면, 자유는 이중적 의미를 가지고 있다. 즉 해방과 몰수가 동시에 있다. 이러한 이중적 의미의 자유에 자본의 원초적 축적의 비밀이 숨어 있다.364)

> "따라서 소위 원초적 축적의 비밀은 생산수단으로부터 생산자들을 분리시키는 역사적 과정 이외에 아무것도 아니다. 그것이 원초적인 것으로 나타나는 것은 그것에 대응하는 자본의 선사시대적 단계와 생산양식을 형성하고 있기 때문이다."

위의 인용절에 관련해서 마르크스는 "그러한 [역사적 과정의] 모든 운동은 … 악순환을 형성하고 있다"고 강조하고 있다.365) 그래서 자본의 원초적 축적을 통해서 부르주아적 자본이 형성된 이후 프롤레타리아의 전체 노동에 돌아가야 할 급부와 가치가 프롤레타리아의 생존과 생산을 위한 지속적 노동에 필요한 것만 주어지고 나머지는 착취되어 부르주아에게 전이되어 잉여가치가 만들어지고, 잉여가치를 통해서 더 큰 자본이 형성되는 확대 재생산의 논리가 자본주의적 생산관계를 특징짓는다.366)

마르크스의 자유의 이중적 의미에도 불구하고, 고티에는 자신의 논의를 자유의 첫 번째 의미에만 국한하고 있다. 고티에는 봉건주의적 카스트 사회에 대비되는 것으로 시장의 해방적 영향 혹은 "평등화적 힘"을 지적하고 있다.367) 그러나 그는 자유의 두 번째 의미, 즉 경멸적 의미의 자유인 생산수단으로부터 생산자들을 분리시키는 것에 대해서는 일체 고려하지 않고 있다. 이러한 고티에의 입장은 자유시장 자본주의를 옹호하는 일련의 강경한 제안들을 만들도록 몰아가고 있다. 예를 들면, 그는 "평등은 우리의 이론에서 중추적인 고려는 아니다"라고 말한다.368) "우리는 상이한 로빈슨 크루소들에 의해서 나타난 자연적 불평등이 시장에서의 불평등으로 다시 나타나는 것에 놀랄 필요가 없다"고 확언한다.369) "로크적 단서는 평등화 혹은 필요의 충족에 대해서는 아무런 말도 하지 않는다."370) 고티에는 "우리는 부자와 빈자를 사회적 상황 속에서 생각한다. 그의 부와 그녀의 가난은 어떤 방식으로는 서로 연결되어 있다. 그렇다면 그러한 상황이 어떻게 발생하게 되었는가를 조사한다면 우리는 어떤 위반을 발견할 수도 있다. 그러한 위반이 로크적 단서에 관한 것이 아니라면 최대상대양보의 극소화 원칙에 관한 것이다"라고 밝힌다.371)

마르크스가 루소의 사회계약론을 로빈슨 크루소의 모험담이라고 비판한 것을 고티에가 모르고 있었다는 것은 믿을 수 없는 일이다.372) 불행히도 우리는 배타적 재산권의 발생과 불편부당성에 대한 고티에의 정당화가 크고 작은 로빈슨 크루소들의 모험담, 즉 한 명의 로빈슨 크루소, 두 명의 난파를 당한 사람, 16명의 로빈슨 크루소 등에 얼마나 깊숙이 의지하고 있는가를 보아왔다. 여기서 우리는 마르크스의 자본주의와 사회주의, 공산주의에 대한 견해가 모두 옳다고 주장하는 것은 아니다. 우리는 여기서 마르크스가 그 자신의 문제를 가지고 있다고 주장하는 고티에에 동의한다.373) 아마도 가장 심각한 문제는 그의 공산주의적 경제체제가 비효율적이며 불합리하다는 것이다.374) 만약 마르크스를 사회계약론적인 합리적 연역 기획에 의해서 평가하는 것이 가능하다면, 마르크스는 순환성과 선결문제 요구에 관한 두 번째의 선택지에 걸리게된다. 즉 마르크스의 평등에 관한 선재적인 도덕적 이상으로서의 비전은 합리적으로 볼 때 임의적이 된다.375) 그런데 마르크스 진영에서는 소위 시장사회주의가 대두하여 합리성의 문제를 처리하려고 시도하고 있다. 그러나 자본주의적인 자유주의적 진영에서는 그러한 시장사회주의가 하나의 신화이고, 실제적인 계산은 불가능하고 다만 국가가 생산수단을 소유하고 중앙 설계를 하는 관료들의 임의적 가격 설정과 통제에 의한 신뢰할 수 없는 모의적 시장에서의 추정치만 난무할 뿐이라고 반박하고 있다.376)

고티에의 로크적 단서로 돌아와서 보면, 또 다른 심각한 문제가 존재하고 있다. 로크적 단서의 제한적 범위의 문제들 이외에도 기본적 필요와 평등에 대한 냉담한 무시의 문제가 있다. 고티에의 로크적 단서가 정확히 무엇을 의미하는지가 명확치 않다. 재산권이 로크적 단서에 의해서 실제적으로 확립된 것이 사실인가? 만약 그렇지 않다면, 고티에는 재산권의 서술적 발생과 규범적 발생 사이의 불일치를 해소하기 위한 보상적 기획을 발전시켜야만 할 것이다. 마르크스가 한 것처럼, 고티에도 실제 역사를 다음과 같이 생각하고 있다. "피와 칼이 인간사회의 결속을 위해서 계속적으로 사용되어왔고, 선사시대 이전에는 더욱 그러했다."377) 만약 이것이 사실이라면, 고티에가 제시한 로빈슨 크루소들의 자연적 불평등의 관한 목가적인 환상은 역사적 부정의를 수정하는 데 아무런 기여도 하지 못한다. 비록 고티에가 뷰캐넌과 내쉬에 의해서 수용된 홉스적 약탈과 위협적 이익을 거부하지만, 이러한 거부가 마르크스에 대한 효과적인 답변이 되지 못한다. 고티에는 과거의 부정의에 대한 (최소수혜자에 대한 롤즈식의 고려는 차치하고) 노직식의 명백한 고려를 결여하고 있다. "과거의 부정의(소유의 정의에 관한 처음 두 원칙의 위반[원초적 취득과 이전의 위반])의 존재는 소유의 정의에 대한 세 번째의 주요한 원칙이 대두하도록 만든다.378) 즉 소유의 부정의에 대한 교정." 노직은 교정의 원칙에 관련하여 다음과 같이 시인한다.379)

"우리의 죄에 대한 벌로서 사회주의를 도입하는 것은 너무 과하다 할 수 있겠지만 (인류 역사에서 저질러진) 과거의 불의들은 너무 심각하여 우리는 이를 교정하기 위해 단기적으로 볼 때는 보다 포괄적인 국가를 필요로 할지도 모른다."

이상과 연관하여 맥퍼슨(C. B. Macpherson)은 마르크스적 관점에서 사회계약론적 자유주의에 대해서 강력하게 도전하고 있다. 그는 홉스와 로크에 대한 비교에서 사회계약론적 딜레마를 자신의 방식으로 재진술하고 있다. 그는 다음과 같이 지적하고 있다. "우리가 탐구했던 자연권 이론은 사회계약론적 이론가들과 비일관적이다. 왜냐하면 소유적 개인주의의 가정은 홉스의 경우 자연권을 실행 불가능한 것으로 만들며, 로크의 경우는 심하게 불평등한 것으로 만들기 때문이다."380) 우리는 홉스를 이미 논의했기 때문에, 여기서 우리의 주안점은 맥퍼슨의 로크적 단서에 대한 비판이다. 여기에 관해서 맥퍼슨은 이렇게 말하고 있다. "로크는 재산권과 합리성의 계층적 차이를 자연적인 것으로 정당화하며, 그러한 정당화를 통해서 자본주의 사회의 실질적인 도덕적 기초를 마련하고 있다."381)

마르크스와 동조하면서, 맥퍼슨은 이상의 비판을 자본 축적의 문제와 연관시킨다. 그는 로크적 단서에 의해서 보장된 자유로운 노동을 통한 개인적 권리와 개인적 재능과 재산권을 외부적 재화에 적용시키는 것에 대해서 심각하게 비판하지는 않는다. 맥퍼슨에게 개인적 재산권은 그 도출 과정에서 제약된다. "충분한 양의, 그리고 똑같은 양질의 것들이 다른 사람들을 위해서 남아 있어야 한다. 아직 그것을 갖지 못한 사람들이 사용하고도 남을 만큼 있어야 한다."382) 추가적인 제한은 모든 개인들은 "자신이 사용할 수 있는 것 이상으로 저장하는 것은 바보 같은 것일 뿐만 아니라 비양심적인 것이다"라는 규정이다.383) 개괄하면, 재산권에 대한 세 가지 한계가 존재한다. 노동 한계, 충분 한계, 손상 한계.384)

그러나 맥퍼슨은, 원초적 권리로부터 외부적 재화에 대한 배타적이고 무제한적인 재산권으로 확장되는 것은 심한 불평등을 자아내고, 이렇게 확장된 재산권은 자연적인 것이 아니라고 주장한다. 로크에 따르면, 외부적 재화에 대한 배타적이고 무제한적인 재산권은 "어떤 다른 사람의 할당 혹은 동의 없이" 보장된다.385) 로크의 충실한 추종자인 고티에는 "권리는 합의의 출발점이지 그 결과가 아니다"라고 주장한다.386) 그러나 맥퍼슨이 다음과 같이 예리하게 설파한 것처럼, 로크는 일종의 동의를 요구하는데, 그것은 화폐의 사용과 사용에 대한 암묵적인 합의이다.387) 화폐의 등장 때문에 모든 사람은 그가 사용할 수 있는 한 외부적 재화를 소유해야만 한다는 원초적 한계는 무의미하게 된다. 왜냐하면 화폐는 부패하거나 손상되지 않고 축적될 수 있기 때문이다. 최종적으로 로크는 그의 단서로부터 도출한 재산권의 원초적 정당화 과정에서 수립된 세 가지의 한계를 초월하게 된다.388)

"금이나 은은 식품, 의복 및 운송 수단과 비교해볼 때 인간의 삶에 거의 도움이 되지 않기 때문에, 오로지 인간들(비록 인간의 주된 본분은 노동이지만)의 동의에 의해서만 가치를 지닐 뿐이다. 사람들은 묵시적이고 자발적인 동의에 의해서 한 인간이 그 자신이 그 생산물을 사용할 수 있는 것보다 많은 땅을 공정하게 소유할 수 있는 방법을, 잉여생산물을 주고 금과 은을 받음으로써 발견하였고, 그 결과 토지를 불균등하고 불평등하게 소유하는 데 합의했다는 점이 확실하다. 이 금속들은 소유자의 수중에서 상하거나 부패하지 않기 때문에 다른 사람들에게 피해를 주지 않고 저장될 수 있기 때문이다."

이상의 관점에서, 맥퍼슨은 "로크의 자연인은 부르주아적 인간이다. 그의 합리적 인간은 자본을 축적하려는 [자제할 수 없는 타고난] 성향을 가진 인간이다. 더군다나 그는 무한한 전유자(專有者)이다"라고 단호하게 주장한다.389) 로크는 전통적인 자연법의 단순한 옹호자는 아니다. "그는 그 속에 새로운 내용을 채웠는데 그것은 무제한의 자본 축적에 대한 권리이다."390)

일반적으로 말해서, 맥퍼슨의 사회계약론에 대한 비판, 즉 사회계약론은 역사적으로 그리고 이데올로기적으로 근대사회의 한 측면에 관한 조건적 산물, 즉 소유적인 개인주의적 자본주의라고 한 비판은 옳다고 볼 수 있다. 그러나 맥퍼슨의 "풍요로운 사회의 시각 안"에서 만들어진 적극적 제안이 옳은가의 여부는 또 다른 문제이다.391)

물론 고티에는 맥퍼슨에 의해서 영향을 받았다고 생각할 수 있다. 왜냐하면, 그는 홉스와 로크에 대한 대비를 통해 사회계약론적 딜레마를 구성하고 있고, 더 나아가서 사회계약론을 하나의 이데올로기라고 생각했기 때문이다.392) 그러나 그는 『합의도덕론』에서 더 이상 사회계약론적 윤리학을 하나의 이데올로기라고 생각하지 않는다. 우리가 이미 살펴본 것처럼, 그는 다섯 번째의 핵심적 개념, 즉 아르키메데스적인 중립적 점은 개인의 합리적인 협상적 선택과 부합하며, 그 결과로 등장하는 자유주의적 개인들은 이데올로기적으로 자유롭다는 것을 증명하려고 하였다. 요약하면, 그는 사회계약론적 합리성 테스트는 중립성, 공정성, 그리고 불편부당성에 대한 실제적 테스트라고 주장한다. 그의 이러한 주장이 참인지 알기 위해서 우리는 고티에의 세 번째 과제, 로크적 단서에 대한 합리적 준수의 문제로 이행해야 한다.

합리적 준수를 지원하는 두 개의 결정적 논증, 보다 명확하게 협소한 준수의 성향은 협동적 상호 이익과 동등한 합리성에 대한 기대이다. 합리성에 대한 문제는 둘로 나누어진다. 첫 번째는 로크적 단서가 합리적이지만 편파적이고 불공정한가의 문제이다. 두 번째는 로크적 단서가 불편부당하고 공정하지만 불합리한가의 문제이다. 첫 번째 문제는 달리 표현하면 로크적 단서가 너무 약한 것이 아닌가 하는 것이다. 이것은 마르크스와 마르크스주의자들의 로크적 단서에 대한 비판과 직접적으로 연관된다. 분석적 마르크스주의자 존 로우머(John Roemer)는 우리가 자본주의 사회에서 어느 정도의 자본을 가지고 출발하지 않는다면, 우리는 오직 "실패할 자유"밖에 없다고 주장한다.393) 이 문제에 대한 고티에의 입장은 재론할 필요가 없을 것이다. 로크적 단서가 너무 약하다는 여러 가지의 비판들에 대해서 그는 "로크적 단서를 강화하려는 어떠한 시도도 성공하기 어렵다. 진정한 문제는 로크적 단서가 이미 너무 강하지 않은가"의 여부라고 주장한다.394) 고티에의 주안점은 강요와 위협적 이익이 로크적 단서에 의해서 이미 배제되었으므로 개인적 재능과 재산에서 최소수혜자는 합리적으로 볼 때 불평할 수 없다는 것이다.

고티에에게 가장 심각한 문제는 "왜 사람은 자신의 효용을 극대화하려고 하지만 자신의 동료들은 속여서 이득을 취하지 않는가?"이다.395) 고티에의 전략은 합리적 준수, 보다 엄밀하게는 협동적인 시장 사회로부터 발생하는 상호 이득에 대한 기대와 사람들의 동등한 합리성을 통해 엄밀한 준수의 성향을 정당화하려는 것이다. 첫 번째 문제인 기대에 관한 논증은 일반적으로 볼 때 합리적 선택이론의 기대효용론에 의거하고 있다. 그럼에도 불구하고 기대에 관한 논증이 로크적 단서를 준수하는 데 사용된다면, 그것은 사회계약론적 윤리학의 딜레마의 두 번째 선택지인 순환성과 선결문제 요구의 오류에 빠지는 것처럼 보인다. 다시 말하면, 만약 고티에가 로크적 단서에 대한 준수가 조건적이라는 것을 수용한다면, 즉 충분한 다수가 역시 준수할 때 나도 준수한다면,396) 로크적 단서의 준수로부터 도출되는 상호 이득에의 호소는 선결문제 요구의 오류를 범한 것이다.397) 말할 필요도 없이, 엄밀한 준수의 성향의 경우는 그 정당화가 더 어렵다. 최대상대양보의 극소화 원칙에 대한 엄밀한 준수의 성향으로부터의 해결책에는 이미 도덕적 공동체가 존재하고 있다. 그러나 로크적 단서의 경우에서 논란은 도덕적, 혹은 어떠한 형태의 협동적 공동체에 유입해 들어가는 것이 합리적인가 아닌가의 여부이다. 이러한 관점에서 본다면, 고티에의 다음과 같은 주장은 의심스럽다.

고티에의 주장은 "효용의 극대화의 추구자들이 로크적 단서를, 만약 그들이 동료들과의 이득이 되는 상호작용을 기대할 수 있는 한, 그들 사이의 자연적 상호작용과 그들의 개인적인 천부적 자질의 사용을 제한하는 것으로 수용하는 것이 합리적이다."398) 고티에의 엄밀한 준수의 성향이 가진 고유한 합리성에 관련하여 볼 때, 조디 크라우스(Jody S. Kraus)와 줄스 콜먼(Jules L. Coleman)이 제기한 순환성과 선결문제 요구의 오류에 관한 다음과 같은 비판은 매우 강렬한 것이다.399)

> "다수의 엄밀한 준수자들이 미리 존재하지 않는다면, 어떤 사람도 엄밀한 준수자가 되는 것이 결코 합리적이 아니고, 또한 될 수도 없다. … 그러나 만약 사태가 이러하다면, 다수의 엄밀한 준수자들은 결코 존재할 수 없을 것이다. 왜냐하면 어떤 사람도 최초로 엄밀한 준수자가 되는 것이 결코 합리적인 것이 될 수 없기 때문이다!"

두 번째 문제인 동등한 합리성의 논증도 역시 많은 난점을 가지고 있다. 고티에 자신이 명백하게 인정하고 있는 것처럼, 합리성과 도덕성 사이의 공언된 연결은 다음과 같은 세 가지 요소들에 의해서 약화되고 있다. 즉 이데올로기적인, 역사적인, 그리고 기술적인 요소들이 그것들이다.400) 고티에는 처음 두 요소들(이데올로기적인 신념들과 역사적인 제도적 관행들)을 페미니즘적 사례들을 통해서 논하고 있다. 그의 첫 번째 사례는 협동의 조건들에 영향을 미치는 이데올로기적으로 불공정한 신념들을 다루고 있다. 여전히 많은 사람들은 여성이 있어야 할 곳은 가정이라는 신념을 견지하고 있다. 이러한 신념이 견지된다면, 자신의 위치나 역할을 가정 속에서 만족스럽게 찾지 못하는 여성은 가정 밖에서 다른 사람들과 교류할 때 자신의 공정한 몫을 주장하기가 불가능하다는 것을 발견하게 될 것이다. 그의 두 번째 사례는 여성들에게 불리한 임금 체계에 관련된 역사적 관행들이다.401) 이러한 관행들 아래서는 어떤 개별적인 여성도 동일한 일에는 동일한 임금을 주장하는 것을 합리적으로 기대할 수 없다. 그렇다면, 일반적으로 말해서, 현상(現狀)의 조건들(즉, 남성 지배적인 조건들)하에서 한 개인은 그러한 조건들에 부합하는 자신의 선호를 갖고 그 효용을 증진시키는 것이 합리적이다. 다시 말하면, 불공정한 역사적 관행들을 변경시키는 것은 고사하고, 사회적 압력에 대항하여 자신의 선호의 내용을 변경하는 것은 결코 합리적이 아니다.

남성 지배적인 사회적 관행들은 "이러한 관행들이 로크적 단서를 충족시키는가의 여부에 관련이 없이" 발생한다.402) 고티에의 도구적 이성이 "행위의 목적에 관한 모든 관심을 거부한다"는 점을 상기해볼 때,403) 고티에의 사회계약론적 합리주의는 페미니즘의 도전에 직면하는 것처럼 보인다. 그러나 고티에는 위의 두 가지 사례들은 사회계약론이 페미니스트적인 입장에 반한다거나, 혹은 사회계약론이 이데올로기적인 허위의식의 희생물이라는 것을 의미하지 않는다고 밝힌다.404) 고티에는 처음 두 요소들이 "아마도 궁극적으로 볼 때 비합리적인 신념에 의거하고 있을 수도 있다"고 지적한다.405) 고티에의 페미니즘에 대한 변명은 "가치를 선호의 측정과 동일시하는 것과 선호 근거적 선택의 합리성은 그러한 신념들의 결점에 의해서 영향을 받지 않는다"는 것이다.406) 그러나 열렬한 페미니스트들은 그러한 비합리적인 신념들이 사회계약론적인 합리적 윤리학에 의해서 수정되거나 혹은 제거될 수 없다고 주장한다.407)

세 번째 기술적인 요소들은 동등한 합리성과 합리성과 공평성의 연관에 관한 매우 곤란한 문제들을 제기한다. "총이 없었다면, 소수의 스페인 사람들이 결코 남아메리카의 인디언 문명을 능가할 수 없었을 것이다."408) 그러나 고티에는 "두 사회들 간의 기술적 차이가 가져다준 불평등한 합리성은 우연적인 것"이라고 상정한다.409) 그러나 고티에의 이러한 상정은 설득력이 있는 것은 아니다. 국제적 혹은 국내적 사회들 간의 관계에 대해서 많은 학자들은 기술 관료인 테크노크라트(technocrat)

들의 제국주의가 현대사회에도 만연하고 있다고 주장한다.410) 그렇다면 기술적 약자들은 기술적 강자에게 복종하는 것이 공평무사하고 철저한 준수에 기반한 합의를 찾는 것보다 더 합리적인 대응이 될 것이다.411) 기술력의 차이 때문에 어쩔 수 없이 하는 복종이 합리적이라는 주장은 현대사회에서 "행복한 노예들"의 가능성까지 인정하는 것은 아니다.412)

개괄하면, 세 가지 요소들에 관련해서 볼 때, 로크적 단서의 합리적 준수를 위한 두 개의 중대한 지지 논변, 즉 협동적 상호 이익에 대한 기대와 동등한 합리성은 실패했다고 추론할 수 있을 것이다. 그러면 이제는 고티에가 로크적 단서를 광범위한 관점에서 사용하는 것을 평가해야 할 시점이다. 이와 관련하여 다음 인용절을 살펴보기로 하자.413)

"합리성과 도덕성의 양립 가능성에 관련하여 볼 때, 우리는 어떤 사람이 다른 사람을 이용하는 것이 결코 합리적이 아니라거나, 혹은 로크적 단서를 무시하는 것이 결코 합리적이 아니라거나, 혹은 불공평한 관행을 준수하는 것이 결코 합리적이 아니라고 주장하는 것은 아니다. **그러한 주장은 잘못된 것이라고 생각된다.** 우리가 자신의 동료들을 이용하지 않으려는 성향으로서의 정의는 협동에 적합한 덕목으로서 동등하게 합리적인 사람들에 의해서 자발적으로 수용될 수 있을 것이다. 도덕성은 **동등한 자들** 사이의 합리적 합의 안에서, 그리고 그러한 합의로부터 유래한다."

고티에가 그러한 주장을 할 수 없다면, 그의 사회계약론적 합리적 연역 기획은 어떠한 희망도 없을 것이다. 그가 상정하는 동등한 합리성도 단명한 것에 불과하다. 마르크스의 자본주의의 운동 법칙을 도외시하더라도,414) 자유시장에서의 독점적인 경향은 동등한 출발을 한 자들 가운데 약자들을 배제시킬 것이며, 결국 적절한 통제가 없다면, 오직 하나의 강자만이 지배할 것이다. 고티에는 이렇게 응대한다. "그러나 왜 이것이 도덕적으로 부당한가?"415)

그렇다면 고티에는 불평등한 자들에 관련해서는 최종적으로 어떻게 말하고 있는가? "불평등한 자들 사이에는 한 편이 다른 편을 강요함으로써 이득을 취할 수 있는데, 우리 이론은 그것을 제약해야 할 어떤 이유도 갖지 않는다."416) "동물들, 태내에 있는 아이, 선천적 장애인들과 불구자들은 상호성과 결부된 도덕의 범위를 벗어난다."417) 여기서 우리는 롤즈도 사회계약론적 도덕의 범위가 제한되어 있음을 인정했다는 것을 지적하는 것이 적절할 것이다.418) 우리는 사회계약론적 윤리학이 동물의 권리, 자연에 대한 존경, 약자에 대한 보호, 의무 이상의 행위들을 포함하는 도덕의 모든 영역의 문제들에 대한 해결책을 마련해야 한다고 기대할 수는 없을 것이다. 고티에가 주장하는 것처럼, 사회계약론은 인습적 도덕을 위한 것은 아니다. "우리는 우리의 이론과 인습적 도덕에서 가정되는 '명백한 의무들' 사이에서 단순한 부합이 없거나, 혹은 부합이 결여되어 있다는 것을 발견하게 될 것이다."419)

아마도 사회계약론의 본질은 인간관계에서의 어떤 특정한 영역(동등한 자들 사이의 가상적 합의)에 속하고 있을 것이다. 예들 들자면, 루이 알튀세르(Louis Althusser)는 사회계약론이 하나의 이데올로기로서, "개인들의 실제적 생존 조건을 가리고 개인들의 가상적인 관계를 제시한다"고 해석한다.420) 더욱 문제가 되는 것은 그러한 가상적인 관계가 모순적이며 실현되기 희박하다는 것이다. 섬너(L. W. Sumner)는 다음과 같이 평가한다.421) "한 계약 당사자의 다른 계약 당사자에 대한 자연적 이득이 더 클수록, 한 계약 당사자가 다른 계약 당사자와 상호 거래하는 데 있어서 수용할 수 있는 제약은 더 약하며, 역으로 다른 계약 당사자가 한 계약 당사자와 상호 거래하는 데 있어서 [자연적 이득이 적다면] 수용할 수 있는 제약은 더 강하다는 것이다."

그러나 만약 그렇다면, 로크적 단서의 문제에 대해서는 유일무이한 해법이 없고, 다수의 단서들이 존재한다고 할 수밖에 없다. 이것이 의미

하는 것은, 고티에는 자유주의와 사회주의 사이의 갈등에 대한 해결은
고사하고, 자유주의적 합리성의 구도 안에서도 롤즈와 노직, 그리고 하
사니 사이의 비결정성의 문제도 해결하지 못한다는 것이다. 혹자는 고
티에가 이러한 비결정성의 문제를 협상을 통해서 해결하였다고 생각할
수도 있다. 그러나 고티에의 사회계약론적 윤리학에서 로크적 단서는
협상의 대상이 아니다.

그렇다면 "자연상태는 공동적 단서에로의 수렴을 산출하지 못하고,
동등한 자들과 불평등한 자들 사이의 교류에서 상이한 단서들을 준수하
는 상황이 될 것이다."422) 이것이 의미하는 바는 로크적 단서가 사회계
약론적 윤리학의 딜레마와 트라일레마를 피할 수 없다는 것이다. 고티
에가 분명히 인정한 것처럼, 우리는 "도덕성을 합리성에 연관시키는 한
이론을 구성한 것이 아니고, 덧없는 시장 사회에서의 도덕적 제약과 극
대화적 선택을 묘사한 것에 불과한 것인지도 모른다."423) 만약에 이것
이 사실이라면, 로크적 단서는 어떠한 정당화의 역량도 갖지 못할 것이
다. 홉스에 따르면, "완전한 권리" 혹은 "최초의 소유"는 운(Lot)에 의해
서 결정된다.424) 이상의 고려 사항들은 개인적인 협상적 선택과 본장 1
절에서 논한 아르키메데스적 선택 사이에 거대한 일치가 있는지에 대한
더 이상의 탐구가 불필요하다는 것을 말해준다. 그렇다면 고티에의 시
장 자유주의적 개인들은 합리적 선택, 혹은 아르키메데스적 선택, 혹은
다른 어떤 것의 결과가 아니라 단지 하나의 전제일 뿐이다.425)

고티에의 전반적인 목표를 감안해볼 때, 그의 합리적 정초주의의 세
계사적 기획은 그 목표에 못 미치고 말았다고 평가할 수 있다. 아마도
그의 목표와 시도에 대한 최선의 평가는, 비록 실패는 했지만 그것은 영
웅적 실패였다는 것이다.426)

제 5 장

결론: 사회계약론적 자유주의 윤리학의 교훈과 윤리학의 미래 과제

1. 사회계약론적 윤리학의 딜레마와 트라일레마: 해결될 것인가, 아니면 심화될 것인가?

윤리학 및 정치철학은 이제 크게 유행하고 또한 주목을 받고 있는 특혜 받은 학문이라는 점은 널리 공감되고 인정받고 있는 사실이다. 유럽 대륙에서의 실존주의와 영미권에서의 정의주의(情意主義, emotivism)가 유행했던 20세기 중반까지의 상황과 비교해볼 때, 윤리학 및 정치철학은 확실히 대유행이다.[1] 윤리학 및 정치철학은 철학의 영역에서뿐만 아니라 사회과학 분야에서도 많은 주목을 받고 있는 실정이다.

그러나 대유행과 각광을 받고 있기는 하지만, 현대 윤리학 및 정치철학은 끊임없이 분기(分岐)하고 있다. 본 연구는 사회계약론적 윤리학을 중심으로 한 논란들을 다루었지만, 윤리학의 다른 많은 분야들이 논의되거나 평가되거나, 혹은 심지어 언급조차 되지 못했다. 본 연구에서 다루지 못한 윤리학의 주요한 조류들은, 생명의료윤리, 군사윤리, 환경윤리, 기업윤리 등 응용윤리 분야를 제외하고도, 다음과 같은 것들을 들 수 있을 것이다. 즉 칼-오토 아펠(Karl-Otto Apel)과 위르겐 하버마스 (Jürgen Habermas)의 이상적 담화와 담론 공동체에 기반하는 담화 혹은 담론 윤리학(diskurethik), 한스-게오르크 가다머(Hans-Georg Gadamer) 의 해석학적 윤리, 미셸 푸코(Michel Foucault)의 계보학적 윤리학 혹은 자아의 배려로서의 윤리학, 장-프랑수아 리오타르(Jean-François Lyotard) 의 포스트모던적 윤리 혹은 정당한 게임(just game)으로서의 윤리, 리처 드 로티(Richard Rorty)의 포스트모던적 부르주아 자유주의(postmo-dernist bourgeois liberlism), 자크 데리다(Jacques Derrida)의 해체론적 윤리 혹은 토론의 윤리, 임마누엘 레비나스(Emmanuel Levinas)의 책임 의 윤리학 그리고 제1철학으로서의 윤리학, 폴 드 만(Paul de Man)과 J. 힐리스 밀러(J. Hillis Miller)의 해체론적 읽기의 윤리(ethics of reading, criticism) 등이다. 자유주의 진영에서는 앨런 거워스(Alan Gewirth), 브 루스 애커만(Bruce Ackerman) 등이 논의되지 못했다. 공동체주의 진영 에서는 마이클 월저(Michael Walzer), 찰스 테일러(Charles Taylor) 등 이 논의되지 못했다.

현대 윤리학 및 도덕철학의 이러한 끊임없는 분기화는 중국 제자백가 시대에서 백화가 만발(百花滿發)하는 백가쟁명(百家爭鳴)의 장과 바벨 탑 이후의 언어적 상호 불소통을 통해서 상징화될 수 있는 것처럼 보인 다.2) 카이 닐슨(Kai Nielsen)이 잘 지적한 것처럼, 현대 윤리학의 상황 은 "개념상의 차이가 심각하여 어떤 통일된 주제를 찾기는커녕 어떤 유 익한 비교도 가능하지도 않는 상황처럼 보인다."3)

그렇지만 사회계약론적 윤리학과 그 비판들에 대한 본 연구는 어떤 공통된 언어, 혹은 무엇이 논란이 되는가에 대한 기준과 전반적으로 동 일한 질문 주제인 도덕성에 대한 도구적 합리성의 추구에 대한 상이한 답변들의 차이는 어디에서 오는가 하는 비교적 척도를 전제하고 있었던 것은 아닐까? 그렇다고 하더라도 본 연구의 방법론적 가정과 실제적 가 정들이 현대 윤리학의 다종다양한 문제들을 포괄하도록 확장될 수 있다

고는 생각하지 않는다. 본 연구를 통해서 우리는 사회계약론적 윤리학
과 그 비판들이 합리성의 관점에서 일관적인 주제가 될 수 있도록 노력
해왔다. 물론 그러한 확장은 부분적으로 가능할 수도 있을 것이다. 왜냐
하면, 다종다양한 현대 윤리학의 여러 분파들과 지류들도 사회계약론,
합리성, 정초주의, 그리고 자유주의에 대해서 어떤 할 말이 있을 것이기
때문이다. 사회계약론적 윤리학과 합리적 선택이론의 관련성을 다루면
서 우리는 사회계약론의 중요한 두 측면, 즉 방법론적 측면인 정초주의
와 실질적 측면인 자유주의를 다루었다. 이러한 두 측면은 사회계약론
적 자유주의 윤리학의 내부적 문제들과 외부적 비판에 관련된다.

결론을 내리는 이 장에서 우리는 우리의 방대한 논의를 전부 요약할
수는 없다. 우리는 주요 안건에 대한 간략한 전체적인 회고와 평가를 할
수 있을 뿐이다. 더 나아가서 우리의 논의가 주로 부정적인 것, 즉 도덕
성에 대한 사회계약론의 합리적인 정초주의적 연역 기획의 난관 봉착과
사회계약론적 윤리학의 자유주의적 가정의 비중립성 입증에 치중해왔
기 때문에, 동정적이고 우호적인 관점에서 돌파구를 제안하는 것은 시
급한 일이 되었다. 만약 우리가 동정적이고 우호적인 관점을 찾을 수 없
다면, 사회계약론적 윤리학의 대안으로서 사회계약론적 유형 이외의 자
유주의 윤리학과 비자유주의적인 공동체주의와 마르크스주의의 실행
가능성을 탐구하는 것도 유익할 것이다.

제1장에서 우리는 하나의 전체적인 배경적 도식으로서 사회계약론적
윤리학이 합리적 선택이론에서 일반적으로 가정되고 있는 합리성의 가
치중립적, 도구적, 극대화적 개념을 수용함으로써 갖게 되는 4대 방법론
적인 4대 정초들을 제시한 바 있다. 그러한 정초들은 사회계약론적 합
의의 정당화, 비이타적인 명백한 선택 동기, 개인적 자율적 가치들을 전
제하는 다원주의 혹은 상대주의의 상황 아래서 사회계약론적 합의의 가
능성, 한 사회의 정의 여부를 평가할 수 있는 중립적인 아르키메데스적
점이다. 그러나 우리는 제2장과 제3장에서의 보다 구체적인 논의를 통

해서, 결국 합리적 선택이론은 네 가지의 상응하는 난관들 때문에 사회계약론적 윤리학에 그러한 4대 정초들을 제공해주지 못한다고 평가하였던 바 있다.

그러한 난관들은 합리성과 도덕성의 관계에서의 도덕적 부적절성과 순환성의 딜레마, 다양한 합리적 선택 모형들 사이의 불확정성, 개인적 가치의 내용에 대한 불완전한 평가와 (마르크스주의적인 계급 갈등은 제외하더라도) 개인적 가치와 선에 관련된 갈등의 만연에 대한 정치적 인식의 불충분성, 자유주의적인 역사적 문화로부터의 탈출 불가능성으로 야기되는 비중립성이다. 기본적으로 본 연구는 이러한 네 가지의 난관들에 동조하는 비판적 입장을 견지하고 있다. 그러나 이러한 난관들에 관한 구체적인 논의를 통해서 드러난 것처럼, 우리는 초기 견해에 대해서 약간의 제한과 수정을 가하려고 한다.

결론인 본장은 3절로 이루어져 있다. 1절은 처음의 두 난관들, 즉 사회계약론적 딜레마(dilemma)와 트라일레마(trilemma)를 다룬다. 2절은 나머지 두 난관, 즉 불완전성과 불충분성, 그리고 비중립성을 다루게 될 것이다. 다시 말하면, 1절과 2절은 사회계약론적 자유주의 윤리학의 두 주요한 측면, 즉 합리적 정초주의라는 방법론적 측면과 자유주의의 실질적 측면을 각각 다루게 된다. 3절은 본 연구의 결론이 윤리학의 미래 과제에 대해서 어떠한 연관과 시사점을 가지는지가 밝혀지게 될 것이다.

비록 우리는 사회계약론적 윤리학의 두 측면들, 즉 내부적 문제와 외부적 비판과 네 가지 난관들을 구별해서 다루어왔지만, 그것들이 아무런 연관이 없다는 것은 아니다. 그렇다면 네 가지의 난관들은 어떻게 상호 연관되는가? 선재적인 도덕적 가정이라는 순환성은 비중립성에 직접적으로 관련된다. 심지어 도구적 합리성의 개념도 도덕적 합리성이 근대 서구의 자유주의적이고 개인주의적인 경제인간(homo economicus)과 자유시장을 정초한다는 의미에서 순환적이다. 불확정성은 다양한 합리적 선택 모형들뿐만 아니라 다양한 선재적인 도덕적 가정들에도 적용된다. 도덕적 부적절성은 개인적 가치의 내용에 대한 불완전한 평가와도 관련된다.

이 절에서 우리는 사회계약론적 윤리학의 딜레마와 트라일레마에 초점을 맞출 것이다. 본서에서 전개한 기본적 탐구의 운용 방식(*modus operandi*)을 통해서 우리는 사회계약론적 윤리학이 봉착한 딜레마와 트라일레마를 충분히 입증했다고 생각한다. 홉스의 윤리학은 합리성의 도덕적 부적절성이라는 첫 번째 뿔을 대변한다. 롤즈의 윤리학은 합리성에 우선하는 순환적인 도덕적 가정이라는 두 번째 뿔을 대변한다. 따라서 우리는 왜 롤즈가 자신의 사회계약론의 이론적 선구자를 로크, 루소, 칸트로 국한했는지를 이해할 수 있게 된다. 합리적 정초주의로서 홉스의 사회계약론적 윤리학은 도덕과 무관한 합리적인 최초의 선택 상황에서 공정한 합의를 보장할 수 없기 때문에 실패했다. 또한 홉스의 사회계약론적 윤리학은 합의된 사회계약론적 도덕원칙들에 대한 자발적인 합리적 준수를 보장할 수 없다. 이와 대조적으로 롤즈의 윤리학은 두꺼운 무지의 장막 아래서의 합리성 겸 공정성의 가정과 아울러 질서정연한 사회에서의 철저한 준수에 대한 칸트적인 의무론적 가정으로 말미암아 홉스의 윤리학의 첫 번째 뿔과 대척점에 서 있는 선재적이고 순환적인 도덕적 가정을 도입함으로써 야기되는 두 번째 뿔을 잘 보여주고 있다. 더 나아가서, 롤즈와 공리주의자 하사니 사이의 논쟁을 볼 때, 롤즈는 정의의 두 원칙에 대한 최소극대화 전략적 도출만이 유일무이한 합리성을 가지고 있다는 점을 입증하지 못했다. 또한 자유지상주의자 노직은, 롤즈의 무지의 장막은 최소수혜자들에게 비대칭적인 편애를 노정하고 있다고 비판한다. 롤즈와 공리주의자 하사니, 그리고 롤즈와 노직 사이의 논쟁은 두 번째 난관인 다양한 합리적 선택 모형들 사이의 불확정성을 잘 보여주고 있다.

이상을 다시 요약한다면, 첫 번째 뿔과 두 번째 뿔은 도덕성과 합리

성의 관계에서의 각각 도덕적 부적절성, 그리고 도덕성에 관련한 순환
성과 선결문제 요구의 딜레마를 나타내고, 이것이 첫 번째 난관이다. 두
번째 난관은 다양한 합리적 선택 모형들 사이의 불확정성을 나타낸다.
사회계약론적 윤리학의 딜레마는 첫 번째 난관의 두 뿔이고, 트라일레
마는 두 번째 난관인 불확정성을 세 번째 뿔로 하여 두 뿔을 가진 첫
번째 난관과 합친 것이다.

고티에는 사회계약론적 윤리학이 당면한 딜레마와 트라일레마를 로
크적 단서에 대한 엄밀한 준수와 아울러 최대상대양보의 극소화 원칙
(MRC)/최소상대이익의 극대화 원칙(MRB)을 통해서 극복하려고 한다.
그러나 고티에의 윤리학도 한편으로는 협상 과정에 대한 이상화가 실제
적으로 롤즈적인 무지의 장막의 일종이라고 비판되었다. 또한 고티에의
제한적 극대화의 성향에 따른 엄밀한 준수는 사전에 확립된 도덕적 공
동체를 가정하고 있다. 따라서 고티에의 엄밀한 준수(narrow com-
pliance)는 롤즈의 완전한 준수(strict compliance)와 동일한 결과를 갖는
셈이 된다. 고티에의 사회계약론적 윤리학은 다른 한편으로 고티에에
의해서 변형된 로크적 단서를 보면 노직식의 자유지상주의적 인간의 합
리성을 강하게 노정하고 있다고 생각된다. 고티에의 엄밀한 준수는 홉
스적인 처벌, 즉 협동적 기획이나 사업에서 직접적 극대화의 추구자들
은 배제하는 것에 달려 있다고 지적된다. 따라서 고티에는 여전히 사회
계약론적 딜레마의 홉스적인 뿔과 아울러 롤즈적인 뿔에 걸려 있다고
비판되고 있다. 더 나아가서 고티에는 자유주의적 합리성의 구도 안에
서 (우리가 다룬 고티에에 대한 마르크스의 가능한 비판을 통해 본 자
유주의와 사회주의 사이의 긴장과 사회계약론을 소유적 개인주의로 해
석하는 맥퍼슨의 비판은 차치하더라도) 롤즈, 노직, 하사니 사이의 불확
정성을 해결할 수 없다. 전반적으로 볼 때, 고티에가 시도한 근본적인
사회계약론적인 합리적 정초주의는 서양 윤리학사적으로 볼 때 영웅적
이고 용감하게 시도되었지만 결국 실패했다고 결론을 내릴 수밖에 없을

것이다.

혹자는 만약 합리적 정초주의가 실패했다면, 합리적 선택 모형의 불확정성은 권리에 대한 적절한 개념을 통해서 해결될 수 있다고 주장한다. 그러나 우리가 이미 살펴본 것처럼 권리에 대한 적절한 개념을 정립하는 것은 그렇게 쉬운 일은 아니다. 노직과 고티에는 고전적인 자유주의적 재산권을 제시하고 있다(고티에의 경우, 권리에 대한 로크적 단서는 협상의 대상이 아니라고 주장하는 점에서 그러하다). 공리주의적인 자유주의적 후생경제학자들은 후생권 혹은 복지권을 주장하고 있고, 반면에 롤즈와 다른 좌파 자유주의자들은 수정주의적인 적극적이고 결과적인 인권을 주장하고 있다. 분배적 정의의 다양한 신조의 경우도 상황은 마찬가지다. 즉 분배적 정의의 기준으로 도덕적 공적, 혹은 응분, 기여, 한계생산성, 필요, 노력, 평등 등이 제시되고 있는 실정이다. 사회계약, 합리성, 권리, 신조를 불문하고, 실제적인 적용을 위한 단일한 지침이 없다. 만약 상황이 이러하다면, 도덕적 기준의 "환원 불가능한 다원성(the irreducible plurality of moral criteria)"은 피할 수 없을 것이다.4)

그렇다면 사회계약론적 윤리학의 딜레마와 트라일레마에 관한 이러한 성찰로부터 "보편적 방기(放棄)"[모두 내버리기]와 모든 이론 체계를 거부하는 반이론으로 귀착되고 마는가?5) 도덕성의 합리적 환원주의 프로젝트의 실패는 합리적 선택이론의 정초주의적 정당화에의 사용에 대한 다양한 회의주의와 상대주의적 도전을 야기하는 것이 사실이다.6) 이러한 도전의 기본적 정신은 수용되어야만 할 것으로 생각된다. 그러나 우리는 도덕적 탐구에서 사용되는 합리성과 합리적 선택이론의 "보편적 방기"에는 동의할 수 없다. 우리가 제2장에서 근대 경제인간의 영혼에 대한 역사적 발전을 논의한 것을 상기한다면, 그러한 "보편적 방기"는 동의할 수 없을 것이다.

제2장에서 우리는 합리적 선택이론의 기본적 구조와 그 이론이 산출하는 역설들에 대해서 논의했다. 아마도 "역설은 흥미를 자아낼 것이다.

대부분의 경우, 그러한 역설들은 쉽게 포착될 수 있으며, 즉시 사람들에게 그것을 '해결하려는 마음'을 먹게 한다."7) 그러나 우리는 합리성의 역설들이 다루기 어려운 것임을 입증했다. 그러한 역설들을 잘 처리하지 못한다면 어떤 유형의 도덕 및 정치철학도 허망한 것이 될 것이다. 도덕이론들이 동기화 문제들을 설명하려고 하는 한, 합리성과 합리적 선택이론은 완전히 배제되지는 못할 것이다. 플라톤으로부터 마르크스에 이르기까지 서양 철학사를 통해서 보면, 다양한 철학적 배경을 가진 철학자들이 "개별적 이익과 공동적 이익 사이에 존재하는 분열"을 지적하여왔다.8) 도덕철학자들은 여전히 합리적 선택이론을 정당화의 기제는 아니지만, 그래도 여전히 도움이 되는 설명적이고 분석적이고 자기 발견적인 도구로 사용할 수 있을 것이다.9) 그와 반대로, 합리적 선택이론은, 공리주의가 규범적 후생경제학에 영향을 준 것처럼, 윤리이론들로부터 영향을 받을 수 있을 것이다. 애로우와 하사니의 규범적인 사회적 선택이론은 흔히 "결정이론의 윤리화"라고 불린다.10) 우리가 제2장, 제3장, 제4장에서 본 것처럼 롤즈와 고티에는 합리적 선택이론의 수동적 수용자는 아니다.

합리적 선택이론의 선도적 이론가들 중의 한 사람인 존 엘스터(Jon Elster)는 "합리적 선택이론은 대부분의 사회과학자들과 의사결정이론가들이 생각하는 것보다 더 많은 경우 불확정적인 처방과 예측을 한다"고 지적한 바 있다.11) 따라서 사회계약론적 윤리학의 딜레마와 트라일레마는 어떠한 해결책도 없으며, 우리가 생각하는 것보다 훨씬 더 심각한 문제라고 생각된다.

사회계약론적 자유주의 윤리학의 합리적 정초주의가 실패했다는 이 시점에서의 확신은 다음과 같은 질문을 야기한다. "그렇다면 이러한 확신에서 남겨진 것은 무엇이란 말인가?"12) 존 그레이(John Gray)는 그의 저서 『자유주의(Liberalism)』의 한 장, "자유주의의 이후: 정치학에서 퓌론주의"에서 "우리에게 남겨진 것은 자유주의적 시민사회의 역사적 유산뿐이다"라고 지적한다.13) 자유주의의 퓌론주의 이후 시대(the post-Pyrrhonism)에서 철학자들은 겸손해야만 하며, 윤리학의 합리적 정초를 발견하거나 구성할 수 있다는 자만을 버려야만 할 것이다. "간단히 말하면, 우리는 여기서 철학자의 가치와 아울러 한계에 대한 어떤 지식을 얻게 된다는 것이다."14) 그렇다면 도덕 및 정치철학은 사회적 현안을 지성적으로 조정하려는 노력에서 역사적 경험에 적응하는 실용적 능력을 요구하는 것 이외에 다른 방도는 없는 것처럼 보인다.15)

2. 인간의 본성, 합리성, 도덕성, 그리고 이데올로기

니체(Friedrich Nietzsche)가 지적한 대로, 도덕의 합리적 정초를 추구하려는 철학자들은 도덕 자체가 주어진 것이라는 점을 수용해야만 할 것이다.16) 그렇다면 우리들에게 필요한 것은 도덕의 역사적 철학화이다. 따라서 모든 비(non)정초주의적 혹은 반(anti)정초주의적 철학과 반철학들(공동체주의, 포스트모더니즘, 계보학적 포스트구조주의, 해체론, 해석학)은 역사적이 된다.17) 이러한 관점에서 마틴 슈와브(Martin Schwab)는 "원초적 계약과 주어진 사회적 상황을 구별하는 것"은 어떠한 의미도 없다고 주장한다.18) 그러나 역사적으로 주어진 것, 즉 역사적 소여(所與)가 무엇인가는 항상 논란의 대상이 되어왔다.

사회계약론적 윤리학은 역사적 공동체에서 유리되고 추상된 자연인이라는 잘못된 개념을 전제하고 있다는 비판이 있어왔다. 우리가 본서 제4장에서 본 것처럼, 소유적인 개인적 권리들을 마련하기 위해서 고티에는 "자연인으로서의 로빈슨 크루소의 환상"에 호소한다.19) 제4장에서 논의된 것처럼, 심지어는 무려 16명의 로빈슨 크루소들이 등장하기도 했다.20) 그러나 개인주의적인 자유주의는 역사적 근거를 가지고 있다. 그렇다면 롤즈는 두꺼운 무지의 장막을 칠 필요가 없을 것이다. 그리고 고티에는 자연인을 주장할 필요가 없을 것이다.

이제 다루려고 하는 최후의 두 가지 난관들은 실제로는 사회계약론적 윤리학의 역사적 한계성에 관한 것이다. 세 번째 난관은 개인적 가치들에 관한 갈등의 팽배에 대한 불충분한 정치적 감수성과 개인적 가치들의 내용에 관한 적절한 평가의 결여 문제이다. 네 번째의 난관은 자유주의적인 역사적 문화로부터의 이탈의 불모성으로부터 야기되는 비중립성 문제이다. 우리는 이상의 두 가지 난관들을 개인주의와 자유주의에 대응하는 것으로 연결할 수 있을 것이다. 일견할 때, 여기에 비일관성이 존재한다. 즉 사회계약론적 윤리학은 역사적일 뿐만 아니라 비역사적이기도 하다. 그러나 이러한 비일관성은 우리가 네 번째 난관의 정확한 의미를 이해할 때 해소될 수 있다. 롤즈와 고티에는 분명히 한 사회의 정의 여부를 평가하기 위한 비역사적이고 중립적인 아르키메데스적 점을 세우려고 시도했다. 그러나 공언된 중립성은 자유주의적인 역사적 소여에 의해서 상당한 정도로 오염되고 있는 것이 사실이다.

이러한 두 가지의 난관들을 처리하기 위해서, 우리는 궁극적으로 인간의 본성, 합리성, 도덕성, 이데올로기의 관련성을 제시할 수 있어야 할 것이다. 세 번째 난관은 두 부분으로 이루어져 있다. 그 하나는 개인적 가치들의 내용에 대한 적절한 평가의 결여이다. 기본적으로 합리성의 도구적 극대화의 개념은 이러한 문제를 야기한다. 이러한 문제는 인간의 선에 대한 사회계약론적 개념의 불가피한 결과라고 볼 수 있다. 우리가 제2장에서 본 것처럼, 롤즈와 고티에는 경제학의 현시 선호 이론 (revealed preference theory)을 받아들이지 않는다. 그들은 합의된 사회계약론적 원칙들을 통해 무제약적인 개인적 선호들에 대한 규제를 하고 있다.

그러나 그러한 규제는 인간의 선에 대한 본질적 혹은 완전주의적 고착점에 근거하고 있는 것은 아니다. 롤즈와 고티에는 만약 인간의 선과 가치들에 대한 객관적, 완전주의적, 그리고 공동체주의적 유형들이 한 사회의 정의를 규제하게 된다면 개인의 사상과 양심의 자유에 대한 억압 등 많은 문제들이 발생할 것으로 생각한다. 그러한 문제들은 반자유주의적인 사회적 억압들과 인간의 자율성에 대한 그러한 유형들의 결과적인 침해(애로우의 불가능성 정리의 조건 D, 비독재성(Non-Dictatorship) 위반), 공동체에 대한 비판의 불가능성, 그리고 포괄적인 가치통합을 위한 세뇌와 주입 등이다.21)

이러한 의미에서, 공동체주의는 도덕적 보수주의이다.22) 우리가 동조하는 개인주의적 자유주의는 모든 사회적 제도가 한꺼번에 의문시되거나 비판될 수 있다는 유형은 아니다. 오히려 개인주의적 자유주의는 즉시적 수정이 아니라 시간이 걸려서 수정될 수 있는 사회의 어떤 부분들이 있다는 신념을 견지하는 유형이다. 아마도 개인적 자유주의에 대한 매킨타이어의 비판은 옳을 수도 있다. 그는 "합리적이고 합리적으로 정당화될 수 있는 자율적인 도덕적 주체는 허구이며 환상"이라고 비판한다.23) 그러나 매킨타이어는 자기 자신의 공동체주의로 말미암은 가능한 악덕 혹은 부덕을 다루고 있지 않다. 인간의 본성을 아리스토텔레스의 목적론에 고착시키는 그의 시도는 비자유주의적이며 불변하는 목적을 가정한다는 점에서 비역사적이라고 할 수 있다.24) 그는 우리에게 "인간의 근본적 목적들 혹은 기능들" 혹은 "인간의 근본적 본성을 실현했을 때의 인간의 가능한 모습"을 제시하려고 한다.25)

우리는 여기서 "인간의 본성을 도덕의 기초로 삼으려는 시도"는 신중하게 시행되어야 한다는 점을 밝힐 것이다.26) 비록 개인주의가 많은 문제점을 가지고 있지만, 그것에 대한 교정은 인간의 본성에 관한 의심스러운 개념에 근거하고 있는 일원적이고 가치통합적인 공동체주의에 의한 단순한 전복 혹은 대체 속에서 찾을 수 있는 것은 아니다.27) 우리에게 진정으로 필요한 것은 개인주의의 재구성이지 공동체의 도래를 고대하는 것은 아니다.28) 현대사회에서 개인주의를 재구성하는 것은 근대로부터 유전된 역사적인 사회적 세계에서 생성될 수 있는 개인주의의 한 유형을 찾는 것이 될 것이다. 덕에 기반한 공동체의 상실은 근대 세계의 역사적 현상이 아니었던가? 우리는 데이비드 리스먼(David Riesman)의 고독한 군중, 리처드 세넷(Richard Sennett)의 공적 인간의 추락, 그리고 앨런 블룸(Allan Bloom)의 미국적 마음의 폐쇄를 목도한 것이 아니었던 가?29)

존 던(John Dunn)은 「서양에서의 정치철학의 미래」에서 그러한 현상에 대한 관찰을 웅변적으로 말하고 있다. "인간의 실천적 행위에 대한 도구적 평가, 그리고 결과에 대한 부단한 계산은 우리가 어떻게 살 것인가를 배우는 방식의 일환이며, 먼 과거[물론 매킨타이어의 아리스토텔레스적 과거도 포함]에서 인간사회들의 순수한 총체론(holism)에 대한 목가적 재현의 타당성이 무엇이든 간에 우리는 근대 인간의 용의주도한 전략적 수단적 의식으로부터 회귀할 수 있는 어떠한 방도도 없다."30) 다음과 같은 공동체주의자의 언명이 과연 일리가 있을 것인가? 우리는 돌이킬 수 없는 공동체의 역사적 상실과 소멸 때문에 공동체의 추구는 역사적으로 더욱 절박하다는 것이다.31) 어떤 의미에서 "인간을 다시 불러오는 것" 그리고 "사회와 공동체를 다시 불러오는 것" 사이의 "전부 아니면 무"의 이분법은 무의미하다.32) 여기서 우리에게 필요한 것은 추상적 개인이 아니라 사회적 개인으로서의 개인에 대한 제3의 존재론이다.33)

이상과 같은 역사적 고찰은 결코 롤즈와 고티에가 그들의 현재의 입장 그대로 옳다는 것을 함축하지 않는다. 롤즈는 자신의 "정의에 관한 정치적 개념은 정치적 사회가 그 자체로 본질적 가치를 가진다는 것을 표현한다"고 주장한다.34) 그러나 롤즈는 개인주의적인 도구적 가치로부터 정치적 자유주의의 공동체 혹은 사회가 도출될 수 있는지에 대한 더 납득할 만한 논증을 제시해야만 할 것이다. 동일한 관점에서, 고티에는 사회계약론적 사회가 "우리에게 완전히 도구적 가치만을 주는 것"은 아니며, "합의도덕론은 공동체, 개인적 인간, 여성과 남성에 대한 필요의 인정을 포괄하고 있다"고 주장한다.35) 그는 롤즈와 마찬가지로 자유주의적 개인들의 공동체가 가지는 비도구적 가치가 합리성의 도구적 가치 개념으로부터 어떻게 도출될 수 있는가를 입증해야만 한다.

우리는 롤즈와 고티에가 아리스토텔레스적 인간 본질을 수용하고 있는 매킨타이어를 비판하는 것에 동조할 수 있을 것이다. 그러나 우리는 여기서 한 가지 의문을 제기할 수 있다. 제2장에서 논의한 것처럼, 그것은 그들이 사용하고 있는 사회계약론적 합리성도 인간 본질에 대한 하나의 고착점, 즉 경제인간(*homo economicus*)과의 친근성에 대한 명백한 예증을 보이고 있지 않는가 하는 의문이다. 이러한 관점에서, 우리는 사회계약론적 윤리학도 자유주의적인 이데올로기로부터의 제약 속에 있다는 것을 주장하여왔다. 다른 학자들은 "영어 사용권의 정의"라는 더 좁고 지역적인 호칭을, 혹은 "파괴적이고, 지방적인 미국의 정의"라는 호칭을, 혹은 "정의와 평등: 여기서 그리고 지금"이라는 호칭을 사용하고 있다.36)

그러나 본장 2절의 초두에서 지적한 것처럼, 언제나 역사적 소여(historical givenness)가 무엇인가에 대한 논란이 존재하고 있다. 그러한 논란의 하나는 사회계약론적 자유주의가 미국을 유일하고도 독특하게 표상하고 있는가 하는 것이다. 미국은 오히려 개신교적인 도덕적 다수에 의해서 대변되고 있지 않을까?37) 보수주의적 자본주의가 아닐까? 실용주의가 아닐까? 에머슨(Emerson)적 혹은 제퍼슨(Jefferson)적 전통이 중요한 것이 아닐까? 고전적 혹은 시민적 공화주의가 아닐까? 케네디(Kennedy)의 뉴프런티어(New Frontier)가 아닐까? 민권운동(Civil Right Movement)이 아닐까? 지금 여기서의 정의에서 여기는 미국 어디를 말하는가? 양키들(Yankees)이 살고 있는 북부인가? 아니면 딕시들(Dixies)이 살고 있는 남부인가? 뉴욕인가? 아니면 애틀랜타인가?

그러면 이제 세 번째 난관에서 남아 있는 부분, 즉 개인적 가치들에 관한 갈등의 팽배에 대한 불충분한 정치적 감수성 문제, 그리고 마지막 난관인 네 번째 난관, 즉 자유주의적인 역사적 문화로부터의 이탈의 불모성으로부터 야기되는 비중립성 문제로 돌아가보기로 하자. 이러한 문제들을 다루면서, 우리는 제4장에서 논의했던 사회계약론적 자유주의 윤리학과 마르크시즘의 대립을 요약하게 될 것이다.

세 번째 난관에서 남아 있는 부분의 문제는 롤즈처럼 합의(consensus)나, 고티에처럼 협상(bargaining)을 불문하고 사회계약론적 자유주의의 윤리학은 만장일치적 동의의 가능성을 신뢰하고 있다는 사실로부터 온다. 마르크시스트들은 사회계약론의 불충분한 정치적 감수성은 더 깊숙한 근원을 가지고 있다고 생각한다. 그들은 그 근원이 단순한 둔감성이 아니라 계급적 갈등을 호도하기 위한 감언이라고 폭로하고 있다. 물론 마르크시스트들의 이러한 폭로가 전부 옳은 것은 아니다. 롤즈의 최소극대화 전략(maximin strategy)은 한 사회의 최소수혜자를 대변하고 있다. 이러한 의미에서 롤즈는 자본주의적인 자유주의적 사회제도의 경계 내에서 작동할 수 있는 최대한의 마르크스라고 생각될 수 있다. 따라서 롤즈가 그의 최소극대화 전략이 마르크스의 『고타 강령 비판』에 나오는 유명한 신조, 즉 "능력에 따라 일하고, 필요에 따라 분배받는다"는 신조와 강한 유대를 가지고 있다고 명백하게 밝힌 것은 놀랄 만한 일은 아니다.[38]

고티에는 협동적 잉여를 나누기 위해서는 이익의 상충이 있다는 것을 전제한다. 여기서 주목해야 할 중요한 사항은, 이데올로기적 영향에 관한 비난을 받는 것은 사회계약론적이고 자유주의적인 합리적 정초주의에게만 해당되는 것이 아니고 마르크시즘 자체에도 해당된다. 달리 표현하면, 마르크시즘 자체도 하나의 이데올로기이다. 즉 그것은 역사적인 유물론적 정초주의, 인간사회에 대한 혐오적이고 편협한 시각, 그리고 프롤레타리아와 공산당 독재에게만 주어진 대표적 역할을 고취시키고 있다. 이러한 관점에서, 고티에의 사회계약론적인 윤리학적 모형은 포스트마르크시즘 시대에서의 노동조합 운동을 대표하는 집단적 협상을 위한 최대한의 마르크시즘이 될 수도 있을 것이다.[39] 물론 고티에는 집단적 협상이 통상적으로 (언제나 그런 것은 아니지만) 자신의 협상 모형에서 반대하는 여러 가지의 위협적 이익들에 근거하고 있다는 사실을 유감으로 생각한다.

만약 도덕 및 정치철학이 인간사회의 역사적 사실에 대해서 설명을 제시해야 한다면, 1990년대 소비에트 연방과 동구 공산주의 진영의 붕괴는 좋은 설명 대상이다. 우리가 자주 언급한 것처럼 역사적 소여에 대한 진정한 해석의 논란은 항상 존재한다. 한편으로 개혁파 공산주의자들은 그 붕괴를 인간의 얼굴을 가진 사회주의로 복귀하기 위한 투쟁이라고 해석했다.40) 다른 한편으로 프랜시스 후쿠야마(Francis Fukuyama)는 그 붕괴를 역사의 종말로 해석했다.41) "우리가 목격하는 것은 일종의 역사의 종말이다. 즉 인류의 이데올로기적 진화의 종착점이며, 인간의 정치체제의 최종적 유형으로서의 서구 자유민주주의의 보편화이다." 그는 부언하기를, "포스트 역사 시대 속에서는 예술도 철학도 없고, 오직 인간 역사의 박물관에 대한 영구적 관리만이 존재할 것이다."42) 후쿠야마의 해석은 부분적으로 옳다고 보아야 할 것이다. 그러나 자유주의와 자유민주주의의 여러 유형의 논란에 관한 우리의 논의로 미루어볼 때, 후쿠야마의 해석은 지나치게 멀리 간 느낌이 있다. "자유주의 자체에 대한 탐구"는 아직 완성된 것은 아니다.43) 후쿠야마의 해석은 우리들에게 다니엘 벨(Daniel Bell)의 논쟁을 생각나게 한다. 그것은 "이데올로기의 종언"인가 아니면 "이데올로기의 종언의 종언"인가에 대한 논쟁이다.44) 벨은 "과학기술혁명에 의해 정보와 지식이 중요하게 되는 탈산업사회로 이동하게 됨에 따라, 미래사회에서는 이데올로기의 중요성이 없어지게 될 것으로 예측했다."45) 벨이 지칭하는 이데올로기는 특히 공산주의적 이데올로기를 말하는 것으로 그것은 현대와 미래 산업사회에서 설득력을 상실하게 될 것으로 보았다. 그러나 그의 책, 『이데올로기의 종언』이 나온 1960년 이후 이데올로기에 기반한 상호 투쟁은 종식되지 않았다. 즉 베트남 전쟁이 확산되었고, 미국에서는 대규모 흑인 민권운동이 발발했고, 페미니즘 운동도 강력하게 전개되었고, 프랑스를 위시한 전 유럽에서 노동자들과 학생들의 운동이 고조되었던 것이다. 그래서 아직은 이데올로기의 종언은 시기상조로서 미래를 빨리 내다보았다는 비판이 많았던 것이다.46)

여기서 우리는 데이비드 맥렐런(David McLellan)의 견해를 사회계약론적 윤리학의 이데올로기적 함축성에 관한 우리의 지금까지의 논의에 대한 중대한 제한으로 인용한다.47)

"이데올로기에 대한 탐구와 이데올로기에 대한 모든 견해는 그 자체로 이데올로기적이라는 비참한 결론을 피하기 어렵게 만든다. 만약 그러한 결론을 피하려고 한다면, 어떤 견해들은 다른 견해들보다 더 이데올로기적이라는 수정된 언명을 통해서만 가능하고, 오직 그러한 언명을 통해야만 한다. 왜냐하면 모든 견해는 이데올로기적이라는 단순한 사유는 두 개의 난관에 봉착하기 때문이다. 첫째로, 단순한 사유는 공허함에 근접하게 되는데, 왜냐하면 그것은 모든 것을 다 포괄하고 있으므로 거의 무의미하기 때문이다. 둘째로, 단순한 사유는 더욱 파괴적이 되는데, 왜냐하면 그것은 모든 크레타인들이 거짓말쟁이라고 크레타인인 에피메니데스(Epimenides)가 선언한 것에서 생성되어 나오는 동일한 논리적 부조리를 함축하고 있기 때문이다."

물론 현시점에서 우리는 자유주의가 비자유주의의보다 덜 이데올로기적이고, 더 중립적이라고 생각한다. 물론 여기에는 일종의 역설이 도사리고 있다. 자유주의가 중립적이면서, 어떻게 동시에 최고가 될 수 있는가?48) 롤즈는 이러한 역설에 대해서『정치적 자유주의』에서 특별한 관심을 두고 논의하고 있다.49) 롤즈의『정치적 자유주의』(1993)는『정의론』(1971)과 그 이후에 발표된 논문들이 일관된 체계를 구성하도록 내부적인 문제들을 교정한다. 그리고 현대사회에서 다원주의에 대한 적절한 대응책이 되도록 포괄적인 도덕철학으로 제시되었던 공정성으로서의 정의관은 자유주의적인 정치적 정의관으로 재해석된다. 따라서 롤즈의 정치적 정의관은 다양한 포괄적인 종교적, 철학적, 도덕적 교의들 사이에서 중첩적 합의의 대상이 되어 사회적 통합과 안정성을 이룰 수 있다는 것으로 정당화된다. 롤즈는 정치적 자유주의도 자유롭고 평등한 인간들 사이의 사회적 협동이라는 실질적 가치관을 가지고 있기 때문에 완전히 순수한 절차적 중립성을 주장할 수 없다는 것을 인정한다. 그리고 정치적 자유주의는 "효과나 영향의 중립성(neutrality of effect or influence)"을 확보할 수 없지만 그래도 인류 역사상 다른 어떠한 사상들보다도 "목적의 중립성(neutrality of aim)"은 달성했다고 주장한다.50) 그리고 롤즈는 정치적 자유주의가 목적에서의 공동적 기반과 중립성을 추구하기는 하지만, 정치적 자유주의가 여전히 어떤 형태의 도덕적 성격의 우월성과 일정한 도덕적 덕목들을 권장한다는 것은 중요하다고 강조한다. 즉 공정성으로서의 정의는 특정한 정치적 덕목들, "시민성"과 "관용"의 덕목과 같은 "공정한 사회적 협동"의 덕목들, 선의 추구를 제약하는 "합당성"과 "공정심"과 같은 덕목들을 요구한다는 것이다. 그러나 롤즈는 여전히 이러한 덕목들을 정치적 정의관 속에 유입시키는 것은 포괄적 교의 위주의 완전주의적 국가에 이르지 않는다고 주장한다.51)

세 번째 난관으로 다시 돌아가보자. 만약에 한 사회의 모든 구성원들과 계층들을 만족시킬 수 있는 합의가 없다면(우리가 이미 논의한 비결정성(indeterminacy) 문제) 사회계약론적 윤리학은 이상주의적이라고 말할 수밖에 없다. 이러한 관점에서 사회계약론적 윤리학은 "도덕적 복잡성", "곤란한 선택", "비극적 선택"에 더 큰 관심을 보여야 한다.52) 어쨌든 세 번째 난관의 이상주의적 성격은 비중립성에 관한 네 번째이자 마지막 난관과도 연관된다. 마르크스와 맥퍼슨에 관한 우리의 논의는 그러한 비중립성을 여실히 드러내고 있다. 마르크스는 도덕은 그 자체로 볼 때 계급 갈등에 대한 이데올로기적 억압의 기제라고 생각한다. "도덕, 종교, 형이상학을 비롯한 이데올로기, 그리고 그것들과 상응하는 의식의 형태들은 따라서 더 이상 독립성 비슷한 것도 가지지 못한다."53)

더 나아가서 마르크스는 철학의 종언을 말하고 있다.54) "실재에 관련해서 볼 때, 행위의 독립적인 영역으로서의 철학은 그 존재의 매개체를 상실하고 있다." 그러나 우리가 본서 제2장 3절 3)항에서 논의한 분석적 마르크시스트들을 포함한 많은 학자들은 마르크스 철학에서 도덕철학의 가능성에 대한 논쟁을 활발하게 벌이고 있다. 이에 대한 연구들이 잘 진행된다면 마르크시즘은 중요한 도덕철학이 될 수 있을 것이다.55)

우리는 여기서 철학의 종언에 대한 지난한 논란들을 다루려고 하는 것은 아니다. 우리는 다만 여기서 본장 3절에서 본격적으로 논의할 것처럼, 사회계약론적 자유주의 윤리학의 종언에 대한 정당한 평가를 내리려고 한다. 우리가 제2장에서 논의한 것처럼, 사회계약론적 자유주의 윤리학과 합리적 선택이론은 근대 경제인간(*homo economicus*)에 대한 동형적 구조를 같이 전제하고 있다. 이러한 관점에서, 인간의 본성에 대한 주요한 견해인 경제인간에 대한 정당한 평가를 내리는 문제도 중요하다. 후쿠야마는 이데올로기적 승리를 거둔 자유민주주의를 견인하는 두 체계의 추동력이 있다고 주장했다. 그는 첫째가 자본주의적인 경제적 번영을 위한 호모 에코노미쿠스의 합리적 사익 추구의 체계이며, 둘째가 자신을 타인에게 인정받으려는 패기 혹은 기개(thymos)가 전개되는 사회적, 정치적 분야에서의 인정 투쟁의 체계라고 보았다.56)

우리가 제2장에서 논의한 것처럼, 인간의 본성은 야누스적 얼굴만을 가지고 있는 것은 아니다. 그것은 아마도 "천의 얼굴"을 가지고 있을 것이다.57) 그러한 논의는 총체적 인간(*homo totus*)과 부분적 인간(*homo partialis*) 사이의 구분으로부터 시작했다. 이어서 우리는 여러 유형의 부분적 인간들을 논의했다. 즉 경제인간(*homo economicus*), 공작적 인간(*homo faber*), 사회적 인간(*homo sociologicus*), 정치적 인간(*homo politicus*), 그리고 심리적 인간(*homo psychologicus*)이 그것들이다.58) 아마도 그것들 중에서 인간의 본질에 대한 유일무이한 묘사는 존재할 수 없을 것이다. 그러한 견해는 그 대신에 인간의 본질에 대한 분리되고 단절되지 않는 인간의 총체적 본성이 있다는 것을 함축하는 것이 아니다. 그런데 플라톤의 철학 교육의 시나리오로부터 시작하여, 마르크스의 공산주의 사회에서의 자유로운 개인의 개념을 거쳐, 보수주의 교육철학에 이르기까지 총체적 인간 혹은 전인(全人) 교육의 이념은 끊임없이 주창되어왔다.59) 후대의 기술적 세분화를 무시한 채, 마르크스는 소외와 관련하여 주장한 유적 존재의 개념과 함께 다음과 같이 총체적 인간을 갈망하고 있다.60)

"어느 누구도 하나의 배타적 행위 영역을 갖지 않으며, 자기가 원하는 부문에서 자신을 완성시킬 수 있는 공산주의 사회에서는, 사회가 전체적 생산을 조절하므로 나는 내가 마음먹은 대로 오늘은 이 일을 할 수 있고, 내일은 저 일을 할 수 있으며, 아침에는 사냥을 하고, 오후에는 물고기를 잡고, 저녁에는 가축을 기르며, 저녁밥을 먹은 이후에는 비평을 하는 것이 가능하다. 그렇다고 내가 사냥꾼이 되거나, 어부가 되거나, 목동이 되거나, 혹은 비평가가 될 필요가 없이 말이다."

여기서 마르크스가 갈망하고 있는 것은 다재다능한 아마추어 애호가(dilettante)가 아닐 것이다. 그는 여기서 소외되고 예속적이고 파편적이고 무의미한 자본주의적 노동을 비판하고, 유의미한 노동을 자유롭게 할 수 있는 유적 존재로서의 총체적 인간을 갈망하고 있다고 해석해야만 할 것이다.

부분적 인간의 문제로 돌아가서 말하자면, 홉스적인 시장적 자아는 분배적 정의의 영역에서 우리 시대에서, 혹은 가능하게 모든 시대에서 우월한 지위에 있는 것이 아닐까? 이러한 관점에서, 고티에는 이렇게 말한다.61) "효용의 극대화는 우리의 자아 인식에서 중추적인 요소들 중의 하나이다. 그리고 비록 어떤 사람이 자아에 관한 명백한 인식을 촉진하거나 혹은 발달시키는 것을 조장하는 사회에 살고 있는지의 여부는 전적으로 우연적인 것이지만, 효용의 극대화에 관련된 이러한 주장은 우연적인 일을 말하는 것이 아니다."

자아에 대한 관념은 데이비드 흄 이래로 문제가 되어왔지만, 근대적 자아, 즉 데카르트적인 인식적 자아, 홉스적인 혹은 칸트적인 합리적 도덕적 자아는 그것에 관한 포스트모던적인 해체론과 관련하여 철학의 최전선에 있는 문제가 되었다. 즉 인간의 죽음, 저자의 죽음, 주체의 소멸이 근대적 자아를 불가능하게 만든다.62) 본서 제2장 3절 2)항에서 우리는 엘스터의 복합적 자아(multiple self)와 파핏의 온건한 불교적인 무자아를 검토한 바 있다.

이러한 관점에서 고티에는 근대적 자아에 관한 푸코의 통찰을 외면하고 있지 않다.63) 잘 알려진 것처럼 푸코는 근대적 자아가 근래에 발명된 것이며, 그 종말이 임박했다는 주장을 했다. 그는 이렇게 말했다. "인간은 마치 해변의 모래 위에 그려진 얼굴처럼 곧 지워질 것이다."64) 그러나 푸코는 그의 말년에 택한 윤리학적 전환으로 말미암아 도덕적 주체를 다시 불러오고 있다.65) 동시에 해체론자 데리다의 입장도 여기서 명백히 할 필요가 있다. 그는 이렇게 말했다.66) "주체는 절대적으로 불가결하다. 나는 주체를 파괴한 것이 아니라, 그것을 상황 속에 위치시켰을 뿐이다. 이것이 의미하는 바는 어떤 수준의 경험과 철학적, 과학적 담론은 주체의 개념이 없이는 진척될 수 없다는 것이다. 문제는 주체가 어디서부터 유래하며 어떻게 기능하는가를 아는 것이다."

만약 포스트모더니즘, 포스트구조주의, 해체론의 주요한 옹호자들이 진정으로 근대적 자아를 버리지 않았다면, 롤즈와 고티에의 경제인간에 대한 친근성은 경제인간에 대한 적절한 역사화가 마련된다면 허용될 수 있을 것이다. 이러한 의미에서 롤즈의 의무론적 자아와 고티에의 제한적 극대화의 자아는 어떻게 역사적이고 근대적인 시장적 자아가 도덕적 자아로 변형될 수 있는가에 대한 사회계약론적인 자유주의적 기획으로 해석될 수 있다. 만약 그러한 기획이 설득력 있는 방식으로 전개된다면,

매킨타이어와 샌델과 공동체주의는 그 비판적 타당성을 상실하게 될지도 모른다. 이러한 관점에서 롤즈와 고티에는 "자유주의적 마음" 혹은 "인간에 대한 근대적인 자유주의적 자아"의 역사적이고 사회적인 형성에 관하여 관심을 기울어야 한다.67)

어떤 학자들에게는 사회계약론이 가상적이라는 것이 여전히 문제가 될 수 있다. 우리는 가상적 계약을 비역사적인 것이 아니라 역사적이고 도덕적인 상상력에 관한 발휘의 한 사례로서 해석할 수 있다. 만약 우리가 사실적 현상을 단순히 묵인하거나, 혹은 사후적인 소박한 실용주의를 믿지 않는다면 이러한 종류의 도덕적 상상력은 필수적인 것이다. 그렇다고 해서 역사적이고 도덕적인 상상력이 고정될 필요는 없다. 그러한 상상력은 사회적이고 역사적인 갈등의 해결을 위한 초실용주의적인 실험의 작업가설이 될 수 있는 역량에 따라 다양하게 변화할 수 있다. 사회적 실험의 여러 가지 대안들 중에서의 선택은 어느 정도까지는 대안들의 실제적 결과에 대한 기대치에 의거한다. 이러한 기대치는 가상적인 사회계약론적 윤리학에 의해서 결정될 수 있다. 가상적 측면을 제외하면, 계약과 계약법의 역사적 실행은 서구사회의 일상적 삶에서 영속하고 있다. 이러한 관점에서 본다면, 경제, 법, 정치의 영역에서 사회계약론적 윤리학은 여전히 많은 지지자들을 확보하고 있다는 사실은 놀랄 만한 일이 아니다.68) 이제 사회계약론은 철학 및 정치학 분야에서 근대 이후 가장 괄목할 만한 사유실험(thought experiment)의 하나로 간주되고 있다.69)

우리는 제2장에서 합리적 자아로서의 도덕적 자아를 합리성의 세 가지 학파들과 연관시켜 탐구했다. 표준적 신고전학파, 불완전학파, 확장학파가 그것들이다. 거기서 우리는 세 가지 학파들 사이의 부분적 연관성을 논의했다. 아마도 세 가지 학파의 통합은, 모든 것은 요소로 환원된다는 논리실증주의의 희망 없는 꿈에 불과하다. 그렇다면 세 가지 학파의 상이한 역사적 강조점에 대한 완전히 분리되지 않은 느슨한 분업이 필요하다. 만약에 미국이 마약과의 전쟁을 공언한다면, 불합리성에 대한 불완전학파의 견해에 관심을 집중해야 한다. 미개발 국가의 경우에는 표준적 신고전학파의 합리성이 우선적이다. 개발 국가의 경우에는 확장학파의 합리성이 우선적 고려 사항이 된다. 물론 그러한 분업 사이에 중첩되는 부분들이 존재하는 것이 사실이다.

3. 사회계약론적 자유주의 윤리학 이후: 종언인가, 아니면 변경인가?

사회계약론적 윤리학은 우리가 홉스의 절대국가의 경우에서 본 것처럼 자유주의만을 위한 유일무이한 사상 체계는 아니다. 잔 나브슨(Jan Narveson)은 사회계약론적 방법을 동원하여 자유지상주의를 도출하려고 시도했다.[70] 비록 노직은 자신을 사회계약론적 전통과 구별되기를 원했지만,[71] 우리가 제3장 2절 3)항에서 본 것처럼, 롤즈에 대한 그의 비판의 근저는 사회계약론적 용어로 전개되었다.[72] 피터 다니엘슨(Peter Danielson)은 고티에를 비판하면서 사회계약론은 온건한 사회주의를 산출할 수 있다고 주장했다.[73] 뮐러(D. C. Mueller)는 하사니와 뷰캐넌의 입장은 공리주의적 계약이라고 명명했다.[74] 그렇다면 사회계약론적 윤리학은 오직 자유주의 윤리학만을 위한 것은 아니다. 이러한 관점에서, 우리는 가능한 부조리를 생각해야만 한다. 만약 사회계약론이 모든 정치체제를 산출할 수 있다면, 그것은 아무것도 산출하지 못하는 셈이다. 말할 필요도 없이 합리적 선택이론의 경우에도 상황은 마찬가지다. 우리는 여기서 불확정성의 또 다른 측면을 보게 된다. 논리적 관점에서 이것이 의미하는 것은, 모든 경우에 참인 항진명제인 동어반복(tautology)은 비일관적인 혹은 모순된 전제들로부터 언제나 도출될 수 있다는 것이다. 그렇다면 사회계약론은 내부적으로 비일관적인가?

불확정성에 관한 두 가지의 해석이 존재할 수 있다. 한편으로 딕스(B.

J. Diggs)는 불확정성에 대해서 이렇게 해석한다. "사회계약론은 일종의 도덕적 형식주의로서 이론적으로 다수의 다른 견해들과 양립 가능하다."75) 다른 한편으로 앨런 햄린(Alan Hamlin)은 불확정성을 하나의 유리한 특성으로 해석한다. 그는 이렇게 말한다. "사회계약론적 과정의 특징은 불확정성이다. 혹자는 그것을 파멸적 취약점으로 간주한다. 그러나 만약 사회계약론적 전략이 일차적으로 규범적 주장들에 관한 여러 대안들을 고찰하는 데 있다면, 이러한 유연성은 주요한 강점으로 볼 수 있다. 사회계약론적 전략은 이상적 정치체제에 대한 단순한 시험을 제공하는 것은 아니고, 그것은 좋은 정치체제를 나쁜 정치체제로부터 구별하는 근본적으로 자유주의적인 방식을 제공한다."76)

우리는 기본적으로 햄린의 견해에 동조한다. 단 그러한 동조는 사회계약론적 윤리학을 초월적인 아르키메데스적 기제가 아니라 초실용주의적인 도덕적 상상력을 통한 작업가설로 재구성한다는 조건 하에서이다. 달리 말하자면, 사회계약론의 불확정성은 어느 것이나 가능하고 어떤 것도 결정될 수 없다는 의미에서 불확정성은 아니다. 하이젠베르크(Werner Karl Heisenberg)의 불확정성 원리(Uncertainty Principle)도 이미 언급한 의미에서의 순전한 불확정성은 아니다. 만약 도덕 및 정치철학에서 하이젠베르크의 불확정성과 확정성 사이의 분기점을 구분하는 플랑크 상수(Planck's constant) 같은 것이 있다면, 그것은 아마도 다음과 같을 것이다.77) 잔악함의 방지에 관한 최소한(그러나 중요한)의 요구, 아우슈비츠 이후의 반파시스트적 삶, 전체주의와 권위주의적 유혹에 대한 자유주의적이고 개인주의적인 동기에 기반한 사회라는 방어물, 고통을 받고 있는 타자들에 대한 자유지상주의적 무관심을 시정하기 위한 동정심으로부터의 요구 등.78)

이러한 견해를 우리가 제2장 2절 3)항에서 살펴본 애로우의 불가능성 정리(the Impossibility Theorem)와 연결시키면, 그것은 또 하나의 불확정성 이론으로서 사회 혹은 공공 선택의 분야에서 가장 많은 논란의 대상이 되고 있다. 그렇지만 많은 경제학자들이 불가능성 정리를 해결할 수 있는 방도로서 사회계약론적 윤리학을 주시하고 있다. 예를 들면, 엘리샤 파즈너(Elisha A. Pazner)와 데이비드 슈미들러(David Schmeidler)는 이렇게 말한다. "애로우에 의해서 개척된 사회적 선택이론에 관련해서 보면, 현재 진행되고 있는 여러 분석으로부터 하나의 해결책으로서 만장일치로 등장하는 사회계약론적 정치체제는 사회계약론적 접근방식이 애로우의 예리한 통찰에 의해서 야기된 난관을 회피할 수 있는 하나의 방도를 제시할 수 있다는 것을 잘 나타내고 있다."79)

자신의 철학에 대한 롤즈의 근래의 재해석과 그에 따른 변경은 사회계약론적 윤리학은 합리적 선택이론이 아닌 다른 이론적 출발점을 가질 수 있다는 것을 말해준다. 그래서 롤즈에게서 사회계약론적 윤리학의 변경은 이미 시작되었다. 그러나 우리는 롤즈가 합리성의 개념과 합리적 선택이론을 완전히 버리지는 않았다는 것에 주목해야 한다. 우리가 제1장과 제2장에서 논의한 것처럼, 그의 후기 입장은 합당성(the reasonable)의 규제 아래이기는 하지만 합리성(the rational)의 개념을 여전히 유지하고 있다. 롤즈는 이렇게 말한다. "합당성은 합리성을 전제하고 종속시킨다."80) 이러한 언명에 대한 이유는 명백한 것으로 롤즈는 다음과 같이 자세히 말한다.81)

"합당성은 합리성을 전제하는데, 왜냐하면 한 집단의 구성원들을 움직이는 선에 대한 개념들이 없이는 사회적 협동뿐만 아니라 권리와 정의의 개념들도 불가능하기 때문이다. 비록 그러한 협동이 선의 개념들이 그 자체만으로 명시하는 것을 벗어나는 가치들을 실현시키기는 하지만 말이다. 합당성은 합리성을 종속시키는데, 왜냐하면 합당성의 원칙들은 추구될 수 있는 최종적 목적들을 제약하고, 특히 칸트적인 교설에서는 합당성의 원칙들은 추구될 수 있는 최종적 목적들을 절대적으로 제약하기 때문이다."

롤즈의 후기 입장에 대해서 많은 호칭이 붙여지고 있다. 예를 들면, 실용주의적 혹은 듀이적, 헤겔적, 포스트모더니스트적, 정치적, 서술적, 혹은 심지어 완전주의자적 입장 등이다.82) 특히 롤즈는 더 이상 도덕철학자이기를 원하지 않으므로 사회계약론적 윤리학을 정치적 자유주의로 변경시키는 롤즈의 후기 입장을 볼 때,83) 고티에에 대한 다음과 같은 질문은 매우 흥미롭다. 고티에는 여전히 모더니티의 언저리를 맴돌고 있는가? 다음 인용절은 핵심적인 관건을 드러내고 있다.84)

" '나는 해결보다는 문제를, 논증보다는 직관을, 체계적인 화합보다는 다원적 불일치를 신뢰해야만 한다고 믿는다. 단순성과 우아함은 한 철학자의 이론이 참이라고 생각할 만한 어떤 이유도 아니다. 그 반대로, 그것들은 통상적으로 그 이론이 틀렸다고 생각하는 근거가 된다.' 그러나 철학은 과학과 그렇게 현저하게 달라야 하는가? 그럼에도 불구하고, 『합의도덕론』의 근원적 견해에 대한 반대 견해를 설명하는 데 더 좋은 설명은 없을 것이다."

위 인용절 중 인용은 포스트모던적 다원주의의 입장을 나타낸다. 고티에는 물론 그러한 입장을 반대하고 윤리학을 하나의 과학으로 만들려고 시도하고 있다. 고티에는 『합의도덕론』의 다른 부분에서, 그리고 근래의 논문에서 포스트모더니즘 단계로 진입한 것과 같은 인상을 준다. 그는 그가 주창하는 개인주의적인 시장적 자아가 무로부터 나온 것(ex nihilo)이라고 생각하지 않는다.85) 이와 관련해서, 고티에는 자신의 합리성에 기반한 도덕이론에 대한 자만심을 버리고 있는 것처럼 보인다. 그는 이렇게 말한다. "비록 나는 인간의 상호 교류의 중대한 영역에서 시장이 선택될 것이라는 데에 추호도 의심하지 않지만, 도덕이론의 형식적 기제는 시장이 진정으로 선택될 것인가, 그리고 어느 정도로 깊숙하게 선택될 것인가 하는 문제에 대해서는 대답하기에 충분하지 않다."86)

만약 롤즈와 고티에가 포스트모던적인 반합리적인 반정초주의적 전환을 한다면, 다음과 같은 질문은 이 책의 결론 부분에서 가장 중요할 것이다. 노후한 사회계약론적인 합리적 정초주의로 말미암아 생성된, 본서의 가장 중요한 배경적 문제인 네 가지의 난관들은 자연히 해소될 수 있는가? 달리 말하면, 포스트모던적 단계에서 본서는 이제 그 사명을 다했으므로 흄의 『인간오성론』에서의 형이상학 책들처럼, 그리고 비트겐슈타인의 『논리철학논고』에서의 사다리처럼 불태워지거나 버려져야 할 것인가? 아마도 그렇지는 않을 것이다. 왜냐하면 본서를 불태우지 않을 여러 좋은 이유들이 여전히 있을 것으로 생각되기 때문이다.

우선적으로 롤즈를 살펴보자. 롤즈는 자신이 근래에 옹호하는 정치적 자유주의가 자유주의의 두 가지 유형들의 딜레마로부터 벗어날 수 있다고 생각하여 정치적 자유주의에 유리한 지위를 부여하고 있다. 그는 다음과 같이 말한다.87)

"나는 내가 정치적 자유주의라고 부르는 것에 대해서 간단하게 해설을 하고 결론을 맺으려고 한다. 우리는 정치적 자유주의가 자유주의의 홉스적인 유형, 즉 잘 고안된 정치체제에 의해서 조정되고 균형이 잡힌 개인적, 집단적 이익의 수렴으로 확보된 잠정협정(modus vivendi)으로서의 자유주의와 칸트와 밀에 의해서 주창된 포괄적인 도덕적 교설에 근거한 자유주의의 유형 사이를 피해 갈 수 있다는 것을 보았다. 그 자체로 볼 때, 전자는 지속적인 사회적 통합을 확보하지 못하며, 후자는 충분한 합의를 이끌어내지 못한다."

이상의 인용절을 볼 때, 롤즈는 칸트를 더 이상 사상적 선구자로 간주하지 않는다. 그러나 롤즈는 많은 학자들로부터 자유주의의 두 유형으로부터 야기되는 딜레마를 피해 갈 수 없다는 비판을 받고 있다. 한편으로, 그의 정치적 자유주의는 철학을 나쁜 의미에서의 정치학의 시녀로 만들고 있다는 비판이 있다.88) 롤즈가 생각하는 정치는 무엇인가? 정치적 자유주의의 소위 다원적 민주주의는 단지 상이한 이익집단들 사이의 균형에 불과한 것이 아닐까? 다른 한편으로, 롤즈의 정치적 자유주의는 여전히 역사적이고 실질적인 자유주의적 가치들을 유지하고 있다는 비판이 있다. 따라서 정치적 자유주의의 중립성은 보장되지 못한다는 것이다.89) 이것은 네 번째 난관이 다시 살아나온 것을 의미한다. 그 난관은 자유주의적인 역사적 문화로부터의 탈출 불가능성으로 야기되는 비중립성이다.

롤즈가 자유주의의 두 유형으로부터 야기되는 딜레마를 피해 갈 수 없다는 다른 관점에서의 비판도 제기되고 있다.90) 홉스적 잠정협정적 자유주의를 주장하는 고티에는 롤즈의 정치적 자유주의의 공적 이성의 기본적 개념을 수용하면서도 그것을 진정으로 활용하기 위해서는 보다 중립적인 합리성(the rational)의 개념에 의거하여 진행되는 사회 구성원들 사이의 완전한 지식을 가진 합리적 협상적 계약이 더 타당하다고 주장한다.91) 즉 우리는 실질적인 가치관들 사이의 달성할 수 없는 합의를 추구할 것이 아니라, 경제적 합리성에 기초한 상호 이익의 성취에 대한 합의를 추구해야 한다는 것이다. 로널드 드워킨(Ronald Dworkin), 조지 캐테브(George Kateb), 조셉 라즈(Joseph Raz), 윌리엄 갤스턴(William Galston) 등을 위시한 포괄적 자유주의자들은 정치적 자유주의가 잠정협정적 자유주의를 벗어나기 위해서는 결국 포괄적 자유주의에 의존할 수밖에 없음을 지적하고 자유주의적 가치관을 철학적 정초나 완전주의적 가치로 수용하여 그 가치의 우월성을 주장하는 것만이 정치적 자유주의가 꿈꾸는 사회상을 실현할 수 있다고 주장한다.92) 그래서 롤즈는 『정치적 자유주의』에서 자신의 정치적 정의관이 처한 딜레마적 상황에 대해서 매우 심각하게 인식하고 그것에 관련된 반론들을 신중하게 답변하고 있다.93)

롤즈는 정초주의적인 정당화의 기제로서의 합리적 선택이론을 버렸기 때문에, 다른 방법론적 기제, 즉 도덕원칙들과 숙고적 도덕판단들 사이의 "반성적 평형상태(reflective equilibrium)"가 관심의 초점이 되었다. "이러한 상태를 나는 반성적 평형상태라고 부른다. 그것이 평형인 것은 최종적으로 우리의 원칙들과 판단들이 서로 상응하기 때문이며, 그것이 반성적인 것은 우리의 판단들이 따를 원칙들이 무엇이며 판단들이 도출될 전제조건이 무엇인가를 우리가 알고 있기 때문이다."[94] 노먼 다니엘스(Norman Daniels), 카이 닐슨(Kai Nielsen), 리처드 로티(Richard Rorty) 등은 원래의 그 기제를 협소한 반성적 평형상태(the narrow reflective equilibrium)로 해석하고, 광역적인 반성적 평형상태(the wide reflective equilibrium)로 발전시켰다. 다니엘스는 광역적인 반성적 평형상태를 롤즈적 결론을 유지하기 위한 것으로 사용한다. 닐슨은 그것을 급진적 평등주의를 위한 기제로 사용하며, 또한 흥미롭게도 그는 그것을 해석학적 순환으로 해명한다. 우리가 텍스트를 해석할 때 부분과 전체 사이에 어떤 순환이 있는 것처럼,[95] 우리 각자의 특수한 도덕판단들은 보편적인 도덕원칙들과 서로 조정되어 어떤 반성적 평형상태에 있게 된다는 것이다. 로티는 그것을 그의 포스트모던적 부르주아 자유주의를 위한 신념 혹은 연대성의 망으로 사용한다.[96] 그러나 한스-게오르크 가다머(Hans-Georg Gadamer)는 해석학적 순환에는 유리(遊離)와 관여, 그리고 초월과 내재 사이의 딜레마적 상황이 있다고 평가한다.[97] 말할 필요도 없이, 마르틴 하이데거(Martin Heidegger)의 나치즘과의 연루에 대한 근래의 소동은, 그가 『존재와 시간』에서 악순환으로 빠지지 않을 것을 확신했지만, 해석학적 순환을 악순환으로 빠지지 않게끔 유지하는 것이 얼마나 어려운가를 잘 보여주고 있다.[98]

그렇다면 고티에의 입장은 무엇인가? 고티에는 롤즈가 자신의 철학적 정체성에 대한 근래의 변경으로도 사회계약론적 딜레마를 회피할 수 없다고 비판하고 있다. 고티에는 조지 그랜트(George Grant)의 두 책, 『영어권의 정의』와 『기술과 정의』를 서평하면서 롤즈의 딜레마적 상황

을 다음과 같이 명백하게 지적하고 있다.[99]

"그랜트는 롤즈를 딜레마의 두 뿔 사이에 봉착시키는 것 같다. 그는 롤즈가 자기 이익에 대한 일반적 계산으로 정의를 도출할 수 있다고 주장하는 것으로 해석한다. 이러한 해석에 따르면, 롤즈는 자기 이익에 기반한 계산자(計算者)들의 합리적 합의를 정초로서 간주한다. 그러나 그랜트가 강력히 주장한 것처럼, 그러한 정초는 자유와 평등을 보장하는 상부 구조를 산출하지 못한다. 롤즈는 이러한 정초적 해석을 거부한다. 따라서 자기 이익에 기반한 계산자들의 합리적 합의는 자유롭고 동등한 사람들 사이의 협동에 관한 공정한 체계라는 직관적 견해에 종속된다. 그러나 이러한 견해는 롤즈가 명백히 거부하고 있는 실질적 가치에 의한 이 세계의 지나간 이해의 잔재라고밖에 볼 수 없다."

그렇다면 고티에는 사회계약론적 윤리학의 딜레마를 해결할 수 있는가? 아마도 그렇지는 않을 것이다. 그의 근래의 입장은 단지 합리적 선택이론의 한계를 인정했을 뿐이다. 그는 아직도 홉스적인 자기 이익과 로크적인 자연권 사이에서 딜레마에 봉착해 있다. 그렇다면 이 시점에서, 우리는 사회계약론적 자유주의 윤리학의 종언을 선언해야 하는가?

종언을 선언하기 이전에 우리는 간략하게나마 사회계약론적 자유주의 윤리학의 주요한 대안들의 상황을 살펴보기로 하자. 자유지상주의와 공리주의의 경우는 사회계약론적 윤리학과 상황이 비슷하다고 생각할 수 있다. 우리가 제3장과 제4장에서 넓은 의미에서의 자유주의적 합리성에 관한 논쟁을 다루면서 살펴본 것처럼 말이다. 그렇다면 마르크스와 맥퍼슨은 어떠한가? 우리가 본서 제4장 2절 3)항에서 논의한 것처럼, 그들의 입장도 사회계약론적 윤리학의 딜레마의 두 번째 뿔에 걸리고 만다는 것을 파악하였다. 즉 그들의 입장은 평등에 대한 사전적 도입이므로 도덕성에 대한 선결문제 요구의 오류일 뿐만 아니라 순환성의 문제인 두 번째 뿔에 걸리고 만다. 또한 그들의 입장은 도덕적이기는 하지만 효율성의 관점에서 비효율적이고 불합리하다는 관점에서 또다시 두 번째 뿔에 걸리고 만다.

그렇다면 공동체주의는 사회계약론적 윤리학의 딜레마를 해결할 수 있는가? 아마도 아닐 것이다. 만약 공동체주의자들이, 공동체주의자로 도 분류되기도 하는 로베르토 웅거(Roberto Unger)의 공동체주의 정치 학의 딜레마를 본다면, 아마도 탄식을 금치 못할 것이다.100)

표 8. 공동체주의 정치학의 딜레마

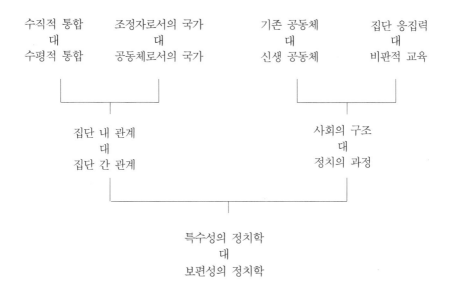

공동체주의 정치학의 딜레마는 우선 (1) "수직적 통합 대 수평적 통 합"의 딜레마이다.101) 다양한 공동체들이 존재했을 때 공동체주의는 위 계질서를 가진 공동체들의 수직적 통합을 우선으로 하는가, 아니면 동 등한 지위를 가진 다원적 공동체들의 수평적 통합을 중시하는가의 문제 가 발생한다. 그 다음은 (2) "조정자로서의 국가 대 공동체로서의 국가" 의 딜레마가 발생한다. 공동체주의는 국가를 모든 하위 공동체들을 조정하고 통괄하는 것으로 보는가, 아니면 국가도 하나의 공동체 혹은 이익공동체의 하나로 보는가의 문제가 발생한다. 그 다음으로 (3) "기존 공동체 대 신생 공동체"의 문제가 발생한다. 만약 기존 공동체와 신생 공동체가 다양한 이유로, 예를 들면 쓰레기장 등 혐오시설 설치, 철도와 버스 등 교통 노선, 과세 문제, 공립학교의 종교적 오리엔테이션에 관련된 문제 등으로 갈등한다면 공동체주의는 누구의 편을 들어야 할 것인가?

그 다음은 공동체주의에 관련해서 가장 중요한 비판인 (4) "집단 응집력 대 비판적 교육"의 문제가 발생한다. 공동체주의는 집단 응집력을 우선시하지만, 그것은 공동체를 비판적으로 보는 능력을 저하시킨다고 할 수 있다. (1)번 딜레마와 (2)번 딜레마를 종합해보면, (5) "집단 내 관계와 집단 간 관계"의 딜레마가 발생한다. 공동체주의는 기본적으로 집단 내 관계를 중시하고 있지만 이러한 태도는 다른 집단에 대한 배타성을 키울 가능성이 농후하다. (3)번 딜레마와 (4)번 딜레마를 종합해보면 (6) "사회의 구조 대 정치의 과정"의 딜레마가 발생한다. 공동체주의는 공동체 사회의 구조기능주의적 측면을 통해 갈등이 자동적으로 해결되는 것으로 가정하지만, 실제적으로 보면 다양한 이익집단 혹은 이익공동체들의 정치적 타협과 합의의 과정에 의거하는 것이 그 진상이다.102)

이상의 여섯 가지의 딜레마를 종합한 것이 (7) "특수성의 정치학 대 보편성의 정치학"이다. 공동체주의는 한 공동체를 기점(基點)으로 정하는 순간 그것은 타 공동체들과 상위 공동체에 대해서 특수성을 갖게 된다. 그러나 기점적 공동체는 내부적으로 볼 때 그것에 속해 있는 하위 공동체들과 집단들과 개인들에 대해서는 보편성을 가지게 된다. 그래서 공동체주의는 특수성의 정치학과 보편성의 정치학을 동시에 진작시켜야 하는 의무를 갖는다. 웅거 자신의 해결책은 초월적 내재자로서의 숨어 계시는 신(*Deus absconditus*)에 의지하는 것이다. 숨어 계시는 신은 중대한 역사적 상황에서의 구원을 위해 섭리에 의해서 스스로를 계시하시는 신(*Deus revelatus*)이기도 하다.103) 이것은 하나의 "데우스 엑스

마키나(*Deus ex machina*)"이다.104) 즉 신에게 귀의하여 딜레마로 점철된 공동체주의의 절망적인 상황을 타개하려는 것이다.

그렇다면 공동체주의자들은 사회계약론적 딜레마와 트라일레마에 대해서 어떤 할 말이 있는가? 알래스데어 매킨타이어(Alasdair MacIntyre)는 아마도 합리적 정초주의의 불가능성은 여러 유형의 합리적 정초주의들 사이의 불확정성으로부터 온다고 주장할 것이다. 그는 이것을 "그들의 [자유주의의 계몽주의적] 기획이 그들의 구체적 주장들과 결론들을 검토해보기도 전에 실패했다는 명백하고도 강력한 증거로 간주하고 있다."105) 심지어 검토해보기도 전에! 매킨타이어에 의하면 본서는 헛수고라고 할 수밖에 없다. 그렇다면 때로 공동체주의자로 간주되고 있지만 포스트모던적 부르주아 자유주의자인 리처드 로티가 다양한 공동체주의 유형들 사이의 불확정성이 심각하다고 주장한 것을 살펴보자.106)

"『지식과 정치』에서 웅거는 숨어 계시는 신(*Deus absconditus*)에 의존하는 것으로 대단원의 막을 내린다. 『덕 이후』에서 매킨타이어는 우리는 고도(Godot)를 기다리는 것이 아니라 다른─ 의심할 바 없이 매우 다른─ 성 베네딕트(St. Benedict)를 기다리고 있다고 말하면서 책을 끝맺는다. 그의 책[『자유주의와 정의의 한계(*Liberalism and the Limit of Justice*)』] 말미에서 샌델은 자유주의가 '정치가 잘되어갈 때 우리가 혼자서는 알 수 없는 공동선을 알 수 있는 가능성을 망각하고 있다'고 주장하지만, 그러한 공동선이 무엇인지에 대해서는 하나의 후보조차 제시하지 않고 있다."

매킨타이어는 이러한 비판에 대해서 그의 저서 『누구의 정의인가? 누구의 합리성인가?(*Whose Justice? Which Rationality?*)』에서 답변하고 있다. 그러나 그는 왜, 어떻게 그의 공동체주의 유형이 도덕적, 합리적, 혹은 어떤 다른 정당화의 기제에 의해서 유일무이하게 선택되는지를 명백하게 입증하지 못하고 있다. 이것은 그가 자신의 공동체주의적 기획이 순환성과 불확정성 속에 있음을 인정하는 것을 보면 알 수 있다. 그는 이렇게 말한다.107)

"합리성의 특성에 대한 근본적인 불일치는 해결하기가 매우 어렵다. 왜냐하면 논란의 여지가 많은 질문들을 다루게 될 때 이미 애초부터 다른 방식이 아니고 이 방식으로 문제에 접근하고 탐구를 진행하므로 그러한 방식으로 탐구를 진행하는 사람들은 그러한 독특한 방식과 절차를 따르는 것이 합리적이라는 것을 가정해야만 하기 때문이다. 어느 정도의 순환성은 제거할 수 없는 것이다."

그렇다면, 여러 유형의 반정초주의들, 즉 포스트모더니즘, 해체론, 해석학, 포스트구조주의, 그리고 그들에 상응하는 비판이론들의 경우는 어떠한가? 스탠리 로슨(Stanley Rosen)이 정확하게 지적하듯이, "모든 해석학적 강령은 그 자체로 하나의 정치적 선언, 혹은 정치적 선언으로부터 도출되는 부수적 결론에 불과하다."108) 에번 심프슨(Evan Simpson)은 반정초주의의 다양한 선언들을 생생하게 잘 지적하고 있다.109)

"이러한 견해에 따르면, 도덕적 확신들은 본질적으로 자기민족중심주의이며, 도덕철학의 보편적 열망을 달성하기보다는 오히려 지방적 공동체의 전통들을 표출한다. 반합리주의에서 그러한 견해는 혁명적인 낙관주의를 거부하고, 알래스데어 매킨타이어(Alasdair MacIntyre)의 신아리스토텔레스주의, 로저 스크루턴(Roger Scruton)의 토리주의(Toryism), 리처드 로티(Richard Rorty)의 휘그주의적(Whiggish)이고 포스트모던적인 자유주의, 그리고 마이클 월저(Michael Walzer)의 공동체주의적 사회주의라는 일련의 입장들을 수용한다. 이러한 복잡다단한 정치적 다양성의 경계는 아마도 매우 느슨할 것이다."

그러나 합리주의적 전통을 수용하는 하버마스는 푸코, 데리다, 로티를 신보수주의자라고 비판한다.110) 그러나 캐롤 굴드(Carol C. Gould)는 하버마스의 담론 윤리학(communicative ethics)도 순환성의 문제에 봉착한다고 주장한다. 그 이유는 초월적 상호주체성이 발현되는 왜곡되지 않은 담론 절차는 이미 평등과 해방이라는 도덕적 합의를 전제하고 있는데, 그러한 합의는 결론으로서 증명되어야 하기 때문이라는 것이다.111)

그렇다면 우리는 여기서 사회계약론적 윤리학의 종언은 시기상조라는 것을 주장하기 위해 자유주의와 합리주의, 그리고 사회계약론을 비판하는 여러 입장들도 사회계약론적 윤리학의 딜레마와 난관들을 해결할 수 없다는 피장파장(you too, *tu quoque*) 논증을 전가의 보도처럼 휘두르고 있는 셈인가? 아니면 우리는 여기서 모든 종류의 철학을 전부 내버리고 있는가? 아니면 우리는 여기서 무의미하고 연관되지 않은 딜레마들과 불확정성들을 열거하고만 있는가? 우리는 원래 사회계약론적 자유주의 윤리학이 합리적 정초주의를 버린다면, 네 가지의 난관들이 해소될 것이라고 생각했다. 이러한 생각은 존 그레이에 의해서 잘 예증되고 있다. 그는 다음과 같이 말한다. "정치적 [회의주의자] 퓌론주의자(Pyrrhonist)에게는, 자유주의자들과 대조적으로, 보편적인 정치적 딜레마들도 없고, 보편적인 해결책도 없다."112) 우리는 보편적인 해결책이 없다는 점에서 그레이에 동의할 수 있다.

그러나 보편적인 딜레마와 트라일레마가 존재한다는 것은 사실이 아닌가? 우리가 본서 제3장 1절에서 본 것처럼, 도처에 존재하는 딜레마들 때문에 홉스는 아리스토텔레스적인 최고선(*summum bonum*)을 버리고, 죽음과 사회적 불안정성에 대한 홉스적 공포인 최고악(*summun malum*)의 교설에 의존한 것이 사실이 아닌가?113) 동일한 사례로서, 코미디는 문화 간 통역과 해석이 필요하지만, 비극은 그렇지 않고 직각적으로 이해할 수 있음은 상식이 아닌가?

현대 철학의 이러한 광범위하고도 거대한 대혼란은 어떻게 설명될 수 있는가? 많은 학자들은 다양한 다원주의적 방법론들 때문이라고 설명하고 있지만, 아마도 하나의 거대한 무질서 때문이 아닌가 생각된다. 혹자들은, 특히 폴 파이어아벤트(Paul Feyeraband)는 거대한 무질서가 아무 문제없는 것으로 생각한다.114) 그러나 규범적인 도덕 및 정치철학 분야에서는 꼭 그렇다고 볼 수 없을 것이다. 행위를 규제하는 공통 가치나 도덕 기준이 없는 혼돈 상태인 아노미(anomie)는 사회적 규범의 경우 용인될 수 없는 것이다. 많은 학자들은, 특히 토머스 쿤(Thomas Kuhn)은 과학적 변동에 대한 불연속적인 견해를 취하면서 과학적 패러다임(paradigm) 사이의 불가통약성(incommensurability)을 말하고 있다.115) 그러나 사회계약론적 자유주의 윤리학의 딜레마와 트라일레마에 대한 사회계약론의 내부적 인식과 여러 다른 이론들로부터의 비판들은 통약적인 것들이 아닌가? 현시점에서, 우리는 폴 리쾨르(Paul Ricoeur)의 주제, "철학적 시스템들의 불합리성과 다원성"에 대해서 심각하게 논의해야만 할 것이다.116)

사회계약론적 윤리학으로 돌아가 방금 전 언급했던 존 그레이 문제가 해결될 수 있는지 살펴보자. 롤즈와 고티에가 흄적인 자연적, 사회적 자원이 희소하고 자기 이익만을 추구하는 상호 무관심한 정의의 여건을 수용할 때, 그들이 그것을 네 가지의 난관들을 발생시키는 인류의 영구적 조건으로 간주한 것은 옳다고 생각된다. 만약 우리가 영구적이라는 표현에 거부감을 느낀다면, 그것은 적어도 근대적인 조건은 아닐까?117) 만약에 이것이 사실이라면, 여러 유형의 포스트모더니즘은 공상적인 것일지 모른다. 아마도 하버마스가 근대성은 아직 미완의 과제라고 주장한 것을 옳다고 할 수 있다.118)

우리는 존 던(John Dunn)의 다음과 같은 통찰이 아주 시사적이라고 생각한다. 그는 이렇게 주장한다. "근대성에 대한 자기의식은 실제로는 역사적 곤경이 아니고, 단지 인간의 본성과 그러한 본성 위에 세워진 인간사회에 내재한 한 조건에 대한 역사적 의식에 불과하다."119) 그렇다면 우리는 인간의 본성과 인간사회에 대한 정초주의를 다시 불러와야 할 것인가? 그러나 이것은 반정초주의의 소용돌이 속에서 너무 지나친 반동주의일 것이다.

사회계약론적 윤리학의 딜레마에 대해서 숙고해볼 때, 우리는 그 딜레마에 봉착하여 진퇴양난의 처지에 빠졌다는 것을 느낀다. 아마도 가장 좋은 방책은 롤즈의 인도를 따르는 것처럼 보인다. 그는 그의 논문, 「공정성으로서의 정의: 형이상학적이 아닌 정치적인(Justice as Fairness: Political not Metaphysical)」에서 이렇게 주장한다.120)

"나는 현재 정치철학의 과제라고 생각되는 것에 대해서 논의한 뒤, 공정성으로서의 정의가 기반하고 있는 기본적인 직관적 관념들이 어떻게 입헌민주주의를 위한 정치적 정의관으로 결합하게 되는가를 간략하게 고찰할 것이다. 이러한 고찰은 그러한 정치적 정의관이 어떻게, 그리고 왜 철학적, 형이상학적 교설들을 회피하게 만드는가를 밝혀줄 것이다. 간략하게 고찰하면, 기본적 생각은 입헌민주주의에서 공적 정의관이 가능하면 논란의 여지가 많은 철학적, 종교적 교설들로부터 독립되어야 한다는 것이다. 그러한 정의관을 구성하기 위해서 **우리는 철학 자체에 관용의 원칙을 적용한다.** 공적 정의관은 정치적이어야만 하며 형이상학적이어서는 안 된다. 이것이 바로 이 논문의 제목이 의미하는 것이다."

롤즈는 여기서 철학 자체에 관용의 원칙을 적용함으로써 사회계약론의 난관들에 대한 철학적 원인들을 알 필요도 없고 또한 철학적 해결을 기대해서도 안 된다고 주장하는 것처럼 보인다. 우리에게 필요한 것은 오직 임시변통적인(ad hoc) 정치적 치유 방도뿐이다. 이것은 "말할 수 없는 것은 침묵하라"는 비트겐슈타인의 언명처럼 들린다. 롤즈는 이제 철학의 종언을 말하고 있는가? 저자를 포함한 철학자들은 철학에 대한 자기지시적 관용을 수용하기가 매우 어려울 것이다. 철학 자체에 관용의 원칙을 적용한다는 것은 무슨 말인가? 그것은 정치적 정의관이 포괄적 철학설로부터 독립해야 한다는 것이며, 어떠한 철학설도 용인된다는 것이며, 또한 철학설들 사이의 논쟁에서 그 진위와 최종 판정을 가릴 필요도, 가릴 가능성도 없다는 것을 의미한다. 또한 롤즈는 "따라서 공정성으로서의 정의는 철학적으로 말하면, 의도적으로 표피에 머무른다"고 주장한다. 철학은 고대 이래로 가장 심원하고 심층적인 학문으로 알려져왔으나 이제 표피에 머무르는 피상적인 학문으로 전락하고 만 것인가? 그의『정의론』맨 마지막 문장에서 롤즈는 철학자들에게 다음과 같은 메시지를 전하지 않았던가. "만일 우리가 마음의 순수성을 지닐 수만 있다면, 분명한 이해를 가지고 그와 같은 [아르키메데스적] 관점에서 오는 도덕감과 자제력으로 행위하게 될 것이다." 정치적 정의관에서는 이제 그와 같은 관점과 마음의 순수성은 사라져버린 것인가?

그렇다면 고티에는 철학자들에게 어떤 메시지를 전하였던가? 그의『합의도덕론』말미에 고티에는 다음과 같이 말한다. "자기 자신에 대한 지배력을 가진 사람은 역시 환경과 자연, 그리고 의지박약하고 신뢰하지 못할 존재들에 대한 지배력도 가지게 될 것이다. 그리고 자기 자신에 대한 이러한 지배력이 표현될 때는, 공동체에 대한 필요를 인식하여 개인적 인간이, 여성들과 남성들 가운데 하나의 여성과 남성으로서, 합의도덕론을 포용할 때이다."121) 철학의 종언이 언급되고 있는 우리 시대에서 고티에는 "우리는 더 행복한 결말을 희망하며, 또한 우리는 순전히 합리적 제약들에 근거하고 있는 사회가 허용하는 자유로운 정서를 향유하고 있는 자유주의적 개인에 대한 고찰과 함께 우리의 연구를 결말짓게 될 것이다."122) 그러나 고티에는 여성들의 동의 없이는 사회계약론적 사회에서 행복한 결말을 기대할 수 없다는 것을 알 것이다. 고티에는 페미니스트들이 롤즈의 사회계약론적 정의관에 대해서 전개한 여러 비판들이 자기에게도 적용 가능하다는 것을 모르지는 않을 것이다. 우리는 본서 제4장 2절 3)항에서 고티에의 사회계약론적 입장과 페미니

즘의 관계에 대해서 논한 바 있다.123)

그러나 우리는 언제 어느 정도 더 행복한 결말을 갖게 될 것인가? 또 다른 천 년인가? 얼마나 더 자유주의적 개인들의 도덕적 삶을 향한 오디세이는 계속되어야 하는가? 두꺼운 무지의 장막이 없다면, 그들은 도덕성을 창출하거나 도덕성에 합의할 수 있을 것인가? 그들은 자신들을 아직도 로빈슨 크루소처럼 난파를 당해 자급자족하며 혼자 사는 사람으로 여기는가? 그들에게는 효용과 평등 사이에서 자아분열된 자신들을 치유할 수 있는 항해 지도가 있는가? 보수주의적 자본주의인가, 아니면 자유주의적 사회주의인가? 자율인가, 아니면 통제인가? 자유인가, 아니면 평등인가? 재산권인가, 아니면 복지권인가? 자유주의인가, 아니면 민주주의인가? 성장인가, 아니면 분배인가? 방종인가, 아니면 시기인가? 소비인가, 아니면 저축인가? 그들은 합리성과 도덕성의 딜레마, 즉 스킬라(Scylla)와 카리브디스(Charybdis) 사이를 피해 갈 수 있을 만큼 이지적이면서도 용감한가? 그들은 타협을 위한 "거대한 교환(the big trade-off)"을 실제적이고 영구적인 해법으로 생각하고 있는 것은 아닌가? 그들은 "모순과 함께 살아가기", 그리고 "자본주의의 문화적 모순들"을 묵인하는 것은 아닌가?124)

이상과 같은 딜레마들과 문제들은 우리 시대의 징표들에 대해서 심사숙고할 때 우리에게 압박을 가해오는 것들이다. 자유주의적 개인들은 이상과 같은 딜레마와 문제들을 이해하고 답변할 수 있는 역량을 가지고 있는가? 그들은 사회계약론적 윤리학을 추상적인 자연적 인간의 상상이 아니라, 실용주의적인 사회적 상상 혹은 사고 실험(thought experiment)으로 간주하고, 그것을 필요로 하고 있는가?

우리는 사회계약론적 자유주의 윤리학의 미래 과제, 그리고 사회계약론적 자유주의 윤리학을 반대하는 여러 유형의 윤리학들의 미래 과제도 공히 본서가 주제적으로 다루었던 네 가지의 난관들과 합리적 선택이론에서 합리성의 역설로 간주되는 수인의 딜레마와 무임승차자의 문제를 보다 명확하게 규명하고, 그 해결책을 찾는 것이라고 결론을 내린다. 특히 개인 간, 단체 간, 사회 간, 혹은 국가 간에 수인의 딜레마 구조, 즉 비협동적, 비영합적 게임(noncooperative, nonzero-sum game) 구조를 가지는 문제들, 예를 들면, 무임승차자들, 기생하는 자들, 반목적 사회들, 기술적 혹은 경제적 제국주의와 상호 멸망 게임, 즉 핵무기들, 환경 파괴, 자원의 고갈 등의 문제들 해결하는 데 우리 인류의 역량을 총집결해야 할 것이다.

아마도 우리 인류의 미래는 이상과 같은 여러 문제들을 어떻게 처리할 수 있는가의 여부에 달려 있을 것이다. 현시점에서 우리는 일련의 의미심장한 질문을 제기할 수 있을 것이다. 예를 들면, "[사회계약론적] 도덕철학은 잘못에 의거하고 있는가?" "자유주의는 잘못에 의거하고 있는가?"라는 질문이다.125) 그리고 "사회계약론적 자유주의는 어떻게 수정될 수 있는가?"라는 질문이다.126) 우리가 논의한 것처럼, 비록 롤즈와 고티에는 그들의 이론적 실수와 한계를 인정하고 있기는 하지만, 모든 비난이 그들에게만 돌아갈 수는 없다. 사회계약론적 자유주의 윤리학의 실패는 우리가 지금 가지고 있는 규범성과 합리성에 대한 난관들의 딜레마와 트라일레마의 심도가 얼마나 큰가에 관련한 면밀한 이해를 새롭게 하게 만든다. 더 나아가서 우리는 사회계약론적 자유주의 윤리학이 결자해지의 관점에서, 방법론적 측면에서나 실질적 측면에서나 모두 더 큰 타당성과 호소력을 가질 수 있도록 변경될 수 있기를 기대할 수 있을 것이다. 사회계약론적 자유주의 윤리학은 근대에서 발생한 윤리학이므로 근대와 현대의 여러 규범적, 합리적 성취들과 아울러 난관들에 대한 유일무이하고도 참된 대변자라고 말할 수 있을 것이다. 사회계약론적 자유주의 윤리학이 어떻게 변경될 수 있는가 하는 문제는 여전히, 그리고 앞으로도 서양 현대 윤리학에서 초미의 관심사라 아니 할 수 없을 것이다.

부 록

제 1 장

호모 에코노미쿠스 생살부

1. 프롤로그: 왜 호모 에코노미쿠스가 문제인가?

1) 현대사회와 인간의 위기: 호모 에코노미쿠스 소묘

세기말(fin de siècle)적 현상으로 다양한 위기론과 종말론이 등장하는 것은 인류의 오랜 정신적 관행이다. 금세기 말에 등장한 여러 가지 위기론과 종말론도 기본적으로 "인간이 인간 스스로에 대해서 역사상 어느 시대보다 가장 문제가 된다"는 비장한 자각을 일깨워준다.[1] 현재 서구 학계에서 호모 에코노미쿠스(*homo economicus*)를 둘러싸고 전개되고 있는 일련의 논쟁들은 초미의 관심사로서 이러한 자각을 더욱 절실하게 해준다. 한편으로는 호모 에코노미쿠스의 종언이 선언되고, 다른 한편으로는 호모 에코노미쿠스에 대한 사망선고는 어불성설이라고 강변된다.[2] 호모 에코노미쿠스는 경제인간(economic man), 경제성 추구자(economizer), 합리적 경제인간(rational economic man)을 지칭한다. 그것은 인간의 경제적 본성을 도구적 혹은 수단적 합리성(instrumental rationality)을 통해서 "최소비용 최대효과의 경제원칙"으로 정식화한 하나의 일반적 모형이다.3) 신고전학파 경제학자 제본스(William S. Jevons)에 의하면 "우리의 욕구를 최소의 노력을 통해 최대로 만족시키는 것 … 즉 … 쾌락을 극대화하는 것이 경제학의 문제이다."4) 따라서 호모 에코노미쿠스는 경제학의 어원이 그리스 시대의 "가계의 법(oikos-nomos)"을 지칭하는 것으로 보아 태초부터 인간의 경제생활사 전반에 흐르는 하나의 일반적 모형이라고 생각될 수 있다.5)

그러나 호모 에코노미쿠스는 엄밀하게 볼 때 근대적인 계몽주의적 인간관의 하나이다.6) 호모 에코노미쿠스의 연원은 멀리는 15-16세기 서구에서 시장경제가 태동할 때와 자연권 사상과 사회계약론의 발흥과 맥을 같이하지만, 보다 구체적으로 아담 스미스(Adam Smith)의 고전주의 경제학에서 학문적으로 규정된 이후, 산업혁명을 통한 자본주의의 성공을 통해서 확고하게 자리 잡게 되었고, 최종적으로 신고전학파 경제학(neo-classical economics)에서 수학적으로 정식화되었고, 주류경제학(main-stream economics)을 위시한 현대 경제학에서 널리 수용되고 있다. 즉 "경제학은 합리적 인간의 전제에 기초해 있다."7) 요약하면, 호모 에코노미쿠스는 주어진 예산의 범위 내에서 일관된 선호를 통해서 가능한 대안들과 그 결과들에 대한 완전한 정보와 완벽한 계산적 능력을 가지고, 효용(utility) 혹은 자기 이익(self-interest)의 극대화(maximization)를 합리적으로 추구하는 경제주체이다.8) 이러한 호모 에코노미쿠스들이 자유시장에서 자신들의 이익을 극대화하는 방식으로 재화와 용역을 서로 교환하면, 모든 사람들은 자신들이 원하는 것을 충족하는 효율적이고도 번영하는 사회를 창출할 수 있다는 것이다. 이것은 다른 어떤 형태의 사회경제체제 아래에서 보장하는 것보다 더 많은 사람들에게 자신들의 욕구를 충족시켜줄 수 있다는 것이다.9) 그리고 이러한 물질적 번영은 결국 보편적 교육과 다원주의적 가치와 개인적 시민의식의 향상을 통해 민주적 정치질서를 정착시키고, 종국적으로는 고도의 삶의 질과

문화적 수준을 향유할 수 있게 한다는 것이다.10)

2) 호모 에코노미쿠스의 영고성쇠

이러한 호모 에코노미쿠스의 합리성 모형은 20세기 후반부터 합리적 선택이론(rational choice theory)으로 정교화가 이룩된다. 이제 호모 에코노미쿠스에 기반한 합리적 선택이론은 경제학의 영역을 넘어서 결혼과 범죄라는 일상적 개인사로부터 철학, 심리학, 정치학, 사회학, 문화인류학 등 인문사회과학뿐만 아니라, (심지어는 쥐와 비둘기의 행동과 자연세계에까지도 적용되어) 엄밀한 자연과학으로 자부하는 사회생물학에까지도 적용되어 인간과 동물의 합리적 행동에 대한 보편적인 방법론으로 자리 잡기에 이르렀다. 그리고 도저히 호모 에코노미쿠스적 발상이 적용될 것 같지 않았던 종교, 민권운동과 혁명에의 참여, 그리고 (분석적 마르크시즘 혹은 합리적 선택 마르크시즘을 통해) 마르크시즘의 영역에까지 적용되기에 이르렀다. 이러한 현상은 가히 경제학적 제국주의(economic imperialism)라고 할 만하다.11) 또한 경제학은 호모 에코노미쿠스의 합리적 행동을 수학적으로 정식화함으로써 엄밀한 가치중립적 실증과학일 뿐만 아니라 실증과학적 결론을 통해 사회정책 전반에 대한 처방을 주도하는 규범과학이기도 하며, 유용성의 사회철학을 가장 잘 구현하는 "사회과학의 여왕" 자리를 유지해왔다. 따라서 호모 에코노미쿠스에 기반한 경제학과 합리적 선택이론은 인간의 개인적, 집단적 합리적 행동에 대한 간결하면서도 엄밀한 서술적, 예측적 설명력(des-criptive and predictive explanatory power)과 아울러 처방적 규범성(prescriptive normativity)을 제시하는 호소력 있는 이론으로 인정되어 왔다.12) 이러한 현상을 전반적으로 목도할 때 가히 호모 에코노미쿠스는 "보편적인 인류(a universal homo sapiens)"가 된 느낌이다.13) 더 나아가서 호모 에코노미쿠스는 소비에트 연방의 해체와 동구 공산권의 몰락 이후 정치경제에 대한 이데올로기적 투쟁이 종식된 "역사의 종언" 시대에서 "최후의 인간"으로 등장한 것처럼 보인다.14)

그러나 시장경제가 작동하고 자본주의가 발달하기 시작한 이래로, 호모 에코노미쿠스에 대한 비판은 지금까지 반복적으로 계속되어왔다. 호모 에코노미쿠스는 그 태동 시기부터 잇속만 밝히는 추악한 경제동물 (economic animal)로 낙인이 찍혀, 아직 인간으로 승화하기에는 턱없이 부족한 동물적 이기적 본능으로 점철된 비인간성의 전형으로 매도되었다. 따라서 경제학은 칼라일(Thomas Carlyle)의 지적처럼 골방에서 돈이나 세고 있는 쩨쩨한 인간을 다루는 "음울한 학문(dismal science)"이고, 또한 스키토프스키(Tibor Scitovsky)의 지적처럼 만족할 줄 모르고 끊임없이 새로운 욕망 대상을 찾아가는 소비광을 다루는 "향유 불능의 과학(joyless science)"일 뿐이며, 더 나아가서 러스킨(John Ruskin)의 독설처럼 배금주의와 황금만능주의에 물든 "인간 영혼의 가장 저주받은 측면(entirely damned state of soul)"을 다루고 있다고 비판받는다.15) 호모 에코노미쿠스의 철학적 근원이 되는 벤담의 공리주의는 일찍이 "돼지의 철학(philosophy of swine)"으로 매도되었고, 니체도 『권력에의 의지』에서 공리주의적 호모 에코노미쿠스를 조롱하면서 오직 영국의 소상인들만이 이익과 쾌락을 추구한다고 냉소를 보냈다.16) 이제 호모 에코노미쿠스는 그가 활동하는 자유시장이 인간의 경제욕구를 충족시키기 위해서 끊임없는 성장을 주도하여 재생할 수 없는 자원을 낭비하므로 환경위기를 초래하는 주범으로 죽어야 마땅한 인간으로 매도되는 결정타를 당한다.17) 사실 호모 에코노미쿠스가 주목을 받는 것은 특별할 것도 없다. 경제학에서나 경영학에서 "자동차를 만드는 것보다 파는 일이 더 어렵게 되었을 때에야 비로소 인간 자체가 인간에게 과학의 대상이 된 것뿐이다."18)

3) 호모 에코노미쿠스 논쟁의 현대적 전개

호모 에코노미쿠스를 둘러싼 최근의 논란들은 이러한 유서 깊은 도덕적 비탄과 심리학적 왜곡성과 현실적 필요성을 반영하면서도 주로 방법론적 문제를 통해서 전개된다.[19] 호모 에코노미쿠스의 모형에 기반한 합리적 선택이론은 그 본유의 영역인 경제 영역에서도 타당한 것이 아닐 뿐만 아니라, 합리적 선택이론을 인간 행위의 다른 영역에 확장하는 것은 많은 방법론적인 문제를 야기한다고 비판된다. 즉 호모 에코노미쿠스에 기반한 합리적 선택이론은 인간의 합리적 행동의 일반이론으로서는 매우 편협하고 제한적일 뿐만 아니라, 인간의 모든 행동을 지나치게 포괄적으로 해명하려고 함으로써 동어반복적인 무용지물이 되어 인간 행동을 분화적으로 설명하지 못하는 너무 느슨한 기준이거나, 아니면 지나치게 엄밀한 기준으로서 비현실적이라는 것이다. 또한 종국적으로는 그 내부적 모순이 필연적으로 노정될 수밖에 없다는 것이다. 따라서 경제학 내의 상당수의 학자들뿐만 아니라 사회과학계에서도 신고전학파의 호모 에코노미쿠스에 기반한 패러다임은 더 이상 존속될 수 없는 상황에 이르렀다고 인정된다. 따라서 토머스 쿤(Thomas Kuhn)의 과학혁명의 구조처럼, 혁명적인 새로운 패러다임으로의 전환을 모색해야 한다는 주장이 고조되고 있다.[20] 이에 따라 실제로 많은 대안들이 제시되고 있는 것도 사실이다. 그러나 신고전학파의 모형을 고수하는 사람들은 비합리적으로 보이는 행동도 엄밀하게 보면 합리적이라고 주장하면서, 끊임없이 임시적 가정(ad hoc assumptions)을 도입하여 그 서술적 능력을 옹호하거나, 아니면 합리성에서 자기 이익의 추구를 삭제하여 모든 선호를 포괄할 수 있도록 선호의 내부적 일관성만을 강조하거나, 아니면 비현실적 모형이라도 그것은 유용한 발견적 도구(a useful heuristic device) 혹은 최초의 근사치(a useful first approximation)로서 충분한 예측력을 가질 수 있다고 주장하거나, 아니면 하나의 추상적 이상형(ideal type)으로서 규범적 선택만을 제시하는 것이라고 주장한다. 그리고 내부적 모순도 궁극적으로 그 자체 내에서 해결 가능하다고 강변하고 있다. 또한 아직까지 신고전학파의 패러다임에 대한 적절한 대안이 없다는 이유로 패러다임의 전환은 불필요할 뿐만 아니라 헛된 꿈이라고 응수하면서 그것에 안주하고 있는 실정이다.

호모 에코노미쿠스를 둘러싼 이상과 같은 논쟁들을 평가하는 것이 우리의 목적이다. 그러나 우리는 호모 에코노미쿠스의 합리성 문제에 초점을 맞출 것이다. 우리는 2절에서 호모 에코노미쿠스가 어떻게 기원되었고 형성되었는지에 대한 철학적, 경제학적 관점에서의 발생학적 고찰을 최소한 전개할 것이며, 아울러 호모 에코노미쿠스의 이데올로기적 함축성을 밝혀낼 것이다. 3절에서 우리는 호모 에코노미쿠스의 구체적인 실상을 살펴볼 것이다. 그리고 일관된 선호와 효용의 극대화라는 호모 에코노미쿠스가 가진 합리성의 정체를 구체적으로 명시할 것이다. 4절에서는 호모 에코노미쿠스의 합리성 모형에 대한 다양한 비판들과 대안들을 검토할 것이다. 이어서 이러한 비판들과 대안들에 대해서 호모 에코노미쿠스의 옹호자들이 어떻게 대응하고 있는지도 점검해볼 것이다. 결론을 대신하는 철학적 에필로그에서 우리는 호모 에코노미쿠스의 생사가판에 대한 거시적인 관점에서의 상념을 피력할 것이다.

호모 에코노미쿠스에 대한 생사가판(生死可判)에서 철학만이 유일하게 그 생사여탈권을 가지고 있는 것은 아닐 것이다. 그러나 이러한 판정의 배경에는 많은 철학적인 문제들이 도사리고 있으며, 호모 에코노미쿠스에 대한 이러한 논쟁들의 시발은 본격적으로 철학에서 시작되었다고 해도 과언이 아니다.21) 철학이 아직도 만학의 왕이라는 자부심을 가지고, 인간의 본성에 대한 탐구가 자신의 영역이라는 것을 잊지 않았다면, 그리고 개별과학들의 방법론적 전제와 분과과학들 사이의 갈등을 비판적으로 고찰하고 중재하는 임무를 방기하지 않았다면, 철학은 호모 에코노미쿠스를 누가 살리고 죽이려고 하는지, 완전히 살리고 죽일 것인지, 아니면 반만 죽일 것인지, 그리고 반만 죽인다면 무엇을 살리고 죽일 것인지를 판정하기 위해 그 생살부를 차근차근 들여다보아야 할 것이다.

2. 호모 에코노미쿠스의 기원과 그 형성과정

1) 호모 에코노미쿠스의 신학적, 철학적 기원

호모 에코노미쿠스의 기원은 르네상스 이래 인간을 신에 의한 피조물의 하나로 규정짓는 중세적 세계관이 붕괴되어, 인간이 주체로서나 대상으로서도 지적 세계의 중심이 된 것과 밀접하게 연관되어 있다. 이와 같은 근대적 인간중심적 계몽주의 사상은 봉건적인 신분질서의 질곡을 타파하고, 태동하고 있는 시장경제 속에서 개인의 경제적 욕구를 해방시키게 된다. 일찍이 기독교는 탐욕의 신(Mammon)을 숭배하는 배금주의자들과는 양립할 수 없음을 천명한 바 있다. 그러나 이제 근대인들은 개인의 결정에 의해서 흥하기도 하고 망하기도 하는 시장지향적인 인간이 된다. 따라서 신은 "스스로 돕는 자를 돕는다(God helps those who help themselves)"는 동어반복적인 존재로 격하된다. 성공적인 사람들은 절약하고 이익을 재투자하고, 가격과 원가를 세밀히 계산하고 이익을 보기 위해서 위험을 무릅쓰는 사람들이었고, 미래는 상업적 이윤과 상업적 부의 소임이었던 것이다. 독일의 사회학자 퇴니에스(Ferdinand Tönnies)가 명시한 것처럼, 몰락하는 공동사회(Gemeinschaft)로부터 이익사회(Gesellschaft)에로의 진입과 세속화는 근대의 거역할 수 없는 큰 물결이었던 것이다.22) 물론 영악한 사람이라는 이미지도 있었을 것이지만, 열심히 일하고 저축을 하여 부를 축적한다는 청부(淸富)의 개념도 이때 등장했을 것으로 보인다. 이러한 관점에서 금욕적인 종교적 인간(*homo religiosus*)을 통해 자본의 원초적 축적이 가능했다는 것을 『프로테스탄트 윤리와 자본주의 정신』에서 베버가 밝힌 바 있다.23) 그러나 마르크스는 이러한 자본의 원초적 축적(the primitive accumulation of capital)에 관한 "경제적 원죄의 역사(the history of economic original sin)"를, 노동과 검약을 기준으로 빈부 계층을 구분하는 신학적 원죄설과 고전 경제학의 야합일 뿐만 아니라 역사에서 유리된 목가적 가정이라고 통렬하게 비판한다.24) 그러나 마르크스는 얼음물같이 차가운 이기적 계산의 화신으로 자본가를 비판할 때는 그 배후에 호모 에코노미쿠스의 실재를 인정했다.25)

홉스와 로크 등에 의해서 주도된 자연권 사상과 사회계약론의 발흥은 이러한 근대적 인간관의 변화를 이끌어내는 견인차가 된다. 자연권과 사회계약론은 개인적인 경제적 욕구의 보존과 발현을 위해서 독립적인 근대인들에게 자유로운 계약적 신분을 보장하게 된다. 정치사회의 구성과 질서 양식도 자연권적인 생명, 자유, 재산의 보존과 증진의 관점에서 "피치자의 동의(the consent of the governed)"를 통한 "인위적 구성체(Artificial Body)"로 파악된다. 홉스가 호모 에코노미쿠스가 가진 합리성의 모체가 되는 수단적 합리성을 개진했다는 점은 매우 주목할 만하다.26) 로크는 『시민정부론』에서 "사람들이 국가를 형성하고 정부의 지배 아래 들어가는 가장 중요하고도 주된 목적은 그들의 재산을 보존(the preservation of their property)하는 데 있다"고 말한 바 있다.27) 이러한 피치자의 동의는 나중에 신고전학파에서는 "소비자 주권(consumer sovereignty)"으로 나타나게 된다. 이것은 정치적 계약자이든 경제적 소비자이든 행위자(agent)야말로 자기 자신의 이익을 판단하고 집행하는 데 최종적이고 결정적인 판관이고 또 그러한 결정에 책임을 진다는 개인주의적인 자율성과 자발성, 그리고 자기 책임성에 기초한다.28)

자연권 사상과 사회계약론은 자연상태와 그 상태 아래서의 자연권의 가정이라는 형이상학적 허구성 때문에 비판을 당하게 된다. 따라서 보다 현실적인 개인의 주관적 효용을 통해 "최대다수의 최대행복"의 증진을 도모하는 제러미 벤담의 공리주의에 의해서 근대 자유주의적 개인주의가 전개된다. 벤담은 "자연은 인간을 쾌락과 고통이라는 두 군주의 지배 아래에 두었다"라는 언명과 그 유명한 쾌락 계산법(felicific calculus)을 통해 호모 에코노미쿠스의 필수적 요소가 된 효용의 극대화의 원형을 제시한다.29) 물론 나중에는 일관된 선호 체계에서의 효용의 극대화라는 수학적 정식화로 발전됨으로써 그 쾌락주의적인 심리적 내용이 탈각된 것도 사실이다.30) 벤담의 공리주의에서도 사회는 독립적인 실체를 가진 것이 아니고 개인적 효용의 총화에 의해서 구성되는 "인위적 구성체"로 간주됨으로써 사회계약론에서 이미 개진된 방법론적 개체주의(methodological individualism)가 강화된다. 또한 벤담은 "모든 사람은 한 사람으로 간주된다"는 "벤담의 공리(Bentham's dictum)"를 통해서 민주주의의 기초를 제공하게 된다.31)

2) 아담 스미스와 호모 에코노미쿠스

그러나 신고전 경제학파에 가장 많은 영향을 끼친 것은 벤담보다 우선한 아담 스미스이다. 철학자와 경제학자로서 근대 경제학의 시조로 간주되는 아담 스미스는 경제 영역에서 정부의 간섭을 배제하려는 경제적 자유주의 혹은 자유방임주의와 개인의 자기 이익(self-interest)과 재능과 능력을 시장이 주는 기회균등의 원칙 아래 마음껏 발휘하도록 보장하는 자연적 자유체제(natural liberty system)를 정치경제학적 구조 속에서 엮어낸다. 아담 스미스는 데이비드 흄 등과 함께 스코틀랜드 계몽학파에 속하며, 이들의 주장 중 가장 흥미 있는 것은 비예상적 사회적 결과(unintended social consequences)이다. 각 개인이 자기의 이익을 추구하면 결코 개인이 의도하지 않았던 결과인 모든 사람에게 서로 이득이 되는 상황, 즉 사회적 이익이 향상되는 결과가 나온다는 것이다. 보다 경제학적으로 말하면, 개인적 이익의 개별적 추구가 자유시장에서는

"보이지 않는 손(the invisible hand)"에 의해서 수요와 공급이 일치하는 균형 상태가 이룩됨으로써 사회적 이익이 최대로 획득된다는 것이다.32) 따라서 호모 에코노미쿠스가 가진 "자기 이익의 극대화(self-interest maximization)"는 "근대 경제인간의 영혼"이 된다. 따라서 개인적 이익과 사회적 이익의 조화라는 관점에서 호모 에코노미쿠스를 최초로 옹호했던 사람들이 윤리학자였고 신학자들이었다는 것은 놀랄 만한 사실이 아니다.33) 고티에는 호모 에코노미쿠스가 서구사회에서 개인적 이익의 추구와 모든 사람에 대한 상호 이익의 증진이 긍정적으로 맺어진 자유주의적 시장의 출현과 역사적 맥락을 같이한다는 것을 잘 지적했다.34) 물론 아담 스미스는 동정심 등 도덕 감정을 인간의 중요한 심리적 요소로 간주했으나, 노동의 분업과 교환이 작동하는 자유시장에서는 자기 이익의 극대화가 유일한 동기가 된다는 점을 밝힌다. 여기서 인구에 회자하는 아담 스미스의 그 유명한 언명, 즉 인간을 움직이는 것은 "자신의 이익에 대한 고려뿐"이라는 언명이 등장한다.35) 나중에 프랜시스 에지워스(Francis Y. Edgeworth)는 "경제학의 제1원리는 모든 행위자가 오직 자기 이익에 따라 행동한다는 것이다"라고 천명한다.36)

3) 신고전 경제학파와 호모 에코노미쿠스

신고전 경제학파는 아담 스미스의 "보이지 않는 손"의 교설을 완전경쟁시장(the complete competitive market)에서의 파레토 최적성(Pareto optimality)의 균형 달성이라는 수학적 공준으로 완성시킴으로써 호모 에코노미쿠스의 자기 이익이라는 기본적 동기가 작동되는 장을 마련하게 된다. 이것을 통해 경쟁의 이점이 상당히 일관성 있게 강조되었고, 오늘날까지 경쟁심은 호모 에코노미쿠스의 한 특색이 되었다. 신고전학파의 미시경제학에서 잘 알려진 대로 완전경쟁시장은 하나의 이상적 모델(ideal type)이다. 기본적으로 완전경쟁시장에서는 충분한 수의 생산자와 소비자가 있어 상품가격에 영향을 미칠 수 없기 때문에 독점과 담합이 없고, 또한 생산요소의 배분과 생산물의 소비가 개인의 상호 무관심한 효용에만 국한되는 사적 재화(private goods)를 대상으로 하기 때문에 원치 않는 제삼자로부터 피해를 입거나 도움을 받는 어떠한 외부성(externality)도 존재하지 않으며, 따라서 시장정보의 완전한 공유로 공급과 수요가 이상적으로 일치하게 되는 확실성하에서의 상황이다. 또한 시장의 출입이 완전히 자유롭기 때문에 거래에는 비용도 따르지 않고 교환에 있어서도 완력과 사기도 존재하지 않는다.37) 그렇다면 이러한 완전경쟁시장의 결과는 무엇인가? 아담 스미스의 보이지 않는 손의 개념은 신고전학파의 복지경제학에서 "기본적 정리(basic theorem)"로 정식화된다. 즉 "모든 경쟁적 균형 상태(competitive equilibrium)는 파레토 최적성(Pareto optimality)이다. 그리고 모든 파레토 최적성은 경쟁적 균형 상태이다"라는 것이다. 기본적 정리의 처음 명제는 "직접 정리(direct theorem)"이고, 나중 명제는 "환위 정리(converse theorem)"이다.38) 파레토 최적성은 어떤 사람도 나쁘게 하지 않고 적어도 어떤 다른 한 사람을 좋게 할 수 있는 대안적 상태가 존재하지 않는 최적적으로 효율적인 상태이다. 다시 말하면, 어떤 상태가 파레토 최적성에 도달했다는 것은 어떤 사람도 나쁘게 하지 않고서는 적어도 어떤 다른 한 사람을 좋게 할 수 없을 때이다. 따라서 어떤 한 상태 x가 다른 상태 y보다 파레토적으로 우월하다는 것은 y 상태에서 x 상태로 이행할 때 어떤 사람도 나쁘게 하지 않고 적어도 한 사람을 좋게 할 수 있는 경우가 가능하다는 것이다. 복지경제학의 이러한 기본적 정리는 나중에 완벽하게 수학적으로 증명됨으로써 "증명의 개가(triumphant demonstration)"로서 대환영을 받고, 경제학은 사회과학 중에서 유일무이하게 자연과학의 수준에 올랐다는 자부심을 갖게 되었던 것이다.39) 파레토 최적성은 서수적 효용에 기초하여 사회적 복지수준을 판정함으로써 공리주의적 "최대다수의 최대행복"의 기수적 측정이 가지고 있는 난점과 개인효용의 기수적 측정과 비교가 가진 난점을 해결하게 된다. 그리고 그것은 순수과학으로서 윤리적 판단을 전혀 내포하지 않고 사회적 후생을 판단할 수 있다고 주장된다.40)

4) 신고전 경제학파와 한계혁명

신고전학파는 아담 스미스가 남긴 가치론의 역설, 즉 사용가치(물)와 교환가치(다이아몬드)의 격차와 노동가치설에 따라서 해명된 자본주의적 착취라는 마르크스적 난제를 한계효용이론을 통해서 극복함으로써 자유주의적 경제학사에서는 "한계혁명"으로 숭앙된다. 가격 혹은 가치론으로서의 한계효용론은 생산물 내지 서비스의 가치는 그 속에 담긴 효용이나 노동 때문에 생기는 것이 아니라 구입된 재화의 증가분 혹은 최종단위의 유용성, 즉 한계효용 때문에 생긴다는 것이다. 한계효용은 결국 자유교환시장의 최후의 기반을 한계효용에 관한 개인의 주관적 평가, 즉 소비자 주권에서 구한 점에서 근대 시민사회의 자아에 대한 자각에 조응하는 것이다. 여기서 효용의 극대화로서의 개인의 합리성이 보다 구체적으로 규명되었고, 이렇게 규명된 개인들의 합리성의 관철의 결과 시장 자체도 효용이 극대화되는 안정적인 균형 상태로 귀착한다는 "일반균형이론"이 구성된다.41) 한계효용체감의 법칙은 재화와 용역의 분배에 있어서 최대의 효용 산출을 지향한다. 즉 한계효용체감의 법칙은 한 개인에서나 한 사회에서나 가장 최대의 효용을 산출할 수 있는 재화나 용역에 자원을 분배하는 것이 효율적이라는 것을 나타낸다.

한계효용이론은 물과 다이아몬드에 대한 숙제를 다음과 같이 해결한다. 물이 풍족하게 공급되고 있는 곳에서는 그 한계효용이 낮고, 다이아몬드의 한계효용은 다이아몬드의 희소성 때문에 높게 유지된다는 것이다. 여기서 "한계효용체감의 법칙"이 나오게 된다. 소비자가 어떤 상품을 더 많이 가지면 총 만족은 증가하지만 추가 단위에서 얻어지는 만족은 보다 작아지며 따라서 그는 이 추가 단위에 대해서 보다 적게 지불하려고 한다. 이것이 의미하는 바는 풍부하게 제공되는 상품은 설사 그 상품 자체는 물이나 빵처럼 생명 유지에 필수불가결한 것이라고 하더라도 구입자에게 추가적 단위가 큰 가치를 가지지 않을 것이기 때문에 싸다는 것이다. 반면에 희소한 상품은 다이아몬드나 밍크코트처럼, 누구나 많이 갖고 있지 못하며 하나를 더 가지면 구입자에게 대단히 큰 만족을 주기 때문에 비싸다는 것이다.42) 개인의 효용의 극대화를 보다 정확히 규정하는 데에는 "한계효용균등의 법칙"에 대한 설명도 필요하다. 합리적 소비자가 자신의 소득을 소비할 때 여러 가지 대안들 중에서 만족의 극대화를 추구하려면, 각 소비에서 얻는 최종의 효용, 즉 한계효용도가 균일하도록 해야 한다. 이때 총 효용이 극대화된다.43) 즉 1원당 한계효용균등의 법칙이 성립하도록 소비 행위를 하면 된다.44) 이러한 방식으로 한 소비자의 어떤 상품에 대한 수요가 결정된다. 소비자는 여기서 대안적 행동들의 상대적 이점을 이리저리 계속해서 재고, 효용을 증가시켜주는 행동을 항시 선택하는 사람, 혹은 싼 것만을 찾아다니는 사람(bargain-hunter)으로 묘사된다.

여기서 선택되지 못한 대안이 가진 기회비용(opportunity cost)의 개념과 희소성(scarcity)의 개념이 등장한다. 나아가서 경제주체의 선택자(selector) 혹은 결단자(decision-maker)라는 측면은 호모 에코노미쿠스의 본질적 속성을 규정하는 중요한 요소가 된다. 라이오넬 로빈스(Lionel Robbins) 경에 따르면, 경제학은 (주어진) "목적과 대안적으로 사용될 수 있는 희소한 자원 사이의 관점에서 인간 행동을 탐구하는 학문이다."45) 간략히 말해서 경제학은 "희소한 자원의 효율적인 배분의 학문"이 된다. 여기서 호모 에코노미쿠스는 "그의 상황을 증진시킬 수 있는 가능성들을 알고 있을 때, 그는 현 상태에 더 이상 만족하지 않고 더 큰 효용을 추구한다"는 특색을 가지게 된다.46) 이러한 관점에서 호모 에코노미쿠스는 한계효용체감의 법칙에도 불구하고 총 효용을 증진시키기 위해 결코 만족하지 않고 끊임없이 새로운 대안을 모색한다.47) 그래서 호모 에코노미쿠스에게는 끊임없는 소비가 미덕이 된다.

과학방법론으로 볼 때 신고전학파는 호모 에코노미쿠스의 개별적 행위의 관찰을 중시한다. 그래서 가정과 가설의 설정과 그에 따른 현실의 인과관계에 대한 연역추론적 예측과 그 예측을 현실과 대비하는 검증과정에서 논리실증주의적 방법론을 따르게 된다.48) 이러한 논리실증주의와 나중에 형태주의의 영향을 받아서 개인의 합리적인 행동과 가치를 밖으로 표출된 선호로 보는 "현시 선호 이론(the revealed preference theory)"이 등장하게 되고 여기서 선호의 내부적 일관성의 형식적 조건이 보다 자세히 수학적으로 논리적으로 규명되게 된다.49)

신고전학파가 마르크스의 노동가치설에 따라서 해명된 자본주의적 착취를 반박한 것도 한계효용론을 통해서이다. 상품의 가치는 노동가치설이 아니라 한계효용에 의해서 결정되며, 각 생산요소는 시장에서 상품의 한계생산에 기여한 만큼 분배받는다는 것이다. 여기에는 아무런 착취도 있을 수 없다는 것이다.50) 여기서 신고전학파는 "재능이 있으면 출세할 수 있다"는 "자연적 자유체제"를 수용함으로써 그 호소력을 보탠다. 그러나 이것은 "각 생산요소, 즉 자본, 노동, 토지는 한계생산에 기여하는 만큼 분배를 받는다"는 "한계생산성 원칙(the marginal productivity theory of distribution)"을 정의의 다른 기준들, 즉 노동, 필요, 평등, 노력 등보다 우위에 놓는다는 주장으로도 해석된다.51) 이것은 냉혹한 업적주의적 사회가 될 수도 있다.52) 그러나 시장이 완전경쟁 상태에 있지 않는 한 한계생산성 원칙은 작동되지 않는다. 그래서 신고전학파는 독과점 방지를 중시하게 된다. 이렇게 신고전학파는 마르크스가 강조했던 사회계급과 그 경제적 이해관계라는 큰 문제에서 벗어나게 되었고 경제이론의 중심은 개인에 놓이게 되었다.

신고전학파는 이상의 한계혁명을 통해 마르크스의 비판으로부터 자본주의의 이데올로기를 지키고 아울러 그것을 굳건한 새로운 반석 위에 올려놓는다. 이제 신고전학파는 자유방임과 경쟁, 그리고 적자생존을 한껏 고양시키는 "사회적 진화론(social Darwinism)"의 목표와 은연중 일치하는 실증과학으로 변하게 된다.53) 특히 미국에서 호모 에코노미쿠스는 사회적 진화론을 통해 막강한 도덕적 우월성을 확보한다.54) 빈자들은 경쟁사회에서의 약자, 낙오자로서 적응 실패로 인한 자연도태의 대상으로 규정된다. 이제 그들은 모든 것이 그들 스스로의 잘못이라는 희생자 비난(blaming the victims)을 감수해야만 된다.55) 반면에 대재벌은 사회적 진보의 향도로서, 도덕적 우월성을 갖춘 지도적 인물로 부상하게 된다. 일반 사람들의 경우도 자력으로 출세한 자수성가형의 개인을 존중하는 성공 숭배가 팽배하게 되었다. 대재벌가와 자수성가한 사람들의 성공담은 민간 설화가 되고, 전설의 대상이 되고, 또 경청해야 할 인생철학과 처세술이 되었다. 이것은 철학자들이 이제 크게 할 일도 없어져서, 상아탑에만 갇히게 된 또 하나의 이유가 되었다. 계획경제를 비판하는 자유지상주의자 프리드리히 하이에크(Friedrich Hayek)가 제시한 시장과 사회의 진화론적인 "자생적 질서(spontaneous order)"의 개념도 아담 스미스의 "보이지 않는 손"의 비예상적 사회적 결과를 중시한 것으로서 자유방임주의를 강력히 주장한다.56)

5) 호모 에코노미쿠스의 이데올로기적 함축성

철학적으로 볼 때, 호모 에코노미쿠스는 소비자 주권을 통해 개인의 자율적 선택과 판단을 존중하는 자유주의적 개인주의, 사회를 개인의 총화로 설명하는 방법론적 개체주의, 그리고 효용을 개인의 주관적 선택에서 구하는 가치주관주의, 과학방법론으로는 관찰 및 검증 가능한 행동으로 합리성의 기점으로 삼는 현시 선호 이론이라는 다층적인 근본적 환원주의들을 배경으로 하고 있다. 이러한 점에서 호모 에코노미쿠스를 산출한 신고전학파는 그동안 주장되어온 것처럼 엄밀한 가치중립

적 실증과학이라기보다는 많은 규범적 가치를 전제하고 있는 가치담지적 학문이다.57)

호모 에코노미쿠스는 복지국가와 케인즈적 경제정책을 강력히 비판하면서 사기업과 사유재산권을 강력히 옹호하고 나선 신보수주의(neo-conservatism)와 국제금융자본의 자유로운 이동과 무역장벽의 철폐를 요구하는 신자유주의(neo-liberalism)에서 가장 강도 높게 옹호되고 있다. 그러나 원래 신고전학파 이론은 독과점을 반대하고 통화 공급의 적절한 정부 관리를 주장한 점에서 완전한 자유방임주의 이론은 아니다. 그리고 신고전학파의 일반균형이론도 재산의 소유 형태와는 밀접한 관계가 없다.58) 사회시장경제 혹은 정부 주도의 계획관리경제에서도 호모 에코노미쿠스의 합리성은 작동하고 균형 상태에 도달할 수 있기 때문이다. 이러한 점에서 소련의 관료도 호모 에코노미쿠스가 될 수 있으므로 "호모 에코노미쿠스 소비에티쿠스(*homo economicus sovieticus*)"라는 말도 등장했다.59) 그러나 호모 에코노미쿠스의 본질적 측면을 재산 획득적 혹은 소유적 개인주의(possessive individualism)로 보는 비판적 관점은 맥퍼슨(C. B. Macpherson)을 통해서 전개되었다.60) 그리고 호모 에코노미쿠스의 이러한 측면을 자유지상주의를 주창하는 철학적 규범의 관점에서 노직이 옹호했다. 그렇다면, 호모 에코노미쿠스는 아담 스미스로 볼 때는 혁명적이지만, 자본주의가 완숙한 경지에 도달했을 때 등장한 신고전학파로 볼 때는 보수적 현상 유지의 한 측면을 가진 야누스의 얼굴도 가지고 있다.61) 러시아와 동구권처럼 새롭게 시장경제로 진입하는 경우에 호모 에코노미쿠스는 혁명아가 되고, 현재 신보수주의와 신자유주의가 주장되는 지역의 경우에는 수구파가 된다. 경제학사에서 호모 에코노미쿠스는 이러한 현상을 반복한다.

이제 이러한 호모 에코노미쿠스의 신고전학파 모형은 20세기 후반부터 합리적 선택이론으로 정교화된다.62) 합리적 선택이론은 단일 이론이 아니라 가치효용론(value-utility theory), 합리적 기대이론(rational expectation theory)과 게임이론(game theory), 그리고 사회적 선택이론 (social choice theory)을 포함하는 방대한 집합체이다. 합리적 선택이론 은 도구적 합리성을 정식화하려는 수학, 경제학, 철학 등 학제 간 노력 의 결실로서 특히 존 폰 노이만(John von Neuman), 오스카 모르겐슈테 른(Oskar Morgenstern), 로버트 루스(Robert D. Luce), 하워드 라이파 (Howard Raiffa), 케네스 애로우(Kenneth J. Arrow) 등에 의해서 발전 되어 소비자 행동론, 조직집단 행동론, 그리고 공공정책의 기술적 및 규 범적 의사결정에 관한 엄밀한 공리체계를 구성한다. 물론 이러한 다양 한 공리체계와 모형들 속에서 호모 에코노미쿠스의 동기와 인식의 능력 은 상당히 다양한 모습으로 나타난다. 우리는 이러한 미묘한 차이들을 모두 밝힐 수는 없다. 이러한 공리체계의 가장 기본적인 가정은 자기 이 익의 극대화(self-interest maximization)라는 동기적 합리성과 아울러 확 실성, 위험부담, 불확실성의 선택 상황 아래서 가능한 대안들과 그 결과 에 대한 정보를 처리하는 인식적 합리성을 가진 것으로 가정된다. 근래 의 발전에서 호모 에코노미쿠스는 인지적 인간(homo cogitans)의 측면 을 더욱 공고히 하게 된다.63)

3. 호모 에코노미쿠스의 정체와 본색

1) 천의 얼굴을 가진 호모 에코노미쿠스

서구의 근대적인 자유주의적 개인주의와 자유시장적 자본주의를 주 도하고 있는 합리적 인간(homo rationalis)이며, 자유인(home liber)이 며, 또한 영웅적 경제전사(the captains of industry)인 호모 에코노미쿠 스는 그 영웅 본색이 쉽게 드러나지 않기 때문에, 그 정체를 파악하기가 쉽지 않다. 호모 에코노미쿠스는 아담 스미스에서 출발하여 신고전학과 경제학에서 정식화되고 근래의 합리적 선택이론으로 더욱 정교한 이론적 무장을 갖추었지만, 참으로 다양한 모습으로 등장한다. 아담 스미스를 기준으로 볼 때 거의 200살이 다 되고, 신고전주의 경제학파의 태동을 기준으로 볼 때 100살이 다 된 호모 에코노미쿠스는 너무나 희화화되어 있기 때문에 그 실체를 파악하기가 쉽지 않다. "항상 완벽하게 자신의 선호를 파악하고 마치 거의 다 자란 20대 중반으로 태어난 것처럼 보이는 호모 에코노미쿠스는 생물학적, 심리학적 기적"으로까지 간주된다.64) 그래서 어떤 경제학자는 "경제이론의 타당성과 적용성은 순수한 경제인간의 실재에 의존하지 않는다"고까지 주장하고 있는 실정이다.65) 순수한 호모 에코노미쿠스가 오직 개인적인 자기 이익에 의해서만 모든 행동을 하도록 동기화되어 있다는 지적은 경제적 분석을 보다 나은 인간 행동에 대한 이해라는 관점에서 인식하기보다는 호모 에코노미쿠스를 비판할 목적으로 희화화하는 경우가 대부분이다. 그렇다면 순수한 호모 에코노미쿠스는 단순한 허구(fiction)에 불과한가? 아니면 환상적 사실(fantastic fact)인가? 실제적 환상인가(factual fantasy)? 아니면 가상 현실(virtual reality)인가? 화석 인간인가? 우선 이러한 점을 분명히 하지 않는다면, 우리의 모든 논의는 허수아비 논증(straw man argument)에 불과할 것이다. 그렇다면 이제 우리의 과제는 호모 에코노미쿠스의 정체와 본색을 적나라하게 드러내는 일이다.

호모 에코노미쿠스는 때로는 에덴동산의 아담처럼, 때로는 고립된 로빈슨 크루소처럼, 때로는 금욕적인 캘빈교도처럼, 때로는 위험을 무릅쓰고 투자하는 용감한 부르주아처럼, 때로는 소시민적인 프티 부르주아처럼, 때로는 이기적인 스크루지처럼, 때로는 완벽한 계산적 능력을 수행하는 초인처럼, 때로는 합리적 경영자, 관리자 혹은 관료처럼, 때로는 돈이면 무슨 일이든 다 하는 철면피처럼 등장한다. 혹자는 호모 에코노미쿠스는 찔러도 피 한 방울 안 날 감정도 없는 목석같은 사나이로, "사리분별이 있는 사람이라면 그 누구도 자신의 딸을 경제인간에게는 시집보내지 않을 것이다"라고 치를 떤 바 있다.66) 호모 에코노미쿠스의 얼굴은 이미 경제학적 접근법이 다양한 영역들에 확장됨에 따라 정치, 문화, 종교, 혁명, 군비경쟁, 환경오염 등 거시적인 것으로부터 투표를 하지 않고 소풍을 가는 투표자와 죄를 자백할까 말까 딜레마를 느끼는 두 명의 죄수, 목초지가 초토화가 될 때까지 소에게 풀을 먹이는 목동, 그리고 심지어는 흡혈 박쥐 등 동물들의 미세한 행동방식에 이르기까지 다양하게 오버랩되고 있다.67)

　이러한 점을 볼 때 호모 에코노미쿠스의 초상화는 참으로 "천의 얼굴을 가진 영웅(the hero with a thousand faces)"처럼 보인다. 경제학자들이 스스로 고백하듯이, 경제학의 문외한들에게 가장 이해시키기 힘들고 또 오해가 많은 것이 호모 에코노미쿠스의 합리성이다. 그러나 호모 에코노미쿠스의 이러한 천의 얼굴들도 그 "가족적 유사성"을 파악할 수 있는 "핵심적인 가정(core assumptions)"이 있다. 에치오니(Amitai Etzioni)는 그러한 핵심적 가정을 다음 세 가지로 요약한다. 첫째가 선택 목표로서 효용의 극대화이고, 둘째가 선택 방식으로서 일관된 선호에 따른 수단적 합리성의 구현이고, 셋째가 선택의 주체와 단위로서의 개인이다.68) 이러한 핵심적 가정을 염두에 두면서 마틴 홀리스(Martin Hollis)와 에드워드 넬(Edward Nell)의 호모 에코노미쿠스에 대한 신명나는 묘사를 살펴보기로 하자.69)

　"어떤 경제학 책에서도 합리적 경제인간의 직접적이고 상세한 묘사를 찾아보기 힘들다. 그가 은밀히 조금씩 조금씩 소개되기 때문에 우리가 제기하려는 문제점들은 그냥 지나치기 쉽다. 그는 어떤 가정 속에 숨어 있지만, 그러한 가정을 통해 투입과 산출 그리고 자극과 반응 사이에서 명백한 모습을 드러낸다. 그는 키가 큰 것도 아니고 작은 것도 아니고, 뚱뚱한 것도 아니고 마른 것도 아니고, 총각인지, 혹은 결혼을 했는지도 모른다. 그가 개를 좋아하는지, 그의 아내를 구타하는지, 혹은 압정놀이보다 시작(詩作)을 좋아하는지 아무도 말해주지 않는다. 우리는 그가 원하는 것이 무엇인지 모른다. 그러나 우리는 그것이 무엇이든지 그는 그 것을 갖기 위해서 사정없이 극대화를 추구할 것이라는 점을 안다. 우리는 그가 무엇을 사는지를 모른다. 그러나 우리는 어떤 재화의 가격이 떨어지면 그는 남은 돈으로 다른 재화를 소비하든가 그 재화를 더 소비한다는 것을 확실히 안다. 우리는 그가 무엇을 생각하는지 모른다. 그러나 우리는 그의 무차별곡선이 원점에 대해서 볼록하다는 것을 안다. 우리는 그의 초상화 대신에 몽타주를 가지고 있을 뿐이다. 그는 계몽주의의 자식이고, 효용이론의 자기본위적 개인주의자이다. 그는 효용의 극대화자이다. 생산자로서 그는 시장점유율 혹은 이윤을 극대화한다. 소비자로서 그는 딸기의 한계효용과 시멘트의 한계효용을 믿을 수 없을 만큼 완벽하게 비교함으로써 그의 효용을 극대화한다. (그는 물론 효용을 극소화하기도 하지만, 어떤 것의 효용을 극소화한다는 것은, 그것이 무엇인지 모르지만, 어떤 다른 것의 효용을 극대화한다는 것을 의미한다.) 그는 더 이상의 한계적 변화는 나쁠 것이라고 (그러나 이것은 잘못) 믿는 곳에서 그의 최적성을 언제나 달성한다. 하찮은 개인적인 무차별적 선택으로부터 국제무역에 이르기까지, 그는 경제적 부담과 보상 사이에서 언제나 가장 최상의 주관적 균형을 이룬다. 이것이 신고전 경제학파를 움직이는 **합리적 원동력**(rational primum mobile)이다.”

이러한 호모 에코노미쿠스의 역할은 두 가지이다. 첫째, 그는 이론을 사실과 연결시킨다. 즉 예측되는 것은 그의 행위이고, 경제적 변수를 담지하는 것도 그다. 둘째, 그는 비록 비경제적인 모든 “다른 조건이 같다 (*ceteris paribus*)”는 가정이 충족되고 (합리성이 아닌) 다른 변수들이 사실이라고 하더라도 예측이 틀리면, 거기서 빠져나갈 구멍을 만들어준다. 그는 하나의 완벽한 행위자이다. 실제적인 경제주체들이 그를 따라가지 못하더라도 무엇이 합리적인가에 대한 예측은 어떤 특수한 조건 아래에서도 논박당하지 않는다.70)

서론에서 간략히 언급했듯이, 호모 에코노미쿠스는 경제원칙에 따른

332

합리적 경제행위를 하는 인간이다. 경제원칙은 최소비용을 통해서 최대의 효과를 얻으려는 "최소비용 최대효과의 원칙"이다. 이러한 원칙은 반드시 인간 행위의 경제적 측면에만 적용되는 고유의 원칙이 아니라, 인간 행위 전반에 걸친 서술적 합리성의 원칙이기도 하다. 앤서니 다운즈(Anthony Downs)에 의하면, "합리적이라는 용어는 결코 행위자의 목적에 적용되지 않고 오직 그의 수단에만 적용된다. 이것은 합리적이라는 말이 효율적이라는 말, 즉 주어진 투입량에 대해서 산출량을 극대화하거나 혹은 주어진 산출량에 대해서 투입량을 극소화하는 것을 의미하기 때문이다."[71] 경제학에서 보는 인간은 기본적으로 목표지향적(goal-directed)이다. 그런데 경제학적 인간은 어떤 한 목표의 실현은 다른 한 목표의 실현을 불가능하게 한다는 점에서, 자원의 희소성과 기회비용을 감안하면서, 가능한 대안들 중에서 자신의 목표를 최대로 실현하는 대안을 일관된 방식으로 선택하려는 합리성을 가진 것으로 가정된다. 호모 에코노미쿠스는 확실성하에서 대안들과 그 결과에 대해서 완전한 정보를 가진 것으로 간주되는 것이 그 기본적 모형이다. 이러한 기본적 모형은 위험부담과 불확실성하에서의 기대효용과 확률계산을 통해서 다양한 결과를 가지는 대안들을 평가하고, 또 다른 선택자들과 다양한 게임 상황 속으로 유입되는 복잡한 모형으로 발전한다.[72] 그러나 이러한 모형들도 정보와 선택의 다양한 제약 상황 속에서 선택자의 주관적 효용에 따라서 주어진 목적의 극대화를 도모하고 있다는 점에서 호모 에코노미쿠스의 본질적 측면은 변하지 않고 있다.

2) 호모 에코노미쿠스의 합리성: 선호의 내부적 일관성과 효용의 극대화

호모 에코노미쿠스의 합리성에 관련된 일반적 특징은 선호의 내부적 일관성과 효용의 극대화로 요약될 수 있다. 선호의 내부적 일관성은 경제학 교과서에 가장 흔하게 나오는 사과, 오렌지, 배를 예로 들어 2항 관계적 표출(binary relational representation)을 통해 선호의 일관성을 규정하는 것이다.73) 이러한 2항 관계적 표출은 현시 선호 이론을 통해 정식화되었다. 우선 합리적 선호는 완전성(completeness) 혹은 연관성(connectedness)으로 표시되기도 한다. 이것은 2항 관계의 선호가 완전히 서로 연결되어 표출되어야 한다는 것이다. 즉 사과와 오렌지에 대해서 호모 에코노미쿠스는 사과를 오렌지보다 좋아하든지 혹은 그 역이든지 혹은 양자 사이에 무차별적 선호를 가지고 있어야 한다는 것이다. 무차별적이라는 것은 아무것이나 선택할 수 있다는 것이지, 동일한 거리에 있는 동질의 무차별적인 두 건초 더미에서 어느 것을 먹을까 저울질하다가 결국 굶어 죽은 "뷔리당의 당나귀(Buridan's ass)"의 선택과 같은 것은 아니다.74) 그리고 전이성(transitivity)은 사과를 오렌지보다 좋아하고, 오렌지를 배보다 좋아하면, 당연히 사과를 배보다 좋아해야 한다는 것이다. 그렇지 않다면, 선호는 순환적이 되어, 어떤 것이 어떤 것보다 좋은지를 결정할 수 없는 혼란에 빠진다.

자기 이익의 극대화로서 합리성은 파레토 최적성과 자유시장에서의 일반균형이론을 도출하기 위한 전제조건이다. 전통적인 효용이론은 그것이 벤담의 쾌락 계산법이든 다양한 욕구충족(desire-fulfillment)이든, 모두 "각자의 효용을 추구하는 것"의 합리성에 대한 명백한 기초를 제공했다. 어떤 의미에서 효용과 선호 개념이 가지는 애매모호성 때문에 "자기 이익의 추구"가 합리성의 실질적 내용으로 귀착된 측면도 없지 않다. 또한 효용과 선호 개념도 그 측정과 비교에서 많은 문제점이 있으므로, 무엇으로 대변되든지 지수(index) 문제에서 비교적 용이한 서수적 자기 이익의 극대화가 주도적 모형으로 자리 잡게 된다.75)

자기 이익의 극대화로서의 합리성과 내부적 일관성으로서의 합리성이 합쳐지면, 자기 이익을 내부적 일관성에 의해서 극대화하는 것으로 규정하게 된다. 내부적 일관성으로서의 합리성은 순전히 형식적인 것이고, 선호를 주어진 것으로 본다. 따라서 베버가 구분한 것처럼 이것은 가치합리성(Wertrationalität)이 아니고 목적합리성(Zweckrationalität)으로 흔히 수단적 합리성 혹은 도구적 합리성이라고 부르는 것이다.76) 그러나 자기 이익의 극대화로서 합리성은 최소한 가치합리성을 포함하고 있다. 물론 자기 이익이 무엇이든지 주어진 욕구라고 생각하면 여전히 수단적 합리성으로 생각할 수 있으나, 자기 이익의 극대화로서의 합리성은 이기주의적 목적을 다른 목적에 비해서 우선적으로 생각한다는 점에서 순전히 형식적인 것은 아니고 최소한의 실질적 합리성을 함축한다.77) 그렇다고 이러한 실질적 합리성이 가치와 목적 자체의 선택에 대한 전반적인 윤리적 가치판단과 숙고적 합리성을 완전히 가동한다는 것을 의미하지는 않는다.78) 그러나 자기 이익의 극대화가 이기주의라는 비난이 가중되자, 합리적 선택이론은 다시 이기적 선호만이 아니라 다른 선호들도 수용할 수 있는 형식적 내부적 일관성으로 귀착하거나, 아니면 이기주의적 선호는 이타주의적 선호를 대변하고 또 상호 의존할 수 있다고 주장하는 입장까지 생기게 된다.79) 에치오니는 호모 에코노미쿠스의 효용을 이미 언급한 내부적 일관성과 자기 이익 극대화와 함께 이기주의와 이타주의의 상호 의존성이라는 총 세 가지 유형으로 구분한다.80)

그러면 선호의 내부적 일관성과 자기 이익의 극대화로서의 합리성이 호모 에코노미쿠스의 일반적 특징이라는 점을 염두에 두고, 호모 에코노미쿠스의 구체적인 특성이 무엇인지 살펴보자. 1950년대 말 경제학적 접근법을 민주주의 정치에 적용했던 앤서니 다운즈에 의하면, 호모 에코노미쿠스는 다음과 같은 특성을 지니고 있다. (1) 그는 일련의 대안에 직면했을 때 언제나 결정을 내릴 수 있는 존재이다. (2) 그는 자신이 직면하고 있는 모든 대안들에 관해서 선호의 서열에 따라 순위를 매기는데, x는 y보다 더 낫거나 똑같거나 혹은 더 낫지 않다는 방식으로 판단한다. (3) 그의 선호의 순위는 전이성을 지니고 있어야 한다. (4) 그는 가능한 대안 가운데 언제나 자신의 최우선 선호에 해당하는 대안을 선택한다. (5) 그는 동일한 대안에 직면했을 때 언제나 동일한 결정을 내린다. 다운즈의 이러한 서술은 주로 선호의 내부적 일관성을 통한 극대화로서의 합리성을 통해 호모 에코노미쿠스를 규정하는 방식으로 보인다.[81]

찰스 다이크(Charles E. Dyke)는 그의 『경제철학』에서 호모 에코노미쿠스의 특징을 무차별곡선을 통해서 서술한다.[82] (1) 많은 것이 언제나 적은 것보다 선호된다. (2) 한 재화의 한계효용은 그 양이 증가할수록 체감한다.[83] (3) 무차별곡선상의 모든 상품의 조합은 연관되어 있다. (4) 선호와 무차별성은 전이적이어야 한다. (5) 입수할 수 있는 가장 선호되는 상품의 조합이 선택된다.

배리 슈바르츠(Barry Schwartz)는 『인간 본성에 대한 논쟁』에서 호모 에코노미쿠스의 특징을 신고전학파의 모형에 충실하게 다음과 같이 아홉 가지로 요약한다. (1) 합리적 경제주체는 언제나 재화 혹은 재화의 조합들에 대한 선호를 표출한다. (2) 욕구되는 재화에 대해서 적은 것보다는 많은 것을 선호한다. (3) 높은 가격보다는 낮은 가격을 선호한다. (4) 입수가 가능한 재화들 중에서 가장 선호하는 재화나 혹은 재화들의 조합을 선택한다. (5) 선호는 시간적으로 보아 상대적으로 안정되어 있다. (6) 선호는 전이적이다. (7) 어떤 한 재화를 더 많이 가질수록 그 재화가 만족에 기여하는 정도가 줄어든다. (8) 시장에서 완전한 정보를 기반으로 활동한다. (9) 선호의 충족을 극대화할 수 있도록 시장에서 합리적인 선택을 한다.[84]

3) 호모 에코노미쿠스의 삶의 양식

이러한 구체적인 특성들이 다 열거한 뒤에도 여전히 의문은 남는다. 정녕 호모 에코노미쿠스는 어떠한 종류의 사람일까? 어떠한 방식의 삶

을 영위하는 사람일까? 정말로 편협한 이기주의자일까? 다른 호모 에코
노미쿠스에 대해서는 어떻게 느낄까? 현대문화에서 호모 에코노미쿠스
가 가지는 위상은 무엇인가? 등등. 우선 호모 에코노미쿠스는 동질적인
존재일까? 이질적인 존재일까? 만약에 호모 에코노미쿠스들의 선호와
가치가 동질적이라고 한다면 교환은 불가능할 것이다. 그러나 너무 이
질적이고 명시될 수 없는 차이가 존재한다면, 모든 경제학적 추론을 불
가능할 것이다.[85] 그런데 동질적인 존재라고 한다면, 개인 간 효용의 비
교가 가능하지만, 파레토 최적성은 이러한 비교를 거부한다. 호모 에코
노미쿠스가 이질적인 존재라고 한다면, 개인의 주관과 개인차를 무의미
한 것으로 간주하고 전개된 무차별곡선 이론과 파레토 최적성은 난관에
봉착한다. 공리주의는 한계효용체감의 법칙과 모든 개인의 효용함수가
동일하다는 "표준적 가정"을 통해 상층부의 부가 하층부로 이동함으로
써 최대다수의 행복과 최대의 행복이 동시에 달성된다는 결론을 내린
다.[86] 흔히 자본주의의 정당화 입론의 하나로 간주되고 있는 낙수 효과
이론(trickle-down effect) — 상층부의 부가 하층으로 물 떨어지듯 이동
— 은 공리주의의 표준적 가정에 비하면 훨씬 미약한 것이다.[87] 그러나
신고전학파의 한계효용론은 공리주의적인 혁명적 발상을 거부하기 위
해 부자와 빈자 사이에 행복을 향유하는 커다란 능력 차이를 상정하게
된다. 당연히 부자가 행복을 더 크게 향유한다.[88]

　호모 에코노미쿠스는 노동을 부효용(負効用, disutility)으로 간주하고
노동을 본질적인 가치를 가진 것으로 인정하지 않는다. 그것은 호모 에
코노미쿠스가 마르크스의 노동가치설의 주체인 "노동하는 인간(*homo
laborans*)"을 비판하고 나온 인간이기 때문이다. 또한 그는 공작적 인간
(*homo faber*)처럼 도구를 통한 자연의 개조와 문화의 형성을 지상의 과
제로 여기지도 않는다. 호모 에코노미쿠스는 일차원적 인간일지 모르나,
현대 소비문화를 이끌어가는 끊임없는 견인차이다. 그는 만족할 줄 모
르고 끊임없이 새로운 상품을 찾아가는 존재이다. 그러나 물론 그는 미

래의 소비를 위해서 저축을 하는 인간이기도 하다. 그는 또한 선호의 기원과 형성에 대해서도, 그리고 그러한 선호가 자율적인 선호인지도 문제를 삼지 않고, 다만 비교적 안정적인 선호와 그 선호가 행동으로 표출되는 현시 선호 이론을 따른다. 안정적인 선호를 가지지 않는다면 2항 관계에 기초해서 행하는 선택과 계산은 오락가락 혼란에 빠질 것이기 때문이다.89) 현시 선호 이론은 어떤 선재적인 가치와 규범을 인정하고 않고 오히려 가치와 규범은 밖으로 나타난 선호를 통해서 알 수 있다는 입장을 취한다. 철학적 가치론은 어떤 선재적인 가치와 규범이 있기 때문에 사람은 그러한 선호를 가지고 표출한다고 주장한다. 이러한 관점에서 보면 호모 에코노미쿠스는 행위자 자체로 본다면, 살신성인과 자기희생의 수덕적이고 금욕적인 인간(*homo asceticus*)이나 신심이 깊은 종교적 인간(*homo religiosus*), 혹은 도덕감을 중시하는 윤리적, 도덕적 인간(*homo ethicus* 혹은 *homo moralis*)보다는 존경을 받을 수 없는 것은 분명하다. 그러나 그는 위계적 인간(*homo hierarchicus*)이나 비합리적 인간(irrational man)보다는 나은 것처럼 보인다. 아무튼 호모 에코노미쿠스에게 선호는 "왈가왈부할 수 없는 것이 된다(*De gustibus non est disputandum*)." 개고기를 먹는 한국 사람을 나무라는 프랑스의 여배우 브리지트 바르도(Brigitte Bardot)는 프랑스 사람들이 통통하고 간뎅이가 부은 푸아그라를 생산하기 위해서 거위의 목구멍으로 기름진 먹이를 쑤셔 넣어 동물학대로 비판받는 가바주(gavage)를 모른단 말인가? 자기모순에 빠진 그녀는 호모 에코노미쿠스가 아니다. 호모 에코노미쿠스는 가치주관주의와 가치상대주의를 고수한다. 포스트모던 문화의 한 특징으로 여겨지고 있는 고급문화와 하급문화의 차이가 사라지고 있는 현상은 호모 에코노미쿠스의 터전을 마련해준 것이 아닌가? 거대 담론으로서의 철학도 없는 포스트모던 시대에는 개인의 리비도적 충동만이 남는다면, 호모 에코노미쿠스는 이미 그 화신이 아닌가?

호모 에코노미쿠스는 "사촌이 땅을 사면 배가 아픈" 그러한 시기심의 인간이 아니다. 호모 에코노미쿠스는 파레토 최적성을 통해서만 사회적 후생을 판정하므로 개인 간 기수적 효용은 비교 불가능하다고 보고 상대적 박탈감을 느끼지 않는 인간이다. 그렇다면 그는 과시적 소비도 하지 않고 잘났다고 뻐기지도 않는 인간이다.[90] 따라서 그는 시기하지도 않고 질투하지도 않는다. 남을 적극적으로 도우려는 의사도 없지만 그렇다고 적극적으로 남을 해치려는 의도도 없는 인간이다. 호모 에코노미쿠스는 각 생산요소, 즉 노동, 자본, 토지가 가지는 한계생산성에의 기여도를 분배적 정의의 원칙으로 간주한다. 호모 에코노미쿠스는 자신의 이익만을 추구하고 타인을 고려하지 않지만 적어도 자신의 이익의 추구가 모든 사람에게 의도되지 않았던 사회적 결과를 달성할 것이라는 사실을 알고 있는 존재이다. 호모 에코노미쿠스는 자기 스스로에게 투명한 존재들이다. 그는 자신의 선호를 직접적이고 명백하게 알고 있으며, 자신이 모르게 등 뒤에서 역사가 전개되는 것을 원하지 않는다.[91] 이러한 의미에서 호모 에코노미쿠스는 역사적 결정론이나 사회적 결정론을 반대한다. 그러나 호모 에코노미쿠스도 극단적 결정주의(radical determinism)의 산물이라고 비판될 수 있다. 즉 호모 에코노미쿠스는 현시 선호 이론에서 본 바와 같이 행태주의적인 자극과 반응에 따라 행위하도록 되어 있는 자동기계에 불과하며, 여기에 어떠한 숙고, 선택, 결단의 의미는 없다는 것이다. 호모 에코노미쿠스는 선호에 대한 서열을 정하는 자기의 효용함수(utility function)에 따라서 반응할 뿐이다. 즉 그는 주어진 선호와 미리 알고 있는 대안들의 상대적 가격에 따라 반응할 뿐이다.[92] 더 나아가서 신고전학파의 일반균형이론도 기계적 결정론이라는 점도 많이 지적된다.[93] 그리고 일반균형이론의 완전경쟁시장에서의 호모 에코노미쿠스도 수동적인 인간으로 간주된다.[94]

호모 에코노미쿠스는 비록 시장에서 타인의 이익을 고려하지 않지만, 타인이 교환경제 속에서 자신의 효용 충족에 관련이 있는 한 그를 고려할 것이다. 호모 에코노미쿠스에게 있어서 타인은 본질적으로 불가근 불가원의 관계에 있는 듯 보인다. 호모 에코노미쿠스는 결코 시장을 떠나지 못한다. 호모 에코노미쿠스의 합리성은 인간 본성상 자연적인 것이고, 시장은 인간이 만든 인위적인 것이라는 구분은 더 이상 무의미하다. 그는 시장을 만들었지만 동시에 시장도 그를 만들었던 것이다. 그렇다면 그는 있지도 않은 완전경쟁시장에서의 합리성이라는 신고전학파의 요설에 현혹된 프랜시스 베이컨(Francis Bacon)의 "시장의 우상 *(idola fori)*" 아래 있는 족속인가?

4. 호모 에코노미쿠스의 인정 투쟁과 합리성 문제

1) 호모 에코노미쿠스 죽이기

(1) 호모 에코노미쿠스 유감

호모 에코노미쿠스 죽이기는 철학에서 유구한 역사를 가지고 있고, 마르크스 경제학과 케인즈 경제학 이후 정치경제학의 거의 모든 유파는 그를 곱게 보지 않고 있다고 해도 과언이 아니다. 근대적 자본주의의 호모 에코노미쿠스가 태동된 이후에, 그가 향유하는 경제적, 물질적 풍요에 반하여 그의 도덕적, 사회적, 공동체적 불모성(barreness)은 오늘날까지 끊임없는 비판의 대상이 되어왔다. 그러한 비판은 장 자크 루소 (Jean-Jacques Rousseau)의 『인간 불평등 기원론』으로부터 칼 마르크스 (Karl Marx)의 『공산당선언』, 게오르크 헤겔(Georg W. F. Hegel)의 『법철학』, 허버트 마르쿠제(Herbert Marcuse)의 『일차원적 인간』, 막스 호르크하이머(Max Horkheimer)의 『도구적 이성비판』, 막스 호르크하이머와 테오도어 아도르노(Theodor W. Adorno)의 『계몽의 변증법』, 알래스데어 매킨타이어(Alasdair MacIntyre)의 『덕 이후』, 그리고 앨런 블룸 (Allan Bloom)의 『미국정신의 종말』에 이르기까지의 유구한 역사를 가지고 있다. 호모 에코노미쿠스의 사망선고를 어불성설이라고 보는 메르

퀴오르(J. G. Merquior)는 호모 에코노미쿠스가 탄생할 당시부터 3인의 경쟁자가 이미 존재했으며, 현대에서도 7인의 중대한 살인자(seven eco-nomiciders)를 찾을 수 있다고 지적한다.[95] 또한 경제학 제국주의에 대항해서 다른 인간 모형들, 즉 정치(학)적 인간(*homo politicus*), 심리(학)적 인간(*homo psychologicus*), 사회(학)적 인간(*homo sociologicus*)들의 불만도 고조되고 있다.[96] 우리는 호모 에코노미쿠스에 대한 이상과 같은 경제사상사적, 사회철학적, 문화철학적, 그리고 사회과학적 비판을 모두 다룰 수는 없다.

근래에 호모 에코노미쿠스에 관련된 문화철학적 비판 중에서 가장 관심을 끄는 것은 호모 에코노미쿠스의 소비문화일 것이다. 마르크스가 재화에 대한 물신숭배(fetishism)가 자본주의 사회에 만연되어 있다는 것을 지적한 이후, 소비사회의 허망함과 산업사회의 폐해에 대해서 많은 우려가 표명되었다. 호모 에코노미쿠스의 소비성향을 이해하는 데는 이미 언급한 "한계효용균등의 법칙"이 중요하다. 그는 항상 기존 재화들의 조합을 변경하거나 아니면 새로운 재화와 그 조합으로 대체함으로써 각 재화의 한계효용과 한계대체율이 같아질 때 효용을 극대화할 수 있다. 물론 이 법칙은 재화의 한계효용이 같아지는 지점에서 소비자는 균형 상태에 도달한다고 말하지만, 그 균형 상태가 얼마나 지속될지는 아무도 모른다. 그래서 호모 에코노미쿠스는 "항상 그가 가지고 있지 않은 것을 선호하고 그것을 취했을 때는 더 이상 그것을 원하지 않는 속성을 지니는데, 이러한 사람은 인생에서 많은 행복을 경험하지 못할 것이다."[97] 혹자는 탐욕적인 만족 불가능성(insatiability)이 호모 에코노미쿠스의 가장 중요한 속성이라고 주장한다.[98] 스키토프스키는 『향유 불능의 과학』에서 항상 새로운 것을 찾는 호모 에코노미쿠스는 그것이 만족되지 못하면 심지어 폭력적이 되는 현상을 통해서 미국의 도덕적 실패와 범죄의 만연을 극명하게 드러낸 바 있다.[99] 그리고 또한 소비의 관점에서 볼 때 개인의 합리적 선택이라는 것도 사실 특정 사회의 생활

양식을 받아들인 것에 불과하다. 그리고 선택 자체도 광고를 포함한 다양한 사회적 설득과 구조적 위계(僞計)에 의해서 형성되고 한정되는 것에 불과하다. 따라서 그것은 더 이상 선택이 아니다! 이런 관점에서 소비의 자율성 및 소비자 주권 이론도 부정된다.100)

(2) 호모 에코노미쿠스의 자멸

철학적으로나 방법론적으로 볼 때 최근의 논의에서 호모 에코노미쿠스의 합리성에 관한 비판이 가장 중요하게 부각된다. 우선 신고전학파의 합리성에 대한 가장 큰 비판들은 1960년대 이후 신고전학파의 개념적 이론적인 체계 전체를 뒤흔들 만한 새로운 시각들이었다.101) 그중에서 신고전학파의 모형에 대해서 자멸적이라고까지 표현된 내부적 모순과 방법론상의 장애요소가 가장 크게 부각되었다. 우선 합리적인 개인들이 극대화를 추구하면 사회 전체도 효용이 극대화될 수 있다는 신념은 각종 합리성의 역설과 소위 "시장의 실패(market failures)"에 의해서 배신을 당한다.102) 이것은 개인적 합리성으로부터 사회적 합리성을 도출하려는 사회적 선택이론 혹은 공공적 선택이론이 봉착한 가장 큰 문제였다. 호모 에코노미쿠스는 여기서 "사회적 저능아"로서 심지어 "합리적 바보"라고까지 조롱을 받게 된다. 합리성의 역설로는 수인의 딜레마(the prisoner's dilemma)와 무임승차자의 문제(the free-rider problem)가 있다.103) 수인의 딜레마는 소위 고립(isolation)의 문제로서, 고립적으로 이루어진 많은 개인들의 결정의 결과가 타인들의 행위가 이미 주어진 것으로 보아 각자의 결정이 지극히 합리적으로 이루어졌다고 할지라도 어떤 다른 행동보다 모든 사람에게 더 좋지 못할 경우이면 언제나 생겨나는 것이다. 이것은 개인적 합리성(individual rationality)이 최적적이지 못한 집단적 비합리성(sub-optimal collective irrationality)으로 전화되는 비극적 상황이다. 홉스의 자연상태는 그 고전적인 사례가 된다. 각 개인은 타인이 평화 상태를 택하든가 말든가에 관계없이 전쟁 상태로 돌입하는 것이 합리적이며 곧 그것이 "지배적 전략(dominant stra-tegy)"이 된다. 물론 이 모형은 비현실적인 것이 아니라 매점매석, 군비 경쟁, 그리고 공해문제 등에서 충분히 경험적으로 검증될 수 있다. 고립의 문제는 그러한 상황을 가려주고 모든 이의 관점에서 볼 때 최선이 될 구속력 있는 전체적인 약속을 확인해주기 위한 것이다.104)

무임승차자의 문제는 확신(assurance)의 문제로서 공공재의 설비에 관한 "시장의 실패"를 야기하는 전형적인 경우이다. 사적 재화는 소비와 구매에 있어서 개인적 가분성(individual divisibility), 타인의 배재성(exclusiveness), 비외부성(non-externality)을 그 기본적 속성들로 가지고 있는 반면에, 공공재는 소비의 불가분성(indivisibility), 타인의 비배제성(non-excludability), 공급의 공동성(jointness)과 외부성(externality)을 그 기본적 속성들로 가진다. 무임승차자의 문제는 공중의 규모가 커서 많은 개인을 포함하는 경우에는 각자가 자신의 본분을 회피하고자 하는 유혹이 있게 된다는 점에서 출발한다. 그 이유는 한 사람이 행하는 바가 전체의 산출된 양에 대단한 영향을 미치지 않기 때문이다. 또한 각 개인은 타인들의 집단적인 행위를 어떻게든 이미 주어진 것으로 간주한다. 만일 공공재가 산출된다면 자기가 기여함이 없다고 해도 그에 대한 자신의 향유가 감소되지 않을 것이다. 그리고 만일 그것이 산출되지 않는다면 그가 본분을 다한다고 해도 상황은 변하지 않을 것이다. 따라서 공공재는 설비될 수 없고 시장은 실패한다. 이때 한 개인이 이타주의자라고 해도 상황은 바뀌지 않을 것이다. 왜냐하면 한 이타주의자의 기여도 공공재의 산출에 결정적인 영향을 미치지 못한다고 하면 역시 그도 합리적으로 기여하지 않을 것이기 때문이다.105) 무임승차자의 문제가 확신의 문제라고 하는 것은 협동하는 당사자들에게 공통의 합의가 수행되고 있음을 어떻게 확신시키느냐 하는 것이다.106)

이상의 두 가지의 역설보다 어떤 면에서 더 치명적인 것은 애로우의 불가능성 정리(the Impossibility Theorem)이다. 사회적 복지함수(social welfare function)가 개인적 선호의 서열들(individual preference order-ings), 예를 들면 {(abc), (bca), (cab)}의 집합으로부터 다수결의 원리를 통해서 민주적으로 도출될 수 없다는 것이 입증되었다.107) 이것이 소위 "투표의 역설"로 18세기의 수학자 니콜라 드 콩도르세(Nicolas de Condorchet)에 의해서 이미 오래전에 정식화되었다.108) 이것은 합리성의 내부적 일관성 기준의 하나인 전이성이 "순환적 다수성"으로 말미암아 확보되지 못하는 상황으로 방법론적 개체주의에 의거해서 사회적 복지함수와 정치체제를 해명하려는 신고전학파에 대해서 결정적인 타격을 입힌다. 이것은 호모 에코노미쿠스의 "개인적 자유의 기하학적 장소인 드럭스토어와 선거투표소라는 두 유방"들 중 하나인 선거투표소가 난장판이 되는 것을 의미한다.109)

확실성 아래에서의 합리성뿐만 아니라 위험부담과 불확실성하에서의 호모 에코노미쿠스는 확실한 선택을 보장할 수 없는 비결정성(indeter-minacy)을 보인다는 것이 지적되어왔다. 불확실성하에서의 선택과 게임이론이 현재 비약적으로 발전하고 있지만, 한 게임에서 두 개 이상이 균형점이 존재할 수도 있고, 또한 어떠한 해결책도 유일무이한 해결책이 아닌 경우도 있다.110)

(3) 호모 에코노미쿠스의 합리성 비판: 선호의 내부적 일관성과 효용의 극대화의 문제

그러면, 호모 에코노미쿠스의 합리성의 기준인 내부적 일관성과 자기이익의 극대화에 대한 보다 구체적인 비판을 알아보자. 그것은 "비현실적이고, 비생산적이고, 부도덕하고", "한편으로는 너무나 많은 것을 요구하고, 한편으로는 너무나 제한적이고", 또한 "한편으로는 너무나 관대하고, 한편으로는 너무나 편협하다"는 비판이 전개되었다.111) 따라서 그것은 "순전한 허구"이며, 심지어 "허수아비"나 "망상(chimera)"에 불과하다고 신랄한 비판을 당한다. 완전경쟁시장에서의 합리성 모형은 현

실적으로 그러한 시장이 존재하지 않는다는 점에서 많은 비판을 받아왔다. 이러한 비판을 호모 에코노미쿠스의 합리성의 특징으로 간주했던 내부적 일관성과 자기 이익 극대화에 맞추어 논의해보기로 하자. 우선 사람들이 언제나 완전성과 전이성에 따라 행동하는 것이 아니라는 많은 경험적인 연구들이 보고되었다. 특히 우리의 인생에는 쉽게 결단을 내릴 수 없는 많은 딜레마가 존재하기 때문에 완전성을 언제나 충족시키기 힘들다. 그리고 현시 선호 이론에 따르면, 뷔리당의 당나귀는 무차별적 선택을 한 것이 되지만, 사실 그 당나귀는 아무것도 선택하지 않은 것을 선택한 것(non-choice)이다. 이러한 선택은 완전성의 기준을 깨뜨리는 것이다.112) 그리고 선택 기준이 복합적일 때 (가령, 가격차가 크지 않으면 좋은 품질의 상품을 선택하지만, 가격차가 너무 크면 싼 것을 선택) 세 가지 상품 사이의 2항 관계는 전이적이 아닐 수 있다. 그리고 나아가서 내부적 일관성으로서의 합리성은 필요조건은 되지만, 합리성의 충분조건은 아니라는 점이 지적된다. 만일 그것이 자기 이익을 단순히 완전하고 전이적인 선호를 통해 효용을 극대화하는 것으로 규정하면, 그것은 자기 이익을 독립적으로 지칭하지 못하는 순전히 형식적인 기준이 될 뿐이다. 만약 어떤 선호가 이러한 완전성과 전이성을 만족했더라도 그것은 자기 이익이 되지 못한다. 아마르티아 센(Amartya Sen)은 여기서 우리나라의 청개구리와 비슷한 이야기를 통해 내부적 일관성을 비판한다. 즉 어떤 사람이 항상 자신의 이익에 정반대되는 행동을 완전성과 전이성을 만족시키도록 행위해도 그것은 합리적이 되는 우스꽝스러운 사태가 발생한다는 것이다.113) 그래서 최소한 내부적 일관성과 주어진 신념과 욕구 사이에 어떤 조응이 있어야 한다. 따라서 주어진 욕구에 대한 수단적 합리성으로서 현시 선호 이론이 제시된 것이다. 그러나 현시 선호 이론에 대한 비판은 호모 에코노미쿠스의 밖으로 표출된 모든 행동을 합리적으로 보는 것에 모순이 있다. 그것은 합리성이 신념과 욕구, 그리고 행동의 관계에서 가지는 보다 비판적이고 숙고적인 측면을 무시하고 있다.114) 즉 현시 선호 이론은 충동적 선호, 중독, 퇴행적 현상 등을 비판할 수 없게 된다. 쉽게 말하면, 마약중독자는 치유되어야 하고, 학교 가기 싫어하는 아이도 학교에 가야 한다. 어떤 선호가 만족되어야 하는지에 대한 윤리적 가치판단의 문제는 피할 수 없는 것이다. 어떤 선호에 대해서는 충분히 왈가왈부할 수 있다.115)

호모 에코노미쿠스의 합리성의 기준으로 제시된 자기 이익의 극대화는 내부적 일관성으로서 합리성의 기준에 외부적으로 조응하는 독립적인 욕구로서 자기 이익을 상정하는 것이다. 이것은 순전히 도구적 합리성은 아니다. 따라서 호모 에코노미쿠스는 이기적이라는 비판이 떠날 날이 없다. 이러한 비판을 피하기 위해서 경제학자와 합리적 선택이론가들은 모든 선호라도 다 용납하는 순전히 형식적인 효용 개념으로 다시 돌아가거나, 아니면 자기 이익을 포괄적으로 해석해 타인을 돕는 이타심도 결국 자기 이익에 근거한 것이라는 미봉책을 주장하기에 이른다. 그러나 에치오니의 비판에 따르면, 순전히 형식적인 효용 개념은 (실험실에서 먹이를 효율적인 방식으로 먹는) 쥐와 (두 점 사이의 최단거리를 날아가는) 통신 비둘기인 전서구와 인간이 아무런 차이가 없는 최소개념적 합리성으로 공허하고 비생산적이다.116) 그리고 자기 이익과 이타심의 상호 의존적 효용 모형도 부도덕하거나 동어반복적이 된다. 즉 자기를 희생하는 성인과 영웅은 자기희생을 통해서 자기의 효용과 쾌락을 증진해야 되는데, 그렇게 할 수 있는 방식은 오직 자신이 피학대적 성향의 사람이 되는 수밖에 없다. 이것은 매우 불경스러운 일이다. 그리고 타인에 대한 이타심을 포함해서 무엇을 하든지 자기 이익과 효용을 증진시킨다고 주장하는 것은 비생산적인 동어반복일 뿐이다. 호모 에코노미쿠스는 무엇을 하든지 정의상(by definition) 자기 이익과 효용을 극대화하는 하찮은 존재가 되고 만다.117) 그리고 모든 것을 포괄하는 선호를 가정하는 것은 비분화적인 것으로 도덕적 행위와 비도덕적 행위를 구분하지 못하게 한다. 또한 시장에서의 교환의 동기에 관한 아

담 스미스의 주장과 완전경쟁시장의 일반균형이론에서 자기 이익의 가정과 모순된다.118)

(4) 호모 에코노미쿠스 극복을 위한 대안: 합리성의 불완전학파와 확장학파

호모 에코노미쿠스의 합리성이 이렇게 문제투성이라면, 당연히 대안이 존재해야 할 것이다. 호모 에코노미쿠스에 대한 가장 체계적인 대안은 합리성의 불완전학파(the imperfect school)와 확장학파(the extended school)이다. 이러한 두 학파는 합리성 모형에 대한 비판에서 한편으로는 너무나 많은 것을 요구하고 한편으로는 너무나 제한적이라는 딜레마의 두 뿔을 피해 가기 위해서 제시된 것이다.119) 불완전학파는 두 방향에서 전개된다. 그 한 방향은 호모 에코노미쿠스의 합리성의 특징으로 가정된 확실성 아래에서의 완전한 정보를 통한 극대화에 대한 비판이다. 효용의 극대화로서의 합리성은 심지어 시장 영역에서도 적용될 수 없는 비현실적인 기준이라고 비판된다. 허버트 사이먼(Herbert Simon)은 시장에 대한 완전한 정보를 이용할 수 없는 제약적 상황에서는 효용의 극대화를 달성할 수 없다는 것을 지적한다. 그래서 그는 극대화를 대체할 개념으로 충족화(satisficing) 개념을 제시하는데, 이것은 "제한적 합리성(bounded rationality)"에 기반하고 있다. 가령 우리가 이사할 집을 고를 때, 예산에 맞추어 대충 서너 집을 둘러보고 어떤 집이 만족할 만한 수준에 왔다고 할 때 그 집을 선택하는 주먹구구식의 원칙을 적용한다. 일반적으로 회사와 조직에서도 사람들은 실행 가능한 대안들 중 최선의 대안을 끝까지 찾으려 하지 않고, 대개 만족스러운 대안에 귀착한다는 것이다. 이러한 제한적 합리성은 정보의 제약 아래 회사 경영과 조직을 비교적 만족스럽게 운영하려고 노력하는 경영적 인간(administrative man) 혹은 조직적 인간(organization man)을 보다 현실적인 인간 모형으로서 제시한다.120)

합리성의 불완전학파의 또 다른 방향은 일견 비합리적으로 혹은 불합리하게 보이는 행동을 단순하게 비합리성이나 불합리성을 표출하는 것으로 보는 것에 반대한다. 그래서 불합리성을 완전히 제거하지는 못하더라도 미리 그것을 어느 정도 제거할 수 있는 차선책을 모색하는 불완전한 합리성(imperfect rationality)의 개념을 원용하는 것이 언제나 완전한 합리성을 달성한다는 가정보다 현실적이라는 것이다. 불완전학파는 오디세우스가 사이렌의 유혹을 물리치기 위해서 부하들에게 돛대에 몸을 묶으라고 한 것에 착안한다.121) 이러한 관점에서 불완전학파는 자기 통제, 사전공약과 헌신, 의지박약, 시간 선호의 문제를 다룬다. 불완전학파는 현시 선호 이론이 다루고 있지 않은 선호의 형성과 변화의 문제를 좀 더 세밀하게 추적한다.

확장학파는 인간의 동기와 합리성이 자기 이익의 극대화만이 아니라고 보고, 호모 에코노미쿠스의 동기와 합리성을 확장한다. 확장의 영역에 포함되는 것은 사회적 규범과 제도, 습관과 관습, 감정, 이타주의, 도덕적 동기의 내면화, 충성과 선의, 의무, 공약과 헌신, 철학적 의미 부여, 그리고 공동체적 결속감 등 매우 다양하다. 여기서 동양적 모형도 한몫을 거들고 있다.122) 또한 호모 소시오-에코노미쿠스(homo socio-eco-nomicus)를 비롯한 보다 포괄적인 신인류가 탄생하고 있다. 이미 비판했던 자기 이익과 이타심의 상호 의존성 모형도 이 학파의 초장기 시도라고 해석할 수도 있다. 최근에는 자기 이익과 이타적 동기를 모두 기본적 동기로서 병치하는 방법과 복수적 동기를 위계적 질서로 정렬시키는 방식이 모색되고 있다. 호모 에코노미쿠스의 합리성을 인정하되 그것을 보다 고차적인 합당성의 제약 아래 종속시키는 것도 그 하나의 방법이다. 그러나 전통적으로 호모 에코노미쿠스는 자기 이익 이외의 동기는 완전경쟁시장에서의 외부성(externality)으로 간주할 뿐이었다. 확장학파는 윤리학을 합리성에 정초시키는 시도와도 밀접하게 연관되어 있다. 애로우 스스로도 자기의 불가능성 정리를 해결할 수 있는 것은 아마도 사회계약론에 근거한 확장된 동정심(extended sympathy)일 것이라는 것을 피력한 바 있다.123) 이것이 바로 경제학자들이 롤즈의 『정의론』에 주목하는 중요한 이유가 된다.

(5) 호모 에코노미쿠스에 대한 철학적 비판

전통적으로 호모 사피엔스의 이성에 기초하고 있다고 자부하는 철학 분야에서 호모 에코노미쿠스의 합리성의 문제를 방관할 리가 없다. 그래서 논리학, 의사결정론, 합리적 행동론, 사회과학의 철학, 인식론과 과학방법론, 그리고 윤리학의 분야에서 많은 비판적 논의들이 쏟아지고 있다. 우리는 여기서 윤리학 쪽에서 호모 에코노미쿠스에 대한 체계적인 비판을 전개하고 있는 존 롤즈(John Rawls)와 데이비드 고티에(David Gautheir)를 간략히 언급할 것이다. 그들은 모두 사회계약론적 윤리학을 수용하고 있으므로 2절에서 본 것처럼 호모 에코노미쿠스와 많은 철학적 방법론적 전제를 공유하고 있다. 그러나 그들은 각각 분배적 정의와 수인의 딜레마 상황의 해결을 위한 관점에서 비판을 제기한다. 우선 분배적 정의의 문제부터 살펴보자. 이미 언급한 것처럼, 호모 에코노미쿠스는 생산에 대한 각 개인의 기여에 기초하여 누구에게나 공정한 소득분배가 이루어질 것이라는 기대를 갖는다. 그러나 이러한 기대의 배경이 되는 완전경쟁시장은 현실적으로 존재하기 힘들다. 그래서 독과점에 대한 정부의 억제와 불균형적인 현실적 시장에서의 이득에 대한 재분배적 정책이 필요하게 된다.124) 그리고 분배의 기준으로서의 파레토 최적성은 많은 문제점을 가지고 있음이 비판된다. 우리는 아담 스미스의 "보이지 않는 손"의 작용도 "정의의 조건이 위배되지 않는 한"이라는 단서가 붙어 있다는 것을 명심해야 한다.125) 롤즈의 『정의론』(1971)은 호모 에코노미쿠스와 공리주의를 분배적 정의의 관점에서 비판함으로써 규범적인 도덕철학 및 정치철학의 부활을 주도한 대작이다.126) 롤즈는 초기에 호모 에코노미쿠스를 선택의 공정성이 보장되는 무지의 장막이라는 불확실성하에서의 제약 아래 둠으로써 호모 에코노미쿠스가 최대수혜자의 기대치를 최대로 증진시키는 최소극대화 규칙(maximin rule)을 분배적 정의원칙으로 채택할 것이라고 기대했다. 그러나 롤즈는 불확실성하에서의 선택에 관한 논란으로 말미암아 이러한 시도가 실패로 돌아갔음을 자인하게 된다.127) 이제 롤즈는 호모 에코노미쿠스의 합리성(the rational)은 각자의 이익 추구가 자유롭고 평등하게 보장되는 배경 조건인 고차적인 합당성(the reasonable)의 제약 아래에서만 작동 가능하다는 것을 주장하고, 분배적 정의는 개인적 합리성보다는 역사 상황적인 합당성에 기초해야 한다고 주장한다. 개인적 합리성은 다만 자기발견의 도구(a heuristic device)에 불과하다는 것이다.128)

오늘날 철학 분야에서 호모 에코노미쿠스에 관한 가장 철저하고도 체계적인 논의를 전개하고 있는 것은 고티에이다. 그는 『합의도덕론』(1986)에서 자유주의적 개인은 (호모 에코노미쿠스의 무분별한 자기 이익의 극대화로 야기되는 수인의 딜레마 상황을 제어할 수 있는 신사회계약론적 합의도덕에 의해서 계몽되어) 자기통제의 덕목을 가짐으로써 개인적 이익의 추구와 모든 사람에 대한 상호 이익의 증진이 연계되는 호조건의 영속화를 합리적으로도 정서적으로도 도모할 수 있는 유의미한 개인적 주체로 살아남을 수 있다는 희망을 합리적 선택이론을 원용해서 인상적인 방식으로 펼치고 있다. 그의 주장의 요체는 합리성에 대한 공평한 제약으로서의 도덕성이 바로 호모 에코노미쿠스의 자기 이익의 극대화인 합리성 자체로부터 유래한다는 것이다. 즉 자기 이익의 극대화의 합리성의 개념에서 바로 자기 이익의 제한적 극대화로서의 합리성의 개념이 나온다는 것이다. 이러한 주장은 일견 모순처럼 보인다. 합리성의 외부적 제약으로서의 도덕성이라는 전통적 신념과 외부적인 도덕적 제약을 상정하지 않는 호모 에코노미쿠스의 특징을 볼 때, 고티에의 시도는 처음부터 불가능한 것처럼 보인다. 그러나 그것이 가능하다는 것이 고티에의 신사회계약론적 윤리학의 핵심이다. 그것도 단순히

"정직은 최선의 정책"이라는 격언적 교훈이나 흔히 말하는 "계몽적 자기 이익(enlightened self-interest)"이라는 도덕적 권고가 아니라, 정교한 합리적 선택이론의 탁월한 구사를 통해서 그 가능성을 입증하겠다는 것이 고티에의 전략이다. 따라서 고티에는 "합리적으로 선택하기 위해서는 도덕적으로 선택해야만 한다(To choose rationally one must choose morally)"는 매우 강한 주장을 내세우고 있다.129) 어떤 의미에서 고티에의 시도는 호모 에코노미쿠스와 호모 모랄리스(*homo moralis*)가 한 몸임을 증명하는 것이라고도 볼 수 있으나, 호모 에코노미쿠스가 진정한 자유주의적 개인으로 살아남기 위해서는 호모 모랄리스로 환골탈태해야 한다는 것을 주장하는 것으로 보는 것이 더 타당할 것이다. 그러나 그 환골탈태의 기운은 호모 에코노미쿠스의 스스로의 자각에서 오는 것이다.

결론적으로 신고전학파의 호모 에코노미쿠스를 비판하는 철학자들과 경제학자들의 의견을 종합해보건대, 호모 에코노미쿠스는 자기 모습 그대로는 살아 있기는 힘든 것으로 보인다. 만약 그대로 살아 있을 수 있다고 주장하는 사람이 있다면, 그는 호모 에코노미쿠스에 대한 살인(homo-economicide)의 범의(*mens rea*)을 저지할 만한 강력하고도 합리적인 설득력을 내보여야만 한다.

2) 호모 에코노미쿠스 살리기

(1) 살리기의 방법론적 전략

호모 에코노미쿠스를 있는 그대로 살려볼 것을 주장하는 사람들은 소수이기는 하지만 아직도 존재하고 있다.130) 호모 에코노미쿠스를 있는 그대로 살리려면, 가장 먼저 대적해야 할 일은 호모 에코노미쿠스가 비현실적이라는 비판이다. 비현실적이라는 것은 사람들이 합리성이 요구하는 대로 행동하지 않기 때문이다. 물론 호모 에코노미쿠스의 합리성이 비현실적이라는 것을 인정하지 않는 강성 옹호자들도 있을 수 있겠지만, 어떠한 왜곡이 없이 "완벽한 실재론"을 주장할 수는 없을 것이다. 만약 완벽한 실재론을 주장하지 않는다면, 그 다음 가능한 것은 호모 에코노미쿠스는 비록 완전하지는 않지만 거의 실제에 가깝기 때문에 사람들이 호모 에코노미쿠스처럼 행동한다고 가정한다고 해도 큰 문제가 없다는 것이다.131) 그러나 대부분 호모 에코노미쿠스 옹호자들은 조금 더 양보해서, 호모 에코노미쿠스가 비현실적이라고 하더라도 그것은 "유용한 최초의 근사치(a useful first approximation)"라는 것이다. 따라서 호모 에코노미쿠스는 자기발견적 기능(a heuristic function)을 가질 수 있다는 것이다.132) 이러한 관점에서 밀턴 프리드먼(Milton Friedman)과 앤서니 다운즈는 호모 에코노미쿠스의 타당성은 그 가정의 현실성이 아니라 예측의 정확성에 의해서 검증되어야 한다고 주장한다.133) 이론적 모형과 가정은 다양하게 착종된 현실세계를 설명하기 위한 분석적 도구로서 비본질적 요소들로부터의 추상화와 단순화가 필연적으로 요청된다. 다른 잡다한 요소들을 모두 집어넣는 것은 인과적 연관성을 모호하게 만든다. 이것은 물리학에서의 분자를 매끄럽고 탄력적인 것으로 가정하면서도 정확한 예측을 이끌어내는 열역학 모델을 염두에 둔 것인데, 사회과학은 물리학과 동일한 것은 아니라는 비판과 함께 정치학과 사회학, 심리학 등 다른 사회과학자들의 큰 반격을 불러왔다. 호모 폴리티쿠스의 옹호자들은 합리적 투표자의 역설의 문제를 들고 나온다. 투표 행위를 두고 볼 때 정치적 의무와 참여 동기에 대한 호모 에코노미쿠스의 합리성이 유용한 근사치에 있다고 할 수 없다. 그것은 투표하러 가지 않은 다수의 사람들을 설명하고 예측할 수 있지만, 투표하러 가는 또 다른 다수의 사람들을 설명하고 예측할 수 없기 때문이다.134) 그래서 경제학의 이론적 가정도 현실적 연관성과 정책 제안성을 가지려면, 서술적인 정확성이 있어야 한다고 주장하는 경제학자들도 많다. 시중에서 흔히 찾아볼 수 있는 경제원론에서도 경제학적 가정도 현실성을 가

져야 하는 문제는 아직 결말이 나지 않은 방법론상의 문제로 치부하고 넘어간다.135)

　보다 정교한 호모 에코노미쿠스의 모형은 베버식의 "이상형(ideal type)"인데 행위의 지침으로써 작용하는 것이다. 그러나 이러한 이상형은 실증과학으로서의 경제학을 실질적으로 포기하는 것이며, 호모 에코노미쿠스의 가정을 검증할 수 없는 것으로 만든다. 사실 존 엘스터(Jon Elster)가 인정한 대로 합리적 선택이론에 대한 규범적 대안은 없다.136) 호모 에코노미쿠스는 우리가 목적하는 바가 무엇이든 간에 이를 가장 잘 성취하기 위해서 어떻게 할 것인가를 말해줄 따름이다. 그러나 만약 사람들이 자기 이익을 추구하는 것이 규범적으로 합리적이라고 하더라도, 합리적 선택이론이 유일한 처방을 내려주지 못할 때는 문제가 생긴다. 이것은 호모 에코노미쿠스가 확실성에서 위험부담과 불확실성으로 나아갈수록 더욱 심각하다. 호모 에코노미쿠스의 가정이 규범적이라고 할지라도 사회가 호모 에코노미쿠스를 조장하는 방식으로 나아가는 것이 옳은 것인지, 그것을 규제하는 방식으로 나아가는 것이 옳은 것인지는 여전히 미지수이다. 이것은 호모 에코노미쿠스를 가정하는 합리적 선택이론 내에서는 결정할 수 없는 메타적인 문제이다. 따라서 조프리 브렌넌(Geoffrey Brennan)과 제임스 뷰캐넌(James Buchanan)은, 호모 에코노미쿠스의 가정은 서술적인 목적으로 사용될 것이 아니라, 어떠한 정치경제적 제도와 입헌체제를 선택하는 것이 합리적인가를 다루는 규범적 이론으로 사용되어야 한다고 주장한다.137) 그런데 뷰캐넌의 입장은 약탈과 방어의 자연적인 균형을 출발점으로 해서 헌법제도를 선택하고, 그 이후에는 합법적인 제도 아래서 필요한 조정을 하면 된다는 것이다. 그러나 우리는 호모 에코노미쿠스의 합리성이 어떤 사회적 제도가 선택되는 것이 합리적인가에 대한 최종적 판관이 되기에는 너무나 많은 다른 고려 사항들이 필요하다는 것을 인정해야만 한다. 그리고 철학 내에서도 합리적 선택이론을 정치철학과 윤리학의 기초로서 이용하려는 롤즈와 고티에, 하사니 등의 논쟁도 합리적 선택이론 내에서는 판결될 수 없다는 비판적 인식도 고조되고 있다.[138]

그렇다면, 합리성의 역설과 시장의 실패와 애로우의 불가능성 정리에 대해서는 호모 에코노미쿠스 옹호자들은 어떻게 대응하고 있는지를 살펴보자. 호모 에코노미쿠스는 타인과의 관계에서 스스로 합리성의 역설과 시장의 실패를 깊이 인식하고, 그러한 점에서 정부의 필요성과 사회제도의 필요성을 합리적으로 요구할 수 있다는 것이다. 이러한 관점에서 그들은 애로우의 불가능성 정리도 해결되기를 희망한다. 즉 개인적 선호와 유사한 사회적 선호가 있다고 생각하는 것을 어리석다고 비판한다.[139] 그러나 이것은 호모 에코노미쿠스의 방법론적 개체주의를 버리는 외부적 해결책일 뿐이다. 만약 (애로우가 내건 사회적 의사결정의 여러 가지 요건을 배격하지 않고) 애로우의 문제 상황을 받아들인다면, 호모 에코노미쿠스들의 선호로부터 내부적으로, 즉 비독재적으로 그러한 해결책이 나올 수는 없다. 그렇다면, 애로우의 불가능성 정리를 해결하기 위해서는 호모 에코노미쿠스들의 선호 중 어떠한 선호가 중시되어야 하는가에 대한 근거가 필요하다. 그러나 그것은 호모 에코노미쿠스의 수단적 합리성이 해결할 수 없다. 그것은 철학적 규범론을 필요로 한다.[140]

그런데 시장의 실패에 관한 문제에서 호모 에코노미쿠스 옹호자들은 정부의 실패도 아울러 강조한다.[141] 이러한 관점에서 흔히 시장의 실패의 한 전형으로 간주되고 있는 환경위기 문제의 해결도 지나친 규제 일변도의 정부 개입은 오히려 비효율적임이 지적된다. 환경정책도 호모 에코노미쿠스의 경제적 유인과 효율성과 양립 가능하도록 추진되어야 한다는 것이다. 즉 채찍과 당근이 교묘하게 배합되어야 한다는 것이다. 최근 게임이론가들과 사회진화론자들은, 호모 에코노미쿠스는 적어도 면접적이고 반복적인 게임에서는 수인의 딜레마 상황에서도 스스로 협동의 원리를 산출할 수 있다고 주장하고 나선다. 그리고 어떤 사회적 규범은 합리적 계산의 결과라고 주장한다. 즉 반복함으로써 암시적인 위협과 약속을 할 가능성이 생기며, 보복에 대한 두려움, 상호 보답의 기대감, 혹은 감정적 공감도 생길 수 있다.142) 그러나 이러한 주장은 "복도 우측 통행"과 같은 기초적인 조정(coordination)의 문제에서는 타당성이 있다고 하더라도, 협동의 방식과 고차적인 도덕원칙의 구체적인 선택에서는 별 효력이 없다. 그리고 이러한 반복적 모형은 비면접적인 익명사회에서 벌어지는 수인의 딜레마 문제를 해결할 수 없다. 또한 반복적 게임에서 교훈을 배우기 위해서는 모든 사람들이 미래를 무시하지 않고 현재 시간의 가치만을 중시하지 않는 동일한 선호를 가지고 있어야 가능하다. 근시안적인 사람은 협동을 깨뜨릴 수 있기 때문이다.143)

(2) 호모 에코노미쿠스의 합리성 구원: 선호의 내부적 일관성과 효용의 극대화 옹호

그러면 호모 에코노미쿠스의 합리성의 내부적 일관성의 문제를 살펴보자. 아마르티아 센이 지적한 바와 같이, 사람들이 비일관적으로 행동할 때, 신고전학파 경제학자들은 사람들이 선호를 바꾸었음이 틀림없다고 주장함으로써 난관을 피해 나가려는 경향이 있다.144) 그러나 이렇게 답변하는 것은 합리성의 가정을 결코 검증되거나 반증될 수 없는 동어반복적인 것으로 만든다. 현시 선호 이론을 주창했던 폴 새뮤얼슨(Paul A. Samuelson)은 어떠한 대가를 지불하고서라도 내부적 일관성에 대한 동어반복적인 규범적 옹호를 계속 주장할 의도를 보이고 있다.145) 그런데 내부적 일관성에 대한 근래의 경험적인 조사는 대부분의 사람들이 완전히 일관적이지도, 그렇다고 완전히 비일관적이지도 않지만 합당한 정도로 그들의 선호에서 일관적이라는 것을 입증한다. 이러한 주장은 내부적 일관성이 완벽한 서술적 정확성을 가질 수 없다는 것을 인정한다. 그러나 믿을 만한 경험적인 증거는 "내부적 일관성이 대부분의 선호의 서열화에 적용된다"는 것을 입증한다고 주장한다.146) 이것은 호모

에코노미쿠스 옹호의 전략 중 "유용한 근사치(a useful approximation)" 논변을 동원하는 것이다.

이어서, 호모 에코노미쿠스가 죽을 때 이기심만은 무덤으로 가지고 갈 것이라는 조롱을 신고전학파 경제학자들은 어떻게 답변하는가를 살펴보자. 우선 그들은 자기 이익 극대화는 사람들의 실제적인 내면적 동기가 아니라 시장의 외면적 거래관계만을 지칭한다고 주장한다. 사람들은 자기 이익의 극대화만이 아니라 다양한 이유에서 시장에서 거래한다는 것이다. 그러나 거래 상대방의 이익에 대해서는 감안하지 않는다는 것이다. 에치오니가 분석한 것처럼, 내면적 동기와 외면적 동기의 상호 의존성을 주장하는 것이 아니라,147) 어떠한 내면적 동기를 가지더라도 외면적 동기는 자기 이익의 극대화로 가정할 수 있다는 것이다. 이러한 가정은 시장의 작동과 사람들의 경제적 행동에 대한 유용한 예측에 사용될 수 있다. 예를 들어 사도 바울이 천막을 만들고 타인과 거래할 때, 그것이 하나님의 영광을 실현하기 위한 것이든 교회를 위한 것이든 친구를 위한 것이든 자신을 위한 것이든 시장 운영의 타당성에 영향을 미치지 않는다. 시장이론은 시장에서 사람들의 행위에 대한 충분할 정도의 예측과 설명이 가능하다면 타당성을 인정받을 수 있다.148) 이것은 프리드먼의 "예측의 정확성론"과 일치한다. 물론 신고전학파 경제학자들은 경제적인 아닌 교환과 거래도 시장과 인간사회에서 많이 발생한다는 것을 인정한다. 그래서 그들은 설령 인간의 경제적 측면이 시장적 예측을 가능하게 만들 만큼 지배적이 아니라고 하더라도, 호모 에코노미쿠스는 인간 행위의 경제적 측면에 대한 형식적 설명과 가설로서는 아직도 유효하다는 것이다. 그리고 그러한 가설은 실제적 테스트가 아니라 개념적 테스트를 통해서 입증되어야 한다는 것이다. 결국 호모 에코노미쿠스의 합리성은 타인과의 거래에 있어서 "적은 것보다는 많은 것을 선택한다"는 최소한의 핵심(the barest essentials)만이 남는다. 그러나 지금까지 어느 누구도 "많은 것보다는 적은 것을 선택한다"는 이론을 통해서 인간의 행동을 보다 잘 기술하거나 예측한 적은 없었다.[149) 또한 이타주의적 동기를 가지고 있는 사람들의 거래에도 호모 에코노미쿠스적 합리성은 필요하다.[150)

여기에 관련해서 호모 에코노미쿠스는 현실세계에 존재하고 있는 것이 아니고, 세상일이 잘못되어가고 있어 자신의 이익을 지킬 필요가 있는 경우나, 혹은 타인과의 관계에서 최악의 경우를 예상할 필요가 있는 경우 나타난다는 견해도 있다.[151) 물론 성악설보다는 성선설이 모양이 좋겠지만, 성악설의 가정은 위험 대비책으로서의 이 세계를 살아가는 인생철학적 보험이라는 것이다. 즉 단순히 상대방을 이타적이라고 생각하는 것보다 이기적이라고 생각하고 거기에 대비하는 것이 상대방과 상업적 거래와 계약을 작성할 때 현명한 대비책이라는 것이다. 그리고 현대사회가 첨예한 경쟁사회이고 분배의 몫을 더 확보하려고 혈안이 되어 있다고 한다면, 적어도 타인과 상호 무관심한 이기심을 가정하는 것이 필요하다는 것이다. 이것은 철학적으로 볼 때 자기 이익의 가정은 심리학적 이기주의나 윤리학적 이기주의로 볼 것이 아니라 방법론적 이기주의로 보아야 한다는 것을 의미한다.[152)

여기서 호모 에코노미쿠스의 "패러다임적 특혜"가 존재한다. 설령 그 이론이 문제가 많다고 해도 더 나아가서 완전히 실패했다고 하더라도, 호모 에코노미쿠스는 하나의 출발점, 하나의 대비점 혹은 기준점으로서 (다른 대안적 이론의 발전을 위해서도) 아직도 유효하다는 것이다.[153) 많은 사람들이 인정하듯이, 호모 에코노미쿠스를 가정한 신고전학파의 합리성 모형은 그것이 완벽해서라기보다는 아직까지 그것에 필적한 만한 간결하고(simple) 절약적인(parsimonious) 대안이 없다는 사실에 기인한다.[154) 그러나 간결하고 절약적인 가정이 이론 체계의 유일무이한 기준은 아니다. 신고전학파 경제학자들은 자기 이익의 추구라는 간결한 가정에서 나타난 비합리성을 배제하기 위해서 얼마나 많은 임시적 가정들, 가령 선호의 변경, 선호의 실질적 내용 배제, 정보 수집 비용의 절감

등을 도입하였는가를 생각해보아야 한다. 경제학의 가설은 "다른 조건들이 같다면(*ceteris paribus*)"이라는 조건을 걸고 하나의 변수를 검증하려고 하지만, 다른 조건들이 같은 경우는 거의 없다. 세상은 변하고 복잡다단하여 다른 상황을 고정적으로 놓고 예측하는 것은 세상을 이론에 맞추는 것에 불과하다. 경제학자들이 지금까지 정확한 수요 예측은 고사하고, 경기변동 같은 거시경제적 측면에서 제대로 된 예측을 한 것이 얼마나 되는가?155)

(3) 호모 에코노미쿠스의 대안 논박: 합리성의 불완전학파와 확장학
    파 호도

그렇다면, 신고전학파의 합리성 모형에 대한 체계적인 대안으로 제시되었던 합리성의 불완전학파와 확장학파에 대해서는 신고전학파 경제학자들이 어떠한 대응을 하는지 살펴보기로 하자. 우선 사이먼의 충족화 모형에 대해서 그들은 실제적인 차이가 없다고 주장한다. 즉 충족화 모형은 정보 수집의 비용과 제약 요소를 감안할 때 각 개인들이 최선을 다한 것으로 보아야 한다. 그리고 어떤 사람이 만족할 만한 수준에 도달했다는 것은 사람들이 실제로 만족하고 있다는 것을 의미하지 않는다. 사람들이 더 많은 정보를 얻게 되면, 그들은 그 만족의 열망 수준을 높이려고 할 것이고 이것은 결국 그의 효용의 수준을 높이려는 것이다. 그래서 호모 에코노미쿠스가 효용을 극대화할 것이라는 가정은, 그는 주어진 정보를 통해 더 많은 것을 적은 것보다 선호할 것이라는 것을 의미한다. 그래서 호모 에코노미쿠스를 옹호하는 사람들은 "우리가 신처럼 전지전능하지 않다면, 극대화와 충족화는 동일한 것이다"라고 주장한다.156) 그리고 호모 에코노미쿠스의 옹호자들은 사회진화론도 이용한다. 그러한 충족화의 주먹구구식 전략을 사용하는 것은 정보 수집의 비용과 불확실성을 감안하여 기업이 살아남기 위한 것인데, 그 가운데에서도 최적합한 충족화의 주먹구구식 전략만이 살아남는다는 것이다.157)

엘스터가 지적한 것처럼, 사이먼의 충족화 이론이 충족화의 열망 수준을 간단명료하게 설명할 수 없다는 사실 때문에 그것은 아직 지배적인 패러다임이 되지 못한다.158)

비합리성을 처리하려는 불완전학파의 입장에 대한 호모 에코노미쿠스의 옹호자의 반응도 비슷하다. 불완전학파의 입장은 비우호적인 상황에서 합리성을 최대로 증진하려는 전략적인 대비책으로 생각될 수 있다는 것이다. 그러나 이러한 대답은 사람들이 행동하는 대로 행동하는 것에 불과하다는 동어반복에 귀착된다. 호모 에코노미쿠스의 옹호자들은 합리성의 불완전학파를 납득시키기 위해서는 합리적 욕망과 신념, 그리고 행동의 관계를 보다 명확하게 해야 한다.159) 이것은 선호의 기원과 변경에 대해서 호모 에코노미쿠스는 더 많은 관심을 기울여야 한다는 것을 말한다.

그러면 이기심 이외에 다른 동기를 가정하는 합리성의 확장학파에 대한 반응을 알아보자. 호모 에코노미쿠스 옹호자들은 다른 동기를 갖는 것은 단기적인 이익보다는 장기적인 이익을 생각하는 호모 에코노미쿠스의 고도의 술책이라는 것이다.160) 그러나 이러한 대답은 도덕을 다만 "필요악"이나 "편리한 속임수"로 전락시킨다. 호모 에코노미쿠스 각자에게는 그것이 크게 문제될 것이 없지만, 그러한 호모 에코노미쿠스들의 사회가 안정되게 유지된다는 아무런 보장도 없다.161) 확장학파에는 자기 이익 극대화 이외의 동기를 가정하는 것과 자기 이익의 극대화의 상위에 다른 동기를 가정하는 두 가지 입장이 있다. 호모 에코노미쿠스 옹호자들은 이타심 등 다른 도덕적 동기를 상위에 가정하는 것도 이기심의 동기로 설명 가능하다는 주장을 펼친다. 그러나 에치오니가 갈파한 것처럼 이러한 주장은 동어반복이거나 부도덕한 설명이 되는 모순이 봉착한다.162) 근래에 로버트 프랭크(Robert Frank)는 그동안 호모 에코노미쿠스에서 배제되어왔던 감정, 도덕적 동정심, 복수 충동, 신용, 양심의 가책을 호모 에코노미쿠스의 전략적 합리성으로 포섭하려고 시도한다.163) 프랭크의 입장은 신고전학파의 기본적 모형에 대한 하나의 대안으로서는 확장학파에 속하지만, 신고전학파에게는 오히려 기본적 모형을 해치지 않고 그 영역을 확장시켜준 공로를 인정받고 있다.164)

물론 "당위는 가능성을 내포한다"는 관점에서 이타심을 이기심으로 설명하려는 시도는 바람직한 것이기는 하지만, 합리적으로 가능하다고 해서 다 당위적인 것은 아니다. 그러면 이기심과 다른 동기를 병치하는 확장학파에 대해서 호모 에코노미쿠스 옹호자들은 어떠한 반론을 전개하는지를 살펴보자. 확장학파는 신고전학파에게 다치적 효용함수(multivalued utility function)를 주장하는 것으로 해석된다. 우선 실천적 합리성은 무엇이 합리적인 것인가에 대한 해결책이 있어야 한다. 그러나 다치적 효용함수는 사회연관적 선호와 개인적 선호 중 어떤 것이 우선하는가 하는 중요한 문제에 대해서 애매모호하다. 이러한 문제는 결국 합리성의 원칙에 의해서 결정되어야 하는데, 만약 선택이 내려져야 한다면, 왜 애매모호한 효용함수의 구성을 선호해야 하는지가 명백하지 않다는 것이다. 또한 다치적 효용함수는 신고전학파가 선호하는 수학적 정식화가 더 힘들다는 것이다.165)

(4) 호모 에코노미쿠스의 규범적 옹호: 자유지상주의적 개인주의의 최후 보루

그러면 방법론적 문제에서 호모 에코노미쿠스를 보다 실질적인 가치와 규범을 통해서 옹호하려는 시도를 살펴보기로 하자. 호모 에코노미쿠스에 대한 3인의 대적자와 7인의 살해자를 언급했던 메르퀴오르는, 그들이 근대가 이룩한 진보에 대한 거시적 접근법만을 중시함으로써 개인주의적 이해를 불가능하게 하며, 또한 근대 자유주의의 기초적 성과인 외부로부터 간섭 배제라는 "부정적 자유지상주의(negative libertarianism)"의 합법화를 방해한다고 주장한다. 그들이 호모 에코노미쿠스를 배제한다면, 개인들의 실질적인 동기를 무시하게 될 것이며, 따라서 사회과학은 점점 더 비현실적인 모형이 된다는 것이다. 호모 에코노미쿠스는 인간의 선택과 이상형의 반영으로서 생존해야 한다는 것이다.166) 호모 에코노미쿠스 옹호자들은, 호모 에코노미쿠스는 그동안 "과도하게 사회화된 인간"을 "다시 불러오는" 주술과 같은 것이라고 주장한다. 개인의 행동을 사회적 구조에 의해서 결정된다고 보는 것은 인간의 개인주의적 자율성을 해칠 뿐만 아니라 자신의 책임을 사회구조와 환경에 돌리는 책임 전가밖에 되지 않는다.167) 그리고 설령 사회적 구조와 규범이 개인들이 선택할 수 있는 실행 가능한 대안들과 그 범위를 한정하는 것을 인정하더라도, 그것은 개인들이 선택하고 결정할 수 있는 것이 아무것도 남지 않았다는 것을 의미하지 않는다. 그리고 현실적으로 볼때 많은 사회적 제도와 규범들은 개인들의 목적 추구에 적합하지 않았기 때문에 그 역할을 다하면 폐지된 경우가 비일비재하다는 것이다. 따라서 사회적 규범과 제도 이론은 규범과 제도가 언제 안정적이고 언제 개인적 합리성에 의해서 변경되고 폐지되는가에 대한 명백한 기준을 제시하지 못한다는 것이다.168) 근래에 호모 에코노미쿠스 옹호자들이 사회적 규범과 제도도 합리적 계산의 관점에서 설명하려는 많은 시도를 전개하고 있으나 이것 역시 성공했다고 말하기에는 아직도 많은 제약 요소가 있다.

호모 에코노미쿠스에 대한 이러한 규범적 옹호는 분배적 정의의 문제를 통해서 가장 극명하게 전개된다. 분배적 정의에 관련해서 호모 에코노미쿠스에 대한 규범적 변호는 로버트 노직(Robert Nozick)이 전개한 바 있다. 노직의 『아나키, 국가, 그리고 유토피아』는 프리드먼과 하이에크의 자유시장체제에 대한 옹호에 동조하면서, 국가 간섭에 의한 경제적 재분배를 거부하는 자유지상주의적 최소국가에 대한 철학적 기초를 제시한다. 사유재산과 개인적 자유에 대한 옹호를 통해 노직은 롤즈의 복지국가적인 분배적 정의관을 규범적 관점에서 비판한다. 즉 롤즈가 주장하는 최소극대화 규칙(maximin rule), 즉 "최소수혜자의 기대치를 최대로 증진하라"는 차등의 원칙(the difference principle)과 같은 "정형적 원리(the patterned principle)"에 따른 분배적 정의론은 개인들의 사유재산권에 대한 자유를 끊임없이 침해하게 된다는 것이다.169) 그는 롤즈식으로 사회의 현재적 분배구조만 문제 삼는 것은 비역사적이라고 비판하고, 각 개인이 어떻게 소유물에 대해서 소유 권리나 응분의 자격을 갖게 되는가의 역사적 상황이 고려되어야 한다고 주장한다. 이러한 그의 주장은 하나의 정의론으로 간주될 수 있으며 소유물에 대한 소유권론(entitlement theory)이 중심이므로 "정의의 소유권론(the entitlement theory of justice)"이라고 규정될 수 있다. 그러나 호모 에코노미쿠스의 자유지상주의적 변호는 나중에 노직이 자유지상주의를 포기함으로써 그 철학적인 호소력을 상당 부분 상실하게 된다.170) 이제 호모 코노미쿠스는 든든한 철학적 후원자마저도 잃은 셈이다. 아! 이제 누구 있어 그를 구원할 것인가?

5. 에필로그: 호모 에코노미쿠스의 생사가판과 인류의 미래

1) 생사가판의 철학적 회한

호모 에코노미쿠스에 대한 생살통색(生殺通塞), 살고 죽이고 앞길을 열고 막는 일은 21세기를 지향하는 인류사회가 당면한 가장 중요한 안건 중의 하나이다. 우리는 이제 호모 에코노미쿠스의 생사를 가판해야 할 입장에 있다. 우리는 최종적인 가판에 앞서 그 죽음의 이유를 엄밀하게 고려할 때만 "비로소 인간의 행동을 보다 일반적으로 설명할 수 있을 것이고, 거기서 합리성 개념은 특권을 부여받으면서도 배타적이지 않은 역할을 수행할 수 있을 것이다"라는 신념에서 호모 에코노미쿠스를 "(시체) 해부"했다.171) 그러나 그 속은 판도라의 상자였고 수많은 장면이 찍힌 블랙박스였다.172)

모든 것을 다시 요약하지는 않을 것이다. 차라리 여기서는 호모 에코노미쿠스에 대한 거침없는 철학적 에필로그가 필요하리라고 생각된다. 신고전학파 경제학자가 가진 정교한 수학적 능력이 없는 철학자가 호모 에코노미쿠스와 일반균형이론을 제대로 이해할 수 있을까? 플라톤과 라이프니츠와 러셀과 화이트헤드라도 모두 다시 나서야 할 것 같다. 자세히 알고 보았더니, 호모 에코노미쿠스의 성공담은 중요한 인생철학과 처세술이 되어 철학자들의 밥그릇마저 잠식하고 있다. 호모 에코노미쿠스는 재테크와 시테크를 넘어 이제 인생테크까지 장악한 것이다. 호모 에코노미쿠스와는 거리가 멀다고 생각하는 점잖은 철학자들은 그를 "인정 투쟁"에서 이미 죽인 것이나 다름없다. 그러나 오늘날 자본주의 아래서 밥 빌어먹고 살면서 제대로 된 철학과 정치철학과 윤리학을 하기 위해서는 호모 에코노미쿠스를 알지 않으면 안 된다. 왜냐하면 호모 에코노미쿠스의 생사에 인문사회과학의 패러다임의 변혁과 아울러 인류의 미래가 달려 있기 때문이다. 철학자가 제대로 된 호모 에코노미쿠스가 될 수 있다는 사례가 탈레스가 올리브유 압착기를 매점매석해서 돈을 번 경우뿐이라는 사실은 참으로 슬픈 일이다. 탈레스는 호모 에코노미쿠스를 영원히 물 먹인 셈이다. 물론 다음 해에 올리브 풍년이 들 것을 알 정도로 천지운행을 꿰뚫고 있는 탈레스의 예측력은 완전한 정보와 판단을 가정하는 호모 에코노미쿠스라도 감히 넘볼 수 없는 것이었기는 하지만. 신고전학파는 독과점을 방지함으로써 시장이 공정하게 거래될 것을 항상 꿈꾸어왔지만, 그 꿈, "완전경쟁시장의 일반균형이론"은 2,500년 전 이미 탈레스에 의해서 박살난 셈이다. 그렇다고 한다면, 완전경쟁시장의 균형을 박차고 나와 불완전 균형 상태에서 "생산자 주권"을 확보하고 "소비자 주권"을 외치려는 호모 에코노미쿠스를 그 누가 막을 수 있을 것인가? 스크루지처럼 유령들의 지옥의 쇠사슬을 직접 목격해보지 않고는, 재화에 대한 한계효용이 체증하는 이기적인 호모 에코노미쿠스에서 진정한 의미에서 한계효용이 체감하여 타인에게 재화를 나누어 줌으로써 사회 전체의 효용을 제고시키는 도덕적 호모 에코노미쿠스(*homo ethico-economicus*)로 환골탈태할 수는 없는 것인가? 그것은 이룰 수 없는 한계효용의 개인 간 기수적 측정을 통해서만 가능할 것인가? 최소수혜자의 기대치를 최대로 증진하라는 롤즈의 최소극대화 규칙(maximin rule)은 비록 무지의 장막이 공정성의 확보를 위해서 필요하다고 해도 호모 에코노미쿠스에게 일반적 호소력이 있기에는 지나치게 위험회피적인가? 우리는 서구 경제학사에서 신고전학파가 가지는 "한계혁명"의 의의를 이미 밝힌 바 있다. 그러나 진정한 한계혁명을 통한 분배적 정의의 실현은 공리주의와 복지국가가 그 이론적, 현실적 가능성을 열었지만, 아직은 완성되지 않고 있다. 조안 로빈슨(Joan Robinson)은 『경제철학』에서 신고전학파의 호모 에코노미쿠스에는 아직도 "효용이론의 재분배적 함축성과 자유방임의 보수주의적 함축성 사이의 조정이라는 미해결의 숙제"가 남아 있음을 지적한다.173) 이러한 숙제를 해결하는 것은 철학자들의 몫이리라!

철학은 보편적 인간의 이성에 관한 통찰을 제시하는 것을 항상 자랑으로 여겨왔다. 그러나 우리는 경제학적 제국주의를 통해 호모 에코노미쿠스가 부분적 인간(*homo partialis*)에서 총체적 인간(*homo totus*)으로 승화하려는 것에 놀라움을 금치 못한다. 사실 경제학은 엄밀한 수학적 정식화를 통해 사회과학의 여왕 자리에 올랐고, 호모 에코노미쿠스의 옹호자들은 그를 보다 세련화시키거나 혹은 총체적 인간으로 고양시킨 공로로 다수가 노벨 경제학상을 받고 월계관을 쓴다. 물론 그들은 노벨 경제학상을 탄 후 좀 더 고상해질 필요가 있다고 느끼고 철학에 관심을 보이는 것도 사실이다. 아마도 그들은 아담 스미스의 도덕감정론, 공리주의, 롤즈의 분배적 정의론, 고티에의 협상이론도 알아야 유식하게 행세할 것이다. 앞으로 경제학은 그 태동부터 철학, 특히 윤리학과 밀접한 관계가 있다는 사실을 자각하고 경제학을 하나의 넓은 의미의 도덕과학으로 보는 안목을 지녀야 한다.174) 반대로 철학도 구름에서 내려와서 가치론과 합리성, 그리고 분배적 정의의 문제에 대해서 경제학과 학제 간 협동을 증진시켜야 할 것이다.175)

2) 호모 에코노미쿠스와 최후의 인간

호모 에코노미쿠스적 합리성의 대안으로 제시된 불완전학파의 제한적 합리성과 비합리성을 감안한 차선책 이론은 정보 수집의 비용과 기대효용의 가감을 보다 중시하는 것으로 해석됨으로써 신고전학파의 정통 이론으로 포섭될 수 있는 가능성도 있다. 물론 정통 이론에서도 위험부담하에서나 불확실성하에서의 게임에서는 하나 이상의 균형점이 존재하고 또한 유일무이한 해결책(a unique solution)이 존재하지 않는다는 점에서 합리적 인간과 인지적 인간으로서의 호모 에코노미쿠스의 한계는 인정되지 않을 수 없을 것이다. 현재 호모 에코노미쿠스의 대안으로서 가장 주목을 받고 있는 것은 합리성의 확장학파이다. 확장학파 중에서도 가장 중요한 것은 철학적 윤리학의 분야이다.

사회계약론적 윤리학자인 고티에는 호모 에코노미쿠스를 규범적 선택의 출발점으로 삼는다. 그는 호모 에코노미쿠스가 각광을 받았을 때 외친 일갈, "도덕가들은 만약 [타인에 대한] 피해를 말하는 대신 [각자의] 이익을 말한다면, 그들의 준칙이 준수되도록 하는 데 성공할 수 있을 것이다"라는 말을 명심하고 있는 셈이다.176) 그러나 고티에는 개인적 합리성으로부터 사회적 불합리성으로 이행하는 수인의 딜레마 상황을 해결하기 위해서 제한적 극대화의 지속적 성향을 가지는 진정한 자유주의적 개인에 호소한다. 그는 호모 에코노미쿠스가 사회적 협동의 산물의 분배에서 배제되지 않으려면, 자기 이익의 극대화로서의 합리성이 아니라 제한적 극대화로서의 합리성에 호소해야 한다고 주장한다. 그러나 그 호소는 바로 자기 이익의 극대화로서의 합리성에 기반한다는 역설적이고 순환적인 주장을 피력한다. 이러한 역설적 가능성은 "합리적으로 선택하기 위해서 우리는 도덕적으로 선택해야 한다"는 것을 입증하는 것이다.177) 여기에서 우리는 어떠한 해석학적 순환을 발견하게 된다. 그것이 악순환이 될 것인지, 아니면 호순환이 될 것인지는 여기서 장담할 수 없다. 호모 에코노미쿠스가 스스로 자기 이익의 극대화로서의 합리성에 의거해서 제한적 극대화를 합리성의 기준으로 내면화하고, 그것을 지속적인 성향으로 가진 도덕적 인간(*homo moralis, homo ethicus*)으로 환골탈태할 수 있을 때, 인류는 자신의 종족과 문명을 멸망시키지 않고 존속할 수 있을 뿐만 아니라, 더 나아가서 지속가능한 성장을 통해 다른 생명체들과 함께 영구히 번영할 수 있을 것이라는 희망을 가질 수 있을 것이다.178) 그래서 인류 역사의 종언은 아직 시기상조이다.

『역사의 종언과 최후의 인간』에서 후쿠야마가 지적한 대로 우리는 호모 에코노미쿠스적인 합리적 욕망의 추구가 인류사회를 이끌어온 중요한 원동력의 하나임을 부인하지는 못할 것이다.179) 그리고 경제적 합리성이 후기 산업사회에서도 여전히 안정과 번영을 위한 필요조건이기는 하지만 그것은 충분조건은 아닐 것이다. 그 밖에도 합리적 계산이 아니라 관습에 바탕을 둔 호혜성, 도덕률, 공동체에 대한 의무, 신뢰 등이 가미되어야 할 것이다. 후자는 현대사회에서 시대착오가 아니며, 도리어 성공을 위한 필수조건이 될 것이다.180) 시장 자체도 신용과 시민적 덕목이 없으면 작동할 수 없는 것이다.181) 앞으로 전개될 정보통신사회에서는 정보의 불균형에서 오는 시장의 불균형은 점점 더 심화될 것이다. 생산자와 소비자 모두 정보의 비교우위를 악용함으로써 각각 불량품의 문제(lemon problem)와 역조 선택(adverse selection) 등 도덕적 해이 혹은 유해(moral hazard) 현상을 만연시킬 가능성이 더욱 높아졌다.182) 그리고 세계 경제는 기술의 혁신, 금융자본의 이동, 소득 격차가 벌어지는 남북문제의 심각성, 승자독식 시장(winer-takes-all market)의 현상이 더욱 강해지고 있다. 특히 무한 경쟁이라는 세계경제전쟁과 정보통신사회를 기반으로 지역적인 무역장벽을 자유로이 넘나드는 국제금융자본의 자유로운 유통을 대변하는 신자유주의(neo-liberalism)가 저주인지 축복인지 우리는 아직도 모른다.

3) 호모 에코노미쿠스의 야누스적 얼굴

우리 한국사회는 고신뢰 사회도 아니고 또한 사회 전반에 경제적 합리성을 가지고 있다고 말하기도 힘든 사회이다. 우리에게는 우선 호모 에코노미쿠스가 되어보는 것이 필요할지도 모른다. 우리에게 호모 에코노미쿠스의 이미지는 어떠한가? 삶의 터전인 땅과 집을 투기의 대상으로 삼아 졸부가 된 치졸한 자들과 기업윤리를 망각한 채 소비자를 우롱하는 생산자들과 정부의 특혜 지원으로 대선단식 기업을 방만하게 이끌어온 재벌들밖에 없는 천민자본주의의 얼굴이 아닌가? 참으로 청부의 이미지가 아쉬운 실정이다. 물론 우리는 무소유의 철학과 청빈지도를 삶의 지표로 삼을 수도 있을 것이다. 그러나 동양적 전통에서도, 비록 맹자가 시장을 피하는 맹모삼천지교의 교육철학으로 성장했다고는 하지만, 일반 서민의 경우 "항산이 없으면 항심도 없다(無恒産因無恒心)"고 말했고, 비록 공자가 거친 밥 먹고 물 마시며 팔을 구부려 베고 눕는 곡굉이침지(曲肱而枕之)의 안빈낙도(安貧樂道)를 말하고 의롭지 못하게 부하고 귀한 것을 뜬구름(浮雲)처럼 보라고 했지만, 그는 부이호례(富而好禮)도 안빈낙도에 못지않다고 말하고 있다. 참으로 예를 아는 호모 에코노미쿠스가 아쉽고 그리운 시대이다.

호모 에코노미쿠스는 산업혁명과 자본주의를 성공적으로 발전시킨 서구사회의 경제적 효율성과 도덕적 우월성의 근간이 되고 있다. 막스 베버가 지적한 것처럼 호모 에코노미쿠스가 출생할 수 없었던 유교적 동양사회는 정체된 사회로서 권위에 대한 맹종, 변화에 대한 저항, 과거의 방식에 대한 존경, 모험에 대한 회피, 그리고 시장 메커니즘을 활성화시키지 못하도록 하는 가치관을 지니고 있었던 것이다. 불과 수십 년

전까지만 해도 동아시아의 경제적 후진성의 주요 원인으로 지적되었던 유교가 한때 경제적 활력소로 간주되었던 이유는 무엇인가? 그러나 동아시아 경제위기 이후에도 유교 자본주의는 족벌 자본주의(crony capitalism)와 친족과 동족을 중용하는 네포티즘(nepotism)의 굴레를 벗고 경제에 지속적인 공헌을 할 수 있을 것인가? 호모 에코노미쿠스는 철저한 계산적, 전략적 합리성을 앞세운 인간이기는 하지만, 그는 전근대적 사회에서 만연했던 무지몽매, 절대주의, 공사혼용, 족벌주의, 지역적 분파, 사회적 신분에 의한 차별 등을 극복하고 사회 전반의 합리성을 고양시킬 수 있는 인간으로 찬양을 받기도 한다. 따라서 전근대적 요소가 잔존하고 있는 우리나라에서는 아직은 버릴 수 없는 인간이다. 한때 흥부가 아니라 놀부, 유비가 아니라 조조를 닮아야 한다는 목소리도 있었던 것으로 안다. 그러나 수단적 가치만을 추구하는 효율적 경영자 혹은 관리자 모형이 학문의 탁월성과 종교적 신앙심을 앙양하여 완전주의적 가치를 추구하는 대학과 교회까지 지배하는 것은 옳지 않다. 물론 호모 에코노미쿠스는 좋은 의미에서 개혁적인 존재이기도 하다는 것을 부인할 수 없다. 그는 연공서열에 안주해 있는 사람들에게 업적에 따른 보수를 차등 지급하고, 방만한 사업을 구조조정하여 다운사이징하고, 경쟁을 통해서 효율성을 제고하는 인간이다. 이제는 환경정책도 호모 에코노미쿠스가 가진 효율성과 유인에 부합하는 정책(efficiency or incentive-compatible policy)이 아니면 실효성이 없을 수도 있다. 호모 에코노미쿠스는 관료문화를 파괴하고 진정한 소비자 주권 시대를 여는 견인차이기도 하다.

정보통신사회에서 이제 호모 에코노미쿠스는 그의 인지적 인간(*homo cogitans*)의 측면을 강화하여 정보와 지식이 가치를 창조하는 "지식가치"의 시대 혹은 "인간자본"의 시대를 열어가고 있다. 경제학적 제국주의의 선봉장인 게리 베커(Gary Becker)가 호모 에코노미쿠스를 "인간자본론"으로 발전시킨 것은 공헌이라고 할 것이다.[183] 그러나 호모 에코노미쿠스는 하나의 인간자본(human capital)으로 변환되어야 할 뿐만 아니라, 상호 신뢰라는 사회자본(social capital)에 기반한 인간의 상호 인정과 교류를 촉진하도록 변환되어야 한다.184) 전반적으로 볼 때, 호모 에코노미쿠스는 건전한 선의의 경쟁, 소비자 주권, 인간자본론, 삶의 질의 향상에 대한 논의를 통해 물질적 삶과 민주주의의 발전에 공헌함으로써 이제 하나의 시대정신(Zeitgeist)이 정신이 되었다. 그러나 적대적인 경쟁적 이익집단을 정치의 기본적 모형으로 제시한 경쟁적 민주주의(adversary democracy)는 여전히 많은 문제를 야기하고 있다.185) 그리고 경제생활의 향상이 결코 행복을 가져다주지 못했다는 행복의 역설에 대한 자각은 심원한 철학적인 문제라는 것을 망각해서는 안 된다. 호모 에코노미쿠스는 경제학 교과서에서 나오는 사과와 오렌지 사이의 쉬운 선택이 아니라, 보다 중차대한 인류 전체의 생사에 관한 선택의 기로에 서 있다는 것을 알아야 한다. 그러나 그는 뷔리당의 당나귀처럼 되어서는 안 된다.

4) 호모 에코노미쿠스와 한국사회의 희망

외환위기와 실업의 점증, 기업의 도산, 구조조정과 거대기업 간의 빅딜로 점철되는 IMF 금융지원시대의 소용돌이 속에서 호모 에코노미쿠스가 우리의 구세주가 될 수 있을 것인가? 호모 에코노미쿠스는 자기만 잘하고 있으면 모든 것이 다 잘되는 호조건과 호시절의 사람일 뿐이 아닌가? 그는 "눈물의 빵"도 "분노의 포도"도 씹어보지 않았을 것이다. 호모 에코노미쿠스는 거시경제에 대한 안목을 가질 수 있을까? 케인즈 혁명 이후, 그는 어느 정도 그 편린을 배우기는 했겠지만, "거대한 불규칙적 변동"인 경기순환을 예측하고 대비하지는 못할 것이다. 물론 그들을 탄생시킨 신고전학파 경제학자들은 통화정책의 적절한 관리를 말하곤 했다. 인류는 이제 거대한 경제불황의 늪 속으로 빠져들 것이라는 비관적인 전망이 지배적이다. 우리나라도 포함된 아시아의 통화위기로 한때 아시아 네 마리 용 중 하나라고 뻐기던 우리의 경제적 자존심이 내동댕이쳐졌다. 일본도 사정은 비슷하고, 지금은 호황인 미국도 어떻게 될지 모른다. 우리가 한창 잘나가던 시절이 사실은 헛된 거품의 과잉투자일 뿐이었다는 것을 한국적 호모 에코노미쿠스는 알기나 알았을까? 사기업을 통한 시장과 경기의 자동조절과 진작을 마냥 기다리는 사람들에게 케인즈는 이기심에 의해서 동기화된 경제의 자연적 회복을 믿는 시대는 이제 한물갔다고 지적하고, "장기적으로 우리 모두는 죽는다"라는 냉소적 발언을 한 바 있다고 한다.186) 그러나 케인즈 혁명이 만병통치가 아님은 누구나 알고 있다. 한국의 소비자 개인과 가계 호모 에코노미쿠스는 잘못이 없고, 오직 방만하고 고비용 저효율의 정책을 운영했던 정부 관료와 공기업 임직원 호모 에코노미쿠스의 실패와 과잉투자와 문어발식 족벌기업 경영과 내부거래를 통해 경제를 망친 재벌 호모 에코노미쿠스의 잘못만 있는 것일까? 호모 에코노미쿠스는 다른 호모 에코노미쿠스의 불합리성을 미리 질책할 수 없었을까? 개발독재와 급속한 공업화 정책에 의해 경제구조에 많은 왜곡이 생기고, 그래서 방만한 투자가 생기고 부패가 만연하여 금융위기를 초래했지만, 한국 국민 호모 에코노미쿠스의 근면성과 훈련된 조직과 공동체적 위기 극복 의식은 무너지지 않았다. 그는 결국 우리를 구해낼 것이다.

5) 호모 에코노미쿠스의 변신 이야기와 인류의 미래

엘스터는 합리적 선택이론의 대안들이 "사회적 규범들과 도구적 합리성 간의 관계에 관한 단순하면서도 건실한 이론으로 부상한다면, 신고전학파 경제학은 지금까지 누려온 지위를 박탈당할 것이다. 하지만 그때까지는 신고전학파 이론이 지속적으로 누려온 지배력을 그런대로 보장받게 될 것이다"라고 지적한 바 있다.187) 그러한 건실한 이론들은

"선호들의 기원과 그것들이 사회적 규범과 제도에 대해서 갖는 관계"를 명백히 하지 않으면 안 된다. 만약 호모 에코노미쿠스가 "합리적 바보"였다면, 신고전학파와 합리적 선택이론은 또 다른 "우신 예찬"의 희생자들이다. 그러나 우리는 호모 에코노미쿠스를 그대로 매장시켜야 한다는 결론을 바로 도출할 수 없다. 호모 에코노미쿠스보다 대안을 모색하는 우리가 더 현명하다는 아무런 확신도 아직은 없다. 우리가 인간관계와 사회에 대한 보다 포괄적이고 윤리적이고 현실적인 체계 속으로 호모 에코노미쿠스를 통합하는 준거틀과 패러다임을 구축하는 과업을 비로소 이룩할 때, 호모 에코노미쿠스는 경제동물에서 경제인간으로 순화되고 또 승화될 수 있을 것이다.188)

우리의 논의는 최소한의 논의였을 뿐이다. 우리는 아직도 많은 문제가 남겨져 있음을 자각하지 않을 수 없다. 합리성과 도덕철학, 합리성과 감정, 합리성과 정보 인지성, 선호의 기원과 형성과 변경, 수단적 합리성과 목적적 합리성의 통합, 위험부담과 불확실성하에서의 선택, 게임이론에서 다양한 해법들 사이의 조정 문제, 공공적 선택의 가능성, 합리성과 신념과 욕구와 행동의 구체적 관계, 합리성과 비합리성의 구분, 합리성과 규범과 문화, 구조, 제도와의 관계 문제 등 호모 에코노미쿠스와 합리적 선택이론을 둘러싼 천 갈래 만 갈래 착종된 논의를 다 다룰 수는 없었다.

한국의 철학자들은 이제 힘을 합쳐 호모 에코노미쿠스의 생살부를 엄밀하게 다시 쓰는 데 모든 노력을 경주해야 한다. 이러한 노력을 통해서 우리는 IMF 체제 아래 신음하는 국민을 구할 수 있는 경세제민(經世濟民)의 혜안도 얻고, 유교 자본주의와 동양적 가치로 대안을 모색도 해보면서, 탈레스가 호모 에코노미쿠스에 끼친 그 해독을 2,500년 후에 비로소 대속할 수 있을 것이다. 인류의 위대한 대속자는 꼭 한 사람일 필요는 없을 것이다. 호모 에코노미쿠스가 죽어야 인류가 산다면, 그는 죽어야 한다. 그러나 영웅적인 죽음이 약속되어야 한다. 그러한 약속은 호모 에코노미쿠스가 죽어서 호모 에티코-에코노미쿠스(*homo ethico-econo-micus*)로 개과천선해서 부활할 수 있는 "변신 이야기"를 쓰는 일이다. 그러한 이야기를 지금 쓸 수 있고, 나중에 인류의 후손들에게 (믿을 수 없도록 멋진) 침대 머리맡 이야기(bedtime story)처럼 전승할 수 있다면, 인류는 살아남은 것이리라.189)

제 2 장

세계시장과 인간 삶의 조건

1. 서언: 세계 자본주의 시장의 대두와 인간 삶의 조건 변화.
   그 철학적 파악과 대응의 과제

1) 경제적 세계화의 명암: 그 변증법적 파악의 과제

20세기 말에 태동한 전 지구적 자본주의(global capitalism)는 새로운 천 년을 맞이하여 산업혁명 이후 자본주의의 "재림(The Second Coming)"을 완성하면서, 장벽 없는 자본주의 시장의 세계적 확대만이 자원을 효율적으로 배분함으로써 인류의 경제적 번영을 이룩할 것이라는 간단명료하고도 자명한 경제적 지복천년의 복음을 신자유주의(neo-liberalism) 이데올로기를 통해서 전 세계에 천명하고 있다.1) 이러한 복음은 정치적, 문화적, 환경적, 시민사회적 지구화와 같은 여타의 모든 차원들이 세계시장체제하에 종속되어 있음을 표현하는 단일 인과적인 경제제국주의의 목소리이다.2) 이러한 경제적 세계화는 지난 세기말 전개되었던 공산주의의 몰락과 가속화되고 있는 정보통신혁명을 통해 촉진된 세계화 혹은 지구화 시대(Globalization Age)를 선도한다. 이제 경제적 세계화의 복음은 도도한 역사의 흐름을 타고 아무도 거역할 수 없는 하나의 자명한(self-evident) 시대정신(Zeitgeist)으로 등장한다.3) 우리가 자명한 것에 어찌 반기를 들 수 있단 말인가? 따라서 전 지구적 자본주의 시장의 대두와 그것을 뒷받침하고 있는 신자유주의 이데올로기는 이제 우리의 선택 대상이 아니고 엄연한 현실일 뿐이라는 인식이 고조되고 있다. 이러한 현실적 인식의 원동력은 "더 나은 삶을 이룩하고자 하는 사람들의 원초적 본능"이며, 강력한 "과학기술의 발전"임과 동시에, "자본주의의 야수성을 완화시키면서 동시에 생활수준이 지속적으로 향상되도록 해줄 이상적인 체계는 이 세상에 없다"는 믿음인 것이다.4) 경제적 세계화에 대한 많은 반발과 대항 담론들과 대항 운동들이 등장하고 있는 것이 사실이지만, 아직 어떤 일관된 대체 이데올로기를 중심으로 발전할 것 같지 않다는 것이 신자유주의자들의 확고한 신념이기도 하다.

물론 철학자들은 로버트 노직과 데이비드 고티에와 프랜시스 후쿠야마처럼 신자유주의 이데올로기의 수립에 일찍부터 공헌하여 그 사상적 전도사가 될 수도 있겠지만,5) 또한 철학자들은 그러한 자명성을 비판적으로 파악하여 그 한계를 드러낼 수도 있을 것이다. 이때 비로소 우리는 그러한 자명한 복음 이면에 존재하는 무서운 경제적 종교재판의 신음소리를 들을 수 있을 것이다.6) 우리는 한동네 지구촌(global village)이 결국 지구 약탈촌(global pillage)이 아닌가 하는 정당한 의심을 전개할 수 있어야 할 것이다.7) 우리는 이러한 관점에서 경제적 세계화의 명암과 희망과 절망의 그 야누스적 얼굴을 철저히 파악할 필요가 있다.

즉 "세계화는 모든 것인 동시에 그 정반대"이기도 한 것이다.8) 한편으로 경제적 세계화는 자유시장의 초국가적 확대에 따른 새로운 부의 산출, 자원의 효율적 배분, 생산, 금융, 노동, 정보, 서비스의 자유로운 이동, 초국가적 기업과 금융기관의 등장, 투자 장벽의 제거에 따른 외국 자본의 유치, 자유경쟁과 경제적 유인의 제고, 감세, 공정한 성과주의 혹은 능력주의 위주의 사회, 합리적 인사 원칙과 보수 체계, 생산과 노동의 유연 합리화, 창조적 경제 영역과 수많은 벤처기업의 탄생, 기술의 발전, 더 많은 정보, 작은 정부와 최소국가의 실현, 생산적 복지, 연공서열과 각종 사회적 통제로부터의 해방, 사회적 불합리의 제거, 자생적 질서, 세계시민의식과 세계시민사회의 형성과 세계평화의 정착, 자립적 개인과 개인주의의 보편화, 인간자본론, 선택의 자유, 소비자 주권, 소비재의 풍요와 삶의 질 상승, 여성의 해방, 민주주의와 자유언론의 확산, 투명성의 제고와 부패의 추방으로 말미암아 높이 숭앙된다. 경제적 세계화의 이러한 측면은 슘페터적인 창조적 파괴(creative destruction)가 강력한 추진력을 가지고 가속적으로 진행되는 터보 자본주의(turbo capitalism)와 질주하며 달아나는 세계(a runaway world)의 이미지로 점철되어 있기도 하다.9)

다른 한편으로 경제적 세계화는 투기적 금융자본의 초국가적 온라인 횡행, 노동비용을 최소로 하는 생산자본의 초국가적 이동, 세계적 불평등의 심화, 남북문제의 심화, 개인 간 소득 격차의 확대와 사회의 양극화 현상, 중산층의 소멸, 복지국가의 쇠퇴, 사회적 안전망의 상실, 긴축정책, 경제 구조조정에 따른 기업의 도산, 퇴출, 다운사이징, 실업의 만연, 임시직의 증가, 직업과 삶의 안정성의 파괴, 피해자에게의 책임 전가, 시장개방에 따른 농업과 중소기업 등 수입 민감 산업의 침체와 쇠퇴, 첨예한 경쟁과 분주한 삶에서 오는 삶의 여유 상실, 불안과 위기의식의 팽배, 약자의 사회적 배제와 사회적 연대의 해체, 자본과 기술의 지배에 따른 노동력의 약화와 노동조합의 쇠퇴, 전반적 삶의 질의 하락, 환경오염의 가중, 지속 불가능한 개발, 서구중심주의와 패권주의, 문화제국주의, 물신주의와 문화적 동질화, 피동적 소비자에로의 전락, 민주주의의 쇠퇴, 국민국가 혹은 민족국가의 약화로 말미암아 엄청난 비난을 받는다. 특히 이러한 비난은 강력한 수사법을 통해 전달됨으로써 그

비감을 더욱 절실하게 해주고 있다. 즉 돈 놓고 돈 먹는 초국가적 금융 자본이 횡행하는 카지노 자본주의(casino capitalism), 빈곤의 세계화, 세계화의 덫, 20 대 80의 사회, 더 열악한 노동조건과 더 느슨한 환경규제를 초국적 기업에 경쟁적으로 제공하는 "바닥을 향한 질주(race to the bottom)", 많은 사람들이 급격히 사회 하층으로 떨어지는 모래시계(hourglass) 사회, 싹쓸이식의 승자전취(몰수/독식) 시장(winner-take-all market), 악한 자본주의가 선한 자본주의를 구축하는 신 그레샴의 법칙, 국제금융기구와의 파우스트 협정, 늑대의 법칙, 야만의 법칙, 코카콜라라이제이션과 맥도날디제이션 등이 그러한 부정적 상징어들이다.10)

철학자들은 통상 우리에게 침투되고 강요되는 세계화가 아니라 바람직한 세계화는 무엇일까라는 문제의식을 가지고 윤리적 세계화와 세계시민적 이성, 그리고 보편윤리의 구성 가능성, 규범적 정치철학의 관점에서 접근하는 것이 사실이며 이러한 접근방식은 매우 바람직한 것이라고 할 수 있을 것이다.11) 흔히 이러한 문제의식은 "지금까지 이해되고 통용화되는 '세계화'라는 것은 기술적, 경제적 의미의 세계화일 뿐, 거기에는 우리가 따라야 할 어떤 도덕적 근거도 없다는 데서 발단한다"고 지적되곤 한다.12) 이러한 지적은 일견 옳을 수도 있지만 단견일 수도 있다. 자본주의가 사회주의나 공산주의에 비해서 더 효율적이기는 하지만, 더 부도덕한 것이라는 생각은, 이기심, 시기심, 자만, 과시적 소비, 호화, 사치, 변덕이라는 악덕뿐만 아니라 심지어 절도라는 악덕까지도 부의 원천으로 옹호하고 찬양했던 맨더빌(Bernard Mandeville)의 『꿀벌의 우화(The Fable of the Bees: Or Private Vices, Public Benefits)』이후 지속되어온 것이 사실이다. 그러나 자본주의 시장의 도덕적 옹호의 역사도 만만치 않으며, 그러한 도덕적 기반은 경제적, 정치적 자유주의와 신자유주의의 동심원을 이루고 있는 것도 사실이다.13) "시장에 맡겨라!(Leave things to the market!)", 더 나아가서 "시장으로부터 배우라!(Learn from the market!)"는 언명은 시장의 도덕적 가치인 신뢰를 잃으면 모든 것을 잃는다는 점에서 엄청난 교육적, 도덕적 효과를 가지고 있는 것도 사실이다.14) 최근 월러스틴(Immanuel Wallerstein)의 자본주의 세계체제론을 그람시(Antonio Gramsci)적 헤게모니론을 원용하여 발전시켜 전 지구적 자본주의 시장과 신자유주의적 헤게모니에 대한 대항 헤게모니(counter-hegemony) 구축을 시도하고 있는 신세계체제론자들의 경우도, 신자유주의적 헤게모니가 단순한 패권주의와는 다르다는 시각에서 접근한다. 즉 헤게모니적 지배와 추종의 관계는 경제적 착취와 억압에만 의존하는 것이 아니라 지배계급의 정치적, 도덕적 리더십에 의존한다는 것을 밝힌다.15) 지배계급은 추종자의 동의를 유도하기 위해서 주도적으로 정치적 이데올로기적 상부구조를 형성한다. 이때 정치적 이념적 구조는 지배계급의 편협한 이익만을 보장하기 위해서 수단이 아니라 추종 세력이 따르고자 하는 보편적 가치도 포함한다. 즉 신자유주의는 "힘의 정치(politics of power)"뿐만 아니라 "지지의 정치(politics of support)"도 동원하고 있다.16) 이러한 "지지의 정치"의 활성화는 자립과 자조(self-reliance)의 개인주의적 근로윤리를 확립함으로써 승자를 정당화할 뿐만 아니라 패자의 납득, 더 나아가서 자기비난까지도 유도하는 엄청난 힘을 발휘한다.17) 물론 여기서 그러한 윤리가 허위의식일 수 있는 가능성을 배제할 수는 없다. 그렇지만 신자유주의가 약속하는 그러한 보편가치가 실현되지 못했다는 것과 더 나아가서 그러한 가치가 자기모순적이고 잘못된 것이라는 비판과 신자유주의는 아무런 보편적 가치와 도덕적 기초를 가지지 않는다는 비판은 엄연히 다른 것이다.

이러한 의미에서 우리는 기본적으로 세계시장과 신자유주의에 대한 전면적 수용 혹은 거부라는 이분법보다는 세계시장과 신자유주의의 명과 암, 허와 실, 희망과 절망, 축복과 저주라는 그 야누스적 측면을 모두 공정하게 부각시킴으로써 선별적 수용과 거부라는 변증법적 종합의 태도를 감히 취하려고 한다. 물론 이것은 손쉬운 제3의 길처럼 보일 수도 있지만,18) 세계화의 전도사로 근래에 부각되고 있는 토머스 프리드먼

(Thomas Friedman)이 잘 지적한 것처럼, "세계화의 무자비함에 대응하는 최선의 방책은 우선 이 시스템의 논리와 작동 원리를 이해하는 것"이 첩경이다.19)

2) 세계시장에서의 인간 삶의 조건 변화와 신자유주의 이데올로기

그렇다면 전 지구적 자본주의 시장과 신자유주의 이데올로기의 시스템의 논리와 작동 원리를 어떻게 이해할 수 있을 것인가? 이러한 이해와 관련해서 편협성을 피하고 포괄성을 도모하기 위해서는 다양한 관점에서 접근해야만 한다. 우리는 우선 세계화가 진정으로 존재하는가의 문제로부터 시작하여, 세계화의 구성적 특징은 무엇인가, 경제적 세계화로 선도되는 세계화가 언제부터 시작되었는가, 그리고 세계화의 추동력은 무엇이며, 이 시대에 세계화가 출현하게 된 원인은 무엇인가, 세계화의 추동력은 단일 인과적인가 다원 인과적인가, 또한 세계화를 근대성의 발현으로 볼 것인가, 아니면 탈근대성으로 볼 것인가, 그리고 경제적 세계화는 궁극적으로 코스모폴리탄적 사회를 탄생시킬 것인가, 아니면 여전히 세계화와 지역화의 동시공존은 가능한 것인가 하는 물음들을 제기해야만 한다.20) 우리는 전 지구적 자본주의 시장과 신자유주의 이데올로기와 관련해서 이러한 문제들에 대한 최소한의 답변을 마련해야만 한다. 우리는 서두에서 전 지구적 자본주의와 신자유주의의 간단명료성과 자명성을 언급하기도 했지만, 간단하리라고 생각했던 신자유주의는 그 대적자가 파악한 것을 보더라도 결코 그렇지 않다. 세계노동운동의 대변자인 무디(Kim Moody)는 신자유주의가 "매우 잡다한 이데올로기들의 혼합물"이라고 지적한 바 있다.21) 신자유주의는 때로 고전적 자유주의와 동일시되어 전혀 새로운 것이 없는 것으로 간주되기도 하고,22) 고전적 자유주의와는 확연히 구별되는 특징을 가지고 있다고도 생각된다.23) 또한 경제학의 측면으로 보아도 신자유주의는 신고전파 경제학,

프리드먼(Milton Friedman)의 통화주의, 공급경제학, 대처리즘과 레이거노믹스, 하이에크(Friedrich Hayek)의 자생적 질서론, 시카고학파, 신오스트리아학파, 합리적 선택이론과 합리적 기대론, 사회적 선택이론 등의 연원을 가진 것으로 파악되고 있다. 정치적 측면으로 볼 때, 신자유주의는 신우파, 신보수주의, 자유지상주의, 최소국가론과 연관되어 있기도 하다.24)

사태가 이렇다면 전 지구적 자본주의 시장과 신자유주의를 이해하는 일은 결코 쉬운 일은 아닐 것이다. 이미 언급한 것처럼 그것은 야누스의 얼굴을 가지고 있기 때문에 관상을 보기도 힘들고, 또 손이 있어야 손금을 보고 미래를 알겠지만, 도대체 재림했다는 자본주의의 신은 "보이지 않는 손"을 가지고 있기 때문에 오리무중이다.25) 그렇지만 우리는 그러한 잡다한 혼합물들과 다양한 오리무중의 신화들을 해체하고 여과하여 전 지구적 자본주의 시장과 신자유주의 이데올로기의 철학적 요체를 밝혀내야만 할 것이다.

세계화에 관련된 문제는 이렇게 너무도 다양 다기하고 착종되어 있는 방대한 영역에 존재하고 있지만, 우리는 여기서 세계화를 선도하고 있는 경제적 세계화, 즉 전 지구적 자본주의 시장의 대두와 신자유주의 이데올로기에 대한 서술적, 기술적인 파악과 아울러 그 철학적 기초에 대한 파악을 기본적 목표로 할 것이다. 세계시장을 뒷받침하고 있는 신자유주의 이데올로기의 요체는 경제철학적으로 볼 때 "자유시장 근본주의"이고, 정치철학적으로 볼 때는 "자유방임주의적 최소국가론"이고, 도덕철학적으로 볼 때는 "자립적 개인주의"로서, 그 영향력은 경제적 시장과 정부의 역할에만 국한되지 않는다. 자본주의적 시장경제의 세계화는 단지 무역장벽들이 철폐되고 상품과 정보와 서비스의 교역이 전 세계적으로 급격히 증가한다는 것 이상을 뜻한다. 이는 정치경제적 제도나 시장 메커니즘의 문제만이 아니라 넓은 의미에서의 사회와 문화, 즉 자본주의적 삶의 방식의 지구적 보편화로 이해될 수 있다. 이러한 자본주의적 삶의 방식은 결국 개인의 자유가 중심을 이루는 "세계시민적 공화주의의 생활세계적 기반'을 형성하게 될지도 모른다. 경제적 지구화의 과정은 산업혁명 이래로 가장 근본적인 수준에서 인류의 삶의 방식을 뒤바꾸고 있다. 이러한 상황에서 인간의 삶의 조건과 정체성이 어떻게 변화될 것인지를 연구한다는 것은 철학자들에게 매우 의미심장한 일이 될 것이다.26)

세계시장과 인간 삶의 조건 변화에 관한 견실한 철학적 탐구가 되려면, 우리는 우선 세계 자본주의 시장의 대두의 시대적 배경에 대한 서술적, 기술적 파악과 아울러 신자유주의 이데올로기에 대한 철학적 분석을 시도하고, 신자유주의 이데올로기의 수립에 공헌한 철학자들의 면모도 살펴보아야 할 것이다. 또한 우리는 경제적 세계화에 따른 가장 큰 문제로 지적되고 있는 국내적, 지구적 불평등의 심화 문제를 승자전취 시장의 만연과 관련해서 다루어야 할 것이다. 또한 우리는 신자유주의자들이 이러한 불평등의 문제에 대해서 어떠한 입장을 취하고 있는지도 다루어야 할 것이다. 이어서 우리는 세계시장과 세계정의의 문제의 해결을 위해서 롤즈를 위시한 일단의 철학자들이 어떠한 노력을 경주하고 있는지도 논의해야 할 것이다. 그리고 세계시장이 의도했든 의도하지 않았든 간에 그것은 범세계적인 갈등과 세계시민적인 정체성을 동시에 유발한다는 점에서 철학자들이 디오게네스(Diogenes)와 스토아학파, 계몽주의, 그리고 칸트로 이어지면서 오랫동안 꿈꾸어왔던 세계시민주의를 둘러싼 찬반론을 살펴보고, 바람직한 세계시민사회와 세계시민주의적 윤리의 가능성도 점검해보아야 할 것이다. 그리고 세계시장에서의 인간의 문화적, 일상적 삶의 조건과 정체성 문제를 소비와 금융투기 문화와 자립적 개인주의 문화 속에서의 호모 에코노미쿠스를 통해서 다루어야 할 것이다.

그러나 이 문제들은 여기서 모두 다루기에 너무나 큰 문제들이다. 이 문제들 모두를 포괄하는 자세하고 종합적인 논의는 미래의 과제로 남기

기로 하고, 우리의 논의는 세계시장과 신자유주의 이데올로기에 대한 분석과 세계시장에서의 인간 삶의 조건과 정체성이라는 두 가지 문제에 국한하게 될 것이다. 따라서 세계정의와 세계시민주의의 문제는 이러한 두 가지 문제와의 관련 속에서만 논의될 것이다. 비록 제한된 논의들이기는 하지만, 우리는 이러한 논의들을 포괄해서 세계시장의 파고를 넘어서 철학이 세계화의 시대에 할 수 있는 공헌과 과제는 무엇인가를 종합적으로 파악해보고, 전 지구적 자본주의 시장과 신자유주의적 이데올로기는 어떻게 전개해나가게 될 것인지에 대한 고찰을 통해 인류의 미래에 대한 전망을 피력하게 될 것이다.

2. 승자전취 시장으로서의 세계시장과 신자유주의 이데올로기의 분석

1) 신자유주의 이데올로기의 요체: 자유시장 근본주의, 자유방임주의적 최소국가론, 자립적 개인주의

전 지구적 자본주의와 신자유주의 이데올로기는 사람들이 경제적으로 활동해야 한다는 것에 그치는 것이 아니라 모든 사람들과 정치, 경제, 문화 등 모든 분야가 경제에 종속되어야 한다는 것을 주장한다. 이런 점에서 울리히 벡(Ulrich Beck)이 신자유주의적 자본주의는 그 최대의 적인 마르크스를 닮았다고 지적한 것은 탁견이다. 아니 보다 정확하게는 "마르크스주의가 매니지먼트 이데올로기로서 부활한 것이다."27) 그것은 가정, 동네, 학교, 사회, 국가, 국가연합, 이 세계라는 모든 인간과 그 다양한 결사체가 하나의 기업체처럼 운영될 수 있다고 가정한다는 점에서 경제적 제국주의의 모습을 띠고 있다. 자유시장 자본주의는 전 세계를 단일시장에 통합시키려고 하는 "전체주의적 이데올로기"이다.28)

전 지구적 자본주의 시장을 뒷받침하고 있는 신자유주의의 특이점은 무엇보다도 그것이 고도로 이데올로기적이라고 하는 것이다. 즉 세계 자본주의 시장을 위한 신자유주의 경제정책들은 "매우 추상적이고 이상화된 경제적 교리로 설파되었기 때문에 힘을 얻을 수 있었던 것이다. 따라서 신자유주의 이데올로기는 병든 세계를 치유할 불가사의한 신화적 힘을 시장에 부여하게 된다."29) 따라서 우리는 그 이데올로기적 신화를 해독하고 해체하고 분석할 필요가 있다.30)

세계 자본주의 시장과 신자유주의 이데올로기는 1970년대 케인즈주의가 서구 경제의 지속적인 성장과 복지국가 발전의 견인차 역할에 실패함으로써 불황과 급격히 늘어나는 재정위기에 직면하자 그것을 타개하기 위해서 1980년대 등장한 대처와 레이건 정권과 함께 전 세계를 지배하는 흐름으로 자리 잡게 된다. 신자유주의는 기업에 대한 규제 철폐, 자본과 상품의 자유로운 이동, 정부 역할의 최소화, 공기업의 민영화, 비효율적인 사회보장을 유지하는 공공지출과 복지국가의 축소, 노동조합과 노동운동에 대한 제약 등을 특징으로 하고 있다. 보다 근본적인 해석에 의하면, 1970년대 중반 이후 선진 자본주의 경제는 그 자본 축적의 한계를 돌파하기 위해, 기본적으로 과학기술혁명의 성과를 바탕으로 하고, 한편으로는 직접적 생산과 노동과정에서 고도의 유연 합리화를 추구하는 포스트포디즘(post-Fordism) 체계를 추진하였고, 다른 한편으로는 해외 직접 투자 등 경영의 세계화를 공격적으로 추진하게 되었다는 것이다.31) 마르크스주의자들은 이것을 자본 축적 위기의 심화에서 오는 결과로 본다. 즉 자본주의의 변화는 언제나 자본 축적의 위기와 모순에서 보편적으로 필연적으로 발생한다는 것이다.32)

물론 세계화와 근대화의 관련 문제는 매우 복잡한 것이고, 세계화와 근대화의 자체의 정확한 시점이 어디냐에 관해 논란이 계속되기는 하지만,33) 신자유주의자들과 기든스(Anthony Giddens), 벡 등 유럽 중도 좌파 자유주의자들, 자유주의 정치철학자 그레이(John Gray), 그리고 마르크스주의자들과 그람시적 헤게모니론자들은 모두, 세계화는 근대화와 자본주의의 발전과 공시적 현상이며, 근래에 가속되었다는 주장을 하고 있는 것으로 보인다. 즉 우리가 논의의 대상으로 하는 전 지구적 자본주의 시장은 넓게 보아 산업혁명 이후 전개된 근대화의 발현이기는 하지만 1980년대 이후 새로운 국면을 맞이한 것으로 풀이된다.34) 그람시적 헤게모니론자들이 분석한 것에 따르면, 신자유주의는 소비에트 연방의 해체와 동구 공산권의 몰락을 기점으로 하여 다음 네 가지 관점에서 이해되어야 한다.35) (1) 신자유주의의 대두는 1980년대 세계 자본주의의 구조적 변화에 의해서 설명되어야만 한다. (2) 따라서 그것은 연관되지 않은 국가적 발전의 연속물이 아니라 초국가적 현상으로 이해되어야 한다. (3) 신자유주의는 초국가적 재정자본(finance capital)의 헤게모니적 통제 개념이다. 즉 신자유주의는 초국가적 화폐[금융]자본(money capital)과 지구적으로 작동하는 생산자본(productive capital)의 동시적 증가를 위한 통제 체계이다. (4) 초국가적 신자유주의는 국가 단계에서는 단순히 외부적 결정요소로 나타나는 것이 아니라, 지구적 자본의 논리와 국가가 지닌 정치적, 사회적 관계라는 역사적 현실 사이에서의 일련의 미묘한 조정으로 나타난다. 그람시적 헤게모니론자들은 이러한 조정은 결국 자본주의의 상부구조에 헤게모니적 통제 이데올로기를 제공해주는 자유주의적 국제주의, 국가독점주의, 조합자유주의, 신자유주의의 단계로 변화되고 발전해왔다고 주장한다.36) 결국 전 지구적 자본주의 시장은 장벽 없는 세계 자유무역시장, 카지노 자본주의로 통칭되는 금융자본의 초국가적 이동, 그리고 유연화된 생산과 노동에 의거한 초국적 기업의 전 지구적 재배치라는 세 가지 측면을 갖게 된다.37)

이러한 세 가지 측면의 전 지구적 자본주의를 뒷받침하고 있는 신자유주의 이데올로기의 요체는 (그 스스로에 의해서 파악된 것이든지, 적에 의해서 파악된 것이든지) 경제적 자유주의로서의 자유시장 근본주의, 정치적 자유주의로서의 자유방임주의적 최소국가론, 그리고 도덕적 자

유주의로서의 자립적 개인주의이다. 3절 2)항에서 자세히 다루어질 자
립적 개인주의에 관련해서 여기서 다룰 문제는 신자유주의가 신보수주
의와 연결되어 가족과 공동체의 가치를 강조하는 도덕적 보수주의의 측
면을 갖는다는 통상적 견해이다. 그러나 신자유주의의 자립적 개인주의
와 가족적 공동체적 가치는 "선거 연합(electoral coalition)"의 색채가
짙다.38) 이것은 벡이 "흑색보호주의"로 명명한 것이다. 흑색보호주의는
한 손으로는 민족, 가족, 종교, 공동체의 가치에 맹세하면서도, 다른 한
손으로는 신자유주의적 사명감에 불타 바로 그 보수적인 가치를 공동화
시키고 해체시키는 경제운동을 가속화시킨다는 것이다.39) 기든스도 이
러한 신자유주의의 개인적 가치와 공동체적 가치의 야합을 날카롭게 지
적한다. 기든스에 따르면, 신자유주의는 시장근본주의와 보수주의라는
모순된 요소의 결합이다. 신자유주의의 보수주의적 요소는 가족, 민족,
종교 등 비시장적 전통 가치를 옹호하고 사회질서 유지를 위한 강력한
국가를 지향한다. 따라서 이러한 두 요소의 결합에 따라 신자유주의는
신우파 혹은 신보수주의로 불리기도 한다. 기든스는 신자유주의가 시장
근본주의와 보수주의의 내부적 모순관계에 때문에 곤경에 처해 있다고
비판한다.40) 시장근본주의는 자유시장 철학과 경제적 개인주의에 의거
해서 미래에 대한 희망을 시장 세력의 해방에 의해서 만들어지는 끝없
는 경제성장에 걸고 있다. 그러나 신자유주의가 전통적 가족과 민족에
헌신하는 것은 자기모순이다. 개인주의는 전통적인 가족 구조와 민족적
정체성의 경계선에 오면 그 자유주의적 기능을 멈춘다. 반면에, 시장 사
회의 역동성은 국지적 공동체를 파괴하고 전통적인 권위 구조를 훼손한
다. 따라서 신자유주의적 시장근본주의는 시장 그 자체의 사회적 기반
을 약화시키고 파괴하고 있다는 것이다.41)

그러면 경제적 자유주의로서의 자유시장 근본주의를 살펴보자. 자유
시장 근본주의는 시장이 개인들의 능력과 창의성에 따른 경쟁을 촉진하
고 차별화하여 보상함으로써 사회 전체의 부를 증가시키고 기술과 사회

발전을 가져온다는 신념이다. 자유시장 근본주의는 신고전 경제학파가 아담 스미스의 "보이지 않는 손"의 교설을 완전경쟁시장(the complete competitive market)에서의 파레토 최적성(Pareto optimality)의 균형 달성이라는 수학적 공준으로 완성시킨 것이다. 신고전학파의 미시경제학에서 잘 알려진 대로 완전경쟁시장은 하나의 이상적 모델(ideal type)이다. 기본적으로 완전경쟁시장에서는 충분한 수의 생산자와 소비자가 있어 상품가격에 영향을 미칠 수 없기 때문에 독점과 담합이 없고, 또한 생산요소의 배분과 생산물의 소비가 개인의 상호 무관심한 효용에만 국한되는 사적 재화(private goods)를 대상으로 하기 때문에 원치 않는 제삼자로부터 피해를 입거나 도움을 받는 어떠한 외부성(externality)도 존재하지 않으며, 따라서 시장정보의 완전한 공유로 공급과 수요가 이상적으로 일치하게 되는 확실성하에서의 상황이다. 또한 시장의 출입이 완전히 자유롭기 때문에 거래에는 비용도 따르지 않고 교환에 있어서도 완력과 사기는 존재하지 않는다.42) 그렇다면 이러한 완전경쟁시장의 결과는 무엇인가? 아담 스미스의 보이지 않는 손의 개념은 신고전 경제학파의 후생경제학에서 "기본 정리(Basic Theorem)"로 정식화된다. 즉 "모든 경쟁적 균형 상태(competitive equilibrium)는 파레토 최적성(Pareto optimality)이다. 그리고 모든 파레토 최적성은 경쟁적 균형 상태이다"라는 것이다. 기본 정리의 처음 명제는 "직접 정리(direct theorem)"이고, 나중 명제는 "환위 정리(converse theorem)"이다. 파레토 최적성은 어떤 사람도 나쁘게 하지 않고 적어도 어떤 다른 한 사람을 좋게 할 수 있는 대안적 상태가 존재하지 않는 최적적으로 효율적인 상태이다. 다시 말하면, 어떤 상태가 파레토 최적성에 도달했다는 것은 어떤 사람도 나쁘게 하지 않고서는 적어도 어떤 다른 한 사람을 좋게 할 수 없을 때이다. 따라서 어떤 한 상태 x가 다른 상태 y보다 파레토적으로 우월하다는 것은 y 상태에서 x 상태로 이행할 때 어떤 사람도 나쁘게 하지 않고 적어도 한 사람을 좋게 할 수 있는 경우가 가능하다는 것이다. 주류 경제학의 이러한 기본 정리는 나중에 완벽하게 수학적으로 증명됨으로써 "증명의 개가(triumphant demonstration)"로서 대환영을 받고, 경제학은 사회과학 중에서 유일무이하게 자연과학의 수준에 올랐다는 자부심을 갖게 되었던 것이다.43)

파레토 최적성은 서수적 효용에 기초하여 사회적 복지수준을 판정함으로써 공리주의적 "최대다수의 최대행복"의 기수적 측정이 가지고 있는 난점과 개인효용의 기수적 측정과 비교가 가진 난점을 해결하게 된다. 그리고 그것은 순수과학으로서 윤리적 판단을 전혀 내포하지 않고 사회적 후생을 판단할 수 있다고 간주되어온 것이 사실이다.44) 그렇지만 분배적 정의의 관점에서 볼 때 시장근본주의는 "각 생산요소, 즉 자본, 노동, 토지는 한계생산에 기여하는 만큼 분배를 받는다"는 "분배의 한계생산성 원칙(the marginal productivity theory of distribution)"을 정의의 다른 기준들, 즉 노동, 필요, 평등, 노력 등보다 우위에 놓는다는 도덕적이고 규범적인 명제를 도출하고 있다.45) 그런데 시장이 완전경쟁 상태에 있지 않는 한 한계생산성 원칙은 왜곡되고 제대로 작동되지 않는다. 그래서 신고전 경제학파는 독과점 방지를 중시하게 된다.

그렇다면 현실적 시장에 과연 완전경쟁이 존재하는가? 완전경쟁시장이라는 조건은 불완전한 정보와 시장 자체의 불완전성(공공재, 외부 효과, 경기 순환과 변동으로부터 오는 경제 불안정, 분배 문제, 단기적 선호상품 위주의 경제 왜곡, 시장제도의 미성숙, 공급독점과 수요독점에서 오는 지대 추구 가능성) 때문에 현실세계에서는 결코 존재할 수 없다. 물론 신자유주의자들은 시장의 실패가 아니라 국가와 정부의 실패(정부 독점, 주인-대리인 문제, 특혜 등 지대 추구화, 무지와 불완전 정보, 불황 타개 능력의 부재, 부패와 연고주의, 무리한 정부 가격 통제 시의 암시장과 그림자 가격 형성, 공기업의 비효율성, 복지국가의 폐해 등)가 우리 시대의 더 큰 문제라는 것을 끈질기게 주장하고, 시장의 실패도 정부의 개입보다는 시장의 기제에 의해서 해결하는 것이 더 효율적이라고

강변하고 있기는 하다.46)

그러면 자유방임주의적 최소국가론은 어떠한지 살펴보자. 자유시장 근본주의에 맞추어 신자유주의에서 국가의 역할은 노직과 프리드먼, 하이에크 등이 주장한 대로 최소국가론에 의거하고 있다.47) 최소국가론은 국가의 역할이 사유재산권 보호, 공정경쟁의 보장 등 자유시장체제의 유지를 위한 최소한의 배경적인 질서 제공으로 국한되어야 한다는 것이다. 그리고 복지국가의 개념도 정부의 실패 때문에 최소한의 사회적 안전망을 제공하는 것에 국한해야 한다는 것이다. 그러나 자세히 보면, 신자유주의는 결코 자유방임주의적 최소국가가 아니다. 그것은 실제로는 힘 있는 사람이 더 많은 이익을 얻기 위해서 교묘하게 포장한 이론이다. 간단히 말해서 신자유주의는 "부자들을 위한 사회주의"인 것이다.48) 다른 말로 하면, "신자유주의적 지구주의는 완전히 비정치적으로 행동하는 고도의 정치적 행위인 것이다."49) 그리고 자유시장 자체도 정부에 의해서 중앙집권적으로 계획되어야 하는 것이다.50) 또한 신자유주의는 "20대 80의 사회"에서 80%의 하층부에 "티티테인먼트(tittytainment)"를 제공하고 사회의 안정을 유지하기 위해서는 조지 오웰(George Orwell)식의 강력한 대형 통제사회가 필요하다.51) 대처 수상 시절 1인당 복지 보조금은 줄어들었지만, 전체적으로 볼 때 많은 노동자들이 실업 전선에 나옴으로써 복지 보조금 총액은 오히려 늘었다는 통계도 있다. 대처와 레이건 정권은 모두 군사면에서는 최대국가 정책을 썼다는 것은 이제는 잘 알려진 사실이 되었다.

2) 승자전취 시장으로서의 세계 자본주의 시장과 자유무역론의 허상

신자유주의 이데올로기의 근간을 이루는 자유시장 근본주의의 기본 가정인 완전경쟁시장은 현실 속에 존재할 수 없기 때문에, "발가벗은 임금님의 동화에서 임금님의 옷이 보이지 않는 것은 옷이 없기 때문인 것과 마찬가지로 손이 보이지 않은 것은 손이 없기 때문이다"라는 비판은 타당하다.52) 그러나 더 큰 문제는 손이 없는 것 아니라, 전 지구적 자본주의 시장은 신자유주의의 확실히 보이는 손이 부자에게 싹쓸이로 몰아주는 승자전취 시장으로 나타난다는 것이다. 승자전취 시장은 흔히 "20 대 80의 사회"로 명명된다.53)

세계의 모든 나라들 중 가장 부유한 5분의 1(20%)에 해당하는 나라들이 지구 전체의 부의 생산 중 84.7%를 차지하며, 전체 무역량의 84.2%를 차지하고 있다. 역으로 말하면, 전 지구적 자본주의 시장의 확대는 가히 "빈곤의 세계화"인 것이다.54) 그리고 전 지구적 자본주의 시장의 확대에 따라 이미 그 승자전취적, 승자몰수적, 승자독식적 양상을 공고히 하고 있던 프로 스포츠와 영화, 음악 등 오락산업 분야만이 아니라 이제는 법률, 저널리즘, 기업자문, 의료, 투자은행과 증권회사 등 모든 금융산업, 광고회사, CEO 등 전문 경영가, 출판, 디자인, 패션, 고등교육 등의 분야로 승자전취 시장은 점점 더 확산되어가고 있다.55) 실감이 나지 않는다면, 다시 통계를 보기로 하자. 1999년 유엔보고서에 따르면, 세계에서 소득수준이 가장 높은 나라에 살고 있는 20%의 세계 인구는 세계 GDP(국내총생산)의 86%, 세계 수출시장의 82%, 해외 직접 투자액의 68%, 세계 전화선의 74%을 보유하고 있다. 세계에서 가장 빈곤한 나라에 살고 있는 20%의 세계 인구는 이 모든 분야에서 각각 약 1% 정도만 가지고 있을 뿐이다.56) 게다가 이런 차이는 점점 더 벌어지고 있다. 1960년대만 해도 부유한 나라에 사는 세계 인구의 20%의 소득은 빈곤국에 사는 세계 인구의 20%의 소득의 30배였다. 이것이 1995년에 이르러서는 82배로 소득 편중도가 더 심해졌다. 그리고 세계 225명의 최고 부자들이 소유한 부의 총량은 세계 인구의 47%인 25억 명의 연간 수입의 총계와 같다. 그중에서 랭킹 3위까지의 재산은 최저 개발국가 48개국의 연간 국내총생산의 합을 상회한다.57) 이러한 소득의 차이는 전 지구적인 것일 뿐만 아니라, 1980년대 이후 신자유주의 구조개혁을 단행했던 미국과 영국을 위시한 모든 국가들에서 국내 계층 간의 소득 격차도 역시 크게 증가했다는 것이 각 나라와 유엔의 통계를 통해서 여실히 드러나고 있다.58)

세계평등, 세계정의의 개념과 종속이론에 호소할 필요도 없이, 승자 전취 시장은 신자유주의자들의 전유물인 효율성의 기준에서 보더라도 결코 자원을 효율적으로 배분하는 것이 아니다. 전 지구적 자본주의 시장에서 자본과 기술의 차이로 말미암아 점점 더 보편적 형태가 되어가는 승자전취 시장은 불평등을 확대하고, 개인의 재능과 자원을 비파레토적으로 배분하고, 비생산적인 경쟁과 투자, 사회적 상향 이동의 난이성과 고등교육에서의 엘리트주의를 만연시키고, 대중문화의 저급성, 그리고 소비의 사회적 위치 재화(social positionalization of consumer goods)에 따른 경쟁적이고 과시적인 소비의 폐해를 여실히 드러내고 있다. 승자전취 시장에서 사람들은 아무리 열심히 경쟁하고 뛰어봐야 (벼룩이라고) 결국 제자리에 있음을 알게 될 뿐이다.59)

세계 자유무역시장에서 모든 거래국가는 서로 교역하면 각기 다른 영역에서의 비교우위에 따라 모두 혜택을 본다는 주장이지만, 데이비드 리카도(David Ricardo)의 비교우위론 이래 전개된 다양한 국제무역론은 자본과 기술의 현격한 차이와 국제적 이동을 감안하지 않고 이론이 구성되어왔던 것이다. 또한 시장에서의 초국적 기업의 경쟁력 우위는 낮은 비용으로 상품을 생산하는 기업에 주어지는데, 그 비용이 노동비용인지, 규제비용인지, 환경비용인지, 조세비용인지는 중요하지 않다는 점이 문제이다. 특히 노동비용의 경우 초국적 기업은 싼 노동력을 국내시장으로 불러오든지, 아니면 더 열악한 노동조건이 있는 곳으로 이동함으로써 "글로벌 약탈(global pillage)"과 "바닥을 향한 질주(race to the bottom)"를 보편화시키고 있다.60) 결국 세계 자유무역이라는 것은 지구적 투자자들에 대한 "보호주의"일 뿐이며, 수많은 국가의 노동자, 중소기업인, 그리고 농부들을 시장의 시세가 그들에 의해서 조작되고 독점

되는 시장에 내맡기고 있다.61) 또한 선진국들은 말로는 자유무역을 부르짖으면서도, 사안에 따라서는 미국처럼 슈퍼 301조니 덤핑이니 지적재산권이니 어쩌고저쩌고 하면서 보호무역을 양수겸장으로 질러대니 매우 헷갈린다는 우리나라 외교통상부 관료의 말도 매우 일리가 있다. 아무튼 우리는 여기서 자유시장 근본주의라는 신자유주의 이데올로기를 근본적으로 전환하는 것이 필요하다. 시장의 자유는 그 자체가 목적이 아니다. 시장의 자유는 인간의 목적을 위해서 인간이 고안한 수단이자 장치인 것이다. 따라서 우리는 시장을 진정한 완전경쟁시장에 근접시키기 위해서도 시장에서 독점과 승자전취 시장과 약탈을 배제하는 건전한 도덕적 제약이 필요한 것이다.

3. 세계 자본주의 시장에서의 인간 삶의 조건과 정체성: 최후의 인간 호모 에코노미쿠스

1) 세계시장과 인간의 문화적 삶: 소비문화와 금융투기 문화 속에서의 호모 에코노미쿠스

전 지구적 자본주의 시장의 확대는 경제인간인 호모 에코노미쿠스(*homo economicus*)를 가히 보편적 인류(a universal *homo sapiens*)의 반열에 올려놓는다.62) 특히 호모 에코노미쿠스는 소비에트 연방의 해체와 동구 공산권의 몰락 이후 정치경제체제에 대한 이데올로기적 투쟁이 종식된 역사의 종언 시대에 "최후의 인간"으로 등장한 느낌이다.63) 그러나 호모 에코노미쿠스는 세계시장이 제공한 소비문화와 금융투기 문화 속에서 "인간 말종"이 되고 있다는 한탄도 만만치 않다. 일찍이 마르크스가 자본주의 문화의 물신주의 풍조를 신랄하게 비판한 이후 자본주의적 소비문화는 방향도 모르는 소비향락주의에 빠진 우매한 대중을 양산해냈다는 비판이 프랑크푸르트학파에 의해서 전개된 바 있다. 장 보드리야르(Jean Baudrillard)는 이러한 비판을 계승하여, 호모 에코노미쿠스의 포스트모던적 "시체 해부"를 만천하 앞에서 시도했다.64) 즉 그는 자본주의에서의 소비자가 상품소비를 통해 사회적 지위와 위세를 드러내지만 더 이상 소비자 주권을 갖는 존재가 아니라 상품에 의해서 지배를 받아 자율성과 창의성이 박탈된 물상화된 존재가 된다고 갈파했다. 다니엘 벨(Daniel Bell)은 『자본주의의 문화적 모순』 분석을 통해 1950년대 초기까지 남아 있던 근검절약 및 건전한 노동윤리, 또 이에 근거해서 추구되던 효율성과 경제적 욕구는 탐욕적 소비와 쾌락 추구로 변하게 되었다는 것을 지적한다.65) 그리고 프레드릭 제임슨(Fredric Jameson)은 『후기자본주의 문화의 논리』에서 주체의 분열 내지는 죽음을 통한 몰아적 황홀경과 모사문화의 만연과 정신적 문화활동의 상품화, 물신화에 따라 현재 집착적, 단절적, 단편적 삶의 경험이 자본주의 소비문화의 논리라고 속속들이 파헤쳐 호모 에코노미쿠스를 회생불가로 만든다.66) 죽어버린 호모 에코노미쿠스에 대한 결정적 부관참시는 티보 스키토프스키(Tibor Scitovsky)가 진행한다. 그는 호모 에코노미쿠스가 탐욕적인 만족 불가능성(insatiability)으로 말미암아 절제할 수 없는 소비광으로 변질되고, 그러한 변질은 결국 섹스, 마약, 아동학대, 폭력에의 탐닉으로 전락되어 아무리 물질적 수준이 향상된다고 해도 그는 항상 불행하다는 죄과로 죽은 놈 또 죽인다.67)

그러나 그 해부되고 회생불가하고 만족 불가능하고 불행한 호모 에코노미쿠스의 시체는 자본주의 시장의 전 세계적 통합으로 제공된 소비문화의 새로운 젊은 피 수혈에 따라 드라큘라처럼 부활한다. 그렇다면, 전 지구적 자본주의 시장의 형성은 마르크스 이후 포스트모더니스트들에게까지 유장하게 비판되어왔던 자본주의적 소비문화에 대해서 어떤 새로운 현상을 야기하는가 하는 문제가 기본적으로 해명되어야 한다. 우선 소비문화의 전 세계적 확산이 단 하나의 상품세계로서 대두할 것이라는 전망이 거론되고 있지만, 이것은 소위 "맥도날드화 테제"로서 곧 다루어질 것이다.68) 여기서는 소비문화의 성격과 본질 자체의 변화에 우선 주목해보기로 하자. 마이클 스토퍼(Michael Storpher)는 미국의 경우 소비문화는 전혀 새로운 것이 아니고 오래전부터 형성되어온 것이지만, 1980년대 이후 세계시장의 형성에 따라 그것은 새롭고 질적으로 상이한 단계에 돌입했다고 주장한다.69) 그 첫째는 소비자 잉여(consumer surplus)의 발생이다. 관세장벽 없는 세계시장의 확대는 값싼 수입품을 넘쳐나게 하여, 소비자의 구매력을 높인다. 따라서 많은 사람들이 노동시장의 유연화와 구조조정과 실업으로 말미암아 노동자로서는 상대적 박탈감을 느끼게 되지만, 소비자로서는 절대적인 물질적 수준의 향상을 이룬다. 이것이 바로 다니엘 벨이 사라졌다고 한탄했던 자본주의 문화의 통합적 힘, 즉 청교도적 근로윤리가 없이도 사회가 안정될 수 있는 비결이다. 많은 사람들이 직업과 고용에서의 재조정과 퇴출로 고통을 당하고 있지만, 커다란 반란이나 혁명이 없이 사회가 안정될 수 있는 것은 바로 소비자 잉여 때문이라는 것이다.70) 둘째, 소비와 여가 관계의 새로운 변화이다. 소스타인 베블런(Thorstein Veblen) 이후 존 갈브레이스(John K. Galbraith)를 거쳐 보드리야르에 이르기까지 자본주의 소비문화 연구는 소비를 사회적 지위의 차이를 나타내는 여가 행위로 보는 것이 통례였다. 즉 소비는 여가의 사회적 위치재(positional goods)인 셈이다. 이러한 견해에 따르면, 부의 증가는 자유시간의 증가와 비례적이다. 그러나 이제 터보 자본주의 속에서 그 반대 현상이 나타난다. 통상 자본주의 문화에서는 노동자 주권과 소비자 주권이 같이 작동하는 것으로 가정되어왔다. 그러나 이제 세계화 시대에 노동자들은 노동의 자본에의 철저한 종속으로 (고급 두뇌노동과 기술을 제공하는 상층부의 새로운 소수 노동귀족을 제외하고는) 말미암아 그들의 노동시간을 임의적으로 선택할 수 없으므로, 따라서 여가, 수입, 그리고 소비 사이의 선택과 교환은 자유롭고 최적적인 것이 더 이상 아니다. 이제 노동자들은 "소비가 유일한 실제적 선택이므로 우리는 소비한다"는 명제를 금과옥

조로 여기게 된다.71)

이렇게 소비인간(*homo consumans*)이 노동인간(*homo laborans*)을 대체함으로써 공산주의의 종언은 완결된 것이다.72) 이제 노동인간의 주권은 직업을 유지하고 있는 사람이나 실업자 모두에게 이미 사라졌다. 그리고 소비인간도 이미 자본주의 문화 연구에서 갈파된 것처럼 그 소비주권과 주체성을 상실하고 피동적인 존재로 전락한 바 있다. 어차피 자본주의는 소비가 둔화되면 경기가 위축되고 생산이 둔화되어 종국적으로는 불황이 도래하게 되므로 끊임없이 소비를 조장해야만 하는 체제가 아닌가. 그렇지만 아직도 여전히, 당신은 당신이 소비하는 것이다, 당신은 당신이 먹는 것이다, 자신이 구입하는 것, 구입할 수 있는 것이 곧 그 사람의 척도이다, 휴가 기간 당신이 입는 옷이 당신이다, 디자인이 존재를 결정한다 등등 프로타고라스의 "인간 척도론"과 데카르트의 "코기토 원리"를 뒤집고 대체하는 소비문화의 새로운 정체성 공식들이 속속 등장한다.73) 물론 소비가 여전히 사회적 위치재로서, 그리고 인간의 정체성을 결정하는 데 중요한 역할을 하고 있지만, 구매력이 끝나면 사회적 인간도 끝나며, 그 순간 추방이 시작된다고만 생각하는 것은 너무 지나친 해석일 수도 있다.74) 중요한 것은 대다수의 사람들이 노동주권에 이어 소비주권마저도 상실한다면, 사회의 안정성 유지가 불가능하다는 것이다. 따라서 20%의 상층부가 80%의 낙오자를 위해 티티테인먼트(tittytainment), 즉 "기막힌 오락물과 적당한 먹거리의 절묘한 결합을 통해서 이 세상의 좌절한 사람들을 기분 나쁘지 않게 만드는 것"을 제공하는 것은 신자유주의자들도 결코 부정하지 않는 사회적 안전망의 제공 바로 그것이라고 해도 결코 지나친 것이 아닐 것이다?75)

그러면 소위 "맥도날드화 테제"에 관하여 논의해보기로 하자. 세계시장이 전개됨에 따라 문화, 정체성, 생활양식에서 근본적인 변화가 일어난다. 경제행위의 지구화는 "문화적 지구화"라고 부르는 문화적 변형의 물결을 동반한다. 이것은 경제행위가 다른 모든 것을 지배한다는 단일

인과적 단선성의 선형적 경제논리이다. 자본주의 생산과 세계적 소비문화의 연관에 관한 논의는 마르크스가 『공산당 선언』에서 언급한 "부르주아지들은 자신들의 생산품을 팔아줄 계속적으로 팽창하는 시장이 필요했기 때문에 전 세계의 구석구석을 파고들었다. 그들은 모든 곳에 자리 잡고, 모든 곳에 정착하고, 모든 곳에서 관계를 확립하였다. 부르주아지들은 세계시장의 개척을 통해서 모든 나라의 생산과 소비에 코스모폴리탄적 성격을 부여하였다"는 비판적 통찰이 그 단초이다.76) 세계화가 경제적 제도나 정치적 제도에 비해 문화적 측면, 특히 소비문화에서 더 빠르게 진행되고 있다는 것은 널리 지적되고 있다.77) 전 지구적 통신위성과 대중매체의 보급은 이러한 진행을 더욱 가속화시킨다. 문화적 세계화는 서구화, 보다 정확하게는 미국화라는 지적은 세계시장의 옹호자들에 의한 것이든지 문화제국주의의 비판자들에 의한 것이든지, 이제 진부한 것이 되었다. 소비인간(*homo consumans*)은 결국 미제 평화(*Pax Americana*) 속의 미제 인간(*homo Americanus*)이라는 것이다.78) 몇몇 유럽적 명품을 포함하여, 빅맥으로 대표되는 맥도날드, 코카콜라, 펩시콜라. CNN, 디즈니랜드, 미키마우스, 리바이스 청바지, 말보로 담배, 나이키 운동화, 폴로 티셔츠, 버버리 코트, 레이밴 선글라스, 롤렉스 시계, 베네통 등은 그러한 세계적 소비문화의 보편적 상징들이다. 이러한 지구문화의 수렴, 보다 엄밀하게는 소비문화의 미국화는 "맥도날드화 테제"로 명명되고 있다.79) 이제는 영어 자체도 인터넷에서 맥도날드화 테제의 견인차가 된다. 최근 프리드먼은 이 테제를 "골든 아치 이론"으로 재구성하여 맥도날드의 기표인 골든 아치가 있는 곳은 갈등과 전쟁이 없다는 이론을 내놓는다. 왜냐하면 상업적으로 상호 의존하는 세계는 그 부의 기반인 사회적 안정을 해치고 싶지 않을 것이기 때문이다. 프리드먼은 몽테스키외가 18세기에 "국제무역이 국제적인 '대공화국'을 생성시켰다"고 갈파했고, 이 공화국에서 모든 상인과 교역국들이 국경을 초월해 대동단결했으며, 이로써 세계가 한층 더 평화로워졌다는 것, 즉 인간이 경제에 예속됨으로써 얻어지는 평화(*Pax Economica*)를 찬송한다. 그는 몽테스키외의 『법의 정신』에 나오는 「상행위가 어떻게 유럽의 야만성을 극복했는가」라는 장을 원용하면서, 상업적 거래 당사자들은 격한 감정이 휘말리는 상황에서도 서로에게 폭력을 휘두르기보다는 인간적이고 도덕적인 품행을 유지하는 편이 더 이익이라는 것을 쉽게 깨닫는다고 선전한다.[80]

프리드먼처럼 여전히 동질화와 단선성의 신화에 매달리고 문화적 수렴의 명제를 경제적 단일화의 직접적인 결과로만 인정하려는 것은 편협한 견해라는 주장이 속출하고 있는 것이 사실이다. 그러나 문제가 복잡해지는 것은 이러한 현상을 인정하면서도 동시에 그것을 비판하는 공동체주의적 다원론자인 바버(Benjamin Barber)와 같은 사람들이 있기 때문이다. 그는 경제적 지구화의 진정한 위협은 동질화되고, 천박하고, 진지하지 못한 문화의 만연에 있다고 지적한다. 비록 세계 일부 지역에서 과거로의 회귀를 획책하고 민족주의적, 종교적 퇴행으로 말미암아 테크놀로지, 팝문화, 세계시장에 대한 일종의 "지하드(聖戰)"가 존재하고 있기는 하지만, 진정한 위협은 그러한 지역적인 인종청소와 지역적 비극이 아니다. 보다 큰 위협은 "지구화의 동질화에 따른 거대한 평화 속에 만개할 상업주의와 시장의 개가"라는 것이다.[81] 그러나 그는 맥월드(McWorld)에서의 "평화는 결코 민주주의가 아니다"라고 폭로하는데, 맥월드의 시민들은 그들이 결코 통제할 수 없는 시장에서의 구매의 자유밖에 없고, 그들의 정체성은 그들이 결코 알아챌 수 없는 상업주의에 의해서 부여된 것이기 때문이다.[82]

세계시장에서 지역문화와 세계문화의 관계는 이렇게 현상의 인식과 처방, 그리고 존재와 당위 문제가 복합적인 양상으로 전개되고 있기 때문에 매우 착종되어 있다. 우선 그것은 단순한 형식논리로서는 이해가 안 되는 부분이 많다. 보편화, 동질화, 획일화, 통일성, 수용, 결속, 중심화, 세계화가 한 면이라면, 다른 한 면은 특수화, 이질화, 파편화, 분단성, 거부, 분열, 탈중심화, 지역화이다. 현재 진행되고 있는 세계화는 마치 갈등이 있으면 타협이 있는 것처럼 두 가지 양상이 병존하고 있다고 보는 것이 일반적인 경향이다. 따라서 로버트슨(Roland Robertson)의 다양하게 번역되는 세방화 혹은 지구방화, 지구지역화(glocalization)라는 말이 인구에 회자하고 있다.83) 따라서 탈지역화와 함께 재지역화가 논해진다. 이제 "세계적으로 생각하고 지역적으로 행동하라", 혹은 그 역인 "지역적으로 생각하고 세계적으로 행동하라"는 말은 항용 듣는 말이 되었다. "한국적인 것이 세계적인 것이고 세계적인 것이 한국적이다"라는 말도 이러한 상황에서 등장한다. 그러나 단순히 "우리 것은 좋은 것이여" 식의 국수주의적 태도는 곤란하다. 이른바 무한대의 탈지역화를 통해서 도달하는 재지역화는 자동적으로 지역적인 것의 르네상스를 의미하지 않는다. 그것은 맥도날드화 테제의 역테제인 단선적인 전통주의와 편협한 지역주의의 고수를 의미하는 것이 결코 아니기 때문이다.84)

동질화를 현상적으로 인정하고 그것을 세계시장의 불가피한 현상으로 간주하는 사람도 있지만, 그것을 문화다원주의의 관점에서 다양성의 말살로, 혹은 경제제국주의와 문화제국주의의 관점에서 민족적 고유문화의 파괴로 비판하는 사람도 있다. 이러한 관점에서 문명의 충돌이다, 문명의 공존이다 하고 설왕설래가 심하게 전개된다. 아무튼 지구경제의 통합은 지역의 독특한 생활습관을 소비를 중심으로 동질화시키고 이전에는 문화적, 사회적 관행으로 간주하던 영역까지 경제적 합리성과 효율성의 지배하에 두려는 경향이 심화된다. 생활세계 전체가 상품화되고, 육체와 성, 사랑도 상품화될 것이라는 더욱 비관적인 전망도 있다. 이러한 비판과 전망은 더 반동적인 문명의 충돌, 종교적 근본주의, 민족적 자결주의, 지역주의의 강화와 대두로 전개될 수도 있다.85) 그러나 반면에 문화 다양성을 강조하는 문화다원주의의 이면에는 신자유주의적 소비문화의 획일화를 호도하여 알리바이를 마련해주려는 불순한 의도가 숨어 있다는 폭로도 있다.86) 때로 세계화는 두 가지 양상이 병존하기보다는 상호 수렴하는 퓨전(fusion)과 잡종성(hybridity)이 21세기 문화의 가장 큰 흐름이라고 보는 사람들도 있다. 더 나아가 역식민지 문화의 대두를 지적하는 사람도 있다. 즉 영국에서의 카레의 보급과 일본에서의 기무치 보급이 그것이다. 케첩보다는 살사소스의 전 세계 판매량이 높다는 통계도 있다. 그리고 전 지구적 자본주의에서는 문화도 하나의 전쟁처럼 전개되고 있다는 인식도 있다.87) 이러한 모든 현상을 일사불란하게 설명하기는 힘들 것 같다. 다만 우리는 벡이 주장한 것처럼 세계화의 과정은 단일 인과적이고 단선적인 것이 아니라 세계화와 지역화가 양가성 혹은 변증법적 과정으로 전개되는 것으로 이해해야 한다.88)

세계화의 이러한 양가적 과정을 자본주의 생산과정으로 설명하려는 시도들도 있다. 소품종 대량생산의 포디즘과 테일러리즘으로부터 생산 유연화(lean production)에 따라 다품종 소량생산을 지향하는 포스트포디즘(post-Fordism)과 포스트테일러리즘(post-Taylorism)에로의 이행은 자본주의 시장에 다양성을 가져온다. 따라서 이러한 다양성을 선택의 자유의 확대로 환영하든지, 아니면 소비문화의 파편화로 한탄하든지 간에 시장에 나온 소비상품의 다양성은 공히 인정되고 있는 것처럼 보인다. 그러나 그 반면에 어느 품목이나 비슷비슷한 상품이 넘쳐나는 경향을 어떻게 설명할 수 있을 것인가? 상품의 이러한 동질화 경향은 소비문화의 대중성 혹은 범용성(mediocrity)과 아울러 진행된다.89) 이러한 경향은 우선 소비자본주의의 전 세계에 걸친 지리적 재배치와 통합 때문이라고 설명되며, 이미 언급한 맥도날드화 테제의 근간을 이룬다. 이제 패스트푸드, 영화, 영 패션, 쇼핑몰과 쇼핑센터 등은 대중문화의 상징으로서 전 세계적으로 광범위하게 유포되어 있다. 대중성과 범용성의 만연은 중간 취향에 따라 생산하는 것이 많은 이윤을 볼 수 있기 때문이라고 설명되어왔다. 최근에 이것을 시장경쟁의 합리성 관점에서 설명하려는 재미있는 이론이 등장했다. "호텔링의 복점(Hotelling's duopoly)"이 그것이다.90) 이것은 해변의 경쟁하는 두 아이스크림 장수는 가운데로 모이게 된다는 이론이다. 이러한 현상은 시장의 과점 상태에서만 발생하는 것으로 생각되기 쉽지만, 고도의 경쟁적 시장에서도 발생한다. 결국 지구화의 역설과 양가성 혹은 변증법은 소비문화에 관한 한 신자유주의적 시장경제이론에 따르면 다음과 같이 설명될 수 있다. 즉 현란하게 많은 선택 대안과 기능적 차이를 가진 상품이 시장에 나오고 있지만, 특히 영화나 음악 등 대중문화 상품은 시장 전략상 대중적이고 만인에 맞는 마케팅(middle-of-the-road marketing)이 지배적이 된다는 것이다.91)

『터보 자본주의』의 저자 에드워드 러트웍(Edward Luttwak)은 "자유무역은 이데올로기이고, 돈은 신이고, 소비는 치유이다"라는 말로 신자유주의적 문화를 요약한다.92) 그러면 소비문화에 이어 금융투기 문화를 살펴보자. 카지노 자본주의의 영향이 전 세계에 파급되는 것은 경제적 세계화에서 가장 중요한 변화의 하나이다.93) 이제 재테크는 인생의 중요한 기예가 된다. 재테크를 설교할 수 있는 자는 세계적인 금융귀족(money mandarins)이 되었고, 뉴욕 월가에서 돈의 흐름을 예측하고 증시 전망을 제공하는 애널리스트들은 원래 인도의 종교적, 정신자 지도자를 뜻했던 구루(Guru)라고 불린다. 어떤 면에서는 섬뜩하게, 그러나 한편으로는 당연하게, 이제는 어린아이들에게까지 경제 동화가 판을 친다.94) 블레즈 파스칼(Blaise Pascal)의 『팡세』233장에 나오는 그 유명한 "내기 논쟁"에서 이제 신은 배금의 신(Mammon)으로 탈바꿈하여, 그 엄숙하고 무미건조했던 내기는 이제 가슴 뛰는 진짜 "돈내기"가 된다. 원래 마피아의 한 보스에 의해서 계획된 라스베이거스에서 전개되는 삶, 기본적으로 휴가 기간 동안 전개되던 삶이 이제는 평상적인 것으로 (마치 깡패들의 보호 아래 잭팟을 기대하는 것처럼) 전 세계로 파급된다. 따라서 증권에서, 하일지의 "경마장 가는 길"에서, 복권에서 인생의 파친코, 빙고 게임화가 진행된다. 그렇지 않아도 전 국경일과 명절의 고스톱화로 극성인 우리 한국 민족의 미래는 망국이 아니라 매우 밝다고 해야 할 것이다. 우리는 카지노 자본주의의 세계화를 예견하고 부동산 투기와 함께 전 국민의 고스톱화를 통해서 미리 그것을 준비하고 있지 않았던가. 비운에 죽어버린 우리 독재자의 유훈, 유비무환(有備無患)은 충실히 지켜진 셈이다. 우리나라의 경우 증권 인구는 1995년에 154만 명이던 것이 현재 300만 명에 달한다고 추정된다. 전 국민을 열병으로 몰아넣고 있는 증권 투자, 투기 열풍은 자본주의적 삶의 방식의 지구적 보편화로 이해해야 할 것인가?95) 경제적으로 회생 불가능한 폐광촌 정선군 고한읍을 살리기 위한 절묘한 제안이라고 칭송되고 있는 내국인 출입 가능한 카지노 강원랜드는, 대박의 꿈으로 부푼, 즉석복권을 긁어 대는 것으로는 성이 차지 않는 합법적인 도박꾼들로 넘쳐나고 있다. 물론 카지노는 지하에 숨어 있는 검은 돈을 국민경제의 틀 안으로 끌어낼 수 있는 순기능도 가지고 있다.

　이러한 전 지구적 금융자본의 생활세계적 헤게모니 현상은 도박과 고리대금업에 대한 인류의 오랜 종교적, 도덕적 반감마저도 희석시키고 있다. 이제 국가와 기업과 개인에 대한 금융적 신용평가와 시장의 신뢰는 그들의 생살부가 된다. 고리대금업자들은 인간 말종(pariah)이고 비도덕적 자본 축적의 전형이라고 했던 셰익스피어의 『베니스의 상인』의 유대인 주인공 샤일록에 대한 백안시는 이제 그 의미를 상실한다. 금융자본가와 벤처기업가의 투기적, 모험적 성공 스토리는 이제 웨스턴 무비의 총질과 중국 무협영화의 칼질을 대체하는, 마르크스가 자본주의의 세계시장화 결과로서 등장한다고 말했던 새로운 (신웨스턴) "세계문학"이 된다.96) 밀레니엄 자본주의 시대에서 즉각적으로 돌아와주어야 할 금융 이익은 "생과 사의 문제"가 된다.97) 후쿠야마가 말했던 생사를 건 인정 투쟁은 결국 인간과 단기적 금융 이윤 사이에 벌어지고 있을 뿐인 것이다. 어차피 인간은 돈의 노예로 살아갈 뿐이다. 결코 그 역전은 없다. 이것은 사적 영역에서만이 아니라 각종 연금과 개인의 저축을 운영하고 있는 금융기관과 기관투자가들의 공적 영역에서의 문제이기도 하다. 신자유주의 이데올로기와 관련해서 말한다면, 최소정부의 경우 개인과 기업에 대한 세금의 증오를 피하는 유일한 방법은 투기와 복권과 도박에 쓰이는 유연 자금에 대한 과세인 것이다.98) 복지국가의 쇠퇴를 말하지만 실질적으로 많은 패배자들이 양산되는 세계화의 시대에 오히려 증가할 수밖에 없는 복지 이양금과 재원 마련은 승리자와 패배자 모두에게 쉽게 공히 거두어들일 수 있는 바로 그 판돈인 것이다. 승리자들은 과시적 사행심의 (스미스의 "보이지 않는 손"의 자비와 하이에크의 자생적 질서에 의한) 비의도적 결과로서, 패배자들은 운명 개선적 사행심의 제 살 깎아먹기와 제 돈 까먹기로 타인, 자기 패배자들을 각각 위안하는 셈이다. 신자유주의적 복지국가에서 마련하는 최소한의 사회적 안전망은 결국 사회적 투전판의 판돈 떼기인 것이다. 아! 그러나 "판돈 일곱 닢에 노름꾼은 아홉"이니 어찌하라! 『카지노 자본주의』의 저자 수전 스트레인지(Susan Strange)는 초국가적 헤지 펀드와 증권과 채권과 복권의 열풍을 중세에 실현 불가능했던 연금술의 세계화적 실현으로 패러디한다. 즉 금융증서인 "종이쪽지는 황금으로 변한다"는 것이다.99) 이제 신자유주의 이데올로기는 그 연금술을 위한 "철학자의 돌"이 아니라 "부자의 돌"을 발견해준 셈이다.

2) 세계시장에서의 인간의 정체성과 일상적 삶의 변화: 자립적 개인주의 문화와 윤리

금융투기 문화 속에서 인간 말종이 된 호모 에코노미쿠스는 다른 한편으로 볼 때 자립적 개인주의 문화 속에서는 (벨의 논의와는 반대로) 최소한의 삶의 윤리를 갖춘 것처럼 보인다. 우리가 1절 1)항과 2절 1)항 신자유주의의 이데올로기의 요체에서 다룬 것처럼, 세계 자본주의 시장과 신자유주의의 윤리학적 근거는 (자구적, 자활적, 자조적인) 자립적 개인주의(self-reliant individualism)이다. 세계시장의 확대에 따른 전통적 가족의 해체, 여권의 신장, 교육철학의 변화도 이러한 관점에서 설명될 수 있다.100) 이제 "할 수 있으면 스스로 구제하라"는 구호가 전면에 등장한다.101) 이것은 청교도적 윤리인 "신은 스스로 돕는 자를 돕는다"는 근대 초기 자본주의의 역사적 잔존물로 해석할 수도 있는 반면에,102) 크리스토퍼 라쉬(Christopher Lasch)의 『나르시시즘의 문화』처럼 나르시시즘적 경험을 궁극적이고 우회 불가능한, 따라서 보편적인 종착역으로 만드는 포스트모던한 개인주의로 볼 수도 있고,103) 이미 미국에서 일반화되었던 여피(yuppie: young urban hippie)족 혹은 딩크(dink: double income no kid)족 문화와 다르지 않다고도 볼 수 있다. 또한 이것은 아리스토텔레스 이래 인간의 윤리적 이상이 되어왔던 자아실현과 성취의 윤리(ethics of self-realization or self-fulfillment)의 전 세계적 확산을 의미하는 것으로 볼 수도 있고, 혹은 새로운 실존주의와 실용주의적 현실주의에 기반한 합리적, 방어적 개인주의의 대두(더치페이 문화의 확산도 그 일종)로도 볼 수 있다. 감히 신인류의 탄생이라고 말하기는 어렵겠지만, 경제적 세계화는 국가와 사회뿐만 아니라, 개인의 일상적 삶과 정체성에 엄청난 변화를 가져온다는 것은 틀림없는 사실이다. 이제 신자유주의도 인정하는 최소한의 사회적 안전망으로서의 복지 개념도 복지 수혜자에 대한 일방적인 "소득 이전"이 아니라 소위 "생산적 복지" 혹은 "근로 복지"의 개념으로 전환된다.104) 요약하면, 자립적 개인주의는 방법론적 개체주의(methodological individualism)를 통해서 가족, 기업, 지방단체, 국가, 지역적 국가연합 등에 동일하게 확대 적용될 수 있는 것이다.

존 나이스비트(John Naisbitt)가 『메가트렌드 2000』에서 예견한 것처럼 "개인의 개가(triumph of the individual)"는 새로운 천 년에 도래할 가장 중요한 요소 중의 하나이다.105) 이러한 예견은 그 이전에 리처드 세네트(Richard Sennett)가 쓴 『공적 인간의 몰락(The Fall of Public Man)』으로 시작되었다.106) 이와 관련해서 가장 주목할 것은 노벨 경제학상 수상자인 게리 베커(Gary Becker)의 이론으로, 이제 개인은 새로운 지식과 정보 기반 사회에서 하나의 "인간자본(human capital)"이 될 수 있다는 것이다.107) 사회철학적으로 말한다면, "과도하게 사회화된 인간"으로부터 "인간 자체를 불러내어" 자립하게 하는 것이라고 할 수 있을 것이다. 벡이 잘 지적한 것처럼, 개인주의화된 생활 형태에서 과거라면 계급적인 운명으로, 공동체적으로 해결되던 일들도 이제는 "개인적인 운명으로, 개인의 무능력으로, 자기의 탓으로 생각해서 흔히 혼자만의 힘으로 해결한다."108) 신자유주의가 계급적 차이를 확대하고 있지만, 결코 계급적 의식을 심화시키지 않고 있는 것은 신구 마르크스주의자들 모두에게 곤혹스러운 일이다.109) 결국 우리 인류는 모두 조국애(*amor patriae*)를 상실하고 니체적인 (의미이지만 그러나 할 수 없이) 초인을 지향하는 자기 운명애(*amor fati*)를 가지는 철학자가 되는 셈인가?

세계화 시대에서의 인간의 삶과 정체성 문제에 대해서 가장 포괄적인 견해를 개진하고 있는 사람은 벡이다. 그는 21세기 서구 사회에서 개인들이 인생에서 가장 쟁취하고 싶은 것은 아마도 돈, 일, 권력, 신, 여가 등 무엇이라도 될 수 있겠지만, 가장 중요한 가치관은 "각자 자신의 삶을 사는 것(living your own life)"의 전망 속에 그 모든 것들이 포섭되어야 한다는 것이다. 그는 지구화와 위험사회에 관련된 두 저작에서 전개된 논의를 압축하여 다음과 같이 "질주하는 세계 속에서의 각자 자신의 삶의 영위하는 방식"을 15가지로 요약하고 있다.110) (1) 각자 자신의 삶을 사는 것과 그것을 실현시킬 가능성은 사회가 고도로 다원적이고 분화될 때 등장한다. (2) 각자 자신의 삶은 각자에게 유일무이하고도 독특한 삶은 아니다. 인간은 각자의 삶을 사회적 상황 속에서 추구한다. (3) 각자 자신의 삶은 따라서 제도에 의존한다. 즉 교육제도, 노동시장, 복지국가는 경제적 제재의 고통을 업고 각자에게 자신의 삶을 영위하도록 요구한다. (4) 각자 자신의 삶을 사는 것은 따라서 각자의 표준적인 자서전이 선택적인 자서전들, 즉 자립의 자서전, 위험의 자서전, 분절되고 조각난 자서전으로부터의 혼합물임을 의미한다. (5) 제도적인 지침과 측량할 수 없는 불안정성 때문에 (혹은 그것에도 불구하고) 각자 자신의 삶은 언제나 끊임없이 활동할 수밖에 없도록 운명지어져 있다. (6) 각자 자신의 삶은 따라서 각자 자신의 실패인 것이다. (7) 인간들은 그들이 점점 더 파악할 수 없는 세계, 즉 불가역적으로 그리고 전 지구적으로 네트워크화된 세계 속에서 각자의 삶을 살아가기 위해서 투쟁한다. (8) 세계화의 이면은 탈전통화이다. 이것은 전통이 더 이상 아무런 역할을 하지 못한다는 것이 아니라 전통 자체도 개인의 경험 속에서 선택되고 구현되고 재창조되어야 한다는 것을 의미한다. (9) 지구화, 탈전통화, 개인화가 종합적으로 고려된다면, 각자 자신의 삶은 하나의 실험적인 삶이다. (10) 각자 자신의 삶은 반성적 삶(a reflexive life)이다.111) 사회적 반성, 즉 상반된 정보, 대화, 협상, 타협의 과정은 각자 자신의 삶을 사는 것과 거의 동의어이다. 이제 근대적인 국민국가, 민족, 계급, 가족 속에서 고정되었던 산업사회적인 삶의 카테고리는 문화적으로 해체되고 변형된다. (11) 이러한 의미에서 각자 자신의 삶은 하나의 후기 근대적 형태이다. (12) 이러한 방식으로 본다면, 각자 자신의 삶은 고정된 정체성이 사라지고 다양한 정체성이 혼재하는 근본적으로 비동일한 혹은 비정체적인 삶(a radically non-identical life)이다. (13) 따라서 각자 자신의 삶을 사는 것은 국민국가적 정체성을 기반으로 하는 제1차 근대화의 조건들이 더 이상 부적절하게 되는 근본적인 민주주의의 조건 속에 산다는 것을 의미한다. (14) 문화적 비관론자들이 한탄하는 가치의 상실은 실제로는 "더 크고 더 많고 더 좋은 것을 추구하는 신조"로부터의 탈출 가능성을 열어놓는다. 이러한 탈출은 생태적으로 경제적으로 유효한 개인적 삶을 영위하는 것을 의미한다. 이제 혼자 환경 친화적으로 경제적으로 잘 살아주는 것은 진정 사회적으로 사는 것이 되고, 이것은 곧 다른 사람과 국가에 의존하거나 피해를 입히지 않는다는 의미에서 "협동적인 이타주의적 개인주의"가 된다. (15) 각자 자신의 삶을 사는 것의 보편화는 따라서 시민사회적인 하위 정치화 혹은 민족국가적 정치의 탈정치화에 이르게 된다. 결국 이것은 개인이 초국가적인 코스모폴리탄적 정치의식을 갖는다는 것을 의미한다.

벡에 의해서 개진된 이러한 자립적 개인주의의 양상은 우리 사회에서도 목도할 수 있는 현상이 되었다. 일반적으로 유교문화의 전통적 가치와 권위적, 위계적, 조직적 질서에 익숙하며 집단적 정체성을 가지고 있던 한국의 군대형 혹은 회사형 인간들은 특히 IMF 시대와 구조조정의 난관을 치르면서 거의 사라지고, 실용적 현실주의와 능력주의, 합리주의, 더치페이 문화의 확산 등 개인주의적 경향들이 보편화된다. 연봉제나 노동제도의 유연화 등 노동환경의 변화는 개인이 자신의 능력이나 지식, 자산에 의존하여 살아가게 되는 개인 중심적 문화를 조성하게 될 것이므로, 그동안 전통적 가치의 중요한 부분이었던 공동체나 집단 중심적 사고방식, 가족주의, 연공서열, 권위적 위계질서와 체계에 대한 자발적 복종과 추종(알아서 기기), 유교적 가치 등은 점차 사라지게 될 가능성이 높은 것으로 조심스럽게 전망되고 있다. 그리고 우리는 IMF 시대가 얼마나 많은 가정을 궁지와 해체로 몰아넣었는지는 새삼 상기할 필요도 없을 것이다.112)

각자 자신의 삶을 살아가는 자립적 개인주의는 역동적인 삶이며 창조적인 삶이 될 수도 있겠다. 하지만 그것은 승자전취 시장에서의 치열한 무한 경쟁과 차가운 업적주의 사회(meritocracy)와 질주하며 달아나는 터보 자본주의 사회를 배경으로, 분주하게 이리 뛰고 저리 뛰는 삶으로서 영위될 것이다. 세계화의 한 구성적 특징인 "시공간의 축약(time-space compression)"으로 우리는 많은 시간을 확보한 것으로 보이지만 실상은 그 반대 현상이 벌어진다.113) 최근 유행하고 있는 시테크는 이러한 현상을 잘 반영하고 있다. 이러한 관점에서 "느림의 철학"이 관심을 고조시키고 있는 것이 사실이다.114) 느림의 철학은 인생에 시간적 여유를 제공함으로써 정해진 시간의 틀에 쫓기듯 살아가고 있는 생활 구조를 변화시키고 마음의 여유를 갖게 한다는 데 그 큰 의미가 있다. 결국 이러한 시간적 여유는 각자의 삶의 질의 향상과 성장에 도움을 줄 것이다. 그러나 느림의 철학은 "아킬레스와 거북이의 패러독스"처럼, 아니면 "토끼와 거북이 우화"처럼 거북이는 느리게 가지만 결코 추월당하지 않는다는 역설적 환상 속에 있을 때만 가능할지도 모른다. 이제 아킬레스와 토끼가 포르쉐와 같은 슈퍼 엔진을 단 고속 스포츠카를 타고 질주하는 터보 자본주의에는 그러한 논리가 적용되지 않을 것이다. 아마도 느림의 철학은 낭만적 퇴행주의의 전형이 될지도 모른다. 쉔크(H. G. Shenk)는 일찍이 『유럽 낭만주의의 정신』에서 1830년대 증기선의 빠름마저 혐오되던 낭만주의적 느림의 시대가 계속되다가 100년 후 생텍쥐페리가 대담한 주야간 비행과 조종석에서의 정서적 활공 경험을 바탕으로 하늘에서의 "신낭만주의"를 만들어냈다는 사실을 지적한다. 그렇다면 새로운 천 년에서 빠름의 낭만주의도 얼마든지 가능할 것이다.115) 아무튼 시간에 관련해서 부가할 말은 "주 5일제 근무"의 세계적 확산에서 보는 것처럼 자본주의 문명이 인간을 시간 속에 쫓기게만 만든다고 하는 것은 단견일지도 모른다. 물론 이러한 노동시간의 변경은 기술의 발전과 사회적 필수노동과 여가 사이의 복잡한 관계를 배경으로 하고 있기 때문에 간단히 말할 수 있는 것은 아니다. 인터넷의 보급으로 가능하게 된 재택근무의 확산은 개인주의적 회사 문화를 더욱 공고히 하고 있다.

자립적 개인주의에 관련해서 마지막으로 덧붙일 말은, 인터넷상의 자유로운 정보 교환과 전자투자가 집단과 초거대 시장의 덕분에 정부의 전통적 통제를 벗어난다는 의미에서 민주주의가 촉진된다고 할지라도, 정작 초국가적 거대기업과 금융자본의 지배 아래 놓이게 된 해당 국가의 국민들은 자신들의 삶에서 주체성을 상실한 것으로 느끼는 경우가 많다는 것이다.116) 그렇다면 결국 벡이 그 가능성을 열어둔 것처럼, 자립적 개인주의는 신자유주의가 주는 이데올로기적 허위의식일 수 있다.117) 그것은 찬양받을 것이 아니라 결국 약육강식의 정글 속에 고립무원으로 내던져진 인간의 고육지책으로서의 생존 전략에 불과한 것일지도 모른다. "능력 있는 사람은 자신을 구하라! 그런데 도대체 누가 능력이 있는가?"라는 항변은 정당한 이유가 있는 것이다.118) 진정으로 자립적 개인주의가 적용될 수 있는 사람은 소유적 개인(possessive individual)인 자유 기업가들(free entrepreneurs)에 불과할 것이다. 공동체주의 철학자 바버가 갈파한 것처럼, 신자유주의가 책임져야 할 가장 큰 병폐는 사회구조적 불평등을 그 희생자인 최소수혜자 자신의 성격과 태도 문제라고 보고 희생자에게 자립의 덕목을 강요하는 "희생자 비난"의 사회적 아이러니이다.119) 그렇다면 언제쯤 우리는 한 사람의 개인으로서, 가족의 일원으로서, 공동체와 민족의 구성원으로서 스스로의 운명의 주인이 되어 보다 안전하고 보다 편안한 삶을 누릴 수 있게 될 것인가?

4. 결어: 세계 자본주의 시장과 신자유주의의 파고를 넘어서. 인류의 공동번영을 위한 철학의 방파제와 자본주의의 미래

1) 세계화 시대에서의 철학의 공헌과 과제

전 지구적 자본주의 시장과 신자유주의 이데올로기의 명암과 희망과 절망이라는 야누스적 얼굴을 파악하기 위해서 우리도 수용과 저항이라는 변증법적 야누스의 얼굴로 대면해야 할 것이라는 점을 논의의 단초로 삼았다. 사실 철학자들은 그 누구보다 변증법에 능하지 않은가. 우리가 철학자들에게 기대하는 것이 바로 이것이다.

그러나 이러한 기대감은 철학이 자기 한 몸 건사하지 못하면서 어떻게 인류를 위한 방파제가 될 수 있을 것인가 하는 자괴감으로 곧 이어진다. 철학은 이제 리어왕처럼 자신의 영토를 잃고 자신이 수여해야 할 도덕훈장 기사의 작위를 교육부의 봉토에 강제 아웃소싱당하고, 학생들의 자유로운 학문적 선택권과 학문적 유연성과 경쟁력 확보라는 미명 아래 시행된 학부제라는 철저한 시장경제 논리에 의해서 외면당하는 처량한 신세가 되었다. 소크라테스의 독배는 그가 도망갈 수도 있었지만 가지 않고 스스로 죽음을 택했다는 데 그 의미가 있었지만, 이제 철학은 도망가려야 갈 데도 없어서 앉아서 자연 고사하고 있음은 만천하가 다 알고 있는 사실이다. 최근 100개 대학 인문학 교수들이 고사 위기에 처한 인문학 부흥을 촉구하고 나선 "문사철도 국가 경쟁력이다"라는 항변은 신자유주의 이데올로기의 언어인 바로 그 경쟁력 제고의 관점에서, 즉 단기적 경쟁력은 없지만 장기적 경쟁력이 있다는 것으로 제시된 것인가, 아니면 솔직히 경쟁력은 없지만 기초학문이므로 국가의 보호를 바란다는 것으로 제시된 것인가?120) 아무튼 철학은 더 이상 만학의 왕입네 하면서 플라톤의 철인왕 이래 대대손손 왕손이라고 자랑하고 있을 때가 아닌 것 같다. 이제는 정치경제철학을 보다 활성화하여 영국식의 철학, 정치학, 경제학 통합과정(PPE)으로 철인왕을 위한 진정한 제왕학을 교육시키지 않는다면, 앞으로 철학은 살아남기 힘들지도 모른다. 우리는 신자유주의 이데올로기의 노동윤리가 자립적 개인주의임을 밝힌 바 있다. 보편적으로 철학자들은 자립적 개인주의를 지향해왔으므로 어떤 면에서 철학의 교육적 전망은 매우 밝다고도 할 수 있다. 신자유주의 이데올로기의 교육철학은 "필요한 일은 행동과 방향 설정의 중심으로서 자신의 고유한 자아를 형성하는 일이다. 모든 청소년들은 오늘날 전적으로 자기 자신에 의지해서 자력으로 생활을 영위하는 법을 배워야 하고 그것을 익히고 시험해보면서 미완의 과정을 형성하는 것이야말로 관건이다."121)

아마도 철학자들은 이미 고대 소피스트들과 견유학파로부터 세계화는 시작되었다고 말하고 싶겠지만,122) 디오게네스가 통 속에 살면서 일조권을 최초로 주장한 철학자가 되었다는 것은 세계화의 종말을 예언한 것은 아닐까? 수많은 고통을 받고 있는, 퇴출된 노동 민초들에게 남은 것은 일조권밖에 없기 때문에 쥐구멍에 볕들 날만 기다리고 있을 것을 디오게네스는 예견했단 말인가? 결국 디오게네스는 세계화의 최종적 모습이 세계가 "한통속"이 되는 것이지만 결국 대부분의 인간들이 "견통속"에 살게 될 것을 미리 예증한 것은 아닐까? 철학자들이 돈에 무관심하지만 맘만 먹으면 돈을 벌 수 있다고 주장한 것은 탈레스였다. 그러나 불행히도 탈레스는 빠삭했던 천문지리를 통해 올리브가 풍작이 될 것을 알고, 올리브기름 채유기를 미리 독점했던 것이다. 그렇다면 그것은 자랑할 것이 그 무엇이뇨. 탈레스도 역시 인간 말종 호모 에코노미쿠스가 세계시장에서 자랑하는, 기술과 자본의 절대적 우위에 근거한 승자전취 시장에서의 싹쓸이식 독점적 작태를 최초로 보여준 것은 아닐까?

철학의 목표는 전 지구적 자본주의와 그 제국적 침략 전쟁의 와중에서 성공한 자들에 대한 찬미보다는 결국 패배자들에 대한 위안, 아니 철학자들 스스로에 대한 위안이 되어야 하는 것은 아닐까? 철학자들이 자위할 수 있다는 것은 전 지구적 자본주의 시장과 신자유주의 이데올로기의 와중에서 한 줌의 성공자들을 제외하고 대부분이 실패자인 인류에게 큰 안도가 되리라. 철학적 위안의 역사는 길지만, 일반인들에게 잘 알려진 보에티우스의 『철학의 위안』도 결국 로마제국의 세계화인 팍스로마나(*Pax Romana*)를 위한 동서 로마제국의 세력 다툼의 와중에서 사형당할 수밖에 없었던 자신의 참혹한 현실에 대한 소크라테스적, 그람시적 옥중수고요 자기위안이 아니었던가?[123] 보에티우스가 호소하고 위안을 받았던 철학의 여신은 결국 인류 전체에 커다란 위안을 제공하는 것이 그 본연의 임무가 아닌가? 물론 철학적 위안이 먹혀들까 하고 우려할 수도 있겠지만, 철학은 본디 나쁜 시절에 더 효과를 발휘하는 것이 아닌가? 이제 전 지구적 자본주의 시장이 양산할 모든 "20 대 80의 사회"에서 80%의 사람들은 티티테인먼트(tittytainment)가 필요할 것이지만, 그것으로 완벽하지는 못할 것이다. 오직 철학의 위안만이 고대 인도의 신 베다를 위한 몽환약 소마(soma)처럼 완전한 위안과 치유와 망각을 제공해줄 수 있을 것이다.124) 철학이 실패하면 광란의 신들(panic Gods)도 있고, 살아도 죽은 사람들을 위한 씻김굿도 있고, 바쿠스의 취생몽사의 의식도 있겠지만.

지난 세기말 우리 한국의 철학계는 그 아까운 역량을 탈근대화론과 전근대화론으로 양분하여 소진하고 있었다고 해도 과언이 아닐 것이다. 그러한 소진을 비웃기라도 하듯이 1997년 말 신자유주적 이데올로기는 마치 100년 전의 이양선처럼 탈근대와 전근대 사이를 관통하면서 우리에게 새로운 근대의 사명을 자각시키는 그 무서운 "세계화의 덫"으로 참담하게 다가왔던 것이다.125) 영국의 정치철학자 존 그레이(John Gray)가 지적한 것처럼 "전 지구적 자유시장은 경제적 근대화의 개념이 세계 어느 곳에서나 동일한 의미를 갖는다는 것을 전제하고 있다."126) 포스트모더니즘의 열풍 속에서 한국의 철학자들은 하버마스의 표현처럼 아직도 "미완의 근대성"을 지닌 우리에게 나중에 어른이 되어서 먹어도 좋을 약을 미리 복용시킨 것처럼 보인다. 리오타르(Jean-François Lyotard)는 해체와 불신의 대상인 거대 담론(meta-narratives) 속에 "보이지 않는 시장의 손을 통해서 부를 창조하고 갈등하는 이해를 조화시킴으로써 인간을 가난으로부터 해방시킬 수 있다"는 "자본주의적 경제 설화"를 분명히 넣었던 바 있다. 아마도 자본주의와 자유주의에 관한 "거대 담론(grands récits)은 더 좋은 것으로 다시 태어나기 위해서 죽을 뿐인가 보다."127) 그리고 우리나라는 IMF의 금융 지원과 구조조정 체계로 돌입함으로써, 그동안 아시아의 네 마리 용들 중의 하나라고 자부하면서, 서구 경제의 성장 둔화를 비웃으며 기고만장하게 찬양하던 아시아적 가치(Asian values)와 유교 자본주의(Confucian capitalism)는 신자유주의의 거대한 물결 앞에 무색해져버리고 말았다. 이제 아시아적 가치와 유교 자본주의는 각종 연고주의로 점철된 정경유착형 크로니 자본주의(crony capitalism)로서 외환위기의 원흉으로 지목되었다.128)

물론 이러한 지적은 우리 철학계의 지난 성과를 전면적으로 폄하하려는 뜻으로 나온 것은 전혀 아니다. 세계화 시대 이후에는 포스트모던한 사회가 진정으로 도래할 것이라는 강력한 주장이 있는 것도 모르지 않는다.129) 그리고 적어도 전 지구적 소비문화 혹은 후기자본주의 문화의 분석에서 (이 논문이 부분적으로 의존하고 있는 것처럼) 여전히 위력을 발휘하고 있다는 것도 인정한다. 그리고 유교 자본주의의 본질은 결코 크로니 자본주의가 아니라는 정당한 항변도 있다는 것을 모르는 바도 아니다.130) 또한 지구화와 동시적으로 발생하는 지구지역화와 재지역화, 그리고 문화다원주의와 관련해서도 아시아적 가치와 유교 자본주의는 여전히 유의미한 개념으로 존속할 수 있다는 것을 부정하지 않는다. 여기서 주장하는 바는 철학이 시대적 요구에 부합하려면, 전근대와 탈근대에 소진했던 우리 철학자들의 역량을 새롭게 전개된 근대화적 세계화의 시대에 총집결하자는 말이다. 우리가 신자유주의는 고사하고 그 원류인 자유주의에 대해서 얼마나 알고 있는가? 우리는 자본주의 시스템의 논리와 작동 원리를 얼마나 알고 있는가? 물론 우리 철학계가 세계시장과 신자유주의에 대한 논의가 다른 학계에 비해서 늦었지만, 그 성과가 전무한 것은 아니다. 그러나 그것으로 만족하고 있을 수만은 없다. 『세계화의 철학적 기초』를 본격적으로 다루었던 우리 철학계의 노작에서 발견한 인상 깊은 구절은 다음과 같다.131)

"이 땅의 지성인들이 당면하고 있는 과제는 '하나뿐인 지구'에서 만인이 평화롭고 풍요하게 공존하는 세계국가를 꿈꾸는 동시에, 현실적으로 북대서양 강대국들이 추진하는 세계화의 실제적 허점을 예리하게 통찰함으로써, 영육으로 사는 인간이 '경제인(homo oeconomicus)'답게 자신을 정립하되 결코 '경제동물(animal oeconomicum)'로 전락하지 않게 붙들어주는 일이요, 이 작은 지구가 다윈의 이론에 근거한 약육강식(lex ferarum)의 밀림으로 전락하지 않고 자신을 '세계시민(cosmopolites)'으

410

로 의식하는 인간들이 건설하는 '사랑의 문명(civitas amoris)'을 꽃피우게 하는 데 일조할 수 있기를 바라는 것이다."

철학자들은 호모 에티쿠스(*homo ethicus*)는 긴 상봉을 많이 해보았겠지만, 호모 에코노미쿠스는 아마도 잘 모를 것이다.132) 그렇다면 어떻게 호모 에코노미쿠스를 약육강식의 밀림에서 빼내어 "경제동물"이 아니라 호모 모랄리스(*homo moralis*)로 환골탈태시킬 수 있을 것인가? 이러한 과제를 신자유주의와 관련해서 고심을 하고 있는 철학자가 누구라는 것을 우리는 알고나 있는가?133)

2) 일방적 세계화에 관한 개선책과 대안의 제시, 그리고 자본주의와 인류의 미래

역사와 이데올로기의 종언 시대에 호모 에코노미쿠스는 보편적 인류로서의 "최후의 인간"으로 등장한 것처럼 보인다. 그러나 그 최후의 인간은 소비문화와 카지노 자본주의에서 보여준 작태로 말미암아 인간 말종이 된다. 그 인간 말종은 다시 양육강식의 세계 자본주의 시장에서 마치 홉스적인 자연상태에서 만인에 대한 만인의 투쟁으로 점철된 "최초의 인간"으로 다시 돌아간 느낌이다.134) 니체는 『도덕의 계보』 두 번째 에세이에서 동물을 약속을 할 수 있는 권리를 갖게끔 키우는 것은 최초의 인간을 도덕적으로 만드는 것과 같이 지난한 일이라는 것을 갈파한 바 있다. 신자유주의가 약속했던 인류의 경제적 번영과 그 번영에 따른 평화와 민주주의의 확장은 결코 약속대로 실현되지 않고 있는 실정이다.135) 만약 신자유주의자들이 그것은 좀 더 기다려야 나오는 장기적 효과라고 말한다면, 우리는 백년하청이라고 말할 수밖에 없다. 그들이 약속했던 경제적 번영이라는 것도 사실은 위에서 아래로 찔찔 흐르는 낙수 효과(trickle-down effect)라면 우리는 그것으로 어찌 목이나 축일 수 있겠는가?136) 교황 바오로 2세는 1999년 멕시코 순방에서 "만약 세계화가 힘 있는 자들에게만 유리하게 적용되는 시장의 법칙에 의해서 단순히 지배된다면, 그 결과는 파국적인 것이 될 것이다"라고 경고한 바 있다.137)

이제 인류는 다시 최초의 인간을 도덕적으로 순화하기 위한 기나긴 역사의 여정을 되풀이해야 할 것인가? 이것은 인류의 피할 수 없는 도덕적 원죄의 영겁회귀인가? (신)자유주의에 대한 공동체주의의 교정은 월저가 지적한 대로 "영원한 재귀(eternal recurrence)"인가?138) 호모 에코노미쿠스는 약육강식의 정글에 떨어진 자신을 지키기 위해서 자립적 개인주의를 방어적 신조로 살아가고 있다. 자립적 개인주의는 서구 근대화의 과정에서 이룩된 계몽주의적 개인이 세계 자본주의 시장 속에서 후기 근대적으로 발현한 것이다.139) 물론 그것이 비록 허위의식이라고 해도, 인간 말종 호모 에코노미쿠스가 개과천선하여 최소한의 윤리의식을 갖도록 하는 조그마한 출발점이 될 수도 있을 것이다. 그러나 그 출발점은 헤겔의 주인과 노예의 변증법과 인정 투쟁으로 나아가지는 못할 것이다. 왜냐하면 신자유주의 이데올로기에서 "지구화된 승자와 지역화된 패자" 사이에는 장차 어떤 통일성도 의존성도 존재하지 않을 것이기 때문이다. 결국 인류 역사의 한 원동력이었던 주인과 노예의 변증법은 붕괴된 것이다.140) 특히 그 변증법의 백미인 위대한 역전, 주인된 노예 혹은 승리한 프롤레타리아는 이제는 상상조차 불가능하다. 우리는 이러한 의미에서라면 후쿠야마의 역사의 종언에 동의할 수 있겠다.141)

후쿠야마는 얼마 전 역사의 종언을 고했지만, 우리는 하나의 전 지구적 문명의 역사가 이제 시작되었다고 정당하게 맞받아칠 수 있을 것이다.142) 새로운 밀레니엄은 아마도 천 년은 갈 것이다. 물론 이것은 신자유주의 이데올로기로 뒷받침되고 있는 세계 자본주의 시장의 역사가 이대로 영구히 진행된다는 것을 의미하지 않는다. 우리는 신자유주의 이데올로기가 자아낸 묵시록이 우리의 일상적 현실이 되지 않도록, 각양

각색의 대항 헤게모니, 대항 담론, 대항 운동을 전개해서 다시 "반격 (fighting back)"을 시도하는 대장정의 역사를 전개해야 할 것이다.[143]

아마도 전 지구적 자본주의 시장과 신자유주의적인 이데올로기에 대한 가장 효과적인 비판은 신자유주의라는 이름으로 실행되고 있는 각종 경제 관행을 바로 신자유주의의 기준으로 비판하는 것이다. 이것이 가장 효율적인 그람시의 내재적, 연관적(internal and connected) 비판이다.[144] 우리는 이제 자본주의와 신자유주의 자체의 논리와 원리에 의해서 바로 그것들을 비판할 수 있는 귀류법(reductio ad absurdum)과 피장파장의 동태 반격법(tu quoque, you too argument)을 전개해야 할 것이다. 우선 자본과 생산의 흐름에 방해가 되는 각종 장벽을 제거하고 경제활동의 투명성을 보장하는 것이 신자유주의의 요구라면, 우리는 신자유주의 금융관행에 제동을 걸 수 있다.[145] 도대체 온라인에서 횡행하는 국제투기 금융자본의 움직임은 누가 보아도 투명성을 가지고 있다고 보기 힘들 것이다. 따라서 신자유주의 진영 내부에서도 투명성을 제고해야 한다는 주장이 제기되는 것은 당연한 일이다. 아울러 IMF 구제금융 방식은 결코 구제에 이르지 못한다는 것과 구제금융을 운영하는 정부와 구제금융을 받는 기업의 (우리도 익히 알고 있는) 도덕적 해이(moral hazard)를 제거하기 위한 방안이 모색되고 있다.[146] 또한 국제환율의 적절한 통제와 외환위기 시의 조기 경보와 상호 협조의 제도가 필요하다는 의견도 제시된다.[147] 국제 투기자본이 국경을 넘을 때마다 세금을 징수하여 사회정의와 복지 실현을 위한 비용으로 충당하자는 토빈세(Tobin tax),[148] 투자자금은 헤지 펀드가 아니라는 것을 예증하기 위해서 적어도 1년간은 투자 대상국 은행에 예치되어야 하고 그 약속을 어기고 나갈 때는 벌금을 부과하자는 퇴장세(exit tax),[149] 롤즈의 충실한 제자 토머스 포기(Thomas Pogge)가 "최소수혜자의 복지를 최대로 하라"는 롤즈의 국내적 "차등원칙"을 세계정의의 원칙으로 확대하면서 제안한 "지구자원세(global resource tax)" 등은 투명성의 제고와 아울러 시장에 최소한의

규제를 마련해야 한다는 국제 케인지어니즘(international Keynesianism)
의 발현이다.150) 이와 관련해서 세계무역기구 WTO는 세계정의의 실현
을 위한 세계세금기구(World Tax Organization)가 되어야 한다는 결코
우습지만은 않은 제안도 있다.

물론 이러한 제안들은 잘 알려진 대로 "고양이 목에 방울 달기" 식의
"수인의 딜레마"에 빠질 수밖에 없다. 그러나 수인의 딜레마도 큰 피해
가 반복적으로 진행될 때는 어느 시점에서는 해결될 수도 있는 것이다.
캐나다 의회는 토빈세의 시행을 상징적으로 의결했다고 한다. 벡은 신
자유주의의 투명성 논지를 역이용해 "소비의 정치화"를 광범위하게 실
현하자고 제안한다. 즉 초국적 기업들을 위한 "바닥을 향한 질주"를 방
지하기 위해서 제품에 대해 생산지 라벨이나 환경 라벨뿐만 아니라 생
산지역에서의 민주주의와 노동조건을 표시하는 민주 라벨을 제도화해
서 소비자가 선택할 수 있도록 하자는 전격적인 제안을 한다.151) 진보
진영에서는 개발도상국과 최빈국에 대한 부채 탕감 운동인 "주빌리
(Jubilee) 2000" 운동이 진행되고 있다.152) 우리는 IMF, 세계은행, 세계
무역기구, 아셈 대회에 대응하여 시애틀에서 프라하를 거쳐 서울까지
이어진 노동, 환경, 복지에 관한 비정부적인 세계 시민연대들(NGOs)의
다양한 반대운동과 사회활동에도 주목해야 할 것이다.153) 신자유주의적
세계화는 분명 약육강식이 적용되지만, 그것이 자아내는 범세계적 갈등
은 역으로 세계시민적 의식을 강화시켜줄 수도 있는 것이다.154)

끊임없이 터져 나오는 부정대출과 정경유착, 부실기업과 재벌에 대한
만성적이고 한없는 공적 자금의 투입을 볼 때 이 나라는 정말 정부와
공기업의 지대 추구 구조와 기업의 지배구조 개선을 위해서라면 신자유
주의가 진정으로 실현되어야 할 나라라는 생각이 확실히 든다.155) 사실
정부도 기업도 노동자들도 아무도 신자유주의를 원하지 않는다는 소리
가 정확할지도 모른다. 신자유주의는 그 구조조정의 즉각적 결과와 국
제 헤지 펀드로 말미암은 외환위기 발생으로 그 부정적 측면이 너무 부

각된 감이 있지만, 개인의 자유와 창의성, 투명성, 시장의 신뢰성, 공정한 경쟁 등 그 자체로 공감할 만한 정책적 효율성과 도덕성을 전혀 가지고 있지 않은 것은 아니다. 그런 의미에서 우리 철학자들은 드마르티노(George F. DeMartino)가 분류한 것처럼 신자유주의와 진보적 국가주의와 국제적 평등주의 모두에 발을 걸치고 있어야 할지도 모른다. 전지구적 자본주의 시장의 신자유주의적 이데올로기의 어떤 부분, 즉 도덕적 가치로서의 시장의 신뢰와 효율성의 기초 기제로서의 시장, 인권에 대한 요구의 보편적인 관철, 이에 따라서 촉진되는 민주주의 원리는 신봉하지 않을 수 없다.156) 그리고 우리는 또한 마치 영국과 프랑스 주도의 세계화에 대항하기 위해 『독일 국민에게 고함』을 썼던 피히테처럼, 세계시장에서 우리의 경쟁력을 제고하기 위한 정신적 혹은 전략적 방편으로서의 "진보적 국가주의(progressive nationalism)"에도 헌신을 해야 할 것이다. 동시에 우리는 철학자들이 오랫동안 꿈꾸어왔던 세계시민주의를 실현시키기 위해 초국민적, 초국가적인 시민이성을 "국제적 평등주의(international egalitarianism)"의 관점에서 제고해야 할 입장에 있다.157) 우리는 아마도 이러한 관점들을 일사불란하고도 균등하게 잘 적용할 수는 없겠지만 그렇다고 그것들이 결코 빠져나올 수 없는 트라일레마(trilemma)라고 미리 절망해서도 안 될 것이다.

인류 역사에서 모든 기성 체제에 대한 가장 강력하고도 흥미 있는 비판은 언제나 변절하고 개과한 내부 고발자들(deep throat from whistle blowers)로부터 왔다. 이것은 이미 앙시앵 레짐이 된 신자유주의 이데올로기도 예외는 아니다. 개과천선하고 칼 포퍼(Karl Popper)의 개방사회 개념을 원용하며 자칭 철학자인 체하는 국제 환투기꾼 조지 소로스(George Soros)도 국제금융의 투기성이 조절되지 못한다면 자본주의의 위기는 멀지 않았다고 폭로한 바 있다.158) 대처 수상이 펼친 그 참혹했던 신자유주의 철혈 정책에 대한 사상적 옹호자였던 정치철학자 존 그레이(John Gray)도 과거의 전력을 깊이 반성하고 전 지구적 자유시장은 그 광범위한 폐해로 말미암아, "20세기의 다른 유토피아와 마찬가지로 전 지구적 자유방임은 스스로 초래한 각종 재앙과 함께 역사의 기억 속으로 사라질 것이다"라고 천명한다.159) 그렇다면 완전경쟁시장과 시장 근본주의는 결국 신자유주의 이데올로기가 지어낸 "시장의 우상(*idola fori*)"이라는 요설에 불과한 것으로 판명되지 않을 것인가?

전 지구적 자본주의의 폐해가 장기적으로 지속된다면, 신자유주의 이데올로기의 헤게모니도 쇠퇴할 것이다. 스스로 내건 약속을 배반하면서 오래 버틴 체제는 인류 역사상 이제껏 없었다. 아마도 새로운 해방의 힘이 태동할 것은 자명한 사실이다. "신자유주의도 역사를 가지고 있으며, 그 역사에도 시작과 종말은 있다."160) 어떤 경제에도 "영원한 번영"이란 있을 수 없다. 그런데도 경제적 세계화의 전도사 프리드먼은 우리가 할 수 있는 것은 결국 "펩시콜라냐 아니면 코카콜라냐"의 선택뿐이라고 말하면서, 신자유주의적 구조조정 정책을 시행하는 것은 마치 황금 구속복(Golden Straightjacket)을 입고 16가지 황금률(the Golden Rule)을 시행하는 것과 같다면서 그 "보이지 않는 손"을 가진 "재림하신 자본주의의 신"을 경배한다.161) 프리드먼은 아마도 불경죄로 비난받던 그 독설로써 이제는 인류를 구원할 조지 버나드 쇼(George Bernard Shaw)를 모르는가 보다. 쇼 왈 "네가 대접받기를 원하는 대로 남을 대접하지 마라. 왜냐하면 그들의 선호[경제상황과 문화]가 다르므로." 그 찬란했던 황금 구속복을 입은 황금률은 이제는 다 떨어지고 해어진 거지 누더기 구속복을 입은 황동률(the copper rule)로 전락하고 말았다는 것을 프리드먼은 알기나 아는가? 아니 그 황동률은 황동률의 최하위 율법인 원시적 동태 복수법(*lex talionis*), "눈에는 눈, 이에는 이"보다 못한 것이다. 신자유주의적 황금 구속복을 입은 총잡이들(hired guns)은 "보이지 않는 손"을 가진 자본주의 신의 사주를 받아 그 "빠르고도 무자비한 손"으로 그것도 습관적으로 "당신 나라는 부상자를 쏘아 죽일 용의[*mens rea*]가 있는가" 하면서 복수당할 아무런 잘못이 없는 노동 민초들만 살상하니,

이것은 전 세계를 이유 없는 총질이 난무하는 "와와 웨스트(Wild Wild West)" 판으로 만드는 것이 아니고 무엇이겠는가?162)

물론 아직까지 전 지구적 자본주의의 암울한 측면이 폭발하지 않고 세계경제가 버티고 있는 것은, 그래도 세계 최대이고 세계 각국에 자유롭게 시장을 열어놓은 미국 경제의 지속적 성장에 있다. 그러나 2000년 이후에도 그것이 영구히 계속될 것이라고 믿는 사람은 아무도 없다. 물론 우리는 예정된 파국 이후에 새로운 마르크스의 등장을 기대할 수는 없지만, 보다 바람직한 자본주의의 새로운 유형이 등장하리라는 것은 예상할 수 있으리라. 그것은 진정한 자유민주주의가 전 지구적 자본주의 시장이 자아내는 빈곤과 인간상실을 얼마나 감당할 수 있을 것인가에 달려 있다. 인류는 소비자 잉여와 티티테인먼트(tittytainment)만으로 인간의 존엄성과 삶의 안정성과 노동주권을 상실한 채 그렇게 오랫동안 고통을 견디어낼 수 있을 것인가? 자본의 축적과 경제성장을 달성하면서도 시장경쟁에서 소외된 계층의 납득과 위안을 동시에 확보해야만 하는 것은 신자유주의 이데올로기에 주어진 커다란 과제임과 동시에 딜레마가 될 것이다.163)

마르크스가 『공산당 선언』에서 했던 그 유명한 말, "각자의 자유로운 발전이 모든 사람 발전의 조건이 되는 사회가 도래할 것이다"를 바꿔, 우리는 "각 지역과 개인의 자유로운 발전이 전 지구 발전의 전제가 되고, 지구의 평화와 안녕이 각 지역과 개인 행복의 전제가 되는 사회의 구현"을 꿈꾸어볼 수 있을 것이다164) 이러한 새로운 유토피아는 단순히 허망한 꿈이 아니며, 지금 일방적으로 진행되고 있는 세계화 아래 신음하고 있는 대부분의 인류를 신자유주의적 이데올로기의 질곡으로부터 구해내고 그 진행 과정을 바람직한 방향으로 유도하기 위한 절체절명의 희망인 것이다. "우리가 더 나은 사회를 향한 변화의 가능성이 없다고 체념한다면, 더 나은 사회로의 변화는 없을 것이다. 결국 선택은 우리의 몫이다. 또한 당신[우리 철학자들]의 몫이기도 하다."165)

표 1. 근대 자본주의에서 자본 운영의 전형적 규모와
헤게모니적 통제 개념의 발전

시대	화폐자본	생산자본	헤게모니적 개념
1820년대-1870년대	세계적*	지방적	자유주의적 국제주의
1870년대-1914년	세계적*	국가적	자유주의적 국제주의
1920년대	세계적	국가적*	국가독점주의
1930년대	국가적	국가적*	국가독점주의
1950년대	국가적	국가적	대서양적* 조합자유주의
1960년대와 1970년대	세계적	대서양적*	대서양적* 조합자유주의
1980년대와 1990년대	세계적*	지구적/지역적	신자유주의

1. 별표는 화폐자본 혹은 생산자본 중 어떤 것이 헤게모니적 통제 개념으로 볼 때 지배적인 위치에 있는가를 표시함.
2. 세계적인(cosmopolitan) 것과 지구적인(global) 것은 모두 자본 운영이 전 세계에 걸쳐 있음을 나타낸다. 그런데, 화폐자본은 국가 통제로부터 거의 자유로울 수 있으나, 생산자본은 비록 지구적으로 운영되기는 하지만, 물리적 지리적으로 제약되어 있기 때문에 국가의 통제에서 완전히 자유로울 수 없다는 점에서 구분한 것이다.
3. 자유주의적 국제주의(liberal internationalism)는 산업혁명 이후 영국 주도(*Pax Britanica*)로 전개되었고, 자유로운 재정 이동과 국제 무역이 그 전성기를 이룬다. 1870년부터 1914년까지는 보통 자유방임의 황금시대라고 불린다. 국가독점주의(state monopolism)는 제1차 세계대전에서 1950년대 초까지 국가 수준에서의 생산 자본이 그 지배력을 행사한 시기였고, 공황시대에서는 화폐자본에 대한 국가의 통제가 강화된 시기였다. 조합자유주의(corporate capitalism)는 자본과 노동의 조합주의적 합의에 바탕을 두고 국내의 안정을 유지하는 국가주의적 조류로서 케인지언 복지국가의 기본적 모형이었다. 물론 다국적기업이 지지하는 자유주의적 국제주의의 요소도 여기에는 가미되어 있었다. 그러나 신자유주의는 초국가적 기업을 중심으로 하는 생산자본과 특히 화폐자본의 세계적 이동을 그 핵심으로 한다.

출처 : Henk Overbeek, ed., *Restructuring Hegemony in the Global Political Economy: The Rise of Transnational Neo-Liberalism in the 1980s* (London: Routledge, 1993), "Introduction," p.7.

표 2. 황금 구속복을 입은 신자유주의 경제정책의 16가지 황금률

1. 민간부문을 경제성장의 주력 엔진으로 삼을 것.
2. 인플레이션을 낮게 유지하고 물가안정을 유지할 것.
3. 정부 관료조직의 규모를 축소할 것.
4. 국가재정을 흑자는 못 낼지언정 적자로 만들지 말 것.
5. 수입품에 대한 관세를 폐지하거나 인하할 것.
6. 외국인의 투자를 저해하는 규제를 폐지할 것.
7. 쿼터제와 국내 독점 체제를 철폐할 것.
8. 수출을 늘릴 것.
9. 공기업과 수도, 전기, 가스 등 국유산업이나 공익사업을 민영화할 것.
10. 자본시장에 대한 규제를 완화할 것.
11. 자국통화와 타국통화 사이의 교환이 가능토록 할 것.
12. 실물시장, 주식시장, 채권시장을 개방하여 외국인들이 투자하고 소유할 수 있게 할 것.
13. 규제를 완화해 시장 내 경쟁을 최대한 촉진시킬 것.
14. 정부의 부정부패와 보조금, 그리고 뒷돈 관행을 최대한 줄일 것.
15. 금융 시스템과 통신 시스템을 개방해 민간과 경쟁을 허용할 것.
16. 국민들이 국내외 금융상품을 마음대로 선택해 연금기금을 투자할 수 있도록 할 것.

출처 : 토머스 프리드먼, 신동욱 옮김, 『렉서스와 올리브 나무 1: 세계화는 덫인가, 기회인가?』(서울: 창해, 2000), p.203.

표 3. 세계 자본주의 시장에서 성공하는 국가들의 9가지 습관

1. 당신의 나라는 얼마나 빠른가.
2. 당신의 나라는 지식을 수확하고 있는가.
3. 당신의 나라는 얼마나 가벼운가.
4. 당신의 나라는 외적으로 자신을 개방할 수 있는가.
5. 당신의 나라는 내적으로 자신을 개방할 수 있는가.
6. 당신 나라의 경영진을 깨어 있으며, 그렇지 못할 경우 교체가 가능한가.
7. 당신의 나라는 부상자를 쏘아 죽일 용의가 있는가.
8. 당신의 나라는 친구를 얼마나 잘 사귀는가.
9. 당신 나라의 브랜드는 얼마나 출중한가.

출처 : 토머스 프리드먼, 신동욱 옮김, 『렉서스와 올리브 나무 1: 세계화는 덫인가, 기회인가?』(서울: 창해, 2000), p.366.

표 4. 신자유주의가 절대로 시행할 수 없는 8가지 정책

1. 기본적 식량과 식료품의 소규모 생산자들에 대한 보호와 지원.
2. 임금 노동자들의 권리 확대와 노동조합의 신장, 노동자들의 건강과 안전의 보장.
3. 도시와 농촌 지방공동체들의 유지 존속과 안정과 번창을 위한 각종 지원.
4. 공공 근로사업의 시행과 공기업의 설립을 통한 정부의 고용 촉진.
5. 자연환경에 대한 보호와 보존.
6. 문맹퇴치를 비롯한 각종 교육 지원 사업.
7. 국민건강 증진을 위한 정부의 대규모 투자.
8. 수입과 부에 대한 분배 구조 개선.

출처 : Arthur MacEwan, *Neo-Liberalism or Democracy?*(Australia: Pluto Press, 1999), p.5.

제 3 장

사회계약론적 윤리학의 대두와 그 딜레마

1. 서언: 현대 사회계약론적 윤리학 대두의 철학적 배경

헨리 메인 경(Sir Henry Maine)의 슬로건 "신분에서 계약으로(from status to contract)"는 중세적 신분질서 사회로부터 근대적 자유계약 사회로의 이행을 단적으로 표명해준다.[1] 홉스, 로크, 루소, 그리고 칸트에 의해 전개된 사회계약사상은 근대적 정부, 시민사회의 기원과 정치 및 도덕적 의무 일반에 대한 철학적 근거로서 제시되었다. 사회계약사상은 자유롭고 평등한 합리적 개인들의 계약적 합의를 통해서 정치 및 도덕 공동체의 규범적 근거를 제시할 수 있다는 점에서 그 설득력을 가진다. 그러나 사회계약사상은 사회적 기원에 대한 역사적 허구성과 한 사회 내에서 피투적 존재(thrown Being)일 수밖에 없는 개인들에게 자발적 참여의 존재라는 초월적 권위를 부여했다는 점에서 비판을 받아왔다.[2] 그래서 사회계약사상은 미국 독립과 프랑스 혁명의 이론적 기초를 제공하였음에도 불구하고 20세기 후반까지 자유민주주의적 전통 내에서는 공리주의의 위세 속에서, 그리고 그 전통 외에서는 헤겔 사상과 마르크시즘의 득세 속에서 현실적 설득력을 상실했다. 비록 계약법의 분야에서는 그 효용성을 가지고 있었다고 하더라도 정치철학의 일반이론으로서는 다만 지적 호기심의 대상으로 남아 있었다.

그렇다면 롤즈의 역작 『정의론』에 의해서 촉발된 도덕 및 정치철학에 있어서의 사회계약론의 부활은 어떠한 철학적 배경을 가지는가?3) 롤즈는 우선 사회계약론에서 전래되어온 기원적 설명과 규범적 설명의 혼재성을 배제한다.4) 즉 롤즈는 사회계약론을 고도로 추상화함으로써 그것을 사회정의의 윤리학으로 변모시킨다. 이것은 계약 대상이 전통적 사회계약론에서처럼 일정한 사회나 특정 형태의 정부가 아니라 정의원칙이라는 것을 의미한다. 이러한 계약의 수행은 순전히 가상적인 것으로 도덕론에 있어서 계약론적 입장이란 도덕원칙이 자연상태와 같은 적절한 최초의 선택 상황에서, 즉 원초적 입장(the original position)에서 합의된다는 것을 주장하는 것이다. "정의원칙은 자신의 이익 증진에 관심을 가진 자유롭고 합리적인 사람들이 평등한 최초의 입장에서 그들 공동체의 기본조건을 규정하는 것으로 채택하게 될 원칙들이다."5) 정의의 원칙을 이렇게 보는 방식을 롤즈는 "공정성으로서의 정의관(Justice as Fairness)"이라고 명명한다.6)

공정성을 기반으로 하는 롤즈의 계약론적 윤리학은, 개인들을 단순한 공리 계산의 대상으로만 간주함으로써 개인들의 다수성과 구별성(the plurality and distinctness)을 심각하게 고려하지 않는 공리주의는 전체주의적 함축성을 갖게 된다고 비판한다.7) 헤겔이 사회계약론적 시민사회를 개인들의 우연적이고 특수한 이익에만 근거한 사적인 사회(private society)라고 한 비판에 대해서 롤즈는, 원초적 입장은 개인들의 특수한 이익을 보편적이고 객관적인 합리성으로 환원시키는 공정한 선택 상황이므로 사적인 사회를 벗어날 수 있다고 답변한다.8) 그리고 사회체제가 인간의 욕구 및 자아 정체성에 미치는 영향이 계약론에 결정적인 반론을 제시한다고 생각하는 마르크스주의자들과 공동체주의자들에 대해서 롤즈는 역시 원초적 입장은 그러한 영향을 최소화하는 중립적 선택 상황이라고 주장한다.9) 즉 그의 정의론은 현존 제도들뿐만 아니라 그로 인해 생겨나는 욕구와 포부를 평가하기 위한 기준으로서 사회에 대한 유기체(organic conception of society)적 입장에 의거하지 않고도 사회 변동의 과정을 지도하기 위한 독립적인 지침을 제시해준다는 것이다.10)

　롤즈의 정의론이 사회계약론적 방법 자체를 비판하는 외부적 제 도전들에 대하여 충분한 응전을 하고 있느냐의 평가는 사회계약론적 윤리학의 다음과 같은 내부적 도전을 어떻게 처리하고 있느냐의 평가 이후에 내려져야 할 것이다. 우리가 사회계약론적 윤리학을 수용한다고 하더라도 최종적으로 어떠한 도덕원칙이 도출되며 그것은 어떻게 정당화되는가는 항상 논란의 여지를 남긴다. 사회계약론적 윤리학은 최초의 선택 상황을 어떻게 규정하며 어떠한 방식에 의해서 자유롭고 합리적인 개인들의 합의가 이루어지는가에 달려 있다. 그래서 사회계약론적 윤리학은 윤리학 방법론상으로 볼 때 합리적 구성주의(rational constructivism)가 된다. 합리적 구성주의는 모든 도덕적 담론에서 합리적 내용을 배제함으로써 메타윤리학적 제 입장들의 분석적 소모전만을 허용한 논리실증주의가 붕괴하고 난 뒤 가장 설득력 있게 부상한 윤리학설이다.

　합리적 구성주의의 단초는 스티븐 툴민(Stephen Toulmin)과 커트 바이어(Kurt Baier) 등에 의해 제시되었던 "정당근거적 접근방식(the good reasons approach)"이다.11) 그러나 정당근거적 접근방식은 아직도 일상언어 분석에 의존하여 도덕적 판단은 "사람들의 행위를 조화시키는 데 사용된다" 또는 "모든 사람들을 동일하게 좋게 해야만 한다" 등의 피상적인 근거만을 제시하는 데 그치고 말았다.12) 그래서 도덕성의 합리적 근거를 찾으려는 시도는 합리적 선택이론(the theory of rational choice)을 원용하기에 이르렀다. 사회계약론은 전통적으로 합리적 개인의 자기 이익의 극대화라는 관점에 호소했기 때문에 합리적 선택이론과의 접합이 용이하다. 그래서 롤즈가 자기의 정의론을 합리적 선택이론의 일부

라고 말한 것은 놀랄 만한 일은 아니다.13)

합리적 선택이론은 단일 이론이 아니라 가치효용론(value-utility theory), 게임이론(game theory), 그리고 사회적 선택이론 혹은 의사결정론(social-collective or public-choice theory or decision-making theory)을 포함하는 방대한 집합체이다. 합리적 선택이론은 존 폰 노이만(John von Neuman)과 오스카 모르겐슈테른(Oskar Morgenstern), 로버트 루스(Robert D. Luce)와 하워드 라이파(Howard Raiffa), 그리고 케네스 애로우(Kenneth J. Arrow) 등에 의해서 발전되어 소비자 행동론, 조직집단 행동론, 그리고 공공정책의 기술적 및 규범적 의사결정(descriptive and normative decision-making)에 관한 엄밀한 공리체계(axiomatic system)를 구성한다. 개인적 이익의 극대화라는 동기적 합리성은 서구 자본주의의 경제인간(*homo economicus*)을 대변하며 그러한 경제인간은 확실성, 위험부담, 불확실성하에서의 선택 상황에서 가능한 대안들과 그 결과에 대한 정보를 처리하는 인식적 합리성을 가진 것으로 가정된다.14)

롤즈의 합리적 구성주의는 합리적 선택이론을 수용하여 다음과 같은 중차대한 시각의 변환을 시도한다. 기본적으로 사회적 선택의 문제인 사회의 기본구조(the basic structure of society)에 관한 사회정의, 특히 분배적 정의원칙의 결정 문제를 사회계약론에서 유전되어온 자연상태라는 개념, 즉 가상적 상황(hypothetical situation)에서의 합리적 개인들에 의한 정의원칙의 선택 문제로 환치시킨다.15) 만일 이러한 롤즈의 합리적 구성주의가 성공한다면 그 철학적 의의는 자못 심각하다. 그것의 성공은 합리적 선택이론의 망령으로 남아 있는 애로우의 불가능성 정리(the Impossibility Theorem), 즉 사회적 복지함수(social welfare function)가 개인적 선호의 서열들(individual preference orderings), 예를 들면 {(abc), (bca), (cab)}의 집합으로부터 다수결의 원리를 통해서 민주적으로 도출될 수 없다는 난제를 멋지게 해결할 수 있음을 의미한다.16)

그리고 윤리학사를 통해서 유전되어온 또 하나의 망령, 존재와 당위의 문제도 그 해결 방식을 찾게 될 것이다.17) 전통적으로 윤리원칙의 정당화 방법론으로 간주되어왔던 직관주의(intuitionism)나 고전적 자연주의(classical naturalism)는 각각 직관적 자명성에 대한 논란과 욕구하는 것이 꼭 욕구할 만한 것은 아니라는 소위 자연주의적 오류(naturalistic fallacy)로 말미암아 그 철학적 타당성을 의심받고 있는 상황에 있다.18) 롤즈의 합리적 구성주의를 평가하기 위해서는 이미 언급했던 계약론적 윤리학의 내부적 도전의 처리 방식에 대해서 엄밀한 논의가 있어야만 한다.

2. 사회계약론적 윤리학의 두 유형과 그 딜레마

사회계약론적 윤리학은 최초의 선택 상황인 자연상태를 어떻게 규정하며 어떠한 방식에 의해 자유롭고 합리적인 개인들의 합의가 이루어지는가에 달려 있다. 그 최초의 선택 상황(initial choice situation)은 공정한 상황이거나 공정한 상황이지 않거나 둘 중의 하나가 될 것이다. 만약 그 상황이 공정한 것이 아니라면 우리는 합의의 결과를 공정한 것으로 간주할 수 없을 것이다. 만일 그 상황이 공정하다면 합의의 결과는 공정하겠지만 계약론적 논증이 정당화하고자 하는 어떤 도덕적 기준을 미리 전제해야만 한다. 전자의 경우 합리성의 기준에 따라서 합의가 이루어지지만 그것은 도덕성을 훼손하게 된다. 후자의 경우 합의의 결과는 도덕적으로 공정한 것이지만 그것은 합리적으로 볼 때 임의적인 것이 된다. 따라서 합리적 구성주의로서 계약론적 윤리학은 도덕적으로 부적절하거나 순환적(morally irrelevant or circular)이 되는 딜레마에 봉착하게 된다.19) 논리적으로 볼 때 계약론적 윤리학의 딜레마는 복합구성적 딜레마가 된다. 즉 A이면 B이다. C이면 D이다. A이든가 C이든가이다. 고로 B이든가 D이든가이다.

이러한 사회계약론적 윤리학의 딜레마는 계약론의 전통과 합리적 선택이론의 관련성을 통해서 다음과 같이 상술될 수 있을 것이다.[20] 계약론의 첫째 유형은 계약론적 합의를 전략적 협상(strategic bargaining)의 대상으로 간주하며 선택 상황은 협상자의 현상적 위치(*status quo*), 위협적 이익(threat advantage), 전략(strategy) 등이 중대한 역할을 한다. 이러한 유형은 홉스와 제임스 뷰캐넌에 의해서 제시된 바 있다.[21] 두 번째 유형은 계약론적 합의를 이상화하여 전략이나 상대적 협상 능력 등의 역할을 배제한다. 이 유형은 로크, 루소, 칸트에 의해서 발전되어 롤즈에게 유전된다. 롤즈 자신도 이 두 유형적 분류를 수용하여 홉스를 자기의 이론적 선구자로 보지 않는다.[22] 그러면 홉스와 롤즈를 두 유형의 대표자로 간주하여 그 딜레마를 구체적으로 분석해보자.

1) 홉스의 『리바이어던』: 합리성의 도덕적 부적절성

홉스는 통상적으로 정치철학자로 분류되어 그의 윤리학설은 무시되거나 혹은 수용될 수 없는 이기주의를 주창한 것으로 간주되어왔다. 그러나 홉스는 분명히 "얼마만큼의 심도 있는 도덕철학이 통치권의 행사에 요구되는지를 고찰하려고 한다."[23] 물론 본 논문은 『리바이어던』을 연구 분석하여 그의 도덕철학의 실패를 입증하려고 하나, 그 방식은 합리적 선택이론을 적용하여 계약론적 딜레마의 한 뿔(horn)로 구성해보려는 독특한 것이다. 홉스의 윤리학은 다음과 같은 세 단계로 구성된다. (1) 자연상태의 규정, (2) 자연상태를 극복 가능케 하는 도덕원칙에 대한 계약적 합의, (3) 계약의 이행 및 준수를 위한 군주력의 확립.

홉스의 자연상태(the state of nature)에 대한 묘사,[24] "만인의 만인에 대한 투쟁 상태(war of everyman against everyman)"는 합리적 선택이론의 관점에서 볼 때 다인 비협동적 게임(n-person noncooperative game)이 된다. 이 게임에서 각 개인은 자기 이익의 극대화라는 도구적 합리성을 그 동기로 가진다. 이 게임의 배경은 도덕적 정당성 또는 정의

의 개념이 전혀 적용되지 않는 무도덕인 상황(non-moral situation)이
다.25) 각 개인들은 상호의 안정을 위협할 수 있는 대략적인 동등한 잠
재력을 가진 것으로 간주되어 오직 위협적 이익으로만 서로 대치한다.
홉스는 여기서 자연권을 도입한다. 홉스가 사용한 자연권의 개념은 자
기 자신을 보호하기 위하여 자신의 힘을 다른 사람들에게 임의대로 사
용하는 것을 의미한다. 자유의 개념도 여기에 부과되는 것이다.26) 결국
홉스에게 있어서 계약론의 기본가정인 자유롭고 평등한 합리적 존재의
규정은 무제약적 자기 이익 추구에 대한 주체를 설정한 것에 불과하다.

고립적 경쟁, 불신, 선제공격으로 점철된 자연상태의 결과는 한 개인
의 관점에서 볼 때 지극히 합리적인 것이 전체의 관점에서 볼 때는 비
합리적인 것으로는 되는 비참한 상태가 된다. 합리적 선택이론으로 볼
때 홉스의 자연상태는 소위 수인의 딜레마(the prisoner's dilemma), 즉
고립된 두 명의 수인은 모두 자백을 하지 않으면 적은 형량을 받을 수
있지만 만일 상대방이 자백할 때 자신이 자백하지 않으면 혼자 많은 형
량을 감수할 수밖에 없는 상황이므로 두 명의 수인은 모두 자백하여 많
은 형량을 산다는 것의 전형적인 일반화이다.27) 평화적 공존이 모든 사
람에게 좋은 것임에도 불구하고 전쟁 행위는 지배적인 전략(dominant
strategy)이 된다. 왜냐하면 상대방이 어떠한 선택을 하거나 간에 전쟁
행위는 자기 자신에게 이익이 되기 때문이다.

이러한 상태는 최적적이 아닌 준최적인 균형 상태(sub-optimal equili-
brium)이므로 어떤 개선책을 생각해볼 수 있다. 그러한 개선책은 자연
법으로 정식화된다. 홉스가 사용한 자연법의 개념은 자기 자신의 이익
을 위해서 이성(도구적 합리성)에 의해 주어진 행동의 규칙을 따르는 것
을 말한다. 따라서 홉스에게 있어서 "진정한 자연법 학설(the true doc-
trine of the laws of nature)이야말로 진정한 도덕철학(the true moral
philosophy)이다."28) 전쟁 상태의 불편성과 비참성으로 말미암아 모든
사람은 자신의 안전을 확보하기 위해 평화가 바람직하다는 것을 인식하

게 되고 그러한 평화를 가져올 수 있는 수단으로서 자연법에 따를 것을 계약하게 된다. 홉스의 윤리학을 합리적 구성주의로 볼 때 중요한 것은 자연상태의 주범인 도구적 합리성 바로 그것이 자연상태를 벗어나게 해줄 수 있다는 것이다.29)

홉스는 총 19개의 자연법을 말하고 있으나 여기서는 처음 3개에 논의를 국한한다. 도구적 합리성의 일반 법칙은 "각자는 평화를 확보할 수 있는 희망이 있는 한 평화를 확보하기 위한 노력을 경주해야만 한다. 그러나 평화를 확보할 수 없을 때는 모든 수단을 강구하여 전쟁 상태에서의 이익을 취할 수 있다."30) 이 법칙의 전반부는 자연법의 제1법칙이며 후반부는 자연권의 기본 개념을 부가해놓고 있다. 이러한 일반 법칙은 다음과 같은 자연법의 제2법칙으로 자연스럽게 이어진다. "각자는 다른 사람들도 그렇게 하는 한 평화를 추구해야만 하며 그리고 필요한 만큼 자신을 방어하면서 모든 것에 대해서 가졌던 권리를 포기해야만 한다. 그리고 각자는 다른 사람이 자기 자신에게 행사하도록 허용한 만큼의 자유를 다른 사람에게 행사하는 것으로 만족해야 한다."31) 무제약적 자연권이 전쟁을 유발하기 때문에 제2법칙은 그것의 일부분을 포기하거나 양도하도록 요구한다. 그러나 일방적 포기나 양도는 타인에게 스스로를 내주는 것이나 마찬가지이므로 포기 및 양도 계약의 상호성(mutuality or reciprocity)이 중시된다. 홉스는 제2법칙을 기독교의 황금률(the Golden Rule), 즉 네가 다른 사람이 너에게 대접하기를 원하는 바를 다른 사람에게 행하라는 것을 대변하는 것으로 보나, 엄밀히 말하면 덜 빛나는 황동률(the copper rule), 즉 다른 사람이 너에게 대접하는 대로 너도 그렇게 하라는 것이 된다.32)

제2법칙의 엄밀한 상호성에 비추어볼 때 비록 자연권의 일부분에 대한 양도 계약이 체결됐다고 하더라도 그것의 상호 준수가 지켜지지 않는다면 계약은 무의미한 것이 될 것이다. 그래서 자연법의 제3법칙이 정식화된다. "사람들은 계약을 이행해야만 한다. 계약의 이행이 따르지 않으면 계약은 무효이고 빈말일 따름이다. 그 경우 모든 것에 대한 각자의 권리는 유지되며 우리는 아직도 전쟁 상태에 있게 된다."[33] 홉스는 이 제3법칙이야말로 정의의 원천이며 기원이라고 주장한다. 홉스가 제2와 제3의 법칙들을 구분한 것은 중요하다. 그것은 계약의 합의와 그것의 수행은 다르다는 것을 의미한다. 합리적 선택이론의 관점에서 보면 계약 이행의 문제는 소위 확신의 문제(assurance problem), 즉 협동하는 당사자들에게 공통의 합의가 수행되고 있음을 어떻게 확신시켜 그것을 이행하도록 유도할 수 있는가 하는 것이다. 확신의 문제의 전형적인 경우는 공공재(public goods)의 설비에서 발생하는 무임승차자의 문제(the free-rider problem)이다.[34] 무임승차자의 문제는 그 구조상 수인의 딜레마와 일치하며 지배적 전략은 기여하지 않는 것이다. 왜냐하면 만일 공공선이 산출된다면 자기가 기여함이 없다고 해도 그에 대한 자신의 향유는 감소되지 않을 것이며 만일 산출되지 않는다면 자기가 본분을 다한다고 해도 사정은 변경되지 않을 것이기 때문이다. 따라서 무임승차자의 문제는 다인적 수인의 딜레마 게임(n-person prisoner's dilemma game)이 된다.

확신의 문제에 대한 홉스의 해결은 잘 알려진 것처럼 절대군주력을 세워 계약의 이행을 보장하는 것이다.[35] 자연법이 모든 사람에게 유리하고 모두가 그것을 따르기로 합의하게 될 것이라고 가정할 경우, 강제(enforcement or coercion)의 사용은 각자의 관점에서 보아 완전히 합리적이다. 홉스에게 있어서 절대군주의 옹립은 전쟁 상태에서 평화 상태로의 이행과 계약론적 도덕원칙(자연법)의 준수를 보장하는 이중적 장치이다. 합리적 선택이론의 관점에서 볼 때 절대군주력은 다인 비협동적 수인의 딜레마 게임(n-person non-cooperative prisoner's dilemma game)으로부터 다인 협동적 확신 게임(n-person cooperative assurance game)에로의 이행을 보장한다.

이상과 같은 홉스 윤리학의 기본구도를 볼 때 그것은 계약론의 첫째 유형의 전형적인 사례임을 쉽게 인지할 수 있다. 계약과정에 있어서 각자는 자기 자신의 천부적, 현실적 능력에 대한 완전한 지식을 소유하며 타인과의 관계에 있어서 위협적 이익, 협상적 전략을 구사하게 된다. 따라서 분배적 정의의 관점에서 볼 때 도출될 정의의 원칙은 그러한 지식과 전략을 필연적으로 반영하게 된다. 자연상태에 있어서 홉스가 애초에 가정했던 계약 당사자들의 대략적인 평등성은 결코 분배적 정의의 평등주의적 결론으로 나아가지 않는다. 이것은 자연상태에서 개인 간 또는 집단 간에 불공정, 불공평한 균형 상태가 유지될 수 있음을 의미한다.36) 이러한 점에서 롤즈는 홉스의 계약론이 문제가 있음을 지적하고 홉스의 윤리학을 잠정협정(*modus vivendi*), 즉 개인 또는 집단 이익의 상대적 힘에 따른 임시적 균형일 뿐이라고 비판한다.37) 이러한 관점에서 롤즈는 브레이스웨이트(Richard B. Braithwaite)의 협상 모형, 즉 연주 시간의 분배에서 피아니스트의 연주 여부에 관계없이 불 수 있는 트럼펫 주자에게 더 많은 시간을 할당하는 것도 홉스적인 것으로 불공정한 것이라고 비판한다.38)

홉스의 윤리학이 합리성의 도덕적 부적절성을 보이고 있다는 이상의 비판은 계약론에 있어서 최초 선택 상황의 규정에 관련된다. 합리성의 도덕적 부적절성은 더 나아가서 계약의 수행을 위한 절대군주력이라는 강제 기제의 설정에도 관련된다. 합리성이 받아들이는 계약 이행은 단지 처벌에 대한 두려움에서 나온 것이므로,39) 과연 그것이 도덕적 해결인가도 의문시될 수 있다. 즉 강요는 도덕적 자발성(moral voluntariness)과 양립할 수 있는가? 롤즈는 계약의 준수를 위한 강제의 사용이 무임승차자를 배제하기 위한 필요조건은 되나 충분조건은 아니라고 본다.40) 절대군주력에 관련된 또 하나의 문제는 군주에게 절대적 권력을 허용하는 것이 과연 합리적인가의 문제이다. 이 문제는 로크와 루소에로 유전된 제한 정부 수립의 정치철학적 과제이며 본 논문의 직접적인 주제는 아니다. 그러나 무임승차자의 문제에 관한 한 로크와 루소는 정부의 필요성에 대한 홉스의 견해에 수긍하는 것으로 보인다.41) 특히 루소는 일반의지에 따르는 자유에의 강요를 천명한 바 있어 철학적으로 많은 논란을 일으켰으나 무임승차자의 문제의 해결책으로 볼 수도 있을 것 같다.42)

결론적으로 말해서 홉스의 윤리학은 무도덕적인 최초의 선택 상황으로부터 합리적 계약자들에 의한 공정한 합의를 이끌어낼 수 없을 뿐만 아니라 합의된 계약의 자발적이고도 도덕적인 준수를 보장할 수 없는 이중적 실패를 보인다. 따라서 홉스의 윤리학은 합리성의 도덕적 부적절성이라는 계약론적 윤리학이 가진 딜레마의 한 뿔을 구성한다. 브레이브루크(David Braybrooke)는 홉스의 문제는 해결 불가능하며 다만 다른 선택 상황을 가정하거나 다른 동기를 설정하여 문제의 전환을 시도해야 한다고 주장한다.43) 그렇다면 롤즈는 어떻게 홉스의 문제를 해결하려 하는가?

2) 롤즈의『정의론』: 공정성의 도덕적 순환성

롤즈의『정의론』에 대한 배경적 설명은 이미 제시되었으므로 합리적 구성주의에 관련해서 구체적으로 논해보기로 하자. 물론 논의의 향방은 그의 정의론이 계약론적 윤리학의 둘째 유형의 전형이라는 것과 그것은 계약론적 윤리학이 가진 딜레마의 또 다른 한 뿔, 즉 공정성의 도덕적 순환성을 피할 수 없다는 것이다. 이 말은 공정성은 합리적으로 볼 때 임의적이라는 말과도 상통한다. 그의 정의론은 방대한 체계를 가지고 있지만 다음의 세 단계로 구분될 수 있다. (1) 최초의 선택 상황, 즉 원초적 입장의 규정, (2) 거기서 합의될 정의원칙의 도출, (3) 정의원칙의 적용과 준수.

롤즈는 원초적 입장에서 계약 당사자들의 불공정한 전략적 협상의 여지를 배제하기 위한 여러 가지 장치들을 마련한다. 그 첫째는 정당성 개넘의 형식적 제한 조건이다. 정당성 개념은 도출될 정의원칙의 도덕적 형식성을 규정해주는 고차적인 요건으로서 다음과 같은 다섯 가지 조건을 갖는다. 정의원칙은 그 표현에 있어서 일반적(general)이며 그 적용에 있어서 보편적인(universal) 것으로 상충하는 요구의 서열(ordering)을 심판하는 최종성(finality)을 널리 인지시키는 공지성(publicity)을 갖는다는 것이다.44) 이 조건에 의해서 개인적 이기주의, 위협적 이익의 전략적 사용이 배제된다.

그러나 각 개인들이 가진 천부적, 사회적 재능과 가치관에 대한 현상적 위치(*status quo*)는 여전히 남는다. 이것을 배제하기 위해서 그 유명한 무지의 장막(the veil of ignorance)이 내려진다. 이러한 무지의 장막은 우선 합의의 문제를 단순화시켜 만장일치적 선택을 가능케 하고 정의원칙의 실질적 내용으로부터 우연성을 배제시킨다.45) 정당성 개념의 형식적 제한 조건과 무지의 장막에 의해서 계약론적 윤리학이 가진 홉스적 난관을 배제하고 공정성의 요건을 충족시켰다고 생각하는 롤즈는 이어서 합리적 구성주의를 가동하기 위한 계약 당사자들의 동기와 합리성을 규정한다.

계약 당사자의 동기와 합리성에 대한 규정은 정의원칙의 대안들을 평가하기 위한 계약 당사자들의 이익 추구의 방법을 제시한다. 그들은 동기상 상호 무관심하며(mutually disinterested) 자신의 주어진 이익을 증진시키고자 하는 도구적 합리성만을 갖는 것으로 가정된다.46) 그런데 계약 당사자는 무지의 장막에 가려 자신의 가치관을 모른다고 가정되었기 때문에 그들의 합리성은 보다 특수하게 규정된다. 즉 그들은 자신의 가치관에 대한 구체적인 내용은 모르나 어떤 사회적 기본가치(primary social goods), 즉 권리와 자유, 기회와 권한, 소득과 부, 자존감을 수단적 가치로서 더 많이 갖기를 바란다는 것이다.47) 계약 당사자들은 이러한 사회적 기본가치에 대한 기대치로서 정의원칙을 실질적으로 평가하게 된다. 따라서 이러한 사회적 기본가치는 동시에 분배적 정의원칙이 적용되는 대상이 된다.

롤즈는 원초적 입장의 계약 당사자들에게 정의원칙의 여러 대안을 제시한다. 그 목록 속에는 롤즈 자신의 정의의 두 원칙과 목적론적 윤리설인 고전적 공리주의, 평균 공리주의, 완전주의 등이 포함된다.[48] 그러면 롤즈가 제시한 정의의 두 원칙의 구체적인 내용은 무엇이며, 그것들이 어떻게 도출되는가를 살펴보자. 롤즈는 이미 원초적 입장의 구성이 합리적 선택이론과 연관됨을 밝힌 바 있다. 그렇다면 계약 당사자들은 어떤 선택원칙에 따르는가? 합리적 선택이론에서 볼 때 원초적 입장은 무지의 장막 아래에 있기 때문에 불확실성하에서의 선택(choice under uncertainty)이 된다. 롤즈는 그러한 상황하에서는 계약 당사자들이 최소극대화 규칙(maximin rule), 즉 최악의 결과가 가장 다행스러운 것을 선택하는 것에 의거하는 것이 합리적이라고 주장한다.[49]

이러한 주장은 결국 사회적 불평등이 허용될 때 자신이 가장 불운한 자가 될 경우를 가정하고 그러할 경우 가장 다행스러운 결과가 보장되는 대안을 선택한다는 것을 의미한다. 곧 계약 당사자는 최소수혜자(the least advantaged person)의 관점에서 정의원칙을 평가한다는 것을 의미한다.[50] 그러한 평가에 의해서 도출된 정의의 두 원칙은 다음과 같다.[51] 제1원칙은 최대의 평등한 자유의 원칙으로서 각 개인은 모든 사람의 유사한 자유와 양립 가능한 평등한 기본적 자유의 가장 광범위한 전체 체계에 대해서 동등한 권리를 가져야 한다는 것이다. 제2원칙은 사회적, 경제적 불평등이 공정한 기회균등의 조건하에서 모든 사람의 개방된 직책과 직위에 결부되어 최소수혜자에게 최대의 이익이 되도록 편성되어야 한다는 것이다. 롤즈는 이러한 두 원칙을 축차적으로 구성하여 우선성의 원칙을 적용한다. 그래서 제1원칙은 제2원칙에 우선하고 제2원칙 중 공정한 기회균등의 원칙은 최소수혜자에게 최대의 이익이 되도록 하는 차등의 원칙에 우선한다. 이러한 우선성의 규칙이 의미하는 바는 제1원칙이 보장하는 평등한 자유로부터의 이탈이 보다 큰 사회적, 경제적 이득에 의해서 정당화되거나 보상될 수 없다는 것이다. 그리고 부와 소득의 분배와 권한에서의 차등은 반드시 자유 및 기회균등을 보장하는 한에서 허용된다는 것이다.

롤즈는 이러한 정의의 두 원칙을 사회제도를 평가하고 사회변동의 전체적인 방향을 지도해줄 아르키메데스적 점(Archimedean point)으로 간주한다. 물론 주어진 시대에 있어서 요구되는 변화의 폭이나 특정한 개혁은 그 시대의 현존 여건에 달려 있는 것은 틀림이 없지만 정의로운 사회의 일반적 형태는 그와 같은 식으로는 좌우되지 않는다는 것이다.52) 그런데 롤즈는 자기의 정의론은 어떠한 형태의 경제체제도 옹호하지 않는다고 주장한다. 그러나 그는 사유재산권을 가장 중요한 기본적 자유에 대한 권리 속에 넣고 있으며,53) 최소수혜자의 최대이익은 결국 복지 이양금에 의해서 보장하고 있다.54) 이것은 전통적으로 자유경쟁적 시장체제에서 분배에 대한 유일한 기준으로 간주되어온 생산에 대한 기여는 최소수혜자의 기본적 요구와 적절한 수준의 복리에 의해서 조정되어야 한다는 것을 의미한다. 이렇게 본다면 롤즈의 정의론은 경제적 재분배를 기조로 하는 자유주의적 복지국가의 이념을 제시한 것으로 생각된다.55)

그러면 롤즈는 계약적 합의의 결과인 정의의 두 원칙의 준수에 대해서 어떠한 논의를 제공하고 있는가를 살펴보자. 롤즈의 정의론은 기본적으로 완전히 정의로운 사회인 질서정연한 사회(well-ordered society)에서의 철저한 준수론(strict compliance theory)을 배경으로 전개됨으로써 "모든 사람들이 정의롭게 행동하고 정의로운 제도를 유지하기 위해 각자의 역할을 다하는 것으로 가정한다."56) 물론 롤즈는 통상적인 여건 아래서는 공공적인 신뢰가 언제나 불완전하므로 정의로운 사회에 있어서도 준수를 보장하기 위한 일정한 강제 체제를 받아들이는 것이 합당하다고 본다. 그러나 그 주요 목적은 단지 시민 상호간의 신뢰를 위한 필요조건일 뿐이어서 그러한 체제에 의거하는 일은 드물 것이며 그것은 사회체제의 작은 부분을 차지하게 될 것이라고 주장한다.57) 그래서 롤즈의 질서정연한 사회에서는 모든 사람이 정의감을 소유한 자유롭고 평등한 도덕적 존재로서 나타남으로써 정의와 선은 정합하며 정의의 두 원칙에 대한 준수는 철저하게 보장된다.

이상의 논의를 살펴볼 때 롤즈의 정의론이 계약론적 윤리학의 둘째 유형의 전형이라는 것은 확실하다. 그러면 그것이 합리적 구성주의와 관련하여 도덕적으로 순환적이라는 사실을 구체적으로 논의해보자. 롤즈는 계약론적 윤리학의 홉스적 유형이 가진 합리성의 도덕적 부적절성을 해결하기 위하여 원초적 입장에 공정성을 부여한 바 있다. 그러나 문제는 그 공정성의 부여가 합리적 선택이론의 관점에서 볼 때 임의적일 수 있으며 따라서 순환적일 수도 있다는 것이다. 물론 롤즈는 도덕적 순환성을 배제하기 위해서 상당한 주의를 기울이고 있음은 사실이다. 우선 롤즈는 합리성의 개념을 논하면서 그것에 논란의 여지가 있는 윤리적 요소들을 가미시켜서는 안 된다는 것을 분명히 한다.58) 또한 상호 무관심한 동기를 가정함으로써 계약 당사자들에게 윤리적 동기를 부여하지 않았다는 것을 밝힌다.59) 이러한 관점에서 롤즈는 네이글(Thomas Nagel)의 이타적 관망자론(altruistic spectator theory), 퍼스(Roderick Firth)의 동정적인 이상적 관망자론(sympathetic ideal observer theory), 그리고 로스(W. D. Ross)의 순수한 양심적 행위에 관한 의무론(deontological doctrine of the purely conscientious act) 등을 비판한다.

그러나 롤즈는 홉스적 난점을 피해 가기 위해 원초적 입장을 최소한으로 도덕화시켜야만 한다. 롤즈의 합리성 겸 공정성(rationality *cum* fairness) 유형은 이러한 다루기 어려운 문제를 해결하기 위한 고안 장치이다. 그러나 정당성 개념의 형식적 제한 조건과 무지의 베일은 분명히 윤리적 요소가 가미된 것으로 보아야만 한다. 롤즈 자신도 다음과 같이 순환성의 문제가 일어날 수 있는 가능성을 인지하고 있으나 이러한 문제를 충분히 다루고 있지 않다.

"나는 원초적 입장의 개념 그 자체가 도덕적 힘이 없다든가, 혹은 그것이 의거하고 있는 개념군이 윤리적으로 중립적이라고 주장하지 않는다. 그러한 문제를 나는 그냥 접어두기로 한다."[60]

"원초적 합의라는 개념은 더 이상 윤리적으로 중립적이 아니라는 반론은 그릇된 것이다. 왜냐하면 그러한 개념은 이미 도덕적인 측면, 예를 들어 원칙들에 대한 형식적인 제한 조건과 무지의 장막과 같은 것을 내포하고 있을 뿐만 아니라 마땅히 그래야만 할 것이다. 나는 원초적 입장을 구분해서 서술함으로써, 물론 이 경우에 무엇이 도덕적인 요소이며 무엇이 아닌가도 문제가 되기는 하겠지만, 당사자들의 규정에 그러한 요소가 개입되지 않게끔 했다. 그러한 문제를 해결해야 할 필요는 없다."[61]

롤즈의 정의론이 도덕적으로 순환성을 내포하고 있다는 비판은 원초적 입장의 구성에 관련될 뿐만 아니라 도출된 정의의 두 원칙의 준수에도 관계된다. 이미 논의한 바와 같이 롤즈의 준수론은 질서정연한 사회에서의 철저한 준수론을 가정하고 있으므로 또 한 번 순환성을 노정시키고 있다고 하겠다. 롤즈의 정의론이 가지고 있는 이러한 이론적 약점으로 말미암아 롤즈는 원하는 결론을 위해서 원초적 입장을 자의적으로 구성했다는 비판을 면할 수 없게 된다. 따라서 도출된 정의의 두 원칙은 합리적으로 볼 때 임의적이라는 비판도 자연적으로 연계된다.

이러한 점에서 경제적 재분배를 반대하는 자유지상주의의 대표적 옹호자인 노직(Robert Nozick)은 무지의 장막으로 말미암아 최소수혜자에게 일방적으로 유리한 결론이 도출되었다고 신랄하게 비판을 전개한다.[62] 그러나 우리가 무지의 장막을 수용한다고 해도 정의의 두 원칙에 이르게 되는 최소극대화 규칙이 합리적인 선택 원칙인가의 문제는 여전히 남는다. 기본적으로 롤즈의 선택 모형인 불확실성하에서의 개인적 선택을 받아들이는 하사니(John C. Harsanyi)는 모든 사람이 어떠한 사회적 지위를 차지할 수 있는 가능성이 동일하다는 가정이야말로 공정성을 보장할 수 있는 유일한 길이라고 주장하고 최소수혜자에게 과중한 비중을 두는 롤즈의 입장을 비판한다. 소위 등확률의 원칙(equiprobability principle)에 의거하는 하사니의 입장은 평균 효용의 극대화를 합리성의 기준으로 간주함으로써 평균 공리주의(average utilitarianism)를 옹호하고 나선다.63) 이러한 비판을 감안해볼 때 롤즈는 합리적 선택이론을 원용하여 반론을 보낼 수 없는 것은 분명하다. 근래의 논문에서 롤즈는 그의 이론적 실패를 다음과 같이 자인하고 있다.64)

> "정의론을 합리적 선택이론의 일부로 보았던 것은 『정의론』의 (매우 큰) 오류였다. 내가 분명히 했어야 했던 점은 공정성으로서의 정의가 합리적 선택이론을 사용한 이유는 합당한(reasonable) 조건의 제약하에서 자유롭고 평등한 인간의 대표자로서의 계약 당사자들의 숙고를 확인하기 위해서였다는 점이다. … 합리성 개념을 유일한 규범으로서 사용하는 구도 속에서 정의의 내용을 도출하고자 하는 의도는 없었다. 이러한 생각은 어떤 종류의 칸트적 관점과도 모순이 된다."

그렇다고 한다면 롤즈의 정의론은 계약론적 윤리학이라고 할 수 있을까? 롤즈에게 있어서 원초적 입장은 더 이상 합리적 구성주의를 위한 연역의 체계가 아니다. 롤즈는 자기의 이러한 입장 변경을 "칸트적 구성주의"라고 명명한다.65) 칸트적 구성주의에서는 공정성에 관한 합당성의 조건이 우리의 직관적 신념에 의거해서 합리성의 외부적 제약으로 유입됨으로써 도출될 정의원칙과의 상호 균형을 모색하는 반성적 평형상태(reflective equilibrium)에 이른다는 것이다.66) 롤즈는 『정의론』에서 한편으로는 정의론이 합리적 선택이론이라고 주장하고,67) 다른 한편으로는 정당성(the right)의 개념이 선(the good)의 개념에 우선함으로써 정의론이 의무론(deontology)이라는68) 상충된 주장을 하였으나, 이제는 후자의 입장임을 분명히 한다.

3. 딜레마 극복의 한 시험 사례: 고티에의 『합의도덕론』

현대 영미 윤리학계의 최대 관심사는 합리적 구성주의로서의 계약론적 윤리학이 가지는 딜레마뿐만 아니라 롤즈와 하사니, 그리고 노직 사이에 벌어지는 논쟁들을 합리적 선택이론을 엄밀하게 적용하여 계약론적 윤리학 내에서 종식시킬 수 있다고 주장하는 고티에(David Gauthier)의 『합의도덕론』에 쏠려 있다.69) 고티에의 『합의도덕론』은 계약론적 윤리학을 합리적 구성주의로 간주하는 점에서 초기의 롤즈, 그리고 하사니와 입장을 같이한다. 즉 고티에는 그의 계약론적 윤리학이 합리적 선택이론의 일부임을 분명히 한다.70) 그러나 고티에는 각자의 능력, 선호, 사회적 위치 등 자기동일성을 인지하는 계약 당사자들의 협상적 게임(bargaining game)만이 전통적 의미에서의 계약의 상호성 및 복수성을 엄밀하게 반영할 수 있다고 주장한다. 이러한 관점에서 그는 롤즈와 하사니의 불확실성하의 선택이 개인 간의 차이를 무화시키는 비합리적 모형이라고 비판한다.71)

계약 당사자들의 합리성과 동기의 규정에 있어서 고티에는 롤즈의 규정처럼 계약 당사자들이 상호 무관심한 도구적 합리성을 가지고 자기 이익의 극대화를 도모하는 것으로 본다.72) 그러나 고티에는 도덕원칙이 무도덕적 전제(non-moral premises)로부터 도출되어야 한다고 주장하고 합리성과 무관한 공정성을 미리 가정하는 롤즈의 정의론을 합리적 선택의 영역을 벗어난 것이라고 비판한다.73) 이러한 관점에서 보면 고티에는 홉스를 수용하고 있는 것처럼 보인다. 왜냐하면 고티에의 계약 당사자들은 자기동일성을 인지하는 무도덕적 상황에 있기 때문이다. 그러나 고티에는 홉스적 유형이 가진 난점, 즉 합리성의 도덕적 부적절성을 배제하기 위해서 뷰캐넌(James Buchanan)에 의해서 제시된 홉스적 유형, 즉 약탈과 방어의 자연적 균형 상태를 수용하는 것을 불공평한 것으로 비판한다.74) 이러한 관점에서 보면 고티에는 롤즈를 수용하고 있는 것처럼 보인다. 즉 고티에는 공평한 결과(impartial outcome)는 공정한 과정(fair procedure)을 통해 오직 공평한 최초 입장(impartial initial situation)으로부터만 발생한다고 주장한다.[75] 그렇다면 고티에는 계약론적 윤리학의 딜레마를 어떻게 해결할 것인가?

고티에는 준수론에 관련해서도 역시 홉스와 롤즈의 딜레마를 해결하려고 한다. 고티에는 우선 홉스적 해결책을 정치적인 것으로 보고 도덕적인 해결은 아니라고 본다.[76] 그리고 롤즈식의 철저한 준수론은 선재적인 도덕적 가정(prior moral supposition)을 유입한 것으로 비판한다.[77] 고티에는 사전(ex ante) 계약과 사후(ex post) 준수를 수미상응시킴으로써, 즉 합리적으로 계약될 수 없는 것은 준수될 수 없고 합리적으로 준수될 수 없는 것은 계약될 수 없다는 주장을 통해 계약론적 윤리학이 가진 이중적 딜레마를 해결하려는 원대한 야심을 갖는다.

고티에의 윤리학은 다음과 같은 다섯 가지 요소로 구성되어 있다. 도덕의 해방지구로서의 완전경쟁시장, 합리적 협상의 원칙, 합리적 준수론, 협상의 최초의 상황, 아르키메데스적 점의 설정이 그것이다. 고티에의 윤리학에서 논증적인 중추는 우리가 이미 홉스와 롤즈를 통해서 논의한 바와 같이 (1) 최초의 선택 상황의 설정, (2) 합의될 정의원칙의 도출, (3) 정의원칙의 준수론에 관련된 부분이다. 도덕 해방지구로서의 완전경쟁시장과 아르키메데스적 점의 설정에 관한 대강의 설명을 한 뒤에 나머지 세 논증적 중추를 검토해보기로 하자.

도덕의 해방지구(morally free zone)로서의 완전경쟁시장(perfectly competitive market)은 개인적 이익 추구로서의 합리성에 대한 도덕적 제약(moral constraint)이 존재하지 않는 곳으로 규정된다.[78] 미시경제학에서 잘 알려진 대로 완전경쟁시장은 충분한 수의 생산자와 소비자가 있어 상품가격에 영향을 미칠 수 없고, 생산요소의 배분과 생산물의 소비가 개인에게 국한되는 사적 재화(private goods)를 대상으로 하기 때문에 어떠한 외부성도 존재하지 않는, 공급과 수요가 일치하게 되는 이상적 상황이다. 고티에에게 있어서 도덕성은 개인적 이익의 추구에 대한 합리적 제약으로 규정되기 때문에 완전경쟁시장은 그러한 도덕적 제약이 존재하지 않는 곳이 된다. 개인적 이익의 추구가 아담 스미스의 보이지 않는 손에 의해 자동적으로 상호 이익의 증진으로 이어지는 최적적 균형 상태(optimal equilibrium)가 되는 곳에서는 도덕이 해방된다는 것이다.

물론 고티에는 자유방임주의를 옹호하기 위해서 이러한 주장을 하는 것은 아니다. 현실적 시장은 완전경쟁시장이 아니며 실패하기도 한다. 그래서 고티에는 도덕적 제약을 공공재(public goods)의 설비에 있어서 일어나는 무임승차자의 문제와 같은 시장의 실패(market failure)에 대한 교정으로 본다.79) 그러나 고티에의 주장은 기본적으로 완전경쟁시장에서는 교환에 있어서 완력이나 부정 수단(force and fraud)이 존재하지 않는다는 것을 감안해볼 때 지나친 감이 있다. 근래의 논문에서 고티에는, 도덕성은 시장의 실패에 대한 교정이라기보다는 시장의 성공에 대한 조건(condition for market success)이라고 입장을 바꾼다.80) 이 말은 자본주의적 자유시장체제에 있어서 생산의 증진, 즉 한계생산에 대한 기여도가 분배적 정의원칙의 기준이라는 주장을 암묵적으로 나타내고 있다. 고티에는 상속세를 강조하고 공급 독점에 의한 과도한 이익은 제한되어야 한다는 점에서 노직과 결별하고 있으나, 기본적으로 자유시장체제를 이론적 출발점으로 한다.81)

아르키메데스적 점(Archimedean point)의 설정은 이상적 사회제도를 판정할 수 있는 기준을 세우는 문제가 된다.82) 이미 언급한 바와 같이 고티에는 롤즈와 하사니에 의해서 제시된 불확실성하에서의 선택이 개인의 고유성과 자기동일성을 무시하게 된다고 비판한다. 하사니에 의해서 제시된 평균 공리주의의 모형은 우선 평균 공리의 개인 간 비교에 관련된 이론적 난점이 있을 뿐만 아니라 평균 공리의 극대화는 각 개인의 합리성의 극대화에 직접적으로 관련되지 못한다는 것이다.83) 롤즈에 의해서 제시된 유형은 최소수혜자에 대한 비대칭적 고려로 말미암아 모든 사람의 호응을 확보할 수 없으며 결국 최소수혜자를 사회 전체의 무임승차자로 전락시키고 만다는 것이다.[84] 그래서 각자 자신의 합리성의 증진에 관한 주체적 책임자인 이상적 행위자(ideal actor)는 각자의 합리성을 상호 연관적으로 극대화할 수 있는 협상 모형을 택하게 된다는 것이다. 여기서 특이할 만한 주장은 공평성을 확보하기 위해서 이상적 행위자가 무지의 장막 아래에 있다고 가정해도 선택은 변하지 않는다는 것이다. 왜냐하면 자신의 구체적 자기동일성을 모른다고 해도 이상적 행위자는 각 개인들의 상호작용과 협동적 관계에서는 그러한 동일성이 인지되는 방식으로 행위할 것을 알기 때문이다.[85] 결국 아르키메데스적 점은 전체적으로 볼 때 개인의 합리성을 기조로 하므로 자유시장체제가 되며 사회주의는 전혀 가능한 대안으로 부각되지 않는다.[86]

그러면 고티에의 계약론적 윤리학의 논증적 중추가 되는 나머지 세 부분을 고티에가 전개한 논의의 순서에 따라 상론해보자. 이미 언급된 바와 같이 고티에는 도덕성이 시장의 실패에 대한 교정으로 나타난다고 생각한다. 다시 말하면 도덕성은 상호 불리한 비협동적 상황에서 상호 유리한 협동적 상황으로의 이행을 보장한다. 그러나 그것은 도덕성의 필요조건이기는 하지만 충분조건은 아니다. 왜냐하면 사회적 협동으로 생긴 이득에 대한 분배적 정의의 문제가 해결되지 않으면 그러한 협동은 자기 이익의 극대화를 동기로 가진 계약 당사자들에게 충분한 호소력을 갖지 못하기 때문이다. 합리적 협상이론은 그러한 충분조건을 마련하기 위한 합리적 조건이다.

합리적 계약 당사자들이 협상의 대상으로 삼는 것은 소위 협동적 잉여(cooperative surplus)이다.[87] 다시 말하면 협동적 상황의 산출 총량에서 비협동적 상황의 개인의 산출 총량을 뺀 것이 된다. 결국 합리적 협상은 협동적 상황에서 최대로 주장할 수 있는 몫에서 자기가 비협동적 상황에서 확보할 수 있는 몫을 제외한 나머지 부분에 대한 분할, 즉 차액 분할(splitting the difference)이다. 고티에의 협상원칙은 차액 분할에 대한 합리적 절차를 제공한다. 통상적으로 협동적 잉여에 대해서 각자가 최대로 주장하는 몫은 상호 수용되지 못한다. 그래서 협상의 과정은 누가 어떻게 얼마만큼 양보하느냐의 문제가 된다. 소위 조이턴의 규칙(Zeuthen's rule)에 따라서 양보의 부담(cost of concession)이 협상 결렬의 부담(cost of deadlock)에 비해 상대적으로 적은 사람이 양보하기 시작하게 된다.[88] 그래서 양보의 과정은 상대적 양보량을 견주어가면서 상호 수용 가능한 지점에 이르게 될 때까지 계속된다.[89]

상대적 양보는 실제의 양보량을 자신의 완전 양보량으로 나눈 것이다. 실제의 양보량은 자신이 주장할 수 있는 최대치($U\#$)에서 양보를 하였을 때 가지게 되는 가치(U)를 뺀 것의 절대량($U\# - U$)이다. 완전 양보량은 자신이 주장할 수 있는 최대치($U\#$)에서 자신이 비협동적 상황에서 확보할 수 있는 가치($U*$)를 뺀 것의 절대량($U\# - U*$)이다. 상대적 양보량은 이러한 두 절대치의 비례[$(U\# - U) / (U\# - U*)$]가 된다.[90] 합리적 계약자는 이러한 상대적 양보의 최대치를 당연히 극소화하려고 할 것이며 그것이 극소화되는 지점은 계약자 서로의 상대적 양보치가 일치되는 지점이다. 일치되지 않는 지점은 일방이 적게 양보한 것이며, 곧 또 다른 일방이 많이 양보한 것이 되기 때문이다. 고티에는 게임이론을 원용한 이러한 협상의 과정을 최대상대양보의 극소화 원칙(the principle of minimax relative concession)으로 정식화하고 이 원칙은 인간 협동에 대한 합리적이고 공평한 도덕원칙이 된다고 주장한다.[91] 이러한 도덕원칙은 자기 이익의 직접적 추구에 대한 합리적 제약으로서 어떠한 선험적인 공평성을 유입함이 없이 합리성으로부터 도출되었다는 것이다.

그러면 고티에의 이러한 주장이 계약론적 딜레마의 해결에 어떤 연관을 갖는지 분석해보자. 고티에는 계약적 윤리학의 첫째 유형이 가지는 홉스적 난점, 즉 합리성의 도덕적 부적절성을 해결하기 위해서 협상 과정을 이상화한다. 모든 협상자들은 완전하고 왜곡되지 않은 정보를 소유하며, 허세(bluff)도 부리지 않고, 위협적 이익도 사용하지 않는다. 동일한 합리성을 모두 소유한 협상자들은 협상 능력이나 기술, 심리적 성향에서 아무런 차이도 보이지 않는다. 더 나아가서 협상은 효용과 시간의 부담이 없는 것으로(cost free, in terms of both utility and time) 가정된다.92) 이러한 이상적 협상 상태에서 협상에서 불리한 자는 협상이 공정한 것이 아니라면 받아들일 아무런 이유가 없다. 왜냐하면 효용과 시간의 비용이 전무한 협상에서 서둘러 불공정한 협상에 임할 필요가 없기 때문이다. 이러한 일련의 이상화는 홉스적 뿔을 피하려다가 롤즈적 뿔에 부닥치는 우를 범하는 꼴이 된다. 실제적으로 협상 과정의 이상화는 롤즈의 무지의 장막과 같은 역할을 한다.93) 그러나 이러한 상황에서는 협상 자체도 불가능하게 된다. 위에서 언급한 조이턴의 규칙은 협상 결렬의 부담에 의거하는 것인데 협상이 효용과 시간의 부담이 없다면 협상은 성사되지 않을 것이다.

그리고 이상적 협상 과정의 공정성을 수용하여 최대상대양보의 극소화 원칙의 불편부당성을 인정한다고 해도 그것은 결국 한계생산의 기여도에 따라서만 분배하라는 차가운 업적주의(meritocracy)일 뿐이다. 물론 인간의 협동체에서 업적주의적 분배가 중요한 것은 사실일지라도 그것은 기여를 제공하지 못한 사람들에 대한 어떠한 고려도 거부할 만큼 전부는 아니다. 최종적으로 언급할 문제는 최대상대양보의 극소화 원칙이 적용되기 위해서는 자기가 최대로 주장할 수 있는 가치(U#)와 비협동적 상황에서 확보할 수 있는 가치(U*)가 합리적으로 계산될 수 있어야 한다는 것이다. 이러한 관점에서 롤즈와 배리(Brian Barry)는 한 사회 내의 소규모적 협동체에서는 그러한 계산이 가능하다고 하더라도 사회 전체의 분배적 정의의 관점에서 볼 때 그러한 계산은 실질적으로 불가능하다고 비판한다.94) 이러한 문제는 2인 이상의 다인 협상 게임(n-person bargaining game)에 대한 합리적 해결이 아직은 충분히 정식화되지 못하고 있다는 사실과도 맥을 같이한다.

협상의 결과로 정식화된 도덕원칙에 대한 합리적 준수론은 고티에의 윤리학에 있어서 가장 핵심적인 부분이라고 해도 과언은 아니다. 합리적 준수론의 문제가 해결된다는 것은 다인적 수인의 딜레마 문제가 해결된다는 것이며, 어떤 의미에서 그것은 홉스 이래 유전되어온 세계사적 문제의 해결을 의미한다. 또한 여기에는 합리성 개념 자체의 중대한 변환이 내포되어 있다. 고티에가 기본적으로 가정하고 있는 합리성의 개념은 자기 이익의 극대화로서의 합리성이다. 합리적 준수론에서 고티에가 주장하는 바는 합리성의 개념이 제한적 극대화(constrained maximization)의 개념으로 변하게 되는데 그 근거는 바로 극대화로서의 합리성의 개념이라는 것이다.95) 이 말은 역설적이기는 하지만 무도덕적 근거에서 도출되는 합리성에 대한 제약이 도덕성이라고 하는 고티에 윤리학의 기본구도에 관련된다.

고티에는 제한적 극대화가 직접적 극대화(straightforward maximization)보다 합리적이라는 것을 증명하기 위해 두 종류의 지속적인 심리적 성향을 가진 인간들을 구분한다.96) 직접적 극대화의 추구자는 상대방이 어떠한 성향을 가졌는지에 관계없이 자기 이익의 극대화를 추구한다. 제한적 극대화의 추구자는 상대방이 제한적 극대화의 추구자일 경우 자기 이익의 추구를 제한하고 도덕원칙에 따른다. 고티에가 주장하는 바는 개별적인 경우 직접적 극대화의 추구자는 이익을 보게 되지만 종국적으로 볼 때 자신에게 이익이 되는 사회적 협동체로터 추방된다는 것이다. 제한적 극대화의 추구자는 그 지속적인 성향(disposition)으로 말미암아 협동체의 일원으로 받아들여져 자신의 이익을 증진시킬 수 있다는 것이다. 따라서 제한적 극대화가 직접적 극대화보다 합리적이며 "합리적으로 선택하기 위해서는 도덕적으로 선택해야 한다는 것이다(to choose rationally, one must choose morally)."97) 보다 구체적으로 고티에는 제한적 극대화로서의 준수를 모든 형태의 협동에 대한 대략적 준수(broad compliance)와 공평하고 최적적인 협동에 대한 엄밀한 준수

(narrow compliance)로 나누고 오직 후자만이 합리적이라고 주장한다.98)

그러나 고티에의 이러한 주장은 직접적 극대화의 추구자를 확인할 수 있는 인식적 능력을 제한적 극대화의 추구자가 가져야 한다는 것을 의미하며,99) 그러한 인식적 능력은 실제적으로 홉스의 정치적 해결의 위장이라고밖에 말할 수 없다. 그리고 그러한 능력의 충분한 발휘는 루소적인 소규모 공동체에서나 가능하다.100) 그러한 공동체는 호손(Nathaniel Hawthorne)의 주홍글씨(scarlet letter)를 직접적 극대화의 추구자가 달고 다니는 곳일 것이다. 그리고 제한적 이익의 추구자도 "하늘이 무너져도 정의는 실현되어야 한다(*fiat justitia, ruat caelum*)"는 사람들이 아니고 다른 사람들도 준수한다면(provided he expects similar compliance from others) 자기도 준수한다는 조건적인 사람들이다. 그러한 사람들은 이미 많은 제한적 극대화의 추구자들이 존재한다는 순환적인 가정을 하지 않으면 안 되며 결코 자기가 최초로 그러한 사람이 되려고 하지 않을 것이다.101) 순환적 가정은 결국 롤즈의 철저한 준수론과 동일한 것이 된다. 이러한 순환적 가정은 엄밀한 준수의 경우 더욱 필요하게 된다. 이렇게 본다면 고티에는 합리적 준수론에 관련해서도 계약론적 윤리학의 딜레마를 해결하지 못한 셈이다.

이제 고티에의 윤리학에서 논의해야 할 마지막 부분은 협상의 최초의 상황에 대한 것이다. 고티에는 이러한 협상의 최초의 상황은 합리적 협상의 대상이 아니라 협상의 전제가 되어야 한다고 주장한다.102) 이미 언급된 바와 같이 최대상대양보의 극소화 원칙은 비협동적 상황에서 각 개인의 독립적 재능(endowments)에 의한 산출분(U*)을 출발선으로 한다. 협상의 전제라는 말은 그 산출분이 협상의 최초의 상황에서 미리 확정된다는 것이다. 고티에는 홉스적 자연상태를 로크적 단서(the Lockean proviso)에 대한 재해석을 통해서 순화시킴으로써 계약론적 윤리학의 홉스적 뿔을 피하려고 한다. 로크적 단서는 원래 다른 사람에게 동일한 양질의 재화가 충분히 남아 있을 때 노동을 통한 한 개인의 원초적 취득(original acquisition)은 정당화된다는 자연권적 사유의 산물이다.103) 고티에는 로크와 로크적 단서를 수용한 노직이 단지 자연권에 대한 가정을 하고 있을 뿐 그것이 합리적으로 수용될 수 있는 근거를 제시하지 못함으로써 단순히 독립적인 도덕적 가정을 하고 있을 뿐이라고 비판한다.104) 그래서 고티에는 로크적 단서를 자신의 상황을 개선시키기 위해 타인의 상황을 악화시키는 것을 금한다는 것으로 재해석하고 이러한 단서는 모든 사람에게 합리적으로 공평하게 수용된다는 것이다.105)

즉 재해석된 로크적 단서는 사회적 협동을 통해서 상호 이익을 증진시킬 수 있다는 기대를 가진 개인들이 사회적 협동에 대한 합리적 유입과 엄밀한 준수가 가능하기 위해서 비협동적 자연상태를 규정해야 할 원초적 조건이 된다는 것이다.106) 물론 그러한 단서에서 나온 결론은 로크나 노직이 주장하는바 생명권, 재산권, 개인적 재능이나 자산의 독점적 사용권과 다른 것은 아니다. 고티에에 따르면 보다 강한 단서는 자기 자신의 상황을 개선하기 위해 타인의 상황도 개선해주어야 한다는 것이다. 그러한 강한 단서의 예는 개인적 자산을 인정하지 않는 롤즈의 원초적 입장이다. 고티에는 그렇게 강한 단서는 무임승차자들을 용인하게 된다고 비판한다. 보다 약한 단서는 자신의 상황을 개선하기 위해서 타인의 상황을 악화시키는 것으로 홉스적 자연상태가 그 전형이다.107)

그렇다면 고티에의 재해석된 로크적 단서는 계약의 최초의 상황에 관련된 계약론적 윤리학의 딜레마를 해결한 것인가? 고티에 자신도 인정하고 있듯이 발전된 기술을 소유한 자들은 자연상태에서 약한 단서나 아무런 단서도 받아들이지 않는 것이 합리적이다.108) 그러한 자들이 볼 때 고티에의 단서는 롤즈적 뿔, 즉 공정성의 도덕적 순환성 내지는 합리적 임의성에 걸리고 만다. 그리고 그러한 기술을 소유하지 못한 자들이 소유한 자들에게 공정한 거래를 강변한다는 것은 비합리적이 되며 고티에의 단서는 무의미하게 된다. 따라서 홉스적 균형을 따르는 것이 양자에게 합리적이 되며 결국 도덕성은 훼손되게 된다. 만약 다른 조건들이 같다면, 자연적 혜택이 큰 사람은 작은 사람을 대할 때는 약한 단서를 요구할 것이며, 자연적 혜택이 작은 사람은 큰 사람을 대할 때 강한 단서를 요구할 것이다. 그렇다고 한다면 고티에의 자연상태는 하나의 공통적 단서를 산출해낼 수 없으며 동등한 자들과 불평등한 자들과의 관계에서 각기 다른 단서들이 등장할 것이다.109)

결국 재해석된 로크적 단서로 볼 때 고티에의 윤리학은 "도덕성이 동등한 자들의 합리적 합의 안에서, 그리고 합의로부터 발생한다(morality arises in and from the rational agreement of equals)"고만 보는 제한적 시각을 갖는다.110) 그렇다고 한다면 고티에의 윤리학은 불평등한 관계에 대해서는 어떻게 보고 있는가? "불평등한 자들 사이에는 한 편이 다른 편을 강요함으로써 최대한으로 이익을 볼 수 있으며 우리의 이론은 그것을 제약할 아무런 이유도 갖지 못할 것이다(Among unequals, one party may benefit most by coercing the other, and our theory would have no reason to refrain)."111) 그렇다면 각기 다른 단서의 등장 가능성에 대한 상기의 우려는 타당할 것이며 고티에의 윤리학은 합리성과 도덕성의 딜레마적 관계를 계약론적 윤리학 안에서 해결하지 못한다는 결론이 나온다.

4. 결어: 사회계약론적 윤리학의 미래

본 논문이 주제적으로 밝힌 바와 같이 사회계약론적 윤리학은 합리적 구성주의에 관련해서 도덕적 부적절성과 순환성의 딜레마를 극복할 수 없을 뿐만 아니라 두 유형, 나아가서 다양한 선택 모형들 사이의 불확정성(indeterminacy)을 해결할 수 없는 것처럼 보인다. 사회계약론적 윤리학은 이제 그 딜레마의 양 뿔을 피해 갈 수 없을 뿐만 아니라 불확정성을 더한 삼자택일의 궁지인 트라일레마(trilemma)에 몰린다. 이러한 트라일레마의 궁지는 한스 알베르트(Hans Albert)의 소위 "뮌히하우젠 트라일레마(Münchhausen trilemma)"를 연상시킨다.112) 그것은 궁극적 근 거(ultimate foundations)를 찾는 모든 시도는 논리적 순환성, 무한소급, 그리고 정당화 과정에 있어서의 임의적 종지에 빠지고 만다는 것이다. 정의로운 사회의 판정을 위한 아르키메데스적 점을 찾으려는 롤즈와 고 티에의 시도는 어쩌면 정초주의적 혹은 토대주의(foundationalism)적 실 패의 한 전형을 보여주고 있는지 모른다. 그렇다면 우리는 여기서 사회 계약론적 윤리학의 종언을 선언해야 하는가? 그렇다면 우리에게 어떠한 대안이 남아 있는가?

도덕성과 합리성에 관련된 딜레마는 유독 사회계약론적 윤리학만의 문제는 아닐 것이다. 그것은 도덕적 행위의 동기화(motivation)와 관련 해서 플라톤의『국가』에서 언급된 기게스의 반지(the Ring of Gyges)의 우화, 즉 돌리면 몸이 보이지 않는 반지를 낀 목동의 부도덕한 행위 이 래 전래되어온 문제이다.113) 도덕철학이 그러한 문제에 답한다는 것은 "왜 내가 도덕적이어야 하는가?(Why should I be moral?)"의 문제를 도 덕적 회의주의자들(moral sceptics)이나 무도덕론자들(amoralists)에게 납득시킨다는 중대한 의의가 있다. 홉스가 근대적 경제인간의 도구적 합리성을 정식화한 이래 자기 이익의 극대화라는 도구적 합리성과 도덕 성과의 조화 문제는 자유주의적 자본주의가 당면한 중대한 문제가 되어 왔다.114)

전통적으로 공리주의는 공리의 단순한 극대화가 함축하는 부도덕성 을 처리하기 위해서 양적, 질적 공리주의의 구분, 그리고 행위, 규칙 공 리주의의 구분에 관련된 내적 몸부림을 적나라하게 보여준 바 있다.115) 자유지상주의자들은 개인적 이익의 추구가 결국 전체 사회의 이익을 증 대시키는 낙수 효과(trickle-down effect)를 강조하기는 했지만 어느 사 회나 빈익빈 부익부의 현상은 분배적 정의의 관점에서 도덕적 분노를 사기에 충분하다. 이러한 관점에서 본다면 하사니와 노직에 의해서 대 변된 공리주의와 자유지상주의도 도덕성과 합리성에 대한 자유주의적

448

문제를 사회계약론적 윤리학과 공유하고 있다.

　사회주의를 포함한 마르크시즘에 대한 통상적 비판의 하나는 그것이 전체적 평등이라고 하는 도덕적 이상을 실행하고 있기는 하지만 개인적 합리성의 추구와 자유를 억압하는 비효율적 체계라는 것이다. 이러한 비판은 광범위한 재분배 정책을 수행하는 복지사회주의 또는 복지사민주의에도 적용되어왔다. 이러한 관점에서 본다면 마르크시즘도 평등이라는 도덕적 이상을 미리 수용하므로 합리적으로 볼 때 임의적이라는 지적이 가능하다. 따라서 마르크시즘도 사회계약론적 윤리학이 가진 딜레마의 한 뿔로 볼 수도 있다.116) 크게 보면 합리성과 도덕성의 딜레마는 자유주의와 사회주의의 딜레마라고 할 수 있다. 지난 세기말 일어난 소비에트 연방의 붕괴, 동구권의 공산주의 붕괴 및 혁명적 변화는 사회주의 도덕이 당면한 합리성의 문제가 얼마나 심각한 것인가를 노정하고 있다는 해석도 가능하다. 분석적 마르크시즘(analytical Marxism)은 합리적 선택이론을 원용하여 마르크시즘을 재해석하려고 한다는 점에서 주목을 끌고 있다.117)

　사회계약론적 윤리학이 가진 자유주의적 개인주의의 전제를 비판하는 알래스데어 매킨타이어(Alasdair MacIntyre)를 위시한 신아리스토텔레스적 공동체주의자들(neo-Aristotelian communitarians)은 도덕 공동체의 구성원으로서의 덕(virtue)과 의무(obligation)를 강조함으로써 도덕성과 합리성의 딜레마를 해결하려고 한다. 그러나 그러한 덕과 의무는 아무런 도덕적 충돌도 없는 동질적이고 안정된 사회를 기반으로 하고 있다는 점에서 문제의 해결이라기보다는 회피라고 보아야 할 것이다. 공동체주의는 실질적으로 한 사회의 구성원이 그가 속한 사회를 비판할 수 없게 만든다는 점에서 도덕적 보수주의(moral conservatism)로 전락할 수도 있다. 그리고 그러한 덕과 의무의 수행을 내면화하기 위한 끊임없는 교육적 주입이 필요하다는 전체주의적 위험성도 있다.118) 과거에 아무리 찬란했던 도덕적 공동체가 있었다고 하더라도 인간 행위에 대한 도구적 합리성의 평가에 물들어 있는 현대인들에게 그러한 것을 되살리려는 공동체주의는 낭만적 복고주의에 불과할지도 모른다.

이상과 같이 사회계약론적 윤리학의 제 대안들도 합리성과 도덕성의 딜레마를 해결할 능력이 없다는 점을 감안해볼 때 계약론적 윤리학의 종언은 아직은 시기상조이다. 그렇다면 사회계약론적 윤리학은 어떻게 변형되어야만 할 것인가? 변형에 관련해서 중요한 것은 사회계약론적 윤리학의 자기정체성의 문제가 먼저 해결되어야 할 것이라는 점이다. 물론 아무리 변형된다고 해도 계약론적 윤리학은 다양한 결론을 용인하는 도덕적 형식주의(ethical formalism)에 불과할 뿐 어떠한 실질적 내용을 확정시킬 수 없다는 비관도 충분히 가능하다. 그러나 사회계약론적 윤리학은 적어도 공동의 합의에 의해서 수용될 수 있는 것과 없는 것이 무엇인가를 분별해줄 수 있는 도덕적 상상력(moral imagination)을 제공해준다는 점에서 아직은 호소력이 있다. 그리고 사회 구성원들 사이의 합의라는 개념은 민주주의를 위한 기본적인 도덕적 요건이다. 또한 합리적 준수 문제의 해결은 사회적 안정을 위해서 필수적으로 요청된다고 하겠다.

사회계약론적 자유주의 윤리학의 가능한 변경에 대해서 많은 논의의 대상이 되고 있는 것은 합리적 선택이론을 더 이상 수용하지 않는 롤즈의 최종적 입장이다. 그가 원용하고 있는 소위 광역적인 반성적 평형상태(the wide reflective equilibrium), 즉 숙고적 판단, 도덕원칙, 배경적 사회이론 사이의 정합을 추구하는 도덕 방법론에 관련해서 소위 포스트모던적 전환이니 해석학적 순환이니 하는 논의들이 분분하다.119) 포스트모던적 전환은 합리적 환원주의라는 정초주의 혹은 토대주의를 버림으로써 철학적 논란에서 독립하여 우리에게 직관적으로 주어져 있는 공정성에 대한 이해를 결합시켜 중첩적 합의(overlapping consensus)만을 추구하는 정치적 자유주의(political liberalism)와 연계된다.120) 해석학적 순환은 소위 공정성에 대한 합당한 조건(reasonable condition)이 서구 자유민주주의의 300여 년간의 역사적 상황에 대한 해석학적 이해에 근거하고 있기 때문에 사회계약론적 자유주의 윤리학의 딜레마의 한 뿌리인 도덕적 순환성을 악순환이 아니라 호순환으로 바꾸어준다는 것이다.121) 그러나 역사적 소여성에 대한 해석은 언제나 논란의 여지가 있으며 도덕적 평등과 공정성이라는 합당성이 합리성보다 우선한다는 것은 고티에나 홉스주의자들에 따르면 잘못된 해석일 수도 있다. 고티에에 대해서는 합리성의 개념이 제한적 극대화로 변환되는데 그 근거는 바로 극대화로서의 합리성의 개념이라는 주장이 많은 주목을 받고 있다. 고티에에 의해서 제기된 합리성의 재고의 문제는 매우 중요하며 그 것과 관련해서 개진된 합리적 선택자들의 제한적 극대화의 성향의 개념이 잘 해명되는 방식으로 변경된다면 그의 사회계약론적 윤리학은 새로운 호소력을 창출해낼 수도 있을 것이다.

사회계약사상은 우리에게 낯설다. 신과의 계약도 인간끼리의 계약의 전통도 없는 우리에게 현재 서구 윤리학계의 최대 관심사인 사회계약론적 윤리학의 사활 문제는 어떤 의미가 있는가? 그것은 성스러운 결혼의 계약이 아니라 단지 이혼 시 부에 대한 차액 분할과 자기 선호를 지키려는 이상한 조건들이 등장하는 계약결혼과 같은 것으로만 인식될 것인가? 오늘날 많이 논의되고 있는 우리 사회의 도덕적 혼란을 치유하는 것은 마치 동물을 약속을 할 수 있는 권리를 갖게끔 키우는 것과 같을지도 모른다. 이러한 역설적인 과제는 원래 인간에게 주어진 과제라고 할 것이다.122) 우리가 그것이 우리 인간에게 주어진 과제라고 인식한다면 사회계약론적 윤리학은 무분별하게 남발되고 있는 약속의 권리가 약속의 이행에 대한 의무와 결부될 때 오직 그때만 참이라고 하는 의미론적 통합(semantic unification)을 우리 자신들의 분열된 자아에게 선사할 것이다.

제 4 장

고티에의 신사회계약론적 윤리학과 그 성패

1. 서론: 사회계약론의 현대적 부활과 자유주의의 새로운 철학적 정초

사회계약론의 사상적 연원은 멀리 고대 그리스의 소피스트들에게까지 소급될 수 있다. 또한 『국가』에서 글라우콘(Glaucon)의 사회계약론적 정의관을 비판했던 소크라테스도 『크리톤』에서는 그가 도주하지 않고 독배를 마시며 죽어가는 이유로서 국가와 개인 간의 합의에 근거한 국법에 대한 준수를 들고, 그러한 준수는 국가사회적 혜택의 암묵적 수용에 따르는 시민적 의무라는 광의의 사회계약론적 개념을 제시한 것도 사실이다. 그러나 서구 사상사에서 사회계약론은 16세기에서 18세기에 이르는 기간에 본격적으로 발흥한다. 홉스, 로크, 루소, 칸트에 의해서 전개된 근대 사회계약론은 기본적으로 자본주의적, 개인주의적 자유주의 이데올로기의 수립 과정에 기여한다. 계약 당사자들의 합의를 기초로 하는 사회계약론은 그 개념상으로 볼 때 다양한 합의 가능성을 열어 놓고 있기 때문에 자유주의만을 함축하는 것은 물론 아니다. 그러나 근대 사회계약론을 그 방법론적 전제와 역사적 관점에서 볼 때 자유주의에 대한 그러한 기여는 움직일 수 없는 사실이다.1)

로크는 맥퍼슨(C. B. Macpherson)에 의해서 비판적으로 논의되었듯이 소유적 개인주의(possessive individualism)의 주창자이기 때문에 그러한 기여의 관점에서 홉스, 루소, 칸트와는 달리 별 문제가 없는 듯이 보인다.2) 홉스는 절대국가라는 비자유주의적 결론으로 이행하기는 했으나 그 철학적 전제는 분명히 자유주의적이다. 또한 루소도 공동체주의적 평등주의를 주장하기는 했지만 그 출발점은 여전히 자유주의적이다. 칸트의 순수한 도덕적 의지에 따른 정언명법도 자본주의적 이윤 추구와는 배치되는 듯이 보이기는 하지만, 한편으로 그것은 자본주의적인 계약적 거래와 교환에 대한 형식적이고 보편적인 도덕적 배경을 제시한 것으로 볼 수도 있다.

사회계약론은 그 이론적 단초로서 자연상태, 자연권, 자연법을 설정한다.3) 따라서 사회 이전(pre-social)의 추상적이고도 고립적인 허구적 개인(*persona ficta*)에 의한 자발적이고도 합리적인 인위적 동의를 통해 기존 사회제도 및 구정체(ancien régime)를 초월적으로 비판할 수 있다는 점에서 사회계약론은 미국 독립과 프랑스 혁명에 철학적 자양분을 제공했다. 그러나 자유주의가 기존 질서와 제도로 자리 잡으면서 그러한 질서와 제도를 사회 전체 공리(utility)의 증진을 위한 사회적 관습으로 보고 자연권을 "죽마 위의 헛소리(nonsense on stilts)"라고 비판하는 벤담의 공리주의의 대두4)와 원초적 계약(original contract)의 역사적 허구성에 대한 역사주의의 신랄한 비판으로 사회계약론은 서구 사상사의 무대에서 사라지는 비극적 운명을 맞는다. 또한 루소식의 일반의지도 자본주의적 자유주의의 점증하는 사회적, 계급적 갈등을 처리하기에 무력하다는 점도 그러한 비극적 운명에 일조를 하게 된다.

사회계약론의 현대적 부활은 20세기 후반기에 도덕 및 정치철학의 분야에서 목도할 수 있는 가장 괄목할 만한 현상이다. 도덕과 정치적 규범성에 오직 정의적(情意的) 의미(emotive meaning)만을 인정했던 논리실증주의의 냉혹한 시련 아래 죽었다던 도덕 및 정치철학은 논리실증주의의 철학적 붕괴와 1960년대 이후 사회적 규범의 혼란과 다양한 사회운동의 대두라는 상황을 타고 의미심장하게 재부활한다. 그러한 재부활은 공리주의에 대해서 비판적인 관점을 취하고 있는 롤즈의 『정의론』(1971)에 의해서 주도된다.5) 롤즈의 정의론은 사회계약론을 고도로 추상화함으로써 그것을 사회정의의 윤리학으로 변모시킨다. 따라서 계약대상은 전통적 사회계약론에서처럼 시민과 통치자 사이의 특정 형태의 정부계약(the governmental contract)이나 복종계약(pactum subjectionis)이 아니다. 롤즈의 정의론은 시민들 사이의 사회계약(social contract, pactum societatis)을 정의원칙의 합의를 위한 민주주의적인 사회적 선택(social choice)으로 환치시킨다는 데 그 현대적 부활의 중차대성이 있다. 사회계약론의 피치자의 동의(the consent of the governed)라는 개념은 이제 자유롭고 평등한 자유민주주의적 시민들의 합의에 의거하여 그들 사회의 기본구조와 공공정책의 규범성을 판정하려는 것으로 의미 변경을 하게 된다.6) 이러한 의미 변경은 "민심은 천심" 혹은 "국민의 소리는 신의 소리(vox populi vox Dei)"라는 유구한 표어의 현대적 부활이라고 말해도 지나친 것은 아닐 것이다.

  롤즈의 정의론에 있어서 계약적 합의는 순전히 가상적인 것으로, 계약론적 입장이란 도덕원칙이 자연상태와 같은 적절한 최초의 선택 상황, 즉 원초적 입장(the original position)에서 합의된다는 것을 주장하는 것이다. "정의원칙은 자신의 이익 증진에 관심을 가진 자유롭고 합리적인 사람들이 평등한 최초의 입장에서 그들 공동체의 기본조건을 규정하는 것으로 채택하게 될 원칙들이다." 정의원칙을 이렇게 보는 방식을 롤즈는 "공정성으로서의 정의(justice as fairness)"라고 명명한다.7) 공정성을 기반으로 하는 롤즈의 계약론적 윤리학은 공리주의를 다음과 같이 비판한다. 즉 개인들을 단순한 공리 계산의 대상으로만 간주함으로써 공리주의는 개인들의 다수성과 특이성을 고려하지 않을 뿐만 아니라, 다수의 전체적 공리의 증진을 위해서 소수에 대한 불공정한 억압을 정당화할 수 있는 가능성을 항상 남겨놓고 있다는 것이다.8)

롤즈의 정의론은 또한 자연상태의 개념을 오늘날 사회과학 분야에서 일반적 방법론으로 자리 잡은 합리적 선택이론(the theory of rational choice)에 의거한 하나의 선택 상황으로 재구성함으로써 사회계약론에 대한 역사주의의 비판에도 답하려고 한다. 롤즈의 정의론은 개인의 합리적 이익의 극대화를 기조로 하는 합리적 선택이론을 수용하여 사회계약론에 대한 이미 언급한 중차대한 시각의 변환을 시도한다. 기본적으로 사회적 선택의 문제인 사회의 기본구조(the basic structure of society)에 관한 사회정의, 특히 분배적 정의원칙의 결정 문제를 사회계약론에서 유전되어온 자연상태라는 개념을 원용한 원초적 입장이라는 가상적 상황(hypothetical situation)에서의 합리적 개인들에 의한 정의원칙의 선택 문제로 환치시킨다는 것이 그 변환의 요체이다.9) 역사주의자 헤겔이 사회계약론적 시민사회를 개인들의 우연적이고 특수한 이익에만 근거한 사적인 사회(private society)라고 한 비판에 대해서,10) 롤즈는 원초적 입장은 개인들의 특수적 이익을 보편적이고 객관적인 합리성으로 환원시키는 공정한 선택 상황이므로 그러한 원초적 입장에서 도출된 사회는 사적인 사회를 벗어날 수 있다고 답변한다.11) 그리고 사회체제가 인간의 욕구 및 자아의 형성에 미치는 영향이 계약론에 결정적인 반론을 제시한다고 생각하는 마르크스주의자들과 공동체주의자들에 대해서 롤즈는 역시 원초적 입장은 그러한 영향을 최소화하는 중립적인 선택 상황이라는 답변을 보낸다.12) 다시 말하면 그의 정의론은 현존 제도들뿐만 아니라 그로 인해 생겨나는 욕구, 기대치, 그리고 포부를 평가하기 위한 아르키메데스적 기준이 될 수 있다는 것이다.13) 롤즈에 따르면 사회계약론적 윤리학과 정치철학은, 역사주의가 그것이 주장하는 역사적 필연성의 증명에 대한 거대한 형이상학적 부담과 그 부담에 따라서 어쩔 수 없이 택할 수밖에 없는 보수적 현실 옹호나 아니면 유토피아적 환상에로의 귀착이라는 규범적 자기분열을 피할 수 있다는 것이다. 그래서 사회계약론적 윤리학은 사회변동과 개혁을 위한 적절한 지침을 제공할 수 있다는 것이다.

롤즈 정의론의 결론은 "복지국가적 자본주의의 (재)분배적 평등주의"이다.14) 롤즈는 이러한 결론을 "불확실성하에서의 최소극대화 규칙에 의거한 개인적 선택"이라는 모형을 통해서 도출한다. 그러한 모형을 택하는 이유는 계약주체들 각자가 어떤 사회적 지위를 차지할지를 모르는 불확실한 선택 상황인 무지의 장막(the veil of ignorance) 아래 놓일 때 비로소 공정성이 확보될 수 있다는 것이다.15) 그러한 선택 상황에서 계약주체들은 최악의 경우에 가장 다행스러운 대안을 선택하는 것이 합리적이다. 즉 합리적 개인들은 최소극대화 규칙(maximin rule)에 의거하여 사회적 불평등이 허용될 때 최소수혜자의 기대치를 최대한으로 극대화시키는 사회적 구조를 선택한다는 것이다.16) 그렇게 선택된 사회구조는 광범위한 재분배를 기조로 하는 복지국가가 된다. 그러나 롤즈의 이러한 주장은 다음과 같은 심각한 반론에 봉착하게 된다. 즉 무지의 장막은 개인 각자의 재능과 능력을 무화시키기 때문에 개인적 합리성을 엄밀히 반영할 수 없을 뿐만 아니라, 광범위한 재분배의 대상이 되는 사회적 생산물을 마치 주인이 없이 하늘에서 떨어진 만나(manna from heaven)처럼 간주하게 된다는 반론이 그것이다.17) 개인의 자유와 노동에 근거한 사유재산권이 자연상태에서 어떻게 확립될 수 있는가를 철학적으로 증명하려고 시도함으로써 자유방임주의적 자유지상주의(laissez-faire libertarianism)를 옹호하려는 로버트 노직의 『아나키, 국가, 그리고 유토피아』는 그러한 반론의 대변서이다.

또한 롤즈의 정의론이 공리주의의 대안으로 제시되었다는 점에서 볼 때 공리주의 진영의 반격도 만만치 않다. 하사니(John C. Harsanyi)는 롤즈의 사회계약론적 선택 모형, 불확실성하에서의 개인적 선택을 기본적으로 받아들인다. 그러나 그는 모든 사람이 어떠한 사회적 지위를 차지할 수 있는 가능성이 동일하다는 등확률의 가정(equiprobability assumption)이야말로 모든 사람에게 공정성을 보장할 수 있는 사회적 함수를 구성하는 유일한 길이라고 주장한다. 나아가서 그는 최소수혜자에게 과도한 비중을 두는 롤즈의 선택 모형은 불공정할 뿐만 아니라 위험부담을 회피하려는 극도의 보수적인 심리적 태도에 근거하고 있기 때문에 불합리하다는 비판도 아울러 전개한다.[18] 하사니의 입장은 등확률의 가정을 공정성과 합리성의 기준으로 간주함으로써 한 사회의 평균 공리를 극대화하는 평균 공리주의(average utilitarianism)에 이르게 된다. 이러한 일련의 논쟁들을 총괄적으로 볼 때, 그것은 자유주의의 공정하고도 합리적인 모형이 무엇인가를 둘러싼 철학적 정초에 관한 논쟁으로서 자유주의의 자기정체성 위기(identity crisis)와 방법론적 난관 봉착(methodological impasse)을 극명하게 드러내고 있다.

데이비드 고티에의 『합의도덕론』(1986)은 기본적으로 롤즈의 정의론을 둘러싸고 야기된 자유주의의 자기정체성 위기와 방법론적 난관 봉착을 돌파하려는 야심찬 철학적 시도이다.[19] 고티에는 롤즈 정의론의 사회계약론적 기본구도를 수용하면서도 그것을 협상적 게임이론에 따른 정교한 선택의 기제로 한 차원 높인다는 점에서, 그의 이론은 흔히 "신사회계약론적 자유주의(neo-contractarian liberalism)"라고 불린다.[20] 근래의 영미 윤리학계의 최대 관심사는 롤즈, 노직, 그리고 하사니 사이에 벌어지는 논쟁들을 합리적 선택이론을 엄밀하게 적용하여 종식시킬 수 있다고 주장하는 고티에의 『합의도덕론』에 쏠려 있다. 만약 고티에의 그러한 시도가 성공한다면 그것은 철학적으로 볼 때 세계사적 위업(world-historical triumph)이라고 해도 과언은 아닐 것이다.[21]

고티에의 철학적 작업은 논리실증주의가 붕괴하고 난 뒤 도덕의 합리적 근거를 일상언어에서 찾으려는 툴민(Stephen Toulmin)과 바이어(Kurt Baier) 등의 정당근거적 접근방식(the good reasons approach)을 일차적으로 답습하여 『실천적 추론(*Practical Reasoning*)』의 문제를 파헤치기 시작한 1960년대 초반부터 시작된다.22) 그러나 그는 정당근거적 접근방식이 도덕적 판단에 대해서 "모든 사람들의 행위를 조화시키는 데 사용된다" 혹은 "모든 사람들을 동일하게 좋게 해야만 한다"라는 등의 피상적인 언어 분석을 하는 것에 한계를 느끼게 된다. 따라서 그는 자기 이익 추구로서의 합리성의 문제에 관한 근대적 출발점인 홉스의 『리바이어던(*Leviathan*)』의 구조를 분석하면서 『도덕성과 합리적 자기 이익』의 관련방식에 대한 문제의 해결을 일생의 철학적 과제로 삼게 된다.23) 그의 이러한 과제는 롤즈도 역시 그러하였듯이 사회과학에서 경제인간(*homo economicus*)의 도구적, 인식적 합리성(instrumental and cognitive rationality)을 기초로 하여 1950년대 이후 본격적으로 발전한 합리적 선택이론을 비판적으로 수용함으로써 급진전을 보게 된다. 합리적 선택이론은 확실성(certainty), 위험부담(risk), 불확실성(uncertainty) 아래서의 여러 선택 상황들과 기준들을 가치효용론, 게임이론, 사회적 선택이론 등의 다양한 선택 모형들과 결합하여 그것을 소비자 행동론, 조직집단 행동론, 그리고 공공정책의 기술적 및 규범적 의사결정에 적용하려는 엄밀한 공리체계(axiomatic system)의 방대한 집합체이다.24) 합리적 선택이론은 전통적인 도덕철학에서처럼 최고선(*summum bonum*)의 실질적인 내용을 규정하는 본질적 가치와 목적(intrinsic values and ends)을 제시하는 것이 아니고, 단지 주어진 신념과 목적(the given beliefs and ends)을 달성할 수 있는 최선의 도구적 가치(instrumental values)와 수단적 합리성(means-rationality)만을 추구한다.25) 고티에의 『합의도덕론』은 지난 33여 년에 걸쳐서 그러한 합리적 선택이론의 구도 아래 가치상대주의(value relativism)와 가치주관주의(value subjectivism)를 취하면서 사회계약론적 도덕철학을 재구성하려는 원대한 시도의 산물이다.26)

2. 고티에의 『합의도덕론』과 자유주의의 합리적 재구성

1) 사회계약론적 도덕이론과 합리적 선택이론

사회계약론이 도덕철학의 방법론으로 전용되기 위해서는 우선 선택 상황과 합의의 방식에 대한 납득할 만한 설정이 선행되어야만 한다. 계약적 합의의 결과는 전적으로 그러한 선행적 설정에 논리적으로 의존한다. 다시 말하면 사회계약론적 윤리학은 최초의 선택 상황인 자연상태를 어떻게 규정하며 어떠한 방식에 의해서 자유롭고 합리적인 계약주체들의 합의가 이루어지는가에 달려 있다. 사회계약론은 그러한 선택 상황과 합의의 방식으로 볼 때 다음 두 모형으로 구분될 수 있다.27) 첫째 모형은 계약론적 합의를 전략적 협상(strategic bargaining)의 대상으로 간주하며 선택 상황은 협상자의 현상적 위치(*status quo*), 위협적 이익 (threat advantage), 선제적 전략(preemptive strategy) 등이 결정적 요소가 된다. 이러한 모형은 "만인에 대한 만인의 투쟁"으로 점철된 홉스적 자연상태가 그 전형이다.28) 홉스적 모형은 최근에 뷰캐넌(James Buchanan)에 의해서 다시 정식화된다.29) 그리고 내쉬(John Nash)와 브레이스웨이트(Richard B. Braithwaite)는 이미 홉스적 모형을 상대적 협상 능력에 차이가 나는 경우의 "2인 협상적 할당"의 문제에 적용한 바 있다.30) 둘째 모형은 계약론적 합의를 이상화하여 선제적 전략이나 상대적 협상 능력 등의 역할을 배제한다. 이 모형은 "타인의 생명과 건강, 자유, 그리고 재산을 침해하지 말라"는 도덕적 자연법을 설정한 로크의 자연상태에서 그 전형을 찾아볼 수 있다.31) 그리고 특수적 의지들의 파당적 연합(partial associations)을 거부하고 "일반의지에의 귀속"을 강조한 루소의 사회계약론도 역시 이 모형에 속한다.32) 또한 루소의 일반의지를 순수한 도덕적 의지의 보편적인 "정언명법"으로 구체화시킨 것으로 볼 수 있는 칸트의 도덕철학도 그 중대한 유형의 하나이다.33) 이러한 두 번째 유형은 롤즈에 의해서 그 절정에 이른다. 롤즈가 원초적 입장에 "무지의 장막"을 친 것은 협상의 근거를 애당초 봉쇄하기 위한 것이다.34)

우리는 제1장 서론에서 롤즈, 노직, 그리고 하사니 사이에 전개된 일련의 논쟁을 자유주의의 공정하고도 합리적인 모형의 정당화에 관계된 "방법론적 난관 봉착"으로 해석한 바 있다. 이제 그러한 방법론적 난관 봉착은 방금 논의한 사회계약론의 두 모형과 관련해서 구체적으로 분석될 수 있다. 그것은 사회계약론적 윤리학이 공정성과 합리성의 관계 방식으로 볼 때, 다음과 같은 딜레마에 빠진다는 것이다. 만약 사회계약론적 윤리학이 첫째 모형을 취하면, 그것은 불공정한 선택 상황에서 순전히 도구적 합리성에 따른 결과를 수용할 수밖에 없게 된다. 이 경우 합의의 결과는 합리적이기는 하지만 도덕적으로 볼 때 그것은 부적절하거나 무관한 것이 된다. 그렇다고 해서 만약 사회계약론적 윤리학이 둘째 모형을 취하면, 그것은 공정한 선택 상황을 보장하기 위해서 어떤 도덕적 기준을 미리 전제해야만 한다. 이 경우 합의의 결과는 도덕적으로 공정한 것이지만 합리적으로 볼 때 그것은 임의적인 것이 된다. 그리고 미리 전제된 도덕적 기준은 계약론적 논증에 의해서 정당화되는 것이 아니기 때문에 순환적인 것이 된다. 따라서 전체적으로 볼 때, 사회계약론적 윤리학은 도덕적으로 부적절하거나 순환적(morally irrelevant or circular)이 되는 딜레마에 봉착하게 된다.35) 이러한 딜레마는 또한 현대 사회계약론적 윤리학이 합리적 선택이론을 원용해서 규범적 체계를 도출하려는 합리적 구성주의(rational constructivism)를 취할 때 당면할 수밖에 없는 딜레마이기도 하다.

홉스적 모형의 도덕적 부적절성을 해소하기 위해서 무지의 장막을 원초적 입장에 도입했던 롤즈는 그것이 합리적으로 볼 때 임의적인 것임을 발견하고 "정의론을 합리적 선택이론의 일부로 보았던 것은 『정의론』의 (매우 큰) 오류였다"는 이론적 실패를 자인하게 된다.36) 롤즈에게 있어서 원초적 입장은 더 이상 합리적 구성주의를 위한 연역의 체계가 아니다. 롤즈는 그러한 자기의 입장 변경을 "칸트적 구성주의"로 명명한다. 칸트적 구성주의에서는 무지의 장막을 비롯한 공정성의 조건들, 즉 합당성(the reasonable)의 조건들이 우리의 도덕적인 직관적 신념에 의거해서 확정되고, 그것들이 합리성(the rational)의 외부적 제약으로 유입되는 것이다.37)

고티에의 『합의도덕론』은 롤즈의 합리적 선택이론에 관련된 그러한 실패의 시기에 즈음하여 사회계약론적 윤리학의 "멋진 비상"을 시작한다.38) 고티에의 『합의도덕론』은 사회계약론적 윤리학을 합리적 구성주의로 간주하는 점에서 초기의 롤즈 그리고 하사니와 입장을 같이한다. 즉 고티에는 그의 사회계약론적 윤리학이 합리적 선택이론의 일부임을 명백히 한다.39) 그러나 고티에는 각자의 능력, 선호, 사회적 위치 등 자기동일성을 인지하는 계약 당사자들의 위험부담하에서(under risk)의 협상적 게임(bargaining game)만이 전통적 의미에서의 계약의 상호성 및 복수성을 엄밀히 반영할 수 있다고 주장한다. 이러한 관점에서 그는 롤즈와 하사니의 불확실성하에서의 선택이 개인 간의 구별과 차이를 무화시키는 비합리적인 모형이라고 비판한다.40) 고티에는 롤즈가 "공리주의는 개인 간의 구별을 심각하게 고려하지 않는다"는 올바른 비판을 전개했음에도 불구하고,41) 그의 입장도 결국은 무지의 장막을 도입함으로써 "각 개인은 모든 사람이거나, 아니면 아무도 아니다(Each man is every-man or no-man)"라는 비판을 받을 수밖에 없다고 갈파한다.42)

계약 당사자들의 합리성과 동기의 규정에 있어서 고티에는 롤즈의 규정처럼 계약 당사자들이 상호 무관심한 도구적 합리성을 가지고 자기 이익의 극대화를 도모하는 것으로 본다.43) 그러나 무제한적인 자기 이익의 극대화는 도덕성과 상치한다는 전통적인 신념은 도덕성을 합리성으로부터 도출하려는 고티에의 계약론적 연역법에 본질적 회의를 가져다주는 듯이 보인다. 고티에는 우선 "도덕성은 … 전통적으로 개인적 이익의 추구에 공평한 제약(impartial constraint)을 부과하는 것으로 이해되어왔다"는 것을 지적하고 그러한 전통적 견해를 독특한 방식으로 견지하려고 한다.44) 즉 합리성에 대한 공평한 제약으로서의 도덕성이 바로 자기 이익의 극대화인 합리성 자체로부터 유래한다는 것이다. 이러한 주장은 일견해서 모순(seeming paradox)처럼 보인다. 합리성의 외부적 제약으로서의 도덕성이라는 전통적 신념과 사회계약론의 두 모형이 가진 도덕성과 합리성의 딜레마를 통해 볼 때, 고티에의 시도는 처음부터 불가능한 것처럼 보인다.45)

그러나 그것이 가능하다는 것이 고티에의 신사회계약론적 윤리학의 핵심이 된다. 그것도 단순히 "정직은 최선의 정책"이라는 격언적 교훈이나 흔히 말하는 계몽적 자기 이익(enlightened self-interest)이라는 도덕적 권고가 아니라 정교한 합리적 선택이론의 탁월한 구사를 통해서 그 가능성을 입증하겠다는 것이 고티에의 전략이다. 따라서 고티에는 "합리적으로 선택하기 위해서는 도덕적으로 선택해야만 한다(To choose rationally one must choose morally)"는 매우 강한 주장을 내세우고 있다.46) 그렇다면 고티에의 이러한 주장은 사회계약론적 윤리학의 딜레마를 어떻게 피해 갈 수 있다는 것인가?

우선 고티에는 도덕원칙이 무도덕적 전제들(non-moral premises)로부터 도출되어야 한다고 주장하고 합리성과 무관한 무지의 장막이라는 공정성의 조건을 미리 가정하는 롤즈의 정의론을 합리적 선택이론의 영역을 벗어난 것이라고 비판한다.47) 이러한 관점에서 보면 고티에는 홉스를 수용하고 있는 것처럼 보인다. 왜냐하면 고티에의 계약 당사자들은 자기동일성을 인지하는 무도덕적 상황에 있기 때문이다. 그러나 고티에는 홉스적 모형이 가진 난점, 즉 합리성의 도덕적 부적절성을 배제하기 위해서 뷰캐넌에 의해서 제시된 홉스적 모형인 "약탈과 방어의 자연적 균형 상태"를 불공정한 것으로 비판한다.48) 이러한 관점에서 보면 고티에는 롤즈를 수용하고 있는 것처럼 보인다. 즉 고티에는 공평한 결과

(impartial outcomes)는 공정한 과정(fair procedure)을 통해 오직 공평한 최초 입장(impartial initial situation)에서만 발생한다고 주장한다.[49]

고티에는 또한 계약적 합의의 내용뿐만 아니라 그것의 준수에 관련해서도 사회계약론의 딜레마를 해결하려고 한다. 고티에는 우선 홉스적인 절대군주의 옹립은 정치적인 해결이지 도덕적인 해결은 아니라고 본다.[50] 그리고 질서정연한 사회(well-ordered society)에서 모든 사람이 정의롭게 행동하는 것을 가정하는 롤즈식의 완전한 준수론(strict compliance theory)도 선재적인 도덕적 가정을 유입한 것이라고 비판한다.[51] 고티에는 사전(*ex ante*) 계약과 사후(*ex post*) 준수를 수미상응시킴으로써, 즉 "합리적으로 계약될 수 없는 것은 준수될 수 없고, 합리적으로 준수될 수 없는 것은 계약될 수 없다"는 기본적 전략으로 사회계약론적 윤리학이 가진 이중적 딜레마를 해결하려는 원대한 야심을 갖는다.[52]

그렇다면 고티에의 그러한 전략이 어떻게 전개되는가를 『합의도덕론』을 통해 구체적으로 논의해보기로 하자. 고티에의 사회계약론적 윤리학은 다음과 같은 다섯 가지의 핵심적 개념들(core ideas)로 구성되어 있다. 즉 도덕의 해방지구로서의 완전경쟁시장, 합리적 협상의 원칙, 합리적 준수론, 협상의 최초의 상황, 아르키메데스적 점의 설정이 그것이다.[53] 이 중에서 합리적 협상, 합리적 준수, 그리고 협상의 최초의 상황은 합리적 선택이론에 관련된 논증적 중추(argumentative center)를 형성하고 있다. 도덕의 해방지구는 신사회계약론적 윤리학의 단초를 이루고 있고 아르키메데스적 점은 논의의 포괄적 종결점이다. 그러면 고티에 자신의 논의 순서에 따라서 이 다섯 가지를 차례로 탐구해보기로 하자. 물론 우리는 단순히 그것들을 서술적으로 나열하는 것이 아니라, 그것들이 사회계약론적 윤리학의 딜레마를 과연 해결할 수 있을 것인가의 관점에서 집중 분석하게 될 것이다.

2) 도덕의 해방지구: 완전경쟁시장

"도덕의 해방지구로서의 완전경쟁시장(the perfectly competitive market as a morally free zone)"의 개념은 고티에의 신사회계약론적 윤리학에서 규정된 합리성과 도덕성과의 관계 방식을 명백히 하기 위한 대조물(foil)이다. 특히 그것은 앞에서 논의된 바와 같이 개인적 이익의 극대화적, 직접적 추구인 합리성에 대한 공평한 협동적 제약(impartial and cooperative constraint)으로서 규정된 도덕성과 극명한 대조를 하기 위한 개념 장치이다. 도덕성이 합리성에 대한 어떤 형태의 제약이라는 것을 기본적으로 이해한다면 도덕의 해방지구라는 개념은 쉽게 포착될 수 있다. 만약 개인적 합리성이 어떠한 제약도 받지 않고 완전히 발휘될 수 있다면, 도덕은 불필요하다는 것이다. 그러한 곳에서는 개인적 합리성이 도덕으로부터 해방되어 자유로이 자기 이익을 추구할 수 있게 된다. 완전경쟁시장은 그러한 도덕의 해방지구로 생각될 수 있다는 것이 고티에의 주장이다.54)

미시경제학에서 잘 알려진 대로 완전경쟁시장은 하나의 이상적 모델(ideal type)이다. 물론 그러한 이상적 모델의 비현실적 가정들과 그것이 현실적 시장과 갖는 연관성은 경제철학의 주요한 문제이기는 하지만 그것을 여기서 모두 다룰 수는 없다. 기본적으로 완전경쟁시장에서는 충분한 수의 생산자와 소비자가 있어 상품가격에 영향을 미칠 수 없기 때문에 독점과 담합이 없고, 또한 생산요소의 배분과 생산물의 소비가 개인의 상호 무관심한 효용에만 국한되는 사적 재화(private goods)를 대상으로 하기 때문에 원치 않는 제삼자로부터 피해를 입거나 도움을 받는 어떠한 외부성(externality)도 존재하지 않으며, 따라서 시장정보의 완전한 공유로 공급과 수요가 이상적으로 일치하게 되는 확실성하에서의 상황이다. 또한 시장의 출입이 완전히 자유롭기 때문에 거래에는 비용도 따르지 않고 교환에 있어서도 완력과 사기는 존재하지 않는다.55)

고티에에게 있어서 도덕성은 개인적 이익 추구에 대한 합리적 제약이 되기 때문에 완전경쟁시장은 그러한 도덕적 제약이 존재하지 않는 곳이 된다.56)

물론 고티에는 도덕을 폄하하기 위해서 완전경쟁시장을 들고 나오는 것도 아니고, 자유방임적 시장주의자들처럼 현실에서 그러한 시장이 거의 완벽하게 존재한다고 주장하는 것도 아니다.57) 그러나 도덕의 해방지구로서의 완전경쟁시장에 대한 고티에의 주장은 사회계약론적 윤리학의 향방을 기본적으로 자본주의적 자유시장 경제체제로 향하게 하는 중대한 전제들이 들어 있기 때문에 상당한 규범적 무게를 담고 있는 중대한 발언이다. 물론 시장사회주의(market socialism)의 대두로 말미암아 시장체제가 정치경제적 체제에 중립적인 것으로 간주되어 고티에의 언명이 가진 이데올로기적 중압을 경감시킬지도 모른다. 그러나 아직도 시장사회주의는 그 개념적, 현실적 가능성에 대한 논란을 종식시키지 못하고 있으며, 혹자에게 그것은 아직도 실현될 수도 또 실현된 바도 없는 "신화"일 뿐이다.58)

완전경쟁시장이 도덕의 해방지구라는 고티에의 주장을 제대로 평가하기 위해서는 다음 세 가지 관점의 질문들이 대답되어야 한다. 첫째, 그러한 시장의 기본적 전제와 결과는 무엇인가? 둘째, 그러한 시장이 도덕적 해방지구라는 말은 도대체 무엇을 의미하는가? 그것은 시장의 배경적 조건, 운행 과정, 결과에 모두 적용되는가? 셋째, 완전경쟁시장이 도덕의 해방지구라면 도덕성은 시장의 실패에 대한 교정(remedy for market failure)으로 나타난다고 고티에는 주장하는데, 시장과 관련해서 도덕의 역할은 단순히 그것에만 국한되는 것인가?

첫째, 완전경쟁시장의 기본적 전제와 결과는 무엇인가? 고티에에게 있어서 완전경쟁시장의 기본적 전제들은 이미 언급한 그것의 경제원론적인 서술과 다른 것은 아니다. "개인의 [생산]요소적 자질, 사적인 재화, 자유시장 활동, 상호 무관심, 그리고 외부성의 결여 — 그러한 것들이 완전경쟁시장의 전제들이다."59) 이러한 전제들은 결국 생산, 교환 및 소비에 있어서 각 개인이 사적 소유권(private ownership)을 전적으로 행사한다는 것을 의미한다. 각 개인은 생산요소들, 즉 자본, 토지, 노동, 그리고 개인적 자질과 능력뿐만 아니라 그것을 통해 산출한 최종적 생산물에 대해서 완전한 사적 소유권을 행사한다. 또한 그것들을 자유로이 교환하고 소비에 있어서도 만족은 오직 사적인 재화에 관련되기 때문에 타자에게 영향을 주거나 받지 않는다. 즉 외부성은 공공재(public goods)나 혹은 상호 의존적 효용(interdependent utility) 때문에 발생하지만 완전경쟁시장에는 그러한 외부성이 존재하지 않는다는 것이다.

그렇다면 이러한 완전경쟁시장의 결과는 무엇인가? 그러한 결과에 대해서 가장 적나라하게 표현한 것은 아담 스미스이다. 그가 개인적 이익의 개별적 추구가 "보이지 않는 손(the invisible hand)"에 의해서 자동적으로 상호 이익의 증진으로 이어지는 경쟁적 시장에서는 최적적 균형 상태(optimal equilibrium)가 달성된다고 주장한 것은 잘 알려진 사실이다.60) 그리고 자유지상주의자 하이에크의 "자생적 질서(spontaneous order)"의 개념도 그러한 입장의 현대적 반영이다. 아담 스미스의 보이지 않는 손의 개념은 신고전주의 경제학파(neo-classical economic school)의 후생경제학에서 일반균형이론의 기본적 정리(basic theorem)로 정식화된다. 즉 "모든 경쟁적 균형 상태(competitive equilibrium)는 파레토 최적성(Pareto optimum)이다. 그리고 모든 파레토 최적성은 경쟁적 균형 상태이다"라는 것이다. 기본적 정리의 처음 명제는 흔히 "직접 정리(direct theorem)", 나중 명제는 "환위 정리(converse theorem)"로 불린다.61) 파레토 최적성은 어떤 사람도 나쁘게 하지 않고 적어도 어떤 다른 한 사람을 좋게 할 수 있는 대안적 상태가 존재하지 않는 최적적으로 효율적인 상태이다. 다시 말하면, 어떤 상태가 파레토 최적성에 도달했다는 것은 어떤 사람도 나쁘게 하지 않고서는 적어도 어떤 다른 한 사람을 좋게 할 수 없을 때이다. 따라서 어떤 한 상태 x가 다른 상태 y보다 파레토적으로 우월하다(superior)는 것은 y 상태에서 x 상태로 이행할 때 어떤 사람도 나쁘게 하지 않고 적어도 한 사람을 좋게 할 수 있는 경우가 가능하다는 것이다. 자유시장경제가 사회주의나 공산주의에 비해 생산성을 제고하여 모든 사람을 이롭게 할 수 있는 효율적인 경제체제라는 통상적인 직관적 신념은 그러한 파레토 최적성과 우월성(superiority)의 개념으로 포착된다는 것은 이제 경제학적인 상식이다. 고티에는 후생경제학의 그러한 기본적 정리를, 특히 직접 정리를 증명의 개가(triumphant demonstration)로 대환영한다.62)

그렇다면 여기서 우리는 두 번째 질문을 제기해야만 한다. 즉 완전경쟁시장이 도덕적 해방지구라는 것은 그러한 시장의 배경적인 전제조건, 운행 과정, 그리고 결과 중 어떤 것에 적용되는 것일까? 일견할 때는 고티에가 그러한 세 가지 조건 모두를 도덕의 해방지구라고 생각하는 것처럼 보인다. 과연 그러한지 먼저 배경적 전제조건을 살펴보자. 고티에가 인정하듯이 "완력과 사기가 존재하지 않는다는 것은 시장의 운영에 본질적인 것이다"라고 한다면,63) 시장이 도덕의 해방지구라는 말은 오도된 수사법(misleading rhetoric)이라고 아니 할 수 없다.64) 흔히 인용되는 아담 스미스의 보이지 않는 손의 작용도 "정의의 원칙들을 위배하지 않는 한"이라는 단서가 붙어 있다는 것을 명심해야 한다.65) 완전경쟁시장의 나머지 배경적 조건들은 기본적으로 사유재산권을 가정하고 있는데, 그것들도 단순히 주어진 것으로서 도덕과 무관한 것이 아니다. 고티에는 자유방임적 자유지상주의자들처럼 사유재산권을 자연권이나 단순한 소여(the given)로 보는 것이 아니라 사유재산권도 적절한 최초의 선택 상황에서 공정하게 합리적으로 수립되어야 한다고 본다.66) 우리는 본절 5)항에서 이러한 문제를 구체적으로 다룰 것이다.

만약 시장의 기본적 전제들과 배경적 조건들이 도덕의 해방지구에 포함되지 않는다면, 시장의 운행 과정과 결과들은 포함될 것인가? 시장의 운행 과정 자체와 결과가 도덕의 해방지구라는 생각은 소위 "순수절차적 정의(pure procedural justice)"의 직관적 신념을 표상한 것이다. 그러나 시장제도에 관련된 한, 순수절차적 정의의 개념은 "각 생산요소는 총생산 혹은 증가된 한계생산에 기여하는 만큼 분배를 받는다"는 생산에의 기여 원칙을 기본으로 깔고 있다. 보다 엄밀히 말하면 그것은 분배의 한계생산성이론(marginal productivity theory of distribution)을 정의의 다른 기준들, 즉 필요, 평등, 노력 등보다 우위에 놓는다는 규범적 언명이 된다.67) 그렇다고 한다면 고티에가 예찬했던 완전경쟁시장의 최종적 결과인 파레토 최적성은 도덕적 해방지구에 속하는 것일까? 개인 간비교 불가능한 서수적 효용함수(interpersonally non-comparable ordinal utility)를 배경으로 하는 파레토 최적성은 많은 비판을 받아왔지만 가장 중요한 문제는 그것이 분배적 기준(distribution criterion)을 결여하고 있다는 것이다. 고티에도 비판하고 있듯이, 만약 노예 소유주의 복지가 하향한다면, 많은 노예들의 복지 향상에도 불구하고 노예제의 폐지는 파레토의 기준에 어긋나는 우스꽝스러운 경우가 발생한다.68) 고티에의 신사회계약론적 윤리학의 중요한 목표 중의 하나는 파레토 최적성의 조건 내에서 분배의 한계생산성의 원칙을 구체적으로 구현한 최대상대양보의 극소화 원칙에 따른 분배적 상태를 정의로운 것으로 간주한다는 것이다. 이러한 문제는 본절 3)항에서 구체적으로 상론될 것이다.

우리가 비판한 바와 같이 완전경쟁시장의 기본적 전제조건, 운행 과정, 그리고 결과가 어떠한 특수한 도덕적 입장을 강하게 반영하고 있다면, 도덕의 해방지구라는 개념은 더 이상 타당하지 않다. 여기서 우리는 세 번째 질문을 제기해야만 한다. 즉, 완전경쟁시장이 도덕의 해방지구라면 도덕성은 시장의 실패에 대한 교정으로 나타난다고 고티에는 주장하는데,69) 시장과 관련해서 도덕의 역할은 단순히 그것에만 국한되는 것인가? 근래의 논문에서 고티에는 도덕성이 단순히 현실적 시장의 실패, 즉 공공재(public goods)의 설비에 있어서 일어나는 외부성 효과, 즉 무임승차자의 문제(free-rider problem)로 공공재의 설비가 시장의 기제로는 달성될 수 없는 상황에 대한 교정이라기보다는 "시장의 성공에 대한 조건(condition for market success)"이라는 중대한 개념적 전환하게 된다.70) 고티에의 이러한 전환은 소위 기초적 시장 계약론(thin market contractarianism)으로부터 본격적 시장 계약론(thick market contractarianism)으로의 이행을 단적으로 말해준다.71) 이것은 기초적 시장 계약론의 주창자인 자유지상주의자들과는 달리 고티에는 상속세를 강조하고 공급독점에 의한 초과이윤, 즉 경제적 임대수익인 지대 추구(economic rent)는 몰수되어야 한다고 주장하는 점에서도 찾아 볼 수 있다.72) 이제 고티에는 시장의 실패에 대한 교정의 조건들뿐만 아니라 성공의 조건들도 사회계약론적으로 정당화해야만 하는 중대한 과제를 안게 된다.

3) 협상 게임적 분배정의론: 최대상대양보의 극소화 원칙

도덕성이 단순히 시장의 실패에 대한 교정이 아니라 성공의 조건이라고 한다면, 도덕성은 시장에서 완력과 사기가 존재하지 않는다는 배경적 도덕뿐만 아니라 시장이라는 협동적 기제를 통해서 얻어진 산물에 대한 분배적 기준을 당연히 제시해야만 한다. 다시 말하면 도덕성은 상호 불리한 비협동적 상황에서 상호 유리한 협동적 상황으로의 이행을 보장하는 계약적 합의의 과정과 내용을 지정해주어야만 한다. 그러나 상호 유리한 협동적 상황으로의 단순한 이행은 도덕성의 필요조건이기는 하지만 충분조건은 아니다.73) 왜냐하면 사회적 협동으로 생긴 이득에 대한 분배적 정의의 문제가 해결되지 않으면 그러한 협동은 자기 이익의 극대화(self-interest maximization)를 동기로 가진 계약 당사자들에게 충분한 호소력을 갖지 못할 것이기 때문이다.74)

고티에의 협상 게임적 분배정의론은 그러한 충분조건을 마련하기 위한 계약적 정의의 합리적 합의 과정과 내용을 제시하려는 것이다. 사회계약론에서 분배적 정의의 문제가 갖는 그러한 중차대한 위상은 사회계약론이 인간사회를 보는 다음과 같은 독특한 방식에 달려 있다. 즉 사회계약론에 따르면, 인간사회란 상호 이익을 위한 협동체이기는 하지만 그것은 이해관계의 일치뿐만이 아니라 그 상충이라는 전형적인 특성도 가지고 있다. 인간 각자가 혼자만의 노력에 의해서 사는 것보다 사회적 협동체를 통해서 모두에게 보다 나은 생활이 가능하게 된다는 점에서는 이해관계의 일치가 있다. 그러나 또한 이해관계의 상충이 있게 되는 것은 인간은 사회적 협동체에 의해서 산출될 보다 큰 이득의 분배 방식에 무관심하지 않으며 자신의 목적을 추구하기 위해서는 작은 몫보다는 큰 몫을 원할 것이기 때문이다. 상충하는 이해관계에 대한 단순한 힘의 억압이나 사실적 해결(de facto solution)이 아니라 정당한 해결(de jure solution)을 위해서는 적절한 분배의 몫에 합의하는 데 필요한 어떤 원칙들이 요구된다. 고티에의 협상 게임적 분배정의론은 여기서 다루게 될 협동적 이득의 분배에 관한 "본연의 협상 문제(bargaining problem proper)"뿐만 아니라 본절 5)항에서 다루게 될 "최초의 협상 상황"의 규정에도 관련된다.75) 그러나 여기서는 일단 최초에 협상 테이블로 가지고 들어오는 것이 정해졌다고 가정하고, 본연의 협상 문제를 구체적으로 다루어보기로 하자.

합리적 계약 당사자들이 협상의 대상으로 삼는 것은 소위 "협동적 잉여(cooperative surplus)"이다.76) 다시 말하면 협동적 상황의 산출 총량에서 비협동적 상황의 개인의 산출 총량을 뺀 것이 된다. 결국 합리적 협상은 협동적 상황에서 최대로 주장할 수 있는 몫에서 자기가 비협동적 상황에서 확보할 수 있는 몫을 제외한 나머지 부분에 대한 분할, 즉 차액 분할(splitting the difference)이다.77) 고티에의 협상원칙은 차액 분할에 대한 합리적 절차를 제공한다. 통상적으로 협동적 잉여에 대해서 각자가 최대로 주장하는 몫은 상호 수용되지 못한다. 그래서 협상의 과정은 누가 어떻게 얼마만큼 양보하느냐의 문제가 된다. 소위 조이턴의 규칙(Zeuthen's rule)에 따라서 양보의 부담(cost of concession)이 협상 결렬의 부담(cost of deadlock)에 비해 상대적으로 적은 사람이 양보하기 시작하게 된다. 다시 말하면 상대적 양보량이 적은 사람부터 양보해야만 한다. 그래서 양보의 과정은 상대적 양보량을 견주어가면서 상호 수용 가능한 지점에 이르게 될 때까지 계속된다.[78]

상대적 양보는 실제의 양보량을 자신의 완전 양보량으로 나눈 것이다. 실제의 양보량은 자신이 주장할 수 있는 최대치($U\#$)에서 양보를 하였을 때 가지게 되는 가치 혹은 효용(U)을 뺀 것의 절대량($U\# - U$)이다. 완전 양보량은 자신이 주장할 수 있는 최대치($U\#$)에서 자신이 비협동적 상황에서 확보할 수 있는 가치(U^*)를 뺀 것의 절대량($U\# - U^*$)이다. 상대적 양보량은 이러한 두 절대치의 비례[$(U\# - U) / (U\# - U^*)$]가 된다.[79] 통상적으로 그러한 비례치는 모두 양보했을 때, 즉 $U = U^*$가 될 때의 상대적 양보량 1에서 하나도 양보하지 않았을 때, 즉 $U\# = U$가 될 때의 상대적 양보량 0까지 사이에 존재한다. 합리적 계약자는 이러한 상대적 양보의 최대치를 당연히 극소화하려고 할 것이며 그것이 극소화되는 지점은 계약자 서로의 상대적 양보치가 일치되는 지점이다. 일치되지 않는 지점은 일방이 적게 양보한 것이며 곧 또 다른 일방이 많이 양보한 것이 되기 때문이다. 고티에는 게임이론을 원용한 이러한 협상의 과정과 결과를 "최대의 상대적 양보량이 최소가 되게 하라"는 "최대상대양보의 극소화 원칙(the principle of minimax relative concession)"으로 정식화하고, 이 원칙이 인간 협동에 대한 합리적이고도 공평한 도덕원칙이 된다고 주장한다.[80] 그리고 이러한 도덕원칙은 자기이익의 직접적 추구에 대한 합리적인 제약, 즉 받을 만큼 받고 줄 만큼 준다는 의미에서의 제약으로서 어떠한 선험적인 공평성을 유입함이 없이 합리성으로부터 직접 도출되었다는 것이다.[81]

그러면 고티에의 이러한 주장이 사회계약론적 딜레마의 해결에 어떤 연관을 갖는지 분석해보자. 고티에는 사회계약적 윤리학의 첫째 모형이 가지는 홉스적 난점, 즉 합리성의 도덕적 부적절성을 해결하기 위해서 협상 과정을 이상화한다. 모든 협상자들은 완전하고 왜곡되지 않은 정보를 소유하며, 허세(bluff)도 부리지 않고, 위협적 이익도 사용하지 않는다. 동일한 합리성을 모두 소유한 협상자들은 협상 능력이나 기술, 심리적 성향에서 아무런 차이도 보이지 않는다. 더 나아가서 협상은 "효용과 시간의 부담이 없는 것으로(cost free in terms of both utility and time)" 가정된다.82) 그러나 고티에의 이러한 가정은 완전경쟁시장에서 거래와 교환에 비용이 들지 않는다(costless)는 기본적 전제를 답습한 것에 불과하다. 이러한 이상적 협상 상태에서 협상에서 불리한 자는 협상이 공정한 것이 아니라면 받아들일 아무런 이유도 없다. 왜냐하면 효용과 시간의 비용이 전무한 협상에서 서둘러 불공정한 협상에 임할 필요가 없기 때문이다. 이러한 일련의 이상화는 홉스적 뿔을 피하려다가 롤즈적 뿔에 부닥치는 우를 범하는 꼴이 된다. 실제적으로 협상 과정의 이상화는 롤즈의 무지의 장막과 같은 역할을 한다.83)

존 엘스터(Jon Elster)는 현실적 협상에서는 언제나 협상의 비용과 부담 때문에 비효율적인 협상이 존재하기 마련이라는 것을 지적한다. 즉 협상의 비용과 부담은 협상의 결렬, 협상의 준비작업, 협상의 수행과정, 그리고 분산적 협상(decentralized bargaining)의 비효율성에 걸쳐서 광범위하게 존재한다는 것이다.84) 고티에의 협상 게임은 2인 협상 게임을 기본으로 하고 있지만 그것이 사회정의의 문제에 적용되기 위해서는 사회적 혹은 집단적 협상(social or collective bargaining)으로 확대되어야만 한다. 그러나 그 경우 각 개인이 협상의 권한을 가지고 있다면 협상은 무수하게 분산되어 비효율적인 것이 될 것이다. 만일 협상권이 어떤 대표자에게 위임된다면, 협상의 결과는 언제나 각 개인의 합리성과 부합되는 것은 아니다. 따라서 이 경우 협상권의 위임과 그 한계에 대한 선행적인 협상이 존재해야만 하며, 협상을 위한 또 하나의 협상이 필요하게 되는 복잡성을 처리하기가 쉽지 않다. 그러나 보다 중요한 문제는 협상의 부담이 없는 상황에서는 협상 자체도 불가능하게 된다는 것이다. 왜냐하면 협상의 과정을 결정하는 조이턴의 규칙은 협상 결렬의 부담에 의거하고 있는데, 만일 협상에 효용과 시간의 부담이 없다면 협상은 백년하청식으로 되어 성사되지 않을 것이기 때문이다.

그리고 이상적 협상 과정의 공정성을 수용하여 최대상대양보의 극소화 원칙의 불편부당성을 인정한다고 해도 그것은 결국 한계생산의 기여도에 따라서만 분배하라는 비례적 평등, 더 엄밀하게는 비례적 차등(the proportionate difference)에 의거하는 차가운 업적주의(cold meritocracy)일 뿐이다. 물론 인간의 사회적 협동체에서 업적주의적 분배가 중요한 것은 사실일지라도, 그것은 기여를 제공하지 못한 사람들에 대한 어떠한 고려도 거부할 만큼 전부는 아니다. 차가운 업적주의는 결국 기여도가 제로인 사람은 아무런 혜택도 받을 수 없다는 것이다. 우리는 여기서 합리성에 전적으로 의거하는 도덕이 냉혹하게 도덕의 다른 영역, 즉 삶의 기본적 필요와 생존의 권리 등을 무시하는 도덕적 부적절성을 보이는 것을 어쩔 수 없는 것이라고 치부해야만 할 것인가?

최종적으로 언급해야 할 문제는 최대상대양보의 극소화 원칙이 적용되기 위해서는 자기가 최대로 주장할 수 있는 효용(U#)과 비협동적 상황에서 확보할 수 있는 효용(U*)이 합리적으로 계산될 수 있어야 한다는 것이다. 이러한 관점에서 롤즈와 배리(Brian Barry)는 한 사회 내의 소규모적 협동체에서는 그러한 계산이 가능하다고 하더라도 사회 전체의 분배적 정의의 관점에서 볼 때 그러한 계산은 실질적으로 불가능하다고 비판한다.[85] 이러한 문제는 이미 사회 전체를 대상으로 하는 협상의 복잡성에 관련해서 비판된 것처럼 3인 이상의 다인 협상 게임(n-person bargaining game)에 대한 합리적 절차가 아직은 충분히 정식화되지 못하고 있다는 사실과도 맥을 같이한다.[86]

고티에의 최대상대양보의 극소화 원칙은 롤즈의 최소극대화적 차등 원칙(maximin difference principle)과 하사니의 사회적 평균효용함수

(social average utility function)가 목표하는 바와 같이 합리적 선택이론, 특히 사회적 선택이론의 망령으로 남아 있는 애로우(Kenneth. J. Arrow) 의 불가능성 정리(the Impossibility Theorem)에 대한 해결책으로 제시된 것이다. 애로우의 불가능성 정리는 사회적 복지함수(social welfare function)가 개인적 선호의 서열들(individual preference orderings)로부터 민주적인 방식으로 도출될 수 없다는 것이다.87) 고티에는 파레토의 "개인 간 비교 불가능한 서수적 효용함수"를 기초로 하고 있는 애로우의 불가능성 정리를 해결하기 위해 "개인 간 비교 불가능한 기수적 함수(interpersonally non-comparable cardinal utility)"를 설정하려는 기본적 전략을 갖는다. 즉 이미 차액 분할의 개념을 다루면서 논의한 것처럼 양보량의 간격 측정(interval measure)과 그 상대적 비율 측정(relative proportional measure)을 통한 각 개인의 기대효용(expected utility)으로 사회적 효용함수를 구성하려는 것이다. 물론 고티에의 경우는 협상적 상황에서의 상대적 양보량을 통한 개인 간 비교가 가능하다는 것이지 "동일한 상대적 양보(relative concessions)가 동일한 효용 손실(utility costs)을 갖는다"는 의미에서 개인 간 효용 자체의 비교 가능성을 주장하고 있는 것은 아니다.88) 그러나 고티에의 최대상대양보의 극소화 원칙은 상당히 많은 문제점을 가지고 있기 때문에 애로우의 불가능성 정리를 해결했다고 보는 것은 아직 시기상조이다.

또 다른 중대한 문제의 하나는 설령 최대상대양보의 극소화 원칙이 사회의 거시적 단계(macro level)에 유의미하게 적용될 수 있다는 것을 받아들인다고 해도, 미시적 단계(micro level)에서의 기업 합동(trust)이나 담합적 교섭(coalitional negotiation)이 합리성의 관점에서 배제될 수 없다는 점이다. 이러한 관점은 고티에의 최대상대양보의 극소화 원칙이 블록 경제화하고 있는 작금의 세계경제질서와 선진국과 후진국 사이의 국제적인 분배적 정의의 문제에서 선진국에만 유리한 전략을 제공한다는 비판으로 확대될 수 있다. 이러한 비판을 전반적으로 고찰해볼 때,

고티에는 사회계약론적 딜레마의 한 뿔인 합리성의 도덕적 부적절성을 피할 수 없다. 미시적 단계의 도덕적 부적절성을 봉쇄하기 위해서는 사회 전체의 이익을 개인적 자기 이익에 선행시켜야만 한다. 그러나 그러한 선행적 규정은 개인적 자기 이익에 기초하는 합리적 선택이론의 기본 전제에도 어긋날 뿐만 아니라 사회계약론적 딜레마의 다른 뿔인 도덕적 순환성에도 걸리게 된다. 이러한 여러 가지 이유들로 고티에는 이제 "최대상대양보의 극소화 원칙은 적어도 어떤 수정을 필요로 한다"는 것을 자인할 수밖에 없게 된다.89)

4) 계약의 합리적 준수: 제한적 극대화

협상의 결과로 정식화된 도덕원칙, 즉 최대상대양보의 극소화 원칙에 대한 합리적 준수론은 고티에의 신사회계약론적 윤리학에 있어서 가장 핵심적인 부분이라고 해도 과언은 아니다. 우리는 본절 3)항에서 최대상대양보의 극소화 원칙이 도덕원칙으로서 가지고 있는 불합리성과 부도덕성, 그리고 실제적 적용의 난점 등에 대해서 다양한 관점에서 비판을 전개했다. 만약 최대상대양보의 극소화 원칙이 도덕원칙으로서 그렇게 문제점이 많다는 우리의 비판이 옳다면, 고티에의 합리적 준수론은 논의할 가치조차 없을지도 모른다. 그러나 고티에의 합리적 준수론은 도덕원칙에 대한 일반적인 준수론으로 폭넓게 이해될 수 있기 때문에, 일단 도덕원칙으로서 최대상대양보의 극소화 원칙이 타당한 것으로 간주하고 우리의 논의를 전개하겠다. 또한 본절 5)항에서 구체적으로 다루겠지만 합리적 준수론의 문제는 협상의 최초의 상황에 대한 규정에도 필연적으로 관련된다. 그러나 역시 그러한 문제도 도외시하고 고티에의 합리적 준수론의 기본적 구도를 합리적 선택이론의 관점에서 철저히 분석해보기로 하자.

고티에가 도덕원칙의 합리적 준수론을 그렇게 중시하는 이유는, 도덕원칙은 기본적으로 개인의 자기 이익 극대화에 대한 공정한 제한을 부과하는 것인데, 그러한 제한이 자기 이익의 극대화라는 관점에서 합리적임이 입증되지 않는다면 사회계약론적 윤리학은 비록 계약의 체결은 가능했다고 하더라도 그것의 준수에 관한 현실적 실행력을 가질 수 없기 때문이다. 이미 서론에서 언급한 대로, 고티에는 사전 계약(*ex ante* contract)과 사후 준수(*ex post* compliance)에 대한 수미상관을 통해 합리적 준수론에 관련해서 홉스의 계약 이행을 위한 절대군주와 롤즈의 철저한 준수론에 의해 찢긴 합리적 계약자의 사후 자아분열(*ex post* schizophrenia)을 치유하려고 한다.90)

물론 그러한 치유법은 본 논문을 관류하고 있는 사회계약론적 윤리학의 딜레마를 피해 가는 것과 직접적으로 관련된다. 고티에의 전략은 한마디로 말해서 정치적 해결과 순수한 도덕적 해결의 중간으로서 합리성을 통한 도덕의 성향적 내면화(dispositional internalization of morality)이다. 고티에는 치유해야 할 분열증에 대해서 다음과 같이 묘사하고 있다. "우리는 왜 사람들이 협동적 사업에 기꺼이 참여하려고 하는가의 이유를 살펴보았지만, 그러한 참여를 기꺼이 계속할 것인가에 대해서는 그렇지 못했다. 각자는 협동적 사업에 대한 타인들의 충실한 고수로부터 이득을 얻을 수 있다는 희망으로 참여를 하지만, 각자 스스로는 의무의 불이행으로부터 이득을 얻을 수 있다는 희망으로 협동적 사업을 고수하지 못하게 된다."91)

이상과 같은 문제는 합리적 선택이론의 패러독스, 혹은 합리적 바보(rational fool)의 한계라고까지 표현되는 수인의 딜레마(the prisoner's dilemma)와 무임승차자의 문제(the free-rider problem)로 정식화된다. 수인의 딜레마는 소위 고립(isolation)의 문제로서 고립적으로 이루어진 많은 개인들의 결정의 결과가 타인들의 행위가 이미 주어진 것으로 보아 각자의 결정이 지극히 합리적으로 이루어졌다고 할지라도 어떤 다른 행동보다 모든 사람에게 더 좋지 못할 경우이면 언제나 생겨나는 것이다. 이것은 개인적 합리성(individual rationality)이 최적적이지 못한 집단적 비합리성(sub-optimal collective irrationality)으로 전화되는 비극적 상황이다. 홉스의 자연상태는 그 고전적인 사례가 된다. 각 개인은 타인이 평화 상태를 택하든가 말든가에 관계없이 전쟁 상태로 돌입하는 것이 합리적이며, 곧 그것이 지배적 전략(dominant strategy)이 된다. 물론이 모형은 비현실적인 것이 아니라 매점매석, 군비경쟁, 그리고 공해문제 등에서 충분히 경험적으로 검증될 수 있다. 고립의 문제는 그러한 상황을 가려주고 모든 이의 관점에서 볼 때 최선이 될 구속력 있는 전체적인 약속을 확인해주기 위한 것이다.92)

무임승차자의 문제는 확신(assurance)의 문제로서 이미 본절 2)항에서 언급한 것처럼 공공재의 설비에 관한 "시장의 실패"를 야기하는 전형적인 경우이다. 사적 재화는 소비와 구매에 있어서 개인적 가분성(individual divisibility), 타인의 배재성(exclusiveness), 비외부성(non-externality)을 그 기본적 속성들로 가지고 있는 반면에, 공공재는 소비의 불가분성(indivisibility), 타인의 비배제성(non-excludability), 공급의 공동성(jointness)과 외부성(externality)을 그 기본적 속성들로 가진다. 무임승차자의 문제는 공중의 규모가 커서 많은 개인을 포함하는 경우에는 각자가 자신의 본분을 회피하고자 하는 유혹이 있게 된다는 점에서 출발한다. 그 이유는 한 사람이 행하는 바가 전체의 산출된 양에 대단한 영향을 미치지 않기 때문이다.93) 또한 각 개인은 타인들의 집단적인 행위를 어떻게든 이미 주어진 것으로 간주한다. 만일 공공재가 산출된다면 자기가 기여함이 없다고 해도 그에 대한 자신의 향유가 감소되지 않을 것이다. 그리고 만일 그것이 산출되지 않는다면 그가 본분을 다한다고 해도 상황은 변하지 않을 것이다. 따라서 공공재는 설비될 수 없고 시장은 실패한다.94) 이때 한 개인이 이타주의자라고 해도 상황은 바뀌지 않을 것이다. 왜냐하면 한 이타주의자의 기여도 공공재의 산출에 결정적인 영향을 미치지 못한다고 하면 역시 그도 합리적으로 기여하지 않을 것이기 때문이다.95) 무임승차자의 문제가 확신의 문제라고 하는 것은 협동하는 당사자들에게 공통의 합의가 수행되고 있음을 어떻게 확신시키느냐 하는 것이다. 고립과 확신의 문제는 통상적으로 구별되어왔으나 이제 몇 사람들의 공헌에 의해서 수인의 딜레마와 무임승차자의 문제가 구조적 동치라는 것이 밝혀졌다. 따라서 무임승차자의 문제는 흔히 다인적 수인의 딜레마(n-person or multiple prisoner's dilemma)라고도 불린다.96)

고티에게 있어서 합리적 준수론의 문제가 해결된다는 것은 다인적 수인의 딜레마 문제가 해결된다는 것이며, 어떤 의미에서 그것은 홉스 이래 유전되어온 세계사적 문제의 해결을 의미한다. 만일 고티에의 합리적 준수론이 성공한다면, 그것은 플라톤으로부터 감지된 서구 도덕철학의 망령, 즉 기게스의 반지(the Ring of Gyges)라는 돌리면 몸이 보이지 않는 반지를 낀 리디아 목동의 부도덕한 행위에 대한 공포를 해소시켜줄 수 있을 것이다.97) 그러한 해소는 "왜 내가 도덕적이어야만 하는가?(Why should I be moral?)"라는 도덕철학의 유구한 본질적인 문제에 대답하는 것이며, 따라서 도덕적 회의주의자들(moral skeptics)과 무도덕론자들(amorlists)에게 도덕성이 그들 자신의 칼인 바로 자기 이익의 극대화에 근거하고 있다는 통쾌한 역전극을 펼칠 수 있게 할 것이다.

이러한 역전극에는 합리성 개념 자체의 중대한 변환이 내포되어 있다. 고티에는 비록 그의 신사회계약론적 윤리학이 합리적 선택이론의 일부임을 누차 강조하고 있지만, 그것은 사회과학에서 사용되고 있는 표준적인 모델(standard model)을 무비판적으로 수용하는 것을 의미하는 것은 아니다. 물론 고티에가 기본적으로 가정하고 있는 합리성의 개념은 표준적 모델의 "자기 이익의 극대화"로서의 합리성이다. 그러나 합리적 준수론에서 고티에가 주장하는 바는, 합리성의 개념이 제한적 극대화(constrained maximization)의 개념으로 변하게 되는데 그 근거는 바로 극대화로서의 합리성의 개념이라는 것이다.98) 이 말은 역설적이기는 하지만 무도덕적 근거에서 도출되는 합리성에 대한 제약이 도덕성이라고 하는 고티에 윤리학의 기본구도에 관련된다. 우리는 이미 고티에가 도덕성은 기본적으로 시장의 실패에 대한 교정을 의미한다는 것을 살펴본 바가 있다. 고티에는 시장의 실패를 교정하기 위해 다인적 수인의 딜레마 상황에서 각 개인의 고립적인 독립적 지배 전략(independent dominance strategy)을 대치할 수 있는 것으로 서로의 선택은 연관되어 있다는 확률적 상호 의존 전략(probabilistic dependence strategy)을 정교한 수식을 통해 증명하려고 한다.99) 따라서 이 부분은 고티에의 『합의도덕론』에서 가장 난해한 부분이 된다. 특히 고티에는 그러한 증명이 반복적 게임 상황(iterated game situation)이 아닌 단판승부 게임(one-shot or non-repeated game situation)에서도 가능하다는 강한 주장을 한다.100) 만일 상황이 반복된다면 합리적 바보도 어떤 교훈을 배울 수 있으며 따라서 계몽될 수 있는 가능성도 있기 때문이다.101)

고티에는 제한적 극대화가 직접적 극대화(straightforward maximization)보다 합리적이라는 것을 증명하기 위해 두 종류의 지속적인 심리적 성향(disposition)을 가진 인간들을 구분한다.102) 직접적 극대화의 추구자는 상대방이 어떠한 성향을 가졌는지에 관계없이 자기 이익의 극대화를 추구한다. 제한적 극대화의 추구자는 상대방이 제한적 극대화의 추구자일 경우 자기 이익의 추구를 제한하고 도덕원칙에 따른다. 고티에가 주장하는 바는 개별적인 경우 직접적 극대화의 추구자는 이익을 보게 되지만 종국적으로 볼 때 자신에게 이익이 되는 사회적 협동체로부터 추방된다는 것이다. 제한적 극대화의 추구자는 그 지속적인 성향으로 말미암아 협동체의 일원으로 받아들여져 자신의 이익을 증진시킬 수 있는 기회를 더 많이 가진다는 것이다.103) 따라서 제한적 극대화가 직접적 극대화보다 합리적이며, "합리적으로 선택하기 위해서는 도덕적으로 선택해야 한다(To choose rationally, one must choose morally)"는 것이다.104) 보다 구체적으로 고티에는 제한적 극대화로서의 준수를 모든 형태의 협동, 즉 자기희생으로부터 억압적 지배에 이르기까지의 협동에 대한 대략적 준수(broad compliance)와 공평하고 최적적인 협동에 대한 엄밀한 준수(narrow compliance)로 나누고 오직 후자만이 합리적이라고 주장한다.105) 엄밀한 준수는 도덕원칙이 합리적으로 수용될 수 있을 때만 합리적으로 준수된다는 주장이며 고티에에게 있어서 그것은 최대상대양보의 극소화 규칙과 본절 5)항에서 논의할 협상의 최초의 상황이 모두 포함된 도덕원칙이라야만 합리적으로 준수된다는 것이다. 이 문제는 5)항에서 다시 언급될 것이며 여기서 결론을 낼 수는 없다.

　도덕성을 성향으로 본 것은 서양철학에서 유구한 역사를 가지고 있다. 공동체적 덕의 윤리를 개진했던 아리스토텔레스는 덕을 마음의 지속적인 성향으로 간주하고 그것을 인격의 품성과 상태(hexis)로 정의한 바 있다.106) 이러한 전통은 상이한 도덕설을 주장하는 다양한 철학자들 사이에서도 수용되어왔으며 특히 듀이(John Dewey)는 올바른 도덕적 성향과 습관의 형성이라는 관점에서 자기의 도덕철학과 교육철학을 폭넓게 전개한 바 있다.107) 그러나 성향성의 개념은 카르납(Rudolf Carnap)이 고심하였듯이 그 형식적 정식화가 쉽지 않은 매우 미묘한 것이다.108) 고티에의 합리적 준수론은 합리적 선택의 대상이 개별적 행위가 아니라 마음의 성향 자체가 됨으로써 하나의 메타 선택(meta-choice)이 된다. 즉 자기 이익의 극대화로서의 합리성은 바로 그 근거에서 개별적인 자기 이익의 극대화와 자기 이익을 제한하는 성향 중에서 후자를 택하게 된다는 것이다. 그러나 고티에의 해결책이 특히 단판승부 게임인 것을 감안해볼 때 단번에 어떤 성향을 선택한다는 것은 결코 쉬운 일은 아니다. 만일 그러한 성향을 어떤 고정적인 것으로 본다면 합리적 선택이론이 기본적으로 가정하고 있는 자발적인(voluntary) 선택이 될 수 없다. 그러나 그러한 성향을 비고정적인 것으로 본다면, 그것은 언제라도 자기 이익을 극대화할 수 있는 예외가 가능하다는 딜레마에 빠지게 된다.109) 여기서 우리는 고티에의 성향적 선택의 개념은 결국 어떤 결단적 선택(resolute choice)일 수밖에 없다고 하는 맥클레넌(Edward McClennen)의 주장을 염두에 둘 필요가 있을 것이다.110) 그러나 결단적 선택은 어떤 의미에서 실존주의적인 순수한 개인적 선택으로 협상을 근거로 하는 합리적 선택이론과는 무관할지도 모른다.

또 한 가지 중대한 문제는 고티에가 직접적 극대화의 추구자가 공동체에서 궁극적으로 배제된다고 한 주장에 관련된다. 고티에의 이러한 주장은 직접적 극대화의 추구자를 확인할 수 있는 인식적 능력을 제한적 극대화의 추구자가 가져야 한다는 것을 의미하며,111) 그러한 인식적 능력은 실제적으로 홉스의 정치적 해결의 위장이라고밖에 말할 수 없다. 물론 고티에는 그러한 인식적 능력을 통해 상대방을 투명하게(transparent) 선별하는 것은 아니고 반투명하게(translucent) 선별할 수 있을 뿐이라는 단서를 붙인다.112) 그러나 반투명하지만 충분한(sufficiently translucent) 선별 능력의 발휘는 루소가 꿈꾸었던 소위 면접적 혹은 대면적(face-to-face) 소규모 공동체에서나 가능할 것이다.113) 그러한 공동체는 호손(Nathaniel Hawthorne)의 주홍글씨(scarlet letter), 물론 고티에의 경우는 A(adultery)가 아니라 S(straightforward)를 직접적 극대화의 추구자들이 달고 다니는 곳일 것이다. 만약 그러한 선별 능력이 없다면, 제한적 극대화는 비합리적이 될 것이기 때문에, 실제적으로 그러한 능력을 증진시키지 않거나 잘 행사하지 않는 것은 그 자체가 비합리적인 것이 될 것이다.114)

그런데 제한적 극대화의 추구자도 "하늘이 무너져도 정의는 실현되어야 한다(Fiat justitia, ruat caelum)"는 사람이 아니고 "다른 사람들도 준수한다면(provided he expects similar compliance from others)" 자기도 준수한다는 조건적인 사람이다. 그러한 사람들은 이미 많은 제한적 극대화의 추구자들이 존재한다는 순환적인 가정을 하지 않으면 안 되며 결코 자기가 최초로 그러한 사람이 되려고 하지 않을 것이다. 이러한 관점에서 우리는 흄(David Hume)을 언급하지 않을 수 없다. 흄은 사회계약론이 작동하기 위해서는 약속의 이행(promise-keeping)을 사회적 관습으로 가정하지 않을 수 없다는 사회계약론의 사후 준수에 대한 가장 본질적인 비판을 제시한 바 있다.115) 칸트가 흄을 통해 인식론에서 독단의 잠(dogmatic slumber)을 깨웠듯이 고티에는 흄을 통해 사회계약론의 사후 준수에 대한 독단의 잠에서 깨어날 수는 없는 것일까? 전반적으로 볼 때 고티에의 순환적 가정은 결국 롤즈의 철저한 준수론과 동일한 것이 된다. 이러한 순환적 가정은 엄밀한 준수의 경우 더욱 필요하게 된다. 이상과 같은 비판적 논의를 종합해본다면 고티에는 합리적 준수론에 관련해서도 계약론적 윤리학의 딜레마를 해결하지 못한 셈이 된다.

근래에 고티에는 조건적 준수가 아니라 확률적 기대치에 의한 무조건적 준수를 주장하고 나서지만, 그러한 기대치는 합리적 선택이론으로서의 협상적 게임의 상호성(reciprocity)에 기본적으로 배치되는 것이라고 아니 할 수 없다.116)

5) 계약의 원초적 상황: 로크적 단서의 변용

이제 고티에의 신사회계약론적 윤리학에서 논의해야 할 마지막 논증적 중추는 협상의 최초의 상황에 대한 것이다. 고티에는 이러한 협상의 최초의 상황은 합리적 협상의 대상이 아니라 협상의 전제가 되어야 한다고 주장한다.117) 이미 언급된 바와 같이 최대상대양보의 극소화 원칙은 비협동적 상황에서 각 개인이 로빈슨 크루소처럼 고립적으로 갖게 되는 독립적 재능(independent endowments)에 의한 산출분(U*)을 출발선으로 한다. 협상의 전제라는 말은 그 산출분이 협상의 최초의 상황에서 협상 테이블로 가지고 들어오는 것으로서 합리적으로 인정된다는 것이다. 이것은 소위 협상의 기준선(baseline)을 긋는 문제에 관련된다. 홉스의 자연상태에서 협상의 기준선은 한 개인이 타인의 공격으로부터 지킬 수 있는 한에서 무엇이든지 용인된다는 점에서 무제한이다. 반면에 롤즈의 무지의 장막에서는 협상의 기준선은 제로이다. 물론 롤즈는 개인적 재능이 전무하다는 것을 주장하는 것은 아니다. 다만 공정성의 관점에서 개인적 재능의 차이는 원초적 입장에서는 일단 무화되어야 한다는 것이다. 그러나 고티에는 롤즈의 그러한 가정은 합리적 선택이론과는 무관한 선재적인 도덕적인 가정이라고 비판한다. 고티에는 소위 획득적 정의(acquisitive justice)와 분배적 정의(distributive justice)의 문제를 구분하여, 획득적 정의는 협상의 최초의 상황에 대한 규정이, 그리고 분배적 정의는 최대상대양보의 극소화 원칙이 각각 담당하도록 하는 역할 분담을 마련한다. 롤즈는 분배적 정의를 기조로 하여 획득적 정의의 문제를 부차적으로 취급한다. 반면에 노직은 획득적 정의를 기본으로 하여 분배적 정의의 문제는 획득적 정의에서 인정된 몫으로부터의 공정한 이전, 교환, 그리고 양도에 관련된 종속적인 것으로 본다.118) 노직은 특히 분배적 정의에 관한 어떠한 정형적인 원칙(the patterned principle)도 개인의 자유를 침해하게 된다고 비판한다. 고티에의 최대상대양보의 극소화 원칙이 정형적인 것을 감안해볼 때, 고티에는 롤즈와 노직의 중간 입장을 목표로 한다는 것을 우리는 쉽게 이해할 수 있다. 즉 고티에의 목표는 "우리는 로버트 노직의 단순한 개인주의(the simple individualism)와 존 롤즈의 암묵적인 집산주의(the implicit collectivism) 사이에 포진하려고 한다"는 것이 된다.119)

고티에는 홉스적 자연상태를 소위 "로크적 단서(the Lockean proviso)"에 대한 재해석을 통해서 순화시킴으로써 사회계약론적 윤리학의 딜레마가 지닌 홉스적 뿌리를 피하려고 한다.120) 고티에는 일찍이 "결국 로크의 권리와 홉스의 합리성은 조화되지 않은 채로 남아 있고, 내가 알고 있는 한 어느 누구도 그러한 갈등에 대한 납득할 만한 해결책을 제시한 적이 없다"는 것을 지적하고, 사회계약론의 내적 갈등과 그 딜레마를 해결하려고 하는 것을 자기 일생의 철학적 과업으로 삼은 바 있다.121) 본절 4)항에서 이미 강조된 바와 같이 고티에의 공평하고도 최적적인 협동(impartial and optimal cooperation)은 최대상대양보의 극소화 원칙뿐만 아니라 계약의 원초적 상황에 대한 합리적 규정을 포함하는 "엄밀한 준수"에 관련되어 있다. 다시 말하면 고티에는 "공평한 결과는 공정한 과정을 통해 오직 공평한 최초의 입장에서만 발생한다"고 주장한다.122) 또한 본절 2)항에서 논의된 바와 같이 고티에의 "본격적 시장계약론"은 시장의 결과는 오직 공정한 최초의 조건에서 유래할 때 오직 그때에만 공정하다는 기본적 신념을 견지하고 있다. 그 공정한 조건을 고티에는 로크적 단서를 재해석함으로써 다음과 같이 구체적으로 제시하려고 한다.

로크적 단서는 원래 "다른 사람에게 동일한 양질의 재화가 충분히 남아 있는 한" 노동을 통한 한 개인의 원초적 취득(original acquisition)은 정당화된다는 자연권적 사유의 산물이다.123) 로크는 비록 자연상태에서 사람들은 자신이 적당하다고 생각하는 대로 자신의 소유물을 처리하는 완전한 자유의 상태에 있기는 하지만 사유재산권은 자연법의 한계 안에서(within the bounds of the Law of Nature) 확립된다고 명시하고 있다.124) 로크적 단서는 흔히 "충분 한계(sufficiency limitation)"로 불리고 있으며, 자연상태에서의 사유재산권 확립에 관한 충분 한계는 그러한 자연법의 여러 한계들 중의 하나이다.125) 고티에는 사유재산권과 충분 한계가 자명한 자연권과 자연법에 근거한 것이 아니라 합리적 선택이론에 근거할 수 있다는 것을 입증하려고 한다. 따라서 고티에는 로크뿐만 아니라 로크적 단서를 수용한 노직도 단지 자연권과 자연법에 대한 선재적 가정을 하고 있을 뿐, 그것들이 합리적으로 수용될 수 있는 근거를 제시하지 못했다고 비판한다. 결국 자연권과 자연법에 의거하는 것은 사회계약론적 윤리학의 딜레마가 지닌 한 뿔인 독립적이고 순환적인 도덕적 가정일 뿐이라는 것이다.126)

노직은 그의 『아나키, 국가, 그리고 유토피아』에서 로크의 충분 한계를 로크적 단서로 명명하고, 그것을 사유재산권에 관련한 원초적 획득의 정당화에 이용한 바 있다. 거기서 노직은 로크적 단서를 축어적으로 해석한 것이 아니라 "타인의 상황을 악화시키는 것을 금한다"는 것으로 광범위하게 해석한다.127) 이러한 해석은 인구의 유입과 시간 이행에 따라 다른 사람에게 동일한 양질의 재화, 예를 들면 토지가 더 이상 남아 있지 않았을 때에도 토지의 사유화에 따른 생산성의 향상을 통해 토지의 비소유자에게도 유리하게 작용한다는 보다 광범위한 정당화로 확대된다.128) 고티에는 기본적으로 노직의 해석을 수용한다. 그러나 단순히 타인의 상황을 악화시키는 것을 금한다는 단서는 너무 강하다고 본다. 왜냐하면 어떤 상황에서는, 즉 영합적 상황(zero-sum situation)에서는 자기 자신의 상황을 악화시키지 않고서는 그러한 단서를 지킬 수 없기 때문이다. 그래서 고티에는 로크적 단서를 "자신의 상황을 악화시키는 것을 피하기 위해서 어쩔 수 없는 경우를 제외하고는 자신의 상황을 개선시키기 위해 타인의 상황을 악화시키는 것을 금한다"는 것으로 재해석하고 이러한 수정된 단서는 모든 사람에게 합리적으로 공평하게 수용될 수 있다는 것이다.129) 한 개인의 상황이 개선되느냐 아니면 악화되느냐 하는 것을 결정하는 것은 소위 부재 시험(absence test)이다. 그리고 기본적으로 한 개인의 상황이 악화되느냐 개선되느냐는 타인과의 상호작용(interaction)에 달려 있다. 어떤 개인 A의 재능이 다른 사람 B의 이익을 위해서 수단적으로 혹은 강요적으로 사용되었다고 한다면, A의 상황은 악화된 것이며 B의 상황은 개선된 것이다. B는 결국 A와의 상호작용에서 볼 때 로크적 단서를 위반한 것이다. 이것은 B는 A가 부재할 때 자기 이익의 개선을 기대할 수 없다는 점을 보면 자명해진다. 역으로 A는 B가 부재할 때 오히려 자기 이익의 개선을 도모할 수 있다는 점에서 B의 단서 위반은 명백한 것이다.130) 고티에에 의해서 이렇게 재해석되고 수정된 로크적 단서는 사회적 협동을 통해서 상호 이익을 증진시킬 수 있다는 기대를 가진 개인들이 사회적 협동에 대한 합리적 유입과 엄밀한 준수가 가능하기 위해서 비협동적 자연상태를 규정해야 할 원초적 조건이 된다.131) 물론 고티에의 그러한 단서에서 나온 결론은 로크나 노직이 주장하는바 생명권, 재산권, 개인적 재능이나 자산의 독점적 소유권과 다른 것은 아니다.

그러나 고티에는 사유재산권이 비협동적 상황에서 협동적 상황으로 이행할 때 어떻게 확립될 수 있는지를 4단계적 논의를 통해서 구체적으로 입증하려고 한다. 제1단계는 위에서 언급한 부재 시험을 통해 결국 한 개인의 신체적, 정신적 재능과 자산은 그 개인의 독자적 소유라는 자기 소유권(self-ownership)을 확립시키는 단계이다.132) 제2단계는 자기 소유권이라는 독점적인 개인적 권한(exclusive personal rights)으로부터 사용권(use rights)으로의 이행을 보장하는 단계이다. 어떤 사람이 한 구획의 대지를 비옥하게 경작하여 거기서 어떤 소출을 보았다면, 그 대지와 소출은 그 사람이 독점적으로 사용할 수 있는 권한이 생기게 된다. 만약에 어떤 다른 사람이 그 사람이 경작해서 비옥해진 대지와 그 소출을 사용하려고 한다면 완전한 보상(full compensation)을 해주어야만 한다.133) 제1단계와 제2단계는 비협동적인 자연상태에서의 단계들이고, 나머지 두 단계는 시장과 협동적 상호관계에서의 단계들이다. 제3단계는 시장의 출현을 가능케 하는 단계로서 어떤 사람이 생산과정에서 타인에게 부담을 주었다면 그 부담의 비용은 시장가격으로 보상되어야 한다는 것을 규정한다. 예를 들어 시장에 내다 팔기 위한 대리석을 연마하기 위해 상류에 있는 대리석 공장이 강물을 오염시켜 하류의 어부에게 피해를 주었다면, 그 피해는 시장가격으로 보상되어야 한다는 것이다.134) 마지막 제4단계는 이미 협동적인 시장으로 완전히 유입된 단계로서 이전 단계들에서의 사용권은 이제 독점적 재산권(exclusive property rights) 혹은 사적 소유권(private property rights)으로 전환하게 된다.135) 이러한 사적 소유권은 이제 개인의 재능과 노동, 대지, 그리고 그 대지의 산출물에 대한 소유, 교환, 양도 등에 확대 적용된다. 이러한 사유재산권의 확립에 관해서 고티에가 주장하는 핵심은 그 확립 과정에서 수정된 로크적 단서가 위배되지 않았기 때문에 사유재산권은 공정하고 불편부당한(fair and impartial) 것이 된다는 점이다.136)

그렇다고 한다면 우리는 여기서 로크적 단서가 어떻게 사유재산권의 공정성과 불편부당성을 보장할 수 있는가 하는 질문을 제기해야만 할 것이다. 고티에에 따르면 보다 강한 단서는 자기 자신의 상황을 개선하기 위해 타인의 상황도 개선해주어야 한다는 것이다. 그러한 강한 단서의 예는 개인적 자산을 인정하지 않는 롤즈의 원초적 입장이다. 고티에는 그렇게 강한 단서는 무임승차자를 용인하게 되므로 불합리한 것이라고 비판한다.137) 보다 약한 단서는 자신의 상황을 개선하기 위해 타인의 상황을 악화시키는 것으로 홉스적 자연상태와 뷰캐넌의 "약탈과 방어의 자연적 균형 상태"가 그 전형으로 불공정한 것으로 비판된다.138) 이러한 고티에의 주장을 종합적으로 해석하면 롤즈적 모형에서는 합리적 계약자들에게 도덕적으로 무리한 것을 요구하는(too demanding) 반면에 홉스적 모형에서는 억압적인 불공정한 사회체제의 유지를 위한 너무나 많은 비용을 지불해야(too costly) 한다는 것이다. 다시 말하면 엄밀한 준수의 관점에서 볼 때, 롤즈와 홉스의 모형은 합리적 준수를 불가능하게 한다는 것이다.

그렇다면 고티에의 재해석되고 수정된 로크적 단서는 계약의 최초의 상황에 관련된 사회계약론적 윤리학의 딜레마를 해결한 것인가? 고티에는 계약의 최초의 상황에서 기본적으로 계약자들의 동일한 합리성(equal rationality)을 가정하고 있다.139) 또한 고티에는 계약자들 사이의 기술적인 차이는 우연적인 것으로 보고 인간사회는 기술적 평등성(technological equality)으로 나아가게 될 것으로 가정한다.140) 그러나 이러한 가정들은, 이미 본절 3)항에서 협상 과정에서 효용과 시간의 부담이 없다는 고티에의 주장을 비판했던 것을 상기해볼 필요도 없이, 크나큰 난점을 가지고 있다. 고티에 자신도 인정하고 있듯이 발전된 기술을 소유한 자들은 자연상태에서 약한 단서나 아무런 단서도 받아들이지 않는 것이 합리적이다.141) 그러한 자들이 볼 때 고티에의 단서는 롤즈적 뿐, 즉 공정성의 도덕적 순환성 내지는 합리적 임의성에 걸리고 만다. 그리고 그러한 기술을 소유하지 못한 자들이 소유한 자들에게 공정한 거래를 강변한다는 것은 비합리적이 되며 고티에의 단서는 무의미하게 된다. 따라서 홉스적 균형을 따르는 것이 양자에게 합리적이 되며 결국 도덕성을 훼손하게 된다. 콜럼버스의 미 대륙 발견 500주년에 관련한 진보주의적 시각과 종속이론적 비판, 즉 서구의 기술적 우위성에 따른 경제적 수탈과 부도덕한 잔인성은 이러한 문제에 많은 시사를 준다. 만약 다른 조건들이 같다면, 자연적 혜택이 큰 사람은 작은 사람을 대할 때는 약한 단서를 요구할 것이며, 자연적 혜택이 작은 사람은 많은 사람을 대할 때 강한 단서를 요구할 것이다. 그렇다고 한다면 고티에의 "협상의 최초의 상황"은 하나의 공통적 단서를 산출해낼 수 없으며 동등한 자들과 불평등한 자들과의 관계에서 각기 다른 단서들이 등장하게 될 것이다.142)

결국 재해석된 로크적 단서로 볼 때 고티에의 윤리학은 "도덕성이 동등한 자들의 합리적 합의 안에서, 그리고 합의로부터 발생한다"고만 보는 제한적 시각을 갖는다.143) 그렇다고 한다면 고티에의 윤리학은 불평등한 관계에 대해서는 어떻게 보고 있는가? "불평등한 자들 사이에는 한 편이 다른 편을 강요함으로써 최대한으로 이익을 볼 수 있으며 우리의 이론은 그것을 제약할 아무런 이유도 갖지 못할 것이다."144) 그렇다면 각기 다른 단서의 등장 가능성에 대한 상기의 우려는 타당할 것이며 고티에의 윤리학은 합리성과 도덕성의 딜레마적 관계를 사회계약론적 윤리학 안에서 해결하지 못한다는 결론이 나온다.

최종적으로 고티에의 수정된 로크적 단서에 대해서 제기할 질문은, 고티에가 실제적으로 인류 역사를 그러한 상태로 기술하는 것인지, 아니면 로크적 단서에 의거하여 과거의 부정의에 대한 어떤 교정을 요구한다는 것인지가 분명치 않다는 점이다. 특히 심지어 자유지상주의자 노직도 과거의 부정의에 대한 교정원칙을 정의의 제3원칙으로 구체적으로 정식화하고 있는 것과 비교해볼 때,145) 고티에의 수정된 로크적 단서는 현재의 우리와 어떠한 관계를 갖는지 의심스럽다. 물론 이것은 사회계약론에 대한 상습적 비판, 즉 역사적 허구성에 대한 비판을 단순히 되뇌고 것은 아니다. 비록 계약의 원초적 상황이 현실을 비판하기 위한 유의미한 표준적 상황(a meaningful standard situation)이라는 것을 인정한다고 해도, 그 상황이 단순히 현실을 정당화하거나 아니면 현실 개조에 무능력하다면 그 유의미성은 거의 박탈되고 말 것이다.

사회철학의 관점에서 볼 때, 고티에의 협상의 최초의 상황의 설정에 관련된 이상과 같은 문제는 소위 자본의 원초적 축적(the original primitive accumulation of capital)의 문제에 깊숙이 관련되어 있다. 사회계약론의 전통 내에서도 루소는 자본의 원초적 축적에 관한 불평등의 문제를 일찍이 심각하게 고려한 바 있다.146) 루소의 문제 제기는 결국 마르크스에게 유전되어 그 본격적인 논의가 전개된다. 『자본론』에서 마르크스는 우선 자본의 원초적 축적은 자본주의적 생산양식의 결과가 아니라 그 출발점이라고 갈파한다. 그는 자본의 원초적 축적에 대한 고전주의 경제학파의 낭만적 신화, 즉 경제적 원죄의 역사(the history of economic original sin)를 자본주의와 기독교의 야합이라고 신랄하게 비판하고,147) 인류의 "실제 역사에서 정복, 노예화, 약탈, 살인, 간략히 힘이 중대한 역할을 했다는 것은 너무나 잘 알려진 것이다"라고 강조한다.148) 마르크스에 따르면 소위 원초적 축적의 비밀은 생산수단으로부터 생산자들을 분리시키는 역사적 과정 이외에 아무것도 아니라는 것이다.149)

이러한 비판을 상기해볼 때, 마르크스가 사유재산권의 확립에 공헌한 사회계약론을 마치 로빈슨 크루소의 이야기와 같은 "크고 작은 모험담들로 이루어진 미학적 허구(the aesthetic fiction of the small and great adventure stories)"라고 조롱한 것은 우연이 아닐 것이다.150) 고티에가 교육적으로 성장했던 캐나다에서 맥퍼슨은 현대에서 가장 정교하게 사유재산권에 관련해서 사회계약론에 대한 비판을 전개했다는 것은 잘 알려진 사실이다. 비판의 요점은 로크적 단서는 결국 무한히 불평등한 자본의 축적을 용인한다는 것이다.[151] 그러나 고티에는 불행히도 이러한 문제를 심각하게 취급하지는 않고 있으며, 다만 그의 "본격적 시장 계약론"의 기본구도 아래 자본주의적 자유시장체제가 가지고 있는 효율적 생산성의 비교우위라는 점에만 온 관심을 집중하고 있다. 이제 현실적 공산주의와 사회주의의 붕괴라는 세계사적 흐름을 볼 때, 고티에의 그러한 편협한 시야는 더 이상 시빗거리가 되지 않는 정당한 것이라고 치부해야만 할 것인가?

6) 아르키메데스적 점의 설정: 공평성과 합리성의 상호 수렴

고티에의 신사회계약론적 윤리학은 이미 언급한 것처럼 다섯 가지의 핵심적 개념들로 구성되어 있다. 우리가 본절 2)항에서 5)항까지에 걸쳐 자세하게 논의한 도덕의 해방지구로서의 완전경쟁시장, 최대상대양보의 극소화 원칙, 제한적 극대화의 성향, 계약의 원초적 상황으로서의 로크적 단서라는 네 가지 개념들은 이제 마지막 핵심적 개념인 아르키메데스적 (준거)점(Archimedean point)에서 그 이론적 통합을 이루게 된다. 아르키메데스적 점은 한 개인이 도덕적 세계를 움직일 수 있는, 다른 말로 하면, 사회체제를 도덕적으로 평가할 수 있는 지렛대의 최종적 받침점이 된다.[152]

아르키메데스적 점이 그러한 받침점이 될 수 있기 위해서는 공평성 혹은 불편부당성(impartiality)이 가장 먼저 보장되어야 한다는 것은 서구 도덕철학의 유구한 전통에서 면면히 이어져 내려온다.[153] 공평성은 롤즈의 무지의 장막이나 하사니의 사회적 함수의 설정을 통해서 볼 수 있는 것처럼 몰개인성 혹은 무사성(無私性, impersonality)에 의거하여 그 보편타당성을 확보할 수 있다는 통상적 신념으로 나타난다. 이러한

490

통상적 신념은 롤즈나 하사니가 합리적 선택이론에서의 "불확실성하에서의 개인적 선택"을 아르키메데스적 점으로 간주한다는 점에서 극명하게 표출된다. 이미 본절 1)항에서 논의한 바와 같이, 고티에는 각자의 능력, 선호, 사회적 위치 등 자기동일성을 인지하는 계약 당사자들의 위험부담하에서의 협상적 게임만이 계약의 상호성 및 복수성을 엄밀히 반영할 수 있다고 논증하고 롤즈와 하사니의 모형들은 합리적 선택이론으로서는 부적절하다는 비판을 전개한 바 있다.154) 이제 고티에는 더 나아가서 롤즈와 하사니의 모형들은 아르키메데스적 점으로서도 부적당하다는 것을 주장하고 나선다.155)

아르키메데스적 점의 설정에 관한 고티에의 주장은 서구 도덕철학의 유구한 전통과 통상적 신념을 받아들여 계약 당사자들이 롤즈의 무지의 장막 아래에서 선택한다고 가정해도 그 결과는 합리적 선택이론의 협상적 게임의 결과와 일치한다는 것이다.156) 이러한 주장은 합리적 선택이론과 전통적인 도덕적 신념인 공평성이 상호 수렴된다는 엄청난 주장을 함축하고 있다. 이러한 고티에의 엄청난 주장은 플라톤의 고전적 명제인 "정의와 선의 통합", 그리고 롤즈의 그 현대적 해명인 "정의감과 선의 일치"라는 대통합을 그 이론적 선구로 하고 있는 것이다.157) 그러나 상호 수렴에 관한 고티에의 주장은 합리적 선택이론과 공평성의 관계 방식에 대해서 순환성의 여지를 함축하고 있다. 모든 도덕적 결론은 합리적 선택이론의 결과에 의거한다는 전반부의 주장은, 합리적 선택이론은 이론 이전에 선재하는 도덕적 신념(pre-theoretic moral belief)인 공평성 혹은 불편부당성, 즉 어떤 도덕해석학적 전 이해에 의해서 보장되는 공평성을 지향하는 후반부의 주장과 상충될 뿐만 아니라, 후반부의 가정은 논리적으로 순환적일 수 있기 때문이다.158) 이러한 순환성의 문제는 사회계약론적 윤리학의 딜레마의 한 뿔인 선재적 도덕을 가정하는 도덕적 순환성과 깊숙이 관련되어 있다고 볼 수 있다. 그러나 고티에의 상호 수렴에 대한 주장은 엄밀하게 보면 공평성에 대한 도덕적 요구(the moral demand for impartiality)가 개인적 공리의 극대화에 대한 합리적 요구(the rational demand for individual utility-maximization) 안에 수용될 수 있다는 주장이므로 순환성의 문제는 논외로 하는 것이 좋을 것 같다.159) 이러한 관점에서 볼 때, 고티에가 "우리의 이론은 공평성에 대해서 어떠한 근본적 관심을 가지고 있는 것은 아니며, 다만 합의의 이득으로부터 오는 파생적인 관심만을 가질 뿐이다"라고 천명한 것은 놀랄 만한 것은 아니다.160)

따라서 아르키메데스적 점의 설정에 관련된 고티에의 과제는 오히려 합리성 개념의 올바른 설정을 위한 노력이라고 해명하는 것이 더 타당할 것이다. 고티에는 합리성 개념을 둘로 나눈다.161) 그 하나는 합리적 선택이론에서 사용되고 있는 "합리성의 극대화적 개념(the maximizing conception of rationality)"으로서 고티에가 수용하고 있는 것이다. 또 다른 하나는 "합리성의 보편화적 개념(the universalistic conception of rationality)"으로서 칸트를 비롯하여 네이글(Thomas Nagel), 헤어(R. M. Hare), 롤즈, 그리고 하사니에 의해서 수용되고 있는 것이다. 극대화적 개념은 합리성을 각 개인 자신의 이익 추구로 해석하고 있는 반면에, 보편화적 개념은 합리성을 어떤 개인의 이익 추구가 아니라 모든 사람의 이익 추구로 해석한다. 따라서 보편화적 개념은 몰개인성과 공평성을 도덕성의 기초로 내세우고 있다. 고티에는 우리가 본절 1)항에서 논의한 것처럼 도덕성을 합리성에 대한 공평한 제약(impartial constraint)이라고 보고 있기 때문에 그 점에서는 보편화적 개념과 차이는 없다.162) 그러나 고티에는 극대화적 개념은 논리적으로 볼 때 모든 사람들의 이익이 아니라 각자의 이익에 호소하고 있어서 보편화적 개념보다는 인간성에 대해서 요구하는 것이 적은 약한 전제(weak premises)에 근거하고 있기 때문에 강한 결론(strong conclusion)을 도출할 수 있다고 주장한다. 따라서 극대화적 개념에 의거한 도덕적 고려 사항들은 보편화적 개념에 의거한 도덕적 고려 사항들에 적용될 수 있지만, 그 역은 성립하지

않는다는 것이다.163)

고티에의 『합의도덕론』 제8장에서 전개되고 있는 아르키메데스적 점에 대한 논의는 극대화적 개념이 어떻게 보편화적 개념을 수용하고 또 그것에 적용될 수 있는가를 입증하려고 하는 것이다. 다시 말하면, 고티에는 합리성의 보편화적 개념을 수용하되 그것이 합리성을 제대로 구현하기 위해서는 결국 극대화적 개념으로 귀착될 수밖에 없다는 것을 입증하려고 한다. 아르키메데스적 점의 설정은 기본적으로 표준적인 도덕적 상황(standard moral situation)을 설정하는 것으로서 거기에서 도덕적 행위자는 인간의 이상(ideal of the person)을 반영하여 제도적, 기술적으로 실행 가능한 제 대안들의 지평 안에서 선택한다.164) 고티에는 그러한 이상적 행위자(ideal actor) 혹은 합리적 행위자(rational actor)는 그가 어떤 특수한 능력과 선호를 가지고 타인과 상호 교류하는 하나의 개인임을 인지하지만 그러한 특수한 능력과 선호에 대해서는 무지해야만 한다고 본다.165) 그 이유는 기본적으로 개인들은 각자가 가진 능력과 선호의 구체적 내용을 모르기 때문에, 개인들 간에 합의될 도덕원칙은 어떤 개인들의 특수한 입지를 불공평하게 반영할 여지를 봉쇄하게 됨으로써 공평성을 확보할 수 있다는 것이다. 그러나 그 공평성은 순전한 몰개인성이 아니라 자기동일성을 제한적으로 인식하는 공평성이어야만 한다는 것이다. 롤즈적 용어로 표현하면 무지의 장막은 필요하지만 롤즈식의 두꺼운 장막(thick veil)은 아니고 얇은 장막(thin veil)으로도 공평성을 확보할 수 있다는 것이다.166) 얇은 장막은 또한 장막이 걷힌 뒤에 각 개인의 합리성에 대해서 호소력을 견지할 수 있다는 것이다. 고티에는 우선 하사니의 모형이 개인 간의 차이를 심각하게 고려하지 않는다는 롤즈의 논의를 원용해서 하사니를 비판한다.167) 그리고 나아가서 롤즈의 모형도 역시 개인 간의 차이를 심각하게 고려하지 못하며 또한 그것이 개인의 능력을 순전히 우연적인 것으로 보아 도덕적으로 자의적인(morally arbitrary) 것으로 간주하는 것은 최소수혜자를 무임승차자로 전락시킬 뿐만 아니라 최대수혜자를 최소수혜자의 복지 향상을 위한 수단으로 전락시킨다는 노직의 논의를 원용해서 롤즈를 비판한다.168)

고티에는 얇은 장막 속의 합리적 행위자의 선택이 어떻게 가능하고 또한 그 선택의 결과가 무엇인가를 구체적으로 논의하기에 앞서서 우선 서구 도덕철학의 전통에서 개진되어온 공평한 이상적 선택자들의 제 유형을 철저히 분석하고 날카로운 비판을 전개한다. 그러한 제 유형은 다음 여섯 가지로 분류된다. 즉 칸트의 예지(계)적 혹은 본체적 자아(noumenal self), 흄과 스미스, 그리고 퍼스(Roderick Firth) 등에 의해서 개진된 이상적 관망자(the ideal observer), 고전적 공리주의의 입장인 이상적 동정자(the ideal sympathizer), 기독교적 신학설에 근거한 이상적 경영자(the ideal proprietor), 그리고 하사니의 평균 공리주의적 선택자(average-utilitarian chooser)와 롤즈가 주장한 무지의 장막 속의 합리적 계약자(rational contractor)가 그것이다. 고티에가 공을 들여서 분석하고 비판하고 있는 것은 이미 논의한 하사니와 롤즈의 입장이므로 나머지 네 가지 입장에 대해서는 그 요지만을 간략히 언급하기로 하자.

칸트의 예지(계)적 혹은 본체적 자아는 "자연의 우연성으로부터의 독립(independence from the contingencies of nature)"을 그 기반으로 한다. 고티에는 아르키메데스적 점이 개인적 편향을 무화시켜야 한다는 점에서는 동의하지만, 아르키메데스적 점이 순전한 개인적 선택은 아니더라도 각자의 이익 증진이라는 보편적인 개인적 선택이라는 이상은 견지하고 있어야 한다고 본다. 따라서 인간의 개체성은 자연적인 우연성으로부터 완전히 분리될 수는 없으며 도덕원칙은 그러한 우연성을 반영할 수밖에 없다는 것이다.169) 이상적 관망자는 그가 평가하고 선택하려는 사회구조나 관련 이해 당사자들로부터의 완벽한 초탈(complete detachment)을 그 이상으로 한다. 그러나 초탈한 관망은 이상적 관망자로부터 선택과 평가의 기반을 박탈한다. 왜냐하면 초탈한 관망은 어떤 사회구조나 도덕원칙에 의거함으로써 발생하는 이해 당사자들의 기대치에 관한 만족과 좌절, 극대화와 극소화 사이에서 완전히 중립적인 것이기 때문이다. 만일 극대화의 원칙을 선택의 기준으로 한다면 그것은 극대화의 원칙과 극대화되어야 할 기대치의 선정에 관련해서 초탈한 관망 자체와는 무관한 기준을 유입하게 된다는 것이다.170) 이상적 동정자는 이상적 관망자와는 반대로 초연한 관망이 아니라 완전한 몰입(entire involvement)을 그 이상으로 한다. 그러나 완전한 몰입은 한 사람의 이상적 동정자가 타인들의 상이한 이익들에 어떻게 완전히 몰입할 수 있는가라는 인식론적 자아 분열의 문제뿐만 아니라, 상호 무관심과 자원의 부족 상태로 간주되고 있는 정의의 여건(the circumstances of justice)과도 기본적으로 어긋난다는 것이다.171) 이상적 경영자는 신학적 창조설에 근거한 입장으로 그는 사회구조에 관련해서 어떤 선재적인 권리를 가지고 그의 창조물들의 상호 교류의 조건을 규정하는 자이다. 그러한 이상적 경영자는 아담처럼 오직 자기가 향유할 수 있는 소유권에 근거해서만 판정하기 때문에 사회적 상호 교류의 구체적 조건에 대해서는 어떤 결정을 내릴 수는 없다. 고티에는 이러한 신학적 도덕은 그 순수한 형태로 볼 때, 자연상태에서 독립적이고 합리적인 무제약적 소유를 추구하는 홉스적 자연인이 의거하는 것으로 해석될 수 있다고 본다. 고티에는 물론 홉스적인 힘에 의한 무제약적 소유는 권리의 근거가 될 수 없다고 일축한다.172)

결국 고티에가 이상과 같은 이상적 행위자들의 여섯 가지 유형들을 거부하고 자기가 제시하는 이상적 행위자의 판단을 통해서 구축하려고 하는 아르키메데스적 점은, 합리적 선택이론에서의 합리적 행위자의 판단에서 도출된 결론과 일치한다는 것이다. 즉 아르키메데스적 선택의 본질적 특색(the essential feature)은 비록 이상적 행위자가 그들 각자의 자기동일성에 대해서는 무지하지만 그렇다고 해서 하나의 동일성 혹은 효용성만을 가진 것으로 융합되는 것이 아니라 "마치 각 개인으로서 협상하는 듯이 선택한다"는 것이다.173) 그러나 이미 언급한 것처럼 고티에는 얇은 장막 속의 합리적 행위자의 선택이 어떻게 가능하고, 또한 그 선택의 결과가 어떻게 전반부에서 도출된 네 가지의 핵심적 개념들과 일치하는지를 구체적으로 입증하지 않으면 안 된다. 우선 가장 기본적인 문제는 얇은 장막 속의 선택이라도 그것이 개인들의 자기동일성에 대해서 완전히 무지한 경우에 어떻게 이상적 행위자의 선택이 각자의 능력, 태도, 그리고 선호를 가진 현실적인 사람들의 협상에 연결이 될 수 있느냐 하는 것이다.174)

그 해결의 열쇠는 첫째, 이상적 행위자는 각 개인으로서 선택한다는 것이다. 둘째, 이상적 행위자는 각자의 능력, 재능, 태도, 그리고 선호가 무엇으로 나타나든지 간에 그것들의 실현을 극대화하는 합리적 행위자라는 것이다.175) 이러한 두 가지 해결의 열쇠는 아르키메데스적 선택의 관점에서는 각 개인으로서 선택하는 자유를 실현하기 위해서 모든 사람의 자유를 실현하도록 선택해야만 하며, 또한 각자의 이익을 증진시키기 위해서 모든 사람의 상호 이익을 증진시키도록 선택해야만 한다는 것을 의미한다. 따라서 아르키메데스적 선택은 행동의 자유와 이득의 상호성이라는 두 가지 요구조건을 결합하는 것이 된다.176) 이러한 두 가지 요구조건의 결합으로부터 고티에의 수정된 로크적 단서가 도출된다. 즉 각자는 자유롭게 자기의 이익을 증진하되 그것이 타인의 상황을 악화시키지 않는 한에서, 다시 말하면 상호 이익의 한도 내에서 그렇게 해야 한다는 것이다.177) 그런데 합리적인 이상적 행위자는 로크적 단서로 제한된 자유를 가지고 단순히 상호 이익만을 추구한 것이 아니고 최적성을 달성하려고 한다. 로크적 단서와 결부된 자유로운 이익 추구는 인간의 상호작용에서 완력과 사기를 배제하게 되며 그때 시장이 출현하게 된다. 완전경쟁 상태에서 시장은 최적적인 결과를 산출하게 된다. 따라서 "아르키메데스적 선택의 이상은 자유시장경제가 된다."178) 이미 우리는 본절 2)항에서 "도덕의 해방지구로서의 완전경쟁시장"을 논하면서 고티에가 본격적 시장 계약론을 사회계약론적 윤리학의 전제로 깔고 있다는 것을 지적한 바 있다. 여기에서도 고티에는 "이상적 행위자는 따라서 사회주의자가 아니다"라는 것을 못 박는다.179)

그러나 자유시장 경제체제도 최적성을 확보하기 위해서는 그 기본적 사회구조 속에의 인간 상호작용에 대한 적절한 공통적 전략을 수립해야 만 한다. 그러한 전략은 두말할 필요도 없이 모든 사람의 발휘 가능한 능력들이 최대한으로 실현되는 충분하고도 적절한 기회균등의 원칙 아 래에서 각자는 사회적 협동의 산출에 기여한 만큼 보상을 받는 "최대상 대양보의 극소화 원칙"이 된다.180) 지금까지의 논의를 총괄하면, 아르 키메데스적 선택은 로크적 단서, 시장, 그리고 최대상대양보의 극소화를 종합함으로써 개인의 자유와 상호 이익이라는 이상적 행위자의 근본적 관심이 협동적 사회의 기본구조에 확대되고 적용될 수 있는 사회계약의 "완전히 자발적이고도 동등한 합의"를 산출해낸 것처럼 보인다.181) 그 러나 고티에는 마지막 남은 핵심적 개념인 "제한적 극대화의 성향으로 서의 합리적 준수"에 관련해서는 상당히 고심을 한다. 이미 우리가 본 절 4)항에서 고찰한 바와 같이 합리적 준수는 다른 사람들의 행동에 대 한 조건적 가정과 인식적 변별력을 고려해야만 하는 구체적 상황에 달 려 있으므로 아르키메데스적 선택이 그것을 직접적으로 산출해내지는 못한다. 고티에는 여기서 우회적인 전략을 택한다. 즉 이상적 행위자는 합리적 준수를 직접적으로 선택하는 것이 아니고 엄밀한 준수가 합리적 인 것이 되는 상황을 증진시킬 수 있는 사회화의 과정을 간접적으로 선 택한다는 것이다.182) 다시 말하면 사회적 협동은 사람들이 서로를 비교 적 명료하게 알아볼 수 있으므로 그것을 준수하는 것이 각자의 이익을 극대화하는 합리적인 것이라는 점에서뿐만 아니라, 더 나아가서 인간의 상호관계에서 사회계약론적 규범에 대한 정서(affections)가 사회화의 과정을 통해서 생성될 수 있으므로 그것의 엄밀한 준수가 정서적으로 (affectively) 수용될 수 있다는 것이다.183) 이상과 같이 아르키메데스적 선택과 합리적 선택이 합치된다는 주장을 끝으로 고티에의 신사회계약론적 윤리학의 이론적 설명은 완결된다.184)

7) 자유주의적 개인: 신사회계약론의 자유주의적 위상

고티에가 『합의도덕론』 제11장에서 전개하고 있는 자유주의적 개인(the liberal individual)에 대한 논의는 계약론적 도덕에 기반한 사회와 그 사회 속에서 살게 되는 자유주의적 개인의 사회적 삶이 과연 실행 가능성(viability)이 있는가의 문제를 다룬다. 이 문제는 본절 6)항 마지막에서 고티에가 아르키메데스적 선택에서의 합리적 준수에 관련해서 택한 간접적인 전략, 즉 사회화 과정을 통한 합리적 준수에 대한 정서적 수용의 가능성을 진단하는 문제와 결부되어 있음은 두말할 필요도 없다. 보다 중요한 문제는 고티에의 자유주의적 개인이 합리적 선택과 아르키메데스적인 공평한 선택으로부터 결과하는 것으로서 합리성과 공평성의 이중적 지원을 받을 수 있는 것인지, 아니면 그것은 단순히 그러한 선택들의 전제로 유입된 것인지를 판정하는 일이다. 만약 후자의 경우라면, 고티에의 신사회계약론적 자유주의는 그것이 기초하고 있는 합리성과 공평성 자체가 중차대한 이데올로기적 함축성을 간직하고 있다는 것을 폭로하는 것이 될 것이다.185)

고티에가 인정하고 있는 바와 같이, 그의 신사회계약론적 자유주의는 경제인간의 자기 이익의 극대화로부터 출발하며, 그러한 인간은 타인의 이득과 목적에 상호 무관심한 비사회적인 존재로서 각자의 개인적 목적의 실현만을 염두에 둔다.186) 따라서 경제인간에게 도덕적 제약은 단지 필요악(a necessary evil)이거나 편리한 속임수(convenient deception), 아니면 지배의 도구(an instrument of domination)일 뿐이다.187) 근대적 자본주의의 경제인간이 태동된 이후에, 그러한 경제인간이 향유하는 경제적, 물질적 풍요에 반하여 그의 도덕적, 사회적, 공동체적 불모성

(barrenness)은 끊임없는 비판의 대상이 되어왔다. 그러한 비판은 루소(Jean-Jacques Rousseau)의 『인간 불평등 기원론』으로부터 마르크스(Karl Marx)의 『공산당선언』, 헤겔(Georg W. F. Hegel)의 『법철학』, 마르쿠제(Herbert Marcuse)의 『일차원적 인간』, 호르크하이머(Max Horkheimer)의 『도구적 이성비판』, 호르크하이머와 아도르노(Theodor W. Adorno)의 『계몽의 변증법』, 매킨타이어(Alasdair MacIntyre)의 『덕 이후』, 그리고 블룸(Allan Bloom)의 『미국정신의 종말』에 이르기까지의 유구한 역사를 가지고 있다. 고티에는 이러한 유구한 비판에 대해서 그의 합의도덕론은 경제인간의 도덕에서 출발하기는 하지만 그 이상이라는 것을 보여주려고 한다. 즉 그의 자유주의적 개인은 경제인간이 결여하고 있는 도덕의 (도구적이 아닌) 본질적인 정서적 수용, 개인 간의 자유로운 정적 유대를 통한 개인주의적 공동체의 형성, 그리고 각자의 목적을 각자가 설정하는 자율적 인간성을 실현한다는 것이다.[188]

이미 본절 6)항에서 언급한 바와 같이 자유주의적 개인은 아르키메데스적 선택과 깊숙이 연관되어 있다. 고티에는 아르키메데스적 선택에서 도출된 사회는 자유로운 개인들로 형성된 본질적으로 정의로운 사회(an essentially just society)라고 규정한다.[189] 본질적으로 정의로운 사회는 사회 구성원들의 선호와 능력이 무엇으로 나타나든지 간에 그들이 협동적 사회 참여자인 한 사회제도와 구조가 그들에게 최대상대양보의 극소화 원칙에 따른 최적적인 균형 상태로 수용될 수 있는 사회이다.[190] 본질적으로 정의로운 사회는 최대상대양보의 극소화 원칙을 만족시킨다는 의미에서 단순히 도구적으로(instrumentally) 혹은 인위적으로(artificially) 정의로운 사회가 아니고, 모든 사회 구성원들의 선호와 능력에 대해서 그것의 최대한 실현을 상대적으로 동일하게 고려하는 중립적인 사회이다. 그러한 중립적인 사회에서 자유주의적 개인들은 다음과 같은 다섯 가지의 특징들을 갖게 된다.

첫째, 자유주의적 개인은 행위하는 존재로서, 우리 인간들이 가치 있다고 생각하는 것을 획득하기 위해서 노력하고 추구하는 데에 만족을 느낀다. 만약 한 개인이 어떤 것이든지 도구적으로 가치 있는 것을 추구하는 것에 본질적인 가치를 느낀다면, 그는 그것을 추구하는 행위 속에서 본질적인 가치를 찾을 수 있다. 따라서 가치 있는 삶이란 생산의 영역이든지 아니면 소비의 영역이든지 간에 가치 있는 것의 획득과 그것을 획득하기 위한 노력이 결부된 것이다. 그러나 가치 있는 것의 획득은 모든 사람의 욕망이 절대적 풍요 속에서 아무런 갈등 없이 실현되는 유토피아에서가 아니라 정신적, 감정적, 물질적 희소 상태(scarcity) 속에서 이루어진다.191)

둘째, 자유주의적 개인은 각자의 독립적인 가치관을 가지고 있다. 물론 그러한 가치관이 비사회적인 것일 필요는 없다. 왜냐하면 자유주의적 개인은 사회적 협동을 위한 계약론적 합의를 했기 때문에 이미 비사회적인 존재가 아니기 때문이다. 그러나 상이한 개인들의 가치관은 개인들 사이에서 발생하는 이익의 조화와 갈등을 독특하게 반영하고 있다. 각자의 가치관은 각자의 선호를 표출하고 있지만 그것은 단순한 현시 선호(revealed preference)가 아니라 숙고적 선호(considered preference)를 표출한다. 따라서 자유주의적 개인은 선호에 대해서 반성적으로 숙고할 수 있는 능력을 가져야만 하며, 그러한 반성적 숙고에 따라서 선호를 변경할 수 있어야만 한다. 이러한 능력 때문에 자유주의적 개인은 자율적인 존재가 된다.192)

셋째, 자유주의적 개인은 충분한 합리성(full rationality)을 갖는다. 충분한 합리성은 각자의 반성적 선호를 통해서 형성된 가치관을 근거로 하여 가능한 행위들 중에서 선택하는 자율적 능력을 포함한다. 고티에에게 있어서 효용은 숙고적 선호의 척도로 규정되며, 자유주의적 개인은 숙고적 선호가 만족되는 기대효용(expected utility)을 극대화한다는 점에서 합리적이다.193) 이러한 반성적인 숙고적 선호의 과정을 통해 각자는 과거와 미래의 선호를 기억하고 예상하여 현재적 선호 아래 통합하는 연속적인 자아의 개념을 가질 수 있게 된다. 이러한 충분한 합리성의 개념은 단순한 경제적 합리성의 조야한 개념이 결여하고 있는 실천적 합리성의 자기비판적 영역을 확보해준다. 이러한 합리성의 자기비판적 영역은 선호의 무비판적 극대화를 조절하고 통제하는 합리적 제약으로서의 도덕성을 갖게 해준다.194)

넷째, 자유주의적 개인은 합리성의 자율적 능력뿐만 아니라 감정적 혹은 정서적 능력(emotional or affective capacity)도 소유하고 있다. 경제인간에게는 그러한 능력이 결여되어 있다. 사회계약론적인 도덕은 합리적인 도덕이다. 그렇다고 해서 사회계약론적 도덕이 순전히 도구적인 가치만을 가진 것은 아니다. 사회계약론이 도덕성을 그 자체로서는 아무런 정서적 관심도 갖지 않고 단지 이득의 획득에 연결시킴으로써 그러한 관심을 가진 사람들의 도덕적 감정을 빈약하게 만드는 것은 아니다. 왜냐하면 사회계약론은 도덕성에 합리적 근거를 마련해주고 그러한 합리적 근거는 도덕성의 정서적인 유지를 확보시켜주기 때문이다.195) 이미 언급한 바와 같이 고티에의 이러한 주장은 아르키메데스적 선택과 경제인간이 가진 원자론적인 개인주의적 편협성의 해소에 중대하게 관련되어 있으므로, 우리는 여기서 정서성이 합리성에 수반한다(supervene)는 고티에의 주장을 좀 더 주도면밀하게 분석할 필요가 있다.196)

고티에에 의거하면, 그러한 수반은 경험적인 도덕심리학의 문제가 아니다. 즉 그는 실제적인 개인들이 도덕에 대한 정서적 능력을 함양하게 되는 과정을 묘사하려는 것은 아니다.197) 어린이들은 먼저 그들의 지성에 호소하고 난 뒤 그들의 감정에 호소함으로써 도덕적 존재가 되는 것은 아니다. 고티에는 오히려 합리적 재구성이라는 철학자의 임무(the philosopher's task of rational reconstruction)를 수행하고 있는 것이다.198) 그렇다면 고티에는 어떻게 그러한 수반을 합리적으로 재구성하고 있는가? 자유주의적 개인은 다양한 삶의 방식들 중에서 선택해야만 한다는 것을 인식하고 있으며, 그의 선택의 폭과 풍부성은 상이한 방식으로 선택하는 타인들에게 달려 있다는 것을 안다. 따라서 그는 타인들과의 상호 교류라는 사회적 상황 속에서 그의 삶을 보게 된다. 그는 자기의 목적이 실현되는 그러한 기회의 폭과 풍부성을 가치 있게 여김으로써 개인적 목적의 추구뿐만 아니라 사회적 협동체에의 참여를 가치 있게 여기게 된다. 더 나아가서 그는 참여의 동료들을 또한 가치 있게 여기게 된다. 개인적 목적의 추구라는 도구적 가치와 참여와 참여의 동료들에 대해서 느끼는 본질적 가치는 분리되지 않는다. 참여와 참여의 동료들을 가치 있는 것으로 여김으로써 자유주의적 개인은 사회협동체에의 참여를 가능하게 하는 도덕적 제약을 역시 가치 있는 것으로 여기게 된다. 종합적으로 말하면, "지성과 감정이 동시에 자유주의적 개인을 도덕적 존재로 만든다."199) 따라서 정의로운 사회에서 사람들은 도덕성 자체와 그러한 사회에 그들이 협동적으로 참여한다는 것에 대해서 본질적인 관심을 가지게 된다.

합리적 재구성에서 가장 중요한 관건은 우리의 본질적 가치에 대한 수단적 정당화가 가능한 것인가의 문제일 것이다. 고티에는 "우리의 어떤 본질적인 가치에 대한 수단적 설명에는 아무런 모순된 것도, 혹은 역설적인 것도, 심지어는 놀랄 만한 것도 없다"고 주장한다.200) 고티에는 여기서 진화론적 관점에 호소하고 있다. 우리가 사회적 협동체에 참여하는 것을 궁극적으로 본질적인 가치를 가진 것으로 여기게 된 것은 우리 개인이 사회적 협동이 필요 없을 정도로 자족적(self-sufficient)이지 않다는 것에 수단적으로 연결되어 있다는 것이다.201) 진화론적 관점에서 합리적 도덕을 전반적으로 평가하는 것은 본 논문의 범위를 벗어나는 것이며, 또한 그것은 오늘날 많은 논란의 대상이 되고 있으므로 고티에가 본질적 가치에 대한 수단적 정당화를 진화론적 관점에 호소한 것의 정당성 여부를 여기서 확정지을 수는 없다.202) 또 다른 중요한 문제는 고티에가 비록 정서적 수반에 대한 경험적 묘사가 아니라 합리적 재구성을 시도하고 있다고는 하지만, 그러한 수반이 현실적인 경험적 기초를 어떻게 확보할 수 있는가 하는 점이다.203) 그러한 수반은 "단순히 돈을 보고 한 결혼이지만 살다 보면 정이 든다"는 식의 극히 박약한 경험적 증거만을 가질 것인가? 아니면 심지어 영합적인(zero-sum) 경쟁사회에서도 자기의 진정한 적수에게는 경의를 표하는 것이 상례라면, 협동적 잉여를 산출하는 비영합적인 최적적인(non-zero-sum optimal) 경쟁사회에서 공정한 적수에 대해서 어떤 정서적인 연대를 느낄 수도 있다는 것인가? 아니면 그러한 정서적 수반은 다원주의적 사회에서 한 이익집단의 내부 구성원들 사이의 정서적 수반에 불과할 뿐이지, 상이한 이익집단 간의 외부적 수반은 아닌 것인가? 또한 그것은 꼭 도덕성에 대한 정서적 수반만은 아니며 깡패 집단의 의리 같은 것에서 찾아볼 수 있는 것처럼 어떠한 형태의 공동체, 즉 부도덕한 협동체에서도 찾아볼 수 있는 정서적 수반도 포함하는가? 아니면 그것은 일본식의 평생직장의 개념, 즉 돈을 벌려고 입사했지만 회사를 정서적으로 삶의 본질적 터전으로 간주하는 일본식 회사인간을 본받은 것인가? 아니면 그것은 개인주의적 공동체 사회에서 우리가 기대할 수 있는 도덕성에 대한 최선의 정서적 유대인가?204) 물론 고티에는 도덕성에 대한 정서적 수반은 개인주의적 공동체의 유대적 결속과 안정성을 위해서 필수 불가결한 것임을 지적한다.205)

그러나 다섯째로, 자유주의적 개인은 구속적인 정서적 수반이 아니라 자유로운 정서성(free affectivity)을 가진다. 자유주의적 개인은 타인에 대한 정서적 유대가 있기는 하지만, 그러한 유대는 유대하려고 하는 사람들 간의 자유의사에 따라서 형성된다. 자유주의적 개인은 그의 활동이나 감정에 있어서 고정적인 사회적 역할에 의해서 구속되지 않는다.206) 여기서 고티에는 자유로운 정서성이 자유롭게 만나고 자유롭게 헤어지는 자유연애(free love)나 생물학적인 애정과 같은 무조건적 사랑(unconditional love)과 혼동되어서는 안 된다는 것을 강조한다. 그래서 자유로운 정서성은 비록 자유롭기는 해도 협동체의 조건이 존속하는 한 영속적이고 구속적이 될 수 있다는 것이다. 그리고 고티에는 그러한 협동체의 조건은 자율적 존재와 본질적 정의의 개념과 관련되어 있음을 밝힌다.207) 그 관련성은 우선 본질적으로 정의로운 사회는 상호 이익을 자율적인 협동 방식으로 공정하게 증진시키기 때문에 그러한 사회의 유지는 개인적 유대(personal bonds)에 덜 의존한다는 점에서 찾아볼 수 있다. 그리고 사회를 상호 이익을 위한 공정한 협동체로 보면 볼수록 그 사회는 몰개인적인 이익(impersonal benefits)을 공평무사하게 증진시키게 된다는 것이다.208) 따라서 그러한 사회에서는 진정한 시민적 우정(a genuine civic friendship)이 번성하게 되며 개인 간 유대(interpersonal bonds)는 상호 이익의 체계 속에서 자연스럽게 발생한다는 것이다.209)

고티에는 자유로운 정서성으로 점철된 개인주의적 사회는 직접적인 정서적 유대로 구성된 실질적 공동체(substantive community)를 주창하는 공동체주의자들(communitarians)에게는 불만족스럽고 더욱이 위협적인 것이 될 것임을 인정하고 있다.210) 그러나 고티에는 자유로운 정서성이 성공적인 육아를 위한 무조건적 사랑을 미리 배제하는 것은 아니지만, 어떤 사람도 자유롭게 선택된 방식으로 그러한 무조건적 사랑이나 혹은 반대로 무책임한 방치에 대한 확약을 하지는 않을 것이라고 지적한다. 고티에는 무조건적 사랑은 세대 간 정의(justice among generations)의 관점에서 볼 때 전세대의 희생만을 강요하는 것이며, 무책임한 방치는 후세대를 위해서 아무런 수고와 저축률을 감수하지 않는 것이라고 본다. 따라서 고티에는 세대 간의 분배적 정의의 문제는 마치 육아와 노년의 보장이라는 상호 교환적 이익이 세대 간에 공정한 협상을 통한 것처럼 최대상대양보의 극소화 원칙을 만족시키는 방식으로 해결되어야 한다고 주장한다.211) 고티에의 이러한 주장은 만일 노년의 보장이 후세대에 직접적으로 의거하지 않고 양로원에서 살며 국가의 지원을 받는 어떤 다른 방식으로 마련될 수 있을 때 전통적인 육아 방식, 특히 무조건적 사랑에 근거한 육아 방식은 어떤 변화를 맞을 수밖에 없다는 경험적 사실로 입증될 수 있을지도 모른다.

고티에는 이렇게 자유주의적 개인의 다섯 가지 특징들을 규정하고 난 뒤, 자유주의적 개인주의에 관련해서 공동체주의의 가능한 비판에 대해서 답하려고 한다. 고티에는 우선 공동체에 대한 개인의 규범적 우선성을 옹호하는 것이 개인성의 인과적 근거에 대한 우선성을 함축하지 않는다는 것을 지적한다.212) 개인성 자체도 사회적으로 인과된 것이라는 사실은 널리 알려진 것이기는 하지만, 그렇다고 해서 사회화 과정 때문에 자유주의적 개인들이 자율적인 존재가 되지 않는 것은 아니다. 만약 자율적 존재라는 것이 무로부터(ex nihilo) 구성되는 것이라면, 그런 의미에서 자율적인 존재는 없다. 비록 자유주의적 개인들의 선호들도 사회적으로 주어진 것이지만, 그것들을 합리적이고 자기비판적인 반성적 과정을 통해 변경할 수 있다면 자유주의적 개인들은 자율적이라고 볼 수 있다는 것이다.213) 이러한 관점에서 보면 본질적으로 정의로운 사회도 선호의 변경에 관련해서는 중립적일 수 있지만 선호의 원초적 형성에 대해서는 중립적이지 못하다는 비판이 가능하다. 고티에는 선호의 원초적 형성에 대한 사회적 자의성을 아르키메데스적 선택과 연결함으로써 해결하려고 한다. 즉 자유주의적 개인은 각자의 선호가 어떠한 것으로 나타나든지 간에 본질적으로 정의로운 사회에서는 공정하고 최적적인 결과를 가져오는 사회적 규범을 선택할 것이라는 것이다. 따라서 사회화의 과정은 더 이상 자유주의적 개인의 자율성에 대한 침해는 되지 못하며, 본질적으로 정의로운 사회에서 사회화의 과정은 합리적으로 수용된 제도와 관행들을 강화해주는 역할을 한다는 것이다. 더 나아가서 사회화의 과정은 사회적 협동체의 연소한 구성원들의 정서와 관심을 사회성으로 계발시켜 협동의 합리적 요구에 대한 동기적 재강화(motivational reinforcement to the rational requirements of co-operation)를 가능하게 한다는 것이다.214) 물론 고티에는 성적인 차별(gender differentiation)과 사회적 지위의 차별(status differentiation)에 대한 끈질긴 사회화의 과정은 자율적이며 정서적으로 자유로운 자유주의적 개인이라는 관념을 붕괴시킬 수도 있다는 가능성을 인정하고 있지만,215) 그러한 사회화의 과정은 동일한 충분한 합리성(equal and full rationality)을 가진 존재들에 의해 궁극적으로 개조되어 배척될 수 있다는 확신을 버리지는 않고 있다.216)

고티에는 "… 인간은 근래의 산물이다. 그것의 종말은 아마도 거의 임박했다"는 푸코(Michel Foucault)의 지적을 외면하지 않는다.217) 고티에도 인문사회과학의 고고학적 계보에 의거하여 자유주의적 개인의 출현은 서구사회에서 개인적 이익의 추구와 모두 사람에 대한 상호 이익의 증진이 긍정적인 상호관계로 맺어진 자유주의적 시장의 출현과 역사적 맥락을 같이한다는 것을 주장한다.218) 고티에는 그러한 긍정적인 상호관계는 이제 경제인간의 무분별한 극대화로 말미암아 그 종말에 가까울지도 모른다는 우려를 감추지 않는다. 그러나 그는 자유주의적 개인은 경제인간의 무분별한 극대화를 제어할 수 있는 사회계약론적 합의도덕론에 의해서 계몽되어 그러한 긍정적인 상호관계의 영속화를 합리적으로도 정서적으로도 도모할 수 있는 유의미한 개인적 주체로 살아남을 수 있다는 희망을 버리지 않고 있다.219)

3. 결론: 신사회계약론적 자유주의의 철학적 과제와 그 미래

데이비드 고티에의 『합의도덕론』은 우리가 자세히 논의한 바와 같이 롤즈의 『정의론』에 의해서 촉발된 자유주의의 자기정체성 위기와 방법론적 난관 봉착을 정면으로 돌파하려는 야심작이다. 고티에의 정면 돌파 작전은 한마디로 자유주의의 공정하고도 합리적인 모형이 합리적 선택이론에서 연역된 사회계약론적 도덕 및 정치철학을 통해서 재구성될 수 있다는 것이다. 특히 그의 사회계약론은 합리적 선택이론을 집단적 협상(collective bargaining)을 위한 새로운 계약적 상황의 기제로 정교하게 재구성하여 사용함으로써 신사회계약론이라고 불릴 정도로 이론적 독창성을 보이고 있다. 우리는 고티에의『합의도덕론』이 가지고 있는 규범적 문제들의 역사적 중차대성과 그 이론적 독창성을 통해서 볼 때, 고티에의 철학적 과제는 만일 성공한다면 세계사적인 위업(world-historical triumph)이라고 아니 할 수 없다는 것을 이미 지적한 바 있다. 지난 세기말 동구의 혁명적 변화와 소비에트 연방의 해체에 따른 현실적 사회주의와 공산주의의 붕괴를 감안해볼 때 그 중차대성은 더욱 심화된다고 판단할 수 있을 것이다. 고티에는 아마도 그러한 사태를 예견하고 있었는지도 모른다.220)

고티에의 신사회계약론은 계약의 역사적 실재(historical reality)와 사회의 기원과 발전에 대한 계약의 설명적 기능(explanatory role)도 인정하지 않고 있다. 그렇다면 우리는 여기서 가상적인 사회계약론적 도덕이 설령 사회적 관행과 제도들을 평가하기 위한 유용한 분석적 도구(analytical device)라는 것을 인정한다고 해도, 그 규범적 정당화의 기능(normative justificatory role)이 어떠한 이론적 근거(rationale)와 호소력(appealing power)을 가질 수 있는가 하는 질문을 심각하게 다시 제기해야 할 것이다.221) 고티에는 우리가 가상적 계약에 호소하는 이유는 실제 사회가 어떻게 되어 있든지 간에 사회는 그 구성원들의 상호 이익을 위한 협동체(cooperative venture for mutual advantage)가 되어야만 하므로 사회적 관행과 제도들은 각자가 그 사회로 자발적으로 유입하는 것이 합리적이 되는 어떤 합의로부터 유래하는 것이 되어야만 한다는 것이다.222) 고티에는 보다 엄밀하게 한 사회의 도덕은 다음과 같은 세 가지 시험을 통과해야만 한다고 주장한다.223) 첫째는 준수 시험(compliance test)으로서 도덕은 각 개인이 그것이 의거해서 행위하도록 하는 마음이 내키게 하는 합리적 성향(rational disposition)을 가져야 한다. 둘째는 계약론적 시험(contractarian test)으로서 도덕은 다른 사람들도 그렇게 한다는 조건 아래 각 개인이 그것에 자발적으로 합의하는 것이 합리적이어야만 한다. 셋째는 효율성 시험(efficiency test)으로서 만약에 각 개인이 그것에 의거해서 행위한다면 그 결과는 최적적(optimal)이어 야만 한다. 준수 시험에 통과하지 못한 도덕은 반성적인 합리적 행위자 에 의해서 지탱될 수 없는 사기나 협잡(imposture)에 불과하다. 계약론 적 시험에 통과하지 못한 도덕은 행위자들에게 자발적으로 부여된 것이 아니라 강요에 의한 지배의 체계(system of domination)일 뿐이다. 그리 고 효율성 시험에 통과하지 못한 도덕은 모든 사람에게 이익이 되지 못 하므로 최적성 미달(suboptimality)이라는 구조적 문제를 극복하지 못한 부적절한 체계(inadequate system)일 뿐이다.

고티에는 그의 신사회계약론적 합의도덕론이 이상과 같은 세 가지 시 험을 통과했을 뿐만 아니라, 계약론의 가장 적절한 도덕체계를 구성하 고 있다고 주장하고 있다. 이제 우리는 과연 고티에의 그러한 주장이 타 당한가를 전체적으로 판정해야 할 시점에 와 있다. 그것을 판정하는 것 은 기본적으로 고티에의 신사회계약론적 도덕이 합리적 선택이론을 통 해서 도출될 수 있는지를 판정하는 것이며, 또한 그의 신사회계약론적 자유주의가 합리적 선택의 결과인지, 아니면 합리적 선택의 전제인지도 판정하는 것이 될 것이다. 우리는 이미 2절 1)항에서 사회계약론적 윤리 학의 방법론적 난관 봉착으로서 사회계약론의 딜레마를 설정했고, 고티 에가 그러한 사회계약론의 근본적 딜레마를 피해 갈 수 있는지의 관점 에서 그의 『합의도덕론』의 다섯 가지 핵심적 개념들과 자유주의적 개인 의 위상을 논의했다.

우리는 우선 고티에가 합리적 선택이론을 원용함으로써 노리는 바를 다음 네 가지 관점에서 요약 정리할 수 있을 것이다. 첫째, 합리적 선택 이론에서의 합리성은 가치중립적인 도구적 이성이므로 무도덕적 전제 에 근거한 계약 당사자들의 합의에 대한 합리적 정당화가 가능하다. 둘 째, 합리성은 자연적 및 사회적 자원의 희소 상태라는 정의의 여건 속에 서 비이타주의적인 명백한 선택 동기를 마련해준다. 셋째, 가치중립적인 합리성은 다양한 자기 선택적인 가치의 허용에서 귀결되는 다원주의 및 상대주의 속에서 간주체적인 계약론 합의를 가능케 한다. 넷째, 가치중립적인 합리성은 공평무사한 중립성을 통해 한 사회의 정의 여부를 판정하기 위한 아르키메데스적 중립성을 확보해준다. 이러한 네 가지의 관점들은 선택의 과정, 선택의 동기, 선택의 상황, 선택의 대상을 각기 규정함으로써, 합리적 선택이론은 고티에의 신사회계약론적 윤리학 및 정치철학과 자유주의 이데올로기의 근본적인 방법론적 정초에 포진하고 있다. 그러나 고티에가 노리는 그러한 네 가지의 방법론적 정초들은 다음과 같은 네 가지의 상응하는 난점들로 말미암아 그 철학적 근거를 의심받고 있다.224) 첫째, 고티에의 신사회계약론적 윤리학은 도덕성과 합리성에 관련된 사회계약론의 딜레마를 회피할 수 없다. 둘째, 합리성은 명백한 선택 동기를 마련해주기보다는 여러 가지 선택 모형들 속에서 다양하게 나타날 수 있고, 또한 그러한 여러 가지 선택 모형들을 판정하는 메타 기준이 없으므로 합리적 선택이론은 불확정성(indeterminacy)에 빠진다. 셋째, 가치중립성은 허용될 수 있는 가치들의 평가에 대한 불충분성, 모호성뿐만 아니라 여러 가치들 간의 갈등을 무시하는 정치적 무감각성을 노출한다.225) 넷째, 합리적 선택이론은 그 속에 내재된 자본주의적 경제인간과 자유주의적 개인의 개념을 암묵적으로 수용하는 비중립적인 이데올로기적 편협성을 피할 수 없다.

고티에의 신사회계약론적 자유주의 윤리학 및 정치철학이 당면한 이상과 같은 난관 봉착은 개인의 합리성에 근거한 환원주의적 정초주의(reductive foundationalism)라는 방법론적 측면과 개인주의적 자유주의(individualistic liberalism)라는 실질적 측면에 동시에 근거하고 있음이 지적될 수 있을 것이다. 고티에가 사회계약론적 자유주의의 양 진영, 즉 홉스에 의해서 대변되는 잠정협정적 자유주의(modus vivendi liberalism)와 롤즈에 의해서 대변되는 도덕이상적 자유주의(moral ideal liberalism)가 각각 도덕적 부적절성과 도덕적 순환성을 보이고 있음을 심각하게 인식하고, 그의 신사회계약론은 그러한 계약론적 자유주의의 딜레마를 회피하려고 시도한다는 것을 우리는 중요한 것으로 간주한 바 있다.226) 또한 고티에는 노직에 의해서 대변되는 자유지상주의적인 단순한 개인주의와 롤즈에 의해서 대변되는 복지국가적 집산주의가 각각 시장의 실패에 따른 공공재 설비의 비효율성과 개인적 자유의 침해라는 문제점들을 가지고 있음을 인식하고 그 중간에 포진하려고 시도한다는 것도 이미 지적한 바 있다. 그러나 고티에의 중간자적 입장이 자유주의의 이중적 분열상에 관련된 자기정체성 위기를 해소했다고 판정하는 것은 아직 시기상조라고 해야 할 것이다.

우리는 이제 이러한 전반적 판정에 관련해서 본론에서 자세히 개진했던『합의도덕론』의 다섯 가지 핵심적 개념들과 자유주의적 개인에 대한 총괄적인 평가를 해야 할 차례이다. "도덕의 해방지구로서의 완전경쟁시장"의 개념은 자본주의적 경제인간의 합리성에서 출발하지만 시장의 실패에 대한 도덕적 치유뿐만 아니라 시장의 성공에 대한 도덕적 기준을 제공하는 본격적 시장 계약론을 배경으로 하고 있다. 그러한 본격적 시장 계약론은 자유주의적 개인이 가진 가치관을 실현하려는 목표를 가지므로 도덕의 해방지구라는 말은 오도된 수사법이다.227) 따라서 아르키메데스적 점의 설정을 통해서 자유주의적 개인이 도출된 것이 아니라, 오히려 자유주의적 개인은 그 전제라고밖에 말할 수 없다. 협상 게임적 분배정의론에 의거해서 도출된 최대상대양보의 극소화 원칙은 신고전주의 경제학파의 한계생산 기여의 원칙을 기본적으로 반영하고 있지만 3인 이상의 게임에 적용될 경우 그 현실적 적용에 있어서 많은 난점을 가지고 있다.228) 또한 최대상대양보의 극소화 원칙은 그 미시적 단계와 거시적 단계의 적용에 관련해서 볼 때, 개인 간의 담합적 이익이라는 도덕적 부적절성과 개인의 이익 앞에 사회 전체의 이익을 선행시키는 도덕적 순환성의 딜레마를 회피하지 못한다. 계약의 합리적 준수에 관련해서도, 고티에는 계약론의 딜레마를 피해 가지 못했음이 밝혀졌다. 결국 계약의 합리적 준수는 직접적 극대화의 추구자들에 대한 공동체로부터의 추방에 달려 있으므로 그것은 홉스적인 정치적 해결의 위장일 뿐이다. 또한 제한적 극대화의 추구자도 이미 많은 제한적 극대화의 추구자들이 존재한다는 순환적인 가정을 하지 않으면 안 되며 결코 자기가 최초로 그러한 사람이 되려고 하지 않을 것이다. 협상의 최초의 상황으로서 로크적 단서는 계약자들의 동일한 합리성을 가정함으로써 수용될 수 있는 것이다. 그러한 가정이 없다면, 계약 당사자들은 이데올로기적, 역사적, 기술적 요인들에 따른 근본적 힘의 발현과 그 격차로 말미암아 홉스적인 균형을 따르는 것이 합리적인 것이 된다. 결론적으로 말해서 고티에는 사회계약론의 딜레마를 해결하는 데 실패한 셈이다.

그렇다고 해서 우리는 고티에의 신사회계약론적 자유주의 윤리학과 정치철학의 모든 시도를 무의미한 것으로 격하시킬 필요는 없을 것이다. 고티에의 그러한 시도는 비록 실패는 했지만 그 중차대성으로 볼 때 영웅적인 실패이다. 근대의 자유주의적 자본주의는 봉건적인 신분질서의 질곡을 타파하여 개인의 자유로운 계약적 신분을 보장하고, 또한 개인의 경제적 욕구를 해방함으로써 태동한 것은 역사적 사실이다. 고티에는 비록 자신이 가치상대주의와 가치주관주의를 표명하고 있다고는 하지만, 서구의 자유주의적인 자본주의 시장을 통해 달성된 생산력의 증대는 기본적으로 인간 번영의 기준들(human flourishing criteria), 즉 인구밀도, 수명, 물질적 복지, 그리고 기회의 증대를 마련했다고 생각한다.229) 그러나 이제 그러한 인간 번영의 기준들은 자유주의적인 자본주의적 경제인간의 자기 이익 극대화가 자아내는 소외, 계급 갈등, 불평등, 빈익빈 부익부라는 도덕적 불모성으로 점철되었을 뿐만 아니라 공공재의 설비에 있어서 비효율적이고도 불합리한 준최적성으로 말미암은 시장의 실패로 점철되어왔음을 볼 때 어떤 의미에는 더 많은 "인간 멸망의 기준들"을 겸비했다고 하지 않을 수 없다.

이제 그러한 우려는 비록 냉전의 시대가 종식되었다고는 하지만 계속되고 있는 군비경쟁, 환경오염, 자원고갈, 경제 블록화에 따른 심각한 경제전쟁의 양상 속에서 확산을 거듭하고 있다. 이러한 상황의 치유는 반동적인 공동체주의나, 혹은 개인적 합리성을 억압하는 공산주의나, 아니면 종교적으로 성취할 수 있는 삶의 최소화(minimization)와 무소유를 통해서 달성될 수 있는 것은 아닐 것이다. 고티에가 목표한 바대로 제한적 극대화의 성향을 인류가 습득할 수 있는가의 문제는 곧 인류의 생존 가능성과 직결된다고 해야 할 것이다. 만약 경제인간의 자기 이익 극대화가 단순히 서구의 자유주의적 개인의 자기이해에 국한되는 것이 아니라 인간의 영구적인 조건이라고 한다면,230) 고티에의 합의에 의한 도덕으로부터의 구속은 경제인간을 사로잡기에는 너무나 허약한 것인지도 모른다.231) 우리는 아마도 합리적 논증 외에 악령 추방(exorcism)이 필요할 것이다.232) 그러나 누가 악령을 추방해줄 것인가? 결자해지의 원칙이라는 관점에서 본다면, 고티에의 『합의도덕론』은 경제인간의 사이비 도덕(the pseudo-morality of economic man)이거나, 아니면 덧없는 시장 사회(an ephemeral market society)의 도덕적 제약과 극대화적 선택의 묘사에 불과할 뿐이라고 간단히 매도해버릴 수는 없을 것이다.233)

고티에의 희망, 즉 자유주의적 개인은 경제인간의 무분별한 극대화를 제어할 수 있는 신사회계약론적 합의도덕에 의해서 계몽되어 자기통제의 덕목을 가짐으로써 개인적 이익의 추구와 모든 사람에 대한 상호 이익의 증진이 연계되는 호조건의 영속화를 합리적으로도 정서적으로도 도모할 수 있는 유의미한 개인적 주체로 살아남을 수 있다는 희망은 결코 버릴 수도 버려서도 안 될 것이다. 그러한 희망의 실현은 단순히 자유주의의 "역사적 수용"이나 보장된 합의에 의한 "지적 권태로움"으로부터 결코 도래할 수는 없다. 오히려 철학적으로 지난하고 심각하기는 하지만, 또한 흥미진진한 논쟁들과 갈등들을 통한 기나긴 시행착오와 실천적이고 이론적인 자기수정과 자기개선의 과정을 겪은 후에야 비로소 도래할 수 있을 것이다.234)

Chapter **5**

Rawls' Avowed Errors in Rational Contractarianism

1. Rawls' Rational Contractarianism in *A Theory of Justice*

Fourteen years after the publication of *A Theory of Justice*(1971), Rawls avowed that "it was an error in *Theory* (and a very misleading one) to describe a theory of justice as part of the theory of rational choice."[1] In this paper, I will elaborate upon Rawls' avowal of this error and other related errors in connection with his contractarian rational deduction project of morality, i.e., rational contractarianism.[2]

In *A Theory of Justice*, Rawls proposes the rational contractarianism in the decisive statement that "The theory of justice is a part, perhaps the most significant part, of the theory of rational choice."[3] For Rawls, the rational contractarianism means that "principles of justice may be conceived as principles that would be chosen by rational persons, and that in this way conceptions of justice may be explained and justified."[4] Thus, Rawls' rational contractarianism is employed as explanatory and justificatory devices for the theory of justice. In this sense, Rawls has "substituted for an ethical judgment a judgment of rational prudence."[5] The theory of rational choice is actually an assemblage of several sub-theories such as value-utility theory, game theory, and collective (or social) decision theory. The theory of rational choice has emerged from various attempts to apply models of rational choice to individual consumer actions, to group activities, and also to public policy issues. As Norman Daniels correctly indicates, Rawls' rational contractarianism "provides a concrete model for reducing a relatively complex problem, the social choice of principles of justice, to more manageable problem, the rational individual choice of principles."[6]

Rawls' rational contractarianism as a rational individual choice is fully employed in his construction of the original position, which is regarded as fair. Rawls characterizes his conception of justice as "justice as fairness": The principles of justice "are the principles that free and rational persons concerned to further their interests would accept in an initial position of equality as defining the fundamental terms of their association."[7] In this regard, Rawls rejects Hobbes' contractarian model of rationality, which permits unfair, strategic bargaining, and threat advantages.[8] In order to construct a fair original position, it is covered up with "the veil of ignorance," under which contracting parties are deprived of certain morally arbitrary and irrelevant information about their contingencies, i.e., social and economic class positions and statuses, natural assets and abilities, intelligence and strength, distinction of sex, generation, and the conception of the good and the final ends, etc.[9] So "no one is in a position to tailor principles to his advantage."[10]

Under these characterizations of the original position, the rationality of contracting parties is defined in terms of instrumental rationality: "The concept of rationality must be interpreted as far as possible in the narrow sense, standard in economic theory, of taking the most efficient means to given ends."[11] In addition to this, contracting parties are supposed to have "mutually disinterested rationality," which prevents them from feelings of altruistic affection as well as of relative deprivation, envy, and rancor.[12] So, even though contracting parties are deprived of their particular values and ends, they are supposed to desire more primary social goods, and so that "wanting them is part of being rational."[13] Primary social goods are rights and liberties, opportunities and powers, income and wealth, and the bases of self-respect.[14] These are "all-purpose means," which contracting parties and citizens need for the realization of whatever values and final ends they might have, and which contacting parties would prefer more of rather than less.[15]

In terms of rational choice theory, the individual choice in the original position with the veil of ignorance is classified as choice under uncertainty. Rawls asserts that "it is rational for the parties to adopt the conservative attitude expressed by this rule [the maximin rule].[16]" Rawls' argument for the maximin rule in the original position means that, in the pursuit of the primary social goods, contracting parties estimate various alternatives (e.g., Rawls' two principles of justice, classical utilitarianism, average utilitarianism, perfectionism, intuitionism, egoism, and various mixed conceptions, etc.) from the standpoint of the least advantaged person.[17] Among the two principles of justice, the difference principle in the second principle directly reflects and re-

alizes the standpoint of the least advantaged person:[18] "Social and
economic inequalities are to be arranged so that ⋯ [they are] to the
greatest benefit of the least advantaged."

The maximin rule provides a justification not only for the difference
principle, but also for the first principle of equal liberty, and for the
second principle of fair equality of opportunity. Rawls maintains that
there are three analogies between the two principles of justice and the
maximin rule for choice under uncertainty. First, because of the veil of
ignorance in the original position, there is no knowledge of proba-
bilistic calculations. In this situation, it is rational for the contracting
parties to try to secure an acceptable minimum through the maximin
rule. And also, the contracting parties are in "the strains of commit-
ment," because their final and perpetual choice should be justified as
"reasonable to others, in particular their descendants, whose rights will
be deeply affected by it."[19]

Second, the two principles of justice guarantee "a satisfactory mini-
mum" so that contracting parties care very little for the above of what
they can be sure of by following the maximin rule. Therefore, con-
tracting parties in the original parties have no desire to try for greater
gains at the expense of the equal liberties. According to Rawls, this
line of thought is "practically decisive" if we can establish the priority
of liberty, the lexical ordering of the two principles.[20]

Third, the rejected alternatives have outcomes that contracting par-
ties can hardly accept. As an example, utilitarianism justifies serious
infractions of liberty for the sake of greater social advantages. In view
of these infractions that involve grave risks, contracting parties should
take the two principles of justice, which secure a satisfactory minimum

guaranteed by the maximin rule. For it is not worthwhile, wise, and acceptable for contracting parties to take a chance for the sake of a further advantage, especially when it may turn out that they lose much that is important to them.[21] Through these analogical arguments, Rawls maintains that his two principles of justice are chosen over the other traditional principles of justice, especially over utilitarian principles in the original position.[22] Rawls regards the argument from the maximin rule as "a conclusive argument."[23]

In addition, Rawls claims that the original position of fairness procedurally reflects Kant's concepts of autonomy and respect in the categorical imperatives (autonomously free and equal rational being and treating one another not as means only but as ends in themselves). Furthermore, Rawls also claims that the original position makes the formality in the universalization of Kantian ethics empirically viable.[24]

2. Criticisms of Rawls' Rational Contractarianism and Rawls' Avowal of the Errors

There have been various criticisms as well as acclamations about Rawls' theory of justice. But I will take issue with the construction of the original position for the maximin derivation of the two principles of justice, and for the priority of liberties over social and economic goods in connection with the soundness of his rational contractariansm.

As seen in the previous chapter, Rawls rejects Hobbes' contractarian model, because it commits the moral irrelevancy of rationality. Therefore, Rawls constructs the original position, which guarantees a fair agreement between free and equal rational parties. In this regard,

Rawls' contractarian model is not a pure part of rational choice theory. It is actually a rationality cum fairness model.[25] In view of rational choice theory *simpliciter*, the introduction of independent moral assumptions (e.g., the veil of ignorance, no envy, finding ascetic satisfaction in the minimum level of life, and the formal constraints of the concept of right) for enhancing fairness might be caught up in another dilemmatic horn, i.e., circularity of moral assumptions prior to rationality, which might be rationally arbitrary.[26] Originally Rawls claimed that "but one must try to avoid introducing into it[the concept of rationality] any controversial ethical elements."[27] Thus Rawls definitely acknowledged the circularity problem, but he simply treated the problem as trivial affairs. Thus, we can find his disclaimers in two places:[28]

"I do not hold that the conception of the original position is itself without moral force, or that the family of concepts it draws upon is ethically neutral. *This question I simply leave aside.*"

"It is a mistake to object that the notion of the original agreement would no longer be ethically neutral. For this notion already includes moral features and must do so, for example, the formal conditions on principles and the veil of ignorance. I have *simply* divided up the description of the original position so that these elements do not occur in the characterization of the parties, although even here there might be a question as so to what counts as a moral element and what does not. *There is no need to settle this problem.*"

In this regard, Jean Hampton correctly points out that "Rawls's actual, noncontractarian selection procedure provides a highly Kantian justification for his conception of justice."29) Concerning the maximin derivation of the two principles of justice, it has been charged that Rawls' maximin rule under uncertainty is chosen, because of the very conservative psychological attitude of risk aversion. Therefore, John Harsanyi criticizes Rawls that using the maximin rule in the original position is equivalent to assigning unity or near-unity probability to the possibility that contracting parties end up as the worst-off individuals in society. As far as Harsanyi can see, there cannot be any rational justification whatsoever for assigning such an extremely high probability to this possibility. Harsanyi clams that equiprobability criterion concerning all social positions is more rational. Harsanyi's approach leads to average utilitarianism.30) In view of the debate between Rawls and Harsanyi, Rawls' following allegation is baffling: "I have suggested that the conception of justice adopted is insensitive with respect to conflicting interpretations of rationality."31)

But Rawls already defined his own conception of rationality specifically as "taking effective means to ends with unified expectations and objective interpretation of probability."32) Therefore, he rejects utilitarian conception of rationality which is defined "as above but without unified expectations and using principle of insufficient reason."33) The principle of insufficient reason gives a foundation for the equiprobability criterion, which Harsayni uses for average utilitarianism. For Rawls, if there is no objective probability and no sufficient reason for assigning specific probability in the choice under uncertainty, the principle of insufficient reason's presumption of the equiprobability of the all alternatives in the choice under uncertainty is groundless. In addition, Robert Nozick, an ardent libertarian, also censures Rawls for a fault that his veil of ignorance reveals asymmetrical favoritism to the least advantaged persons.[34]

In view of Rawls' definition of rationality above, his rational contractarianism should adopt the choice under certainty, or the choice under risk. But his rational contractarianism instead adopts the choice under uncertainty. He criticizes utilitarianism that "The essential point though is that in justice as fairness the parties do not know the conception of the good and cannot estimate their utility in the ordinary sense."[35] However, his definition of rationality as the unified expectations and objective interpretation of probability cannot be also employed in the original position, which is the choice under uncertainty. For, as he recognizes, in the original position where the maximin rule is operated, probabilistic calculations are impossible.[36] Concerning the gain-and-loss table for the maximin rule, Rawls makes himself clear that the entries in the table represent monetary values and not utilities.[37] Hence, for Rawls, computing rational expectations on the basis of objective values is possible by an index of primary social goods (especially income and wealth for monetary calculation).[38] However, Kenneth Arrow points out that because of the existence of plural and different primary social goods, treating plural and different values commensurably, that is, index problem is difficult as interpersonal comparisons of utilities are difficult. If, as for Raws, interpersonal comparisons can be simplified by reducing to a single primary social good (income and wealth for monetary calculation), utilitarian calculations of utility-aggregation can be simplified, too.[39]

In view of the unsolved debates between Rawls versus Harsany, and

Rawls versus Nozick, Rawls could not show the unique and superior rationality in the maximin strategic derivation of the two principles of justice, especially the difference principle over the other alternatives' strategies.[40] In this regard, Rawls "should emphasize that the maximin equity criterion [interchangeable with the difference principle] and the so called maximin rule for choice under uncertainty are two very different things."[41] Later, Rawls emphasizes the following distinction and clarification. Rawls' attitude in the separate quotation below is a sort of retreat from rational contractarianism and rational choice theory, and appears to be very defensive:[42]

"In addition, calling the difference principle the maximin criterion might wrongly suggest that the main argument for this principle from the original position derives from an assumption of very high risk aversion. There is indeed a relation between the difference principle and such an assumption, but extreme attitudes to risk are not postulated; and in any case, there are many considerations in favor of the difference principle in which the aversion to risk plays no role at all. Thus it is best to use the term "maximin criterion" solely for the rule of choice under uncertainty."

Besides the problems concerning Rawls' construction of the original position in which the two principles of justice (especially the difference principle) are derived from the maximin rule, the priority of liberties over social and economic goods and the attendant definition of the first principle of justice are much discussed and polemical problems. H. L. A. Hart objects that the instrumental rationality afforded to the contracting parties in the original position cannot show why liberty has such a definite priority over the other primary social goods.[43] Rawls admits the failure in the justification for the priority of liberties that "While the grounds I have surveyed for the basic liberties and their priority have been drawn from and develop considerations found in *Theory*, *I failed to bring them together* in that work."[44] Rawls answers Hart later that "the basic liberties and their priority rest on a conception of the person that would be recognized as liberal and not, as Hart thought, on considerations of rational interests alone."[45]

Rawls argued already several reasons for the priority of liberty over social and economic goods in *A Theory of Justice*. Probably, as Rawls admits, such reasons have not been considered comprehensively. First, Rawls claims that maximin rule provides a satisfactory minimum with contracting parties. Hence, contracting parties choose the two principles of justice in lexical order. "For this priority implies that the persons in the original position have no desire to try for greater gains at the expense of the equal liberties."[46] So, "they will not exchange a lesser liberty for an improvement in their economic well-being, at least not once a certain level of wealth has been attained," that is, under reasonably favorable conditions.[47] Second, contracting parties want to secure liberty of conscience and freedom of thought in order to guarantee the final ends and "the fundamental interest in determining our plan of life."[48] Third, another reason is "central place of the primary good of self-respect and the desire of human beings to express their nature in free social unition with others."[49]

Concerning the first reason, Rawls provides a supporting argument as follows:[50]

"Now the basis for the priority of liberty is roughly as follows: as the conditions of civilization improve, the marginal significance for our good of further economic and social advantages diminishes relative to the interests of liberty, which become stronger as the conditions for the exercise of the equal freedoms are more fully realized."

But Rawls recognizes the errors in the basis for the priority of liberty and in the supporting argument later that:[51]

"Two main *errors* are first, that I did not enumerate the most important grounds in a clear way; and second, ⋯ that I should not have used the notion of the diminishing marginal significance of economic and social advantages relative to our interest in the basic liberties, which interest is said to become stronger as the social conditions for effectively exercising these liberties are more fully realized."

Why does Rawls acknowledge the errors? Let's take the second error first. First, the argument through the diminishing marginal significance is basically utilitarian concept, which is based on the principle of the diminishing marginal utility. Rawls criticizes utilitarian standard assumptions, which includes the principle of diminishing marginal utility: In the standard assumptions, utilitarians suppose that "persons have similar utility functions which satisfy the condition of diminishing marginal utility."[52] Rawls criticizes utilitarian standard assumptions that they appeal to the natural facts about men in society, but that the facts are only conjecturally true, or even doubtfully so.

Thus, his conception of justice as fairness has a real advantage such that it embodies the ideal of liberty and equality in the two principle of justice more expressively, and so the citizens can make mutual public announcement of keeping the two principles of justice as fundamental terms of their social union.[53] Thus, Raws cannot sustain the argument through the diminishing marginal significance, because one of the major purposes of *A Theory of Justice* is to provide a viable alternative to utilitarianism.[54]

Second, the argument through the diminishing marginal significance implies the hierarchy of interests according to measuring the marginal utility of significance. But Rawls thinks that the hierarchy of interests cannot be measured by the utility of significance. Rather it comes from Kantian conception of persons as free and equal persons. Kantian conception of the hierarchy of interests consists of the two highest-order interests developed by the two moral powers, which are the Rational and the Reasonable. The Rational seeks the highest-order interests through a capacity for having a realizable conception of the good, and the Reasonable seeks the highest-order interests through a capacity for having an effective sense of justice.[55] Thus, moral reflection of the Kantian free and equal persons is that the first principle of free and equal liberties is prior to the second principle of unequal social and economic goods. Rawls supports this priority from the statement that "The Reasonable presupposes and subordinates the Rational."[56] The Reasonable needs primary social goods for the objects of distribution arranged by the Rational. And the Reasonable limits the final ends that can be pursed by the contracting parties.[57] Furthermore, the Reasonable provides the fair terms of cooperation and defines the lexical priority between primary social goods, i.e., rights and liberties, opportunities and powers, income and wealth, and the bases of self-respect.[58]

Then, let's take the first error. Rawls did not enumerate well the most important grounds of the priority of liberty in a clear way in *A Theory of Justice*. The most important grounds for the priority of liberty, which Rawls mentions in the separate quotation above, are Kantian conception of persons, liberty of conscience and freedom of thought, and the central place of the primary social goods of self-respect and social union with others. We'll deal with these important grounds in turn.

One more concern for the priority of liberty and the attendant definition of the first principle of justice is that Rawls fully acknowledges Hart's criticism against them.[59] Thus, Rawls admits that "the account in my book *A Theory of Justice* of the basic liberties and their priority contains, among other failings, two serous gaps."[60] Two gaps are from the first error in the separate quotation above. First gap is that "the grounds upon which the parties in the original position adopt the basic liberties and agree to their priority are not sufficiently explained."[61] Second gap is that "no satisfactory criterion is given for how the basic liberties are to be further specified and adjusted to one another as social circumstances are made known."[62]

In order to fill the first gap, Rawls proposes the connection between the basic liberties with their priority and the fair terms of social cooperation among free and equal moral persons in the original position.[63] Based upon the Kantian conception of free and equal moral persons, contracting parties in the original position agree to the specifically arranged principles of justice, i.e., the two principles of justice (with priority rule: the first principle of free and equal liberties is prior to the second principle).[64] Social cooperation is a companion conception with the conception of free and equal moral persons. Social cooperation includes two elements.[65] The first one is a shared notion of fair terms of cooperation, which each participant may reasonably be expected to accept. The second one is each participant's rational advantage, i.e., what, as individuals, the participants are trying to advance. So, "The unity of social cooperation rests on persons agreeing to its notion of fair terms."[66] Particularly the reasonable, or persons' sense of justice is "their capacity to honor fair terms of social cooperation."[67] In *Political Liberalism*, Rawls clarities that the reasonable is the first moral power, and the rational is the second one.[68]

In addition, concerning the first moral power, the reasonable as the grounds for the priority of liberties, Rawls enumerates the following three grounds.[69] The first is a just and stable scheme of cooperation prompted by the reasonable. The second is the fundamental importance of self-respect effected by the two principles of justice with a first priority rule, i.e., the priority of liberty. The third is free participations in the social unions supported by the expression of participants' desires from self-respect for reciprocity and sociality with others in society.

Finally, Rawls resorts to the Western European liberal tradition as a philosophical doctrine for the basic liberties with their priority.[70] But later, Rawls withdraws this kind of the view, that is, regarding of the liberal tradition as a philosophical doctrine, and instead holds the liberal tradition as a political liberalism, which is independent from religious, philosophical, and moral comprehensive doctrines.[71]

In order to fill the second gap, Rawls needs a criterion about how a number of liberties should be further specified and adjusted to one other.[72] First criterion suggested in *A Theory of Justice* is to achieve the most extensive scheme of the basic liberties. Therefore, the first principle of justice is that "Each person is to have an equal right to the most extensive total system of equal basic liberties compatible with a similar system of liberty for all."[73] This scheme is purely quantitative and does not distinguish some cases as more significant than others.[74] Second criterion is that the scheme of liberties is adjusted in the light of citizen's rational interests to be pursued.[75] But Hart points out that "the content of these interests was not described cleary enough for the knowledge of their content to serve as a criterion."[76] Worse than all, these two criteria are incompatible with each other. And also the basic liberties can be contrary with each other. Hence, how liberties fit into one coherent scheme should be shown.[77] Seriously, Rawls realizes that the best scheme of liberties might not be the most extensive one.[78] For an example, rules of order are essentially required for regulating free discussion. Without this regulation, freedom of speech cannot serve its purpose. Here, we should keep a distinction between restriction and regulation. Rules of order are for regulation, not for restriction of the content of freedom of speech.[79]

Accordingly, free discussion without the regulation by the rules of order is more extensive scheme of liberties, but everybody's freedom of speech is incompatible with each other. The basic liberties are not be restricted, except a case that "liberty can be restricted only for the sake of liberty."[80] The first priority rule (the priority of liberty) in *A Theory of Justice* says that [case (a)] "a less extensive liberty must strengthen the total system of liberty shared by all."[81] Rawls already knew the significance of this case, but he did not reflect this case in the first principle of justice. In this regard, Rawls makes an important change of the phrase in the first principle of justice: "Each person has an equal right to a fully adequate scheme of equal basic liberties which is compatible with a similar scheme of liberties for all."[82]

One more change is that right after the first principle just quoted, "and in this scheme the equal political liberties, and only those liberties, are to be guaranteed their fair value" is attached.[83] For enhancing the egalitarian aspect of political liberalism, the guarantee of the fair value of the political liberties is required so that these are not purely formal.[84] This means that political liberties should not be merely formal and negative, but should be substantial and positive.[85] In order to achieve this end, the fair value of the equal political liberties should be maintained by necessary institutions and rules of law.[86] First, the public financing of political campaigns and election expenditure, various limits on contributions, and other electoral and financial regulations are essential. Second, the instituted arrangements must not impose any undue burdens on various political groups. And also they favor no political doctrine over any other. Third, a political procedure, which secures for all citizens a full and equally effective voice in a fair scheme of representation must be arranged. Finally, the public recognition that background justice is maintained is explicitly made and widely known.

After filling these two gaps, Rawls wants to suggest that "the aspirations of free and equal personality point directly to the maximin criterion."[87] Furthermore, the priority of liberty for the first principle of justice, the greatest equal liberty principle is guaranteed by "the liberal view (as a philosophical doctrine)": It indicates "how the basic liberties and their priority belong to the fair terms of cooperation between citizens who regard themselves and one another according to a conception of free and equal persons."[88]

Accordingly, Rawls clarifies the role of the original position, and confirms that his theory of justice as fairness mainly relies, not on the rational choice, but on the Kantian conception of the person:[89]

"I use the distinction between the two parts of the original position which correspond to the reasonable and the rational as a vivid way to state the idea that this position models the *full* conception of the person. I hope that this will prevent several misinterpretations of this position[the original position], for example, that it is intended to be morally neutral, or that it models only the notion of rationality, and therefore that justice as fairness attempts to select principles of justice purely on the basis of a conception of rational choice as understood in economics or decision theory. For *a Kantian view*, such an attempt is out of the question and is incompatible with its conception of the person."

Then, Rawls finally avows his error in his rational deduction projection of morality as follows:[90] After the avowal, he adopts the Kantian conception of free and equal moral persons and a political conception of justice.

"Thus it was *an error* in *Theory* (and a very misleading one) to describe a theory of justice as part of the theory of rational choice, as on pp.16 and 583. What I should have said is that the conception of justice as fairness uses an account of rational choice subject to reasonable conditions to characterize the deliberations of the parties as representatives of free and equal persons, and all of this within *a political conception of justice*, which is, of course, a moral conception. There is no thought of trying to derive the content of justice within a framework that uses idea of the rational as the sole normative idea. That thought is incompatible with any kind of *Kantian view*."

In the two separate quotations above, while Rawls tries to get rid of misinterpretations on the original position, and admits an error, he has resort to the Kantian conception of the person. Furthermore, when he admits another incorrectness, he has resort to the political conception of justice deduced from political liberalism as follows:[91]

"Here I correct a remark in *Theory*, p.16, where it is said that the theory of justice is part of the theory of rational decision. From what we have just said, this is *simply incorrect*. What should have been said is that the account of the parties, and of their reasoning, uses the theory of rational decision, though only in an intuitive way. This theory is itself part of *a political conception of justice*, one that tries to give account of reasonable principles of justice. There is no thought of deriving those principles from the concept of rationality as the sole normative concept. I believe that the text of *Theory* as whole supports this interpretation."

3. Rawls' Shift to the Kantian Conception of Persons as Moral Contractarianism, and also to *Political Liberalism*

Now, Rawls' method shifts from rational contractarianism to moral contractarianism specified in his paper, "Kantian Constructivism in Moral Theory"(1980).[92] And, then, eventually it shifts to political liberalism derived from his paper, "Justice as Fairness: Political not Metaphysical"(1985), and also from his book, *Political Liberalism* (1993).[93] We'll discuss these shifts in turn. In the moral contractarianism, Kantian conception of persons, i.e., free and equal moral persons is regarded as a fundamental intuitive idea.[94] Rawls clearly makes the distinction between the two moral powers, the reasonable and the rational in his Kantian constructivism:[95] As we have mentioned, "the Reasonable presupposes and subordinates the Rational."[96]

> "The Reasonable presupposes the Rational, because, without conceptions of the good that move members of the group, there is no point to social cooperation nor to notions of right and justice, even though such cooperation realizes values that go beyond what conceptions of the good specify taken alone. The Reasonable subordinates the Rational because its principles limit, and in a Kantian doctrine limit absolutely, the final ends that can be pursued."

According to Rawls, the Reasonable is contracting parties's capacity for a sense of justice to honor the fair terms of social cooperation, stipulated by the prior restrictions and constraints imposed on their rational agreement.[97] Here, we can find a shift to the Kantian conception of free and equal moral persons in Rawls' theory of justice.[98] If this is so, can Rawls' shifted position still be called a contractarian ethics? According to Rawls' own criterion, "in a contract theory all arguments, strictly speaking, are to be made in terms of what would be rational to choose in the original position."[99]

At this juncture, David Gauthier's *Morals By Agreement*(1986) gives us a valuable opportunity to assess the capacity of the contractarian tradition to provide a rational foundation for ethics. In this book, he claims that "we shall develop a theory of morals as part of the theory of rational choice."[100] He tries to show ambitiously that "To choose rationally one must choose morally."[101] Gauthier's rational choice model is a bargaining game for deriving "minimax relative concession" between rational contractors. They have clear knowledge of their self-identities, statuses, and their potential contributions in the state of nature (non-cooperative initial situation) as well as in the cooperative social situation.[102] However, Rawls decisively opposes Gauthier's bargaining model as a barren effort: "there is no way to identify potential contribution to society as an individual not yet a member of it; for this potentiality cannot be known and is, any case, irrelevant to their present situation."[103]

In turn, Gauthier criticizes Rawls that even his shift to the Kantian conception of the persons in his theory of justice cannot give him adequacy to overcome a dilemmatic situation between instrumental rationality and substantive fairness. While reviewing Grant's book, *English-speaking Justice*(1985), Gauthier explicitly indicates Rawls' dilemmatic situation as follows.[104]

"Grant would seem to have Rawls on the horns of a dilemma. Grant reads Rawls as arguing that justice is derived from general calculations about self-interest. On this reading Rawls treats the rational agreement of self-interested calculators as foundational. But, Grant insists, such a foundation does not yield the superstructure of assured liberty and equality. Rawls rejects the reading. The rational agreement of self-interested calculators is to be subordinated to the intuitive idea of a fair system of cooperation among free and equal persons. But this idea is a relic of our earlier understanding of the world in terms of a substantive good which Rawls explicitly rejects."

It is interesting to pursue whether Rawls can escape from the two horns of a dilemma in his last developmental stage of the full-blown political liberalism that seeks for the overlapping consensus in the situation of present-day pluralism.[105] Especially, concerning the second horn, it is often pointed out that the alleged neutral overlapping consensus of Rawls' political liberalism (founded in the fundamental intuitive idea of a fair system of cooperation among free and equal persons) is not guaranteed in the midst of many other modern conceptions of persons (e.g., bourgeois conception of persons associated with competitive individualism, conservative paternalism, and communitarian social beings).[106] Rawls himself enumerates *homo politicus*, *homo oeconomicus*, *homo ludens*, and *homo faber*, among which he does not take any of them as the representative and fundamental idea of modern human-being.[107] In the political liberalism, Rawls regards the idea of citizens (those engaged in cooperation) as free and equal persons, and also regards the idea as a fundamental idea.[108] Basically, Rawls interprets the fundamental idea as implicit in the public culture of a modern democratic society.[109] The implicit idea can be catched through an intuition. Hence, Rawls calls this fundamental idea as one of the fundamental intuitive ideas in his political liberalism.[110]

It is clear for present discussion that Rawls has escaped from the first horn of the dilemma, i.e., substantial impotency of self-interested instrumental rationality for the theory of justice. Instead, the substantial potential for the assured liberty and equality comes from the Kantian conception of "free and equal moral persons."[111] However, communitarian Michael Sandel criticizes that Rawls' adoption of the deontological Kantian conception of persons presupposes a metaphysical, unencumbered self, which is autonomous and independent chooser of values and ends. He claims that this Kantian self is incompatible with our familiar moral experience of our selves.[112] His criticism has sparked a chain of formidable challenges against Rawls' use of the Kantian conception of persons. In his answer to Sandel's criticism, Rawls claims that his Kantian conception of the persons is not a metaphysical and comprehensive doctrine, and instead, it is a political conception, which is applied to the basic structure of the society.[113] In the same vein, the original position becomes "simply a device of representation" for the fundament intuitive ideas latent in modern liberal democratic society.[114]

It is noteworthy that in connection with the political conception of the persons, Rawls gives up the comprehensive moral ideals of autonomy and individuality found respectively in Kant and Mill.[115] Specifically, Kantian conception of the persons as free and equal moral persons, which is essential part of Kantian constructivism (explained in the separate quotation in which a very misleading one[error] is mentioned in Section 2, and also below) is also discarded.[116] But, for Rawls, the reasonable persons and the rational agents as citizens are jointly employed for political procedure of constructivism, which leads to political liberalism, are sustained.

"What distinguishes the Kantian form of constructivism is essentially this: It specifies a particular conception of the person as element in a reasonable procedure of construction, the outcome of which determines the content of the first principles of justice. Expressed another way: this kind of view sets up a certain procedure of construction which answers to certain reasonable requirements, and within this procedure persons characterized as rational agents of construction specify, through their agreements, the first principles of justice."

In addition, he gives up "the liberal view (as a philosophical doctrine)," which was mentioned in Section 2:[117]

"The social union is no longer founded on a conception of the good as given by a common religious faith or philosophical doctrine, but on a shared public conception of justice appropriate to the conception of citizens in a democratic state as free and equal persons."

In his political liberalism, Rawls tries to escape from the two dilemmatic horns of liberalism, i.e., Hobbesian *modus vivendi* liberalism and moral ideal liberalism of Kant and Mill. According to Rawls, "the former cannot secure an enduring social unity, the latter cannot gain sufficient agreement."[118]

When introducing political liberalism, Rawls admits that there is "a number of errors and revisions need to be made in the way the structure and content of justice as fairness was present in *Theory*."[119] And he acknowledges "the fault of *Theory*" and "inconsistency" also.[120] In his last book, *Justice as Fairness: A Restatement*(2001), Rawls mentions that "One[of aims] is to rectify the more serious faults in *A Theory of Justice* that have obscured the main ideas of justice as fairness."[121] We'd better discuss the errors, the fault, and inconsistency in detail in another occasion.

In view of the spirit of fallibility, we should be humble about our philosophical arguments. And we should have a candid acknowledgement of our possible errors, which would be pointed out by our critics, and try to correct errors with a sincere and open-hearted manner. Therefore, we should be an engaged fallible pluralist. Then, *audi alteram partem!* ("Listen to the other side!"). In this regard, we should respect John Rawls greatly, needless to say his great philosophy of justice as fairness.

4. A Lesson from Rawls' Avowed Errors: Moral Philosophy and Rational Choice Theory

Rawls' failure in the rational deduction project of morality triggers various skeptical and relativistic challenges to the foundational justificatory use of rational choice theory. However, it is noteworthy that Rawls did not totally discard the rational choice considerations. As he explicitly notes, "The Reasonable presupposes the Rational, because, without conceptions of the good that move members of the group, there is no point to social cooperation nor to notions of right and justice."[122] As long as moral theories take account of the good and values, cooperative and coordinative problems, and also motivational problem in compliance with the agreed moral principles in the face of moral skeptics and amoralists, rationality and rational choice theory cannot be totally put aside.[123] Moral philosophers still can use rational choice theory as very helpful analytic, explanatory, and heuristic devices if not a justificatory device.[124] As Samuel Freeman worries, Rawls' moral contractarianism, without rational choice theory, is liable to a heavy reliance upon intuitive moral ideas.[125] We can confirm his worry in Rawls' Kantian conception of the free and equal moral persons as a fundamental intuitive idea, which we discussed in Section 3. But, in *A Theory of Justice*, Rawls clearly pointed out that "The aim is to replace moral judgements by those of rational prudence and to make the appeal to intuition more limited in scope, more sharply focused."[126]

The relation between moral philosophy and the rational choice theory is not one-sided, but, rather reciprocal. The theory of rational choice is in a domain of interdisciplinary cooperation between social sciences and philosophy.[127] Rational choice theory can be influenced by ethical theories, as when normative welfare economics was influenced by utilitarianism. In this regard, Harsanyi's utilitarian normative social choice theory is often called as "ethification of decision theories."[128] It is also noteworthy that "Regarding the theory of rational choice pioneered by Arrow, the unanimous agreed upon social contract emerging from the present analysis may be an indication that contractarian approach might offer a way out of some of the disturbing difficulties raised by Arrow's inquiry[Arrow's Impossibility Theorem]."[129]

Admittedly, the normative theory of rational choice, which is widely used in social sciences, has been applied in illuminating ways by moral philosophers (Kantians and utilitarians, as well as Hobbesians). As Freeman correctly points out, "But, none pretends that rational choice theory alone can be used in moral philosophy without supplement from independent moral assumptions."[130] In this paper, rational contractarianism has been adjudicated as being torn between dilemmatic horns, i.e., Hobbes' moral irrelevance of rationality and Rawls' circularity of moral assumptions prior to rationality.

In connection with this dilemma, Bernard Williams' observation on the dilemma between internal and external foundationalisms in *Ethics and the Limits of Philosophy*(1985) is very suggestive:[131]

"This may seem a surprising thing to say. Kant's name is associated with an approach to morality in which, it is often supposed, there can be no foundations for morality at all. He insisted that morality should be 'autonomous,' and that there could be no reason for being moral. A simple argument shows why, in the Kantian framework, this must be so. Any reason for being moral must be either a moral or a nonmoral reason. If it is moral, then it cannot really be a reason for being moral, since you would have to be already inside morality in order to accept it. A nonmoral reason, on the other hand, cannot be a reason for being moral; morality requires a purity of motive, a basically moral intentionality (which Kant took to be obligation), and that is destroyed by any nonmoral inducement. Hence there can be no reason for being moral, and morality presents itself as an unmediated demand, a categorical imperative."

Then, are all external as well as internal, foundational justifications of morality doomed to failure? Is Kant's deontological and categorical solution a real and acceptable one? Can Kant's solution escape between the two horns? Isn't it a case that Kant's solution is a sort of the first horn (based on moral reason which is presumed categorically, so commits a fallacy of begging the question)? As Kant proposes a postulate of freedom (free will is attendant from freedom) for the possibility of the practical reason, the purity of moral motive, i.e., unconditional and duty-bound good will to follow the categorial imperative should be also postulated and demanded.[132] As Hegel criticizes it, Kant's categorical imperative is an obligatory universalized moral principle, but it is nothing but a non-contradictory formal principle, which lacks the concrete and practical content and the realistic motivation.[133] Furthermore, Hegel criticizes Kant's categorical imperative that it drives people into the internal conflict between reason and desire.[134]

Then, what can Rawls comment on Williams' dilemma? While he opposes Gauthier, he tries to escape from the second horn (of non-moral reason), but to grasp the first horn (of moral reason), and to give a new interpretation:[135]

"It may not be possible to prove that the reasonable cannot be derived from the rational. A negative statement of this kind is simply a conjecture. The best one may be able to do is to show that the serious attempts (Gauthier's is an example) to derive the reasonable from the rational do not succeed, and so far as they appear to succeed, they rely at some point on conditions expressing the reasonable itself."

The foundational moral dilemmas above might be a dreadful specter, which is still wondering around in the domain of contemporary moral philosophy. Should we be waiting for a specter — buster or — exorcist, or waiting for a Godot? Alas R. B. Braithwaite's prediction in *Theory of Games as a Tool for the Moral Philosopher*(1955)! That'll be the day!:136)

"Perhaps in another three hundred years' time economical and political and other branches of moral philosophy will bask in radiation from source — theory of games of strategy — whose prototype was kindled round the poker tables of Princeton."

저자 후기

1980년대 이후 영미 윤리학계를 풍미한 "자유주의 대 공동체주의 논쟁"과 "자유주의 내부 논쟁"에서 등장한 주요한 철학자들은, 자유주의 진영에는 존 롤즈(John Rawls), 로버트 노직(Robert Nozick), 로널드 드워킨(Ronald Dworkin), 데이비드 고티에(David Gauthier) 등이 있었다. 공동체주의 진영에는 알래스데어 매킨타이어(Alasdair MacIntyre), 찰스 테일러(Charles Taylor), 마이클 월저(Michael Walzer), 마이클 샌델(Michael Sandel) 등이 있었다. 공동체주의의 4대 철학자들은 모두 생존해 있지만 자유주의의 4대 철학자들은 데이비드 고티에를 제외하고 모두 타계했다. 고티에는 1932년 캐나다 토론토에서 탄생하여 최근까지 활동하였으므로 이제 자유주의를 대표하는 가장 유명하고 위대한 철학자로 남아 있다.

그의 약력을 살펴보면("David Gauthier," *Wikipedia*, pp.1-3 참조), 토론토대학교(University of Toronto, B.A.(Hons.), 1954)에서 학사학위를, 하버드대학교(Harvard University, A.M. 1955)에서 석사학위를 받았고, 옥스퍼드대학교(Oxford University, B.Phil., 1957; D.Phil., 1961)에서

학사학위와 철학박사학위를 취득하였다. 토론토대학교에서 1958년부터 1980년까지 교편을 잡았고, 1980년 이후는 피츠버그대학교(University of Pittsburgh) 철학과에서 교편을 잡았다. 1986년에 공훈 석좌 교수로 임명되었고, 현재는 퇴임하여 피츠버그대학교 철학과에서 공훈 석좌 명예교수로 있다. 그는 여러 대학들에서 방문교수를 하였는데 UCLA, UC Berkeley, Princeton, UC Irvine, The University of Waterloo 등이다. 1979년 캐나다 왕립학술원(The Royal Society of Canada) 정회원으로 선정되었으며, 미국과 캐나다에서 인문학 구겐하임 펠로십을 받았다.

이 글에서는 고티에의 학문적 성과에 대해서 알아보면서 참고문헌에 대한 해설도 약간 곁들이도록 하겠다. 본서가 다룬 고티에의 저서들은 다음과 같다.

Practical Reasoning: The Structure and Foundations of Prudential and Moral Arguments and Their Exemplification in Discourse. Oxford: Clarendon Press, 1963.

The Logic of Leviathan: The Moral and Political Theory of Thomas Hobbes. Oxford: Clarendon Press, 1969.

ed., Morality and Rational Self-Interest. Englewood Cliffs: Prentice Hall, 1970.

Morals By Agreement. Oxford: Oxford University Press, 1986.

Moral Dealing: Contract, Ethics, and Reason. Ithaca: Cornell University Press, 1990.

본서가 다루지 못한 저서는 다음과 같다.

Rousseau: The Sentiment of Existence. Cambridge: Cambridge University Press, 2006.

고티에의 학술 논문들은 90여 편에 이르고 있다.

고티에를 전체적으로 다룬 저서들은 다음과 같다. 본서가 다루지 못한 것은 마지막 두 권이다.

Ellen Frankel Paul et al., eds., *The New Social Contract: Essays on Gauthier*. Oxford: Basil Blackwell, 1988.

Peter Vallentyne. ed., *Contractarianism and Rational Choice: Essays on David Gauthier's Morals By Agreement*. Cambridge: Cambridge University Press, 1991.

David Gauthier and Robert Sugden. eds., *Rationality, Justice, And The Social Contract: Themes from Morals by Agreement*. New York: Harvester/Wheatsheaf, 1993.

Christopher W. Morris and Arthur Ripstein. eds., *Practical Rationality and Preference: Essays for David Gauthier*. Cambridge: Cambridge University Press, 2001.

고티에를 부분적으로 다룬 저서들은 많이 있지만 주목을 끄는 저서는 다음과 같다. 피터 다니엘슨(Peter Danielson)은 윤리학자이며 동시에 게임이론가로서 인공지능을 연구하는 학자로서 고티에에 관한 유수의 논문들을 썼고, 고티에의 제한적 극대화를 인공지능의 합리적 제약으로 수용하여 다음 저서를 썼으므로 매우 흥미로운 책이다.

Peter Danielson. *Artificial Morality: Virtous Robots for Virtual Games*. London and New York: Routledge, 1992. Part II "Rational constraint."

다음 저서는 고티에를 개인주의적 자유주의의 입장의 하나로 논구하고, 자유주의의 수정도 논의하고 있으므로 본서 제5장 3절에 직접적으로 관련된다.

Margaret Moore. *Foundations of Liberalism.* Oxford: Clarendon Press, 1993. Part I. Individualist Liberal Traditions. 4. "Gathier and the Full-Knowledge Contract."

다음 저서는 고티에를 간략하나마 부분적으로 잘 논의하고 있다.
Jan Narveson. *The Libertarian Idea.* Peterborough: Broadview Press, 2001. Chapter 12. Contractarianism, Gauthier's View. pp.140-144.

다음 저서는 진화론적 생물학과 도덕적 정조를 주제로 하여 고티에를 포함한 사회계약론을 논하고 있다.
Howard Kahane. *Contract Ethics.* Lanham: Rowman & Littlefield Publishers, Inc., 1995.

다음 저서는 하버마스와 고티에를 상호 비교하고 그 둘 모두를 극복하려는 보기 드문 관점을 보여주고 있다.
Logi Gunnarsson. *Making Moral Sense: beyond Habermas and Gauthier.* Cambridge: Cambridge University Press, 2000.

고티에에 관한 저널 특집호들은 다음과 같고 마지막 두 개를 빼고는 본서에서 어느 정도 다루었다.
Hardin, Russell. ed., *Symposium on David Gauthier's Morals by Agreement. Ethics.* Vol. 97. 1987. 고티에의 논문은 없고, 총 3개의 논문들이 수록.
Annette C. Baier et al., *Symposium on David Gauthier: Morals By Agreement. Canadian Journal of Philosophy.* Vol. 18. 1988. 고티에의 논문 포함 총 3개의 논문들이 수록. Gauthier, "Moral Artifice: A Reply." pp.385-418. 고티에의 이 논문은 본서 제4장에서 논의함.

Christopher W. Morris. ed., with an Introduction. *Symposium: David Gauthier's Morals By Agreement. Ethics.* Vol. 123. 2013. 서문과 고티에의 논문 포함 총 5개의 논문들이 수록. Gauthier, "Twenty-Five On." 이 논문 뒤에서 언급.

Special Topic: Gauthier's Contractarian Project. Mohamad Al-Hakim and Garrett Mac Sweeney. "30 Years After Morals By Agreement." *Dialogue: Canadian Philosophical Review.* Vol. 55. 2016. pp.593-600. 서문과 고티에의 논문 포함 총 8개의 논문들이 수록. Gauthier, "A Society of Individuals." 이 논문 뒤에서 언급.

고티에의 논문들 중에서 가장 주목해야 할 근래의 논문이 있다면 *Morals By Agreement*(1986) 출간 25년을 기념하여 쓴 다음 논문이다. 이 논문은 위에서 언급한 마지막에서 두 번째 저널 특집호에 실린 것이다. 이 논문의 요약에서 고티에는 *Morals By Agreement*를 회고하면서 변화된 부분을 언급하고 있으므로 전체를 번역하여 인용하였다.
Gauthier. "Twenty-Five On." *Ethics.* Vol. 123. 2013. pp.601-624.

Abstract.
"이 논문은 『합의도덕론(*Morals By Agreement*)』을 갱신하여 최근의 입장을 피력하고자 한다. 그 책은 숙고적 합리성에 관한 두 개의 대립하는 개념들, 즉 극대화(maximization)와 파레토 최적성(Pareto optimality)을 구분한다. 그 책은 후자를 옹호한다. 『합의도덕론』에서 주창했던 제한적 극대화의 추구자들은 합리적 협동자들로 대체된다. 그들은 협상하지는 않지만, 최소비례적 이득의 극대화 원칙(the principle of maximin proportionate gain)에 합의하는데, 그것은 최소상대이득의 극대화 [원칙]([the principle of] maximin relative benefit)을 새롭게 개칭한 것이다. 사회적 제도들과 규범들의 수용 가능성에 대한 사회계약론적인 시험이 도입되고, 로크적 단서는 합리적 협동을 위한 정초로서 향상된 역할을 맡게 된다. 그러나 로크적 단서의 설득력과 정당근거에 관해서는 여전히 문제가 남아 있다."

이상의 요약을 살펴보면 『합의도덕론』이 출간된 후 25년 동안 많은 변화가 있었다고 생각된다. 우리가 다루었던 그 책의 다섯 가지 핵심적 개념들 가운데 세 가지 논증적 중추인 제한적 극대화로서의 합리적 성향, 최대상대양보의 극소화 원칙(the principle of minimax relative concession, MRC), 협상에 임하기 위한 로크적 단서가 모두 변했다고 할 수 있다. 합리적 준수에서 『합의도덕론』은 마치 홀로 있는 독자적인 제한적 극대화의 추구자들을 상정하였으나, 여기서는 협동을 전제로 하는 합리적 협동자들로 나타난다. 협상적 분배정의론은 『합의도덕론』에서 최대상대양보의 극소화 원칙으로 정식화되었으나 여기서는 협상적 양보가 아니라 사회계약론적인 합의 대상으로서의 "최소비례적 이득의 극대화 원칙(the principle of maximin proportionate gain)"이 제시된다. 물론 『합의도덕론』에서 고티에는 "최소상대이익의 극대화 원칙(the principle of maximin relative benefit, MRB)", 혹은 "최소극대화적 상대이익의 원칙"을 언급하기는 했지만 분배적 정의에서 주안점은 MRC였다. 그래서 여기서는 MRB를 개칭하여 "최소비례적 이득의 극대화 원칙"이 제시된 것이다. 그리고 『합의도덕론』에서 로크적 단서는 원초적인 비협동적 상황에서 계약 당사자들이 타인의 도움 없이 자신들의 노동을 통해 독자적으로 취득할 수 있는 재화를 기준선으로 하였으나 여기서는 추후 협동적 잉여(cooperative surplus)를 분배할 수 있는 원초적 협동의 가능성과 공동 기여 가능성이 보다 중시된다.

사회적 제도들과 규범들의 수용 가능성에 대한 사회계약론적인 시험이 도입되는 것은 『합의도덕론』에서 다섯 가지 핵심적 개념들의 마지막 개념인 공평하고도 합리적이며 최적적인 도덕적 관점인 아르키메데스적 [준거]점에서의 선택을 확대 적용한 것이다. 아르키메데스적 선택은 본서 부록 제4장 6절 참조.

다섯 가지 핵심적 개념들 중 요약에서 언급되지 않은 완전경쟁시장으로부터 산출되는 도덕의 해방지구는 고티에가 이미 다음 논문에서 "중대한 개념적 수정"을 하였는데 여기서는 그것을 그대로 견지하고 있다. "나는 도덕성을 시장의 실패에 대한 교정으로 간주하기보다는 차라리 그것을 시장의 성공에 대한 조건으로 도입해야만 했었다."(Gauthier. "Morality, Rational Choice, and Semantic Representation: A Reply to My Critics." Ellen Frankel Paul et al. eds., *The New Social Contract: Essays on Gauthier*. Oxford: Basil Blackwell, 1988. p.203) 도덕성에 대한 그러한 "중대한 개념적 수정"은 형식적, 기초적(thin) 형태의 시장 계약주의에서 실질적, 본격적(thick) 행태의 시장 계약주의로 이행한 것이다.

고티에의 근래 논문 중 주목해야 할 다른 논문은 다음과 같다. 그 논문은 한 사회에서 사회계약론적 도덕을 가진 자유주의적 개인들이 어떠한 협동적 삶을 영위하며, 또한 다른 가치관을 가진 사람들과 어떻게 다원민주주의 사회에서 평화롭게 공존할 수 있는지의 문제를 다루고 있다. 이것은 고티에가 다원민주주의에 대비한 롤즈식의 정치적 자유주의와 같은 식견을 도입하는 것처럼 보인다. 본서 부록 제4장 7절 참조.

Gauthier. "A Society of Individuals." *Dialogue: Canadian Philosophical Review*. Vol. 55. 2016. pp.601-619.

고티에는 아래의 두 논문들을 각각 합리성, 도덕성, 진화의 관계를 종합적으로 다루는 논문 선집과 수인의 딜레마에 관한 논문 선집에 기고하였는데, 둘 다 주목해야 할 논문들이다.

Gauthier. "Intention and Deliberation." Peter Danielson. ed., *Modeling Rationality, Morality, and Evolution*. New York: Oxford University Press, 1998. pp.41-54.

Gauthier. "How I Learned to Stop Worrying and Love the Prisoner's Dilemma." Martin Peterson. ed., *Prisoner's Dilemma*. Cambridge: Cambridge University Press, 2015. pp.35-53.

고티에의 사상적 변천과 근래 입장에 대해서 논의한 많은 논문들이 있지만 저자가 유익하게 읽은 논문들은 다음과 같다. 우선 고티에의 사회계약론적 윤리학의 발달 단계를 논한 논문이 주목된다. 그리고 고티에의 새로운 분배적 정의의 원칙인 최소비례적 이득의 극대화 원칙에 대해서 비판적으로 논의한 논문도 중요하다. 그리고『합의도덕론』이후 30년간을 추적한 논문도 주목해야 할 것이다.

Pedro Francés-Goméz. "David Gauthier and The Development of a Contractarian Morality." *Hobbes Studies*. Vol. XIII. 2000. pp.77-101.

Michael Moeler. "Orthodox Rational Choice Contractarianism: Before and After." *Politics, Philosophy & Economics*, Vol. 15. 2016. pp.113-131.

다웰(Stephen Darwall)이 편집한 논문 선집도 고티에의 사회계약론적 윤리학을 파악하는 데 좋은 책이다.

Stephen Darwall. ed., *Contractarianism/Contractualism*. Malden: Blackwell, 2003.

다웰은 고티에에 대해서는 Contractarianism이라는 용어를 쓰고, 롤즈에 대해서는 Contractualism이라는 용어를 쓰고 있다. 둘 다 사회계약론으로 번역된다. 이것은 인물별이 아니라 사회계약론의 두 유형, 즉 상호이익으로서의 사회계약론과 공정성으로서의 사회계약론을 구별하기 위해서 쓴 것이다. Contractualism은 스캔론(T. M. Scanlon)이 "Contractualism and Utilitarianism." Amartya Sen and Bernard Williams, eds., *Utilitarianism and Beyond*. Cambridge: Cambridge University Press,

1982. pp.103-128에서 사용했다. Contractarianism도 1980년대 이후 널리 사용되었고, 책 제목으로 사용된 것은 위에서 언급한 Vallentyne. ed., *Contractarianism and Rational Choice*. 1991이다.

사전에 나와 있는 사회계약론이나 관련 표제어는 사회계약론 일반이나 게임이론, 그리고 고티에를 간략하게 파악하기 좋다.

"Contractarianism." 4. Critiques of Normative Contractarianism. *Stanford Encylopedia of Philosophy*. pp.1-11.

"Contemporary Approaches to the Social Contract." *Stanford Encyclopedia of Philosophy*. pp.1-20.

"Contractualism." *Stanford Encyclopedia of Philosophy*. pp.1-28. 주로 스캔론 유형의 사회계약론에 대해서 논의함.

"Game Theory and Ethics." 4. Bargaining and Contractarianism, 5. *Morals by Agreement*, 6. Some Problems with Contractarian Approach. *Stanford Encyclopedia of Philosophy*. pp.1-14.

"David Gauthier." *Wikipedia*. pp.1-3.

"David Gauthier." General Editor, John R. Shook. *The Dictionary of Modern American Philosophers*. Bristol: Thoemmes Continuum, 2005.

"David Gauthier." Ted Hondorich, ed. *The Oxford Guide to Philosophy*. The Oxford University Press, 2005.

"Justice." 5. Contractarianism and Justice. 5.1 Gauthier, 5.2 Rawls, 5.3 Scanlon, *Stanford Encyclopedia of Philosophy*. pp.1-14.

"Promises." *Stanford Encyclopedia of Philosophy*. pp.1-24.

"Social Contract." *Wikipedia*. pp.1-8. 현대 사회계약론자로는 롤즈, 고티에, 페팃(Philip Pettit)을 들고 있다. 그리고 사회계약론에 대한 여러 비판들이 논의되고 있다.

"Social Contract Theory." *Internet Encyclopedia of Philosophy*. 3. More Recent Social Contract Theories. a. John Rawls' *A Theory of Justice*. b. David Gauthier. pp.1-23.

저자가 있는 사회계약론의 표제어들을 살펴보기로 하자.

이종은. 제8장 「정치적 의무의 근거에 대한 이론」. 제3절 「사회계약론」. 『정치철학』. 서울: 도서출판 까치, 1994. pp.219-228.

Cécile Fabre. "Social Contract." *The International Encyclopedia of Ethics*. Oxford: Wiley-Blackwell, 2013. pp.4940-4949. 현대 사상가로는 롤즈와 드워킨이 나온다.

Samuel Freeman. "Social Contract." *Routledge Encyclopedia of Philosophy*. ed. by General Editor Edward Craig. London: Routledge, 1998. Vo. 2. pp.657-665. 이 논문에서는 계약론의 유형을 권리근거적 견해와 이익근거적 견해로 나눈다. 홉스는 이익근거적 견해를 취하고, 로크, 루소, 칸트, 롤즈는 권리근거적 견해를 취한다. "7 Rawls' Democratic Contract," 그리고 "Right-based versus Interest-based views," 참조. 이 논문의 "9. Moral Contractarianism"에서 롤즈와 고티에가 언급되고 주로 스캔론의 입장이 논의된다.

Paul Kelly. "Contractarian Ethics." *Encyclopedia of Applied Ethics*. San Diego: Academic Press, 1998. Vol. 1, pp.631-643. 현대 사상가로는 세 가지 접근방식에 관련하여 1. 도덕적 정초주의 이론들: 고티에와 뷰캐넌(Buchanan); 2. 철학적 사회계약론: 스캔론과 딕스(B. J. Diggs); 3. 정치적 사회계약론: 롤즈와 배리(Barry) 등이 나온다.

Peter Laslett. "Social Contract." Donald M. Borchet. ed., 2nd edition. *Encyclopedia of Philosophy*. Detroit: Thomson Gale, 2006. Vol. 9. pp.79-82.

Michael Levin. "Social Contract." Philip P. Wiener. ed., *Dictionary of* the History of Ideas: Studies of Selected Pivotal Ideas. New York: Charles Scribner's Sons, 1978. pp.251-263.

Edward McClennen. "Game Theory and Rational Choice." The Contemporary Period: Gauthier. Hugh LaFollette. ed., The International Encyclopedia of Ethics. Malden: Wiley-Blackwell, 2013. pp.2082-2093.

Johann Sommerville. Part III Themes, Ch. 33. "The Social Contract (Contract of Government)." The Oxford Handbook of The History of Political Theory. Oxford: Oxford University Press, 2011. pp.573-585. 현대 사상가로는 롤즈와 노직만 나온다.

James P. Sterba. "Social Contract(Addendum)." Donald M. Borchet. ed., 2nd edition. Encyclopedia of Philosophy. Detroit: Thomson Gale, 2006. Vol. 9. pp.82-83. 현대 사상가로는 롤즈가 위주이며 롤즈에 대한 다양한 비판들 소개되어 있고, 롤즈의 주요한 세 책들이 소개되고 있다.

고티에와의 인터뷰는 그의 사상적 전모를 파악하기 좋은 자료이다.

"13 David Gauthier." Andrew Pyle. ed., Key Philosophers in Conversation: The Cogito Interviews. London: Routledge, 1999. pp.91-98.

"David Gauthier: Rational Agreement and Morality." Constructions of Practical Reason: Interviews On Moral and Political Philosophy. ed., Herlinde Pauer-Studer. Stanford: Stanford University Press, 2003. pp.90-112.

고티에에 관한 우리나라에서의 연구 성과를 살펴보도록 하자. 서문에서는 고티에에 대한 본서 저자의 연구 성과와 김형철 교수와 엄정식 교수님의 연구 성과들을 언급했으므로 여기서는 그 나머지를 살펴보도록 하자. 또한 서문에서는 고티에의 원저들에 대한 두 개의 번역본도 언급했다. 여기에 언급한 다음 논저들은 목차와 함께 일별은 하였으나, 교수님들과 박사후 소장 학자들의 논문들은 거의 다 논의했지만 다른 학위논문들은 다 논의하거나 인용하지는 못했음을 아쉽게 생각한다.

우선 석사학위논문들부터 살펴보기로 하자.

김성철. 『David Gauthier의 제한적 극대화의 합리성 연구』. 연세대학교 대학원 철학과 석사학위논문. 2010. 2.

김정미. 『계약론적 윤리학에 있어서 합의의 타당성에 관한 연구』. 서울대학교 대학원 국민윤리교육학과 석사학위논문. 1992. 2.

박영환. 『데이빗 고티에의 신사회계약론 연구: 「합의도덕론」을 중심으로』. 영남대학교 대학원 정치이론 전공 석사학위논문. 2000. 2.

오재호. 『신사회계약론적 도덕개념 연구: 고티에의 합의도덕론을 중심으로』. 연세대학원 대학원 철학과 석사학위논문. 2002. 2.

유영희. 『상호 이익으로서의 정의와 불편부당으로서의 정의의 비교 고찰: 브라이언 배리(Brian Barry)를 중심으로』. 연세대학교 대학원 철학과 석사학위논문. 2000. 2.

윤덕광. 『David Gauthier의 「합의도덕론」의 논의에 관한 고찰: 자유주의적 개인에 관한 문제를 중심으로』. 연세대학교 대학원 철학과 석사학위논문. 1993. 2.

최현진. 『고티에의 합의도덕론을 통해 본 도덕준수의 합리성 연구』. 연세대학교 교육대학원 석사학위논문. 2008. 2.

허리선. 『사회계약론적 윤리학과 합리성 문제 연구』. 연세대학원 대학원 철학과 석사학위논문. 1999. 8.

황인성. 『데이비드 고티에의 「합의도덕론」에 관한 연구: 계약론적 윤리학의 딜레마 극복의 시도』. 숭실대학교 대학원 철학과 석사학위논문.

1996. 2.

그리고 박사학위논문들도 살펴보기로 하자.

소병철.『도구적 합리성의 규범적 조건에 관한 연구』. 고려대학교 대학원 철학과 박사학위논문. 2006. 2.

심연수.『복지국가의 윤리학적 정당화를 위한 사회계약론적 정의원리 연구』. 서울대학교 대학원 국민윤리학과 박사학위논문. 1994. 8.

장효민.『사회계약론에 기초한 정치공동체 모델 연구』. 서울대학교 대학원 윤리교육과 박사학위논문. 2013. 2.

정현태.『계약론적 윤리학에 있어서의 합리성과 정의에 관한 연구』. 서울대학교 대학원 국민윤리교육과 박사학위논문. 1994. 8.

그 다음 저서의 한 장이나, 학술잡지들에 수록된 논문들을 살펴보기로 하자.

고정식. 제3장 6절 2) 「고티에의 합의도덕론」.『존 롤즈의 정의론과 환경윤리적 적용 가능성』. 연세대학교 대학원 철학과 박사학위논문. 2004. 7. pp.126-133.

노영란. 제1부 제4장 「도덕성의 정당화와 수단적 합리성」. 진교훈 외.『윤리학과 윤리교육』. 서울: 경문사, 1997. pp.79-102.

_____. 「고티에의 제한적 극대화의 성향성」.『철학』. 53권. 1997. pp.285-314.

_____. 제5장 3절 1항 「고티에의 제한적 극대화의 성향성」.『도덕성의 합리적 이해』. 서울: 철학과현실사, 2002. pp.141-170.

_____. 제3부 3장 「고티에의 합의도덕론」. 이석호 외.『서양 근·현대 윤리학』. 고양: 인간사랑, 2003. pp.267-306.

문종대. 「고티에의 합의론적 언론자유」.『인문사회과학』. 제26권. 1997. pp.217-234.

박종준. 3. 「현대 사회계약론에서의 상황과 동기」. 2) 「고티에의 사회계
약론에서의 상황과 동기」. pp.175-182. 「사회계약론의 풀리지 않는
문제와 사회계약론의 자연화」. 『철학연구』. 제143집. 2017. pp.165-
188.

박효종. 「정의의 원리와 개인주의적 합리성의 연계의 적실성에 관한 비
판적 고찰」. 『한국정치학회보』. Vol. 28. 1995. pp.429-461.

소병철. 「경제와 윤리의 충돌에 관한 고찰: 양자의 합리적 관계를 위한
서론」. 『범한철학』. 제36집. 2005. pp.5-36.

_____. 「도덕성은 합리적으로 정당화될 수 있는가?」. 『대동철학』. 제39
집. 2007. pp.75-101.

_____. 제IV장 「도구적 합리성에 의거한 도덕성의 정당화 논변들」. 1절
「합리적 선택이론의 도덕철학적 응용: 하사니와 고티에의 경우」. 『합
리성과 도덕성: 도구적 합리성의 비판』. 파주: 서광사, 2008. pp.58-
82.

_____. 「결과보고서: 도덕성의 적극적인 정당화를 위한 이론 전략의 모
색」. 한국연구재단 2006년도 학술연구교수 지원사업. 2010. 2. 22.
pp.1-26.

심연수. 제5장 「제3이념형: ‘최대상대양보의 극소화’적 정의 원리와 국
가」. 『복지국가와 정의: 정치이론의 토대』. 고양: 인간사랑, 1998.
pp.191-203.

_____. 「복지국가의 정의원리에 기초한 한국인의 정의감 교육에 관한
연구」. 『국민윤리연구』. 제44호. 2000. pp.215-233.

오재호. 「계약론을 통한 공리주의 비판: 고티에의 합의도덕론을 중심으
로」. 『철학』. 제112권. 2012. pp.145-171.

_____. 「합리성과 도덕의 관계에 관한 연구」. 『철학논총』. 제84집.
2016. pp.277-296.

이종은. III. 「원초적 입장 설정의 불필요: 콜먼과 고티에」. pp.13-21.

「롤스의 계약론과 그 비판적 담론: 원초적 입장을 중심으로」. 『정치사상연구』. 제20집. 2014. pp.9-35.

정원섭. 「윤리는 계약의 산물인가?」. 서울대학교 철학사상연구소 엮음. 『처음 읽는 윤리학』. 파주: 동녘, 2013. pp.71-86.

정현태. 「합의도덕론에 관한 비판적 고찰」. 『교육연구』. 제3권. 1994. pp.77-97.

정호범. 「협상적 정의관의 논리적 타당성: 고티에의 합의도덕론을 중심으로」. 『사회과교육연구』. 제10권. 2003. pp.219-232.

최병서. 「공리주의 대 계약주의」. 『산업연구』. Vol. 2. 1996. pp.180-193.

_____. 「아나키, 사회계약 그리고 분배」. 『경제학연구』. 제46권. 1998. pp.329-357.

홍찬숙. 「사회정의에 대한 여성주의적 검토: 성인지적 사회통합 문제를 중심으로」. 『페미니즘연구』. 제8권. 2008. pp.47-76.

_____. 「정의를 말하다: 개인화 현상과 칸트의 재발견」. 제7강 2교시 「고티에의 minimax원리」. 서울: 아트앤스터디, 2014. 동영상 전자 자료.

본서를 바탕으로 하여 철학의 여러 후학들이 홉스와 롤즈, 그리고 고티에의 사회계약론적 윤리학에 관한 다양하고 심원한 논의들을 전개하기를 바라마지 않는 바이다. 본서 말미의 참고문헌에는 홉스, 롤즈, 고티에에 관한 논저들과 합리적 선택이론에 대한 논저들이 자세히 언급되어 있으므로 참조하기를 바라는 바이다. 이 책은 특히 고차적인 합리적 선택이론이 전개되므로 결코 쉽지만은 않은 고티에의 사회계약론적 윤리학에 대한 좋은 출발과 안내가 될 수 있는 기본적 연구와 아울러 고차적인 논의도 제시되고 있다고 사료되므로 후학들의 관심과 아울러 비판을 기대하는 바이다.

후 주

서문

1) G. E. Moore, *Principia Ethica*(Cambridge: Cambridge University Press, 1903). 번역본으로는 G. E. 무어, 정석해 옮김, 『윤리학 원리』(서울: 민중서관, 1958) 참조. 모교 철학과 교수이셨던 정석해 교수님의 번역본은 무어를 공부하는 데 큰 도움이 되었다. 석사논문 수준에서 참고할 만한 좋은 논문은 김혜숙, 『좋음의 정의 가능성에 대한 연구』(이화여자대학교 대학원 철학과 석사학위논문, 1979. 8.) 참조.

2) John Rawls, *A Theory of Justice*(Cambridge: The Belknap Press of Harvard University Press, 1971; Revised edition, 1999).

3) 존 롤즈, 황경식 옮김, 『사회정의론』(서울: 서광사, 1979), 제1권 원리론, 제2권 제도론, 제3권 목적론. 그리고 『고전적 공리주의와 John Rawls의 정의론 비교 연구』(서울대학교 대학원 철학과 박사학위논문, 1982. 8.)도 큰 도움이 되었다. 이 책은 수정 증보되어 『사회정의의 철학적 기초: J. 롤즈를 중심으로』(서울: 문학과지성사, 1985)로 출간되었다. 롤즈의 『정의론』의 제2판본 (1999)을 최종적으로 완역한 것은 존 롤즈, 황경식 옮김, 『정의론』(서울: 이학사, 2003) 참조.

4) 롤즈는 『정의론』(1971)을 출간하고 14년 후, 다음과 같이 자인하였다. "It was an error in *Theory* (and a very misleading one) to describe a theory of justice as part of the theory of rational choice(정의론을 합리적 선택이론의 일부라고 서술한 것은 『정의론』의 (매우 오도된) 실책이었다)." John Rawls, "Justice as Fairness: Political not Metaphysical," *Philosophy & Public Affairs*, Vol. 14(1985), p.237, n.20. 서문 후주 26 참조.

5) 다음 부분부터 마지막까지는 서문의 부록이라고 할 수 있는 「현대 윤리학과 합리적 선택이론: 사회계약론적 윤리학을 중심으로」, 『한민족 철학자 대회보 2: 현대 한국에서의 철학의 제문제』(1991), pp.381-391에서 전재한 것이

다. 본문에서 언급한 논문들 중 ②번이다.

6) 동서양 사회의 합리성에 관련한 자세한 논의는 Schlomo Biderman and Ben-Ami Scharfstein, eds., *Rationality in Question: On Eastern and Western Views of Rationality*(Leiden: E. J. Brill, 1989) 참조.

7) John Rawls, *A Theory of Justice*(1971).

8) David Gauthier, *Morals By Agreement*(Oxford: Clarendon Press, 1986). 데이비드 고티에, 김형철 옮김, 『합의도덕론』(서울: 철학과현실사, 1993).

9) David Bell, Howard Raiffa, and Amos Tversky, eds., *Decision Making: Descriptive, Normative, and Prescriptive Interactions*(Cambridge: Cambridge University Press, 1988) 참조. E. 엘스, 우정규 옮김, 『합리적 결단과 인과성』(서울: 서광사, 1994).

10) Norman Daniels, ed., *Reading Rawls*(Oxford: Basil Blackwell, 1975), p.xix.

11) 사회계약론에 대한 기본적 논의는 Michael Lessnoff, *Social Contract*(Atlantic Highlands: Humanities Press International, Inc., 1986) 참조.

12) William K. Frankena, "Rational Action in the History of Ethics," *Social Theory and Practice*, Vol. 9(1983), p.165.

13) "Thought Experiment," *Wikipedia*, "In Philosophy", "Examples: Philosophy-Social contract theories".

14) Geoffrey Hawthorn, *Enlightenment and Despair*, 2nd edn.(Cambridge: Cambridge University Press, 1976).

15) Philip Schofield, "Jeremy Bentham's 'Nonsense upon Stilts'," *Utilitas*, Vol. 15, No. 1(March 2003), pp.1-26. 원전은 Jeremy Bentham, *Rights, Representation, and Reform: Nonsense upon Stilts and Other Writings on the French Revolution*, ed. P. Schofield, C. Pease-Watkin, and C. Blamires (Oxford, 2002), *The Collected Works of Jeremy Bentham*, pp.317-401 참조. 원전은 Schofield 논문, 각주 2에서 재인용.

16) J. W. Gough, *The Social Contract*(Oxford: Clarendon Press, 1936), pp.174-189 참조. 박정순, 『사회정의의 윤리학적 기초: John Rawls의 정의론과 공리주의의 대비』(연세대학교 학원 철학과 석사학위논문, 1984. 2.), pp.35-36.

17) 박정순, 「인권 이념의 철학적 고찰」, 『철학과 현실』, 제68호(2006년 봄호), pp.34-66 참조.

18) 사회계약론에 대한 마르크스주의의 비판은 Geoffrey Kay, "Right and Force: A Marxist Critique of Contract and the State," in Michael Williams, ed., *Value, Social Form and the State*(London: Macmillan Press, 1988), pp.115-133.

공동체주의자들의 저작은 Alasdair MacIntyre, *After Virtue*(Notre Dame: University of Notre Dame Press, 1981). 박정순, 「문제의 책: 알래스다이어 맥킨타이어의 『덕 이후(*After Virtue*)』」, 『철학과 현실』, 제10호(1991년 가을호), pp.343-349. *Michael Sandel, Liberalism and the Limits of Justice* (Cambridge: Cambridge University Press, 1982). 다른 두 공동체주의자들은 찰스 테일러(Charles Taylor)와 마이클 월저(Michael Walzer)가 있다. 테일러는 *Philosophy and the Human Sciences: Philosophical Papers 2*(Cambridge University Press, 1985). *Sources of Self*(Cambridge: Harvard University Press, 1989). 마지막 책에 대한 서평은 박정순, 「근대적 자아의 도덕적 복구를 위한 철학적 초혼제: 문제의 책, *Sources of Self*」, 『철학과 현실』, 제44호(2000년 봄호), pp.266-281. 월저는 박정순, 『마이클 월저의 사회사상과 철학적 깨달음: 복합평등, 철학의 여신, 마방진』(서울: 철학과현실사, 2017) 참조.

19) Thomas Hobbes, *Leviathan*, ed. with Introduction by C. B. Macpherson (Harmondsworth: Penguin Books, 1968), Ch. 13, p.185. James Buchanan, *The Limits of Liberty: Between Anarchy and Leviathan*(Chicago: The University of Chicago Press, 1975).

20) John Rawls, "The Idea of Overlapping Consensus," *Oxford Journal of Legal Studies*, Vol. 7(1987), p.11. Rawls, *A Theory of Justice*(1971), p.11, n.4.

21) Rawls, *A Theory of Justice*(1971), p.152-153.

22) 같은 책, p.151.

23) John C. Harsanyi, "Can the Maximin Principle Serve as a Basis for Morality?" *The American Political Science Review*, Vol. 69(1975), pp.594-606.

24) Robert Nozick, *Anarchy, State, and Utopia*(New York: Basic Books, 1974), Part II, Ch. 7. "Distributive Justice," p.198, p.175, pp.151-153. 번역본은 로버트 노직, 남경희 옮김, 『아나키에서 유토피아로』(서울: 문학과지성사, 1983) 참조.

25) Rawls, "Justice as Fairness: Political not Metaphysical," *Philosophy & Public Affairs*, Vol. 14(1985), p.224, n.2. 본서 서문 후주 4 참조.

26) John Rawls, "Kantian Constructivism in Moral Theory," *The Journal of Philosophy*, Vol. 77(1980), pp.515-572.

27) David Gauthier, *Morals By Agreement*(1986).

28) 본서 제4장 "고티에의 사회계약론적 윤리학" 참조.

29) 같은 곳 참조.

30) Ellen Frankel Paul et al. eds., *The New Social Contract: Essays on Gauthier*(Oxford: Basil Blackwell, 1988) 참조.

31) *The Republic of Plato*, trans. F. M. Conford(London: Oxford University Press, 1941), Bk. ii, 359d-360b. 기게스의 반지는 윤리학에서 익명성(anonymity)의 문제로 불린다. 박정순,『익명성의 문제와 도덕규범의 구속력』(서울: 정보통신정책연구원, 2004) 참조.

32) Milton L. Myers, *The Soul of Modern Economic Man: Ideas of Self-Interest. Thomas Hobbes to Adam Smith*(Chicago: The University of Chicago Press, 1983).

33) James P. Sterba, "A Marxist Dilemma for Social Contract Theory," *American Philosophical Quarterly*, Vol. 19(1982), pp.51-60.

34) 합리성과 도덕성의 딜레마는 자유주의(자본주의)가 합리적이고 효율적이지만 부도덕하고, 사회주의가 도덕적이지만 불합리하고 비효율적이라는 것이 될 것이다. 물론 이러한 딜레마적 해석은 공산주의의 붕괴 이전까지는 호소력이 있었지만 그 이후는 자유주의가 도덕성마저 회복한 것으로 평가되었다. Ronald H. Nash, *Freedom, Justice, and The State*(Lanham: University Press of America, 1980), Ch. VI. "The Alleged Immorality of Capitalism," pp.159-181. 그리고 "Symposium on Markets and Equality Under Capitalism and Socialism," *Ethics*, Vol. 12(1992), pp.447-511 참조. 서론과 3개의 논문이 수록되었다. 사회주의의 몰락에 대해서는 민경국,「사회적 시장경제의 실패가 사회철학에 주는 의미」,『철학연구』, 제78집(2007), pp.117-137. 그리고 허창수,『자본주의의 도덕성과 비도덕성』(왜관읍: 분도출판사, 1996). 평등과 효율 사이도 딜레마적 형식으로 구성할 수 있다. 평등을 추구하면 비효율적이 되며, 효율을 추구하면 불평등이 야기된다. 아더 오쿤, 이영선 옮김,『평등과 효율: 갈등구조의 분석 및 조화의 방안』(서울: 현상과인식, 1993) 참조.

35) John Roemer, ed., *Analytical Marxism*(Cambridge: Cambridge University Press, 1986). 국내 논문으로 분석적 마르크시즘을 포괄적으로 다루고 있는 논문은 황경식,「분석맑스주의에 있어서 정의의 문제」, 그리스도철학연구소 편,『현대사회와 정의』(서울: 철학과현실사, pp.288-342 참조.

36) Robert B. Louden, "Some Vices of Virtue Ethics," *American Philosophical Quarterly*, Vol. 21(1984), pp.227-236.

37) Norman Daniels, "Wide Reflective Equilibrium and Theory Acceptance in Ethics," *The Journal of Philosophy*, Vol. 76(1979), pp.256-283.

38) 중첩적 합의에 대한 개념은 다음 두 논문에서 처음 개진되었다. John Rawls, "The Idea of Overlapping Consensus," *Oxford Journal of Legal Studies*, Vol. 7(1987), pp.1-25. "The Domain of the Political and Overlapping Consensus," *New York University Law Review*, Vol. 64(1989), pp.233-255. 롤즈에 대한 포스트모던적 전환은 Richard Rorty, "Postmodern Bourgeois Liberalism," *The Journal of Philosophy*, Vol. 80(1983), pp.583-589. Charles Altieri, "Judgment and Justice under Postmodern Conditions: or, How Lyotard helps us Read Rawls as a Postmodern Thinker," in Reed Way Dasenbroack, ed., *Redrawing the Lines*(Minneapolis: University of Minnesota Press, 1989), pp.61-69.
롤즈의 『정치적 자유주의』(1993)는 『정의론』(1971)과 그 이후에 발표된 논문들이 일관된 체계를 구성하도록 내부적인 문제들을 교정한다. 그리고 다원주의에 대한 적절한 대응책이 되도록 포괄적인 도덕철학으로 제시되었던 공정성으로서의 정의관은 자유주의적인 정치적 정의관으로 재해석된다. 따라서 롤즈의 정치적 정의관은 다양한 포괄적인 종교적, 철학적, 도덕적 교의들 사이에서 중첩적 합의의 대상이 되어 사회적 통합과 안정성을 이룰 수 있다는 것으로 정당화된다. 박정순, 「정치적 자유주의의 철학적 기초」, 『철학연구』, 제42집(1998), pp.275-305 참조. 롤즈의 사회계약론적 윤리학에서의 입장 변화는 박정순, 「자유주의 정의론의 철학적 오디세이: 롤즈 정의론의 최근 변모와 그 해석 논쟁」, 제5회 한국철학자연합대회 대회보『현대의 윤리적 상황과 철학적 대응』(1992. 10.), pp.573-599 참조. 후기 롤즈 1단계(1971-1982)는 합리적 선택이론을 버리고, 사회계약론적 인간관을 칸트적 인간관에 정초시킨다. 후기 롤즈 2단계(1982-1989)는 사회계약론적 윤리학을 포괄적인 도덕적, 종교적 교설에서 벗어나게 하여 정치적 자유주의에 정초시킨다. 그 후 롤즈는『정치적 자유주의(*Political Liberalism*)』(New York: Columbia University, 1993; 1996; 2005) 초판과 재판, 증보판(expanded edition)을 출간한다. 초판 우리말 번역본으로는 존 롤즈, 장동진 옮김, 『정치적 자유주의』(파주: 동명사, 1998) 참조. 증보판은 존 롤즈, 장동진 옮김, 『정치적 자유주의』, 증보판(서울: 파주, 2016) 참조.

39) Kai Nielsen, "Searching for an Emancipatory Perspective: Wide Reflective Equilibrium and the Hermeneutical Circle," in Evan Simpson, ed., *Antifoundationalism and Practical Reasoning*(Edmonton: Academic Printing and Publishing Co., 1987), pp.143-163.

40) Marjori Garber, et al. ed., *The Turn to Ethics*(Routledge: New York and London, 2000).

제1장 서론: 현대 윤리학의 철학적 전개 양상

1) John Rawls, *A Theory of Justice*(Cambridge, Mass.: The Belknap Press of Harvard University, 1971; Revised edition, 1999). 롤즈의 『정의론』의 제2 판본(1999)을 최종적으로 완역한 것은 존 롤즈, 황경식 옮김, 『정의론』(서울: 이학사, 2003) 참조. 본서에서는 1971년 영어 원판을 저본으로 사용했다. 롤즈의 『정의론』에 대한 논의와 인용은 제2판본의 번역본을 많이 참조하였으나 영어 원판본의 페이지만 언급했고, 번역본의 페이지를 일일이 언급하지 못한 것을 유감으로 생각하는 바이다.

2) Rawls, *A Theory of Justice*, p.vii.

3) Michael Lessnoff, *Social Contract*(Atlantic Highlands, New Jersey: Humanities Press International Inc., 1986), pp.6f.

4) Rawls, *A Theory of Justice*, p.11.

5) 같은 곳. 여기서 우리는 도덕철학과 정치철학이 분리되어야 한다고 주장하는 것은 아니다. 플라톤과 아리스토텔레스 이래로 그 둘은 밀접하게 연관되어왔다. 그 분리는 본질적으로 근대적인 현상이다. 이와 관련한 사항은 Robert Gordis, *Politics and Ethics*(Santa Barbara, California: Center for the Study of Democratic Institutions, 1961) 참조. 그러나 롤즈는 나중에 자신의 정의론을 정치적인 것으로 국한하게 되므로 그 둘 사이의 관계는 재고를 요하게 되었다. Cf. John Rawls, "Justice as Fairness: Political not Metaphysical," *Philosophy & Public Affairs*, Vol. 14(1985), pp.223-253. 롤즈의 정치적 정의관에 관련된 문제는 David Schaefer, " 'Moral Theory' Versus Political Philosophy: Two Approaches to Justice," *Review of Politics*, 39(1977), pp.192-219 참조. 롤즈의 정치적 정의관에 대한 논의는 박정순, 「정치적 자유주의의 철학적 기초」, 『철학연구』, 제42집(1998), pp.275-305 참조.

6) 메타윤리학(metaethics) 혹은 분석윤리학(analytic ethics)은 윤리적 용어의 의미와 윤리적 판단의 본질, 그리고 윤리적 논증들의 유형과 정당화 방법론을 탐구하고 분석하는 실질적이 아닌 형식적 윤리학이었다. 본서 서문 초두 참조. 실질적이고도 체계적인 사회계약론적 윤리학은 "거대이론에의 복귀"라고 할 수 있을 것이다. 이에 관해서는 퀜틴 스키너(Quentin Skinner) 서론 및 편집, 이광래, 신중섭, 이종흡 옮김, 『현대사상의 대이동: 거대이론에의 복귀』(춘천: 강원대학교 출판부, 1987), 제6장 "존 롤즈" 참조.

7) William K. Frankena, "Rational Action in the History of Ethics," *Social Theory and Practice*, Vol. 9(1983), pp.165-166. 도덕의 합리적 근거를 찾는 시도 중 주목할 만한 저서는 노영란, 『도덕성의 합리적 이해』(서울: 철학과

현실사, 2002), 특히 제1장 "왜 도덕적이어야 하는가" 참조. 또한 도덕적이어야 할 비도덕적 이유가 제시되어야 한다는 관점에서 논의를 전개한 노영란, 「도덕성의 정당화에 있어서의 그 의미와 방향」, 『대동철학』, 제2집(1998), pp.137-156 참조. 그리고 소병철, 『합리성과 도덕성: 도구적 합리성의 한 비판』(서울: 서광사, 2008) 참조. 도덕의 정당화 이론을 다루고 있는 것은 도성달, 「왜 내가 도덕적이어야 하는가?」, 『정신문화연구』, 제15권(1992), pp.241-249. 임덕준, 『도덕과 합리적 자기 이익에 관한 연구: '왜 도덕적이어야 하는가'를 중심으로』(고려대학교 대학원 철학과 박사학위논문, 1997. 2.) 참조. 도덕의 도구적, 합리적 정당화에 관한 논문은 소병철, 「도덕성은 합리적으로 정당화될 수 있는가?」, 『대동철학』, 제39집(2007), pp.75-101. 소병철, 「실천적 합리성 개념의 현대적 편향에 대한 검토」, 『철학연구』, 제104집(2007), pp.189-214. 노영란, 「합리적 자아와 도덕적 자아」, 『철학연구』, 제66집(2004), pp.167-186. 오재호, 「도구적 합리성과 도덕에 대한 비판적 검토」, 『시대와 철학』, 제18권(2007), pp.7-35.

포괄적인 관점에서 도덕적 합리성을 논하고 있는 것은 박이문, 「도덕적 개념으로서의 합리성」, 『철학과 현실』, 제16호(1993년 봄호), pp.253-269. 임홍빈, 「도덕적 합리성의 유형에 관하여」, 『철학과 현상학 연구』, 제7집(1993), pp.391- 415 참조. 도구적 합리성, 목적(수단) 합리성을 넘어선 실천적 합리성, 규범적 합리성, 가치 합리성을 포괄적으로 추구하고 있는 논의는 한국분석철학회 편, 『합리성의 철학적 이해』(서울: 철학과현실사, 1998) 참조. 이 책 제3부 "행위와 합리성"에서는 "수인의 딜레마와 합리성"에 대한 이좌용의 논의도 나온다. 포괄적인 논의는 사회와 철학 연구회, 『철학과 합리성』(서울: 이학사, 2002) 참조. 합리성에 대한 형이상학적, 인식론적 접근 등은 정성호, 「합리성의 근원과 본질」, 『철학』, 제62집(2000), pp.321-351 참조. 또 다른 포괄적인 논의는 임홍빈 외, 『동서철학에 나타난 공적 합리성 논쟁』(서울: 철학과현실사, 2005) 참조. 비판적 합리성, 의사소통 합리성에 대한 논의는 이남인, 「비판적 합리성의 구조」, 『철학사상』, 제19권(2004), pp.83-129 참조. 그리고 실천적 합리성을 기대효용론의 관점에서 논하고 있는 것은 김기현, 「이론적 합리성과 실천적 합리성」, 『철학사상』, 제19권(2004), pp.3-32. 행위의 합리성에 대해서 논하면서 기대효용론과 (본서 제2장 3절 3)항에서 논한) 사이먼의 제한적 합리성에 대해서 논하고 있는 것은 정영기, 「행위의 합리성에 관한 연구: Hempel의 견해를 중심으로」, 『철학연구』, 제18권(1994), pp.215-246 참조. 도구적 합리성에 대한 논의는 본서 제2장 후주 31 참조. 도구적 이성을 포함한 보다 포괄적인 이성과 합리성을 근현대 유럽 철학의 관점에서 논하고 있는 것은 정현철, 『근대성과 탈근대성의 지평에서 본 '합리성' 개념』(연세대학교 대학원 철학과 석사학위논문, 1991.

12.) 참조. 합리성 일반과 의사소통적 합리성을 포함하는 사회비판이론에 대한 포괄적인 논의는 황원영, 『교육과 사회비판이론(합리성과 판단)』(파주: 양서원, 1998) 참조. 합리성에 관련하여 1장 "합리성이란 무엇인가", 2장 "합리성의 보편적 개념", 6장 "합리성에 대한 역사적 고찰", 8장 "합리성의 위기"는 본서의 주제와 연관이 있어 정독하였다.

8) "계몽주의적 기획"은 공동체주의자 매킨타이어(Alasdair MacIntyre)가 근대 개인주의적 자유주의를 비판하기 위해서 만든 조어이다. 그는 계몽주의적 기획이 인간의 이성을 신뢰하고 이성에 의한 인간사회의 발전을 신봉하는 계몽주의를 배경으로 하지만 보다 구체적으로 도덕에 대한 자유주의적 개인들의 도구적 이성을 통한 자발적이고 보편적이고 합리적인 합의와 선택에 의한 정당화를 기획하는 것으로 해석한다. Alasdair MacIntyre, *After Virtue*, 2nd edn.(Notre Dame: University of Notre Dame Press, 1984; 1st edn. 1981), p.39. 재판본의 번역본으로는 알래스데어 매킨타이어, 이진우 옮김, 『덕의 상실』(서울: 문예출판사, 1997) 참조. 계몽주의적 기획은 박정순, 「문제의 책: 알래스다이어 맥킨타이어의 『덕 이후(*After Virtue*)』」, 『철학과 현실』, 제10호(1991년 가을호), pp.343-349 참조. 계몽주의적 이성 비판으로 유명한 책은 M. 호르크하이머, Th. W. 아도르노, 『계몽의 변증법』(서울: 문예출판사, 1995) 참조. 본서 제2장 후주 31 참조.

9) Edward F. McClennen, "Rational Choice and Public Policy: A Critical Survey," *Social Theory and Practice*, Vol. 9(1983), p.335. 역사주의 이외에도 진화론적 패러다임(개인적, 합리적 선택들을 초월하는 도덕적, 정치적 제도들의 장기간의 문화적 진화 과정의 존재), 하이에크적 자생적 질서(도덕적, 정치적 제도들은 인간 행동의 결과이기는 하지만 인간 설계의 결과는 아님), 로티의 우연성의 개념(인간사회는 저변에 깔려 있는 무역사적인 인간 본성의 표현 혹은 초역사적인 목표의 실현이 아니라 역사적 우연성의 산물임)은 같은 유형의 사조로 결집될 수 있을 것이다. 진화론적 이론은 James M. Buchanan, *Explorations into Constitutional Economics*(Austin: Texas A & M University Press, 1989), pp.44f. Greta Jones, *Social Darwinism and English Thought*(Sussex: The Harvester Press,1980), Ch. vil. "Rationality and Irrationality" 참조. 하이에크적 발상은 Friedrich Hayek, *Law, Legislation, and Liberty*. 3 Vols.(Chicago: University of Chicago Press, 1973; 1976; 1979). *The Fatal Conceit: The Errors of Socialism*(Chicago: University of Chicago Press,1989) 참조. 하이에크적 발상에 대한 논의는 The Symposium on "F. A. Hayek's Liberalism," *Critical Review*, Vol. 3(1989) 참조. 리처드 로티의 견해는 Richard Rorty, *Contingency, Irony, and Solidarity*(Cambridge: Cambridge University Press, 1989) 참조. 번역본은

리처즈 로티, 김동식, 이유선 옮김, 『우연성, 아이러니, 연대성』(서울: 민음사, 1996).

10) McClennen, "Rational Choice and Public Policy: A Critical Survey," p.336.

11) Geoffrey Hawthorn, *Enlightenment and Despair*, 2nd edn.(Cambridge: Cambridge University Press, 1976). Peter Sloterdijk, *Critique of Cynical Reason*, trans. Michael Eldred(Minneapolis: University of Minnesota Press, 1987; Original German ed. 1983). 페터 슬로터다이크, 이진우, 박미애 옮김, 『냉소적 이성 비판』(서울: 에코리브르, 2005). Donald A. Crosby, *The Specter of the Absurd: Sources & Criticisms of Modern Nihilism*(Albany: State University of New York Press, 1988).

12) John Rajchman and Cornell West, eds., *Post-Analytic Philosophy*(New York: Columbia University Press, 1985), "Introduction: Philosophy in America," p.xxii. 논리실증주의의 검증원리는 박정순, 「논리실증주의의 검증원리와 형이상학」, 오영환 외, 『과학과 형이상학』(서울: 자유사상사, 1993), pp.285-307.

13) 정의주의(情意主義) 혹은 정의론(情意論)에 대해서는 황경식, 「정의(情意)적 의미의 기원」, 『철학』, Vol. 11(1977), pp.39-66.

14) Roger N. Hancock, *Twentieth Century Ethics*(New York: Columbia University Press, 1974). George C. Kerner, *The Revolution in Ethical Theory* (Oxford: Oxford University Press, 1966). W. D. Hudson, *Modern Moral Philosophy*, 2nd edn.(New York: St. Martin's Press, 1970) 참조. 규정주의는 헤어(R. M. Hare)가 *The Language of Morals*(Oxford: Clarendon Press, 1952; 2nd edn. 1972)에서 주창하였다. 메타윤리학에만 논의를 국한한다는 비판은 정의주의에는 타당하지만 보편적 규정주의에는 전적으로 타당하지 않을 수도 있다. 헤어는 후기에 공리주의를 옹호하는 입장을 취할 뿐만 아니라 정치철학과 응용윤리에 관한 저작들도 출간하였다. 공리주의에 대한 옹호는 *Freedom and Reason*(Oxford: Oxford University Press, 1963)에서 시작하여 *Moral Thinking: Its Levels, Method, and Point*(Oxford Clarendon Press, 1981)를 거쳐 그 이후로 이어진다. 정치철학과 응용윤리는 *Essays on Political Morality*(Oxford: Clarendon Press, 1989), *Essays on Bioethics* (Oxford: Clarendon Press, 1993; 2nd edn. 2002). *Moral Thinking*의 번역본은 R. M. 헤어, 김형철, 서영성 옮김, 『도덕사유』,(서울: 서광사, 2004). 헤어의 보편적 규정주의의 입장은 김영진, 「현대의 사상: 헤어의 윤리설」, 『한국논단』, 30권(1992. 2.), pp.202-207. 그리고 김영진, 「분석에서 규범까지: 헤어의 윤리설을 중심으로」, 한국분석철학회 편, 『21세기와 분석철학: 분석철학의 회고와 전망』(서울: 철학과현실사, 2000), pp.176-219 참조.

15) Joseph P. DeMarco and Richard M. Fox, eds., *New Directions in Ethics* (London: Routledge & Kegan Paul, 1986), p.11.

16) Stephen Toulmin, *An Examination of the Place of Reason in Ethics*, 2nd edn.(Chicago: The University of Chicago Press, 1986; 1st. ed. 1950), p.145. 박정순, 「일상언어와 도덕적 합리성: 스티븐 툴민의 정당근거적 접근 방식을 중심으로」, 박영식 외, 『언어철학연구』(서울: 현암사, 1995), pp.421-456.

17) Kurt Baier, *The Moral Point of View*(Ithaca: Cornell University Press, 1958), p.200.

18) J. R. Searle, "How to derive 'ought' from 'is'," *The Philosophical Review*, Vol. 73, No. 1(1964), pp.43-58. James Thomson and Judith Thomson, "How not to Derive 'ought' from 'is'," *The Philosophical Review*, Vol. 73, No. 1(1964), pp.512-516. 이 두 논문은 다음의 책에 재수록되었다. Wilfrid Sellars and John Hospers, eds., *Readings in Ethical Theory*, 2nd edn. (Englewoood Cliffs: Prentice-Hall, 1970), pp.63-72, pp.73-85. 포괄적이고 상세한 논의는 W. D. Hudson, ed., *The Is/Ought Question*(London: Macmillan, 1969).

19) John Rawls, "Review of Stephen Toulmin's An Examination of the Place of Reason in Ethics," *The Philosophical Review*, Vol. 60(1951), pp.572-580. John Hospers, "Baier and Media on Ethical Egoism," *Philosophical Studies*, Vol. 12(1961), pp.10-16.

20) Alan Gewirth, "The Future of Ethics," *Noûs*, Vol. 15(1981), p.19. 나중에 앨런 거위스는 자신의 입장을 Alan Gewirth, *Reason and Morality*(Chicago: University of Chicago Press, 1978)로 펴낸다.

21) Gewirth, "The Future of Ethics," p.19.

22) Michael D. Resnik, *Choices: An Introduction to Decision Theory*(Minneapolis: University of Minnesota Press, 1987). David Bell, Howard Raiffa, and Amos Tversky, eds., *Decision Making: Descriptive, Normative, and Prescriptive Interactions*(Cambridge: Cambridge University Press, 1988). 합리적 선택이론에 관한 철학 분야의 공헌은 가치, 규범, 의무에 대한 의사결정이론과 논리(value, normative, deontic decision-making theory and logic), 그리고 행동 일반과 도덕적 행동에서의 합리성, 실천적 합리성 등이다. 이초식, 피세진, 「가치, 규범, 의사결정의 논리연구」, 『철학』, 제14집(1980), pp.47-84. 이좌용, 「결정이론의 논리와 도구적 합리성의 한계」, 『철학연구』, 제42집(1998), pp.307-330. Mark Kaplan, *Decision Theory as Philosophy* (Cambridge: Cambridge University Press, 1995). 이좌용 논문, p.308에서 재

인용. 통계학, 경영학, 경제학에서의 의사결정론에 대해서는 신민웅, 박태성, 신기일, 박홍선, 최대우, 『의사결정론』(서울: 자유아카데미, 1996) 참조.

23) John von Neuman and Oskar Morgenstern, *Theory of Games and Economic Behavior*(Princeton: Princeton University Press, 1944). Robert D. Luce and Howard Raiffa, *Games and Decisions*(New York: Wiley, 1957). Kenneth J. Arrow, *Social Choice and Individual Values*(New York: John Wiley & Sons, 1951). 애로우의 이 책에 대한 번역은 다음 참조. 케네드 J. 애로우, 윤창호 옮김, 『사회적 선택과 개인의 가치』, 제2판(1963; 제1판 1951), 노벨경제학상저작선집 ⑤(서울: 한국경제신문사, 1987). 와실리 W. 레온티에프의 『미국경제의 구조』와 같이 수록되어 있음.

24) C. Dyke, *Philosophy of Economics*(Englewood Cliffs, New Jersey: Prentice-Hall, 1981), p.29. Martin Hollis and Edward J. Nell, *Rational Economic Man: A Philosophical Critique of Neo-Classical Economics*(London: Cambridge University Press, 1975) 참조. 본서 부록 제1장 "호모 에코노미쿠스 생살부" 참조.

25) R. B. Braithwaite, *Theory of Games as Tool for the Moral Philosopher* (Cambridge: Cambridge University Press, 1955).

26) John Rawls, "Outline of Decision Procedure for Ethics," *The Philosophical Review*, Vol. 60(1951), pp.177-97.

27) John Rawls, "Justice as Fairness," *The Philosophical Review*, Vol. 67 (1958), pp.164-199. Sellars and Hospers, *Readings in Ethical Theory*, pp.578-595에 재수록.

28) 같은 책, p.589.

29) Rawls, *A Theory of Justice*, p.vii. 롤즈의 공리주의 비판은 박정순, 『사회정의의 윤리학적 기초: John Rawls의 정의론과 공리주의의 비교』(연세대학교 대학원 석사학위논문, 1984. 2.) 참조.

30) H. Gene Blocker and Elizabeth H. Smith, eds., *John Rawls' Theory of Social Justice*(Athens: Ohio University Press, 1980), "Editors' Introduction," p.xiii.

31) David Gauthier, *Morals By Agreement*(Oxford: Clarendon Press, 1986). 번역본은 데이비드 고티에, 김형철 옮김, 『합의도덕론』(서울: 철학과현실사, 1993) 참조.

32) Gauthier, *Morals By Agreement*, p.17. 이 책의 이러한 기본적 목적은 롤즈와 고티에가 사회계약론적 윤리학자를 총망라한다고 생각하는 것은 아니다. 사회계약론적 윤리학자들 혹은 정치(철)학자들로는 그라이스(G. R. Grice),

딕스(B. J. Diggs), 뷰캐넌(James Buchanan), 콜먼(James S. Coleman), 리처즈(David Richards), 스캔론(Thomas Scanlon), 나비슨(Jan Narveson), 배리(Brian Barry), 빈모어(Kenneth Binmore), 스킴스(Brian Skyrms), 페팃(Philip Pettit) 등을 들 수 있다. 그리고 제3장에서 우리는 고전적 사회계약론자들 중에서 홉스를 다룰 것이다. 카브카(Gregory S. Kavka), 햄턴(Jean Hampton), 패럴(Daniel Farrell) 등 홉스 연구가들도 사회계약론적 정치철학자들로 분류될 수 있다. 제3장 후주 12 참조. 그중 특히 햄턴의 저서는 유고로서 출판되었다. Jean Hampton, Daniel Farnham, ed., *The Intrinsic Worth of Persons: Contractarianism in Moral and Political Philosophy*(Cambridge: Cambridge University Press, 2007).

이들 중에서 뷰캐넌, 콜먼, 스캔론은 롤즈와 고티에에 필적할 만한 사회계약론의 대안적 이론들을 수립한 것이 사실이지만 이 책의 기본적 탐구 대상에는 포함되지 못함을 아쉽게 생각한다. 뷰캐넌은 제3장에서 홉스적 유형의 사회계약론자로 분류하고 간단히 논의하였다. 콜먼은 사회학자로서 합리적 선택이론을 사회학적 관점에서 비판적으로 수용하기 위해서 노력하였다. 그는 사회적 자본론을 제시하였는데, 그것은 신뢰, 그리고 공동체의 규범이나 사회연결망이 갖는 순기능적 측면을 말하는 것이다. 그런데 그는 근대사회의 진전에는 개인의 권리에 의거한 서구적 근대의 자유주의적 계약론적 세계상이 저변에 깔려 있다고 파악한다. 이재혁, 「비대칭사회와 합리적 선택이론: 제임스 콜만의 사회이론」, 『사회와 이론』, 제25집(2014), pp.174-175 참조. 그리고 본서 제2장 후주 116 참조. 배리는 사회계약론을 두 유형으로 나누는 것에 관련하여 언급되었다. 빈모어와 스킴스는 사회계약론과 게임, 그리고 진화와 관련해서 언급되었다. 이 두 학자들과 사회계약론의 분류와 분류된 철학자들에 대한 논의는 본서 제3장 후주 4와 120과 저자 후기 참조. 변문숙은 동물윤리의 영역에서 사회계약론을 원용하고 있는 학자들로 롤랜즈(Mark Rowlands)와 카러더스(Peter Carruthers)를 들고 있다. 변문숙, 「계약론적 윤리설과 동물 윤리」, 『철학사상』, 제48권(2013), pp.235-264. 페팃은 사회계약론에 기반한 신공화주의적 정부를 통해서 비지배적 자유와 비억압적 정부를 추구한다. 그의 두 저서 참조. *Publicanism: A Theory of Freedom and Government*(Oxford: Oxford University Press, 1997). 번역본으로는 필립 페팃, 곽준혁 옮김, 『신공화주의: 비지배 자유와 공화주의 정부』(파주: 나남출판, 2012). *On the Peoples' Terms: A Republican Theory and Model of Democracy*(Cambridge: Cambridge University Press, 2012). Cf. "Social Contract," *Wikipedia*, p.5.

토머스 스캔론 교수는 하버드대학교에서 교편을 잡다가 지금은 은퇴하여 명예교수로 있다. 스캔론의 원저 중 번역된 것은 다음 두 권이다. 팀 스캔론,

강명신 옮김, 『우리가 서로에게 지는 의무: 계약주의적 도덕개념 분석』(파주: 한울, 2008). T. M. 스캔런, 성창원 옮김, 『도덕덕의 차원들: 허용, 의미, 비난』(파주: 서광사, 2012). 스캔론 전공자인 고려대학교 철학과 성창원 교수는 스캔론에 대한 책을 한 권 번역했고, 4편의 논문들을 발표했다. 그중에서 가장 중요한 것은 성창원, 「스캔런의 계약주의, 그리고 잉여반론과 불확정성반론」, 『철학』, 제111집(2012), pp.159-185이다. 스캔론의 계약주의적 윤리학은 정당근거적 관점에서 합당하게 거절할 수 없는 원칙에 의거하여 상호 인정을 하고 다른 사람을 대우할 때 그 원칙이 도덕원칙이 된다는 주장, 즉 합당한 거절 가능성의 불가함에 의거한 계약주의적 정식화와 테스트를 제시하고 있다. 성창원은 스캔론의 계약주의적 정식화는 두 가지 반론에 직면한다고 지적하고 두 반론에도 응수하고 있다. 스캔론에 대한 학위논문은 하나가 있다. 최동용, 『다수구조원칙의 정당성 탐구』(연세대학교 대학원 철학과 석사학위논문, 2013. 8.). 스캔론 교수는 2008년 8월 서울에서 열렸던 제22차 세계철학대회, "한국철학회 특별세션"에 초빙되어 "윤리학의 주제들 세션"에서 「비난이란 무엇인가?(What is blame?)」를 발표했다. 그리고 대회 기간 중에 국내 언론과 다섯 번의 단독 및 대담 인터뷰를 가진 바 있다. 저자는 그 당시 세계철학대회 한국조직위원회 산하 홍보위원회 부위원장을 맡아 홍보 실무를 주관하였다. 스캔론은 「나의 세계철학대회 참가기: WCP 2008 Report」, 『철학과 현실』, 제79호(2008년 겨울호), pp.280-285에 기고하였다. 이 기고문은 저자가 번역하여 수록하였다.

33) Rawls, *A Theory of Justice*, p.16. 그리고 관련된 언급은 p.17, p.583, p.251, p.44 참조.

34) Gauthier, *Morals By Agreement*, pp.2-3.

35) Rawls, *A Theory of Justice*, p.14.

36) Gauthier, *Morals By Agreement*, p.8.

37) Rawls, *A Theory of Justice*, p.17. Gauthier, *Morals By Agreement*, p.2.

38) David Hume, *A Treatise of Human Nature*, ed. L. A. Selby-Bigge, 2nd edn.(Oxford: The Clarendon Press, 1978), BK. III, PT. II, Sec. ii: *An Enquiry Concerning the Principles of Morals*, ed. L. A. Selby-Bigge, 3rd edn.(Oxford: Clarendon Press, 1975), Sec. iii, PT. i. 정의의 여건에서 객관적 여건은 자원의 적절한 부족 상태(희소성)이고, 주관적 조건은 상호 무관심한 자기 이익 추구자로서의 계약 당사자의 규정이다. 흄의 정의의 여건에 관한 논의는 Rawls, *A Theory of Justice*, Sec. 22. "The Circumstances of Justice".

39) Rawls, *A Theory of Justice*, p.127. Gauthier, *Morals By Agreement*, p.113.

40) John Rawls, "The Priority of Right and Ideas of the Good," *Philosophy & Public Affairs*, Vol. 17(1988), p.258. 전 목적적 수단은 어떠한 가치관을 가지더라도 그것을 실현하기에 필요한 사회적 기본가치(primary social goods)를 말한다. 이러한 사회적 기본가치는 기본적 권리와 자유, 기회와 권한, 소득과 부, 자존감의 사회적 기반이다. Rawls, *A Theory of Justice*, p.92. John Rawls, *Political Liberalism*(New York: Columbia University Press, 1993), p.181. 번역본은 존 롤즈, 장동진 옮김, 『정치적 자유주의』(서울: 동명사, 1998). 따라서 자기 이익의 극대화로서 합리성의 가치중립적인 도구적 개념은 막스 베버(Max Weber)가 구분한 "사회적 행위의 규정 근거"인 가치합리성(Wertrationalität)과 목적합리성(Zweckrationalität)에서 프로테스탄트처럼 결과에 관계없이 가치를 그 자체로서 추구하는 가치합리성과 과학 연구처럼 주어진 목적에 대한 수단적, 도구적 가치를 추구하는 목적합리성의 구분에서 후자에 대응한다. 그 외에 베버는 감성적 행위, 전통적 행위도 들고 있다. Max Weber, *Economy and Society*, 1(Berkeley: University of California Press, 1978), pp.24-26. 막스 베버, 박성환 옮김, 『경제와 사회 1』(서울: 문학 지성사, 1997), pp.146-148. 베버의 두 합리성의 구분에 대한 자세한 논의는 원준호, 「Max Weber의 관료제와 합리화에 관한 비판의 함의」, 『대한정치학회보』, 22집 4호(2014), pp.33-48 참조. 본서 제2장 후주 31 참조. Cf. "Instrumental and value rationality," *Wikipedia*, pp.1-22 참조. 여기서는 그러한 구분에 관한 주요 사상가로서 호르크하이머, 롤즈, 노직, 가윈럭(James Gouinlock), 센(Amartya Sen)이 예시되고 있다. 기본적 분류 방식은 Morton A. Kaplan, "Means/Ends Rationality," *Ethics*, Vol. 87(1976), pp.61-65 참조. 도구적 합리성에 대한 비판, 즉 인간의 개인적, 집단적 행위에 대한 설명은 도구적 이성만이 아니라 행동의 규범적 측면과 표현적 측면을 고려해야 한 한다는 비판은 다음 논문 참조. Doug Mann, "Limits of Instrumental Rationality," *Critical Review*, Vol. 13(1999), pp.165-189.

그러나 자기 이익의 극대화로서 가치중립적인 도구적 합리성은 최소한 가치합리성을 포함하고 있다. 물론 자기 이익이 무엇이든지 주어진 욕구라고 생각하면 여전히 수단적 합리성으로 생각할 수 있으나, 자기 이익의 극대화로서의 합리성은 이기주의적 목적을 다른 목적에 비해서 우선적으로 생각한다는 점에서 순전히 형식적인 것은 아니고 최소한의 실질적 합리성을 함축한다. 그렇다고 이러한 실질적 합리성이 가치와 목적 자체의 선택에 대한 전반적인 윤리적 가치판단과 숙고적 합리성을 완전히 가동한다는 것을 의미하지는 않는다. 이상의 논의는 박정순, 「호모 에코노미쿠스 생살부」, 고려대학교 철학연구소 창립 2주년 기념 학술대회, 『현대사회와 인간: 철학적 성찰』(1998), p.5 참조. 도구적 합리성이 최소한의 가치합리성을 포함하고 있다는 통찰은 Amartya Sen, *On Ethics and Economics*(Oxford: Basil Blackwell, 1987), p.15. Park, Jung Soon, *Contractarian Liberal Ethics and the Theory of Rational Choice*(New York: Peter Lang, 1992), p.28 참조.
아무튼 전 목적적 수단과 도구적 합리성을 수용하는 롤즈가 아리스토텔레스와 니체가 한 것처럼, 이상지향적이고 인간의 탁월성과 최고선을 추구하는 완전주의(perfectionism)를 거부하는 것은 당연한 일이다(Rawls, *A Theory of Justice*, p.326). 그래서 롤즈는 그의 『정의론』에서 "목적의 체계는 그 가치에 의거하여 서열화되지 않는다"라고 명백히 밝힌다(같은 책, p.19). 고티에는 롤즈에 동의하면서 "합리적 선택이론은 행동의 목적들에 관한 모든 관심을 거부한다"고 주장한다(Gauthier, *Morals By Agreement*, p.26). 고티에는 가치에 대한 주관주의와 상대주의를 명백하게 옹호한다(같은 책, p.55). 롤즈도 주관주의와 상대주의적 가치관을 옹호하는 것처럼 보인다. Rawls, *A Theory of Justice*, p.416. 본서 제1장 후주 44 참조. 롤즈는 나중에 가치에 대한 다원주의적 입장을 옹호하는데, 이것은 *Political Liberalism*(1993)에서 명백하게 드러난다. 롤즈는 『정치적 자유주의』에서 중첩적 합의를 추구하는데, 그것은 기본적 현대 서구사회가 "다원주의의 실상(the fact of pluralism)" 속에 있기 때문이다. Rawls, *Political Liberalism*, p.xxiv, pp.36-38, p.58. 이것은 『정의론』에서의 "정의의 여건"에 대응한다. Rawls, *A Theory of Justice*, Sec. 22 참조.

41) Rawls, *A Theory of Justice*, p.447f. Gauthier, *Morals By Agreement*, p.339.

42) Rawls, *A Theory of Justice*, p.260f. Gauthier, *Morals By Agreement*, p.233.

43) 정초주의로서의 사회계약론은 Evan Simpson, ed., *Anti-foundationalism and Practical Reasoning*(Edmonton: Academic Printing and Publishing, 1987). Arthur Ripstein, "Foundationalism in Political Theory," *Philosophy & Public Affairs*, Vol. 16(1987), pp.116-137. Don Herzog, *Without Foundations: Justification in Political Theory*(Ithaca: Cornell University Press, 1985) 참조. 자유주의로서의 사회계약론에 대한 비판은 Michael Sandel, ed., *Liberalism and Its critics*(New York: New York University Press, 1984). *Liberalism and the Limits of Justice*(Cambridge: Cambridge University, 1982). 번역본은 마이클 샌델, 이양수 옮김, 『정의의 한계』(고양: 도서출판 멜론, 2012) 참조. Alfonso Damico, ed., *Liberals on Liberalism*(Totowa, New Jersey: Rowman & Littlefield, 1986). Andrzej Rapaczynski, *Nature and Politics: Liberalism in the Philosophies of Hobbes. Locke, and Rousseau*(Ithaca: Cornell University Press, 1987) 참조.

44) Rawls, *A Theory of Justice*, p.416. 한 개인의 주관적인 유일한 가치 혹은 쾌락으로서 풀잎을 세고 있는 사람의 예를 롤즈는 들고 있다. 같은 책,

pp.432-433. 롤즈는 여기서 인생 계획의 가치와 합리성의 관점에서 볼 때, 그 개인의 그러한 행위는 그 사람에게 가치 있고 합리적이라는 것을 우리는 인정해야 한다고 주장한다. 그렇다면 롤즈는 주관주의적 가치관을 인정하는 셈이다.

45) David Braybrooke, "Social Contract Theory's Fanciest Flight," *Ethics*, Vol. 97(1987), p.751.

46) Jody S. Kraus and Jules L. Coleman, "Morality and the Theory of Rational Choice," *Ethics*, Vol. 97(1987), p.720.

47) Rawls, *A Theory of Justice*, pp.152-153.

48) 같은 책, pp.130-142.

49) 중립성에 대한 반대는 Mary Gibson, "Rationality," *Philosophy & Public Affairs*, Vol. 6(1977), pp.193-225. Adina Schwartz, "Moral Neutrality and Primary Goods," *Ethics*, Vol. 83(1983), pp.294-397. 보다 상세한 논의는 Norman Daniels, ed., *Reading Rawls*(Oxford: Basil Blackwell, 1975; 2nd edn. with "New Preface", Stanford: Stanford University Press, 1989), "Introduction".

50) 형식적 의미에서 공정성은 정의원칙을 위시한 모든 도덕원칙이 만족시켜야 하는 형식적 제한 조건이다. 즉 정당성 개념은 그 표현에서 일반적이어야 하며, 그 적용에 있어서 보편적이어야 하며, 공지성을 가져야 하며, 상충하는 요구들에 대한 서열을 정해줘야 하며, 더 이상 고차적인 기준이 없는 최종성을 가진 것으로 간주되어야 한다는 것이다. Rawls, *A Theory of Justice*, pp.130-135. 실질적 의미에서 공정성은 무지의 장막 아래 상호 무관심한 도구적 합리성을 가진 계약 당사자들은 상호 불편부당한 배경 속에서 자기 이익을 증진하려는 가치관을 가진다. 비록 롤즈가 계약 당사자들에게 무지의 장막을 통해 사회적 계층, 천부적 재능, 가치관, 심리적 경향, 사회의 특수한 경제적 사정, 세대 등을 배제하지만 도구적 합리성과 자기 이익 추구는 허용하고 있다. 같은 책, p.137.

51) Steven Lukes, *Essays in Social Theory*(New York: Columbia University Press, 1977), p.189.

52) Alfonso J. Damico, "The Politics After Deconstruction: Rorty, Dewey, and Marx," in William J. Gavin, ed., *Context Over Foundation*(Dordrecht: D. Reidel Publishing Co., 1988), p.177.

53) William Galston, "Defending Liberalism," *The American Political Science Review*, Vol. 76(1982), p.625. Patrick Neal, "A Liberal Theory of the Good?" *Canadian Journal of Philosophy*, Vol. 17(1987), pp.567-582.

54) 선의 기초론은 기초적 선에 관한 이론이고, 본격적 선에 관한 이론은 선의 완전론(the full theory of the good)이다. 각각 Rawls, *A Theory of Justice*, pp.396-398 참조. 선의 기초론에 관한 논의는 본서 제1장 후주 40 참조. 사회적 기본가치는 Rawls, *A Theory of Justice*, p.92 참조. 선의 완전론은 자선행위와 의무 이상의 행위, 인간의 도덕적 가치, 인간사회의 도덕적 평가, 인간이 추구해야 할 궁극적 목적 등을 다룬다. 롤즈 정의론이 함축하는 개인주의적 자유주의는 선의 완전론의 부분인 인간의 도덕적 가치, 인간사회의 도덕적 평가, 인간이 추구해야 할 궁극적 목적에 관련되어 있다고 평가될 수 있을 것이다.

55) John Rawls, "Kantian Constructivism in Moral Theory," *The Journal of Philosophy*, Vol. 77(1980), pp.515-572.

56) 같은 논문, pp.528-530.

57) Rawls, "Justice as Fairness: Political not Metaphysical," p.237. n.20.

58) 같은 논문, p.223.

59) Rawls, *A Theory of Justice*, pp.20-21.

60) 같은 책, p.121.

61) 같은 책, p.75.

62) David Gauthier, *Practical Reasoning*(Oxford: Clarendon Press, 1963).

63) David Gauthier, *The Logic of Leviathan*(Oxford: Clarendon Press, 1969).

64) David Gauthier, "Justice and Natural Endowment: Toward A Critique of Rawls' Ideological Framework," *Social Theory and Practice*, Vol. 3(1974), pp.3-26.

65) 이러한 문제는 소위 합리성의 역설이다. 합리성의 역설은 "수인의 딜레마"와 '무임승차자의 문제'로 나타난다. 이러한 두 가지 사안은 Richmond Campbell and Lanning Sowden, eds., *Paradoxes of Rationality and Cooperation* (Vancouver: The University of British Columbia Press, 1985)에서 잘 다루어지고 있다. 우리는 본서 제2장 2절에서 이러한 문제들을 다루게 될 것이다.

66) L. W. Sumner, "Justice Contracted," *Dialogue*, Vol. 16(1987), p.524. 이 딜레마는 롤즈의 경우에 국한해서 보면, 무지의 장막이 없는 경우와 무지의 장막이 있는 경우에 대응할 수 있다. 이와 관련해서는 Lessnoff, *Social Contract*, p.148, p.154 참조. 정초주의의 딜레마와 관련해서는 Richard Dien Winfield, *Reason and Justice*(New York: State University of New York Press, 1988), p.11 참조. 합리적 선택이론과 관련해서 자세한 논의는 C. A. Hooker, J. J. Leach, and E. F. McClennen, eds., *Foundations and*

Applications of Decision Theory, Vol. II: Epistemic and Social Applications (Dordrecht: D. Reidel Publishing Co., 1978), pp.xi-ii 참조.

67) Stephen W. Ball, "Choosing Between Choice Models of Ethics," *Theory and Decision*, Vol. 22(1987), pp.209-224. Mark J. Machina, " 'Rational' Decision Making Versus 'Rational' Decision Modelling?" *Journal of the Mathematical Psychology*, Vol. 24(1981), pp.163-175

68) Rawls, *A Theory of Justice*, p.153. Gauthier, *Morals By Agreement*, p.145.

69) James Fishkin, "Liberal Theory: Strategies of Reconstruction," in Damico, *Liberals On Liberalism*, p.57.

70) Hans Albert, *Treatise on Critical Reason*, trans. Marry Varney Rorty (Princeton: Princeton University Press, 1985; original German edn. 1975), pp.16-21. 뮌히하우젠 트라일레마(Münchhausen Trilemma)에 대한 기본적 논의는 "Münchhausen Trilemma," *Wikipedia* 참조. 뮌히하우젠 남작은 허풍선이 남작으로 불리며, 말을 타고 가다 늪에 빠지자 자기 머리를 잡아 올린 것으로 유명하다. *Wikipedia* 그림 참조. 뮌히하우젠 트라일레마와 그것을 극복하여 철학적 최종 근거지음을 찾으려는 시도, 특히 아펠(Karl-Otto Apel)의 선험화용론 — 나중에는 하버마스의 담론윤리학에서 의사소통적 합리성으로 이어짐 — 에 대한 논의는 이재성, 「철학적 최종근거지음과 오류주의의 문제」, 『철학연구』, 제116집(2010), pp.281-312. 김진, 「최후정초로서의 요청: 비판적 합리주의와 선험적 화용론의 대결」, 『철학』, 제41집(1994), pp.179-219 참조. 박종대, 「하버마스의 '의사소통적 행위이론'」, 『사회와 철학』, 제1호(2004), pp.169-205.

71) Sumner, "Justice Contracted," p.524. James M. Buchanan and Loren E. Lomasky, "The Matrix of Contractarian Justice," in Ellen Frankel Paul, Fred D. Miller, Jr., and Jefferey Paul, eds., *Liberty and Equality*(Oxford: Basil Blackwell, 1985), pp.12f.

72) Gauthier, *Morals By Agreement*, p.2.

73) 같은 책, p.6.

74) 같은 책, p.158.

75) 같은 책, p.203.

76) 같은 책, pp.193-199. 뷰캐넌은 무정부적 균형을 그의 *The Limits of Liberty Between Anarchy and Leviathan*(Chicago: The University of Chicago Press, 1975)에서 개진하고 있다. 사회계약론적 딜레마와 관련해서는 Sumner, "Justice Contracted," p.535. Kraus and Coleman, "Morality and the Theory of Rational Choice," p.725.

77) Gauthier, *Morals By Agreement*, p.191.

78) Alan Nelson, "Economic Rationality and Morality," *Philosophy & Public Affairs*, Vol. 17(1988), p.166.

79) Thomas C. Schelling, "Some Thoughts On the Relevance of Game Theory to the Analysis of Ethical Systems," in Ira R. Buchler and Hugo G. Nutini, eds., *Game Theory in the Behavioral Sciences*(Pittsburgh: University of Pittsburgh Press, 1969), pp.53-60. 여기서 셸링은 다음 세 가지를 말하고 있다. 첫째, 합리적 선택이론이 이미 다루고 있는 윤리적 문제들이 있으며, 그러한 문제들에 대한 논의의 결과를 참작할 수 있다. 둘째, 주요 관심사가 도덕철학인 학자들이 사용 가능한 합리적 선택이론 혹은 개념적 기제가 존재한다. 셋째, 합리적 선택이론의 일반적인 방법론적 가정들에 의해서 야기되는 일련의 윤리적 논란들이 존재한다.

80) J. W. Gough, *The Social Contract*(Oxford: Clarendon Press, 1936). Lessnoff, *Social Contract*. 사회계약론은 약속 준수의 사회적 관행을 전제한다는 흄의 비판에 관련된 논의는 "Promises," *Stanford Encyclopedia of Philosophy*, pp.1-24 참조. 본서 제34장 후주 277 참조.

81) Robert Nozick, *Anarchy. State, and Utopia*(New York: Basic Books, 1974), pp.183-228. 번역본은 로버트 노직, 남경희 옮김, 『아나키에서 유토피아로: 자유주의 국가의 철학적 기초』(서울: 문학과지성사, 1983) 참조.

82) John C. Harsanyi, *Essays on Ethics, Social Behavior, and Scientific Explanation*(Dordrecht: D. Reidel Publishing Co., 1976).

83) Michael J. Sandel, *Liberalism and the Limits of Justice*(Cambridge: Cambridge University Press, 1982). 번역본은 본서 1장 후주 43 참조. Alasdair Macintyre, *After Virtue*, 2nd edn.(Notre Dame: University of Notre Dame Press, 1984; 1st edn. 1981). *Whose Justice? Which Rationality?*(Notre Dame: University of Notre Press, 1988). *After Virtue* 번역본은 알래스데어 매킨타이어, 이진우 옮김, 『덕의 상실』(서울: 문예출판사, 1997).

84) Alfonso J. Damico, *Liberals On Liberalism*, "Introduction," p.1f. 다음 인용절도 같은 곳에서 발췌.

"불완전성에 대한 비난은 자유주의가 개인적 이익과 관심의 사회적 형성에 대해서 무관심하며, 또한 이러한 사회적 형성의 과정들이 개인들의 공적인 그리고 사적인 삶에 대해서 미치는 영향에도 무관심하다는 것이다. 자유주의는 그 불충분성으로 비판을 받는데, 그 이유는 자유주의가 흔히 공적 이익과 정치적 참여에 대해서 부여하는 찬사와 중요성을 존속시킬 수 없기 때문이다. 그리고 마지막으로, 자유주의는 개인주의적 모형 이외의 개념들에 근거하지 않고서는 개인적 주체들의 의무를 설명할 수 없으므로 비일관적이라고 비판을 받는다."

85) John Dunn, *Rethinking Modern Political Theory*(Cambridge: Cambridge University Press, 1985), p.163. 다음 인용절도 같은 곳에서 발췌.
"근대 사회계약론은 윤리적이고 정치적인 가치가 어떻게 인식되어야 하는지에 대한 하나의 추상적이고 철학적으로 호소력 없는 허약한 공상을 제시할 뿐이며, 또한 근대 사회계약론은 인간들이 그들이 처한 정치적 상황 속에서 어떻게 행위해야 하는지에 대한 정당한 근거를 해명함에 있어서 상대적으로 강력하지 못한 설명을 제시할 뿐이다."

86) John Rawls, *Political Liberalism*(New York: Columbia University Press, 1993). 번역본은 존 롤즈, 장동진 옮김, 『정치적 자유주의』(서울: 동명사, 1998). John Rawls, "The Idea of an Overlapping Consensus," *Oxford Journal of Legal studies*, Vol. 7(1987), pp.1-25. "The Priority of Right and Ideas of the Good" 참조. 이와 관련된 논의는 박정순, 「정치적 자유주의의 철학적 기초」. 박정순, 「자유주의 정의론의 철학적 오디세이: 롤즈 정의론의 최근 변모와 그 해석 논쟁」, 제5회 한국철학자연합대회 대회보 『현대의 윤리적 상황과 철학적 대응』(1992. 10.), pp.573-599 참조. 공동체주의에 대한 롤즈의 대응은 다음 논문 참조. 박종훈, 「현대 공동체주의에 대한 자유주의의 대응: 롤스의 대응을 중심으로」, 『동국논총』, 제35집(1996), pp.91-114. 롤즈의 후기 저작에서 공동체주의에 대한 대응을 해명하고 있는 논문은 다음 참조. 오창진, 김상현, 박선영, 김회용, 「롤즈(Rawls)의 도덕이론에 대한 비판적 고찰」, 『교육사상연구』, 제25권(2011), pp.123-151.

87) Gauthier, *Morals By Agreement*, pp.338-339.

88) *Grundrisse*(*Foundations of the Critique of Political Economy*) in *Karl Marx: Selected Writings*, ed. David McLellan(Oxford: Oxford University Press, 1977), p.346.

89) 같은 곳. 공동체주의의 사회계약론 비판과 같은 맥락에 마르크스는 사회계약론적 자유주의가 다음과 같은 오류가 있다고 주장한다. "소위 인간의 권리라는 것은 시민사회의 구성원 그 자체로서의 이기적 인간을 넘어서지 못한다." "즉 공동체로부터 유리된 개인은 자신 속으로 물러나서, 전적으로 자신의 사적 이익에 사로잡혀 있고, 자신의 사적 변덕에 따라 행위하고 있다." "이것이 바로 시민사회의 혼이며, 이기주의의 영역이며, 만인에 대한 만인의 투쟁(*bellum ominum contra omnes*/war of all against all)의 장이다." *On the Jewish Question* in *Karl Marx: Early Writings*, trans. and ed. T. B. Bottomore(New York: McGraw-Hill Book Company, 1963), p.26, p.15.

90) C. B. Macpherson, *The Political Theory of Possessive Individualism*

(Oxford: Oxford University Press, 1962). 번역본으로는 C. B. 맥퍼슨, 황경식, 강유원 옮김, 『홉스와 로크의 사회철학: 소유적 개인주의의 정치이론』 (서울: 박영사, 1990). *Democratic Theory: Essays on Retrieval*(Oxford: Clarendon Press, 1973). *The Rise and Fall of Economic Justice and other Essays*(Oxford: Oxford University Press, 1985).

91) Rawls, *A Theory of Justice*, p.281.

92) David Gauthier, "The Social Contract as Ideology," *Philosophy & Public Affairs*, Vol. 6(1977), pp.130-164.

93) 과제의 명칭은 MacIntyre의 *After Virtue*, 그리고 Kenneth Baynes, James Bohman, and Thomas McCarthy, eds., *After Philosophy: End or Transformation?*(Cambridge: The MIT Press, 1987)에서 차용하였다.

제2장 합리적 선택이론의 본질과 한계

1) Peter Gärdenfors and Nils-Eric Sahlin, eds., *Decision, Probability, and Utility*(Cambridge: Cambridge University Press, 1988), p.ix.

2) Rawls, *A Theory of Justice*, p.143. Gauthier, *Morals By Agreement*, p.26

3) Frank Hahn and Martin Hollis, eds., *Philosophy and Economic Theory* (Oxford: Oxford University Press, 1979), "Introduction," p.1. 신고전학파 혹은 신고전 경제학파는 스미스(Adam Smith), 리카도(David Ricardo), 맬서스(Thomas Robert Malthus), 밀(John Stuart Mill) 등의 고전학파 이후에 등장한다. 신고전학파의 주요 경제학자는 제본스(William Stanley Jevons), 왈라스(Leon Warlas), 파레토(Vilfredo Pareto), 마샬(Alfred Marshall) 등이 있다. 호모 에코노미쿠스(*homo economicus*)와 자본주의 시장에 관한 경제철학적 논의는 본서 부록 제1장과 제2장 참조.

4) Martin Hollis and Edward J. Nell, *Rational Economic Man: A Philosophical Critique of Neo-Classical Economics*(London: Cambridge University Press, 1975), p.54. 합리적 경제인간의 역할은 신고전 경제학파의 "합리적 원동력이다."(같은 곳). 그러나 다이크는 합리적 경제인간의 개념은 경제학의 시초부터 모든 경제이론을 통해서 찾아볼 수 있다고 주장한다. 그래서 합리적 경제인간은 고전 경제학파와 신고전 경제학파를 통해 공히 가정되거나 주장되었다는 것이다. C. Dyke, *Philosophy of Economics*(Englewood Cliffs: Prentice Hall, 1981),, p.29. n.6. 이 책에 대한 번역본으로는 두 개가 있다. C. 다이크, 오광우 옮김, 『경제철학』(서울: 종로서적, 1986). 이 책 제1장 "합리성과 가치", pp.5-29 참조. 제3장 "선호로서의 효용" 중 "합리적인 경

제인", pp.69-74 참조. 여기서 다이크는 합리적 경제인의 특성으로 다섯 가지를 들고 있다. (1) "많은 것이 적은 것보다 항상 선호된다." (2) "모든 상품의 한계효용은 이 상품의 양이 증가함에 따라 감소한다." (3) "무차별지도 상의 모든 묶음들은 연결되어 있다." (4) "선호와 무차별은 전이적이어야 한다." (5) "가능한 것 중 최고로 선호되는 것이 선택된다." 다른 번역본은 다음을 참조. C. 다이크, 이기중 옮김, 『경제철학』(서울: 경문사, 1987). 우리나라에서의 경제철학에 대한 단행본 중의 하나는 박상수, 『경제철학』(제주: 제주대학교 출판부, 2003) 참조. 제2장 "인간은 이기적인가", 제3장 "인간은 합리적인가"는 우리의 현재 논의와 관련하여 참고하였음.

여기서 우리는 호모 에코노미쿠스의 합리성, 즉 경제학적 합리성에 대한 논의를 보다 심층적으로 전개해야 할 것이다. 경제적 합리성 개념을 사실적 개념으로, 그리고 규범적 개념으로 논의하고 철학적으로 비판한 논문은 이남인, 「경제적 합리성 개념에 대한 철학적 반성」, 『인문논총』, 제53집(2005), pp.33-63. 이 논문은 2005년 1월 28일 저자도 참가한 서울대학교 경제철학 집담회에서 발표되었다. 5년 동안 집담회에 참가하면서 경제학에 대한 이해를 크게 증진시켰으므로 매우 유익한 모임이었다. 집담회를 이끌어주신 이남인 교수님(서울대 철학과), 김완진 교수님(서울대 경제학과), 이정전 교수님(서울대 환경대학원, 경제학 전공)께 큰 감사를 드린다. 그리고 집담회의 다른 교수님들에게도 고마움을 표하고 싶다. 경제적 합리성을 논하면서 철학과의 연관성도 논의한 다음 논문은 유익한 논문이다. 이정전, 「경제적 합리성 비판」, 『철학사상』, 제20권(20005), pp.45-78.

호모 에코노미쿠스의 경제학적 합리성에 대한 논의로서 윤리학 + 경제학은 여러 가지 시너지 효과를 낸다는 결론으로 이끌고 가는 논문은 정훈, 「경제학적 도구들과 사고방식은 윤리학에 어떠한 도움을 주는가?」, 서울대학교 철학사상연구소 엮음, 『처음 읽는 윤리학』(파주: 동녘, 2013), pp.359-389 참조. 경제학과 윤리학의 관계에 관한 방대한 저작은 다니엘 하우스만, 마이클 맥퍼슨, 주동률 옮김, 『경제분석, 도덕철학, 공공정책』(서울: 나남출판, 2010). 호모 에코노미쿠스와 그 합리성에 대한 자세한 논의는 박효종, 『합리적 선택과 공공재 I, II』(서울: 인간사랑, 1994). 이 두 저서들은 방대한 저서로서 사자성어와 고사성어, 그리고 속담을 원용하여 호모 에코노미쿠스의 정체성과 합리적 선택이론을 풀어나가는 책으로 사계의 필독서이다. 그리고 경제학적 합리성 개념이 철학과 사회과학의 여러 영역에서 원용되고 있는 것을 다룬 다음 저서 참조. S. I. Benn and G. W. Mortimore, eds. *Rationality and the Social Sciences: Contributions to the Philosophy and Methodology of the Social Sciences*(London: Routledge and Kegan Paul, 1976). 이와 관련된 다음 논문 참조. 김청택, 「경험과학에서의 합리성: 논리학적 접근과 심리학적 접근」, 『철학사상』, 제20권(2005), pp.3-22. 정치학에서의 합리성을 논하고, 그것의 방법론적 개체주의를 논한 논문은 다음 논문들 참조. 황수익, 「정치학과 합리적 선택접근법」, 『한국정치학회보』, 제19집(1985), pp.33-46. 오명호, 「정치학에서 합리적 선택이론」, 『한양대 사회과학논총』, 제13집(1994), pp.1-59. 신고전파 경제학에서의 합리적 선택이론을 논구하고 있는 것은 다음 참조. 본서의 논의와 대동소이하다. 신준호, 『신고전파 경제학의 합리적 선택이론 연구: 아마티아 센의 비판과 한계를 중심으로』(연세대학교 대학원 경제학과 석사학위논문, 2005. 7.). 경제철학의 관점에서는 다음 저작들 참조. J. 로빈슨, 주명건 옮김, 『경제철학』(서울: 정음사, 1974), 제3장 "신고전학파: 효용". 김영한, 『지속가능한 자본주의체제와 경제적 합리성: 경제적 합리성에 대한 철학적 반성』(서울: 박영사, 2014), 제4장 "경제적 합리성의 철학적 근거", I. "경제적 합리성이란 무엇인가?", II. "개인적 합리성과 사회적 합리성". 이필우, 『경제학과 철학과의 만남: 한국의 자생적 경제학을 위하여』(서울: 건국대학교 출판부, 2007), IV장 "경제학 방법론의 다양성과 철학적 성찰", 1. "방법론적 개인주의", 총 여덟 가지의 학파들 중 (2) 신고전학파, (8) 합리적 기대이론파 참조. 2. "방법론적 전체주의", 총 아홉 가지 학파들 중 본서가 제2장 3절 2)항에서 다루고 있는 합리성의 확장학파에 관련하여 (1) 역사학파, (2) 제도학파, (3) 행동주의 학파, (5) 맑스학파, (9) 인간주의적 도의경제학파 참조. 그리고 합리성과 정책연구에 관련하여 합리성을 개념을 규범적 연구, 기술적 연구, 그리고 설명적 연구로 세분하여 논의하고 있는 논문은 다음 참조. 최종원, 「합리성과 정책연구」, 『한국정책학회보』, 제4권(1995), pp.131-160.

5) Douglas Greenwald, ed., *Encyclopedia of Economics*(New York: McGraw-Hill Book, 1982), "Neoclassical economics," by Laurence S. Moss, p.699.

6) Hollis and Nell, *Rational Economic Man*, p.1.

7) Hans Van Den Doel, *Democracy and Welfare Economics*, trans. Brigid Biggins(Cambridge: Cambridge University Press, 1979), p.6. 보다 자세한 논의는 Timothy W. Luke, "Methodological Individualism: The Essential Ellipsis of Rational Choice Theory," *Philosophy of the Social Sciences*, Vol. 17(1987), pp.341-55. Steven Lukes, *Individualism*(Oxford: Basil Blackwell, 1973).

8) Timothy W. Luke, "Reason and Rationality in Rational Choice Theory," *Social Research*, Vol. 52(1985), p.72. Cf. Christian Müller, "The Methodology of Contractarianism in Economics," *Public Choice*, Vol. 113(2002), pp.465-483.

9) Lionel Robbins, *An Essay on the Nature and Significance of Economic*

Science, 2nd edn.(London: Macmillan and Co., 1935), p.16. Daniel M. Hausman, ed., *The Philosophy of Economics*(Cambridge: Cambridge Un- I-versity Press, 1984) 참조.

10) 예를 들면, John C. Harsanyi, "Basic Moral Decisions and Alternative Concepts of Rationality," *Social Theory and Practice*, Vol. 9(1983), p.232. 여러 가능한 대안들 중 하나를 선택했을 때 그 선택 때문에 포기해야 하는 다른 가능한 대안들의 가치가 바로 기회비용(opportunity cost)이다.

11) Rawls, *A Theory of Justice*, p.128. Gauthier, *Morals By Agreement*, p.112. 정의의 여건은 본서 제1장 후주 38 참조.

12) Paul Diesing, "The Nature and Limitations of Economic Rationality," *Ethics*, Vol. 61(1950), p.12. K. R. Maccrimmon, "Descriptive and Norma-tive Implications of Decision Theory Postulates," in K. Berch and J. Mossin, eds., *Risk and Uncertainty*(London: Macmillan, 1968). Clem Tisdell, "Concepts of Rationality in Economics," *Philosophy of the Social Sciences*, Vol. 5(1975), pp.259-273. John Broome, "Choice and Value in Economics," *Oxford Economic Papers*, Vol. 3(1978), pp.313-333. Michael Root, Ch. 5. "Rational Choice Theories in Positive and Normative Econo-mics," *Philosophy of Social Science: The Methods, Ideals, and Politics of Social Inquiry*(Cambridge: Blackwell, 1993).

13) Barry Schwartz, *The Battle for Human Nature*(New York: W. W. Norton & Co., 1986).

14) Fritz Machlup, *Methodology of Economics and Other Social Sciences*(New York: Academic Press, 1978), p.267.

15) Leslie Stevenson, *Seven Theories of Human Nature*, 2nd edn.(Oxford: Oxford University Press, 1974).

16) Rawls, *A Theory of Justice*, p.16.

17) 같은 책, p.147.

18) Gauthier, *Morals By Agreement*, p.2.

19) 같은 책, p.3.

20) Thomas Schwartz, "Rationality and the Myth of the Maximum," *Noüs*, Vol. 6(1972), p.97. 합리적 선택이론에서 합리성 자체는 어떻게 규정될 수 있는 가의 문제에 대해서는 다음 두 논문들이 상당히 유익한 논의를 제공하고 있 다. 정준표, 「합리적 선택이론에 있어서의 합리성 개념」, 한국정치학회 1997 년도 연례학술대회, pp.1-14. 이 논문은 합리성의 형식적 조건들(반사성, 완 전성 등)에 대한 논의도 언급하고 있다. 정준표, 「합리적 선택이론에 있어서

의 합리성 개념」, 『대한정치학회보』, 제11집(2003), pp.415-439. 이 논문은 앞의 논문보다는 자세하며, 합리성 개념을 철학적, 규범적 차원과 경험적 연구의 차원의 두 관점에서 보고 상호 연관을 논의한다. 그리고 도구적 합리성에 주목하며 엘스터(Jon Elster)의 입장에 주목한다. 관련 논문으로는 합리적 선택이론의 제 영역을 자세히 논구하고 있는 강정대, 성하상, 「합리적 선택이론에 관한 연구」, 『전북대학교 논문집』, 제28집(1986), pp.65-79. 다음 논문은 개인주의적 합리성에 관련하여 본서에서 다루지 못한 뉴컴의 문제 (Newcomb's problem) 등 여러 게임들을 상세하면서도 비판적으로 논의하고 있는 중요한 논문이다. 뉴컴의 문제는 전능한 존재가 거액의 돈을 미리 어떤 상자에 집어넣은 상황에서 그 상자만을 선택할 것인가, 아니면 소액이 들어 있는 상자와 같이 선택할 것인가에 관한 것이다. 그런데 만약 선택자가 두 상자 모두를 선택하면 전능한 존재는 거액을 상자에 집어넣지 않는다. 이 경우 어떤 것이 합리적인 선택이 될 것인가의 문제이다. 이 문제는 매우 역설적인 것으로서 합리적 선택의 관점에서 쉽게 문제가 해결되지 않는다. 박효종, 「개인주의적 합리성에 대한 비판적 조명」, 『사회비평』, 제14권(1996), pp.37-62. Cf. Richmond Campbell and Lanning Sowden, *Paradoxes of Rationality and Cooperation: Prisoner's Dilemma and Newcomb's Problem* (Vancouver: The University of British Columbia Press, 1985). 고창택, 「사회적 행위의 설명에서 결정성과 합리성: 엘스터의 합리적 선택을 중심으로」, 『철학연구』, 제72집(1999), pp.129-152. 이 논문은 본서가 다루지 않은 합리성의 조건들 중 인식, 욕구, 행위의 관계와 최적성, 일관성, 인과성의 조건들을 논하고 있으므로 본서의 논의를 보충할 수 있는 좋은 논의가 전개되고 있다. 박정순, 「감정의 윤리학적 사활」, 정대현 외, 『감성의 철학』(서울: 민음사, 1996), pp.69-124에서는 엘스터의 합리적 선택 모형과 감정의 관계에 대해서 논의하였다. 합리적 선택이론의 다양한 분야에 대한 설명은 Jon Elster, ed. *Rational Choice*(Oxford: Blackwell, 1986), "Introduction" 참조. 이 책은 총 9개의 장들로 이루어졌다. 번역본으로는 존 엘스터, 김성철, 최문기 옮김, 『합리적 선택: 인간 행위의 경제적 해석』(서울: 도서출판 신유, 1993) 참조.

21) Amartya Sen, *On Ethics and Economics*(Oxford: Basil Blackwell, 1987), p.12, p.15. 번역본으로는 아마티아 센, 박순성, 강신욱 옮김, 『윤리학과 경제학』(서울: 도서출판 한울, 1999), p.30, p.33. 그리고 Hans Van Den Doel, *Democracy and Welfare Economics*(Cambridge: Cambridge University Press, 1979), p.20, p.21.

22) Arrow, *Social Choice and Individual Values*, p.13. 롤즈도 완전성은 모든 대안들에 대해서 서열, 혹은 순위를 정할 수 있는 것으로 본다. Rawls, *A*

Theory of Justice, p.134. Amartya Sen, *Collective Choice and Social Welfare*(San Francisco: Holden-Day, Inc., 1970), pp.2-3. 일관된 혹은 일관적(consistent)은 coherent로 말해지기도 한다. Rawls, *A Theory of Justice*, p.143. Gauthier, *Morals By Agreement*, p.38.

23) 비교 가능성은 Hans Van Den Doel and Ben Van Velthoven, *Democracy and Welfare Economics*, 2nd edn.(Cambridge: Cambridge University Press, 1993), p.19. 연관성은 모든 대안들의 이항관계가 서로 연관되어 표출되어야 한다는 것을 말한다. Arrow, *Social Choice and Individual Values*, p.13.

24) 내부적 일관성으로서의 합리성의 공리들은 다양하게 제시되고 있다. 합리적 행위자들의 선호 체계의 공리로서는 완전성(completeness), 전이성(transitivity), 모든 대안 x는 적어도 그것 자체(itself)만큼 좋다고 간주되는 "재귀성(reflexivity)", 곧 애로우의 불가능성 정리에서 논의하게 될 "관련 없는 대안으로부터의 독립성(independence of irrelevant alternatives)", 대안들 x, y 에서 x > y라면 다음을 충족시키는 조합 z가 적어도 하나는 (x와 y 사이에) 존재한다. 즉, x > z & z > y이다. 이것은 수직선 위의 두 점 x와 y 사이에는 무수히 많은 점들이 존재하므로 이 조건을 충족시키는 대안 z가 적어도 하나는 존재한다는 "연속성(continuity)", 소비량이 증가하면 소비자의 효용도 증가하는 단조성(monotony) 등이 있음이 파악되었다. 이러한 여러 가지 공리가 주는 가정을 통해서 소비자의 선호 체계는 효용함수로 표시 가능하게 되고, 효용의 극대화가 가능하게 된다. 힙(Shaun Heap)은 확실성하에서의 도구적 합리성의 공리들로서 재귀성(reflexity), 완전성(completeness), 전이성(transitivity), 연속성(continuity)을 제시하고 있다. Shaun Heap, et al., *The Theory of Choice: A Critical Guide*(Oxford: Blackwell, 1992), pp.4-14. 아마도 중요한 전거가 있다면, 완전성(completeness), 전이성(transitivity), 연속성(continuity), 독립성(independence)을 공리(the axioms)로 하는 "Von Neumann-Morgenstern utility theorem" *Wikipedia*, pp.2-3 참조. 합리적 선택이론의 각 모형에서 약간의 차이가 있기는 하지만, 확실성의 가정하에서는 통상적으로는 서수적 선호의 완전성과 전이성만을 통해서 합리성의 내부적 일관성을 설명하는 것이 보통이다. 그 외 추가적인 가정들은 완전한 정보, 불확실성하의 선택(기대효용), 시간차 선택(미래 시간 효용 경시), 제약된 인식 능력(극대화에는 시간, 노력, 심적 능력이 필요하며, 따라서 제한된 합리성(bounded rationality)으로 이행) 등이다. "Rational Choice Theory," *Wikipedia*, pp.2-4 참조.
합리성의 공리에 대해서 환원(reduction), 대체(substitution), 연속성, 단조성(monotony)을 내세운 책은 다음 참조. Julian Nida-Rümelin, *Economic Rationality And Practical Reason*(Dordrecht: Kluwer Academic Publishers,

1997), p.18. 단조성은 본서 제4장 후주 80 참조. 특히 이 책의 제2장 "Rational Choice: Extensions and Revisions"는 우리의 논의에 상당한 관련이 있다. 합리성 자체에 대한 고차적이고 광범위한 경제학적 논의는 다음 저서 참조. Bill Gerrard, ed., *The Economics of Rationality*(London: Routledge, 1993).

25) Arrow, *Social Choice and Individual Values*, p.13. 강한 서열화는 "무차별적이거나 동등한 경우가 없는 것을 말한다." 같은 책, pp.13-14. 선호 관계로 보면 두 대안 중 어느 하나를 선호하는 강한/엄밀한 선호(strict preference), 두 대안 중 어느 하나를 선호하거나, 혹은 무차별적이라고 보는 약한 선호(weak preference), 두 대안 중 어느 하나를 다른 하나보다 선호하지 않거나, 혹은 다른 하나를 어느 하나보다 선호하지 않는 무차별(indifference)이다. "Rational Choice Theory," *Wikipedia*, p.3. Sen, *Collective Choice and Social Welfare*, p.3 참조. 강한 서열화는 이항관계만이 아니라 삼항관계에서 완전히 표출될 수 있다. 즉 3개의 투표 대안들, P씨, S씨, 기권(abstention)은 효용함수 혹은 손익함수의 서수적 서열 $u(P) > u(S) > u(a)$로 나타낼 수 있다. "Rational Choice Theory," *Wikipedia*, p.4.

26) Rawls, *A Theory of Justice*, p.134, p.143. Gauthier, *Morals By Agreement*, p.39.

27) 우리나라 청개구리의 우화가 단적인 예이다. Sen, *On Ethics and Economics*, p.13. 센은 이 문제에 대해서 다른 곳에서 다음과 같이 말하고 있다. C를 합리적인 것으로 가정되는 선택함수라고 간주하고, R을 그것의 내부적으로 일관된 관계를 대변하는 것으로 간주하자. 모든 선호를 "반대로 하여" R로부터 R´을 구성하고, C´를 R´로부터 생성되는 정반대의 선택함수로 간주하자. 만약 변함없는 성격적 특성들(즉 동일한 가치, 취미, 신념)을 가진 어떤 한 개인이 C가 아니라 C´에 의거하여 모든 경우 "정반대"의 방식을 선택하는 것으로 끝맺는다면, "그와 그녀의 선택들이 정말로 '합리적'인 것으로 남아 있다고 주장하기는 어려울 것이다. 그러나 그 '정반대'의 선택들은 정확히도 일관적이다!" Amartya Sen, "Rationality and Uncertainty," *Theory and Decision*, Vol. 18(1985), p.110.

28) Doel and Velthoven, *Democracy and Welfare Economics*, pp.18-19. 외적 조응성은 Sen, *On Ethics and Economics*, p.15. 아마티아 센, 박순성, 강신욱 옮김, 『윤리학과 경제학』, pp.31-33. 외적 조응성에 관련하여, 즉 목표(targets)와 수단(means)이 상호 연관되어 있고, 분리되지 않아야 한다는 규정을 명백하게 연관된, 즉 "connected"라는 용어를 쓴 것은 Doel, *Democracy and Welfare Economics*, p.20 참조. 후주 23에서 언급한 애로우의 연관성과는 다른 의미임. 도엘(Doel)이 든 예는 한 국민이 국민투표에서 강한

국방을 옹호하였지만, 조세정책에서 세금 증가에 반대했다면 그것은 연관성과 일관성을 상실했다는 것이다. 같은 책, p.20.

29) Sen, *On Ethics and Economics*, p.13.

30) Alan P. Hamlin, *Ethics, Economics and the State*(New York: St. Martin's Press, 1986), p.13.

31) David Hume, *A Treatise of Human Nature*, Bk. II, pt. II, sec. iii., p.415f. 흄이 "이성(reason)은 정념의 노예(the slave of the passions)"라고 선언했을 때, 그는 감정의 구조에 대한 정교한 분석과 아울러 이성과 정념의 투쟁은 사이비 문제라는 것을 밝혔음에도 불구하고, 결국 역으로 바꾸기는 했지만 여전히 이성과 감정 사이를 주인과 노예의 유구한 메타포로 귀환시켰던 것이다. 흄은 정념을 이성의 통제로부터 해방하였지만, 그것을 어떤 의미에서는 비이성적으로 만든 것도 사실이다. 즉 그는 "내 손가락 하나를 긁히는 것보다 전 세계가 파괴되는 것을 더 좋아한다고 해서 이성에 반하는 것은 아니다"라고 천명한다(같은 책, p.416). 물론 여기서의 이성이 다만 정념이 선택한 목적과 욕망을 실현하기 위한 도구적 합리성(instrumental rationality)이라고 한다면, 비이성적이라는 말이 가진 부정적 의미는 약화될 것이다. 박정순, 「감정의 윤리학적 사활」, 정대현 외, 『감성의 철학』(서울: 민음사, 1996), pp.69-124 참조. 베버는 가치합리성(value-rationality)과 목적합리성(purpose-rationality)을 구분했다. 전자는 본질적 혹은 실질적 합리성이며, 후자는 도구적 혹은 형식적 합리성이다. 막스 베버, 박성환 옮김, 『경제와 사회 1』(서울: 문학과지성사, 1997), pp.146-148. 베버는 경제의 형식적 합리성과 실질적 합리성을 나누는데, 그 구분은 목적합리성과 가치합리성에 대응한다. 같은 책, pp.227-229. 베버는 또한 정당한 지배의 순수한 유형(이념형)을 세 가지로 나누는데, 합리적인 성격, 전통적인 성격, 카리스마적 성격이 그것들이다. 합리적인 성격은 "제정된 질서의 합법성에 대한 믿음과, 이러한 질서에 의해 지배를 행사할 수 있는 자격을 갖춘 사람들의 지시 권리에 대한 믿음에 근거할 수 있다 (합법적 지배)." 이러한 합법적인 지배는 근대국가의 관료제와 그 합리성에 의해서 이루어진다. 전통적인 성격은 전통의 신성함에 대한 일상적 믿음에 근거한다. 카리스마적 지배는 카리스마적 자질을 갖춘 지도자 그 자체의 영웅성에 복종하게 되는 지배이다. 같은 책, pp.412-413. 이 중에서 가장 중요한 것은 자본주의 발달을 촉진할 수 있는, 전문지식에 바탕을 둔 관료제의 계산 가능한 기술적 합리성이다. 이러한 기술적 합리성은 "형식적으로는 모든 영역에 보편적으로 응용될 수 있다는 점에서, 순전히 기술적으로 최고도의 용역을 완성할 수 있는, 이러한 모든 의미에서 형식으로 가장 합리적인 형식의 지배 행사이다." 같은 책, p.422. 베버에 대한 상세한 논의는 Rogers

Brubaker, *The Limits of Rationality: An Assay on the Social and Moral Thought of Max Weber*(London: Allen and Unwin, 1984). 베버의 합리성에 대해서는 본서 제1장 후주 40 참조. 도구적 합리성을 포함한 합리성에 대한 논의는 본서 제1장 후주 7 참조.

베버의 기술적, 도구적 이성 비판 이후 철학사에서 도구적 이성의 비판으로 큰 업적을 달성한 학자는 호르크하이머(Max Horkheimer)이다. 그는 비판이론가로서 프랑크푸르트학파의 대표적 사상가이다. 그의 『도구적 이성 비판(*Zur Kritik der instrumentellen Vernunft*)』(1967)은 『이성의 상실(*Eclipse of Reason*)』(1947)의 독일어판이다. 번역본으로는 막스 호르크하이머, 박구용 옮김, 『도구적 이성비판: 이성의 상실』(서울: 문예출판사, 2006) 참조. 호르크하이머는 인간의 이성을 주관적 이성과 객관적 이성으로 나눈다. 객관적 이성은 세계의 질서를 파악하는 도구일 뿐만 아니라 보편적 윤리규범과 가치의 토대이다. 주관적 이성은 주체의 이해관계와 자기보존의 목적을 효율적으로 달성하는 계산적 능력을 의미한다. 근현대 세계에서 객관적 이성은 주관적 이성이 자연의 정복과 자본주의 사회의 등장으로 인한 개체의 자기보존과 자기 이익의 증대를 위한 욕망과 그 욕망을 실현하기 위한 도구적 이성으로 변모하는 가운데 역사의 전면에서 사라지게 되었다. 강정민, 「도구적 이성과 자기보존의 문제」, 『용봉인문논총』, 제52집(2018), pp.5-27. 호르크하이머는 낙관적 미래를 약속했던 계몽의 기획이 오히려 자본주의적 산업사회 문화와 그 억압적 구조, 그리고 파시즘 등 전체주의의 등장이라는 야만의 역사로 귀결된 것은 형식적이고 도구화된 주관적 이성이 전면에 등장했기 때문이다. 호르크하이머는 주관적 이성과 객관적 이성의 조화로운 발현을 통해 이성의 비판적 반성력과 진정한 주체화를 회복하여 도구적 이성의 전면적 등장으로 말미암은 계몽의 불합리성과 퇴행을 극복하려고 시도하고 있다. 호르크하이머의 도구적 이성 비판에 대해서는 이하준, 『막스 호르크하이머, 도구적 이성 비판』(서울: 커뮤니케이션북스, 2016), 제5장에서 "도구적 이성"을 다루고 있다. 또 다른 저서로는 이종하, 『호크하이머의 비판이론』(성남: 북코리아, 2011)이 있으며, 제3부 "도구적 이성 비판과 비판의 확장"은 주목할 만한 논의이다. 유럽 철학을 배경으로 도구적 이성을 논하고 있는 해설서로서 유익한 책은 세일라 벤하비브, 정대성 옮김, 『비판, 규범, 유토피아』(서울: 울력, 2008), 제5장 "도구적 이성 비판" 참조.

호르크하이머의 도구적 이성 비판은 아도르노(Theodor Adorno)와 공저로 쓴 『계몽의 변증법』에서 더욱 확장되고 상세한 논의가 전개되었는데, 이 책은 서구 사상사에서 넓게는 이성 비판, 좁게는 계몽주의적 합리성에 대한 비판에서 기념비적 저작으로 널리 인정받고 있다. 이 책은 1944년 완성되었고 1947년에 암스테르담에서 처음으로 출간되었다. 번역본으로는 M. 호르크하이며, Th. W. 아도르노, 『계몽의 변증법』(서울: 문예출판사, 1995) 참조. 비판이론가로서의 호르크하이머와 아도르노는 정통 마르크스주의의 중심적 개념인 계급투쟁이 이미 지나간 역사적 계기라고 생각하고 인간과 자연과의 투쟁을 주요한 문제로 삼게 되었다. 이러한 인간과 자연과의 투쟁은 지배라는 현상 속에서 이해되었고, 이성이 편협한 기술적, 도구적 합리성으로 쇠퇴함으로써 이성은 자연 지배를 위한 도구가 되었다. 그래서 인간이 자연과학을 통해 자연을 지배하고, 그 지배의 힘으로 산업혁명을 일으키고, 그 여파로 자유민주적 개인이 등장하게 된 것은 계몽의 결코 지울 수 없는 공헌이었다. 따라서 계몽적 사고는 뮈토스에서 로고스에로의 이행을 촉진하였고, 인류를 신화적 폭력과 공포로부터 해방시켜 문명을 발전시키고 인간의 자유를 증진시켰다고 믿었다. 그러나 산업혁명 이래 모든 면에서 인간의 자기보존과 자기 이익의 증대를 위한 실증주의적 도구적 이성이 압도적으로 우위에 서게 되었고, 이러한 현상은 서구사회가 직면하고 있는 위기의 근원이라고 생각되었다. 나치즘의 등장과 반유대주의, 그리고 억압적인 전체주의화하고 있는 공산주의를 목도할 때 그 야만성은 반계몽적 사고의 결과가 아니라 계몽적 사고 안에서 자기 파괴의 모순성과 합리적 사고의 비합리성으로 배태되었던 것이다. 호르크하이머와 아도르노는 이성에는 목표와 가치를 이해하는 능력뿐만 아니라 그것들을 비판적으로 비교하고 평가할 수 있는 능력도 있는데, 그러한 객관적 이성을 복원하는 일은 오늘날 이성 앞에 놓인 가장 큰 과제라고 지적한다. 도구적 합리성 부분은 「사상사 개설: 호르크하이머와 아도르노의 『계몽의 변증법』」, 『사상사 개설』(고영복 편, 사회문화연구소, 1996), NAVER 지식백과, pp.1-2 참조. 계몽적 사고의 위기는 결국 주체적 인간이 도구적 이성을 통해 자연과 인간을 타자화하고 지배하는 자기 동일적 주체를 형성하는 자연 인식론적, 사회 인식론적 논리에 지배당함으로써 발생했다는 주장은 다음 논문 참조. 정미라, 「주체의 형성과 타자, 그리고 자기보존: 호르크하이머와 아도르노의 『계몽의 변증법』을 중심으로」, 『범한철학』, 제65집(2012), pp.123-146. 뮈토스에서 로고스에로의 이행은 본서 제2장 후주 124 참조.

32) Hamlin, *Ethics, Economics and the State*, p.15. 현시 선호 이론은 P. A. Samuelson, *Foundations of Economic Analysis*(Cambridge: Harvard University Press, 1947)에서 시작되었다.

33) 「현시 선호 이론」, 박은태 편저, 『경제학사전』, 10판(개정신판)(파주: 경연사, 2010). 「현시 선호 이론」, 『위키백과(*Wikipedia*)』 참조.

34) Rawls, *A Theory of Justice*, p.558. Gauthier, *Morals By Agreement*, p.27.

35) G. C. Winston, "Addiction and Back-Sliding: A Theory of Compulsive Consumption," *Journal of Economic Behavior and Organization*, Vol. 1

(1980), pp.259-324. 한계효용체감의 법칙은 이 경우에 적용되지 않는다.

36) Rawls, *A Theory of Justice*, p.416. Gauthier, *Morals By Agreement*, p.26.

37) Mary Gibson, "Rationality," *Philosophy & Public Affairs*, Vol. 6(1977), pp.193-225.

38) Sen, *On Ethics and Economics*, p.15.

39) Hamlin, *Ethics, Economics and the State*, p.16.

40) Milton L. Myers, *The Soul of Modern Economic Man: Ideas of Self-Interest. Thomas Hobbes to Adam Smith*(Chicago: The University of Chicago Press, 1983), p.11.

41) 공리 혹은 효용에 대한 공리주의의 원칙은 보다 더 일반적인 자기 이익 이론의 특수한 경우이다. 벤담과 밀에 의하면, 공리의 원칙은 단순한 도구적 가치만을 가진 것이 아니라 본질적 가치의 형태를 취한다. 벤담에 따르면, 공리의 원칙은 "문제의 대상이 되고 있는 이익의 관련 당사자들인 모든 사람들의 정당하고도 적합한 것으로서의 최대의 행복을 진술하고 있는데, 그러한 행복은 오직 정당하고도 적합하며, 바람직한 인간 행위의 목적으로서만 그러한 것이다." Jeremy Bentham, *An Introduction to the Principles of Morals and Legislation in The Utilitarians*(Garden City, New York: Anchor Books: 1973), p.290f. n.1. 이와 유사하게, 밀에 의하면, "공리주의적 교설은 행복이 바람직한 것이며, 오직 목적으로서 바람직한 것임을 말한다. 모든 다른 것들은 그러한 목적에 대한 수단으로서만 바람직한 것이다." J. S. Mill, *Utilitarianism in The Utilitarians*, p.438. 벤담과 밀의 저작의 번역본은 다음과 같다. 제러미 벤담, 고정식 옮김, 『도덕과 입법의 원리 서설』(파주: 나남출판, 2011). 제러미 벤담, 강준호 옮김, 『도덕과 입법의 원칙에 대한 서론』(서울: 아카넷, 2013). 존 스튜어트 밀, 서병훈 옮김, 『공리주의』(서울: 책세상, 2007). 존 스튜어트 밀, 이을상 옮김, 『공리주의』(서울: 책세상, 2011).

42) Hamlin, *Ethics, Economics and the State*, p.17.

43) 벤담의 쾌락 계산법(felicific calculus)은 일곱 가지 기준들이 있다.

1. 강도(Intensity) : 그 쾌락은 얼마나 강한가?

2. 지속성(Duration) : 그 쾌락은 얼마나 오래 지속되는가?

3. 확실성 혹은 불확실성(Certainty or Uncertainty) : 그 쾌락이 발생할 가능성이 있는가, 아니면 없는가?

4. 근접성 혹은 원격성(Propinquity or Remoteness) : 얼마나 빨리 그 쾌락이 발생할 것인가?

5. 다산성(Fecundity) : 어떤 행위가 동일한 종류의 감각을 연달아 일어나게 할 가능성이 있는가? 그것이 쾌락이라면 쾌락을, 혹은 그것이 고통이라면 여

러 고통을 일어나게 할 가능성이 있는가?

6. 순수성(Purity) : 어떤 행위가 정반대의 감각을 연달아 일어나게 하지 않을 가능성이 있는가? 즉 그것이 쾌락이라면 여러 고통을, 혹은 그것이 고통이라면 여러 쾌락을 일어나게 하지 않을 가능성이 있는가?

7. 범위(extent) : 그 행위로 말미암아 얼마나 많은 사람들이 영향을 받는가? 일곱 가지 기준에 대한 설명은 "Felicific calculus," *Wikipedia*, p.1. 참조. 원전은 Bentham, *An Introduction to the Principles of Morals and Legislation*, p.38. 번역본으로는 제라미 벤담, 고정식 옮김, 『도덕과 입법의 원리 서설』, pp.67-71과 제러미 벤담, 강준호 옮김, 『도덕과 입법의 원칙에 대한 서론』, pp.95-101을 상호 비교하면서 용어와 설명을 채택함.

공리주의와 경제학에 있어서 효용과 선호의 측정은 서수적 측정과 기수적 측정(간격 측정, 비율 측정), 그리고 효용의 개인 간 비교에 관련하여 많은 문제점들을 야기하고 있다. 기본적인 안건들은 박정순, 『사회정의의 윤리학적 기초: John Rawls의 정의론과 공리주의의 대비』(연세대학교 대학원 철학과 석사논문, 1984. 2.), p.70 참조. 박정순, 「호모 에코노미쿠스 생살부」, 고려대학교 철학연구소 창립 2주년 기념 학술대회, 『현대사회와 인간: 철학적 성찰』(1998)의 후주 68 참조. 본서 부록 제1장 후주 75 참조. 공리주의와 경제학과 관련된 효용의 측정과 개인 간 비교 문제는 Hans Von Den Doel, *Democracy and Economics*, "Measuring Utility"(서수적 측정, 기수적 측정/간격 측정, 비율 측정) 그리고 "The Interpersonal Comparison of Utility," pp.25-35. Jon Elster and John E. Roemer, eds. *Interpersonal Comparisons of Well-Being*(Cambridge: Cambridge University Press, 1991) 참조.

44) Kenneth J. Arrow, "Current Developments in the Theory of Social Choice," *Social Research*, Vol. 44(1977), pp.607-622. Brian Barry and Russell Hardin, eds., *Rational Man and Irrational Society?*(Beverly Hills: Sage Publications, 1982), pp.252-263에 재수록. 관련 논의는 본서 본장 후주 61 참조. 그리고 다음 두 저서 참조. James S. Coleman and Thomas J. Fararo, *Rational Choice: Advocacy and Critique*(London: Sage Publications, 1992). Karen Schweers Cook and Margaret Levi, eds., *The Limits of Rationality* (Chicago: The University of Chicago Press, 1990).

45) Rawls, *A Theory of Justice*, p.146. Gauthier, *Morals By Agreement*, p.87.

46) Rawls, *A Theory of Justice*, "상호 무관심", p.13, cf. p.144, "자기 이익 극대화", p.144, cf. 143.

47) Gauthier, *Morals By Agreement*, p.7.

48) Rawls, *A Theory of Justice*, p.142. Gauthier, *Morals By Agreement*, p.7.

49) Rawls, *A Theory of Justice*, p.147. Gauthier, *Morals By Agreement*, p.87,

n.6.

50) Rawls, *A Theory of Justice*, p.15. Gauthier, *Morals By Agreement*, p.14.

51) Luce and Raiffa, *Games and Decision*, "2.1. A Classification of Decision Theory," pp.12-14.

52) John C. Harsanyi, "Morality and the Theory of Rational Behavior," in Amartya Sen and Bernard Williams, eds., *Utilitarianism And Beyond* (Cambridge: The University Press, 1982), p.43. 레스닉은 합리적 선택이론의 유형을 (1) Decision under Ignorance(Uncertainty), (2) Decision under Risk: Probability, 베이지안 정리(Bayesian, 혹은 Bayes' Theorem) 적용, (3) Decision under Risk: Utility, (4) Game Theory, (5) Social Choice로 나눈다. Resnik, *Choices: An Introduction To Decision Theory*, "Contents" 참조. 베이지안 정리는 어떤 사건의 사전 확률과 추가적인 정보를 통해 해당 사건의 사후 확률을 추론하는 방법으로 사후 확률은 사전 확률과 그 가능도의 곱에 비례한다는 것이다. 최근 이 분야에 대한 심층적 저서는 이영의, 『베이즈주의: 합리성으로부터 객관성에로의 여정』(서울: 한국문화사, 2015) 참조. (3)은 Von Neumann-Morgenstern Utility Theory에 의거하여 기대효용 극대화를 추구한다. 이 이론은 기대효용 가설(expected utility hypothesis)이라고 불린다. 비슷하지만 새로운 합리적 기대이론파는 경제주체의 행동 결정은 가능한 대안들에 관한 합리적 기대에 근거해서 이루어진다고 주장했다. 1961년 머스(John F. Muth)가, 1972년 루카스(Robert Lucas)가 "Rational Expectations" 이론을 제시했다. 이 이론은 미래의 경제적 조건들에 관해서 개인들뿐만 아니라 회사, 정부 기관들의 합리적 기대를 산출하는 모델을 창안함으로써 영향력 있는 모델로 성장하였다. "Rational expectations," *Wikipedia*, pp.1-5. 그리고 다음 저서 참조. Steven M. Sheffrin, *Rational Expectations* (Cambridge: Cambridge University Press, 1983). 로버트 루카스는 게리 베커(Gary Becker)와 함께 시카고학파의 쌍두마차였다. 둘 다 노벨 경제학상을 받았다. 밀턴 프리드먼이 이 학파 소속이었다. 자세한 내용은 박기성, 「자유주의적 경제사상: 시카고학파의 경제학을 중심으로」, 미국학연구소 편, 『미국사회의 지적 흐름: 정치, 경제, 사회, 문화』(서울: 서울대학교 출판부, 1998), pp.199-218.

53) 본서 제4장, 그리고 본서 부록 제4장 참조.

54) Ward Edwards, "The Theory of Decision Making," in Ward Edwards and Amos Tversky, eds., *Decision Making*(Baltimore: Penguin Books, 1967), p.14.

55) Harsanyi, "Morality and the Theory of Rational Behavior," pp.43-44. 위험 부담하에서의 선택은 가능한 결과들에 대한 객관적 확률이 가능하므로 기대

효용의 극대화를 추구할 수 있다. 그러나 불확실성하에의 선택은 개인의 주관적 추정에 의한 확률만으로 기대효용 극대화를 추구할 수밖에 없다. 불확실성하에서의 선택 기제들로는 다양한 운용 규칙들이 있다. Luce and Raiffa, *Games and Decision*, pp.278-286. 그러한 운용 규칙들로는 최소극대화 기준, 최대 위험의 극소화 기준, 후르비치(Hurwicz)의 비관주의-낙관주의 지수 기준, 불충분한 이유의 원리가 있다. 본서 제3장 후주 178 참조. 관련 저서들로는 다음을 참조. 강성안, 『불확실성하 의사결정』(서울: 도서출판 두남, 2013). 그리고 강맹규, 『불확실성 하의 의사결정론』(서울: 희중당, 1990). 프랭크 하이너먼 나이트, 이주명 옮김, 『위험과 불확실성 및 이윤』(서울: 한영문화사, 2018). 이 두 저서는 상세하면서도 방대한 저서들이다.

56) Andrew M. Colman, *Game Theory And Experimental Games: The Study of Strategic Interaction*(Oxford: Pergamon Press, 1982), p.143. 그러면 게임이론은 확실성하, 위험부담하, 불확실성하에서의 선택 중 어떤 것인가? 루스와 라이파는 게임이론은 위험부담하에서의 선택과 불확실성하에서의 선택이 결합된 경우라고 생각한다. 불확실성은 다른 사람이 어떻게 행동할지를 모를 때 발생한다. 그러나 게임이론은 그러한 경우를 이상화하여 위험부담하에서의 선택으로 간주한다. 그러나 게임에 참여하는 사람들의 동기를 특정하게 가정했다고 하더라도 불확실성은 완전히 사라지는 것은 아니다. Luce and Raiffa, *Games and Decision*, p.14. 게임이론을 완전한 정보(perfect information)와 불완전한 정보(imperfect information)의 관점에서 생각해보자. 만약 모든 게임 참가자들이 다른 게임 참가자들의 이전 행동들을 다 안다면, 이것은 완전한 정보의 게임이다. 게임이론에서 논의되고 있는 대부분은 불완전한 정보의 게임들이다. 완전한 정보의 게임은 서양 삼목 놓기(tic-tac-toe), 오목, 12개의 말을 쓰는 체스(checkers), (16개의 말로) 무한정 체스판을 쓰는 체스(infinite chess), 바둑 등이다. 포커와 브리지 등 많은 카드 게임들은 불완전 정보의 게임들이다. "Game Theory," *Wikipedia*, p.3. 게임의 유형들은 협력적/비협력적, 대칭적/비대칭적, 제로섬/비제로섬, 동시적/연속적, 완전한 정보/불완전한 정보, 복합적 게임, 무한정 긴 게임, 단일/계속, 진화론적 게임 등이 있다. "Game Theory," *Wikipedia*, pp.2-5. 그리고 간략하지만 통합적인 설명을 제시하고 있는 것은 Guillermo Own, "Game Theory," *Encyclopedia of Applied Ethics*, Vol. 2(San Diego: Academic Press, 1998), pp.357-367.

게임적 상황에서의 합리성을 논한 논문은 김완진, 「경제적 합리성과 게임이론」, 『철학사상』, 제20권(2005), pp.23-44. 비경제학도는 게임이론에 접근하기 어려우므로 우선 비기술적인 설명이 되어 있는 책을 보는 것이 좋다. 다음의 두 저서를 참조. Morton D. Davis, *Game Theory: A Nontechnical*

Introduction(Mineola, New York: Dover Pub., 1970; revised ed. 1983; subsequent ed. 2012). 번역본으로는 모튼 D. 데이비스, 홍영의 옮김, 『게임의 이론』(서울: 팬더북, 1995). 그리고 Roger A. McCain, *Game Theory: A Nontechnical Introduction to the Analysis of Strategy*, 3rd edn.(Singapore: World Scientific Pub Co Inc., 2014). 번역본은 로저 A. 매케인, 이규억 옮김, 『게임이론: 쉽게 이해할 수 있는 전략분석』(서울: 시그마프레스, 2017). 역시 간략하면서 수식적 논의가 없는 저서로는 다음을 참조. 박찬희, 한순구, 『인생을 바꾸는 게임의 법칙』(서울: 경문사, 2005). 한순구, 『게임이론』(서울: 경문사, 2017). 그리고 게임이론에 대한 수식을 포함한 상세한 논의는 다음의 두 저서를 참조. 박주현, 『게임이론의 이해』(서울: 도서출판 해남, 1998). 신성휘, 『게임이론 길라잡이』(서울: 박영사, 초판 2013; 제3판 2014). 게임이론 분야는 각광을 받고 있는 분야이기 때문에 신간들이 매년 쏟아져 나오므로 모든 저서들을 소개하지 못하는 것을 유감으로 생각하는 바이다.

57) 사회적 선택(social choice)은 공공적 선택(public choice)라고도 한다. Dennis C. Mueller, *Public Choice*(Cambridge: Cambridge University Press, 1979) 참조. 번역본은 D. C. 뮬러, 배득종 옮김, 『공공선택론』(서울: 나남출판, 1987). 이 책 제12장과 제13장은 각각 롤즈의 공정한 사회계약과 공리주의적 계약론을 다루고 있다. 그리고 다음의 저서 참조. Christopher McMahon, *Collective Rationality and Collective Reasoning*(Cambridge: Cambridge University Press, 2001).

58) 본서 제3장과 제4장 참조.

59) 완전경쟁시장에 대해서는 본서 부록 제1장 참조. 박정순, 「호모 에코노미쿠스 생살부」, pp.7-8 참조. 그리고 본서 부록 제2장 참조. 이 논문은 박정순, 「세계시장과 인간 삶의 조건」, 『제13회 한국철학자연합대회보』(한국철학회, 2000. 11), pp.217-267을 전재한 것임.

60) Adam Smith, *An Inquiry into the Nature and Causes of the Wealth of Nations*(1776), ed. with an Introduction by Edwin Cannan, and with a New Preface by George J. Stigler(Chicago: The University of Chicago Press, 1976), p.477.

61) Andrew Schotter, *Free Market Economics: A Critical Appraisal*(New York: St. Martin's Press, 1985; 2nd edn. Oxford: Basil Blackwell, 1990), Ch. IX. "Rationality and Market Failure." 합리적 개인과 비합리적인 사회를 극복할 수 있는 방책으로 신뢰와 협동의 문제를 다루고 있는 논문은 오재호, 「합리적인 개인들의 비합리적인 사회」, 『철학과 현실』, 제96호(2013년 봄호), pp.269-286. 이정전, 「합리적인 개인, 비합리적인 사회?」, 『철학사상』, 제19권(2004), pp.33-81. 이 논문은 치밀한 논의가 전개되는 논문으로 애로우의

불가능성 정리와 그 탈출구, 그리고 죄수의 딜레마도 논하고 있는 수준 높은 논문이다. 합리적 인간과 비합리적 사회 관련 저서는 본서 본장 후주 44 참조. 신뢰, 즉 트러스트를 주제적으로 다루고 있는 저서는 다음 참조. Francis Fukuyama, *Trust: The Social Virtues and the Creation of Prosperity*(New York: Free Press, 1995). 번역본으로는 프랜시스 후쿠야마, 구승회 옮김, 『트 러스트: 사회도덕과 번영의 창조』(서울: 한국경제신문사, 1997). 후쿠야마는 서구 문명을 견인하는 한 추동력이 자본주의적인 경제적 번영을 위한 호모 에코노미쿠스의 합리적 사익 추구의 체계라고 주장했는데, 이 저술은 그러한 합리적 사익 추구의 한 문제점을 보완하려는 것으로 보인다. 본서 제5장 후 주 56과 후주 56이 있는 본문 참조. 그리고 후쿠야마의 다른 논의들은 본서 제5장 후주 41, 42, 124와 후주 56이 있는 본문 참조.

62) Amartya Sen, "Rational Fools: A Critique of the Behavioral Foundations of Economic Theory," *Philosophy & Public Affairs*, Vol. 6(1977), pp.317-344. 호모 에코노미쿠스에 기반한 합리적 선택이론의 극복과 그 대안들, 즉 관습, 반복적 게임이론, 규제들에 대한 논의는 다음의 논문 참조. Elizabeth Anderson, "Beyond Homo Economicus: New Development in Theories of Social Norms," *Philosophy & Public Affairs*, Vol. 29(2000), pp.170-200. 국내 논문으로는 소병철, 「'좋은 삶'의 상호 주관적 가능 조건: 탈호모에코 노미쿠스적 대안의 한 모색」, 『철학연구』, 제101권(2007), pp.117-149. 그 대안은 순수한 경제적 동기로 환원될 수 없는 자율적인 개인들의 상호 인정 에 기초한 개체성의 초월을 통해 좋은 삶을 사회적으로 향유할 수 있다는 것이다. 호모 에코노미쿠스의 변혁에 대해서는 다음 저작 참조. J. Gay Tulip Meeks, ed., *Thoughtful Economic Man: Essays on Rationality, Moral Rules & Benevolence*(Cambridge: Cambridge University Press, 1991). 호모 에코 노미쿠스에 대한 저작으로 유익하게 읽은 두 저서는 다음과 같다. 피터 플레 밍, 박영준 옮김, 『호모 이코노미쿠스의 죽음』(서울: 한스미디어, 2008). 특 히 3장 "호모 이코노미쿠스는 왜 죽어야 했나"와 5장 "바보들을 위한 미시 경제학"은 우리의 논의와 직접적인 연관이 있다. 다니엘 코엔, 박상은 옮김, 『호모 이코노미쿠스: 새로운 시대에 방황하는 선구자』(파주: 에쎄, 2013). 이 책도 역시 호모 에코노미쿠스가 도덕적, 사회적 이상이 사라진 비효율적 세 상에서 인간의 본성을 이기심의 추구라는 좁은 영역에 가둔 채 결국 죽음을 면치 못할 것으로 본다. 호모 에코노미쿠스를 경제철학과 경제신학의 관점에 서 파헤친 보기 드문 논문은 다음 참조. 한승홍, 「호모 에코노미쿠스」, 『본 질과 현상』, 7호(2007), pp.150-171. 그리고 호모 에코노미쿠스에 관련해서 경제학적 제국주의를 푸코와 근대 시민사회의 분석을 통한 근대성 비판으로 연계시키고, 경제학적 제국주의의 극복하기 위해서는 우리 자신의 주체화 과

정에 대한 비판적 통찰이 있어야 한다고 주장한 논문은 다음과 같다. 강동호, 「호모 에코노미쿠스」, 『문학과 사회』, 제27권(2014년 봄호), pp.440-461.

63) Luce and Raiffa, *Games and Decision*, pp.94ff. 루스와 라이파는 수인의 딜레마를 2인 비영합적인 비협동적 게임으로 규정한다. 비영합적이라는 것은 제로섬 게임이 아니라는 것(non-zerosum game)을 말한다. 그리고 비영합적이라는 것은 그 게임이 엄밀하게 경쟁적이 아니라는 것을 말하는데, 즉 한 사람이 이득을 보면 다른 사람은 손해를 보는 것이거나, 혹은 한 사람이 손해를 보면 다른 사람이 이익을 보는 상호관계가 아니라는 것이다. 비협동적이라는 것은 그 게임이 사전적 의사소통이 허용되지 않는다는 것이며, 더 나아가서 설령 두 사람 간의 사전 합의가 있었더라도 그 합의는 구속력이 없다는 것을 말한다.

64) Campbell and Sowden, *Paradoxes of Rationality and Cooperation*, p.16.

65) 같은 책, p.5. 본서 제1장 후주 65 참조.

66) Rawls, *A Theory of Justice*, p.269.

67) Campbell and Sowden, *Paradoxes of Rationality and Cooperation*, p.10. 하사니는 이기주의자들 사이에서만 수인의 딜레마 상황이 발생하는 것이 아니고, 이타주의자들 사이에서도 이타주의자들이 부분적으로 혹은 전체적으로 다양한 이타주의적 목표를 추구할 때 발생한다고 주장한다. Harsanyi, "Morality and the Theory of Rational Behavior," p.43.

68) Schelling, "Some Thoughts On the Relevance of Game Theory to the Analysis of Ethical Systems," p.50. 본서 제1장 후주 79 참조. 두 명의 이타주의적 승객 모형은 Edna Ullmann-Margalit, *The Emergence of Norms* (Oxford: Clarendon Press, 1977), p.48. n.7.

69) Ullmann-Margalit, *The Emergence of Norms*, p.48. n.7.

70) Campbell and Sowden, *Paradoxes of Rationality and Cooperation*, p.10.

71) 무임승차자의 문제에 대한 이론적 전거는 하딘(Garrett Hardin)의 "공유지의 비극"이다. 공유지의 비극은 아무런 제약 없이 누구나 자유롭게 사용할 수 있는 공유 자원은 사람들의 남획으로 고갈되고 만다는 이론이다. 이 이론은 지구의 자원은 유한하지만 인구는 증가하므로 자원이 고갈되는 대재앙이 발생할 수 있다고 우려하고 있다. Garrett Hardin, "The Tragedy of the Commons," *Science*, 162(1968), pp.1243-1248. 제목 밑에 하딘은 다음과 같은 제사를 썼다. "The Population problem has no technical solutions; it requires a fundamental extension in morality(인구 문제는 어떠한 기술적인 해결책도 없다. 그것은 도덕성에 있어서의 근본적인 확장을 요구할 따름이다)." 도덕성의 확장이라는 관점에서 보면 하딘은 합리성의 확장학파에 속한

다고도 볼 수 있다. "Tragedy of the Commons," *Wikipedia*, pp.1-11. 쉽고도 간결한 설명은 「공유지의 비극」, 이동귀, 『상식으로 보는 세상의 법칙: 심리 편』, NAVER 지식백과, pp.1-3. 그리고 다음 저서 참조. Anthony de Say, *Social Contract, Free Ride: A Study of the Public Goods Problem*(Oxford: Clarendon Press, 1989).

72) Doel, *Democracy and Welfare Economics*, pp.25-30. Table 2.1. A typology of pure and impure social goods(economic and non-economic goods)((경제적, 비경제적 재화에 있어서의) 순수 혹은 비순수 공공재의 위상), p.29.

73) Rawls, *A Theory of Justice*, p.267.

74) Richard Tuck, "Is there a free-rider problem, and if so, what is it?" in Ross Harrison, ed., *Rational Action*(Cambridge: Cambridge University Press, 1979), p.148.

75) 천옥환, 『논리학』(서울: 박영사, 1969), p.216.

76) Allen Buchanan, "Revolutionary Motivation and Rationality," *Philosophy & Public Affairs*, Vol. 9(1979), p.64.

77) Colman, *Game Theory And Experimental Games*, p.156. Russell Hardin, "Collective Action as an Agreeable n-Prisoner's Dilemma," *Behavioral Science*, Vol. 16(1971), pp.472-481. Campbell and Sowden, *Paradoxes of Rationality and Cooperation*, p.13.

78) 표 2. "수인의 딜레마"에서 제1 수인의 선호 순서는 사분면 위치에서 0년(좌하), 1년(좌상), 5년(우하), 10년(우상)이며, 표 4. "무임승차자의 문제"에서 임의의 개인의 선호 순서는 사분면 위치에서 1(좌하). 2(좌상), 3(우하), 4(우상)으로 수인의 딜레마와 무임승차자의 문제는 선호 구조적으로 동치이다.

79) Richard Tuck, "Is there a free-rider problem, and if so, what is it?" p.148.

80) Mancur Olson, *The Logic of Collective Action: Public Goods and the Theory of Groups*(Cambridge: Harvard University Press, 1965), p.2. M. 올슨, 윤여덕 옮김, 『집단행동의 논리』(파주: 한국학술정보, 2003).

81) 칸트는 "당위는 가능성을 함축한다"는 윤리학의 기본 격률을 다음 두 저작에서 개진했다. Immanuel Kant, *Religion Within the Boundaries of Mere Reason and the Other Writings*, eds. by Allen Wood, George di Giovanni, Introduction by Robert Merrihew Adams(Cambridge: Cambridge University Press, 1998), 6:50, p.70. *Critique of Pure Reason*, trans. by Norman Kemp Smith(New York: ST Martins's Press, 1965), A548/B576, p.473. I. 칸트, 최재희 옮김, 『순수이성비판』, 개정중판(서울: 박영사, 2011), [B]576, p.416. "당위가 행위하기를 노릴 때에, 행위는 물론 자연적 조건 아래서만 가능하

다." 자세한 논의는 "Ought Implies Can," *The International Encyclopedia of Ethics*, ed. by Hugh Lafollette, Vol. 6(West Sussex, UK: Willey-Blackwell, 2013), pp.3748-3757 참조.

82) Michael Stocker, "The Schizophrenia of Modern Ethical Theories," *The Journal of Philosophy*, Vol. 73(1976), pp.453-466. 스토커는 현대 윤리학에서의 동기와 정당화 사이의 유리(遊離)를 윤리학에서의 정신분열이라고 명명한다. 스토커는 윤리학에서 행위의 동기가 중요하지만 현대 윤리학에서는 행위의 의무, 정당성과 책무 등 정당화 논변을 중시한다고 지적한다. 그래서 그는 현대 윤리학설들, 즉 칸트의 의무론적 윤리설과 공리주의 결과주의적 윤리설은 병원에 있는 환자 친구를 의무에서 방문한 그의 친구가 도덕적으로 무엇이 결여되어 있는가를 설명하지 못한다는 것이다. 즉 우리는 그 친구가 환자 친구에 대한 순수한 우정과 직접적인 배려로 방문하는 것이 단순한 의무와 결과를 고려하는 판단에서 방문하는 것보다 도덕적으로 더 우월한 것으로 간주해야 한다는 것이다.

83) Rawls, *A Theory of Justice*, p.577.

84) 같은 책, p.270.

85) 같은 책, p.567.

86) 같은 책, p.132.

87) Gauthier, *Morals By Agreement*, p.84.

88) 같은 책, pp.14f.

89) 같은 책, p.12.

90) 같은 책, p.183. Campbell and Sowden, *Paradoxes of Rationality and Cooperation*, pp.10-11.

91) David Gauthier, "Justice as Social Choice," in David Copp and David Zimmerman, eds., *Morality. Reason and Truth*(Totowa, New Jersey: Rowan & Allanheld, 1984), p.253.

92) Arrow, *Social Choice and Individual Values*(2nd edn. 1963), p.23.

93) 같은 책, pp.22-33. 애로우의 "불가능성 정리"는 *Social Choice and Individual Values*(New York: Wiley, 1951) 제1판에서 제시되었으며, 같은 책, 제2판에서는 새로운 설명이 제시되고 있다. "Note on the Theory of Social Choice, 1963," pp.92-110.

94) 저자가 인용한 것은 보다 간명한 설명이 제시된 "Values and Collective Decision-Making," in P. Laslett and W. G. Runciman, eds., *Philosophy, Politics. and Society*, 3rd. ser.(Oxford: Basil Blackwell, 1967), pp.215-232, 그리고 "Formal Theories of Social Welfare," in P. Wiener, ed., *Dictionary*

of the History of Ideas(New York: Charles Scribner's Sons, 1973), pp.283-284 참조.

95) Arrow, "Values and Collective Decision-Making," p.226

96) 같은 곳. 예를 들어, 몇 명의 후보들이 공직에 출마하였고, 이러한 후보들에 대한 투표자들의 선호가 알려졌다면, 한 후보의 사퇴가 다른 후보들에 대한 상대적 선호에 영향을 미쳐서는 안 된다는 것이다. 이것은 "분집합의 독립성"이라고도 말하는데, "특정 후보자 두 사람만을 집계했을 때, 전체의 집계 결과와 관계없이 그 두 사람의 순위가 지켜진다"는 것이다. 가토 히사다케, 표재명, 김일방, 이승연 옮김, 『현대 윤리에 관한 15가지 물음』(파주: 서광사, 1999), p.132.

97) Arrow, "Values and Collective Decision-Making," p.226. 이러한 투표의 역설은 콩도르세의 역설(Condorcet's paradox)이라고 불린다. Arrow, *Social Choice and Individual Values*(2nd edn. 1963), p.93.

98) 예를 들면, 투표 거래나 담합(vote trading or logrolling)은 조건 P나 I를 위배한다. 만약에 찬부 동수인 경우에 의장이 던지는 결정투표인 캐스팅 보트(casting vote), 압력, 회유와 선전 등 비전이적 기제에 호소한다면 동일한 문제에 봉착한다. 이 문제는 C. Rowley and A. Peacock, *Welfare Economics: A Liberal Restatement*(London: Martin Robertson, 1975), pp.40f 참조.

99) 심층적 논의는 Alfred F. Mackay, *Arrow's Theorem: The Paradox of Choice. A Case Study in the Philosophy of Economics*(New Haven: Yale University Press, 1980). J. S. Kelly, *Arrow Impossibility Theorems*(New York: Academic Press, 1978). Paul Seabright, "Social Choice and Social Theories," *Philosophy & Public Affairs*, Vol. 18(1984), pp.365-387. Charles R. Ploit, "Axiomatic Social Choice Theory: An Overview and Interpretation," *American Journal of Political Sciences*, Vol. 20(1976), pp.511-596. 세계적으로 교과서로 많이 쓰이고 있는 저서로서, 애로우의 불가능성 정리에 대한 후생경제학적 관점에서의 논의는 A. M. 펠드만, 김덕영 외 옮김, 『후생경제학과 사회선택이론』(서울: 경문사, 1990), 제10장 "애로우의 불가능성 정리" 참조. 이 책은 제8장에서 "공정성과 롤즈의 기준"도 다루고 있다.

100) Arrow, *Social Choice and Individual Values*, p.74, p.84.

101) Scott Gordon, *Welfare, Justice, and Freedom*(New York: Columbia University Press, 1980), p.13.

102) Chantal Mouffe, "Rawls: Political Philosophy without Politics," *Philosophy and Social Criticism*, Vol. 13(1987), p.114. Douglas W. Rae, "The Limits of Consensual Decision," *The American Political Science Review*,

Vol. 69(1975), pp.1270-1298.

103) Schotter, *Free Market Economics: A Critical Appraisal*, p.36, p.134. 그리고 pp.14-15.

104) 6개의 인용은 순서대로 다음 문헌들을 참조. Amitai Etzioni, *The Moral Dimension: Toward New Economics*(New York: The Free Press, 1988), p.2. Hamlin, *Ethics, Economics and the State*, p.21. Amartya Sen, "Rationality and Uncertainty," *Theory and Decision*, Vol. 18(1985), p.111. Max Weber, "The Meaning of 'Ethical Neutrality' in Sociology and Economics," in *The Methodology of Social Sciences*, ed. and trans. E. A. Shils and H. A. Finch(Glencoe, Illinois: The Free Press, 1949), p.44. Alfred Schutz, "The Problems of Rationality in the Social World," *Econometrica*, Vol. 10 (1943). Dorothy Emmet and Alasdair Macintyre, eds., *Sociological Theory and Philosophical Analysis*(New York: The MacMillan Co., 1970), p.106에 재수록. 그리고 Russell Hardin, "Difficulties in the Notion of Economic Rationality," *Social Science Information*, Vol. 23(1984), p.454.

105) Robin M. Hogarth and Melvin W. Reder, eds., *Rational Choice: The Contrast Between Economics and Psychology*(Chicago: The University of Chicago Press, 1987). 합리적 선택이론의 핵심을 방법론적 개체주의와 합리적 경제인간으로 보고 논의를 전개하면서, 사회학의 비판을 수용하는 합리적 선택이론의 최근 경향을 합리적 선택 제도주의, 사회학적 합리적 선택이론, 그리고 분석적 서술 방법(분석적이고 연역적인 모형의 구성을 추구하는 합리적 선택이론과 귀납적인 사례 연구를 강조하는 경험과학의 서술 방법을 종합)이라고 논의하고 있는 논문은 다음과 같다. 구현우, 이정애, 「합리적 선택이론의 새로운 지평」, 『한국사회와 행정연구』, 제19권(2009), pp.187-211.

106) Etzioni, *The Moral Dimension: Toward New Economics*, p.xi.

107) Stephene Lea, Roger Tarpy, and Paul Webley, *The Individual in the Economy: Survey of Economic Psychology*(Cambridge: The University Press, 1987), p.103.

108) 예를 들면, 다운즈(A. Downs)는 경제학의 합리성 모형은 "기본적으로 그 가정의 실제성이 아니라, 그 예측의 정확성에 의해서 시험되어야 한다"고 주장한다. A. Downs, *An Economic Theory of Democracy*(New York: Harper, 1957), p.21.

109) Barry Hindess, *Choice, Rationality, and Social Theory*(London: Unwin Hyman, 1988), p.2.

110) Milton Friedman, "The Methodology of Positive Economics," in *Essays in*

Positive Economics(Chicago: University of Chicago Press, 1953), p.14.

111) Lea, Tarpy, and Webley, *The Individual in the Economy: Survey of Economic Psychology*, p.128.

112) 같은 곳. "기초적 물리학에서의 이상적 가스의 법칙과의 유비추리는 이러한 상황에서 아주 많이 사용되었다. 마치 물리학자들이 포착하기 어려운 분자들 (심지어 물리학의 초심자들도 분자들이 부드럽고, 완전히 탄력적인 구가 아니라는 것을 알고 있다)의 예측에 관련해서 실제 가스의 행동을 예측하기 충분할 만큼 한다면 그 예측이 수용될 수 있는 것처럼, 경제학자들도 개인들에 관한 잘못된 가정들을 했더라도 경제 전반의 흐름을 예측하기 충분할 만큼 한다면 수용될 수 있는 것이다." 그러나 이러한 유비추리는 설득력이 없는데, 그 이유는 경제학자들의 예측이 물리학자들의 예측의 수준에 접근하지 못하기 때문이다. 특히 경기 예측은 경제학자들도 실수가 많거나 혹은 전혀 예측하지 못하는 경우가 많다.

113) 같은 책, p.531.

114) Hogarth and Reder, eds., *Rational Choice: The Contrast between Economics and Psychology*.

115) Rawls, *A Theory of Justice*, pp.459-462, p.460n, p.461n.

116) Ralf Dahrendorf, "Homo sociologicus," in *Essays on the Theory of Society*(London: Routledge & Kegan Paul, 1968). 사회적 행위자의 근본적 속성들은 Raymond Boudon, *The Logic of Social Action: An Introduction to Sociological Analysis*, trans. David Silverman(London, Routledge & Kegan Paul, 1979), pp.155-162. 합리적 선택이론에 대한 사회학의 도전은 Jon Elster, ed., *Rational Choice*(Oxford: Basil Blackwell1986), "Introduction," pp.22-25 참조. 번역본으로는 존 엘스터, 김성철, 최문기 옮김, 『합리적 선택』(서울: 도서출판 신유, 1993). 합리성의 한계에 대해서는 다음을 참조. Margaret Levi, Karen Shweers Cook, Jody A. O'Brien, and Howard Faye, "Introduction: The Limits of Rationality," in Karen Schweers Cook and Margaret Levi, eds., *The Limits of Rationality*(Chicago: The University of Chicago Press, 1990), pp.1-16.
사회학자들 중에서 합리적 선택이론을 비판적으로 수용하려는 입장을 취하는 학자는 콜먼(James Coleman)이 있다. 그는 합리적 선택이론이 다음 네 가지 요소를 가진 것으로 서술하고 있다. (1) 방법론적 개체주의, (2) 극대화로서의 행위 원칙, (3) 사회적 최적의 개념, (4) 사회적 균형의 개념. 콜먼은 이어서 사회학으로부터의 네 가지 요소를 추가적으로 부가하고 있다. (1) 자발적 권위의 구조, (2) 사회적 자본, (3) 권리의 사회적 연원, (4) 제도적 효과의 중시. James Coleman, "A Rational Choice Perspective on Economic

Sociology," N. Smelser and R. Swedberg, eds., *The Handbook of Economic Sociology*(Princeton: Princeton University Press, 1994), pp.160-180. 이재혁, 「합리적 선택론의 연구전략: 행위 의도와 인과적 설명의 문제」, 『사회와 이론』, 제2집(2003), pp.13-77 중 p.15에서 재인용. 그의 합리적 선택이론이 사회계약론적 입장을 함축하고 있다는 분석은 본서 제1장 후주 32 참조. 위에서 언급한 합리적 선택이론의 네 가지 요소와 사회학으로부터의 네 가지 요소들의 배경으로 자유주의적, 사회계약론적 입장이 도출될 수 있을 것으로 사료된다. 그는 근대사회가 진보한 것은 서구적 근대의 개인주의적이고 자유주의적인 계약론적 세계관에 힘입은 바가 크다고 생각한다. 그의 이론에서 중시되는 개인의 권리는 근대적 의미의 개인 소유권을 미리 전제하고 있다. 이재혁, 「비대칭사회와 합리적 선택이론: 제임스 콜만의 사회이론」, 『사회와 이론』, 제25집(2014), p.174. James Coleman, *Foundations of Social Theory* (Cambridge: Belknap Press of Harvard University Press, 1990), Part IV. "Modern Society" 참조. 그의 사회적 자본론은 사회적 자본을 가족관계와 공동체의 사회적 조직체에서 찾아볼 수 있는 일련의 자원들로 해석한다. 이러한 자원들은 신뢰, 그리고 공동체의 규범이나 사회적 연결망과 공공재로서의 특성을 가진다. 그는 사회적 자본과 인적 자본은 상보적이라고 주장하였는데, 개인은 특정한 기술, 경험, 지식을 가짐으로써 사회적 지위를 획득하고 더 많은 사회적 자본을 가질 수 있다고 파악하였다. Coleman, *Foundations of Social Theory*, Ch. 12. "Social Capital," p.304. "사회자본은 사회 구성원들에게 공유된 행동 규범 및 공동체적인 문화적 정체성을 부여함으로써 사회질서를 가능케 하는 역할을 하기 때문에 매우 중요하다." 「사회자본」, 이종수, 『행정학 사전』, NAVER 지식백과, p.1. 합리적 선택이론과 사회규범의 관계는 이재혁, 「합리적 선택론 법사회학과 사회규범」, 『법과 사회』, 48호(2015), pp.1-34 참조. 여기서는 사회규범의 강제 구속적, 자체 집행적 특성들이 해명된다. 그리고 이재혁, 「합리적 선택론의 관점에서 보는 규범현상」, 『한국사회학회 사회학대회 논문집』(2009), pp.3- 21. 이재혁, 「합리적 선택론에서 보는 사회규범: 콜만 이론과 비판적 재구성」, 『한국사회학회 사회학대회 논문집』(2008), pp.242-261. 이재혁, 「개인의 합리성에서 제도의 신화까지: 조직과 시장의 사회학」, 『사회비평』, 제11권(1994), pp.34-64. 이재혁, 『경제의 사회학: 미시-거시 연계분석의 이론과 방법』(서울: 사회비평사, 1996) 참조 이 책은 방대한 저서로서 경제현상에 대한 사회학적 이론의 측면에서 고찰해야 할 거의 모든 주제들이 총망라되어 있다. 유석춘, 장미혜, 정병은, 배영공 편역, 『사회자본』(서울: 도서출판 그린, 2003) 참조.

117) 조건 I, 즉 무관한 대안들로부터의 독립성(Independence of Irrelevant Alternatives)이다. 가능한 선택 대안들의 집합으로부터 도출되는 사회적 선택은

오직 그러한 대안들의 선택에 관련된 개인들의 선호 서열에만 의존해야지 관련 없는 무관한 대안들에 의존해서는 안 된다는 것이다. 이러한 답변은 Elster, *Rational Choice*, pp.22ff.

118) Denis H. Wrong, "The Oversocialized Conception of Man in Modern Sociology," *American Sociological Review*, Vol. 26(1961), pp.183-193. G. E. Homans, "Bringing Men Back In," *American Sociological Review*, Vol. 29(1964), pp.809-818.

119) Hamlin, *Ethics, Economics and the State*, p.21.

120) 사이먼의 satisficing은 satisfy(만족시키다) + suffice(충분하다)의 합성어로 어떤 대안이 선택자를 "충분히 만족시키는 것", 즉 충족화를 의미한다. 다시 말하면, 어떤 대안이 선택자의 "수용 가능성의 한계, 혹은 영역(an acceptability threshold)" 안에 들어올 때까지 여러 대안들을 탐색한다는 것을 의미한다. "Satisficing," *Wikipedia*, p.1. Herbert A. Simon, "A Behavioral Theory of Rational Choice," *Quarterly Journal of Economics*, Vol. 69 (1954), pp.99-118. *Models of Man: Social and Rational*(New York: John Wiley & Sons, 1957). *Reason in Human Affairs*(Stanford: Stanford University Press, 1983). *Models of Bounded Rationality*. Vol. I, *Economic Analysis and Public Policy*. Vol. II, *Behavioral Economics and Business Organization*(Cambridge: Cambridge University Press, 1982). 슬로트(Michael Slote)는 사이먼의 충족화와 제한적 합리성의 개념을 수용하여 철학적으로 발전시켰다. Michael Slote, *Beyond Optimizing: A Study of Rational Choice* (Cambridge: Harvard University Press, 1989).

121) Thomas C. Schelling, "Self-Command in Practice, in Policy, and in a Theory of Rational Choice," *American Economic Review*, Vol. 74(1984), pp.1-11. Jon Elster, *Ulysses and the Sirens: Studies in Rationality and Irrationality*(Cambridge: Cambridge University Press, 1979). Derek Parfit, *Reasons and Persons*(Oxford: Oxford University Press, 1986).

122) Elster, *Ulysses and the Sirens*, pp.67-68. 다른 방향에서, 파핏은 미래 시간의 효용과 가치를 차감하는 현상에 대해서, 우리가 곧 다루게 될 확장된 합리성의 개념에 대한 논증으로 제시하고 있다. 즉 효용은 그것이 발생한다면 언제라도 효용이며, 효용은 그것이 어떤 사람에게 발생한다면 어느 누구에게라도 효용이 된다고 주장한다. Parfit, *Reasons and Persons*, pp.117-194. 따라서 파핏은 현재-목적 이론(present-aim theory)을 공리주의를 위한 무-자아 이론(no-self theory)과 교묘하게 결합하고 있다. 파핏의 주장에 대한 비판적 논의는 "Symposium on Derek Parfit's *Reasons and Persons*," *Ethics*, Vol. 96(1986) 참조.

123) 토머스 불핀치, 최혁순 옮김, 『그리스 · 로마 신화』(서울: 범우사, 1992), pp.311-312 참조.

124) Elster, *Ulysses and the Sirens*, p.36. 강조 원전. 철학사를 통해 볼 때 불완전한 합리성이 전적으로 무시되었다고 생각하지는 않는다. 플라톤, 아리스토텔레스, 아퀴나스, 칸트, 흄 등이 의지박약의 문제를 다루었다. 현대에서는 헤어(R. M. Hare)가 의지박약의 문제가 자신의 보편적 규정주의에 중대한 도전을 제기하는 것으로 간주하여 중요하게 다루었다. "흄이 말한 바에 의하면, 미덕을 아는 것이 하나라면, 그것에 대한 의지에 순응하는 것은 다른 것이다. 사람들은 그들이 하지 말아야 한다고 생각하는 것을 빈번히 행하고 있다. 그렇다면 규정주의는 잘못된 것임에 틀림없다." R. M. Hare, *Freedom and Reason*(Oxford: Oxford University Press, 1963), p.67. 데이비드슨(Donald Davidson)과 도나건(Alan Donagan), 그리고 다른 학자들은 불완전한 합리성을 행위, 마음, 혹은 심리학적 이론의 철학과 연관하여 심각하게 다루고 있다. 유익한 일반적인 논의와 관련된 참고문헌은 Myles Brand, *Intending And Acting*(Cambridge: MIT Press, 1984). 우리의 논의와 직접 관련된 저작은 David Pears, *Motivated Irrationality*(New York: Oxford University Press, 1984). Alfred R. Mele, *Irrationality: An Essay on Akrasia, Self-Deception and Self-Control*(New York: Oxford University Press, 1987). Chirstopher Cherniak, *Minimal Rationality*(Cambridge: MIT Press, 1986).
율리시즈의 사이렌 일화는 일찍이 호르크하이머와 아도르노가 쓴 『계몽의 변증법』에서도 나온다. 이 책은 1944년 완성되었고 1947년에 암스테르담에서 처음으로 출간되었다. 번역본으로는 M. 호르크하이머, Th. W. 아도르노, 『계몽의 변증법』(서울: 문예출판사, 1995) 참조. "부언 설명 1. 오디세우스 또는 신화와 계몽", pp.77-122 참조. 호르크하이머와 아도르노는 호머의 『오디세이아』 신화에 나오는 오디세우스의 성공적 귀환이 고대 신화에 나오는 영웅들의 불굴의 용기와 육체적인 강인함이 아니라 책략을 통해서 가능했고, 그러한 책략은 자기에게 해를 가하고자 하는 자연신들로부터 자신을 지키기 위한 책략 속에 표현된 이성의 도구화, 즉 도구적 이성의 발현을 통해서 가능했다고 해석한다. 정미라, 「주체의 형성과 타자, 그리고 자기보존」, p.128. 본서 제2장 후주 31 참조. 관련 저서는 클로디 아멜, 이세진 옮김, 『아도르노와 호르크하이머의 오뒷세이아』(파주: 열린 책들, 2014). 이 책을 읽기 위한 적절한 해설 논문은 노성숙, 「계몽과 신화의 변증법」, 『철학연구』, 제50집(2000), pp.217-241 참조.

125) Rawls, *A Theory of Justice*, p.420. Gauthier, *Morals By Agreement*, p.38.

126) 장원준 기자, 「끊임없이 오판하고 실수하는 '비합리적 인간' … 그것을 파

헤치면 마케팅, 금융위기, 경제학의 답이 보인다」, 「행동경제학이란 무엇인가」, 「행동경제학이 보여주는 놀라운 비합리의 사례들: 처음 각인된 숫자가 엉뚱한 일에도 영향, 똑같은 질문을 표현만 달리해도 휘둘려」, 『조선일보』, 2009년 5월 2일자, 토일섹션, C5. 인간의 지속적인 합리성 이탈은 "가까운 미래에의 몰입, 손실에 대한 과도한 회피, 소유품과 현상 유지에 관한 과잉 집착, 첫인상에 따른 어이없는 오판, 고정관념에 턱없이 휘둘리는 인상(印象)" 등이 있다. 행동경제학의 본격적인 대두는 Daniel Kahneman and Amos Tversky, "Prospective Theory: An Analysis of Decision Making Under Risks," *Econometrica*, Vol. 42(1979), pp.263-291에서 시작된 것으로 알려져 있다.

127) 최정규, 「행동경제학: 경제주체의 선호를 묻다」, 『지식의 지평』, 10권(2011. 5.), p.217. 관련된 사례들도 본 논문을 참조했다.

128) 김진영, 신용덕, 「행동경제학 모형과 그 정책적 응용에 관한 시론적 연구」, 『한국정책학회보』, 제20권 1호(2011. 3.), 사회적 선호는 p.15. 관련된 사례들도 본 논문을 참조했다.

129) 같은 논문, pp.17-18. 하영원, 『의사결정의 심리학』(서울: 21세기북스, 2012). 이 책의 부제는 "합리적인 인간의 비합리적인 선택 심리", "순간의 선택을 결정짓는 심리학의 12가지 비밀"이다. 제1장 "제한된 합리성과 인간의 의사결정: 과연 인간은 합리적인 존재일까?", 제2장 "휴리스틱과 인지적 편향: 우리의 직관적 판단은 어떻게 이루어질까?"도 참조하였다.

130) 김진영, 신용덕, 「행동경제학 모형과 그 정책적 응용에 관한 시론적 연구」, pp.11-13.

131) 같은 논문, pp.11-13.

132) 최정규, 「행동경제학: 경제주체의 선호를 묻다」, p.218.

133) 같은 곳.

134) 김진영, 신용덕, 「행동경제학 모형과 그 정책적 응용에 관한 시론적 연구」, p.12.

135) 같은 논문, pp.12-13.

136) 같은 논문, p.13.

137) 같은 곳.

138) 같은 논문, pp.13-15.

139) 같은 논문, pp.14-15.

140) 같은 논문, pp.15-17. 최정규, 「행동경제학: 경제주체의 선호를 묻다」, p.219.

141) "Behavioral economics," *Wikipedia*, p.2.

142) 최정규, 「행동경제학: 경제주체의 선호를 묻다」, pp.219-220.

143) 김진용, 신용덕, 「행동경제학 모형과 그 정책적 응용에 관한 시론적 연구」, pp.16-17.

144) 이언 에어즈, 이종호, 김인수 옮김, 『당근과 채찍』(서울: 리더스북, 2011). 이 책은 보상과 처벌에 대한 통념을 뒤엎는 행동경제학 저서로 널리 인정되고 있다.

145) 최정규, 「행동경제학: 경제주체의 선호를 묻다」, p.220. 최후통첩 게임과 유사한 게임들에 대한 자세한 논의는 최정규, 『이타적 인간의 출현: 게임이론으로 푸는 인간 본성 진화의 수수께기』(서울: 도서출판 뿌리와이파리, 2004), pp.221-238 참조. 최후통첩 게임(ultimatum game)은 제안자인 당신에게 일정 액수의 돈이 주어질 때 모르는 사람인 수령자에게 얼마를 줄 것인가 하는 게임이다. 제안자인 당신이 생각한 액수를 수령자인 그 사람이 수락하면 분배가 이루어지지만 수락하지 않으면 분배가 이루어지지 못한다. 단 한 번의 제안으로 게임이 끝나므로 최후통첩 게임이다. 가장 흔히 제안하는 것은 50%였고, 적어도 30% 이상은 제시했다고 한다. 그리고 보통 30% 미만이면 거절되었다고 한다. 이것은 수령자들이 0보다 큰 몫만 배분되면 자신에게 이득이 되는데도 불구하고 배분이 공정치 못한 경우 제안을 거부한다는 결과가 나온 것이다. 이것은 인간은 합리적이고 이기적이라는 주류 경제학의 예측이 어긋난 것으로 간주될 수 있다. 이 게임을 통해서 사람들이 의사결정을 할 때 자신의 이익뿐만 아니라 "공정성"에 대해서도 고려하며, 불공정에 대해서는 금전적 희생을 무릅쓰고라도 거부한다는 것을 알 수 있다. 김진영, 신용덕, 「행동경제학 모형과 그 정책적 응용에 관한 시론적 연구」, pp.16-17. 독재자 게임(dictator game)은 수령자가 제안자의 액수를 거절할 수 없는 독재적 제안의 게임이다. 이 게임에서는 최후통첩 게임에 비해서 제안자의 액수가 상당히 적어질 것이고 심지어는 한 푼도 주지 않을 것으로 예상된다. 그러나 독재자 게임에서도 대부분의 제안자들은 여전히 상당한 금액을 제안했고, 심지어 돈을 똑같이 나누는 사람도 있었다고 한다. 박정순, 『마이클 샌델의 정의론, 무엇이 문제인가』(서울: 철학과현실사, 2016), pp.18-19 참조.

146) 장원준 기자, 「행동경제학이 보여주는 놀라운 비합리의 사례들」.

147) 리처드 탈러, 캐스 선스타인, 안진환 옮김, 『넛지』(서울: 리더스북, 2009), pp.13-18, p.19. 이 책은 앞에서 언급한 엘스터의 율리시즈와 사이렌의 일화도 다루고 있다. 2장 "유혹에 저항하는 법" 중 "사이렌과 율리시즈: 유혹과 자기통제의 문제" 참조, pp.72-74. 그러나 통상적으로 귀찮아서 그냥 결제하는 소비자의 습성을 악용하여 기업이 소비자에게 비합리적인 구매를 유도해 원래 고지한 금액보다 비싼 금액으로 결제하게 하여 이익을 취하는 다크 넛지(dark nudge)의 사례가 빈번해지면서 문제가 되고 있다. 최연수 기자, 「속았는데 귀찮네, 요런 고객 노리는 '다크 넛지'」, 『중앙일보』, 2019년 5월 2

일자, B3.

행동경제학의 저작들로는 도모노 노리오, 이명희 옮김, 『행동경제학: 경제를 움직이는 인간 심리의 모든 것』(서울: 지형, 2007). 댄 애리얼리, 장석훈 옮김, 『상식 밖의 경제학: 이제 상식에 기초한 경제학은 버려라!』(서울: 청림출판, 2008). 안서원, 『사이먼 & 카너먼: 심리학, 경제를 말하다』(파주: 김영사, 2006). 대니얼 카너먼, 이진원 옮김, 『생각에 관한 생각: 우리의 행동을 지배하는 생각의 반란』(파주: 김영사, 2012). 경제철학적 논의는 Julian Reiss, *Philosophy of Economics: A Contemporary Introduction*(New York and London: Routledge, 2013), "15. Behavioral Economics and Nudge" 참조.

148) 최정규, 「행동경제학: 경제주체의 선호를 묻다」, p.224. 공동체의 자율관리 가능성은 엘리너 오스트롬이 제시하였다. 그녀는 권력의 분산과 관할권의 중첩, 그리고 자치적인 다중공공관료제를 제시하였다. 이론적 핵심은 "Design Principles for Common Pool Resource(GPR) Institution"이다. 즉 공유자원 관리를 위한 제도와 그 원칙들의 설계이다. "Elinor Ostrom," *Wikipedia*, p.3. 대표작은 다음과 같다. Elinor Ostrom, *Governing the Commons: The Evolution of Institutions for Collective Action*(Cambridge, UK: Cambridge University Press, 1990). 번역본으로는 두 개가 있다. 일리노 오스트럼, 윤홍근 옮김, 『집합행동과 자치제도: 집합적 행동을 위한 제도의 진화』(서울: 자유기업센터, 1999). 엘리너 오스트롬, 윤홍근, 안도경 옮김, 『공유의 비극을 넘어서: 공유자원 관리를 위한 제도의 진화』(서울: 랜덤하우스, 2010).

149) "Behavioral economics," *Wikipedia*, p.2.

150) 같은 곳.

151) 인용은 장원준 기자, 「행동경제학이 보여주는 놀라운 비합리의 사례들」. 댄 애리얼리, 장석훈 옮김, 『상식 밖의 경제학』의 영어 제목은 "Predictably Irrational: the hidden forces that shape our decisions(예상할 수 있게 비합리적인 [행동들]: 우리의 결정을 형성하는 숨어 있는 힘들)"이다.

152) Hamlin, *Ethics, Economics and the State*, p.22.

153) Amartya Sen, "Choice, Ordering and Morality," in Stephen Körner, ed., *Practical Reason*(New Haven: Yale University Press, 1974), pp.54-82. Sen, "Rational Fools"과 *On Ethics and Economics*. Arrow, *Social Choice and Individual Values*(1963). Rogger Trigg, *Reason and Commitment*(Cambridge: Cambridge University Press, 1973).

154) Sen, *On Ethics and Economics*, p.18. Kenneth J. Arrow, "Extended Sympathy and the Possibility of Social Choice," *Philosophia*, Vol. 7(1978), pp.223-237. Robert L. Trivers, "The Evolution of Reciprocal Altruism," *Quarterly Review of Biology*, Vol. 46(1971), pp.35-57. Michael Taylor, *The*

Possibility of Cooperation(Cambridge: Cambridge University Press, 1987). John Maynard Smith, *Evolution and the Theory of Games*(Cambridge: Cambridge University Press, 1982). 자기 이익의 극복의 과제에 대한 광범위한 탐구는 Jane J. Mansbridge, ed., *Beyond Self-Interest*(Chicago: University of Chicago, 1990) 참조. 진화론적 게임이론을 원용하여 비이기심을 논하고 있는 저작은 다음을 참조. Elliott Sober and Wilson, David Sloan, *Unto Others: The Evolution and Psychology of Unselfish Behavior* (Cambridge: Harvard University Press, 1988). 그리고 합리성의 확장에 관련된 논의로는 이상욱, 「인간 조건 하에서의 합리성: 진화, 공감, 제도」, 『한국경제의 분석』, 제20권(2014), pp.1-25가 있다. 같은 저널에 이 논문에 대한 김영한, 최정규, 이성섭의 논평들이 있다. 또 다른 논의로는 송원근, 「합리성, 제도, 진화, 그리고 질서형성: 비판적 고찰」, 김균 외, 『자유주의 비판』(서울: 도서출판 풀빛, 1996), pp.278-318.

155) Howard Margolis, *Selfishness, Altruism, and Rationality*(Cambridge: Cambridge University Press, 1982). J. Philippe Ruston, *Altruism, Socialization, and Society*(Englewood Cliffs: Prentice Hall, 1980). David Collard, *Altruism and Economy: A Study in Non-Selfish Economics*(New York: Oxford University Press, 1978). Edmund S. Phelps, *Altruism, Morality, and Economic Theory*(New York: Russell Sage Foundation, 1975). C. R. Badcock, *The Problem of Altruism: Freudian-Darwinian Solutions*(Oxford: Basil Blackwell, 1986). Robert Axelroad, *The Evolution of Cooperation* (New York: Basic Books, 1984). Richard Dawkins, *The Selfish Gene* (Oxford: Oxford University Press, 1976; new ed. 1989). 광범위하고도 비판적인 논의는 Bernard Linsky and Mohan Matthen, eds., *Philosophy and Biology*, *Canadian Journal of Philosophy*, Vol. 14, Suppl.(1988). Michael Ruse, *Philosophy of Biology Today*(Albany: State University of New York Press, 1988). 국내 저작으로 광범위하면서도 심층적인 논의는 최정규, 『이타적 인간의 출현: 게임이론으로 푸는 인간 본성 진화의 수수께끼』 참조.

156) 이와 관련하여 주목을 끄는 책은 David Schmidtz, *Rational Choice and Moral Agency*(Princeton University Press, 1995) 참조. Cf. Richard A. Fumerton, *Reason and Morality: A Defence of the Egoistic Perspective* (Ithaca: Cornell University Press, 1990). 그리고 다음의 저서 참조. Ellen Frankel Paul, Fred Miller, Jeffrey Paul, eds., *Ethics & Economics*(Oxford: Basil Blackwell, 1985). 경제학과 도덕성의 관계에 대한 방대하고도 치밀한 논의는 다음의 저서 참조. Frank Ackerman, et al., *Human Well-Being And Economic Goals*(Washington, D.C.: Island Press, 1997), Part V. "Econo-

mics and the Good": I. Individual; Part VI. "Economics and the Good": II. Community; Part VII. "Economics and the Good": III. Society. 직접적으로 관련된 논의는 다음 논문 참조. Robert S. Goldfarb and William B. Griffith, "Amending the Economist's 'Rational Egoist' Model to Include Moral Values and Norms," pp.234-237. Avner Ben-Ner and Louis Putterman, eds., *Economics, Values, and Organization*(Cambridge: Cambridge University Press, 1988). 서문과 서장을 읽으면 전체적인 조망을 할 수 있다. Amartya Sen, "Foreword," pp.vii-xiii. Avner Ben-Ner and Louis Putterman, Ch. I. "Introduction: Values and Institutions in Economic Analysis," pp.3-69. 관련 문제에 대한 방대한 저서의 하나는 다음 참조. Jan de Jonge, *Rethinking Rational Choice: A Companion on Rational and Moral Action*(New York: Palgrave Macmillan, 2012). 이 책은 합리성에 대한 재고의 문제를 상세히 다루고 있고, 그러한 관점에서 합리성과 도덕성의 관계에 대해서 상술하고 있다. 그리고 정의론의 관점에서 하사니, 홉스, 롤즈, 고티에를 다루고 있다. 국내 논문들로는 다음을 참조. 소병철, 「경제와 윤리의 충돌에 관한 고찰」, 『범한철학』, 제36집(2005), pp.5-36. 이 논문은 경제적 합리성의 일차원적 지배질서가 야기하는 자기 이익의 도덕적 맹목을 홉스적 유형의 사회계약론을 통해서 밝히고 있다. 소병철, 「윤리는 경제에 대하여 외생적인가?」, 『철학논집』, 31권(2012), pp.181-204. 이 논문은 윤리는 경제에 대해서 외생적 방해 요인이라고 치부하는 실증주의적 경제 개념을 비판하고 있다. 기업윤리의 관점에서는 박정순, 「윤리학에서 본 기업윤리관」, 『기업윤리연구』, 12권(2006), pp.1-18 참조.

157) Hamlin, *Ethics, Economics and the State*, p.42. 롤즈의 경우도 정당성 개념의 형식적 제한 조건에서 정당성은 상충하는 요구들에 대한 서열을 정해 주어야 한다고 강조한다. Rawls, *A Theory of Justice*, pp.134-135. Jon Elster, ed., *The Multiple Self*(Cambridge: Cambridge University Press, 1986). 플라톤의 『파이드로스(*Phaidros*)』, sections 246a-254e에 나오는 "마차의 비유(chariot allegory)"는 두 필의 말이 끄는 마차를 조종하는 마부에 관한 이야기이다. 여기서 플라톤은 우리 영혼을 한 사람의 마부와 두 필의 말로 이루어진 쌍두마차에 비유했다. 마부는 지성과 이성과 아울러 인간 영혼을 진리로 이끄는 능력을 대표한다. 한 필의 말은 합리적 혹은 도덕적 충동과 아울러 인간 영혼에서 감성적 본성의 긍정적 부분(정당한 분노 혹은 기개)을 대표한다. 다른 한 필의 말은 인간 영혼에서 비합리적 감성과 욕구, 그리고 탐욕적 부분(광기)을 대표한다. 마부는 두 필의 말을 잘 조종하고 통제하여 마차 전체가 마부가 원하는 방향으로 가도록 한다. 여기서 언급되는 광기는 신적인 광기로서의 사랑의 문제로 『향연』과도 밀접한 관계를 가지고

있다. 간략한 설명은 "Chariot Allegory," *Wikipedia*, p.1. 우리의 현안과 관련하여 보면, 마부는 다수의 동기들을 잘 조종하고 통제하는 최초의 성공적인 마부라고 할 수 있을 것이다.

그러나 여전히 인간의 심성에는 아직도 여러 동기적 요소들 사이의 갈등과 정신분열이 존재할 수 있다. "마차의 비유"에서 극명하게 대립시킨 영혼의 부분들의 싸움은 광기와 정신분열의 가능성을 열어놓고 있다. Peter Barham, *Schizophrenia and Human Values*(Oxford: Basil Blackwell, 1984). Gilles Deleuze and Félix Gauttari, *Anti-Oedipus: Capitalism and Schizophrenia*, trans. Robert Hurley et al.(Minneapolis: University of Minnesota Press, 1983).

데이비드슨(Donald Davidson)은 "불합리성의 근저에 깔린 역설"에 대해서 다음과 같이 말한다. "만약 우리가 그것을 아주 잘 설명한다면, 우리는 그것을 합리성의 숨겨진 형태로 전환시킬 것이다. 만약 우리가 그것에 부정합성을 너무 그럴싸하게 갖다 붙인다면, 우리는 어떠한 진단이라 할지라도 정당화하는 데 필요한 합리성의 배경으로 후퇴함으로써 단순히 불합리성을 진단하는 우리의 능력을 손상시키게 된다." Donald Davidson, "Paradoxes of Irrationality," in Richard Wollheim and James Hopkins, eds., *Philosophical Essays on Freud*(Cambridge: cambridge University Press, 1982), p.303. "Paradoxes of Irrationality," Paul K. Moser, ed. *Rationality in Action: Contemporary Approaches*(Cambridge: Cambridge University Press, 1990), pp.449-464. 로티(Richard Rorty)는 데이비드슨의 이상과 같은 언명에 대해서 다음과 같이 평가한다. "데이비드슨은 그 역설을 해결하는 한 가지 방도는, 그 행위가 '불합리한' 어떤 개인의 경우, 프로이트의 방식에 따라 인간의 마음을 분할하도록 촉구한다. 그래서 그 개인은 두 개의 상호 비일관적이고 구분되지만 내면적으로는 (다소간에) 일관적인 신념과 욕구의 체계를 가지게 되며, 그리고 하나의 요소가 다른 하나의 요소에 있어서의 변화에 (하나의 이유가 아니라) 하나의 원인이 되는 요소들도 가지게 된다." 로티는 데이비드슨의 언명을 합리성의 확장학파가 아니라 합리성에 있어서 인과적 의사결정이론으로 해석한다. Richard Rorty, "Beyond Realism and Anti-Realism," in Ludwig Nagl and Richard Heinrich, eds., *Wo Steht Die Analytische Philosophie heute?*(München: R. Oldenbourg, 1986), pp.114-115. 인과적 의사결정이론은 E. 엘스, 우정규 옮김, 『합리적 결단과 인과성』(서울: 서광사, 1994), 제5장 "인과적 결단 이론" 참조. 그리고 Campbell and Sowden, *Paradoxes of Rationality and Cooperation*. 본서 제1장 후주 65 참조. 그리고 Gärdenfors and Sahlin, *Decision, Probability, and Utility*. 본장 후주 1 참조.

158) Gauthier, *Morals By Agreement*, p.167.

159) Elster, *Rational Choice*, p.22.

160) Rawls, *A Theory of Justice*, p.148. 그리고 다음 논문 참조. 이정전, 「정보 와 신념, 그리고 경제적 합리성」, 『인문논총』, 53권(2005), pp.65-101.

161) Rawls, *A Theory of Justice*, p.148. Gauthier, *Morals By Agreement*, p.187.

162) 이러한 관점에서 우리는 롤즈의 도덕성에 관한 합리적 연역 기획, 즉 합리 성 겸 공정성 모형이 고티에의 철저한 연역 기획에 비교해볼 때 덜 철저한 기획이라고 해석했다. 본서 제1장 3절 참조.

163) Rawls, "Justice as Fairness: Political not Metaphysical," p.233, p.224. n.2. 고티에는 합리성의 두 대안들, 즉 합리성의 불완전학파와 확장학파에 대해서 도 언급하고 있다. Gauthier, *Morals By Agreement*, pp.5-7, pp.184-187 참조.

164) Myers, *The Soul of Modern Economic Man*, n.28. 상세한 설명은 Fred M. Frohock, *Rational Association*(Syracuse: Syracuse University, 1987), Ch. 3. "Liberal Models in Collective Choice". Anthony Arblaster, *The Rise and Decline of Western Liberalism*(Oxford: Basil Blackwell, 1984), Ch. 19. "Liberalism Today: The Revival of Liberal Political Economy".

165) Brian Burket, *Radical Political Economy: An Introduction to the Alternative Economics*(New York: New York University Press, 1984), p.145. 버케 트는 애로우의 불가능성 정리를 다음과 같이 해석한다. "신고전학파 경제학 의 주류에서 일어난 한 발전은 그 경제학의 이데올로기로 말미암아 그 경제 학의 기초를 붕괴시키는 논리적 결론에 이르게 되고 만다." 같은 곳. 센의 역설(Sen's paradox), 즉 파레토적 자유주의의 역설(Pareto-liberal paradox) 에 관한 노직의 논의도 그러한 의구심을 자아낸다. Nozick, *Anarchy, State, and Utopia*, pp.165-166. Sen, *Collective Choice and Social Welfare*, Ch, 6. "Conflict and Dilemma," Ch. 6.* "The Liberal Paradox," pp.78-88. Sen, "The Impossibility of A Paretian Liberal," *The Journal of Political Economy*, Vol. 78(1970), pp.152-157. 센의 역설은 애로우의 불가능성 정리와 여 러 가지 관점에서 비슷하며 동일한 수학적 해명 방식을 가지고 있다. 기초적 인 설명은 "Liberal Paradox," *Wikipedia*, pp.1-7 참조. 센의 파레토적 자유주 의의 역설의 예는 로렌스(D. H. Lawrence)의 소설 『채털리 부인의 사랑 (*Lady Chatterley's Lover*)』을 읽는 것에 관한 두 사람의 선호들과 그것들로 부터 타인을 강제하지 않을 뿐만 아니라 한 사람을 더 나쁘게 하지 않고서 는 다른 사람을 더 좋게 할 수 없는 파레토적 효율성을 가진 사회적 함수를 도출하는 것은 불가능하다는 것을 입증하고 있다. John L. Wriglesworth, *Libertarian Conflicts in Social Choice*(Cambridge: The Cambridge University Press, 1985). Jon Elster and Aanund Hylland, eds., *Foundations of*

Social Choice Theory(Cambridge: The University Press, l986), "Lady Chatterley problem" 참조. Sen, "Foundations of Social Choice Theory: An Epilogue," 같은 책, pp.223-232. 애로우의 불가능성 정리와 센의 역설은 공리주의에서도 문제가 된다. Jonathan Riley, *Liberal Utilitarianism*(Cambridge: Cambridge University Press, 1988) 참조. 최근의 철학적 논의는 Greg Fried, "What is the Philosophical Significance of Sen's Liberal Paradox?" *Philosophical Papers*, Vol. 40(2011), pp.129-147.

166) Jon Elster, "Marxism, Functionalism and Game Theory," *Theory and Society*, Vol. 11(1982), pp.453-82. John Roemer, "Rational Choice Marxism: Some Issues of Method and Substance," in John Roemer, ed., *Analytical Marxism*(Cambridge: Cambridge University Press, 1986), pp.191-201. 분석적 마르크시즘에 대한 연구 동향은 Allen E. Buchanan, "Marx, Morality, and History: An Assessment of Recent Analytical Work on Marx," *Ethics*, Vol. 98(1987), pp.104-36 참조. 우리가 본서에서 다루지는 못할 것이지만 마르크스와 롤즈의 정의론을 합리성의 관점에서 비교 논구한 논문은 다음 참조. 임홍순, 「Marx와 Rawls의 정의론 비교연구: 합리성의 관점에서」, 『서경대학교논문집』, 제25집(1997), pp.91-108. 이 논문은 개인의 이기심을 인정하는 개체주의적이고 계약론적인 틀을 취하는 롤즈의 정의론을 분석하고, 대립적인 인간관을 취하는 마르크스의 입장과 상호 비교 연구하고 있다.

167) McClennen, "Rational Choice and Public Policy," p.372.

168) Paul Gomberg, "Marxism and Rationality," *American Philosophical Quarterly*, Vol. 26(1989), pp.53-62. Andrew Levine, Elliott Sober, and Erik Olin Wright, "Marxism and Methodological Individualism," *New Left Review*, Vol. 162(1987), pp.67-84. Alan Carling, "Rational Choice Marxism," *New Left Review*, Vol. 160(1986), pp.24-62. Scott Lash and John Urry, "The New Marxism of Collective Action," *Sociology*, Vol. 18(1984), pp.33-50.

169) Anthony Heath, *Rational Choice and Social Exchange*(Cambridge: Cambridge University Press, 1976), p.75.

170) Patrick Suppes, "Decision Theory," in Paul Edwards, ed., *The Encyclopedia of Philosophy*(New York: Macmillan, 1972), p.310.

171) Rawls, "Kantian Constructivism in Moral Theory," p.529.

제3장 홉스, 롤즈, 그리고 사회계약론의 딜레마

1) Thomas Hobbes, *Leviathan*, ed., with Introduction by C. B. Macpherson (Harmondsworth: Penguin Books, 1968; original ed. 1651). 본장에서 인용된 『리바이어던』의 번역은 토머스 홉스, 최공웅, 최진원 옮김, 『리바이어던』 (서울: 동서문화사, 1988)과 토머스 홉스, 진석용 옮김, 『교회국가 및 시민국가의 재료와 형태 및 권력, 리바이어던 1, 2』(서울: 나남출판, 2008)을 비교하면서 번역하였다. 홉스의 『리바이어던』에 관한 좋은 해설서로서는 김용환, 『홉스의 사회·정치철학』(서울: 철학과현실사, 1999) 참조. 이 책은 각 장별 원문 요약과 해설이 있어서 좋다. 본서가 주도적으로 다룬 부분, 즉 제13장 "인간의 자연적 조건에 관하여", 제14장 "제1, 2 자연법과 계약에 관하여", 제15장 "그 밖의 자연법에 관하여", 제17장 "국가의 기원, 발생, 그리고 정의에 관하여", 제18장 "세워진 통치권자의 권리에 관하여"에 대해서 잘 파악할 수 있었다. 이 책에 대한 서평은 저자의 논문 참조. 박정순, 「홉스적 공포와 희망의 철학적 가상 체험: 『홉스의 사회·정치철학: 「리바이어던」 읽기』, 김용환 저, 서평」, 『서평문화』, 33집(1999), pp.83-88. 홉스를 다룬 본서 제2장 1절을 축약하여 박정순, 「홉스의 계약론적 윤리학과 합리성 문제」, 『매지논총』, 연세대학교 매지학술연구소, 제15집(1998), pp.241-278에 수록하였다.

2) Rawls, *A Theory of Justice*, p.11. 사회계약론은 원래 국가권력의 정당화 기제로 등장하였다. 이충한, 「국가권력에 대한 사회계약론적 전통에 관한 고찰」, 『동서철학연구』, 63권(2012), pp.53-74 참조.

3) Rawls, *A Theory of Justice*, p.11, n.4.

4) 우리의 논의를 홉스에 국한하는 것은 로크, 루소, 그리고 칸트가 이러한 딜레마와 무관하다거나, 혹은 그들이 사회계약론의 역사에서 중요하지 않다거나, 혹은 그들 사이에 또한 그들과 롤즈 그리고 홉스 사이에 중요한 차이점이 없다는 것을 의미하지는 않는다. 사회계약론 일반은 다음의 논문 참조. 고봉진, 「사회계약론적 역사적 의의: 홉스, 로크, 루소의 사회계약론 비교」, 『법과 정책』, 20권(2014), pp.55-82. 물론 사회계약론을 분류하는 많은 다른 방식이 존재하는 것도 사실이다.

햄린(Alan Hamlin)은 두 기준의 네 가지 조합을 통해서 사회계약론을 분류한다. 합의 모형, 협상 모형/전반적 모형, 국소적 모형(consensual, compromise or bargaining/global and local)의 구분을 통해서 전반적 합의 모형, 국소적 합의 모형, 전반적 협상 모형, 국소적 협상 모형의 네 가지 모형들이 나온다. 그의 "Liberty, Contract and the State," in Alan Hamlin and Philip Pettit, eds., *The Good Polity: Normative Analysis of the State*(Oxford: Basil

Blackwell, 1989), p.90 참조.

계약의 방식은 (1) 공정 합의 계약(Impartial Consensual Contract) : 공정한 계약적 상태에서의 협동 방식에 대한 합의, (2) 협상 계약(Compromise-or Bargaining-based Contract) : 협상자의 현재 상태를 반영하는 협상적 해결 방식. 계약의 범위는 (1) 전반적 계약(Global Contract) : 계약의 범위는 총체적인 규범윤리학적 이론으로 사회제도의 평가는 그것으로부터 도출, (2) 국소적 계약(Local Contract) : 계약의 범위는 사회제도 구성의 정치적 조정이론으로 국한됨.

표 9. 사회계약론의 모형들

	합의	협상
전반	롤즈	고티에
국소	노직	뷰캐넌

노직의 경우 그를 국소적 합의 모형 사회계약론자로 분류할 수 있느냐는 논란의 여지가 있으나, 햄린은 노직의 『아나키, 국가, 그리고 유토피아』의 제3부에서 전개된 논의가 자유주의 국가에 대한 (제한적) 국소적 합의 모형의 사회계약으로 보아도 좋을 것이라고 생각한다(p.101, n.11). 사회계약론에 대한 두 유형 분류 방식에 대해서는 Brian Barry, *Theories of Justice*, Vol. 1. *A Treatise on Social Justice*(Berkely: University of California Press, 1989), Pt. III. "Justice as Mutual Advantage versus Justice as Impartiality" 참조. 기본적으로 정의론은 두 유형으로 나뉘는데, 상호 이익으로서의 정의와 공평성으로서의 정의가 그것이다. 배리는 공평성으로서의 정의를 옹호한다. 번역본으로는 브라이언 배리, 이용필, 서규선 옮김, 『정의론』(서울: 신유, 1993). 킴리카(Will Kymricka)는 사회계약론을 홉스적 사회계약론, 상호 이익으로서의 도덕과 칸트적 계약론, 공평성으로서의 도덕으로 나누고 있다. Will Kymricka, "The Social Contract Tradition," Peter Singer, ed., *A Companion to Ethics*(Oxford: Basil Blackwell, 1991), pp.186-196. 저자가 킴리카의 논문을 번역하였다. 윌 킴리카, 박정순 옮김, 「사회계약론의 전통」, 한국사회·윤리연구회 편, 『사회계약론 연구』(서울: 철학과현실사, 1993), pp.11-34. 공평성 혹은 불편부당성으로서의 정의는 다음 저서 참조. Shane O'Neill, *Impartiality in Context: Grounding Justice in a Plural World*(Albany: The

State University of New York Press, 1997).

사회계약론의 명칭에 대한 구분은 Stephen Darwall, ed., *Contractarianism/ Contractualism*(Malden: Blackwell, 2003) 참조. 다웰은 고티에에 대해서는 Contractarianism이라는 용어를 쓰고, 롤즈에 대해서는 Contractualism이라는 용어를 쓰고 있다. 둘 다 사회계약론으로 번역된다. 이것은 인물별 구분이 아니라 사회계약론의 두 유형, 즉 상호 이익으로서의 사회계약론과 공정성으로서의 사회계약론을 구별하기 위해서 쓴 것이다. Contractualism은 스캔론 (T. M. Scanlon)이 "Contractualism and Utilitarianism," Amartya Sen and Bernard Williams, eds., *Utilitarianism and Beyond*(Cambridge: Cambridge University Press, 1982), pp.103-128에서 사용했다. 스캔론 유형의 사회계약 론은 다음을 참조. "Contractualism," *Stanford Encyclopedia of Philosophy*, pp.1-28. Contractarianism도 1980년대 이후 널리 사용되었고, 책 제목으로 사용된 것은 다음 저서이다. Peter Vallentyne, ed., *Contractarianism and Rational Choice: Essays on David Gauthier's Morals By Agreement* (Cambridge: Cambridge University Press, 1991). 그리고 다음 참조. "Contractarianism," *Stanford Encyclopedia of Philosophy*, pp.1-11. "Contemporary Approaches to the Social Contract," *Stanford Encyclopedia of Philosophy*, pp.1-20. 이 논문은 사회계약론의 유형을 계약 당사자들에 관련 하여 환원주의 대 비환원주의, 이상화 대 실제적 정체성, 동질성 대 이질성, 교조적 대 평가적으로 구분한다. 그리고 사회계약론의 유형을 계약적 합의에 관련하여 합의, 협상, 총화, 균형으로 구분한다. 그리고 "Justice," 5. Contractarianism and Justice. 5.1 Gauthier, 5.2 Rawls, 5.3 Scanlon, *Stanford Encyclopedia of Philosophy*, pp.1-14 참조.

게임이론을 통해 사회계약론을 분석하며 논구하고 있는 빈모어(Kenneth Binmore)는 *Game Theory and the Social Contract*, Vol. 1. *Playing Fair*, Vol. 2. *Just Playing*(Cambridge: MIT Press, 1994; 1998)에서 사회계약론의 두 유형을 논하고 있는데 본서와 위의 배리와 킴리카의 두 유형 분류와 동 일하다. 저자는 미국 프린스턴 소재 고등학술연구원 사회과학부 방문 연구원 시절 2002년 봄학기 동안 빈모어 교수의 바로 옆방에서 연구하였으므로 많 은 대화를 나눌 수 있었고, 또 빈모어 교수의 강연에 참여하여 사회계약론과 게임이론의 연관성에 대해서 심도 있는 이해를 할 수 있는 계기가 되었다. 그는 게임이론을 롤즈의 원초적 입장에 적용했고, 이어서 칸트와 흄의 저작 들에도 적용하였다. 그는 특히 흄의 저작들에 대한 분석을 통해 사회계약론 적 도덕의 자연주의적인 과학화를 시도했고, 그것을 통해 롤즈의 공정성 규 범에 대한 근거로 삼고, 최종적으로 생물학적인 그리고 사회적인 진화를 통 해 설명하려고 했다. 이러한 논의의 결과 *Natural Justice*(New York: Oxford

University Press, 2005)가 출간되었다. "Kenneth Bimore," *Wikipedia*, pp.1-3 참조. 그리고 그는 롤즈의 공정성으로서의 정의와 하사니의 등확률에 근거한 평균 공리주의 모두를 사회계약론의 유형으로 보고 양자의 결합을 시도하였다. Ken Binmore, "Social Contract I: Harsanyi and Rawls," *The Economic Journal*, Vol. 99(1989), pp.84-102. 사회계약론을 자연화하는 입장은 스킴스(Skyrms)도 있다. 본서 제3장 후주 120 참조. 비이기주의적 행위에 대한 진화론적 설명으로는 다음 저서 참조. Elliott Sober and David Sloan Wilson, *Unto Others: The Evolution and Psychology of Unselfish Behavior*(Cambridge: Harvard University Press, 1998). 사회계약론적 접근 방법에 기초하여 홉스, 로크, 롤즈적인 아나키 상태에서 개인들의 갈등과 협동을 통해서 어떻게 사회계약의 수립 단계로 이행하며, 그 연후에 어떠한 사회제도가 출현하며, 또한 잉여생산물이 어떻게 분배되는가를 롤즈의 차등원칙과 고티에의 상대적 최대양보의 원칙을 비교 논구하여 양자가 상호 부합될 수 있음을 수식적 모형을 통해서 논구한 것은 다음 참조. 이 논문은 롤즈에 대해서는 최대최소(maximin) 전략을 따를 것인가는 오직 불확실성하에서의 위험 분포에 대한 정보가 주어지지 않는 경우일 뿐이라고 비판한다. 이 논문은 고티에에 대해서는 최대상대양보의 극소화 원칙에서의 최대주장의 임의성과 아울러 협상의 전제조건인 초기 상태에서 강제와 위협의 제거가 이후 협상 과정에서 협상의 결렬을 통해 위협하는 것을 배제하지 못하기 때문에 비일관적이라고 비판한다. 최병서, 「아나키, 사회계약 그리고 분배」, 『경제학연구』, 46권(1998), pp.329-357 중 p.348, p.352. 아나키에서 사회제도로의 이행에 대한 논의는 사회계약론과는 다른 방법론으로서 제도와 관습의 형성에 관한 진화론적 접근 방법도 있는데, 양자에 대한 상호 비교를 게임이론을 통해서 논구하고 있는 논문은 다음 참조. 최병서, 「아나키에서 제도로: 사회계약적인가 아니면 자연진화적인가」, 『경제학연구』, 48권(2000), pp.241-271. 이 논문은 제도 생성에 관한 두 이론 접근이 배타적이 아니며 상호 양립할 수 있다고 주장한다. 주목할 만한 논의는 자연적 진화 과정에서의 집단선택의 개념이 일종의 사회계약과 유사한 기능을 한다는 점에 착안하였다는 것이다. 같은 논문, pp.263-268.

사실 롤즈도 *A Theory of Justice*, §21. "The Presentation of Alternatives", §49. "Comparison of Mixed Conceptions"에서 자신의 정의의 두 원칙과 평균 공리주의 원칙을 결합하는 다양한 절충론들을 언급하고 있다. 롤즈 자신의 대안은 (1) 최대로 평등한 자유의 원칙, (2) (a) (공정한) 기회균등의 원칙, (b) 차등의 원칙이다. 절충론은 총 다섯 가지로서 (1) 1. 최대로 평등한 자유의 원칙, 2. 평균 공리의 원칙, (2) 1. 최대로 평등한 자유의 원칙, 2. 평균 공리의 원칙 + 일정한 사회적 최소치가 유지됨, (3) 1. 최대로 평등한 자유의 원칙, 2. 평균 공리의 원칙 + 전체적 분배의 폭이 지나치게 넓지 않음, (4) 1. 최대로 평등한 자유의 원칙, 2. 평균 공리의 원칙 + 일정한 사회적 최소치가 유지됨, 3. 공정한 기회균등의 원칙, (5) 1. 최대로 평등한 자유의 원칙, 2. 평균 공리의 원칙 + 전체적 분배의 폭이 지나치게 넓지 않음, 3. 공정한 기회균등의 원칙. Rawls, *A Theory of Justice*, p.124. 롤즈가 절충론을 인정하는 이유는 정의의 두 원칙이 엄중한 요구 사항들을 제시하는 것처럼 보여 달성하기 어렵다는 세간의 우려 때문이다. 같은 책, p.316. 절충론을 자세히 살펴보면 다섯 가지 모두 하사니(John C. Harsanyi)가 주창하는 평균 공리의 원칙이 기본적으로 자리 잡고, 평균 공리주의에 대한 반론, 즉 평균 공리가 늘어난다고 최소수혜자의 기대치가 증대되는 것은 아니며, 또한 평균 공리가 늘어난다고 사회 전체의 빈부격차가 줄어드는 것은 아니라는 것을 불식시키기 위한 두 가지 제약 조건들이 부과되고 있다. 그 조건들은 일정한 사회적 최소치가 유지된다는 것과 전체적 분배의 폭이 지나치게 넓지 않다는 것이다. 같은 책, p.81, pp.80-82, p.163, pp.316-318. 이러한 다섯 가지의 절충론을 보면 롤즈는 이미 *A Theory of Justice*에서 하사니와 어느 정도 화해를 했다고 평가할 수 있다. Cf. Rawls, *A Theory of Justice*, p.23n, p.137n, p.162n. 사회계약론의 유형과 관련하여 볼 때 빈부어의 입장은 사회계약론을 자연화하는 스킴스의 입장과 유사하다고 볼 수 있다. 스킴스는 본서 제3장 후주 120 참조.

5) 박정순, 「계약론적 윤리학의 딜레마」, 『철학과 현실』, 제9호(1991년 여름호), pp.248-265. 이 논문은 다른 제목으로 다음 저서에 전재되었다. 「현대 윤리학의 사회계약론적 전환」, 『사회계약론 연구』(서울: 철학과현실사, 1993), pp.173-207. 이 논문은 본서 부록 제3장 "사회계약론적 윤리학의 대두와 그 딜레마"로 제목을 바꾸어 수록함.

6) L. W. Sumner, "Justice Contracted," *Dialogue*, Vol. 16(1987), p.524. 햄턴(Jean Hampton)은 홉스의 사회계약론이 자연상태에서의 개인들에 대한 특성 부여에 관련하여 다음과 같은 딜레마에 빠진다고 주장했다. 만인에 대한 만인의 예견된 투쟁 상태는 격정(특히 탐욕과 공포)의 결과로, 혹은 합리성(수인의 딜레마 상황에서 합리적인 계약 당사자들은 타인들과의 합의를 배신한다)의 결과로 생각될 수 있다. 만약 격정의 결과가 타당한 것이라면, 계약 당사자들은 계약이 맺어진 이후에도 여전히 그러한 격정에 의해서 동기화될 것이므로 계약을 준수할 수 없다. 만일 합리성의 결과가 타당한 것이라면, 합리적인 계약 당사자들은 계약이 맺어지기 이전에 타인들과 협동하지 못할 뿐만 아니라 계약이 맺어진 이후에도 그 계약을 준수하지 못할 것이다. Jean Hampton, *Hobbes and the Social Contract Tradition*(Cambridge: Cambridge University Press, 1986) 참조.

7) C. A. Hooker et al. ed., *Foundations and Applications of Decision Theory*, Vol. ii. *Epistemic and Social Applications*(Dordrecht: D. Reidel Publishing Co., 1978), pp.xi-xii.

8) James Buchanan, *The Limits of Liberty: Between Anarchy and Leviathan* (Chicago: The University of Chicago Press, 1975).

9) Hobbes, *Leviathan*, Ch. 47, p.715. Ch. 18, p.228.

10) 같은 책, Ch. 15, pp.215f. Ch. 31, p.407.

11) 같은 책, Ch. 31, p.407.

12) 홉스의 도덕철학 및 정치철학에 관한 자세한 고찰은 다음 저작들 참조. David Gauthier, T*he Logic of Leviathan: The Moral and Political Theory of Thomas Hobbes*(Oxford: Clarendon Press, 1969). Gregory S. Kavka, *Hobbesian Moral and Political Theory*(Princeton: Princeton University Press, 1986). Jean Hampton, *Hobbes and the Social Contract Tradition* (Cambridge: Cambridge University Press, 1986). Daniel M. Farrell, "Taming Leviathan: Reflections on Some Recent Work on Hobbes," *Ethics*, Vol. 98(1988), pp.793-805. 고티에의 원저에 대한 번역본은 데이비드 고티에, 박완규 옮김, 『리바이어던의 논리: 토머스 홉스의 도덕이론과 정치이론』 (서울: 아카넷, 2013) 참조. 이 책에 대한 논의는 본서에서는 고티에의 원저를 사용했다. 국내서로서는 조긍호, 강정인, 『사회계약론 연구: 홉스, 로크, 루소를 중심으로』(서울: 서강대학교 출판부, 2012) 참조. 이 책은 제2장 "토마스 홉스의 사회계약론"에서 본서 제3장 1절 2)항에서처럼 『리바이어던』의 사회계약론을 3단계, 즉 자연상태, 자연법, 절대주권론으로 분류하여 설명하고 있다. 저자가 소속되어 있는 한국사회·윤리연구회에서 펴낸 『사회계약론 연구』(서울: 철학과현실사, 1993)는 사회계약론을 이해하기 위한 좋은 논문집이라고 사료된다. 이 책은 제1부 "전통적 사회계약론", 제2부 "계약론의 현대적 전개", 제3부 "사회계약론을 넘어서"로 이루어져 있다. 저자는 제1부에서 킴리카(Will Kymricka)의 논문 「사회계약론의 전통」을 요약 번역하여 설명하고, 제2부에서 「현대 윤리학의 사회계약론적 전환」을 기고하였다. 이 논문은 박정순, 「계약론적 윤리학의 딜레마」, 『철학과 현실』, 제9호(1991년 여름호), pp.248-265를 전재한 것이다.

사회계약론에 대한 자유주의적 관점에서의 고찰은 다음 참조. 이근식, 황경식 편, 『자유주의의 원류: 18세기 이전의 자유주의』(서울: 철학과현실사, 2003). 이근식, 제1장 "자유주의 생성의 사회 경제적 배경", pp.1-75. 김용환, 제3장 "홉스의 자유주의 정신", pp.111-148. 서병훈, 제5장 "로크의 정치사상: 자유와 관용", pp.200-227. 민문홍, 제9장 "루소와 자유주의 사상", pp.321-354. 황경식, 제10장 "칸트와 자유주의 이념", pp.355-383.

후주 615

13) 본서 제2장에서 논의한 것처럼 합리적 선택이론은 인간 행위의 합리성 문제와 합리적 자기 이익의 추구 방식의 문제를 다루고 있다는 점에서 많은 주목을 받아왔으며, 오늘날 합리적 선택이론을 도덕철학 및 사회과학 분야에 적용하려는 시도는 일반적인 것이 되었다. Timothy W. Luke, "Reason and Rationality in Rational Choice Theory," *Social Research*, Vol. 52(1985), pp.65-98 참조.

14) 물론 우리는 다른 종류의 해석이 가능하다는 것을 부인하지 않는다. 다른 가능한 해석들로는 신명론(divine command theory), 선험적 형식주의(a priori formalism), 권위의 윤리학(ethics of authorization), 정의론(情意論, emotivism) 혹은 감정의 윤리학(ethics of passion), 심지어는 (규칙 이기주의를 포함한) 의무론적 윤리학 등이 있다. 이러한 해석들도 홉스의 저작들에서 그 전거를 발견할 수 있는 것도 사실이다. 여기에 관련해서 햄턴은 "『리바이어던』에 대한 이러한 상당히 다른 해석들이 존재한다는 것은 홉스의 윤리학적 입장이 명백하지도 않고 또한 단순하지도 않다는 것을 말해준다. 따라서 우리는 홉스의 견해가 이것이라고 즉각적으로 주장할 것이 아니라 그 책을 천천히, 그리고 자세히 조심스럽게 천착하는 것이 필요할 것이다"라고 지적한다. Hampton, *Hobbes and the Social Contract Tradition*, p.28. 물론 본장의 해석은 그러한 수준에는 도달하지는 못하겠지만, 왜 합리적 선택이론적인 해석이 다른 해석들에 비해서 더 타당한가를 자세한 전거를 통해서 입증하려고 노력할 것이다.

15) Hobbes, *Leviathan*, "A Review and Conclusion," p.725. 홉스의 철학적 경험론 중 존재론적 개체주의와 명목론은 사회계약론적인 (개인주의적) 자유주의와 연관된다. 사회계약론적 자유주의와 관련된 홉스의 철학적 입장에 대한 일반적 설명은 다음 책을 참조하는 것이 좋을 것이다. Anthony Arblaster, *The Rise and Decline of Western Liberalism*(Oxford: Basil Blackwell, 1984), pp.38-49, pp.132-137. 그리고 다음 논문도 유익하다. 한자경, 「홉스의 인간이해와 국가」, 한국사회·윤리연구회 편, 『사회계약론 연구』(서울: 철학과현실사, 1993), pp.35-60.

16) Hobbes, *Leviathan*, Ch. 4, p.102.

17) 같은 책, Ch. 2, p.88.

18) 같은 책, Ch. 6, p.119.

19) 같은 책, Ch. 11, p.161.

20) 같은 책, Ch. 10, p.150. 이 부분에서 참고할 만한 논문은 다음 참조. 김용환, 「홉스의 윤리학: 욕망의 도덕적 정당화는 가능한가?」, 서양근대철학회 엮음, 『서양근대윤리학』(서울: 창비, 2010), pp.45-76.

21) Hobbes, *Leviathan*, Ch. 6, p.120.

22) 같은 곳.

23) 같은 책, Ch. 15, p.209, p.213.

24) 같은 책, Ch. 15, p.216.

25) Aristotle, *The Politics*, trans. T. Sinclair(Harmondsworth: Penguin Books, 1962), Bk. I, ii, p.59(1253a).

26) Hobbes, *Leviathan*, Ch. 17, p.225.

27) Thomas Hobbes, *De Cive: The English Version: Philosophical Rudiments Concerning Government And Society*, ed., Howard Warrender(Oxford: Clarendon Press, 1983; *De Cive*, 1642; Translation, 1651), p.42.

28) Hobbes, *Leviathan*, "A Review and Conclusion," p.728. Steven Lukes, *Individualism*(Oxford: Basil Blackwell, 1973), p.80. 또한 그의 "Methodological Individualism Reconsidered," in Alan Ryan, ed., *The Philosophy of Social Explanation*(Oxford: Oxford University Press, 1973), pp.118-129 참조. 본서 제3장 1절의 논의처럼 홉스의 국가관이 개인주의적이고 자유주의적이라는 관점에서의 논의는 다음을 참조. 김영희, 『토마스 홉스의 자유주의적 국가관에서 본 국가권력의 정당성』(이화여자대학교 대학원 법학과 석사학위논문, 1985. 5.). 그리고 이종훈, 『홉즈의 국가론 연구』(동국대학교 대학원 국민윤리학과 석사학위논문, 1994. 12.), 제5장 "홉즈의 국가론의 도덕적 성격", 제3절 "개인주의적 국가관" 참조. 홉스의 자유주의에 대한 논의는 배진영, 「홉스의 사회계약론에 함축된 정부의 역할과 시장경제질서」, 『경상논총』, 27권(2009), pp.11-13.

29) Hobbes, *Leviathan*, Ch. 6, p.122. 과학의 체계도에서 홉스는 윤리학은 "인간의 감성들로부터 오는 귀결(Consequences from the Passions of Men)"에 대한 학문이라는 것을 지적한다. Hobbes, *Leviathan*, Ch. 9, p.147. 그의 *De Cive* 영역본에서 홉스는 인간의 본성을 네 가지 종류로 분류한다. 즉 "육체적 힘(감각적 운동), 경험(상상과 기억), 이성, 그리고 감정"이 그것들이다 (p.41). 감정 일반과 인간의 선택에서 감정의 위상에 대한 논의는 박정순, 「감정의 윤리학적 사활」, 정대현 외, 『감성의 철학』(서울: 민음사, 2003), pp.69-124 참조.

30) Hobbes, *Leviathan*, Ch. 15, p.216, p.203.

31) 같은 책, Ch. 15, p.216.

32) 같은 책, Ch. 15, p.215.

33) 홉스는 명백히 "자연상태에서 탈피할 수 있는 가능성은 부분적으로는 감정으로, 부분적으로는 이성으로(partly in the Passions, partly in his Reason)

이루어진다"고 지적한다. Hobbes, *Leviathan*, Ch. 13, p.188. 햄턴은 홉스의 자연상태에서의 갈등에 대한 설명을 감정적 설명과 이성적 설명으로 나누고, 그 두 가지 설명이 서로 양립 불가능하다고 주장하고 있다. Hampton, *Hobbes and the Social Contract Tradition*, p.58-79.

34) Hobbes, *Leviathan*, Ch. 5, p.111.

35) 홉스의 이성 개념의 도구적 속성이 가지는 극적인 측면은 아마 흄의 입장보다는 덜 극적이기는 하지만, 철학의 전통적인 이성 개념과는 판이하다. 흄은 본서 제2장 후주 29에서 이미 언급되었다. 흄의 잘 알려진 극적인 언명은 다음과 같다. "이성은 감정의 노예이다." "내 손가락에 생채기 나는 것보다 세상이 망해버리길 더 바라는 것은 결코 이성에 반하지 않는다." Hume, *Treatise on Human Nature*, Bk. II, pt. III, sec. iii, p.415, p.416. 동양철학에서는 춘추전국시대의 제자백가 중 양주도 흄과 비슷한 언명을 했는데, 극단적인 개인적 이기주의자로 알려져왔다. 즉, "터럭 하나를 뽑아 천하를 이롭게 할 수 있다 해도 그렇게 하지 않겠다"는 것이다. 『맹자』, 「진심상 26」 참조.

36) Hobbes, *Leviathan*, Ch. 8, p.139.

37) 신고전학파 경제학과 관련된 홉스의 도구적 이성 개념에 대한 포괄적 논의는 David Gauthier, "Thomas Hobbes, Moral Theorist," *The Journal of Philosophy*, Vol. 76(1979), pp.547-559. 홉스의 도구적 이성 개념에 대한 비판적 논의는 다음 논저들 참조. 임홍순, 『토마스 홉스 철학에서 합리성과 사회계약』(서강대학교 대학원 철학과 박사학위논문, 1998. 8.), 3장 "홉스의 합리성과 사회계약" 참조. 박사학위논문을 축약한 것은 다음 논문이다. 임홍순, 「Thomas Hobbes에 있어서 인간과 국가의 개념」, 『국제대학논문집』, 19권(1991), pp.517-535. 홉스 정치철학에서 합리성의 비극은 만인에 대한 만인의 투쟁 상태와 절대군주 옹립 이후 비자유주의적 사회와 그 비용이다. 임홍순, 「홉스의 정치철학에서 합리성의 비극」, 『철학사상』, 제1집(2001), pp.119-149. 최광필, 『토마스 홉스의 합리성 개념에 대한 연구』(고려대학교 대학원 정치외교학과 박사학위논문, 2000. 8.). 이 논문은 제목에 걸맞게 합리성에 대한 자세한 논구를 하고 있다. 특히 제III장 "자연상태: 비합리적 사회내의 합리적 인간", 제IV장 "자연법: 합리적 인간관계의 기준", 제V장 "계약: 합리적 인간관계의 성립"은 본서 홉스 연구에서의 3단계와 직접적으로 연관된다. 도구적 합리성과 도덕적 합리성을 같이 논하고 있는 것은 다음 논문 참조. 지혜인, 『도덕·윤리 교육 정체성으로서의 도덕적 합리성에 대한 연구』(이화여자대학교 교육대학원 도덕·윤리교육전공 석사학위논문, 2012. 2.). 특히 제III장은 "홉스의 도구적 합리성"을 집중적으로 다루고 있다.

38) Hobbes, *Leviathan*, Ch. 6, p.120.

39) 같은 책, Ch. 11, p.160. 관련 논의는 본서 제3장 후주 320 참조.

40) 같은 책, Ch. 6, p.128.

41) 같은 책, Ch. 31, p.319.

42) 같은 책, Ch. 31, p.399.

43) Milton L. Myers, *The Soul of Modern Economic Man: Ideas of Self-Interest. Thomas Hobbes to Adam Smith*(Chicago: The University Press, 1983), pp.28-34. 홉스의 합리적 정초주의에 관해서는 Don Herzog, *Without Foundations: Justification in Political Theory*(Ithaca: Cornell University Press, 1985). 본서에서 홉스 철학을 개인주의적, 자유주의적, 사회계약론적이라는 점에서 근대적이라고 평가한 것에 관련해서는 다음 논문 참조. 이종흡, 「토머스 홉즈와 근대성」, 『서양사론』, 59권(1998), pp.31-61.

44) Hobbes, *Leviathan*, Ch. 31, p.395. 홉스의 자연상태에 대한 광범위하면서도 정치한 게임이론적 해석은 다음 논문 참조. Hun Jung, "Hobbes's State of Nature," *Journal of American Philosophical Association*, Vol. 1(2015), pp.485-508.

45) Hobbes, *Leviathan*, Ch. 13, p.189.

46) 인용의 출처는 같은 책, Ch. 13, p.188.

47) 같은 책, Ch. 14, p.189.

48) 같은 곳. 홉스에서 자기보존의 문제는 다음 논문을 참조. 정미라, 「근대성과 자기보존 문제: 홉즈의 정치철학을 중심으로」, 『범한철학』 61권(2011), pp.153-174.

49) 같은 책, Ch. 14, p.190. 여기서 과연 홉스가 자연권 이론가인지의 문제가 제기될 수 있다. 홉스의 자연법의 제2법칙을 논할 때 언급하게 될 것처럼, 계약의 의무를 산출하는 것은 자연권의 양도라는 점에서 본다면 홉스는 자연권 이론가이다. 그러나 홉스의 자연권의 개념은 근대적이고 합리적인 정초주의에 기반하고 있기 때문에 중세적인 자연법과 자연권 이론과는 다르다. 그런데 맥퍼슨(C. B. Macpherson)이 주장한 것처럼, 본문에서 언급된 홉스의 자연권 개념 ─ 모든 사람의 모든 것에 대한 권리 ─ 은 작동할 수 없거나 효과가 없는 것이다. 다른 저작에서 홉스는 "그러나 모든 사람의 모든 것에 대한 권리는 어떤 사람도 아무것에 대한 권리도 가지고 있지 않다는 것에 불과하다"는 점을 분명히 한다. Thomas Hobbes, *The Elements of Law Natural and Politic*, Tönnies edition(Cambridge, 1989), I, Chap. 14, Sec. 10. 다음 저서에서 재인용. C. B. Macpherson, *Democratic Theory: Essays in Retrieval*(Oxford: Clarendon Press,1973), Essays xiii, "Natural Rights in Hobbes and Locke," p.226. 홉스는 로크와 달리 재산권의 설정에 관심을 두

지 않는다. 박정순, 「사유재산권의 자유주의적 정당화의 과제」, 『사회비평』, 제6호(1991), pp.58-59 참조. 로크의 사회계약과 재산권은 조긍호, 강정인, 『사회계약론 연구: 홉스, 로크, 루소를 중심으로』, pp.213-224 참조.

50) Hobbes, *Leviathan*, Ch. 14, p.190.

51) 같은 책, Ch. 13, p.183.

52) 같은 책, Ch. 21, p.268.

53) Arblaster, *The Rise and Decline of Western Liberalism*, p.137. Andrew Levine, *Liberal Democracy: A Critique of Its Theory*(New York: Columbia University Press, 1981), pp.76-83.

54) Rawls, *A Theory of Justice*, p.252.

55) Hobbes, Leviathan, Ch. 13, p.184. 이러한 점에서 햄턴은 홉스의 자연상태를 흄의 "정의의 여건(the circumstances of justice)"과 유사한 것으로 간주한다. Hampton, *Hobbes and the Social Contract Tradition*, p.60. 흄의 "정의의 여건"은 현대 사회계약론자인 롤즈와 고티에에 의해서 기본적인 배경 상황으로 원용되고 있다. 정의의 여건은 "자연자원의 적절한 부족 상태와 타인에 대한 주관적 무관심"으로 이루어진다. Rawl, *A Theory of Justice*, pp.126-130.

56) Hobbes, *Leviathan*, Ch. 13, p.185. Diffidence는 주저 혹은 망설임(diffidence)으로부터 발생하며, 타인에 대한 신뢰가 결여된 불신 상태(distrust)로 귀착한다. 평화 상태에 대한 불신은 선제적 공격을 요구하게 된다. 아마도 홉스가 "영광"을 갈등의 세 번째 원인으로 제시한 것은 중세적인 유산으로 근대적인 관점에서 볼 때 본질적인 것은 아닐 것이다. 이렇게 본다면, 홉스의 사유 속에 부르주아적인 것과 아울러 중세 봉건적인 요소가 있다는 것은 놀랄 만한 일은 아니다. 토머스(Keith Thomas)가 지적하듯이, 홉스가 명예, 영광, 그리고 명성을 강조한 것은 부르주아적 가치보다는 귀족주의적 가치를 반영하고 있다. Keith Thomas, "The Social Origins of Hobbes' Political Thought," in *Hobbes Studies*, ed., K. C. Brown(Oxford: Basil Blackwell, 1965).

57) Hobbes, *Leviathan*, Ch. 13, p.186.

58) 같은 책, Ch. 15, p.216.

59) 같은 책, Ch. 13, p.188.

60) 같은 책, Ch. 15, p.189.

61) 같은 책, Ch. 14, p.190.

62) 같은 곳.

63) 같은 책, Ch. 14, p.191.

64) 같은 곳.

65) 같은 책, Ch. 14, p.192.

66) 같은 책, Ch. 14, p.192, p.197. 홉스는 동시적 상호 계약(contract)과 시간차가 있는 단편 계약(covenant)을 구분한다. 단편 계약은 상호 계약에서 한 당사자 쪽의 계약 부분을 의미한다. 단편 계약에 따라서, 한 당사자가 먼저 계약을 수행하고 타인이 약정 시간 이후에 그 의무를 수행하도록 하는 경우가 생긴다. 같은 책, Ch. 14, p.193. 그러나 우리는 상호 계약과 단편 계약을 엄밀하게 구분하여 논의하지는 않을 것이다.

67) 같은 책, Ch. 21, p.268.

68) 같은 책, Ch. 14, p.190.

69) 황금률은 『신약성서』, 「마태복음」 7장 12절과 「누가복음」 6장 31절에서 언급되고 있다. 「누가복음」 6장 32절에서 황금률은 사랑의 원칙으로 나타난다. "만약 당신이 당신을 사랑한 자만을 사랑한다면 자랑할 것이 무엇이냐? 범죄자들도 자기들을 사랑하는 사람을 사랑한다." 이러한 관점에서 본다면, 황금률은 고대의 엄밀한 동태복수법(lex talionis), "눈에는 눈, 이에는 이(An eye for an eye, and A Tooth for A Tooth)"를 대체하기 위한 것이다(「마태복음」 5장 38절). 더 나아가서 황금률이 일방적 사랑의 원칙으로 극명하게 나타나는 것은 "오른뺨을 때리거든 왼뺨을 내밀어라"라는 구절이다(「마태복음」 5장 39절). 보다 자세한 논의는 박정순, 『마이클 샌델의 정의론, 무엇이 문제인가』(서울: 철학과현실사, 2016), pp.109-112 참조.

70) Kavka, *Hobbesian Moral and Political Theory*, p.347.

71) John Rawls, "The Idea of Overlapping Consensus," *Oxford Journal of Legal Studies*, Vol. 7(1987), p.23. David Gauthier, *Morals By Agreement* (Oxford: Clarendon Press, 1986), p.159. Robert Axelrod, "The Emergence of Cooperation among Egoists," *American Political Science Review*, Vol. 75(1981), pp.306-318. Robert Axelroad, *The Evolution of Cooperation*(New York: Basic Books, 1984). 응수 전략 혹은 맞대응 전략은 엄밀하게 보면 처음에는 협동을 하고, 다음부터는 상대방이 협동을 하면 협동을, 배반하면 배반을 하는 방식이다. 이 전략은 라포포트(Anatol Rapoport)가 악셀로드의 *The Evolution of Cooperation*에 기반한 컴퓨터 토너먼트에서 우승함으로써 널리 알려졌다. 이 전략은 반복적 수인의 딜레마를 해결할 가장 효과적인 전략으로 인정되었다. "Anatol Rapoport," *Wikipedia*, p.2. 이에 대한 자세한 논의는 요리후지 가스히로, 노재현 옮김, 『현명한 이기주의』(서울: 도서출판 참솔, 2001), 5. "게임이론으로 본 도덕". 그리고 Michael Taylor, *The Possibility of Cooperation*(Cambridge: The University Press, 1987), p.135. David Braybrooke, "The Insoluble Problem of the Social Contract,"

Dialogue, Vol. 15(1976), pp.3-37.

72) Hobbes, *Leviathan*, Ch. 15, p.201. 홉스의 사회계약론에서 가장 논란의 여지가 많은 것은 절대군주력의 상정이다. 이것은 홉스의 자연법 이론에서 신의계약(信義契約, covenant)의 문제라고 말해진다. 윤삼석, 「홉스의 자연법 이론에서 신의계약의 문제」, 『철학연구』, 제56집(2017), pp.99-137. 이 논문에 의하면, 논리적으로 볼 때 절대군주력의 상정은 순환논증의 오류와 선결문제 요구의 오류를 범하고 있다. 왜냐하면 홉스는 신의계약이 그 규범적 유효성과 실제적 이행 가능성을 위해서 공통의 권력, 즉 절대군주력을 제시하는데, 신의 계약이 체결되고 이행되는 자연상태에서는 바로 그 절대군주력이 부재하기 때문이다. 이런 상황에서 신민들이 자신들의 권력을 내려놓는 것은 일방적인 계약(covenant)일 뿐이다. 그러나 이러한 일방적인 계약이 유효한 계약이 되는 것은 신민들이 자신들의 권력을 내려놓는 순간 서로 합의하여 바로 절대군주력이 등장케 하므로 계약의 비준수에 대한 처벌을 내릴 것이라고 예상할 수 있기 때문이다. 따라서 절대군주력은 전쟁 상태에서 평화 상태로의 이행과 계약론적 도덕원칙(자연법)의 준수를 보장하는 이중적 장치이다. 본서 제3장 후주 86 참조. 따라서 그러한 장치는 자연법에서의 내적인 논리적 모순을 극복하여, 신의계약의 규범적 유효성과 실제적 이행 가능성을 보장케 하므로 홉스의 사회계약론적 추론은 현실적 타당성을 가지고 있다고 평가할 수 있다.

73) Hobbes, *Leviathan*, Ch. 15, p.202.

74) 같은 책, Ch. 14, p.196.

75) 같은 책, Ch. 14, p.196.

76) 같은 책, Ch. 15, p.203.

77) 같은 책, "A Review and Conclusion," p.721.

78) 같은 책, Ch. 17, p.223.

79) 합리적 선택이론으로 볼 때 홉스의 자연상태는 소위 "수인의 딜레마"의 전형적인 상태이다. 고립되어 심문을 받는 두 명의 죄수는 모두 자백을 하지 않으면 적은 형량(1년)을 받을 수 있지만 만일 상대방이 자백할 때 자신이 자백하지 않으면 그 상대방은 방면되고(0년) 혼자 오랜 형량(10년)을 감수할 수밖에 없는 상황이므로 두 명의 죄수는 결국 자백하여 많은 형량(5년)을 살게 되는 상황이다. 본서 제2장 2절 1)항 참조. 홉스의 자연상태에 대한 "수인의 딜레마"적 해석은 방대하지만, 우리는 롤즈와 고티에의 논의에 주목해야 한다. Rawls, *A Theory of Justice*, p.269. Gauthier, *Morals By Agreement*, p.81.

자연상태가 과연 수인의 딜레마인가에 대한 상세한 논의는 박종준, 「자연상태는 죄수의 딜레마 상황인가?」, 『철학』, 제110집(2012), pp.281-305 참조.
이 논문에서 박종준은 홉스의 자연상태에 대한 다양한 이해 방식과 해석 모
델을 소개한다. 박종준은 매-비둘기 게임(Hawk-Dove game)적 해석도 소개
하고 있으며, 자연상태를 수인의 딜레마로 보는 해석 모델과 그에 반대하는
해석 모델을 상호 비교하고 장단점을 논하고 있다. 즉 전자는 자연상태에 대
한 동역학적 분석을 결여하고 있으며, 후자는 수인의 딜레마의 본성에 대한
이해를 결여하고 있다는 것이다.

80) Hobbes, *Leviathan*, Ch. 15, p.202.

81) 강제에 관한 포괄적인 논의는 J. R. Pennock and J. W. Chapman, eds.,
Coercion, *Nomos*, XIV(Chicago: Aldine-Atherton, Inc.,1972) 참조. 특히 J.
W. Sobel, "The Need for Coercion," pp.148-177 참조.

82) Amartya K. Sen, "Isolation, Assurance and the Social Rate of Discount,"
Quarterly Journal of Economics, Vol. 81(1967), pp.112-124; "Choice,
Orderings and Morality," in *Practical Reason*, ed., Stephan Körner(New
Haven: Yale University Press, 1974), pp.59-60.

83) 무임승차자의 문제는 계약의 준수 문제이다. 준수는 결국 확신의 문제
(assurance problem), 즉 협동하는 당사자들에게 공통의 합의가 수행되고 있
음을 어떻게 확신시켜 기여하도록 유도할 수 있는지가 된다. 확신의 문제의
전형적인 경우는 공공재(public goods)의 설비에서 발생한다. 그리고 무임승
차자의 문제는 다인적 수인의 딜레마 게임(n-person prisoner's dilemma
game)으로 해석할 수 있다. 본서 제2장 2절 2)항 참조.

84) Hobbes, *Leviathan*, Ch. 15, p.203.

85) 같은 책, Ch. 15, p.215. 홉스가 바보에 대하여 비판하는 것에 대한 심층적
논의는 목광수, 「홉스의 이성 개념 고찰: 『리바이어던』의 "어리석은 사람"
논의를 중심으로」, 『철학논총』, 68권(2012. 4.), pp.245-267. 이 논문은 본서
가 홉스의 이성 개념을 수단적 합리성으로 보는 것에 반해 소위 다원적이고
서열화 없는 이성을 주장하고 나선다. 그러나 그러한 개념은 이성 개념의 내
부적 일관성 문제뿐만 아니라 어리석은 사람에 대한 반론에서 어떤 이성이
주도적으로 나서는지에 대한 상이한 해석들이 가능하다는 비판에 직면할 수
도 있다.

86) Edna Ullmann-Margalit, *The Emergence of Norms*(Oxford: Clarendon Press,
1977), p.67. 롤즈는 "군주제의 효능에 대한 일반적인 믿음은 두 가지 종류
의 불안정을 제거하게 된다"고 지적한다. Rawls, *A Theory of Justice*, p.497.
첫 번째 불안정은 무임승차자로부터 오며, 두 번째 불안정은 타인들이 각자
의 의무를 수행할 것인가에 대한 불안전한 확신으로부터 온다. 같은 책,
p.336. 합리적 선택이론적 설명은 다음 논문 참조. 박종준, 「죄수의 딜레마

에 대한 해명으로서의 정부」,『철학』, 제108집(2011), pp.149-171 참조. 그런데 다음 논문은 홉스의 사회계약론에 대한 통상적 해석과는 달리 홉스의 절대군주적 정부가 작은 정부이며, 자유주의적이므로 시장경제질서를 옹호하는 것으로 해석될 수 있다고 평가한다. 홉스의 사회계약론에서 절대군주적 국가는 오직 개인의 자연권과 행복 유지를 위해서 엄격한 법 집행을 실시하는 도구적 정부로서 작은 정부라는 것이다. 그리고 홉스의 사회계약론과 자연법은 기본적으로 자유주의적이므로 스미스의 야경국가와 하이에크의 자발적 경제질서를 충분히 추론할 수 있다고 주장한다. 배진영, 「홉스의 사회계약론에 함축된 정부의 역할과 시장경제질서」,『경상논총』, 27권(2009), pp.1-27. 본서 제3장 1절에서 논의한 것처럼 우리는 홉스의 사회계약론이 도구적 합리성과 합리적 선택이론과 친화적이라는 점을 밝혔다. 본서 제3장 1절 1) 항 참조.

87) Gauthier, *The Logic of Leviathan*, p.79, p.85. 박종준, 「자연상태에 대한 확신게임(assurance game) 모델화의 난점과 과제」,『철학』, 제113집(2012. 11.), pp.323-347 참조.

88) 자연상태라는 인류의 원초적 조건에 관한 합리적 선택이론적 해석에서 중요한 것은 홉스의 자연상태가 가상적인 것인지의 여부이다. 러바인(Andrew Levine)이 옳게 지적한 것처럼, 사회계약론의 전통은 정치적 공동체의 역사적 기원에 관한 문제와 국가의 기초에 관한 규범적 문제를 혼용한 것이 사실이다. Levine, *Liberal Democracy: A Critique of Its Theory*, p.81. 홉스와 로크도 사회계약론에 대한 역사적 반론을 언급하고 있으며, 당시 미국의 인디언들과 백인들 간의 약정과 부적합한 통치자를 폐위시키고 적합한 통치자를 옹립하는 아메리카 원주민들의 통치자 옹립을 정치사회의 기원과 사회계약론의 역사적 증거로 들기도 하였다. Hobbes, *Leviathan*, Ch. 13, p.187. John Locke, *The Second Treatise of Government* in *Two Treatises of Government*, ed. Peter Laslett, rev. ed.(New York: A Mentor Book, 1963), Ch. ii, Sec. 14, Ch. viii, Sec. 105. 번역본은 존 로크,『통치론: 시민정부의 참된 기원, 범위 및 그 목적에 관한 시론』(서울: 도서출판 까치, 1996) 참조. 루소는 명백하게 자신의 사회계약론이 "역사적 진실로서 제시된 것이 아니고 오직 가상적이고도 조건적인 추론을 위해서 제시된 것이다"라는 점을 말한다. Jean-Jacques Rousseau, *Discourse on the Origin and the Foundations of Inequality Among Men*, in *The First and Second Discourses*, trans. Victor Gourevitch(New York: Harper and Row, 1986), "Exordium," par.6. 번역본은 장 자크 루소, 정성환 옮김,『사회계약론: 인간 불평등 기원론』(서울: 홍신문화사, 2005). 홉스에게도 자연상태를 최초의 가상적인 선택 상황으로 볼 수 있는 전거가 있다. "두려워할 공통의 권력이 없다면, 그 속에서의

삶이 어떠할지 상상해볼 수 있을 것이다." Hobbes, *Leviathan*, Ch. 13, p.187.

89) Norman Daniels, "New Preface(1989)," in *Reading Rawls*(Stanford: Stanford University Press, 1989), p.xvi.

90) 이러한 관점에서 고티에는 분배적 정의(distributive justice)와 획득적 정의 (acquisitive justice)를 구분한다. "분배적 정의는 협동의 양식을 규제하는 것이며, 획득적 정의는 협동이 전개될 기준선을 규제한다." "Bargaining Our Way into Morality: A Do-It-Yourself Primer," *Philosophic Exchange*, Vol. 2(1979), p.26, n.5. 그러나 롤즈는 획득적 정의를 분배적 정의의 하위 개념으로 간주한다. 무지의 장막이 내려진 원초적 입장에서 획득적 정의의 기준선은 모든 사람에게 동일하다. 따라서 롤즈는 개인의 천부적인 자연적인 재능과 능력을 공동적 자산(common assets)으로 간주하게 된다. Rawls, *A Theory of Justice*, p.101.

91) D. D. Raphael, "Hobbes on Justice," in *Perspectives on Thomas Hobbes*, ed., G. A. J. Rogers and Alan Ryan(Oxford: Clarendon Press, 1988), p.170.

92) Hobbes, *De Cive*, p.46. Hobbes, *Leviathan*, Ch. 17, p.224. 송석현, 「사회계약론적 패러다임의 현대적 의미와 한계: 토마스 홉스의 경우」, 『도시인문학연구』, 4권(2012), pp.91-124. 이 논문의 저자는 홉스적인 사회계약론적 패러다임의 한계는 경제사회의 문제를 경제사회 내부에서 풀지 않고 국가라는 외적 장치를 들여온 점, 현대사회에서 계급적 불평등을 소홀히 했다는 점이라고 주장한다. 그러나 경제사회의 문제를 경제사회 내부에서 풀지 못하는 이유는 홉스에서 자연상태인 만인에 대한 만인의 투쟁 상태가 시장의 실패인 수인의 딜레마 상황이므로 국가라는 외적 장치가 필요하다는 것을 인식해야 할 것이다. 계급적 불평등의 문제는 우리가 여기서 홉스적인 사회계약론적인 모형이 개인 간 혹은 집단 간 불평등을 용인하는 것을 논의하면서 비판적으로 다루었다. 이 문제는 또한 우리가 본서 제3장 1절 3)항에서 홉스적 사회계약론의 한 뿌리인 합리성의 도덕적 부적절성을 논하면서 다루게 될 것이다. 집단의 도덕성에 관한 저서는 Larry May, *The Morality of Groups: Collective Responsibility, Group Harms, and Corporate Rights* (Notre Dame: University of Notre Dame Press, 1987) 참조.

93) Rawls, "The Idea of Overlapping Consensus," p.11.

94) 같은 논문, p.2, p.23.

95) J. A. Schumpeter, *Capitalism, Socialism and Democracy*, 3rd edn.(New York: Harper & Row, 1950). Robert A. Dahl, *A Preface to Democratic Theory*(Chicago: University Press of Chicago, 1956). 달(Robert A. Dahl)이 스스로 자신의 입장이 가지는 문제점을 인식하고 있다는 것은 주목할 만하다. *Dilemma of Pluralist Democracy: Autonomy vs. Control*(New Haven:

Yale University Press, 1982). 그런데 달은 롤즈의 재분배 정책이 도덕적 독
재를 함축한다고 주장한다. *A Preface to Economic Democracy*(Berkeley:
University of California Press, 1985), p.18, p.138. 롤즈와 이들 사이의 자세
한 비교는 Macpherson, *Democratic Theory*, pp.77-94.

96) Elizabeth Rapaport, "Classical Liberalism and Rawlsian Revisionism," in
New Essays on Contract Theory, eds., Kai Nielsen and Roger A. Shiner,
Canadian Journal of Philosophy, Suppl., 3(1977), p.107.

97) Rawls, *A Theory of Justice*, p.139, p.145.

98) 같은 책, p.134, n.10. R. B. Braithwaite, *Theory of Game as a Tool for the
Moral Philosopher*(Cambridge: Cambridge University Press, 1955). 이 책에
관한 전반적인 논의는 Brian Barry, *Theories of Justice*(Berkeley: University
of California Press, 1989) 참조.

99) John Rawls, "Justice as Fairness," *The Journal of Philosophy*, 67(1958),
p.585, n.11.

100) Hobbes, *Leviathan*, Ch. 18, p.236.

101) Dennis C. Mueller, "Public Choice: A Survey," in *The Theory of Public
Choice-II*, eds., J. M. Buchanan and R. D. Tollison(Ann Arbor, The
University of Michigan Press, 1984), p.50.

102) John Locke, *The Second Treatise of Government* in *Two Treatises of
Government*, ed., Peter Laslett(New York: A Mentor Book, 1963), Ch. xi,
Sec. 141. Jean-Jacques Rousseau, *Of the Social Contract*, trans. Charles M.
Sherover(New York: Harper & Row, 1984), Bk. II, Ch. 6, par.104. 번역본
으로는 장 자크 루소, 정성환 옮김, 『사회계약론: 인간 불평등 기원론』(서울:
홍신문화사, 2005).

103) Locke, *The Second Treatise of Government*, Ch. ii, Sec. 7. 강조 원전.

104) Rousseau, *Of the Social Contract*, Bk. I., Ch. 7, par.54. 강조 부가. 이에
대한 논의는 John Plamenatz, "On le forcera d'être libre," in *Hobbes and
Rousseau: A Collection of Critical Essays*, eds., M. Cranston and R. S.
Peters(New York: Anchor Books, 1972), pp.318-332. Henry David Rempel,
"On Forcing People to be Free," *Ethics*, Vol. 7(1976), pp.18-34.

105) Locke, *The Second Treatise of Government*, Ch. ii, Sec. 7. Rousseau, *Of
the Social Contract*, Bk. I, Ch. 7, par.53.

106) Rawls, *A Theory of Justice*, pp.240-241.

107) Hobbes, *Leviathan*, Ch. 18, p.238.

108) 같은 책, Ch. 15, p.203.

109) 같은 책, Ch. 15, p.201.

110) Alan H. Goldman, *Moral Knowledge*(London: Routledge, 1988), p.34.

111) Braybrooke, "The Insoluble Problem of the Social Contract," p.293.

112) Rawls, "The Idea of Overlapping Consensus," p.2. 심리적 이기주의는 "모든 인간은 자기 이익에 의해서 동기화된다"고 주장하는 하나의 보편적인 서술적 이론이다. "권력에 이어서 권력을 계속적으로 추구하는 영속적이고도 끊임없는 욕망"이라는 인간의 일반적 경향성은 심리적 이기주의에 대한 전거가 된다. Hobbes, *Leviathan*, Ch. 11, p.161. 그러나 근래에 홉스가 실제로 그러한 입장을 취했는가에 대한 논란이 다른 저작에 대한 전거를 통해서 제기되고 있다. Bernard Gert, "Hobbes and Psychological Egoism," in *Hobbes' Leviathan: Interpretation and Criticism*, ed., Bernard Baumin (Belmont: Wadsworth, 1969), pp.107-126. 롤즈도 "홉스는 이러한 형태의 이기주의가 참이라고 생각하지는 않았다. 그러나 그는 자연상태의 처절한 묘사와 절대군주의 필연적 옹립이라는 그의 목적을 달성하기 위해서 충분할 만큼 그러한 이기주의를 용의주도하게 이용했던 것이다." Rawls, "The Idea of Overlapping Consensus," p.2.

113) Rawls, *A Theory of Justice*, p.124, p.147.

114) 같은 책, p.269.

115) Sobel, "The Need for Coercion," p.148.

116) Rawls, *A Theory of Justice*, p.240.

117) 같은 책, p.567.

118) 같은 책, 86절 "정의감은 선인가", p.577. 플라톤은 『국가』 제10권에서 정의는 선인가의 문제를 다루고 있다. 제2권에서 글라우콘이 소크라테스에게 요구한 대로 올바름은 그 자체로 좋은 것일 뿐만 아니라 그 결과 때문에도 좋은 것임일 밝혀진다. "우리는 '올바름'이 그 자체로 혼 자체를 위해서 최선의 것임을 알게 되었으며, … 올바른 것들을 [그 자체를 위해서] 행해야만 한다는 것도 알게 되지 않았는가?" 플라톤의 『국가 · 정체』, 박종현 역주, (파주: 서광사, 1997), 제10권, 612b. "게다가 이제는 올바름과 그 밖의 훌륭함(덕, aretē)에 대해서, 사람이 아직 살아 있는 동안에도 그리고 죽어서도, 사람들과 신들한테서 받게 되는 그런 많은 보수를 그 혼에 준다고 해서 나무랄 일이 아니겠지." 같은 책, 제10권, 612c.

119) Rawls, *A Theory of Justice*, p.577.

120) Braybrooke, "The Insoluble Problem of the Social Contract," p.279. Cf. 본서 제3장 후주 6 참조.
이 문제를 주제적으로 다룬 국내 논문으로는 다음이 있다. 박종준, 「사회계약론의 풀리지 않는 문제와 사회계약론의 자연화」, 『철학연구』, 제143집 (2017), pp.165-188. 이 논문은 상황과 동기가 롤즈와 고티에와 같은 현대 사회계약론자들에게서는 순환적인 것으로 나타난다고 지적하고, 그 문제를 해결하기 위해서는 사회계약론이 자연화될 필요성이 있는데, 그 자연화는 관습주의라고 주장한다. 이러한 주장은 흄이 갈파한 것처럼 사회계약론은 약속을 하고 그것을 지키는 사회적 관습에 의존하지 않을 수 없다는 논박에 기초하고 있다. 자연화된 관습주의로서의 사회계약론의 주창자는 스킴스(Brian Skyrms)로 언급되어 있는데, 그는 사회적 규범의 진화를 진화론적 게임이론을 원용하여 분석하고 있다. 즉 사회적 규범의 진화는 집단행동으로서의 협동의 기제와 사회적 구조의 공진화를 통해서 이루어진다는 것이다. 같은 논문, p.184. Brian Skyrms, *Evolution of Social Contract*(Cambridge: Cambridge University Press, 1996; 2nd edn. 2014). *The Stag Hunt and the Evolution of Social Structure*(Cambridge: Cambridge University Press, 2004). "Game Theory, Rationality and Evolution," in *Proceedings of the 10th International Congress of Logic, Methodology and Philosophy of Science*, ed., M. L. Dalla Chiara, K. Doets, D. Mundici, J. van Bentham (Amsterdam: Kluwer, 1997), pp.73-86. 사회계약론을 자연화하는 입장에 서 있는 사람은 빈모어(Kenneth Binmore)도 있다. 본서 제3장 후주 4 참조. 관습에 대한 논의는 Gilbert Harman, "Convention," Stephen Darwall ed. *Contractarianism/Contractualism*(Malden: Blackwell, 2003), pp.138-148. 관습에 기반하는 헌정 질서에 대한 해설과 비판적 고찰은 Stephen Voigt, "Breaking with the Notion of Social Contract: Constitutions as Based on Spontaneously Arisen Institutions," *Constitutional Political Economy*, Vol. 10(1999), pp.283-300.

그러나 사회계약론은 관습이 불공정하고 부정의할 때 그것을 평가할 수 있다는 가상적 사고 실험에 기반하고 있는데, 만약 사회계약론이 사회적 관습에 의존한다면 사회계약론은 윤리학적 분별력과 비판적 예리함을 상실하고 자연화된 관습적 상대주의에 빠질 우려가 있을 뿐만 아니라 자연주의적 오류에도 빠질 우려가 있다. 저자는 자유주의 대 공동체주의 논쟁에 관련하여 이와 비슷한 논증을 제기한 바 있다. 즉 "단순 공동체주의자의 딜레마 (simple communitarian dilemma)"는 만약 가치에 대한 사회적 의미가 현재 공동체가 가지고 있는 분배적 관행과 제도에 의거하고 있다면, 그러한 사회적 의미는 보수적인 것이므로 비판적 원칙으로 작동할 수 없다. 만약 가치에 대한 사회적 의미가 공동체의 현재 관행과 제도에 의거하지 않고 그러한 의미를 통해서 관행과 제도를 비판할 수 있다면, 그러한 가치가 정당하다는 것을 공동체주의적 가치론에 의해서 어떻게 알 수 있는가? 박정순, 「자유주의의 건재」, 『철학연구』, 제45집(1999), p.34에서 위의 논의 발췌 인용. 그리고 "전통주의자적 정당화"에 관련하여서도 그와 비슷한 논증을 제기하였다. 첫째, 우리는 현재 우리가 속해 있는 하나의 특정한 사회를 위한 정의론이 아니라 어떤 종류의 사회가 정의로운지를 결정할 적절한 정의론을 열망한다. 둘째, 전통주의자적 입장은 근본적인 사회적 비판의 도구를 제공해주지 못한다. 왜냐하면 그것은 하나의 특정한 전통의 중심적 이상을 주어진 것으로 간주하기 때문이다. 박정순, 「정치적 자유주의의 철학적 기초」, 『철학연구』, 제42집(1998), p.289에서 위의 논의 발췌 인용.

121) 롤즈는『정의론(*A Theory of Justice*)』(1971)에서 배경적 상황의 변경 ― 무지의 장막 아래서의 원초적 입장의 설정 ― 에 중점을 두고, 고티에는 동기의 변화 ― 제한적 극대화로서의 합리성 ― 에 역점을 둔다. 롤즈는 그의 원초적 입장에서 사회계약론적 협상의 여지를 박멸하려고 하며, 고티에는『합의도덕론(*Morals By Agreement*)』(1986)에서 홉스의 기본적 정신을 살리면서 『리바이어던』을 순화시키려고 한다. 자세한 논의는 Jung Soon Park, *Contractarian Liberal Ethics and the Theory of Rational Choice*(New York: Peter Lang Publishing, Inc., 1992) 참조. 수인의 딜레마에 관한 홉스적 함정을 논구하고, 홉스, 로크, 롤즈에서의 사회계약론적 소유권의 결정 방식을 상호 비교한 뒤, 진화론적이고 자연발생적인 질서에 따른 소유권 제도를 대비시킨 논문은 다음 참조. 최병서, 「홉스적 함정, 진화적 함정, 그리고 소유권 제도」, 『제도연구』, 제5권(2003), pp.11-49.

122) 처음과 그 다음 단계는 롤즈의 사회계약론적 윤리학의 두 부분에 대응한다. Rawls, *A Theory of Justice*, p.15. 정의론의 적용에 관련하여 롤즈는 네 가지 연속적 단계(four-stage sequence)를 설정하고 있다. 첫 번째 단계는 원초적 입장의 단계, 두 번째는 입헌적 회의의 단계, 세 번째는 입법적 단계이며, 네 번째는 정부, 개별적 판사, 시민의 단계이다. 같은 책, pp.195-201. 준수 이론은 첫 번째 단계와 네 번째 단계에서 등장한다. 완전 준수와 부분적 준수의 구별이 여기서 적용되고 있다. 같은 책, p.8. 제3장 2절 2)항에서 그 구별을 다루게 될 것이다. 그러나 우리는 네 가지 연속적 단계를 첫 번째 단계와 첫 번째와 네 번째 단계에서의 준수 이론을 제외하고는 다루지 않을 것이다.

123) Rawls, *A Theory of Justice*, p.3. 롤즈의 정의론에 대한 저서들을 자세히 논할 수 없지만 일별해보기로 하자. 우선 최초의 저서는 다음 저서이다. 황경식, 『사회정의의 철학적 기초: J. 롤즈의 정의론을 중심으로』(서울: 문학과지성사, 1985). 이 책은 다른 출판사에 다시 출간된다. 황경식, 『사회정의의 철학적 기초: J. 롤즈의 정의론을 중심으로』(서울: 철학과현실사, 2013). 이 책에는 우리의 현안적 논의인 합리성의 문제가 다루어져 있다. 제4장 제1절

"합리성 및 합당성의 도덕적 관점". 제III부 "II. 합리성과 수인의 딜레마". 그리고 염수균, 『롤즈의 민주적 자유주의』(서울: 천지, 2001). 이 책에서 참고할 현안적 논의는 제1장 제2절 "1. 합당성과 합리성", 제2장 제4절 "3. 당사자들의 합리성", 제9장 제1절 "합리성으로서의 선". 그리고 김만권, 『불평등의 패러독스: 존 롤스를 통해 본 정치와 분배정의』(서울: 도서출판 개마고원, 2004). 이 책에서는 우리의 현안적 논의인 합리성의 문제가 다루어져 있다. 제2장 3절 "공정한 합의 참여자는 합리적 선택을 한다". 그리고 이종은, 『존 롤스』(서울: 커뮤니케이션북스, 2016). 이 간략한 책에서는 우리의 현안적 논의인 합리성의 문제가 "08 정의의 두 원칙의 정당화"에서 다루어지고 있다. 책 제명에 롤즈가 나오지는 않지만 롤즈에 관한 저서로 인정할 수 있는 것은 다음의 저서 참조. 이종은, 『사회정의란 무엇인가: 현대 정의 이론과 공동선 탐구』(서울: 책세상, 2015). 총 850 페이지에서 제1부 "존 롤스의 정의 이론"이 pp.31-469에 걸쳐 있다. 그리고 제1부 제5장 1절 (4)항 "현대의 계약론", pp.214-226에서는 고티에, 하사니, 스캔론이 다루어져 있다. 저서의 한 장에서 롤즈를 다룬 저서들은 많지만, 주목할 만한 논의는 장동진, 『현대자유주의 정치철학의 이해』(서울: 동명사, 2001). 이 저서는 제1부 "정치철학과 이론", 제2장 "정치이론과 방법", "3. 이론구성의 접근유형"에서 미시적 접근 방법의 중요한 사례로 형식합리적 선택이론을 다루고 있다. 롤즈는 제2부 제4장 "자유적 평등주의: 롤즈의 정의론"과 제3부 제11장 "맥시민과 평등"에서 다루어지고 있다. 특히 제11장에서는 합리적 선택의 관점에서는 상세한 형식적 논의가 전개되고 있다. 롤즈의 정의론에 대한 간략한 서술은 다음 두 저서 참조. 홍성우, 『존 롤즈의 「정의론」 읽기』(서울: 세창미디어, 2015). 황경식, 『존 롤스 정의론』(파주: 쌤앤파커스, 2018).

124) Rawls, *A Theory of Justice*, p.7.

125) 아리스토텔레스는 보편적 정의와 특수적 정의를 구분한다. 보편적 정의는 다른 사람들에 대한 인간 행동들에 관련된 완전한 덕목과 탁월성이다. 특수적 정의는 보편적 정의의 하위 분야로서 우선 분배적 정의와 시정적 정의로 나뉜다. 시정적 정의는 다시 자발적 거래에 대한 교환적 정의와 범죄에 대한 처벌적 정의로 나뉜다. Aristotle, trans. David Ross, *Nicomachean Ethics* (Oxford: Oxford University Press, 1980), Bk. v, 1129a 5-1138b 10. 아리스토텔레스, 강상진, 김재홍, 이창우 옮김, 『니코마코스 윤리학』(서울: 도서출판 길, 2011), 제5권 참조. 롤즈는 아리스토텔레스의 보편적 정의를 하나의 "사회적 이상"으로 간주하고, 자신의 정의론은 그러한 사회적 이상의 한 부분으로서 분배적 정의에 관한 것이라고 지적한다. 시정적 정의 혹은 보상적 정의는 기본적인 것으로 간주되지 않는다. Rawls, *A Theory of Justice*, pp.8-10. 박정순, 「철학용어 해설: 정의」, 『철학과 현실』, 제13호(1992년 여

름호), pp.354-363 참조.

126) Rawls, *A Theory of Justice*, p.11. 롤즈의 정의론을 홉스, 로크, 루소, 칸트의 전통적 사회계약론을 배경으로 논구하고, 그것을 사회계약론적 단계들을 통해서 비판적으로 분석하고, 최종적으로 롤즈의 공정성으로서의 정의론을 하나의 정치공동체로서의 가능성을 탐구하고 있는 논문은 다음 참조. 장효민, 『사회계약론에 기초한 정치공동체 모델 연구』(서울대학교 대학원 윤리교육과 박사학위논문, 2013. 2.).

127) Rawls, *A Theory of Justice*, p.11.

128) 같은 책, p.264, p.4.

129) 같은 책, p.4.

130) 같은 책, p.10.

131) Arblaster, *The Rise and Decline of Western Liberalism*, p.335. Brian Barry, *The Liberal Theory of Justice*(Oxford: Oxford University Press, 1973), p.32. Robert Paul Wolff, *Understanding Rawls*(Princeton: Princeton University Press, 1977), p.208. Chantal Mouffe, "American Liberalism and Its Critics: Rawls, Taylor, Sandel, and Walzer," *Praxis International*, Vol. 8(1988), pp.193-206. 그리고 윌 킴리카, 「사회계약론의 전통」, 한국사회 · 윤리연구회 편, 『사회계약론 연구』, pp.11-34 참조.

132) Rawls, *A Theory of Justice*, p.584, p.11, n.4.

133) 같은 책, p.121.

134) 같은 책, p.584.

135) 원초적 입장의 12가지 조건들에 대한 설명은 같은 책, pp.146-147.

136) 같은 책, p.126.

137) 같은 책, p.539, p.127, p.130. Lester C. Thurow, *The Zero-Sum Society: Distribution and the Possibilities for Economic Change*(New York: Basic Books, 1980). John K. Galbraith, *The Affluent Society*, 4th edn.(Boston, Houghton Mifflin, 1984; 1st edn. 1958). 존 그레이(John Gray)는 흄적인 정의의 여건은 "마르크스적 공산주의와 국가적 사회주의와 같은 부류의 사회와 그 도덕"을 배제한다고 지적한다. John Gray, *Liberalism*(Minneapolis: University of Minnesota Press, 1986), p.50. 본서 제2장 1절에서 논의한 것처럼, 신고전학파 경제학의 합리성은 자연적 사회적 자원의 희소성과 자기이익 추구로서의 동기를 가정한다. 롤즈와 신고전학파 경제학의 합리성 사이의 관계는 Nicholas Xenos, "Liberalism and the Postulate of Scarcity," *Political Theory*, Vol. 15(1987), pp.225-243 참조.

138) Rawls, *A Theory of Justice*, p.135.

139) 롤즈는 칸트의 윤리학이 일반성, 보편성, 공지성을 형식적 조건으로 수용했다고 해석한다. Rawls, *A Theory of Justice*, p.133, n.8(공지성). 40절 "공정성으로서의 정의에 대한 칸트적 해석", pp.251-252(세 가지 모두). 그런데 롤즈는 칸트의 입장을 공리주의를 위한 도덕의 형식성을 마련했다고 해석하는 헤어의 입장을 비판한다. Rawls, *A Theory of Justice*, p.251, n.29. R. M. Hare, *Freedom and Reason*(Oxford: The Clarendon Press, 1963), pp.123-124. 헤어에 의하면 도덕의 세 가지 형식적 조건은 보편화 가능성, 처방성(명령성), 그리고 우선성이다. 김영진, 「한국사회에 대한 도덕적 진단과 처방」, 『철학과 현실』, 제43호(1999년 겨울호), p.86. 김영진, 「현대의 사상: Hare의 윤리설」, 『한국논단』, 30권(1992), pp.201-207에서는 논리적 일관성도 포함된다.

140) 이러한 다섯 가지 조건은 그 자체로서는 전통적인 정의관의 어떤 것도 배척하지 않는다. 그렇지만 일반성의 조건으로부터 "모든 사람은 나의 이익을 위해 봉사해야 한다"는 1인칭 독재자적 이기주의(first-Person dictatorship)나 "내가 그렇게 하지 않기로 선택한 경우 나를 제외한 모든 사람은 정의롭게 행동해야 한다"는 무임승차자적 이기주의(free-rider egoism)가 배제된다. 그러나 일반성이 일반적 이기주의(general egoism), "모든 사람은 자신의 뜻대로 자신의 이익을 증진하는 것이 허용된다"를 배제하는 것은 아니다. Rawls, *A Theory of Justice*, p.136. 그러나 일반적 이기주의는 상충하는 요구들에 서열을 정해주어야 한다는 조건에 어긋난다. 그 이유는 모든 사람이 자기 이익을 주장하면 서열을 정하거나 어떤 조정도 불가능하므로 해결책은 완력과 간계뿐이기 때문이다. 같은 곳.

141) Rawls, *A Theory of Justice*, p.134. 본서 제2장 후주 22 참조.

142) 같은 책, p.12.

143) 같은 책, p.137.

144) 같은 책, p.21.

145) 같은 책, p.141, p.15.

146) 같은 책, 40절, pp.251-257.

147) 같은 책, p.264.

148) 칸트의 의지의 자율성과 타율성의 구분은 Immanuel Kant, *Groundwork of the Metaphysic of Morals*, trans. H. J. Paton(New York: Harper & Row, 1964), p.6l, pp.88-89, pp.88-109. 그리고 *Critique of Practical Reason*, trans. L. W. Beck(Indianapolis, Bobbs-Merill Educational Publishing, 1956), pp.117-123. 루소의 개인의지와 일반의지의 구별은 Rousseau, *Of the Social Contract*, Bk. II, Ch. 3, par.75-76. 여기서 루소는 "사람들은 비록 기

만되기는 하지만, 결코 부패하지 않는다"고 말한다. 우리는 루소와 관련하여 부패라는 용어를 쓰는 것이 결코 잘못되었다고 말할 수 없을 것이다. 애로우는 칸트와 루소에 관한 논의에서 "… 만약에 환경의 부패가 제거될 수 있다면"이라는 언명을 한 바 있다. Arrow, *Social Choice and Individual Values*, p.74. 이마누엘 칸트, 백종현 옮김, 『실천이성비판』(파주: 아카넷, 2005). 이마누엘 칸트, 백종현 옮김, 『윤리형이상학 정초』(파주: 아카넷, 2018).

149) Rawls, *A Theory of Justice*, p120, p.140.

150) Rousseau, *Of the Social Contract*, Bk. II, Ch. 3, par.77.

151) Rawls, *A Theory of Justice*, p.139.

152) 같은 책, p.142.

153) 같은 책, p.397, p.92.

154) 같은 책, p.92.

155) 같은 책, p.142. 롤즈의 정의론을 경제학에서의 인간 행위의 합리성과 아울러 시장경제와 사회계약론에 관한 경제윤리의 측면에서 논의하고 있는 것은 다음 논문 참조. 이명표, 『경제행위와 경제 윤리성에 관한 연구: 롤즈의 분배 정의를 중심으로』(단국대학교 대학원 이론경제 전공 박사학위논문, 2006. 5.). 롤즈의 계약론적 윤리학에서 합리성과 정의의 관계를 상세히 논구하며, 또한 합리적 선택이론의 구체적 내용과 그 한계를 논하고 있는 논문은 다음 참조. 정현태, 『계약론적 윤리학에 있어서의 합리성과 정의에 관한 연구』(서울대학교 대학원 국민윤리학과 박사학위논문, 1994. 8.).

156) Rawls, *A Theory of Justice*, p.90.

157) 같은 책, pp.90-91. 합리적 기대에 대한 논의는 Steven M. Sheffrin, *Rational Expectations*(Cambridge: Cambridge University Press, 1983). K. J. Arrow and L. Hurwicz, "An Optimality Criterion for Decision-Making under Ignorance," *Uncertainty and Expectations in Economics*, eds., C. F. Carter and J. L. Ford(Oxford: Oxford University Press, 1972). Sen, "Rationality and Uncertainty." 효용 측정은 Doel, *Democracy and Welfare Economics*, "Measuring Utility," pp.23-25. Jon Elster and John E. Roemer, eds., *Interpersonal Comparisons of Well-being*(Cambridge: Cambridge University Press, 1991).

158) Rawls, *A Theory of Justice*, p.146.

159) 같은 책, p.144. 원초적 입장에서 계약 당사자들은 상호 무관심하므로 상대적 우월감이나 상대적 박탈감은 없지만 상호 대등성에 대한 관념은 가지고 있다고 생각된다. 서로 상대방도 동일한 합리성을 가지고 있으며, 서로 대등한 존재로서의 "평등한 시민(equal citizenship)"이라는 것을 인지하고 있다.

물론 정치적 차원에서는 모든 사람들이 평등하지만 "사회적 지위와 소득과 부의 분배"에 있어서는 차등적이라는 점은 모든 계약 당사자들도 인지하고 있다. 같은 책, p.96. 롤즈의 정의론에서 상호성을 다룬 논문은 다음 참조. 윤대주, 『상호성의 정의론: 아리스토텔레스, 칸트, 롤즈를 중심으로』(국민대학교 대학원 정치외교학과 박사학위논문, 2016. 8.). 롤즈는 정의와 공정성의 개념들에서 공통적 요소를 상호성으로 해석하는데, 두 개념들에 각각 적용된다고 지적한다. 정의의 개념은 선택의 여지가 없는 관행에 적용되므로 모든 당사자들이 게임을 할 수밖에 없으나, 공정성의 개념은 선택의 여지가 있는 관행에 적용되므로 게임에의 참여를 받아들이거나 기각할 수 있다. 롤즈는 당연히 공정성으로서의 정의를 주창하는데, 그것은 한 사회의 정의 여부를 결정지을 때 선택의 여지가 있는 상호성의 관점에서 정의를 파악하는 것을 의미한다. John Rawls, "Justice as Reciprocity," *Utilitarianism: John S. Mill with Critical Essays*, ed., Samuel Gorovitz(Indianapolis: The Bobbs-Merrill Co., 1971), pp.242-268.

160) 동양철학적으로 말한다면, 롤즈는 원초적 입장에서 맹자의 성선설과 순자의 성악설의 가정을 모두 부인하는 셈이다.

161) Rawls, *A Theory of Justice*, p.261.

162) 같은 책, p.587. Benedict De Spinoza, *The Ethics*, trans. R. H. M. Elwes (New York: Dover Publications, 1955), p.117, "It is in the nature of reason to perceive things under a certain form of eternity(*sub guadam aeternitatis specie*)(사물을 영원의 상 아래 인지하는 것은 이성의 본질이다)." 스피노자의 『윤리학』의 부제가 *Ethica Ordine Geometrico Demonstrata(Ethics, Demonstrated in Geometrical Order)*인 것을 감안하면, 롤즈가 도덕 기하학(moral geometry)을 추구하는 것은 우연이 아니다. Rawls, *A Theory of Justice*, p.121.

163) 같은 책, p.44, p.47. 롤즈의 정의론을 합리성의 관점에서 논구하고 있는 저작들은 다음을 참조 김성우, 「롤즈의 자유주의 윤리학에 나타난 합리성과 도덕성 비판」, 『시대와 철학』, 제10권(1999), pp.220-240. 이 논문은 롤즈의 합리성을 통한 도덕성 확보가 실패했다고 결론짓고 그 이유들을 파헤치고 있다. p.228. 당면 안건에 대한 본서의 결론처럼 이 논문도 롤즈가 두 차원의 합리성, 즉 도덕적 합당성과 도구적 합리성을 구분하지 않은 채로 모호하게 사용하는 것이 아닌가 하는 비판을 제기한다. p.228. 김성우는 자신의 저서, 『자유주의는 윤리적인가: 자유주의 담론의 이론적 비판』(서울: 한국학술정보(주), 2006), 제2장 3절에서 "도구적 합리성"을 다루고, 제4장 1절 "롤즈의 절차주의 윤리학의 한계"에서도 역시 롤즈는 도구적 합리성을 통한 도덕성의 도출이 실패했다고 결론짓고, 그 이유는 위에서 제시한 것과 동일하다.

pp.136-137. 롤즈의 원초적 입장에서의 합당성 측면과 합리성 측면을 구분하여 설명하고, 결국 롤즈는 합리성으로부터 도덕성을 도출하려는 시도에서 실패했다고 결론을 내리는 논문은 다음 참조. 홍성우, 「존 롤즈의 원초적 입장」, 『원광대학교 대학원 논문집』, 제12집(1993), pp.147-171. 이 논문은 그 실패는 합당성과 합리성의 관련 방식이 모호했다는 것이 실패의 주요 원인의 하나로 본다. 합당성은 좋음에 대한 옳음의 우선성, 합리성에 대한 합당성의 우선성인데 이것들과 합리성은 상충한다는 것이다. p.171. 이 논문은 본서가 주목하는 것처럼 롤즈가 자신의 사회계약론적인 합리적 연역 기획이 실패하였다고 자인한 것에 주목하고, 또한 롤즈가 자신의 정의론이 합리적 선택이론의 일부라는 언명이 매우 오도된 실책이라고 자인한 것에도 주목하고 있다. 본서 제3장 후주 320과 후주 번호가 있는 본문 참조.

164) Rawls, *A Theory of Justice*, p.16.

165) 같은 책, p.121. David Keyt, "The Social Contract as an Analytic, Justificatory, and Polemic Device," *Canadian Journal of Philosophy*, Vol. 4(1974), pp.241-252.

166) Rawls, *A Theory of Justice*, p.120, p.86.

167) 포레브스키(Czeslaw Porebski)는 "예를 들어, 의사결정론의 형식적 도구들을 윤리학적 반성의 영역에 적용하는 것은 우리의 직관들을 요구하지만 그것들은 거의 역할을 하지 못한다고 말할 수 있다"고 한다. 왜냐하면 우리는 합리적 선택이론의 가능한 논란을 우리의 직관을 통해서 결정짓지 못하기 때문이다. Czeslaw Porebski, "The Moral Point of View and the Rational Choice Theory," *The Task of Contemporary Philosophy*, eds., Werner Leinfeller, Franz M. Wuketis(Vienna: Hölder-Pichler-Tempsky, 1986), p.252. 롤즈에 대한 직관주의자의 비판은 J. D. Sneed, "Political Institutions as Means to Economic Justice: A Critique of Rawls' Contractarianism," *Analyse & Kritik*, Vol. 1(1979), p.132.

168) Nozick, *Anarchy, State, and Utopia*, p.198. 순수절차적 정의에 대한 논의는 William Nelson, "The Very Idea of Pure Procedural Justice," *Ethics*, Vol. 90(1980), pp.502-511. 롤즈와 노직에 관련된 절차주의의 문제는 Scott Gordon, "The New Contractarians," *Journal of Political Economy*, Vol. 84 (1976), pp.573-590.

169) Rawls, *A Theory of Justice*, p.17.

170) 같은 책, p.20, pp.48-51.

171) David Lyons, "Nature and Soundness of the Contract and Coherence Arguments," in *Reading Rawls*, pp.141-167. 롤즈의 정의론에서 정당화 논

변인 계약 논변과 정합 논변의 관계와 그 한계들에 대한 논의는 다음 참조. 김복숙, 『롤즈 정의관의 정당화 근거에 대한 고찰』(이화여자대학교 대학원 철학과 석사학위논문, 1985. 11.).

172) Rawls, *A Theory of Justice*, p.20, p.580.

173) 같은 책, p.21.

174) 같은 책, p.75.

175) 같은 책, p.153, p.152.

176) Norman Daniels, ed., *Reading Rawls*(Oxford: Basil Blackwell, 1975), p.xix.

177) Rawls, *A Theory of Justice*, p.124.

178) 루스(Luce)와 라이파(Raiffa)는 그들의 저서, *Games and Decisions*에서 불확실성하에서 운용 규칙으로 4개의 합리적 의사결정의 기준을 언급하고 있다(pp.278-286). 최소극대화 기준(the maximin criterion), 최대 위험의 극소화 기준(minimax risk criterion), 후르비치의 비관주의-낙관주의 지수 기준(the pessimism-optimism index criterion of Hurwicz), 불충분한 이유의 원리의 기준(the criterion based on the principle of insufficient reason)이 그것들이다. 우리는 제2장에서 이러한 기준들을 이미 언급했다. 본서 제2장 후주 53 참조.

최소극대화 기준은 나쁜 상황 중에 가장 다행한 것을 선택하므로 그것은 가장 보수적이거나 혹은 위험 회피의 선택을 대변한다. 최대 위험(손실 혹은 후회)의 극소화 기준은 최악의 경우에 예견할 수 있는 가능한 최대의 위험을 극소화한다. 최소극대화 기준과 최대 위험의 극소화 기준은 각각 매우 보수적(혹은 비관적)인데, 그 이유는 두 기준들이 각 행위에 대해서 가장 최악의 결과가 산출되는 상황에 집중하기 때문이다. 그렇다면 왜 최선의 상태, 혹은 최선과 최악의 평균적 비중을 추구하지 않는가? 이러한 입장이 대변하는 합리적 기준이 바로 후르비치 기준이다. 후르비치 기준은 비관주의-낙관주의 지수에 의거하고 있다. 그 지수는 비중을 재는 요소인 a이다. $0 \leq a \leq 1$이라면, 후르비치의 지수 a는 최소극대화(a = 1)에서 최대극대화(a = 0)까지 걸쳐 있다. 후르비치 기준은 amin + (1 − a)max이다. 여기서 우리가 주목해야 할 것은 비관주의와 낙관주의 사이의 중간적 효용은 어떤 행위가 선택될 것인지에 대해서 어떤 효과도 행사하지 못한다는 것이다. 그렇다면 그 지수 a는 어디서 오는 것일까? 그리고 사람들은 어떤 지수 a를 사용할 것인가를 어떻게 결정할 것인가? 지수 a를 어떻게 결정할 것인가에 관련해서는 많은 어려운 문제들이 도사리고 있다. 예를 들면, 지수 a는 개인들의 태도에 의해서 자의적으로 결정되는가? 아니면 거기에는 객관적인 기준이 존재하고 있는가? 이러한 문제들에 대해서는 Luce and Raiffa, *Games and Decisions*, pp.182-183. Resnik, *Choices*, p.33 참조. 아마도 단순한 해결책은 1/2로 가정하는 것이 될 것이다. 즉 그것은 비관과 낙관의 중간을 취한다고 생각할 수 있기 때문이다. 그것을 기준으로 해서 가능한 사태들에서 기대효용들이 낮다면 1/2보다 높은 a 비관주의적 지수를 채택해야 하며, 가능한 사태들에서 기대효용들이 높다면 1/2보다 낮은 a 비관주의적 지수를 채택해야 할 것이다.

불충분한 이유의 원리는 등확률(equiprobability) 기준에 이르게 된다. 만약 우리가 객관적 확률을 신뢰할 수 있는 충분한 이유가 없다면, 우리는 각 사태가 동일한 확률을 가진 것으로 가정하게 된다. 등확률 기준은 하사니(Harsanyi)의 평균 공리주의가 취하는 주관적 기대 확률 모형으로서 나타나게 된다. 그 모형은 만약에 사람들이 사회에서 어떤 지위를 차지할 것으로 나타날 것인가가 동일한 확률을 가진다면 사람들은 사회의 평균 효용을 증진시키는 사회를 선택하는 것이 합리적이 된다는 것이다. 본서 제1장 4절, 본서 제3장 2절 참조.

롤즈는 불확실성하에서 작동되는 네 가지 운용 기준들에 대해서 전부 말하고 있지는 않다. 그는 오직 자신의 최소극대화 규칙과 하사니의 등확률 기준만을 비교하여 언급하고 있다. 그는 원초적 입장에서 계약 당사자들이 등확률 기준을 거부하고 최소극대화 기준에 의거하여 자신의 정의의 두 원칙을 선택하는 것이 합리적이라는 것을 주장한다. 그 이유는 원초적 상황에서 모든 사람들이 한 사회에서 어떤 위치를 차지할 확률이 동일하다는 하사니의 등확률 기준에는 어떠한 객관적 근거도 없기 때문이라는 것이다. Rawls, *A Theory of Justice*, p.168. 또한 평균 공리주의는 커다란 위험 부담이 있는데, 그것은 한 사회에서 평균 효용이 상승하더라도 최소수혜자의 기대치는 하강하는 상황이 존재하기 때문이라는 것이다. 같은 책, p.181.

루스와 라이파는 표 10에서 불확실성하에서의 운용 기준을 상호 비교하고 있다. Luce and Raiffa, *Games and Decisions*, pp.285-286.

표 10. 불확실성하의 선택 I

A : 선택 행위들   S : 사태들

	S1	S2	S3
A1	2	12	− 3
A2	5	5	− 1
A3	0	10	− 2

<선호 기준>
최소극대화 기준 A2
후르비치 기준 (a = 3/4)* A3
불충분한 원리의 기준 A1

최소극대화 기준에 따르면, 최악의 상황이 가장 나은 것을 선택하라고 하므로 A2가 선택된다. 그리고 불충분한 이유의 원리는 세 가지 사태들의 기대효용을 합하여 3으로 나누었을 때 가장 평균 효용이 높게 나오는 것을 선택하라고 하므로 A1이 선택된다.

* 후르비치 기준에 따르면 A3가 선택된다. 후르비치 기준의 공식은 amin + (1−a)max이므로, A3, A1, A2의 a 지수는 각각 3/4(−2) + (1/4)10 = 1, 3/4(−3) + (1/4)12 = 3/4, 그리고 3/4(−1) + (1/4)5 = 2/4이 된다. 이 세 가지 선택 대안들 중에서 가장 높은 a 지수 효용을 갖는 A3가 선택된다. Luce and Raiffa, *Games and Decisions*, p.286 참조.

레스닉(Resnik)은 위의 세 가지 기준들에다가 최대 후회의 극소화 기준(the minimax regret criterion)을 추가한 불확실성하에서의 선택 기준들을 아래와 같이 제시하고 있다. Resnik, *Choices*, pp.26-38. 최대 후회의 극소화 기준은 R = MAX−U이다. 이것이 의미하는 바는 후회지수 R은 최대한으로 가질 수 있는 것에서 선택한 대안이 주는 효용을 뺀 것, 즉 후회를 가장 적게 하는 대안을 선택해야 한다는 것이다.

표 11. 불확실성하에서의 선택 II

A : 선택 행위들   S : 사태들

	S1	S2	S3
A1	1	14	13
A2	−1	17	11
A3	0	20	6

<선호 기준>
최소극대화 기준 A1
최대 후회의 극소화 기준 A2
후르비치 기준 (a = 1/2) A3

표 11에서 세 가지 선택 대안들 중 가장 낮은 후회지수를 가진 것은 A2이다. R은 각 사태들에서 계산하므로, S1, S2, S3의 후회지수는 각각 {(0, 2, 1), (6, 3, 0), (0, 2, 7)}이다. 이것을 선택지인 A1, A2, A3의 후회지수로 변경하면 각각 {(0, 6, 0), (2, 3, 2), (1, 0, 7)}인데 각각 가장 높은 후회지수들인 6, 3, 7에서 가장 낮은 것은 3이므로 A2가 선택된다. 위에서 루스와 라이파는 후르비치 기준에 대해서 다음과 같이 설명한 바 있다. 그것은 비관주의-낙관주의 지수에 의거하고 있다. 그 지수는 비관주의의 비중을 재는 요소인 a이다. 0 ≤ a ≤ 1이라면, 후르비치의 지수 a는 최소극대화(a = 1)에서 최대극대화(a = 0)에 걸쳐 있다. 후르비치 기준은 amin + (1−a)max이다. 그러나 레스닉은 후르비치 기준을 반대로 하여 낙관주의-비관주의 지수에 의거

하고 있다. 그래서 a는 낙관주의 지수로서 aMAX + (1 - a)min가 된다. 그래서 a가 1이면 최대극대화이며, a가 0이면 최소극대화가 된다. 여기서 a가 1/2로 가정된다면 각 선택지에서 후르비치 기준은 $(1/2)14 + (1/2)1 = 7.5$, $(1/2)17 + 1/2(-1) = 8$, $(1/2)20 + (1/2)0 = 10$가 되므로 지수가 가장 높은 A3를 선택하도록 한다. 낙관지수나 비관지수가 0.5가 되면 선택 대안 중 가장 큰 효용과 작은 효용을 합하여 나누면 되므로 쉽사리 선택지를 선정할 수 있다.

표 11은 Resnik, *Choices*, p.38에서 인용함. 레스닉은 이 매트릭스에서 불충분한 원리의 기준을 포함하고 있지 않지만, 그 기준은 당연히 A1을 선택하라고 할 것이다.

179) Rawls, *A Theory of Justice*, pp.152-154.

180) 같은 책, p.153.

181) 같은 곳.

182) 같은 책, pp.154-156

183) 같은 책, pp.155-156.

184) 무지의 장막에서 선택의 대상이 되는 공리주의의 두 모형은 전체 공리주리와 평균 공리주의인데, 롤즈는 평균 공리주의가 더 나은 대안이라고 본다. 그러나 평균 공리주의는 모든 사태들에 등확률(equiprobability)을 부여하는데, 롤즈는 거기에는 어떤 객관적 근거도 없다고 주장한다. Rawls, *A Theory of Justice*, Sec. 27, "The Reasoning Leading to the Principle of Average Utility". Sec. 28, "Some Difficulties with the Average Principle". 롤즈의 평균 공리주의에 대한 비판은 본서 제3장 제2절 3)항 참조.

185) Rawls, *A Theory of Justice*, p.156.

186) 같은 곳.

187) 원초적 입장에서 제시되는 전통적인 도덕원칙들은 Rawls, *A Theory of Justice*, p.124에서 찾아볼 수 있다. 여기에는 우선 롤즈의 정의의 두 원칙이 있다. 그리고 전통적인 목적론적 윤리설들로는 고전적인 전체 공리주의, 평균 공리주의, 완전주의가 있다. 그리고 다원적인 윤리 원칙들 사이의 우선성을 직관적으로 해결하는 직관주의적 윤리설이 있다. 그 다음 이기주의적 원칙들이 있지만, 롤즈는 이것들을 진정한 대안으로는 생각하지 않고 있다. 그 다음으로 여러 가지 절충적인 입장들이 존재한다.

188) 같은 책, p.153. p.154.

189) 같은 책, p.150, p.151.

190) 같은 책, p.546. 롤즈의 최소극대화 규칙과 차등의 원칙은 최하층의 분배 몫의 극대화에 우선적 고려를 하지만 원리 자체 내에 분배의 사회적 불평등

정도를 조절할 수 있는 이론적 장치를 결여하고 있다는 비판을 제기한 것은 다음 논문 참조. 장동진, 「맥시민과 평등」, 『한국정치학회보』, 25권(1991), pp.363-385.

191) Rawls, *A Theory of Justice*, p.151.

192) 같은 책, p.315.

193) Michael Young, *The Rise of Meritocracy*(London: Thomas and Hudson, 1958) 참조. "각자에게 그 업적에 맞는 응분의 것을 분배하라"는 격언은 업적주의의 분배적 기준이라고 할 수 있다. 그러나 무엇이 그 업적(merit)에 맞는 응분(desert, due)의 것인가에 대해서는 논란의 여지가 있다. 아리스토텔레스에게서 분배적 정의의 기준은 "그 업적에 따라서", 그리고 수식적인 관점에서는 "기하학적 비율에 따라서" 분배하는 것으로서 업적주의적 정의관의 전통적 기준으로 널리 인정되어왔다. Aristotle, *Nicomachean Ethics*, translated by W. D. Ross(Oxford: Clarendon Press, 1908), Bk. V, 1131a 6-27. 기하학적 비율은 A : B = C : D인데, A와 B는 관계되는 두 사람을 나나내고 C와 D는 분배되는 대상물이다.

194) 파레토 효율성과 최적성은 경제학의 기본적 개념으로서 서수적 선호에 대한 만장일치적 의사결정의 기제를 제공한다. 롤즈도 『정의론』에서 파레토 효율성의 원칙을 다루고 있다. Rawls, *A Theory of Justice*, pp.66-71. 한 사회에서 어느 누구도 더 나쁘게 하지 않으면서 적어도 어떤 한 사람을 더 좋게 할 수 있는 대안이 없다면 그 사회는 파레토 최적성에 도달한 것이다. 이것은 강한 파레토 효율성이다. 약한 파레토 효율성은 우리가 다룬 본서 제2장 2절 3)항의 애로우의 불가능성 정리에서 나온 사회복지함수의 한 조건인 P이다. P는 파레토 원칙(Pareto Principle)으로서 "만약 모든 사람들이 대안 A를 대안 B보다 선호한다면, 사회적 선호도 그래야만 한다"는 것이다. 약한, 강한 파레토 원칙에 대한 논의는 Kenneth J. Arrow, "Extended Sympathy and the Possibility of Social Choice," *Philosophia*, Vol. 7(1978), p.228. 기본적 논의는 Sen, *Collective Choice and Social Welfare*, pp.21-27, p.37. 그리고 본서 제3장 후주 220 참조.

195) 경제학에서 잘 알려져 있는 대로 파레토 효율성은 분배적 공평성을 보장하지 못한다. 롤즈는 두 가지 예를 들고 있다. 그 하나는 승자독점 시장처럼 한 사회의 재화를 한 사람이 독점하고 있는 상황을 분배적 정의의 관점에서 개선하기 위해서는 그 사람이 모두 가지고 있는 재화를 다른 사람들에게 분배해야 하지만, 그러한 분배는 그 사람을 불리하게 만들기 때문에 파레토 개선(Pareto improvement)이 되지 못하므로 그 상태는 파레토 효율성과 최적성을 가지고 있는 상황이 된다. 따라서 파레토 효율성은 한 사회의 현상(a certain status quo)을 유지시키는 결과를 가져온다. 또 다른 예는 농노제 타

파로서, 농노제를 타파하기 위해서는 노예를 해방시켜야 하는데 그것은 노예 소유주에게 불리하게 되므로 파레토 개선이 되지 못한다는 것이다. 분배적 정의의 관점에서 보면, 파레토 효율성과 최적성은 사회적으로 효용이 큰 개선책을 한 사람의 효용 하락 때문에 불가능하게 만드는 불공평한 기준이라고 비판될 수 있다. Rawls, *A Theory of Justice*, pp.69-70, p.71. 그래서 롤즈는 효율적이면서도 동시에 정의로운 분배적 정의관을 추구한다. "우리는 효율성과 양립할 수 있으면서도 그것을 넘어서게 될 것이다." 같은 책, p.71. 본서 제3장 2절 2)항 후주 209 참조 또 하나의 관련된 비판은 파레토 효율성은 사회 전체의 복지에 대해서 어떠한 언명도 하지 못한다는 것이다. "Pareto Efficiency," *Wikipedia*, p.1. 파레토 효율성에 대한 여러 비판들(정책의 시행 시 어떤 사람들은 이득을 보지만, 어떤 다른 사람들은 손해를 보는 것은 상호 연관됨, 상대적 박탈감)과 파레토 효율성에 대한 새로운 조건(예를 들면, 한 정책의 시행 시 이득을 보는 사람들이 손해를 보는 사람들에 대한 보상)의 첨가는 Hans Van Den Doel and Ben Van Velthoven, *Democracy and Welfare Economics*(Cambridge, Cambridge University Press, 1993), pp.31-33.

이상과 같은 비판이 있음에도 불구하고 롤즈는 파레토 효율성의 원칙을 자유시장체제를 기본으로 하는 자연적 자유체제의 배경적 작동 원리로 해석한다. Rawls, *A Theory of Justice*, p.66. 또한 롤즈는 자신의 이익을 위해 상품에 대한 공급과 구매를 효율적으로, 상호 양립 가능하게, 자유롭게 교환하고 증진시키려는 사람들은 경쟁시장에서의 균형 상태를 가져온다는 점을 지적한다. 같은 책, pp.119-120. 이것이 바로 신고전학파 경제학에서의 기본 정리(The Basic Theorem)로서 완전경쟁시장에서 "모든 경쟁적 균형 상태는 파레토 최적성이다. 그리고 모든 파레토 최적성은 경쟁적 균형 상태이다"라는 입론이다. 기본적 논의는 박정순, 「세계시장과 인간 삶의 조건」, 『제13회 한국철학자연합대회보』(한국철학회, 2000, 11.), pp.226-227.

196) Rawls, *A Theory of Justice*, p.151.

197) 같은 곳.

198) 같은 책, p.303.

199) 같은 책, pp.542-543.

200) Rawls, *A Theory of Justice*, Revised ed.(Cambridge: The Belknap Press of Harvard University Press, 1999), p.267에서 『정의론』 초판에 있었던 일반적 정의론은 삭제된다. 롤즈는 『정의론』, 제1판 46절에서 정의의 두 원칙을 명시한 다음, 일반적 정의관을 명시하였다. Rawls, *A Theory of Justice*, p.303. 롤즈는 『정의론』 개정판에서는 일반적 정의관을 두 원칙 다음에 명시하지 않고, 다른 곳에서 간략한 설명으로만 언급하고 있다. 물론 개정판에서의 간

략한 설명은 제1판에서 제시된 것을 그대로 사용하였다. Rawls, *A Theory of Justice*, Revised ed., p.54. Rawls, *A Theory of Justice*, p.62. 그런데 롤즈는 명시적 부분에서는 "모든 사회적 기본가치들, 즉 자유와 기회, 소득과 부, 그리고 자존감의 기반은 이러한 가치들의 일부 혹은 전부의 불평등한 분배가 **최소수혜자의 이득**이 되지 않는 한 평등하게 분배되어야 한다"고 서술하였으나 설명적 부분에서는 "모든 사회적 기본가치들, 즉 자유와 기회, 소득과 부, 그리고 자존감의 사회적 기반은 이러한 가치들의 일부 혹은 전부의 불평등한 분배가 **모든 사람들에게 이익**이 되지 않는 한 평등하게 분배되어야 한다"고 서술하였다. Rawls, *A Theory of Justice*, p.303, p.62(둘 다 강조 부가). 사회적, 경제적 불평등을 비우호적인 경제적 조건의 경우에서 보면 불평등이 모든 사람의 이익이 되지 않는 한 평등하게 분배되어야 한다는 것이 불평등이 최소수혜자의 이득이 되지 않는 한 평등하게 분배되어야 한다는 것보다 더 타당하다고 생각된다. 비우호적인 경제적 조건의 경우 최소수혜자를 위한 특수적 차등의 원칙의 실현은 매우 어려울 것이므로 모든 사람의 이익으로 불평등을 허용하는 것이 더 타당할 것이다. 아무튼 롤즈는 "최소수혜자의 이득"이 나오는『정의론』초판 일반적 정의관을『정의론』개정판에서는 삭제하였고, 따라서 "모든 사람들의 이익"이 나오는 설명적 부분만 남겨놓았다.『정의론』초판 설명적 부분에서 롤즈는 "그렇다면 부정의는 단순히 모든 사람들의 이익이 되지 않는 불평등이다"라고 언급했다. 이 부분은『정의론』개정판에 그대로 존속하고 있다. Rawls, *A Theory of Justice*, p.62. Rawls, *A Theory of Justice*, Revised ed., p.54.

201) Rawls, *A Theory of Justice*, p.63.

202) 같은 책, p.302.

203) 롤즈는 세대들 간의 정의의 문제를 같은 책, p.302와 44절 "세대들 간의 정의의 문제"에서 다루고 있다. 롤즈는 차등의 원칙은 정의로운 저축의 원칙과 일관되게(consistent) 적용되어야 한다고 명시하고 있지만 그 일관성(the consistency)을 갖는다는 것은 쉬운 문제가 아니다. 롤즈는 차등의 원칙은 정의로운 저축의 원칙에 적용되지 않는다고 생각한다. 왜냐하면 "나중 세대가 처음 세대에서의 최소수혜자의 상황을 증진시킬 수 있는 아무런 방도도 없기 때문이다." 같은 책, p.291. 롤즈는 세대들 간에 두꺼운 무지의 장막을 드리우지는 않는데, 그 이유는 모든 실제적인, 혹은 가능한 세대들의 일반적 집회를 가정하는 것은 "환상을 너무 심하게 전개하는 것"이기 때문이다. 같은 책, p.130. 따라서 원초적 입장에서 계약 당사자들은 현재 시간에 등장하는 동시대에서의 두 세대들로 이루어진다. 그러나 이러한 경우 상호 무관심한 합리성이라는 동기를 가지고 있는 계약 당사자들은 나중 세대들을 위해서 자본이나 자연 자원을 저축하려고 하지 않을 것이다. 같은 책, p.292. 이러한

문제를 해결하기 위해서 롤즈는 계약 당사자들이 더 이상 상호 무관심한 사람들이 아니라고 수정한다. 이제 그들은 전후 세대들 간에 정적 유대를 가지고 있는 가족 계열을 대표하는 가장(家長)들(heads of families)로 간주된다. 같은 책, p.128, p.292. 따라서 어떤 세대에서도 최소수혜자들의 기대치는 그렇게 해야 될 것으로 널리 "인정되고 있는 저축을 제외해야 한다는 조건" 아래서 극대화되어야 한다. 따라서 차등의 원칙의 완전한 서술은 정의로운 저축의 원칙을 하나의 제약으로서 포함하는 것으로 끝난다. 같은 책, p.128, p.292, p.302. 여기서 롤즈는 차등의 원칙과 정의로운 저축의 원칙 사이의 일관성을 위해서 합리성에 관한 비일관적인 동기를 가정하는 너무나 많은 비용을 지불한 것처럼 보인다. 이러한 문제를 위해서는 Kenneth J. Arrow, "Rawls's Principle of Just Saving," *Swedish Journal of Economics*, Vol. 75(1973), pp.323-335. 다음 저서에 재수록. *Collected Papers of Kenneth Arrow*, Vol. I. *Social Choice and Justice*(Cambridge, Massachusetts: The Belknap Press of Harvard University Press, 1983), pp.133-146 참조.

204) Rawls, *A Theory of Justice*, pp.302-303.

205) 같은 책, p.542, p.63, p.156.

206) 같은 책, p.542.

207) 같은 곳.

208) 한계효용체감의 법칙은 n+1번째의 재화를 소비함으로써 얻는 추가 효용, 즉 한계효용은 n번째의 재화를 소비함으로써 오는 한계효용보다 체감한다는 것이다. 보다 엄밀히 표현하면, "한 재화의 미소증분만큼을 더 소비함으로써 (한 재화의 추가적인 최종 한 단위의 소비) 추가적으로 더해지는 총 효용의 증가분이 한계효용이다." 그런데 "한 재화의 소비를 증가시킴에 따라 각 추가 단위의 소비가 가져다주는 한계효용은 체감한다"는 것이다. 「한계효용체감의 법칙」, 『경제학 사전』(2011), NAVER 지식백과, p.1. 신고전학파 경제학의 한계효용이론은 고전학파의 가치의 생산성이론, 즉 재화의 가치는 그 재화를 생산하는 데 드는 비용에 의해서 결정된다는 주장에 대한 대안적 가치론으로 제시된 것이었다. 가치의 생산성이론은 리카도와 마르크스의 노동가치이론으로 발전되었다. 이와는 대조적으로, 신고전학파 경제학은 어떤 재화의 가격과 가치는 재화를 추가적으로 소비할 때 발생하는 그 재화의 한계효용에 의해서 결정된다는 점을 주장했다. 신고전학파의 한계효용이론은 Bernhard Felderer and Stefan Homburg, *Macroeconomics and New Macroeconomics*(New York: Springer-Verlag, 1987), pp.15-17 참조. 그리고 보다 심층적인 논의는 Edward Heiman, *History of Economic Doctrine* (London: Oxford University Press, 1945), Ch. viii. "Neo-classicalism". Joan Robinson, *Economic Philosophy*(Chicago: Aldine Publishing Company,

1962). 한계효용이론은 본서 제2장에서 다룬 합리적 선택이론에서의 합리성에 대한 추가적인 규정이라고 할 수 있을 것이다. C. Dyke, *Philosophy of Economics*, p.51. 이에 대한 저자의 논의는 박정순, 「호모 에코노미쿠스 생살부」, 고려대학교 철학연구소 창립 2주년 기념 학술대회, 『현대사회와 인간: 철학적 성찰』(1998), 제2장 "D. 신고전 경제학파와 한계혁명", pp.8-11 참조.

209) Rawls, *Political Liberalism*(1993), p.371. 1996년 증보판은 강의 IX. "하버마스에 대한 응답"을 제외하고는 페이지 수가 같다. 인용절은 존 롤즈, 장동진 옮김, 『정치적 자유주의』, 증보판(파주: 동명사, 2016), p.539에서 인용. 원래 번역에서 "고찰하지 못했다"를 롤즈의 실책을 강조하기 위해서 "고찰하는 데 실패했다"로만 변경하였다.

210) 존 롤즈, 『정치적 자유주의』, p.539, 84n.

211) 존 롤즈, 황경식 옮김, 『정의론』, 증보판(1999; 서울: 이학사, 2003), p.693, p.696.

212) John Rawls, "Basic Liberties and Their Priority," in Sterling M. McMurrin, ed., *The Tanner Lectures on Human Values*, Vol. 3(Salt Lake City: University of Utah Press, 1982), pp.85-86.

213) 존 롤즈, 『정의론』, 증보판, p.694. 계약 당사자의 두 가지 도덕적 능력과 최고차적인 관심은 John Rawls, "Kantian Constructivism in Moral Theory," *The Journal of Philosophy*, Vol. 77(1980), p.530 참조. 롤즈의 논문 모음집은 다음 참조. John Rawls, *Collected Papers*, ed. by Samuel Freeman (Cambridge: Harvard University Press, 1999).

214) 짧은 인용절과 독립된 인용절 모두 Rawls, *A Theory of Justice*, p.73.

215) 같은 책, p.301, p.74.

216) 같은 책, p.511. *The Republic of Plato*, trans. F. M. Conford(London: Oxford University Press,1941). Bk. IV. "Abolition of Family for the Guardians," 419a-425c. 플라톤의 가족의 폐지는 수호자들이 될 청년들이 진정하고 훌륭한 교육과 우생학적 집단 양육을 받는 것, 그리고 그들에게 부패, 의무와 책임의 방기 등이 없는 준법정신에 투철한 수호자들의 직업적인 순수성과 성실성을 보장하기 위한 것이라고 해석될 수 있을 것이다. 여기서 근대적인 공정한 기회균등의 원칙이 작동하는 것은 아니라고 보아야 할 것이다. 공산주의적 가족 개념에 대해서는 Frederick Engels, *The Origin of Family, Private Property, and the State*(New York: International Publishers Co., 1942; original ed. 1884) 참조.

217) Rawls, *A Theory of Justice*, pp.100-101.

218) 같은 책, p.101, p.107, p.179.

219) 같은 책, pp.316-317.

220) 같은 책, p.286. 롤즈는 명백하게 "[사회정의에 대한 최소극대화적 해결로 서의] 차등의 원칙이 효율성의 원칙과 양립 가능하다는 것을 지적한다." "왜 냐하면 전자가 충분히 만족되었을 때, 어떤 다른 사람, 예를 들면 우리가 그 기대치를 극대화해야 할 최소수혜자 대표인의 처지를 불리하게 하지 않고서 는 어떤 하나의 대표인을 유리하게 할 수 없기 때문이다." 같은 책, p.79. 그 러나 정의의 두 원칙에 대한 두 번째 우선성의 규칙은 차등의 원칙이 효율 성의 원칙과 복지 극대화의 원칙에 우선한다는 것을 명시한다. 같은 책, p.302. 차등의 원칙의 우선성은 두 가지 경우를 생각해볼 수 있다. 첫째, 만 약 기본 구조가 부정의하다면, 롤즈의 차등의 원칙은 재분배적 변화를 정당 하다고 인정할 것이므로, 그 경우 사회에서 보다 나은 위치에 있는 사람들의 기대치를 하향시키게 될 것이다. 이것이 의미하는 바는 차등의 원칙은 파레 토 효율성의 관점에서 비효율적인 변화를 요구하게 될 수도 있다는 것이다. 같은 책, pp.79-90. 둘째, 롤즈는 효율성의 원칙이 가지고 있는 비결정성의 문제를 차등의 원칙으로 극복하려고 한다. 같은 책, p.75. 비결정성은 효율적 인 분배 형태에는 여러 가지가 존재하지만 효율성의 원칙은 그 자체만으로 재화의 어떠한 배분이 효율적인가를 지정해주지 않는다. 그래서 롤즈는 효율 적인 배분 가운데 택하기 위해서는 또 다른 원칙, 즉 정의의 원칙이 필요하 다는 것이다. 본서 제3장 후주 194에서 언급된 효율성의 원칙은 한 사람이 모든 재화를 독점하는 것도 효율적이다. 왜냐하면 그 사람의 처지를 악화시 키면서 다른 사람들에게 재화를 재분배하여 그들의 처지를 개선하는 것은 비효율적이기 때문이다. 같은 책, pp.69-70. 따라서 롤즈는 "모든 효율적인 배분 형태는 다른 배분 형태들보다 더 우월하지만 어떤 효율적인 배분도 다 른 효율적인 배분보다 못하다고 할 수 없다"고 예리하게 지적한다. 같은 책, p.70. 따라서 "효율성의 원칙은 그 자체만으로는 정의의 관점에 봉사할 수 없다"는 것이다. 같은 책, p.71.

롤즈와 함께 효율성을 넘어선 평등의 고양을 중시하는 학자는 센(Amartya Sen)이다. 그는 역량 중심의 평등이론을 개진하고 있다. Amartya Sen, *Inequality Reexamined*(Oxford: Oxford University Press, 1992). 번역본은 아 마티아 센, 이상호, 이덕재 옮김, 『불평등의 재검토』(서울: 도서출판 한울, 1999).

221) 같은 책, p.83.

222) 같은 곳.

223) 롤즈는 *A Theory of Justice*, p.83n에서 이러한 축차적 차등의 원칙을 Amartya Sen, *Collective Choice And Social Welfare*(San Francisco:

Holden-Day Inc, 1970), p.138, 12n에서 차용했음을 밝히고 있다. 축차적 차등의 원칙은 일견할 때 모든 경제적 계층들에 걸쳐 동등한 복지의 제공을 요구하는 것처럼 보인다. 그러나 모든 계층들에 대한 동등 복지는 엄밀하고도 동등한 복지 수준이 아니고 각 계층들에 대한 동등한 비율의 고려, 즉 상대적 고려를 의미하므로 불평등이 용인될 수 있다. 즉 최소수혜자의 현재 복지(5)를 50% 상향하면 7.5의 복지가, 중간수혜자의 현재 복지(8)를 50% 상향하면 12의 복지가, 최대수혜자의 현재 복지(10)을 50% 상향하면 15의 복지가 주어진다.

센은 다음과 같은 상황에서 최소극대화 규칙(maximin rule)에 따른 선택은 무차별적이므로 불합리하다고 지적한다. 그러나 축차적 최소극대화 규칙(the lexicographic maximin rule)은 그러한 불합리성에서 벗어날 수 있다고 인정한다.

표 12. 최소극대화 규칙의 불합리성 I

	A의 복지	B의 복지
x 상황	10	1
y 상황	20	1

최소극대화 규칙은 불평등의 심화가 모든 사람의 이득이 되지 못하고, 최소수혜자는 y 상황에서 x 상황보다 더 나아진 것이 없으므로, y 상황이 x 상황보다 더 낫다고 판정되지 않는다. 최소극대화 규칙은 x 상황과 y 상황 사이에서 무차별적이다. 그러나 파레토 규칙(Pareto rule)은 y 상황이 x 상황보다 더 우월한 것으로 판단한다. 즉 B를 나쁘게 하지 않고 A가 더 나아질 수 있는 상황은 x로부터 y로 이행할 때 가능하기 때문이다. 그리고 축차적 최소극대화 규칙은 우선 B의 복지를 향상시키고, 이어서 A의 복지를 향상시킬 것을 요구하므로 y 상황이 x 상황보다 더 낫다고 평가된다. 그러나 센의 논의에서 문제가 되는 것은 파레토 규칙이 상대적 박탈감의 문제를 도외시한다는 것과 축차적 최소극대화 규칙이 최대수혜자에게 허용될 수 있는 불평등의 한계를 규정하지 못한다는 것이다. 그래서 롤즈는 경제적 계층 간의 연쇄 관계와 긴밀한 관련성을 가정한다. Rawls, *A Theory of Justice*, pp.81-82. 롤즈가 파레토 규칙, 엄밀하게는 파레토 효율성의 원칙을 논의한 곳은 같은 책, p.79. 그리고 가로 세로 3행 매트릭스를 통해 최소극대화 규칙의 선택

기제를 논하고 있는 곳은 같은 책, p.153. 그리고 최소극대화 규칙의 역설을 논의하고 있는 곳은 같은 책, p.157.

224) Rawls, *A Theory of Justice*, p.83.

225) Rawls, *A Theory of Justice*, Revised ed., p.72. 이 부분은 제1판(1971), p.83에서는 없었는데 개정판에 새로 추가된 것이다.

226) 한편으로, 롤즈의 차등의 원칙은 애로우의 불가능성 정리에서의 조건 D, 즉 비독재성(Non-Dictatorship)에 어긋난다. 왜냐하면, 최소수혜자의 선호가 바로 사회적 선택을 결정하기 때문이다. 다른 한편으로, 최소수혜자 대표인의 선호는 공정하고도 불편부당한 원초적 입장의 선택 상황을 통해서 정당화될 수 있다. David L. Schaefer, *Justice or Tyranny?*(Port Washington, N.Y.: National University Publications, 1979). Steven Strasnick, "The Problem of Social Choice: Arrow to Rawls," *Philosophy & Public Affairs*, Vol. 5 (1975), pp.241-273. Peter J. Hammond, "Equity, Arrow's conditions, and Rawls' Difference Principle" *Econometrica*, Vol. 44(1976), pp.793-804. James P. Sterba, "A Rawlsian Solution to Arrow's Paradox," *Pacific Philosophical Quarterly*, Vol. 62(1981), pp.282-292. 롤즈는 비록 차등의 원칙이 최소극대화 규칙을 통해서 도출되지만 그 둘은 같은 것이 아니고 그 둘을 분별해야 할 여러 이유가 존재한다고 지적한다. Rawl, *A Theory of Justice*, Revised ed., pp.72-73.

227) Kenneth J. Arrow, "Current Developments in Social Choice," in *Social Choice and Justice*, p.167. 롤즈에 대한 애로우의 비판은 "Some Ordinalist-Utilitarian Notes on Rawls' Theory of Justice," *The Journal of Philosophy*, Vol. 7(1973), pp.245-263. "Extended Sympathy and the Possibility of Social Choice," *Philosophia*, Vol. 7(1978), pp.223-237.

228) Rawls, *A Theory of Justice*, p.261.

229) 같은 곳.

230) 같은 책, p.75, pp.276-277.

231) 롤즈와 복지국가와의 관계는 게리 테일러, 조성숙 옮김, 『이데올로기와 복지』(서울: 도서출판 신정, 2009), 제2장 "자유주의", p.38, pp.45-46. 테일러 (Gary Taylor)는 복지국가 옹호자들을 사회자유주의자(social liberal)로 지칭한다.

232) Rawls, *A Theory of Justice*, p.9.

233) 같은 책, p.8. 질서정연한 사회와 완전하게 정의로운 사회에 대한 개념은 W. E. Cooper, "The Perfectly Just Society," *Philosophy and Phenomeno-logical Research*, Vol. 38(1977-78), pp.46-47 참조.

234) Rawls, *A Theory of Justice*, p.8.

235) 같은 책, pp.4-5.

236) 같은 책, pp.453-454.

237) 같은 책, p.132, p.138.

238) 같은 책, p.183.

239) 같은 책, p.573.

240) 같은 책, p.6.

241) 같은 책, p.567, p.336.

242) 같은 책, p.497.

243) 같은 책, p.336.

244) 같은 책, p.497.

245) 같은 책, p.270.

246) 같은 책, p.336.

247) 같은 책, p.51. 도덕감 이론에 대한 주요한 주창자는 흄과 아담 스미스이다. David Hume, *A Treatise of Human Nature*, ed. L. A. Selby-Bigge, 2nd edn.(Oxford: Oxford University Press, 1978). David Hume, *An Enquiry Concerning the Principles of Morals* in L. A. Selby-Bigge, ed., *Enquiries Concerning Human Understanding and Concerning the Principles of Morals*, 3rd edn.(Oxford: Oxford University Press, 1975). Adam Smith, *A Theory of the Moral Sentiments*(Oxford: Clarendon Press, 1976).

248) Rawls, A Theory of Justice, p.395. 롤즈의 플라톤적 합치에 대한 논의는 다음 논문 참조. 이 논문은 그러한 합치에 대한 근거로서 자율성과 객관성, 사회적 연합, 자아의 동일성, 선과 도덕감이라는 네 가지를 들고 상세히 논의하고 있다. 이민수, 「공동체의 정의와 개인의 선은 정합 가능한가?」, 『철학연구』, 제94집(2011), pp.263-288.

249) *The Republic of Plato*, Bk. IX, "Justice, not Injustice, is profitable", 588b-592b. Edward F. McClennen, "Justice and the Problem of Stability," *Philosophy & Public Affairs*, Vol. 18(1989), p.8. Wolff, *Understanding Rawls*, p.176. Stanley Bates, "The Motivation to Be Just," *Ethics*, Vol. 85 (1974-75), p.3.

250) 기게스의 반지에 대한 일화는 *The Republic of Plato*, Bk. II, 359d-360a가 전거이다. 보다 자세한 논의는 다음 참조. 박정순, 『익명성의 문제와 도덕규범의 구속력』(서울: 정보통신정책연구원, 2004), pp.16-24.

251) *Rawls, A Theory of Justice*, p.567.

252) 같은 책, p.528.

253) 같은 책, p.577.

254) 같은 곳.

255) 같은 곳.

256) 같은 곳.

257) 같은 책, p.14.

258) 같은 책, p.584.

259) 같은 책, p.16.

260) 같은 책, p.18.

261) 롤즈는 두 이론이 모두 전체 공리주의로 귀착한다고 주장한다. 동정적인 이 상적 관망자론은 한 사회 체제는 그러한 관망자가 배경적 상황에 관련된 모든 지식을 소유하는 일반적 관점에서 승인할 때 정당하다고 주장한다. 이와 마찬가지로, 이타적이고 자비로운 관망자론은 그러한 관망자가 사회 구성원들 모두의 입장 속으로 들어가 어떤 사태를 정당하다고 인정한다면, 그러한 사태는 정당한 것이 된다. Roderick Firth, "Ethical Absolutism and the Ideal Observer," *Philosophy and Phenomenological Research*, Vol. 12(1952), pp.317-345. Thomas Nagel, *The Possibility of Altruism*(Oxford: The Clarendon Press, 1970). 롤즈는 이러한 두 이론이 관망자가 모든 사람들의 입장 속으로 들어간다는 것을 가정하므로 자아의 분열과 모든 욕구를 하나의 욕구 체계로 융합함으로써 몰개인성에 관한 곤란한 문제를 야기한다고 비판한다. Rawls, *A Theory of Justice*, pp.187-191.

262) Rawls, *A Theory of Justice*, p.477. 순전히 양심적인 행위에 관한 것은 W. D. Ross, *The Right and the Good*(Oxford: the Clarendon Press, 1930), pp.157-160.

263) Rawls, *A Theory of Justice*, p.243. 폴록(Lansing Pollock)은 다음과 같이 지적한다. "한편으로, [원초적 입장에 부과되는] 조건들은 합리적 인간들이 롤즈의 정의의 원칙들을 선택할 만큼 충분히 상세하고도 엄밀하여야만 한다. 다른 한편으로, 그러한 조건들은 정의의 전형적 상황과, 혹은 도덕성과 관련된 제약들을 대변하는 것으로 인정되어야만 한다." Lansing Pollock, "A Dilemma for Rawls?" *Philosophical Studies*, Vol. 22(1971), p.38.

264) Rawls, *A Theory of Justice*, p.120.

265) L. W. Sumner, *The Moral Foundation of Rights*(Oxford: The Clarendon Press, 1987), pp.159-160. Braybrooke, "Social Contract Theory's Fanciest Flight," p.755. Kraus and Coleman, "Morality and the Theory of Rational Choice," p.747. 본서 제1장 4절 후주 66, 71 참조.

266) 두 인용문은 각각 Rawls, *A Theory of Justice*, p.579와 pp.584-585. 강조

부가.

267) 같은 책, p.153.

268) 같은 책, p.15.

269) 같은 책, p.141, p.155.

270) 같은 책, p.121.

271) 같은 책, p.18.

272) 같은 책, p.119.

273) 용어와 그 의미에 대해서는 본서 제3장 후주 177 참조. 그리고 합리적 선택이론의 모형은 본서 제2장 1절 3)항 참조.

274) John C. Harsanyi, "Can the Maximin Principle Serve as a Basis for Morality?" *The American Political Science Review*, Vol. 69(1975), pp.594-606. 의사결정론의 관점에서 본 하사니의 등확률 정리에 대한 논의는 다음 저작 참조. Resnik, *Choices*, 6-4 "Utilitarianism" 참조.

275) Rawls, *A Theory of Justice*, pp.168-169, p.81.

276) Harsanyi, "Can the Maximin Principle Serve as a Basis for Morality?" p.599.

277) 같은 곳.

278) 같은 논문, p.597. 하사니의 반론은 최소극대화 규칙에 따르면 다음과 같은 상황이 논리적으로, 그리고 실제적으로 가능하다는 것이다. 즉 "최소수혜자들의 사소한 이득을 증가시키기 위해 다른 사람들의 많은 양의 이득을 희생하는 것이 필수적이다." 롤즈도 이러한 유형의 반론이 차등의 원칙에 대한 중대한 반론이라고 인정한다. Rawls, *A Theory of Justice*, p.157. 아래 인용절 전부는 존 롤즈, 황경식 옮김, 『사회정의론』(파주: 서광사, 1985), p.175에서 전재.

"반론의 내용인즉, 우리는 최소수혜자의 장기적인 전망을 극대화해야 하므로 … 보다 유리한 자의 기대치에 있어 보다 큰 증감의 정의 여부가 보다 불리한 자의 기대치에 있어서의 사소한 변화에 의존하게 된다는 주장이다. 이를 구체적으로 설명해보면 부나 소득에 있어서 최소수혜자의 기대치가 아무리 적게라도 향상된다면, 부나 소득의 엄청난 불균형도 허용될 수 있다는 것이다. 그러면서도 동시에 보다 혜택 받은 자에게 유리한 마찬가지의 불평등이 최소수혜자에게 조금의 손해만 주어도 금지되는 것이다."

레스닉은 이와 관련하여 다음과 같은 선택지를 제시한다. Resnik, *Choices*, p.27. 최소극대화 규칙은 단 0.5달러 손실의 차이로 말미암아 A2 대안보다는 A1 대안을 선택하므로 A2 대안에서 10,000달러를 가질 수 있는 기회를 포기하는 셈인데, 이것은 매우 불합리하다는 것이다. 일반적으로 말하면, 최소극대화 규칙은 손실에서의 조그마한 금액 차이가 이득에서의 큰 금액 차이를 좌지우지하므로 불합리하다는 것이다.

표 13. 최소극대화 규칙의 불합리성 II

	상황 S1	상황 S2
A1 대안	1.50달러	1.75달러
A2 대안	1.00달러	10,000달러

그러나 롤즈는 이상의 사례는 "추상적인 가능성"일 뿐이라고 단언한다. Rawls, *A Theory of Justice*, p.157.

279) Resnik, *Choices*, p.43. 롤즈의 원초적 입장에서의 합리적 선택에서 공리주의, 특히 평균 공리주의의 배제에 관한 합리적 선택이론으로부터의 수식적 반론은 다음 논문 참조. Hun Chung, "Rawls's Self-Defeat: A Formal Analysis," *Erkenntnis*(7, December, 2018), pp.1-29. 국내 논문으로 수식적 논의를 포함하고 있는 것은 최병서, 「공리주의 대 계약주의」, 『산업연구』, Vol. 2(1996), pp.179-192 참조. 이 논문은 하사니와 롤즈, 고티에를 비교 분석하고 있다.

280) Machina, "Rational Decision Making Versus Rational Decision Modelling," p.163.

281) Rawls, *A Theory of Justice*, p.447, p.585.

282) 같은 책, p.446

283) 같은 책, p.447.

284) D. C. Muller, R. D. Tollison, and T. D. Willett, "The Utilitarian Contract: A Generalization of Rawls' Theory of Justice," *Theory and Decision*, Vol. 4(1974), pp.345-367. 이에 대한 논의는 Lessnoff, *Social Contract*, pp.154-157. Dennis C. Mueller, *Public Choice*(Cambridge: Cambridge University Press, 1979), Ch. 13 "Utilitarian Contracts," pp.247-259. 이후 롤즈와 하사니 사이의 논쟁은 다시 재론된다. Marc Fleurbaey, Maurice Salles, and John A. Weymark, *Justice, Political Liberalism, and Utilitarianism: Themes from Harsanyi and Rawls*(Cambridge: Cambridge University Press, 2008).

이 책은 477페이지에 이르는 방대한 책이다.

285) John Locke, *The Second Treatise of Government* in *Two Treatises of Government*, ed. Peter Laslett, rev. ed., Ch. V, sec, 27. Nozick, *Anarchy, State, and Utopia*, p.175.

286) Nozick, *Anarchy, State, and Utopia*, p.151.

287) 같은 책, p.153, p.198.

288) 같은 책, p.160. 프리드먼(Milton Friedman)은 자유지상주의의 또 다른 모 토를 제시한다. "수입의 분배를 정당화할 수 있는 윤리적 원칙은 '각자에게 그 자신과 그가 소유한 도구들이 산출한 것에 따라서 분배한다'는 것이다." Milton Friedman, *Capitalism and Freedom*(Chicago: The University of Chicago Press, 1962), pp.161-162.

289) Nozick, *Anarchy, State, and Utopia*, p.213.

290) Rawls, *A Theory of Justice*, p.66.

291) 같은 책, p.72.

292) 같은 책, p.72.

293) Nozick, *Anarchy, State, and Utopia*, pp.198-199.

294) 같은 책, p.198.

295) 같은 책, p.193.

296) 같은 책, p.228. 롤즈의 사회적 자산(social asset)은 Rawls, *A Theory of Justice*, p.107. 혹은 공동적 자산(common asset)이라고 말해진다. 같은 책, p.101.

297) Nozick, *Anarchy, State and Utopia*, p.227.

298) 같은 책, p.216.

299) 같은 곳.

300) 같은 책, p.217. 롤즈의 주장은 Rawls, *A Theory of Justice*, p.151, p.546.

301) Rawls, *A Theory of Justice*, p.310.

302) 같은 곳. 롤즈와 도덕적 응분의 개념에 대한 자세한 논의는 다음 논문 참조. 이종은, 「롤스와 응분」, 『한국정치연구』, 제22권(2013), pp.237-257. 롤즈는 도덕적 응분을 비판하고 합법적 혹은 정당한 기대치(legitimate expectations) 를 분배 기준으로 제시한다. 이 논문은 이 두 가지 기준을 상세히 비교한다. Cf. Rawls, *A Theory of Justice*, Sec. 48, "Legitimate Expectations and Moral Desert." 이종은은 롤즈가 차등의 원칙이라는 개념을 분배적 정의론 의 근간으로 삼기 위해서 응분에 대한 전통적 개념에 변화를 가져온 것으로 해석한다. 이종은, 「롤스와 응분」, pp.238-243, p.255. 응분은 다음 저서 참 조. George Sher, *Desert*(Princeton: Princeton University Press, 1987), Ch.

2. "Rawls's Attack on Desert".

303) Nozick, *Anarchy, State, and Utopia*, p.226.

304) 같은 책, p.226. 롤즈와 노직에 대한 비판적 비교는 다음 저서 참조. J. Angelo Corlett, ed., *Equality and Liberty: Analyzing Rawls and Nozick* (London: Macmillan, 1991). 롤즈의 윤리학의 구도에 대한 그림은 p.94 참조.

305) 고티에는 "롤즈는 도덕적 인간의 관념을 도입하며, 노직은 독립적인 도덕적 요소로서 자연권을 도입한다"고 비판한다. Gauthier, "Justice as Social Choice," p.267. 롤즈와 노직 사이의 논쟁에 대한 비판적 고찰은 최정운, 「미국의 자유주의: 롤스(Rawls)와 노직(Nozick)의 논쟁」, 미국학연구소 편, 『미국사회의 지적 흐름: 정치, 경제, 사회, 문화』(서울: 서울대학교 출판부, 1998), pp.3-34.

306) Rawls, *A Theory of Justice*, p.491.

307) 같은 책, p.136.

308) 같은 책, p.528. Kai Nielsen, "Rawls' Defense of Morality, Amoralism and the Problem of Congruence," *The Personalist*, Vol. 59(1978), pp.93-100; "Why Should I Be Moral?" *Methodos*, Vol. 15(1963), pp.275-306; "Is 'Why Should I Be Moral?' an Absurdity?" *Australasian Journal of Philosophy*, Vol. 36(1958), pp.25-32.

309) Rawls, *A Theory of Justice*, p.252, p.528.

310) 같은 책, p.567.

311) Kai Nielsen, "Rawls and Classical Amoralism," *Mind*, Vol. 86(1977), pp.19-30.

312) Rawls, *A Theory of Justice*, p.576.

313) 프랑케나(William K. Frankena)의 정의(定義)를 수용하여 롤즈는 공리주의, 완전주의, 자아실현 윤리학설 등의 목적론적 윤리학설을 다음과 같이 정의한다. 우선 선을 정당성과 무관하게 정의하며, 그렇게 정의된 선을 극대화하는 것을 정당성으로 본다. 여기서 목적론적 윤리학설은 극대화의 속성으로 말미암아 결과주의적 특성을 가지게 된다. Rawls, *A Theory of Justice*, p.24. 이와는 대조적으로, 칸트의 의무론적 윤리학설, 로스(W. D. Ross)의 직관적인 다원적 의무론 등의 의무론적 윤리학은 선을 정당성과 무관하게 정의하지 않거나, 혹은 정당성을 선의 극대화로 간주하지 않는다. 같은 책, p.30. 이러한 규정들로부터 롤즈는 자신의 입장을 피력한다. 첫째, 공정성으로서의 정의는 두 번째 의미에서 의무론적 윤리학설임을 밝힌다. 같은 책, p.30. 즉 정당성을 선의 극대화로 간주하지 않는다는 것이다. 둘째, 그는 결과주의를 어

느 정도까지는 수용한다. "의무론적 이론들은 반목적론적 이론들이기는 하지만, 제도와 행위의 정당성을 그것들의 결과와 독립적으로 규정하는 그러한 견해는 아니다." 같은 책, p.30. 셋째, "공리주의와 함께 선은 합리적 욕구의 만족이라고 정의할 것을 제안한다." 같은 곳. 이것은 의무론의 첫 번째 규정, 선을 정당성과 무관하게 정의하지 않는다는 입장에 반대하는 것이다. 그러나 이러한 세 가지 규정은 상호 모순적인 점도 있다. 즉 결과를 고려하면서 어떻게 결과에 대한 극대화 개념을 배척할 수 있는가의 문제가 그것이다. 롤즈는 공정성으로서의 정의론이 극대화되는 경우도 있겠지만 그것은 우연의 일치에 불과하다고 지적한다. 같은 곳. 우리가 곧 살펴보겠지만, 롤즈의 의무론은 합리적 선택이론과 관련하여 큰 문제점을 야기한다. 즉 롤즈는 합리성의 극대화 개념을 수용하고 있기 때문이다. 같은 책, pp.143-144. 목적론과 의무론의 일반적 정의는 William K. Frankena, *Ethics*(Englewood Cliffs, New Jersey: Prentice-Hall, 1963; 2nd edn. 1973), pp.13-15 참조. 이종은은 롤즈에 대한 노직의 비판, 그리고 콜먼과 고티에의 비판, 하사니의 비판을 다루고 롤즈를 옹호한다. 이 논문은 본서 제3장 후주 4에서 언급한 사회계약론의 두 유형, 즉 상호 이익으로서의 사회계약론적인 정의와 공평성으로서의 사회계약론적인 정의의 구분에 따라 후자를 추구하는 롤즈의 입장은 그것에 비판적인 입장들과는 달리 칸트적 의무론이라는 점에서 차이가 난다는 것을 지적하며 옹호한다. 이종은, 「롤스의 계약론과 그 비판적 담론: 원초적 입장을 중심으로」, 『정치사상연구』, 제20집(2014), pp.9-35.

314) Rawls, *A Theory of Justice*, p.396.

315) Hamlin, *Ethics, Economics and the State*, p.111.

316) Rawls, *A Theory of Justice*, p.575.

317) 같은 책, p.568.

318) 같은 책, p.569.

319) 같은 곳.

320) John Rawls, "Justice as Fairness: Political not Metaphysical," *Philosophy & Public Affairs*, Vol. 14(1985), p.237, n.20. 이 논문의 번역은 존 롤즈, 황경식, 이인탁, 이민수, 이한구, 이종일 옮김, 『공정으로서의 정의』(서울: 서광사, 1988), 「공정으로서의 정의: 형이상학적 입장이냐 정치적 입장이냐」, pp.165-144. 실책 부분은 pp.124-125, n.20 참조. 롤즈는 나중에 *Political Liberalism*에서도 그러한 실책을 자인한다. Rawls, *Political Liberalism*, p.53, n.7, p.306, n.21. 합당성의 관점에서 롤즈와 고티에가 시도하는 사회계약론적 윤리학의 합리적 연역 기획을 비판하고 있는 논문은 박효종, 「정의의 원리와 개인주의적 합리성의 연계의 적실성에 대한 비판적 고찰: 사회계약론적 관점을 중심으로」, 『한국정치학회보』, 제28집(1995), pp.429-461. 이

논문은 롤즈와 고티에가 정의를 도출하는 과정에서 사회계약론이 그 고유의 장점을 유지하기 위해서는 효용의 극대화의 개인주의적 합리성과 거리를 두고 합당성(reasonableness)에 중점을 두는 것이 타당하다고 주장한다. 고티에는 모르겠지만 롤즈의 칸트인 도덕적 구성주의는 이러한 주장을 받아들일 수 있을 것이다. 그리고 이 논문은 선(*bomum*)의 제고보다는 악(*malum*)의 회피로 계약의 목표가 수정될 필요가 있다고 주장한다. 그러나 이러한 주장은 롤즈와 고티에의 사회계약론적 윤리학이 자기 이익의 극대화로서 수단적이고 도구적인 합리성이 근거하고 있고, 아리토텔레스적인 완전주의적 선을 추구하지 않는다는 것을 고려하지 않은 것으로 보인다. Rawls, *A Theory of Justice*, §50. "The Principle of Perfectionism". Gauthier, *Morals By Agreement*, pp.7-8. 따라서 합리성의 가치중립적인 개념은 "전 목적적 수단 (all-purpose means)"으로서 최고선(*summum bonum*)의 절대적 개념이 존재할 수 없는 사회계약론적인 자유주의 사회에서 합의 가능성의 조건을 마련한다. 이것은 합리성의 도구적이고 가치중립적인 개념이 개인적 가치나 목적에 대한 실질적 내용을 구성하는 기준이 아니라는 사실에 근거한다. 따라서 개인적 선과 가치의 선택과 실현에 대한 개인적 자율성이 가능하게 되며, 개인적 선과 가치의 다양성이 관용적으로 수용된다고 할 수 있다. Rawls, *A Theory of Justice*, pp.447-448. Gauthier, *Morals By Agreement*, p.339. 본서 제1장 후주 40과 후주 번호가 있는 본문 참조. 사회계약론의 선구자인 홉스도 선에 대한 아리스토텔레스적인 고정적 위계질서 혹은 완전주의적 개념을 거부한다. "궁극적 목적(*Finis Ultimus*)이나 최고선(*Summum Bonum*)과 같은 것은 없다." 본서 제3장 후주 39 및 후주 번호가 있는 본문 참조. 홉스는 최고악(*Summun Malum*), 자기보존과 평화와 사회적 안정성의 실패를 회피하려고 노력한다. 박효종의 논문의 두 가지 주장, 즉 사회계약론적인 윤리학이 합당성에 근거해야 하지만, 또한 소극적 사회계약론이 되어야 한다는 주장은 상호 모순이다. 합리성이 아니라 합당성에 근거한 사회계약론은 이미 선의 관점에서 볼 때 소극적 사회계약이 아니라 적극적 사회계약으로 보아야 할 것이다. 합리성과 합당함의 관점에서 롤즈의 사회계약론적 정의관, 즉 공정성으로서의 정의를 논구하고 있는 것은 다음 논문 참조. 이종은, 「공정으로서의 정의와 롤즈의 계약론」, 『사회과학연구』, 27권(2015), pp.87-112. 특히 제V장 "합리성과 합당함", pp.104-107.

321) John Rawls, "Kantian Constructivism in Moral Theory," *The Journal of Philosophy*, Vol. 77(1980), pp.515-572.

322) 반성적 평형상태의 개념은 『정의론』에서도 언급되고 있다. Rawls, *A Theory of Justice*, p.20, p.48, p.121, p.579. 계약론적 합리성과 반성적 평형상태의 관계에 대해서는 논란의 여지가 있으나 『정의론』에서 롤즈가 실제로

후자의 방법을 사용한 것 같지는 않다. "물론 나는 이러한 [반성적 평형상태의] 과정을 실제로 사용하려는 것은 아니다." 같은 책, p.21. 롤즈는 원래 *A Theory of Justice*, Ch. IV, Sec. 40, "The Kantian Interpretation of Justice as Fairness"에서 공정성으로서의 정의관에 대한 해석을 시도했으나 그러한 시도는 정의론이 합리적 선택의 일부라고 보는 입장과 상충되었던 것이다. 칸트적 구성주의에 관한 논문들로는 다음 두 논문 참조. 홍성우, 「도덕원칙에 관한 롤즈의 정치적 구성방법과 그 특징들: 합리적 직관주의와 칸트의 도덕적 구성주의와의 비교」, 『사회사상연구』, 제6권(1996), pp.75-105. 이 논문은 합리적 직관주의는 도덕의 제1원칙이 자명하다는 원리이지만 그 자명성의 확보와 원칙들 사이의 충돌에 관한 직관적 해결 역시 자의적일 수밖에 없다는 비판을 수용한다. Cf. Rawls, *A Theory of Justice*, Sec. 7, "Intuitionism," pp.34-40. 이어서 칸트의 윤리학설을 경험론적 측면에서 해석하는 롤즈의 입장을 하나의 칸트적인 도덕적 구성주의로 설명하면서 그러한 구성주의는 질서정연한 사회에서의 시민들을 위한 정치적 구성주의라고 해석한다. 이 논문은 롤즈의 『정치적 자유주의』를 다루고 있지 않은데, 『정치적 자유주의』에서의 정치적 합당성(합리성과 대비되는 의미에서)을 논구하고 있는 것은 박수영, 『존 롤즈의 정치적 합당성 연구』(부산대학교 대학원 국민윤리학과 박사학위논문, 2016. 10.). 그리고 노영란, 「롤즈 이후 칸트적 구성주의: 구성주의의 딜레마와 존재론적 관련성을 중심으로」, 『윤리연구』, 제106호(2016), pp.35-62. 이 논문은 롤즈의 칸트적 구성주의가 많은 주목을 받은 이유는 그것이 독립적으로 존재하는 도덕적 사실에 의존하지 않으면서 가치의 객관성을 주장하는 점이라고 파악한다. 그러나 이러한 롤즈의 칸트적 구성주의는 그 한계가 있는데, 그것은 자신의 구성주의를 정치적 구성주의로서의 정치이론으로 제한하기 때문이라고 지적한다. 구성주의의 딜레마는 도덕적 관심의 근원이 폭넓게 구성되면 그 관심에 대한 해석적 논란이 존재하고, 반면에 그 관심을 정확하게 명시하면 명시된 관심이 우리의 관심이 아닐 수도 있다는 것이다. 합당성과 합리성에 관련하여 롤즈와 하버마스를 비교 논구한 논문은 다음 참조. 김혜성, 「합당성과 합리성의 시민윤리: J. 롤즈와 J. 하버마스」, 『윤리교육연구』, 제13권(2007), pp.121-140.

323) Rawls, *A Theory of Justice*, p.16

324) 같은 책, p.30.

325) 롤즈 정의론의 변천 과정은 박정순의 두 논문 참조. 「자유주의 정의론의 철학적 오디세이: 롤즈 정의론의 최근 변모와 그 해석 논쟁」, 제5회 한국철학자연합대회 대회보 『현대의 윤리적 상황과 철학적 대응』(1992. 10.), pp.573-599. 그리고 「정치적 자유주의의 철학적 기초」, 『철학연구』, 제42집(1998), pp.275-305. 이 논문은 다음 저서에 재수록되었다. 이근식, 황경식 편, 『자유

주의란 무엇인가?』(서울: 삼성경제연구소, 2001), pp.105-145. 롤즈의 정치적 자유주의에 대한 유익한 설명은 황경식, 「정치적 자유주의」, 『계간 사상』, 제21호(1994. 6.), pp.23-46 참조. 그리고 황경식, 박정순 외, 『롤즈의 정의론과 그 이후』(서울; 철학과현실사, 2009) 참조. 특히 황경식과 박정순 논문 참조. 황경식, 「존 롤즈의 자유주의를 위한 변명: 현대 자유주의의 진화와 정당화」, pp.15-44. 박정순, 「자유주의 정의론의 철학적 오디세이: 롤즈 정의론의 최근 변모와 그 해석 논쟁」, pp.45-76.

롤즈의 정의론과 그 변천 과정은 10개의 논문들이 수록되어 있는 *Ethics* 특집호 참조. "Symposium on Rawlsian Theory: Recent Developments," *Ethics*, Vol. 99(1989). 그리고 다음 논문들 참조. Norman Daniels, newly added "Preface" in *Reading Rawls*, pp.xiii-xxvii. William A. Galston, "Moral Personality and Liberal Theory: John Rawls' 'Dewey Lectures'," *Political Theory*, Vol. 10(1982), pp.492-519. Richard Rorty, "The Priority of Democracy to Philosophy," in Merrill D. Peterson and Robert C. Vaughan, eds., *The Virginia Statute for Religious Freedom*(Cambridge: Cambridge University Press, 1988), pp.257-281. 롤즈의 후기 입장은 본서 서문 후주 38와 후주 번호가 있는 본문 참조.

정치적 자유주의에 관한 논의는 Andrew I. Cohen, "Introduction," for "Symposium: The 25th Anniversary of Rawls's *Political Liberalism*," *Ethics*, Vol. 128(2017), pp.69-74. 이 특집호에는 그 외 5개의 논문이 수록되어 있다. Erin I. Kelly, "The Historical Injustice Problem for Political Liberalism," pp.75-94. Paul Weithman, "Autonomy and Disagreement about Justice in Political Liberalism," pp.95-122. Rainer Forst, "Political Liberalism: A Kantian View," pp.123-144. Gerald Gaus, Chad Van Schoelandt, "Consensus on What? Convergence of What? Four Models of Political Liberalism," pp.145-172. John Skorupski, "Rawls, Liberalism, and Democracy," pp.173-198. 롤즈 정의론의 3단계, 즉 정의론, 정치적 자유주의, 만민법의 전개와 변천에 대한 저술로는 다음 참조. Samuel Richard Freeman, *Justice and the Social Contract: Essays on Rawlsian Political Philosophy*(Oxford: Oxford University Press, 2007).

롤즈에 대한 논문 선집 중 가장 방대한 것은 *The Philosophy of Rawls. A Collection of Essays*. 5 Vols. Serial Editors, Henry S. Richardson and Paul J. Weithman. Contents of the Series. 1. *Development and Main Outlines of Rawls's Theory of Justice*. 2. *The Two Principles and Their Justification*. 3. *Opponents and Implications of A Theory of Justice*. 4. *Moral Psychology and Community*. 5. *Resonable Pluralism*(New York: Garland Publishing,

Inc., 1999).

정의와 평등에 관한 방대한 논문 선집은 *Equality and Justice*. 6 Vols. Edited with Introduction by Peter Vallentyne. Contents of the Collection. Vol. 1. *Justice in General*. Vol. 2. *The Demand of Equality*. Vol. 3. *Distribution to Whom?* Vol. 4. *Distribution of What?* Vol. 5. *Social Contract and the Currency of Justice*. Vol. 6. *Desert and Entitlement*(New York: Routledge: 2003).

326) Bernard Williams, *Ethics and the Limits of Philosophy*(Cambridge: Harvard University Press, 1985), pp.54-55. 윌리엄스는 우리가 논구하고 있는 사회계약론적 딜레마가 아니라 칸트의 도덕철학에서 도덕의 근거(reason) 문제를 다룬다. 그는 도덕의 근거에는 도덕성 안에서 근거를 찾는 내재주의와 도덕성 밖에서 근거를 찾는 외재주의가 있는데, 둘 다 모두 딜레마에 빠진다고 주장한다. 내재주의는 도덕성 속에 이미 선재적인 도덕적 근거를 가정하고 있으며, 외재주의는 도덕성과는 무관한 비도덕적 근거를 제시함으로써 도덕의 순수성을 훼손한다. 그는 따라서 칸트의 도덕철학에서는 도덕성에 관한 어떤 이유도 없고, 도덕성은 그 자체로 매개되지 않는 요구, 즉 정언명법으로 나타난다는 것이다. Bernard Williams, "Internal and External Reasons," in *Moral Luck*(Cambridge: Cambridge University Press, 1981). 본서 부록 Ch. 5. "Rawls' Avowed Error in Rational Contractarianism" 참조. 내재주의와 외재주의에 대해서는 Robert Audi, *Moral Knowledge and Ethical Character*(Oxford: Oxford University Press, 1997), I. 1. "Internalism and Externalism in Moral Epistemology," pp.11-32.

제4장 고티에의 사회계약론적 윤리학

1) David Braybrooke, "Social Contract Theory's Fanciest Flight," *Ethics*, Vol. 97(1987), pp.750-764. 고티에의 사회계약론적 윤리학과 합리적 연역 기획, 그리고 합리적 정당화에 대한 논의를 광범위한 사회계약론의 역사와 그 주창자들을 비교 논구하면서 진행하고 있는 책 속의 한 논문은 다음과 같다. Margaret Moore, "Gauthier's contractarian morality," in David Boucher and Paul Kelly, eds., *The Social Contract from Hobbes to Rawls*(London: Rougledge, 1994), pp.211-225.

2) David Gauthier, *Morals By Agreement*(Oxford: Clarendon Press, 1986), pp.16-17. 핵심적 개념들의 순서는 본서의 탐구 순서에 따라서 조정되었음. 번역본은 데이비드 고티에, 김형철 옮김, 『합의도덕론』(서울: 철학과현실사,

1993) 참조.

3) Gauthier, *Morals By Agrement*, p.84.

4) 같은 곳.

5) Jules L. Coleman, "Market Contractarianism and the Unanimity Rule," in Ellen Frankel Paul et al. eds., *Ethics & Economics*(Oxford: Basil Black-well, 1985), pp.69-70. 때로는 좀 더 광범위한 용어인 시장 자유주의(market liberalism)이라는 말도 사용된다. Samuel Brittan, *Restatement of Economic Liberalism*(Atlantic Highlands, NJ: Humanities Press International, 1988), pp.211-212. 이러한 용어는 본서 제2장 2절 1)항과 2)항에서 다양한 시장의 실패와 그와 관련된 사회계약론적 도덕의 필요성을 논하면서 이미 시사적으로 사용한 바 있다.

6) Gauthier, *Morals By Agreement*, p.ix.

7) T. M. Scanlon, "Contractarianism and Utilitarianism," in Amartya Sen and Bernard Williams, eds., *Utilitarianism and Beyond*(Cambridge: Cambridge University Press, 1982), p.121. Jean Hampton, "Can We Agree on Morals?" in *Symposium on David Gauthier's Morals By Agreement*, *Canadian Journal of Philosophy*, Vol. 18(1988), p.344. Stephen L. Darwall, *Impartial Reason*(Ithaca: Cornell University Press, 1983).

8) Gauthier, *Morals By Agreement*, p.267.

9) 이러한 고티에의 상호 일치에 관한 주장은 우리가 본서 제3장 2절 3)항에서 다루었던 것처럼 롤즈가 정의와 선과의 합치를 주장한 것을 방불케 한다. Rawls, *A Therory of Justice*, p.395. 넬슨(Alan Nelson)이 옳게 지적한 것처럼, 만약 공평성이 우리의 도덕성에 대한 선이론적 개념, 즉 이론보다 앞서는 개념이라면 고티에는 아르키메데스적 점이 합리적 협상을 통한 해결책에 우선하는 "공평함" 그리고 "공정함"에 대한 도덕적 의미에 호소하는 것이 순환적인지 아닌지의 여부에 대해서 논의해야 하지만, 그렇지 않고 있다. Alan Nelson, "Economic Rationality and Morality," *Philosophy & Public Affairs*, Vol. 17(1988), p.154, n.7.

10) Gauthier, *Morals By Agreement*, p.261.

11) 같은 책, 제11장 "자유주의적 개인" 참조.

12) 같은 책, p.17.

13) C. A. Hooker et al. eds., *Foundations And Applications of Decision Theory*, Vol. II. *Epistemic And Social Applications*(Dordrecht: D. Reidel Publishing Co., 1978), "Preface," p.xii.

14) 뷰캐넌(James Buchanan)은 공공적 선택과 정치경제학 분야에서 선도적 학

후주 659

자였다. 그는 털럭(Gordon Tullock)과 공저한 *The Calculus of Consent: Logical Foundations of Constitutional Democracy*(Ann Arbor: The University of Michigan Press, 1962)를 시발점으로, 합리적 선택이론을 사용하여 "입헌적 사회계약론(constitutional contractarianism)"을 구축하였다. 그 이후 그는 *The Limits of Liberty: Between Anarchy and Leviathan*(Chicago: The University of Chicago Press, 1975); *Freedom in Constitutional Contract: Perspectives of a Political Economist*(Austin: Texas A & M University Press, 1977); *What Should Economists Do?*(Indianapolis: Liberty Press, 1979)를 출간했고, 그 외 다수의 저서들을 추가로 출간했다.

15) Buchanan, *The Limits of Liberty*, p.25.

16) 같은 책, p.67, pp.23-24.

17) 같은 책, pp.85-86. 이러한 관점에서 뷰캐넌은 우리가 본서 제3장 1절 3)항에서 언급했던 슘페터-달의 자유민주주의에 대한 모형(the Schumpeter-Dahl model of liberal democracy)과 비슷하고 할 수 있다.

18) 브레이스웨이트의 제안은 홉스적 모형에 대한 롤즈의 비판과 관련하여 제3장 1절 3)항에서 다루었다. Rawls, *A Theory of Justice*, pp.134-135, n.10. 내쉬의 해결책에 대한 것은 제4장 2절 1)항에서 다루게 될 것이다. 여기서 우리가 센(Sen)이 *Collective Choice and Social Welfare*, p.123에서 브레이스웨이트와 내쉬에 대한 비판을 제기한 것을 참조하는 것은 유익한 것이 될 것이다.

> "내쉬와 브레이스웨이트에 의해서 제안된 해결책들은 협상과 교섭의 어떤 특정한 결과들을 예측하는 데는 소용이 될 것이다. 그러나 집단적 선택의 원칙들에 관해서 광범위하게 인정되고 있는 가치 판단들의 관점에서 볼 때는 아주 매력적이지 못한 해결책들이 될 것이다. 현상적 입지와 위협적 이익들에 대해서 부과된 특별한 중요성은 집단적 선택에 관련이 있는 윤리덕 판단들의 모든 집합을 배제하는 것처럼 보인다."

19) Hooker et al. eds., *Foundations And Applications of Decision Theory*, Vol. II. *Epistemic And Social Applications*, "Preface," p.xii.

20) 루소의 경우는 그 입장을 종잡기 어렵다. 비록 우리는 루소가 홉스와 로크를 그의 『사회계약론』과 『인간 불평등 기원론』에서 비판한 것을 다루지 못했지만, 우리는 제3장 1절 1)항과 제3장 2절 1)항에서 루소를 다루었고, 그리고 루소에 관한 롤즈의 해석, 즉 루소가 반홉스적이고, 칸트가 일반의지에 관련하여 루소적 입장을 추구했다는 주장을 수용하였다. Rawls, *A Theory of Justice*, p.264. 라즈(Joseph Raz)가 지적한 것처럼, 루소의 사회계약론적 합의이론은 비도구적인 것으로 해석되고 있는 것이 통상적이다. "루소로부터 유래되는 다른 접근방식은 합의를 비도구적인 것으로 간주한다. 그러한 합의

는 합의를 하는 인간들의 조건과 그러한 합의로부터 결과하는 사회라는, 그 자체로 선인, 두 구성적 요소로 이루어져 있다. Joseph Raz, *The Morality of Freedom*(Oxford: The Clarendon Press,1986), p.80 참조.

이러한 관점에서, 루소를 공동체주의와 마르크시즘 계열의 학자로 간주하는 것은 이상한 일은 아니다. 그러나 루소는 그 자신이 사회계약론적인 합리적 도덕성의 기본적 주제에 대해서 인정하고 있는 것처럼 보인다. "이러한 탐구에서 나는 언제나 정당한 것이 허용하는 것은 이익이 규정하는 것과 결합할 수 있도록 노력을 다할 것이며, 따라서 정의와 효용성은 나누어질 수 없다고 생각한다." Jean-Jacques Rousseau, *Of The Social Contract*, trans., Charles M. Sherover(New York: Harper & Row, 1984), Bk I, Par. 2, p.3. 더 나아가서 루소는 말하기를, "자연상태로부터 시민국가로의 이러한 이행은 인간의 마음속에 매우 괄목할 만한 변화를 산출하는데, 그것은 인간의 행위 속에 본능을 정의로 대체하며, 인간의 행위들이 이전에는 결여하였던 도덕성을 부여한다는 것이다." 같은 책, Bk I, Par. 55, p.18.

21) 본서 제3장 2절 3)항 참조.

22) John Locke, *The Second Treaties of Government* in *Two Treatises of Government*, ed., Peter Laslett(New York: A Mentor Book, 1963), Ch. 2, Par. 6.

23) 같은 책, Ch. 5, Par. 28.

24) David Gauthier, "Economic Rationality And Moral Constraints," in Peter A. French et al. eds., *Midwest Studies in Philosoph*y, Vol. III. *Studies in Ethical Theory*(Morris: The University of Minnesota, 1978), p.95.

25) Gauthier, *Morals By Agreement*, p.17.

26) 같은 책, p.4. 그리고 p.6, p.17 참조.

27) Gauthier, "Justice as Social Choice" p.256. "원초적 입장 설정의 불필요: 콜먼과 고티에", "협업에 의한 잉여의 배분: 고티에"를 다루고 있는 논문은 이종은, 「롤스의 계약론과 그 비판적 담론: 원초적 입장을 중심으로」, 『정치사상연구』, 제20집(2014), pp.9-35 중 pp.18-21. 그리고 이종은, 『사회정의란 무엇인가: 현대 정의의 이론과 공동선 탐구』(서울: 책세상, 2015), pp.195-203 참조.

28) Gauthier, *Morals By Agreement*, p.191.

29) 같은 책, pp.193-199. 뷰캐넌은 고티에의 비판에 대해서 여기서 다 다룰 수 없는 종합적인 답변을 제시하고 있다. 그러나 우리의 논의와 직접적으로 관련된 사회계약론적 딜레마에 관한 것은 언급되어야 할 것이다. 뷰캐넌은 다음과 같은 주목할 만한 답변을 보낸다.

"나 자신의 사회계약론적 구성은 개념적으로 볼 때 설명적인 데 반해, 고티에는 정당화를 위한 대안을 추구함에 있어서 그러한 설명을 의도하지 않았을 것으로 생각한다. 그의 목적은 개인의 독립적 지위가 협동적 이득의 획득이 계산될 수 있는 규범적 기준선을 마련하는 것이다. 그와는 달리, 나의 계획은 가능한 계약의 당사자들이 최초의 입장에 대한 현상(status quo)적 규정으로부터 시작한다는 것인데, 그 이유는 아주 단순하게 우리가 시작해야 할 다른 장소는 없기 때문이다. 현상의 존재론적 수용은 어떤 명백한 규범적 내용을 가지고 있지 않으므로 분배적 정의의 어떤 기준에 의해서도 인가되거나 비난되지 아니 한다."
James Buchanan, "The Gauthier Enterprise," in Ellen Frankel Paul et al. eds., *The New Social Contract: Essays on Gauthier*(Oxford: Basil Black-well, 1988), p.85. 그래서 뷰캐넌은 그래서 다음과 같이 진술한다. "사회계약론적 활동은 적절한 미래지향적인 문제들에 적용하기 이전에 사전적 부정의를 교정하도록 요구하지 않는다." 같은 논문, p.87. 그러나 저자는 고티에에 동조하는데, 고티에는 "뷰캐넌의 이론에서 사전적 부정의의 위상은 무엇인가?" 그리고 "부정의를 교정하는 것은 부정의한 것인가?" 하는 중대한 질문을 던지고 있다. David Gauthier, "Morality, Rational Choice, and Semantic Representation: A Reply to My Critics," in Ellen Frankel Paul et al. eds., *The New Social Contract: Essays on Gauthier*, p.201. 아마도 뷰캐넌은 사회계약론적 입헌주의를 하나의 의사결정과정으로 서술하거나 설명하는 것을 원하는데, 그러한 의사결정과정은 분배 가능한 재화들에 대한 이익집단들의 갈등을 종식시키려는 준거틀을 제공한다. 그의 서술과 설명의 정확성과는 관계없이, 뷰캐넌의 사회계약론적 입헌주의는 명백하게 규범적 사회계약론적 윤리학에는 적합하지 않다.

30) Gauthier, *Morals By Agreement*, p.192.

31) L. W. Sumner, *The Moral Foundation of Rights*(Oxford: Clarendon Press, 1987), p.161.

32) Gauthier, "Justice as Social Choice," pp.266-267. 강조 부가.

33) Neil Cooper, *The Diversity of Moral Thinking*(Oxford: Clarendon Press, 1981), "Introduction," p.1. 또한 William K. Frankena, "The Concept of Morality," *The Journal of Philosophy*, Vol. 63(1966), p.688 참조.

34) Gauthier, *Morals By Agreement*, p.9. 도덕성을 발견하는(discover) 것이 아니라 구성하는(construct) 것으로 보는 것이 더 정확할 것이다. 왜냐하면 고티에는 "도덕성은 [회상하고, 직관하며, 인식한다는 의미에서] 자연적이 아니라, 인습[인간이 만든 관습]적인 것으로 이해되어야 한다"고 생각한다. David Gauthier, "The Social Contract: Individual Decision Or Collective

Bargain?" in *Foundations and Applications of Decision Theory*, Vol. II, p.66. 고티에는 또한 사회계약론의 네 가지 유형들, 원초적(original), 명시적 (explicit), 묵시적(tacit), 가상적(hypothetical) 유형들에 관련하여 가상적 사회계약론이 사회계약론적 윤리학을 위해서 적합하다고 생각한다. David Gauthier, "David Hume, Contractarian," *The Philosophical Review*, Vol. 88(1979), pp.11-13.

35) Gauthier, "The Social Contract," p.47.

36) Gauthier, "Morality, Rational Choice, and Semantic Representation," p.221.

37) Gauthier, *Morals By Agreement*, p.11.

38) 착취와 강제적인 관계는 Gauthier, *Morals By Agreement*, p.11, p.7. 그리고 나머지는 "Morality, Rational Choice, and Semantic Representation," p.182. 이데올로기적 허위의식은 "The Social Contract as Ideology," p.132; "Moral Artifice: A Reply," *Canadian Journal of Philosophy*, Vol. 18(1988), pp.387-389.

39) Rawls, *A Theory of Justice*, p.4, p.13. Gauthier, *Morals By Agreement*, p.10.

40) Gauthier, *Morals By Agreement*, p.112.

41) 같은 책, p.11, p.9.

42) 같은 책, p.9.

43) 같은 책, pp.8-9.

44) David Gauthier, "Morality and Advantage," *The Philosophical Review*, Vol. 78(1967), pp.460-475. 그리고 David Gauthier, ed., *Morality and Rational Self-Interest*(Englewood Cliffs: Prentice-Hall, 1970), pp.166-180.

45) Gauthier, *Morals By Agreement*, p.128.

46) 같은 책, p.2.

47) 같은 곳.

48) 같은 책, p.79.

49) Thomas Nagel, *The View From Nowhere*(Oxford: Oxford University Press, 1986), p.200.

50) Gauthier, *Morals By Agreement*, p.4.

51) 같은 책, p.2. 우리가 본서 제3장 2절 3)항에서 본 것처럼, 합리적 도덕 기획에 대한 롤즈의 회의적 입장은 고티에의 합리적 도덕 기획을 선구적 사업으로 주목받게 하고 있다. Gauthier, "Morality, Rational Choice, and Semantic Representation," p.173. Gauthier, *Morals By Agreement*, p.5.

52) 같은 책, p.v.

53) 같은 책, p.7. 강조 원전.

54) 같은 책, p.7. "주관적 효용-극대화(subjective utility-maximization)"는 Lars Bergström, "Some Remarks Concerning Rationality in Science," in Risto Hilpinen, ed., *Rationality in Science: Studies in the Foundations of Science and Ethics*(Dordrecht: D. Reidel Publishing Co., 1980), p.4.

55) Gauthier, *Morals By Agreement*, p.7. 강조 원전.

56) 같은 책, p.6.

57) Rawls, *A Theory of Justice*, p.187. 도표를 사용한, 고티에의 하사니 비판에 대해서는 최병서, 「공리주의 대 계약주의」, 『산업연구』, Vol. 2(1996), pp.185-187.

58) Gauthier, *Morals By Agreement*, p.254.

59) Gauthier, "Justice and Natural Endowment," p.9.

60) Gauthier, *Morals By Agreement*, p.9.

61) 같은 책, p.21. 고티에는 상수적 선택(parametric choice)과 전략적 선택 (strategic choice)을 구분한다. 상수적 선택은 어떤 특정한 조건 아래서는 일정한 값을 갖는 고정된 상황을 배경으로 하는 선택으로서 각자는 자신의 효용의 극대화에만 관심을 갖는다. 전략적 선택은 각자가 자신의 선택은 부분적으로 다른 합리적 선택자들의 선택에 달려 있다는 것을 인지하고 있다. 같은 책, p.21.

62) 같은 책, p.254. 지금까지의 고티에의 주장을 종합하면, 고티에는 합리적 선택자들의 자기정체성의 경우는 확실성하에서의 선택으로, 그리고 합리적 선택자들의 대안 선택의 경우는 위험부담하에서의 게임이론적 협상으로 자신의 사회계약론적 윤리학을 규정하고 있음을 파악할 수 있다. 그러나 아래의 후주 65를 참조하면, 고티에의 다른 입장을 알 수 있다.

63) 같은 책, p.17.

64) 같은 곳.

65) 본서 제3장 2절 1)항에서 다룬 롤즈의 두꺼운 무지의 장막과 대비해볼 때, 얇은 무지의 장막은 각 개인들이 그들 사회의 구체적 상황과 그들의 타고난 재능의 배분(a, b, … n)을 알고 있지만, 누가 어떤 재능을 갖게 될 것인지는 모른다는 것을 의미한다. R. M. Hare, "Rawls' Theory of Justice," in *Reading Rawls*, p.9. 그리고 "Justice and Equality," *Dialectics and Humanism*, Vol. 6(1979), p.25. 헤어의 두꺼운, 얇은 무지의 장막의 구분과 그의 합리성에 관한 보편적 개념과 입장에 대해서는 Douglas Seanor and Nicholas Fotion, eds., *Hare and Critics*(Oxford: Clarendon Press, 1988). 섬너(L. W. Sumner)가 옳게 지적한 것처럼, 합리성의 극대화 개념과 합리성의

보편적 개념에 대한 고티에의 단순한 분류는 어떤 혼합적 유형도 가능하다는 것을 함축한다. L. W. Sumner, "Justice Contracted," *Dialogue*, Vol. 16(1987), p.527. 그러나 섬너는 고티에가 합리성의 혼합적 유형을 실제로 사용했다는 것은 알아차리지 못하고 있다. 이에 대한 전거로서 고티에의 다섯 번째의 핵심적 개념인 아르키메데스적 점에 관련된 질문을 들 수 있다. Gauthier, *Morals By Agreement*, p.245.

"어떻게 우리는 각자의 능력과 선호를 인지하고 있는 각 개인들이 마치 그러한 인지가 없는 상황에서의 선택과 일치된 선택을 할 수 있는, 즉 아르키메데스적 점으로부터의 선택을 실현할 수 있는가?"

66) Gauthier, *Morals By Agreement*, p.8.

67) 같은 곳.

68) Rawls, *A Theory of Justice*, p.18.

69) Christopher W. Morris, "The Relation between Self-Interest and Justice in Contractarian Ethics," in Ellen Frankel Paul et al. ed., *The New Social Contract: Essays on Gauthier*, Vii. "SI as a 'Weak' Assumption," p.133. 미약성 논증의 전형은 공리적인 학문들에서의 증명이다. 만약 하나의 정리(theorem)가 약한 공리들로부터 도출될 수 있다면, 그것은 강한 공리보다는 약한 공리를 가정하는 합리적 근거가 된다. 그러나 이러한 논증은 오직 같은 정리의 증명에 관해서만 작동할 수 있을 뿐이라는 것에 주목해야 한다. 고티에 스스로도 인정하고 있듯이, "우리가 도출하려고 하는 도덕원칙은 보편적 개념에 의거하여 도출된 도덕원칙과 같은 것이라고 가정해서는 안 된다." Gauthier, *Morals By Agreement*, p.8.

70) Gauthier, *Morals By Agreement*, p.6.

71) 같은 책, p.17.

72) 많은 유형의 정초주의가 존재한다. 인식론과 존재론적 정초주의, 소여, 감각자료(sense-data) 이론, 환원적 분석, 논리적 원자론, 확실성, 내재적 관념들 등은 Jonathan Dancy, *Introduction to Contemporary Epistemology*(Oxford: Basil Blackwell, 1985), Ch. V. "Foundationalism" 참조.
윤리학적 정초주의의 경우는, 모리스(Christopher W. Morris)의 "단순한 도덕적 정초주의"와 "환원적 도덕적 정초주의"의 구분이 도움이 된다. 단순한 도덕적 정초주의는 일련의 기본적 혹은 자명한 도덕적 사실들, 혹은 판단들의 집합에 근거하고 있으므로, 도덕이론은 그러한 일련의 집합에 정초를 둘 수 있다는 것이다. 전통적인 도덕적 정초주의는 자연법과 자연권 이론, 그리고 직관적 이론들, 도덕적 의지, 양심, 덕 이론들에 근거하고 있다. 만약 롤즈와 노직의 이론이 정초주의적이라면, 그것은 각각 공정성과 자연권 이론에 근거한 도덕적 정초주의이다. 환원적 도덕적 정초주의는 도덕이론이 비도덕적 사실들과 판단들에 정초를 둘 수 있다고 주장하는데, 그러한 정초주의는 다양한 유형의 윤리적 자연주의와 목적론, 공리주의와 쾌락, 유데이모니즘과 행복, 합리적 자기 이익 등이 있다. 만약 홉스의 급진적 사회계약론과 고티에의 강한 환원주의적 프로젝트가 정초주의적이라면, 환원적 도덕적 정초주의일 것이다. Christopher W. Morris, "Foundationalism in Ethics," *Ethics: Foundations. Problems, and Applications*, E. Morscher and R. Stranzinger, eds.(Vienna: Hölder-Pichler-Tempsky, 1981), pp.134-136 참조. 그리고 S. G. Clarke and E. Simpson, eds., *Anti-Theory in Ethics and Moral Conservatism*(Albany: State University of New York Press, 1989), "Introduction," p.4 참조. Carol C. Gould, *Rethinking Democracy*(Cambridge: Cambridge University Press, 1988), Chap. III. "Social Ontology and the Question of Foundationalism in Ethics," pp.114-32 참조, Chap. I, n.28 참조.

73) Russell Hardin, "Bargaining for Justice," in Ellen Frankel Paul et al. ed., *The New Social Contract: Essays on Gauthier*, p.66. 강조 부가. 하딘은 고전적 공리주의를 발전시켜 제도 공리주의를 주장한다. 이에 대한 논의는 다음 참조. 오재호, 『합리성과 공리주의에 관한 연구: 제도 공리주의를 중심으로』(연세대학교 대학원 박사학위논문, 2010. 2.).

74) Gauthier, *Morals By Agreement*, p.6.

75) 같은 책, p.22.

76) 같은 곳.

77) 같은 책, p.22.

78) 같은 책, p.23.

79) 같은 책, p.30.

80) 같은 책, pp.38-40. 서수적 선호의 두 가지 형식적 요구 조건들인 완전성과 전이성에 더하여 고티에는 기수적 간격 측정의 조건들도 부과하고 있다. 즉, 단조성(monotonicity)과 연속성(continuity)이 그것들이다. 같은 책, p.44. 이러한 추가적인 형식적 요구 조건들에서 단조성은 효용함수들이 단조적으로 증가하거나 감소하는 경향을 말하며, 증가하다가 감소하지 않는 것을 말한다. 물론 감소하다가 증가하지 않는 것도 마찬가지다. 연속성은 대안적 효용함수들이 연속적으로 이어져 있다는 것을 말하며, 투입에서 조그만 변화가 일어나면 조그만 변화가 결과적으로 산출되는 것을 말한다. 연속성이 단조성과 합쳐지면 연속적으로 증가하거나 혹은 연속적으로 감소하거나 하는 경향을 말한다. 우리는 이러한 단조성과 연속성을 본서 제4장 2절 1)항에서 고티에의 "최대상대양보의 극소화 원칙"에 관련하여 논의하게 될 것이다. 기본적 적용은 상대양보를 계산하기 위해서는 효용 차이에 관한 두 개의 간격적 비

율들이 측정되어야 한다는 것이다. 즉 최대의 협상적 주장에서 얻는 효용에서 협상점에서 얻는 효용을 뺀 것과 최대의 협상적 주장에서 얻는 효용에서 최초의 협상적 위치에서 얻는 효용을 뺀 것이 필요하다. 같은 책, p.136. 간격적 비율 측정 문제에 관해서 참고할 만한 저작은 Hans Van Den Doel, *Democracy and Welfare Economics*, pp.23-25. 그리고 Sen, *Collective Choice and Social Welfare*, Chap. VIII. "Cardinality with or without Comparability."

81) Gauthier, *Morals By Agreement*, p.26.

82) 같은 곳.

83) 같은 책, p.27. "현시 선호 이론"을 다루면서 우리는 그 철학적 발단을 언급하지 못했다. 알브래스터(Anthony Arbraster)는 J. S. 밀의 『공리주의』에서의 유명한 주장에서 그 발단이 있다고 주장한다. "어떤 욕구할 만한(바람직한) 것을 산출하는 것이 가능한 유일한 증거는 사람들이 실제로 그것을 욕구한다는 것이다." 이 주장은 자연주의적 윤리학을 옹호하는 전거로서 작동해왔다. J. S. Mill, *Utilitarianism*, Ch. IV, par.3, p.438. Anthony Arblaster, *The Rise & Decline of Western Liberalism*, p.351. 밀의 주장은 나중에 무어(G. E. Moore)에 의해서 자연주의적 오류로 비판을 받는다. 또한 존재와 당위의 구분을 무시한 것으로도 비판을 받는다. Cf. George Edward Moore, *Principia Ethica*(Cambridge: Cambridge University Press, 1903), §12.

84) Gauthier, *Morals By Agreement*, p.27.

85) 같은 곳, p.32.

86) 같은 책, p.33.

87) 같은 책, p.59. 고티에의 이러한 주장에 나오는 용어들은 명백하지 않기 때문에 잘 설명될 필요가 있다. 첫째, "가치를 [선호] 정서적 관계에 달려 있는 것으로 생각하는 것은 가치를 주관적인 것으로 생각하는 것이다." 같은 책, p.47. 이와는 반대로, "가치를 객관적인 것으로 생각하는 것은 그것을 유정적 존재의 정서와 독립적으로 생각하는 것이며, 또한 그러한 정서를 규제하기 위한 규범 혹은 표준을 제공하는 것으로 생각하는 것이다." 둘째, "가치를 각 개인의 정서적 관계로 생각하는 것은 그것을 상대적인 것으로 생각하는 것이다." 같은 책, p.50. 이와는 대비적으로, "절대이고 [혹은 보편적인] 개념은 가치가 모든 사람들에게, 혹은 모든 유정적 존재들에게 동일하다는 것을 주장하는 것이다." 같은 책, p.50. 고티에의 입장은 주관주의와 상대주의를 결합하는 것이다. "가치는 욕구와 선호에 달려 있다는 견해와 아울러 가치는 각 개인들에게 상대적이라는 견해이다." 같은 책, p.51. 다른 입장들과의 비교는 적절한 이해를 위해서 도움이 될 것이다. 공리주의는 주관적이며 절대적인 가치론이다. 특정한 자연적 종류를 추구하는 완전주의, 즉 인간

종의 탁월성을 추구하는 이론은 객관적이고 상대적인 가치론이다. 같은 책, pp.51-52.

88) 같은 책, p.56. 플로지스톤은 산소가 발견되기 전까지 가연물 속에 존재한다고 믿어졌던 것으로 연소(燃素) 혹은 열소(熱素)라고도 한다.

89) 같은 책, p.57.

90) 이러한 논쟁들에 대해서는 다음 저서들을 참조. Shia Moser, *Absolutism and Relativism in Ethics*(Thomas Springfield, Ill: Thomas, 1968). Michael Krausz and Jack W. Meiland, eds., *Relativism: Cognitive and Moral*(Notre Dame: University of Notre Dame Press, 1982). M. Krausz, ed., *Relativism: Interpretation and Confrontation*(Notre Dame: University of Notre Dame Press, 1989). Geoffrey Sayre-Mccord, ed., *Essays on Moral Realism*(Ithaca: Cornell University Press, 1988). Nicholas Rescher, *Moral Absolutes: An Essay On the Nature and Rationale of Morality*(New York: Peter Lang, 1989).

91) 두 개의 표준적인 반론이 도덕적 상대주의에 대해서 제기되어왔다. 첫째, "그것은 어떤 행위라도 도덕적이라는 정당화를 허용하므로 어떠한 도덕적 분별 혹은 비판이라도 허용하지 않게 된다. 왜냐하면 대안적인 (상대적인) 도덕적 체제들을 가로질러서, 혹은 그것들 사이의 토론은 비판 혹은 설득에 관한 어떠한 합리적 근거도 없는데, 그러한 체제들은 상대주의자들에 의해서 개념적으로 그리고 실제적으로 불가통약적인 것으로 간주되고 있기 때문이다. 둘째, 도덕적 상대주의는 자멸적이라고 비판되어왔는데, 그 이유는 도덕적 상대주의가 가치의 상대성에 대해서 보편적이고 반상대적인 가치를 주장하고 있기 때문이다." Gould, *Rethinking Democracy*, p.118. 첫 번째 반론은 고티에의 개인적인 주관적 가치상대주의와 무관하다고 볼 수 있으므로 중요한 것은 두 번째 반론이다. 이에 관련하여 고티에는 비록 사회계약론적인 윤리학이 비도덕적인 개인적 상대주의로부터 시작하지만, 그것은 정의에 관한 하나의 윤리이론으로서 궁극적으로 도덕적 분별력을 산출하게 된다. 비록 한 개인이 "애초에는 할 수 있는 것과 할 수 없는 것 사이의 구분을 하고 있지 않지만", "합의도덕론은 한 개인이 할 수 있는 것이 무엇이고, 할 수 없는 것이 무엇인지의 구분에 대한 사회계약론적인 정당근거를 제시하고 있다." Gauthier, *Morals By Agreement*, p.9. 본문에서 논의하고 있는 도덕적 상대주의에 대한 세 가지의 반론은 두 번째 주장에 대한 상세한 논의라고 할 수 있다. 두 번째 반론에 대한 상세한 논의는 Jack W. Meiland, "Is Protagorean Relativism Self-Refuting?" *Grazer Philosophische Studien*, Vol. 9(1979), pp.51-68.

92) Adrian M. S. Piper, "Instrumentalism, Objectivity, and Moral Justification,"

American Philosophical Quarterly, 23(1986), pp.373-381. Morris, "Founda-tionalism in Ethics," p.119, pp.148-149. 본서 제4장 후주 69 참조. 그리고 Cf. Gauthier, *Morals By Agreement*, pp.51-52.

93) Michael Sandel, ed., *Liberalism and Its Critics*(New York: New York University Press, 1984), "Introduction". Sybil Wolfram, "Review of Gauthier's *Morals By Agreement*," *Philosophical Books*, Vol. 28(1987), pp.130, pp.133-134. Cf. Gauthier, "Reply to Wolfram," p.133.

94) Sandel, "Introduction," p.3.

95) William Galston, "Defending Liberalism," *The American Political Science Review*, Vol. 76(1982), p.625.

96) Gauthier, *Morals By Agreement*, p.288.

97) 같은 책, p.335. Cf. 같은 책, p.289.

98) 같은 책, p.335.

99) Wolfram, "Review of Gauthier's *Morals By Agreement*," p.130.

100) Gauthier, *Morals By Agreement*, p.345.

101) 같은 책, p.329.

102) 같은 책, pp.18-19, p.335.

103) 같은 책, p.13.

104) 도덕의 해방지구에 관한 기본적 관념은 고티에의 초기 논문, "No Need For Morality: The Case of the Competitive Market," *Philosophic Exchange*, Vol. 3(1982), pp.41-54.

105) Rawls, *A Theory of Justice*, p.8.

106) 같은 책, pp.4-5.

107) 같은 책, pp.453-454.

108) Walter A. Weisskopf, "The Moral Predicament of the Market Economy," Gerald Dworkin, et al. eds, *Markets And Morals*(Washington: Hemisphere Publishing corporation, 1977), p.36.

109) Sen, *On Ethics and Economics*, pp.4-5. 소위 "실증적 경제학"에 관한 방법론적 관념은 경제학에서의 사회공학의 관념을 대변한다. 본서 제2장 후주 110 참조. 가치중립적 사회공학에 대한 종합적인 비판은 Norman Haan, et al. eds., *Social Science as Moral Inquiry*(New York: Columbia University Press, 1983). 관련 있는 또 다른 책은 John Lewis, *Max Weber & Value-Free Sociology: A Marxist Critique*(London: Lawrence And Wishart, 1975).

110) Gauthier, *Morals By Agreement*, p.93.

111) 같은 책, p.13.

112) 같은 책, p.84.

113) 자유시장에 대한 규범적 논란에 우리의 논의를 국한한다면, 우리는 다음과 같은 중요한 저작들을 언급할 수 있다. Allen Buchanan, *Ethics, Efficiency, and the Market*(Totowa, New Jersey: Rowman & Allanheld, 1985). Richard B. McKenzie, *The Fairness of Markets: Search for Justice in a Free Society*(Lexington, Massachusetts: Lexington Books, 1987). John W. Chapman and J. Roland Pennock, *Markets And Justice*, Nomos, Vol. 31 (New York: The University Press, 1989).

114) Gauthier, *Morals By Agreement*, p.16.

115) 같은 책, p.89.

116) 같은 책, p.86.

117) 같은 책, p.87.

118) 같은 곳.

119) 같은 책, p.136.

120) 우리는 파레토 최적성을 제3장에서 롤즈와 관련하여 논의했다. 제3장 후주 194, 220 참조.

121) Sen, "The Moral Standing of the Market," in *Ethics & Economics*, p.9. 그리고 Coleman, "Market Contractarianism And the Unanimity Rule," in *Ethics & Economics*, p.70. 콜먼의 논문에서는 제4장 1절에서 논의되지 않은 완전경쟁시장의 다른 전제들에 대한 것, 즉 기본적으로 완전경쟁시장에서는 충분한 수의 생산자와 소비자가 있어 상품가격에 영향을 미칠 수 없기 때문에 독점과 담합이 없다는 것 등이 논의되고 있다. 시장에 대한 종합적인 논의는 Joseph E. Stiglitz and G. Frank Mathewson, eds., *New Developments in the Analysis of Market Structure*(Cambridge: The MIT Press, 1986). 시장에 대한 논의는 본서 부록 제2장 1절 중 "자유시장 근본주의" 참조. 보다 자세한 논의는 백영현, 「일반균형 모델과 탈중앙적 자유경제체제와의 관계: 비판적 검토」, 김균 외, 『자유주의의 비판』(서울: 풀빛, 1996), pp.215-246.

122) Gauthier, *Morals By Agreement*, p.89.

123) 같은 책, p.95.

124) 같은 책, p.94.

125) 같은 책, P.222.

126) 뷰캐넌에 대한 고티에의 비판을 감안해볼 때, 뷰캐넌이 이러한 주장을 하고 있는 것은 흥미로운 점이라고 할 수 있을 것이다. Buchanan, "The Gauthier's Enterprise," p.89. 본장 후주 14와 29 참조.

127) Gauthier, *Morals By Agreement*, p.93.

128) 같은 책, p.261, p.85.

129) 같은 책, p.85.

130) Smith, *Wealth of Nations*, Vol. I, Bk. IV, Ch. IX, p.208.

131) Daniel M. Hausman, "Are Markets Morally Free Zones?" *Philosophy & Public Affairs*, Vol. 18(1989), p.319.

132) Gathier, *Morals By Agreement*, p.85, Cf. p.102.

133) Peter Danielson, "The Visible Hand of Morality," *Canadian Journal of Philosophy*, Vol. 18(1988), p.367.

134) Cf. Theodor Adorno, *Minima Moralia*(London: New Left Books, 1974).

135) Gauthier, *Morals By Agreement*, p.94.

136) 같은 책, p.95.

137) 같은 곳.

138) 같은 곳.

139) 같은 곳. Cf. Andrew Schotter, *Free Market Economics: A Critical Appraisal*, 2nd edn.(Cambridge, MA: Basil Blackwell, 1990), Ch. 7. "Blame-Free Justice," pp.121-131.

140) Gauthier, *Morals By Agreement*, p.88.

141) 전통적으로 신고전(주의) 경제학파는 "한계혁명"이 그 중요한 특색이라고 간주되어왔다. 신고전 경제학파의 한계주의는 고전 경제학파의 가치의 생산성이론(어떤 재화의 가치는 그것의 생산에 소요된 비용에 의해서 결정된다)에 대한 하나의 대안적 가치론으로 사용되었다. 가치의 생산성이론은 리카도와 마르크스의 가치의 노동이론, 즉 노동가치론으로 발전되었다. 이와는 달리, 신고전 경제학파의 한계효용이론은 한 재화의 한계효용이 그것의 가격, 즉 가치를 결정한다고 주장했다. 보다 자세한 논의는 Richard D. Wolff and Stephen A. Resnick, *Economics: Marxian Versus Neoclassical*(Baltimore: The Johns Hopkins University Press, 1987). 한계효용이론은 본서 부록 제1장 2절 4)항 참조.

142) 아리스토텔레스의 정의론은 본서 제3장 후주 125 참조. 롤즈는 분배적 정의의 한 이론으로서의 한계생산성이론을 비판하고 있다. 그는 한계생산성이론이 정당하기 위해서는 시장의 배경적 조건과 시장에서의 기회균등의 조건이 충족되어야만 한다고 주장한다. Rawls, *A Theory of Justice*, p.308 참조. "각자에게 자신의 몫"과 한계생산성이론에 대한 역사적이고 종합적인 논의는 Stephen T. Worland, "Economics and Justice," in Ronald L. Cohen, ed., *Justice: Views from the Social Justice*(New York: Plenum Press, 1986),

pp.47-84.

143) Karol Edward Soltan, *The Causal Theory of Justice*(Berkeley: University of California Press, 1987), p.148.

144) Gauthier, *Morals By Agreement*, p.97

145) 같은 책, p.90, p.97.

146) 같은 책, p.96.

147) 같은 책, p.95.

148) 간단히 말해서 도덕적 자유와 재정상의 외부성에 관한 논란이 존재한다. Hausman, "Are Markets Morally Free Zones?" p.322, p.329. 후주 131 참조.

149) Scott Gordon, *Welfare, Justice, and Freedom*(New York: The Columbia University Press, 1980), p.97. 롤즈는 기여의 신조가 정의의 다른 신조들과 상충한다는 것을 입증하고 있는데, 그것들은 능력, 필요, 노력, 훈련, 경험 등이다. Rawls, *A Theory of Justice*, §47. "정의의 신조들" 참조.

150) Gauthier, *Morals By Agreement*, p.17, p.105, p.225.

151) 같은 책, p.270.

152) 같은 책, p.218.

153) 같은 책, p.110, p.270. 정치 영역에서 실패의 문제는 Vincent Ostrom, "Why Governments Fail: An Inquiry into the Use of Instruments of Evil to Do Good," in James Buchanan and Robert Tollison, eds., *The Theory of Public Choice II*(Ann Arbor: The University of Michigan Press, 1984), pp.422-435. 경제 영역에서 시장의 실패는 Tyler Cowen, *The Theory of Market Failure: A Critical Examination*(Fairfax, Va.: George Mason University Press, 1988) 참조.

154) 고티에는 고든의 책을 언급하고 있다. Gauthier, *Morals By Agreement*, p.98, n.11. Gordon, *Welfare, Justice, and Freedom*. 본서 제4장 후주 149 참조. 이 책에서 고든은 한계생산이론에 대해서 다섯 가지의 문제점을 들고 있다. (1) (새로운 기술의 유입으로 말미암은 수요와 공급에서의 결과적 변화가 일어나는) 역동적 경제의 경우 한계생산성은 불확정적이다. (2) 상호의존적 생산에서는 엄밀한 한계생산성을 계산하기가 어렵다. (3) 원초적 요소 자질을 주어진 것으로 보는 사전적 가정은 정당화될 수 없다. (4) 비개인적 자원들(자본, 토지, 설비)로부터 개인적 수입(사유재산권의 문제들)으로 전이하는 데 따른 규범적 문제들이 존재한다. (5) 생산요소의 회소성에 따른 경제적 지대(rent)로 말미암아 그것을 소유하는 행운을 가진 사람은 독점이 가능하다. 고티에는 문제 (2), (3), (4), (5)를 다루고 있는데, 최대상대양보의

극소화 원칙, 로크적 단서, 상속세, 경제적 지대 통제로 각각 해결하고 있다. 그러나 고티에는 문제 (1)을 다루지 않고 있는데, 그 이유는 그 문제가 공리주의적 후생경제학에만 관련된 고유한 문제라고 잘못 생각하기 때문이다. Cf. Gauthier, *Morals By Agreement*, pp.107-109. 문제 (4)와 (5)는 제4장 1절 3)항에서 곧 다루게 될 것이다.

155) Gauthier, *Morals By Agreement*, p.263.

156) 같은 책, p.301.

157) 같은 책, p.97.

158) 같은 책, p.98. Cf. pp.272-277. 경제적 지대[초과 이윤]의 기본적 개념은 경제입문 교과서에서 설명되고 있는 수요와 공급의 법칙에 의거하여 쉽게 설명될 수 있다. 그것에 대한 충실한 설명은 다음과 같다. "지대의 수혜자는 그가 통제하는 [생산, 공급] 요소들의 회소성으로부터 이익을 얻는다. 그의 입장에서 보면, 그 회소성은 물론 전적으로 우연적인 것이다. 왜냐하면 그 회소성은 요소들의 고유한 본성에 달려 있는 것이 아니라, 그의 요소들과 다른 사람들이 통제하는 요소들 사이의 관계에 달려 있기 때문이다. 그는 더 많은 수입을 얻게 되는데, 그것은 그의 요소들을 시장으로 가져오는 데에는 유인이 필요하기 때문이다. 지대는 그 정의상(定義上) 공급의 비용을 상회하고 초과하는 수입이다." 같은 책, p.98.
이러한 관점에서 고티에는 노직의 유명한 사례, 즉 미국 프로농구 선수 월트 체임벌린(Wilt Chamberlain)의 총 수입 25만 달러를 비판한다. Nozick, *Anarchy, State, and Utopia*, p.161. 고티에는 만약 그의 공급 비용이 (경제학에서 그것은 기회비용으로 규정된다. 즉 가장 좋은 대안적 고용이 되었을 때 받을 수 있는 수입을 말한다.) 10만 달러라고 한다면, 그의 경제적 요소 지대[초과이윤]는 총 수입 및 기회비용을 합한 것이다. 그러므로 25만 달러 ─10만 달러 = 15만 달러인데, 15만 달러는 과세해야만 한다고 주장한다. Gauthier, *Morals By Agreement*, p.275. 기회비용을 산출하는 데 몇 가지 기술적인 문제들이 있기는 하지만, 고티에의 주장은 명백한 것이다. 이러한 관점에서 고티에는 롤즈의 입장을 맥을 같이하고 있다. Cf. 같은 책, p.277. 기술적인 문제들과 시장 가격 체제에 대한 혼란의 문제는 John C. Harsanyi, "Review of Gauthier's *Morals By Agreement*," *Economics and Philosophy*, Vol. 3(1987), "5. The Market Economy and the Problem of Factor Rents," pp.345-348.

159) Gauthier, *Morals By Agreement*, p.97.

160) 우리는 본서 제3장에서 롤즈를 논의할 때(후주 194, 195, 220 참조) 파레토 최적성의 비결정성의 문제를 충분히 논의했다. 고티에도 역시 "이 [파레토 최적성] 기준은 모든 결과에 대해서 동일한 사회적 복지를 부여하는데, 그

가운데는 심각한 선택의 문제가 발생하는 경우도 있다고 강조한다. … 노예 제도는 어느 사회나 정당할 수밖에 없는데, 그 이유는 노예 소유주들이 노예 제의 폐지에서 충분히 보상을 받을 수는 없기 때문이다. 따라서 파레토 기준 은 부적절하다는 것이 명백하다"고 지적한다. Gauthier, "Justice as Social Choice," p.254 참조.

161) Gauthier, *Morals By Agreement*, p.11.

162) 같은 책, p.270.

163) 같은 책, p.93. 최적성과 균형 상태의 개념은 본서 제2장에서 합리성의 역 설을 논하면서 명백히 논의한 바 있다. 완벽하게 경쟁적인 시장의 최적적인 균형 상태는 수인의 딜레마의 대척이 되는데, 수인의 딜레마는 준최적적인 균형 상태로서 두 명의 수인이 더 나아질 수 있는 가능성이 있기 때문이다.

164) Gauthier, "Morality, Rational Choice, and Semantic Representation," p.203.

165) Gauthier, "Moral Artifice," p.413. 이러한 비판은 다니엘슨이 제기했다. Danielson, "The Visible Hand of Morality," p.372.

166) Gauthier, "Morality, Rational Choice, and Semantic Representation," pp.203-204.

167) Hausman, "Are Markets Morally Free Zones," p.320.

168) 콜먼은 시장 계약주의를 두 종류로 나누고 있다. 우선 기초적 시장 계약주 의는 완전경쟁시장의 실패를 극복하기 위해서 정치적 혹은 도덕적 연합의 합리성에 근거하고 있다. 본격적 시장 계약주의는 시장의 실패를 교정함과 아울러 시장의 성공의 조건을 실현하기 위해서 정치적 혹은 도덕적 연합의 필요성에 주목한다. Jules L. Coleman, "Market Contractarianism and the Unanimity Rule," pp.69-70.

169) Gauthier, *Morals By Agreement*, p.ix.

170) 삼부 구조는 제3장 1절과 2절 참조. 홉스의 경우는 자연상태, 자연법, 계약 준수를 위한 절대군주력이고, 롤즈의 경우는 원초적 입장, 정의의 두 원칙, 철저한 준수를 위한 선과 정의의 합치이다.

171) Gauthier, *Morals By Agreement*, p.13. 효용가능곡선을 통해서 고티에의 협 동적 잉여와 협상을 논구하고 있는 논문은 최병서, 「아나키, 사회계약 그리 고 분배」, 『경제학연구』(1998), pp.337-342.

172) Gauthier, *Morals By Agreement*, p.15.

173) 같은 책, p.14

174) Gauthier, "Bargaining Our Way into Morality: A Do-It-Yourself Primer," p.26. n.5. 획득적 정의의 문제는 협상이 시작되는 기준선을 결정하는 것이

다. 본서 제3장 후주 90 참조.

175) Gauthier, *Morals By Agreement*, p.14, p.130.

176) 같은 책, p.133.

177) 같은 책, p.136.

178) 같은 책, p.133.

179) 같은 책, pp.74-75. "Zeuthen strategy," *Wikipedia*, pp.1-3.

180) 같은 책, p.14.

181) 같은 책, p.145.

182) 같은 책, p.137. 고티에는 MRC가 "다수의 사람들 사이"에서도 적용된다고
명백하게 말하고 있다. 이것이 의미하는 바는 그의 협상 모형이 다인 협상이
라는 것이다. 이러한 관점에서 고티에는 2인 모형과 다인 모형을 구분하고
있다. 그렇다면 MRC를 하나의 공리로 간주하고 그것에 관련된 사례를 살펴
보는 것은 도움이 될 것이다.
첫째, MRC는 2인 모형의 경우 "최소 동일 상대양보 원칙"으로 정식화된다.
Gauthier, *Morals By Agreement*, p.140. 이 원칙은 협상자의 관점에서 볼 때
상대적으로 측정하여 가장 적은 동일한 양보를 요구한다. 같은 책, p.140. 이
것이 소위 칼라이-스모로딘스키 해법 G(Kalai-Smorodinsky Solution G)이다.
같은 책, p.130, n.14, Cf. p.136. 고티에의 책에 언급되고 있는 이 상대적 양
보에 관한 정식은 직접적으로 해법 G에 연관된다. 그것은 다음과 같이 진술
될 수 있다.

표 14. 해법 G로서의 최대상대양보의 극소화 원칙

---

iniU: 최초 협상에서의 효용
maxU: 최대 요구에서의 효용
resU: 최종 협상에서의 효용

예상되는 양보량의 절대치: maxU − resU
완전 양보량의 절대치: maxU − iniU
양보량의 상대치: maxU − resU / maxU-iniU

해법 G: 모든 i, j에서 동일 상대양보

$$[(maxUi - resUi)/(maxUi - iniUi)] = [(maxUj - resUj)/(maxUj - iniUj)]$$

표 15. 해법 G에 대한 실제 사례

메이블(Mable): 투자 자금 $600
단독 비협동적 기대 이익 $180

에이블(Abel): 투자 자금 $400
단독 비협동적 기대 이익 $80
협동적 자금 $1,000, 협동적 잉여 $500

메이블(Mable): iniU: 기준선 급부 $180
maxU: $420 ($500 − $80: 협동적 잉여 − Abel's iniU)

에이블(Abel): iniU: 기준선 급부 $80
maxU: $320 ($500 − $180: 협동적 잉여 − Mable's iniU)

If 메이블이 $x를 갖는다면, 에이블은 $500 − $x이다. 그들의 최대한의 양보는 그들의 양보가 같을 때 최소화된다.

$$\frac{\$420 - \$x}{\$420 - \$180} = \frac{\$320 - \$(500 - x)}{\$320 - \$80}$$

---

x의 값을 구하면, $x = $300이다. 메이블 $300을 획득한다면 에이블은 $200을 획득한다.

이 사례는 Gauthier's "Justice as Social Choice," p.261 참조. Cf. Gauthier, *Morals By Agreement*, pp.140-141. 그러나 고티에는 앨빈 로스(Alvin Roth)가 2인을 상회하는 다인 모형에서는 MRC가 언제나 해법 G가 아니라는 것을 증명했다는 것을 인정한다. Gauthier, *Morals By Agreement*, p.140. Cf. Gauthier, 같은 책, p.129, n.12, 그리고 그러한 인정은 p.130, n.14에서도 행해진다. 즉, "2인을 초과하는 상황에서는 우리의 설명은 해법 G를 벗어나게 되는데, 그 경우 해법 G는 파레토 최적성을 달성하지 못한다."

그래서 고티에는 종국에는 MRC를 수정된 해법 G, 즉 G′로 정식화한다. 다른 말로 하면, 해법 G′으로서의 MRC는 최종 협상에서 산출되는 최대상대양보의 극소화는 협상 가능한 영역에서 산출되는 어떤 대안적인 협상의 결과들에서의 최대상대양보의 극소화보다 적어야만 한다는 것이다. 3인 이상의 협상 게임에서는 최대상대양보의 극소화 원칙은 그것이 언제나 동일한 상대적 양보량으로 귀착되지 아니하고 설령 그렇게 된다고 해도 파레토 최적적이 아니므로 해법 G는 문제가 있다. 따라서 고티에는 그러한 문제를 해결하기 위해서 해법 G´를 제안한다. 고티에는 "Bargaining and Justice," Ellen Frankel Paul et al. ed., *Ethics & Economics*(Oxford: Basil Blackwell, 1985), pp.29-47에서 해법 G와 해법 G´를 수학적으로 자세히 다루고 있다. 그 둘을 확실하게 구별하기 위해서 수학적 정식화를 언급하는 것이 좋을 것이다.

표 16. 해법 G´에 대한 설명

협상의 영역을 S로, 합의점을 x로, 협상의 실패점을 d로 놓으면, 협상의 문제는 S와 d의 함수로서의 합의점 x를 결정하는 것이 된다. 즉 f(S, d) = x. 그런데 협상의 실패점은 S에서 파레토 최적적이 아니므로 S에서 y > d가 되는 임의점 y가 존재한다. 그리고 각 개인이 주장할 수 있는 최대점을 ⓧ로 표시하기로 하자. 또한 S+는 x > d가 되는 영역이며, xi는 i번째 사람의 효용이라고 하자.

해법 G: G(S, d) = x. x는 다음과 같은 조건을 만족시키는 것으로서 S에서 동일한 상대양보가 최소가 되는 점이다. 즉 모든 i, j에 있어서,

$$[(ⓧi - xi)/(ⓧi - di)] = [(ⓧj - xj)/(ⓧj - dj)]$$

해법 G´: G´(S, d) = x. x는 S+의 모든 y에 대해서 다음과 같은 조건을 만족시키며, 최대상대양보가 최소가 되는 점으로 y ≠ x.

$$\max\ [(ⓧi - xi)/(ⓧi - di)] < \max\ [(ⓧj - yj)/(ⓧj - dj)]$$

다른 말로 하면 해법 G´는 협상의 결과인 합의점 x에서의 한 사람의 최대상대양보는 다른 어떤 사람이 다른 합의점 y에서 하게 되는 최대상대양보보다 적다는 것이다. 즉, 합의점 x에서 임의의 개인 i는 다른 어떠한 협상 대안들에서보다 최대상대양보를 극소화할 수 있게 된다.

183) Gauthier, *Morals By Agreement*, p.145.

184) 같은 책, p.14.

185) 같은 책, p.155. MRB는 max{(resU - iniU)/(maxU - iniU)}. 이러한 방식으

로 보면, 고티에의 MRB는 최소상대이익의 극대화 원칙으로서 롤즈의 최소
극대화 규칙(maximin rule)에 의거한 차등의 원칙의 협상적 모형이라고 할
수 있을 것이다. 고티에는 원래 MRB를 비례적 차등의 원칙이라고 제안하였
다. Gauthier, "Justice and Natural Endowment," p.20. Cf. "Bargaining and
Justice," p.40.

186) Gauthier, *Moral By Agreement*, p.14.

187) 같은 책, p.155.

188) 같은 책, pp.118-119.

189) 우리는 MRC와 MRB를 한계생산성이론의 유일무이한 재현이라고 주장하
는 것은 아니다. 이에 관련하여 고티에의 MRC/MRB와 햄턴(Jean Hampton)
의 기여의 비례성 원칙 사이의 논쟁을 살펴볼 필요가 있다. 햄턴의 원칙은
원래의 비례적 기여만을 고려하지, MRC에서처럼 자신의 주장할 수 있는 최
대 요구(maxU)를 고려하지 않는다. 고티에는 지적하기를, "우리[고티에와
햄턴]는 MRC가 기본적으로 규정되고 있는 곳에서는 기여가 한계생산에 근
거해야 한다는 점에 동의한다. 그러나 그 이상으로 나아가면 우리는 서로 동
의하지 못한다." Gauthier, "Moral Artifice," p.399. Jean Hampton, "Can
We Agree on Morals?" p.335.

190) Gauthier, *Morals By Agreement*, p.156.

191) 협상에 대한 내쉬 해법은 엄밀하게 말하면, 조이턴-내쉬-하사니(Zeuthen-
Nash-Harsanyi) 해법이다. Gauthier, *Morals By Agreement*, p.147. 이 해법
은 $\max\{(resUi - iniUi) \times (resUj - iniUj)\}$로 정식화된다. 이러한 해법이 의
미하는 것은 각 협상자의 최초 협상 위치에 비하여 초과적으로 산출되는 기
대효흥을 극대화하라는 것이다. 고티에는 내쉬 해법을 합리성의 관점에서뿐
만 아니라 공정성의 관점에서도 비판한다. 공정성의 관점에서의 비판은 내쉬
해법이 더 나은 최초 협상 위치를 가진 사람들의 위협적 이익이 반영되는
것을 피할 수 없다는 것이다. Gauthier, *Morals By Agreement*, pp.199-200
참조. 우리는 이미 내쉬 해법이 가진 이러한 문제들을 사회계약론적 딜레마
와 관련하여 다루었다. 본서 제4장 후주 18 참조. 내쉬 해법에 대한 전반적
조망은 Jon Elster, *The Cement of Society: A Study of Social Order*
(Cambridge: Cambridge University Press, 1989), Chap. II, p.57 참조.

"규범적 관점에서 본다면, 이 해법[내쉬 해법]은 어떤 특별한 호소력도 없
다. 물론, 그 해법은 정말로 매력적이지 않는데, 그 이유는 다음과 같은
속성 때문이다. 만약 우리가 빈자와 부자가 빈자에게 아주 중요한 어느
정도의 돈을 나누는 방식에 대해서 협상한다고 가정한다면, 내쉬 해법은
그 돈의 대부분을 부자에게 배당하는데, 그 이유는 부자가 아주 확신에
차서 자신에게 유리한 제안을 하면서 '이 돈을 갖든지, 아니면 말든지'라

고 할 수 있기 때문이다."

이 딜레마는 홉슨의 선택, 즉 "Take it or leave it"으로 알려져 있다. "Hobson's choice," *Wikipedia*, p.1. 김기홍, 『한국인은 왜 협상에서 항상 지는가: 게임이론을 주제로 한 협상이야기』(서울: 굿인포메이션, 2002), 제2부 "사람과 사람 사이", "6. 협상의 전략: 협상의 거부, Take it or Leave it".

192) Gauthie, *Morals By Agreement*, pp.123-125.

193) 고티에의 비판에 대한 하사니의 응답은 "내쉬의 모형이 게임이론적 관점에서 본다면 더 나은 속성들을 가지고 있다"고 여전히 생각하고 있다는 것이다. Harsanyi, "Review of Gauthier's *Morals By Agreement*," p.344. 하사니는 제4장 후주 158 참조. 협상 문제의 논란에 대한 고차적인 접근은 William Thomson and Terje Lensberg, *Axiomatic Theory of Bargaining With a Variable Number of Agents*(Cambridge: Cambridge University Press, 1989). Alvin E. Roth, ed., *Game-Theoretic Models of Bargaining*(Cambridge: Cambridge University Press, 1985). 애로우의 불가능성 정리에 대한 것은 애로우와 고티에, 그리고 다른 학자들의 논문들 참조. 다음 저널 특집호 참조. 서문과 총 6개의 논문이 수록됨. *The Symposium on Equality and Justice in a Democratic Society*, *Philosophia*, Vol. 7(1978). 특히 애로우와 고티에의 논문 참조. Arrow, "Extended Sympathy and the Possibility of Social Choice," pp.223-237. Gauthier, "Social Choice and Distributive Justice," pp.239-253.

194) Cf. John Roemer, "The Mismarriage of Bargaining Theory and Distributive Justice," *Ethics*, Vol. 97(1986), p.90.
박효종은 합리적 계약 당사자들이 롤즈의 불확실성이나 고티에의 협상 상황에서 수단적이며 개인주의적 합리성의 범주에 의거하여 정의의 원리를 정립할 수 있다는 주장이 설득력을 지니기에는 맥시민이나 상대적 최대양보 최소화 원리 자체가 규범적 합리성으로 볼 때 적합성을 가지지 못한다고 비판한다. 박효종, 「정의의 원리와 개인주의적 합리성의 연계의 적실성에 관한 비판적 고찰: 사회계약론적 관점을 중심으로」, 『한국정치학회보』, Vol. 28 (1995), pp.429-461. 본서 제3장 후주 320 참조. 해설적 및 비판적 논의는 정현태, 『계약론적 윤리학에 있어서의 합리성과 정의에 관한 연구』(서울대학교 대학원 국민윤리교육과 박사학위논문, 1994. 8.). 이 논문은 합리적 선택이론을 비판석으로 고찰하고 있고, 롤즈와 고티에의 사회계약론적 윤리학을 비판적으로 논구하고 비교하고 있는데, 그 구도상으로 볼 때 본서와 상당히 유사한 것처럼 보인다. 아마도 본서의 영어본을 참고한 것으로 사료된다.

195) Brian Barry, *Theories of Justice*(Berkeley: University of California Press, 1989), p.388. Cf. Martin Benjamin, *Splitting the Difference: Compromise*

and Integrity in Ethics and Politics(Kansas: University Press of Kansas, 1990).

196) Gauthier, *Morals By Agreement*, p.14.

197) 고티에는 "만약 어떤 사람이 다른 사람들과의 협동적 상호작용을 통해서 산출되는 것에 대해서 자신의 주장을 과도하게 고집한다면, 다른 사람들은 그 사람을 협동적 합의로부터 배제하려고 할 것이다"라고 주장한다. 같은 책, p.134.

198) 같은 책, p.264.

199) 같은 곳.

200) 같은 곳.

201) Barry, *Theories of Justice*, p.252. 그리고 또한 David Braybrooke, "The Maximum Claims of Gauthier's Bargainers: Are the Fixed Social Inequalities Acceptable?" *Dialogue*, Vol. 21(1982), pp.411-429 참조. Cf. Gauthier, "Justified Inequality?" *Dialogue*, Vol. 21(1982), pp.431-43. Braybrooke, "Inequalities Not Conceded Yet: A Rejoinder to Gauthier's Reply," pp.445-448.

202) 제4장 후주 185 참조.

203) John Rawls, "The Basic Structure as Subject," in A. I. Goldman and Jaekwon Kim, eds., *Values and Morals*(Dordrecht: D. Reidel Publishing Co., 1978), p.62.

204) 같은 곳.

205) 고티에가 협상에서 배제점을 언급한 것을 보면(제4장 후주 197 참조), MRC/MRB는 협상적 담합이나 연합을 함축하는 것처럼 보인다. 다인 모형의 경우, 만약 우리가 배제와 담합을 받아들인다면, 그 원칙들은 적용 불가능하다. 고티에는 그래서 "MRC는 정교화가 필요하다"고 인정한다. 담합의 가능성 때문에 "다인 상호 교류에 대한 MRC의 적용은 적절한 협동적 하부 구조를 결정하는 문제가 등장한다." Gauthier, "Moral Artifice," p.339, p.397. 또 다른 중요한 문제는 하부 집단 합병, 혹은 담합의 부도덕성에 관한 것이다. MRC에 따르면, 그러한 행위들은 완전히 합리적이다. 그러나 이러한 행위들은 소비자 그룹을 포함하는 전 공동체의 관점에서 보면, 합리적이지도 않고 또한 부도덕한 것이다. 고티에는 "나는 MRC의 거시 단계적 적용과 상호 교류를 위한 미시적 단계의 적용 사이의 관계를 다루지 않을 것이다"라고 인정한다. Gauthier, "Moral Artifice," p.390.
고티에는 그러한 관계의 문제를 "Morality, Rational Choice, and Semantic Representation"에서 다루고 있다. 그러나 우리는 그의 주장이 신빙성이 있다고는 생각할 수 없는데, 그 이유는 반합병법으로부터의 제약이 협상에 대해서 도입된다면, 그러한 도입은 집단적 혹은 공동체적 효용을 개인적 협상자들의 개인적 효용들보다 앞서게 만드는데, 이것은 그의 협상적 모형의 기본적 가정과 기초에 반하는 것이기 때문이다. 이러한 문제들에 대해서 고티에는 다음과 같이 진술한다. Gauthier, *Morals By Agreement*, p.129. 강조 부가.

"협상은 협동적 상호 교류를 등장시키지만, 협상 그 자체는 비협동적인 것이다. 이러한 구별은 **아주 중요한 것**인데, 왜냐하면, 협상에 있어서 협상 당사자들은 때때로 그들의 효용의 극대화적 행동을 제한해야만 하지만, 협상 그 자체로 보면 협상 당사자들은 그러한 제한을 받아들이지 않기 때문이다."

206) 본서 제4장 후주 18, 191 참조.

207) Gauthier, *Morals By Agreement*, pp.156-157.

208) 같은 책, p.156.

209) 홉스는 이렇게 말했다. "자연은 신체와 마음의 역량에서 인간을 동등하게 만들었다. … 따라서 신체의 강건함에 대해서 볼 때도 가장 약자가 간계와 다른 사람들과의 음모를 통해 강자를 죽일 수 있는 충분한 힘을 가지는데, 그 약자도 그 자신으로 볼 때 역시 동일한 위험에 처한다." Hobbes, *Leviathan*, Ch. 13, p.183. 본서 제3장 1절 2)항의 홉스 부분 참조.

210) Kraus and Coleman, "Morality and the Theory of Rational Choice," pp.747-748. Cf. Jan Narveson, "Review of Gauthier's *Morals By Agreement*," *Canadian Philosophical Review*, Vol. 7(1987), pp.271-272.

211) 엘스터는 협상의 비효율성으로서의 협상의 비용을 다음과 같은 네 가지로 나눈다. 즉, 협상의 실패 비용, 협상의 준비 비용, 협상의 수행 비용, 협상의 탈중앙화 비용이다. Elster, *The Cement of Society*, pp.94-96.

212) Gauthier, *Morals By Agreement*, p.156.

213) 같은 책, p.145.

214) 같은 책, p.12.

215) 같은 곳.

216) Gauthier, "Morality, Rational Choice, and Semantic Representation," p.177.

217) 같은 논문, p.179.

218) 이 질문에 대한 종합적인 논의는 Kai Nielsen, *Why Be Moral?*(Buffalo, NY: Prometheus Books, 1989) 참조.

219) David Gauthier, "Three against Justice: The Foole, the Sensible Knave,

and the Lydian Shepherd," in Peter A. French, Theodore E. Uehling, JR., and Howard K. Wettstein, eds., *Social and Political Theory*, Vol. vii. *Midwest Studies in Philosophy*(Minneapolis: University of Minnesota Press, 1982), pp.11-29. 우리는 본서 제3장 1절에서 『리바이어던(*Leviathan*)』에서의 홉스의 바보를 다루었고, 리디아의 목동은 플라톤의 『국가(*Republic*)』에 대한 논의를 통해 제3장 2절에서 다루었다. 영악한 무뢰한은 David Hume, *Enquiry concerning the Principles of Morals* in Selby-Bigge ed., *Enquiries concerning Human Understanding and concerning the Principles of Morals* (Oxford: Clarendon Press, 3rd edn. 1975), pp.282-283. 흄은 영악한 무뢰한에 대해서 다음과 같이 말한다. "정직은 최선의 방책이라는 말은 하나의 좋은 일반적인 규칙이라고 할 수 있으나, 그것은 많은 예외들을 허용하기 쉽다. 영악한 무뢰한은, 아마도 그는 이렇게 생각할 수 있는데, 최고의 지혜를 사용하여 일반적인 규칙을 지키는 행위를 하면서 모든 예외적인 경우들에서 이득을 취한다." 고티에의 논문 "Three against Justice"의 주요한 생각은 *Morals By Agreement*에서 반복된다. p.163, p.182 참조. 그리고 Ch. X. "The Ring of Gyges"도 참조.

220) David Copp, "Introduction," in *Morality, Reason and Truth*, p.14. 합리적 준수에 대한 논의의 목표는 도덕적 회의주의자들이라고 하는 견해에 관련해서는 Gregory S. Kavka, "The Reconciliation Project," in *Morality, Reason and Truth*, p.297. 그리고 Sumner, "Justice contracted," p.523 참조. 도덕적 회의주의에 대한 일반적 논의는 Renford Bambrough, *Moral Scepticism and Moral Knowledge*(London: Routledge & Kegan Paul, 1979). Panayot Butchvarov, *Skepticism in Ethics*(Bloomington: Indiana University Press, 1989). 그리고 정당화와 동기화 사이의 간극에 대해서는 Michael Stocker, "The Schizophrenia of Modern Ethical Theories," *The Journal of Philosophy*, Vol. 73(1976), pp.453-466.

221) Sobel, "The Need for Coercion," p.148. 본서 제3장 후주 81, 115 참조. 그리고 일반적 논의는 Alan Wertheimer, *Coercion*(Princeton: Princeton University Press, 1988) 참조.

222) Gauthier, *Morals By Agreement*, pp.164-165.

223) 같은 책, p.165.

224) Rawls, *A Theory of Justice*, p.568. 본서 제3장 2절 3)항 참조. 롤즈는 그러한 변화를 추구할 수도 있을 것이다. 왜냐하면 "이기주의는 논리적으로 일관되며, 그러한 의미에서 불합리한 것은 아니다"라고 생각되기 때문이다. 같은 책, p.136. 물론 롤즈는 "이기주의는 우리가 직관적으로 도덕적 관점이라고 간주하는 것과는 양립 불가능할 것이다"라고 생각한다. 같은 곳.

225) David Gauthier, "Economic Rationality and Moral Constraints," in Peter A. French, Theodore E. Uehling, Jr., and Howard K. Wettstein, eds., *Studies in Ethical Theory*, Vol. iii. *Midwest Studies in Philosophy* (Minneapolis: University of Minnesota, 1980), p.91. 합리적 준수에 대한 고티에의 진의는 그의 논문, "Reason and Maximization," *Canadian Journal of Philosophy*, Vol. 4(1975), p.430에서 찾아볼 수 있다.

   "따라서 처음에는 직접적 극대화의 조건에 부합하는 개인적 효용의 극대화의 방책을 채택하는 합리적인 사람은 그 방책을 따름으로써 합리성의 상이한 개념을 선택할 것이며, 또한 최적화적인 합의를 요구하는 방책을 그의 원래 방책, 혹은 다른 어떤 방책보다 가능하다면 언제나 선호할 것이다."

226) 비록 우리는 합리성의 도구적 자기 이익의 극대화 개념이 이기주의자의 유일한 합리성이 아니라는 점을 지적했지만, 그러한 개념은 이기주의적 합리성에 호소력을 가질 수 있다고 생각할 수 있을 것이다. 본서 제2장 1절 2)항 참조. 그리고 본서 제4장 후주 224 참조. Cf. David Gauthier, "The Impossibility of Rational Egoism," *The Journal of Philosophy*, Vol. `71 (1974), pp.439-456; "The Irrationality of Choosing Egoism," *Canadian Journal of Philosophy*, Vol. 10(1980), pp.179-187.

227) 고티에가 시도하는 표준적 합리성의 수정에 관한 논의는 Joseph Mendola, "Gauthier's *Morals By Agreement* and Two Kinds of Rationality," *Ethics*, 97(1987), pp.766-767.

228) Gauthier, *Morals By Agreement*, p.183.

229) 같은 책, p.183.

230) Richmond Campbell, "Critical Study: Gauthier's Theory of *Morals By Agreement*," *The Philosophical Quarterly*, Vol. 38(1989), p.349. 홉스와 관련해서는 본서 제3장 후주 71 참조.

231) Campbell, p.350. 후주 번호 71이 있는 본문 참조.

232) Gauthier, "Reply to Wolfram," p.135.

233) Gauthier, *Morals By Agreement*, p.15

234) Derek Parfit, *Reasons and Persons*, pp.18-19. 여기서 파핏은 고티에의 논문, "Reason and Maximization"에서의 투명성 가정을 비판한다. 고티에의 논문은 제4장 후주 225 참조.

235) Gauthier, *Morals By Agreement*, p.174. 강조 원전.

236) 같은 책, p.15.

237) Gauthier, "Reply to Wolfram," pp.135-136.

238) Gauthier, *Morals By Agreement*, p.174. 여기서 고티에는 기대효용 극대화에 대한 가장 정교한 계산법을 선보인다. 같은 책, pp.175-177. 그 계산법의 요지를 다음과 같이 정리해본다.

표 17. 합리적 준수의 기대효용에 대한 기본적인 확률 계산

확률

p : 제한적 극대화의 추구자들의 상호 인식과 협동의 확률
q : 제한적 극대화의 추구자들의 직접적 극대화의 추구자들에 대한 인식 실패와 그로 말미암은 직접적 극대화의 추구자들의 제한적 극대화의 추구자들에 대한 사취의 확률
r : 전체 인구 중 임의의 사람이 제한적 극대화의 추구자들일 확률 r, 따라서 임의의 사람이 직접적 극대화의 추구자들일 확률은 1−r

각 상황들의 기대효용과 그 비교

배반: 1   협동: 2/3
비협동: 1/3   사취당함: 0

배반 > 협동 > 비협동 > 사취당함

제한적 극대화의 추구자의 합리적 준수의 기대효용
p/q > (r+1)/r, 혹은 p/q > 2+(1−r)/r

고티에의 계산 결과, Gauthier, *Morals By Agreement*, p.177.

고티에의 정교한 계산법에 의하면, 제한적 극대화의 추구자들의 기대효용은 직접적 극대화의 추구자들의 기대효용보다 크며 오직 그때만이 제한적 극대화의 추구자들의 합리적 준수가 합리적이 된다. 그래서 고티에는 다음과 같이 결론을 내린다. Gauthier, *Morals By Agreement*, p.177.
  "인구가 제한적 극대화자의 추구자들과 직접적 극대화의 추구자들로 양분된다고 가정하자. 만약 제한적 극대화의 추구자들이 그들과 만나는 사람들의 2/3와 성공적으로 협동하고, 그들과 만나는 사람들의 4/5인 직접적 극대화의 추구자들의 사취를 피할 수 있다면, 제한적 극대화의 추구자들

은 그들의 동료들보다 더 낫다는 것을 기대할 수 있을 것이다. 물론 동일한 분포는 안정적이지 않을 것이지만 직접적 극대화의 추구자들은 그들의 성향을 바꾸는 것이 합리적이다. 그들은 도덕성이 합리적이라는 것을 발견하기에 충분할 정도로 반투명적이다."

고티에가 위에서 말한 것을 수식화해보면, p는 2/3, 즉 제한적 극대화의 추구자들의 협동의 기대효용이다. r은 인구가 양분되어 있으므로 1/2이고, q는 4/5인 직접적 극대화의 추구자들의 사취를 피할 수 있는 상황이므로 사취당할 확률은 1/5이다. 따라서 2/3 / 1/5 > (1/2 + 1) / 1/2이다. 그래서 10/3 > 3이다.

그러나 고티에의 이러한 증명은 p/q와 r의 임의적 가정에 근거하고 있다. 첫째, 제한적 극대화의 추구자들이 조건인 성향을 가졌다면, r에 대한 단순한 예측이나 주어진 것으로 보는 것은 사리에 맞지 않는다. 넬슨이 정확하게 지적한 것처럼, "어떤 행위자가 제한적 극대화의 추구자가 될 것인가, 아니면 직접적 극대화의 추구자가 될 것인가를 결정할 때 그가 r의 수치를 주어진 것으로 간주하는 것은 진정으로 타당한 것인가?" Nelson, "Economic Rationality and Morality," p.158, n.11. 우리는 이러한 비판을 고티에의 합리적 준수의 순환성을 입증하는 것으로 제4장 본문에서 곧 다루게 될 것이다. 둘째, p와 q의 수치가 어떻게 결정될 수 있는가? 제한적 극대화의 추구자들의 기대효용이 직접적 극대화의 추구자들의 효용보다 크다는 것을 증명하기 위해서는 고티에는 p가 증가하고 q가 감소하는 상황이 있음을 입증해야 한다. 고티에 자신도 이러한 문제를 인식하고 있다. Gauthier, *Morals By Agreement*, pp.180-181. 여기서 고티에는 위의 인용절에서 보는 것처럼 "충분한 반투명성"에 호소하고 있는데, 이것은 제한적 극대화의 추구자들에게 무거운 인식적 부담을 주는 조건이다. 고티에도 부언하기를, "실제적으로 불합리한 것은 다른 사람의 진정성과 비진정성을 파악할 수 있는 능력을 함양하거나 행사하지 못하는 데서 오는 실패이다." 같은 책, p.181. 넬슨은 고티에의 제한적 극대화의 추구자들의 세계는 호손(Nathaniel Hawthorne)의 주홍글씨(scarlet letter)처럼 A(adultery, 간통)를, 즉 여기서는 직접적 극대화의 추구자들이 S(straightforward maximizationer)를 달고 다닐 것이라고 한다. 롤즈의 무지의 장막과 비교한다면, 고티에의 장막은 얇은 장막인데, 그것은 투명한 것은 아니지만 제한적 극대화의 추구자들이 직접적 극대화의 추구자들을 파악할 수 있는 충분한 반투명성을 가질 것이다. Nelson, "Economic Rationality and Morality," pp.155-159.

표 17과 그것과 관련된 설명은 합리적 준수의 기대효용에 대한 기본적인 확률 계산이었다. 이제 좀 더 상세한 확률 계산을 해보도록 하자. 고티에의 확률 계산법에서 중요한 것은 제한적 극대화의 추구자들의 기대효용이 직접적

극대화의 추구자들의 기대효용보다 커야 한다는 것이다. 고티에는 정교한 수식을 통해서 그것을 다음과 같이 증명하고 있다. Gauthier, *Morals By Agreement*, pp.175-177.

CM: 제한적 극대화의 추구자   SM: 직접적 극대화자의 추구자

확률

p : CM들이 상호 인식을 하여 성공적으로 협동할 확률
q : CM들이 SM들을 인식하는 것에 실패하고, 오히려 스스로들이 CM이라는 것을 간파당하여 SM 들에게 속게 되어, SM들은 배반으로부터 이득을 얻고, CM은 사취당할 확률
r : 전체 인구 중 임의의 사람이 CM일 확률, 따라서 임의의 사람이 SM일 확률은 $1-r$이다.

각 상황들의 기대효용과 그 비교

배반 1 > 협동 2/3, u'' > 비협동 1/3, u' > 사취당함 0

CM의 기대효용: $\{u' + [rp(u'' - u')] - (1-r)qu'\}$

CM은 (i) 다른 CM들과 성공적으로 협동하는 경우나 (ii) SM에 의해서 사취당하는 경우를 제외하면 비협동 상황의 기대효용 u'를 갖게 된다. (i)의 확률은 임의의 사람이 CM일 확률 r과 상호 인식을 할 확률 p의 결합인 rp가 된다. 이 경우 CM은 비협동 u'에다가 협동에서 얻는 증가분 $(u'' - u')$을 얻게 된다. 그 증가분의 기대효용은 $rp(u'' - u')$이다. (ii)의 확률은 임의의 사람이 SM일 확률 $1-r$과 SM에 의해서 사취당할 확률인 q의 결합인 $(1-r)q$가 된다. 이 경우 CM은 0을 얻는데, 그것은 비협동적 상황의 기대효용인 u'를 상실하게 되는 것을 의미한다. 그 상실하게 된 감소분의 기대효용은 $[(1-r)qu']$이다. (i)과 (ii)를 결합하게 되면 CM의 최종적 기대효용은 상기와 같이 된다.

SM의 기대효용: $\{u' + [rq(1-u')]\}$

SM은 어떤 CM을 사취하는 경우를 제외하면 비협동 상황의 기대효용 u'를 갖게 된다. 사취하는 경우의 확률은 CM과 교류할 확률인 r과 CM들이 사취

당할 확률인 q의 결합인 rq가 된다. 이 경우 SM은 비협동 상황의 기대효용 u´에다가 배반으로부터 얻는 증가분 (1−u´)을 얻게 된다. 그 증가분의 기대효용은 [rq(1−u´)]이다. 따라서 SM의 최종적 기대효용은 상기와 같이 된다.

CM과 SM의 기대효용 비교

CM의 기대효용이 SM의 기대효용보다 커야 제한적 극대화의 성향을 갖는 것이 합리적이 된다. 즉 {u´+[rp(u″−u´)]−(1−r)qu´} > {u´+[rq(1−u´)]이어야 한다. 이것을 계산하면 p/q > {(1−u´)/(u″−u´) + [(1−r)u´]/[r(u″−u´)]}가 된다. 여기서 고티에는 배반의 효용 1과 사취당함의 효용 0 사이에서 협동과 비협동이 동일한 간격을 유지하고 있기 때문에 협동의 효용 u″를 2/3로, 비협동의 효용 u´를 1/3로 간주하자고 주장한다. 이러한 산술적 효용을 대입하면, 배반으로부터의 이득 (1−u´)은 2/3이 된다. 협동을 통한 이득 (u″−u´)은 1/3이 된다. 이것을 원래의 식에 대입하면, p/q > {(2/3)/(1/3) + [(1−r) × 1/3]/[r × (1/3)]}이 되고, 계산의 결과 일반식이 다음과 같이 도출된다.

CM 성향이 합리적인 것은 만약, 그리고 오직 p/q > 2+(1−r)/r, 혹은 p/q > (r+1)/r인 경우뿐이다.

이것을 예증하기 위해서 고티에는 만약 인구가 CM들과 SM들로 양분되어 있고, CM들이 그들과 교류하는 사람들의 2/3와 성공적으로 협동하고, 또한 그들과 교류하는 사람들의 4/5인 SM들에 사취당하지 않는다고 가정해본다. 이 경우 p는 2/3이고, r은 1/2이고, q는 1/5이 된다. 이것을 일반식에 대입하면 계산 결과 10/3 > 3이 된다. 따라서 고티에는 CM의 성향을 갖는 것이 SM의 성향을 갖는 것보다 합리적임을 입증했다고 주장한다. 그러나 고티에의 이러한 주장은 p/q 와 r에 대한 자의적인 가정에 근거하고 있다. 특히 CM의 성향을 갖는 것이 그러한 성향을 가진 사람들이 있을 경우의 조건적이라는 것을 감안해볼 때, p/q 와 r을 단순히 주어진 것으로 가정하는 것은 불합리한 것이다. 결국 p/q가 늘어나기 위해서는 CM이 SM에 사취당할 확률이 줄어들어야 하는데 이것은 결국 CM이 SM을 간파하기 위한 극도의 경계심과 인식론적 부담을 가지는 것을 의미한다. 그러한 부담의 극대화는 결국 CM이 SM이 되는 것이 합리적인 것이 되는 상황으로 귀착될 수도 있을 것이다.
이상을 종합하여 좀 더 상세한 수식 설명을 추가하면 다음과 같다.

표 18. 합리적 준수의 기대효용에 대한 상세한 확률 계산

일반식: CM 성향이 합리적인 것은 만약, 그리고 오직 $p/q > 2+(1-r)/r$, 혹은 $p/q > (r+1)/r$인 경우뿐이다.

CM의 기대효용 > SM의 기대효용

$\{u'+[rp(u''-u')]-(1-r)qu'\} > \{u'+[rq(1-u')]\}$
양변에서 u'를 뺌
$= \{[rp(u''-u')]-(1-r)qu'\} > rq(1-u')$
양변에서 $(1-r)qu'$를 더함
$= rp(u''-u') > rq(1-u') + (1-r)qu'$
양변에서 $rq(u''-u')$로 나눔
$= rp(u''-u')/rq(u''-u') > rq(1-u') + (1-r)qu'/rq(u''-u')$
좌변에서 r과 $u''-u'$를 상쇄
$= p/q > rq(1-u')/rq(u''-u') + (1-r)qu'/rq(u''-u')$
우변에서 rq와 q를 상쇄
$= p/q > (1-u')/(u''-u') + (1-r)u'/r(u''-u')$
$\therefore p/q > \{(1-u')/(u''-u') + [(1-r)u']/[r(u''-u')]\}$

고티에의 합리적 준수에 대한 수식적 설명은 노영란, 「고티에의 합의도덕론」, 이석호 외, 『서양 근·현대 윤리학』(고양: 인간사랑, 2003), pp.267-306에서 찾아볼 수 있다. 고티에를 비롯하여 도덕의 합리적 근거를 추구하는 철학자들에 대한 논의는 노영란, 「도덕성의 정당화와 수단덕 합리성」, 진교훈 외, 『윤리학과 윤리교육』(서울: 경문사, 1997), pp.79-102. 그리고 노영란, 『도덕성의 합리적 이해』(서울: 철학과현실사, 2002) 참조. 또한 도덕의 합리적 근거에 대한 논의로는 소병철, 『합리성과 도덕성: 도구적 합리성의 비판』(파주: 서광사, 2008) 참조. 고티에에 대한 논의는 하사니와 롤즈도 같이 논구한 제IV장 "도구적 합리성에 의거한 도덕성의 정당화 논변들" 참조.

239) Gauthier, *Moral By Agreement*, p.183.
240) 같은 곳.
241) 같은 책, p.15.
242) 같은 책, p.157.
243) 같은 책, p.154.

244) 같은 책, p.170.

245) 같은 책, p.182.

246) 같은 책, p.15, p.165.

247) 같은 책, p.182.

248) 같은 책, p.184.

249) Gauthier, "Moral Artifice," p.403.

250) Duncan Macintosh, "Two Gauthiers?" *Dialogue*, Vol. 28(1989), p.402.

251) 성향에 관련된 문제는 현재적 행동들 대 성향적 행동들, 연속적 시간에서 현시 단편적 행동들과 성향적 행동들, 성향 형성에서 내면화와 사회화의 과정, 성향과 도덕적 자유, 교육, 반복적 가르침, 그리고 성향에 대한 심리학적 통제 등이 있다. 우리가 아는 한 성향에 관한 가장 광범위한 논의는 Ramio Tuomela, ed., *Dispositions*(Dordrecht: D. Reidel Publishing Company, 1978)이다. 고티에의 성향에 관련된 문제에 국한한다면 유익한 논의는 다음 논저들이다. Paul Weirich, "Hierarchical Maximization of Two Kinds of Expected Utility," *Philosophy of Science*, Vol. 55(1985), pp.562-582. Duncan Macintosh, "Libertarian Agency and Rational Morality: Action-Theoretic Objections to Gauthier's Dispositional Solution of the Compliance Problem," *The Southern Journal of Philosophy*, Vol. 26(1988), pp.499-525. Jordan Howard Sobel, "Maximizing, Optimizing, and Prospering," *Dialogue*, Vol. 27(1988), pp.233-262. Richmond Campbell, "Moral Justification and Freedom," *The Journal of Philosophy*, Vol. 85(1988), pp.192-213. Laurence Thomas, "Ethical Egoism and Psychological Dispositions," *American Philosophical Quarterly*, Vol. 17(1980), pp.73-78.

252) Aristoteles, *The Nicomachean Ethics*, 1106a5-7. "미덕과 악덕의 관점에서는 우리는 단순히 움직이는 것이 아니라 어떤 특정한 방식으로 행위하도록 하는 성향을 가진다." Cf. 아리스토텔레스에서 습관적이고 반복적이고 성향적 행위인 Hexis 참조. "Hexis," *Wikipedia*, pp.1-4. Hobbes, *Leviathan*, Ch. 28, p.353. "처벌은 ⋯ 종국적으로 인간의 의지가 그것으로 말미암아 복종하는 성향을 갖는 것이 더 낫도록 만든다." John Dewey, *Theory of the Moral Life*(New Delhi: Wiley Eastern Private Limited, 1967; original ed. 1932), p.8. "도덕이론의 첫 과업은 인격적 성향을 구성하는 요소들의 관념을 개략적으로 파악하는 것이다. ⋯ 이러한 과업의 기본적 공식은 아리스토텔레스에 의해서 잘 진술되었다." Rawls, *A Theory of Justice*, p.567. "이러한 성향이 정의의 관점을 채택하고, 또 거기에 의해서 인도되는 것이 개인의 선에 부응한다는 것을 입증하는 일이 남았다." 현대 신아리스토텔레스주의자인 매킨

타이어와 윌리엄스는 강력하게 성향적 해결책에 의지하고 있다. MacIntyre, *After Virtue*, p.243. 덕목은 이제 일반적으로 하나의 성향 혹은 정조로 이해 되고 있는데, 그것들은 우리에게 어떤 규칙들과 그에 대한 합의를 준수하려 는 마음을 생기게 한다. 적절하게 관련된 규칙들이 무엇인가에 대한 합의는 언제나 어떤 특정한 덕목의 본성과 내용에 대한 합의를 위한 필수적인 조건 이다. 그러나 규칙에 대한 이러한 사전적 합의는 … 우리의 개인주의적 문화 에서는 결코 확보하기가 불가능하다." Bernard Williams, *Ethics and the Limits of Philosophy*(Cambridge: Harvard University Press, 1985), p.51. "우리는 '윤리학적 관점에 존재하기 위해서 이 세상에 존재해야 할 것은 무 엇인가?'라는 질문을 제기해볼 수 있다. 그에 대한 유일한 대답은 '사람들의 성향들'이다. 그것들이 윤리적 가치에 대한 궁극적 지지라는 것은 사리에 맞 는 말이다. … 윤리적 가치에 대한 보존은 윤리적 성향들의 산출 속에 놓여 있다." 같은 책, p.53. "어느 누구도 그러한 [아리스토텔레스적] 가정들이 없 이 윤리학적 연구를 하는 좋은 방법을 발견하지 못했다." 분석철학자 카르납 (Rudolf Carnap)의 성향 개념 분석에 대해서는 본서 부록 제4장 후주 108 참조.

253) 관련된 다른 안건은 선택의 수준 사이의 구별의 문제, 즉 개별적 행동 대 경향인데, 이것의 대립은 근래에 도덕철학자들이 행위 공리주의 대 규칙 공 리주의와 관련하여 많은 관심을 보일 뿐만 아니라 정교한 논의들도 전개하 고 있다. 두 가지 문제들의 유사성에 대한 것은 McClennen, "Rational Choice and Public Policy," p.369. Goldman, *Moral Knowledge*, p.46. 공리 주의에 관련된 논의는 Michael D. Bayles, ed., *Contemporary Utilitarianism* (New York: Anchor Books, 1968). 행위 공리주의와 규칙 공리주의 사이의 논쟁에 대해서는 고티에와 하사니도 일가견이 있다. David Gauthier, "Rule-Utilitarianism and Randomization," *Analysis*, Vol. 25(1964-65), pp.68-69. John C. Harsanyi, "Rule Utilitarianism and Decision Theory," in Hans W. Gettinger and Werner Leinfellner, eds., *Decision Theory and Social Ethics* (Dordrecht: D. Reidel Publishing Co., 1978), pp.3-31.

254) Gauthier, *Moral By Agreement*, p.183.

255) Campbell, "Critical Study: Gauthier's Theory of *Morals By Agreement*," p.349.

256) Gauthier, *Morals By Agreement*, p.170.

257) Campbell and Sowden, *Paradoxes of Rationality and Cooperation*, p.40. 그리고 Maarten Franssen, "Constrained Maximization Reconsidered: An Elaboration and Critique of Gauthier's Modelling of Rational Cooperation in a Single Prisoner's Dilemma," *Synthese*, Vol. 101(1994), pp.249-272.

258) Gauthier, *Morals By Agreement*, p.169, n.19. 응수 전략(tit for tat)은 상대방의 행동에 대해서 동일하게 대응하는 것을 말한다. 그러나 여기서 말하는 응수 전략은 변형된 응수 전략으로서 처음에는 협동하고, 그 다음부터는 상대방의 이전의 마지막 수를 반복하는 것이다. 즉 협동하면 협동하고, 배반하면 배반한다는 두 가지 규칙으로 이루어져 있다. 두 가지 규칙을 분석하면 응수 전략은 단순한 "눈에는 눈, 이에는 이"라는 동형 혹은 동태 복수법(lex talionis)이 아니다. 첫 번째 규칙은 황금률이라고 할 수 있고, 두 번째 규칙은 황동률이라고 할 수 있다. 본서 제3장 후주 69, 71 참조. 이러한 의미에서 변형된 응수 전략은 단순히 황동률적인 상호성만을 가지고 있는 것은 아니다. 아마도 고티에는 응수 전략이 자신의 조건적 준수보다 더 조심스럽지만 덜 협동적이라고 생각하는 듯하다. 만약에 고티에의 조건적 준수가 CM은 CM을 만나면 협동하지만, CM은 SM을 만나면 비협동하라는 두 가지 규칙밖에 없다면, 고티에의 조건적 준수는 변형된 응수 전략에서의 첫 번째 규칙, 즉 처음에는 협동하라는 황금률이 결여된 것이라고 말할 수 있을 것인가? 고티에가 자신의 조건적 준수와 응수 전략에 대한 비교적 논의를 전개한 것은 "Moral Artifice," pp.399-402. 그리고 Peter Danielson, "The Moral and Ethical Significance of Tit for Tat," *Dialogue*, Vol. 15(1986), pp.449-470. 악셀로드의 응수 전략에 대해서는 본서 제3장 후주 71 참조. 거기서 언급하지 못한 것은 악셀로드의 *The Evolution of Cooperation*의 번역이다. 로버트 액설로드, 이경식 옮김, 『협력의 진화: 이기적 개인의 팃포탯 전략』(서울: 시스테마, 2013). 그리고 그 전에 나온 중요한 논문이 있다. Robert Axelrod and William P. Hamilton, "The Evolution of Cooperation," *Science*, 211(March 27, 1981), pp.1390-1396.

그런데 고티에는 진화생물학에서의 협동에 관한 트리버스(R. L. Trivers)의 상호적 이타주의(reciprocal altruism)는 자신의 조건적 준수와 유사하다는 것을 지적하고 있다. Gauthier, *Morals By Agreement*, p.187, n.18. R. L. Trivers, "The Evolution of Reciprocal Altruism," *Quarterly Review of Biology*, Vol. 46(1971), pp.35-57. 그러나 진화생물학에서는 흡혈박쥐들(vampire bats) 등이 응수 전략(tit for tat)을 편다는 것이 나중에 알려지게 된다. "Reciprocal altruism," *Wikipedia*, p.1. 그리고 "Tit for tat," Explaining reciprocal altruism in animal communities. 진화생물학에 관련된 책으로는 리 듀거킨, 장봉석 옮김, 『동물들의 사회생활』(서울: 지호, 2002). 리가벤드라 가닥카, 전주호, 강동호 옮김, 『동물 사회의 생존 전략』(서울: 푸른미디어, 2001). 그리고 수인의 딜레마와 반복적 수인의 딜레마와 그 해결책들에 대한 논의는 최정규, 『이타적 인간의 출현』(서울: 푸리와 이파리, 2004), 『게임이론과 진화 다이내믹스』(서울: 이음, 2009) 참조. 반복적 게임의 관점은 다음 논문 참조. 박종준, 「반복적 죄수의 딜레마(IPD) 모델과 공동체」, 『철학』, 제118집(2014), pp.167-195.

259) Gauthier, *Morals By Agreement*, p.170.

260) 같은 책, p.78.

261) 같은 책, p.172.

262) Campbell and Sowden, *Paradoxes of Rationality and Cooperation*, p.18. 본서 제4장 표 17, 18 참조.

263) Gauthier, *Morals By Agreement*, p.170, n.19, p.183.

264) Goldman, *Moral Knowledge*, p.46.

265) Gauthier, *Morals By Agreement*, p.183.

266) 수인의 딜레마에 대한 고티에의 해결책이 진정한 해결인지에 대해서 논의하기 위해서 고도의 수식적 테크닉이 필요하다. 우선 Campbell and Sowden, *Paradoxes of Rationality and Cooperation*, pp.1-41. 그리고 또한 다음 논저들 참조. Martin Shubik, "Game Theory, Behavior, and the Paradoxes of the Prisoner's Dilemma: Three Solutions," *The Journal of Conflict Resolution*, Vol. 14(1970), pp.181-193. David M. Kreps et al., "Rational Cooperation in the Finitely Repeated Prisoners' Dilemma," *Journal of Economic Theory*, Vol. 17(1982), pp.245-252.

267) Gauthier, *Moral By Agreement*, p.177.

268) 같은 책, p.181.

269) 같은 책, p.174.

270) Rousseau, *Of the Social Contract*, Bk. III, Ch. 15, Para. 291.

271) 대중사회에서 무임승차자의 문제는 Anthony de Jasay, *Social Contract, Free Ride: A Study of the Public Goods Problem*(Oxford: Clarendon Press, 1989), p.64. 주홍글씨는 본서 제4장 후주 238 참조.

272) Gauthier, *Morals By Agreement*, p.169.

273) 같은 책, p.169. 그리고 p.155. p.160, p.167 등도 참조.

274) Campbell, "Moral Justification and Freedom," p.178; "Gauthier's Theory of *Morals By Agreement*," pp.350-351. 후자에서 캠벨은 순환성을 피할 수 있는 출구를 제안하지만, 그 제안은 신빙성이 떨어진다. 왜냐하면 그것은 마치 CM들이 루돌프 사슴의 빨간 코처럼 바로 식별할 수 있는 특색(red nose property)을 가지는 것이기 때문이다. 순환성에 대해서는 Nelson, "Economic Rationality and Morality," p.155-159.

275) Gauthier, *Morals By Agreement*, p.171, p.162, p.167, p.177, p.182.

276) 같은 책, p.165.

277) Hume, *A Treatise of Human Nature*, Bk. III, pt.ii. 본서 제1장 후주 80 참조.

278) "Being-already-in-the-[moral]-world" or "Being-already-alongside[-with-CMs]". Martin Heidegger, *Being and Time*, trans. John Macquarrie and Edward Robinson(New York: Haper & Row, 1962), p.237. 윤리학에 대한 하이데거의 견해는 "Letters on Humanism," in *Martin Heidegger: Basic Writings*, ed., David Farrell Krell(New York: Haper & Row, 1977). Jung Soon Park, "Heidegger's Concept of Anticipatory Resoluteness and the Possibility of Ethics," 『매지논총』, 18권(2001. 2.), pp.91-125 참조.

279) Gauthier, *Morals By Agreement*, p.182.

280) 형식적, 기초적 형태의 시장 계약주의는 오직 시장의 실패에 대한 교정만을 목표로 한다. 실질적, 본격적 형태의 시장 계약주의와의 구분은 콜먼에 의거했다. 본장 후주 168 참조. 그리고 후주 5, 121도 참조.

281) Gauthier, *Morals By Agreement*, p.94.

282) 같은 책, p.268. 로크적 단서 이외에, 고티에의 경제적 요소 지대(기본적으로 임대 수익, 공급의 희소성 시 초과 이윤)의 분배에 대한 주장은 개인적 재능(individual talents)에 관련하여 볼 때, 롤즈의 자산 집산주의(asset collectivism)와 노직의 자유지상주의적 자산 개인주의(libertarian asset individualism) 사이의 논쟁을 해소하려고 한다. 고티에의 경제적 요소 지대의 분배에 대한 주장은 본서 제4장 후주 154 참조.

283) Gauthier, "Justice as Social Choice," p.267. 여기서 우리는 자연권에 관련된 여러 복잡한 문제들을 다 다루지 못할 것이다. Rex Martin and James W. Nickel, "Recent Work on the Concept of Rights," in K. G. Lucey & Tibor R. Machan, eds., *Recent Work in Philosophy*(Totowa: Rowman and Allanheld, 1983), pp.205-225. Tibor Machan, "Some Recent Work in Human Rights Theory," *American Philosophical Quarterly*, Vol. 17(1980), pp.103-115. 소위 자연권 이론의 혁명, 그리세즈-피니스 혁명(Grisez-Finnis revolution)이라고 말해지고 있는 사조에 대한 논의는 Russell Hittinger, *A Critique of the New Natural Law Theory*(Notre Dame: University of Notre Dame Press,1987).

284) Gauthier, *Morals By Agreement*, p.99.

285) 같은 책, p.220.

286) 같은 책, p.210.

287) 같은 곳.

288) 같은 책, p.222.

289) 같은 곳.

290) 같은 책, p.15.

291) 같은 책, p.95.

292) 같은 책, p.178.

293) 이러한 문제에 대한 유익한 논의는 Nelson, "Economic Rationality and Morality," pp.162-163.

294) Gauthier, *Moral By Agreement*, p.162. Richard J. Arneson, "Locke versus Hobbes in Gauthier's Ethics," *Inquiry*, Vol. 30(1987), pp.295-316.

295) 노직에 관련된 것은 본서 제3장 후주 286, 289, 293, 297, 303, 304와 후주 번호들이 있는 본문 참조. 고티에는 로크에 대해서 다음과 같이 비판한다. "로크는 어떻게 내가 나의 신체와 그 신체의 힘에 대한 권리를 가지고 있다는 것을, 권리를 전제하여 합리적이고 불편부당한 협상적 입장을 수립하는 것에 대한 선결문제를 요구하지 않고서, 입증할 수 있단 말인가?" Gauthier, *Morals By Agreement*, p.202. 자연권 이론에 대해서, 고티에는 로크의 재산권은 "인간의 본성에 본질적으로 내재하는 것도 아니므로" 따라서 그것은 "각 개인에게 그의 동료들과의 관계에서 본질적으로 내재적인 도덕적 위상을 부여하지 못한다"고 명백하게 지적한다. 같은 책, p.222. 맥퍼슨의 도움을 빌려 우리는 자연권에 관련하여 로크와 홉스를 탐구하였다. 본서 제3장 후주 49 참조. 자연권에 대해서는 다음 두 논저 참조. Ellen Frankel Paul, "Of the Social Contract within the Natural Rights Traditions," *The Personalist*, Vol. 59(1978), pp.9-21. Ian Shapiro, *The Evolution of Rights in Liberal Theory* (Cambridge: Cambridge University Press, 1986).

296) 로크의 재산권 이론 혹은 재산권 이론 일반에 대한 논의는 박정순, 「사유재산권의 자유주의적 정당화의 과제」, 『사회비평』, 제6호(1991), pp.54-79 참조. 로크의 재산권에 관련된 자연상태에 관한 논의는 A. John Simmons, "Locke's State of Nature," *Political Theory*, Vol. 17(1989), pp.449-470, p.202.

297) Locke, *The Second Treatise of Government*, Ch. V, Sec. 27.

298) Gauthier, *Morals By Agreement*, p.202.

299) Nozick, *Anarchy, State, and Utopia*, p.175. 노직은 로크적 단서를 "소유의 원초적 획득"을 정당화하기 위해서 사용한다. 본서 제3장 2절 3)항 참조. 사카르(Husain Sarkar)는 로크적 단서가 그의 재산권 이론과 정합하지 않는다고 비판한다. Husain Sarkar, "The Lockean Proviso," *Canadian Journal of Philosophy*, Vol. 12(1982), pp.47-59.

300) Gauthier, *Morals By Agreement*, p.203.

301) 같은 책, p.206.

302) 같은 곳.

303) 각 개인의 자질은 그의 동료들의 상황을 나쁘게 하지 않는다면 그가 자질을 통해 획득하는 것은 무엇이든지 다 그의 관할 속에 포함한다. 같은 책, p.203. 고티에의 수정된 로크적 단서를 그의 시장 계약주의와 연결시킨다면, 그는 시장 실패의 상황, 즉 외부성들의 존재, 무임승차자와 기생자들을 배제하려고 할 것이다. 외부성들의 배제는 완전경쟁시장의 전제들 중의 하나이다. 본서 제4장 1절 3)항 참조. 그러나 그는 여전히 기초적 시장 계약주의에 머물고 있는데, 본격적 시장 계약주의로 나아가려면 재산권에 대한 원칙을 수립해야만 한다.

304) 같은 책, p.203.

305) 같은 책, p.204.

306) 보다 상세히 고티에는 말한다. "만약 어떤 이유이든지 간에 너를 도와줄 수 있는 어떤 것도 완전히 하지 못했다면, 나는 너의 입장을 개선하지는 못했다. 그러나 나는 너의 입장을 개선시키는 데 실패한 것은 아니다." 같은 책, p.204.

307) 선한 사마리아인과 선한 사마리아인의 법에 관해서는 박정순, 『마이클 샌델의 정의론, 무엇이 문제인가』(서울: 철학과현실사, 2016), pp.208-212 참조.

308) Gauthier, *Morals By Agreement*, p.204.

309) 바이어(Annette C. Baier)는 자신의 자식들을 먹는 것이 로크적 단서를 위배하는 것인지에 대한 반론을 제기한다. 만약 내가 존재하지 않는다면 그들은 태어날 수 없었을 것이다. 그래서 자신의 자식들을 먹는 것(그들의 비존재)은 내가 존재하지 않았을 때의 그들의 상황(그들의 비존재)을 더 나쁘게 한 것은 아니다. 만약 식인 행위에 딸려 나오는 자식들의 고통과 그들과의 생물학적인 정감적 유대를 감안한다면 바이어의 반론은 무의미할 것이다. 그러나 고티에의 개인적 효용의 극대화의 추구자들은 그들의 마음속에 정감적인, 혹은 전체 공리주의적인 고려 사항을 가지고 있지 않다. Annette C. Baier, "Pilgrim's Progress," *Canadian Journal of Philosophy*, Vol. 18 (1988), pp.318-322. 고티에는 바이어의 반론을 논리적 관점에서는 인정한다. 그러나 그는 다음과 같이 답변한다. "로크적 단서는 오직 협동에 관련된 상호 교류만을 제약한다. 그런데 바이어의 식인자들은 협동을 예견할 아무런 이유가 없다." Gauthier, "Moral Artifice," p.404. 비슷한 반론도 제기되었다. 즉 부모들의 자식에 대한 성폭행도 로크적 단서에 의하면 아무 문제가 없다는 것이다. 이 반론은 절대적인 비존재와 일시적인 부재 사이의 구분도 포함

하고 있다. Donald C. Hubin and Mark B. Lambeth, "Providing for Rights," *Dialogue*, Vol. 27(1988), p.492.

그리스 신화에서도 하늘의 신인 우라노스와 땅의 여신 가이아 사이에 태어난 타이탄족인 크로노스(Cronus, Cronos)는 자신의 동생들을 감금한 것에 분노하여 우라노스를 몰아내고 신들의 왕이 되었다. 그 이후 그는 레아와 결혼하여 총 5명의 자식들 낳았다. 그러나 그도 자식들에 의해서 권좌에 물러나게 될 것이라는 부모의 저주를 듣고, 그 5명의 자식들을 삼켰다. 그러나 그 다음 태어난 제우스를 보호하기 위한 책략이 성공하여 보호 속에 안전하게 자란 제우스는 나중에 크로노스를 완파하고 신들의 왕이 되었다. 그래서 크로노스는 삼킨 5명의 자식들을 다시 토해내게 되었다. 크로노스는 로마 신화에서는 사투르누스(Saturnus, Saturn)로 나온다. 루벤스의 그림, 「자식을 삼키는 크로노스」(1636) 참조. 크로노스는 자식들을 삼키는 자신의 행동이 로크적 단서에 위배된다는 것을 알았을까? 「크로노스」, 『위키백과』, pp.1-35. 그리고 "Cronus," "Saturn," *Wikipedia* 참조.

310) 로빈슨 크루소에 대한 논의는 본서 제4장 후주 331과 369 참조.

311) Gauthier, *Morals By Agreement*, p.100. 강조 원전.

312) 같은 책, p.205.

313) 같은 책, p.209.

314) 같은 책, p.211.

315) 같은 곳.

316) 같은 곳.

317) 같은 곳. 고티에의 주장은 부재 실험의 관점에서 보면, 즉 그 공장주가 없다면 어부들은 무엇을 기대할 수 있는가를 고려해보면, 비록 그 공장주가 어부들의 처지를 악화시키긴 하였지만, 그는 어부들과의 상호 교류들 통해서 그 자신의 처지를 개선시켰던 것은 아니다. 다른 말로 하면, 자기 공장의 하류에 아무도 살지 않을 때와 비교해서 그의 처지가 더 개선된 것은 아니다. 여기서 주목할 것은 어부들의 관점에서의, 그리고 공장주의 관점에서의 부재 실험이 둘 다 시행되어 비교된다는 것이다.

318) 처음 두 단계들에서의 자연인들은 세 번째 단계에서는 "사회적 관계에서의 가능한 파트너"로 등장하게 된다. Gauthier, *Morals By Agreement*, p.214.

319) 같은 책, p.211.

320) 인용은 같은 책, p.214. 맥퍼슨(Macpherson)의 저서 *The Political Theory of Possessive Individualism* 이후 사회계약론은 "소유적 개인주의(possessive individualism)"라는 표식이 붙어 내려왔다. 본서 제1장 후주 90 참조. 마르크스는 "사유재산 혹은 사적 소유(private property)"를 생산수단의 소유라는

의미에서 사용하고, "공산주의는 사유재산의 폐지에 대한 강력한 표징이다"라고 주장했다. K. Marx, *The Economic and Philosophical Manuscripts* in *Early Writings*, p.152. 마르크스는 『공산당 선언』에서도 다음과 같이 선언한다. "공산주의자들의 이론은 한마디로 요약될 수 있는데, 그것은 바로 사유재산의 폐지이다." *Marx and Engels: Basic Writings on Politics & Philosophy*, Lewis S. Feuer, ed.(New York: Anchor Books, 1959), p.21. 그러나 마르크스는 "개인 재산(personal property)"은 폐지하려고 하지 않았는데, 그 이유는 그것이 개인의 노동으로부터 결과하는 산물이므로 노동가치론에 의하여 그 개인의 정당한 소유가 되기 때문이다. "개인 재산은 사회적 재산으로 변경되지 않는다." *Manifesto*, p.22. 이에 비해서, 사유재산은 생산의 수단으로서의 부르주아의 자본이다. 따라서 고티에에 대한 마르크스의 가능한 비판은 마지막 네 번째의 단계에 국한될 것이다. 맥퍼슨과 마르크스에 대한 논의는 본서 제4장 2절 3항) 마지막에서 하게 된다.

321) Gauthier, *Morals By Agreement*, p.214.

322) 같은 책, pp.215-216,.

323) 같은 책, p.215.

324) 같은 곳.

325) 같은 곳.

326) 같은 곳.

327) 같은 책, pp.216-217.

328) 같은 책, p.217.

329) 같은 곳.

330) 같은 책, pp.270-271. 롤즈의 경우도 정당화될 수 있는 불평등을 주장한다. 본서 제3장 2절 2)항 후주 189, 190, 191, 192 및 후주 번호가 있는 본문 참조. 롤즈의 차등원칙에서 정당화될 수 있는 불평등은 일견해서 모순처럼 보인다. 왜냐하면 차등의 원칙은 평등하기 위해서 불평등을 허용하는 것이기 때문이다. 김만권, 『불평등의 패러독스: 존 롤스를 통해 본 정치와 분배정의』(서울: 개마고원, 2004), 제5장 "불평등의 허용을 통해 평등을 개선한다". 마르크시즘의 관점에서는 지그문트 바우만, 한규남 옮김, 『왜 우리는 불평등을 감수하는가?: 가진 것마저 빼앗기는 나에게 던지는 질문』(파주: 도서출판 동녘, 2013) 참조.

331) Gauthier, *Morals By Agreement*, pp.218-219.

332) 같은 책, p.219.

333) 같은 책, p.221.

334) 같은 책, p.270.

335) 같은 책, p.191.

336) 같은 책, p.193.

337) 같은 책, p.226.

338) 본서 제3장 1절 홉스 부분 2)항 참조. 나브슨은 지적하기를, 고티에는 "로 크적 자연권을 본질적으로 홉스적 근거에서 회복시킬 것"을 시도한다. Jan Narveson, "McDonald and McDougal, Pride and Gain, and Justice," *Dialogue*, Vol. 27(1988), p.504. 관련된 문제들에 대해서는 다음 논저 참조. A. Zaitchik, "Hobbes's Reply to the Fool," *Political Theory*, Vol. 10 (1982), pp.245-246. Gregory Kavka, "Hobbes's War of All against All," *Ethics*, Vol. 93(1983), pp.291-310.

339) Gauthier, *Morals By Agreement*, p.226. 우리는 본장 2절 2)항에서 조건적 준수를 다루었다.

340) 같은 곳.

341) 같은 책, p.227.

342) Gauthier, "Morality, Rational choice, and Semantic Representation," p.200.

343) Gauthier, *Morals By Agreement*, pp.113-114.

344) 같은 곳, p.203

345) 이러한 관점에서 보가트(J. H. Bogart)는 다음과 같이 주장한다. "우리는 자 원들의 풍요와 연결된 관념들을 자원의 희소성에 연결된 관념들보다 더 선 호할 이유가 없다." J. H. Bogart, "Lockean Provisos and State of Nature Theories," *Ethics*, Vol. 95(1985), p.836. 이 문제에 대한 종합적인 논의는 Guido Calabresi and Philip Bobbitt, *Tragic Choices: The Conflicts Society Confronts in the Allocation of Tragically Scarce Resources*(New York: W. W. Norton & Company, 1978). Gus Tyler, *Scarcity*(New York: Quadran-gle/The New York Times Book Co., 1976).
우리는 여기서 고티에가 이 문제에 대해서 우려하고 있다는 사실을 간과하 고 있지 않다. "희소한 것을 충분히 남겨둘 수는 없을 것이다. 그래서 만약 에 어떤 사람이 자기 자신을 위해서 충분한 자원을 가진다면 남겨둔 것은 양질의 것은 아닐 것이다. 로크적 단서에 대한 이러한 축자적 해석은 협상이 나 혹은 시장에 관련하여 참여하는 사람들을 규정하기에는 너무 단순하여 실패하고 말 것이다." Gauthier, *Morals By Agreement*, pp.202-203. 그러나 우리는 여전히 축자적 해석이 아닌 것은 과연 무엇인가 하는 의문을 품을 수밖에 없다. 아마도 그것은 다음과 같은 것일지도 모른다. "우리는 다음과 같이 가정해볼 수 있을 것이다. 이브가 그녀의 배타적 사용, 즉 전유(專有)를 위해서 가장 좋은 부분의 땅을 맨 처음 차지한다. 그렇다면 어떤 다른 사람도 그것과 동등하게 이득이 되는 전유를 할 수 없을 것이다. 비록 이브는 그 땅을 전유함에 있어서 다른 사람들을 그전보다 잘살게, 혹은 더 잘살게 놔둘 수 있지만 그녀의 동료들에게 동등한 양질의 땅을 전유하도록 남겨두지 않는다. 그러므로 단서는 매 단계마다의 상호작용에서 각 개인은 그 이전 단계에서 기대할 수 있는 만큼의 양을 가질 수 있도록 규정한다." 같은 책, p.217. 로크적 단서에 대한 이러한 비축자적 해석은 이브의 전유 이전과 이후 전유를 하지 못하는 사람들의 실제적 효용의 극대화에 호소하고 있다. 다른 말로 하면, 단서는 불리한 입장에 있는 비전유자의 복지에 종국적으로 호소하고 있다. 만약 이것이 사실이라면, 우리는 고티에와 롤즈 사이에서 어떤 차이도 발견하지 못한다. 그러나 우리가 이미 논의한 것처럼 고티에는 롤즈를 다음과 같이 비판한다. 롤즈의 원초적 입장에서의 단서는 최소수혜자들의 무임승차를 용인한다. 그렇다면 그 둘 사이의 유일한 차이는 롤즈는 차등의 원칙이 보장하는 단서를 처음부터 도입한다면, 고티에는 "그의 의도의 어떤 부분도 아니었던 목적을 증진시키기 위해" 퇴색해가는 보이지 않는 손에 여전히 고착하고 있다는 것이다. 같은 책, p.7.

346) Gauthier, *Morals By Agreement*, p.203.

347) Hubin and Lambeth, "Providing for Rights," p.491. 고티에의 로크적 단서에 대한 이러한 비판이 롤즈의 차등의 원칙에 대해서도 전개되었다는 것은 우연의 일치는 아닐 것이다. 본서 제3장 2절 후주 278 참조.

348) Gauthier, *Morals By Agreement*, p.206.

349) 같은 책, p.207.

350) 같은 책, pp.207-208.

351) Hubin and Lambeth, "Providing for Rights," p.493.

352) 본서 제4장 후주 282, 295 참조. Andrew Reeve, *Property*(Atlantic Highlands: Humanities Press International, 1986). Henry Veatch, *Human Rights: Fact or Fancy?*(Baton Rouge: Louisiana, 1985). 이 책에 대한 비평은 다음 논문 참조. Fred D. Miller Jr. and Patrick Steinbauer, "A New Defense of Natural Rights," *Humane Studies Review*, Vol. 4(1987), pp.3-6.

353) Gauthier, *Morals By Agreement*, p.216.

354) 같은 책, p.217.

355) 「낙수 효과」, 이한영, 『상식으로 보는 세상의 법칙: 경제편』(21세기북스), NAVER 지식백과, pp.1-6. 하방 침투 효과, 누수 효과, 적하 효과라는 번역도 있다. 낙수 효과 이론은 다음 논저 참조. Lloyd A. Fallers, *Inequality: Social Stratification Reconsidered*(Chicago: University of Chicago Press, 1973), Ch. 3. "A Note on the 'Trickle Effect'". Henry Shue, "The Current

Fashions: Trickle-Downs by Arrow and Close-Knits by Rawls," *The Journal of Philosophy*, Vol. 71(1974), pp.319-327. 낙수 효과와 반대로는 분수 효과가 있다. 분수 효과는 저소득층의 소득 증대가 전체 사회의 경기를 부양시키는 현상이다. 「분수 효과」, 이한영, 『상식으로 보는 세상의 법칙: 경제편』(21세기북스), NAVER 지식백과, pp.1-6.

356) Max Weber, *The Protestant Ethics and the Spirit of Capitalism*, trans. by Talcott Parsons(London: Unwin Paperbacks, 1985). 많은 번역본들이 있지만 막스 베버, 박성수 옮김, 『프로테스탄티즘의 윤리와 자본주의 정신』(서울: 문예출판사, 1996) 참조.
마르크스는 경제적 원죄의 역사를 Karl Marx, *Capital*, edited by Frederick Engels, Vol. I(New York: International Publishers, 1967; 1987; original edn. 1867), p.667에서 언급하였다. 신학적 원죄의 개념은 아담이 원죄를 짓고, 어떻게 식량을 얻기 위해 이마에 땀이 나게 일하도록 저주를 받았는가를 말해준다. 경제적 원죄의 역사는 신학적 원죄의 기본적 관념을 수용하여 경제적 차별을 만들어낸다. 열심히 일하고 금욕적인 사람들은 번성하고, 게으르고 낭비하는 사람들은 가난해진다는 것이다. 막스 베버는 위 저서에서 신학적 경제적 원죄의 개념을 완전하게 수용하여 논의를 전개해나간다. 관련된 다른 저서로는 다음 참조. J. M. Keynes, *The Economic Consequences of the Peace*(London: Macmillan, 1919).

357) 박정순, 「사유재산권의 자유주의적 정당화의 과제」, 『사회비평』, 제6호 (1991), pp.54-79 참조. Richard Hofstadter, *Social Darwinism in American Thought*(Boston: Beacon Press, 1955). 우리는 고티에의 합리성을 진화생물학과 연관하여 논의했다. 본서 제2장 후주 155, 제4장 후주 258, 360 참조.

358) 이 모든 주제들에 대해서 상세히 논의할 수 없다. 근래에는 마르크스의 정의론에 관하여 많은 논저들이 출판되고 있다. 여기에 대한 논문은 Norman Geras, "The Controversy about Marx and Justice," *New Left Review*, I/150 (1985) pp.46-85. N. Scott Arnold, "Recent Work on Marx," *American Philosophical Quarterly*, Vol. 24(1987), pp.277-293.

359) Marx, *Capital*, Vol. I, p.667.

360) 본서 제4장 후주 356 참조. "부자가 천국에 들어가는 것은 낙타가 바늘구멍에 들어가는 것보다 어렵다"(「마태복음」 19장 24절)는 예수의 설교는 원시 기독교의 사유재산에 대한 입장이 프로테스탄티즘의 입장과 어떻게 다른가를 대비적으로 잘 보여주고 있다. 다른 한편으로 이러한 신의 저주는 19세기에 다윈의 진화론으로 말미암아 자연의 저주로 바뀌게 된다. 스펜서 등에 의해서 개진된 사회적 다위니즘(social Darwinism)에 의해서 적자생존과 자연도태의 냉혹한 차별이 인간사회의 유산자와 무산자에게 가해진다. Cf.

"Social Darwinism," *Wikipedia*, pp.1-11.

361) 본서 제4장 후주 356 참조.

362) Marx, *Capital*, Vol. I, p.668.

363) 같은 책, p.668. 이러한 이중적 의미는 마르크스의 정치적, 인간적 해방의 구분과 상응한다. 그 구분은 *On The Jewish Question*, p.8. 본서 제1장 후주 89 참조.

364) Marx, *Capital*, Vol. I, p.668.

365) 같은 책, p.667.

366) 「잉여가치」, 『맑스사전』, NAVER 지식백과, pp.1-4 참조.

367) Gauthier, *Morals By Agreement*, p.270.
   자본주의 시장의 해방적, 평등화적 힘은 모두 진리인 것은 아니다. 마르크스와 베버는 공히 자본주의의 노예화를 다음과 같이 각각 비판하고 있다. Marx, *Capital*, Vol. I, p.711. Max Weber, *General Economic History*(New Brunswick: Transaction Books, 1981), p.82.

   > "면화 공업이 영국에서 아동노예를 나타나게 했다면, 그것은 미국에서는 그 이전의, 다소간의 가부장적 노예를 상업적 착취의 체제로 변화시키는 자극으로 나타나게 했다. 사실 유럽에서의 임노동자들은 드러나지 않은 노예에 불과하였으며, 이러한 상황은 신세계에서는 그 뿌리부터 순수하고 단순한 노예를 필요하게 만들었다."

   > "생산의 기계적 유용성은 유럽과 미국에서 전적으로 상반된 효과를 자아냈다. 유럽에서 면화가 영국 랭커셔에서 발전된 최초의 공장으로 말미암아 자유노동력의 조직화에 대한 촉발을 가져왔다면, 미국에서 그 결과는 노예제도였다."

   이상의 논의는 다음 저서에 힘입었다. Robert Miles, *Capitalism And Unfree Labour: Anomaly or Necessity?*(London: Tavistock Publications, 1987), "Introduction."
   자본주의의 부도덕성과 불합리성에 대한 광범위한 논의는 다음 저서에서 찾아볼 수 있다. Ronald H. Nash, *Freedom, Justice, And The State*(London: University Press of America, 1980). 내쉬는 자본주의에 대한 열 가지의 부도덕성과 다섯 가지의 불합리성을 열거하고 상세히 논의하고 있다. Ch. VI. "Reason, Morality, And the Market," pp.155-193. "The Alleged Immorality of Capitalism, The Alleged Irrationality of Capitalism"이라는 소제목을 보면 그러한 주장들은 소위 근거도 없이 추정된 것에 지나지 않는다고 내쉬가 반박하고 있음을 알 수 있다. 우리는 여기서 그러한 15가지의 주장들에 대해서 논할 수는 없지만 그 주장들을 모두 열거할 것이다. (1) 자본주의는 19세기 산업화된 나라들에서 노동계층의 광범위한 비참함을 가져왔기 때문에 부도덕하다. (2) 자본주의는 그 체제 속의 노동자들을 착취하고, 사취하고, 강탈하기 때문에 부도덕하다. (3) 자본주의는 저개발국가들을 착취하도록 만들기 때문에 부도덕하다. (4) 자본주의는 탐욕과 이기심을 방조하기 때문에 부도덕하다. (5) 자본주의는 필연적으로 다른 사람들의 희생 위에 어떤 사람들이 이득을 보는 상황을 만들어내기 때문에 부도덕하다. (6) 자본주의는 사람들을 하찮고, 쓸데없고, 부도덕한 산물들을 구매하도록 충동하기 때문에 부도덕하다. (7) 자본주의는 도덕적으로 의심스러운 광고의 관행을 통해 인위적 필요를 창출하고, 사람들을 조작하고, 그들의 취미를 타락시키므로 부도덕하다. (8) 자본주의는 명백하게 이득이 나는 것이 아닌 기본적 공공재의 설비를 제공할 수 없으므로 부도덕하다. (9) 자본주의는 그것의 이득 추구가 심각한 부작용을 가져오고, 그 부작용의 비용을 지불하지 말아야 할 사람들에게 전가시키므로 부도덕하다. (10) 자본주의는 인간 소외를 야기하기 때문에 부도덕하다.

(1) 자본주의는 불가피하게 전개되는 경기 변동에서의 고도의 불규칙성 때문에 불합리하다. (2) 자본주의는 독과점의 성립으로 이르게 되기 때문에 불합리하다. (3) 자본주의는 그 자체 속에 과생산이라는 자기 파괴의 요소가 들어 있기 때문에 불합리하다. (4) 자본주의는 소비자들이 합리적 존재로서 언제나 합리적이고 예측 가능한 방식으로 그들의 소망에 대한 만족을 극대화한다고 잘못 가정하고 있기 때문에 불합리하다. (5) 자본주의에서 통제되지 않은 시장의 고도의 비효율성은 흔히 높은 실업률로 결과하기 때문에 불합리하다.

우리는 여기서 자본주의 시장에 대한 다른 관점에서의 찬반양론들로는 어떤 것들이 있는지 살펴볼 필요가 있다. 이에 대한 논의는 Allan Buchanan, *Ethics, Efficiency, and the Market*(Totowa, NJ: Rowan & Allanheld, 1985), Ch. 2, Ch. 3, pp.14-103에서 찾아볼 수 있다. 시장에 대한 찬반양론들은 우선 시장에 대한 효율성으로부터의 찬반양론들과 시장에 대한 도덕적 논증으로부터의 찬반양론들이 있다. 우선 시장에 대한 효율성으로부터의 찬성 논변들은 이상적 시장에 관련된 두 가지 주장들에 근거하고 있다. (1) 이상적 시장에서의 교환은 파레토 최적성의 균형 상태에 도달한다는 이론적 진술이다 (후생경제학의 제1 기본정리이다. 제2장 후주 59 참조). (2) 실제적인 비이상적 시장, 혹은 실제적인 시장의 실행 가능한 변형은 이상적 시장에 충분히 근접하므로 비시장적 제도보다 선호된다. 구체적으로 보면, 1) 시장에 관해서 충분한 정보 획득이 가능하다. 2) 계약과 재산권 제도를 실시하는 비용은 제로이며, 생산수단의 소유에 관련된 사유재산권은 확정적으로 수립되어 있으며 안정적이다. 3) 시장에서의 개인들은 일관되고 전이적인 선호관계를 가지고 있다. 4) 시장에서의 거래 비용은 제로이며, 어떠한 생산자와 소비자도 시장에 가격에 영향을 미치지 않으므로 완전경쟁이 가능하다. 5) 시장에서의 생산물은 구매자들에게 무차별적이고, 생산자들은 구매자들을 알 수 없다. 그 다음으로는 이상적 시장의 효율성을 이해하는 데는, 시장의 현재적 상황 뿐만 아니라 시장의 효율성이 시간 경과적으로 볼 때 증대한다는 것이다. 즉 시장에서의 거래가 계속되면 생산의 비용이 감소하고 보다 효율적인 생산이 가능하다는 것이다.

시장에 대한 효율성으로부터 반대 논변들은 다음과 같다. 기본적으로 현실 시장은 이상적 시장의 중요한 조건들을 충족시키지 못한다는 것이다. (1) 비효율성은 현실 시장에서의 높은 거래 비용으로부터 온다. (2) 현실 시장에서는 생산자들과 소비자들에 대한 정보가 결여되어 있으므로 비효율적이다. (3) 현실 시장은 독과점의 경향이 있다. (4) 외부성의 존재들 때문에 현실 시장은 비효율적이다. (5) 시장이 제공하지 못하는 특정한 재화, 즉 공공재를 확보하기 위한 성공적인 자발적 집단행동에 대한 장벽, 즉 시장의 실패가 존재하므로 시장은 비효율적이다. (6) 시장과 개인적 복지를 통해 드러난 개인적 선호들의 만족에서의 불합치가 존재하므로 시장은 비효율적이다. (7) 현실적 시장은 많은 실업자들을 양산하므로 비효율적이다.

시장에 대한 도덕적 논증으로부터의 찬성 논변들은 다음과 같다. (1) 사회적 다위니즘(social Darwinism) 논증, (2) 응분(desert)으로부터의 논증, (3) 상호 이익과 공리주의적 관점으로부터의 논증, (4) 자유로부터의 논증, (5) 기본적 권리들에 대한 효과적인 행사로부터 논증. 시장에 대한 도덕적 논증으로부터의 반대 논변들은 다음과 같다. (1) 착취에 대한 논증, (2) 소외와 적극적 자유의 개념으로부터의 논증, (3) 시장과 비시장적 형태의 구분되어야 할 상호 교류가 있지만 자본주의의 시장은 비시장적 형태의 상호 교류의 영역을 잠식하고 침해한다. 그래서 시장은 확장주의적 경향이 있고, 동시에 인간의 상호 교류에서 가치의 타락을 가져온다.

국내 저서들로는 윤평중, 『시장의 철학』(파주: 나남출판, 2016), 특히 제5장 "시장질서, 정의론, 법치주의"는 우리의 현재 논의에서 꼭 참고해야 할 부분이다. 이정전, 『시장은 정의로운가』(파주: 김영사, 2012). 이 책의 제4장 "누구나 정당한 자기 몫을 가질까?", 제7장 "시장은 자발적 합의의 결과이다", 제8장 "정의에 대한 환상을 경계하라"에는 유익한 논의들이 전개되어 있다. 그리고 이정전, 『시장은 정말 우리를 행복하게 하는가: 시장에 관한 6가지 질문』(서울: 한길사, 2002). 이 책은 시장과 시장의 원리를 포괄적이고 본격적으로 다룬 책이다. 시장에서의 행복의 문제뿐만 아니라 자유, 시장의 원리 혐오, 도덕성, 민주주의 병행 발전, 시장의 팽창과 사회의 위기도 다루고 있다. 현재 논의의 관점에서 중요한 것은 제6장 "시장은 우리 사회의 도덕성을 붕괴시키는가"이다. 경제학적 관점에서의 분배정의를 논한 책은 다음 저서 참조. 변형윤, 이정전,『분배의 정의』(서울: 집문당, 1994). 그리고 본서 제2장 후주 4에서 언급했던 박상수,『경제철학』, 제6장 "시장은 완전한가?", 제7장 "시장은 도덕적인가"도 참조했다. 그중 제7장에서 시장에서 불공정한 게임은 독점과 시장 참여 기회의 불균등, 불공정한 소득 및 부의 분배와 기회의 불균등이라고 지적된다. 그리고 이어서 이윤의 도덕성에 대한 다양한 입장들이 개진되고 상호 비교되어 있어서 유익한 논의라고 생각된다.

368) Gauthier, *Morals By Agreememt*, p.270.

369) 같은 곳. 로빈슨 크루소에 대한 관련 논의는 김경준,「로빈슨 크루소, 근대적 자유인의 출발점」,『이코노미스트』, 1404호(2017-10-16), pp.12-13. 로빈슨 크루소와 호모 에코노미쿠스를 다방면으로 연결시켜 자본주의적 경제와 시장에 대한 정밀한 분석을 하고 있는 것은 다음 저서 참조. 최병서,『로빈슨 크루소 경제원리: 호모 이코노미쿠스에서 몽키 이코노미쿠스로』(서울: 형설출판사, 2006).

370) Gauthier, *Morals By Agreement*, 같은 책, p.218.

371) 같은 곳. 최대상대양보의 극소화 원칙의 위반이라고 말한 것은 한계생산성 이론의 위반이기도 하다. 이것에 대해서는 본서 제4장 1절 3)항 참조.

372) 본서 제1장 후주 88, 89와 후주 번호가 있는 본문 참조.

373) 우리는 고티에의 다음과 같은 비판이 마르크스에게로 향할 수 있다고 본다. "시장을 어떤 형태의 정치적 통제로 종속시키는 것은 단서의 위반을 다시 불러들이는 것이며 협동에서의 공정성을 포학하게 짓밟는 것으로 소위 동유럽의 사회주의 사회들이 생생한 증거가 된다." Gauthier, *Morals By Agreement*, p.270. 그러나 고티에는 다음과 같이 말한다. "시장에서의 착취의 출현은 아마도 사회의 비시장적 측면인 생산요소들의 초기 분배와 같은 것, 그것은 시장 상호작용에서 주어진 것으로 간주되는 것에 의해서 나타나게 된다. 그래서 이러한 설명은 비록 그 주장이 비일관적이고 잘못 겨냥한 것이기는 하지만, 마르크스주의자의 주장이 왜 그렇게 많은 사람들을 납득시키는지를 잘 말해준다." 같은 책, p.112. 이러한 고티에의 시인은 마르크스의 비판이 하나의 유토피아라고 강박하는 것은 큰 도움이 안 된다. 같은 책, p.334. 우리가 본문에서 논한 것처럼 고티에는 자본의 원초적 축적에 관한 마르크스의 비판에 대해서 자세히 논의해야만 한다. 이것은 시장 이전의 단계로서 로크적 단서에 관계된다. 마르크스에 대한 고티에의 다른 비판들은 같은 책, p.89, p.110, p.260, p.334. 그리고 "The Social Contract as Ideology," pp.161-162 참조.

374) 멩거(Carl Menger), 뵘-바워크(Böhm-Bawerk), 미제스(Ludwig von Mises), 하이에크(Friedrich Hayek) 등이 소속되어 있는 오스트리아 경제학파는, 시장제도를 억압하는 마르크스의 프로젝트는 경제적 계산의 혼란에 이르게 되

며 자본과 노동이 공히 정치적 착취에 종속되는 제도를 가져올 것이라고 신랄하게 비판했다. 이와 관련된 저서는 다음 참조. John Gray, *Liberalisms: Essays in Political Philosophy*(London: Routledge, 1989), p.161. 이와 관련된 다른 저서들은 다음을 참조. 오스트리아 경제학파에 소속된 Israel M. Kirzner, "Some Ethical Implications for Capitalism of the Socialist Calculation Debate," Ellen Frankel Paul et al. eds., *Capitalism*(Oxford: Basil Blackwell, 1989), pp.165-182. David Gordon, *Critics of Marxism*(New Brunswick: Transaction Books, 1986). 국내 서적으로는 랜달 홀콤, 이성구, 김행범 옮김, 『오스트리아 경제학파의 고급 입문서』(서울: 해남, 2018) 참조. 1920년 "Economic Calculations in the Socialist Commonwealth"에서 사회주의가 경제적 계산의 측면에서 혼란을 가져온다는 미제스의 주장은 제4장 후주 367에서 언급했던 내쉬가 다시 정리하고 있다. 그는 비시장적 사회주의에 대해서 미제스가 세 가지 주장을 했다고 본다. 기본적인 주장은 사회주의가 경제적 계산이 불가능하므로 바람직하지 않을 뿐만 아니라 실행 불가능하다는 비판이다. 계산에 관련된 보다 자세한 주장은 다음과 같다. (1) 경제적 계산은 경제적 활동을 위해서 필수적이다. (2) 가격은 경제적 계산을 위해서 필수적이다. (3) 시장은 가격 결정을 위한 필수적 조건이다. Ronald H. Nash, *Freedom, Justice And The State*, pp.136-137. 그리고 "Austrian School," *Wikipedia*, pp.1-17. "Economic calculation problem," *Wikipedia*, pp.1-12.

375) James P. Sterba, "A Marxist Dilemma for Social Contract Theory," *American Philosophical Quarterly*, Vol. 19(1982), pp.51-59. 본서 제2장 후주 166(분석적 마르크시즘), 168(합리적 선택과 마르크시즘), 그리고 본서 제4장 후주 391 참조.

376) 시장사회주의에 대해서는 다음을 참조. Oskar Lange and Fred M. Taylor, ed. with an Introduction by Benjamin E. Lippincott, *On the Economic Theory of Socialism*(New York: McGraw-Hill Book Co., 1964). 비판적 논란은 다음 저서들 참조. Ernest Mandel, "The Myth of Market Socialism," *New Left Review*, Vol. 169(1988), pp.108-l20. David Miller, "Marx, Communism, and Markets," *Political Theory*, Vol. 15(1987), pp.182-204. Cf. Rawls, *A Theory of Justice*, p.273. 롤즈는 국가주도의 통제 경제 사회주의(state socialism with command economy), 그리고 자유주의적(민주주의적) 사회주의(liberal(democratic) socialism)를 언급하고 있다. John Rawls, *Justice As Fairness: A Restatement,* ed. by Erin Kelly(Cambridge, Massachusetts: The Belknap Press of Harvard University Press, 2001), p.136. 시장사회주의에 대한 비판은 제4장 후주 374에서 논의한 다음 저서

참조. Nash, *Freedom, Justice And The State*, pp.137-140. 시장사회주의에 대해서 참조할 만한 또 다른 저서는 Allan Buchanan, *Ethics, Efficiency, and the Market*, Ch. 4. "Market Socialism-Separating the Market from Private Property in the Means of Production", pp.104-117.

377) Gauthier, "Social Choice and Distributive Justice," p.239.

378) Nozick, *Anarchy, State, and Utopia*, p.152. Cf. pp.230-231. 본서 제3장 2절 3)항 참조.

379) Nozick, *Anarchy, State, and Utopia*, p.231. 인용절은 로버트 노직, 남경희 옮김, 『아나키에서 유토피아로』, p.289에서 인용.

380) Macpherson, *Democratic Theory*, p.235. 우리는 이미 이러한 주장을 논의했다. 본서 제3장 후주 49 참조.

381) Macpherson, *The Political Theory of Possessive Individualism*, p.221.

382) Locke, *The Second Treatise of Government*, Ch. 5. Para. 33.

383) 같은 책, Ch. 5, Par 46.

384) Macpherson, *The Political Theory of Possessive Individualism*, pp.203-223.

385) Locke, *The Second Treatise of Government*, Ch. 5. Para. 28.

386) Gauthier, *Morals By Agreement*, p.222.

387) Locke, *The Second Treatise of Government*, Ch. 5, Para. 36, Para. 45.

388) 같은 책, Ch. 5, Para. 50. 인용절은 존 로크, 강정인, 문지영 옮김 『통치론』 (서울: 까치글방, 1996), p.53.

389) Macpherson, *Democratic Theory*, p.232.

390) 같은 곳.

391) 같은 책, p.237. 그것에 대한 비판적 논의는 다음 저서 참조. William Leiss, *C. B. Macpherson: Dilemmas of Liberalism and Socialism*(New York: St. Martin's Press, 1988).

392) Gauthier, "The Social Contract as Ideology," 그리고 "Justice and Natural Endowment: Toward a Critique of Rawls' Ideological Framework" 참조.

393) John E. Roemer, *Free to Lose: An Introduction to Marxist Economic Philosophy*(Cambridge: Harvard University Press, 1988).

394) Gauthier, "Morality, Rational Choice, And Semantic Representation," p.202.

395) Gauthier, *Morals By Agreement*, p.223.

396) 같은 책, p.193.

397) 자연적 상호작용의 보상에 관한 논란에 관련하여, 고티에는 이렇게 말한다. "[로크적] 단서에 호소하는 것은 선결문제 요구의 오류에 빠지는데, 그 이유는 우리는 단서에 대한 정당한 근거를 찾고 있기 때문이다." 같은 책, p.224.

398) 같은 책, p.193.

399) Kraus and Coleman, "Morality and Rational Choice," p.745.

400) Gauthier, *Morals By Agreement*, pp.231-232.

401) Cf. 유리천장(glass ceiling)은 "충분한 능력을 갖춘 구성원, 특히 여성이 조직 내의 일정 서열 이상으로 오르지 못하게 하는 '보이지 않는 장벽(invisible barrier)'을 은유적으로 표현한 말이다." 「유리천장」, 이한영, 『상식으로 보는 세상의 법칙: 경제편』(21세기북스), NAVER 지식백과, pp.1-6.

402) Gauthier, *Morals By Agreement*, p.231.

403) 같은 책, p.26.

404) 고티에는 명백하게 다음과 같이 지적한다. "사회계약론적인 인간관에 대한 노동자들과 여성들의 수용은 그들이 진정으로 인간적인 사유적 활동으로부터 배제된 것의 거부에 이르게 될 것이다." Gauthier, "The Social Contract as Ideology," p.163. 그렇다면 고티에의 입장은 종잡기 어려운 것처럼 보인다. 비록 이데올로기로서의 사회계약론이 서술적으로 그럴듯하지만, 그는 "이데올로기적으로 효과적인 사회계약론의 규범적인 그럴듯함[외면적 신뢰성]을 붕괴시키려고" 노력하고 있다. 같은 논문, p.130. 후자가 의미하는 것은 고티에가 홉스적인 철저한 사회계약론과 합리성의 표준적 관념을 수정된 로크적 단서와 MRC/MRB, 그리고 합리적 준수를 통해 규범적으로 변경함을 목표로 하고 있다는 것이다.

405) Gauthier, *Morals By Agreement*, p.231.

406) 같은 책, p.30. 본장인 제4장 1절 2)항에서 우리는 이미 그러한 동일화를 논의했다.

407) Virginia Held, "Non-Contractual Society: A Feminist View," in Marsh Hanen and Kai Nielsen, eds., *Science, Morality, and Feminist Theory*, *Canadian Journal of Philosophy*, Supplementary Volume(1987), Book 13, pp.111-137. Annette Baier, "Trust and Antitrust," *Ethics*, Vol. 96(1986), pp.231-260. 특히 "The Male Fixation on Contract"에 관련된 절 참조. Carole Pateman, *The Sexual Contract*(Cambridge: Belknap Press, 1989). Carole Pateman and Charles Mills, *Contract and Domination*(Stanford: Polity Press, 2007). "Contractarianism," "5. Subversive Contractarianism", *Stanford Encylopedia of Philosophy*, pp.1-11 중 pp.7-8. "Social Contract Theory," *Internet Encyclopedia of Philosophy*, "4. Contemporary Critiques

of Social Contract Theory. a. Feminist Arguments. i. The Sexual Contract. ii. The Nature of the Liberal individual. iii. Arguing from Care." pp.1-23 중 pp.17-20. 그리고 Jean Hampton, "Feminist Contractarianism," in Anne E. Cudd, Robin O. Andreasen, *Feminist Theory: A Philosophical Anthology* (Oxford: Blackwell Publishing Co., 2005), pp.280-301.

408) Gauthier, *Morals By Agreement*, p.231.

409) 같은 곳.

410) 맥루한(Marshall McLuhan)과 그랜트(George Grant)와 같은 캐나다 학자들이 이러한 주장을 제기하는 것은 매우 흥미로운 현상이다. 특히 다음 세 저서 참조. Marshall McLuhan, *The Mechanical Bride: Folklore of Industrial Man,* 1st edn.(NY: The Vanguard Press, 1951); 2nd edn.(Berkeley: Gingko Press, 2002). George Grant, *Technology and Empire*(Toronto: Anansi, 1969); *Technology & Justice*(Notre Dame: University of Notre Dame Press, 1986). 두 번째 책에 대한 고티에의 서평은 다음을 참조. "George Grant's Justice," *Dialogue*, Vol. 27(1988), pp.121-134. 테크놀로지에 대한 일반적 논의는 Ian G. Barber, *Technology, Environment, Human Values*(New York: Praeger, 1980). 특히 Ch. 3. "Technology as Liberator, Threat, Instrument of Power" 참조.

411) Cf. Gauthier, *Morals By Agreement*, p.230.

412) Don Herzog, *Happy Slaves: Critique of Consent Theory*(Chicago: The University of Chicago Press, 1989). Cf. Louis Dumont, *Homo Hierarchicus: The Caste System and Its Implications*, trans. Mark Sainsbury(London: Weidenfeld and Nicolson, 1970).

413) Gauthier, *Morals By Agreement*, p.232. 강조 부가.

414) 미국 마르크스주의자인 길먼(Joseph Gillman)은 자본주의의 네 가지 운동 법칙들의 복합을 제시한다. 즉, 자본의 집중과 중앙화의 증대, 경기 순환으로부터 오는 위기의 심각성, 노동자 계급의 비참함의 증가, 이익률의 하강이 그것이다. Joseph Gillman, *The Falling Rate of Profit: Marx's Law and Its Significance to Twentieth Century Capitalism*(New York: Cameron Associates, 1985). 마르크스 자신이 명백하게 이러한 네 가지 법칙을 제시한 것은 아니었다. 그는 *Economic and Philosophical Manuscript*, pp.123-124에서 노동자의 소외 현상의 경향에 관한 여섯 가지의 정치경제학의 법칙들을 언급했다. 또한 그는 자본 축적에 관한 네 가지 일반적 법칙들을 언급했는데, 그것들은 유명한 "산업 예비군"에 대한 논의를 포함하고 있다. Marx, *Capital*, Vol. I, Ch. 25. 그리고 마르크스는 "이익률의 하강의 경향에 관한 법칙들"도 언급하고 있다. Marx, *Capital*, Vol. III, Pt.iii 참조. 이상에서 언

급한 법칙들에 대한 자세한 비판적인 논의를 하지 못함을 아쉽게 생각한다. 유익한 참고문헌으로는 다음 저서가 있다. George Catephores, *An Introduction to Marxist Economics*(New York: New York University Press, 1989).

415) Gauthier, "Morality, Rational Choice, and Semantic Representation," p.201.

416) Gauthier, *Morals By Agreement*, p.17.

417) 같은 책, p.268.

418) 고티에는 이러한 논란을 다른 저서에서 "계약의 범위"에 관련하여 매우 심각하게 논의하고 있다. "The Social Contract," pp.61-63. 롤즈는 자신의 정의론이 "다른 생명체들과 자연적 질서 그 자체 대한 우리들의 관계는 포함하지 않는다"고 말한다. John Rawls, "The Domain of the Political and Overlapping Consensus," *The New York University Law Review*, Vol. 64 (1989), p.248.

419) Gauthier, *Morals By Agreement*, p.269. 그러나 고티에는 다른 영역에서는 그러한 부합을 기대하고 있다. "우리의 실제적 도덕원칙들과 관행들 중 많은 것은 실상 최대상대양보의 극소화로부터의 요구를 특정한 상황들에 적용한 것인데, 약속 지키기, 진실을 말하기, 공정한 거래 등이 그것들이다." 같은 책, p.156.

420) Louis Althusser, "Ideology and Ideological State Apparatuses," trans. Ben Brewster, *Lenin and Philosophy and Other Essays*(London: Monthly Review Press, 1971), p.162. 여기에 대한 논의는 다음 저서 참조. Quentin Skinner, ed., *The Return of Grand Theory in the Human Sciences* (Cambridge: Cambridge University Press, 1985), "8. Louis Althusser" by Susan James.

421) Summer, "Justice Contracted," p.538.

422) "만약 권리가 합의의 산물이거나 혹은 결과라고 가정한다면, 『도덕합의론』의 관념은 아마도 오도된 것일 수 있다. 우리가 이러한 설명을 수용해야 한다면, 권리들이 최대상대양보의 극소화 원칙에 의해서 결정된다고 가정해야 할 것이다. 권리는 각 개인이 협상 테이블로 가져오는 것이지, 협상 테이블에서 가져 나가는 것은 아니다." Gauthier, *Morals By Agreement*, p.222. 그러나 근래의 논문에서 고티에는 입장을 바꾼 것처럼 보인다. "다니엘슨 (Danielson)이 다음과 같이 주장한 것은 옳다. 즉 '시장은 사회계약에 의해서 규제될 수 있다.'" Gauthier, "Moral Artifice," p.413. 이것이 의미하는 바는 시장의 운행뿐만 아니라 시장의 (개인들의 최초 자질과 권리를 포함하는) 전제들도 규제될 수 있다는 것이다. 우리는 이미 이러한 가능성을 논의했다.

즉 고티에가 기초적 시장 계약주의에서 본격적 시장 계약주의로의 이행한 것을 논의했다. 본서 제4장 1절 3)항 참조. 다니엘슨은 제4장 후주 165 참조.

423) Gauthier, *Morals By Agreement*, p.354. 우리가 아는 한, 이 문제에 대해서 가장 종합적인 논의를 한 것은 다음 저서 참조. Chapman and Pennock, *Markets and Justice*, 특히 Pt. I. "Contractarianism and Capitalism". 본서 제4장 후주 113 참조. Cf. Arthur DiQuattro, "The Market and Liberal Values," *Political Theory*, Vol. 8(1980), pp.183-202.

424) Hobbes, *Leviathan*, Ch. 15, p.213. 이러한 관점에서 운의 문제는 재고되어 야 한다. Richard A. Epstein, "Luck," in Ellen Paul et al. eds., *Capitalism* (Oxford: Basil Blackwell, 1989), pp.17-38. Peter Breiner, "Democratic Autonomy, Political Ethics, and Moral Luck," *Political Theory*, Vol. 17 (1989), pp.530-574. 본서 저자도 참석했던 미국철학회 동부지회(Eastern Division) 모임(Atlanta, 1989)에서 레셔(Nocholas Rescher)는 회장 연설로 "Luck"을 하였는데 운에 관한 여러 철학적 논의들을 비판적으로 논구하였 다. *Proceedings and Addresses of the American Philosophical Association*, Vol. 64(1990) 참조. 윤리학 관점에서의 논의는 Thomas Nagel, "Moral Luck," in *Mortal Questions*(New York: Cambridge University Press, 1979). Bernard Williams, "Moral Luck," in *Moral Luck: Philosophical Papers 1973-1980*(New York: Cambridge University Press, 1981). 노직을 비롯한 자유지상주의자들과 고티에는 운 자체도 그 사람의 본질적 소유가 된다고 주장하지만, 롤즈나 드워킨(Ronald Dworkin)은 운도 평등화해야 한다고 주 장한다. 이러한 주장은 사람들이 스스로 선택하지 않았으므로 책임이 없는 상황 속에 있는 자연적 운의 경우는 운 좋은 사람과 동등할 정도로 보상되 어야 한다는 것이 정의롭다는 것이다. 물론 스스로 선택한 결과로 따라오는 상황 속에서의 책임 있는 운의 경우는 보상이 주어지지 않는 것이 정의로운 것으로 인정된다. "Luck Egalitarianism," *Wikipedia*, pp.1-3. 운 평등주의를 위한 흥미 있는 관점을 전개하고 있는 책은 Barbara Goowin, *Justice By Lottery*(Chicago: University of Chicago Press, 1992).

425) Cf. Arthur Ripstein, "Gauthier's Liberal Individual," *Dialogue*, Vol. 28 (1989), pp.63-76. Fred M. Frohock, *Rational Association*(Syracuse: Syra-cuse University Press, 1987), Ch. 5. "Liberal Models in Collective Choice".

426) Alan Nelson, "Economic Rationality and Morality," p.166. 본서 제4장 후 주 73과 후주가 있는 본문, 그리고 본서 제1장 후주 78과 후주가 있는 본문 참조.

제5장 결론: 사회계약론적 자유주의 윤리학의 교훈과 윤리학의 미래 과제

1) 어떤 의미에서 사회계약론적 자유주의 윤리학은 포스트-실존주의, 혹은 포스트-정의주의의 윤리학이다. 이것이 의미하는 것은 다음과 같다. 롤즈는 한때, 그리고 고티에는 계속적으로 도구적 합리성을 그들의 사회계약론적 윤리학의 정초 혹은 토대로 사용하고 있는 것은 여전히 부분적으로 인간의 본성, 객관적 가치와 선에 대한 회의론적 시각을 가지고 있는 개인주의적인 실존주의 혹은 정의주의를 견지하고 있다는 것이다. 그렇다면 사회계약론적 자유주의 윤리학은 가능한 중첩적 합의, 혹은 최소한의 객관적 합의, 그리고 혹은 주관적인 상대적 개인들 사이의 협상적 합의(포스트-실존주의와 포스트-정의주의의 상황에서 사회정의를 위한 규범적 기준에 대한 합의)만을 추구하는 것에 다름이 아니다. 최소한의 객관성은 롤즈의 논문 참조. Rawls, "Political and Overlapping Consensus," p.241. 우리가 본서 제4장 1절 2)항에서 논의한 것처럼 고티에는 주관주의적인 상대주의적 가치를 추구한다. 본서 제4장 후주 87 참조. 주관주의적이고 상대주의적인 사회계약론적 자유주의 윤리에 대한 매킨타이어의 비판적 견해는 그의 대표 저서『덕 이후(*After Virtue*)』(1981), 제3장과 제4장 참조. 특히 주관주의적이고 상대주의적인 사회계약론적 자유주의 윤리학이 합리성을 추구하지만 정의주의(emotivism)에 빠지고 만다는 주장은 압권이다. 이 책의 서평, 박정순, 「문제의 책: 알래스다이어 매킨타이어의『덕 이후(*After Virtue*)』」,『철학과 현실』, 제10호(1991년 가을호), pp.343-349 참조. 번역본으로는 알래스데어 매킨타이어, 이진우 옮김,『덕의 상실』(서울: 문예출판사, 1997) 참조.

2) Jeffrey Stout, *Ethics after Babel: The Language of Morals and Their Discontents*(Boston: Beacon Press, 1988).

3) Kai Nielsen, "Searching for an Emancipatory Perspective: Wide Reflective Equilibrium and the Hermeneutical Circle," in *Anti-Foundationalism and Practical Reasoning*, p.144. 이 책은 본서 제1장 후주 43 참조.

4) James Gouinlock, "Dewey," in Robert J. Cavalier, James Gouinlock, and James P. Sterba, eds., *Ethics in the History of Western Philosophy*(New York: St. Martin's Press, 1989), p.316.

5) Andrew Ross, ed., *Universal Abandon?: The Politics of Postmodernism* (Minneapolis: University of Minnesota Press, 1988). Stanley G. Clarke and Evan Simpson, eds., *Anti-Theory in Ethics and Moral Conservatism* (Albany: State University Press of New York, 1989). Cf. 본서 제4장 후주

72 참조.

6) John Kekes, "The Sceptical Challenge to Rationality," *Meta Philosophy*, Vol. 2(1971), pp.121-l36. Cf. Kekes, *Justification of Rationality*(Albany: State University of New York Press, 1976). 그리고 다음 저서들 참조. Martin Hollis and Steven Lukes, eds., *Rationality and Relativism* (Cambridge: The MIT Press, 1982). J. Margolis, M. Krausz, and R. M. Burian, eds., *Rationality, Relativism and The Human Sciences*(Dordrecht: Martinus Nijhoff Publishers, 1986).

7) R. M. Sainsbury, *Paradoxes*(Cambridge: Cambridge University Press, 1988), p.1.

8) K. Marx, *The German Ideology*, in *Marx and Engels: Basic Writings on Politics and Philosophy*, p.254. 마르크스가 언급한 이 문제에 대한 천착은 박정순, 「개인 이익과 공익의 자유주의적 관련 방식」, 『철학연구』, 제61집 (2003), pp.203-220 참조.

9) Rawls, *A Theory of Justice*, p.16, p.121, p.152. 롤즈가 정당화의 기제로 언급한 곳은 같은 책, p.16, p.17, p.121.

10) Hans W. Gettinger and Werner Leinfeller, eds., *Decision Theory and Social Ethics*, p.vii.

11) Elster, *The Cement of Society*, p.viii.

12) John Gray, *Liberalisms: Essays in Political Philosophy*(London: Routledge, 1989), p.262.

13) 같은 곳. 그레이는 여기서 퓌론주의 이후의 시대는 리빙스턴에게 도움을 얻었다고 지적한다. Cf. Donald Livingston, *Hume's Philosophy of Common Life*(Chicago: The University of Chicago Press, 1984), Ch. I. "Post-Pyrrhonian Philosophy." 이제 리빙스턴의 퓌론주의 이후 시대 개념은 유행하고 있다. Cf. David R. Hiley, *Philosophy in Question: Essays on Pyrrhonian Theme*(Chicago: The University Press of Chicago, 1988). 국내 논문으로는 임홍빈, 「삶의 형식으로서의 퓌론주의(Pyrrhonism)와 그 인식론적 변형」, 『철학논총』, 제31집(2003), pp.149-168. 특히 pp.158-161 참조. 그리고 박승권, 『피론학파의 회의주의 연구: 탐구의 개념을 중심으로』(연세대학교 대학원 박사학위논문, 2017. 2.).

14) Nicholas Fotion, *Moral Situations*(Yellow Springs, Ohio: The Antioch Press, 1968), p.115.

15) 여기서 등장하는 사회적 지성의 개념은 다음 저서 참조. James Gouinlock, *Excellence in Public Discourse: John Stuart Mill, John Dewey, and Social*

Intelligence(New York: Teachers College Press, 1985). 관련 저서로는 다음을 참조. James Gouinlock, *John Dewey's Philosophy of Value*(New York: Humanities Press, 1972); *The Moral Writings of John Dewey*(New York: Hafner Press, 1976).

16) Friedrich Nietzsche, *Beyond Good and Evil*, trans. Walter Kaufmann(New York: Vintage Books, 1966), p.97.

17) Richard Rorty, J. B. Schneewind, and Quentin Skinner, eds., *Philosophy in History: Essays on the Historiography of Philosophy*(Cambridge: Cambridge University Press, 1989).

18) Martin Schwab, "Foreword," in Manfred Frank, *What is Neostructuralism?* trans. Sabine Wilke and Richard Gray(Minneapolis: University of Minnesota Press, 1989), p.xvi. 롤즈의 정의론에 대한 후기 근대성으로부터의 논의는 다음 참조. J. Donald Moon, *John Rawls: Liberalism and the Challenges of Late Modernity*(Lanham: Rowman & Littlefield, 2014).

19) Gauthier, *Morals By Agreement*, pp.310-312.

20) 같은 곳과 같은 책, pp.218-219 참조. 본서 제4장 후주 331과 후주 번호가 있는 본문 참조.

21) Robert B. Louden, "Some Vices of Virtue Ethics," *American Philosophical Quarterly*, Vol. 21(1984), pp.227-236. 공동체주의의 반자유주의적 관행에 대해서는 다음 저서 참조. Peter A. French, ed., *Ethical Theory: Character and Virtue*, Vol. xiii, *Midwest Studies in Philosophy*(Notre Dame: University Press of Notre Dame, 1988). 자유주의 대 공동체주의의 논쟁에 대해서는 다음 참조. David Rasmussen, ed., *Universalism vs. Communitarianism: Contemporary Debates in Ethics*(Cambridge, Mass.: MIT Press, 1990). 저널 특집호로는 5개의 논문이 실린 *Philosophy & Social Criticism*, Vol. 14, Issue 3-4(July 1988) 참조. 스테판 뮬홀, 애덤 스위프트, 김혜성, 조영달 옮김, 『자유주의와 공동체주의』(서울: 한울, 2001). 박정순, 『마이클 샌델의 정의론, 무엇이 문제인가』(서울: 철학과현실사, 2006), 제5장. 홍성우, 『자유주의와 공동체주의의 윤리학』(서울: 선학사, 2005). 그리고 이종은, 「롤즈와 공동체주의」, 『사회과학연구』, 제28권(2016), pp.1-29 참조. 이 논문은 롤즈가 원자론적 자아에만 의존하지 않고 사회적 자아에도 의존하므로 공동체주의적 가닥이 있다고 주장한다. 나아가서 자유주의가 공동체주의를 수용할 경우에 고려해야 할 것이 무엇인가도 시사하고 있다.

22) Evan Simpson, "Moral Conservatism," *Review of Politics*, Vol. 49(1987), pp.29-57. Robert Nisbet, *Conservatism*(Minneapolis: University of Minnesota Press, 1986).

23) MacIntyre, *After Virtue*, p.114. 롤즈와 매킨타이어를 상호 비교하고 자세히 논구한 책은 다음 참조. 이양수, 『정의로운 삶의 조건』(파주: 김영사, 2007). 특히 제3장 "롤즈와 매킨타이어의 가상 세미나: 21세기 자유주의 대 공동체주의"는 흥미로운 부분이다.

24) 롤즈는 이렇게 말한다. "완전주의는 예술이나 학문에 있어서 인간의 탁월성의 성취를 극대화할 수 있도록 사회제도를 마련하고 개인의 책무를 규정하는 단일 원리의 목적론이다." Rawls, *A Theory of Justice*, p.325. 그러나 완전주의는 개인들의 자유로운 가치 추구를 억압하며, 여러 가지 정신적 목표를 추구할 자유에 대한 심각한 제한을 가한다. 같은 책, pp.327-328.

25) MacIntyre, *After Virtue*, p.59, p.52.

26) Kai Nielsen, "On Taking Human Nature as the Basis of Morality," *Social Research*, Vol. 29(1962), pp.157-176. 인간 본성에 관한 논쟁에 대해서는 다음 저서 참조. Christopher J. Berry, *Human Nature*(Atlantic Highlands: Humanities Press International. Inc., 1986).

27) Fred R. Dallmayr, ed., *From Contract to Community: Political Theory at the Crossroads*(New York: Marcel Dekker, Inc., 1978), p.9.

28) Thomas C. Heller, Morton Sosna, and David E. Wellbery, eds., *Reconstructing Individualism: Autonomy, Individuality, and the Self in Western Thought*(Stanford: stanford University Press, 1986). John Kekes, *Moral Tradition and Individuality*(Princeton: Princeton University Press, 1989). Herbert J. Gans, *Middle American Individualism: The Future of Liberal Democracy*(New York: The Free Press, 1988).

29) David Riesman with Nathan Glazer and Reuel Denney, *The Lonely Crowd: A Study of the Changing American Character*(New Haven: Yale University Press, 1961; abridged ed. with 1969 preface). Richard Sennett, *The Fall of Public Man: On the Social Psychology of Capitalism*(New York: Vintage Books: 1978). Allan Bloom, *The Closing of the American Mind*(New York: A Touchstone Book, 1987).

30) John Dunn, *Rethinking Modern Political Theory*(Cambridge: Cambridge University Press, 1985), Ch. 10, p.177. 그리고 그의 다음 저서 참조. *Western Political Theory in the Face of the Future*(Cambridge: cambridge University Press, 1979).

31) Robert Nisbet, *The Quest for Community*(New York: Oxford University Press, 1953). Maurice R. Stein, *The Eclipse of Community*(Princeton: Princeton University Press, 1960). Dennis H. Wrong, *Skeptical Sociology*

(New York: Columbia University Press, 1976), Ch. 4. "The Idea of Community: A Critique".

32) "전부 아니면 무"의 이분법의 회피는 다음 저서 참조. Amy Gutmann, "Communitarian Critique of Liberalism," *Philosophy & Public Affairs*, Vol. 14(1985), p.317. 이에 대한 논의는 박정순, 「자유주의대 공동체주의 논쟁의 방법론적 쟁점」, 『철학연구』, 제33집(1993), pp.53-54 참조.

33) Gould, *Rethinking Democracy*, p.105. Cf. Chapter IV. n.32. 굴드는 원래 이러한 생각을 다음 저서에서 시작했다. Carol C. Gould, *Marx's Social Ontology: Individuality and Community in Marx's Theory of Social Reality* (Cambridge: The MIT Press, 1980).

34) John Rawls, "The Priority of Right and Ideas of the Good," *Philosophy & Public Affairs*, Vol. 17(1988), p.273. 롤즈의 정치적 자유주의는 John Rawls, *Political Liberalism*(New York: Columbia University Press, 1993, 1996) 참조. 정치적 자유주의에 대한 심층 논의는 박정순, 「정치적 자유주의의 철학적 기초」, 『철학연구』, 제42집(1998), pp.275-305 참조.

35) Gauthier, *Morals By Agreement*, p.339, p.355.

36) George Parkin Grant, *English-Speaking Justice*(Notre Dame: University of Notre Dame Press, 1974). Dunn, *Rethinking Modern Political Theory*, p.161. Michael Walzer, "Justice Here and Now," Franks S. Lucash, ed., *Justice and Equality: Here and Now*(Ithaca: Cornell University Press, 1986), pp.136-150.

37) 미국의 대표적인 기독교 근본주의는 기독교 우파 단체 "도덕적 다수"의 대표인 제리 폴웰(Jerry Falwell) 목사가 주창한 것이었다. Robert E. Webber, *The Moral Majority: Right or Wrong*(Wheaton: Crossway Books, 1981). 박정순, 『마이클 샌델의 정의론, 무엇이 문제인가』(서울: 철학과현실사, 2016), 제3장 2절 5)항 "기독교 근본주의의 대두와 자유주의에의 책임 전가", pp.198-201.

38) John Rawls, "Some Reasons for the Maximin Criterion," *The American Economic Review*, Vol. 64(1974), p.145. 마르크스의 신조는 *Critique of the Gotha Program* in *Basic Writings*, p.119 참조. 이 신조는 블랑(Louis Blanc)이 먼저 사용했던 것이다. Charles E. Larmore, *Patterns of Moral Complexity*(Cambridge: Cambridge university Press, 1987), p.116. 마르크스의 신조는 프랑스 사회주의자들이 널리 사용했던 것으로 그 기원은 모렐리 (Étienne-Gabriel Morelly)의 저서 *Code of Nature*(1777)까지 소급된다. "From each according to his ability, to each according to his needs," *Wikipedia*, pp.1-3.

39) Michael Burway, *Manufacturing Consent: Changes in Labor Process under Monopoly Capitalism*(Chicago: University of Chicago Press, 1979). Michael Ryan, *Marxism and Deconstruction: A Critical Articulation*(Baltimore: The Johns Hopkins University Press, 1982). Fredric Jameson, "Marxism and Postmodernism," *New Left Review*, Vol. 176(1989), pp.331-45. Norman Geras, "Post-Marxism," *New Left Review*, Vol. 163(1987), pp.40-82. 김기홍, 『한국인은 왜 협상에서 항상 지는가: 게임이론을 주제로 한 협상이야기』, 본서 제4장 후주 191 참조.

40) "인간의 얼굴을 한 사회주의(Socialism with a human face)"는 1968년 체코슬로바키아의 개혁파 공산주의 지도자 알렉산더 두브체크(Alexander Dubcek)가 최초로 사용한 용어이다. 여기서 개혁파라 함은 권위주의적인 소련식 사회주의가 아니라 민주적, 인간적, 자유주의적인 사회주의를 말한다. 「인간의 얼굴을 한 사회주의」, 『위키백과』, p.1. 「인간의 얼굴을 한 사회주의」, 『주제로 들여다본 체코의 역사』, NAVER 지식백과, pp.1-2.

41) Francis Fukuyama, "The End of History," *The National Interest*(Summer 1989), p.4. 나중에 후쿠야마는 저서를 출판한다. *The End of History and the Last Man*(New York: Free Press, 1992; New York: Perennial, 2002). 번역본으로는 프랜시스 후쿠야마, 이상훈 옮김, 『역사의 종말』(서울: 한마음사, 1992) 참조.

42) Fukuyama, "The End of History," p.18. Cf. Francis Fukuyama, "A Reply to My Critique," *The National Interest*(Winter 1989/90), pp.21-28. 후쿠야마에 관련된 논쟁은 시사잡지 *The National Interest*와 *National Review* 참조.

43) Dennis Auerbach, "Liberalism in Search of Its Self," *Critical Review*, Vol. 1(1987), pp.7-29.

44) Daniel Bell, *The End of Ideology*(Cambridge: Harvard University Press, 1960; with a New Afterword, 1988). Chaim I. Waxman, *The End of Ideology Debate*(New York: Funk & Wagnalls, 1968).

45) 「이데올로기의 종언」, 이종수, 『행정학 사전』, NAVER 지식백과, p.1.

46) 김운희, 「시대도착의 이론가, 다니엘 벨」, 『프레시안』(2012. 10. 17.), pp.1-14 참조.

47) David McLellan, *Ideology*(Minneapolis: University of Minnesota Press, 1986), p.2.

48) David Lloyd-Thomas, *In Defense of Liberalism*(New York: Basil Blackwell, 1988).

49) Rawls, "The Priority of Right and Ideas of The Good," 참조. Cf. Robert B.

Thigpen and Lyle A. Dowing, "Liberalism and Neutrality Principle," *Political Theory*, Vol. 11(1983), pp.585-600. 롤즈의 『정치적 자유주의』(1993)는 본서 제5장 후주 34 참조. 롤즈의 정치적 자유주의는 John Rawls, *Political Liberalism*(New York: Columbia University Press, 1993, 1996) 참조. 이 문단에서 후주 번호 48 이후는 박정순, 「정치적 자유주의의 철학적 기초」, pp.284-285에서 발췌.

50) Rawls, *Political Liberalism*, p.193.

51) 같은 책, p.194.

52) Charles E. Larmore, *Patterns of Moral Complexity*(Cambridge: Cambridge University Press, 1987). Isaac Levi, *Hard Choices: Decision Making under Unresolved Conflict*(Cambridge: Cambridge University Press, 1986). Guido Calabresi and Philip Bobbitt, *Tragic Choices: The Conflicts Society Confronts in the Allocation of Tragically Scarce Resources*(New York: W. W. Norton & Company, 1978). 관련 논의는 본서 제4장 후주 345 참조.

53) Marx, *German Ideology* in *Basic Writings*, p.247.

54) 같은 책, p.248.

55) 분석적 마르크시즘은 본서 제2장 3절 3)항 후주 166 참조. 분석적 마르크시스트들은 밀러(Richard Miller), 로우머(John Roemer), 엘스터(Jon Elster), 코헨(G. A. Cohen) 등이 있다. 마르크시즘에 대한 다른 연구가들로는 닐슨(Kai Nielsen), 뷰캐넌(Allen Buchanan), 루크스(Steven Lukes), 프루잔(Elliot Pruzan), 게라스(Norman Geras), 페퍼(R. G. Peffer) 등이 있다.

56) Fukuyama, *The End of History and the Last Man* 참조. 번역본으로는 프랜시스 후쿠야마, 이상훈 옮김, 『역사의 종말』 참조. 『역사의 종말』, 제2부 9장 "자유시장경제의 승리", 그리고 제3부 특히 18장 "지배와 예속" 참조.

57) Joseph Campbell, *The Hero with a Thousand Faces*(Princeton: Princeton University Press, l972; rev. ed. l988).

58) 부분적 인간의 리스트는 끝이 없다. *homo universalis*(universal man, 만능인, 팔방미인, 다재다능), *zoon politikon*(political animal, Aristoteles), *zoon or anthropon logos echon*(rational animal or rational human, Aristoteles), metaphysical animal(형이상학적 인간, Schopenhauer), irrational man(불합리한 인간, Barrett), *homo hierarchicus*(위계적 인간, Dumont), *ecce homo*(이 사람을 보라, John/Nietzsche), *homo academicus*(학문적 인간, Bourdieu), *homo politicus*(정치적 인간, Lasswell), *homo rudens*(유희적 인간, Huizinga), *homo viator*(걷는 인간 혹은 여행하는 인간, Marcel), *homo symbolicus*(상징적 인간, Cassirer), *homo significans*(의미를 찾는 인간, Barthes), psycho-

logical man(심리학적 인간, Reiff/Lasch), ecclesial man(교회적 인간, Farley), *homo religiosus*(종교적 인간), *homo sapiens*(이성적 인간, Linné) *homo habilis*(도구를 사용하는 사람, Leakey) *homo creator*(창조적 인간, Mühlman), *homo dionysiacus*(도취와 쾌락의 디오니소스적 인간, Nietzsche) the planetary man(지구적 인간, Desan), *homo cosmopolitan*(세계주의적 사람, Diogenes), *homo erectus*(직립인간, Dubois), *homo aequalis*(평등한 인간, Dumont), *homo logens*(말하는 인간, Herder), *homo necans*(살인하는 인간, Burkert), *homo uniformis*(획일적 인간, Aldiss), *homo moralis*(도덕적 인간), *homo ethicus*(윤리적 인간), *homo laborans*(노동하는 인간), *homo asceticus*(금욕적인 인간), 심지어 *homo sovieticus*(소련적 인간, Zinovive/Janson), *homo economicus*와 관련하여 노브(A. Nove)는 *homo economicus sovieticus*(소련적 호모 에코노미쿠스)도 존재한다는 것을 주장했다. 여기에 대한 논의는 다음 저서 참조. Hans Van Den Doel, *Democracy and Welfare Economics*, pp.124-125. 부분적 인간에 대한 논의는 다음 저서들 참조. Calvin O. Schrag, *Radical Reflection and the Origin of the Human Sciences*(West Lafayette, Indiana: Purdue University Press, 1980). Antony Flew, *Rational Animal and Other Philosophical Essays on the Nature of Man*(Oxford: Clarendon Press, 1978).

인간에 대한 여러 명칭들, 즉 예들 들면, 속명(屬名, 종명(種名) 밑의 명칭, sapiens)과 종명(homo)을 같이 사용하는 방식, 즉 이명법(binomial nomenclature)의 리스트는 "Names for the human species," *Wikipedia*, pp.1-11. 거기서 나오는 "List of binomial names"는 총 58개이지만, 리스트에 들어가지 않은 30개 정도의 이름들을 합치면 거의 80여 개가 된다. Cf. "Homo Sapiens," *Wikipedia*, pp.1-17. 호모 사피엔스(*Homo Sapiens*)는 이성적 인간으로 생물학자 칼 폰 린네(Carl von Linné)가 1758년 사용했다고 한다. 인간의 정의 중 철학 분야에서 가장 유명한 것은 "인간은 이성적 동물이다"라는 정의이다. 인간은 유(類) 개념(인간이 속하는 상위 유 개념, 즉 동물)에다가 종차(種差)를 합친 것이다. 종차는 "어떤 유 개념 속의 어떤 종 개념이 다른 종 개념과 구별되는 요소이다." 이러한 정의는 중세 스콜라철학에서 사용되었으며 그것은 아리스토텔레스까지 소급된다. 그 라틴어 원어는 *animal rationablile*이다. "Names for the human species," *Wikipedia*, p.2 참조. 『국립국어원 표준국어대사전』의 "종차" 항목 참조. 본서에서 우리말에 대한 도움은 이 사전과 국립국어원 외래어 표기법을 원용했음을 밝힌다. "인간은 이성적 동물이다"는 라틴어로 *animal rationale*로 표현되기도 하는데 아우구스티누스가 인간을 정의한 것으로 알려져 있다. "Animal rationale," 백민관 엮음, 『카톨릭의 모든 것』, NAVER 지식백과, p.1.

59) 전인(全人)은 지(知), 정(情), 의(意)가 완전히 조화된 원만한 인격자를 말한다. 마르크스의 경우 최종적 공산주의 단계에서의 유적 존재로서의 최후의 인간은 전인의 이상에다가 노동도 하고 비평도 하는 것처럼 육체와 정신의 조화도 중시한 것으로 생각된다.

60) Marx, *German Ideology*, p.254. 마르크스는 유적 존재(species-being, gattungs-wesen)를 "소외된 노동(Alienated Labor)"을 다룬 절에서 언급하고 있다. Marx, *Economic and Philosophical Manuscripts*. 유적 존재에 대한 설명은 다음에서 찾아볼 수 있다. 「유적 존재」, 강성화, 『마르크스 경제철학수고 (해제)』(서울대 철학사상연구소), NAVER 지식백과, p.1.

"마르크스에서 '유적 존재' 개념은 자연적 존재이자 사회적 존재로서의 인간의 보편적 존재방식이다. 그것은 노동과 노동생산물을 통해 확인되고 실현되는 것임을 알 수 있다. 이러한 점에서 '유적 존재'는 개별적인 개인적 존재방식이 아니라 자연적, 사회적 존재로서의 인간의 총체적인 존재방식이다. … 마르크스의 '유적 존재'는 육체를 가진 자연적 인간이 노동을 통해 대상 안에서 실현하고 확인할 수 있는, 동물과는 다른 인간만이 가지고 있는 존재방식이라고 할 수 있다."

그러나 자본주의에서 노동의 대상이 탈취되어버리면 노동의 소외가 오므로 인간은 자신의 정신적, 인간적 본질인 유적 존재도 탈취당하는 결과가 발생한다. 그래서 "소외란 인간이 만든 생산물이 인간으로부터 분리되어 자립하면서 인간에게 낯선 존재, 즉 대립적 존재가 되고 나아가 인간을 억압하여 종속시키는 힘으로 작용함으로써 인간이 주체성과 자율성을 상실하게 되는 현상을 가리킨다." 「소외: 마르크스 『독일 이데올로기』」(서울대 철학사상연구소), NAVER 지식백과, p.1. 그래서 "마르크스는 소외된 노동을 ① 노동생산물로부터의 소외, ② 생산 활동, 즉 노동 그 자체로부터의 소외, ③ 유적 존재로부터의 인간의 소외, 그리고 ④ 인간으로부터의 인간의 소외의 형태로서 설명한다. 마르크스에 따르면 소외의 근본 원인은 사적 소유이다. 그렇기 때문에 소외된 노동의 지양이란 단적으로 사적 소유의 철폐라는 말과 사실상 같은 의미를 갖는다고 할 수 있다." 「소외: 마르크스 『경제학철학수고』」(서울대 철학사상연구소), NAVER 지식백과, p.1.

61) Gauthier, "Morality, Rational Choice, and Semantic Choice," p.220.

62) Madan Sarup, *An Introductory Guide to Post-Structuralism and Postmodernism*(Athens: The University of Georgia Press, 1989), p.167. Calvin O. Schrag, *Communicative Praxis and the Space of Subjectivity*(Bloomington: Indiana University Press, 1989), p.213.

63) Gauthier, *Morals By Agreement*, p.353.

64) Michel Foucault, *The Order of Things: An Archaeology of the Human*

Sciences(New York: Vintage Books, 1970), p.387.

65) Michel Foucault, "On the Genealogy of Ethics: An Overview of Work in Process," in Hubert L. Dreyfus and Paul Rainbow, *Michel Foucault: Beyond Structuralism and Hermeneutics*(Chicago: The University of Chicago Press, 1982; 2nd edn. with an Afterword and an Interview by Michel Foucault, 1983), pp.229-252. 푸코는 성의 역사에 관한 6권의 책을 출판하겠다고 약속했으나 3권밖에 출판을 하지 못했다. 마지막 제3권 *The Care of the Self*, trans. Robert Hurley(New York: Vintage Books, 1988)은 우리의 현재 논의와 관련성이 많다. 푸코의 윤리학에 대한 좋은 해설은 다음 저서 참조. Jeffrey Minson, *Genealogies of Morals: Nietzsche, Foucault, Donzelot and the Eccentricity of Ethics*(New York: St. Martin's Press, 1985).

66) Jacques Derrida, "Structure, Sign, and Play," *The Languages of Criticism and the Sciences of Man: The Structuralist Controversy*, eds. Richard Macksey and Eugenio Donato(Baltimore: The Johns Hopkins Press, 1970), p.271. 데리다에 대한 논의는 다음 논문 참조. G. B. Madison, "Postmodern Philosophy," *Critical Review*, Vol. 2(1988), pp.166-82.

67) K. R. Minogue, *The Liberal Mind*(London: Methuen & Co Ltd., 1963). Gerald F. Gaus, *The Modern Liberal Theory of Man*(London: Croom Helm, 1983).

68) Oliver E. Williamson, *The Economic Institutions of Capitalism: Firms. Markets, Relational Contracting*(New York: The Free Press, 1985), Ch. 2. "Contractual Man".

69) "Thought experiment," *Wikipedia*, "Social contract theories, Examples under Philosophy."

70) Jan Narveson, *The Libertarian Idea*(Philadelphia: Temple University Press, 1988). 사회계약론을 원용한 새로운 접근방식들이 많이 대두되고 있다. Ron Replogle, "Widely Acknowledged Norms of Competence," *Recovering the Social Contract*(Totowa, NJ: Roman & Littlefield, 1989). 포기(Thomas W. Pogge)는 롤즈의 정의론을 국제적 관점을 포함하는 보다 광범위한 관점으로 확장시키려고 노력하고 있다. Thomas W. Pogge, *Realizing Rawls*(Ithaca: Cornell University Press, 1989). 마틴(Rex Martin)은 롤즈의 정의론과 권리를 연계시킨다. Rex Martin, *Rawls and Rights*(Lawrence: University Press of Kansas, 1985). 피시킨(James S. Fishkin)은 자기반성적 정치적 문화에 의거하여 사회계약론을 재구성하려고 시도한다. James S. Fishkin, "Bargaining, Justice, and Justification: Towards Reconstruction," in Ellen Frankel Paul

et al. ed., *The New Social Contract: Essays on Gauthier*, pp.46-64; "Liberal Theory: Strategies of Reconstruction," *Liberals on Liberalism*, pp.54-64. 그러나 고티에는 피시킨과 하버마스가 초월적 연역을 시도하는 것은 잘못이라고 비판한다. Gauthier, "Morality, Rational Choice, and Semantic Choice," p.196.

71) Nozick, *Anarchy, State, and Utopia*, p.132.

72) Lessnoff, *Social Contract*, p.149.

73) Danielson, "The Visible Hand of Morality." 본서 제4장 후주 133 참조.

74) Mueller, *Public Choice*. 본서 제3장 후주 284 참조. 관련된 국내 논저로는 정원규, 「공리주의에 대한 패러다임적 독해: 공리주의의 사회계약론적 수렴을 제안하며」, 『철학』, 제78집(2004), pp.271-290. 이 논문은 다음 저서에 전재되었다. 황경식 외, 『윤리학의 쟁점들 1. 윤리학과 그 응용』(서울: 철학과 현실사, 2012), pp.35-57.

75) B. J. Diggs, "Utilitarianism and Contractarianism," *The Limits of Utilitarianism*, Harlan B. Miller and Williams H. Williams, eds.(Minneapolis: University Press, 1982), p.101.

76) Alan Hamlin, "Liberty, Contract and the State," in *The Good Polity*, p.100. 본서 제3장 후주 4 참조.

77) 하이젠베르크의 불확정성 원리와 플랑크 상수에 대한 기술적 설명들이 많지만 우리가 참고로 한 것은 알기 쉬운 일반적인 설명이 전개된 다음 저서이다. Stephen W. Hawking, *A Brief History of Time*(Toronto: Bantam Books, 1988), Ch. 5. "The Uncertainty Principle". 기술적 설명을 포함하는 방대한 서술은 "Uncertainty principle," *Wikipedia*, pp.1-29. 하이젠베르크의 원리는 양자역학에서 입자의 위치와 운동량, 두 물리량을 동시에 정확하게 알 수 없다는 것이다. 즉, 위치가 정확하게 측정될수록 운동량의 불확정도는 커지며, 반대로 운동량이 정확하게 측정될수록 위치의 불확정도는 커지게 된다. 구체적으로는 입자의 위치의 불확정도와 운동량의 불확정도의 곱이 언제나 플랑크 상수보다 크다는 것이다. 플랑크 상수는 자연의 기본 상수 가운데 하나로, 양자역학적 현상의 크기를 말하는데, 에너지와 주파수를 연결해주는 비례상수로 나타낸다. 「하이젠베르크의 불확정성원리」, 「플랑크 상수」, 『물리학백과』(한국물리학회), NAVER 지식백과, pp.1-4, pp.1-2.

78) Cf. Jean-Francois Revel, *The Totalitarian Temptation*(New York: Penguin Books, 1978).

79) Elisha A. Pazner and David Schmeidler, "Social Contract Theory and Ordinal Distributive Equality," Leonid Hurwicz, David Schmeidler, and

Hugo Sonnenschein, eds., *Social Goals and Social Organization*(Cambridge: Cambridge University Press, 1985), p.312.

80) Rawls, "Kantian Constructivism in Moral Theory," p.530.

81) 같은 곳.

82) Andrew Altman, "Rawls' Pragmatic Turn," *Journal of Social Philosophy*, Vol. 14(1983), pp.8-12. Galston, "Moral Personality and Liberal Theory," *Political Theory*," Vol. 10(1982), p.512. Charles Altieri, "Judgment and Justice under Postmodern Conditions; or, How Lyotard Helps us Read Rawls as a Postmodern Thinker," Reed Way Dasenbrock, ed., *Redrawing the Lines: Analytic Philosophy, Deconstruction. and Literary Theory* (Minneapolis: The University of Minnesota Press, 1989), pp.61-91. Joseph Raz, "Facing Diversity: The Case of Epistemic Abstinence," *Philosophy & Public Affairs*, Vol. 19(1990), pp.3-46. Richard Dien Winfield, *Reason and Justice*(Albany: State University of New York Press, 1988), pp.11-14. William A. Galston, "Moral Personality and Liberal Theory," *Political Theory*, Vol. 10(1982), p.498.
그리고 박정순, 「자유주의 정의론의 철학적 오디세이: 롤즈 정의론의 변모와 그 해석 논쟁」, 제5회 한국철학자연합대회 대회보 『현대의 윤리적 상황과 철학적 대응』(1992. 10.), pp.573-599 참조. 그리고 박정순, 「정치적 자유주의의 철학적 기초」, pp.275-305 참조.

83) Rawls, "Justice as Fairness: Political not Metaphysical," p.224. n.2. "구성주의가 도덕철학을 위해서 합당한 것인가는 별개의, 그리고 더 보편적인 문제이다." John Rawls, "The Domain of the Political and Overlapping Consensus," *New York University Law Review*, Vol. 64(1989), pp.241-242. "정치적 관념의 세 가지 특성은 공정성으로서의 정의관이 응용적 도덕철학이 아니라는 것을 명백히 하고 있다." 롤즈의 정치적 자유주의에 대한 자세한 논의는 다음을 참조. 박정순, 「정치적 자유주의의 철학적 기초」, pp.275-305.

84) Gauthier, *Morals By Agreement*, p.269. n.4. 독립된 인용절 안에 있는 인용은 다음 저서 참조. Thomas Nagel, *Mortal Questions*(New York: Cambridge University Press, 1970), p.x.

85) Gauthier, *Morals By Agreement*, p.349.

86) Gauthier, "Moral Artifice," p.413.

87) Rawls, "The Idea of An Overlapping Consensus," pp.23-24.

88) Cf. John Rawls, "The Domain of the Political and Overlapping Consensus," pp.250-251. 롤즈는 정치적 관념이 잘못된 방식으로 정치적이라는 비

판에 대해서 "정치적 관념은 잘못된 방식으로 정치적이 아니다(a political conception is not political in the wrong way)"라고 단호하게 답하면서 다음과 같이 보다 상세한 입장을 밝힌다. "정치적 관념은 현존하고 잘 알려진 이익들 사이의 작동 가능한 타협을 단순히 구체화한다는 의미에서 정치적이 아니어야 할 뿐만 아니라, 한 사회에서 잘 알려진 특정한 포괄적 교설들을 추구하여 그것들에 대한 충성이 획득되도록 제도를 짜 맞춘다는 의미에서 정치적이 아니어야 한다." 같은 논문, p.250.

89) 박정순, 「정치적 자유주의의 철학적 기초」, pp.292-293, pp.298-299.

90) 같은 곳. 본문에서의 이 문단 전체는 같은 논문, p.299에서 발췌한 것임.

91) David Gauthier, "Political Contractarianism," *The Journal of Political Philosophy*, Vol. 5(1997), pp.132-148; "Public Reason," *Social Philosophy and Policy*, Vol. 12(1995), pp.19-42.

92) 이들에 대한 자세한 논의는 다음 두 저서 참조. David Johnson, *The Idea of Liberal Theory: A Critique and Reconstruction*(Princeton: Princeton University Press, 1994). Margaret Moore, *Foundations of Liberalism*(Oxford: Clarendon Press, 1993). 포괄적 자유주의를 옹호하는 사람들은 정치적 정의관에서 실질적 내용을 배제하는 것은 결국 잠정협정적 자유주의로 전락하고 만다고 주장한다. Jean Hampton, "The Common Faith of Liberalism," *Pacific Philosophical Quarterly*, Vol. 75(1994), pp.128-216.

93) 롤즈는 정치적 자유주의의 중첩적 합의에 대한 다음과 같은 반론들을 예상하고 그것을 자세히 다룬다. 첫째, 중첩적 합의는 결국 단순한 잠정협정이 될 뿐이며 또한 그것을 벗어나지 못한다. Rawls, *Political Liberalism*, p.145. 둘째, 일반적이고 포괄적인 교의들을 회피하는 것은 그러한 포괄적인 교의들의 진리 여부에 대해서는 말할 것도 없이 정치적 정의관의 진리 여부에 대한 무관심이나 도덕적 회의주의를 함축한다. 같은 책, p.150. 셋째, 중첩적 합의가 단순한 잠정협정이 아니라는 것을 인정해도 실행 가능한 정치적 정의관은 일반적이고 포괄적이어야만 한다. 같은 책, p.154. 넷째, 중첩적 합의는 유토피아적이다. 왜냐하면 중첩적 합의는 한 사회에서 그것이 존재하지 못할 때는 그것을 산출할 만하게 충분한 정치적, 사회적, 그리고 심리적 역량들이 결여되어 있고, 혹은 그것이 존재할 때라도 그것을 안정되고 지속적으로 만들 그러한 역량들이 결여되어 있다. 같은 책, p.158. 자유주의의 두 유형과 그 딜레마에 관련된 반론은 첫 번째와 세 번째의 반론이다. 위 반론들은 박정순, 「정치적 자유주의의 철학적 기초」, p.292에서 발췌. 이러한 반론들에 대한 롤즈의 답변은 같은 논문, pp.292-293에서 발췌. 롤즈는 정치적 자유주의가 홉스적 유형인 "잠정협정적 자유주의(*modus vivendi* liberalism)"로 오해되어서는 안 된다는 것을 분명히 한다. Rawls,

Political Liberalism, p.147. 잠정협정적 자유주의는 사회적 합의를 상대적인 힘의 우연적 균형에 의거하는 것으로, 개인적 혹은 집단적 이익들이 잘 고안 된 입헌적 제도에 의해서 수렴될 수 있다는 것을 주장한다. 같은 책, p.147. 롤즈는 잠정협정적 자유주의에 의해서 확보된 안정과 사회적 합의는 말 그 대로 잠정적인 것으로 힘의 균형이나 상황에 변화가 오면 붕괴된다고 주장 한다. 이제 롤즈의 정치적 자유주의는 지속적인 사회적 안정과 통합을 확보 하지 못하는 홉스적인 잠정협정적 자유주의와 충분한 사회적 합의를 이끌어 내지 못하는 칸트와 밀의 포괄적인 도덕적 자유주의(comprehensive moral liberalism)의 딜레마를 피하려는 원대한 시도가 된다. 같은 책, p.98. 그러나 많은 사람들은 이러한 딜레마를 피하기가 쉽지 않다고 비판한다. 즉 잠정협 정적 자유주의를 주장하는 사람들은 실질적인 자유주의적인 가치관을 피하 고 진정한 중립성을 확보하기 위해서는 합리적 선택이론에 의거해야 한다고 주장한다. 반면에, 포괄적 자유주의를 옹호하는 사람들은 정의적 정의관에서 실질적 내용을 배제하는 것은 결국 잠정협정적 자유주의로 전락하고 만다고 주장한다. 이미 우리가 본서 제3장 2절에서 논의한 바와 같이 롤즈는 합리적 선택이론의 정당화를 거부하였기 때문에 롤즈가 피해 갈 수 있는 뿔은 후자 인 것 같다. 롤즈는 어차피 모든 삶의 양식이 다 보전되는 사회를 생각할 수 없다면(같은 책, p.197), 비록 정치적 자유주의가 실질적 가치관을 전제하고 그 우월성을 주장하기는 하지만, 그것은 어떠한 다른 포괄적인 가치관보다도 여전히 중립적이며, 결코 포괄적인 교의에 따른 완전주의적 국가에 이르지 않는다는 것을 주장한다. 같은 책, p.194.

94) Rawls, *A Theory of Justice*, p.20.

95) 해석학적 순환에 대한 논의는 다음 논문을 참조했다. 강돈구, 「해석학적 순 환의 인식론적 구조와 존재론적 구조: 슐라이어막하와 가다머」, 『철학연구』, 제23집(1988), pp.151-184.

96) 롤즈의 원래적인 반성적 평형상태는 본서 제3장 2절 1)항 참조. 다니엘스에 따르면, 협소한 반성적 평형상태는 다음과 같이 질서 지워진 일련의 집합으 로 이루어져 있다. (a) 주어진 시간에서 주어진 사람 P에게 받아들여질 수 있는 숙고적인 도덕적 판단들의 집합. (b) 효율적으로 (a)를 체계화한 도덕원 칙들의 집합. Norman Daniels, "On Some Methods of Ethics and Lingui- stics," *Philosophical Studies*, Vol. 37(1980), p.22. 이와 대비하면, 광역적인 반성적 평형상태는 (a) 일련의 숙고적 판단들의 집합, (b) 일련의 도덕원칙들 의 집합, (c) 일련의 적절한 배경적 이론들의 집합으로서 하나의 특정한 사 람에 의해서 견지되는 질서 지워진 신념들의 3부적 집합 속에 정합성을 산 출하려는 시도이다. Norman Daniels, "Wide Reflective Equilibrium and Theory Acceptance in Ethics," *The Journal of Philosophy*, Vol. 76(1979),

p.256. Kai Nielsen, *Equality and Liberty: A Defense of Radical Egalitarianism*(Lanham, Rowman & Littlefield Publishers, 1986). Kai Nielsen, "Searching for an Emancipatory Perspective: Wide Reflective Equilibrium and the Hermeneutical Circle," *Anti-Foundationalism and Practical Reasoning*(Alberta: Academic Printing & Publishing, 1987), pp.143-163. Richard Rorty, "The Priority of Democracy to Philosophy," Merrill D. Patterson and Robert Vaughan, eds., *The Virginia Statue of Religious Freedom*(Cambridge: Cambridge University Press, 1987), p.271. Richard Rorty, "Postmodernist Bourgeois Liberalism," *The Journal of Philosoph*y, Vol. 80(1983), p.586.

97) Hans-Georg Gadamer, "Uber die Möglichkeit einer Philosophischen Ethik," *Keine Schriften I: Philosophie Hermeneutik*(Tübingen: J. C. B. Mohr, 1967), p.181. 해석학적 순환에 대한 좋은 참고 저서는 John Llewelyn, *Beyond Metaphysics: The Hermeneutic Circle in Contemporary Continental Philosophy*(Atlantic Highlands: Humanities Press, 1985). 저널 한 권 특별판은 다음 저널 참조. "Hermeneutics in Ethics and Social Theory," *The Philosophical Forum*, Vol. 21(1989-90).

98) Victor Farias, *Heidegger and Nazism*(Philadelphia: Temple University Press, 1989). 해석학적 순환의 논리적 관점에서의 탐구는 다음 논문 참조. Douglas N. Walton, "Are Circular Arguments Necessarily Vicious?" *American Philosophical Quarterly*, Vol. 22(1985), pp.263-274.

99) Gauthier, "George Grant's Justice," pp.126-127. 본서 제4장 후주 410 참조.

100) Roberto Unger, *Knowledge and Politics*(New York: The Free Press, 1975), p.289.

101) 이 문단과 아래 두 문단들은 박정순, 『마이클 샌델의 정의론, 무엇이 문제인가』(서울: 철학과현실사, 2016), pp.171-173에서 발췌하였음. 자유주의 대 공동체주의에 대한 논의는 저자의 다음 세 논문 참조. 박정순, 「자유주의 대 공동체주의 논쟁의 방법론적 쟁점」, 『철학연구』, 제33집(1993), pp.33-62; 「자유주의의 건재」, 『철학연구』, 제45집(1999), pp.17-46; 「공동체주의 정의관의 본질과 그 한계」, 『철학』, 제71집(1999), pp.267-292. 공동체주의의 일곱 가지 오해를 논의하고 있는 저서로는 다음 참조. 애덤 스위프트, 김비환 옮김, 『정치의 생각』(고양시: 개마고원, 2011), 제4부 "공동체". 원전은 Adam Swift, *Political Philosophy*(Cambridge: Polity, 2001).

102) 사회학의 한 유파인 구조기능주의는 사회체계를 생물학적 유기체에 비유하여 사회구조를 구성하고 있는 각 부분들이 상호 의존적인 기능을 다하여 조화롭게 통합됨으로써 사회가 안정적으로 유지될 수 있다고 본다. 여기서는

공동체주의자들이 구조기능주의를 수용했다고 주장하는 것이 아니라, 구조
기능주의와 유사한 사회 혹은 공동체 개념을 가지고 있음을 지적하는 것이
다. 「사회학」, 『학문명백과: 사회과학』, NAVER 지식백과, p.3.

103) Unger, *Knowledge and Politics*, p.205. *Deus absconditus*는 숨어 계시는,
감추어진 하나님이라는 뜻으로 『구약성서』, 「이사야」 45장 15절에 나오는
말이다. "구원자 이스라엘의 하나님이여 진실로 주는 숨어 계시는 하나님이
시나이다." 신은 형태가 없는, 일반적인 눈으로는 볼 수 없는 존재이다. 신의
말이나 이름은 그 역사적 상황의 구원을 위한 섭리에 의해서 스스로를 나타
낸다. 「숨은 신」, 『철학사전』, NAVER 지식백과.

104) 고대 그리스 연극에서 그 클라이맥스에서 인간의 능력으로 해결할 수 없는
파국을 초자연적 힘이나 신에 의해서 해결하는 것을 말한다. 그 당시 신은
기계 장치에 의해서 하강했기 때문에 그러한 명칭이 생겼다. 즉 문자 그대로
하면 "신의 기계적 출현"인 것이다.

105) MacIntyre, *After Virtue*, 2nd edn., p.21.

106) Rorty, "The Priority of Democracy to Philosophy," p.272.

107) MacIntyre, *Whose Justice? Which Rationality?*, p.4.

108) Stanley Rosen, *Hermeneutics as Politics*(New York: Oxford University
Press, 1987), p.138.

109) Evan Simpson, "Conservatism, Radicalism, and Democratic Practice,"
Praxis International, Vol. 9(1989), p.273.

110) Jürgen Habermas, *The New Conservatism*, trans. S. W. Nicholsen(Cam-
bridge: The MIT Press, 1989).

111) Gould, *Rethinking Democracy*, p.127.

112) Gray, *Liberalisms*, p.264.

113) Cf. William Galston, "Defending Liberalism," *The American Political
Science Review*, Vol. 76(1982), p.626.

114) Paul Feyeraband, *Against Method: Outline of Anarchistic Theory of
Knowledge*(NLB: Humanities Press, 1975; rev. edn. Verso, 1988; 3rd edn.
Verso, 1993; 4th edn. 2010).

115) Thomas Kuhn, *The Structure of Scientific Revolutions*(Chicago: The
University of Chicago Press, 1962; 2nd edn. 1970; 3rd edn. 1996).

116) Paul Ricoeur, "Irrationality and the Plurality of Philosophical Systems,"
Dialectica, Vol. 39(1985), pp.297-319. 리쾨르에 대한 충실한 논의는 이양
수, 『폴 리쾨르』(서울: 커뮤니케이션북스, 2016) 참조.

117) Lawrence E. Cahoone, *The Dilemma of Modernity: Philosophy, Culture,*

and Anti-Culture(Albany: The State University of New York Press, 1988).

118) Jürgen Habermas, "Modernity-An Incomplete Project," *The Anti-Aesthetic: Essays on Postmodern Culture*, Hal Foster, ed.(Port Townsend, Washington: Bay Press, 1983), pp.3-15. 그리고 다음 저서 참조. Suzi Gablik, *Has Modernism Failed?*(New York: Theme & Hudson, 1984).

119) Dunn, *Rethinking Modern Political Theory*, p.177.

120) Rawls, "Justice as Fairness: Political not Metaphysical," p.223. 강조 부가. 본문 아래 "따라서 공정성으로서의 정의는 철학적으로 말하면, 의도적으로 표피에 머무른다"는 구절의 인용은 같은 논문, p.230 참조.

121) Gauthier, *Morals By Agreement*, p.355.

122) 같은 책, p.104.

123) 본서 제4장 후주 401과 407 참조. 페미니스트들은 롤즈의 사회계약론적 자유주의 정의관에 대해서 그것이 사회계약론적인 불편부당하고 보편적인 합의에 의해서 권리와 정의가 중심이 되는 남성 편향적인 것으로 여성들의 가족관계 중심의 보살핌의 윤리를 무시한다고 비판한다. 여기서 남성들은 콜버그(Lawrence Kohlberg)의 6단계 도덕발달론에서 합리적이고 자율적이고 보편적인 5-6단계 인간으로 나타나는 반면, 여성들은 불합리하고 감정적이고 타율적이며 관습에 얽매이는 3단계 인간으로 나타나는 것은 여성 고유의 도덕적 발달을 무시한 근시안적 소치라는 것이다. Carol Gilligan, *In a Different Voice: Psychological Theory and Women's Development*(Cambridge: Harvard University Press, 1982; New Introduction, 1993). 번역본은 캐롤 길리건, 허란주 옮김, 『심리이론과 여성의 발달』(서울: 철학과현실사, 1994). Cf. Lawrence Kohlberg, *Essays on Moral Development*, Vols. I and II, *The Philosophy of Moral Development*(1981) and *The Psychology of Moral Development*(1984)(New York: Harper & Row). 번역본으로는 L. 콜버그, 김민남, 김봉소, 진미숙 옮김, 『Kohlberg 도덕발달의 철학』(서울: 교육과학사, 2000), L. 콜버그, 김민남, 진미숙 옮김, 『Kohlberg 도덕발달의 심리학』(서울: 교육과학사, 2001). 그리고 페이트먼(Carole Pateman)은 자유주의와 자본주의의 기초가 되는 계약사상은 실제적으로 여성의 노예적 종속을 위한 성적 계약이 전제되어 있다는 것을 폭로한다. 흔히 자유주의가 계약사상을 통해서 결혼과 가족을 자연적 필연성이 아니라 계약의 대상임을 밝힌 것은 큰 공헌이라고 생각되고 있다. 그러나 그것에 현혹되어서 결혼계약이 주인과 노예의 복종계약이라는 것을 망각해서는 안 된다는 것이다. Carole Pateman, *The Sexual Contract*(Stanford: Stanford University, 1988), Chap. 6. "Feminism and Marriage Contract". 그리고 자유주의가 공적 영역과 사적 영역을 구분하고 사적 영역에서는 정의의 문제가 적용되지 않는다고 구분하는 것은

가정 내에서의 가부장적 위계질서와 성차별과 폭력 등을 무시하는 처사가 된다는 것이다. 또한 여성을 가정과 가족이라는 사적 영역에만 가두어두는 것은 여성의 공적 직업과 임무를 인정하지 않는 것이 된다. Susan Moller Okin, *Justice, Gender, and the Family*(New York: Basic Books, 1989), p.6, p.7, pp.16-17, p.21. 허라금, 「서구 정치사상에서의 公私 개념과 가부장적 성차별성」, 『여성학논집』, 제13집(1996), pp.333-355. 이상의 논의는 박정순, 「가족관계와 사회윤리: 자유주의와 여성주의 정의론」, 『한국여성학회 춘계 학술대회 자료집』(1998), pp.223-248에서 심층적으로 논구하였다. 보조적인 설명은 Lawrence M. Hinman, *Ethics: A Pluralistic Approach to Moral Theory*, 3rd edn.(Belmont: Wadsworth/Thomson, 2003), Ch. 10. "The Ethics of Diversity: Gender" 참조. 롤즈와 월저와 고티에의 사회정의론을 논구하고 여성주의적 관점에서 비판한 논문은 다음과 같다. 홍찬숙, 「사회정의에 대한 여성주의적 검토: 성인지적 사회통합 문제를 중심으로」, 『페미니즘연구』, 제8권(2008), pp.47-76. 이성과 감정에 관련하여 여성주의의 롤즈의 자유주의에 대한 비판은 박정순, 「윤리학에서 감정의 위치와 역할」, 『철학』, 제55집(1998), pp.307-335. 그중 제3장 "여성주의의 자유주의 윤리학 비판: 감정이 결여된 이성주의" 참조.

124) 마르크스의 자본주의의 운동 법칙들, 그리고 모순들을 제외하더라도(이것들은 본서 제4장 후주 367 참조), 자유주의 사회와 비자유주의 사회의 현재 사회적, 정치적, 경제적, 문화적 상황들이 하나의 딜레마와 모순과 자아분열 속에 있다는 견해를 피력하고 있는 많은 학자들이 있다. Daniel Bell, *The Cultural Contradictions of Capitalism*(New York: Basic Books, 1976). Robert A. Dahl, *Dilemmas of Pluralistic Democracy: Autonomy vs. Control* (New Haven: Yale University Press, 1982). Arthur M. Okun, *Equality and Efficiency: The Big Tradeoff*(Washington, D.C.: The Brookings Institutions, 1975). Abigail Solomon-Godeau, "Living with Contradictions: Critical Practices in the Age of Supply-Side Aesthetics," *Universal Abandon?*, pp.191-213. Raymond Plant, "Hirsh, Hayek, and Habermas: Dilemmas of Distribution?" in A. Ellis and K. Kumar, eds., *Dilemmas of Liberal Democracies*(London: Tavistock Publications, 1983), pp.45-64. William Leiss, *C. B. Macpherson: Dilemmas of Liberalism and Socialism*(New York: St. Martin's Press, 1988). Gilles Deleuze and Félix Guattari, *Thousand Plateaus: Capitalism & Schizophrenia*, trans. Brian Massumi (Minneapolis: University of Minnesota Press, 1988). 두 개의 자아분열, 즉 심리학적 그리고 문화적 자아분열(psychological and cultural-Anti-Oedipus)은 본서 제2장 후주 157 참조. 윤리학에 관한 자아분열은 다음과 같다.

Michael Stocker, "The Schizophrenia of Modern Ethical Theories," *Journal of Philosophy*, Vol. 73(1976), pp.453-466. 자유주의의의 도덕적 삶에 관련된 딜레마들에 대해서는 다음 저저 참조. Nancy Rosenbaum, ed., *Liberalism and Moral Life*(Cambridge: Harvard University Press, 1989).

후쿠야마의 경우에는 상기의 모든 딜레마들과 자아분열들은 가짜라고 간주하며, 그것들은 이미 해결되었다고 생각한다. 절대적으로 해결된 것이 아니라면 반자본주의적 사회와 비교해볼 때 비교적 쉽사리 해결되었다고 평가한다. 본서 제5장 후주 41, 42, 56 참조. 후쿠야마와 같은 생각을 하는 학자는 다음과 같다. Cf. Robert Heilbroner, "The Triumph of Capitalism," *The New Yorker*(Jan. 1989), pp.98-109.

자본주의와 사회주의에 관련된 거대한 교환에 대해서 프리드먼(Jeffrey Friedman)은 이렇게 말한다. "그 논쟁에 참여하고 있는 사람들이 오랫동안 가지고 있는 경험적 가정들은, 자본주의는 더 큰 생산성을 위해 그것을 경제적 평등과 바꾸고, 사회주의는 경제적 평등을 위해 그것을 경제적 번영과 바꾼다는 것이다." Jeffrey Friedman, Editorial, "Liberalism and post-liberalism," *Critical Review*, Vol. 2(1988), pp.6-11. 자이글러(Harmon Zeigler)와 다이(Thomas Dye)는 무어(Barrington Moore)의 책을 리뷰하면서 이상의 가정에 대해서 비판하고 있다. "Freedom vs. Equality?" *Critical Review*, Vol. 2(1988), pp.189-201. Barrington Moore, Jr., *Authority and Inequality under Capitalism and Socialism: USA, USSR, and China*(Oxford: Clarendon Press, 1987). 그렇다면, "이상과 같은 질문들에 대한 유일하게 결정적인 답변들은 물론 역사 자체가 우리들에게 마련해주는 대답일 것이다"라는 인식이 중요할 것이다. G. B. Madison, "Postmodern Philosophy?" *Critical Review*, Vol. 2(1988), p.175. 이와는 반대로 마르크스의 다음과 같은 비판적 식견은 어떠한가? 그는 이렇게 말한다. "인간은 상황과 양육의 산물이라는 유물론과 그에 따라 변화된 인간은 다른 상황과 변화된 양육의 결과라는 견해는 상황을 변화시키는 것은 인간이며 그리고 교육자 자체도 양육이 교육이 필요하다는 것을 망각하고 있다." Marx, *Theses on Feuerbach* in *Basic Writings*, p.244. 그렇다면 우리는 역사와 유물론, 그리고 인간 사이에서 딜레마 속에 있으며, 또한 비결정성 속에 있다. 그렇다면 우리 인간은 고도(Godot) 혹은 창조적 인간(*homo creator*)을 수동적으로 기다리는 존재에 불과한가? 마르크스가 기대하는 주체적이고 능동적인 인간은 최종적 공산사회가 아니면 불가능한가?

125) H. A. Prichard, "Does Moral Philosophy Rest on a Mistake?," *Mind*, Vol. 21(1912), pp.21-37. 다음 저서에 재수록. Wilfrid Sellars and John Hospers, eds., *Readings in Ethical Theory*, 2nd edn.(Englewood Cliffs: Prentice Hall,

1970), pp.86-105. Richard A. Rodewald, "Does Liberalism Rest on a Mistake?" *Canadian Journal of Philosophy*, Vol. 15(1985), pp.231-251. Ronald Beiner, *What's the Matter with Liberalism?*(Berkeley: University of California Press, 1992). Jon Mandle, *What's Left of Liberalism?*(Lanham: Lexington Books, 2000). 자유주의에 대한 여러 비판적 고찰은 다음 저널 참조. "Liberalism and Its Discontents," *Critical Review*, Vol. 13(1999). 총 10개 논문들이 수록되었다. 자유주의와 그 비판을 유형적으로 분류하고 자세히 논의하고 있는 책은 다음 저서 참조. Christopher Wolffe and John Hittinger, *Liberalism at the Crossroads: An Introduction to Contemporary Liberal Political Theory and Its Critics*(Lanham: Rowan and Littlefield Publishers, Inc., 1994). Jean Hampton, *Political Philosophy*(Boulder: Westview Press, 1997), Ch. 6. "Liberalism, Communitarianism, and Postliberal Theory: The Attempt to Construct a New 'Postliberal' Political Theory". 햄프턴은 자유주의가 개인들을 자유롭고 평등하게 대우하는 것을 중시하지만, 이것은 사회화의 과정을 무시하는 것이고, 한 사회의 문화가 어떤 유형의 사람들을 차별대우한다면 그것을 변경하기는 어렵다고 지적하며, 이러한 문제들을 해결할 수 있는 새로운 자유주의를 제안한다.

자유주의에 대한 비판서 중 주목을 받고 있는 책은 다음 참조. Patrick J. Deneen, *Why Liberalism Failed*(New Haven, Yale University Press, 2018). 이 책에서 패트릭 드닌은 근대의 시작과 함께 등장한 뒤 면면히 이어져 20세기 이래 지배적 이데올로기가 된 자유주의가 그 내재적 모순 때문에 이미 실패했다고 과거형으로 주장한다. 그는 자유주의는 애당초 잘못 설계되었으며, 그 내재적 모순으로 말미암아 성공했기 때문에 오히려 실패했다는 역설적 논증을 제시한다. 그 역설은 자유주의적 개인주의가 그 해방의 원동력을 개인이 아니라 국가에 의존했다는 것이다. 그렇다고 개인에게 맡긴다면 개인들은 이익집단화하려고 서로 투쟁할 것이므로 공동이익을 성취할 수 없다. 이러한 역설로 말미암아 경제 양극화, 포퓰리즘과 권위주의의 부상, 공동체의 해체에 따른 시민 간 분열, 민의를 반영하지 못하는 정당 정치와 그 대립 구도와 같은 문제들이 자유주의 자체 때문에 발생되어 심화되고 있다는 것이다. 그러나 이 책에 대한 비판도 만만치 않다. 즉 이 책은 그 공동체주의적 관점에서 보면 과거에 대한 과도한 노스탤지어와 현대의 미덕들에 대한 망각의 소치라고 아니 할 수 없다는 혹평이 난무한다. 자유주의적 개인주의가 그 해방의 원동력을 국가에 의존한 것이 가장 큰 내부적 모순이라면 우리는 무정부 상태(anarchy)로 돌아가야 할 것인가? 아니면 어떤 유형의 공동체에 귀속되어야 할 것인가? Cf. Christian Alejandro Gonzalez, 'Why Liberalism Failed' Book Review, "We Still Need Liberalism," *National*

Review(June 22, 2018), pp.1-9. 이 책의 번역본은 다음 참조. 패트릭 J. 드닌, 이재만 옮김, 『왜 자유주의는 실패했는가: 자유주의의 본질적 모순에 대한 분석』(서울: 책과 함께, 2019). 이 책에 관한 신문 기사로는 다음 참조. 한경환 기자, 「자유주의, 성배인가 독이 든 과일인가」, 『중앙일보』, 2019년 4월 13-14일, 중앙SUNDAY, 20면.

126) Cf. Margaret Moore, *Foundations of Liberalism*(Oxford: Clarendon Press, 1993). 이 책의 목차는 다음과 같다. 1. Introduction. Part I. Individualist Liberal Theories. 2. Gewirth and the Project of Entailment. 3. Rawls and the Abstract Contract. 4. Gauthier and the Full-Knowledge Contract. Part II. Revisionist Liberal Theories. 5. Contextual Arguments for Liberalism. 6. Perfectionist Arguments for Liberalism. Part III. 7. An Alternative Foundation for Political and Ethical Principles. 수정주의적 자유주의 이론은 상황을 중시하는 라모어(Charels Larmore)의 *Patterns of Moral Complexity* (1987)와 롤즈의 정치적 자유주의이다. 또 하나의 수정주의적 자유주의 이론은 완전주의적 자유주의를 신봉하는 킴리카(Will Kymlicka), 라즈(Joseph Raz), 갤스턴(William Galston), 마세도(Stephen Macedo) 등이다. 7절 대안적 이론은 자유주의 대 공동체주의의 논쟁을 사안별로 정리한 것으로 보인다. 우리는 제3장 후주 4에서 사회계약론의 네 유형들인 전반적 합의 모형, 국소적 합의 모형, 전반적 협상 모형, 국소적 협상 모형을 언급한 바 있다. 스킴스(Brian Skyrms)는 사회계약론을 둘로 분류하고 있다. 그 하나는 사회계약론에서 가장 잘 알려진 전통적 유형으로 선재하는 자연상태 속에서 합리적 결단자들이 어떤 유형의 사회계약에 합의할 수 있는가를 묻고 있다. 이러한 유형은 홉스의 전통이며, 근래에는 그 주창자로 롤즈와 하사니를 들 수 있다. 다른 하나의 유형은 흄과 루소의 의해서 예증된 사회계약론의 전통인데, 한 사회에 내재하고 있는 사회계약은 어떻게 진화하고 있는가, 그리고 사회계약은 계속해서 진화할 수 있는가를 묻고 있다. 스킴스는 헤겔과 마르크스도 어떤 면에서 두 번째 전통의 외곽에 접하고 있다고 생각한다. 그는 사회적 규범의 진화를 진화론적 게임이론을 원용하여 분석하고 있다. 즉 사회적 규범의 진화는 집단행동으로서의 협동의 기제와 사회적 구조의 공진화를 통해서 이루어진다는 것이다. 이것은 사회계약론의 경우도 예외는 아니라고 주장한다. 본서 제3장 후주 120 참조.
자유주의와 진화의 관점은 황경식, 『자유주의는 진화하는가: 열린 자유주의를 위하여』(서울: 철학과현실사, 2006). 이근식, 황경식 편, 『자유주의의 원류: 18세기 이전의 자유주의』(서울: 철학과현실사, 2003) 참조. 그리고 김균 외, 『자유주의 비판』(서울: 도서출판 풀빛, 1996). 이 책은 우리가 다루었던 복지경제학의 일반균형 모델도 다루고 있다. 본서 제4장 후주 121, 122 및 후주 번호가 있는 본문 참조. 그리고 이 책은 합리성과 제도, 진화, 그리고 질서 형성도 다루었다. 본서 제2장 후주 154 참조. 그리고 박정순, 「정치적 자유주의의 철학적 기초」가 수록된 이근식, 황경식 편, 『자유주의란 무엇인 가: 자유주의의 의미, 역사, 한계와 비판』(서울: 삼성경제연구소, 2011) 참조. 본서 제3장 후주 325 참조.

우리가 본서 제2장 3절 2)항에서 논의한 것처럼(제2장 후주 105 참조), 최근 경제적 분석의 대상이 개인적인 합리적 경제활동보다는 경제행위가 이루어 지는 사회적 배경인 어떤 준거틀이나 제도 자체에 대한 관심이 고조되고 있 다. 따라서 경제적 사회계약론(economic contractarianism)은 추후 사회제도 나 관습, 그리고 문화에 대한 제도적 접근법이 활성화된다면 경제 분석에서 더욱 영향력 있는 준거틀이나 분석틀을 제공해줄 수 있을 것이다. 최병서, 「공리주의 대 계약주의」, 『산업연구』, Vol. 2(1996), p.192.

Michael Levin. "Social Contract," Philip P. Wiener, ed., *Dictionary of the History of Ideas: Studies of Selected Pivotal Ideas*(New York: Charles Scribner's Sons, 1978), p.263에서 레빈은 사회계약론이 오늘날의 다원주의 적 관점에서 더 이상 선호되지 않는다고 지적한다. 그러나 그는 사회계약론 의 오늘날의 적합성은 개인적 권리와 피치자의 동의에 의한 정부 수립의 관 념에 관한 역사적 연관에서 유래한다고 밝힌다. 그래서 사회계약론은 여전히 관심의 대상이 되고 있는데, 그것은 사회계약론이 현대 자유민주주의적 사고 의 근거를 형성하는 일련의 관념들을 도입하는 데 도움이 되는 하나의 절차 적 방식이기 때문이라는 것이다.

[부록]

제1장 호모 에코노미쿠스 생살부

1) Max Scheler, trans. Hans Meyerhoff, *Man's Place in Nature*(New York: The Noonday Press, 1961), p.4.

2) George P. Brockway, *The End of Economic Man*(New York: W. W. Norton, 1991). J. G. Merquior, "Death to Homo Economicus?" *Critical Review*, Vol. 5(1991), pp.353-378.

3) C. Dyke, *Philosophy of Economics*(Englewood Cliffs: Prentice Hall, 1981), p.29.

4) William S. Jevons, *Principles of Political Economy*(New York: A. M. Kelly, 1871), p.9.

5) Dyke, *Philosophy of Economics*, p.29. 경제이론의 출발점으로서의 경제인간의 개념은 어떠한 하나의 경제이론이나 학파도 저작권 혹은 지적 소유권을 주장할 수 없다. 이러한 경제인간의 개념은 수요공급의 법칙이 적용되는 시장과 필연적인 연관을 가지며 이러한 연관은 모든 고전 경제학파와 오스트리아 경제학파를 포함한 신고전 경제학파에서 공히 가정되고 있다. 같은 책, p.29, n.6.

6) Martin Hollis and Edward J. Nell, *Rational Economic Man: A Philosophical Critique of Neo-classicial Economics*(Cambridge University Press, 1975), p.54.

7) Amitai Etzioni, *The Moral Dimension: Toward A New Economics*(New York: Free Press, 1988), p.140.

8) Shaun Hargreaves Heap and Martin Hollis, "Economic Man," *The New Palgrave: A Dictionary of Economics*(New York: Macmillan Press, 1987), pp.54-55.

9) Barry Schwartz, *The Battle For Human Nature: Science, Morality and Moral Life*(New York: W. W. Norton, 1986), p.152.

10) Frank Ackerman et a1., *Human Well-Being and Economic Goals*(Washington, D.C.: Island Press, 1997), p.2. 여기서는 경제적 번영이 인간 복지에 관계되는 세 가지 방식, 즉 공헌, 중립, 방해를 자세히 다룬다.

11) General Radnitsky and Peter Bernholz, eds., *Economic Imperialism*(New York: Paragon House), 1987. 이러한 경제학적 제국주의를 통해서 우리는 통상적으로 경제의 영역이라고 생각되지 않았던 분야에까지 경제학적 설명을 확장하게 된다. 법관의 판결, 그리고 정치인(선거직)과 관료들의 행동도 모두 "부의 극대화 계산"에 의해서 설명된다. 부모의 자식에 대한 사랑도 노후를 대비한 반포지효(反哺之孝)적 보살핌에 대한 계약 불입금으로 설명된다. 그리고 직장에서의 양심과 사업상의 정직도 승진의 효과적인 추구와 장기적인 신용 구축을 통한 최선의 판매 전략으로 해석될 수 있다. Geoffrey Brennan and James Buchanan, "The Normative Purpose of Economics Science: Rediscovery of An Eighteenth-Century Method," *International Journal of Law and Economics*(1981), p.158.

12) 경제학자들은 나름대로 철학의 고전적인 문제의 하나인 존재와 당위의 문제를 자의적으로 해결한 셈이다.

13) Heap and Hollis, "Economic Man," p.54.

14) 프랜시스 후쿠야마, 이상훈 옮김, 『역사의 종말: 역사의 종점에선 최후의 인간』(서울: 한마음사, 1992). 물론 후쿠야마는 호모 에코노미쿠스가 인류 역

사에서 하나의 원동력으로 작용해왔다는 것을 부인하지는 않는다. 그러나 그는 플라톤적 기개의 발현을 통한 헤겔적 상호 인정 투쟁이 보다 중요한 역사적 원동력이라고 생각한다.

15) Thomas Carlyle, *Occasional Discourse on the Negro Question* in *Fraser's Magazine for Town and Country*, Vol. XL(1849), pp.670-679. Tibor Scitovsky, *The Joyless Economy: An Inquiry into Human Satisfaction and Consumer Dissatisfaction*(New York: Oxford University Press, 1976). John Ruskin, *Unto This Last*(Oxford: Oxford University Press, 1943), p.14n.

16) 칼라일(Thomas Carlyle)은 벤담의 쾌락주의적이고 양적인 공리주의를 돼지의 철학(philosophy of swine or pig philosophy)으로 비판했다. Thomas Carlyle, *Latter-Day Pamphlets*(London: Chapman & Hall, 1850). 밀은 『공리주의』에서 칼라일의 비판에 답하면서 효용 혹은 공리에는 고급한 쾌락과 저급한 쾌락이 있다는 질적 공리주의를 피력했다. 존 스튜어트 밀, 이을상 옮김, 『공리주의』(서울: 지식을 만드는 지식, 2011), pp.29. "만족한 돼지보다는 불만족한 인간이 낫고, 만족한 바보보다는 불만족한 소크라테스가 되는 것이 더 낫다. 바보 천치 또는 돼지가 어떤 다른 의견을 가지고 있다고 하더라도, 그것은 모두 물음에 대한 그들 각자의 입장만 알고 있는 데 지나지 않는다. 그러나 바보 천치나 돼지에 비교되는 상대방은 양쪽 모두를 알고 있다."

17) Herman Daly and John B. Cobb Jr., *For the Common Good: Redirecting the Economy toward Community, the Environment, and a Sustainable Future*(Boston: Beacon Press, 1989).

18) 장 보드리야르, 이상률 옮김, 『소비의 사회: 그 신화의 구조』(서울: 문예출판사, 1991), p.91.

19) R. Amacher, R. Tollison, and T. Willett, "The Economic Approach to Social Policy Questions: Some Methodological Perspectives," in their eds., *The Economic Approach to Publicy: Selected Readings*(Ithaca: Cornell University Press, 1976), pp.18-37.

20) 토마스 쿤, 김명자 옮김, 『과학혁명의 구조』(서울: 정음사, 1981; 개정 증보판, 1986). 경제학을 포함한 사회과학도 자연과학의 패러다임 전환의 혁명적 논리를 따라야 하는가에 대해서 논란의 여지가 있다. 특히 경제학에는 패러다임의 전환 이후에도 계속 사용되는 개념들도 많다는 사실이 지적되기도 한다. 자세한 것은 한국경제학사학회 편, 『경제학사』(서울: 대명출판사, 1985), 제1장 3절 "과학혁명사관과 경제학사" 참조.

21) Hollis and Nell, *Rational Economic Man: A Philosophical Critique of Neo-classicial Economics*, 1975.

22) Cf. "Gemeinschaft and Gesellschaft," *Wikipedia,* pp.1-4. Ferdinand Tönnies, *Gemeinschaft and Gesellschaft*(Leipzig: Fues's Verlag, 1887).

23) 인간은 원죄를 지어서 에덴의 동산에서 추방되었기 때문에 이마에 땀을 흘리는 노동을 통해서만 생존할 수 있게 된다. 따라서 부지런하고, 현재적 소비를 억제하는 금욕적인 자들만이 재산을 축적하고 부유해질 수 있으며 그것은 신의 축복이라는 것이다. 반면에 게으르고 소비만 하는 자들은 가난해질 수밖에 없으며 그것은 신의 저주라는 것이다. "부자가 천국에 들어가는 것은 낙타가 바늘구멍에 들어가는 것보다 어렵다"는 예수 자신의 설교는 원시 기독교의 경제적 부에 대한 입장이 프로테스탄티즘의 입장과 어떻게 다른가를 대비적으로 잘 보여주고 있다. 『신약성서』, 「마태복음」 19장 24절. Max Weber, trans. by Talcott Parsons, *The Protestant Ethics and the Spirit of Capitalism*(London: Unwin Paperbacks, 1985).

24) 마르크스는 "실제 역사에서 정복, 노예화, 약탈, 살인, 간략히 힘이 중대한 역할을 했다는 것은 너무나 잘 알려진 것이다"라고 강조한다. 주지하는 바와 같이 자본주의적 경제구조는 봉건주의적 경제구조로부터 발생했다. 근대 자유주의는 중세적 신분질서의 질곡으로부터 자유노동자들을 탄생시켰으나 동시에 그들을 "그들 자신의 어떠한 생산수단으로부터도 자유롭게(free from ··· any means of production of their own)" 했다는 것이다. 따라서 소위 "원초적 축적의 비밀"은 생산수단으로부터 생산자들을 분리시키는 역사적 과정 이외에 아무것도 아니라는 것이다. Karl Marx, *Capital*, Vol. I, Frederick Engels, ed,(New York: International Publishers, 1967), p.714. 이에 대한 논의는 박정순, 「사유재산권의 자유주의적 정당화의 과제」, 『사회비평』, 제6호(1991), pp.54-79 참조.

25) "자본주의적 발전은 사람과 사람 사이의 관계를 적나라한 자기 이익과 냉혹한 금전적 지급 이외에는 어떤 것도 남겨놓지 않았다. 그것은 종교적 열성이라는 가장 천상적인 환희와 기사도적인 정열과 속물적 감상주의를 이기주의적 계산이라는 차가운 얼음물에 수장시킨다. 그것은 인간의 가치를 교환가치로 용해했다." Karl Marx, "The Communist Manifesto", David McLellan, ed., *Selected Writings*(Oxford: Oxford University Press, 1977), p.223.

26) 홉스의 인위적 구성체론은 Thomas Hobbes, *Leviathan,* ed. with Introduction C. B. Macpherson(Harmondsworth: Penguin Book, 1986), "A Review and Conclusion," p.72. "마음의 능력으로서의 이성은 우리의 사고를 특징짓고 나타내기 위해서 합의된 명사에 대한 계산, 즉 더하거나 빼거나 하는 것 이외에 아무것도 아니다." 같은 책, p.111.

27) John Locke, *Two Treatises of Government*, ed. with Introduction Peter Laslett(New York: A Mentor Book, 1960), p.395.

28) 근대 시민사회의 법도 자주적이고 독립적인 개인을 전제로 하여 계약의 자유, 자유에 따른 과실 책임, 재산권의 절대성을 내용으로 하는 사적 자치를 원칙으로 하였고, 또한 근대 헌법들도 이 사적 자치의 영역에 국가가 개입하지 못하도록 갖가지 프라이버시 등 자유권적 기본권을 보장하였던 것은 주지의 사실이다.

29) Jeremy Bentham, *An Introduction to the Principles of Morals and Legislation*(Garden City: Anchor Books, 1973), p.17. 벤담의 이러한 계산법은 기수적(cardinal) 계산법으로, 앞으로 설명할 신고전학파의 한계효용의 모체가 된다. 최근에는 벤담이 한계효용을 윤리학적으로 정식화한 것으로 주장되기도 한다. 그리고 벤담의 기수적 효용은 하사니(John C. Harsanyi)에 의해서 다시 부활한다. 그리고 인식론적 관점에서 형식적 합리성의 공허성을 피하기 위해서 심리적 요소를 가진 벤담의 효용이론이 다시 부각되고 있기도 하다. Ackerman, *Human Well-Being and Economic Goals*, p.178.

30) Martin Hollis and Robert Sugden, "Rationality in Action," *Mind*, Vol. 102 (1993), p.5.

31) 존 스튜어트 밀 서병훈 옮김, 『공리주의』(서울: 책세상, 2007), p.123.

32) Adam Smith, *An Inquiry into the Nature and Causes of the Wealth of Nations*, ed. with Introduction Edwin Cannan(Chicago: The University of Chicago Press, 1976), p.477. "… 그는 오직 자기 자신의 이익만을 의도한다. 다른 많은 경우와 마찬가지로 이 경우에도 보이지 않는 손에 인도되어 결코 자신이 가진 의도의 어떤 부분도 아니었던 어떤 목적을 증진시킨다. 자기 자신의 이익을 증진함으로써 그는 사회의 이익을 직접적으로 의도한 것보다도 더 효율적으로 사회의 이익을 증진시킨다."

33) Milton L. Myers, *The Soul of Modern Economic Man*(Chicago: University of Chicago Press, 1983), p.11.

34) David Gauthier, *Morals By Agreement*(Oxford: Clarendon Press, 1986), p.354.

35) "우리가 저녁식사를 기대할 수 있는 것은 푸줏간 주인, 양조장 주인, 또는 빵가게 주인의 자비심 때문이 아니라 그들 자신의 이익에 대한 고려 때문이다. 우리는 그들의 인류애가 아니라 그들의 자애심(self-love)에 호소하며, 우리 자신의 필요가 아니라 그들의 이익에 관해서 말한다. 자기의 동료 시민의 자비심에 전적으로 의존하려는 사람은 거지밖에 없다." Smith, *An Inquiry into the Nature and Causes of the Wealth of Nations*, p.18.

36) Francis Y. Edgeworth, *Mathematical Physics*(London: Kegan Paul, 1881), p.16.

37) 완전경쟁시장에 대한 논의는 어느 경제학 교과서에서도 찾을 수 있지만, 보다 구체적 논의는 D. M. Winch, *Analytical Welfare Economics*(Harmondsworth: Penguin Books, 1971), pp.89-99 참조. 외부성 혹은 외부 효과는 시장의 가격 기구 밖에서 나타나는 현상으로서 한 경제주체의 소비나 생산 활동이 특별한 보상이나 대가를 받지 않고 다른 경제주체의 효용이나 생산에 직접적인 영향을 끼치는 현상을 말한다. 이익을 가져다주는 외부 경제와 손해를 가져다주는 외부 불경제가 있다.

38) 직접 정리와 환위 정리에 대한 경제철학적 논의는 Amartya Sen, "The Moral Standing of the Market," Ellen Frankel Paul et al. ed., *Ethics & Economics*(Oxford: Basil Blackwell, 1985), pp.1-19.

39) David Gauthier, *Morals By Agreement*, p.89.

40) 개인 간 비교 불가능한 서수적 효용함수(interpersonally non-comparable ordinal utility)를 배경으로 하는 파레토 최적성은 많은 비판을 받아왔지만, 가장 중요한 문제는 그것이 분배적 기준을 결여하고 있다는 것이다. 롤즈와 고티에도 비판하고 있듯이, 만약 노예 소유주의 복지가 하향한다면, 많은 노예들의 복지 향상에도 불구하고 노예제의 폐지는 파레토의 기준에 어긋나는 우스꽝스러운 경우가 발생한다. 또한 파레토의 기준은 상대적 박탈감의 문제를 도외시한다고 비판된다. John Rawls, *A Theory of Justice*(Cambridge: Harvard University Press, 1971), p.71. Gauthier, *Morals By Agreement*, p.254. Cf. W. G. Runciman, *Relative Deprivation and Social Justice: A Study of Attitudes to Social Inequality in Twentieth-Century English* (Berkeley: University of California Press, 1934).

41) 「일반균형이론」, 『경제학 사전』, NAVER 지식백과, pp.1-3.

42) 그러나 한계효용의 법칙은 하나의 난점이 있다. 각 상품의 한계효용은 구입량이 증가하면 저하하므로, 각 개인이 사용할 수 있는 소득이 많아짐에 따라 전체로서의 한계효용도 또한 저하한다. 따라서 일정한 가격 아래서 어떤 상품을 구입케 하는 데 필요한 유인은 부자보다는 빈자 쪽이 강하게 된다. 여기서 부자의 재화를 빈자에게 이동하는 혁명적인 평등주의적 분배 정책이 정당화된다. 따라서 신고전학파에서는 부자들은 행복의 향수 능력이 빈자보다는 높다는 미봉책이 제시된다. 고급문화적 소비와 취미와 기호는 한계효용이 체감되지 않는다. 여기서는 양적 공리주의자 벤담보다는 질적 공리주의자 밀이 숭배된다. 나중에 파레토는 한계효용의 개념에서 개인 간 비교가 내포한 난점을 극복한다. 파레토는 상이한 사람들의 효용이 합산될 수 있다는 것을 부인한다. 그리하여 부자가 1달러 지출하여 얻는 효용이 빈자가 1달러를 지불하여 얻는 효용보다 적다고 말하는 것은 무의미하다는 것이다. 그렇다면 부자에게 1달러를 떼어서 빈자에게 주었다고 해서 총 효용이 증가한다는 과

학적인 증거는 존재하지 않으므로 부자에게 가지게 해서 나쁠 것이 없다. 파레토는 결국 현상유지를 변호한다. 아마도 한계효용체감의 법칙의 또 다른 문제는 화폐 자체에 관련된 것이다. 비록 많은 돈을 가진 사람은 돈을 적게 가진 사람이 꿈도 꿀 수 없는 재화나 용역에 기꺼이 많은 돈을 주고 구매할 것이지만, 화폐는 본질적으로 어떤 재화라도 구매할 수 있으므로 그것의 다른 재화에 비해서 효용이 체감하지 않거나 혹은 매우 천천히 체감할 것이다. 존 로빈슨, 존 이트웰, 주종환 옮김, 『현대경제학비판』(서울: 일조각, 1979), pp.46-48. 여기에 비해서 공리주의는 모든 사람의 효용함수가 동일하고 또한 한계효용체감의 법칙을 만족시킨다는 표준적 가정으로 사회적 개혁과 철학적 급진주의로 등장하게 되었다. 그래서 한계효용체감의 법칙은 누진세와 복지국가를 옹호하는 기준이 된 것이다. 결론적으로 말하면, 한계효용이론은 평등주의적 함축성과 자유방임주의적 함축성을 동시에 가지고 있다는 사실이 인식되어야 한다. Joan Robinson, *Economic Philosophy*(Garden City: Doubleday, 1964), pp.48-74.

43) 생산자 쪽은 한계효용균등의 법칙에 의해서 형성된 소비수요에 응해서 한계비용이 상품가격과 일치되는 지점까지 생산을 확대할 때 그 이윤을 극대화시킬 수 있다. 그 결과 주어진 자원과 주어진 생산력 수준에서 가능한 범위에서 최대한의 이익을 사회 전체가 얻게 된다. 이것이 이미 언급한 파레토 최적 상태로 명명된 일반균형 상태이다. 다시 말하면 이러한 균형 상태에서는 모든 소비자는 효용의 극대화를, 모든 생산자는 이윤 극대화를 달성함으로써 사회 전체도 효용이 극대화된다. 어떤 의미에서 전체 경제체제는 만족을 극대화시켜주는 기제이다. 전체 경제체제는 개별 소비자와 그들의 욕구를 둘러싸고 돌아간다. 생산 패턴도 소비자의 욕구에 따라서 움직이게 되고, 경쟁의 힘에 의해서 생산비는 가능한 최저수준으로 내려가게 된다. 이것이 그 유명한 소비자 주권론이다.

44) 소비자가 한 상품에 소비한 최종의 화폐단위 1원이 주는 효용이 기타 다른 상품으로 소비한 최종의 1원이 주는 만족보다 많지도 적지도 않을 때 효용의 극대화가 달성될 것이다. 만약 한 상품으로부터 다른 상품으로 화폐의 소비를 옮겨서 전체적으로 얻어지는 만족이 증가될 수 있다면, 합리적 소비자는 한계에 있어서의 효용이 모든 상품을 통해서 일치할 때까지 그렇게 할 것이다.

45) Lionel Robbins, *An Essay on the Nature and Significance of Economic Science*(London: Oxford University Press, 1932), p.15.

46) Hans Van Den Doel, *Democracy and Welfare Economics*(Cambridge: Cambridge University Press, 1979), p.21. 보드리야르, 『소비의 사회: 그 신화의 구조』, p.85. "조금도 망설임 없이 자기 자신의 행복을 추구하게 한다."

47) Daly and Cobb, *For the Common Good: Redirecting the Economy toward Community, the Environment, and a Sustainable Future*, p.87. Scitovsky, *The Joyless Economy: An Inquiry into Human Satisfaction and Consumer Dissatisfaction*.

48) Hollis and Nell, *Rational Economic Man: A Philosophical Critique of Neo-classicial Economics*, p.48.

49) 현시 선호 이론은 다음 참조. P. A. Samuelson, "A Note on the Pure Theory of Consumer's Behavior," *Economica*, Vol. 5(1938), pp.123-134.

50) 노동자는 사회에 대한 그의 기여보다 더 많이도 더 적게도 벌지 않고 꼭 그만큼 번다는 것이다. 그의 생산성이 높으면 높은 임금을 받을 것이고, 만약 그가 게으르고 무능하면 그의 수입은 낮다는 것이다. 똑같은 이론이 고용주들에도 적용된다. 자본으로 벌어들이는 이윤과 토지에서 얻는 지대에도 적용된다. D. R. 퍼스펠트, 정연주, 장상환 옮김, 『경제학사입문』(서울: 비봉출판사, 1983), p.123.

51) Gautheir, *Morals By Agreement*, p.88.

52) Michael Young, *The Rise of Meritocracy*(London: Thomas and Hudson, 1958).

53) 페스펠트, 『경제학사입문』, p.122.

54) Richard Hofstader, *Social Darwinism in American Thought*. rev. edn. (Boston: Beacon Press, 1962).

55) Arthur Okun, *Equality and Efficiency: The Big Tradeoff*(Washington, D.C.: Brookings Institution, 1975).

56) 물론 하이에크의 "자생적 질서"의 개념은 신고전학파의 호모 에코노미쿠스의 가정과 완전히 일치하는 것은 아니다. 하이에크는 대부분의 사회제도는 인간의 의도적이고 합리적인 계획 또는 의지에 의해서 설계된 것이 아니라는 것이다. 즉 사회제도는 "인간 행위의 결과이지만 인간의 설계에 의한 것이 아니다." Friedrich Hayek, *Studies in Philosophy, Politics and Economics* (London: Taylor & Francis Books, Ltd., 1969), p. 97. 하이에크의 저작과 자생적 질서에 대한 논의는 V. Vamberg, "Spontaneous Market Order and Social Rules," *Economics and Philosophy*, Vol. 2(1986), pp.75-100 참조.

57) Clem Tisdell, "Concepts of Rationality in Economics," *Philosophy of the Social Sciences*(1975), pp.259-272.

58) Amacher, Tollison and Willet, "The Economic Approach to Social Policy Questions: Some Methodological Perspectives," p.28.

59) Doel, *Democracy and Welfare Economics*, p.124.

60) C. B. Macpherson, *The Political Theory of Possessive Individualism: Hobbes to Locke*(Oxford: Oxford University Press, 1962).

61) 김홍식, 「과학으로서의 경제학」, 한국사회과학연구소 편, 『현대사회과학방법론』(서울: 민음사, 1977), p.185.

62) 합리적 선택이론에 대한 구체적인 논의는 Jung Soon Park, *Contractarian Liberal Ethics and the Theory of Rational Choice*(New York: Peter Lang, 1992).

63) Bernard Walliser, "Instrumental Rationality and Cognitive Rationality," *Theory and Decision*, Vol. 27(1989), pp.7-36.

64) Etzioni, *The Moral Dimension: Toward A New Economics*, p.10.

65) James M. Buchanan and Gordon Tullock, *The Calculus of Consent*(Ann Arbor: The University of Michigan Press, 1965), p.17.

66) Amacher, Tollison and Willett, "The Economic Approach to Social Policy Questions: Some Methodological Perspectives," p.26, n.15.

67) 호모 에코노미쿠스의 다양한 모습은 박효종, 『합리적 선택과 공공재 I』(서울: 인간사랑, 1994), p.32 참조. 아마도 우리나라에서 호모 에코노미쿠스에 대한 가장 방대하고도 철저한 탐구서이자 옹호서일 것이다. 이 책의 저자는 자기의 작업이 롤즈와 고티에의 철학적 윤리학의 수준에는 이르지 못하고 호모 에코노미쿠스가 자생적인 협동의 기제를 산출할 수 있는 방식만을 탐구한다고 겸손하게 말하지만 사실은 매우 야심만만한 대작이다. 『합리적 선택과 공공재 II』(서울: 인간사랑, 1994)는 공공재의 문제와 죄수의 딜레마, 비겁자 게임, 보장 게임, 정언명법적 속성 등 네 가지 모형을 논하고 있다.

68) Etzioni, *The Moral Dimension: Toward A New Economics*, p.4.

69) Hollis and Nell, *Rational Economic Man: A Philosophical Critique of Neo-classicial Economics*, p.54. 강조 부가.

70) 같은 책, pp.54-55.

71) Anthony Downs, *An Economic Theory of Democracy*(New York: Harper, 1957), p.5.

72) Ann E. Cudd, "Game Theory and the History of Ideas about Rationality," *Economics and Philosophy*, Vol. 9(1993), pp.101-133.

73) Amartya Sen, *On Ethics and Economics*(Oxford: Basil Blackwell, 1987), p.12. 선호체계의 공리로 완전성(completeness), 전이성(transitivity), 재귀성(reflexivity), 관련 없는 대안으로부터의 독립성(independence), 연속성(continuity), 단조성(monotonity) 등이 있다. 합리적 선택의 각 모형에서 약간의 차이가 있기는 하지만, 확실성의 가정하에서는 통상적으로는 서수적 선호의

완전성과 전이성만을 통해서 합리성의 내부적 일관성을 설명하는 것이 보통이다.

74) 같은 책, p.67. Cf. "Buridan's ass," *Wikipedia*, pp.1-5.

75) 효용의 실제적 내용은 자기 이익, 만족, 행복, 쾌락, 욕구, 부, 소비자의 상품 만족, 기업가의 이윤, 자기 이익과 타인의 이익의 상호 결합, 그리고 쾌락이라는 심리적 요소 등 매우 다양하다. 그리고 이러한 실질적 내용들을 사상하고 선호의 순수한 형식적 극대화로 효용이 규정되기도 했다. 그리고 선호의 측정도 서수적 측정, 기수적 측정, 즉 간격 측정, 비율 측정 등 다양한 기준으로 변화했다. 벤담과 한계효용은 기수적 측정을, 파레토 최적성 개념과 선호의 내부적 일관성 기준은 서수적 효용만을 가정한다. 그러나 위험성과 불확실성 아래에서는 다양한 확률 계산 원칙에 따른 기수적 효용의 개념이 다시 부활하고 있다. Cudd, "Game Theory and the History of Ideas about Rationality."

76) Max Weber, *Economy and Society*, 1(Berkeley: University of California Press, 1978), pp.24-26.

77) Sen, *On Ethics and Economics*, p.15. Jung Soon Park, *Contractarian Liberal Ethics and the Theory of Rational Choice*, p.28.

78) 그래서 경제학적 제국주의의 선봉장인 베커(Gary Becker)는 심지어 선택자가 숙고를 하는지 혹은 계산을 하는지, 그리고 극대화하려는 노력을 의식하고 있는지는 문제가 되지 않는다고 보는 극단적인 입장을 취한다. Gary Becker, *The Economic Approach To Human Behavior*(Chicago: University of Chicago Press, 1976), p.7. 이것은 소위 합리성에 대한 "최소적 정의"로서 합리성의 현시 선호 이론과 내부적 일관성만을 중시하는 것이다. Etzioni, *The Moral Dimension: Toward A New Economics*, p.149.

79) Heap and Hollis, "Economic Man," p.54.

80) Etzioni, *The Moral Dimension: Toward A New Economics*, pp.24-31.

81) Downs, *An Economic Theory of Democracy*, p.6.

82) Dyke, *Philosophy of Economics*, pp.51-53. 무차별곡선은 서수적인 효용을 전제로 가령 두 재화 A, B가 있다고 가정할 때, 한 소비자에게 동일한 만족을 주는 A 재화와 B 재화의 여러 가지 다른 수요량의 조합을 보여주는 곡선이다. 어느 경제원론 책이나 이에 대한 설명이 잘 나와 있다. 한계효용이론은 기수적 측정을 전제로 한다.

83) 무차별곡선상에서 한계효용체감의 법칙은 "한계대체율체감의 법칙"이 된다. 어떤 소비자가 A 재화를 더 많이 가질수록 그 재화의 한 단위를 얻기 위해 포기하려는 B 재화의 양은 감소한다.

84) Schwartz, *The Battle For Human Nature: Science, Morality and Moral Life*, pp.153-166.

85) Kenneth J. Arrow, "Economic Theory and the Hypothesis of Rationality," *The New Palgrave: A Dictionary of Economics*(New York: Macmillan Press, 1987), p.71

86) Rawls, *A Theory of Justice*, p.159, p.324.

87) 「낙수 효과」, 『상식으로 보는 세상의 법칙: 경제편』, NAVER 지식백과, pp.1-7.

88) 존 로빈슨, 존 이트웰, 주종환 옮김, 『현대경제학비판』, p.47.

89) 이러한 점에서 번지(Mario Bunge)는 호모 에코노미쿠스는 정형적 모형이고 시간변수가 들어가지 않은 비역사적인 것이라고 비난한다. 이러한 비역사성은 경제학의 예측이 그동안 왜 잘 들어맞지 않았는가를 통해서 입증된다고 신랄하게 비판한다. Mario Bunge, "The Poverty of Rational Theory," I. C. Jarvie, ed., *Critical Rationalism, Metaphysics and Science*(Dordrecht: Kluwer, 1995), p.158.

90) 흔히 호모 에코노미쿠스의 작태로 지적되는 과시적 소비는 신고전학파의 모형에서는 발생할 수 없다. 과시적 소비의 문제는 베블런(Thorstein Veblen)에 의해서 사람들의 자신의 사회적 위치와 경제적 능력을 과시하기 위한 소비 행태로 해석되었다. Thorstein Veblen, *Theory of the Leisure: An Economic in the Evolution of Institutions*(New Work: Macmillan, 1899), p.400. 나중에 J. S. 뒤센베리의 상대소득설과 W. D. 런시만의 상대적 박탈감 이론은 신고전학파의 모형을 비판한다. 본서 부록 제1장 후주 37 참조.

91) Heap and Hollis, "Economic Man," p.54. 그러나 프로이트는 무의식의 깊은 심연을 주장하여 이러한 투명성을 거부하였고, 마르크스도 허위의식을 말한 바 있다. 호모 에코노미쿠스는 정책과 결정의 투명성을 요구하는 존재로서 시인을 추방하여 국가를 유지하려는 플라톤식의 고상한 거짓말(noble lie) 혹은 행위자들이 거대한 음모와 이성의 간계를 모르고 끌려간다는 헤겔식의 형이상학적 기만이론(conspiracy theory)을 거부한다.

92) Jennifer Roback Morse, "Who is a Rational Economic Man?" *Social Philosophy and Policy*, Vol. 14(1997), pp.181-182.

93) 페스펠트, 『경제학사입문』, p.238.

94) Frank Hahn and Martin Hollis, "Introduction," in their ed., *Philosophy and Economic Theory*(1979), p.16. 나중에 게임이론의 등장은 호모 에코노미쿠스를 조금은 능동적인 인간으로 만든다.

95) 계몽주의 시대가 끝날 무렵에 등장한 광신적인 공화주의적 시민, 칸트의 정

언명법을 따르는 덕성스러운 인간, 실러의 미학적 인간이 3인의 경쟁자이고, 나머지 7인의 호모 에코노미쿠스 살인자는 ① 후기 산업사회 사회학, ② 롤즈의 정의론을 비롯한 반공리주의적 의무론, ③ 맥퍼슨의 민주주의론, ④ 하버마스에서 소급할 수 있는 프랑크푸르트학파, ⑤ 스라파(Sraffa)를 비롯한 신리카도주의를 따르는 케임브리지 정치경제학, ⑥ 폴라니(Karl Polany)를 추종하는 제도주의와 경제인류학, ⑦ 듀몽(Louis Dumont)의 비교문화인류학이라는 학문적 경향이다. 실질적으로 이러한 학파 안에는 수백 수천 명의 살인자들이 있다. 또한 우리는 페미니즘과 공동체주의, 비인간중심적 생태주의, 그리고 경제학적 제국주의를 반대하는 제반 인문사회과학 등 전통적인 혹은 새로운 살인자들을 얼마든지 추가할 수 있을 것이다. Merquior, "Death to Homo Economicus?" pp.354-355.

96) 심리학적 인간은 합리성보다는 더 심층적인 심리적 요인들이 인간의 행동을 결정한다고 주장하는 입장이다. 정치적 인간과 사회적 인간은 인간의 합리성은 진공 상태 속에서 존재하는 것이 아니고 정치적 제도와 사회적 구조와 규범에 의해서 결정되고, 그러한 결정 요인들은 또한 호모 에코노미쿠스적 합리성보다 선행하는 제약 요소로 작용한다고 주장한다.

97) 어떤 의미에서 이것은 비합리적 선호인 반적응적 선호이다. Jon Elster, "Introduction," in his ed., *Rational Choice*(Washington Square: New York University Press, 1986), p.21. 그러나 스키토프스키(Tibor Scitovsky)는 이것이 호모 에코노미쿠스의 본질적 속성임을 갈파한다. Scitovsky, *The Joyless Economy: An Inquiry into Human Satisfaction and Consumer Dissatisfaction.*

98) Daly and Cobb, *For the Common Good: Redirecting the Economy toward Community, the Environment, and a Sustainable Future*, p.87.

99) Scitovsky, *The Joyless Economy: An Inquiry into Human Satisfaction and Consumer Dissatisfaction.*

100) 보드리야르, 『소비의 사회: 그 신화의 구조』, p.87. 이러한 주장은 갈브레이스의 비판을 논한 것이다.

101) 페스펠트, 『경제학사입문』, pp.234.-241. 그 세 가지는 불확실성의 분석, 차선책 이론, 그리고 애로우의 "불가능성 정리"이다.

102) 신고전학파의 일반균형이론에 따르면 완전경쟁시장에서의 자원 배분은 효율적이다. 그러나 여러 가지 이유 때문에 현실의 시장에서 나타나는 자원의 배분의 결과가 효율적이지 못한 상태로 귀착될 때가 있다. 그러한 이유로는 불완전경쟁, 거래 쌍방 간의 정보의 비대칭성, 공공재, 외부성, 불확실성 등이 있다. 이렇게 시장이 실패할 경우 정부의 개입을 포함한 다양한 규제 정책이 제시되는 근거가 된다. 「경제학의 주요 개념. 일반균형이론: 모든 시장

이 균형」, NAVER 지식백과, pp.1-5.

103) Rawls, *A Theory of Justice*, p.269.

104) 수인의 딜레마는 검찰관에게 불려와 개별적으로 심문을 받는 두 수인을 대상으로 한다. 그들은 모두 아무도 실토하지 않으면 사소한 죄목으로 1년의 형을 살게 된다는 것을 알고 있다. 그러나 그들은 또한 만일 한 사람이 실토하여 공범 증언을 하면 그는 풀려나고 상대방은 10년이라는 장기 복역을 하게 된다는 것을 알고 있다. 그러한 상황에서 그들 모두에게 가장 합리적인 행동, 즉 아무도 실토하지 않아야 한다는 것은 불안정한 것이다. 따라서 그들은 각자의 관점에서 보아 실토하는 것이 합리적인 것이 되며, 따라서 모두 5년의 형을 살게 된다. 각자의 관점에서 보아 합리적인 결정을 하게 되면 결국 두 수인이 모두 더 불리해지는 상황을 낳게 되는 것이다. 수인의 딜레마는 터커(A. W. Tucker)에 의해서 고안되었다. 본격적인 논의는 R. D. Luce and H. Raiffa, *Games and Decisions*(New York: John Wiley and Sons, 1957) 참조.

105) Mancur Olson, *The Logic of Collective Action*(Cambridge: Harvard University Press, 1965), p.64.

106) 고립과 확신의 문제는 통상적으로 구별되어왔으나 이제 몇 사람들의 공헌에 의해서 수인의 딜레마와 무임승차자의 문제가 "선호 구조적 동치"라는 것이 밝혀졌다. 따라서 무임승차자의 문제는 "다인적 수인의 딜레마(n-person or multiple prisoner's dilemma)"가 된다.

107) Kenneth J. Arrow, *Social Choice and Individual Values*(New Haven: Yale University Press, 1951).

108) 「투표의 역설: 완벽한 투표 방법은?」, 박부성, 『수학산책』, NAVER 지식백과, pp.1-6.

109) 보드리야르, 『소비의 사회: 그 신화의 구조』, p.92.

110) Cudd, "Game Theory and the History of Ideas about Rationality," p.128.

111) Jung Soon Park, *Contractarian Liberal Ethics and the Theory of Rational Choice*, p.42.

112) Sen, *On Ethics and Economics*, p.68.

113) 같은 책, p.13.

114) Tisdell, "Concepts of Rationality in Economics," p.261.

115) Ackerman, *Human Well-Being and Economic Goals*, p.71.

116) Elster, "Introduction," p.14. Etzioni, *The Moral Dimension: Toward A New Economics*, p.149.

117) 김홍식, 「과학으로서의 경제학」, p.183. 신고전학파의 합리성 가정이 "인간

의 행동은 그것이 합리적인 한, 항상 주어진 조건을 가장 합리적으로 이용하려는 것이라는 동어반복에 귀착하고 만다"는 비판은 오래전부터 있어왔다.

118) Etzioni, *The Moral Dimension: Toward A New Economics*, p.28.

119) Mary Zey, *Decision Making: Alternatives to Rational Choice Models*(Sage Publications, 1992).

120) Herbert Simon, *Models of Man*(New York: John Wiley & Sons, 1957).

121) Jon Elster, *Ulysses and the Sirens*(Cambridge: Cambridge University Press, 1979).

122) R. Dore, *Authority and Benevolence: The Confucian Recipe for Industrial Success*(The McCallum Lecture, Pembroke College, Oxford, 1984).

123) Arrow, "Extended Sympathy and the Possibility of Social Choice," pp.223-237

124) Rawls, *A Theory of Justice*, p.274.

125) Smith, *An Inquiry into the Nature and Causes of the Wealth of Nations*, p.208.

126) Rawls, *A Theory of Justice*. 물론 공리주의도 호모 에코노미쿠스의 독소를 제거하기 위해서 벤담과 밀 논쟁의 현대적 재판인 행위 공리주의 대 규칙 공리주의에 대한 내부적 몸부림을 계속한다. 그리고 공리주의자 하사니는 롤즈의 "최소극대화 규칙(maximin rule)"은 무지의 장막 아래서 호모 에코노미쿠스에게 설득력이 없다고 주장하고, 오히려 공리주의에 이르는 "등확률의 규칙(equi-probability rule)"이 더 설득력이 있다고 주장한다. 롤즈의 공리주의 비판은 박정순, 『사회정의의 윤리학적 기초: John Rawls의 정의론과 공리주의의 대비』(연세대학교 대학원 철학과 석사학위논문, 1984. 2.).

127) John Rawls, "Justice as Fairness: Political not Metaphysical," *Philosophy & Public Affairs*, Vol. 14(1985), p.224. n.2.

128) 롤즈의 이러한 입장은 칸트적 구성주의와 정치적 자유주의로 변경된 것이다. John Rawls, "Kantian Constructivism in Moral Theory," *The Journal of Philosophy*, Vol. 77(1980), pp.515-572. John Rawls, *Political Liberalism* (New York: Columbia University Press, 1993, 1996) 참조. 자기발견의 도구는 Rawls, *A Theory of Justice*, p.252.

129) Gautheir, *Morals By Agreement*, p.4.

130) 호모 에코노미쿠스의 합리적 선호가 고정적이고 불변적이라는 것을 가정하는 점에서 스티글러(George Stigler)와 베커(Gary Becker)는 여전히 그러한 사람들이다. 선호의 변화는 오직 대안의 상대적 가격의 변화로만 해석하려고 한다. Karen Cook and Margaret Levi, "Introduction," in their eds., *The*

Limits of Rationality(Chicago: University of Chicago Press, 1990), p.8. 털
럭(Gordon Tullock)은 한때 "사람들은 95%가 이기적이다"라는 말을 했다고
한다. Jane J. Mansbridge, ed., *Beyond Self-Interest*(Chicago: University of
Chicago Press, 1990), p.12.

131) G. J. Stigler, "Economics or Ethics?" in S. McMurrin, ed., *Tanner
Lectures on Human Values*. Vol. II(Cambridge: Cambridge University
Press, 1981), p.176.

132) Israel M. Kirzner, "Self-Interest and the New Bashing of Economics: A
Fresh Opportunity in the Perennial Debate?" *Critical Review*, Vol. 4(1990),
p.29 참조.

133) Milton Friedman, *Essays in Positive Economics*(Chicago: University of
Chicago Press, 1953), p.14. Downs, *An Economic Theory of Democracy*,
p.27. 이것은 합리성의 "실용주의적 옹호"로 알려져 있다.

134) Russell Hardin, *Collective Action*(Boltimore: Johns Hokins University
Press, 1982), p.11.

135) 정창영, 『경제원론』(서울: 세경사, 1982), p.12.

136) Elster, "Introduction," p.22.

137) Brennan and Buchanan, "The Normative Purpose of Economics Science:
Rediscovery of An Eighteenth-Century Method," pp.155-166.

138) Jung Soon Park, *Contractarian Liberal Ethics and the Theory of Rational
Choice*.

139) A. 펠드만, 김덕영 외 옮김, 『후생경제학과 사회선택이론』(서울: 경문사,
1990), p.225.

140) 이것은 애로우 자신도 인정한 것이다. Kenneth J. Arrow, "Extended Sym-
pathy and the Possibility of Social Choice," *Philosophia*, Vol. 7(1978),
pp.223-237.

141) 시장의 실패를 교정하기 위한 정부의 개입이 오히려 자원의 효율적인 배분
을 더 해치는 경우가 발생하는 것을 말한다. 정부의 실패가 일어나는 이유는
규제자의 불완전한 지식과 정보, 규제 수단의 불완전성, 규제자의 편견이나
권한 확보 욕구, 이권 개입, 부패, 정책의 일관성 부재, 정치적 제약 등을 들
수 있다.

142) Elster, "Introduction," p.12.

143) Cook and Levi, *The Limits of Rationality*, pp.9-10. Elster, "Introduction,"
p.12.

144) Amartya Sen, "Rational Fools," *Philosophy & Public Affairs*, Vol. 6

(1977), p.325.

145) "그 결론이 순환적이라는 것은 바로 알아차릴 수 있다. 그것은 다른 여러 가지 정식화들에서도 마찬가지다. 사람들은 그들이 행동하는 대로 행동한다는 결론 이외에는 아무것도 더 말할 것이 없다. 그것은 어떠한 경험적인 함축성도 가지고 있지 않은 하나의 공준이다. 그러한 공준은 아무런 가설을 내포하고 있지 않기 때문에 결코 반증될 수는 없고 따라서 생각할 수 있는 어떤 행동과도 일관적인 것이 된다." Paul A. Samuelson, *Foundations of Economic Analysis*(Cambridge: Harvard University Press, 1983), pp.91-92.

146) Doel, *Democracy and Welfare Economics*, p.21.

147) 본서 부록 제1장 3절 2)항에서 언급한 것처럼 에치오니(Amitai Etzioni)는 이기심(시장에서의 외면적 동기)과 이타심(내면적 동기)의 상호 의존성을 효용 개념의 세 가지 중 하나로 본다. Etzioni, *The Moral Dimension: Toward A New Economics*, pp.24-31. 본서 부록 제1장 후주 80과 후주 번호 80이 있는 본문 참조.

148) Buchanan and Tullock, *The Calculus of Consent*, p.18. 키르츠너(Israel M. Kirzner)는 호모 에코노미쿠스는 의사결정의 모형이 아니고 시장 과정(market process)의 이론이라고 주장한다. 따라서 호모 에코노미쿠스의 모형에는 결코 부도덕한 것도 야만적인 요소도 없다는 것이다. Kirzner, "Self-Interest and the New Bashing of Economics: A Fresh Opportunity in the Perennial Debate?" p.32.

149) Buchanan and Tullock, *The Calculus of Consent*, p.18.

150) Amacher, Tollison and Willett, "The Economic Approach to Social Policy Questions: Some Methodological Perspectives," p.25, n.13.

151) Philip Pettit, "The Virtual Reality of Homo Economicus," *The Monist*, Vol. 78(1995), pp.308-329.

152) 박효종, 『합리적 선택과 공공재 I』, pp.8-9.

153) Peter Abell, "Is Rational Choice a Rational Choice Theory?" James Coleman and Thomas Fararo, eds., *Rational Choice Theory: Advocacy and Critique*(London: Sage, 1992), p.197.

154) Etzioni, *The Moral Dimension: Toward A New Economics*, p.2. "대안이 없이는 한 이론을 반박할 수 없다(you cannot beat a theory with nothing)." Cf. Heap and Hollis, "Economic Man," p.55.

155) Bunge, "The Poverty of Rational Theory," p.160. Hollis and Nell, *Rational Economic Man: A Philosophical Critique of Neo-classicial Economics*, p.55.

156) W. H. Riker and P. C. Ordeshook, *An Introduction to Positive Political Theory*(Englewoodcliffs: Prentice Hall, 1973), p.23.

157) Andrew Shotter, *The Free Market Economics: A Critical Appraisal*(New York: St. Martin's Press, 1985), p.31.

158) Elster, "Introduction," p.26. 그러나 엘스터는 신고전학파의 이러한 답변은 옳지 않다고 주장한다. 정보의 비용을 감안하기 위해서는 정보의 기대 가치를 알아야 하는데, 이것은 일반적으로 불가능하다. 그리고 진화론적 설명은 우연적으로 주먹구구식 규칙이 최적성과 합리성과 일치한다는 것을 보여줄 수는 있다. 그러나 그것이 기업들의 합리적 선택을 설명해주지는 못한다.

159) 같은 논문, p.12.

160) Stigler, "Economics or Ethics?" p.178.

161) Gauthier, *Morals By Agreement*, p.329, p.339.

162) Etzioni, *The Moral Dimension: Toward A New Economics*, p.25. 이미 이 논의는 부록 제1장 4절 3)항에서 논의되었다.

163) Robert H. Frank, *Passions within Reason: The Strategic Role for the Emotions*(New York: W. W. Norton, 1988).

164) Kirzner, "Self-Interest and the New Bashing of Economics: A Fresh Opportunity in the Perennial Debate?"

165) Cudd, "Game Theory and the History of Ideas about Rationality," p.129.

166) Merquior, "Death to Homo Economicus?" pp.377-378.

167) Hahn and Hollis, *Philosophy and Economic Theory*, pp.15-16.

168) Elster, "Introduction," pp.22-23.

169) Robert Nozick, *Anarchy, State and Utopia*(New York: Basic Books, 1974), p.168.

170) Robert Nozick, *The Examined Life: Philosophical Meditations*(New York: Simon and Schuster, 1989), pp.286-287. "내가 한때 주창했던 자유지상주의적 입장은 이제 나에게는 매우 부적절한 것처럼 보이는데, 그러한 이유의 한 가지는 그것이 여지로만 남겨두었던 인간적 고려 사항들과 연대적 협동 활동을 보다 정연한 구조 속에 충분히 짜 맞출 수 없었다는 데 있다."

171) Elster, "Introduction," p.27. "호모 에코노미쿠스의 시체 해부"라는 말은 보드리야르가 갈브레이스의 호모 에코노미쿠스 비판을 논하는 절의 제목이다. 보드리야르, 『소비의 사회: 그 신화의 구조』, p.85.

172) 어떤 사람은 적어도 60가지의 합리성의 개념이 있다고 주장한다. Etzioni, *The Moral Dimension: Toward A New Economics*, p.136 참조.

173) Robinson, *Economic Philosophy*, pp.48-74. 본서 부록 제1장 후주 42 참조

174) Daniel Hausman and M. S. McPherson, "Taking Ethics Seriously: Economics and Contemporary Moral Philosophy," *Journal of Economic Literature*, Vol. 31(1993), pp.671-731. Sen, *On Ethics and Economics*. 센은 이러한 철학적 주장과 빈곤 문제에 대한 후생경제학적 분석의 성과를 인정받아 1998년 노벨 경제학상을 수상하게 된다.

175) Hahn and Hollis, *Philosophy and Economic Theory*. 경제학과 철학의 학제 간 학술지의 하나로 1985부터 발간된 *Economics and Philosophy*가 중요한 역할을 한다.

176) 이 말은 헬베티우스(Helvetius)가 *De l'esprit*(Paris, 1758)에서 한 말로 알려지고 있다. Mansbridge, *Beyond Self-Interest*, p.6에서 재인용.

177) Gauthier, *Morals By Agreement*, p.4.

178) Daly and Cobb, *For the Common Good: Redirecting the Economy toward Community, the Environment, and a Sustainable Future*.

179) 부록 제1장 후주 14 참조.

180) 프랜시스 후쿠야마, 구승회 옮김, 『트러스트』(서울: 한국경제신문사, 1996), p.30.

181) G. Davidson and P. Davidson, *Economics for a Civilized Society*(New York: W. W. Norton, 1988).

182) 불량품 문제는 기술과 정보의 우위를 점하고 있는 생산자와 용역 제공자가 소비자를 우롱하는 것이고, 역조 선택 현상은 가령 보험회사와 가입자 간의 정보 차이 때문에 사건 발생 확률이 높은 가입자 집단이 선별적으로 모여드는 현상을 말한다. Schotter, *The Free Market Economics: A Critical Appraisal*, pp.51-54. Cf. "The Markets for Lemons," *Wikipedia*, pp.1-6. "Adverse selection," *Wikipedia*, pp.1-5. "Moral hazard," *Wikipedia*, pp.1-8.

183) Gary Becker, *Human Capital: A Theoretical and Empirical Analysis*(New York: Columbia University Press, 1964).

184) James S. Coleman, "Norms as Social Capital," *Economic Imperialism* (1987), pp.135-155.

185) Mansbridge, *Beyond Self-Interest*, pp.5-8.

186) Myers, *The Soul of Modern Economic Man*, p.1에서 재인용.

187) Elster, "Introduction," pp.26-27.

188) 여기서 많은 사람들은 경제체계를 사회, 정치, 경제 복합체계의 하위 체계로 파악하는 시스템 이론, 특히 복잡체계 이론에 호소하고 있다. 물론 많은 변수들 때문에 체계 구축이 어렵겠지만, 그것이 성공하면, 사회철학의 통일장 이론이 완성되는 셈이다. Bunge, "The Poverty of Rational Theory".

Etzioni, *The Moral Dimension: Toward A New Economics* 참조.

189) "이런 우화가 있다. 옛날에 희소성 속에 살고 있는 한 남자가 있었다. 경제학을 통해서 많은 모험과 오랜 여행을 한 끝에 그는 풍부한 사회라는 여자를 만났다. 그들은 결혼하여 욕구라는 많은 자식들을 낳았다. 그러나 그중 가장 큰 욕구가 이상하게 그들과 그들의 자손인 또 다른 욕구들을 오히려 잡아먹으려 하자 그들은 어떻게 어떻게 하다가 묘약을 발견하여 큰 욕구를 달래는 법을 배웠다. 그래서 그들과 그 자손인 욕구들은 백년 만년 잘 살았다." 이 우화는 보드리야르, 『소비의 사회: 그 신화의 구조』, p.85. "그러나" 이후는 저자의 삽입.

제2장 세계시장과 인간 삶의 조건

1) Jean Comaroff and John Comaroff, "Millennial Capitalism: First Thoughts On a Second Coming," in Jean Comaroff and John Comaroff, ed., *Millennial Capitalism and the Culture of Neoliberalism, Special Issue of Public Culture*, Vol. 12(2000), p.291. 세계시장의 대두를 산업혁명 이후의 지구적 자본주의의 재림 혹은 비약적 대성공으로 보는 것은 Robert Gilpin, *The Challenge of Global Capitalism*(Princeton: Princeton University Press, 2000), p.15. 토머스 프리드먼, 신동욱 옮김, 『렉서스와 올리브 나무 1: 세계화는 덫인가, 기회인가?』(서울: 창해, 2000), p.26.

2) 울리히 벡, 조만영 옮김, 『지구화의 길』(서울: 거름, 2000), p.28.

3) Henk Overbeek, *Restructuring Hegemony in the Global Political Economy: The Rise of Transnational Neo-Liberalism in the 1980s*(London: Routledge, 1993), p.2. 18세기 서구 세계를 뒤흔들었던 모든 혁명들의 선언문에서 가장 인상적인 것은 혁명이라는 이름하에 수행되었던 모든 것들이 "자명한 진리"에 근거하고 있다는 천명일 것이다. 미국 독립선언서 전문(前文)은 인간이 평등하게 창조되었다는 것이 자명한(self-evident) 진리라는 말로 시작한다.

"우리는 모든 인간이 평등하게 창조되었고, 그들의 창조주에 의해서 불가양도적인 권리들을 부여 받았으며, 그중에는 생명과 자유와 행복의 자유가 있다는 것을 자명한 진리로 받아들인다."

4) 프리드먼, 『렉서스와 올리브 나무 1: 세계화는 덫인가, 기회인가?』, p.597, p.691, p.576.

5) Robert Nozick, *Anarchy, States, and Utopia*(New York: Basic Books, 1975). David Gauthier, *Morals By Agreement*(Oxford: Clarendon Press, 1986). 프랜시스 후쿠야마, 이상훈 옮김, 『역사의 종말: 역사의 종점에 선 최

후의 인간』(서울: 한마음사, 1992).

6) 민주주의에서뿐만 아니라 학문적 태도에서도 이러한 자세는 매우 중요할 것이다. "다른 측면의 소리를 들어라!(Hear the other side, *audi alterem partem*!)"

7) Jeremy Brecher and Tim Costello, *Global Village or Global Pillage* (Boston: South End Press, 1994). 안병영, 임혁백 편, 『세계화와 신자유주의: 이념, 현실, 대응』(서울: 나남출판, 2000), p.72.

8) 프리드먼, 『렉서스와 올리브 나무 1: 세계화는 덫인가, 기회인가?』, p.690.

9) Joseph Schumpeter, *Capitalism, Socialism and Democracy*(London: Unwin Press, 1996; 1st edn. 1952), p.83. Edward Luttwak, *Turbo Capitalism*(New York: Harper Perennial, 1998). Anthony Giddens, *Runaway World: How Globalization is Reshaping Our Lives*(New York: Routledge, 1999).

10) Susan Strange, *Casino Capitalism*(Oxford: Blackwell, 1986). 미셸 쵸스도프스키, 이대훈 옮김, 『빈곤의 세계화』(서울: 당대, 1998). 한스 마르틴, 하랄트 슈만, 강수돌 옮김, 『세계화의 덫』(서울: 영림카디널, 1997), p.26, p.189. Gilpin, *The Challenge of Global Capitalism*, p.312. Alain Benoist, "Confronting Globalization," *Telos*, Vol. 108(1996), p.129. Robert H. Frank and Philip J. Cook, *The Winner-Take-All-Society*(New York: The Free Press, 1995). 존 그레이, 김영진 옮김, 『전지구적 자본주의의 환상』(서울: 도서출판 창, 1999), p.121. Peter Gowan, *The Global Gamble: Washington's Faustian Bid for World Dominance*(London: Verso, 1999). G. Ritzner, *The McDonaldization of Society*(Thousand Oaks: Pine Forge, 1993). 세계화에 대한 찬반양론의 논의는 다음 저서 참조. 이인성, 『21세기 세계화 체제의 이해』(서울: 아카넷, 2009).

11) 이삼열, 「세계화의 불안과 세계시민적 이성」, 『철학과 현실』, 제43호(1999년 겨울호). 김여수, 「21세기의 윤리를 위한 공동의 틀: 보편윤리의 전망」, 『철학과 현실』, 제46호(2000년 가을호). 임홍빈, 「세계화시대의 국가와 시장: 규범적 정치철학의 위한 시론」, 『21세기의 도전과 희망의 철학』(한국철학회 춘계학술대회보, 2000) 참조.

12) 이창우, 「코스모폴리스 개념」, 『철학연구』, 제50집(2000), p.184.

13) 맨더빌(Bernard Mandeville)의 『꿀벌의 우화』는 1705년 「불평하는 꿀벌」이라는 팸플릿으로 익명 출간되었다. 나중에 그 자신이 극렬한 비판에 공개적으로 답하면서 24년에 걸친 수정 작업을 통해 1729년 런던에서 최종본이 완결되었다. 맨더빌의 생각은 이후 아담 스미스에게 큰 영향을 주게 된다. B. Mandeville, *The Fable of Bees*, F. B. Kyae, ed.(Oxford: Clarendon Press,

1924) 참조. 자본주의에 대한 열 가지의 도덕적 비판과 아울러 다섯 가지의 효율성, 합리성, 내부적 모순으로부터의 비판을 제시하고 있는 것은 Ronald H. Nash, *Freedom, Justice and the State*(Lanham, MD: University Press of America, 1980), pp.159-193. 자본주의 시장의 도덕적 옹호는 Tibor Machan, *The Moral Case for the Market*(Lewistohn, NY: Edwin Mellen Press, 1989). 알렉산더 H. 샨드, 이상훈 옮김, 『자유시장의 도덕성』(서울: 문예출판사, 1996) 참조.

14) 뷰캐넌은 효율성 이외 시장의 도덕적 정당화로 사회적 다위니즘, 응보, 상호 이익과 공리주의적 정당화, 로크와 자유지상주의적 재산권, 자유, 기본적 권리의 효과적 행사 등을 들고 있다. Allen Buchanan, Ethics, *Efficiency, and the Market*(Totowa: Rowan & Allanheld, 1985).

15) Overbeek, *Restructuring Hegemony in the Global Political Economy: The Rise of Transnational Neo-Liberalism in the 1980s.* 김진영, 「신자유주의와 세계화」, 박광주 편, 『신자유주의와 아시아의 경제위기 그리고 한국』(부산: 부산대학교 출판부, 1998), p.5, p.65. 월러스틴의 세계체제론의 자세한 논의는 이수훈, 『세계체제의 인간학』(서울: 사회비평사, 1996) 참조.

16) Overbeek, *Restructuring Hegemony in the Global Political Economy: The Rise of Transnational Neo-Liberalism in the 1980s*, p.15.

17) Luttwak, *Turbo Capitalism*, p.20. "Why American Losers Accept Their Fate." 벡, 『지구화의 길』, p.289.

18) 앤서니 기든스, 한상진, 박찬욱 옮김, 『제3의 길』(서울: 생각의 나무, 1998).

19) 프리드먼, 『렉서스와 올리브 나무 1: 세계화는 덫인가, 기회인가?』, p.33. 이것은 공동체주의 철학자 월저(Michael Walzer)가 그람시를 원용하면서 가장 효과적인 비판은 내재적이고 연관된 비판(internal and connected criticism)이라고 주장한 것과도 일맥상통한다. Michael Walzer, *Company of Critics* (New York: Basic Books, 1988), pp.232-234.

20) 박길성, 『세계화: 자본과 문화의 구조변동』(서울: 사회비평사, 1996), p.52. 자세한 논의는 벡, 『지구화의 길』, 5장 3절 참조. 그리고 말컴 워터스, 이기철 옮김, 『세계화란 무엇인가?』(서울: 현대미학사, 1998).

21) 킴 무디, 사회진보를 위한 민주연대 옮김, 『신자유주의와 세계의 노동자』(서울: 문화과학사, 1999), p.195. "그 속에는 신고전파 경제학의 근본주의, 국가 규제를 대체하는 시장적 조절, 자본에 우호적인 경제적 재분배(공급 측의 위주의 경제학), 이상화된 가족을 핵심으로 담고 있는 도덕적 권위주의, 자유무역의 원리(때때로 모순적으로 적용되기도 하는), 그리고 노조에 대한 철저한 불관용 등이 뒤섞여 있다."

752

22) 강상구, 『신자유주의의 역사와 진실』(서울: 문화과학사, 2000), p.93. 그레이, 『전지구적 자본주의의 환상』, p.161. 특히 그레이는 신자유주의를 원시 자유주의(paleo-liberalism)에로의 복귀라고 평가한다.

23) 민경국, 「신자유주의란 무엇인가?」, 『철학과 현실』, 제41호, p.200. 그는 신자유주의가 하이에크의 자생적 질서론과 같이 "비판적 합리주의로서의 질서정책"을 가진 점이 자유주의와 구별된다고 지적한다. 자세한 논의는 김균 외, 『자유주의 비판』(서울: 풀빛, 1996), 제1부 참조.

24) 이상헌, 「경제학과 신자유주의」, 『이론』, 제15집(1996). 김세균, 「신자유주의 정치이론의 연구경향과 문제점」, 『이론』, 제15집(1996) 참조. 그리고 김성구, 『경제위기와 신자유주의』(서울: 문화과학사, 1998), 보론 "신자유주의 개념과 용어 사용법의 문제".

25) Comaroff and Comaroff, "Millennial Capitalism: First Thoughts On a Second Coming," p.294. 임혁백, 「세계화와 민주화」, 김경원, 임현진 편, 『세계화의 도전과 한국의 대응』(서울: 나남출판, 1995), p.121.

26) Giddens, *Runaway World: How Globalization is Reshaping Our Lives*, p.37. "왜냐하면 지구화는 우리의 삶에서 동일한 것을 의미하는 것은 아니기 때문이다. 그것은 우리 삶의 상황에 있어서 하나의 변화이다. 그것은 우리가 지금 살고 있는 방식이다." 그리고 Ulrich Beck, "Living Your Own Life in a Runaway World: Individualism, Globalization and Politics," in Hutton and Giddens, eds., *Global Capitalism*(New York: The New Press, 2000). 벡, 『지구화의 길』, p.31. 공성진, 「지구화를 따라서, 지구화를 넘어서」, 피터 드러커 외, 『다시 그리는 세계지도』(서울: 해냄, 2000), p.14.

27) 벡, 『지구화의 길』, p.228.

28) 임혁백, 「세계화와 민주화」, p.121.

29) 무디, 『신자유주의와 세계의 노동자』, p.195.

30) Robin Hahnel, *Panic Rules: Everything You Need To Know About the Global Economy*(Cambridge, MA: South End Press, 1999), Ch. II. "Deconstructing the Neoliberal Myth" 참조.

31) D. Harvey, *The Condition of Postmodernity*(Oxford: Blackwell, 1989). 그리고 무디, 『신자유주의와 세계의 노동자』, 제5장 "린-생산의 성장과 한계". 강상구, 『신자유주의의 역사와 진실』, 제10장 "포드주의 이후의 생산방식에 대한 다양한 시도들". 신자유주의 경제정책 일반은 본서 부록 표 1, 2, 3, 4 참조.

32) 무디, 『신자유주의와 세계의 노동자』, p.83.

33) 자세한 분류와 도표는 벡, 『지구화의 길』, p.48. 그리고 워터스, 『세계화란

무엇인가?』, p.15.

34) Christopher Colclough and James Manor, eds., *States or Markets?: Neoliberalism and the Development Policy Debate*(Oxford: Clarendon Press, 1991), pp.1-25. Anthony Giddens, *The Consequences of Modernity* (Stanford: Stanford University Press, 1990), p.63. 벡, 『지구화의 길』, p.51. 그레이, 『전지구적 자본주의의 환상』, p.40. 워터스, 『세계화란 무엇인가?』, p.17. Overbeek, *Restructuring Hegemony in the Global Political Economy: The Rise of Transnational Neo-Liberalism in the 1980s*, p.6.

35) Overbeek, *Restructuring Hegemony in the Global Political Economy: The Rise of Transnational Neo-Liberalism in the 1980s*, p.xi.

36) 부록 표 1 참조.

37) George F. DeMartino, *Global Economy, Global Justice: Theoretical Objections and Policy Alternatives to Neoliberalism*(London: Routledge, 2000), p.11. "Three Faces of Global Neoliberalism: the global market, the global workshop, the global casino."

38) Overbeek, *Restructuring Hegemony in the Global Political Economy: The Rise of Transnational Neo-Liberalism in the 1980s*, p.15.

39) 벡, 『지구화의 길』, p.234.

40) Anthony Giddens, *Beyond Left and Right: The Future of Radical Politics* (London: Polity Press., 1994), p.9.

41) 기든스, 『제3의 길』, p.49.

42) 완전경쟁시장에 대한 논의는 어느 경제학 교과서에서도 찾을 수 있지만, 보다 구체적인 논의는 다음 참조. D. M. Winch, *Analytical Welfare Economics* (Harmondsworth: Penguin Books, 1971), pp.89-99. 외부성 혹은 외부 효과는 시장의 가격 기구 밖에서 나타나는 현상으로서 한 경제주체의 소비나 생산 활동이 특별한 보상이나 대가를 받지 않고 다른 경제주체의 효용이나 생산에 직접적인 영향을 끼치는 현상을 말한다. 이익을 가져다주는 외부 경제와 손해를 가져다주는 외부 불경제가 있다.

43) 직접 정리와 환위 정리는 후생경제학의 "제1 기본정리"와 "제2 기본정리"로 불리기도 한다. 이에 대한 경제철학적 논의는 Amartya Sen, "The Moral Standing of Market," in Ellen Frankel Paul et al. ed., *Ethics & Economics* (Oxford: Basil Blackwell, 1985), pp.1-19. 그리고 수학적 증명에 대한 논의는 엘란 펠드만, 김덕영 외 옮김, 『후생경제학과 사회선택이론』(서울: 경문사, 1990), pp.59-78 참조. 증명의 개가는 Gerard Debreu, *Theory of Value: An Axiomatic Analysis of Economic Equilibrium*(New Haven: Yale Univer-

sity Press, 1959)에서 최종적으로 이루어진다.

44) 개인 간 비교 불가능한 서수적 효용함수(interpersonally non-comparable ordinal utility)를 배경으로 하는 파레토 최적성은 많은 비판을 받아왔지만, 가장 중요한 문제는 그것이 분배적 기준을 결여하고 있다는 것이다. 롤즈와 고티에도 비판하고 있듯이, 만약 노예 소유주의 복지가 하향한다면, 많은 노예들의 복지 향상에도 불구하고 노예제의 폐지는 파레토의 기준에 어긋나는 우스꽝스러운 경우가 발생한다. 또한 파레토의 기준은 상대적 박탈감의 문제를 도외시한다고 비판된다. John Rawls, *A Theory of Justice*(Cambridge: Belknap Press of Harvard University, 1971), p.71. Gauthier, *Morals By Agreement*, p.254.

45) Gautheir, *Morals By Agreement*, p.88.

46) Colclough and Manor, *States or Markets?: Neoliberalism and the Development Policy Debate*, p.6. 복지국가에 관련해서는 정무권, 「국민정부의 사회정책」, 안병영, 임혁백 편, 『세계화와 신자유주의』(서울: 나남출판, 2000) 참조.

47) Nozick, *Anarchy, States, and Utopia*. 그리고 Dan Avon and Avner de-Shalit, eds., *Liberalism and Its Practice*(London: Routledge, 1999), Ch. 3. "Can Weak-State Liberalism Survive?" 참조.

48) 노암 촘스키, 강주헌 옮김, 『그들에게 국민은 없다』(서울: 모색, 1999), p.60. 거대기업 혹은 다국적기업들이 수송, 통신, 에너지, 교육, 기술혁신과 연구 등 다양한 인프라 설비에 관련해서 엄청난 국가의 보조금을 받고 있다는 관점에서 세계화를 비판적으로 논의한 책은 헬레나 노르베리-호지, 이민아 옮김, 『허울뿐인 세계화』(서울: 도서출판 따님, 2000) 참조.

49) 벡, 『지구화의 길』, p.229.

50) 그레이, 『전지구적 자본주의의 환상』, p.36.

51) 부록 제2장 후주 53, 75 참조.

52) 임혁백, 「세계화와 민주화」, p.121.

53) 마르틴, 슈만, 『세계화의 덫』, 제1장. 프리드먼, 『렉서스와 올리브 나무 1: 세계화는 덫인가, 기회인가?』, 제14장. 이제 신자유주의 경영학자들은 "20 대 80의 사회"를 소위 "80/20 법칙"으로 재빠르게 전환시킨다. 이제 "80%는 낭비다! 20%의 핵심에 집중하라!" "현명한 사람은 적게 일하고 많이 거둔다!"는 슬로건을 통해 "80/20의 법칙"은 방만한 낭비적 요소를 없애고 핵심역량을 찾아 그곳에 자원을 효율적으로 집중하라는 경영의 "일반 법칙"과 "성공 법칙"으로서 금과옥조가 된다. 즉 부의 80%는 20%의 부자가 소유하고 있고, 20%의 능력 있는 사원이 기업 이익의 80%를 내고, 투입한 업무

시간의 20%가 전체 가치의 80%을 내고, 20% 정도의 제품이 기업 이익의 80%을 내고, 20% 정도의 고객이 80%의 기업 이익을 내주므로 그 법칙에 따라서 인생과 회사 경영도 영위되어야 한다는 것이다. 코치, 『80/20의 법칙』 참조. 『조선일보』, 2000년 9월 30일자, 38면.

54) 마르틴, 슈만, 『세계화의 덫』, p.71. 쵸스도프스키, 『빈곤의 세계화』 참조.

55) Frank and Cook, *The Winner-Take-All-Society*, pp.1-20.

56) 프리드먼, 『렉서스와 올리브 나무 1: 세계화는 덫인가, 기회인가?』, p.555.

57) James H. Mittelman, *The Globalization Syndrome: Transformation and Resistance*(Princeton: Princeton University Press, 2000), p.247.

58) Jeff Faux and Larry Mishel, "Inequality and the Global Economy," in Hutton and Giddens, eds., *Global Capitalism*(New York: The New Press, 2000).

59) Frank and Cook, *The Winner-Take-All-Society*. Michael Storper, "Lived Effects of the Contemporary Economy: Globalization, Inequality, and Consumer Society," in Jean Comaroff and John Comaroff, eds., *Millennial Capitalism and the Culture of Neoliberalism. Special Issue of Public Culture*, Vol. 12(2000), p.384.

60) Brecher and Costello, *Global Village or Global Pillage*. Gilpin, *The Challenge of Global Capitalism*, p.90, p.312. Storper, "Lived Effects of the Contemporary Economy: Globalization, Inequality, and Consumer Society," p.378. 벡, 『지구화의 길』, p.223. 그레이, 『전지구적 자본주의의 환상』, pp.124-126.

61) Faux and Mishel, "Inequality and the Global Economy," p.110.

62) 호모 에코노미쿠스에 대한 자세한 논의는 박정순, 「호모 에코노미쿠스 생살부」, 고려대학교 철학연구소, 『철학연구』, 제21집(1998) 참조.

63) 후쿠야마, 『역사의 종말: 역사의 종점에 선 최후의 인간』, p.237, p.441. 물론 후쿠야마는 플라톤적 기개의 발현을 통한 헤겔적 상호 인정 투쟁이 보다 중요한 역사의 원동력이라고 생각하지만, 호모 에코노미쿠스가 인류 역사에서 하나의 원동력으로 작용해왔다는 것을 부인하지 않는다. "최후의 인간"으로서의 호모 에코노미쿠스는 엄밀히 말하면 "승리자가 된 노예"이다. 그러나 그 노예는 약육강식이 전개되는 세계시장에서 "최초의 인간", 즉 홉스적인 만인의 만인에 대한 투쟁을 자연상태에서 전개하는 "최초의 인간"과 동일하다는 것은 역사의 아이러니이다.

64) 장 보드리야르, 이상률 옮김, 『소비의 사회』(서울: 문예출판사, 1991), p.85.

65) D. Bell, *The Cultural Contradictions of Capitalism*(New York: Basic Book,

1978).

66) 비록 벨이 노동윤리와 탐욕적 소비라는 이원론적 모순을 말하였지만, 이러한 모순은 제임슨에 의해 일원론적인 후기자본주의 문화논리 속에 융합된다. 그들은 모두 자본주의 경제에 의한 문화종속을 말하고 있는 셈이다. 즉 벨은 자본주의를 경제문화 체계로 보고 자본구조와 상품의 생산은 경제적으로 조직되지만 그에 수반한 거래행위와 생활양식은 모든 사회에 함께 전달된다고 본다. Daniel Bell, *The Cultural Contradictions of Capitalism*, p.14. 제임슨에게 있어서 세계사가 자본주의의 전개사로 파악되듯이 세계적 문화현상이 있다면 이는 자본주의 문화현상으로 파악된다. Fredric Jameson, *Postmodernism or the Cultural Logic of Late Capitalism*(Durham: Duke University Press, 1992), p.3, p.37 참조. 자세한 논의는 이봉철, 『21세기 새 정치가치 모색』(대전: 한남대학교 출판부, 1998), pp.21-31.

67) Tibor Scitovsky, *The Joyless Economy: An Inquiry into Human Satisfaction and Consumer Dissatisfaction*(New York: Oxford University Press, 1976).

68) Ritzner, *The McDonaldization of Society*. 벡, 『지구화의 길』, p.88. 그리고 Benjamin Barber, *Jihad vs. McWorld*(New York: Times Books, 1995).

69) Storper, "Lived Effects of the Contemporary Economy: Globalization, Inequality, and Consumer Society," p.404.

70) 같은 논문, p.395.

71) 같은 논문, p.393.

72) 제레미 리프킨, 이영호 옮김, 『노동의 종말』(서울: 민음사, 1996) 참조.

73) Comaroff and Comaroff, "Millennial Capitalism: First Thoughts On a Second Coming," p.304. 벡, 『지구화의 길』, p.89. 홍호표, 정연욱, 공종식, 『대중예술과 문화전쟁』(서울: 나남출판, 1995) 참조.

74) Cf. 벡, 『지구화의 길』, p.89.

75) 티티테인먼트는 오락을 뜻하는 엔터테인먼트(entertainment)와 엄마 젖을 뜻하는 미국 속어 티츠(tits)를 합친 말이다. 마르틴, 슈만, 『세계화의 덫』, p.27. 이것은 마르쿠제의 일차원적 사회의 재판인가? 아니면 조지 오웰이 꿈꾸던 대형 통제사회와 B. F. 스키너의 월든 II 같은 곳에서 노동노예들에게 제공될 법한 그 몽환약 소마(soma)와 같은 것인가?

76) Karl Marx, "The Communist Manifesto," in David McLellan, ed., *Selected Writings*(Oxford: Oxford University Press, 1977), p.224.

77) 워터스, 『세계화란 무엇인가?』, p.21.

78) Luttwak, *Turbo Capitalism*, p.207.

79) Ritzner, *The McDonaldization of Society*. 벡, 『지구화의 길』, p.88.

80) 프리드먼, 『렉서스와 올리브 나무 1: 세계화는 덫인가, 기회인가?』, pp.435-436. 원래 감정의 자제와 이익 추구의 관련성에 대한 자본주의 초기 이론은 A. Hirshman, *The Passions and the Interest*(Princeton: Princeton University Press, 1977)에서 제시된 것이다.

81) Barber, *Jihad vs. McWorld*, pp.19-20.

82) 같은 책, p.223.

83) Roland Robertson, *Globalization*(London: Sage, 1992). 벡, 『지구화의 길』, pp.96-104.

84) 벡, 『지구화의 길』, p.95. 근래에 일제 때 끊어진 전통주의 맥을 잇기 위한 노력이 가속화되고 있어, 현재 약 180여 종의 전통주가 개발되었다고 한다. 이러한 전통주의 복원은 국내시장과 세계시장에서 소주, 맥주, 와인, 양주와의 경쟁을 감안하고 이루어진 것이므로 단순한 전통의 고립적 고수와 복원과는 다른 것이다.

85) 여기에 대한 자세한 논의는 임홍빈, 「세계화시대의 국가와 시장: 규범적 정치철학의 위한 시론」 참조.

86) D. Harvey, "Cosmopolitanism and Banality of Geographical Evils," *Public Culture*, Vol. 12(2000), p.53.

87) 홍호표, 전영욱, 공종식, 『대중예술과 문화전쟁』.

88) 벡, 『지구화의 길』, p.93.

89) Frank and Cook, *The Winner-Take-All-Society*, pp.45-60.

90) Storper, "Lived Effects of the Contemporary Economy: Globalization, Inequality, and Consumer Society," p.402. 호텔링의 복점(複占)은 두 회사에 의한 시장의 과점을 출발점으로 하지만, 그 중간 수렴 현상의 독특성을 잘 지적하고 있다. 가령 4킬로미터의 모래 해변이 펼쳐져 있는 해수욕장에서 두 명의 아이스크림 장수는 각각 1킬로미터와 3킬로미터에 위치하는 것이 공존을 위해서 합리적이다. 그러나 그들은 사람이 많이 모이는 중간 지점을 확보하려고 경쟁하면서 다른 아이스크림 장수의 영역을 잠식하여 결국 2킬로미터 지점에 모이게 된다. 결국 그들은 모두 양쪽 외곽의 손님을 배제하게 된다. 왜냐하면 사람들이 모래 해변의 시점과 종점에서 가운데로 아이스크림을 사 먹으러 오는 것은 힘들기 때문이다. 이것은 경쟁하는 상품과 디자인, 그리고 소비자 취향 파악의 마케팅에도 동일하게 적용된다. "Hotelling's law," *Wikipedia*, pp.1-3.

91) Storper, 같은 논문, p.404.

92) Luttwak, *Turbo Capitalism*, p.118.

93) Strange, *Casino Capitalism*. Gowan, *The Global Gamble: Washington's*

Faustian Bid for World Dominance. Comaroff and Comaroff, "Millennial Capitalism: First Thoughts On a Second Coming," p.297.

94) 『중앙일보』, 2000년 11월 10일자, 8면 광고 참조. 니콜라스 피퍼, 고영아 옮김, 『펠릭스는 돈을 사랑해』(서울: 비룡소, 2000).

95) 공성진, 「지구화를 따라서, 지구화를 넘어서」, p.14.

96) Marx, "The Communist Manifesto," p.225.

97) Comaroff and Comaroff, "Millennial Capitalism: First Thoughts On a Second Coming," p.296.

98) 같은 논문, p.297.

99) Strange, *Casino Capitalism*, p.3. 원래 이 말은 쿠바의 카스트로가 한 말로 알려져 있다. Comaroff and Comaroff, "Millennial Capitalism: First Thoughts On a Second Coming," p.297 참조.

100) Giddens, *Runaway World: How Globalization is Reshaping Our Lives*, p.22. 벡, 『지구화의 길』, p.260.

101) 마르틴, 슈만, 『세계화의 덫』, 제6장.

102) Luttwak, *Turbo Capitalism*, p.20.

103) 크리스토퍼 라쉬, 최경도 옮김, 『나르시시즘의 문화』(서울: 문학과지성사, 1989). 미셸 바칼룰리스, 「포스토모던 자본주의와 새로운 정치화에 관한 테제」, 김석진, 박민수 엮음, 『세계화와 신자유주의 비판을 위하여』(서울: 공감, 1997), p.127.

104) 정무권, 「국민정부의 사회정책」, p.325.

105) John Naisbitt and Patricia Aburdene, *Megatrends 2000*(New York: William Morrow, 1990),제10장.

106) Richard Sennett, *The Fall of Public Man*(New York: Vintage Books, 1978).

107) Gary Becker, *Human Capital: A Theoretical and Empirical Analysis with Special Reference to Education*, 3rd edn.(Chicago: The University of Chicago Press, 1994; 1st edn. 1964; 2nd edn. 1975).

108) 벡, 『지구화의 길』, p.289.

109) Comaroff and Comaroff, "Millennial Capitalism: First Thoughts On a Second Coming," p.298.

110) Beck, "Living Your Own Life in a Runaway World: Individualism, Globalization and Politics," pp.165-172.

111) 울리히 벡은 지구화가 진전되면서 더 이상 기존의 근대화가 불가능하다는 반성적, 반환적 근대화론을 주장한다. 그래서 그는 탈근대론자들과 크게 다

르지 않은 것처럼 보인다. 그러나 그가 제1차, 2차 근대화, 후기 근대화라는 말을 굳이 쓰는 것은 근대가 스스로 자초한 한계에 당도해서 자신을 초탈하려는 움직임도 있지만, 그것은 근본적으로 근대성에로의 반성과 반환이며 근대성의 새로운 자각이라고 생각하기 때문이다. 진정한 의미의 개인주의도 그러한 근대적 반성과 반환의 하나이다. 벡은 제1 근대가 국민국가와 국민사회라는 영토적 공간적 폐쇄화와 고착화를 통해 전개되었다고 본다. 벡, 『지구화의 길』, p.49, "옮긴이의 말", p.312.

112) 공성진, 「지구화를 따라서, 지구화를 넘어서」, p.31.

113) Harvey, *The Condition of Postmodernity*, p.240. 박길성, 『세계화: 자본과 문화의 구조변동』, p.62. 워터스, 『세계화란 무엇인가?』, p.73.

114) 밀란 쿤데라, 김병욱 옮김, 『느림』(서울: 민음사, 1995). 피에르 쌍소, 김주경 옮김, 『느리게 산다는 것의 의미』(서울: 동문선, 1998) 참조.

115) H. G. 쉔크, 이영석 옮김, 『유럽 낭만주의의 정신』(서울: 대광문화사, 1991), p.211.

116) 프리드먼, 『렉서스와 올리브 나무 1: 세계화는 덫인가, 기회인가?』, p.334.

117) Beck, "Living Your Own Life in a Runaway World: Individualism, Globalization and Politics," p.168.

118) 마르틴, 슈만, 『세계화의 덫』, 제6장 제목임.

119) Benjamin Barber, *Strong Democracy: Participatory Politics for a New Age*(Berkeley: University of California Press, 1984), pp.110-111.

120) 『조선일보』, 10월 27일자 사설과 21면 참조. 최근 제7차 교육과정의 실시에 관련해서 "수요자 중심의 열린 교육"은 미명일 뿐 그것은 결국 상위 20% 학생만을 위한다는 중고등학교 선생님들의 반대도 있었다고 한다. 이것도 결국 20 대 80의 사회의 재판인가?

121) 벡, 『지구화의 길』, p.261.

122) 성염 외, 『세계화의 철학적 기초』(서울: 철학과현실사, 1999). 그리고 이창우, 「코스모폴리스 개념」 참조.

123) A. 보에티우스, 박병덕 옮김, 『철학의 위안』(서울: 육문사, 1990).

124) 본서 부록 제2장 후주 75 참조.

125) 마르틴과 슈만, 『세계화의 덫』.

126) 그레이, 『전지구적 자본주의의 환상』, p.18.

127) Jean-François Lyotard, trans. G. Bennington and B. Massumi, *The Postmodern Condition*(Minneapolis: University of Minnesota Press, 1984). 바칼룰리스, 「포스토모던 자본주의와 새로운 정치화에 관한 테제」, p.126.

128) Claude Samadja, "The End of Complacency," *Foreign Policy*(1998-1999),

p.67. 손호철, 『신자유주의 시대의 한국정치』(서울: 푸른숲, 1999), p.170. 조지 소로스, 형선호 옮김, 『세계 자본주의의 위기』(서울: 김영사, 1999), p.203. 프리드먼, 『렉서스와 올리브 나무 1: 세계화는 덫인가, 기회인가?』, p.305.

129) Harvey, *The Condition of Postmodernity*, 1989.

130) 정인재, 「중국의 천하사상: 유상(儒商)의 세계화를 중심으로」, 성염 외, 『세계화의 철학적 기초』(서울: 철학과현실사, 1999).

131) 성염, 「머리글」, 성염 외, 『세계화의 철학적 기초』, p.24.

132) 김상봉, 『호모 에티쿠스』(서울: 한길사, 1999).

133) Gauthier, *Morals By Agreement*, 1986. 박정순, 「고티에의 『합의도덕론』과 그 정치철학적 위상」, 차인석 외, 『사회철학대계 2』(서울: 민음사, 1993) 참조. 본서 부록 제4장에 재수록됨.

134) 본서 부록 제2장 후주 63 참조.

135) DeMartino, *Global Economy, Global Justice: Theoretical Objections and Policy Alternatives to Neoliberalism*, Introduction "The Promises and Perils of Global Neoliberalism".

136) 물론 우리는 여기서 신자유주의자들이 불평등 그 자체를 옹호한다고 비판하는 것은 아니다. 그들도 결코 불평등 그 자체를 옹호하지 않는다. 낙수 효과 이론과 아울러 주류 경제학에서는 경제성장과 소득분배가 소위 벨 커브인 "쿠츠네츠 곡선(the Kuznets Curve)"을 따라서 이루어지는 것으로 생각한다. 쿠츠네츠 곡선은 종 모양처럼, 혹은 뒤집은 U자처럼 경제성장의 초기 단계에서는 불평등이 높아지지만, 경제가 성장하면 장기적으로 평등해진다는 이론으로 선성장 후분배 정책의 이론적 근거가 되기도 하였다. 간단한 설명은 「쿠츠네츠 역(U) 가설」, 『사회복지학 사전』, NAVER 지식백과, p.1 참조. Arthur MacEwan, *Neo-Liberalism or Democracy?*(Australia: Pluto Press, 1999), p.74 참조. 이 책 제3장 2절인 "The neo-liberal justification of inequality"에는 신자유주의자들의 불평등 정당화론이 자세히 소개되어 있다. 예를 들면, 저축과 낭비, 효율성과 유인효과, 자립, 기술, 자유, 재산권 등이 논의된다. 벨 커브에 대한 논의는 스티븐 제이 굴드, 김동광 옮김, 『인간에 대한 오해』(서울: 사회평론, 2003), pp.532-566. 보다 자세한 논의는 Richard J. Herrnstein and Charles Murray, *The Bell Curve: Intelligence and Class Structure in American Life*(New York: Free Press, 1994) 참조.

137) Randy Martin, "Globalization?: The Dependencies of A Question," *Social Text*, Vol. 60(1999), p.1에서 재인용.

138) Michael Walzer, "The Communitarian Critique of Liberalism," *Political Theory*, Vol. 18(1990), p.22.

139) 그레이, 『전지구적 자본주의의 환상』, p.40.

140) 벡, 『지구화의 길』, p.115.

141) 박정순, "The Dialectic of Master and Slave in Hegel's Phenomenology of Spirit," 『매지논총』, 제16집(연세대학교, 1999) 참조.

142) 후쿠야마, 『역사의 종말: 역사의 종점에 선 최후의 인간』. 벡, 『지구화의 길』, p.103.

143) Will Hutton and Anthony Giddens, eds., *Global Capitalism*(New York: The New Press, 2000)의 마지막 장 제목임.

144) Walzer, *Company of Critics*, 주 19 참조.

145) Smadja, "The End of Complacency," p.68. 최근 미국에서는 그동안 기업의 내부 정보를 월가의 전문 애널리스트에게만 공개했던 관행을 청산하고 증권시장에 참여하는 모든 사람에게 공개하는 "정보 공개법"을 전격적으로 실시한 바 있다. 『조선일보』, 2000년 10월 27일자, 40면.

146) 흔히 IMF식 구조조정은 구조 조종 = 감원 = 비용절감을 공식으로 택하고 있다. 그런데 제품 원가에서 인건비는 15%에 불과하므로, 차라리 증원을 통한 다교대 생산방식으로 전환함으로써 오히려 생산성을 높이고 불량률도 낮출 수 있다. 우리나라와 같이 노동유연성이 약하고 사회적 안전망이 잘 정비되어 있지 못한 사회에서 공적 자금은 부실 금융기관의 지원이 아니라 구조조정의 현실적 장애로 등장하고 있는 실업문제 해결에 직접 투입하는 방식으로 전환되어야 한다. 『조선일보』, 2000년 11월 17일자, 15면과 11월 18일자, 6면 참조. 우리나라의 IMF 구조조정 방식에 대한 전반적 논의는 손호철, 『신자유주의 시대의 한국정치』, 제6장, 제7장 참조. 복지국가에 관련해서는 정무권, 「국민정부의 사회정책」 참조.

147) Hahnel, *Panic Rules: Everything You Need To Know About the Global Economy*, p.85.

148) 벡, 『지구화의 길』, p.213. 마르틴, 슈만, 『세계화의 덫』, p.165.

149) Mittelman, *The Globalization Syndrome: Transformation and Resistance*, pp.243-244.

150) Thomas Pogge, "An Egalitarian Law of Peoples," *Philosophy & Public Affairs*, Vol. 23(1994), p.199. 개선책과 대안들에 대한 체계적인 정리는 Hahnel, *Panic Rules: Everything You Need To Know About the Global Economy*, Ch. 8. "Main Stream Reform Proposals: Evaluation", Ch. 9. "Progressive Reform Proposals: Evaluation" 참조. Mittelman, *The Globalization Syndrome: Transformation and Resistance*, Ch. 12. "Contents and Discontents"에도 자세한 분석이 전개됨. 또한 다음 저서 참조. Gilpin, *The*

762

Challenge of Global Capitalism. DeMartino, *Global Economy, Global Justice: Theoretical Objections and Policy Alternatives to Neoliberalism*. 울리히 벡의 『지구화의 길』에는 신자유주의 이데올로기의 열 가지 함정을 분석하고, 거기에 대응하여 열 가지 유럽적인 대응책이 마련되어 있다. 마르틴과 슈만의 『세계화의 덫』에서도 "20 대 80의 사회"에 대응하기 위하여 역시 유럽적인 관점에서 열 가지 아이디어가 제시되어 있다. 그레이의 『전지구적 자본주의의 환상』, 후기 "무엇을 할 수 있을 것인가?"에도 특히 신자유주의의 시장근본주의에 대한 개선책이 제시된다. 물론 그레이는 이러한 개선책은 서구 근대적 계몽주의 사상의 무차별적 보편화에 대한 반성과 맞물려 있다고 본다.

151) 벡, 『지구화의 길』, p.263.

152) Hahnel, *Panic Rules: Everything You Need To Know About the Global Economy*, p.94. 촘스키, 『그들에게 국민은 없다』, p.260.

153) 무디, 『신자유주의와 세계의 노동자』. 서울국제민중회의 조직위원회 편, 『신자유주의, IMF 그리고 국제연대』(서울: 문화과학사, 1998) 참조.

154) 이삼열, 「세계화의 불안과 세계시민적 이성」, p.78. 잘 알려진 대로, 부르주아 계급이 세계 자본가화 되는 과정에 대한 반발로 세계 프롤레타리아 연합이 초래된 바 있다. 이런 점에서 마르크스의 『공산당 선언』의 마지막 일갈은 여전히 고전적이다. Marx, "The Communist Manifesto," p.246.

155) 우리의 구조조정 정책은 신자유주의적이 아니라는 지적도 전개된다. 민경국, 「신자유주의란 무엇인가?」, p.212.

156) DeMartino, *Global Economy, Global Justice: Theoretical Objections and Policy Alternatives to Neoliberalism*, p.25.

157) 여기에 관련된 매우 복잡하고 착종된 문제들에 대한 논의는 김여수, 「21세기의 윤리를 위한 공동의 틀: 보편윤리의 전망」 참조.

158) 소로스, 『세계 자본주의의 위기』, 1999.

159) 그레이, 『전지구적 자본주의의 환상』, p.339.

160) Mittelman, *The Globalization Syndrome: Transformation and Resistance*, p.242.

161) 프리드먼, 『렉서스와 올리브 나무 1: 세계화는 덫인가, 기회인가?』, p.204, pp.202-203. 16가지의 황금률은 p.203 참조. 본서 부록 표 2 참조.

162) 프리드먼은 16가지의 황금률과 아울러 "성공하는 국가들의 9가지 습관"도 제시한다. 같은 책, 제11장. 본서 부록 표 3 참조.

163) 김진영, 「신자유주의와 세계화」, p.23. Luttwak, *Turbo Capitalism*, Ch. 13. "The Great Dilemma" 참조.

164) 공성진, 「지구화를 따라서, 지구화를 넘어서」, p.24. Marx, "The Communist Manifesto," p.238.

165) 촘스키, 『그들에게 국민은 없다』, p.270.

제3장 사회계약론적 윤리학의 대두와 그 딜레마

1) Sir Henry James Sumner Maine, *Ancient Law*, Introduction by J. H. Morgan(London: J. M. Dent, 1954; original ed. 1861),

2) 사회계약사상의 일반적 비판의 역사는 J. W. Gough, *The Social Contract: A Critical Study of Its Development*(Oxford: Clarendon Press, 1936) 참조.

3) John Rawls, *A Theory of Justice*(Cambridge: The Belknap Press of Harvard University Press, 1971). 페이지수는 영문본에 따르고 우리말 번역은 황경식 옮김, 『사회정의론』(서울: 서광사, 1977)에 의거했음.

4) "사회계약론의 전통에서는 통상적으로 정치적 공동체의 기원에 대한 역사적 문제와 국가의 정당한 근거에 대한 규범적 문제를 혼합하였다." Andrew Levine, *Liberal Democracy: A Critique of Its Theory*(New York: Columbia University Press, 1981), p.81.

5) Rawls, *A Theory of Justice*, p.11.

6) 같은 곳.

7) 같은 책, p.29, p,187.

8) 같은 책, p.521. G. W. F. Hegel, *Philosophy of Right*, trans. T. M. Knox (Oxford: The Clarendon Press, 1942), Sec. 182-187. 헤겔에 대한 롤즈의 답변은 "The Basic Structure as Subject," *American Philosophical Quarterly*, Vol. 14(1977), pp.159-165에서도 시도된다.

9) Rawls, *A Theory of Justice*, p.260. 사회계약론에 대한 마르크스의 비판은 Karl Marx, *Grundrisse*, in David McLellan, ed., *Karl Marx: Selected Writings*(Oxford: Oxford University Press, 1977), pp.345-346. 플라톤과 아리스토텔레스부터 시작된 공동체주의의 역사는 유구하다. 롤즈와 관련해서 많이 논의되고 있는 근래 공동체주의자들의 저작은 Alasdair MacIntyre, *After Virtue*(Notre Dame: University of Notre Dame Press, 1981). Michael J. Sandel, *Liberalism and the Limits of Justice*(Cambridge: Cambridge University Press, 1982).

10) Rawls, *A Theory of Justice*, p.520.

11) Roger N. Hancock, *Twentieth Century Ethics*(New York: Columbia University Press, 1974), Ch. VI. "The Good Reasons Approach".

12) Stephen Toulmin, *An Examination of the Place of Reason in Ethics* (Chicago: The University of Chicago Press, 1950), p.145. Kurt Baier, *The Moral Point of View*(Ithaca: Cornell University Press, 1958), p.200.

13) Rawls, *A Theory of Justice*, p.16.

14) 합리적 선택이론에 대한 개괄적 논의는 Michael D. Resnik, *Choices: An Introduction to Decision Theory*(Minneapolis: University of Minnesota Press, 1987) 참조.

15) Norman Daniels, ed., *Reading Rawls*(Oxford: Basil Blackwell, 1975), p.xix.

16) Arrow의 불가능성 정리는 Kenneth J. Arrow, *Social Choice and Individual Values*(New Haven: Yale University Press, 1951) 참조.

17) W. D. Hudson, ed., *The Is/Ought Question*(London: Macmillan, 1969).

18) "Naturalistic fallacy," *Wikipedia*, pp.1-7.

19) L. W. Sumner, "Justice Contracted," *Dialogue*, Vol. 16(1987), p.524.

20) C. A. Hooker et al. ed., *Foundations and Applications of Decision Theory, Vol. ii. Epistemic and Social Applications*(Dordrecht: D. Reidel Publishing Co., 1978), pp.xi-xii.

21) Thomas Hobbes, *Leviathan*, ed. with Introduction by C. B. Macpherson (Harmondsworth: Penguin Books, 1968). James Buchanan, *The Limits of Liberty: Between Anarchy and Leviathan*(Chicago: The University of Chicago Press, 1975).

22) Rawls, *A Theory of Justice*, p.11, n.4.

23) Hobbes, *Leviathan*, Ch. 31, p.407.

24) 같은 책, Ch. 13, p.185.

25) 같은 책, Ch. 13, p.188.

26) 같은 책, Ch. 14, p.189.

27) 수인의 딜레마는 Robert Luce and Howard Raiffa, *Games and Decisions* (New York: John Wiley and Sons, 1957), pp.94-95 참조.

28) Hobbes, *Leviathan*, Ch. 15, p.216.

29) 같은 책, Ch. 13, p.188.

30) 같은 책, Ch. 14, p.190.

31) 같은 곳.

32) Gregory S. Kavka, *Hobbesian Moral and Political Theory*(Princeton: Princeton University Press, 1986), p.347.

33) Hobbes, *Leviathan*, Ch. 15, p.201.

34) Mancur Olson, *The Logic of Collective Action*(Cambridge: Harvard University Press, 1965), Ch. I.

35) Hobbes, *Leviathan*, Ch. 15, p.202.

36) 같은 책, Ch. 17, p.224.

37) John Rawls, "The Idea of Overlapping Consensus," *Oxford Journal of Legal Studies*, Vol. 7(1987), p.11.

38) Rawls, *A Theory of Justice*, p.134n. R. B. Braithwaite, *Theory of Games as a Tool for the Moral Philosopher*(Cambridge: The University Press, 1955), pp.36-37.

39) Hobbes, *Leviathan*, Ch. 15, p.202.

40) Rawls, *A Theory of Justice*, p.240.

41) John Locke, *The Second Treatise of Government* in *Two Treatises of Government*, ed. Peter Laslett(New York: A Mentor Book, 1963), Ch. II, Sec. 7, p.312. Jean-Jacques Rousseau, *Of the Social Contract*, trans. Charles M. Sherover(New York: Harper & Row, 1984), Bk. I, Ch. VII, Sec. 53, p.17.

42) Rousseau, *Of the Social Contract*, Bk. I, Ch. VII, Sec. 54, p.18.

43) David Braybrooke, "The Insoluble Problem of the Social Contract," in Richmond Campbell and Lanning Sowden, ed., *Paradoxes of Rationality and Cooperation*(Vancouver: The University of British Columbia Press, 1985), p.279.

44) Rawls, *A Theory of Justice*, p.135.

45) 같은 책, p.141.

46) 같은 책, p.144, p.16.

47) 같은 책, p.92.

48) 같은 책, p.124.

49) 같은 책, p.152.

50) 같은 책, p.151.

51) 같은 책, p.302.

52) 같은 책, p.261.

53) 같은 책, p.75.

54) 같은 책, pp.276-277.

55) 롤즈와 복지국가와의 구체적인 논의는 Vic George and Paul Wilding, *Ideology and Social Welfare*(London: Routledge and Kegan Paul, 1976),

Ch. V 참조. 롤즈는 자본주의의 빈부 격차를 좁히지 못하면서 수동적인 복지 수혜자들을 양산하는 복지국가 모형을 비판하고 재산소유적 민주주의 (property-owning democracy) 혹은 사유재산통제적 민주주의를 주창한다. John Rawls, *Justice As Fairness: A Restatement*, ed. by Erin Kelly (Cambridge; The Belknap Press of Harvard University Press, 2001), §41. "Property-Owning Democracy: Introductory Remarks". 재산소유적 민주주의에 대한 심층 논의는 다음 참조. Richard Krouse and Michael McPerson, "Capitalism, 'Property-Owing Democracy,' and the Welfare State," ed. by Amy Gutmann, *Democracy and the Welfare State*(Princeton: Princeton University Press, 1988), pp.79-105.

56) Rawls, *A Theory of Justice*, p.8.

57) 같은 책, p.577.

58) 같은 책, p.14.

59) 같은 책, p.584.

60) 같은 책, p.579.

61) 같은 책, pp.584-585.

62) Robert Nozick, *Anarchy, State, and Utopia*(New York: Basic Books, 1974), Ch. VII, Sec. 2.

63) John C. Harsanyi, "Can the Maximin Principle Serve as a Basis for Morality?" *The American Political Science Review*, Vol. 69(1975), pp.594-606.

64) John Rawls, "Justice as Fairness: Political not Metaphysical," *Philosophy & Public Affairs*, Vol. 14(1985), p.224, n.2.

65) John Rawls, "Kantian Constructivism in Moral Theory," *The Journal of Philosophy*, Vol. 77(1980), pp.515-572.

66) 반성적 평형상태의 개념은 『정의론』에서도 언급되고 있다. Rawls, *A Theory of Justice*, p.20, p.580. 계약론적 합리성과 반성적 평형상태의 관계에 대해서는 논란의 여지가 있으나 『정의론』에서 롤즈가 실제로 후자의 방법을 사용한 것 같지는 않다. "물론 나는 이러한 [반성적 평형상태의] 과정을 실제로 사용하려는 것은 아니다." 같은 책, p.21.

67) Rawls, *A Theory of Justice*, p.16.

68) 같은 책, p.30.

69) David Gauthier, *Morals By Agreement*(Oxford: Clarendon Press, 1986).

70) 같은 책, pp.2-3.

71) 같은 책, p.5, p.254.

72) 같은 책, p.8, p.114.

73) 같은 책, p.5.

74) 같은 책, pp.193-199.

75) 같은 책, p.191.

76) 같은 책, p.163.

77) 같은 책, p.17.

78) 같은 책, p.13.

79) 같은 책, p.84.

80) David Gauthier, "Morality, Rational Choice, and Semantic Representation," in Ellen Frankel Paul et al. ed., *The New Social Contract: Essays on Gauthier*(Oxford: Basil Blackwell, 1988), p.203.

81) Gauthier, *Morals By Agreement*, p.97, p.301.

82) 같은 책, p.233.

83) 같은 책, p.240.

84) 같은 책, p.252.

85) 같은 책, p.255.

86) 같은 책, p.261.

87) 같은 책, p.130.

88) Frederik Zeuthen, *Problems of Monopoly and Economic Warfare*(London: G. Routledtge and Sons, 1930), pp.111-121.

89) Gauthier, *Morals By Agreement*, p.133.

90) 같은 책, p.136.

91) 같은 책, p.145.

92) 같은 책, p.156.

93) Jody S. Kraus and Jules L. Coleman, "Morality and the Theory of Rational Choice," *Ethics*, Vol. 97(1987), p.747.

94) John Rawls, "The Basic Structure as Subject," in A. I. Goldman and Jaekwon Kim, eds., *Values and Morals*(Dordrecht: D. Reidel Publishing Co., 1978), p.62. 롤즈의 이러한 비판은 협상 모형의 기본구도가 완성되었던 고티에의 초기 논문들에 대한 것임. Brian Barry, *Theories of Justice* (Berkeley: University of California Press, 1989), p.252.

95) Gauthier, *Morals By Agreement*, p.183.

96) 같은 책, p.167.

97) 같은 책, pp.183-184.

98) 같은 책, p.178.

99) 같은 책, p.179.

100) Rousseau, *Of the Social Contract*, Bk. III, Ch. 15, Sec. 291, p.92.

101) Kraus and Coleman, "Morality and the Theory of Rational Choice," p.745.

102) Gauthier, *Morals By Agreement*, p.222.

103) Locke, *The Second Treatise*, Ch. V, Sec. 27, p.329.

104) Gauthier, *Morals By Agreement*, p.202.

105) 같은 책, p.205.

106) 같은 책, p.193.

107) 같은 책, p.206.

108) 같은 책, p.231.

109) Sumner, "Justice Contracted," p.538.

110) Gauthier, *Morals By Agreement*, p.309.

111) 같은 책, p.17.

112) Hans Albert, *Treatise on Critical Reason*, trans. Marry Varney Rorty (Princeton: Princeton University Press, 1985; original German edn. 1975), pp.12-13.

113) Plato, *The Republic of Plato*, trans. F. M. Conford(London: Oxford University Press, 1941), Bk. II, 359d-360b. 자세한 논의는 박정순, 『익명성의 문제와 도덕규범의 구속력』(서울: 정보통신연구원, 2004), pp.16-24 참조.

114) Milton L. Myers, *The Soul of Modern Economic Man: Ideas of Self-Interest; Thomas Hobbes to Adam Smith*(Chicago: The University of Chicago Press, 1983).

115) 공리주의의 내부적 갈등에 대해서는 황경식, 『사회정의의 철학적 기초』(서울: 문학과지성사, 1985), 제1부 "공리주의와 사회윤리" 참조.

116) James P. Sterba, "A Marxist Dilemma for Social Contract Theory," *American Philosophical Quarterly*, Vol. 19(1982), pp.51-60.

117) John Roemer, ed., *Analytical Marxism*(Cambridge: Cambridge University Press, 1986).

118) Robert B. Louden, "Some Vices of Virtue Ethics," *American Philosophical Quarterly*, Vol. 21(1984), pp.227-236.

119) Norman Daniels, "Wide Reflective Equilibrium and Theory Acceptance in Ethics," *The Journal of Philosophy*, Vol. 76(1979), pp.256-283.

120) 중첩적 합의에 대한 개념은 다음 두 논문에서 처음 개진되었다. John Rawls, "The Idea of Overlapping Consensus," *Oxford Journal of Legal Studies*, Vol. 7(1987), pp.1-25; "The Domain of the Political and Over-lapping Consensus," *New York University Law Review*, Vol. 64(1989), pp.233-255. 롤즈에 대한 포스트 모던적 전환은 Richard Rorty, "Postmodern Bourgeois Liberalism," *The Journal of Philosophy*, Vol. 80(1983), pp.583-589. Charles Altieri, "Judgment and Justice under Postmodern Conditions: or, How Lyotard helps us Read Rawls as a Postmodern Thinker," in Reed Way Dasenbroack, ed., *Redrawing the Lines*(Minneapolis: University of Minnesota Press, 1989), pp.61-69. 롤즈의 『정치적 자유주의』(1993)는 『정의론』(1971)과 그 이후에 발표된 논문들이 일관된 체계를 구성하도록 내부적인 문제들을 교정한다. 그리고 다원주의에 대한 적절한 대응책이 되도록 포괄적인 도덕철학으로 제시되었던 공정성으로서의 정의관은 자유주의적인 정치적 정의관으로 재해석된다. 따라서 롤즈의 정치적 정의관은 다양한 포괄적인 종교적, 철학적, 도덕적 교의들 사이에서 중첩적 합의의 대상이 되어 사회적 통합과 안정성을 이룰 수 있다는 것으로 정당화된다. 박정순, 「정치적 자유주의의 철학적 기초」, 『철학연구』, 제42집(1998), pp.275-305 참조. 롤즈의 사회계약론적 윤리학에서의 입장 변화는 박정순, 「자유주의 정의론의 철학적 오디세이: 롤즈 정의론의 최근 변모와 그 해석 논쟁」, 제5회 한국철학자연합대회 대회보 『현대의 윤리적 상황과 철학적 대응』(1992. 10.), pp.573-599 참조. 후기 롤즈 1단계(1971-1982)는 합리적 선택이론을 버리고, 사회계약론적 인간관을 칸트적 인간관에 정초시킨다. 후기 롤즈 2단계(1982-1989)는 사회계약론적 윤리학을 포괄적인 도덕적, 종교적 교설에서 벗어나게 하여 정치적 자유주의에 정초시킨다. 그 후 롤즈는 『정치적 자유주의(*Political Liberalism*)』(New York: Columbia University, 1993; 1996) 초판과 재판을 출간한다.

121) Kai Nielsen, "Searching for an Emancipatory Perspective: Wide Reflective Equilibrium and the Hermeneutical Circle," in Evan Simpson, ed., *Antifoundationalism and Practical Reasoning*(Edmonton: Academic Printing and Publishing Co., 1987), pp.143-163.

122) Friedrich Nietzsche, *On the Geneology of Morals*, trans. Walter Kaufmann and R. J. Hollingdale(New York: Vintage Books, 1967), Second Essay, Sec. 1, p.57. "To breed an animal with the right to make promises — is not this the paradoxical task that nature has set itself in the case of man? is it not the real problem regarding man?" 니체에 대한 인용은 고티에의 『합의도덕론』에서 재인용. Gauthier, *Morals By Agreement*, pp.354-355.

770

제4장 고티에의 신사회계약론적 윤리학과 그 성패

1) Antony Arblaster, *The Rise and Decline of Western Liberalism*(Oxford: Basil Blackwell, 1984), Ch. 6. "The Philosophical Foundations of Liberalism," pp.132-141.

2) C. B. Macpherson, *The Political Theory of Possessive Individualism: Hobbes to Locke*(Oxford: Oxford University Press, 1962).

3) Ellen Frankel Paul, "Of the Social Contract within the Natural Rights Traditions," *The Personalist*, Vol. 59(1978), pp.9-21.

4) Philip Schofield, "Jeremy Bentham's 'Nonsense upon Stilts'," *Utilitas*, Vol. 15, No. 1.(March 2003), pp.1-26. 원전은 Jeremy Bentham, *Rights, Representation, and Reform: Nonsense upon Stilts and Other Writings on the French Revolution*, eds., P. Schofield, C. Pease-Watkin, and C. Blamires, *The Collected Works of Jeremy Bentham*(Oxford, 2002), pp.317-401 참조. 원전은 Schofield, "Jeremy Bentham's 'Nonsense upon Stilts'," 각주 2에서 에서 재인용.

5) John Rawls, *A Theory of Justice*(Cambridge: Harvard University Press, 1971).

6) Gillian Brown, *The Consent of the Governed*(Cambridge: Harvard University Press, 2001).

7) Rawls, *A Theory of Justice*, p.11.

8) 같은 책, p.27, p.87.

9) Norman Daniels, ed., *Reading Rawls*(Oxford: Basil Blackwell, 1975), p.xix.

10) Georg Hegel, *Philosophy of Right*, trans. T. M. Knox(Oxford: Clarendon Press, 1952), Sec. 182-187.

11) Rawls, *A Theory of Justice*, p.522. 헤겔의 시민사회 비판에 대한 롤즈의 답변은 다음 논문에서 자세히 전개된다. John Rawls, "The Basic Structure as Subject," Alvin I. Goldman and Jaewon Kim, eds., *Values and Morals*(Dordrecht: D. Reidel Publishing Co, 1982), pp.47-71. 특히 pp.66-69 참조.

12) Rawls, *A Theory of Justice*, p.260.

13) 같은 책, p.261.

14) Vic George and Paul Wilding, *Ideology and Social Welfare*(London: Routledge and Kegan Paul, 1976), Ch. VI. 롤즈는 최종적으로 자기의 정의론이 복지국가가 아니라 "재산소유적 민주주의(property-owning democracy)", 엄밀한 의미로는 "사유재산통제적 민주주의"를 옹호한다는 것을 주장하고,

*A Theory of Justice*에서는 그것이 명백하게 밝혀지지 못했다는 것을 시인한 다. John Rawls, *Justice as Fairness: A Guided Tour*(Cambridge: Harvard University, 1989; unpublished manuscript), p.110. 추가적으로 참조할 것은 본서 부록 제3장 후주 55. 복지국가에 관련된 롤즈의 입장 변경에 대해서는 박정순, 「자유주의적 정의론의 철학적 오디세이: 롤즈 정의론의 최근 변모와 그 해석 논쟁」, 제5회 한국철학자연합대회 대회보, 『현대의 윤리적 상황과 철학적 대응』(1992. 10.), pp.573-599 참조.

15) Rawls, *A Theory of Justice*, p.12.

16) 같은 책, p.152.

17) Robert Nozick, *Anarchy, State, and Utopia*(New York: Basic Books, 1974), p.198.

18) John C. Harsanyi, "Can the Maximin Principle Serve as a Basis for Morality," *The American Political Science Review*, Vol. 69(1975), pp.594-606.

19) David Gauthier, *Morals By Agreement*(Oxford: Oxford University Press, 1986).

20) Ellen Frankel Paul et al. ed., *The New Social Contract: Essays on Gauthier*(Oxford: Basil Blackwell, 1988).

21) Russell Hardin, "Bargaining For Justice," in Ellen Frankel Paul et al. ed., *The New Social Contract: Essays on Gauthier*, p.66.

22) David Gauthier, *Practical Reasoning: The Structure and Foundations of Prudential and Moral Arguments and Their Exemplification in Discourse* (Oxford: Clarendon Press, 1963).

23) David Gauthier, *The Logic of Leviathan: Moral and Political Theory of Thomas Hobbes*(Oxford: Clarendon Press, 1969). David Gauthier, ed., *Morality and Rational Self-Interest*(Englewood Cliffs: Prentice Hall, 1970).

24) Charles R. Plott, "Axiomatic Social Choice Theory: An Overview and Interpretation," *American Journal of Political Science*, Vol. 20(1976), pp.511-596.

25) Bernard Walliser, "Instrumental Rationality and Cognitive Rationality," *Theory and Decision*, Vol. 27(1989), pp.7-36. Morton A. Kaplan, "Means/Ends Rationality," *Ethics*, Vol. 87(1976), pp.61-65.

26) Gauthier, *Morals By Agreement*, p.59.

27) James Buchanan and Loren E. Lomasky, "The Matrix of Contractarian Justice," Ellen Frankel Paul *et al*. ed., *Liberty and Equality*(Oxford: Oxford

University Press, 1985), pp.12-32.

28) Thomas Hobbes, *Leviathan*(1651), C. B. Macpherson, ed. with an Intro-duction(Harmondsworth: Penguin Books, 1968), Ch. 14, p.188.

29) James Buchanan, *The Limits of Liberty: Between Anarchy and Leviathan* (Chicago: The University of Chicago Press, 1975).

30) J. F. Nash, "The Bargaining Problem," *Econometrica*, Vol. 18(1951), pp.155-162. R. B. Braithwaite, *Theory of Games as a Tool for the Moral Philosopher*(Cambridge: Cambridge University Press, 1955).

31) John Locke, *Two Treatises of Government*(1690), Peter Laslett, ed. with Introduction and Notes(New York: A Mentor Book, 1960), *The Second Treatise*, Ch. 2, Sec. 6, p.311.

32) Jean-Jacques Rousseau, *Of the Social Contract*(1762), Charles M. Sherover, trans. with an Introduction, Book II, Ch. 2, par.77, pp.26-27.

33) Immanuel Kant, *Groundwork of the Metaphysic of Morals*(1785), trans. and analysed by H. J. Paton(New York: Haper Torchbooks, 1964), Ch. 2.

34) Rawls, *A Theory of Justice*, p.139.

35) J. W. Sumner, *The Moral Foundation of Rights*(Oxford: Clarendon Press, 1987), "5.2. The Contractarian's Dilemma," p.160.

36) John Rawls, "Justice as Fairness: Political not Metaphysical," *Philosophy & Public Affairs*, Vol. 14(1985), p.224, n.2.

37) Rawls, "Kantian Constructivism in Moral Theory," *The Journal of Philosophy*, Vol. 77(1980), pp.515-572.

38) David Braybrooke, "Social Contract Theory's Fanciest Flight," *Symposium on David Gauthier's Morals By Agreement. Ethics*, Vol. 97(1987), pp.750-764.

39) Gauthier, *Morals By Agreement*, pp.2-3.

40) 같은 책, p.5, p.254.

41) Rawls, *A Theory of Justice*, p.187.

42) David Gauthier, "Justice and Natural Endowment: Toward A Critique of Rawls' Ideological Framework," *Social Theory and Practice*, Vol. 3 (1974), p.9.

43) Gauthier, *Morals By Agreement*, p.113.

44) 같은 책, p.7.

45) Jody S. Kraus and Jules L. Coleman, "Morality and the Theory of Rational Choice," *Ethics*, Vol. 97(1987), p.720.

46) Gauthier, *Morals By Agreement*, p.4.

47) 같은 책, p.5.

48) 같은 책, pp.193-199.

49) 같은 책, p.191.

50) 같은 책, p.163.

51) 같은 책, p.17.

52) 같은 책, p.12.

53) 같은 책, pp.16-17.

54) 같은 책, p.90.

55) 완전경쟁시장에 대한 구체적 논의는 D. M. Winch, *Analytical Welfare Economics*(Harmondsworth: Penguin books, 1971), pp.89-99 참조.

56) Gauthier, *Morals By Agreement*, p.13.

57) 같은 책, p.93.

58) Ernest Mandel, "The Myth of Market Socialism," *New Left Review*, Vol. 169(1988), pp.108-120.

59) Gauthier, *Morals By Agreement*, p.89.

60) Adam Smith, *An Inquiry into the Nature and Causes of the Wealth of Nations*(1776), Edwin Cannan, ed. with an Introduction(Chicago: The University of Chicago Press, 1976), p.477.

61) 직접 정리와 환위 정리에 대한 경제철학적 논의는 Amartya Sen, "The Moral Standing of the Market," Ellen Frankel Paul et al. ed., *Ethics & Economics*(Oxford: Basil Blackwell, 1985), pp.1-19 참조.

62) Gauthier, *Morals By Agreement*, p.89.

63) 같은 책, p.85.

64) Daniel M. Hausman, "Are Markets Morally Free Zones?" *Philosophy & Public Affairs*, Vol. 18(1989), pp.317-333.

65) Adam Smith, *An Inquiry into the Nature and Causes of the Wealth of Nations*, p.208.

66) Gauthier, *Morals By Agreement*, p.94.

67) 같은 책, p.88.

68) David Gauthier, "Justice as Social Choice," David Copp and David Zimmerman, eds., *Morality, Reason and Truth: New Essays on the Foundations of Ethics*(Totowa: Rowman & Allanheld, 1985), p.254.

69) Gauthier, *Morals By Agreement*, p.84.

70) David Gauthier, "Morality, Rational Choice, and Semantic Representation," in Ellen Frankel Paul et al. ed., *The New Social Contract: Essays on Gauthier*, p.203.

71) Jules L. Coleman, "Market Contractarianism and the Unanimity Rule," in Ellen Frankel Paul et al. ed., *Ethics & Economics*(Oxford: Basil Blackwell, 1985), pp.69-114.

72) Gauthier, *Morals By Agreement*, p.98, p.301.

73) 같은 책, p.15.

74) 같은 책, p.143.

75) 같은 책, p.14.

76) 같은 책, p.130.

77) Brian Barry, *Theories of Justice*(Berkeley: University of California Press, 1989), "Appendix B: Splitting the Difference as a Bargaining Solution," pp.388-392.

78) Gauthier, *Morals By Agreement*, p.133.

79) 같은 책, p.136.

80) 같은 책, p.145. 최대상대양보의 극소화 원칙은 바꾸어 말하면 "최소의 상대적 이익을 극대화하라"는 "최소상대이익의 극대화 원칙(the Principle of Maximin Relative Benefit)"이 된다. 같은 책, p.155. 2인 협상 게임에서는 최대상대양보의 극소화 원칙과 최소상대이익의 극대화 원칙은 각각 "최소의 동일한 상대양보의 원칙(the Principle of Minimum Equal Relative Concession)"과 "최대의 동일한 상대이익의 원칙(the Principle of Maximum Equal Relative Benefit)"이 된다. 그러나 3인 이상의 경우, 동일한 상대적 양보 혹은 상대적 이익이 언제나 결과되는 것은 아니며, 다만 협상의 결과가 다른 대안들에서보다 더 적은 최대상대양보, 혹은 더 많은 최소상대이익만을 갖도록 요구될 뿐이다. 같은 책, p.130, n.14, p.140. 이러한 문제는 소위 해법 G와 해법 G´에 관련된 복잡한 수학적인 논의를 필요로 한다. 자세한 논의는 David Gauthier, "Bargaining and Justice," *Ethics & Economics* (Oxford: Basil Blackwell, 1985) pp.29-47. 관련된 논의는 본서 부록 제4장 후주 228 참조.

81) Gauthier, *Morals By Agreement*, p.145.

82) 같은 책, p.156.

83) Kraus and Coleman, "Morality and the Theory of Rational Choice," pp.747-748.

84) Jon Elster, *The Cement of Society: A Study of Social Order*(Cambridge:

Cambridge University Press, 1989), pp.94-96.

85) Barry, *Theories of Justice*, p.252. Rawls, "The Basic Structure as Subject," p.62.

86) Gauthier, *Morals By Agreement*, p.130. n.14.

87) 애로우의 불가능성 정리는 사회적 선택에 요구되는 일련의 합리적인 배경적인 조건들을 모두 만족시키는 사회적 함수가 존재하지 않는다는 것을 증명함으로써 많은 논란을 일으키고 있다. 애로우는 우선 사회적 함수가 집단적 합리성(Collective Rationality), 파레토 원칙(Pareto Principle), 무관한 대안들로부터의 독립성(Independence of Irrelevant Alternatives), 그리고 비독재성(Non-Dictatorship)의 조건을 만족시켜야만 한다고 설정한다. 그러나 애로우는 소위 "투표의 역설(the paradox of voting)"로 알려져 있는 다음과 같은 세 사람의 선호의 집합, 즉 {(a, b, c), (b, c, a), (c, a, b)}으로부터 위의 네 가지 조건을 모두 만족시키는 사회적 함수를 구성할 수 없다는 것을 증명해 보인다. Kenneth J. Arrow, *Social Choice and Individual Values*(New Haven: Yale University Press, 1951; 2nd edn. 1961), p.59.

88) Gauthier, *Morals By Agreement*, p.136.

89) David Gauthier, "Rational Constraint: Some Last Words," in Peter Vallentyne, ed., *Contractarianism and Rational Choice: Essays on David Gauthier's Morals By Agreement*(New York: Cambridge University Press, 1991), p.325.

90) Michael Stocker, "The Schizophrenia of Modern Ethical Theories," *The Journal of Philosophy*, Vol. 73(1976), pp.453-466. 스토커는 서구의 근대 윤리학설들은 모두 도덕적 행위의 이유(reason)와 동기(motive) 사이의 도덕적 자아분열(moral schizophrenia)을 해결하지 못했다고 갈파한 바 있다.

91) Gauthier, *Morals By Agreement*, p.12.

92) 수인의 딜레마는 검찰관에게 불려와 개별적으로 심문을 받는 두 수인을 대상으로 한다. 그들은 모두 아무도 실토하지 않으면 사소한 죄목으로 1년의 형을 살게 된다는 것을 알고 있다. 그러나 그들은 또한 만일 한 사람이 실토하여 공범 증언을 하면 그는 풀려나고 상대방은 10년이라는 장기 복역을 하게 된다는 것을 알고 있다. 그러한 상황에서 그들 모두에게 가장 합리적인 행동, 즉 아무도 실토하지 않아야 한다는 것은 불합리적이고 불안정한 것이다. 따라서 그들은 각자의 관점에서 보아 실토하는 것이 합리적인 것이 되며, 따라서 모두 5년의 형을 살게 된다. 각자의 관점에서 보아 합리적인 결정을 하게 되면 결국 두 수인이 모두 더 불리해지는 상황을 낳게 되는 것이다.

표 5. 수인의 딜레마

제2 수인

		묵비	실토
제1 수인	묵비	1, 1	10, 0
	실토	0, 10	5, 5

수인의 딜레마는 터커(A. W. Tucker)에 의해서 고안되었으며, 본격적인 논의는 R. D. Luce and H. Raiffa, *Games and Decisions*(New York: John Wiley and Sons, 1957), pp.94-102에서 시작되었다.

93) 고대 소피스트들이 그들의 궤변론에 흔히 사용했던 연쇄식(連鎖式)의 역설(sorites paradox)은 그러한 상황의 논리적 원형이라고 해석해볼 수 있다. 연쇄식의 역설은 결합의 오류(the fallacy of composition)로서 부분에 관해서 참인 것을 그 부분들이 결합해서 이루어진 전체에 관하여도 참이라고 하는 오류이다. 일례를 들면 한 알의 곡식으로 산을 만들 수 있는가? 아니. 두 알의 곡식으로 산을 만들 수 있는가? 아니. … 2백만 알의 곡식으로 산을 만들 수 있는가? 아니. 이와 같이 해서 여전히 엄청나게 많은 곡식을 쌓아도 산을 만들 수 없다고 하는 것은 결합의 오류를 범한 것이다. 역으로 이미 수백만 알의 곡식으로 산이 형성되어 있는 곳에서 한 알의 곡식을 빼도 산은 그대로 있는가? 그래. 두 알의 곡식을 빼도 산은 그대로 있는가? 그래. 2백만 알의 곡식을 빼도 산은 그대로 있는가? 그래. 이와 같이 해서 여전히 엄청나게 많은 곡식을 빼도 산이 그대로 있다고 하는 것은 결합의 오류를 범한 것이다. 흔히 후자와 같은 연쇄식을 대머리 궤변(calvus sophistry)이라고 한다. 즉 한 올의 머리카락을 뽑으면 대머리가 되는가? 아니.

94) 무임승차자의 문제는 구조적으로 볼 때, 수인의 딜레마와 같다. 숫자는 임의의 개인의 선호순서를 나타낸다. 타인들이 기여를 하건 말건 임의의 개인은 무임승차가 합리적이므로, 즉 1 > 2 또는 3 > 4 하므로 결국 공공재는 설비될 수 없다. 자세한 논의는 Allen Buchanan, "Revolutionary Motivation and Rationality," *Philosophy & Public Affairs*, Vol. 9(1979), p.64 참조.

표 6. 무임승차자의 문제

		타인들	
		기여	무임승차
임의의 개인	기여	공공재의 이득 2 기여의 비용	공공재의 미설비 4 기여의 비용
	무임승차	공공재의 이득 1 기여의 비용 무	공공재의 미설비 3 기여의 비용 무

95) Mancur Olson, *The Logic of Collective Action*(Cambridge: Harvard University Press, 1965), p.64.

96) Russell Hardin, "Collective Action as an Agreeable n-Prisoner's Dilemma," *Behavioral Science*, Vol. 16(1971), pp.472-481.

97) F. M. Conford, trans., *The Republic of Plato*(London: Oxford University Press, 1941), Book II, 359d-360b. 고티에는 기게스의 반지에 대한 문제를 매우 중요한 것으로 간주하고 *Morals By Agreement*, Ch. X. "The Ring of Gyges"에서 자세히 다루고 있다.

98) Gauthier, *Morals By Agreement*, p.183.

99) 같은 책, p.172.

100) 같은 책, pp.169-170, n.19.

101) Richmond Campbell and Lanning Sowden, ed., *Paradoxes of Rationality and Cooperation: Prisoner's Dilemma and Newcomb's Problem*(Vancouver: The University of British Columbia Press, 1985), "Introduction," p.41.

102) Gauthier, *Morals By Agreement*, p.167.

103) 같은 책, p.182.

104) 같은 책, p.4.

105) 같은 책, p.178.

106) Aristotle, *The Nicomachean Ethics*, trans. J. A. K. Thomson(Harmondsworth: Penguin Books, 1955), 1105b20, 1106a4-7.

107) John Dewey, *Theory of the Moral Life*(New Delhi: Wiley Eastern Private Limited, 1976; original ed. 1932), p.8.

108) Rudolf Carnap, "Testability and Meaning," *Philosophy of Science*, Vols. 3-4. 다음 저서에 재수록. 한국철학회 분석철학분과연구회 편, *Readings in the Analytic Philosophy*(서울: 1977), pp.200-245. 이 논문에서 카르납은 소위 성향 개념들(disposition-concepts), 예를 들어 "물에 녹는"(혹은 물에 녹기 쉬운, 물에 녹는 성향이 있는, soluble), "깨지는 성질이 있는"(혹은 깨지기 쉬운, fragile) 등을 어떻게 기호논리로 정식화할 수 있는가의 문제를 다룬다. 그는 우선 "물에 녹는"에 대해 (D:) Q3(x) ≡ (t)[Q1(x, t) ⊃ Q2(x, t)]로 정식화한다. 즉 "x가 물에 녹는다"는 말이 의미하는 바는 "x를 물에 넣을 때면 언제나 x는 물에 녹는다"는 것이다. 만약 Q3에서 x가 어제 완전히 타버린 성냥개비 c라고 가정할 때 Q3(c)는 거짓이다. 그러나 Q1(c, t)는 완전히 타버린 성냥개비가 물에 넣어진 적이 없으므로 거짓이고 전건이 거짓일 때 실질적 함언은 언제나 참이므로 Q1 ⊃ Q2는 참이다. 따라서 Q3는 실질적 함언과 동치이므로 참이 되는 모순에 봉착한다. 그래서 카르납은 원래의 정의를 수정하여 최종적으로 다음과 같이 정식화한다.

(R:) (x)(t)[Q1(x, t) ⊃ (Q3(x) ≡ Q2(x, t))]

풀이하면, "어떤 x를 어떤 시간 t에 물에 넣을 때, x가 물에 녹는 성질을 가진다면 x는 시간 t에 물에 녹으며, x가 물에 녹는 성질을 가지지 않는다면 x는 시간 t에 물에 녹지 않는다." 카르납은 이것을 환원 문장(reduction sentence)으로 간주한다.

고티에가 주장하는 성향성이 이와 같은 환원 문장으로 정식화될 수 있는지는 많은 논란의 여지가 있다. 그것은 인간이 가진 성향성이 물리적 성향성과는 다르고, 또한 고티에의 경우에 성향성의 발휘는 다른 사람들이 가진 성향성에 달려 있는 고도의 복잡성을 가지고 있기 때문이다. 또한 성향성의 개념은 자유의지와 결정론, 행위의 일회성과 지속성, 그리고 기만적 행위에 관련된 복잡한 문제도 가지고 있기 때문이다.

109) Duncan MacIntosh, "Two Gauthiers?" *Dialogue*, Vol. 28(1989), p.48.

110) Edward F. McClennen, "Constrained Maximization and Resolute Choice," in Ellen Frankel Paul et al. ed., *The New Social Contract: Essays on Gauthier*, pp.95-118.

111) Gauthier, *Morals By Agreement*, p.180.

112) 같은 책, p.174.

113) Rousseau, *Of the Social Contract*, Book III, Ch. 15, Par. 291, p.92.

114) Gauthier, *Morals By Agreement*, p.181

115) David Hume, *A Treatise of Human Nature*(1739), L. A. Selby-Bigge, ed. (Oxford: Clarendon Press, 1978), p.516, p.542.

116) Gauthier, "Rational Constraint: Some Last Words," p.327.

117) Gauthier, *Morals By Agreement*, p.222.

118) Nozick, *Anarchy, State, and Utopia*, p.151.

119) Gauthier, *Morals By Agreement*, p.269.

120) David Gauthier, "Taming Leviathan," *Philosophy & Public Affairs*, Vol. 16(1987), pp.280-298.

121) David Gauthier, "Economic Rationality and Moral Constraints," Peter A. French et al. ed., *Midwest Studies in Philosophy*, Vol. 3, *Studies in Ethical Theory*(Morris: The University of Minnesota Press, 1978), p.95. 자세한 논의는 Richard J. Arneson, "Locke versus Hobbes in Gauthier's Ethics," *Inquiry*, Vol. 30(1987), pp.295-316 참조.

122) Gauthier, *Morals By Agreement*, p.191.

123) Locke, *Two Treatises of Government, The Second Treatise*, Ch. 5, Sec. 27, p.329.

124) 같은 책, *The Second Treatise*, Ch. 2, Sec. 4, p.307.

125) Macpherson, *The Political Theory of Possessive Individualism: Hobbes to Locke*, pp.203-223.

126) Gauthier, *Morals By Agreement*, p.202.

127) Nozick, *Anarchy, State, and Utopia*, p.175.

128) 이러한 해석에 대한 전반적 논의는 J. H. Bogart, "Lockean Provisos and State of Nature Theories," *Ethics*, Vol. 95(1985), pp.828-836 참조.

129) Gauthier, *Morals By Agreement*, p.205.

130) 같은 책, p.204.

131) 같은 책, p.193.

132) 같은 책, p.209.

133) 같은 책, p.211.

134) 같은 곳.

135) 같은 책, p.214.

136) 같은 책, p.215.

137) 같은 책, p.206.

138) 같은 곳.

139) 같은 책, p.226.

140) 같은 책, p.231.

141) 같은 곳.

142) L. W. Sumner, "Justice Contracted," *Dialogue*, Vol. 26(1987), p.538.

143) Gauthier, *Morals By Agreement*, p.309.

144) 같은 책, p.17.

145) Nozick, *Anarchy, State, and Utopia*, p.152. 자유지상주의자 노직도 정의의 교정 원칙이 실제적으로 적용되기 위해서는 그 대략적인 원칙으로 롤즈식의 최소극대화 규칙에 따른 차등원칙이 필요함을 인정한다. 같은 책, p.231.

146) Jean-Jacques Rousseau, *Discourse on the Origin and the Foundations of Inequality Among Men*(1755), in *The First and Second Discourses*, trans. Victor Gourevitch(New York: Harper & Row, 1986).

147) Karl Marx, *Capital*, Vols. I-III, Frederick Engels, ed.(New York: International Publishers, 1967), Vol. I, p.667. 기독교는 원죄설과 실낙원, 그리고 노동의 불가피성을 성서적으로 해석하였고, 자본주의가 태동하던 시절 고전주의 경제학파는 자본의 원초적 축적이 성실한 노동과 금욕적인 검약을 통해서 성취되었다고 해석함으로써 자본가인 부르주아와 노동자인 프롤레타리아의 빈부 계층을 정당화하였다. 추후 이러한 입장은 막스 베버에 의해서 프로테스탄티즘의 노동윤리로 찬양되었다. 경제적 원죄의 역사는 본서 제4장 2절 3)항 참조.

148) 같은 책, p.668.

149) 같은 책, p.668.

150) Karl Marx, *Grudrisse*(*Foundations of the Critique of Political Economy*) in *Karl Marx: Selected Writings*, David McLellan, ed.(Oxford: Oxford University Press, 1977), p.346.

151) Macpherson, *The Political Theory of Possessive Individualism: Hobbes to Locke*, p.221. 비슷한 논의가 C. B. Macpherson, *Democratic Theory: Essays in Retrieval*(Oxford: Clarendon Press, 1973), p.232에서도 전개된다.

152) Gauthier, *Morals By Agreement*, p.16.

153) Lawrence C. Becker, "Impartiality and Ethical Theory," *Symposium on Impartiality and Ethical Theory*, Ethics, Vol. 101(1991), pp.698-700.

154) Gauthier, *Morals By Agreement*, p.5.

155) 같은 책, pp.238-254.

156) 같은 책, p.16.

157) F. M. Conford, trans., *The Republic of Plato*, Bk. IX. "Justice, not Injustice, is Profitable," 588b-592b. 롤즈의 정의와 선의 정합은 Rawls, *A Theory of Justice*, p.395, 그리고 Sec. 86. "The Good of the Sense of the Justice," pp.567-577.

158) 해석학적 순환에 대한 전반적인 논의는 John Llewelyn, *Beyond Metaphysics?: The Hermeneutical Circle in Contemporary Continental Philosophy*(Atlantic Highlands: Humanities Press International, Inc., 1985) 참조.

159) Gauthier, *Morals By Agreement*, p.267.

160) 같은 책, p.17

161) 같은 책, p.7.

162) 같은 곳.

163) 같은 책, p.8. 물론 고티에는 그렇다고 해서 합리성의 극대화적 개념과 보편화적 개념이 산출하는 도덕이 동일한 것이라고 생각해서는 안 된다는 것을 덧붙인다. 공리체계 구성의 단순성과 약한 전제에 관련된 인식론적 문제에 대해서는 Christopher Morris, "The Relation between Self-Interest and Justice in Contractarian Ethics," in Ellen Frankel Paul et al. ed., *The New Social Contract: Essays on Gauthier.* 특히 "VII. Self-Interest as a Weak Assumption," pp.133-135 참조.

164) Gauthier, *Morals By Agreement*, p.233.

165) 같은 곳.

166) 고티에가 직접적으로 얇은 장막이라는 용어를 사용하고 있지는 않지만, 원래 얇은 장막의 개념은 헤어가 롤즈의 두꺼운 장막을 비판하고 보다 경제적인 장막(economical veil)으로도 공평성이 확보될 수 있다는 주장을 편 것에서 유래한다. 물론 헤어는 얇은 장막을 통해서 공리주의가 도출된다고 주장하기 때문에 얇은 장막에 관련해서 고티에와 헤어 사이의 논란 가능성은 여전히 남아 있다. R. M. Hare, "Rawls' Theory of Justice," *Reading Rawls*, p.90.

167) Gauthier, *Morals By Agreement*, p.245.

168) 같은 책, p.254.

169) 같은 책, p.237.

170) 같은 곳.

171) 같은 책, p.238.

172) 같은 곳.

173) 같은 책, p.265.

174) 같은 책, p.255.

175) 같은 책, p.256.

176) 같은 책, p.258.

177) 같은 책, p.259.

178) 같은 책, p.262.

179) 같은 책, p.261.

180) 같은 책, p.263.

181) 같은 책, p.266.

182) 같은 곳.

183) 같은 곳.

184) 같은 책, p.267.

185) 후자의 경우라고 주장하는 입장은 Arthur Ripstein, "Gautheir's Liberal Individual," *Dialogue*, Vol. 28(1989), pp.63-76에서 찾아볼 수 있다.

186) Gauthier, *Morals By Agreement*, pp.317-318.

187) 같은 책, p.329, p.339.

188) 같은 책, p.317, p.339.

189) 같은 책, p.340.

190) 같은 책, p.341.

191) 같은 책, p.346.

192) 같은 곳.

193) 자세한 논의는 Steven M. Sheffrin, *Rational Expectations*(Cambridge: Cambridge University Press, 1983) 참조.

194) Gauthier, *Morals By Agreement*, p.346.

195) 같은 책, p.339.

196) 물론 고티에는 "수반(supervenience)"이라는 개념을 사용하고 있지는 않지만 그러한 해석은 충분히 가능하다. Loren E. Lomasky, "Agreeable Morality?" *Critical Review*, Vol. 2(1988), p.47. 합리성과 감정에 관한 것은 다음 참조. 박정순, 「감정의 윤리학적 사활」, 정대현 외, 『감성의 철학』(서울: 민음사, 1996), pp.69-124.

197) Gauthier, *Morals By Agreement*, p.338.

198) 같은 책, p.339.

199) 같은 책, p.347.

200) 같은 책, p.325.

201) 같은 곳.

202) 고티에는 같은 책, p.187에서 다음 논문의 입장과의 유사성을 밝히고 있다. T. L. Trivers, "The Evolution of Reciprocal Altruism," *Quarterly Review of Biology*, Vol. 46(1971), pp.35-57. 진화론과 도덕철학에 관련된 문제에 대한 포괄적인 논의는 Mohan Matthen and Bernard Linsky, ed., *Philosophy &*

Biology(Calgary: The University of Calgary Press, 1988) 참조.

203) Laurence Thomas, "Rationality and Affectivity: The Metaphysics of the Moral Self," in Ellen Frankel Paul et al. ed., *The New Social Contract: Essays on Gauthier*, pp.154-172.

204) 우리는 여기서 오늘날 우리 사회의 고질적인 도덕적 문제 중의 하나인 지역감정의 문제를 심각하게 생각해보아야 할 것이다. 지역감정은 이득의 분배에 관련된 합리성의 문제와는 어떠한 관련이 있는가? 그것은 단순히 집단적인 배타적 질투심인가? 합리적 도덕의 정서적 수반은 개인적 이기주의와 집단적 이기주의 모두에 적용되는 것인가? 합리적 도덕의 정서적 수반은 결국 집단적 이기주의의 내적 결속에 불과한 것은 아닐까? 도덕과 감정에 관련된 문제에 대한 본격적인 논의는 근래에 많은 주목을 받고 있다. 전반적인 논의는 Ronald de Sousa, *The Rationality of Emotion*(Cambridge: The MIT Press, 1990) 참조. 합리성과 감정에 관련된 본격적인 도덕철학적 논의는 Allan Gibbard, *Wise Choices, Apt Feelings: A Theory of Normative Judgment*(Cambridge: Harvard University Press, 1990).

205) Gauthier, *Morals By Agreement*, p.317.

206) 같은 책, p.347.

207) 같은 곳.

208) 같은 책, p.348.

209) 같은 곳.

210) 같은 책, p.349.

211) 같은 곳.

212) 같은 곳.

213) 같은 곳.

214) 같은 책, p.351.

215) 여성해방론자들은 사회계약론이 남녀평등을 가져오지 못하고 남성 우월적인 가부장적 자유주의만을 산출할 뿐이라고 비판한다. Virginia Held, "Non-Contractual Society: A Feminist View," Marsha Hanen and Kai Nielsen, eds., *Science, Morality and Feminist Theory*(Calgary: The University of Calgary Press, 1987), pp.111-137.

216) Gauthier, *Morals By Agreement*, p.353.

217) 같은 책, p. 353. Michel Foucault, *The Order of Things: An Archaeology of the Human Sciences*(New York: Vantage Books, 1973), p.387.

218) Gauthier, *Morals By Agreement*, p.354.

219) 같은 책, p.355.

220) 같은 책, p.270.

221) Cf. David Keyt, "The Social Contract as an Analytic, Justificatory, and Polemic Device," *Canadian Journal of Philosophy*, Vol. 4(1974), pp.241-252.

222) Gauthier, *Morals By Agreement*, p.11.

223) David Gauthier, "Moral Artifice", *Canadian Journal of Philosophy*, Vol. 18(1988), p.389.

224) 자세한 내용은 Jung Soon Park, *Contractarian Liberal Ethics and the Theory of Rational Choice*(New York: Peter Lang Publishing, Inc., 1992), Ch. 4 참조.

225) 합리적 선택이론이 사회적 갈등과 우연성에 대한 무감각성을 보이고 있다는 관점에서 주목되는 저서들은 다음과 같다. Issac Levi, *Hard Choices: Decision Making Under Unresolved Conflict*(Cambridge: Cambridge University Press, 1986). Guido Calabresi and Philip Bobbitt, *Tragic Choices: The Conflicts Society Confronts in the Allocation of Tragically Scarce Resources*(New York: W. W. Norton, 1978). Richard A. Epstein, "Luck," Ellen Frankel Paul et al. ed., *Capitalism*(Oxford: Basil Blackwell,1989), pp.17-38.

226) 자유주의의 두 유형에 관련된 포괄적인 논의는 Nancy L. Rosenblum, ed., *Liberalism and the Moral Life*(Cambridge: Harvard University Press, 1989), "Introduction" 참조.

227) Cf. Arthur Diquattro, "The Market and Liberal Values," *Political Theory*, Vol. 8(1980), pp.183-202.

228) 3인 이상의 다인적 협상에 대해서는 본서 제4장 후주 182의 표 14, 표 15, 표 16에 대한 설명 참조. 다인적 협상의 현실적 적용의 난점에도 불구하고, 다원적 사회에서의 다양한 이익집단들 간의 상충하는 요구를 해결하기 위한 정치적, 도덕적 타협은 그 중대성을 결코 상실하는 것은 아니다. 이러한 관점에서 다음 저서들이 주목을 받고 있다. Martin Benjamin, *Splitting the Difference: Compromise and Integrity in Ethics and Politics*(Kansas City: Kansas University Press, 1990). J. Patrick Dobel, *Compromise and Political Action: Politcial Morality in Liberal and Democratic Life*(Totowa: Rowman & Lifflefield, 1990).

229) Gauthier, *Morals By Agreement*, p.288.

230) 같은 책, p.20, p.335.

231) Cf. J. G. Merquior, "Death to Homo Economicus?" *Critical Review*, Vol.

5(1991), pp.353-378.

232) Gauthier, *Morals By Agreement*, p.317.

233) 같은 책, p.349, p.354.

234) 그레이(John Gray)는 자유주의의 철학적 정초들이 모두 실패했다고 보고 소위 "후기 퓌론적 자유주의(Post-Pyrrhonian Liberalism)"를 주창한다. 후기 퓌론적 자유주의는 역사적 제도와 문화로서의 자유주의를 수용하는 것을 기본 목표로 한다. John Gray, *Liberalisms: Essays in Political Philosophy* (London: Routledge, 1989), p.264. 후쿠야마는 지난 세기말 소비에트 연방의 붕괴와 동구권 공산주의의 멸망을 진단하는 논문에서 이제 인류의 이데올로기적 진화는 끝이 났으며 서구의 자유민주주의의 최종적 승리가 확정되었다고 공언한 바 있다. 따라서 사회적 진화가 끝난 탈역사의 시대에는 인류의 사상들에 대한 박물관적 보존과 지적 권태로움이 있을 뿐이라고 말한다. Francis Fukuyama, "The End of History," *The National Interest*(Summer, 1989), p.19. 그의 최종적 입장은 *The End of History and the Last Man* (New York: The Free Press, 1992) 참조.

Chapter 5. Rawls' Avowed Errors in Rational Contractarianism

1) John Rawls, *A Theory of Justice*(Cambridge: The Belknap Press of Harvard University Press, 1971). Quotation is from Rawls, "Justice as Fairness: Political not Metaphysical," *Philosophy & Public Affairs,* Vol. 14(1985), p.237, n.20. Rawls has tried to find a rational foundation of ethics from his earliest article, "Outline of a Decision Procedure for Ethics." *The Philosophical Review.* Vol. 60(1951). pp.177-197.

2) Basic ideas, which much developed into this paper, comes from Jung Soon Park, *Contractarian Liberal Ethics and the Theory of Rational Choice* (New York: Peter Lang Publishing, Inc., 1992).

3) Rawls, *A Theory of Justice*, p.16. Also see p.17, p.47, p.583.

4) Ibid., p.16.

5) Ibid., p.44. And also see p.94.

6) Norman Daniels, "Introduction," *Reading Rawls: Critical Studies of A Theory of Justice.* ed. by Norman Daniels(New York: Basic Books, 1975), p.xix.

7) Rawls, *A Theory of Justice*, p.11.

8) Ibid., p.11, n.4, p.134, n.10, p.139.

9) Ibid., pp.136-142.

10) Ibid., p.139.

11) Ibid., p.14. Rawls also adds internal coherence; ordering, completeness, transitivity; maximization concept of rationality; deliberative rationality; and the rational plan of life. See respectively, Ibid., p.143, p.134, pp.143-144, p.416, p.407.

12) Ibid., p.144,

13) Ibid., p.253.

14) Ibid., p.92, p.62.

15) John Rawls, *Political Liberalism*(New York: Columbia University Press, 1993), p.180(all-purpose means). Rawls, *A Theory of Justice*, pp.90-95(Sec. 15, Primary Social Goods as the Basis of Expectations).

16) Rawls, *A Theory of Justice*, p.153.

17) For the alternatives in the original position, see Rawls, Ibid., p.124. For the least advantaged person's decision, see Ibid., pp.151-153.

18) Ibid., p.302, p.83, p.151.

19) Ibid., p.154 for no knowledge of probabilistic calculations; p.176 for the strains of commitment, and p.155 for descendants.

20) Ibid., p.156, p.154.

21) Ibid.

22) Ibid. About utilitarianism, see Sec. 5, Sec. 27, Sec. 28, Sec. 30.

23) Ibid, p.153. In addition, Rawls mentions another possible explanatory and justificatory devices, i.e., reflective equilibrium and individual natural talents as a common asset. See Ibid., pp.20-21, p.48, p.579; p.101, p.179. Rational argument from the original position is rational contractariansm or constructivism. Argument from reflective equilibrium is coherence argument between moral principles of justice and our considered moral judgements. Ibid., p.579. But Rawls admits that "I shall not, of course, actually work through this process." Ibid., p.21.

24) Ibid., Sec. 40, The Kantian Interpretation of Justice as Fairness, pp.251-257. Also see, p.179(ends in themselves).

25) Jody Kraus and Jules L. Coleman, "Morality and the Theory of Rational Choice," *Ethics,* Vol. 97(1987), p.720.

26) Ibid. Moral assumptions are in turn from Rawls, *A Theory of Justice* (1971), p.18, p.136, p.143, p.156, p.130, p.579, pp.584-585. Here Kraus

and Coleman claim that Rawls' rationality cum fairness model cannot show that bargaining from unfair initial position is irrational. For a more detailed discussion, see Jung Soon Park, *Contractarian Liberal Ethics and the Theory of Rational Choice*(1992), Ch. III, B: "Rawls' Contractarian Ethics *in A Theory of Justice*." Furthermore, James Sterba maintains that Rawls does not show that egoism is irrational. James Sterba, "From Rationality to Morality," James Sterba, ed., *Ethics: The Big Questions*(Malden: Blackwell Publishing, 1998), p.105. Cf. Rawls, *A Theory of Justice*: "Although egoism is logically consistent and in this sense not irrational, it is incompatible with what we intuitively regard as the moral point of view." Ibid., p.136.

27) Ibid., p.14. Similar statements are in p.18, p.584.

28) Rawls, *A Theory of Justice*, p.579, pp.584-585. Emphases mine.

29) Jean Hampton, "Contracts and Choices: Does Rawls Have a Social Contract Theory?" *The Journal of Philosophy,* Vol. 77(1980), p.315.

30) John C. Harsanyi, "Can the Maximin Principle Serve as a Basis for Morality?" *The American Political Science Review,* Vol. 69(1975), p.599.

31) Rawls, *A Theory of Justice*, p.447.

32) Ibid., p.146.

33) Ibid.

34) Robert Nozick, *Anarchy, State, and Utopia*(New York: Basic Books, 1974), p.193.

35) Rawls, *A Theory of Justice*, p.155.

36) Ibid., p.154.

37) Ibid., p.155. For the gain-and-loss table, see p.153.

38) Ibid., p.155. Also see Ibid., Sec. 15, Primary Social Goods as the Basis of Expectations, pp.91-92.

39) Kenneth Arrow, "Some Ordinalist-Utilitarian Notes on Rawls's Theory of Justice," *The Journal of Philosophy*, Vol. 70, No. 9(1973), p.254. Later, Rawls provides a detailed discussion of the index problem along with utilitarian utility calculations, Rawls, *Political Liberalism*, p.179, n.7; p.180, n.8. Basically see Rawls, *Political Liberalism*, Lecture IV, §3. Primary Goods and Interpersonal Comparisons, pp.178-187.

40) Rawls thinks that "Steven Strasnick has found a proof that certain familiar conditions on social choice functions (which it seems natural to associate

with the original position), when conjoined with a principle of preference priority, entail the difference principle." Rawls, "A Kantian Conception of Equality," *The Cambridge Review*, Vol. 96(1975), p.94, n.1. And also Rawls believes that "a form of the difference principle follows once Arrow's independence condition (used in the proof of the impossibility theorem) is modified to accommodate the notion of preference priority." Ibid. See Strasnick, "Social Choice and the Derivation of Rawls's Difference Principle," *The Journal of Philosophy*, Vol. 73, No. 4(1976), pp.85-99. However, there are criticisms of Steven Strasnick's proof. Cf. Alan H. Goldman, "Rawls' Original Position and the Difference Principle," *The Journal of Philosophy*, Vol. 73, No. 21(1976), pp.845-849. Robert Paul Wolff. "On Strasnick's 'Derivation' of Rawls's 'Difference Principle'," *The Journal of Philosophy*, Vol. 74, No. 21(1976), pp.849-858.

41) Rawls, "Some Reasons for the Maximin Criterion," *The Quarterly Journal of Economics*, Vol. 88(1974), p.141. Rawls, *A Theory of Justice*, Revised ed., p.72.

42) Ibid.

43) H. L. A. Hart, "Rawls on Liberty and Its Priority,"*University of Chicago Law Review*, Vol. 40, No. 3(Spring 1973), pp.534-555. Cf. Rawls, *Political Liberalism*, p.370.

44) Rawls, Ibid., p.371. Emphases mine.

45) Ibid., p.290.

46) Rawls, *A Theory of Justice*, p.156.

47) Ibid., p.542.

48) Ibid., p.543.

49) Ibid.

50) Ibid., p.542.

51) Rawls, *Political Liberalism*, p.371, n.84. Emphasis mine.

52) Rawls, *A Theory of Justice*, p.159. And also see p.280, p.324.

53) Ibid., pp.158-159, pp.160-161, p.525.

54) Ibid., p.viii, p.150.

55) Rawls, "Kantian Constructivism in Moral Theory," *The Journal of Philosophy*, Vol. 77, No. 9(1980), pp.528-529.

56) Ibid., p.530.

57) Ibid.

58) Rawls, *A Theory of Justice*, for the primary social goods, see p.92, p.62. For the Reasonableness, see Rawls, *Political Liberalism*, pp.305-309, pp.315-324.

59) H. L. A. Hart, "Rawls on Liberty and Its Priority," pp.551-555. Cf. Rawls, *Political Liberalism*, p.290, n.2.

60) Rawls, *Political Liberalism*, pp.289-290.

61) Ibid., p.290.

62) Ibid.

63) Ibid., p.304, p.299.

64) Ibid., pp.299-310.

65) Ibid., p.300.

66) Ibid., p.301.

67) Ibid., p.305.

68) Ibid., pp.310-324.

69) Ibid., pp.315-324.

70) Ibid., p.304, p.369, p.370.

71) Rawls, *Political Liberalism*, p.xvi, p.304. Rawls, "Justice as Fairness: Political not Metaphysical," p.225, p.230, pp.224-225.

72) Rawls, *Political Liberalism*, p.331.

73) Rawls, *A Theory of Justice*, p.60, p.250, p.302.

74) Rawls, *Political Liberalism*, p.331.

75) Ibid.

76) Ibid.

77) Ibid. p.331, pp.334-340.

78) Ibid., p.331.

79) Ibid., pp.295-296.

80) Rawls, *A Theory of Justice*, p.250, p,302.

81) Ibid.

82) Rawls, *Political Liberalism*, p.291, p.5. Originally Rawls, from "The Basic Liberties and Their Priority," *Tanner Lectures on Human Values*, Vol. III (Salt Lake City: University of Utah Press, 1982), p.5. Also see Rawls, "The Basic Liberties and Their Priority," *The Tanner Lectures on Human Values*, Delivered at The University of Michigan(April 10. 1981), pp.1-87. Available from the Website, Tanner Humanities Center, The University of

Utah, *The Tanner Lectures on Human Values.*

83) Rawls, *Political Liberalism*, p.5.

84) Ibid., p.6, p.327. Basically see Rawls, *Political Liberalism*, Lecture VIII, §7. Basic Liberties not Merely Formal, pp.324-331; Lecture VIII, §12. Maintaining the Fair Value of Political Liberties, pp.356-363.

85) Rawls adopted this distinction from Isaiah Berlin's paper, "The Two Concept of Liberty"(1958), *Four Essays on Liberty*(Oxford: Oxford University Press, 1969), pp.118-172. Rawls, *Political Liberalism*, p.299, n.16.

86) Ibid., pp.357-363.

87) Rawls, "Some Reasons for the Maximin Criterion," p.141.

88) Rawls, "The Basic Liberties and Their Priority," p.85. Rawls, *Political Liberalism*, p.369.

89) Rawls, "The Basic Liberties and Their Priority,"p.20, n.20. Emphases original (*full*) and mine (*a Kantian view*). Also see Rawls, *Political Liberalism*, p.306, n.21.

90) Rawls, "Justice as Fairness: Political not Metaphysical," p.237, n.20. Emphases mine. Later in his *Political Liberalism*, he avows the error in p.306, n.21; p.53, n.7 as we see in the separate quotations in the text.

91) Rawls, *Political Liberalism*, p.53, n.7. Emphases mine.

92) Samuel Freeman, "Moral Contractarianism as Foundation for Interpersonal Morality," James Dreier. ed., *Contemporary Debates in Moral Theory* (Malden: Blackwell Publishing, 2006), p.60. Rawls, "Kantian Constructivism in Moral Theory," *The Journal of Philosophy.* Vol. 77(1980), pp.515-572.

93) Rawls, "Justice as Fairness: Political not Metaphysical," Rawls, *Political Liberalism.*

94) Rawls, "Kantian Constructivism in Moral Theory," p.572.

95) Ibid., p.531.

96) Quotation in the text and separate quotation are from Ibid., p.525.

97) Ibid., p.530.

98) Richard Arneson, "Introduction: Symposium on Rawlsian Theory of Justice: Recent Developments," *Ethics.* Vol. 99(1989), p.696. However, Norman Daniels reads it as an elaboration of ideas already contained in *A Theory of Justice*: "Preface," *Reading Rawls: Critical Studies on A Theory of Justice*, Norman Daniels ed.(Stanford: Stanford University Press, 1989),

p.xv.

99) Rawls, *A Theory of Justice*, p.75.

100) David Gauthier, *Morals By Agreement*(Oxford: Clarendon Press, 1986), pp.2-3.

101) Ibid., p.4.

102) Ibid., p.145.

103) John Rawls, "The Basic Structure as Subject," *American Philosophical Quarterly,* Vol. 14(1977), p.162. For a similar criticism, see Rawls, *Political Liberalism*, p.278, n.14.

104) Gauthier, "Critical Notes: George Grant's Justice," *Dialogue*, Vol. 2 (1988), pp.126-127. George Grant, *English-Speaking Justice*(Toronto: House of Anansi Press, 1985).

105) Rawls, *Political Liberalism*, pp.133-134.

106) Gerald Dopplet, "Is Rawls's Kantian Liberalism Coherent and Defensible?" *Ethics*, Vol. 99(1989), p.816.

107) Rawls, *Political Liberalism*, p.18.

108) Ibid., p.14, p.43.

109) Ibid., p.13.

110) Ibid., p.38, n.41.

111) Rawls, "Kantian Constructivism in Moral Theory," p.519."

112) Michael Sandel, *Liberalism and the Limits of Justice*(Cambridge: Cambridge University Press, 1982), p.87. Cf. Rawls, *Political Liberalism*, p.27, n.29.

113) Rawls, "Justice as Fairness: Political not Metaphysical," p.245.

114) Ibid., p.237.

115) Ibid., p.246.

116) Rawls, "Kantian Constructivism in Moral Theory," p.516.

117) Rawls, *Political Liberalism*, p.304.

118) Rawls, "The Idea of Overlapping Consensus," *Oxford Journal of Legal Studies*, Vol. 7(1987), p.24.

119) Rawls, *Political Liberalism*, p.xvi, n.4.

120) Ibid., p.21, p.xvii.

121) Rawls, *Justice As Fairness: A Restatement,* ed. by Erin Kelly(Cambridge: The Belknap Press of Harvard University Press, 2001), p.xv.

122) Rawls, "Kantian Constructivism in Moral Theory," p.530.

123) Rawls himself mentions the problems of isolation and assurance. The first is the prisoner's dilemma and the second is the free-rider problem: Rawls, *A Theory of Justice*, pp.269-270, p.136. Even thought I don't discuss them, rational contractarianism should provide rational compliance with the agreed moral principles, i.e., the assurance problem. In view of rational compliance, Rawls' rational contractarianism also commits the circularity of moral motivation prior to rationality, because he merely presupposes strict compliance theory in the well-ordered society. Rawls, *A Theory justice*, p.8, p.453. Cf. Jung Soon Park, *Contractarian Liberal Ethics and the Rational Choice Theory*, Ch. III. B: Rawls' Contractarian Liberal Ethics in *A Theory of Justice*, pp.79-104.

124) Cf. Rawls, *A Theory of Justice*, analytic, p.121; explanatory, p.16; heuristic, p.152; justificatory, p.16, p.17.

125) Samuel Freeman, "Moral Contractarianism as Foundation for Interpersonal Morality"(2006), p.71. It is interesting to note that Rawls uses the rational choice as an intuitive way. See Rawls, *Political Liberalism*, p.53, n.7.

126) Rawls, *A Theory of Justice*, p.94. Also see p.44.

127) Robert Sugden, "Rational Choice: A Survey of Contributions from Economics and Philosophy," *The Economic Journal,* Vol. 101(1991), pp.751-785.

128) Hans Gottinger and Werner Leinfeller, eds., *Decision Theory and Social Ethics*(Dordrecht: D. Reidel Publishing Company, 1978), p.vii.

129) Eliza A. Pazner and David Schmeidler, "Social Contract Theory and Ordinal Distributive Equality," Leonid Hurwicz et al. eds., *Social Goals and Social Organization*(Cambridge: Cambridge University Press, 1985), p.312. For Arrow's Impossibility Theorem, see Kenneth Arrow, *Social Choice and Individual Values*(New Haven: Yale University Press, 1951, 1963), pp.22-33. For general discussion of the Theorem, see Jung Soon Park, *Contractarian Liberal Ethics and the Theory of Rational Choice*, Ch. II, B. 3. Arrow's Impossibility Theorem, pp.38-41. Arrow's Impossibility Theorem is derived from the paradox of voting between three voters and three alternatives. Voter 1's preference ordering is A > B > C, voter 2 is B > C > A, voter 3 is C > A > B. Thus, Voters 1 and 3 are A > B, voters 1 and 2 are B > C, then A > C (by transitivity axiom). But voters 2 and 3 are for C > A. This is a cyclic majority, which breaches

the condition of collective rationality. The condition stipulates that for any possible set of individual preference orderings, a social preference ordering (specified by completeness and transitivity), which governs social choices should be defined. 'Completeness' means that for any individual's preference, all the alternatives are to be completely enumerated, compared, and ranked.

130) Samuel Freeman, "Moral Contractarianism as Foundation for Interpersonal Morality," p.72.

131) Bernard Williams, *Ethics and the Limits of Philosophy*(Cambridge: Harvard University Press, 1985), pp.54-55. Emphasis original.

132) For good will, see Immanuel Kant, *Foundation of the Metaphysics of Morals* in *Critique of Practical Reason And Other Writings in Moral Philosophy*, translated by Lewis White Beck(Chicago: The University of Chicago Press, 1949), IV, 394, p.56. For textual evidence, see "The good will is not good because of what it effects or accomplishes or because of its adequacy to achieve some proposed end; it is good only because of its willing, i.e., it is good itself." IV, 394, p.56. And also see, "to do this action only from duty without any inclination-then for the first time his action has genuine moral worth." IV, 398, p.59. And also see, "Duty is the necessity of an action done from respect for the law." IV, 400, p.61. And also, see "The Concept of Freedom is the Key to the Explanation of the Autonomy of the Will." IV, 445, p.101. "Freedom must be presupposed as the Property of The Will of All Rational Beings." IV, 448, p.103. For the postulates, see Immanuel Kant, *Critique of Practical Reason* in *Critique of Practical Reason And Other Writings in Moral Philosophy*, translated by Lewis White Beck(Chicago: University of Chicago Press, 1949), V, 133, p.235. Postulates are immorality, freedom, and the existence of God.

133) Thomas Brooks, *Hegel's Philosophy of Rights*(Hoboken, NJ: John Wiley & Sons, 2012), p.75.

134) Peter Singer, *Hegel: A Very Short Introduction*(Oxford: Oxford University Press, 1983), pp.44-45.

135) Rawls, *Political Liberalism*, p.53. Also see p.51-52; p.52, n.4.

136) R. B. Braithwaite, *Theory of Games as a Tool for the Moral Philosopher* (Cambridge: Cambridge University Press, 1955), pp.54-55.

참고문헌

■ 본문 참고문헌 (제1, 2, 3, 4, 5장 통합)

1. 사회계약론적 도덕 및 정치철학

1) 전통적 사회계약론

(1) 1차 문헌

[저서]

Barker, Ernest, ed. with Introduction. *Social Contract: Essays by Locke, Hume, and Rousseau.* London: Oxford University Press, 1947.

Hobbes, Thomas. *Leviathan.* ed. with Introduction. C. B. Macpherson. Harmondsworth: Penguin Books, 1968.

_____. *De Cive: The English Version*; *Philosophical Rudiments Concerning Government And Society.* ed. Howard Warrender. Oxford: Clarendon Press, 1983.

_____. *Elements of Law Natural and Politic.* Tönnies edn. Cambridge: Cambridge University Press, 1989.

Kant, Immanuel. *Foundations of the Metaphysics of Morals.* trans. Lewis White Beck. Indianapolis: Bobbs-Merrill Educational Publishing, 1959.

_____. *Critique of Practical Reason.* trans. Lewis White Beck. Indianapolis: Bobbs-Merrill Educational Publishing, 1956.

Locke, John. *The Second Treatise of Government in Two Treatise of Government.* ed. Peter Laslett. New York: A Mentor Book, 1963.

Rousseau, Jean-Jacques. *Of The Social Contract*. trans. Charles M. Sherover. New York: Harper & Row, 1984.

_____. *Discourse on the Origin and the Foundations of Inequality among Men in Jean-Jacque Rousseau: The First and Second Discourses*. trans. Victor Gourevitch. New York: Harper & Row, 1987.

[국내 번역서]

토머스 홉스. 최공웅, 최진원 옮김. 『리바이어던』. 서울: 동서문화사, 1988.

토머스 홉스. 진석용 옮김. 『교회국가 및 시민국가의 재료와 형태 및 권력, 리바이어던 1, 2』. 서울: 나남출판, 2008.

존 로크. 강정인, 문지영 옮김. 『통치론: 시민정부의 참된 기원, 범위 및 그 목적에 관한 시론』. 서울: 까치글방, 1996.

장 자크 루소. 정성환 옮김. 『사회계약론; 인간 불평등 기원론』. 서울: 홍신문화사, 2005.

이마누엘 칸트. 백종현 옮김. 『실천이성비판』. 파주: 아카넷, 2005.

이마누엘 칸트. 백종현 옮김. 『윤리형이상학 정초』. 파주: 아카넷, 2018.

(2) 2차 문헌

[저서]

Arblaster, Anthony. *The Rise and Decline of Western Liberalism*. Oxford: Basil Blackwell,

Baumin, Bernard. *Hobbes' Leviathan: Interpretation and Criticism*. Belmont: Wadsworth, 1969.

Brown, K. R. ed. *Hobbes Studies*. Oxford: Basil Blackwell, 1965.

Darwall, Stephen. ed. *Contractarianism/Contractualism*. Malden: Blackwell, 2003.

Gough, J. W. *The Social Contract*. Oxford: Clarendon Press, 1936.

Gray, John. *Liberalism*. Minneapolis: University of Minnesota Press, 1986.

_____. *Liberalisms: Essays in Political Philosophy*. London: Routledge, 1989.

Hampton, Jean. *Hobbes and Social Contract Tradition*. Cambridge: Cambridge University Press, 1986.

Herzog, Don. *Without Foundations: Justification in Political Theory*. Ithaca: Cornell University Press, 1985.

Jasay, Anthony de. *Social Contract, Free Ride: A Study of the Public Goods Problem*. Oxford: Clarendon Press, 1989.

Johnston, David. *The Rhetoric of Leviathan: Thomas Hobbes and Cultural Transformation*. Princeton: Princeton University Press, 1986.

Kavka, Gregory S. *Hobbesian Moral and Political Theory*. Princeton: Princeton University Press, 1986.

Lessnoff, Michael. *Social Contract*. Atlantic Highlands, N.J.: Humanities Press, 1986.

Levine, Andrew. *Liberal Democracy: A Critique of Its Theory*. New York: Columbia University Press, 1981.

Macpherson, C. B. *The Political Theory of Possessive Individualism: Hobbes to Locke*. Oxford: Oxford University Press, 1962.

McCormick, Peter J. *Social Contract and Political Obligation: A Critique and Reappraisal*. New York: Garland Publishing, Inc., 1987.

Myers, Milton L. *The Soul of Modern Economic Man: Ideas of Self-Interest; Thomas Hobbes to Adam Smith*. Chicago: University of Chicago Press, 1983.

O'Neill, Shane. *Impartiality in Context: Grounding Justice in a Plural World*. Albany: The State University of New York Press, 1997.

Pateman, Carol. *The Problem of Political Obligation: A Critique of Liberal Theory*. Cambridge: Polity Press, 1985.

Rapaczynski, Andrzej. *Nature and Politics: Liberalism in the Philosophies of Hobbes, Locke, and Rousseau*. Ithaca: Cornell University Press, 1987.

Rogers, G. A. J. and Alan Ryan. eds. *Perspectives on Thomas Hobbes*. Oxford: Clarendon Press, 1988.

Rosenbaum, Alan S. *Coercion and Autonomy: Philosophical Foundations, Issues, and Practices*. New York: Greenwood Press, 1986.

Seidler, Victor J. *Kant, Respect and Injustice: The Limits of Liberal Moral Theory*. London: Routledge & Kegan Paul, 1986.

Shapiro, Ian. *The Evolution of Rights in Liberal Theory*. Cambridge: Cambridge University Press, 1986.

Sorell, Tom. *Hobbes*. London: Routledge & Kegan Paul, 1986.

[논문]

Auerbach, Dennis. "Liberalism in Search of Its Self." *Critical Review*. Vol. 1. 1987. pp.7-29.

Berry, C. J. "From Hume to Hegel: the Case of the Social Contract." *Journal of the History of Ideas*. Vol. 34. 1977. pp.690-691.

Bogart, J. H. "Lockean Provisos and State of Nature Theories." *Ethics*. Vol. 95. 1985. pp.828-836.

Braybrooke, D. "The Insoluble Problem of the Social Contract." *Dialogue*. Vol. 15. 1976. pp.3-37.

Browne, D. E. "The Contract Theory of Justice." *Philosophical Papers*. Vol. 5. 1976. pp.1-10.

Chroust, Anton-Hermann. "The Origin and Meaning of the Social Compact Doctrine." *Ethics*. Vol. 57. 1946. pp.38-56.

"Contemporary Approaches to the Social Contract." *Stanford Encyclopedia of Philosophy*. pp.1-20.

"Contractarianism." 4. Critiques of Normative Contractarianism. *Stanford Encylopedia of Philosophy*. pp.1-11.

"Contractualism." *Stanford Encyclopedia of Philosophy*. pp.1-28.

Harman, Gilbert. "Convention." Stephen Darwall. ed. *Contractarianism/ Contractualism*. Malden: Blackwell, 2003. pp.138-148.

Evers, Williamson. "Social Contract: A Critique." *The Journal of Libertarian Studies*. Vol. 1. 1977. pp.185-94.

Fabre, Cécile. "Social Contract." *The International Encyclopedia of Ethics*. Oxford: Wiley-Blackwell, 2013. pp.4940-4949.

Farrell, Daniel M. "Taming Leviathan: Reflections on Some Recent Works on Hobbes." *Ethics*. Vol. 98. 1988. pp.793-805.

Freeman, Samuel. "Social Contract." *Routledge Encyclopedia of Philosophy*. ed. by General Editor Edward Craig. London: Routledge, 1998. Vol. 2. pp.657-665.

George, Rolf. "The Liberal Tradition: Kant, and the Pox." *Dialogue*. Vol. 27. 1988. pp.195-206.

Jung, Hun. "Hobbes's State of Nature." *Journal of American Philosophical Association*. Vol. 1. 2015. pp.485-508.

Kavka, Gregory S. "Hobbes's War of All Against All." *Ethics*. Vol. 93. 1983. pp.291-310.

Kelly, Paul. "Contractarian Ethics." *Encyclopedia of Applied Ethics*. San Diego: Academic Press, 1998. Vol. 1. pp.631-643.

Kymricka, Will. "Ch. 15: The Social Contract Tradition." Peter Singer. ed. *A Companion to Ethics*. Oxford: Basil Blackwell, 1991. pp.186-196.

Laslett, Peter. "Social Contract." Paul Edwards. ed. *The Encyclopedia of Philosophy*. New York: Macmillan, 1967.

_____. "Social Contract." Donald M. Borchet. ed. 2nd edn. *Encyclopedia of Philosophy*. Detroit: Thomson Gale, 2006. Vol. 9. pp.79-82.

Levin, Michael. "Social Contract." Philip P. Wiener. ed. *Dictionary of the History of Ideas: Studies of Selected Pivotal Ideas*. New York: Charles Scribner's Sons, 1978. pp.251-263.

Park, Jung Soon. *Contractarian Liberal Ethics and the Theory of Rational Choice*. New York: Peter Lang Publishing, Inc., 1992.

Paul, Ellen Frankel. "Of the Social Contract within the Natural Rights Theory." *The Personalist*. Vol. 59. 1978. pp.9-21.

Plamenatz, John. "On le forcere d'être." in *Hobbes and Rousseau: A Collection of Critical Essays*. eds. M. Cranston and R. S. Peter. New York: Anchor Books, 1972. pp.318-32.

Rempel, Henry David. "On Forcing People to be Free." *Ethics*. Vol. 87. 1976. pp.18-34.

Rotenstreich, Nathan. "Faces of the Social Contract." *Revue Internationale de Philosophie*. Vol. 33. 1979. pp.484-505.

Ripstein, Arthur. "Foundationalism in Political Theory." *Philosophy & Public Affairs*. Vol. 16. 1987. pp.116-137.

Runciman, W. G. and A. K. Sen. "Games, Justice and the General Will." *Mind*. Vol. 79. 1965. pp.554-562.

Sarkar, Husain. "Lockean Proviso." *Canadian Journal of Philosophy*. Vol. 12. 1982. pp.47-59.

Simmons, A. John. "Locke's State of Nature." *Political Theory*. Vol. 17.

1989. pp.449-470.

Skyrms, Brian. *Evolution of Social Contract*. Cambridge: Cambridge University Press, 1996; 2nd edn. 2014.

"Social Contract." *Wikipedia*. pp.1-8.

Sommerville, Johann. "The Social Contract(Contract of Government)." *The Oxford Handbook of The History of Political Theory*. Oxford: Oxford University Press, 2011. pp.573-585.

Sterba. James P. "Social Contract(Addendum)." Donald M. Borchet. ed. 2nd edn. *Encyclopedia of Philosophy*. Detroit: Thomson Gale, 2006. Vol. 9. pp.82-83.

Zaitchik, A. "Hobbes's Reply to the Fool: The Problem of Consent and Obligation." *Political Theory*. Vol. 10. 1982. pp.245-266.

[국내 저서]
김영희.『토마스 홉스의 자유주의적 국가관에서 본 국가권력의 정당성』. 이화여자대학교 대학원 법학과 석사학위논문. 1985. 5.

김용환.『홉스의 사회·정치철학:「리바이어던」읽기』. 서울: 철학과현실사, 1999.

이근식, 황경식 편.『자유주의의 원류: 18세기 이전의 자유주의』. 서울: 철학과현실사, 2003.

이종훈.『홉즈의 국가론 연구』. 동국대학교 대학원 국민윤리학과 석사학위논문. 1994. 12.

임홍순.『토마스 홉스 철학에서 합리성과 사회계약』. 서강대학교 대학원 철학과 박사학위논문. 1998. 8.

조긍호, 강정인.『사회계약론 연구: 홉스, 로크, 루소를 중심으로』. 서울: 서강대학교 출판부, 2012.

지혜인.『도덕·윤리 교육 정체성으로서의 도덕적 합리성에 대한 연구』. 이화여자대학교 교육대학원 도덕·윤리교육전공 석사학위논문. 2012. 2.

최광필.『토마스 홉스의 합리성 개념에 대한 연구』. 고려대학교 대학원 정치외교학과 박사학위논문. 2000. 8.

한국사회·윤리연구회편.『사회계약론 연구』. 서울: 철학과현실사, 1993.

C. B. 맥퍼슨. 황경식, 강유원 옮김.『홉스와 로크의 사회철학: 소유적 개인주의 정치이론』. 서울: 박영사, 1990.

[국내 논문]

김용환. 제2장「홉스의 윤리학: 욕망의 도덕적 정당화는 가능한가?」. 서양근대철학회 엮음.『서양근대윤리학』. 서울: 창비, 2010. pp.45-76.

고봉진.「사회계약론적 역사적 의의: 홉스, 로크, 루소의 사회계약론 비교」.『법과 정책』. 20권. 2014. pp.55-82.

목광수.「홉스의 이성 개념 고찰:『리바이어던』의 "어리석은 사람" 논의를 중심으로」.『철학논총』. 68권. 2012. 4. pp.245-267.

박정순.「사유재산권의 자유주의적 정당화의 과제」.『사회비평』. 제6호. 1991. pp.54-79.

_____.「홉스의 계약론적 윤리학과 합리성 문제」.『매지논총』. 연세대학교 매지학술연구소. 제15집. 1998. pp.241-278.

_____.「홉스적 공포와 희망의 철학적 가상 체험:『홉스의 사회·정치철학:「리바이어던」읽기』. 김용환 저. 서평」.『서평문화』. 33집. 1999. pp.83-88.

박종준.「죄수의 딜레마에 대한 해명으로서의 정부」.『철학』. 제108집. 2011. pp.149-171.

_____.「자연상태에 대한 확신게임(assurance game) 모델화의 난점과 과제」.『철학』. 제113집. 2012. 11. pp.323-347.

_____.「자연상태는 죄수의 딜레마 상황인가?」.『철학』. 제110집. 2012. pp.281-305.

배진영.「홉스의 사회계약론에 함축된 정부의 역할과 시장경제질서」.『경상논총』. 27권. 2009. pp.1-27.

송석현.「사회계약론적 패러다임의 현대적 의미와 한계: 토마스 홉스의 경우」.『도시인문학연구』. 4권. 2012. pp.91-124.

윤삼석.「홉스의 자연법 이론에서 신의계약의 문제」.『철학연구』. 제56집. 2017. pp.97-137.

이종은. 제8장「정치적 의무의 근거에 대한 이론」. 제3절「사회계약론」.『정치철학』. 서울: 도서출판 까치, 1994. pp.219-228.

이충한.「국가권력에 대한 사회계약론적 전통에 관한 고찰」.『동서철학연구』. 63권. 2012. pp.53-74.

임홍순.「Thomas Hobbes에 있어서 인간과 국가의 개념」.『국제대학논문집』. 19권. 1991. pp.517-535.

_____.「홉스의 정치철학에서 합리성의 비극」.『철학사상』. 제1집. 2001. pp.119-149.

정미라. 「근대성과 자기보존 문제: 홉즈의 정치철학을 중심으로」. 『범한철
학』. 61권. 2011. pp.153-174.

최병서. 「아나키, 사회계약 그리고 분배」. 『경제학연구』. 46권. 1998. pp.329-
357.

_____. 「아나키에서 제도로: 사회계약적인가 아니면 자연진화적인가」. 『경제
학연구』. 48권. 2000. pp.241-271.

_____. 「홉스적 함정, 진화적 함정, 그리고 소유권 제도」. 『제도연구』. 제5권.
2003. pp.11-49.

한자경. 「홉스의 인간이해와 국가」. 한국사회·윤리연구회 편. 『사회계약론
연구』. 서울: 철학과현실사, 1993. pp.35-60.

2) 존 롤즈(John Rawls)

(1) 1차 문헌

[저서]

A Theory of Justice. Cambridge: The Belknap Press of Harvard University
Press, 1971.

A Theory of Justice. Revised Edition. Cambridge: The Belknap Press of
Harvard University Press, 1999.

Political Liberalism. New York: Columbia University, 1993; 2nd Edition.
1996; Expanded Edition. 2005.

Justice As Fairness: A Restatement. ed. by Erin Kelly. Cambridge,
Massachusetts: The Belknap Press of Harvard University Press, 2001.

Collected Papers. Edited by Samuel Freeman. Cambridge: Harvard
University Press, 1999.

[국내 번역서]

존 롤즈. 황경식 옮김. 『사회정의론』. 서울: 서광사, 1979.

존 롤즈. 황경식, 이인탁, 이민수, 이한구, 이종일 옮김. 『공정으로서의 정의』.
서울: 서광사, 1988.

존 롤즈. 황경식 옮김, 『정의론』. 개정판. 서울: 이학사, 2003.

존 롤즈. 에린 켈리 엮음. 김주휘 옮김. 『공정으로서의 정의: 재서술』. 서울:

이학사, 2016.

존 롤즈. 장동진 옮김. 『정치적 자유주의』. 파주: 동명사, 1998. (1993년 초판
번역).

존 롤즈. 장동진 옮김. 『정치적 자유주의』. 증보판. 서울: 파주, 2016. (2005
년 증보판 번역).

[논문]

"Outline of a Decision Procedure of Ethics." *The Philosophical Review*.
Vol. 60. 1951. pp.177-97.

"Review of An Examination of the Place of Reason in Ethics by Stephen
Toulmin." *The Philosophical Review*. Vol. 60. 1951. pp.572-580.

"Two Concepts of Rules." *The Philosophical Review*. Vol. 64. 1955.
pp.3-32.

"Justice as Fairness." *The Journal of Philosophy*. Vol. 54. 1957. pp.653-670.

"Justice as Fairness." *The Philosophical Review*. Vol. 67. 1958. pp.164-169.

"Constitutional Liberty and the Concept of Justice." in *Justice: Nomos* VI.
eds. Carl J. Friedrich and John W. Chapman. New York: Atherton Press,
1963. pp.98-125.

"The Sense of Justice." *The Philosophical Review*. Vol. 72. 1963. pp.281-
305.

"Legal Obligation and the Duty of Fair Play." *Law and Philosophy*. ed.
Sidney Hook. New York: New York University Press, 1964. pp.3-18.

"Distributive Justice." *Philosophy, Politics, and Society*. Third Series, eds.
Peter Laslett and W. G. Runciman. London: Basil Blackwell, 1967.
pp.58-82.

"Distributive Justice: Some Addenda." *Natural Law Forum*. Vol. 13. 1968.
pp.51-71.

"The Justification of Civil Disobedience." in *Civil Disobedience: Theory
and Practice*. ed. Hugo A. Bedau. New York: Pegasus Books, 1969.
pp.240-255.

"Justice as Reciprocity." in *Utilitarianism: John Stuart Mill With Critical
Essays*. ed. Samuel Gorovitz. New York: Bobbs-Merrill Co., 1971.
pp.242-268.

"Reply to Lyons and Titleman." *The Journal of Philosophy*. Vol. 69. 1972. pp.556-557.

"Distributive Justice." in *Economic Justice*. ed. Edmund S. Phelps. London: Penguin Books, 1973. pp.319-62.

"Some Reasons for the Maximin Criterion." *The American Economic Review*. Vol. 64. 1974. pp.141-146.

"Reply to Alexander and Musgrave." *The Quarterly Journal of Economics*. Vol. 88. 1974. pp.633-655.

"A Kantian Conception of Equality." *The Cambridge Review*. Vol. 96. 1975. pp.94-99.

"The Independence of Moral Theory." *Proceedings and Addresses of the American Philosophical Association*. Vol. 48. 1974-75. pp.5-22.

"Fairness to Goodness." *The Philosophical Review*. Vol. 84. 1975. pp.536-554.

"The Basic Structure as Subject." *American Philosophical Quarterly*. Vol. 14. 1977. pp.159-165.

"The Basic Structure as Subject." in *Values and Morals*. eds. A. I. Goldman and Jaegwon Kim. Dordrecht: D. Reidel Publishing Co., 1978. pp.47-71.

"A Well-Ordered Society." in *Philosophy, Politics, and Society*. 5th Series. eds. Peter Laslett and James Fishkin. New Haven: Yale University Press, 1979. pp.94-99.

"The Kantian Constructivism in Moral Theory." *The Journal of Philosophy*. Vol. 77. 1980. pp.515-572.

"Social Unity and Primary Goods." in *Utilitarianism and Beyond*. eds. A. K. Sen and Bernard Williams. Cambridge: Cambridge University Press, 1982. pp.159-85.

"Justice as Fairness: Political not Metaphysical." *Philosophy & Public Affairs*. Vol. 14. 1985. pp.223-251.

"The Basic Liberties and Their Priority." in *Liberty, Equality and Law*. ed. Sterling M. McMurrin. Salt Lake City: University of Utah Press, 1987. pp.1-87.

"The Idea of Overlapping Consensus." Oxford Journal of Legal Studies. Vol. 7. 1987. pp.1-25.

"The Priority of Right and Ideas of the Good." *Philosophy & Public Affairs.* Vol. 17. 1988. pp.251-276.

"The Domain of the Political and Overlapping Consensus." *New York University Law Review.* Vol. 64. 1989. pp.233-255.

"Themes in Kant's Moral Philosophy." in *Kant's Transcendental Deductions: The Three Critiques and the Opus Postumum.* ed. Eckart Förster. Stanford: Stanford University Press, 1989. pp.81-113.

(2) 2차 문헌

[저서]

Barry, Brian. *The Liberal Theory of Justice.* Oxford: Clarendon Press, 1973.

Blocker, H. Gene and Elizabeth H. Smith. eds. *John Rawls' Theory of Social Justice.* Athens: Ohio University Press, 1980.

Daniels, Norman. ed. *Reading Rawls: Critical Studies on Rawls' 'A Theory of Justice.'* Oxford: Basil Blackwell, 1975. With a New Preface. Stanford: Stanford University Press, 1989.

Elfstrom, Gerard. *The Import of Moral Being in John Rawls' Theory of Justice.* Ph.D. Dissertation. Atlanta: Emory University, 1975.

Fleurbaey, Marc. Maurice Salles, and John A. Weymark. *Justice, Political Liberalism, and Utilitarianism: Themes from Harsanyi and Rawls.* Cambridge: Cambridge University Press, 2008.

Freeman, Samuel Richard. *Justice and the Social Contract: Essays on Rawlsian Political Philosophy.* Oxford: Oxford University Press, 2007.

Hardin, Russell. ed. *Symposium on Rawlsian Theory of Justice: Recent Developments. Ethics.* Vol. 99. 1989.

Martin, Rex. *Rawls and Rights.* Lawrence: University Press of Kansas, 1986.

Miller, David. *Social Justice.* Oxford: Clarendon Press, 1976.

Moon, J. Donald. *John Rawls: Liberalism and the Challenges of Late Modernity.* Lanham: Rowman & Littlefield, 2014.

Nielsen, Kai and Roger A. Shiner. eds. *New Essays on Contract Theory. Canadian Journal of Philosophy.* Suppl. 3. 1977.

Pettit, Philip and Chandran Kukathas. *Rawls: 'A Theory of Justice' and Its Critique*. Stanford: Stanford University Press, 1990.

The Philosophy of Rawls. A Collection of Essays. 5 Vols. Serial Editors. Henry S. Richardson and Paul J. Weithman. Contents of the Series. 1. *Development and Main Outlines of Rawls's Theory of Justice*. 2. *The Two Principles and Their Justification*. 3. *Opponents and Implications of A Theory of Justice*. 4. *Moral Psychology and Community*. 5. *Resonable Pluralism*. New York: Garland Publishing, Inc., 1999.

Pogge, Thomas W. *Realizing Rawls*. Ithaca: Cornell University Press, 1989.

Schaefer, David Lewis. *Justice or Tyranny?: A Critique of John Rawls's Theory of Justice*. Port Washington, N.Y.: Kennikat Press, 1979.

Wellbank, J. H., Denis Snook, and David T. Mason. *John Rawls and His Critics: An Annotated Bibliography*. New York: Garland Publishing, 1982.

Wolff, Robert Paul. *Understanding Rawls*. Princeton: Princeton University Press, 1977.

[논문]

Altieri, Charles. "Judgment and Justice under Postmodern Conditions; or How Lyotard Helps us Read Rawls as a Postmodern Thinker?" in *Redrawing the Lines: Analytic Philosophy, Deconstruction, and Literary Theory*. ed. Reed Way Dasenbrock. Minneapolis: University of Minnesota Press, 1989. pp.61-91.

Altman, Andrew. "Rawls' Pragmatic Turn." *Journal of Social Philosophy*, Vol. 14. 1983. pp.8-12.

Care, Norman S. "Contractualism and Moral Criticism." *The Review of Metaphysics*. Vol. 23 1969. pp.85-101.

Chung, Hun. "Rawls's Self-Defeat: A Formal Analysis." *Erkenntnis*. 07 December 2018. pp.1-29.

Cooper, W. E. "The Perfectly Just Society." *Philosophy and Phenomenological Research*. Vol. 38. 1977-78. pp.46-55.

Daniels, Norman. "Wide Reflective Equilibrium and Theory Acceptance in Ethics." *The Journal of Philosophy*. Vol. 76. 1979. pp.256-82.

Feinberg, Joel. "Justice, Fairness and Rationality." *Yale Law Journal.* Vol. 81. 1972. pp.1004-1031.

Fishkin, James. "Justice and Rationality." *The American Political Science Review.* Vol. 69. 1975. pp.615-629.

Frankel, Charles. "Justice and Rationality." in *Philosophy, Science, and Method.* eds. Sidney Morgenbesser, Patrick Suppes, and Morton White. New York: St. Martin Press, 1969. pp.400-414.

Galston, William A. "Moral Personality and Liberal Theory: John Rawls' 'Dewey Lectures'." *Political Theory.* Vol. 10. 1982. pp.492-519.

Gibson, Mary. "Rationality." *Philosophy & Public Affairs.* Vol. 6. 1977. pp.193-225.

Gordon, Scott. "The New Contractarians." *Journal of Political Economy.* Vol. 84. 1976. pp.141-167.

Howe, R. E. and J. E. Roemer. "Rawlsian Justice as the Core of a Game." *American Economic Review.* Vol. 71. 1981. pp.880-895.

Keyt, David. "The Social Contract as an Analytic, Justificatory, and Polemical Device." *Canadian Journal of Philosophy.* Vol. 4. 1974. pp.241-252.

Kultgen, John. "Rational Contractors." *Journal of Value Inquiry.* Vol. 21. 1987. pp.185-198.

Machan, Tibor R. "Social Contract as a Basis of Norms: A Critique." *The Journal of Libertarian Studies.* Vol. 7. 1983. pp.141-146.

Macpherson, C. B. "Rawls's Models of Man and Society." *Philosophy of the Social Sciences.* Vol. 3. 1973. pp.341-347.

Mouffe, Chantal. "Rawls: Political Philosophy without Politics." *Philosophy and Social Criticism.* Vol. 13. 1987. pp.105-123.

Neal, Patrick. "A Liberal Theory of the Good?" *Canadian Journal of Philosophy.* Vol. 17. 1987. pp.567-582.

Nelson, William. "The Very Idea of Pure Procedural Justice." *Ethics.* Vol. 90. 1980. pp.502-511.

Nielsen, Kai. "A Note On Rationality." *The Journal of Critical Analysis.* Vol. 9. 1972. pp.16-19.

_____. "Rawls and Classical Amoralism." *Mind.* Vol. 86. 1977. pp.19-30.

_____. "Rawls' Defense of Morality, Amoralism, and the Problem of Congruence." *The Personalist*. Vol. 59. 1978. pp.93-100.

Pollock, Lansing. "A Dilemma for Rawls?" *Philosophical Studies*. Vol. 22. 1971. pp.37-43.

Porebski, Czeslaw. "The Moral Point of View and the Rational Choice Theory." in *The Tasks of Contemporary Philosophy*. eds. Werner Leinfeller and Franz M. Wukeits. Vienna: Hölder-Pichler Tempsky, 1986. pp.880-895.

Sadurski, Wojciech. "Contractarianism and Intuition: On the Role of Social Contract Arguments in Theories of Justice." *Australasian Journal of Philosophy*. Vol. 61. 1983. pp.321-347.

Schaefer, David. " 'Moral Theory' Versus Political Philosophy: Two Approaches to Justice." *Review of Politics*. Vol. 39. 1977. pp.192-219.

Schwartz, Adina. "Moral Neutrality and Primary Goods." *Ethics*. Vol. 83. 1983. pp.294-397.

"Social Contract Theory." *Internet Encyclopedia of Philosophy*. 3. More Recent Social Contract Theories. a. John Rawls' A Theory of Justice. b. David Gauthier. pp.1-23.

"Symposium on Rawlsian Theory: Recent Developments." *Ethics*. Vol. 99. 1989.

"Symposium: The 25th Anniversary of Rawls's Political Liberalism." *Ethics*. Vol. 128. 2017.

[국내 저서]

김만권.『불평등의 패러독스: 존 롤스를 통해 본 정치와 분배정의』. 서울: 도서출판 개마고원, 2004.

김성우.『자유주의는 윤리적인가: 자유주의 담론의 이론적 비판』. 서울: 한국학술정보(주), 2006.

박수영.『존 롤즈의 정치적 합당성 연구』. 부산대학교 대학원 국민윤리학과 박사학위논문. 2016. 10.

박정순.『사회정의의 윤리학적 기초: John Rawls의 정의론과 공리주의의 대비』. 연세대학원 철학과 석사학위논문. 1984. 2.

염수균.『롤즈의 민주적 자유주의』. 서울: 천지, 2001.

윤대주. 『상호성의 정의론: 아리스토텔레스, 칸트, 롤스를 중심으로』. 국민대학교 대학원 정치외교학과 박사학위논문. 2016. 8.

이명표. 『경제행위와 경제 윤리성에 관한 연구: 롤스의 분배 정의를 중심으로』. 단국대학교 대학원 이론경제 전공 박사학위논문. 2006. 5.

이종은. 『사회 정의란 무엇인가: 현대 정의 이론과 공동선 탐구』. 서울: 책세상, 2015.

_____. 『존 롤스』. 서울: 커뮤니케이션북스, 2016.

장동진. 『현대자유주의 정치철학의 이해』. 서울: 동명사, 2001.

장효민. 『사회계약론에 기초한 정치공동체 모델 연구』. 서울대학교 대학원 윤리교육과 박사학위논문, 2013. 2.

정현태. 『계약론적 윤리학에 있어서의 합리성과 정의에 관한 연구』. 서울대학교 대학원 국민윤리학과 박사학위논문. 1994. 8.

홍성우. 『존 롤스의 「정의론」 읽기』. 서울: 세창미디어, 2015.

황경식. 『고전적 공리주의와 John Rawls의 정의론 비교 연구』. 서울대학교 대학원 철학과 박사학위논문. 1982. 8.

_____. 『사회정의의 철학적 기초: J. 롤스의 정의론을 중심으로』. 서울: 문학과지성사, 1985.

_____. 『사회정의의 철학적 기초: J. 롤스의 정의론을 중심으로』. 서울: 철학과현실사, 2013.

_____. 『존 롤스 정의론』. 파주: 쌤앤파커스, 2018.

황경식, 박정순 외. 『롤스의 정의론과 그 이후』. 서울: 철학과현실사, 2009.

[국내 논문]

노영란. 「롤즈 이후 칸트적 구성주의: 구성주의의 딜레마와 존재론적 관련성을 중심으로」. 『윤리연구』. 제106호. 2016. pp.35-62.

박정순. 「자유주의 정의론의 철학적 오디세이: 롤스 정의론의 최근 변모와 그 해석 논쟁」. 제5회 한국철학자연합대회 대회보. 『현대의 윤리적 상황과 철학적 대응』. 1992. pp.573-599.

_____. 「정치적 자유주의의 철학적 기초」. 『철학연구』. 제42집. 1998. pp.275-305.

_____. 「자유주의의 건재」. 『철학연구』. 제45집. 1999. pp.17-46.

박종훈. 「현대공동체주의에 대한 자유주의의 대응: 롤스의 대응을 중심으로」. 『동국논총』. 제35집. 1996. pp.91-114.

박효종. 「정의의 원리와 개인주의적 합리성의 연계의 적실성에 대한 비판적 고찰: 사회계약론적 관점을 중심으로」. 『한국정치학회보』. 제28집. 1995. pp.429-461.

오창진, 김상현, 박선영, 김회용. 「롤즈(Rawls)의 도덕이론에 대한 비판적 고찰」. 『교육사상연구』. 제25권. 2011. pp.123-151.

퀜틴 스키너 서론 및 편집. 이광래, 신중섭, 이종흡 옮김. 『현대사상의 대이동: 거대이론에의 복귀』. 춘천: 강원대학교 출판부, 1987. 앨런 라이어. 「제6장 존 롤즈」.

이민수. 「공동체의 정의와 개인의 선은 정합 가능한가?」. 『철학연구』. 제94집. 2011. pp.263-288.

이종은. 「롤스의 계약론과 그 비판적 담론: 원초적 입장을 중심으로」. 『정치사상연구』. 제20집. 2014. pp.9-35.

_____. 「롤스와 공동체주의」. 『사회과학연구』, 제28호. 2016. pp.1-29.

_____. 「공정으로서의 정의와 롤스의 계약론」. 『사회과학연구』. 27권. 2015. pp.87-112.

최정운. 「미국의 자유주의: 롤스(Rawls)와 노직(Nozick)의 논쟁」. 미국학 연구소 편. 『미국사회의 지적 흐름: 정치, 경제, 사회, 문화』. 서울: 서울대학교 출판부, 1998. pp.3-34.

장동진. 「맥시민과 평등」. 『한국정치학회보』. 25권. 1991. pp.363-385.

홍성우. 「존 롤즈의 원초적 입장」. 『원광대학교 대학원 논문집』. 제12집. 1993. pp.147-171.

_____. 「도덕원칙에 관한 롤즈의 정치적 구성방법과 그 특징들: 합리적 직관주의와 칸트의 도덕적 구성주의와의 비교」. 『사회사상연구』. 제6권. 1996. pp.75-105.

3) 데이비드 고티에(David Gauthier)

(1) 1차 문헌

[저서]

Practical Reasoning: The Structure and Foundations of Prudential and Moral Arguments and Their Exemplification in Discourse. Oxford: Clarendon Press, 1963.

The Logic of Leviathan: The Moral and Political Theory of Thomas Hobbes. Oxford: Clarendon Press, 1969.

ed. *Morality and Rational Self-interest*. Englewood Cliffs: Prentice Hall, 1970.

Morals By Agreement. Oxford: Clarendon Press, 1986.

Moral Dealing: Contract, Ethics, and Reason. Ithaca: Cornell University Press, 1990.

Rousseau: The Sentiment of Existence. Cambridge: Cambridge University Press, 2006.

[국내 번역서]

데이비드 고티에. 김형철 옮김. 『합의도덕론』. 서울: 철학과현실사, 1993.

데이비드 고티에. 박완규 옮김. 『리바이어던의 논리: 토머스 홉스의 도덕이론과 정치이론』. 서울: 아카넷, 2013.

[논문]

"Rule-utilitaianism and Randomization." *Analysis*. Vol. 25. 1965. pp.68-69.

"Progress and Happiness." *Ethics*. Vol. 78. 1967. pp.77-82.

"Morality and Advantage." *The Philosophical Review*. Vol. 76. 1967. pp.460-475.

"Moore's Naturalistic Fallacy." *American Philosophical Quarterly*. Vol. 4. 1967. pp.315-320.

"How Decisions are Caused." *The Journal of Philosophy*. Vol. 64. 1967. pp.147-151.

"How Decisions are Caused But not Predicted." *The Journal of Philosophy*. Vol. 65. 1968. pp.170-171.

"Yet Another Hobbes." *Inquiry*. Vol. 12. 1969. pp.449-465.

"Brandt on Egoism." *The Journal of Philosophy*. Vol. 69. 1972. pp.697-698.

"Rational Cooperation." *Nôus*. Vol. 8. 1974. pp.53-63.

"The Impossibility of Rational Egoism." *The Journal of Philosophy*. Vol. 71. 1974. pp.439-456.

"Reason and Maximization." *Canadian Journal of Philosophy*. Vol. 4. 1975. pp.411-433.

"Justice and Natural Endowment: Toward A Critique of Rawls' Ideological Framework." *Social Theory and Practice*. Vol. 3. 1974. pp.6-26.

"Coordination." *Dialogue*. Vol. 14. 1975. pp.195-221.

"Critical Notice of Stephan Körner, Practical Reason." *Dialogue*. Vol. 3. 1977. pp.510-518.

"The Social Contract as Ideology." *Philosophy & Public Affairs*. Vol. 6. 1977. pp.130-164.

"Social Choice and Distributive Justice." *Philosophia*. Vol. 7. 1978. pp.239-253.

"Critical Notices of Harsanyi's Essays on Ethics, Social Behavior and Scientific Explanation." *Dialogue*. Vol. 17. 1978. pp.696-706.

"Economic Rationality and Moral Constraints." in *Midwest Studies in Philosophy*. Vol. III. *Studies in Ethical Theory*. eds. Peter A. French, Theodore E. Uehling, Jr., and Howard K. Wettstein. Minneapolis: University of Minnesota Press, 1978. pp.75-96.

"The Social Contract: Individual Decision Or Collective Bargain?" in C. A. Hooker, J. J. Leach, and E. F. McClennen. eds. *Foundations and Applications of Decision Theory*. Vol. II. *Epistemic and Social Applications*. Dordrecht: D. Reidel Publishing Co., 1978. pp.47-67.

"Thomas Hobbes: Moral Theorist." *The Journal of Philosophy*. Vol. 76. 1979. pp.547-559.

"David Hume, Contractarian." *The Philosophical Review*. Vol. 88. 1979. pp.3-38.

"Bargaining Our Way into Morality." *Philosophic Exchange*. Vol. 2. 1979. pp.14-27.

"The Politics of Redemption." in *Trent Rousseau Papers*. eds. Jim Macadam, Michael Neuman, and Guy Lafrance. Ottawa: University of Ottawa Press, 1980. pp.329-356.

"The Irrationality of Choosing Egoism." *Canadian Journal of Philosophy*. Vol. 10. 1980. pp.179-188.

"On the Refutation of Utilitarianism." in *The Limits of Utilitarianism*. eds. Harlan B. Miller and William H. Williams. Minneapolis: University of Minnesota Press, 1982. pp.144-163.

"Three Against Justice: The Fool, the Sensible Knave, and the Lydian Shepherd." in *Midwest Studies in Philosophy*. eds. Peter French, Theodore E. Uehling, Jr., and Howard K. Wettstein. Minneapolis: University of Minnesota Press, 1982. pp.11-29.

"No Need for Morality: The Case of the Competitive Market." *Philosophic Exchange*. Vol. 3. 1982. pp.41-56.

"Justified Inequality?" *Dialogue*. Vol. 21. 1982. pp.431-443.

"Critical Notice: Jon Elster, Ulysses and the Sirens: Studies in Rationality and Irrationality." *Canadian Journal of Philosophy*. Vol. 13. 1983. pp.133-140.

"Deterrence, Maximization, and Rationality." *Ethics*. Vol. 94. 1984. pp.474-495. Rpt. in *The Security Gamble: Deterrence Dilemma in the Nuclear Age. Maryland Studies in Public Philosophy*. ed. Douglas MacLean. Totowa, NJ.: Rowan & Allanheld, 1984.

"Justice as Social Choice." in *Morality, Reason and Truth*. ed. David Copp. Totowa: Rowan & Allanheld, 1984. pp.251-269.

"The Incompleat Egoist." in *The Tanner Lectures on Human Values*. Vol. I. Salt Lake City: The University of Utah Press, 1984.

"Maximization Constrained: The Rationality of Cooperation." in *Paradoxes of Rationality and Cooperation: Prisoner's Dilemma and Newcomb's Problem*. eds. Richmond Campbell and Lanning Sowden. Vancouver: The University of British Columbia Press, 1985. pp.75-93.

"Bargaining and Justice." in *Ethics & Economics*. Oxford: Basil Blackwell, 1985. pp.29-47.

"The Unity of Reason: A Subversive Reinterpretation of Kant." *Ethics*. Vol. 96. 1985. pp.74-88.

"Reason to be Moral?" *Synthesis*. Vol. 72. 1987. pp.5-27.

"Taming Leviathan." *Philosophy & Public Affairs*. Vol. 16. 1987. pp.280-298.

"Reply to Wolfram." *Philosophical Books*. Vol. 28. 1987. pp.134-139.

"Hobbes's Social Contract." in *Perspectives on Thomas Hobbes*. eds. G. A. J. Rogers and Alan Ryan. Oxford: Clarendon Press, 1988. pp.125-152.

"Hobbes's Social Contract." *Nôus*. Vol. 22. 1988. pp.71-82.

"Moral Artifice: A Reply." *Canadian Journal of Philosophy*. Vol. 18. 1988. pp.385-418.

"Morality, Rational Choice, and Semantic Representation: A Reply to My Critics." in *The New Social Contract: Essays on Gauthier*. eds. Ellen Frankel Paul et al. Oxford: Basil Blackwell, 1988. pp.173-221.

"Critical Notices: George Grant's Justice." *Dialogue* Vol. 27. 1988. pp.121-134.

"Public Reason." *Social Philosophy and Policy*. Vol. 12. 1995. pp.19-42.

"Intention and Deliberation." Peter Danielson. ed. *Modeling Rationality, Morality, and Evolution*. New York: Oxford University Press, 1998. pp.41-54.

"Political Contractarianism." *The Journal of Political Philosophy*. Vol. 5. 1997. pp.132-148.

"Twenty-Five On." *Ethics*. Vol. 123. 2013. pp.601-624.

"How I Learned to Stop Worrying and Love the Prisoner's Dilemma." Martin Peterson. ed., *Prisoner's Dilemma*. Cambridge: Cambridge University Press, 2015. pp.35-53.

"A Society of Individuals." *Dialogue: Canadian Philosophical Review*. Vol. 55. 2016. pp.601-619.

(2) 2차 문헌

[저서]

Baier, Annette C. et al. *Symposium on David Gauthier: Morals by Agreement. Canadian Journal of Philosophy*. Vol. 18. 1988.

Barry, Brian and Russell Hardin. eds. *Rational Man and Irrational Society*. Beverly Hills: Sage Publications, 1982.

Barry, Brian. *Theories of Justice*. Berkely: University of California Press, 1989.

Danielson. Peter. *Artificial Morality: Virtous Robots for Virtual Games*. London and New York: Routledge, 1992.

Darwall, Stephen L. *Impartial Reason*. Ithaca: Cornell University Press,

1983.

_____. ed. *Contractarianism*/Contractualism. Malden, Blackwell, 2003.

"David Gauthier." Andrew Pyle. ed. *Key Philosophers in Conversation: The Cogito Interviews*. London: Routledge, 1999. pp.91-98.

"David Gauthier: Rational Agreement and Morality." *Constructions of Practical Reason: Interviews On Moral and Political Philosophy*. ed. Herlinde Pauer-Studer. Stanford: Stanford University Press, 2003. pp.90-112.

Gauthier, David and Robert Sugden. eds. *Rationality, Justice, and The Social Contract: Themes from Morals by Agreement*. New York: Harvester/Wheatsheaf, 1993.

Goldman, Alan H. *Moral Knowledge*. London: Routledge, 1988.

Gunnarsson, Logi. *Making Moral Sense: beyond Habermas and Gauthier*. Cambridge: Cambridge University Press, 2000.

Hardin, Russell. ed. *Symposium on David Gauthier's Morals by Agreement*. *Ethics*. Vol. 97. 1987.

Kahane, Howard. *Contract Ethics*. Lanham: Rowman & Littlefield Publishers, Inc. 1995.

Moore, Margaret. *Foundations of Liberalism*. Oxford: Clarendon Press, 1993.

Morris, Christopher W. & Arthur Ripstein. eds. *Practical Rationality and Preference: Essays for David Gauthier*. Cambridge: Cambridge University Press, 2001.

Morris, Christopher W. ed. with an Introduction. *Symposium: David Gauthier's Morals By Agreement*. *Ethics*. Vol. 123. 2013.

Narveson. Jan. *The Libertarian Idea*. Peterborough: Broadview Press, 2001.

Park, Jung Soon. *Contractarian Liberal Ethics and the Theory of Rational Choice*. New York: Peter Lang, 1992.

Paul, Ellen Frankel et al. eds. *The New Social Contract: Essays on Gauthier*. Oxford: Basil Blackwell, 1988.

Special Topic: Gauthier's Contractarian Project. "30 Years After Morals By Agreement." *Dialogue: Canadian Philosophical Review*. Vol. 55. 2016. pp.593-757.

Ullmann-Margalit, Edna. *The Emergence of Norms*. Oxford: Clarendon Press, 1977.

Vallentyne, Peter, ed. *Contractarianism and Rational Choice: Essays on David Gauthier's Morals by Agreement*. New York: Cambridge University Press, 1991.

[논문]

Arneson, Richard J. "Locke Versus Hobbes in Gauthier's Ethics." *Inquiry*. Vol. 30. 1987. pp.295-316.

Baier, Annette C. "Pilgrim's Progress." *Canadian Journal of Philosophy*. Vol. 18. 1988. pp.315-30.

Bales, R. Eugene. "Act-Utilitarianism: Account of Right-Making Characteristics or Decision-Making Procedure?" *American Philosophical Quarterly*. Vol. 8. 1971. pp.257-265.

Barnett, Philip M. "Rational Behavior in Bargaining Situations." *Nôus*. Vol. 17. 1983. pp.621-636.

Betram, Morris. "Gauthier on Hobbes' Moral and Political Philosophy." *Philosophy and Phenomenological Research*. Vol. 33. 1973. pp.387-392.

Braybrooke, David. "Social Contract Theory's Fanciest Flight." in *Symposium on David Gauthier's Morals by Agreement*. *Ethics*. Vol. 97. 1987. pp.750-764.

Bovens, Luc. "Review of 'Morals by Agreement'." *Theory and Decision*. Vol. 24. 1988. pp.289-293.

Buchanan, Allen. "Justice as Reciprocity versus Subject-centered Justice." *Philosophy & Public Affairs*. Vol. 19. 1990. pp.227-252.

Campbell, Richmond. "Moral Justification and Freedom." *The Journal of Philosophy*. Vol. 85. 1988. pp.192-213.

_____. "Critical Study: Gauthier's Theory of Morals by Agreement." *The Philosophical Quarterly*. Vol. 38. 1989. pp.343-364.

Copp, David. "Review of 'Morals by Agreement'." *The Philosophical Review*. Vol. 98. 1989. pp.411-414.

Danielson, Peter. "The Visible Hand of Morality." *Canadian Journal of Philosophy*. Vol. 18. 1988. pp.357-384.

Darwall, Stephen L. "Rational Agent, Rational Act." *Philosophical Topics.* Vol. 14. 1986. pp.33-57.

Dayton, Eric. "Utility Maximizers and Cooperative Understandings." *Ethic.* Vol. 90. 1970. pp.130-141.

Franssen, Maarten. "Constrained Maximization Reconsidered: An Elaboration and Critique of Gauthier's Modelling of Rational Cooperation in a Single Prisoner's Dilemma." *Synthese.* Vol. 101. 1994. pp.249-272.

Freeman, Samuel. "Reason and Agreement in Social Contract Views." *Philosophy & Public Affairs.* Vol. 19. 1990. pp.122-157.

Francés-Goméz, Pedro. "David Gauthier and The Development of a Contractarian Morality." *Hobbes Studies.* Vol. XIII. 2000. pp.77-101.

"Game Theory and Ethics." 4. Bargaining and Contractarianism, 5. Morals by Agreement, 6. Some Problems with Contractarian Approach. *Stanford Encyclopedia of Philosophy.* pp.1-14.

"David Gauthier." *Wikipedia.* pp.1-3.

Griffin, Nicholsa. "Aboriginal Rights: Gauthier's Arguments for Despoliation." *Dialogue.* Vol. 20. 1981. pp.690-696.

Hampton, Jean. "Can We Agree On Morals?" *Canadian Journal of Philosophy.* Vol. 18. 1988. pp.331-356.

Harsanyi, John C. "Review of Gauthier's Morals By Agreement," *Economics and Philosophy.* Vol. 3. 1987. pp.339-351.

Hannaford, R. V. "Gauthier, Hobbes and Hobbesians." *International Journal of Moral and Social Sciences.* Vol. 3. 1988. pp.239-254.

Hausman, Daniel M. "Are Markets Morally Free Zones?" *Philosophy & Public Affairs.* Vol. 18. 1989. pp.317-333.

Hubin, Donald C. and Mark B. Lambeth. "Providing for Rights." *Dialogue.* Vol. 27. 1988. pp.489-502.

Jolley, Nicholas. "Hobbes's Dagger in the Heart." *Canadian Journal of Philosophy.* Vol. 17. 1987. pp.855-874.

"Justice." 5. Contractarianism and Justice. 5.1 Gauthier, 5.2 Rawls, 5.3 Scanlon. *Stanford Encyclopedia of Philosophy.* pp.1-14.

Kavka, Gregory. "Review of Gauthier's Morals by Agreement." *Mind.* Vol. 96. 1987. pp.117-121.

Kraus, Jody S. and Jules L. Coleman. "Morality and the Theory of Rational Choice." in *Symposium on David Gauthier's Morals by Agreement. Ethics.* Vol. 97. 1987. pp.715-740.

Lomasky, Loren E. "Agreeable Morality?" *Critical Review.* Vol. 2. 1988. pp.36-49.

MacIntosh, Duncan. "Libertarian Agency and Rational Morality: Action-Theoretic Objections to Gauthier's Dispositional Solution of the Compliance Problem." *The Southern Journal of Philosophy.* Vol. 26. 1988. pp.499-525.

_____. "Two Gauthiers?" *Dialogue.* Vol. 28. 1989. pp.43-61.

McClennen, Edward. "Game Theory and Rational Choice." "The Contemporary Period: Gauthier". Hugh LaFollette. ed. *The International Encyclopedia of Ethics.* Malden: Wiley-Blackwell, 2013. pp.2082-2093.

McMachan, Christopher. "Promising and Coordination." *American Philosophical Quarterly.* Vol. 26 1989. pp.239-247.

Mendola, Joseph. "Gauthier's Morals by Agreement and Two Kinds of Rationality." in *Symposium on David Gauthier's Morals by Agreement. Ethics.* Vol. 97. 1987. pp.765-774.

Moeler. Michael. "Orthodox Rational Choice Contractarianism: Before and After." *Politics, Philosophy & Economics.* Vol. 15. 2016. pp.113-131.

Moore, Margaret. Ch. 12, "Gauthier's contractarian morality." David Boucher and Paul Kelly. eds. *The Social Contract from Hobbes to Rawls.* London: Rougledge, 1994. pp.211-225.

Narveson, Jan. "Review of Gauthier's Morals by Agreement." *International Philosophical Quarterly.* Vol. 27. 1987. pp.336-338.

_____. "McDonald and McDogal, Pride and Gain, and Justice: Comment on a Criticism of Gauthier." *Dialogue.* Vol. 27. 1988. pp.503-506.

Nelson, Alan. "Economic Rationality and Morality." *Philosophy & Public Affairs.* Vol. 17. 1988. pp.149-166.

Nelson, William N. "Justice and Rational Cooperation." *The Southern Journal of Philosophy.* Vol. 14. 1976. Vol. pp.303-312.

Perkins, Michael and Donald C. Hubin. "Self-Subverting Principles of Choice." *Canadian Journal of Philosophy.* Vol. 16. 1986. pp.1-10.

Provis, C. "Gauthier on Coordination." *Dialogue*. Vol. 16. 1977. pp.507-509.

Ripstein, Arthur. "Gauthier's Liberal Individual." *Dialogue*. Vol. 28. 1989. pp.63-76.

Sobel, Jordan Howard. "Maximizing, Optimizing, and Prospering." *Dialogue*. Vol. 27. 1988. pp. 233-262.

Summer, L. W. "Justice Contracted." *Dialogue*. Vol. 26. 1987. pp.523-548.

Tuomela, Ramio, ed. *Dispositions*. Dordrecht: D. Reidel Publishing Company, 1978.

Vallentyne, Peter. "Critical Notice: Gauthier on Rationality and Morality." *Eidos*. Vol. 1. 1986. pp.79-95.

Weirich, Paul. "Hierarchical Maximization of Two Kinds of Expected Utility." *Philosophy of Science*. Vol. 55. 1988. pp.560-582.

Wolfram, Sybil. "Review of Gauthier's Morals by Agreement." *Philosophical Books*. Vol. 28. 1987. pp.129-134.

[국내 저서]

고정식. 제3장 6절 2) 「고티에의 합의 도덕론」. 『존 롤즈의 정의론과 환경윤리적 적용 가능성』. 연세대학교 대학원 철학과 박사학위논문. 2004. 7. pp.126-133.

김성철. 『David Gauthier의 제한적 극대화의 합리성 연구』. 연세대학교 대학원 철학과 석사학위논문. 2010. 2.

김정미. 『계약론적 윤리학에 있어서 합의의 타당성에 관한 연구』. 서울대학교 대학원 국민윤리교육학과 석사학위논문. 1992. 2.

박영환. 『데이빗 고티에의 신사회계약론 연구: 「합의도덕론」을 중심으로』. 영남대학교 대학원 정치이론 전공 석사학위논문. 2000. 2.

브라이언 배리. 이용필, 서규선 옮김. 『정의론』. 서울: 신유, 1993.

소병철. 『도구적 합리성의 규범적 조건에 관한 연구』. 고려대학교 대학원 철학과 박사학위논문. 2006. 2.

_____. 『결과보고서: 도덕성의 적극적인 정당화를 위한 이론 전략의 모색』. 한국연구재단 2006년도 학술연구교수 지원사업. 2010. 2. 22. pp.1-26.

_____. 『합리성과 도덕성: 도구적 합리성의 비판』. 파주: 서광사, 2008.

심연수. 『복지국가의 윤리학적 정당화를 위한 사회계약론적 정의원리 연구』.

서울대학교 대학원 국민윤리학과 박사학위논문. 1994. 8

오재호. 『신사회계약론적 도덕개념 연구: 고티에의 합의 도덕론을 중심으로』. 연세대학원 대학원 철학과 석사학위논문. 2002. 2.

유영희. 『상호이익으로서의 정의와 불편부당으로서의 정의의 비교 고찰: 브라이언 배리(Brian Barry)를 중심으로』. 연세대학교 대학원 철학과 석사학위논문. 2000. 2.

윤덕광. 『David Gauthier의 「합의도덕론」의 논의에 관한 고찰: 자유주의적 개인에 관한 문제를 중심으로』. 연세대학교 대학원 철학과 석사학위논문. 1993. 2.

장효민. 『사회계약론에 기초한 정치공동체 모델 연구』. 서울대학교 대학원 윤리교육과 박사학위논문. 2013. 2.

정현태. 『계약론적 윤리학에 있어서의 합리성과 정의에 관한 연구』. 서울대학교 대학원 국민윤리교육과 박사학위논문. 1994. 8.

최현진. 『고티에의 합의도덕론을 통해 본 도덕준수의 합리성 연구』. 연세대학교 교육대학원 석사학위논문. 2008. 2.

허리선. 『사회계약론적 윤리학과 합리성 문제 연구』. 연세대학원 대학원 철학과 석사학위논문. 1999. 8.

황인성. 『데이비드 고티에의 「합의도덕론」에 관한 연구: 계약론적 윤리학의 딜레마 극복의 시도』. 숭실대학교 대학원 철학과 석사학위논문. 1996. 2.

[국내 논문]

김형철. 「합리적 선택론과 분배 정의론」. 『철학과 현실』. 1989년 여름호. 통권 제3호. pp.14-32.

_____. 「결과주의적 가치 이론과 협상적 분배정의론에 대한 윤리학적 고찰. 1988 미국 시카고대학」. 『철학과 현실』. 1990년 봄호. 통권 제4호. pp.338-340.

_____. 「서평: 박정순 지음. 『사회계약론적 자유주의 윤리학과 합리적 선택론』(Park, Jung Soon. *Contractarian Liberal Ethics and the Theory of Rational Choice*. New York: Peter Lang Publishing, Inc., 1992)」. 「자유주의의 한계」. 『철학과 현실』. 1993년 가을호. 통권 제18호. pp.324-335.

_____. 「고티에의 자유주의적 도덕관」. 김형철. 『한국사회의 도덕개혁』. 서울: 철학과현실사, 1996. pp.195-202.

_____. 「합리적 선택론과 사회계약론의 완전한 결합」. 『철학과 현실』. 1990

년 여름호. 통권 제5호. pp.320-326.

_____. 「신보수주의, 자유주의, 사회계약론」. 『철학과 현실』. 1994년 봄호. 통권 제20호. pp.177-194.

노영란. 제1부 제4장 「도덕성의 정당화와 수단적 합리성」. 진교훈 외. 『윤리학과 윤리교육』. 서울: 경문사, 1997. pp.79-102.

_____. 「고티에의 제한적 극대화의 성향성」. 『철학』. 53권. 1997. pp.285-314.

_____. 제5장 3절 1항 「고티에의 제한적 극대화의 성향성」. 『도덕성의 합리적 이해』. 서울: 철학과현실사, 2002. pp.141-170.

_____. 제3부 3장 「고티에의 합의 도덕론」. 이석호 외. 『서양 근·현대 윤리학』. 고양: 인간사랑, 2003. pp.267-306.

문종대. 「고티에의 합의론적 언론자유」. 『인문사회과학』. 제26권. 1997. pp.217-234.

박정순. 「제목 : 사회계약론적 자유주의 윤리학과 합리적 선택 이론. 취득 / 1990, 미국 에모리대학교, 저자 / 박정순」. 『철학과 현실』, 1990년 여름호. 통권 제5호. pp.355-357.

_____. 「현대윤리학과 합리적 선택이론: 사회계약론적 윤리학을 중심으로」. 『한민족 철학자 대회보 2. 현대 한국에서의 철학의 제문제』. 1991. pp.381-391.

_____. 「계약론적 윤리학의 딜레마」, 『철학과 현실』. 1991년 여름호. 통권 제9호. pp.248-265.

_____. 「현대 윤리학의 사회계약론적 전환」. 『사회계약론 연구』. 서울: 철학과현실사, 1993. pp.173-207.

_____. 「고티에의 『합의도덕론』과 그 정치철학적 위상」. 차인석 외, 『사회철학대계』, 전3권. 서울: 민음사, 1993. 제2권 『사회주의와 자유주의』. pp.346-418.

박종준. 3. 「현대 사회계약론에서의 상황과 동기」. 2) 「고티에의 사회계약론에서의 상황과 동기」. pp.175-182. 「사회계약론의 풀리지 않는 문제와 사회계약론의 자연화」. 『철학연구』. 제143집. 2017. pp.165-188.

박효종. 「정의의 원리와 개인주의적 합리성의 연계의 적실성에 관한 비판적 고찰」. 『한국정치학회보』. Vol. 28. 1995. pp.429-461.

소병철. 「경제와 윤리의 충돌에 관한 고찰: 양자의 합리적 관계를 위한 서론」. 『범한철학』. 제36집. 2005. pp.5-36.

_____. 「도덕성은 합리적으로 정당화될 수 있는가?」. 『대동철학』. 제39집. 2007. pp.75-101.

심연수. 제5장 「제3이념형: '최대상대양보의 극소화'적 정의 원리와 국가」. 『복지국가와 정의: 정치이론의 토대』. 고양: 인간사랑, 1998. pp.191-203.

_____. 「복지국가의 정의원리에 기초한 한국인의 정의감 교육에 관한 연구」. 『국민윤리연구』. 제44호. 2000. pp.215-233.

엄정식. 「철학자 순례: 고티에의 신사회계약론」. 『철학과 현실』. 1997년 겨울 호. 통권 제35호. pp.94-107.

오재호. 「계약론을 통한 공리주의 비판: 고티에의 합의 도덕론을 중심으로」. 『철학』. 제112권. 2012. pp.145-171.

_____. "합리성과 도덕의 관계에 관한 연구." 『철학논총』. 제84집. 2016. pp.277-296.

이종은. III. 「원초적 입장 설정의 불필요: 콜먼과 고티에」. pp.13-21. 「롤스의 계약론과 그 비판적 담론: 원초적 입장을 중심으로」. 『정치사상연구』. 제20집. 2014. pp.9-35.

정원섭. 「윤리는 계약의 산물인가?」. 서울대학교 철학사상연구소 엮음. 『처음 읽는 윤리학』. 파주: 동녘, 2013. pp.71-86.

정호범. 「협상적 정의관의 논리적 타당성: 고티에의 합의도덕론을 중심으로」. 『사회과교육연구』. 제10권. 2003. pp.219-232.

정현태. 「합의도덕론에 관한 비판적 고찰」. 『교육연구』. 제3권. 1994. pp.77-97.

최병서. 「공리주의 대 계약주의」. 『산업연구』. Vol. 2. 1996. pp.180-193.

_____. 「아나키, 사회계약 그리고 분배」. 『경제학연구』. 제46권. 1998. pp.329-357.

홍찬숙. 「사회정의에 대한 여성주의적 검토: 성인지적 사회통합 문제를 중심으로-」. 『페미니즘연구』. 제8권. 2008. pp.47-76.

_____. 「정의를 말하다: 개인화 현상과 칸트의 재발견」. 제7강 2교시 「고티에의 minimax 원리」. 서울: 아트앤스터디, 2014. 동영상 전자 자료.

2. 합리성과 합리적 선택이론

[저서]

Agassi, Joseph and Ian Charles Jarvie. eds. *Rationality: The Critical View.* Dordrecht: Martinus Nijhoff Publishers, 1987.

Ackerman, Frank. et al. *Human Well-Being And Economic Goals.* Washington, D.C.: Island Press, 1997.

Arrow, Kenneth J. *Social Choice and Individual Values.* 2nd edn. New Haven: Yale University Press, 1951.

Axelrod, Robert. *The Evolution of Cooperation.* Oxford: Oxford University Press, 1984.

Basu, Kaushik. *Revealed Preference of Government.* Cambridge: Cambridge University Press, 1980.

Bell, David, Howard Raiffa, and Amos Tversky. eds. *Decision Making: Descriptive, Normative, and Prescriptive Interactions.* Cambridge: Cambridge University Press, 1988.

Benjamin, Martin. *Splitting the Difference: Compromise and Integrity in Ethics and Politics.* Kansas: University Press of Kansas, 1990.

Ben-Ner, Avner. and Louis Putterman. eds. *Economics, Values, and Organization.* Cambridge: Cambridge University Press, 1988.

Benn, S. I. and G. W. Mortimore, eds. *Rationality and the Social Sciences: Contributions to the Philosophy and Methodology of the Social Sciences.* London: Routledge & Kegan Paul, 1976.

Bennett, Jonathan. *Rationality.* London: Routledge & Kegan Paul, 1964.

Biderman, Shlomo and Ben-Ami Scharfstein. eds. *Rationality in Question: On Eastern and Wester Views of Rationality.* Leiden: E. J. Brill, 1989.

Binmore, Kenneth. *Game Theory and the Social Contract.* Vol. 1. *Playing Fair.* Vol. 2. *Just Playing.* Cambridge: MIT Press, 1994; 2nd edn. 1998.

_____. *Natural Justice.* New York: Oxford University Press, 2005.

Bonner, John. *Introduction to the Theory of Social Choice.* Baltimore: The Johns Hopkins University Press, 1986.

Brown, Harold I. *Rationality.* New York: Routledge, 1988.

Brubaker, Rogers. *The Limits of Rationality: An Essay on the Social and Moral and Thought of Max Weber.* London: George Allen & Unwin, 1984.

Buchanan, James. *The Limits of Liberty: Between Anarchy and Leviathan.* Chicago: University of Chicago Press, 1975.

_____. and G. Tullock. *The Calculus of Consent: Logical Foundations of Constitutional Democracy.* Ann Arbor: University of Michigan Press, 1962.

Buchanan, James. *Freedom in Constitutional Contract.* College Station and London: Texas A&M University Press, 1977.

_____. *What Should Economist Do?* Indianapolis: Liberty Press, 1979.

_____. and Robert D. Tollison. eds. *The Theory of Public Choice* II. Ann Arbor: University of Michigan Press, 1984.

Buchanan, James. *Economics: Between Predictive Science and Moral Philosophy.* College Station: Texas A&M University Press, 1987.

_____. *Explorations into Constitutional Economics.* Austin: Texas A&M University Press, 1989.

Calabresi, Guido and Philip Bobbitt. *Tragic Choice: The Conflicts Society Confronts in the Allocation of Tragically Scarce Resources.* New York: W. W. Norton & Co., 1978.

Campbell, Richmond and Lanning Sowden. eds. *Paradoxes of Rationality and Cooperation: Prisoner's Dilemma and Newcomb's Problem.* Vancouver: The University of British Columbia Press, 1985.

Cherniak, Christopher. *Minimal Rationality.* Cambridge: MIT Press, 1986.

Coleman, James S. and Thomas J. Fararo. *Rational Choice: Advocacy and Critique.* London: Sage Publications, 1992.

Colman, Andrew M. *Game Theory and Experimental Games: A. Study of Strategic Interaction.* Oxford: Pergamon Press, 1982.

Cook, Karen Schweers. and Margaret Levi. eds. *The Limits of Rationality.* Chicago: The University of Chicago Press, 1990.

Downs, A. *An Economic Theory of Democracy.* New York: Harper, 1957.

Dyke, C. *Philosophy of Economics.* Englewood Cliffs: Prentice-Hall, 1981.

Elster, Jon. *Ulysses and the Sirens: Studies in Rationality and Irrationality.*

Cambridge: Cambridge University Press, 1979.

_____. *Sour Grapes: Studies in the Subversion of Rationality*. Cambridge: Cambridge University Press, 1983.

_____. ed. *The Multiple Self*. Cambridge: Cambridge University Press, 1986.

_____. ed. *Rational Choice*. New York: New York University Press, 1986.

_____. *Cement of Society: A Study of Social Order*. Cambridge: Cambridge University Press, 1989.

_____. and John E. Roemer. eds. *Interpersonal Comparisons of Well-Being*. Cambridge: Cambridge University Press, 1991.

Etzioni, Amitai. *The Moral Dimension: Toward a New Economics*. New York: The Free Press, 1988.

Friedrich, Carl J. ed. *Rational Decision: Nomos* VII. New York: Atherton Press, 1964.

Frohock, Fred M. *Rational Association*. Syracuse: Syracuse University Press, 1987.

Fumerton, Richard A. *Reason and Morality: A Defence of the Egoistic Perspective*. Ithaca: Cornell University Press, 1990.

Gärdenfors, Peter and Nils-Eric Sahlin. eds. *Decision, Probability, and Utility*. Cambridge: Cambridge University Press, 1988.

Geraets, Theodore F. ed. *Rationality To-Day*. Ottawa: The University of Ottawa Press, 1979.

Gerrard, Bill. ed. *The Economics of Rationality*. London: Routledge, 1993.

Gintis, Herbert. et al. *Moral Sentiments and Material Interests: Foundations of Cooperation in Economic Life*. Cambridge: The MIT Press, 2005.

Godelier, Maurice. *Rationality and Irrationality in Economics*. trans. Brian Pearce. New York: Monthly Review Press, 1972.

Goodin, Robert E. *The Politics of Rational Man*. London: John Wiley & Sons, 1976.

Gottinger, Hans and Werner Leinfeller. eds. *Decision Theory and Social Ethics: Issues in Social Choice*. Dordrecht: D. Reidel Publishing Company, 1978.

Hahn, Frank and Martin Hollis. eds. *Philosophy and Economic Philosophy*. Oxford: Oxford University Press, 1979.

Hamlin, Alan P. *Ethics, Economics and the State.* New York: St. Martin's Press, 1986.

Hardin, Russell. *Collective Action.* Baltimore: Johns Hopkins University, 1982.

_____. ed. *Symposium on Rationality and Morality. Ethics.* Vol. 96. 1985.

Harsanyi, John C. *Essays on Ethics, Social Behavior, and Scientific Explanation.* Dordrecht: D. Reidel Publishing Company, 1976.

_____. *Rational Behavior and Bargaining Equilibrium in Games and Social Situations.* Cambridge: Cambridge University Press, 1977.

Hausman, Daniel M. ed. *The Philosophy of Economics.* Cambridge: Cambridge University Press, 1984.

Heath, Anthony. *Rational Choice and Social Exchange.* Cambridge: Cambridge University Press, 1976.

Hilpinen, Risto. ed. *Rationality in Science: Studies in the Foundations of Science and Ethics.* Dordrecht: D. Reidel Publishing Company, 1980.

Hindess, Barry. *Choice, Rationality, and Social Theory.* London: Unwin Hyman, 1988.

Hollis, Martin and Edward J. Nell. *Rational Economic Man: A Philosophical Critique of Neo-Classical Economics.* London: Cambridge University Press, 1975.

Hollis, Martin and Steven Lukes, eds. *Rationality and Relativism.* Cambridge: The MIT Press, 1982.

Hogarth, Robin M. and Melvin W. Reder. eds. *Rational Choice: The Contrast between Economics and Psychology.* Chicago: University of Chicago Press, 1986.

Hooker, C. A. et al. eds. *Foundations and Applications of Decision Theory.* Vol. II. Dordrecht: D. Reidel Publishing Company, 1978.

Jonge, Jan de. *Rethinking Rational Choice: A Companion on Rational and Moral Action.* New York: Palgrave Macmillan, 2012.

Kekes, John. A Justification of Rationality. Albany: State University of New York Press, 1976.

Kelly, J. S. *Arrow's Impossibility Theorem.* New York: Academic Press, 1978.

Lea, Stephene, Roger Tarpy, and Paul Webley. *The Individual in the Economy: A Survey of Economic Psychology*. Cambridge: Cambridge University Press, 1987.

Leibenstein, Harvey. *Beyond Economic Man: A New Foundation for Micro-economics*. Cambridge: Harvard University Press, 1976.

Levi, Isaac. *Hard Choices: Decision Making Under Unresolved Conflict*. Cambridge: Cambridge University Press, 1987.

Luce, R. D. and H. Raiffa. *Games and Decisions*. New York: Wiley, 1957.

Machlup, Fritz. *Methodology of Economics and Other Social Sciences*. New York: Academic Press, 1978.

Mackay, Alfred. *Arrow's Theorem: The Paradox of Choice. A Case Study in the Philosophy of Economics*. New Haven: Yale University Press, 1980.

Margolis, Howard. *Selfishness, Altruism, and Rationality: A Theory of Social Choice*. Cambridge: Cambridge University Press, 1982.

Margolis, J., M. Krauz, and R. M. Burian. *Rationality, Relativism, and the Human Sciences*. Dordrecht: Martinus Nijhoff, 1986.

Marsden, David. *The End of Economic Man*. Brighton, Sussex: Wheat Sheat, 1986.

McClennen, Edward F. *Rationality and Dynamic Choice: Foundational Explorations*. New York: Cambridge University Press, 1990.

McMahon, Christopher. *Collective Rationality and Collective Reasoning*. Cambridge: Cambridge University Press, 2001.

Mele, Alfred R. *Irrationality: An Essay on Akrasia, Self-Deception and Self-Control*. New York: Oxford University Press, 1987.

Moser, Paul K., de. *Rationality in Action: Contemporary Approaches*. New York: Cambridge University Press, 1990.

Mueller, D. C. *Public Choice*. Cambridge: Cambridge University Press, 1979.

Nathanson, Stephen. *The Ideal of Rationality*. Atlantic Highlands: Humanities Press, 1985.

Nida-Rümelin, Julian. *Economic Rationality And Practical Reason*. Dordrecht: Kluwer Academic Publishers, 1997.

Norman, Richard. *Reasons For Actions: A Critique of Utilitarian Rationality.* New York: Barnes & Nobel, 1971.

Olson, Mancur. *The Logic of Collective Action.* Cambridge: Harvard University Press, 1971; 1965; 1968.

Ordeshook, Peter C. *Game Theory and Political Theory.* Cambridge: Cambridge University Press, 1986.

Ostrom, Elinor. *Governing the Commons: The Evolution of Institutions for Collective Action.* Cambridge, UK: Cambridge University Press, 1990.

Pears, David. *Motivated Irrationality.* New York: Oxford University Press, 1984.

Reiss, Julian. *Philosophy of Economics: A Contemporary Introduction.* New York and London: Routledge, 2013.

Rescher, Nicholas. *Rationality: A Philosophical Inquiry into the Nature and the Rationale of Reason.* Oxford: Clarendon Press, 1988.

Resnik, Michael D. *Choices: An Introduction to Decision Theory.* Minneapolis: University of Minnesota Press, 1987.

Robinson, Joan. *Economic Philosophy.* Chicago: Alding Publishing Co., 1962.

Roemer, John. ed. *Analytical Marxism.* Cambridge: Cambridge University Press, 1986.

Rosenberg, Alexander. *Microeconomic Laws: A Philosophical Analysis.* Pittsburgh: University of Pittsburgh Press, 1976.

Roth, Paul A. *Meaning and Method in the Social Sciences.* Ithaca: Cornell University Press, 1987.

Rowley, C. and A. Peacock. *Welfare Economics: A Liberal Restatement.* London: Martin Robertson, 1975.

Schick, Frederic. *Having Reasons: An Essay on Rationality and Society.* Princeton: Princeton University Press, 1984.

Schmidtz, David. *Rational Choice and Moral Agency.* Princeton University Press, 1995.

Schotter, Andrew. *Free Market Economics: A Critical Appraisal.* New York: St. Martin's Press, 1985.

_____. *Free Market Economics: A Critical Appraisal.* Second Edition.

Cambridge, MA: Basil Blackwell, 1990.

Sen, Amartya. *Collective Choice and Social Welfare*. San Francisco: Holden-Day, Inc., 1970.

_____. *Choice, Welfare and Measurement*. Oxford: Blackwell, 1982.

_____. *On Ethics and Economics*. Oxford: Basil Blackwell, 1987.

_____. *Inequality Reexamined*. Oxford: Oxford University Press, 1992.

Sheffrin, Steven M. *Rational Expectations*. Cambridge: Cambridge University Press, 1983.

Simon, Herbert A. *Models of Man: Social and Rational*. New York: John Wiley & Sons, 1957.

_____. *Models of Bounded Rationality*. Vol. I. *Economic Analysis and Public Policy*. Cambridge: Cambridge University Press, 1982.

Skyrms, Brian. *The Dynamics of Rational Deliberation*. Cambridge: Harvard University Press, 1990.

_____. *The Stag Hunt and the Evolution of Social Structure*. Cambridge: Cambridge University Press, 2004.

Slote, Michael. *Beyond Optimizing: A Study of Rational Choice*. Cambridge: Harvard University Press, 1989.

Tammy, Martin and K. D. Irani. eds. *Rationality in Thought and Action*. New York: Greenwood Press, 1986.

Thomson, William. and Terje Lensberg. *Axiomatic Theory of Bargaining With a Variable Number of Agents*. Cambridge: Cambridge University Press, 1989.

Van Den Doel, Hans. *Democracy and Welfare Economics*. trans. Brigid Biggins. Cambridge: Cambridge University Press, 1979.

_____. and Ben Van Velthoven. *Democracy and Welfare Economics*. 2nd edn. Cambridge: Cambridge University Press, 1993.

Von Neuman, J. and O. Morgenstern. *Theory of Games and Economic Behavior*. Princeton: Princeton University Press, 1944.

Weber, Max. *Economy and Society*. 1. Berkeley: University of California Press, 1978.

Wilson, Brayan. ed. *Rationality*. Evanston: Harper & Row, 1970.

[논문]

Anderson, Elizabeth. "Beyond Homo Economicus: New Development in Theories of Social Norms." *Philosophy & Public Affairs*. Vol. 29. 2000. pp.170-200.

Arrow, K. J. "Values and Collective Decision-Making." in *Philosophy, Politics, and Society*. 3rd Ser. Oxford: Basil Blackwell, 1967, pp.215-232.

_____. and L. Hurwicz. "An Optimality Criterion for Decision-Making." in *Uncertainty and Expectations in Economics*. eds. C. F. Carter and J. L. Ford. Oxford: Oxford University Press, 1972.

_____. "Some Ordinalist-Utilitaian Notes on Rawls' *Theory of Justice*." *The Journal of Philosophy*. Vol. 70. 1973. pp.245-63.

_____. "Current Developments in the Theory of Social Choice." *Social Research*. Vol. 44. 1977. pp.607-622.

_____. "Formal Theories of Social Welfare." in *Dictionary of the History of Ideas*. ed. P. Wiener. New York: Charles Scribner's Sons, 1973.

_____. "Extended Sympathy and the Possibility of Social Choice." *Philosophia*. Vol. 7. 1978. pp.223-237.

_____. "Rawls' Principle of Just Saving." in *Collected Works of Kenneth J. Arrow*. Vol. I. *Social Choice and Justice*. Cambridge: The Belknap Press of Harvard University Press, 1983. pp.133-146.

Axelrod, Robert. and William P. Hamilton. "The Evolution of Cooperation." *Science*. 211. March 27. 1981. pp.1390-1396.

Ball, Stephen W. "Choosing Between Choice Models of Ethics." *Theory and Decision*. Vol. 22. 1987. pp.209-224.

Benneth, Kenneth D. "Contemporary Irrationalism and the Idea of Rationality." *Studies in Philosophy and Education*. Vol. 6. 1967-68. pp.317-340.

Binmore, Ken. "Social Contract I: Harsanyi and Rawls." *The Economic Journal*. Vol. 99. 1989. pp.84-102.

Buchanan, Allen. "Revolutionary Motivation and Rationality." *Philosophy & Public Affairs*. Vol. 9. 1979. pp.59-82.

_____. *Ethics, Efficiency, and the Market*. Totowa, NJ: Rowan & Allanheld, 1985.

Buchanan, James and Loren E. Lomasky. "The Matrix of Contractarian Justice." in *Liberty and Equality*. eds. Ellen Frankel Paul et al. Oxford: Oxford University Press, 1985. pp.12-32.

Coleman, James. "A Rational Choice Perspective on Economic Sociology." N. Smelser and R. Swedberg. eds. *The Handbook of Economic Sociology*. Princeton: Princeton University Press, 1994. pp.160-180.

Coleman, Jules L. "Market Contractarianism and the Unanimity Rule." in *Ethics & Economics*. eds. Ellen Frankel Paul et al. Oxford: Oxford University Press, 1985. pp.69-114.

Dahrendorf, Ralf. "Homo Sociologicus." in *Essays on the Theory of Society*. London: Routledge & Kegan Paul, 1968.

Diesing, Paul. "The Nature and Limitations of Economic Rationality." *Ethics*. Vol. 61. 1950. pp. 12-26.

Edwards W. "The Theory of Decision Making." in *Decision Making*. eds. Ward Edwards and Amos Tversky. Baltimore: Penguin Books, 1967. pp.13-64.

Elster, Jon. "Rationality, Morality, and Collective Action." *Ethics*. Vol. 96. 1985. pp.136-156.

Fried, Greg. "What is the Philosophical Significance of Sen's Liberal Paradox?" *Philosophical Papers*. Vol. 40. 2011. pp.129-147.

Friedman, Milton. "The Methodology of Positive Economics." in *Essays in Positive Sciences*. Chicago: University of Chicago Press, 1953.

Hamlin, Alan. "Liberty, Contract and the State." in *Good Polity: Normative Analysis of the State*. eds. Alan Hamlin and Philip Pettit. Oxford: Basil Blackwell, 1989.

Hardin, Garrett. "The Tragedy of the Commons." *Science*. 162-3859. 1968. pp.1243-1248.

Hardin, Russell. "Difficulties in the Notion of Economic Rationality." *Social Science Information*. Vol. 23. 1984. pp.453-467.

Harsanyi, John C. "Can the Maximin Principle Serve as a Basis for Morality?" *The American Political Science Review*. Vol. 69. 1975. pp.594-606.

_____. "Morality and the Theory of Rational Behavior." in *Utilitarianism and Beyond*. eds. A. Sen and B. Williams. Cambridge: Cambridge University Press, 1982. pp.39-62.

_____. "Basic Moral Decisions and Alternative Concepts of Rationality." *Social Theory and Practice*. Vol. 9. 1983. pp.231-244.

_____. "Does Reason Tell Us What Moral Code to Follow and, Indeed, to Follow Any Moral Code at All?" *Ethics*. Vol. 96. 1985. pp.42-55.

_____. "Review of Gauthier's Morals by Agreement." *Economics and Philosophy*. Vol. 3. 1987. pp.339-351.

Heap, Shaun. et al. *The Theory of Choice: A Critical Guide*. Oxford: Blackwell, 1992.

Kahneman, Daniel. and Amos Tversky. "Prospective Theory: An Analysis of Decision Making Under Risks." *Econometrica*. Vol. 42. 1979. pp.263-291.

Lippke, Richard L. "The Rationality of the Egoist's Half-Way House." *The Southern Journal of Philosophy*. Vol. 25. 1987. pp.515-528.

Luke, Timothy W. "Reason and Rationality in Rational Choice Theory." *Social Research*. Vol. 52. 1985. pp.65-98.

_____. "Methodological Individualism: The Essential Ellipsis of Rational Choice Theory." *Philosophy of the Social Sciences*. Vol. 17. 1987. pp.341-355.

Machina, Mark J. "Rational Decision Making versus Rational Decision Modelling?" *Journal of the Mathematical Psychology*. Vol. 24. 1981. pp.163-175.

Mandel, Ernest. "The Myth of Market Socialism." *New Left Review*. Vol. 169. 1988. pp.108-120.

Mann, Doug. "Limits of Instrumental Rationality." *Critical Review*. Vol. 13. 1999. pp.165-189.

McClennen, Edward F. "Rational Choice and Public Policy: A Critical Essays." *Social Theory and Practice*. Vol. 9. 1983. pp.335-379.

Meeks, J. Gay Tulip. ed. *Thoughtful Economic Man: Essays on Rationality, Moral Rules & Benevolence*. Cambridge: Cambridge University Press, 1991.

Mueller, D. C., R. D. Tollison and T. D. Willett. "The Utilitarian Contract:

A Generalization of Rawls' Theory of Justice." *Theory and Decision*. Vol. 4. 1974. pp.345-367.

Müller, Christian. "The Methodology of Contractarianism in Economics." *Public Choice*. Vol. 113. 2002. pp.465-483.

Own, Guillermo. "Game Theory." *Encyclopedia of Applied Ethics*. Vol. 2. San Diego: Academic Press, 1998. pp.357-367.

Pettit, Philip. "Rational Man Theory." in *Actions & Interpretation: Studies in the Philosophy of the Social Sciences*. eds. Christopher Hookway and Philip Pettit. Cambridge: Cambridge University Press, 1978. pp.43-63.

Ploit, Charles R. "Axiomatic Social Choice Theory: An Overview and Interpretation." *Journal of Political Sciences*. Vol. 20. 1976. pp.511-596.

Rae, Douglas W. "The Limits of Consensual Decision." *The American Political Science Review*. Vol. 69. 1975. pp.1270-1298.

Roemer, John. "The Mismarriage of Bargaining Theory and Distributive Justice." *Ethics*. Vol. 97. 1986. pp.88-110.

Seabright, Paul. "Social Choice and Social Theories." *Philosophy & Public Affairs*. Vol. 18. 1984. pp.365-387.

Schelling, Thomas. "Game Theory and the Study of Ethical Systems." *Journal of Conflict Resolution*. Vol. 12. 1968. pp.34-44.

_____. "Some Thoughts on the Relevance of Game Theory to the Analysis of Ethical System." in *Game Theory in the Behavioral Science*. eds. Ira R. Buchler and Hugo G. Nutini. Pittsburgh: University of Pittsburgh Press, 1969. pp.53-60.

Schwartz, Thomas. "Rationality and the Myth of Maximum." *Nôus*. Vol. 6. 1972. Vol. 97-117.

Sen, Amartya. "Impossibility of A Paretian Liberal." *The Journal of Political Economy*. Vol. 78. 1970. pp.152-157.

_____. "Choice, Orderings and Morality." in *Practical Reasoning*. ed. Stephan Körner. New Haven: Yale University Press, 1974. pp.54-82.

_____. "Rational Fools: A Critique of the Behavioral Foundations of Economic Theory." *Philosophy & Public Affairs*. Vol. 6. 1977. pp.317-344.

_____. "The Moral Standing of the Market." in Ellen Frankel Paul, Fred

Miller, Jeffrey Paul, eds. *Ethics & Economics*. Oxford: Basil Blackwell, 1985. pp.1-19.

_____. "Rationality and Uncertainty." *Theory and Decision*. Vol. 18. 1985. pp.109-127.

_____. "Foundations of Social Choice Theory: An Epilogue." in *Foundations of Social Choice Theory*. eds. Jon Elster and Aanund Hylland. Cambridge: Cambridge University Press, 1986. pp.213-248.

Schutz, Alfred. "The Problems of Rationality in the Social World." *Econometrica*. Vol. 10. 1943. Rpt. Dorothy Emmet and Alasdair MacIntyre. eds. *Sociological Theory and Philosophical Analysis*. New York: The Macmillan, 1970. pp.89-114.

Shue, Henry. "The Current Fashions: Trickle-Downs by Arrow and Close-Knits by Rawls." *The Journal of Philosophy*. Vol. 71. 1974. pp.319-327.

Sneed, J. D. "Political Institutions as Means to Economic Justice: A Critique of Rawls' Contractarianism." *Analyse & Kritik*. Vol. 1. 1979. pp.125-146.

Skyrms, Brian. "Game Theory, Rationality and Evolution." in *Proceedings of the 10th International Congress of Logic, Methodology and Philosophy of Science*. eds. M. L. Dalla Chiara, K. Doets, D. Mundici, J. van Bentham. Amsterdam: Kluwer, 1997. pp.73-86.

Sober, Elliott. and David Sloan Wilson. *Unto Others: The Evolution and Psychology of Unselfish Behavior*. Cambridge: Harvard University Press, 1998.

Strasnick, Steven. "The Problems of Social Choice: From Arrow to Rawls." *Philosophy & Public Affairs*. Vol. 5. 1975. pp.793-804.

Suppes, Patrick. "Decision Theory." in *The Encyclopedia of Philosophy*. ed. Paul Edwards. New York: The Macmillan Company & Free Press, 1967.

Trivers, R. L. "The Evolution of Reciprocal Altruism." *Quarterly Review of Biology*. Vol. 46. 1971. pp.35-57.

Tuck, Richard. "Is There a Free-rider Problem, and If So, What is it?" in *Rational Action*. ed. Ross Harrison. Cambridge: Cambridge University Press, 1979. pp.147-156.

Weber, Max. "The Meaning of 'Ethical Neutrality' in Sociology and Economics." in *The Methodology of Social Sciences.* eds. and trans. E. A. Shils and H. A. Finch. Glenco: The Free Press, 1949.

[국내 저서]
강맹규. 『불확실성 하의 의사결정론』. 서울: 희중당, 1990.
강성안. 『불확실성하 의사결정』. 서울: 도서출판 두남, 2013.
게리 테일러, 조성숙 옮김. 『이데올로기와 복지』. 서울: 도서출판 신정, 2009.
김균 외. 『자유주의 비판』. 서울: 도서출판 풀빛, 1996.
김영한. 『지속가능한 자본주의체제와 경제적 합리성: 경제적 합리성에 대한 철학적 반성』. 서울: 박영사, 2014.
다니엘 코엔. 박상은 옮김. 『호모 이코노미쿠스: 새로운 시대에 방황하는 선구자』. 파주: 에쎄, 2013.
다니엘 하우스만, 마이클 맥퍼슨. 주동률 옮김. 『경제분석, 도덕철학, 공공정책』. 서울: 나남출판, 2010.
대니얼 카너먼. 이진원 옮김. 『생각에 관한 생각: 우리의 행동을 지배하는 생각의 반란』. 파주: 김영사, 2012.
댄 애리얼리. 장석훈 옮김. 『상식 밖의 경제학: 이제 상식에 기초한 경제학은 버려라!』. 서울: 청림출판, 2008.
도모노 노리오. 이명희 옮김. 『행동경제학: 경제를 움직이는 인간 심리의 모든 것』. 서울: 지형, 2007.
로버트 액설로드. 이경식 옮김. 『협력의 진화: 이기적 개인의 팃포탯 전략』. 서울: 시스테마, 2013.
리처드 탈러, 캐스 선스타인. 안진환 옮김. 『넛지』. 서울: 리더스북, 2009.
모튼 D. 데이비스. 홍영의 옮김. 『게임의 이론』. 서울: 팬더북, 1995.
막스 베버. 박성환 옮김. 『경제와 사회. 1』. 서울: 문학과지성사, 1997.
박상수. 『경제철학』. 제주: 제주대학교 출판부, 2003.
박효종. 『합리적 선택과 공공재 I, II』. 서울: 인간사랑, 1994.
사회와 철학 연구회. 『철학과 합리성』. 서울: 이학사, 2002.
신민웅, 박태성, 신기일, 박홍선, 최대우. 『의사결정론』. 서울: 자유아카데미, 1996.
신준호. 『신고전파 경제학의 합리적 선택이론 연구: 아마티아 센의 비판과 한계를 중심으로』. 연세대학교 대학원 경제학과 석사학위논문. 2005. 7.

아리스토텔레스. 강상진, 김재홍, 이창우 옮김. 『니코마코스 윤리학』. 서울: 도서출판 길, 2011.

아마티아 센. 박순성, 강신욱 옮김. 『윤리학과 경제학』. 서울: 도서출판 한울, 1999.

아마티아 센. 이상호, 이덕재 옮김. 『불평등의 재검토』. 서울: 도서출판 한울, 1999.

안서원. 『사이먼 & 카너먼: 심리학, 경제를 말하다』. 파주: 김영사, 2006.

오재호. 『합리성과 공리주의에 관한 연구: 제도 공리주의를 중심으로』. 연세대학교 대학원 박사학위논문, 2010. 2.

요리후지 가스히로. 노재현 옮김. 『현명한 이기주의』. 서울: 도서출판 참솔, 2001.

유석춘, 장미혜, 정병은, 배영 편역. 『사회자본』. 서울: 도서출판 그린, 2003.

윤평중. 『시장의 철학』. 파주: 나남출판, 2016.

일리노 오스트럼. 윤홍근 옮김. 『집합행동과 자치제도: 집합적 행동을 위한 제도의 진화』. 서울: 자유기업센터, 1999.

엘리너 오스트롬. 윤홍근, 안도경 옮김. 『공유의 비극을 넘어서: 공유자원 관리를 위한 제도의 진화』. 서울: 랜덤하우스, 2010.

이언 에어즈. 이종호·김인수 옮김. 『당근과 채찍』. 서울: 리더스북, 2011.

이재혁. 『경제의 사회학: 미시-거시 연계분석의 이론과 방법』. 서울: 사회비평사, 1996.

이정전. 『시장은 정말 우리를 행복하게 하는가: 시장에 관한 6가지 질문』. 서울: 한길사, 2002.

_____. 『시장은 정의로운가』. 파주: 김영사, 2012.

이필우. 『경제학과 철학과의 만남: 한국의 자생적 경제학을 위하여』. 서울: 건국대학교 출판부, 2007.

임홍빈 외. 『동서철학에 나타난 공적 합리성 논쟁』. 서울: 철학과현실사, 2005.

정현철. 『근대성과 탈근대성의 지평에서 본 '합리성' 개념』. 서울: 연세대학교 대학원 철학과 석사학위논문, 1991. 12.

존 엘스터. 김성철, 최문기 옮김. 『합리적 선택: 인간행위의 경제적 해석』. 서울: 도서출판 신유, 1993.

최병서. 『로빈슨 크루소 경제원리: 호모 이코노미쿠스에서 몽키 이코노미쿠스로』. 서울: 형설출판사, 2006.

최정규.『이타적 인간의 출현: 게임이론으로 푸는 인간 본성 진화의 수수께
　끼』. 서울: 도서출판 뿌리와이파리, 2004.

＿＿＿.『게임이론과 진화 다이내믹스』. 서울: 이음, 2009.

케네드 J. 애로우. 윤창호 옮김.『사회적 선택과 개인의 가치』. 제2판. 1963
　(제1판 1951).『노벨경제학상저작선집 5』. 서울: 한국경제신문사, 1987.

A. M. 펠드만. 김덕영 외 옮김.『후생경제학과 사회선택이론』. 서울: 경문사,
　1990.

피터 플레밍. 박영준 옮김.『호모 이코노미쿠스의 죽음』. 서울: 한스미디어,
　2008.

하영원.『의사결정의 심리학』. 서울: 21세기북스, 2012.

한국분석철학회 편.『합리성의 철학적 이해』. 서울: 철학과현실사, 1998.

황원영.『교육과 사회비판이론(합리성과 판단)』. 파주: 양서원, 1998.

C. E. 다이크. 오광우 옮김.『경제철학』. 서울: 종로서적, 1986.

C. E. 다이크. 이기중 옮김.『경제철학』. 서울: 경문사, 1987.

D. C. 뮬러. 배득종 옮김.『공공선택론』. 서울: 나남출판, 1987.

E. 엘스. 우정규 옮김.『합리적 결단과 인과성』. 서울: 서광사, 1994.

J. 로빈슨. 주명건 옮김.『경제철학』. 서울: 정음사, 1974.

M. 올슨. 윤여덕 옮김.『집단행동의 논리』. 서울: 청림출판, 1987.

[국내 논문]

강동호.「호모 에코노미쿠스」,『문학과 사회』. 제27권. 2014 봄호. pp.440-
　461.

강정대, 성하상.「합리적 선택이론에 관한 연구」,『전북대학교 논문집』. 제28
　집. 1986. pp.65-79.

고창택.「사회적 행위의 설명에서 결정성과 합리성: 엘스터의 합리적 선택을
　중심으로」,『철학연구』. 제72집. 1999. pp.129-152.

구현우, 이정애.「합리적 선택 이론의 새로운 지평」,『한국사회와 행정연구』.
　제19권. 2009. pp.187- 211.

김기현.「이론적 합리성과 실천적 합리성」,『철학사상』. 제19권. 2004. pp.3-
　32.

김완진.「경제적 합리성과 게임이론」,『철학사상』. 제20권. 2005. pp.23-44.

김진영, 신용덕.「행동경제학 모형과 그 정책적 응용에 관한 시론적 연구」.
　『한국정책학회보』. 제20권 1호. 2011. 3. pp.1-27.

김청택. 「경험과학에서의 합리성: 논리학적 접근과 심리학적 접근」. 『철학사상』. 제20권. 2005. pp.3-22.

민경국. 「사회적 시장경제의 실패가 사회철학에 주는 의미」. 『철학연구』. 제78집. 2007. pp.117-137.

박기성. 「자유주의적 경제사상: 시카고 학파의 경제학을 중심으로」. 미국학연구소 편. 『미국사회의 지적 흐름: 정치, 경제, 사회, 문화』. 서울: 서울대학교 출판부, 1998. pp.199-218.

박이문. 「도덕적 개념으로서의 합리성」. 『철학과 현실』. 1993년 봄호. 통권 제16호. pp.253-269.

박정순. 「철학용어 해설: 정의」. 『철학과 현실』. 1992년 여름호. 통권 제13호. pp.354-363.

_____. 「감정의 윤리학적 사활」. 정대현 외. 『감성의 철학』. 서울: 민음사, 1996. pp.69-124.

_____. 「호모 에코노미쿠스 생살부」. 고려대학교 부설 철학연구소 창립 2주년 학술대회. 『현대사회와 인간: 철학적 성찰』. 1998. pp.1-42.

_____. 「세계시장과 인간 삶의 조건」. 『제13회 한국철학자연합대회보』. 한국철학회, 2000. pp.217-267.

_____. 「윤리학에서 본 기업윤리관」. 『기업윤리연구』. 12권. 2006. pp.1-18.

박종준. 「반복적 죄수의 딜레마(IPD) 모델과 공동체」. 『철학』. 제118집. 2014. pp.167-195.

박효종. 「개인주의적 합리성에 대한 비판적 조명」. 『사회비평』. 제14권. 1996. pp.37-62.

백영현. 「일반균형 모델과 탈중앙적 자유경제 체제와의 관계: 비판적 검토」. 김균 외. 『자유주의 비판』. 서울: 도서출판 풀빛, 1996. pp.215-246.

소병철. 「경제와 윤리의 충돌에 관한 고찰」. 제36권. 2005. pp.5-36.

_____. 「'좋은 삶'의 상호 주관적 가능 조건: 탈호모에코노미쿠스적 대안의 한 모색」. 『철학연구』. 제101권. 2007. pp.117-149.

_____. 「윤리는 경제에 대하여 외생적인가?」. 『철학논집』. 31권. 2012. pp.181-204.

송원근. 「합리성, 제도, 진화, 그리고 질서형성: 비판적 고찰」. 김균 외. 『자유주의 비판』. 서울: 도서출판 풀빛, 1996. pp.205-318.

오명호. 「정치학에서 합리적 선택이론」. 『한양대 사회과학논총』. 제13집. 1994. pp.1-59.

오재호. 「합리적인 개인들의 비합리적인 사회」. 『철학과 현실』. 2013년 봄호. 통권 제96호. pp.269-286.

이남인. 「비판적 합리성의 구조」. 『철학사상』. 제19권. 2004. pp.83-129.

이상욱. 「인간 조건 하에서의 합리성: 진화, 공감, 제도」. 『한국경제의 분석』. 제20권. 2014. pp.1-25.

이재혁. 「합리적 선택론의 연구전략: 행위 의도와 인과적 설명의 문제」. 『사회와 이론』. 통권 제2집. 2003. pp.13-77.

_____. 「합리적 선택론의 관점에서 보는 규범현상」. 『한국사회학회 사회학대회 논문집』. 2009. pp.3-21.

_____. 「비대칭사회와 합리적 선택이론: 제임스 콜만의 사회이론」. 『사회와 이론』. 통권 제25집. 2014. pp.153-188.

이정전. 「합리적인 개인, 비합리적인 사회?」. 『철학사상』. 제19권. 2004. pp.33-81.

_____. 「경제적 합리성 비판」. 『철학사상』. 제20권. 20005. pp.45-78.

임홍빈. 「도덕적 합리성의 유형에 관하여」. 『철학과 현상학 연구』. 제7집. 1993. pp.391-415.

정성호. 「합리성의 근원과 본질」. 『철학』. 제62집. 2000. pp.321-351.

정영기. 「행위의 합리성에 관한 연구: Hempel의 견해를 중심으로」. 『철학연구』. 제18권. 1994. pp.215-246.

정준표. 「합리적 선택이론에 있어서의 합리성 개념」. 한국정치학회 1997년도 연례학술대회. pp.1-14. 1997.

_____. 「합리적 선택이론에 있어서의 합리성 개념」. 『대한정치학회보』. 제11집. 2003. pp.415-439.

정훈. 「경제학적 도구들과 사고방식은 윤리학에 어떠한 도움을 주는가?」. 서울대학교 철학사상연구소 엮음. 『처음 읽는 윤리학』. 파주: 동녘, 2013. pp.359-389.

최정규. 「행동경제학: 경제주체의 선호를 묻다」. 『지식의 지평』. 10권. 2011. 5. pp.214-218.

최종원. 「합리성과 정책연구」. 『한국정책학회보』. 제4권. 1995. pp.131-160.

한승홍. 「호모 에코노미쿠스」. 『본질과 현상』. 통권 7호. 2007. pp.150-171.

황수익. 「정치학과 합리적 선택접근법」. 『한국정치학회보』. 제19집. 1985. pp.33-46.

3. 사회계약론적 윤리학에 대한 비판과 그 외 다른 논저들

[저서]

Audi, Robert. *Moral Knowledge and Ethical Character.* Oxford: Oxford University Press, 1997.

Aristotle. *The Politics.* trans. T. Sinclair. Harmondsworth: Penguin Books, 1962.

Aristotle. *Nicomachean Ethics.* trans. Terence Irwin. Indianapolis: Hackett Publishing Company, 1985.

Baier, Kurt. *The Moral Point of View: A Rational Basis of Ethics.* Ithaca, NY: Cornell University Press, 1958.

Bell, Daniels. *The End of Ideology.* Cambridge: Harvard University Press, 1960; with New Afterword, 1988.

Bentham, Jeremy. *An Introduction to the Principle of Morals and Legislation.* Oxford: Blackwell, 1948.

Braithwaite, R. B. *Theory of Games as a Tool for the Moral Philosopher.* Cambridge: Cambridge University Press, 1955.

Brittan, Samuel. *A Restatement of Economic Liberalism.* Atlantic Highlands: Humanities Press, 1988.

Blanshard, Brand. *Reason and Goodness.* London: G. Allen, 1961.

Cahoone, Lawrence E. *The Dilemma of Modernity: Philosophy, Culture, and Anti-Culture.* Albany: The State University of New York Press, 1988.

Clarke, Stanley G. and Evan Simpson. eds. *Anti-Theory and Moral Conservatism.* Albany: The State University of New York Press, 1989.

Cohen, Ronald L. *Justice: Views from the Social Science.* New York: Plenum Press, 1986.

Coleman, James. *Foundations of Social Theory.* Cambridge: Belknap Press of Harvard University Press, 1990.

Dallmayr, Fred R. ed. *From Contract to Community: Political Theory at the Crossroads.* New York: Marcel Dekker, 1978.

Damico, Alfonso. ed. *Liberals on Liberalism.* Totowa: Rowman &

Littlefield, 1986.

De Jasay, Anthony. *Social Contract, Free Ride: A Study of the Public Goods Problem*. Oxford: Oxford University Press, 1989.

Demarco, Joseph and Richard M. Fox. eds. *New Directions in Ethics*. London: Routledge & Kegan Paul, 1986.

Deneen, Patrick J. *Why Liberalism Failed*. New Haven, Yale University Press, 2018.

Dewey, John. *Theory of Moral Life*. New Delhi: Wiley Eastern Private Limited, 1967.

Dunn, John. *Rethinking Modern Political Theory*. Cambridge: Cambridge University Press, 1985.

Dworkin, Gerald et al. eds. *Markets and Morals*. Washington: Hemisphere Publishing Co., 1977.

Engels, Frederick. *The Origin of Family, Private Property, and the State*. New York: International Publishing Co., 1942.

Equality and Justice. 6 Vols. Edited with Introduction by Peter Vallentyne. Contents of the Collection. Vol. 1. *Justice in General*. Vol. 2. *The Demand of Equality*. Vol. 3. *Distribution to Whom?* Vol. 4. *Distribution of What?* Vol. 5. *Social Contract and the Currency of Justice*. Vol. 6. *Desert and Entitlement*. New York: Routledge: 2003.

Fallers, Lloyd A. *Inequality: Social Stratification Reconsidered*. Chicago: University of Chicago Press, 1973.

Foucault, Michel. *The Order of Things: An Archaeology of the Human Sciences*. New York: Vintage Books, 1970.

_____. *The Care of the Self*. trans. Robert Hurley. New York: Vintage Books, 1988.

Fotion, Nicholas. *Moral Situations*. Yellow Springs: The Antioch Press, 1968.

Frankena, William K. *Ethics*. Englewood Cliffs, New Jersey: 1963; 2nd edn. 1973.

French, Peter. ed. *Ethical Theory: Character and Virtue*. Vol. XII. *Midwest Studies in Philosophy*. Notre Dame: University Press of Notre Dame, 1988.

Friedman, Milton. *Capitalism and Freedom*. Chicago: University of Chicago Press, 1962.

Fukuyama, Francis. *Trust: The Social Virtues and the Creation of Prosperity*. New York: Free Press, 1995.

_____. *The End of History and the Last Man*. New York: Free Press, 1992; New York: Perennial, 2002.

Gablik, Suzi. *Has Modernism Failed?* New York: Theme & Hudson, 1984.

Garber, Marjori. et al. ed. *The Turn to Ethics*. Routledge: New York and London, 2000.

Gaus, Gerald F. *Modern Liberal Theory of Man*. London: Croom Helm, 1983.

Gert, Bernard. *The Moral Rules: A New Rational Foundation for Morality*. New York: Haper & Row Publishers, 1966.

Gewirth, Alan. *Reason and Morality*. Chicago: University of Chicago Press, 1978.

Gilligan, Carol. *In a Different Voice: Psychological Theory and Women's Development*. Cambridge: Harvard University Press, 1982; New Introduction, 1993.

Gillman, Joseph. *The Falling Rate of Profit: Marx's Law and Its Significance to Twentieth Century Capitalism*. New York: Cameron Associates, 1985.

Gordis, Robert. *Politics and Ethics*. Santa Barbara, California: Center for the Study of Democratic Institutions, 1961.

Gordon, David. *Critics of Marxism*. New Brunswick: Transaction Books, 1986.

Gordon, Scott. *Welfare, Justice, and Freedom*. New York: Columbia University Press, 1980.

Gouinlock, James. *John Dewey's Philosophy of Value*. New York: Humanities Press, 1972.

_____. *The Moral Writings of John Dewey*. New York: Hafner Press, 1976.

_____. *Excellence in Public Discourse: John Stuart Mill, John Dewey, and Social Intelligence*. New York: Teacher's College Press, 1985.

Gould, Carol C. *Rethinking Democracy*. Cambridge: Cambridge University

Press, 1988.

Grant, George. *Technology and Empire*. Toronto: Anansi, 1969.

_____. *English-Speaking Justice*. Notre Dame: University of Notre Dame Press, 1985.

_____. *Technology & Justice*. Notre Dame: University of Notre Dame Press, 1986.

Grice, G. R. *The Grounds of Moral Judgment*. Cambridge: Cambridge University Press, 1967.

Habermas, Jürgen. *The Theory of Communicative Action*. Vol. I. *Rationality and Rationalization*. trans. T. McCarthy. Boston: Beacon Press, 1984.

_____. *New Conservatism*. trans. S. W. Nicholsen. Cambridge: Cambridge University Press, 1989.

Haan, Norm et al. eds. *Social Science as Moral Inquiry*. New York: Columbia University Press, 1983.

Nagel, Thomas. *The View From Nowhere*. Oxford: Oxford University Press, 1986.

Hare, R. M. *Freedom and Reason*. Oxford: Oxford University Press, 1963.

Hayek, Friedrich. *Law, Legislation, and Liberty*. 3 Vols. Chicago: University of Chicago Press, 1973; 1976; 1979.

_____. *The Fatal Conceit: The Errors of Socialism*. Chicago: University of Chicago Press, 1989.

Herzog, Don. *Happy Slaves: A Critique of Consent Theory*. Chicago: University of Chicago Press, 1989.

Hofstadter, R. *Social Darwinism in American Thought*. Boston: Beacon Press, 1955.

Hume, David. *An Enquiry Concerning the Principles of Morals*. in L. A. Selby-Bigge, ed. *Enquiries Concerning Human Understanding and Concerning the Principles of Morals*. 3rd edn. Oxford: Oxford University Press, 1975.

_____. *A Treatise of Human Nature*. ed. L. A. Selby-Bigge. 2nd edn. Oxford: Oxford University Press, 1978.

Kant, Immanuel. *Religion Within the Boundaries of Mere Reason and the Other Writings*. eds. by Allen Wood, George di Giovanni, Introduction by Robert Merrihew Adams. Cambridge: Cambridge University Press, 1998.

Kant, Immanuel. Trans. by Norman Kemp Smith, *Critique of Pure Reason*. New York: ST Martins's Press, 1965.

Kekes, John. *Moral Tradition and Individuality*. Princeton: Princeton University Press, 1989.

Keynes, J. M. *Economic Consequences of the Peace*. London: Macmillan, 1919.

Körner, Stephan. ed. *Practical Reason*. New Haven: Yale University Press, 1974.

Krausz, M. ed. *Relativism: Interpretation and Confrontation*. Notre Dame: University of Notre Dame Press, 1989.

Kuhn, Thomas. *Structure of Scientific Revolutions*. Chicago: The University of Chicago Press, 1st edn. 1962; 2nd edn. 1970; 3rd edn. 1996.

Larmore, E. Charles. *Patterns of Moral Complexity*. Cambridge: Cambridge University Press, 1987.

Lee, Keekok. *A New Basis of Moral Philosophy*. London: Routledge & Kegan Paul, 1985.

Leinfeller, Werner. and Franz M. Wuketis. eds. *The Task of Contemporary Philosophy*. Vienna: Hölder-Pichler-Tempsky, 1986.

Leiss, William. *C. B. Macpherson: Dilemmas of Liberalism and Socialism*. New York: St. Martins' Press, 1988.

Livingston, Donald. *Hume's Philosophy of Common Life*. Chicago: University of Chicago Press, 1984.

Lucash, Frank S. ed. *Justice and Equality: Here and Now*. Ithaca: Cornell University Press, 1986.

MacIntyre, Alasdair. *After Virtue*. 2nd edn. Notre Dame: University of Notre Dame Press, 1984; 1st edn. 1981.

_____. *Whose Justice? Which Rationality?* Notre Dame: University of Notre Dame Press, 1988.

_____. *Three Rival Versions of Moral Inquiry: Encyclopedia, Genealogy, and Tradition*. Notre Dame: University of Notre Dame Press, 1990.

Macpherson. C. B. *Democratic Theory: Essays in Retrieval*. Oxford: Clarendon Press, 1973.

_____. *Rise and Fall of Economic Justice and Other Essays*. Oxford: Oxford University Press, 1985.

Marx, Karl. *Early Writings*. trans. and ed. T. B. Bottomore. New York: McGraw Hill, 1963.

_____. *Capital*. edited by Frederick Engels. Vol. I. New York: International Publishers, 1967; 1987 Printing. Original edn. 1867.

_____. *Selected Writings*. ed. David McLellan. Oxford: Oxford University Press, 1977.

_____ and Engels. *Basic Writings on Politics & Philosophy*. ed. Lewis S. Feuer. Garden City: Anchor Books, 1959.

May, Larry. *The Morality of Groups: Collective Responsibility, Group Harms, and Corporate Rights*. Notre Dame: University of Notre Dame Press, 1987.

McLellan, David. *Ideology*. Minneapolis: University of Minnesota Press, 1986.

Mill, John Stuart. *Utilitarianism*. London: Collins, 1974.

Miller, Harlan B. and William H. Williams. eds. *The Limits of Utilitarianism*. Minneapolis: University of Minnesota Press, 1982.

Miles, Robert. *Capitalism and Unfree Labour: Anomaly or Necessity?* London: Tavistock Publications, 1987.

Morscher, E. and R. Stranzinger. eds. *Ethics: Foundations, Problems, and Applications*. Vienna: Hölder-Pichler-Tempsky, 1981.

Moore, George Edward. *Principia Ethica*. Cambridge: Cambridge University Press, 1903.

Moore, Margaret. *Foundations of Liberalism*. Oxford: Clarendon Press, 1993.

Nagel, Thomas. *View from Nowhere*. Oxford: Oxford University Press, 1986.

Narveson, Jan. *Morality and Utility*. Baltimore: Johns Hopkins University Press, 1976.

_____. *The Libertarian Idea*. Philadelphia: Temple University Press, 1988.

Nash, Ronald H. *Freedom, Justice, And The State*. London: University

Press of America, 1980.

Nietzsche, Friedrich. *Beyond Good and Evil*. trans. Walter Kaufmann. New York: Vintage Books, 1966.

Nozick, Robert. *Anarchy, State, and Utopia*. New York: Basic Books, 1974.

Olson, Robert G. *The Morality of Self-Interest*. New York: Harcourt Brace World, 1965.

Overing, Joanna. *Reason and Morality*. Tavistock: Tavistock Press, 1985.

Parfit, Derek. *Reasons and Persons*. Oxford: Oxford University Press, 1986.

Plato. *The Republic*. trans. G. M. A. Grube. Indianapolis: Hackett Publishing Company, 1974.

Raz, Joseph. ed. *Practical Reasoning*. Oxford: Oxford University Press, 1978.

_____. *Morality of Freedom*. Oxford: Clarendon Press, 1986.

Reeve, Andrew. *Property*. Atlantic Highlands: Humanities Press, 1986.

Replogle, Ron. *Recovering Social Contract*. Totowa: Roman & Littlefield, 1989.

Roemer, John E. *Free to Lose: An Introduction to Marxist Economic Philosophy*. Cambridge: Cambridge University Press, 1988.

Rorty, Richard. *Contingency, Irony, and Solidarity*. Cambridge: Cambridge University Press, 1989.

Ross, Andrew. ed. *Universal Abandon?: The Politics of Postmodernism*. Minneapolis: University of Minnesota Press, 1988.

Sandel. Michael J. *Liberalism and Limits of Justice*. Cambridge: Cambridge University Press, 1982.

_____. ed. *Liberalism and Its Critics*. New York: New York University Press, 1984.

Sarup, Madan. *An Introductory Guide to Post-Structuralism and Postmodernism*. Athens: The University of Georgia Press, 1989.

Schwartz, Barry. *The Battle for Human Nature*. New York: W. W. Norton Co., 1986.

Seanor, Douglas and Nicholas Fotion. *Hare and Its Critics*. Oxford: Clarendon Press, 1988.

Sen, Amartya and Bernard Williams. eds. *Utilitarianism and Beyond*.

Cambridge: Cambridge University Press, 1982.

Sher, George. *Desert*. Princeton: Princeton University Press, 1987.

Simpson, Evan. ed. *Anti-Foundationalism and Practical Reasoning*. Edmonton: Academic Printing and Publishing, 1987.

Smith, Adam. *An Enquiry into the Nature and Causes of the Wealth of Nations*. ed. Edwin Cannan. Chicago: University of Chicago Press, 1976.

Sloterdijk, Peter. *Critique of Cynical Reason*. trans. Michael Eldred. Minneapolis: University of Minnesota Press, 1987; Original German edn. 1983.

Spinoza, Benedict De. *The Ethics*. trans. R. H. M. Elwes. New York: Dover Publications, 1955.

Sprigge, T. L. S. *The Rational Foundations of Ethics*. London: Routledge & Kegan Paul, 1988.

Stevenson, Leslie. *Seven Theories of Human Nature*. 2nd edn. Oxford: Oxford University Press, 1974.

Stout, Jeffrey. *Ethics after Babel: The Language of Morals and their Discontents*. Boston: Beacon Press, 1988.

Summer, L. W. *The Moral Foundation of Rights*. Oxford: Clarendon Press, 1987.

Taylor, Richard. *Good and Evil: A New Direction. A Forceful Attack on the Rationalistic Tradition in Ethics*. Buffalo: Prometheus Books, 1984.

Toulmin, Stephen. *An Examination of the Place of Reason in Ethics*. Cambridge: Cambridge University Press, 1950.

Unger, Robert M. *Knowledge and Politics*. New York: The Free Press, 1975.

Veatch, Henry. *Human Rights: Fact or Fancy?* Baton Rouge: Louisiana State University Press, 1985.

Young, Michael. *Rise of Meritocracy*. London: Thomas and Hudson, 1958.

Waxman, Chaim. *The End of Ideology Debate*. New York: Funk & Wagnalls, 1968.

Weber, Max. *The Protestant Ethics and the Spirit of Capitalism*. trans. Talcott Parsons. London: Unwin Paperbacks, 1985.

_____. *General Economic Theory*. Brunswick: Transaction Books, 1981.

Williams, Bernard. *Ethics and Limits of Philosophy*. Cambridge: Harvard University Press, 1985.

Winfield, Richard Dien. *Reason and Justice*. New York: State University of New York Press, 1988.

Wolffe, Christopher. and John Hittinger. *Liberalism at the Crossroads: An Introduction to Contemporary Liberal Political Theory and Its Critics*. Lanham: Rowan and Littlefield Publishers, Inc. 1994.

[논문]

Althusser, Louis. "Ideology and Ideological State Apparatuses." in *Lenin and Philosophy and Other Essays*. trans. Ben Brewster. London: Monthly Review Press, 1971. pp.77-86.

Apel, Karl-Otto. "Normative Ethics and Strategical Rationality: The Philosophical Problem of a Political Ethics." *Graduate Faculty Philosophy Journal*. Vol. 9. 1982. pp.81-109.

Baier, Kurt. "The Conceptual Link between Morality and Rationality." *Nôus*. Vol. 16. 1982. pp.78-88.

_____. "Rationality and Morality." *Erkenntnis*. Vol. 11. 1977. pp.197-223.

Batens, Diderik. "Rationality and Ethical Rationality." *Philosophica*. Vol. 22. 1978. pp.23-43.

Brandt, Richard B. "Rational Desires." *Proceedings of the American Philosophical Association*. Vol. 43. 1969-70. pp.43-64.

_____. "Rationality, Egoism and Morality." *The Journal of Philosophy*. Vol. 69. 1972. pp.681-697.

Breiner, Peter. "Democratic Autonomy, Political Ethics, and Moral Luck." *Political Theory*. Vol. 17. 1989. pp.530-574.

Conee, Earl. "Utilitarianism and Rationality." *Analysis*. Vol. 42. 1982. pp.55-59.

Derrida, Jacques. "Structure, Sign, and Play in the Discourse of the Human Sciences." in *The Languages of Criticism and the Sciences of Man: The Structuralist Controversy*. eds. Richard Macksey and Eugenio Donato. Baltimore: Johns Hopkins University Press, 1970.

DiaQuattro, Arthur. "Market and Liberal Values." *Political Theory*. Vol. 8.

1990. pp.183-222.

Diggs, B. J. "Utilitarianism and Contractarianism." in *The Limits of Utilitarianism*. eds. Harlan B. Miller and William H. Williams. Minneapolis: University of Minnesota Press, 1982. pp.101-143.

Donagan, Alan. "Moral Rationalism and Variable Social Institutions." in *Midwest Studies in Philosophy*. Vol. 7. eds. Peter A. French, Theodore E. Uehling, Jr. and Howard K. Wettstein. Minneapolis: University of Minnesota Press, 1982. pp.3-10.

Epstein, Richard A. "Luck," in Ellen Paul et al. eds. *Capitalism*. Oxford: Basil Blackwell, 1989. pp.17-38.

Frankena, William K. "Concepts of Rational Action in the History of Ethics." *Social Theory and Practice*. Vol. 9. 1983. pp.165-198.

Fukuyama, Francis. "The End of History?" *The National Interest*. No. 16. Summer 1989. pp.3-18.

_____. "A Reply to My Critique." *The National Interest*. Winter 1989/90. pp.21-28.

Galston, William. "Defending Liberalism." *The American Political Science Review*. Vol. 76. 1982. pp.621-629.

Gewirth, Alan. "The Future of Ethics: The Moral Powers of Reason." *Nôus*. Vol. 15. 1981. pp.15-40.

Gibson, Mary. "A Practical Link Between Morality and Rationality." Nôus. Vol. 16. 1982. pp.89-90.

Gouinlock, James. "Dewey." in *Ethics in the History of Western Philosophy*. eds. Robert J. Cavalier, James Gouinlock, and James P. Sterba. New York: St. Martin's Press, 1989. pp.306-328.

Habermas, Jürgen. "Modernity-An Incomplete Project." in *The Anti-Aesthetic: Essays on Postmodern Culture*. ed. Hal Foster. Port Townsend: Bay Press, 1983. pp.3-15.

_____. "Über Moralität und Sittlichkeit." in *Rationalität*. ed. H. Schnädelbach. Frankfurt: Suhrkamp, 1984. pp.218-235.

Hardwig, John. "The Achievement of Moral Rationality." *Philosophy and Rhetoric*. Vol. 6. 1973. pp.171-185.

Harrison, Bernard. "Morality and Interest." *Philosophy*. pp.64. 1989. pp.303-

322.

Held, Virginia. "Non-Contractual Society." in *Science, Morality, and Feminist Theory*. eds. Marsh Hanen and Kai Nielsen. *Canadian Journal of Philosophy*. Vol. 13. Suppl. 1987. pp.111-138.

Herring, Frances W. "What has Reason to do with Morality?" *The Journal of Philosophy*. Vol. 50. 1953. pp.688-697.

Kekes, John. "The Sceptical Challenge to Rationality." *Meta Philosophy*. Vol. 2. 1971. pp.121-136.

Kirzner, Israel. "Some Ethical Implications for Capitalism of the Socialist Calculational Debate." in *Capitalism*. eds. Ellen Frankel Paul et al. Oxford: Basil Blackwell, 1989. pp.165-182.

Loudon, Robert B. "Some Vices of Virtue Ethics." *American Philosophical Quarterly*. Vol. 21. 1984. pp.227-236.

Mandel, Ernest. "The Myth of Market Socialism." *New Left Review*. Vol. 169. 1988. pp.108-120.

Margolis, Joseph. "Moral and Rational." *The Journal of Value Inquiry*. Vol. 6. 1972. pp.286-293.

Miller, David. "Marx, Communism, and Market." *Political Theory*. Vol. 15. 1987. pp.182-204.

Mouffe, Chantel. "American Liberalism and Its Critics: Rawls, Taylor, Sandel, Walzer." *Praxis International*. Vol. 8. 1988. pp.193-205.

Mueller, D. C., R. D. Tollison and T. D. Willett. "The Utilitarian Contract: A Generalization of Rawls' Theory of Justice." *Theory and Decision*. Vol. 4. 1973-74. pp.350-362.

Nielsen, Kai. "Searching for an Emancipatory Perspective: Wide Reflective Equilibrium and the Hermeneutical Circle." in *Anti-Foundationalism and Practical Reasoning*. ed. Evan Simpson. Edmonton: Academic Printing and Publishing, 1987. pp.143-163.

"Ought Implies Can." *The International Encyclopedia of Ethics*. ed. by Hugh Lafollette. Vol. 6. West Sussex, UK: Willey-Blackwell, 2013. pp.3748-3757.

Perry, Charner M. "Bases, Arbitrary and Otherwise, for Morality: A Critique Criticized; the Arbitrary as Basis for Rational Morality." *The*

International *Journal of Ethics.* Vol. 43. 1933. pp.127-166.

Prichard, H. A. "Does Moral Philosophy Rest on a Mistake?" *Mind.* Vol. 21. 1912. pp.21-37. *Readings in Ethical Theory.* eds. Wilfrid Sellars and John Hospers. Englewood Cliffs: Prentice Hall, 1970. pp.86-105.

Ralls, Anthony. "Rational Morality for Empirical Man." *Philosophy.* Vol. 44. 1969. pp.205-216.

"Promises." *Stanford Encyclopedia of Philosophy.* pp.1-24.

Rodewald, Richard A. "Does Liberalism Rest on a Mistake?" *Canadian Journal of Philosophy.* Vol. 15. 1985. pp.231-251.

Rorty, Richard. "Postmodernist Bourgeois Liberalism." *The Journal of Philosophy.* Vol. 80. 1983. pp.583-589.

_____. "The Priority of Democracy to Philosophy." in *The Virginia Statute for Religious Freedom.* eds. Merrill D. Peterson and Robert C. Vaughan. Cambridge: Cambridge University Press, 1988. pp.257-281.

Scanlon, T. M. "Liberty, Contract, and Contribution." in *Markets and Morals.* eds. Gerald Dworkin et al. Washington: Hemisphere Publishing Co., 1977. pp.43-68.

_____. "Contractualism and Utilitarianism." in *Utilitarianism and Beyond.* eds. Amartya Sen and Bernard Williams. Cambridge: Cambridge University Press, 1982. pp.103-128.

Schofield, Philip. "Jeremy Bentham's 'Nonsense upon Stilts'." *Utilitas.* Vol. 15. No. 1. March 2003. pp.1-26.

Singer, Marcus George. "The Ideal of a Rational Morality." *Proceedings and Addresses of the American Philosophical Association.* Vol. 60. 1986. pp.15-38.

Sowden, Lanning and Sheldon Wein. "Justice and Rationality: Doubts about the Contractarian and Utilitarian Approaches." *Philosophia.* Vol. 17. 1987. pp.127-140.

Sterba, James P. "A Marxist Dilemma for Social Contract Theory." *American Philosophical Quarterly.* Vol. 19. 1982. pp.51-60.

The Republic of Plato. trans. F. M. Conford. London: Oxford University Press, 1941.

Veatch, Henry B. "The Rational Justification of Moral Principles: Can

There Be Such a Thing?" *The Review of Metaphysics*. Vol. 29. 1975. pp.217-238.

Voigt, Stephen. "Breaking with the Notion of Social Contract: Constitutions as Based on Spontaneously Arisen Institutions." *Constitutional Political Economy*. Vol. 10. 1999. pp.283-300.

Wild, John. "Ethics as a Rational Discipline and the Priority of the Good." *The Journal of Philosophy*. Vol. 51. 1954. pp.776-787.

Wolff, Robert Paul. "Reflections on Game Theory and the Nature of Value." *Ethics*. Vol. 72. 1962. pp.171-179.

Xenos, Nicholas. "Liberalism and the Postulate of Scarcity." *Political Theory*. Vol. 15. 1987. pp.225-243.

[국내 저서]

가토 히사다케. 표재명, 김일방, 이승연 옮김. 『현대 윤리에 관한 15가지 물음』. 파주: 서광사, 1999.

마이클 샌델. 이양수 옮김. 『정의의 한계』. 고양: 도서출판 멜론, 2012.

막스 베버. 박성수 옮김. 『프로테스탄티즘의 윤리와 자본주의 정신』. 서울: 문예출판사, 1996.

막스 베버. 박성환 옮김. 『경제와 사회 1』. 서울: 문학과지성사, 1997.

막스 호르크하이머. 박구용 옮김. 『도구적 이성비판: 이성의 상실』. 서울: 문예출판사, 2006.

로버트 노직. 남경희 옮김. 『아나키에서 유토피아로』. 서울: 문학과지성사, 1983.

리처드 로티. 김동식, 이유선 옮김. 『우연성 아이러니 연대성』. 서울: 민음사, 1996.

박정순. 『익명성의 문제와 도덕규범의 구속력』. 서울: 정보통신정책연구원, 2004.

_____. 『마이클 샌델의 정의론, 무엇이 문제인가』. 서울: 철학과현실사, 2016.

세일라 벤하비브. 정대성 옮김. 『비판, 규범, 유토피아』. 서울: 울력, 2008.

알래스데어 매킨타이어. 이진우 옮김. 『덕의 상실』. 서울: 문예출판사, 1997. 1984 재판 번역; 초판은 1981.

이근식 · 황경식 편. 『자유주의란 무엇인가?』. 서울: 삼성경제연구소, 2001.

이종은. 『사회정의란 무엇인가: 현대 정의의 이론과 공동선 탐구』. 서울: 책
　　세상, 2015.
이하준. 『막스 호르크하이머, 도구적 이성 비판』. 서울: 커뮤니케이션북스,
　　2016.
정미라. 「주체의 형성과 타자, 그리고 자기보존: 호르크하이며와 아도르노의
　　『계몽의 변증법』을 중심으로」. 『범한철학』. 제65집. 2012. pp.123-146.
제러미 벤담. 강준호 옮김. 『도덕과 입법의 원칙에 대한 서론』. 서울: 아카넷,
　　2013.
제러미 벤담. 고정식 옮김. 『도덕과 입법의 원리 서설』. 파주: 나남출판,
　　2011.
존 스튜어트 밀. 서병훈 옮김. 『공리주의』. 서울: 책세상, 2007.
존 스튜어트 밀. 이을상 옮김. 『공리주의』. 서울: 책세상, 2011.
천옥환. 『논리학』. 서울: 박영사, 1969.
클로디 아멜. 이세진 옮김. 『아도르노와 호르크하이머의 오뒷세이아』. 파주:
　　열린 책들, 2014.
토머스 불핀치. 최혁순 옮김. 『그리스 · 로마 신화』. 서울: 범우사, 1992.
페터 슬로터다이크. 이진우, 박미애 옮김. 『냉소적 이성 비판』. 서울: 에코리
　　브르, 2005.
패트릭 J. 드닌. 이재만 옮김. 『왜 자유주의는 실패했는가: 자유주의의 본질적
　　모순에 대한 분석』. 서울: 책과 함께, 2019.
프랜시스 후쿠야마. 이상훈 옮김. 『역사의 종말: 역사의 종점에 선 최후의 인
　　간』. 서울: 한마음사, 1992.
프랜시스 후쿠야마. 구승회 옮김. 『트러스트: 사회도덕과 번영의 창조』. 서울:
　　한국경제신문사, 1997.
플라톤의 『국가 · 정체』. 박종현 역주. 파주: 서광사, 1997.
I. 칸트. 『순수이성비판』. 개정증판. 서울: 박영사, 2011.
M. 호르크하이머, Th. W. 아도르노. 『계몽의 변증법』. 서울: 문예출판사,
　　1995.

[국내 논문]
강정민. 「도구적 이성과 자기보존의 문제」. 『용봉인문논총』. 제52권. 2018.
　　pp.5-27.
김진. 「최후정초로서의 요청-비판적 합리주의와 선험적 화용론의 대결」. 『철

학』. 제41집. 1994. pp.179-219.

김영진.「현대의 사상: 헤어의 윤리설」.『한국논단』. 30권. 1992. pp.201-207.

_____.「한국사회에 대한 도덕적 진단과 처방」.『철학과 현실』. 1999년 겨울
호. 통권 제43호. pp.80-106.

노성숙.「계몽과 신화의 변증법」.『철학연구』. 제50집. 2000. pp.217-241.

박정순.「문제의 책: 알래스다이어 맥킨타이어의『덕 이후(After Virtue)』」.
『철학과 현실』, 1991년 가을호. 통권 제10호. pp.343-349.

_____.「일상언어와 도덕적 합리성: 스티븐 툴민의 정당근거적 접근방식을
중심으로」. 박영식 외.『언어철학연구』. 서울: 현암사, 1995. pp.421-456.

_____.「자유주의 대 공동체주의 논쟁의 방법론적 쟁점」.『철학연구』. 제33
집. 1993. pp.33-62.

_____.「자유주의의 건재」.『철학연구』. 제45집. 1999. pp.17-46.

_____.「개인 이익과 공익의 자유주의적 관련 방식」.『철학연구』. 제61집.
2003. pp.203-220.

박종대.「하버마스의 '의사소통적 행위이론'」.『사회와 철학』. 제1호. 2004.
pp.169-205.

원준호.「Max Weber의 관료제와 합리화에 관한 비판의 함의」.『대한정치학
회보』. 22집 4호. 2014. pp.33-48.

이재성,「철학적 최종근거지음과 오류주의의 문제」.『철학연구』. 제116집.
2010. pp.281-312.

임홍빈.「삶의 형식으로서의 퓌론주의(Pyrrhonism)와 그 인식론적 변형」.『철
학논총』. 제31집. 2003. pp.149-168.

임홍순.「Marx와 Rawls의 정의론 비교연구: 합리성의 관점에서」.『서경대학
교논문집』. 제25집. 1997. pp.91-108.

정원규.「공리주의에 대한 패러다임적 독해: 공리주의의 사회계약론적 수렴
을 제안하며」.『철학』. 제78집. 2004. pp.271-290.

■ 부록 참고문헌 (제1, 2, 3, 4, 5장 개별)

제1장 호모 에코노미쿠스 살생부

[국내 논저]

김홍식.「과학으로서의 경제학」. 한국사회과학연구소 편.『현대사회과학방법론』. 서울: 민음사. 1977. pp.170-193.

박정순.『사회정의의 윤리학적 기초: John Rawls의 정의론과 공리주의의 대비』. 연세대학교 대학원 철학과 석사학위논문. 1984. 2.

_____.「사유재산권의 자유주의적 정당화의 과제」.『사회비평』. 제6호. 1991. pp.54-79.

박효종.『합리적 선택과 공공재』. I. II. 서울: 인간사랑, 1994.

장 보드리야르. 이상률 옮김.『소비의 사회: 그 신화의 구조』. 서울: 문예출판사, 1991.

정창영.『경제원론』. 서울: 세경사, 1982.

존 로빈슨, 존 이트웰. 주종환 옮김.『현대경제학비판』. 서울: 일조각, 1979.

존 스튜어트 밀. 이을상 옮김.『공리주의』. 서울: 지식을 만드는 지식, 2011.

프랜시스 후쿠야마. 이상훈 옮김.『역사의 종말: 역사의 종점에 선 최후의 인간』. 서울: 한마음사, 1992.

프랜시스 후쿠야마. 구승회 옮김.『트러스트: 사회도덕과 번영의 창조』. 서울: 한국경제신문사, 1997.

한국경제학사학회 편.『경제학사』. 서울: 대명출판사, 1985.

A. 펠드만. 김덕영 외 옮김.『후생경제학과 사회선택이론』. 서울: 경문사, 1990.

D. R. 페스펠트. 정연주, 장상환 옮김.『경제학사입문』. 서울: 비봉출판사, 1983.

토마스 쿤. 김명자 옮김.『과학혁명의 구조』. 서울: 정음사, 제1판. 1981; 개정 증보판. 1986.

[국외 논저]

Abell, Peter. "Is Rational Choice a Rational Choice Theory?" *Rational Choice Theory: Advocacy and Critique*. eds. James Coleman and Thomas

Fararo. London: Sage, 1992. pp.183-206.

Ackerman, Frank et al. ed. *Human Well-Being and Economic Goals.* Washington, D.C.: Island Press, 1997.

Amacher, R., R. Tollison. and T. Willett. "The Economic Approach to Social Policy Questions: Some Methodological Perspectives." in their ed. *The Economic Approach to Publicity: Selected Readings.* Ithaca: Cornell University Press, 1976. pp.18-37.

Arrow, Kenneth J. *Social Choice and Individual Values.* New Haven: Yale University Press, 1951.

_____. "Extended Sympathy and the Possibility of Social Choice." *Philosophia.* Vol. 7. 1978. pp.223-237.

_____. "Economic Theory and the Hypothesis of Rationality." *The New Palgrave: A Dictionary of Economics.* New York: Macmillan Press, 1987. pp.69-74.

Becker, Gary. ed. *Human Capital: A Theoretical and Empirical Analysis.* New York: Columbia University Press, 1964.

_____. *The Economic Approach To Human Behavior.* Chicago: University of Chicago Press, 1976.

Bentham, Jeremy. *An Introduction to the Principles of Morals and Legislation.* Garden City: Anchor Books, 1973.

Brennan, Geoffrey and James Buchanan. "The Normative Purpose of Economics Science: Rediscovery of An Eighteenth-Century Method." *International Journal of Law and Economics.* Vol. 1. 1981. pp.155-66.

Brockway, George P. *The End of Economic Man.* New York: W. W. Norton, 1991.

Buchanan, James M. and Gordon Tullock. *The Calculus of Consent.* Ann Arbor: The University of Michigan Press, 1965.

Bunge, Mario. "The Poverty of Rational Theory." *Critical Rationalism, Metaphysics and Science.* ed. I. C. Jarvie. Dordrecht: Kluwer, 1995. pp.149-168.

Carlyle, Thomas. *Occasional Discourse on the Negro Question in Fraser's Magazine for Town and Country.* Vol. XL. 1849. pp.670-679.

_____. *Latter-Day Pamphlets.* London: Chapman & Hall, 1850.

Coleman, James S. "Norms as Social Capital." *Economic Imperialism*. 1987. pp.133-155.

Cook, Karen S. and Margaret Levi. eds. *The Limits of Rationality*. Chicago: University of Chicago Press, 1990.

Cudd, Ann E. "Game Theory and the History of Ideas about Rationality." *Economics and Philosophy*. Vol. 9. 1993. pp.101-133.

Daly, Herman. and John B. Cobb, Jr. *For the Common Good: Redirecting the Economy toward Community, the Environment, and a Sustainable Future*. Boston: Beacon Press, 1989.

Davidson, G. and P. Davidson. *Economics for a Civilized Society*. New York: W. W. Norton, 1988.

Dole, Hans Van Den. *Democracy and Welfare Economics*. Cambridge: Cambridge University Press, 1979.

Dore, R. "Authority and Benevolence: The Confucian Recipe for Industrial Success." *Government and Opposition*. Vol. 20. 1985. pp.196-217.

Downs, Anthony. *An Economic Theory of Democracy*. New York: Harper, 1957.

Dyke, C. *Philosophy of Economics*. Englewood Cliffs: Prentice Hall, 1981.

Etzioni, Amitai. *The Moral Dimension: Toward A New Economics*. New York: Free Press, 1988.

Edgeworth, Francis Y. *Mathematical Physics*. London: Kegan Paul, 1881.

Elster, Jon. *Ulysses and the Sirens*. Cambridge: Cambridge University Press, 1979.

_____. "Introduction." in his ed. *Rational Choice*. Washington Square: New York University Press, 1986. pp.1-33.

Frank, Robert. H. *Passions within Reason: The Strategic Role for the Emotions*. New York: W. W. Norton, 1988.

Friedman, Milton. *Essays in Positive Economics*. Chicago: University of Chicago Press, 1953.

Gauthier, David. "Justice as Social Choice." David Copp and David Zimmerman. eds. *Morality, Reason and Truth: New Essays on the Foundations of Ethics*. Totowa: Rowman & Allanheld, 1984. pp.251-269.

_____. *Morals By Agreement*. Oxford: Clarendon Press, 1986.

Hahn, Frank. and Martin Hollis. eds. *Philosophy and Economic Theory.* "Introduction." 1979. pp.1-17.

Hardin, Russell. *Collective Action.* Baltimore: Johns Hopkins University Press, 1982.

Hausman, Daniel. and M. S. McPherson. "Taking Ethics Seriously: Economics and Contemporary Moral Philosophy." *Journal of Economic Literature.* Vol. 31. 1993. pp.671-731.

Heap, Shaun Hargreaves. and Martin Hollis. "Economic Man." *The New Palgrave: A Dictionary of Economics.* New York: Macmillan Press, 1987. pp.54-55.

Hobbes, Thomas. *Leviathan.* ed. with Introduction with C. B. Macpherson. Harmondsworth: Penguin Books, 1968.

Hoffstader, Richard. *Social Darwinism in American Thought.* rev. edn. Boston: Beacon Press, 1962.

Hollis, Martin and Robert Sugden. "Rationality in Action." *Mind.* Vol. 102. 1993. pp.1-35.

Hollis, Martin and Edward J. Nell. *Rational Economic Man: A Philosophical Critique of Neo-classicial Economics.* Cambridge: Cambridge University Press, 1975.

Jevons, William S. *Principles of Political Economy.* New York: A. M. Kelly, 1871.

Kirzner, Israel M. "Self-Interest and the New Bashing of Economics: A Fresh Opportunity in the Perennial Debate?" *Critical Review.* Vol. 4. 1990. pp.27-40.

Locke, John. *Two Treatises of Government.* ed. with Introduction by Peter Laslett. New York: A Mentor Book, 1960.

Luce, Robert D. and Howard Raiffa. *Games and Decisions.* New York: John Wiley and Sons, 1957.

Macpherson, C. B. *The Political Theory of Possessive Individualism: Hobbes to Locke.* Oxford: Oxford University Press, 1962.

Mansbridge, Jane J. ed. *Beyond Self-Interest.* Chicago: University of Chicago Press, 1990.

Marx, Karl. *Capital.* Vol. 1. Edited by Fredrick Engels, New York:

International Publishers, 1967.

_____. "The Communist Manifesto." *Selected Writings*. ed. David McLellan. Oxford: Oxford University Press, 1977.

Meyers, Milton L. *The Soul of Modern Economic Man*. Chicago: University of Chicago Press, 1983.

Merquior, J. G. "Death to Homo Economicus?" *Critical Review*. Vol. 5. 1991. pp.353-378.

Morse, Jennifer Roback. "Who is a Rational Economic Man?" *Social Philosophy and Policy*. Vol. 14. 1997. pp.179-206.

Nozick, Robert. *Anarchy, State and Utopia*. New York: Basic Books, 1974.

_____. *The Examined Life: Philosophical Meditations*. New York: Simon and Schuster, 1989.

Okun, Arthur. *Equality and Efficiency: The Big Tradeoff*. Washington, D.C.: Brookings Institution, 1975.

Olson, Mancur. *The Logic of Collective Action*. Cambridge: Harvard University Press, 1965.

Park, Jung Soon. *Contractarian Liberal Ethics and the Theory of Rational Choice*. New York: Peter Lang, 1992.

Pettit, Philip. "The Virtual Reality of Homo Economicus." *The Monist*. Vol. 78. 1995. pp.303-329.

Radnitsky, General. and Peter Bernholz. ed. *Economic Imperialism*. New York: Paragon House, 1987.

Rawls, John. *A Theory of Justice*. Cambridge: Harvard University Press, 1971.

_____. "Justice as Fairness: Political not Metaphysical." *Philosophy & Public Affairs*. Vol. 14. 1985. pp.223-51.

Ricker, W. H. and P. C. Ordeshook. *An Introduction to Positive Political Theory*. Englewood Cliffs: Prentice Hall, 1973.

Robbins, Lionel. *An Essay on the Nature and Significance of Economic Science*. London: Oxford University Press, 1932.

Robinson, Joan. *Economic Philosophy*. Garden City: Doubleday, 1964.

Runciman, W. D. *Relative Deprivation and Social Justice: A Study of Attitudes to Social Inequality in Twentieth-Century English*. Berkeley:

University of California Press, 1934.

Ruskin, John. *Unto This Last*. Oxford: Oxford University Press, 1943.

Samuelson, Paul A. "A Note on the Pure Theory of Consumer's Behavior." *Economica*. Vol. 5. 1938. pp.123-134.

_____. *Foundations of Economic Analysis*. Cambridge: Harvard University Press, 1983.

Scheler, Max. *Man's Place in Nature*. trans. Hans Meyerhoff. New York: The Noonday Press, 1961.

Schotter, Andrew. *The Free Market Economics: A Critical Appraisal*. New York: St. Martin's Press, 1985.

Schrag, Calvin O. *Radical Reflection and the Origin of the Human Sciences*. West Lafayette, Indiana: Purdue University Press, 1980.

Schwartz, Barry. *The Battle For Human Nature: Science, Morality and Moral Life*. New York: W. W. Norton, 1986.

Scitovsky, Tibor. *The Joyless Economy: An Inquiry into Human Satisfaction and Consumer Dissatisfaction*. New York: Oxford University Press, 1976.

Simon, Herbert. *Models of Man*. New York: John Wiley & Sons, 1957.

Sen, Amartya. "Rational Fools." *Philosophy and Public Affairs*. Vol. 6. 1977. pp.317-344.

_____. "The Moral Standing of the Market." Ellen Frankel Paul et al. ed. *Ethics & Economics*. Oxford: Basil Blackwell, 1985. pp.1-19.

_____. *On Ethics and Economics*. Oxford: Basil Blackwell, 1987.

Smith, Adam. *An Inquiry into the Nature and Causes of the Wealth of Nations*. Edwin Cannan. ed. with an Introduction. Chicago: The University of Chicago Press, 1976.

Stigler, G. J. "Economics or Ethics?" S. McMurrin. ed. *Tanner Lectures on Human Values*. Vol. II. Cambridge: Cambridge University Press, 1981.

Tisdell, Clem. "Concepts of Rationality in Economics." *Philosophy of the Social Sciences*. 1975. pp.259-272.

Tönnies, Ferdinand. *Gemeinschaft and Gesellschaft*. Leipzig: Fues's Verlag, 1887.

Vamberg, V. "Spontaneous Market Order and Social Rules." *Economics and Philosophy*. Vol. 2. 1986. pp.75-100

Veblen, Thorstein. *Theory of the Leisure: An Economic in the Evolution of Institutions*. New Work: Macmillan, 1899.

Young, Michael. *The Rise of Meritocracy*. London: Thomas and Hudson, 1958.

Walliser, Bernard. "Instrumental Rationality and Cognitive Rationality." *Theory and Decision*. Vol. 27. 1989. pp.7-36.

Weber, Max. *Economy and Society*. 1. Berkely: University of California Press, 1978.

_____. *The Protestant Ethics and the Spirit of Capitalism*. trans. by Talcott Parsons, London: Unwin Paperbacks, 1985.

Winch, D. M. *Analytical Welfare Economics*. Harmondsworth: Penguin Books, 1971.

Zey, Mary. ed. *Decision Making: Alternatives to Rational Choice Models*. London: Sage, 1992.

제2장 세계시장과 인간 삶의 조건

[국내 논저]
강상구. 『신자유주의의 역사와 진실』. 서울: 문화과학사, 2000.

공성진. 「지구화를 따라서, 지구화를 넘어서」. 피터 드러커 외. 『다시 그리는 세계지도: 우리가 알아야 할 세계화의 쟁점』. 서울: 해냄, 2000. pp.7-38.

김균 외. 『자유주의 비판』. 서울: 풀빛, 1996.

김상봉. 『호모 에티쿠스』. 서울: 한길사, 1999.

김성구. 『경제위기와 신자유주의』. 서울: 문화과학사, 1998.

김세균. 「신자유주의 정치이론의 연구경향과 문제점」. 『이론』. 제15집. 1996. pp.39-87.

김여수. 「21세기의 윤리를 위한 공동의 틀: 보편윤리의 전망」. 『철학과 현실』. 제46호. 2000. pp.130-153.

김진영. 「신자유주의와 세계화」. 박광주 편. 『신자유주의와 아시아의 경제위기 그리고 한국』. 부산: 부산대학교 출판부. 1998. pp.1-33.

노암 촘스키. 강주현 옮김. 『그들에게 국민은 없다』. 서울: 모색, 1999.

말컴 워터스. 이기철 옮김. 『세계화란 무엇인가?』. 서울: 현대미학사, 1998.

미셸 바칼룰리스. 「포스토모던 자본주의와 새로운 정치화에 관한 테제」. 김 석진, 박민수 엮음. 『세계화와 신자유주의 비판을 위하여』. 서울: 공감, 1997. pp.125-138.

미셸 쵸스도프스키. 이대훈 옮김. 『빈곤의 세계화』. 서울: 당대, 1998.

민경국. 「신자유주의란 무엇인가?」. 『철학과 현실』. 제41호. 1999. pp.199-233.

밀란 쿤데라. 김병욱 옮김. 『느림』. 서울: 민음사, 1995.

박길성. 『세계화: 자본과 문화의 구조변동』. 서울: 사회비평사, 1996.

박정순. 「고티에의 『합의도덕론』과 그 정치철학적 위상」. 차인석 외, 『사회 철학대계』, 전3권. 서울: 민음사, 1993. 제2권 『사회주의와 자유주의』. pp.346-418. (본서 부록 제4장 재수록)

_____. 「호모 에코노미쿠스 생살부」. 고려대학교 철학연구소. 『철학연구』. 제21집. 1998. pp.1-41. (본서 부록 제1장 재수록)

_____. "The Dialectic of Master and Slave in Hegel's Phenomenology of Spirit." 연세대학교. 『매지논총』. 제16집. 1999. pp.99-130.

서울국제민중회의 조직위원회 편. 『신자유주의, IMF 그리고 국제연대』. 서 울: 문화과학사, 1998.

성염 외. 『세계화의 철학적 기초』. 서울: 철학과현실사, 1999.

손호철. 『신자유주의 시대의 한국정치』. 서울: 푸른숲, 1999.

스티븐 제이 굴드. 김동광 옮김. 『인간에 대한 오해』. 서울: 사회평론, 2003.

스티븐 코치. 공병호 옮김. 『80/20의 법칙』. 서울: 21세기 북스, 2000.

안병영, 임혁백 편. 『세계화와 신자유주의: 이념, 현실, 대응』. 서울: 나남출 판, 2000.

알렉산더 H. 샌드. 이상훈 옮김. 『자유시장의 도덕성』. 서울: 문예출판사, 1996.

앤서니 기든스. 한상진, 박찬욱 옮김. 『제3의 길』. 서울: 생각의 나무, 1998.

앨런 펠드만. 김덕영 외 옮김. 『후생경제학과 사회선택이론』. 서울: 경문사, 1990.

울리히 벡. 조만영 옮김. 『지구화의 길』. 서울: 거름, 2000.

이봉철. 『21세기 새 정치가치 모색』. 대전: 한남대학교 출판부, 1998.

이삼열. 「세계화의 불안과 세계시민적 이성」. 『철학과 현실』. 제43호. 1999. pp.62-79.

이상헌. 「경제학과 신자유주의」. 『이론』. 제15집. 1996. pp.11-37.

이수훈. 『세계체제의 인간학』. 서울: 사회비평사, 1996.

이인성. 『21세기 세계화 체제의 이해』. 서울: 아카넷, 2009.

이창우. 「코스모폴리스 개념」. 『철학연구』. 제50집. 2000. pp.183-198.

임혁백. 「세계화와 민주화」. 김경원, 임현진 편. 『세계화의 도전과 한국의 대응』. 서울: 나남출판, 1995. pp.105-141.

임홍빈. 「세계화시대의 국가와 시장: 규범적 정치철학의 위한 시론」. 한국철학회 춘계학술대회보. 『21세기의 도전과 희망의 철학』. 2000. pp.203-217.

장 보드리야르. 이상률 옮김. 『소비의 사회』. 서울: 문예출판사, 1991.

정무권. 「국민정부의 사회정책」. 안병영, 임혁백 편. 『세계화와 신자유주의』. 서울: 나남출판, 2000. pp.319-370.

정인재. 「중국의 천하사상: 유상(儒商)의 세계화를 중심으로」. 성염 외. 『세계화의 철학적 기초』. 서울: 철학과현실사, 1999. pp.397-428.

제레미 리프킨. 이영호 옮김. 『노동의 종말』. 서울: 민음사, 1996.

조지 소로스. 형선호 옮김. 『세계자본주의의 위기』. 서울: 김영사, 1999.

존 그레이. 김영진 옮김. 『전지구적 자본주의의 환상』. 서울: 도서출판 창, 1999.

크리스토퍼 라쉬. 최경도 옮김. 『나르시시즘의 문화』. 서울: 문학과지성사, 1989.

킴 무디. 사회진보를 위한 민주연대 옮김. 『신자유주의와 세계의 노동자』. 서울: 문화과학사, 1999.

토머스 프리드먼. 신동욱 옮김. 『렉서스와 올리브 나무 1: 세계화는 덫인가, 기회인가?』. 서울: 창해, 2000.

프랜시스 후쿠야마. 이상훈 옮김. 『역사의 종말: 역사의 종점에 선 최후의 인간』. 서울: 한마음사, 1992.

피에르 쌍소. 김주경 옮김. 『느리게 산다는 것의 의미』. 서울: 동문선, 1998.

한스 마르틴, 하랄트 슈만. 강수돌 옮김. 『세계화의 덫』. 서울: 영림 카디널, 1997.

헬레나 노르베리-호지. 이민아 옮김. 『허울뿐인 세계화: 작은 것은 아름답지만 큰 것은 보조를 받는다』. 서울: 도서출판 따님, 2000.

홍호표, 정연욱, 공종식. 『대중예술과 문화전쟁』. 서울: 나남출판, 1995.

A. 보에티우스. 박병덕 옮김. 『철학의 위안』. 서울: 육문사, 1990.

H. G. 쉔크. 이영석 옮김. 『유럽 낭만주의의 정신』. 서울: 대광문화사, 1991.

[국외 논저]

Avon, Dan and Avner de-Shalit. ed. *Liberalism and Its Practice.* London: Routledge, 1999.

Barber, Benjamin. *Strong Democracy: Participatory Politics for a New Age.* Berkeley: University of California Press, 1984.

_____. *Jihad vs. McWorld.* New York: Times Books, 1995.

Beck, Ulrich. "Living Your Own Life in a Runaway World: Individualism, Globalization and Politics." in Hutton and Giddens. eds. *Global Capitalism.* New York: The New Press, 2000. pp.93-111.

Becker, Gary. *Human Capital: A Theoretical and Empirical Analysis with Special Reference to Education.* Chicago: The University of Chicago Press, 3rd edn. 1994; 1st edn. 1964; 2nd edn. 1975.

Bell, Daniel. *The Cultural Contradictions of Capitalism.* New York: Basic Book, 1978.

Benoist, Alain. "Confronting Globalization." *Telos.* Vol. 108. 1996. pp.117-137.

Brecher, Jeremy and Tim Costello. *Global Village or Global Pillage.* Boston: South End Press, 1994.

Buchanan, Allen. *Ethics, Efficiency, and the Market.* Totowa: Rowan & Allanheld, 1985.

Colclough, Christopher and James Manor. eds. *States or Markets?: Neoliberalism and the Development Policy Debate.* Oxford: Clarendon Press, 1991.

Comaroff, Jean and John Comaroff. "Millennial Capitalism: First Thoughts On a Second Coming." in Jean Comaroff and John Comaroff. eds. *Millennial Capitalism and the Culture of Neoliberalism. Special Issue of Public Culture.* Vol. 12. 2000. pp.291-343.

Debreu, Gerard. *Theory of Value: An Axiomatic Analysis of Economic Equilibrium.* New Haven: Yale University Press, 1959.

DeMartino, George F. *Global Economy, Global Justice: Theoretical Objections and Policy Alternatives to Neoliberalism.* London: Routledge, 2000.

Faux, Jeff and Larry Mishel. "Inequality and the Global Economy." in Hutton and Giddens. eds. *Global Capitalism.* New York: The New Press,

2000. pp.93-111.

Frank, Robert H. and Philip J. Cook. *The Winner-Take-All-Society*. New York: The Free Press, 1995.

Gauthier, David. *Morals By Agreement*. Oxford: Clarendon Press, 1986.

Giddens, Anthony. *The Consequences of Modernity*. Stanford: Stanford University Press, 1990.

_____. *Beyond Left and Right: The Future of Radical Politics*. London: Polity Press, 1994.

_____. *Runaway World: How Globalization is Reshaping Our Lives*. Routledge: New York, 1999.

Gilpin, Robert. *The Challenge of Global Capitalism*. Princeton: Princeton University Press, 2000.

Gowan, Peter. *The Global Gamble: Washington's Faustian Bid for World Dominance*. London: Verso, 1999.

Hahnel, Robin. *Panic Rules: Everything You Need To Know About the Global Economy*. Cambridge, MA: South End Press, 1999.

Harvey, D. *The Condition of Postmodernity*. Oxford: Blackwell, 1989.

_____. "Cosmopolitanism and Banality of Geographical Evils." *Public Culture*. Vol. 12. 2000. pp.529-564.

Herrnstein, Richard J. and Charles Murray. *The Bell Curve: Intelligence and Class Structure in American Life*. New York: Free Press, 1994.

Hirshman, A. *The Passions and the Interest*. Princeton: Princeton University Press, 1977.

Hutton, Will and Anthony Giddens. eds. *Global Capitalism*. New York: The New Press, 2000.

Jameson, Fredric. *Postmodernism or the Cultural Logic of Late Capitalism*. Durham: Duke University Press, 1992.

Lyotard, Jean-François. trans. G. Bennington and B. Massumi. *The Postmodern Condition*. Minneapolis: University of Minnesota Press, 1984.

Luttwak, Edward. *Turbo Capitalism*. New York: Harper Perennial, 1998.

MacEwan, Arthur. *Neo-Liberalism or Democracy?* Australia: Pluto Press, 1999.

Machan, Tibor. *The Moral Case for the Free Market Economy: A*

Philosophical Argument. Lewistohn, NY: Edwin Mellen Press, 1989.

Mandeville, B. *The Fable of Bees.* F. B. Kyae. ed. Oxford: Clarendon Press, 1924.

Martin, Randy. "Globalization?: The Dependencies of A Question." *Social Text.* Vol. 60. 1999. pp.1-14.

Marx, Karl. "The Communist Manifesto." in *Selected Writings.* ed. David McLellan. Oxford: Oxford University Press, 1977.

Mittelman, James H. The *Globalization Syndrome: Transformation and Resistance.* Princeton: Princeton University Press, 2000.

Naisbitt, John and Patricia Aburdene. *Megatrends 2000.* New York: William Morrow, 1990.

Nash, Ronald H. *Freedom, Justice and the State.* Lanham, MD: University Press of America, 1980.

Nozick, Robert. *Anarchy, States, and Utopia.* New York: Basic Books, 1975.

Overbeek, Henk. ed. *Restructuring Hegemony in the Global Political Economy: The Rise of Transnational Neo-Liberalism in the 1980s.* London: Routledge, 1993.

Pogge, Thomas. "An Egalitarian Law of Peoples." *Philosophy & Public Affairs.* Vol. 23. 1994. pp.195-224.

Rawls, John. *A Theory of Justice.* Cambridge: Belknap Press of Harvard University, 1971.

Ritzner, G. *The McDonaldization of Society.* Thousand Oaks: Pine Forge, 1993.

Robertson, Roland. *Globalization.* London: Sage, 1992.

Samadja, Claude. "The End of Complacency." *Foreign Policy.* 1998-1999. pp.66-71.

Sennett, Richard. *The Fall of Public Man.* New York: Vintage Books, 1978.

Scitovsky, Tibor. *The Joyless Economy: An Inquiry into Human Satisfaction and Consumer Dissatisfaction.* New York: Oxford University Press, 1976.

Schumpeter, Joseph. *Capitalism, Socialism and Democracy.* London: Unwin Press, 1996. 1st. ed. 1952.

Sen, Amartya. "The Moral Standing of Market." in Ellen Frankel Paul et al.

eds. *Ethics & Economics.* Oxford: Basil Blackwell, 1985. pp.1-19.

Storper, Michael. "Lived Effects of the Contemporary Economy: Globaliza-tion, Inequality, and Consumer Society." in Jean Comaroff and John Comaroff. eds. *Millennial Capitalism and the Culture of Neo-liberalism. Special Issue of Public Culture.* Vol. 12. 2000. pp.375-409.

Strange, Susan. *Casino Capitalism.* Oxford: Blackwell, 1986.

Walzer, Michael. *Company of Critics.* New York: Basic Books, 1988.

_____. "The Communitarian Critique of Liberalism." *Political Theory.* Vol. 18. 1990. pp.6-23.

_____. ed. *Toward A Global Society.* New York: Berghanan Books, 1997.

Winch, D. M. *Analytical Welfare Economics.* Harmondsworth: Penguin Books, 1971.

제3장 사회계약론적 윤리학의 대두와 그 딜레마

[국내 논저]

박정순. 「계약론적 윤리학의 딜레마」. 『철학과 현실』. 1991년 여름호. 통권 제9호. pp.248-265.

_____. 「자유주의 정의론의 철학적 오디세이: 롤즈 정의론의 최근 변모와 그 해석 논쟁」. 제5회 한국철학자연합대회 대회보. 『현대의 윤리적 상황과 철학적 대응』. 1992. pp.573-599.

_____. 「현대 윤리학의 사회계약론적 전환」 한국사회·윤리학회 편. 『사회계약론 연구』. 서울: 철학과현실사, 1993. pp.173-207

_____. 「정치적 자유주의의 철학적 기초」. 『철학연구』. 제42집. 1998. pp.275-305.

_____. 『익명성의 문제와 도덕규범의 구속력』. 서울: 정보통신연구원, 2004.

존 롤즈. 황경식 옮김. 『사회정의론』. 서울: 서광사, 1977.

황경식. 『사회정의의 철학적 기초』. 서울: 문학과지성사, 1985.

[국외 논저]

Albert, Hans. *Treatise on Critical Reason.* trans. Marry Varney Rorty. Princeton: Princeton University Press, 1985. original German edn. 1975.

Altieri, Charles. "Judgment and Justice under Postmodern Conditions; or, How Lyotard helps us Read Rawls as a Postmodern Thinker." in Reed Way Dasenbroack. ed. *Redrawing the Lines*. Minneapolis: University of Minnesota Press, 1989.

Arrow, Kenneth J. *Social Choice and Individual Values*. New Haven: Yale University Press, 1951.

Baier, Kurt. *The Moral Point of View*. Ithaca: Cornell University Press, 1958.

Barry, Brian. *Theories of Justice*. Berkeley: University of California Press, 1989.

Braithwaite, R. B. *Theory of Games as a Tool for the Moral Philosopher*. Cambridge: The University Press, 1955.

Braybrooke, David. "The Insoluble Problem of the Social Contract." in Richmond Campbell and Lanning Sowden. eds. *Paradoxes of Rationality and Cooperation*. Vancouver: The University of British Columbia Press, 1985.

Buchanan, James. *The Limits of Liberty: Between Anarchy and Leviathan*. Chicago: The University of Chicago Press, 1975.

Daniels, Norman. ed. *Reading Rawls*. Oxford: Basil Blackwell, 1975.

_____. "Wide Reflective Equilibrium and Theory Acceptance in Ethics." *The Journal of Philosophy*. Vol. 76. 1979. pp.256-283.

Gauthier, David. *Morals By Agreement*. Oxford: Clarendon Press, 1986.

_____. "Morality, Rational Choice, and Semantic Representation." in Ellen Frankel Paul et al. eds. *The New Social Contract: Essays on Gauthier*. Oxford: Basil Blackwell, 1988.

George, Vic and Paul Wilding. *Ideology and Social Welfare*. London: Routledge and Kegan Paul, 1976.

Gough, J. W. *The Social Contract: A Critical Study of Its Development*. Oxford: Clarendon Press, 1936.

Hancock, Roger N. *Twentieth Century Ethics*. New York: Columbia University Press, 1974.

Harsanyi, John C. "Can the Maximin Principle Serve as a Basis for Morality?" *The American Political Science Review*. Vol. 69. 1975.

pp.594-606.

Hegel, G. W. F. *Philosophy of Right*. trans. T. M. Knox. Oxford: The Clarendon Press, 1942.

Hobbes, Thomas. *Leviathan*. ed. with Introduction by C. B. Macpherson. Harmondsworth: Penguin Books, 1968.

Hooker, C. A. et al. eds. *Foundations and Applications of Decision Theory*. Vol. ii. *Epistemic and Social Applications*. Dordrecht: D. Reidel Publishing Co., 1978.

Hudson, W. D. ed. *The Is/Ought Question*. London: Macmillan, 1969.

Kavka, Gregory S. *Hobbesian Moral and Political Theory*. Princeton: Princeton University Press, 1986.

Kraus, Jody S. and Jules L. Coleman. "Morality and the Theory of Rational Choice." *Ethics*. Vol. 97. 1987. pp.715-49.

Krouse, Richard. and Michael McPerson. "Capitalism, 'Property-Owing Democracy,' and the Welfare State." ed. by Amy Gutmann. *Democracy and the Welfare State*. Princeton: Princeton University Press, 1988. pp.79-105.

Levine, Andrew. *Liberal Democracy: A Critique of Its Theory*. New York: Columbia University Press, 1981.

Locke, John. *The Second Treatise of Government in Two Treatises of Government*. ed. Peter Laslett. New York: A Mentor Book, 1963.

Louden, Robert B. "Some Vices of Virtue Ethics." *American Philosophical Quarterly*. Vol. 21. 1984. pp.227-236.

Luce, R. D. and Howard Raiffa. *Games and Decisions*. New York: John Wiley and Sons, 1957.

MacIntyre, Alasdair. *After Virtue*. Notre Dame: University of Notre Dame Press, 1981.

Maine, Henry James Sumner. *Ancient Law*. Introduction by J. H. Morgan. London: J. M. Dent, 1954. original edn. 1861.

Marx, Karl. *Grundrisse in Karl Marx: Selected Writings*. ed. David McLellan. Oxford: Oxford University Press, 1977.

Nielsen, Kai. "Searching for an Emancipatory Perspective: Wide Reflective Equilibrium and the Hermeneutical Circle." in Evan Simpson. ed. *Anti-*

foundationalism and Practical Reasoning. Edmonton: Academic Printing and Publishing Co., 1987.

Nietzsche, Friedrich. *On the Genealogy of Morals.* trans. Walter Kaufmann and R. J. Hollingdale. New York: Vintage Books, 1967.

Nozick, Robert. *Anarchy, State, and Utopia.* New York: Basic Books, 1974.

Olson, Mancur. *The Logic of Collective Action.* Cambridge: Harvard University Press, 1965.

Plato. *The Republic of Plato.* trans. F. M. Conford. London: Oxford University Press, 1941.

Rawls, John. *A Theory of Justice.* Cambridge: The Belknap Press of Harvard University Press, 1971.

_____. "The Basic Structure as Subject." in A. I. Goldman and Jaekwon Kim, eds. *Values and Morals.* Dordrecht: D. Reidel Publishing Co., 1978. pp.47-71.

_____. "Kantian Constructivism in Moral Theory." *The Journal of Philosophy.* Vol. 77. 1980. pp.515-572.

_____. "Justice as Fairness: Political not Metaphysical." *Philosophy & Public Affairs.* Vol. 14. 1985. pp.223-252.

_____. "The Idea of Overlapping Consensus." *Oxford Journal of Legal Studies.* Vol. 7. 1987. pp.1-25.

_____. "The Domain of the Political and Overlapping Consensus." *New York University Law Review.* Vol. 64. 1989. pp.233-255.

_____. *Justice As Fairness: A Restatement.* ed. by Erin Kelly. Cambridge: The Belknap Press of Harvard University Press, 2001.

Resnik, Michael D. *Choices: An Introduction to Decision Theory.* Minneapolis: University of Minnesota Press, 1987.

Roemer, John. ed. *Analytical Marxism.* Cambridge: Cambridge University Press, 1986.

Rorty, Richard. "Postmodern Bourgeois Liberalism." *The Journal of Philosophy.* Vol. 80. 1983. pp.583-589

Rousseau, Jean-Jacques. *Of the Social Contract.* trans. Charles M. Sherover. New York: Harper & Row, 1984.

Sandel, Michael J. *Liberalism and the Limits of Justice.* Cambridge:

Cambridge University Press, 1982.

Sterba, James P. "A Marxist Dilemma for Social Contract Theory." *American Philosophical Quarterly*. Vol. 19. 1982. pp.51-60.

Sumner, L. W. "Justice Contracted." *Dialogue*. Vol. 16. 1987.

Toulmin, Stephen. *An Examination of the Place of Reason in Ethics*. Chicago: The University of Chicago Press, 1950.

Zeuthen, Frederik. *Problems of Monopoly and Economic Warfare*. London: G. Routledge and Sons, 1930.

제4장 고티에의 신사회계약론적 윤리학과 그 성패

[국내 논저]

박정순. 「자유주의적 정의론의 철학적 오딧세이: 롤즈 정의론의 최근 변모와 그 해석 논쟁」. 제5회 한국철학자연합대회 대회보. 『현대의 윤리적 상황과 철학적 대응』. 한국철학회, 1992. pp.573-599.

_____. 「고티에의 『합의도덕론』과 그 정치철학적 위상」. 차인석 외. 『사회철학대계』. 전3권. 서울: 민음사, 1993. 제2권 『사회주의와 자유주의』. pp.346-418.

_____. 「감정의 윤리학적 사활」. 정대현 외. 『감성의 철학』. 서울: 민음사, 1996. pp.69-124.

[국외 논저]

Arblaster, Antony. *The Rise and Decline of Western Liberalism*. Oxford: Basil Blackwell, 1984.

Aristotle, *The Nicomachean Ethics*. trans. J. A. K. Thomson. Harmondsworth: Penguin Books, 1955.

Arneson, Richard J. "Locke versus Hobbes in Gauthier's Ethics." *Inquiry*. Vol. 30. 1987. pp.295-316.

Arrow, Kenneth J. *Social Choice and Individual Values*. New Haven: Yale University Press, 1951. 2nd edn. 1961.

Barry, Brian. *Theories of Justice*. Berkeley: University of California Press, 1989.

Becker, Lawrence C. "Impartiality and Ethical Theory." *Symposium on Impartiality and Ethical Theory. Ethics.* Vol. 101. 1991. pp.698-700.

Benjamin, Martin. *Splitting the Difference: Compromise and Integrity in Ethics and Politics.* Kansas City: Kansas University Press, 1990.

Bentham, Jeremy. *Rights, Representation, and Reform: Nonsense upon Stilts and Other Writings on the French Revolution.* eds. by P. Schofield, C. Pease-Watkin, and C. Blamires. Oxford, 2002.

Bogart, J. H. "Lockean Provisos and State of Nature Theories." *Ethics.* Vol. 95. 1985. pp.828-836.

Braithwaite, R. B. *Theory of Games as a Tool for the Moral Philosopher.* Cambridge: Cambridge University Press, 1955.

Braybrooke, David "Social Contract Theory's Fanciest Flight." *Symposium on David Gauthier's Morals By Agreement. Ethics.* Vol. 97. 1987. pp.750-764.

Brown, Gillian. *The Consent of the Governed.* Cambridge: Harvard University Press, 2001.

Buchanan, Allen. "Revolutionary Motivation and Rationality." *Philosophy & Public Affairs.* Vol. 9. 1979. pp.59-82.

Buchanan, James. *The Limits of Liberty: Between Anarchy and Leviathan.* Chicago: The University of Chicago Press, 1975.

Buchanan, James and Loren E. Lomasky. "The Matrix of Contractarian Justice." Ellen Frankel Paul et al. ed. *Liberty and Equality.* Oxford: Oxford University Press, 1985. pp.12-32.

Calabresi Guido and Philip Bobbitt. *Tragic Choices: The Conflicts Society Confronts in the Allocation of Tragically Scarce Resources.* New York: W. W. Norton, 1978.

Campbell, Richmond and Lanning Sowden. eds. *Paradoxes of Rationality and Cooperation: Prisoner's Dilemma and Newcomb's Problem.* Vancouver: The University of British Columbia Press, 1985.

Carnap, Rudolf. "Testability and Meaning." *Philosophy of Science.* Vols. 3-4. Reprinted in 한국철학회 분석철학분과연구회(편). *Readings in the Analytic Philosophy.* 서울: 1977. pp.200-245.

Coleman, Jules L. "Market Contractarianism and the Unanimity Rule." Ellen

Frankel Paul et al. eds. *Ethics & Economics*. Oxford: Basil Blackwell, 1985.

Copp, David and David Zimmerman. ed. *Morality, Reason and Truth: New Essays on the Foundations of Ethics*. Totowa: Rowman & Allanheld, 1985.

Daniels, Norman. ed. *Reading Rawls*. Oxford: Basil Blackwell, 1975.

Dewey, John. *Theory of the Moral Life*. New Delhi: Wiley Eastern Private Limited, 1976. original ed. 1932.

Diquattro, Arthur. "The Market and Liberal Values." *Political Theory*. Vol. 8. 1980. pp.183-202.

Dobel, J. Patrick. *Compromise and Political Action: Political Morality in Liberal and Democratic Life*. Totowa: Rowman & Lifflefield, 1990.

Elster, Jon. *The Cement of Society: A Study of Social Order*. Cambridge: Cambridge University Press, 1989.

Epstein, Richard A. "Luck." Ellen Frankel Paul et al. eds. *Capitalism*. Oxford: Basil Blackwell, 1989. pp.17-38.

Foucault, Michel. *The Order of Things: An Archaeology of the Human Sciences*. New York: Vantage Books, 1973.

Fukuyama, Francis. "The End of History?." *The National Interest*. No. 16. Summer. 1989. pp.3-18.

_____. *The End of History and the Last Man*. New York: The Free Press, 1992.

Gauthier, David. *Practical Reasoning: The Structure and Foundations of Prudential and Moral Arguments and Their Exemplification in Discourse*. Oxford: Clarendon Press, 1963.

_____. *The Logic of Leviathan: Moral and Political Theory of Thomas Hobbes*. Oxford: Clarendon Press, 1969.

_____. ed. *Morality and Rational Self-Interest*. Englewood Cliffs: Prentice Hall, 1970.

_____. "Justice and Natural Endowment: Toward A Critique of Rawls' Ideological Framework." *Social Theory and Practice*. Vol. 3. 1974. pp.3-26.

_____. "Economic Rationality and Moral Constraints." Peter A. French et al. eds. *Midwest Studies in Philosophy*. Vol. 3. *Studies in Ethical Theory*. Morris: The University of Minnesota Press, 1978. pp.75-96.

_____. "Justice as Social Choice." David Copp and David Zimmerman. eds. *Morality, Reason and Truth: New Essays on the Foundations of Ethics*. Totowa: Rowman & Allanheld, 1985.

_____. "Bargaining and Justice." *Ethics & Economics*. Oxford: Basil Blackwell, 1985. pp.29-47.

_____. *Morals By Agreement*. Oxford: Oxford University Press, 1986.

_____. "Taming Leviathan." *Philosophy & Public Affairs*. Vol. 16. 1987. pp.280-298.

_____. "Morality, Rational Choice, and Semantic Representation." Ellen Frankel Paul et al. eds. *The New Social Contract: Essays on Gauthier*. Oxford: Basil Blackwell, 1988.

_____. "Moral Artifice." *Canadian Journal of Philosophy*. Vol. 18. 1988. pp.385-418.

_____. "Rational Constraint: Some Last Words." in Peter Vallentyne. ed. *Contractarianism and Rational Choice: Essays on David Gauthier's Morals By Agreement*. New York: Cambridge University Press, 1991. pp.323-330

George, Vic and Paul Wilding. *Ideology and Social Welfare*. London: Routledge and Kegan Paul, 1976.

Gibbard, Allan. *Wise Choices, Apt Feelings: A Theory of Normative Judgment*. Cambridge: Harvard University Press, 1990.

Hardin, Russell. "Collective Action as an Agreeable n-Prisoner's Dilemma." *Behavioral Science*. Vol. 16. 1971. pp.472-481.

Hare, R. M. "Rawls' Theory of Justice." *The Philosophical Quarterly*. Vol. 23. 1973. pp.144-155.

Harsanyi, John C. "Can the Maximin Principle Serve as a Basis for Morality." *The American Political Science Review*. Vol. 69. 1975. pp.594-606.

Hausman, Daniel M. "Are Markets Morally Free Zones?" *Philosophy & Public Affairs*. Vol. 18. 1989. pp.317-333.

Hegel, Georg. *Philosophy of Right*. trans. T. M. Knox. Oxford: Clarendon

Press, 1952.

Held, Virginia. "Non-Contractual Society: A Feminist View." Marsha Hanen and Kai Nielsen. eds. *Science, Morality and Feminist Theory*. Calgary: The University of Calgary Press, 1987. pp.111-137.

Hobbes, Thomas. *Leviathan*. C. B. Macpherson. ed. with an Introduction. Harmondsworth: Penguin Books, 1968.

Hume, David. *A Treatise of Human Nature*. L. A. Selby-Bigge. ed. Oxford: Clarendon Press, 1978.

Kant, Immanuel. *Groundwork of the Metaphysic of Morals*. trans. and analysed by H. J. Paton. New York: Haper Torchbooks, 1964.

Kaplan, Morton A. "Means/Ends Rationality." *Ethics*. Vol. 87. 1976. pp.61-65.

Keyt, David. "The Social Contract as an Analytic, Justificatory, and Polemic Device." *Canadian Journal of Philosophy*. Vol. 4. 1974. pp.241-252.

Kraus, Jody S. and Jules L. Coleman. "Morality and the Theory of Rational Choice." *Ethics*. Vol. 97. 1987. pp.715-49.

Levi, Issac. *Hard Choices: Decision Making Under Unresolved Conflict*. Cambridge: Cambridge University Press, 1986.

Llewelyn, John. *Beyond Metaphysics?: The Hermeneutical Circle in Contemporary Continental Philosophy*. Atlantic Highlands: Humanities Press International, Inc., 1985.

Locke, John. *Two Treatises of Government*. Peter Laslett. ed. with Introduction and Notes. New York: A Mentor Book, 1960.

Lomasky, Loren E. "Agreeable Morality?" *Critical Review*. Vol. 2. 1988. pp.36-49.

Luce, R. D. and H. Raiffa. *Games and Decisions*. New York: John Wiley and Sons, 1957.

MacIntosh, Duncan. "Two Gauthiers?" *Dialogue*. Vol. 28. 1989. pp.43-61.

McClennen, Edward F. "Constrained Maximization and Resolute Choice." Ellen Frankel Paul et al. eds. *The New Social Contract: Essays on Gauthier*. Oxford: Basil Blackwell, 1988. pp.95-118.

Macpherson, C. B. *The Political Theory of Possessive Individualism: Hobbes to Locke*. Oxford: Oxford University Press, 1962.

_____. *Democratic Theory: Essays in Retrieval*. Oxford: Clarendon Press, 1973.

Mandel, Ernest. "The Myth of Market Socialism." *New Left Review*. Vol. 169. 1988. pp.108-120.

Matthen, Mohan and Bernard Linsky. eds. *Philosophy & Biology*. Calgary: The University of Calgary Press, 1988.

Morris, Christopher. "The Relation between Self-Interest and Justice in Contractarian Ethics." *Social Philosophy and Policy*. Vol. 5. 1988. pp.119-153.

Marx, Karl. *Capital*. Vols. 1-3. Frederick Engels. ed. New York: International Publishers, 1967.

_____. *Grudrisse*(*Foundations of the Critique of Political Economy*) in *Karl Marx: Selected Writings*. David McLellan. ed. Oxford: Oxford University Press, 1977.

Merquior, J. G. "Death to Homo Economicus?" *Critical Review*. Vol. 5. 1991. pp.353-378.

Nash, J. F. "The Bargaining Problem." *Econometrica*. Vol. 18. 1951. pp.155-162.

Nozick, Robert. *Anarchy, State, and Utopia*. New York: Basic Books, 1974.

Olson, Mancur. *The Logic of Collective Action*. Cambridge: Harvard University Press, 1965.

Park, Jung Soon. *Contractarian Liberal Ethics and the Theory of Rational Choice*. New York: Peter Lang Publishing, Inc., 1992.

Paul, Ellen Frankel. "Of the Social Contract within the Natural Rights Traditions." *The Personalist*. Vol. 59. 1978. pp.9-21.

_____. et al. ed. *The New Social Contract: Essays on Gauthier*. Oxford: Basil Blackwell, 1988.

Plato. *The Republic of Plato*. trans. F. M. Conford. London: Oxford University Press, 1941.

Plott, Charles R. "Axiomatic Social Choice Theory: An Overview and Interpretation." *American Journal of Political Science*. Vol. 20. 1976. pp.511-596.

Rawls, John. "Kantian Constructivism in Moral Theory." *The Journal of*

Philosophy. Vol. 77. 1980. pp.515-572.

_____. "The Basic Structure as Subject." Alvin I. Goldman and Jaewon Kim. eds. *Values and Morals.* Dordrecht: D. Reidel Publishing Co, 1982. pp.47-71.

_____. "Justice as Fairness: Political not Metaphysical." *Philosophy & Public Affairs.* Vol. 14. 1985. pp.223-252.

_____. *Justice as Fairness: A Guided Tour.* Cambridge: Harvard University, 1989. unpublished manuscript.

Ripstein, Arthur. "Gauthier's Liberal Individual." *Dialogue.* Vol. 28. 1989. pp.63-76.

Rosenblum, Nancy L. ed. *Liberalism and the Moral Life.* Cambridge: Harvard University Press, 1989.

Rousseau, Jean-Jacques. *Of the Social Contract.* trans. with an Introduction by Charles M. Sherover. New York: Harper & Row, 1984.

_____. *Discourse on the Origin and the Foundations of Inequality Among Men.* in *The First and Second Discourses.* trans. Victor Gourevitch. New York: Harper & Row, 1986.

Sen, Amartya. "The Moral Standing of the Market." Ellen Frankel Paul et al. eds. *Ethics & Economics.* Oxford: Basil Blackwell, 1985. pp.1-19.

Sheffrin, Steven M. *Rational Expectations.* Cambridge: Cambridge University Press, 1983.

Smith, Adam. *An Inquiry into the Nature and Causes of the Wealth of Nations.* Edwin Cannan. ed. with an Introduction. Chicago: The University of Chicago Press, 1976.

Sousa, Ronald de. *The Rationality of Emotion.* Cambridge: The MIT Press, 1990.

Stocker, Michael. "The Schizophrenia of Modern Ethical Theories." *The Journal of Philosophy.* Vol. 73. 1976. pp.453-466.

Sumner, J. W. *The Moral Foundation of Rights.* Oxford: Clarendon Press, 1987.

_____. "Justice Contracted." *Dialogue.* Vol. 26. 1987. pp.523-548.

Thomas, Laurence. "Rationality and Affectivity: The Metaphysics of the Moral Self." Ellen Frankel Paul. et al. eds. *The New Social Contract:*

Essays on Gauthier. Oxford: Basil Blackwell, 1988. pp.154-172.

Trivers, T. L. "The Evolution of Reciprocal Altruism." *Quarterly Review of Biology.* Vol. 46. 1971. pp.35-57.

Walliser, Bernard. "Instrumental Rationality and Cognitive Rationality." *Theory and Decision.* Vol. 27. 1989. pp.7-36.

Winch, D. M. *Analytical Welfare Economics.* Harmondsworth: Penguin books, 1971.

Chapter 5. Rawls' Avowed Errors in Rational Contractarianism

Arneson, Richard. "Introduction: Symposium on Ralwsian Theory of Justice: Recent Developments." *Ethics.* Vol. 99. 1989. pp.695-710.

Arrow, Kenneth. *Social Choice and Individual Values.* New Haven: Yale University Press, 1951. 2nd ed. 1963.

_____. "Some Ordinalist-Utilitarian Notes on Rawls's Theory of Justice." *The Journal of Philosophy.* Vol. 70. No. 9. 1973. pp.245-263.

Berlin, Isaiah. "The Two Concepts of Liberty."(originally 1958) in *Four Essays on Liberty.* Oxford: Oxford University Press, 1969. pp.118- 172.

Braithwaite, R. B. *Theory of Games as a Tool for the Moral Philosopher.* Cambridge: Cambridge University, 1955.

Brooks, Thomas. *Hegel's Philosophy of Rights.* Hoboken, NJ: John Wiley & Sons. 2012.

Daniels, Norman. "Introduction." *Reading Rawls: Critical Studies of A Theory of Justice.* ed. Norman Daniels. New York: Basic Books. 1975. pp.xxxi-liv.

_____. "Preface." *Reading Rawls: Critical Studies on A Theory of Justice.* ed. Norman Daniels. Stanford: Stanford University Press, 1989. pp.xiii-xxx.

Dopplet, Gerald. "Is Rawls's Kantian Liberalism Coherent and Defensible?" *Ethics.* Vol. 99. 1989. pp.815-852.

Freeman, Samuel. "Moral Contractarianism as Foundation for Interpersonal Morality." James Dreier. ed. *Contemporary Debates in Moral Theory.*

Malden: Blackwell Publishing, 2006. pp.57-76.

Gauthier, David. *Morals By Agreement*. Oxford: Clarendon Press, 1986.

_____. "Critical Notes: George Grant's Justice." *Dialogue*. Vol. 2. 1988. pp.121-134.

Goldman, Alan H. "Rawls' Original Position and the Difference Principle." *The Journal of Philosophy*. Vol. 73. No. 21. 1976. pp.845-849.

Gottinger, Hans and Werner Leinfeller. eds. *Decision Theory and Social Ethics*. Dordrecht: D. Reidel Publishing Company, 1978.

Grant, George. *English-Speaking Justice*. Toronto: House of Anansi Press, 1985.

Hampton, Jean. "Contracts and Choices: Does Rawls Have a Social Contract Theory?" *The Journal of Philosophy*. Vol. 77. 1980. pp.315-338.

Harsanyi, John. "Can the Maximin Principle Serve as a Basis for Morality?" *The American Political Science Review*. Vol. 69. 1975. pp.594-606.

Hart, H. L. A. "Rawls on Liberty and Its Priority." *University of Chicago Law Review*. Vol. 40. 1973. pp.534-555.

Kant, Immanuel. *Foundation of the Metaphysics of Morals in Critique of Practical Reason And Other Writings in Moral Philosophy*. translated by Lewis White Beck. Chicago: The University of Chicago Press, 1949.

_____. *Critique of Practical Reason And Other Writings in Moral Philosophy*. translated by Lewis White Beck. Chicago: University of Chicago Press, 1949.

Kraus, Jody. S. and Jules L. Coleman, "Morality and the Theory of Rational Choice." *Ethics*. Vol. 97. 1987. pp.715-749.

Nozick, Robert. *Anarchy, State, and Utopia*. New York: Basic Books, 1974.

Park, Jung Soon. *Contractarian Liberal Ethics and the Theory of Rational Choice*. New York: Peter Lang Publishing, Inc., 1992.

Pazner, Elisha A. and David Schmeidler. "Social Contract Theory and Ordinal Distributive Equality." in Leonid Hurwicz et al. eds. *Social Goals and Social Organization*. Cambridge: Cambridge University Press, 1985. pp.312-333.

Rawls, John. "Outline of a Decision Procedure for Ethics." *The Philosophical Review*. Vol. 60. 1951. pp.177-197.

_____. *A Theory of Justice*. Cambridge: The Belknap Press of Harvard University Press, 1971. revised edn. 1999.

_____. "Some Reasons for the Maximin Criterion." *The Quarterly Journal of Economics*. Vol. 88. 1974. pp.141-146.

_____. "A Kantian Conception of Equality." *The Cambridge Review*. Vol. 96. 1975. pp.94-99.

_____. "The Basic Structure as Subject." *American Philosophical Quarterly*. Vol. 14. 1977. pp.159-165.

_____. "The Kantian Constructivism in Moral Theory." *The Journal of Philosophy*. Vol. 77. 1980. pp.515-572.

_____. The Basic Liberties and Their Priority." *The Tanner Lectures on Human Values*. Delivered at The University of Michigan. April 10, 1981. pp.1-87.

_____. "The Basic Liberties and Their Priority." in Stering M. McMurrin. ed. *The Tanner Lectures on Human Values*. Vol. 3. Salt Lake City: University of Utah Press, 1982. pp.1-87.

_____. "Justice as Fairness: Political not Metaphysical." *Philosophy & Public Affairs*. Vol. 14. 1985. pp.223-252.

_____. "The Idea of Overlapping Consensus." *Oxford Journal of Legal Studies*. Vol. 7. 1987. pp.1-25.

_____. *Political Liberalism*. New York: Columbia University Press, 1993.

_____. *Justice As Fairness: A Restatement*. ed. by Erin Kelly. Cambridge: The Belknap Press of Harvard University Press, 2001.

Sandel, Michael. *Liberalism and the Limits of Justice*. Cambridge: Cambridge University Press, 1982.

Sterba, James. "From Rationality to Morality" in James Sterba. ed. *Ethics: The Big Questions*. Malden: Blackwell Publishing, 1998. pp.105-116.

Strasnick, Steven. "Social Choice and the Derivation of Rawls's Difference Principle." *The Journal of Philosophy*. Vol. 73. No. 4. 1976. pp.85-99.

Sugden, Robert. "Rational Choice: A Survey of Contributions from Economics and Philosophy." *The Economic Journal*. Vol. 101. 1991. pp.751-785.

The Tanner Lectures on Human Values. Tanner Humanities Center. The

University of Utah.

Williams, Bernard. *Ethics and the Limits of Philosophy*. Cambridge: Harvard University Press, 1985.

Wolff, Robert Paul. "On Strasnick's 'Derivation' of Rawls's 'Difference Principle'." *The Journal of Philosophy*. Vol. 74. No. 21. 1976. pp.849-858.

찾아보기

박정순(朴政淳)

연세대학교 철학과를 졸업하고, 동대학원에서 석사학위를, 그리고 미국 에모리대학교(Emory University) 철학과에서 철학박사학위를 받았다. 현대 영미 윤리학과 사회철학 전공이며, 현재 연세대학교 원주캠퍼스 인문예술대학 철학과 교수로 재직 중이다. 아인슈타인이 생전에 연구했던 세계적으로 저명한 연구기관인 미국 뉴저지주 프린스턴시 소재 고등학술연구원(The Institute for Advanced Study)의 사회과학부(The School of Social Science) 방문 연구원(visiting member)을 1년간(2001. 9.-2002. 8.) 지냈다. 그 시절 세계적인 공동체주의자이자 사회철학자로서 정의전쟁론과 복합평등론으로 유명한 마이클 월저(Michael Walzer) 교수에게 1년간 사사했다. 그리고 한국철학회의 세계 석학 초빙강좌인 <다산기념 철학강좌> 위원장을 6년간(2002-2007) 역임했다. 위원장 재임 시 마이클 월저, 찰스 테일러(Charles Taylor), 슬라보예 지젝(Slavoj Žižek), 페터 슬로터다이크(Peter Sloterdijk), 마이클 샌델(Michael Sandel), 피터 싱어(Peter Singer) 등 세계 석학들을 한국에 초빙하여 강연케 하였다. 또한 한국윤리학회 회장을 5년간(2005-2009) 역임했으며, 2006년 한국윤리학회장 재임 시 국가청렴위원회의 연구 프로젝트를 한국윤리학회가 맡은 것이 인연이 되어 수년간 전국 관공서에 청렴 강연을 다니기도 했다. 2008년 8월 서울에서 열린 <제22차 세계철학대회> 한국조직위원회의 홍보위원회에서 부위원장으로 활동하면서 홍보 실무를 관장하였으며 일반대중들이 철학에 친숙하게 다가갈 수 있도록 하는 데 일조했다.

주요 저술과 논문으로 *Contractarian Liberal Ethics and The Theory of Rational Choice*(New York: Peter Lang, 1992), 『익명성의 문제와 도덕규범의 구속력』(2004), 『롤즈 정의론과 그 이후』(공저, 2009), 『마이클 샌델의 정의론, 무엇이 문제인가』(2016), 『마이클 월저의 사회사상과 철학적 깨달음: 복합평등, 철학의 여신, 마방진』(2017), 『인간은 만물의 척도인가』(역서, 1995), 『자유주의를 넘어서』(공역, 1999), 「호모 에코노미쿠스 생살부」, 「세계시장과 인간 삶의 조건」, 「홉스의 계약론적 윤리학과 합리성 문제」, 「고티에의 『합의도덕론』과 그 정치철학적 위상」, 「자유주의 정의론의 철학적 오디세이: 롤즈 정의론의 변모와 그 해석 논쟁」 등이 있다.

사회계약론적 윤리학과 합리적 선택 :
홉스, 롤즈, 고티에

1판 1쇄 인쇄　2019년 5월 20일
1판 1쇄 발행　2019년 5월 25일

지은이　박 정 순
발행인　전 춘 호
발행처　철학과현실사
출판등록　1987년 12월 15일 제300-1987-36호

서울특별시 종로구 동숭동 1-45
전화번호·579-5908
팩시밀리 572-2830

ISBN 978-89-7775-823-0　93190
값 38,000원